Histoire Illustrée
DES
PIRATES
CORSAIRES

*Flibustiers, Boucaniers, Forbans,
Négriers et Ecumeurs de mer*

DANS TOUS LES TEMPS ET DANS TOUS LES PAYS

Par JULES TROUSSET

10 centimes LA LIVRAISON

L'OUVRAGE AURA **100** LIVRAISONS

Auteur de l'*Histoire Nationale de la Marine*.

50 centimes LA SÉRIE

L'OUVRAGE AURA **20** SÉRIES

Edition splendidement illustrée
EN VENTE ICI DEUX FOIS PAR SEMAINE

Saint-Germain.—Imprimerie D. BARDIN.

10 CENTIMES LA LIVRAISON   50 CENTIMES LA SÉRIE

HISTOIRE ILLUSTRÉE
DES
PIRATES, CORSAIRES
FLIBUSTIERS, BOUCANIERS, FORBANS, NÉGRIERS ET ÉCUMEURS DE MER
DANS TOUS LES TEMPS ET DANS TOUS LES PAYS
Par JULES TROUSSET
Auteur de l'Histoire nationale de la Marine.

ILLUSTRATIONS INÉDITES : SCÈNES, COMBATS DE TERRE ET DE MER
Dessins sur bois, par SAHIB
L'ouvrage sera complet en 100 livraisons ou en 20 séries
PUBLICATION DE LA LIBRAIRIE ILLUSTRÉE, 7, RUE DU CROISSANT, A PARIS
En vente chez tous les Libraires de Paris et des Départements.

10 CENTIMES LA LIVRAISON.   50 CENTIMES LA SÉRIE.

Chez tous les libraires de Paris et des Départements

HISTOIRE ILLUSTRÉE
DES
PIRATES, CORSAIRES
FLIBUSTIERS, BOUCANIERS, FORBANS, NÉGRIERS & ÉCUMEURS DE MER
DANS TOUS LES TEMPS ET DANS TOUS LES PAYS
PAR
JULES TROUSSET

PROSPECTUS

L'histoire des associations qui se sont vouées au brigandage maritime présente un côté pittoresque, dramatique, aventureux, qui charme, éblouit, fascine. Mais elle n'est pas seulement attachante : elle porte avec elle ses enseignements, parce que les crimes répétés, collectifs sont toujours la suite de quelque injustice.

Le fanatisme religieux de Ferdinand le Catholique pousse les Maures à la révolte, ce qui donne naissance à la piraterie barbaresque; le despotisme de l'Espagne dans les Antilles produit la terrible *flibuste*; la tyrannie maritime de l'Angleterre exaspère les Français qui se font *Corsaires*. C'est toujours la guerre : mais une guerre horrible, sauvage, implacable, sans merci, en dehors du droit des gens.

Un tel sujet, qui se détache complètement de l'histoire générale des peuples, est bien digne de former un récit à part. C'est pourquoi nous publions l'HISTOIRE DES PIRATES, CORSAIRES, etc., œuvre nouvelle, qui sera achetée par tous ceux qui aiment les lectures à la fois captivantes et instructives. Rien n'a été négligé pour en faire un livre qui mérite de fixer la faveur du public. A l'attrait du récit se joint le charme de dramatiques gravures *entièrement inédites*, et dues au talent d'un artiste qui s'est fait une véritable réputation dans la reproduction des scènes maritimes.

L'OUVRAGE SERA COMPLET EN 100 LIVRAISONS OU EN 20 SÉRIES

Publications à DIX centimes, en vente chez tous les Libraires

LE CAPITAINE FRACASSE, roman dramatique de THÉOPHILE GAUTIER, illustré de dessins de GUSTAVE DORÉ.
LES FEUILLETONS ILLUSTRÉS, le meilleur journal de romans publiant les chefs-d'œuvre des grands romanciers.
LE MAUDIT, roman célèbre par le fameux ABBÉ ***, illustré de nombreux dessins par les principaux artistes.
LA VÉNUS NOIRE, Grand roman géographique, par ADOLPHE BELOT, illustré de plus de 80 gravures sur bois, d'après SAHIB.
BIOGRAPHIE DE GAMBETTA, retraçant tout au long les différentes phases de sa carrière. Très-nombreuses illustrations.
LA NOUVELLE VIE MILITAIRE, par HUART et DRANER. Publication illustrée de 300 dessins en noir et en couleur.
LE TOUR DU MONDE D'UN GAMIN DE PARIS, par Louis BOUSSENARD. Très belles illustrations de CASTELLI.

Imprimerie D. BARDIN, à Saint-Germain.

HISTOIRE ILLUSTRÉE
DES
PIRATES, CORSAIRES
FLIBUSTIERS, BOUCANIERS, FORBANS, NÉGRIERS & ÉCUMEURS DE MER

DANS TOUS LES TEMPS ET DANS TOUS LES PAYS

En cours de publication — Chez tous les Libraires

DU MÊME AUTEUR

HISTOIRE ILLUSTRÉE

DES

GRANDS NAUFRAGES

Des Incendies en mer, des Hivernages célèbres,
des Révoltes à bord, des Désastres maritimes, etc.

ÉDITION ILLUSTRÉE DE BOIS INÉDITS DE SAHIB

Prix : 10 centimes la livraison. — 50 centimes la série.

IMPRIMERIE D. BARDIN, A SAINT-GERMAIN.

HISTOIRE ILLUSTRÉE
DES
PIRATES, CORSAIRES

Flibustiers, Boucaniers
Forbans, Négriers et Écumeurs de mer

DANS TOUS LES TEMPS ET DANS TOUS LES PAYS

PAR

JULES TROUSSET

Auteur de l'*Histoire Nationale de la Marine*.

Illustrations sur bois entièrement inédites.

PARIS
PUBLICATION DE LA LIBRAIRIE ILLUSTRÉE
7, RUE DU CROISSANT, 7

En vente chez tous les **Libraires de Paris et des Départements**.

HISTOIRE ILLUSTRÉE
DES
PIRATES, CORSAIRES
FLIBUSTIERS, BOUCANIERS, FORBANS, NÉGRIERS ET ÉCUMEURS DE MER
Dans tous les temps et dans tous les pays.

LIVRE PREMIER
PIRATES BARBARESQUES

CHAPITRE PREMIER
LE DERNIER DES ÉMIRS MORISQUES

Grenade. — Le couvent de la *Mère du Christ*. — El-Zagher, Fatoum et la dalle merveilleuse. — Fatoum raconte son histoire. — Sa conversion au christianisme. — Comment elle amène Nadrouna à la résignation. — Ben-Humeya, le dernier des émirs, descend dans le caveau. — Délivrance de Nadrouna. — Capture des fugitifs et évasion de Ben-Humeya. — El-Ghazil, ou un neveu libérateur. — Dans la montagne. — L'armée musulmane attaque Grenade. — Trahison d'El-Ghazil. — Son cousin El-Zagher le poignarde. — Mort d'El-Zagher. — Fuite de Ben-Humeya. — Il prédit la guerre des pirates.

Depuis longtemps déjà, le soleil avait disparu derrière les hautes montagnes de l'An- | dalousie. Un tiède crépuscule éclairait vaguement le sol âpre et nu du vieux pays de

Grenade. Les grandes silhouettes granitiques des Sierras de Nevada se découpaient sur le fond rougeâtre d'un ciel encore à demi embrasé. Derrière ces masses désertes régnait l'obscurité : vertes et fécondes oasis, profondes vallées, gorges tourmentées, champs cultivés, plaines arides, tout se confondait. A peine distinguait-on les hameaux fortifiés couronnant les crêtes de sauvages précipices, ou les donjons en ruine chancelant au front d'une roche isolée.

L'antique cité de Grenade venait de s'assoupir après une journée brûlante. Sur la rive gauche du Darro s'élevait, délicieuse création de l'architecture moresque, l'Alhambra dont les millions d'arabesques confondaient leurs merveilleux dessins, au milieu de l'obscurité. Autour de cette grandiose forteresse, les rues de Grenade serpentaient, tortueuses et étroites, comme dans toutes les villes bâties par les Arabes. Quelques places assez vastes, mais irrégulières, se trouvaient au centre de la ville ; de charmantes promenades longeaient les rives accidentées du Xenil et du Darro.

A l'extrémité orientale de la vieille cité s'élevait une vaste construction, autrefois mosquée, aujourd'hui couvent dédié à la *Mère du Christ*. Un jardin où l'oranger et le figuier croissaient à côté du myrte et du rosier aux fleurs odorantes, servait de promenade aux jeunes nonnes que l'on enfermait dans ce lieu après les avoir arrachées à leurs familles musulmanes ; car ce cloître renfermait de nouvelles converties que l'on isolait soigneusement pour leur enlever toute velléité d'apostasie. On détruisait l'islamisme en s'emparant des femmes et en les vouant au célibat ; ainsi devait disparaître la race vaincue. Ferdinand le Catholique, oubliant ses promesses, exerçait les plus affreuses cruautés contre les Maures de Grenade.

Il avait juré de les maintenir dans leurs biens, et en toute circonstance il les dépossédait ; il ne respectait pas mieux l'exercice de leur religion, car chaque jour il enlevait une mosquée au culte musulman ; chaque jour disparaissait mystérieusement la fille ou le fils de quelque riche habitant ; de vagues rumeurs se répandaient au sujet de ces innocentes victimes. On racontait des choses monstrueuses et invraisemblables. La vérité est que tout enfant enlevé était aussitôt enfermé dans un couvent où sa conversion n'était pas difficile.

Dans les cloîtres de la *Mère du Christ* se trouvaient une centaine de jeunes Morisques livrées au prosélytisme des moines.

Devant la porte de ce vaste couvent s'étendait une grande place couverte de hauts sycomores qui y entretenaient l'ombre et la fraîcheur. En ce moment régnait sous les arbres une profonde obscurité. A peine pouvait-on distinguer une forme humaine qui se glissait lentement le long du grand mur crépi du couvent.

On n'aurait pu dire si c'était un homme ou une femme ; un long manteau l'enveloppait de la tête aux pieds ; un large capuchon dissimulait son visage. Il semblait que ce fût une de ces nocturnes apparitions dont sont remplis les contes orientaux. Elle faisait si peu de bruit qu'on l'eût prise pour une ombre ; de temps en temps, elle s'arrêtait, comme pour écouter ; puis, bien sûre de n'être pas épiée, elle reprenait sa route à petits pas. Arrivée près d'un endroit où la muraille formait un coude, l'ombre se laissa choir à plat ventre, saisit un caillou sur le sol et en frappa trois coups sur une des pierres plates qui dallaient la route en cet endroit.

A ce signal, trois autres coups répondirent, frappés de dessous terre. L'ombre se releva, saisit la dalle par un anneau de fer, la souleva et découvrit une ouverture qui donnait accès dans le sol.

Quelque chose parut et surgit au-dessus de la terre par l'ouverture.

— Est-ce toi, Fatoum? murmura en langue

morisque l'ombre qui tenait la dalle suspendue sur le trou béant, comme pour la laisser retomber, en cas de trahison.

— Chut! répondit dans le même langage une voix. El-Zagher verra sa fiancée avant que le soleil reprenne sa course.

— Tout est donc prêt?...

— Tout sera prêt lorsque le sablier marquera la moitié de la nuit.

— Alors, hâte-toi de sortir de ce tombeau et viens avec moi.

— Seigneur El-Zagher, je suis votre esclave.

Et la seconde ombre s'élança hors de terre. La dalle fut remise à sa place; El-Zagher et Fatoum disparurent sous une longue avenue de sycomores.

Ils marchaient à pas lents et sans prononcer une syllabe.

Après avoir traversé l'avenue, ils s'enfoncèrent dans un dédale de petites rues tortueuses et arrivèrent enfin sur une grande place. Là, se trouvait une hôtellerie à la porte de laquelle ils frappèrent rudement.

Au bout d'un instant, la porte s'ouvrit et la lumière d'une lampe éclaira les deux arrivants. Ils avaient rejeté en arrière les capuchons qui couvraient leurs visages.

— C'est vous, seigneur Antonio, dit en espagnol l'hôte, en élevant sa lampe vers le visage d'El-Zagher; vous n'êtes pas seul?

— J'amène avec moi, répondit El-Zagher, une jeune esclave noire que je suis chargé de conduire à Madrid. Nous partirons dans quelques instants. Nos mules sont-elles prêtes?

— Entrez, répliqua l'hôtelier, on va les préparer.

El-Zagher et l'esclave s'introduisirent dans un corridor sombre et arrivèrent, suivis de l'hôte qui les considérait d'un air sournois, jusqu'à un escalier qu'ils gravirent. Dans une grande chambre, à la muraille de laquelle pendait une lampe insuffisante, reposaient quatre voyageurs étendus sur des nattes de paille.

— Holà! les muletiers, debout! cria El-Zagher; on part dans un instant. Préparez-vous.

En quelques secondes les hommes furent sur pied. A la vue de la noire Fatoum, chacun d'eux eut un mouvement bien vite comprimé.

— Toi, Carlos, et toi, Ferdinand, ordonna El-Zagher, vous allez préparer les mules, pendant que nous disposerons nos effets et nos marchandises, et puis, en route!

L'hôtelier attendait à la porte; il descendit avec les deux hommes auxquels El-Zagher venait de recommander les mules. Quand ils eurent disparu, ce dernier saisit la lampe pendue à la muraille et l'approchant du visage de Fatoum:

— Oncle Ben-Humeya, ne reconnaissez-vous pas votre esclave? demanda-t-il en langage morisque.

Celui auquel il s'adressait était un homme grand et sec d'environ cinquante ans. Sa figure bronzée et sévère, empreinte de cet air d'autorité que donne l'habitude du commandement, présentait le type le plus pur de la race arabe.

— Fatoum, dit-il, en s'adressant vivement à l'esclave, qu'as-tu fait de ma fille, de ma chère Nadrouna?

— Seigneur Ben-Humeya, répondit Fatoum en tombant à genoux, ne m'écrasez pas. Votre fille, que j'aime plus que moi-même, vous sera rendue à l'heure de minuit.

— Fatoum, répéta Ben-Humeya, Fatoum, esclave infidèle, qu'as-tu fait de la fille que je t'avais confiée?

— Seigneur, seigneur, pardonnez à la malheureuse Fatoum. Votre fille et moi, nous vous avons désobéi; mais nous avons été bien cruellement punies par trois années de captivité dans un couvent. Vous nous aviez défendu de sortir de votre maison. Pendant votre absence, la curiosité de Nadrouna nous a poussées à la désobéissance. Elle voulait admirer le jardin qui entoure votre demeure. Nous sortîmes le soir. Nadrouna fut charmée de sa promenade nocturne ; elle la recommença le lendemain et les jours suivants. Une nuit que nous étions extasiées par le chant d'un rossignol qui faisait tressaillir tout le jardin, nous entendîmes un bruit de pas ; nous nous retournâmes. Trois hommes se jetèrent sur nous et nous fûmes bâillonnées avant d'avoir pu jeter un cri. Ces hommes portaient des costumes espagnols ; mais on ne pouvait apercevoir leurs visages, parce qu'ils les cachaient sous un voile épais. En deux secondes nous fûmes saisies et garrottées. Un de mes ravisseurs me prit dans ses bras, tandis qu'un autre Espagnol emportait ma maîtresse. Nous étions tellement effrayées que nous n'opposions aucune résistance à la violence dont nous étions victimes. On nous emporta hors du jardin et de là au couvent. A la porte de celui-ci, les hommes nous abandonnèrent à des femmes voilées. Nous étions éperdues. En nous quittant, l'un des trois ravisseurs, celui qui paraissait diriger les autres, eut un rire de joie :

— Nadrouna, s'écria-t-il d'une voix que je reconnaîtrais entre mille, Nadrouna, du moins, tu n'épouseras pas ton fiancé El-Zagher.

On nous sépara et on nous mit chacune dans une cellule à part. Je pleurais nuit et jour, car j'ignorais ce qu'était devenue ma maîtresse. Un jour on me mena dans une chapelle, on me jeta sur le front l'eau du baptême, un prêtre récita des prières dans une langue que je ne comprenais pas ; puis on me dit que j'étais chrétienne.

Dans mon effarement je laissais faire. Le prêtre me demanda si j'étais satisfaite. Je répondis que oui.

— Puisque la grâce vous a touchée, me dit-il, aidez-nous à ramener un esprit en révolte. Nadrouna, rebelle à nos exhortations, refuse d'abjurer ses erreurs ; vous pouvez nous être utile et mériter le céleste séjour promis à ceux qui font le bien.

L'espérance de voir enfin ma maîtresse fit que j'acceptai de grand cœur. Je promis aux chrétiens de travailler à la conversion de Nadrouna.

A l'instant on me conduit à sa cellule. Elle tombe dans mes bras... Qu'elle était changée! Depuis deux mois que nous étions séparées, elle n'avait fait que pleurer. On nous laisse seules sur ma promesse de l'amener sous peu à une conversion. A peine pouvons-nous parler en liberté que Nadrouna jure que jamais elle ne reniera la religion de son père. Je lui réponds que pour continuer à nous voir chaque jour, il faut qu'elle se montre plus résignée ; elle y consent, et dès ce jour même elle se contraint pour paraître moins triste aux yeux des religieuses chargées de sa garde.

Mon stratagème réussit. Non-seulement il me fut permis de voir tous les jours ma maîtresse, mais encore je m'emparai, grâce à ma feinte résignation, de la confiance des religieuses.

Nulle plus que moi ne se montrait empressée aux offices de leur religion ; sans cesse je marmottais des prières ; je maudissais hautement la religion de celui que les chrétiens appellent le faux prophète. Je fis si bien que l'on me considéra bientôt comme une chrétienne des plus ferventes.

Depuis un an je jouais ce rôle, et ma maîtresse jouait le sien qui consistait à paraître se rapprocher insensiblement d'une conversion, mais sans jamais y arriver néanmoins, lorsqu'on me proposa d'aider la religieuse chargée d'aller au dehors faire les provisions. Pour cela il fallait me résoudre à prendre le voile et à me faire nonne. J'acceptai tout ce qu'on voulut, parce que j'espérais, si j'étais employée au dehors, vous faire connaître notre sort. Je subis donc une foule de cérémonies, je jurai solennellement de n'avoir aucune relation hors du couvent

L'ombre souleva la dalle (page 2).

et je devins la domestique des religieuses.

Vous dire ma joie lorsqu'enfin je pus sortir pour la première fois de cette affreuse prison, serait impossible. Presque chaque jour j'allais par la ville, accompagnée d'une sœur qui me surveillait étroitement et à laquelle ma présence semblait des plus désagréables. Pendant bien longtemps, je ne pus échapper à ses regards; mais je crus enfin m'apercevoir qu'elle aurait été fort heureuse, de son côté, de se soustraire aux miens. Je lui fis accroire qu'un moine me poursuivait de ses œillades; elle m'avoua que, depuis fort longtemps, un abbé la courtisait. Je lui donnai toute latitude d'aller aux rendez-vous de son abbé, pourvu qu'elle me laissât libre avec mon moine.

A partir de cet instant, je devins libre, en effet. Je me rendis à votre palais, seigneur; c'est là que j'eus la douleur d'apprendre la verité. Hélas! faut-il que tous les malheurs aient frappé la famille de mes maîtres!... Votre nom n'était plus prononcé qu'avec horreur. Vous aviez résisté aux agents de l'Inquisition chargés de vous saisir; vous vous étiez enfui, abandonnant vos biens aux ennemis du nom musulman. On racontait que Ben-Humeya, le descendant de nos anciens rois, avait reconquis un trône, mais que ce trône était un cheval de bataille. Ah! le sang du prophète coule toujours dans vos veines! Vous étiez devenu la terreur des Espagnols. A votre voix, la plaine et la montagne s'étaient soulevées. Les Maures, las d'un joug odieux, s'étaient massés autour de leur chef, Ben-Humeya, l'Abencérage, reconnu émir, autant par légitime héritage que par la vaillance de son épée.

Aux yeux des Espagnols, vous étiez un bandit; mais pour les fidèles musulmans vous apparaissiez comme le dernier défenseur de la vraie foi.

Je racontai tout cela à Nadrouna; je lui donnai du courage. Comment peindre notre joie lorsqu'on apprit que vous aviez exterminé 3,000 Espagnols dans les gorges de la Sierra-Berneja? Ce jour-là Grenade s'attendit à vous voir, vainqueur, paraître sous ses murs et réclamer votre couronne.

Comme je profitais d'une commission pour courir aux nouvelles, j'aperçus El-Zagher, votre neveu, le fiancé de Nadrouna. Il était déguisé en muletier espagnol; mais je le reconnus.

— Seigneur El-Zagher, lui dis-je tout bas, en passant près de lui, ne reconnaissez-vous pas Fatoum?

Il se retourna et, sans mot dire, il me suivit. Lorsque nous fûmes arrivés dans un lieu écarté, je pus lui parler. Je lui appris, en peu de mots, notre histoire.

— Quoi! s'écria-t-il, vous êtes dans l'ancienne mosquée de Sidi-Mohamed où j'ai été élevé par mon grand-père qui en était mufti! Fatoum, as-tu entendu parler du caveau qui communique avec l'allée des sycomores?

— Je ne crois pas, lui répondis-je, que les chrétiens aient eu connaissance de ce caveau, car je visite librement tout le couvent et jamais je n'ai vu aucune issue secrète, ni entendu dire qu'il y en eût une.

— Eh bien, mon enfant, me répondit-il, ce caveau peut servir à votre délivrance.

Il me donna la manière de m'y introduire à l'intérieur du couvent et promit de l'ouvrir lui-même à l'extérieur en soulevant la dalle qui le ferme.

Il y a huit jours de cela. Huit jours, huit siècles que Nadrouna passe dans des transes mortelles! Elle est entourée d'une surveillance incessante, qui ne se repose ni le jour ni la nuit. Pour y échapper cette nuit, elle a annoncé qu'elle se convertira demain. Alors on l'a laissée seule dans une grande cellule dont j'ai une clef. C'est là que les néophytes se recueillent pendant le jour et la nuit qui précèdent leur baptême; c'est là que j'ai été enfermée lorsque, dans l'espoir d'adoucir mon sort, je me suis résignée à abjurer la religion de Mahomet.

Nadrouna est vêtue de blanc; son visage est voilé; elle attend son père et son fiancé à l'heure de minuit, quand tout sommeillera dans le couvent.

Fatoum achevait son récit, lorsqu'un bruit de pas retentit dans l'escalier. La porte s'ouvrit: l'hôtelier apparut.

— Tout est prêt, dit-il.

El-Zagher et son oncle sortirent, suivis de Fatoum. Quant au quatrième personnage qui avait assisté muet et en apparence indifférent à la scène qui précède, il laissa descendre ses compagnons et, passant le dernier près de l'hôtelier, il lui glissa quelques mots à l'oreille. Puis il rejoignit les autres muletiers qui se disposaient au départ.

Les rues étroites de Grenade étaient désertes. Quelques chiens aboyaient encore. Les muletiers se dirigèrent vers l'ancienne porte de Sidi-Kadi, située de l'autre côté de l'Alhambra. Lorsqu'ils eurent perdu de vue l'hôtellerie, la petite caravane s'arrêta sur un signe de Ben-Humeya.

— Chacun son rôle, dit le descendant des Abencérages. Pendant que Mohammed et Abd-ul-Kader mèneront les mules à la porte de Sidi-Kadi, nous procéderons à la délivrance de ma fille. J'irai dans sa cellule dont Fatoum m'ouvrira la porte, après m'avoir dirigé dans les allées des cloîtres. El-Zagher se tiendra dans le caveau, prêt à me secourir en cas d'alerte. Enfin, mon neveu El-Ghazil restera couché à l'entrée du souterrain, dont il gardera l'ouverture.

El-Ghazil, l'homme que nous avons vu à l'instant causer avec l'hôtelier, prit la parole :

— Je crois, mon oncle, dit-il, qu'il est imprudent pour vous de vous aventurer dans un pareil danger. Fatoum, il me semble, suffit pour aller ouvrir la cellule. Mon cousin El-Zagher attendrait dans le caveau dont je garderais l'entrée...

— Et moi, quel rôle jouerais-je donc dans cette délivrance? demanda Ben-Humeya.

— Seigneur, vous êtes notre émir, notre roi, répondit El-Ghazil; vous êtes un chef qui ne se remplace pas. Nous sommes jeunes... A nous le danger. Votre présence est inutile.

— Neveu, interrompit vivement le chef des Maures, nul homme n'a le droit de parler à ma fille; El-Zagher, son fiancé lui-même, ne peut, sans enfreindre nos lois, se trouver seul avec elle; c'est pourquoi j'irai.

— Qu'il soit fait selon votre volonté, répondit El-Ghazil.

A la voix de cet homme, Fatoum avait eu un tressaillement. Instinctivement, elle se rapprocha d'El-Zagher. Quelque chose semblait lui dire de se défier. Les femmes ont de ces sentiments de répulsion qui ne les trompent pas toujours. La caravane se divisa. Deux des faux muletiers, qui étaient en réalité des montagnards morisques au service de l'émir, se dirigèrent, avec les mules, vers la porte de Sidi-Kadi, pendant que le chef des Maures, ses deux neveux et la jeune esclave prirent la route qui devait les conduire au couvent.

Vers l'heure de minuit, ils traversèrent silencieusement l'avenue des Sycomores. El-Zagher souleva la lourde dalle de pierre; il entra le premier; Fatoum le suivit; puis l'émir. El-Ghazil demeura seul en dehors.

Un escalier rapide menait à un caveau étroit, espèce de long boyau dont El-Zagher connaissait les détours. Ce caveau se terminait derrière un tas de décombres couverts de ronces.

El-Zagher resta là.

Fatoum prit la main de l'émir :

— Suivez-moi, dit-elle à voix basse.

Elle le mena sous une allée ombreuse; arrivée à la porte de la chapelle, l'esclave ouvrit sans bruit, à l'aide d'une clef qu'elle avait dérobée. Elle entra sous la voûte sombre. Ben-Humeya la suivit en retenant son souffle.

Au fond de la chapelle, une lampe brûlait : à droite, près d'un confessionnal, une petite porte donnait accès dans la cellule des néophytes. En un tour de clef, Fatoum ouvrit cette porte.

Au fond de la cellule, une jeune fille vêtue de blanc veillait devant un prie-Dieu; au léger bruit de la porte, elle leva son visage pâli; puis elle bondit et tomba dans les bras de son père :

Quelques sanglots rompirent un instant le silence du cloître.

— Fuyons, murmura Fatoum.

Et les trois musulmans traversèrent de nouveau la chapelle. Au moment où ils en sortaient, elle s'emplit de grandes lueurs; des soldats y entraient par la porte opposée.

— O mon père, on nous poursuit !

— Silence, enfant, tu vas nous perdre; le caveau est là !

En trois secondes, ils ont franchi l'allée. Les lumières les poursuivent. A l'entrée du caveau, El-Zagher les attend.

— Hâtons-nous, murmure le fiancé. Nous avons le temps encore.

Il s'enfonce le premier dans le souterrain. Les fugitifs se dirigent à tâtons. Pas un mot, pas un souffle ne trahit leur fuite. quand la voix étranglée d'El-Zagher rompt lugubrement le silence :

— Malédiction ! Nous sommes trahis ! le caveau est fermé... la dalle... O la maudite pierre !... aidez-moi... tâchons de la soulever.

— Je vous dis qu'ils sont là ! cria une voix à l'entrée du caveau. Entrez donc, soldats ; avez-vous peur ?

Le souterrain s'emplit de lumières ; le sang des musulmans se glace. Nadrouna s'évanouit dans les bras de son père ; El-Zagher, interdit, oublie qu'il porte un long poignard sous sa tunique.

Seule, Fatoum songe à se défendre ; elle mord à belles dents le soldat qui veut la garrotter.

Les autres suivent les soldats sans mot dire.

A la sortie du souterrain, ils se trouvent en face de leur hôtelier.

— Seigneur Antonio, dit celui-ci, je suis désespéré de vous déranger dans votre galant rendez-vous, mais j'appartiens au saint office, et nous autres, gens d'affaires, ne connaissons que l'argent ; une bonne prime est attachée à votre capture.

El-Zagher détourna la tête. Cet être lui sembla d'autant plus abject, que c'était un musulman converti au christianisme, un renégat vendu à l'inquisition.

Dans une salle du couvent, un juge du saint-office les attendait pour les interroger.

El-Zagher parle le premier. Il a repris tout son sang-froid.

— Je me nomme Antonio, dit-il, je suis muletier. Je viens de Madrid et j'espérais reprendre ce soir la route de cette ville, mais Dieu en a disposé autrement. Mon camarade, Ferdinand, que voici, avait fait la conquête d'une négresse ; il voulait l'emmener, mais la négresse ne voulait pas partir sans son amie ; cela faisait justement mon affaire...

— El-Zagher ! El-Zagher, vous mentez, interrompt le juge. Le saint-office sait tout, voit tout, entend tout.

Le jeune Maure courba le front et refusa ensuite de répondre aux questions qui lui furent posées. Les autres musulmans imitèrent son exemple.

Pendant que le juge les interrogeait sans pouvoir en tirer une seule parole, une troupe de soldats se tenait dans la salle voisine. L'officier qui commandait ces soldats les avait assemblés autour de lui et leur donnait ses ordres.

— Au bout de l'avenue, leur disait-il, vous verrez un homme debout dans l'ombre, le long d'un sycomore ; vous le verrez, mais la consigne est de ne pas le voir.

— Comment cela ? demanda un soldat, en ouvrant des yeux étonnés.

— Certainement, bélître, répondit l'officier, vous verrez cet homme, mais vous tournerez la tête de l'autre côté, comme si vous ne l'aviez pas vu. — Cet homme tirera à lui un de nos prisonniers, le vieux ; il vous l'arrachera, la consigne est encore de ne pas le voir.

A ces mots, un murmure éclata :

— Comment ! grommela un caporal, on relâche le vieux, l'émir, le brigand Ben-Humeya, celui qui a fait périr trois mille Espagnols il y a huit jours à peine ! Combien veut-on donc qu'il tue de chrétiens ?

— Caporal, reprit l'officier, je ferai demain mon rapport sur votre manière de discuter la consigne. Pas d'observations.

Le juge de l'inquisition entra en ce moment. L'officier se découvrit respectueusement et s'approcha pour recevoir ses instructions.

— N'oubliez pas, lui dit tout bas le juge, que la liberté de Ben-Humeya sera plus utile à la cause du christianisme que sa captivité. Le soulèvement des montagnards doit être entretenu pour motiver les mesures que nous prenons contre les Morisques de Grenade et de toutes les Espagnes.

— Et puis, la guerre est nécessaire au soldat, opina l'officier avec un sourire malin.

— C'est cela, appuya le juge. La guerre, c'est l'avancement ; l'officier veut devenir capitaine ; tant pis pour ceux qui tombent.

Là-dessus, le juge salua froidement et se

Mort d'El-Ghazil (page 12).

retira; on garrotta solidement El-Zagher; quant à son oncle, on eut soin de lui attacher les poignets avec une simple ficelle, comme si l'on ne se fût pas défié de ses forces.

Nadrouna et Fatoum restèrent prisonnières au couvent, où les religieuses se chargèrent de les tenir au cachot.

La troupe partit, emmenant les deux musulmans.

Au bout de l'avenue, un homme se tenait debout, dans l'ombre; Ben-Humeya vint passer près de l'arbre qui le dissimulait à peine. L'homme allongea la main, saisit le bras de l'émir, le tira à lui et l'entraîna. Ben-Humeya suivit sans comprendre; l'homme prit sa course, tenant toujours le bras du chef musulman. Celui-ci courut avec lui; il donna une secousse à la ficelle qui lui retenait les mains, puis il se trouva libre de ses mouvements. Il fuit, effaré, dans l'ombre, sous les arbres.

Il n'avait pas fait cent pas, que la voix de l'officier retentit:

— En voici un qui se sauve, courez! courez!

Ben-Humeya avait des ailes. Son guide l'entraîna dans une petite rue, puis dans une autre.

Enfin, ils s'arrêtèrent.

— Ah! mon oncle, dit le libérateur essoufflé, mon oncle, que je suis heureux d'avoir pu vous délivrer!

C'était El-Ghazil.

L'émir le pressa sur son cœur et le baisa au front :

— Hélas! murmura-t-il, ce n'est pas moi qu'il fallait délivrer.

El-Ghazil pressa la main du chef maure :

— Les autres aussi, dit-il d'une voix sombre, seront rendus à la liberté, mais c'est à nos cimeterres qu'ils devront leur libération. Là-haut, dans les montagnes des Alpujarras, une armée de fidèles nous attend. C'est à la tête de nos soldats que nous réclamerons les prisonniers. Peut-être dès demain viendrons-nous dans Grenade même briser leurs fers.

— Qu'Allah exauce tes vœux! murmura Ben-Humeya.

Et les deux chefs musulmans se dirigèrent vers la porte de Sidi-Kadi, où leurs mules les attendaient toujours sous la garde des deux faux muletiers.

Arrivés au lieu du rendez-vous, ils contèrent en peu de mots leurs mésaventures aux montagnards; puis ils s'éloignèrent de la ville au trot de leurs montures et s'engagèrent dans les étroits sentiers qui mènent sur les sommets escarpés des sierras de Névada. Au jour naissant, Ben-Humeya se retourna vers la ville de Grenade, dont les minarets se doraient des premiers rayons du soleil levant.

— O vieille cité de mes ancêtres, s'écria-t-il avec amertume, vieille capitale où régnaient les Abencérages, n'auras-tu donc jamais que des prisons pour les descendants du Prophète? Oh! non, car tes palais, tes mosquées sont à nous. Tu nous reviendras, et peut-être avant peu.

Les musulmans avaient atteint le sommet des premières montagnes; avant de descendre les pentes opposées qui devaient leur faire perdre de vue les rives du Xenil et du Darro, ils jetèrent un dernier regard vers cette ville où ils espéraient revenir bientôt en maîtres.

Enfin, ils s'élancèrent dans la direction des Alpujarras. Un doute obsédait péniblement l'esprit de l'émir.

— Neveu El-Ghazil, demanda-t-il d'un ton grave, comment la dalle avait-elle été reposée sur l'ouverture du caveau? Car enfin, c'est cette pierre qui nous a trahis... Nous pouvions fuir encore.

— Oncle Ben-Humeya, répondit El-Ghazil sans le moindre trouble, des soldats se sont approchés... J'ai crié : « Alerte! voici du monde! » Les chrétiens avaient des torches; je craignais d'être aperçu; je me couchai à l'ouverture et je criai encore : « Cousin El-Zagher, voici des gens armés! » Il ne m'entendit pas, sans doute. Les soldats venaient droit dans ma direction; je m'éloignai en rampant. Arrivés près de l'ouverture, ils semblaient la chercher, comme des hommes qui n'auraient eu que de vagues indications. Enfin, je les vis refermer le caveau, et plusieurs d'entre eux, debout sur la pierre, s'opposèrent à ce qu'on la soulevât.

— Mais qui donc a pu trahir notre secret? demanda Ben-Humeya.

— Les murs ont des oreilles, répondit sentencieusement le neveu. Dans les hôtelleries, le silence est d'or.

Ces paroles frappèrent l'émir.

— En effet, murmura-t-il, nous ne nous sommes pas assez défiés de notre hôtelier; un espion qui se cachait certainement pour épier toutes nos actions et entendre nos moindres paroles. Ah! vienne l'heure de la vengeance, et tous ces renégats auront à rendre compte de leurs trahisons.

Le lendemain, les fugitifs arrivèrent au milieu de leurs soldats. L'étendard de la guerre sainte flottait sur la cime des montagnes. Une armée imposante s'était constituée. On y trouvait des Maures de Cordoue et de Grenade, restes de la vieille puissance musulmane. La partie la plus solide de cette armée se composait de montagnards; enfin, il y avait une cohorte de Maures d'Afrique, accourus au secours de leurs frères d'Europe.

La troupe des musulmans, plus puissante par la haine qui l'animait que par le nombre des soldats qui la composaient, possédait des munitions et une retraite sûre dans les rochers de Ronda, qui terminent l'Espagne du côté de Gibraltar. Toute la côte était en insurrection. Le chef élu, l'émir Ben-Humeya, avait remporté un grand succès quelques jours auparavant; encore un effort, et la route de Grenade allait devenir libre; le croissant dominerait encore les monuments de la vieille cité arabe.

A cette seule pensée, tous les cœurs bondissaient de joie et d'espérance. L'émir avait pris le commandement des troupes, mais il avait délégué une partie de son autorité à son neveu, son libérateur, El-Ghazil, devenu son lieutenant.

L'armée se mit en marche dans un ordre parfait.

C'est avec fierté que Ben-Humeya voit défiler ces milliers de soldats qui marchent avec assurance vers Grenade, la terre promise des Maures.

Les musulmans descendent dans la plaine; devant eux, les postes ennemis fuient en désordre; on fait quelques prisonniers. On apprend que Grenade est plongée dans la consternation. L'inquisition poursuit avec rapidité le procès d'El-Zagher et des deux jeunes filles. Tous les trois seront brûlés vifs, mais il faut un jugement, une condamnation, des apparences de légalité.

Les musulmans frémissent d'indignation, lorsqu'un soldat espagnol leur dit que Nadrouna, la fille de l'émir, a été mise à la torture. Le sang du Prophète a coulé sous la main d'un tortionnaire. On crie vengeance, on demande à marcher sur Grenade; on jure de délivrer les captifs.

L'armée s'avance sans rencontrer de résistance sérieuse. Çà et là quelques escarmouches. Il semble que les chrétiens se cachent.

Un soir, un transfuge se présente aux avant-postes musulmans. C'est un Maure de Grenade qui s'est échappé de cette ville. Il demande à parler au chef, à l'émir. On le conduit devant Ben-Humeya :

— Je suis, lui dit-il, porteur de graves nouvelles : votre fille, votre neveu, votre esclave sont condamnés à être brûlés vifs. Déjà le bûcher se dresse dans la ville. L'exécution aura lieu dans trois jours. Les fidèles musulmans qui habitent encore Grenade préparent un soulèvement pour sauver le sang du Prophète; mais ils ne peuvent agir que s'ils sont soutenus par une attaque extérieure de Grenade. Il faut occuper les chrétiens; il faut leur livrer bataille sous les murailles mêmes de la ville, pendant que les habitants révoltés se rueront sur les soldats chargés de conduire les victimes au supplice.

Ben-Humeya fixe un regard pénétrant sur le transfuge :

— Qui t'a chargé d'un pareil message? lui demande-t-il.

— Les conspirateurs eux-mêmes, seigneur, les conspirateurs, dont je suis un des chefs. D'ailleurs, votre neveu El-Ghazil me connaît bien; il sait quels sont mes sentiments et quel degré de confiance on peut m'accorder.

El-Ghazil est appelé. A la vue du musulman, il sourit :

— Qu'Allah protége le fidèle Ben-Farraz ! crie-t-il; on peut avoir toute confiance en lui.

Il se fait répéter le message, et déclare qu'il faut attaquer la ville dans trois jours, au moment même où l'exécution doit avoir lieu :

— Pendant la confusion qui accompagnera la bataille, ajoute-t-il, nos amis de Grenade pourront se soulever avec quelque chance de succès, et alors nos chers captifs seront délivrés.

— Que la volonté d'Allah s'accomplisse ! murmura Ben-Humeya.

— Alors, je puis retourner à Grenade annoncer cette bonne nouvelle à nos conjurés? demanda le Maure.

— Certes, il faut les avertir, répondit El-Ghazil. Je vais t'accompagner jusqu'aux avant-postes.

El-Ghazil et Ben-Farraz traversent le camp. Nul ne les surveille.

— Quels sont les ordres que tu m'apportes? demande El-Ghazil à voix basse.

— J'apporte l'ordre d'attaquer Grenade par la porte de Sidi-Kadi. L'insurrection a produit tous ses résultats, il est temps qu'elle soit écrasée.

Sans un mot de plus, El-Ghazil quitte le transfuge et rentre dans sa tente.

Pendant deux jours, tout fut en mouvement dans le camp des Maures; chacun se prépara à une action décisive.

L'armée se mit en marche pendant la nuit qui précédait le moment de l'attaque. Elle fit un long détour pour dissimuler son arrivée; pas un ennemi ne se montra.

Le soleil levant éclaira les croissants à une lieue des murs de Grenade. Les troupes musulmanes étaient en ligne, prêtes à tenter l'escalade des murailles. Elles comptaient sur un grand succès, car elles croyaient surprendre une ville sans défenseurs.

Quel n'est pas l'étonnement des soldats, lorsqu'ils voient sortir de Grenade et défiler devant eux une immense armée de chevaliers chrétiens!

Du haut d'une colline, Ben-Humeya compte les cohortes ennemies.

— Dix contre un! murmure-t-il; on nous a trompés! Qu'Allah punisse les traîtres!

Il donne l'ordre de battre en retraite. Il est trop tard : un ennemi jusqu'alors invisible s'est rendu maître de la route par laquelle on est arrivé.

D'épais bataillons de chrétiens se précipitent, la lance en avant. Tout cède à leur masse compacte. Autour de Ben-Humeya se concentre une résistance désespérée, mais inutile. Les deux ailes fuient débandées après un combat de moins d'une heure.

La confusion est partout. Ben-Humeya a perdu son cheval. Il se retire sous sa tente; il y trouve son lieutenant El-Ghazil.

— Neveu, s'écrie l'émir, un cheval et en avant!

— Inutile, répond El-Ghazil, en donnant toutes les marques du plus profond découragement... Nous sommes trahis.

— Oui, nous sommes trahis, mais le traître ne trahira plus, crie un homme en se précipitant sous la tente.

Cet homme est El-Zagher qui accourt, les habits en désordre, l'œil hagard.

A sa vue, El-Ghazil fait un geste pour tirer son cimeterre. Il n'a pas le temps d'achever son mouvement, un fer le frappe en plein cœur. Il ouvre la bouche toute grande et tombe la face contre terre.

— Malheureux! qu'as-tu fait? crie l'émir en se jetant sur son neveu.

Sans répondre, El-Zagher se dégage vivement, ouvre la tunique de son cousin, déchire la chemise d'El-Ghazil, et montre, sur la poitrine du mort, un chapelet auquel est attaché un crucifix.

— Chrétien! dit-il d'une voix sourde, agent de l'inquisition! traître à ses frères!

L'émir se recule avec horreur.

— J'ai tout appris pendant le cours de mon procès. C'est lui qui a enlevé ma cousine, ma fiancée...

— Nadrouna, demanda l'émir, où est Nadrouna?

— C'est lui qui l'a livrée aux religieuses...

— Où est-elle? Ne la ramènes-tu pas?

— C'est lui qui nous a renfermés dans le caveau. Il était jaloux! jaloux de notre amour; il a causé la ruine des Abencérages; il a causé la mort de Nadrouna...

— Nadrouna! morte! Que dis-tu? cria l'émir en se prenant la tête entre les mains.

Le jeune Maure redressa sa taille svelte; il tendit la main du côté de Grenade.

— Là-bas, dit-il, là-bas; ils l'ont brûlée... vive...

Ben-Humeya tomba foudroyé sur le sol.

— Et maintenant, rugit El-Zagher, à mon tour de mourir !

Trois jours après, on trouva son cadavre au milieu d'un champ de blé.

Au moment où il sortit de la tente de son oncle, la déroute était générale. Chacun se sauvait à son corps défendant. Quelques soldats musulmans entrèrent sous la tente où se tordait Ben-Humeya, sanglotant et mordant l'herbe.

— Il n'est pas mort, dit un soldat.

— Il n'est même pas blessé, ajouta un autre.

— Faut-il le laisser là? demanda un troisième.

— Pas le moins du monde, se hâtèrent de crier les autres; nous devons sauver notre émir.

Quand Ben-Humeya reprit ses sens, il était dans la montagne ; quelques fidèles l'avaient attaché sur le dos d'un mulet.

— Où sommes-nous? demanda l'émir d'une voix affaiblie.

— Dans la sierra de Malaga, répondit un soldat.

— Où sont nos troupes ?

— Nulle part.

— Où est l'ennemi ?

— Partout.

— Comment cela ?

— Les chrétiens, conduits par des traîtres, occupent tous les défilés de nos montagnes. Si nous échappons, c'est qu'Allah aura opéré un prodige en notre faveur.

— Où allons-nous? interrogea de nouveau l'émir.

— Nous espérons rejoindre les monts de Ronda, notre dernier rendez-vous, répondit le soldat.

— Détachez-moi; je sens que mes forces reviennent.

Deux jours après, l'émir arriva dans les montagnes inaccessibles de Ronda ; quelques soldats s'y étaient déjà réfugiés, d'autres les rejoignirent. Ben-Humeya parvint à en rassembler quelques centaines. Il continua la guerre de partisan pendant plusieurs mois, mais sans aucun succès.

Vaincu en toute rencontre, poursuivi, traqué de rocher en rocher, trahi par un grand nombre des siens, il ne lui resta plus d'autre ressource que de fuir le sol de l'Espagne.

Un soir, il descendit sur la grève, où l'attendait une barque africaine. Le fils du Prophète était vêtu de haillons. Sa barbe inculte était devenue blanche. Il entra dans la barque; deux fidèles musulmans l'y suivirent ; c'était tout ce qui restait de son armée. L'émir s'accroupit dans le fond de l'esquif; ses yeux rougis étaient honteusement baissés.

La barque s'éloigna sur une mer calme. Une légère brise du nord la poussait vers l'Afrique. Elle vogua ainsi pendant une heure.

— Décidément, où allons-nous? demanda brusquement le patron du petit bâtiment.

Cette question tira l'émir de sa stupeur. Il se redressa. Son visage avait repris toute son énergie.

— Nous allons à Oran, répondit-il d'un ton sec.

Et se retournant vers la terre d'Espagne, que les premières ombres de la nuit assombrissaient au loin :

— O pays natal ! s'écria-t-il, pays natal, quelque chose me dit que je ne te foulerai plus... mais je visiterai souvent tes rivages... Je ne m'éloigne pas pour toujours... Le sang des musulmans sera vengé... La guerre cruelle continuera. Pas de pitié !... Puisque la terre m'échappe, il me reste les mers. Nous poursuivrons les chrétiens sans relâche. L'émir Ben-Humeya, le noble Abencérage, le fils du Prophète, combattra jusqu'à son dernier souffle... Il ne peut plus être soldat, il se fera pirate...

CHAPITRE II

LES PIRATES MOGHREBINS

Chute de l'empire arabe en Espagne. — Les derniers Abencérages. — Les pirates du Moghreb. — Ximénès. — Jeronimo Vianelli. — Les Espagnols s'emparent de Mers-el-Kebir. — Nouvelles déprédations des Maures. — Une expédition est organisée et dirigée par Ximénès en personne. — Prise d'Oran. — Sac de cette ville. — Pierre de Navarre. — Son expédition de Bougie. — Un aveugle rendu à la lumière. — Le *pegnon* d'Alger. — Prise de Tripoli. — Echec de Pierre de Navarre dans l'île de Gèvres. — Fin malheureuse de ce général espagnol.

Pendant près de huit siècles l'islamisme régna sur l'Espagne. Tolérant, civilisé, amolli par une longue paix, il laissa vivre et se développer à ses côtés la religion chrétienne qui grandit, se fortifia et devint bientôt assez puissante pour lutter contre lui.

L'une des conditions de vitalité du catholicisme c'est le combat : vaincu, il ploie ; mais vainqueur, il broie. Charlemagne catholique brûlait dans de grandes cages les Saxons qui repoussaient le baptême, au moment même où l'islamisme laissait aux chrétiens d'Espagne le libre exercice de leur religion et la jouissance de leur liberté.

Devenu le plus fort en Espagne, dans ce pays que les Arabes avaient transformé en paradis terrestre, et qui ne devait pas tarder à devenir un désert, le christianisme se fit persécuteur ; il créa l'esclavage pour les musulmans ; les anciens dominateurs de l'Espagne n'échappèrent à la servitude que par l'émigration. Les uns s'enfuirent jusqu'en Afrique ; mais le plus grand nombre se réfugia dans l'émirat de Grenade, dernier boulevard de l'Islam. Bientôt même cet asile, envahi par les troupes de Ferdinand le catholique, fut livré à toutes les horreurs que les Castillans pouvaient commettre dans un pays conquis. Dès les premiers jours de sa victoire, Ferdinand abandonna les vaincus aux évêques et aux moines ; des missionnaires, investis de pleins pouvoirs, traînèrent les musulmans au baptême ou au martyre.

Ferdinand avait accordé aux derniers des Abencérages une capitulation qui lui avait livré l'Andalousie entière. Une fois maître, ce prince, que des moines adulateurs, fanatiques, avides, insatiables, nous ont représenté comme le modèle des rois catholiques, oublia ses promesses et donna libre carrière à ses instincts féroces. Impitoyable pour tout ce qui n'était pas chrétien, servilement dominé par les intrigues du clergé, il fit saccager les bourgs et les villages de l'Andalousie et rejeta sur les côtes de l'Afrique une population paisible qui, jusqu'alors, avait fait la richesse de l'Espagne et qui, maintenant, ruinée, affolée de représailles, ne pouvait plus vivre que de la guerre.

Poursuivis, traqués comme des bêtes fauves, forcés d'abandonner une terre qu'ils croyaient à eux, les musulmans de l'Andalousie allèrent demander à l'antique Mauritanie, devenue le *Moghreb* des Arabes, un refuge contre l'intolérance des chrétiens qu'ils avaient autrefois traités plus généreusement. La guerre entre catholiques et musulmans prit le caractère sauvage qui convient aux luttes religieuses. D'un côté la persécution, de l'autre la vengeance, partout le fanatisme. Les deux religions s'étaient juré haine à mort. De tous les ports du Moghreb les exilés, affamés de vengeance, s'élancèrent sur de frêles embarcations et vinrent porter le ravage sur les côtes de l'Andalousie.

On vit les pirates *Moghrebins* insulter impunément des contrées où leurs pères, amollis par une longue prospérité, n'avaient pu se maintenir.

Salé, Tanger, Oran, Alger, Bougie, Tunis, Tripoli, devinrent autant de repaires d'où les pirates rayonnèrent sur les côtes d'Europe. Bientôt enrichis par la victoire, donnant droit de cité aux renégats de tous les pays, les descendants de ces exilés créèrent ces étranges républiques qui luttèrent pendant plusieurs siècles contre les forces de toute la chrétienté. Les représailles de la piraterie furent aussi impitoyables que la persécution des Espagnols avait été effrénée. Les Castillans avaient créé l'esclavage ; ils en furent victimes à leur tour. Chaque jour, des centaines de malheureux, surpris sans défense, allèrent sur la terre africaine subir toutes les horreurs de la servitude.

« Les troupes espagnoles s'efforçaient vainement de porter sur tous les points un secours qui, chaque fois, arrivait trop tard. L'ennemi passait comme la tempête, frappait comme la foudre et disparaissait impuni par des routes ignorées ; et quand les chevaliers de Castille accouraient sur le théâtre de ses dévastations, ils ne trouvaient que les traces fumantes de l'incendie, la solitude jonchée des cadavres de tout ce qui avait résisté, et le deuil de quelques vieilles femmes éplorées dont les pirates avaient dédaigné la capture.

« L'effroi causé par ces déprédations, auxquelles, par une sorte de vengeance intelligente de la part des Maures, les nobles et les moines d'Espagne payaient plus cruellement que le peuple un sanglant tribut, devint si intolérable que Ferdinand le Catholique, harcelé de plaintes universelles, fut obligé d'ordonner, en 1504, les préparatifs d'une croisade africaine.

« Le fanatisme du clergé, dominant un roi dévot, avait attiré sur l'Espagne toutes les calamités qu'une juste Providence inflige, tôt ou tard, aux violateurs du droit des gens.

« Les tribus arabes, soulevées sur toute la côte du Moghreb par les horribles récits des tortures infligées à leurs coreligionnaires, menaçaient les vainqueurs d'une conquête nouvelle qui fonderait, cette fois, son avenir sur l'extermination.

« Le trésor de Castille, épuisé par les frais d'une longue guerre, ne pouvait subvenir aux besoins d'une entreprise lointaine. Le peuple, accablé d'impôts, dont le chiffre énorme était devenu insuffisant, murmurait de toutes parts. Un cri d'angoisse général accueillit seul l'appel à la croisade.

« L'Espagne, maudissant en secret les moines aux pieds desquels elle prodiguait son or et ses génuflexions, s'agitait sur un volcan.

« Mais au milieu de cette crise apparut un grand homme ; tandis que les moines, gorgés de luxure, tremblaient au fond de leurs cloîtres, un moine, élevé par son génie aux premières fonctions de l'État, se leva tout à coup pour sauver le royaume.

« Fray Francisco Ximénès de Cisneros, religieux cordelier, archevêque de Tolède et primat d'Espagne, était devenu le premier ministre de Ferdinand V. Esprit ardent, cœur ambitieux, politique insinuant et habile, Ximénès rêvait la conquête de la Palestine au profit de sa patrie ; il avait déjà réussi, par sa haute position, à entraîner dans une ligue, dont le but véritable était caché, les rois de Portugal et d'Angleterre, lorsque les événements d'Afrique donnèrent un autre cours à ses projets.

« A cette époque, un riche marchand de Venise, nommé Jeronimo Vianelli, que ses affaires de commerce avaient mis à même de connaître en détail les côtes et les principales villes du littoral africain, se trouvant en Espagne, fut appelé auprès du premier ministre, qui n'eut pas de peine à l'engager, par la perspective d'une récompense, à lui fournir tous les renseignements qu'il possédait sur l'état de ces plages inconnues.

« Vianelli traça en relief, sur des tables de cire, un plan détaillé des abords d'Oran et de Mers-el-Kebir, foyer des pirates que l'Andalousie voyait chaque jour débarquer sur ses rivages.

« Ximénès comprit de quelle importance pouvait devenir la possession de ces points pour ses futurs desseins de conquête [1]. »

Oran, que les Arabes nomment *Ouharan* (lieu escarpé), était défendu par sa position autant que par ses tours nombreuses. On y comptait plus de 6,000 maisons d'une grande richesse. Comme cette ville ne possédait pas de port capable de recevoir de gros navires, on devait d'abord s'emparer de Mers-el-Kebir (en arabe le Grand-Port) qui se trouve dans la rade. Ces deux villes ne formaient qu'une seule et même république qui se gouvernait librement sous la protection peu onéreuse du sultan de Tlemcen.

Attaquer cette république semblait d'autant plus malaisé que l'argent, nerf de toute guerre, faisait défaut. L'or du nouveau monde n'affluait pas encore vers l'Espagne; la richesse publique s'engloutissait dans les couvents; le peuple s'habituait à vivre d'aumônes, nulle pensée généreuse ne pouvait soulever cette nation mûre pour la servitude.

La noblesse possédait encore du sang castillan dans les veines; mais c'était tout ce qu'elle pouvait offrir; de l'or, le roi lui-même n'en avait pas; on n'en trouvait que chez les prêtres et les moines. Ximénès, riche comme un prélat espagnol, leva une armée de 10,000 hommes et s'engagea à subvenir à leur entretien pendant deux mois, au moyen des énormes revenus de son archevêché de Tolède.

Si tous les autres grands dignitaires de l'Église avaient imité son exemple, nul doute que l'Afrique eût été conquise; mais les prélats étaient loin de partager le zèle de Ximénès. Quelques-uns offrirent des prières pour le succès de l'expédition, d'autres blâmèrent ce projet de croisade, pour n'avoir pas à s'y intéresser.

Néanmoins une escadre fut armée; la plus noble jeunesse s'enrôla; Diégo Fernandez de Cordova, vieux guerrier d'une brillante réputation, tint à honneur de commander les troupes de débarquement; don Raymond de Cordoue fut placé à la tête de l'armée de mer; don Diégo de Véra eut l'artillerie sous ses ordres; enfin Jéronimo Vianelli fut attaché, en qualité de guide, au quartier général.

Le 3 septembre 1505, cet armement sortit de Malaga et, contrarié par les vents, n'arriva que le 9 devant Mers-el-Kebir.

A la vue des pavillons d'Espagne, les habitants courent aux armes; le rivage se couvre de défenseurs qui s'opposent sans succès au débarquement. Le 10, les assaillants ayant gagné la plage sans éprouver de pertes sensibles, se fortifient dans leur camp, tandis qu'une troupe d'élite va reconnaître les abords de la place.

Le rocher sur lequel se dresse le fort de Mers-el-Kebir est entouré d'eau de trois côtés; il fallait donc l'attaquer du quatrième côté, celui du sud, où le fort est dominé par un mamelon où les défenseurs s'étaient fortifiés. Les Espagnols, pour s'en rendre maîtres, durent lutter contre une vigoureuse résistance qui coûta beaucoup de sang de part et d'autre; enfin la victoire leur resta; ils y établirent leur artillerie pour mettre le fort entre son feu et celui de l'escadre.

C'est en vain que le sultan de Tlemcem envoie au secours des assiégés une troupe nombreuse et aguerrie; un événement fortuit hâte le dénoûment de la lutte.

Le gouverneur de Mers-el-Kebir est tué d'un coup de canon; sa mort jette le trouble dans la garnison; la défense faiblit; les assaillants deviennent plus entreprenants; quelqu'un prononce le mot capitulation; un drapeau parlementaire est arboré; les Espagnols accordent la condition suivante:

[1]. P. Christian, *Pirates et Corsaires*.

Il se fera pirate... (Page 13.)

Les Maures auront trois jours pour évacuer la place et emmener librement leurs familles et leurs richesses. (23 octobre.)

Telle fut la condition qui fit ouvrir les portes de Mers-el-Kebir. Le chef des chrétiens exécuta la convention avec la plus grande fidélité. On raconte qu'un soldat s'étant permis d'insulter une femme, fut aussitôt arrêté, jugé, condamné à mort et exécuté.

Fernandez de Cordova envoya aussitôt une galère annoncer à Ximénès, resté en Espagne, que l'*Afrique était conquise.* Des prières publiques furent ordonnées dans tout le royaume pour rendre grâce à Dieu d'une conquête qui allait, croyait-on, assurer la sécurité des côtes espagnoles. On ne tarda pas à s'apercevoir de l'erreur que l'on com-

mettait en prétendant avoir pris l'Afrique ou tout au moins la clef de cette partie du monde. On ne tenait rien.

Les Maures, qui s'étaient d'abord enfuis d'Oran, revinrent dans cette ville, quand ils virent que les chrétiens ne l'attaquaient pas. Les 10,000 hommes enrôlés par Ximénès rentrèrent dans leurs foyers, au bout de deux mois, parce que les ressources du prélat étant épuisées, il devenait impossible de leur fournir des vivres.

Enfermé dans Mers-el-Kebir avec une garnison insignifiante, Cordova se vit attaquer de toutes parts. Ayant fait une sortie avec les deux tiers de ses gens, il tomba dans une embuscade où tout son monde périt.

Presque au même moment, au mois de

juillet 1507, les pirates pillèrent un village sur la côte d'Andalousie, égorgèrent les hommes, les femmes et les enfants, et livrèrent aux flammes le butin qu'ils ne purent emporter. L'effroi des Espagnols allait grandissant.

Ximénès, qui venait d'être élevé à la dignité de cardinal, obtint du roi un blanc-seing lui abandonnant la haute direction des affaires ; il prit, malgré son grand âge et les critiques des courtisans, la résolution de conduire lui-même une nouvelle expédition en Afrique.

Il leva un impôt sur les monastères et sur les églises. Pierre de Navarre fut chargé de se rendre à Malaga, pour y surveiller sans délai la levée d'une armée de 14,000 hommes. Ce capitaine, brave et considéré, mais peu habitué à obéir aux ordres d'un prêtre, apporta tous les retards et tous les empêchements aux projets du cardinal dont il blâmait ouvertement les plans. Poussé à bout, Ximénès s'arma du blanc-seing qu'il avait obtenu du roi, vint à Carthagène, en février 1509, et y organisa en personne l'armée expéditionnaire, malgré les actes d'indiscipline que la jalousie de Pierre de Navarre favorisait secrètement.

Enfin, la fermeté du cardinal parvint à déjouer tous les obstacles et, le 16 mai 1509, la flotte appareilla. Le lendemain, jour de l'Ascension, elle arriva devant Mers-el-Kebir. Les Maures, assemblés sur les hauteurs, purent compter ses 80 vaisseaux de guerre, suivis d'un immense convoi. Le débarquement, aussitôt commencé, ne se termina pas sans de graves dissentiments avec Pierre de Navarre, désireux d'attirer quelque désastre à l'expédition, afin d'en faire ensuite peser la responsabilité sur le cardinal. Chargé du débarquement, le général mit d'abord son infanterie à terre, puis il donna l'ordre de lever l'ancre pour porter la cavalerie du côté d'Oran.

Ximénès n'était pas si ignorant en matière militaire qu'il ne comprît de suite le danger d'un pareil mouvement. Il ordonna à son lieutenant de débarquer la cavalerie sous les murs de Mers-el-Kebir ; Pierre n'obéit que sous la menace d'une arrestation immédiate.

Le lendemain, à six heures du matin, le cardinal parut devant le front de bataille ; il enflamma l'ardeur de ses troupes par un chaleureux discours, et annonça l'intention de les mener lui-même au combat.

L'armée, électrisée par ses mâles paroles, gravit au pas de course les pentes escarpées qui la séparent d'Oran ; chaque hauteur devient le théâtre d'une lutte furieuse. Les Espagnols gagnent avec leur artillerie les sommets qui dominent la ville.

Étonnés de la rapidité de ces attaques, les défenseurs d'Oran sortent de leurs murs et se joignent aux Arabes de la plaine. Les marins de la flotte espagnole profitent de leur éloignement pour escalader les murailles qui donnent sur la mer ; ils n'y rencontrent aucune résistance. En moins d'une demi-heure, six étendards chrétiens se déploient victorieusement au-dessus des remparts.

Cette conquête, faite avec une rapidité presque fabuleuse, excita d'abord autant de surprise que d'admiration ; mais presque aussitôt les courtisans, contrariés du succès obtenu par un vieux prêtre, cherchent à amoindrir son triomphe en prétendant qu'il s'était ménagé à prix d'or des intelligences dans la ville, et que l'entrée des chrétiens à Oran avait été facilitée par la trahison vénale d'un juif et de deux Maures, qui livrèrent une porte aux assaillants. Ces critiques, appuyées par le témoignage d'écrivains sincères, n'amoindrissent en rien la gloire de Ximénès ; il nous semble, au contraire, qu'elles rehaussent sa réputation. L'art du vainqueur ne consiste pas à triompher dans des flots de sang, mais à vaincre en renversant les obstacles par les moyens qui lui coûteront le moins de monde.

Mais où le conquérant déshonore sa victoire et se montre indigne d'elle, c'est quand il en profite pour égorger les vaincus. Jamais Turenne, Napoléon, Hoche et les plus illustres généraux n'autorisèrent leurs soldats à souiller un succès par la féroce exécution des gens désarmés.

Mais les guerres religieuses, bien plus exaspérées que les luttes politiques, amènent forcément l'extermination du vaincu. Les Espagnols ternirent leur succès par les plus odieuses cruautés. Tout ce qui tomba sous la main du soldat fut mis à mort. Les habitants effrayés s'étaient réfugiés dans les mosquées; ils y furent égorgés sans pitié. Les chrétiens nagèrent toute une nuit dans le sang des vieillards, des femmes et des enfants; enivrés de carnage, ils tombèrent de lassitude dans les rues et s'éveillèrent le lendemain pêle-mêle avec 4,000 cadavres. Le butin s'élevait à 500,000 écus d'or, provenant du pillage des 1,500 boutiques et 6,000 maisons comprises dans Oran. C'est à peine si les vainqueurs avaient perdu 30 hommes tués.

En entrant dans la ville conquise, Ximénès, qui professait les vrais principes de la religion chrétienne, ne put retenir ses larmes; il déplora et blâma les excès commis par son armée. Désespéré de ne commander qu'à des fanatiques aussi cruels, aussi féroces que les Maures; révolté par l'horrible spectacle de tant de victimes, il ne songea plus qu'à quitter le théâtre de sa victoire, et revint à Carthagène le 23 mai.

Mais comme les plus grands hommes ne sont pas toujours supérieurs à leur siècle, il n'abandonna point cette terre d'Afrique sans y établir un tribunal d'inquisition pour la conversion des juifs.

Le bruit de cette extermination d'un peuple entier n'avait pas tardé à se répandre dans le Moghreb (Maroc, Tlemcen, Algérie actuelle et Tunisie). La guerre sainte avait été proclamée chez les musulmans; de toutes parts les défenseurs de l'Islam se disposent à une vigoureuse résistance. Oran est bloqué par les populations soulevées; mais la nombreuse garnison qui y est restée suffit à défendre ses remparts.

Pierre de Navarre, désireux de faire, lui aussi, une conquête glorieuse, rallie une escadre de vingt galères sur lesquelles il embarque l'élite de ses officiers et de ses troupes. Il part de Formentera le 1er janvier 1510 et arrive, le 6, devant Bougie, ville aussi redoutable aux chrétiens qu'Oran l'avait été avant sa capture; mais son peuple, trop riche, se laissait énerver par la mollesse et ne se sentait guère capable d'une sérieuse résistance. On y comptait huit mille maisons construites, les unes à l'italienne, les autres à la mode orientale; il s'y trouvait, en outre, de nombreuses écoles qui jouissaient d'une grande renommée et qui attiraient une foule d'élèves en philosophie, en médecine et en astrologie.

Pierre de Navarre débarqua de nuit. Le lendemain, au point du jour, il divisa sa petite armée en deux corps et exécuta une double attaque, par le bord de la mer et par les hauteurs.

En peu de temps, son artillerie fait une large trouée au mur d'enceinte, construit en pisé; il y précipite ses soldats; la ville tombe en son pouvoir; il y renouvelle les scènes du massacre d'Oran.

Le roi de Bougie, Abd-el-Rahman, s'enfuit dans les montagnes, où il compte rassembler une armée de kabyles; mais un incident imprévu déjoue ses projets. Il a fait brûler les yeux à son neveu, prince légitime de Bougie, qu'il tient prisonnier depuis longtemps enfermé dans la kasbah (citadelle). Un médecin espagnol réussit à rendre la vue à ce malheureux, en décollant les paupières qui avaient préservé la prunelle.

Abdallah, — c'est le nom du captif, — éprouva une telle reconnaissance de cette cure merveilleuse, qu'il conduisit, par des chemins détournés, l'armée de ses libérateurs jusqu'au camp de son oncle, qui fut surpris pendant la nuit et n'eut que le temps de s'échapper, laissant aux mains des chrétiens 1,600 prisonniers, 300 chameaux, des troupeaux considérables de chevaux, de bœufs et de moutons, des selles brodées d'or, des étoffes précieuses et une grande quantité d'argent travaillé.

Le bruit de ce succès répand l'effroi dans toutes les villes du littoral; Alger, soumise au roi de Bougie, offre sa soumission, donne des otages, fait sculpter sur ses portes les armoiries de Castille et celles d'Aragon et rend la liberté, sans rançon, à tous les esclaves qui encombrent ses bagnes. Les Espagnols construisent, sur un rocher qui s'élève dans la mer, à peu de distance, un château qui reçoit le nom de *Pegnon* d'Alger et dont la situation, à l'entrée du port, tient la ville en respect et rend impossible en même temps la sortie des pirates.

Le territoire de Bougie fut partagé entre l'Espagne et Abdallah, qui fit bâtir à ses frais deux forts très-rapprochés de la ville et dont la garde appartint à un corps espagnol.

Après avoir ainsi assuré la défense de sa conquête, Pierre de Navarre se dirigea vers Tripoli, entrepôt du commerce de Venise, de Gênes et de Malte avec l'intérieur de l'Afrique. Son escadre, conduite par Jeronimo Vianelli, apprit en arrivant, le 25 juillet au soir, devant Tripoli, que les habitants de cette ville avaient mis en sûreté dans les montagnes leurs familles avec leurs biens les plus précieux et qu'ils se préparaient à une formidable défense.

La côte est si basse qu'on la touche avant de l'apercevoir et qu'en certaines parties on peut faire une lieue en mer sans trouver plus de quatre pieds d'eau.

Les vaisseaux durent jeter l'ancre à près de deux lieues du rivage; Pierre de Navarre tenta sa descente dans des bateaux à rames. Mais les pilotes, se trompant, dans l'obscurité d'une nuit sombre, dévièrent de la ligne la plus courte et, au point du jour, les Espagnols se trouvèrent en face d'une grève couverte d'ennemis.

Le débarquement s'opéra néanmoins sans grandes pertes. A neuf heures du matin, Pierre de Navarre donna le signal de l'assaut, qui se livra avec tant d'impétuosité qu'après une heure de combat les remparts furent escaladés; mais il fallut, ensuite, prendre les maisons une à une. Les mosquées et les tours étaient pleines de défenseurs qui se défendirent avec acharnement et se firent tuer presqu'au dernier avec le courage de gens désespérés qui savent bien que de toute façon ils sont perdus. Plus de 6,000 Maures périrent dans cette sanglante journée. La ville fut saccagée comme l'avait été Oran; il n'y resta plus un habitant musulman.

Enorgueilli par ses victoires, le général espagnol, ne croyant plus à la possibilité d'un revers, jure d'écraser la piraterie jusque dans ses derniers retranchements. Il se dirige vers l'île de Gelves, rendez-vous d'audacieux déprédateurs qui ravagent la Sicile, l'Italie, la Sardaigne et la Corse. C'est là que vient échouer sa fortune.

Arrivés sur le sol, dépourvus de vivres, haletants de soif, ses soldats marchent pendant plusieurs heures sous un soleil brûlant; parvenus à un bois dans lequel se trouvent plusieurs puits, ils ont l'imprudence de jeter leurs armes pour se disputer quelques gorgées d'eau saumâtre. Une nuée d'ennemis les entoure; les Espagnols surpris se laissent gagner par la frayeur; ils fuient dans tous les sens, comme des moutons effarés. Pierre de Navarre cherche vainement à les retenir; sa voix n'est plus écoutée par cette foule démoralisée que les Maures fauchent comme des épis.

600 hommes parvinrent seuls à échapper au désastre; 3,000 avaient péri. L'infortuné général veut se réfugier à Tripoli avec les débris de sa troupe; mais, pour comble de

malheur, une affreuse tempête submerge ses vaisseaux. Pierre de Navarre, craignant le ressentiment d'un roi ingrat pour ses généraux victorieux et implacable pour ses officiers vaincus, trahit sa patrie après avoir perdu sa renommée. Il passe, avec un grade obscur, au service de la France, alors en guerre avec l'Espagne. Peu après, il tombe entre les mains de ses compatriotes et, pour échapper au supplice réservé aux traîtres, il se pend dans sa prison.

Son ambition avait causé sa perte; la férocité de sa conduite dans les villes prises d'assaut avait soulevé la fureur des musulmans qui, se sentant trop faibles pour résister désormais à l'invasion des Espagnols, appelèrent à leur secours leurs coreligionnaires de Turquie.

CHAPITRE III

HAROUDJ LE PORTEFAIX, ROI D'ALGER

Le spahi Yakoub. — Débuts d'Haroudj. — Sa captivité. — Son surnom de *Barberousse.* — Son évasion. — Ses expéditions. — Il assassine son capitaine. — Prise d'un navire espagnol. — Haroudj entre triomphalement à Tunis. — Présent qu'il fait au sultan de cette ville. — Prise de deux galères du pape. — Expédition malheureuse contre Bougie. — Pillage de Minorque. — Nouvelle expédition de Bougie. — Défaite des Musulmans. — Haroudj est appelé à Alger. — Assassinat de Sélim-Eutemy. — La princesse Zaphire. — Tentatives de Barberousse sur cette veuve. — Zaphire demande à se retirer dans sa famille. — Ruses du forban pour l'amener à l'épouser. — Il veut prouver son innocence et cherche des coupables. — Ramadan Choulach ou un courtisan digne de son maître. — Comment on amène des innocents à se reconnaître criminels. — Mort de Ramadan. — Zaphire résiste encore. — Barberousse emploie la violence. — Zaphire a recours au poignard et au poison. — Mort de cette princesse. — Conspiration des Algériens. — Massacre des conjurés. — Le fils de Sélim appelle les Espagnols. — Tentative des chrétiens sur Alger. — Ils tombent dans un piège et sont exterminés. — Guerre entre Alger et Tunis. — Prise de cette dernière ville. — Expédition d'Haroudj contre Tlemcen. — Il prend cette capitale. — Intervention des Espagnols. — Mort de Barberousse.

Vers l'an de l'hégire 879, naquit dans l'île de Métélin (Lesbos), un enfant destiné à la plus audacieuse fortune.

A la suite de la conquête de cette île par Mohammed II, un spahi de Roumélie, nommé Yakoub, s'était fixé dans la ville de Bonava et y avait épousé la veuve d'un prêtre grec. De ce mariage, il eut deux filles qui furent élevées dans la religion chrétienne et quatre fils: Elias, Isahac, Haroudj et Kheïr-Eddin, qui suivirent la religion de leur père.

Yakoub, forcé de s'expatrier à la suite de quelque délit, se fit pêcheur et ne laissa en mourant d'autre héritage qu'une petite barque.

L'aîné de ses fils étudia le Koran pour devenir marabout; le second se fit charpentier, Haroudj matelot et le plus jeune potier.

Haroudj, doué d'une vaste ambition et supportant difficilement sa pauvreté, se rendit à Constantinople où il obtint un emploi de surveillant des forçats sur une galère.

Ses débuts furent des plus malheureux. Dès sa première sortie, la galère qu'il montait rencontra, à la hauteur de Candie, une armée navale des chevaliers de Rhodes. Le combat fut rude; les Turcs furent vaincus; Haroudj resta prisonnier des chrétiens; son frère Elias, qu'il avait décidé à le suivre, périt dans la lutte.

Attaché pendant deux ans sur le banc des rameurs, le futur roi d'Alger fit le muet. Les chrétiens, ignorant son nom, le surnommèrent *Barbe-rousse*, en raison de la couleur de sa barbe. Profitant d'une tempête qui jeta contre des récifs la galère sur laquelle il ramait, il brisa la chaîne qui l'attachait à son banc et se précipita à la mer.

Sa force herculéenne le sauva. Après une heure d'efforts, il atteignit le rivage et trouva un asile dans la cabane de paysans chrétiens. Quelques jours après, il se rendit à Satalie, ville musulmane où se trouvait Kheïr-Khan, gouverneur de Karamanie.

Haroudj dépeignit éloquemment au gouverneur les souffrances qu'il avait endurées pendant les deux années de son esclavage ; il sut si bien l'intéresser que Kheïr-Khan lui confia un petit bâtiment pour croiser aux environs de l'île de Rhodes.

Encore malheureux, Haroudj fut surpris par plusieurs galères chrétiennes ; il perdit son navire et n'échappa qu'à grand peine à une seconde captivité.

Désespéré, il retourna à Satalie, d'où son protecteur le chassa honteusement. Il se rendit alors à Constantinople et, réduit à la misère, n'eut d'autre ressource que le métier de portefaix.

Quelque temps après, engagé comme timonier à bord d'un brigantin, il fomente une révolte, assassine son capitaine d'un coup de hache, s'empare du commandement, se dirige vers les côtes d'Afrique et, en passant, s'arrête à Métélin pour revoir sa mère à laquelle il donne de l'or à pleines poignées.

La vue de ces richesses, si rapidement et si facilement acquises, fait naître dans l'esprit de ses deux frères, Isahac le charpentier et Kheïr-Eddin le potier, un grand désir de partager sa bonne fortune. Il se les associe et met à la voile. Près de Nègrepont, il rencontre une galiote turque.

Haroudj, devenu forban depuis l'assassinat de son capitaine, attaque sans s'occuper de la religion de ceux qu'il va combattre ; il s'empare de la galiote dont il donne le commandement à son frère Isahac, et continue tranquillement sa route.

Comme ils croisaient entre la Sicile et les côtes tunisiennes, les deux frères capturèrent après une lutte sanglante, un gros navire qui transportait à Naples 300 Espagnols, parmi lesquels se trouvaient 60 nobles.

Possesseur d'un riche butin, Haroudj entre triomphalement à Tunis aux acclamations des Maures accourus sur la rade. Il compose un présent qui doit lui attirer la faveur du sultan Muley-Ahmed ; il habille somptueusement les captifs qu'il veut offrir au souverain dont il brigue la protection. 50 chrétiens conduisent en laisse 30 dogues et 20 lévriers trouvés à bord du navire espagnol, ainsi que 80 faucons dressés pour la chasse.

Un des prisonniers avait avec lui ses deux filles d'une rare beauté ; on les fit monter sur de superbes chevaux arabes, magnifiquement harnachés, pour les conduire au sérail du sultan. Quatre femmes mariées avaient moins de valeur, quoiqu'elles fussent encore toutes jeunes. On les vendit dans le bazar de Tunis, et elles trouvèrent de riches acheteurs.

Une musique guerrière accompagna dans toutes les rues ce magnifique défilé ; les esclaves marchaient en tête, deux à deux ; puis venaient les présents consistant en étoffes précieuses, cassettes d'or et bijoux que les pirates vinrent eux-mêmes déposer respectueusement aux pieds du souverain.

Haroudj sut si bien se mettre dans les bonnes grâces de celui dont il voulait se faire un protecteur, qu'il en obtint un excellent vaisseau.

Après deux mois de repos et de plaisirs, il recommença ses expéditions, mais ne tarda pas à se brouiller avec le sultan qui voulait s'attribuer la part du lion sur le butin. Il résolut d'agir pour son compte personnel et vint croiser sur les côtes d'Italie.

Une galère du pape fond sur lui. La moitié de ses pirates se fait massacrer après des prodiges de valeur ; lui-même est pris et enchaîné. Dans cette situation critique, il ne désespère pas de sa fortune. Les chrétiens sont passés sur son brigantin pour le piller. D'un bras qu'on lui a laissé libre, Haroudj tire de son sein un poignard, le plonge dans la gorge du capitaine chrétien, coupe les liens dont on a chargé ses compagnons, saute sur les armes que les soldats ont imprudemment quittées, s'empare de la galère qui devait lui servir de prison, tourne son artillerie contre le brigantin, foudroie les chrétiens et, instruit par sa propre expérience, jette par-dessus bord tous ceux que la terreur fait tomber à ses genoux.

Il reste ainsi maître des deux navires. Il fait aussitôt revêtir à ses pirates les habits des Italiens et se dirige vers une autre galère qui s'approchait à force de rames pour assister au combat.

Celle-ci voyant le brigantin turc suivre à la remorque une galère portant le pavillon de la chrétienté, se laisse approcher sans défiance et ne reconnaît sa méprise que lorsque les pirates l'ont prise entre deux feux et la mettent dans l'impossibilité de résister.

Reconcilié du coup avec le sultan de Tunis, auquel il peut offrir maintenant de riches présents, il entreprend de reconquérir Bougie, dont les Espagnols se sont rendus maîtres en 1510, ainsi que nous l'avons dit. Le sultan met à la disposition du forban deux navires tunisiens et un convoi de vivres. Mais l'expédition fut malheureuse. Haroudj, débarqué avec cinquante Turcs, est atteint par le premier boulet que lui envoient les Espagnols; son bras est fracassé; il remet le commandement à Kheïr-Eddin, abandonne son entreprise et, n'osant rentrer à Tunis, se dirige vers les côtes d'Espagne, où il espère mourir dans un dernier combat.

Il arrive à l'île de Minorque et y trouve le rivage désert; il fouille les villages que son arrivée a fait abandonner; il arrive à un petit château de plaisance, entouré de beaux jardins, le prend d'assaut et capture quarante-trois Espagnols. Attaqué presque aussitôt par trois cents Minorquins, il se replie vers ses navires sans se laisser entamer.

En revenant, il met la Corse à contribution, pille plusieurs bâtiments et rentre à Tunis avec d'immenses richesses dont il donne, en fin politique, la moitié au sultan Muley-Ahmed.

Pendant que ses compagnons se livrent à la frénésie des plaisirs, il appelle auprès de lui les plus habiles chirurgiens d'Orient, qui parviennent à substituer un bras d'argent à celui qu'il a perdu à l'attaque de Bougie. Au printemps de l'année suivante (1515), il revient vers la ville devant laquelle il a subi un insuccès. Il s'allie avec un chef kabyle, nommé Ben-el-Kadi, attaque un vieux fort dont il se rend maître, et canonne nuit et jour le Château-Neuf. Mais les assiégés reçoivent des renforts, le siège traîne en longueur; Isahac, frère d'Haroudj, est coupé en deux par un boulet, les munitions des musulmans s'épuisent. Il faut battre en retraite.

Le pirate se retire à Djidjelli, chez son allié Ben-el-Kadi; de toute son armée, il ne lui reste plus que quarante Turcs; il est désespéré, ne possédant plus ni navires, ni soldats, ni protecteurs, lorsqu'une circonstance fortuite vient faire de lui le roi d'Alger.

Ferdinand le Catholique était mort le 23 janvier 1516. Les habitants d'Alger, fatigués de payer un tribut à l'Espagne, s'étaient donné pour chef un cheik de la plaine de la Metidja, Selim-Eutemi, d'une ancienne famille qui avait régné autrefois sur le pays. Selim avait accepté le pouvoir; mais ne se sentant ni la force ni le courage d'attaquer le *pegnon* élevé par les Espagnols sur l'îlot qui commande le port d'Alger, il pria le corsaire Haroudj de venir à son secours, lui promettant, en récompense, le titre de gouverneur d'Alger.

Haroudj intéresse à cette entreprise son allié Ben-el-Kadi, qui arme deux galères et réunit cinq cents montagnards pour marcher sur Alger.

C'est avec cette poignée de soldats qu'Haroudj entreprend de délivrer *Al-Djezaïr Moghrebi* (l'île de l'ouest). A l'insu des Espagnols, il entre dans la ville où il est reçu comme un libérateur. La diligence de Barberousse remplit les Algériens d'espérances sans bornes. Ils regardent ce pirate comme un foudre de guerre qui amène avec lui la victoire. Selim-Eutemi marche à son avance, accompagné des principaux habitants qui rendent au corsaire des honneurs presque divins et le conduisent en triomphe dans leur ville où il entre aux acclamations d'un peuple ivre de joie. Il loge dans le palais même du prince arabe; ses troupes sont traitées avec la plus grande libéralité; tout le monde se soumet au moindre caprice du forban qui s'enhardit peu à peu et forme le dessein de s'emparer d'Alger pour son compte personnel.

Il communique son perfide projet à ses officiers qui applaudissent et lui jurent un secret inviolable.

A leur instigation, les soldats turcs commencent à agir en maîtres dans la ville et dans les campagnes voisines où ils jettent le désordre, à la satisfaction de Barberousse, persuadé que leur conduite exciterait quelque trouble de nature à favoriser ses projets.

D'abord, il n'entreprend rien contre les Espagnols. Il attend, dit-il, un secours qu'il a demandé à Tunis. Bientôt, en effet, trois cents Turcs d'élite, armés d'arquebuses et munis de canons, débarquent de nuit au cap Matifou et se dirigent sur Alger, par la plaine. Ce n'est qu'une avant-garde qui annonce l'arrivée de plusieurs autres bandes aventureuses, que la renommée d'Haroudj attire sur ces rivages.

Le pirate fait construire une batterie destinée à canonner le pegnon; il l'arme et l'entoure d'une enceinte. Ses préparatifs terminés, il fait abattre les bannières de Castille et d'Aragon qui flottent sur les remparts en signe de soumission; aussitôt le feu s'ouvre.

Mais la pensée d'Haroudj est bien moins de chasser la petite garnison espagnole, dont il est médiocrement effrayé, que de gagner du temps pour se rendre maître d'Alger. Il brûle beaucoup de poudre, pendant vingt jours, sans faire aucun mal au pegnon.

Selim-Eutemi commençait à se repentir d'avoir appelé ce forban, qui le traitait d'une manière fort hautaine et ne daignait même plus le consulter; dans les cas les plus graves. Les habitants, de leur côté, ne cachaient pas leur mécontentement; quelques-uns prédisaient le sort réservé au prince arabe.

Voyant que l'on pénètre ses desseins, Barberousse comprend qu'il ne faut pas tarder à les exécuter en assassinant Selim pour se faire proclamer roi à sa place.

D'ailleurs, un autre mobile le pousse au crime : il a entrevu l'adorable princesse Zaphire, épouse de Selim. Depuis cet instant le repos le fuit; nuit et jour il pense à elle. Un incendie s'est allumé dans son cœur; pour l'éteindre, il lui faut la possession de la princesse et la mort de son époux.

L'amour et l'ambition l'agitaient continuellement et s'unissaient dans son esprit pour lui faire entrevoir les perspectives les plus radieuses. Selim une fois mort, rien ne s'opposait plus à son bonheur. Il épousait, lui, aventurier de basse extraction, l'illustre Zaphire, dont les aïeux faisaient remonter leur origine jusqu'à Mohammed, le prophète d'Allah. Par cette heureuse union, il entrait dans la grande famille arabe qui a, jusqu'à nos jours, conservé la pureté de son sang. Il imposait son autorité autant par le respect religieux que par la force des armes : il régnait paisiblement sur Alger et sur la Metidja.

Ébloui par ces projets, il épie Selim, son allié, son ami, son bienfaiteur. Il le surprend dans son bain ; il se précipite sur lui et l'étrangle au moyen d'une serviette ; puis il se sauve et revient bientôt avec une nombreuse suite sous prétexte de se baigner lui-même.

La vue de Selim le jette dans des transports d'une feinte douleur, pendant que ses affidés répandent le bruit que le prince s'est

Sac d'Oran par les Espagnols. (Page 19.)

évanoui dans son bain et qu'il est mort, faute de secours, mensonge qui trouve peu de crédules.

En même temps, Barberousse donne des ordres pour que ses troupes prennent les armes sans délai. Les Algériens, désabusés sur le compte du forban, n'osent bouger dans la crainte des Turcs, maîtres des remparts; ils se renferment prudemment dans leurs maisons, laissant les Turcs accompagner Barberousse à cheval par toute la ville, et le proclamer roi d'Alger au milieu d'une pompe vraiment orientale.

— Longue vie à Haroudj, invincible roi d'Alger, qu'Allah a choisi pour délivrer son peuple bien-aimé de l'oppression des chrétiens et pour les gouverner avec gloire et clémence, s'écriaient-ils à chaque carrefour; puis ils ajoutaient :

— Destruction à tous ceux qui s'opposeront à ce gracieux souverain !

Ces paroles menaçantes suffisent pour glacer de terreur les Maures de la ville. Barberousse, placé sous un dais et entouré de gardes, franchit sans obstacles les rues de la cité ; il entre ensuite dans le palais de l'ancien roi et s'empare du trône.

Ses soldats se rendent chez les principaux habitants et les requièrent d'avoir à venir sans retard aux pieds du nouveau souverain pour lui prêter serment de fidélité ; faute de quoi, la mort sera leur châtiment. Les Maures se laissent traîner devant ce singulier monarque, qui n'épargne ni solennelles harangues, ni démonstrations d'amitié, ni magnifiques promesses pour les attirer à sa cause. Après la cérémonie du serment, l'usurpateur se fit couronner et jura de gouverner son peuple avec équité, plutôt comme un père que comme un roi.

Tandis que le peuple, trompé par ces belles promesses, reprenait ses occupations ordinaires, le fils du prince Selim, persuadé que le meurtrier de son père ne reculerait pas devant un nouveau crime, s'enfuit à Oran, accompagné de deux domestiques seulement. Il se met sous la protection de l'Espagne ; il est reçu par le marquis de Gomarez, gouverneur de la place, avec toute l'affection et le respect dus à ses malheurs. Le jeune prince ne tarde pas à passer en Espagne pour solliciter la bienveillance de Ximénès.

Sans se préoccuper des desseins que les Espagnols pourraient avoir dans la suite, Barberousse, devenu roi, voulut jouir de tous les bénéfices de sa position ; mais pour en profiter en repos, il répara les fortifications de la citadelle et y mit une forte garnison turque avec toute l'artillerie nécessaire. Puis, sûr de tenir la ville, ce pirate fit sentir aux habitants tout le poids de sa tyrannie.

Dès qu'un Maure est soupçonné d'être son ennemi — et un semblable soupçon peut s'étendre à tous les habitants — il est étranglé sans aucune forme de procès. Les riches sont dépouillés de leurs effets ; de grosses amendes frappent ceux que l'on accuse de cacher leur argent. La terreur règne dans Alger ; dès que le tyran paraît dans une rue, les habitants ferment leurs maisons.

Tout le monde tremble, excepté une femme, l'infortunée Zaphire, que le crime du forban a séparée de son époux. Barberousse a l'audace de lui offrir la moitié de son trône ; elle repousse avec horreur une telle proposition, injurieuse pour elle. Il la poursuit, il l'obsède ; il la menace de ses brutalités.

Déchue de l'état de souveraine, sans un ami pour la défendre, elle saisit un poignard et cherche à s'en percer le sein ; mais ses femmes s'opposent à sa résolution désespérée, elles lui arrachent son arme.

Reculant devant des moyens de violence qui peuvent devenir dangereux pour lui, car les musulmanes ont souvent recours au poison ou au poignard pour se venger, Barberousse cesse de visiter Zaphire ; il compte sur le temps pour apaiser sa douleur. Il s'abstient même de lui envoyer faire des compliments ; il se contente d'ordonner qu'elle soit servie avec respect et entretenue de la manière la plus splendide.

Mais en même temps, il lui fait présent de deux belles esclaves, qu'il charge de surveiller tout ce qui se passera dans l'appartement de la princesse.

Le forban ne s'était pas trompé. Insensiblement, les agitations de Zaphire, trop vives pour durer toujours, se terminent par une douleur plus calme qui amène avec elle la tranquillité et la réflexion. Cette malheureuse princesse reconnaît que ses malheurs sont sans remède, et qu'il est impossible de venger son époux.

Elle consulte ses femmes ; chacune apporte son avis ; il est décidé que la princesse demandera à l'usurpateur la permission de se retirer dans sa patrie. Au moment où elle se dispose à supplier l'assassin, elle reçoit de lui une lettre, dans laquelle il tâche d'inspirer des sentiments favorables à la veuve qu'il croit consolée :

« Adorable Zaphire, image du soleil, lui dit-il, celui à qui tout cède, ne cède qu'à vous seule ; il est devenu votre esclave ; je me réjouis que vous ayez résisté au poids de votre affliction. Ne craignez point que je fasse usage de mon pouvoir pour vous forcer d'être à moi. Je vous conseille néanmoins de me donner votre cœur. Votre condition, aimable Zaphire, excitera l'envie de toutes les femmes de l'univers entier. Vous régnerez non dans l'obscurité, comme auparavant, mais comme la souveraine absolue de votre roi et de vos sujets. J'espère que ma valeur, secondée de mes troupes invincibles, mettra bientôt toute l'Afrique à vos pieds. Soyez maîtresse dans mon palais ; malheur à ceux qui auront la témérité de vous désobéir, et de ne point se prosterner à vos pieds. Tels sont mes ordres suprêmes. »

La déclaration était ardente ; elle ne fit que renouveler les premières agitations de Zaphire ; cette infortunée éclate d'abord en sanglots. Ses femmes ont mille peines à l'empêcher de répondre une lettre imprudente ; elle se résigne à repousser en termes ambigus les propositions du meurtrier et elle lui demande franchement l'autorisation de se retirer dans sa famille.

Tout cruel qu'il était, Barberousse fut touché des sentiments et de la douleur de Zaphire ; il différa encore de quelque temps l'accomplissement de ce qu'il désirait avec tant de passion. Sa brutalité était tenue en respect par la naissance, la fermeté, la vertueuse délicatesse de la veuve. Il voulut employer jusqu'au bout la douceur et l'insinuation sans y mêler la violence.

Certain qu'il ne lèvera pas les scrupules de Zaphire tant que planera sur lui le soupçon d'avoir assassiné Selim, il se résout à chercher un coupable. Il communique son intention à Ramadan Choulach, son principal confident ; il concerte les moyens de prouver son innocence. Ramadan se charge de découvrir lui-même les victimes pour tromper la multitude et satisfaire la princesse ; cet habile courtisan, qui a secondé Barberousse dans l'accomplissement de son crime, ne peut lui refuser son concours lorsqu'il s'agit de former le plan d'une nouvelle tragédie.

Il fit publier, par toute la ville, que Haroudj, informé que Selim avait péri d'une mort violente, offrait une forte récompense à celui qui dénoncerait l'assassin ou ses complices. Il fit mieux, il trouva un Arabe qui, ayant été au service du prince, prétendit connaître les coupables et dénonça trente personnes que l'on avait eu soin de lui désigner. Ce scélérat reçut la récompense promise, mais pour l'empêcher de se contredire ensuite, on lui coupa la langue, sous prétexte qu'il n'avait pas révélé plus tôt ce qu'il savait. Il ne pouvait plus parler ; sa déposition restait. Les trente prétendus meurtriers furent conduits devant le despote : c'étaient des gens pris dans la plus vile soldatesque de la milice turque. Ramadan les avait gagnés, pour justifier le corsaire. Il leur avait persuadé qu'en se déclarant coupables, ils s'assuraient un brillant avenir. Il leur avait juré de les faire secrètement transporter en Egypte, où Haroudj leur donnerait de quoi vivre dans l'abondance. Ces malheureux, éblouis par de si belles promesses, avouèrent leur crime supposé et furent condamnés à mort ; mais au lieu de les envoyer en Egypte, on les étrangla aussitôt le jugement. Un seul fut épargné, parce qu'il déclara avoir quelque chose à ajouter. Ramené devant les juges, il s'écria que lui et ses complices n'avaient agi que sur l'ordre de Ramadan, lorsqu'ils avaient assassiné le prince Selim.

Son accusation avait-elle pour but de se venger du courtisan, cause de sa mort, ou bien lui avait-on promis sa grâce s'il prouvait la culpabilité de Ramadan ? C'est ce que l'histoire ne nous apprend pas. Toujours est-il que le confident d'Haroudj fut étranglé en même temps que son accusateur.

C'est ainsi que son ministre fut pris dans ses propres filets et que Barberousse, débarrassé de son confident, crut s'être blanchi aux yeux du peuple. Les crédules, en effet, ajoutèrent foi à ses protestations. Pour donner une preuve plus éclatante de sa justice, il fit attacher, sur les murs de son palais, les têtes de ses victimes et il ordonna de traîner leurs cadavres hors de la ville.

Mais Zaphire, trop pénétrante pour se laisser séduire, ne fut pas dupe de ce stratagème ; en vain, le tyran imaginait avoir levé tous es obstacles qui s'opposaient à son bonheur. Tant de crimes, dont elle seule devinait le motif, engageaient cette princesse à persister dans sa première résolution ; elle se détermina à mourir plutôt que d'épouser un monstre qui entassait cruautés sur cruautés. Elle reçut avec mépris la lettre suivante :

« Incomparable Zaphire, me voilà purgé du crime affreux dont vous m'avez cru coupable ; rien maintenant ne peut vous détourner de m'épouser. Hâtez-vous de régner avec un pouvoir que vous n'avez point encore connu. »

Décidée à la résistance, elle répond aussitôt :

« La mort des innocents ne fait qu'augmenter mes scrupules ; ainsi, je vous déclare, seigneur, que je préfère la mort à un titre de souveraine que je vous devrais. Je verrai même avec joie terminer ma malheureuse existence si je ne puis obtenir de retourner dans ma famille. »

Outré de la résistance qu'il éprouve, le corsaire se résout enfin à employer la violence, puisque la douceur ne lui réussit pas. Il se rend dans l'appartement de la princesse, se jette à ses pieds et la conjure d'éteindre l'incendie qu'elle a allumé dans son cœur ; il la supplie, les mains jointes, de ne pas le repousser davantage.

Sa vue ne fait qu'irriter la veuve qui ne peut voir en lui que l'assassin de Selim. Elle le repousse avec horreur :

— Va, lui dit-elle, laisse-moi ; je n'ai rien à attendre de toi que la mort qui me réunira à mon époux.

D'abord confus, Barberousse, voyant qu'il ne peut apaiser la princesse par les expressions les plus tendres et les plus respectueuses, cesse de se contraindre.

Il se relève d'un air sombre et menaçant ; le désespoir a fait succéder la haine à son amour. Maintenant il parle en maître ; en se retirant, il annonce à Zaphire qu'il lui laisse vingt-quatre heures pour choisir entre la mort et la soumission.

Moins effrayée de ses menaces qu'offensée de la hauteur avec laquelle le pirate a osé lui parler, la princesse assemble ses femmes et leur annonce que, décidée à fuir un mariage avec cet ignoble forban, elle se prépare à mourir ; détermination qui occasionne un long débat. Quelques-unes de ses suivantes, qui n'ont pas les mêmes raisons de maudire l'existence, l'engagent vivement à dissimuler encore pour gagner du temps ; elle résiste à toutes leurs sollicitations ; elle les attire même à partager son sentiment ; toutes prennent la résolution de mourir avec leur maîtresse.

Le lendemain, à l'heure fatale, Barberousse arrive, brûlant d'impatience, et déterminé à vaincre toute résistance, même par la force. Avant d'entrer dans la chambre de la princesse, il renvoie toutes ses femmes, sous différents prétextes, et les fait garder à vue.

Puis il s'approche d'un air humble vers la princesse ; il lui parle avec douceur et respect ; enfin d'un ton ferme, il lui fait observer qu'elle est seule avec lui et que toute résistance est inutile désormais.

D'abord saisie de frayeur, elle a écouté ses paroles, sans oser interrompre le despote ; mais lorsque celui-ci élève la voix et veut parler en maître qui ordonne, elle reprend toute son énergie. Il s'approche ; elle veut fuir ; il la saisit ; elle se débat ; il porte sur son sein une main lascive ; elle le frappe d'un poignard qu'elle a caché sous sa robe.

Le coup, mal dirigé, n'atteint pas la poitrine du forban, qui reçoit seulement une blessure au bras ; il se retire pour se faire panser et revient, au bout d'un instant, résolu, cette fois, à satisfaire sa brutalité sur la princesse qu'il a eu soin de faire désarmer.

Mais il ne trouve plus qu'un cadavre ; la malheureuse a pris un poison foudroyant ; elle gît inanimée au milieu de son appartement.

Barberousse assouvit sa rage sur les femmes de Zaphire. Elles furent toutes étranglées et enterrées secrètement avec leur maîtresse. On fit courir le bruit qu'elles s'étaient sauvées sous un déguisement.

Tant de crimes ne pouvaient être continuellement dissimulés au peuple. A la haine générale contre l'assassin se joint le mécontentement soulevé par la soldatesque ottomane. Continuellement exposés aux insultes des Turcs, dépossédés de leurs effets, de leurs jardins et même de leurs maisons, les habitants se repentaient chaque jour davantage d'avoir appelé le corsaire à leur secours; ils commençaient à regretter la domination des Espagnols. Les principaux d'entre eux trouvèrent le moyen d'entretenir une correspondance secrète avec le gouverneur du pegnon et en même temps avec les Arabes de la Metidja qui avaient à cœur de venger la mort de leur prince Selim.

Un massacre général des Turcs est décidé. Les conjurés conviennent de mettre Alger sous la protection de l'Espagne.

Prévenu par un esclave chrétien qui vend le secret pour une promesse de liberté, Barberousse dissimule sa fureur, invite les principaux conspirateurs à se joindre à un brillant cortège qui doit l'accompagner à la grande mosquée pour y faire des prières; il les entraîne, au nombre de 60, dans le lieu saint, les y enferme, fait trancher la tête à 22 des plus qualifiés et ordonne de traîner leurs cadavres dans les rues.

Depuis ce jour la population n'osa remuer; Alger appartint aux Turcs. Mais un autre ennemi de Barberousse parut à l'horizon. C'était le fils de Selim, soutenu par les Espagnols.

Le cardinal Ximénès, dont la vieillesse n'usait pas l'énergie, envoya contre Haroudj une flotte commandée par Diego de Vera, capitaine des plus renommés.

Animé par le désir de venger sa famille, le fils de Selim avait répondu sur sa tête du succès de l'entreprise destinée à le remettre sur le trône de son père; il avait promis de reconnaître l'autorité de l'Espagne; on lui donna le commandement d'une partie des troupes. Il avait avec lui quelques Arabes expérimentés qui avaient suivi sa fortune; dès son arrivée, il fut joint par d'autres de ses adhérents. Mais le vrai secours sur lequel il put compter, se composait de 4,000 soldats de débarquement mis à sa disposition par le gouvernement de Ximénès.

Arrivée en vue d'Alger, la flotte espagnole eut le malheur d'être dispersée par une tempête qui jeta plusieurs bâtiments sur les rochers de la côte. Pendant ce temps, Haroudj prépare un piége tellement grossier que les chrétiens n'en soupçonnent pas l'existence.

Il les laisse entrer, sans leur résister, dans une ville dont toutes les rues sont creusées de trappes. Les Espagnols s'avancent en masse pressée. Des fosses profondes recouvertes de planches peu épaisses sur lesquelles on a répandu un peu de terre, croulent sous le poids des assaillants et engloutissent des rangs entiers. Au fond de ces excavations se dressent des pieux et des pointes de fer, qui embrochent les malheureux soldats.

Les Turcs s'élancent des maisons pour couper la retraite à ceux qui fuient; ils en font un affreux carnage. Ainsi périt, le 30 septembre 1516, une armée espagnole de 3,500 hommes. 100 hommes à peine échappèrent; 400 restèrent prisonniers des musulmans; tous les autres périrent.

Cet événement porta au comble la gloire d'Haroudj; les Turcs le considérant comme un être presque surnaturel, lui vouèrent un dévouement sans bornes.

Mais les Arabes, sur lesquels il fait peser un joug encore plus lourd qu'auparavant, s'assemblent pour conspirer et envoient une ambassade à Hami-Abdallah, roi de Tenez, pour lui offrir un tribut et lui demander un secours. Une telle proposition ne pouvait manquer d'être bien reçue par un prince jaloux de la puissance du Turc. Il assura les ambassadeurs que, pourvu que la couronne d'Alger fût établie dans sa famille, il ferait tous ses efforts pour exterminer Barberousse et ses soldats. Puis il partit sur le champ, à la tête de 10,000 Maures auxquels se joignirent les Arabes du territoire d'Alger.

Informé de ces mouvements, Barberousse se prépara à la plus vigoureuse résistance contre des ennemis nombreux mais armés seulement de flèches et de javelots. Il ne laissa qu'une faible garnison dans Alger dont il confia la garde à son frère Kheïr-Eddin. Ses forces ne consistaient qu'en 1000 Turcs armés de mousquets et 500 Maures de Grenade, portant également des armes à feu. C'est avec cette poignée de monde qu'il marche résolument au-devant de ses ennemis, qu'il les attaque et qu'il les met en déroute.

Forcé de chercher sa sûreté dans la fuite, Hami-Abdallah court s'enfermer dans sa capitale; Barberousse l'y poursuit, prend la ville de Tenez, la pille et force les habitants à subir sa domination, tandis que le légitime souverain se sauve dans les montagnes de l'Atlas.

C'est ainsi que Tenez devient le deuxième fleuron de la couronne de cet usurpateur, dont la réputation emplit toute l'Afrique. Les habitants du royaume de Tlemcen, divisés entre eux par des dissensions, appelèrent le pirate à leur aide pour les débarrasser de leur roi Abou-Zihan qu'ils accusaient de mauvaise administration et surtout d'avoir usurpé la couronne.

Ravi de l'occasion qui se présente d'augmenter ses États aux dépens des princes arabes, Barberousse fait venir d'Alger l'artillerie et les munitions nécessaires à une lointaine expédition. Puis il marche, à grandes journées, vers Tlemcen, augmentant à chaque étape son armée de nombreux contingents d'indigènes avides de butin.

Pendant que ceci se passait, le roi de Tlemcen ignorait encore la défection de ses sujets; mais dès qu'il eut appris que le féroce pirate s'avançait vers ses États, il marcha contre lui, à la tête de 6,000 hommes de cavalerie et de 7,000 fantassins.

La bataille se donna dans la plaine d'Aghad, près d'Oran. On combattit avec une égale valeur des deux côtés; mais l'artillerie perfectionnée des Turcs décida la victoire en leur faveur.

L'usurpateur de Tlemcen ne perdit pas seulement la couronne, il fut égorgé par ses propres sujets, qui envoyèrent sa tête au conquérant avec les clefs de leur capitale.

Barberousse parvient donc à entrer sans rencontrer de résistance, dans une ville qui aurait pu soutenir un long siège; puis lorsque ses Turcs sont maîtres de tous les postes, il se jette dans le palais du sultan légitime, qu'il est venu restaurer, et fait pendre celui-ci avec sept de ses fils, par la toile de leurs turbans, aux piliers de la galerie intérieure. Enfin il fait noyer dans un vivier les autres membres de cette famille infortunée.

Là ne se bornent pas ses cruautés. Il attire chez lui soixante-dix notables, sous prétexte de les faire voter pour un nouveau sultan et, sans raison, ni pitié, il les fait égorger.

Tant de cruauté soulève l'indignation générale. Les habitants, effrayés, appellent les Espagnols à leur secours; ceux-ci ne se font pas prier longtemps.

Au mois de septembre 1517, Charles-Quint étant venu prendre possession de la couronne d'Espagne, le marquis de Gomarez, gouverneur d'Oran, se rendit auprès de lui pour lui exposer la situation des affaires en Afrique; il amenait avec lui Abou-Haman, dernier rejeton des rois légitimes de Tlemcen. Ce prince sollicitait un corps de troupes pour chasser l'usurpateur étranger. Charles, amoureux des expéditions glorieuses, lui accorda une armée de dix mille hommes qu'il plaça sous les ordres du gouverneur d'Oran. Ils furent joints, après leur débarquement, par le jeune prince Selim, qui revendiquait ses droits sur Alger et recrutait une multitude d'Arabes et de Maures.

A la première nouvelle de cette expédition, Barberousse demanda les secours que son allié Muly-Hamed, roi de Fez, s'était engagé à lui fournir, par un traité signé peu auparavant. Mais le roi de Fez mit tant de retard à exécuter cette clause du traité, que le corsaire, ne voulant pas donner aux chrétiens le temps d'envahir ses États, courut au-devant du danger sans attendre davantage le renfort promis. Son armée ne se composait que de quinze cents Turcs armés de mousquets et de 500 cavaliers maures.

Une première rencontre avec l'avant-garde espagnole lui est défavorable; écrasé par le nombre, il est forcé de fuir. Un corps de l'armée chrétienne surprend, entre Oran et Tlemcen, six cents Turcs qui viennent d'Alger au secours d'Haroudj. Les musulmans, cernés, capitulent; ils s'engagent, pour prix de leur liberté, à rétrograder vers Alger; mais la capitulation ne fut pas exécutée, car un soldat chrétien s'étant pris de querelle avec un musulman, fut tué par ce dernier. Sa mort donna le signal d'une affreuse boucherie où les Turcs, trois fois moins nombreux que leurs adversaires, furent exterminés jusqu'au dernier.

Martin d'Arcote, chef des chrétiens, s'élance aussitôt du côté de Tlemcen; il arrive devant cette ville, où il a de nombreux affidés. Barberousse, qui se sent haï, veut fuir du côté du Maroc. Il jonche le chemin de pièces d'or, de monnaies d'argent, de bijoux et de vaisselle, pour retarder la marche de ses ennemis. Malgré cette amorce tentante, les Espagnols savent dompter leur avarice naturelle. Ils joignent l'usurpateur à huit lieues au delà de Tlemcen et tombent avec vigueur sur son arrière-garde. Il revient sur ses pas pour dégager ceux de ses soldats qui sont trop compromis; lui-même est enveloppé; il se défend avec une trentaine d'hommes dévoués contre tout un corps d'armée. Cloué à terre d'un coup de lance, il résiste encore jusqu'à ce qu'un Espagnol, le saisissant par derrière, lui tranche le col.

Ainsi mourut, en mai 1518, le célèbre Haroudj dit Barberousse, fondateur de la puissance turque dans le Moghreb. Sa tête, plantée sur un drapeau, fut envoyée à Oran et, de là, en Espagne, où on la fit passer, hideux trophée, de ville en ville, de bourgade en bourgade.

Ses soldats turcs, aussi féroces, aussi fourbes que lui, le pleurèrent; mais la chrétienté respira un instant, et le nord de l'Afrique se crut délivré de l'odieux forban sans foi ni loi qui, depuis deux ans, s'imposait partout par la terreur de son nom.

Ses crimes ne produisirent qu'un affaiblissement de l'islamisme, car les Maures, effrayés de la cruauté ottomane, ne virent d'autre moyen de s'en délivrer qu'en se mettant sous la protection des Espagnols. C'est ainsi que Tlemcen se soumit à payer au roi de Castille un tribut annuel de douze chevaux et de 1,200 ducats d'or, en reconnaissance du service que les chrétiens avaient rendu à cette ville en la débarrassant de l'horrible Barberousse.

CHAPITRE IV

KHEIR-EDDIN

Les Espagnols ne profitent pas de leur victoire. — Hugo de Moncada attaque Alger. — Une tempête détruit sa flotte. — Défaite des Espagnols. — La vengeance turque. — Horrible massacre des captifs chrétiens. — Kheïr-Eddin vassal du sultan de Constantinople. — Firman de Selim. — Kheïr-Eddin abandonne Alger. — Il y revient. — Prise du pegnon. — Kheïr-Eddin rappelé à Constantinople. — Il s'empare de Tunis. — Expédition de Charles-Quint contre cette ville. — Prise et sac de Tunis par les Espagnols.

Les Espagnols ne surent point profiter de leur victoire. Au lieu de couper le mal dans sa racine en attaquant Alger, avant de donner aux Turcs le temps de se reconnaître, ils craignirent d'entreprendre une marche de plus de quatre-vingts lieues à travers des contrées inconnues.

Kheïr-Eddin, frère et successeur d'Haroudj, était d'abord tombé dans une profonde consternation ; il parlait de chercher son salut dans la fuite avec les débris de ses aventuriers levantins et les vingt-deux navires composant sa flottille. Revenu bientôt de sa première terreur, il prit ses mesures pour une vigoureuse défense.

Don Carlos, plus tard Charles-Quint, devenu roi d'Espagne, comprit enfin que la possession d'Alger pouvait seule arrêter l'essor de la puissance ottomane en Afrique. Hugo de Moncada, vice-roi de Sicile, fut chargé de lever une armée de cinq mille hommes et de réunir les vaisseaux nécessaires à une nouvelle expédition. Sa troupe d'élite, choisie avec soin parmi les soldats habitués à combattre les musulmans, parut, le 15 août 1518, devant Alger où régnaient la crainte, la défiance et la confusion. Seul, Kheïr-Eddin a conservé son assurance. Sommé de se rendre, il repousse avec dédain cette proposition ; il annonce qu'avant peu la mort de son frère sera vengée ; il profite de l'inaction de ses ennemis pour relever le courage des habitants.

Le 21 août, s'élève un vent du nord qui, croissant d'heure en heure, dégénère bientôt en une violente tempête. Les vaisseaux espagnols, précipités les uns contre les autres, se brisent comme s'ils étaient de verre. Quatre mille hommes périssent dans cette journée ; vingt-six navires se perdent sur le cap Caxines. Des nuées d'Arabes, encouragés par la vue de ce désastre, entourent le camp des Espagnols ; ceux-ci battent en retraite. Arrivés sur le bord de la mer, après avoir éprouvé des pertes considérables, ils profitent d'un moment de calme pour se rembarquer. La tempête reprend ensuite avec plus de fureur qu'auparavant. Un galion, plein de soldats, est jeté à la côte ; assailli par des milliers de Maures, il se défend pendant deux jours et ne capitule que sous la condition que tous les hommes conserveront leur liberté.

On mène les prisonniers devant Kheïr-Eddin :

— Que ceux qui sont nobles se placent à ma droite, ordonne le roi d'Alger.

Le commandant du galion et une douzaine de seigneurs lui obéissent.

— J'aurais le droit de vous faire trancher la tête pour venger le meurtre de mes Turcs, assassinés par Martin Arcote, au mépris d'une capitulation, continue le musulman ; mais une telle action serait indigne d'un vrai croyant. Les nobles resteront esclaves de mes serviteurs ; les autres jouiront seuls de la liberté promise ; ils retourneront en Espagne dire que Kheïr-Eddin est aussi miséricordieux que redoutable.

La catastrophe qui anéantit le projet des

Zaphire et Barberousse. (Page 28.)

chrétiens, enfla tellement le courage des pirates que bientôt les bagnes algériens ne purent contenir les esclaves; le nombre de ces derniers devint même si grand que les Turcs s'inquiétèrent du danger qu'une révolte pourrait faire naître.

Kheïr-Eddin adresse au gouverneur d'Oran des propositions relatives au rachat de ces malheureux; il ne reçoit pas même de réponse. Offensé de se silence, il ordonna un massacre général des captifs.

On les conduit au bord de la mer, comme pour les employer au sauvetage des navires espagnols échoués et engravés sur des bas-fonds de sable. Quand ils sont tous assemblés, les Turcs se jettent sur eux, le cimeterre au poing. Trois mille chrétiens sont égorgés comme des moutons par le boucher; soixante-quatorze seulement échappent en se jetant à la mer; ils sont repris et jetés dans des cachots.

Cette hideuse exécution fait enfin sortir de son mutisme le gouvernement espagnol. Le roi Carlos envoie 120,000 ducats d'or au commandant du *pegnon* d'Alger pour la rançon des malheureux qui ont survécu. Mais Kheïr-Eddin, que la vue du sang n'a fait que rendre plus cruel, repousse les offres tardives de ses ennemis. Bête féroce, il lui faut de nouvelles victimes. Trente-six chrétiens sont traînés devant la porte de la Marine et leur décollation est donnée, de loin, en spectacle à la garnison du pegnon.

Kheïr-Eddin, ne mettant plus de bornes à

ses espérances, méditait l'asservissement de tout le nord de l'Afrique ; mais pour réussir dans ce projet, il lui fallait absolument le concours du Sultan de Constantinople. Il comprenait qu'un empire arabe ou maure était devenu impossible ; et que pour résister à la fois aux chrétiens et aux princes indigènes, il devait se placer sous la protection de l'empire turc. Sacrifier son indépendance, c'était édifier sa puissance. Il envoya donc à Constantinople un député porter son hommage aux pieds de l'empereur des Ottomans. Celui-ci n'eut garde de repousser un pareil allié.

Il accepta les riches présents que lui envoyait Kheïr-Eddin, présents dont quatre vaisseaux étaient chargés. Puis il envoya à son nouveau vassal un riche étendard, accompagné d'un *firman* ou écrit, scellé du sceau impérial, par lequel le puissant souverain déclarait aux habitants d'Alger qu'il avait agréé leur hommage et que désormais sa protection leur serait acquise comme aux plus fidèles de ses sujets.

Au retour de son envoyé, Kheïr-Eddin réunit la milice turque et les notables de la ville, il lit le firman du sultan Selim qui le nomme lieutenant de l'empire d'Afrique ; il déploie respectueusement le grand étendard tricolore (rouge, jaune et vert) parsemé de croissants d'argent, qu'il a reçu de Constantinople en signe d'investiture. Ce drapeau est arboré sur les terrasses de la Djenina, palais des souverains d'Alger, au centre de la ville. Des fêtes publiques célèbrent pendant trois jours et trois nuits cet heureux événement qui élève Alger au rang d'État politique sans gêner son indépendance.

Peu après son firman, le sultan Sélim envoya à son lieutenant un corps de deux mille Turcs dont le concours était indispensable aux projets de Kheïr Eddin. C'est avec cette petite armée que ce dernier poursuit l'œuvre commencée par son frère.

Les Arabes ne reconnaissaient pas son autorité. Les innombrables tribus de la plaine et de la montagne, déchaînées comme un torrent, lui faisaient la guerre avec tant de furie que, pendant deux années, il fut réduit à se défendre dans Alger.

Les Maures de cette ville, ennemis naturels des Turcs, conspirent pour se débarrasser de leurs dominateurs ; trahis par un des leurs, ils sont écrasés.

Pris entre les Arabes, les Espagnols du pegnon et les Maures d'Alger, désolés par la famine, les Turcs finissent par se décourager. Ils abandonnent la ville aux Arabes et se rembarquent. Ils tentent sur Bone une attaque malheureuse. Puis ils reviennent à Alger, en chassent les Arabes et rétablissent leur autorité avec plus de force que jamais. Leur piraterie s'organise sur une vaste échelle. Alger devient le rendez-vous de tous les écumeurs de mer sans asile : les côtes de la Méditerranée sont livrées à des ravages incessants. Un célèbre corsaire, Cacci-Diablo, fait aux chrétiens une guerre sans merci, tandis que Kheïr-Eddin poursuit les Arabes, les vainc à Cherchell et étend au loin la domination ottomane.

Débarrassé de ce côté, le lieutenant de Selim songe enfin au célèbre pegnon, sur lequel flotte toujours l'étendard de Castille et d'Aragon.

Après plusieurs tentatives inutiles pour s'en rendre maître ou pour forcer les Espagnols à l'abandonner, il s'avise d'un stratagème qui ne réussit pas quoique parfaitement imaginé.

Il instruit deux jeunes Maures de ses vues et les envoie vers le fort. Ils demandent à y être admis, sous prétexte de se convertir au christianisme. Le gouverneur les reçoit chez lui, les catéchise et les prépare lui-même au baptême.

Jusque-là, tout allait au gré des traîtres : nul ne se méfiait de leur prosélytisme, lorsqu'un jour de Pâques, pendant que la garnison était à l'église, un domestique du gouverneur aperçut les deux petits Maures donner, du haut d'une guérite, des signaux à la ville, au moyen de la mousseline qui forme leur turban.

Soupçonnant quelque trahison, ce domestique court jeter l'alarme dans l'église ; les soldats sautent sur leurs armes ; les deux traîtres sont arrêtés ; on les menace de la question s'ils n'avouent pas la vérité ; ils confessent le stratagème de Kheïr-Eddin ; ils reconnaissent avoir donné des signaux pour avertir les musulmans que le moment de l'attaque était arrivé pendant que les chrétiens se trouvaient à la messe.

Après cet aveu, les prétendus prosélytes furent pendus à de hautes potences placées sur les murailles du fort, bien en face de la ville, pour annoncer aux musulmans que leur complot était découvert.

Furieux à cette vue, Kheïr-Eddin jure de ne se donner ni paix, ni plaisir avant d'avoir pris ou détruit la forteresse. Il envoie un officier au gouverneur pour le sommer de se rendre et lui offrir une capitulation honorable. Il le menace, en même temps, de passer la garnison au fil de l'épée s'il s'obstine à se défendre. Mais le brave Espagnol, incapable d'une lâcheté, répond en ces termes :

— Dites à Kheïr-Eddin que je suis Castillan et que les menaces d'un petit vice-roi ne sauraient me faire trahir mon devoir ; dites-lui, en outre, que je serai ravi d'être attaqué parce que cela me fournira l'occasion de donner la preuve de mon dévouement à mon roi.

Quand il reçoit cette réponse, Kheïr-Eddin assemble un conseil de ses officiers ; tous jurent par le Koran de se faire tuer devant cette place ou de l'emporter de vive force.

Sur ces entrefaites, un vaisseau français vint s'échouer près du port d'Alger. Comme la France était en paix avec les pirates, le capitaine de ce navire demanda la permission de transporter sa cargaison à terre et de radouber son bâtiment. Il obtint tout ce qu'il voulut ; mais à une condition : c'est que pendant qu'on travaillerait au radoub, il prêterait les canons de son vaisseau, dont Kheïr-Eddin avait le plus pressant besoin. Refuser, c'était s'exposer à un massacre. Le capitaine dut donc consentir à ce que voulut le vice-roi et l'artillerie française fut mise en batterie en face du Pegnon.

Au commencement de 1529, Kheïr-Eddin attaque cette petite place ; il l'entoure de 45 vaisseaux chargés de canons, la bombarde, à l'aide de boulets rougis au feu. Les murs de cette petite forteresse s'écroulent sur ses défenseurs, au nombre de 150. Mais ceux-ci ne se rendent pas. Attaqués par 5,000 musulmans, ils se défendent jusqu'au dernier. Le Pegnon ne fut pris que le 21 mai, après un siège fameux dans les annales militaires de l'Espagne. Le brave gouverneur, criblé de blessures, tomba, encore vivant, dans les mains des musulmans qui le coupèrent en morceaux et le jetèrent à la mer. Le fort, rasé jusqu'au niveau du sol, fut reconstruit sur un nouveau modèle et relié à la terre par une digue qui existe encore.

Tous les esclaves chrétiens furent occupés à cet ouvrage ; les travaux, poussés avec une extrême vigueur, furent terminés en moins de trois mois et cela sans aucune dépense pour Kheïr-Eddin.

Maître définitif d'Alger, le chef des Turcs profite de l'effet moral produit par ses succès, pour couvrir la mer de ses navires. Ses corsaires en viennent à redouter si peu les Espagnols qu'ils croisent continuellement le long de leurs côtes. Ils débarquent même quelquefois sur leur territoire, détruisent les villages, brûlent les maisons et emmènent des centaines de captifs dont ils obtiennent ensuite des rançons.

Le 15 octobre 1529, Cacci Diablo attaque, près de Formentera, une flotte espagnole qu'il bat complètement. Il s'empare de six bâtiments chargés d'immenses richesses.

Les musulmans, enhardis par de si brillantes victoires, font des descentes multipliées sur les côtes d'Espagne ; ils brûlent les villages, traînent les habitants en captivité et ne craignent pas de faire des pointes jusqu'à trois lieues dans les terres.

La chrétienté tremblait. Cadix était menacée par une armée navale algérienne composée de plus de soixante navires de guerre. Les côtes de France n'étaient pas à l'abri des déprédations, si bien que François Ier envoya une escadrille française au secours de l'Espagne. L'intervention de la France arrêta les projets de Kheïr-Eddin sur Cadix.

Pendant ce temps, l'illustre André Doria combattait avec avantage les flottes du sultan Soliman et mettait l'empire ottoman en danger de périr. Les Turcs sont forcés de concentrer leurs forces ; Kheïr-Eddin est rappelé à Constantinople pour prendre le commandement des troupes navales du sultan. Tout en se rendant à sa destination, au mois d'août 1533, il brûle la ville de Kio, dans l'île d'Elbe ; capture ou détruit treize navires génois à la hauteur de Piombino et arrive à Constantinople avec quarante bâtiments de guerre.

Aussitôt débarqué, il s'empare de la confiance de Soliman et déjoue les intrigues des courtisans qui s'écriaient qu'il serait honteux de mettre la marine impériale sous les ordres d'un forban, fils de renégat. Malgré ces intrigues, on le nomme amiral ; il organise en peu de temps les forces de l'empire turc. Il s'embarque et fait voile à la tête d'une flotte imposante qui porte l'avenir des Ottomans. Le 1er août 1534, il est devant Messine, il prend la ville de Lucidio ; pille, brûle, saccage plusieurs autres localités, jette la terreur dans Naples, met le territoire et la ville de Fondi à feu et à sang, réduit Terracine en cendres, fait trembler le pape dans Rome, puis disparaît avec la rapidité de l'éclair.

Il tombe sur Tunis, au moment où tout le monde, dans cette ville, le croit occupé sur les côtes d'Italie.

« Tunis est un pays à part, au milieu des contrées barbaresques : autant le Kabyle de l'Atlas et le Bédouin sont cruels et incivilisés, autant il y a de douceur naturelle et de sociabilité native chez l'habitant des ruines de Carthage.

« L'industrie et le commerce y attirent des marchands de toutes les parties de l'Asie ; et c'est chose curieuse que le bazar de Tunis, tout parfumé d'essence de rose, tout resplendissant de pierreries, de dorures, de riches étoffes ; tout peuplé d'Arméniens, aux turbans de mille couleurs, gravement assis et fumant le chibouk dans de longues pipes à bout d'ambre.

« Vous diriez des momies de l'Égypte ; il n'y a de vivant chez eux que la fumée.

« Tout, dans cette partie de l'Afrique, parle aux souvenirs, tout à l'imagination et à la pensée.

« C'est d'abord le cap Carthage, haut de cinq cents pieds et surmonté du tombeau de saint Louis ! Plus loin, d'immenses citernes où entrerait une frégate, seul monument qu'aient épargné le temps et Scipion !

« Ailleurs, toute la féerie de l'architecture mauresque se reproduit avec ses chapiteaux dentelés, ses légères aiguilles, ses colonnes de jaspe et ses vasques de porphyre où l'eau parfumée ruisselle en filets d'argent.

« Le palais du bey est tout éblouissant de marbre et d'or ; son château de plaisance de la Manouba surpasse, à en croire les Tunisiens, toutes les merveilles de l'Alhambra de Grenade, et ses jardins, tous les enchantements du Généraliff.

« Tunis est à trois lieues de la mer, à l'extrémité d'un lac bas et marécageux, dont la petite ville de la Goulette protège l'entrée.

« Tunis est la plus belle des villes arabes ; seule, elle a des rues un peu larges, de hautes maisons, des galeries couvertes et un bazar qui singe le Palais-Royal.

« Au lieu du jupon court des Algériennes, et des bracelets dont elles enjolivent leurs mains et leurs jambes, les filles des Maures de Tunis sont voilées de longues robes.

« Elles vivent dans leurs miradors, sur de moelleux tapis, derrière de vertes jalousies, toutes parsemées de jasmins et de scolopendres.

« Lorsque viennent les chaleurs, Turcs et Maures se rendent aux bains. Rien d'étrange et d'énervant comme ces bains turcs. Tantôt à genoux, tantôt couché sur le pavé de marbre, vous vous livrez aux durs poignets des Éthiopiens qui vous couvrent d'écume de savon ambré, vous triturent les membres, font ployer en tous sens vos articulations et courir devant la brosse d'ivoire votre fin et transparent épiderme.

« Puis, enveloppé de soyeux tissus, brillant et parfumé, on vous étale sur le divan. Là, vous savourez lentement le café et le sirop d'opium; la fumée de tabac d'Espagne vous enivre de séduisantes illusions et, mollement bercé d'un demi-sommeil, votre imagination s'envole de folies en folies [1]. »

C'est cette ville que Kheïr-Eddin a résolu d'annexer à l'empire ottoman. Byserte ouvre ses portes sans coup férir; le fort de la Goulette ne résiste pas davantage.

Pour réussir dans Tunis, Kheïr-Eddin emploie une ruse. Il annonce qu'il veut seulement rétablir Muley-el-Raschid, que les habitants ont chassé autrefois et qu'ils regrettent maintenant. Grâce à ce mensonge, il se fait livrer la Kasbah, puis, jetant le masque, proclame l'empire ottoman, égorge ceux qui lui résistent et chasse le prince régnant, Muley-Hassan, qui va demander des secours à Charles-Quint.

Le roi d'Espagne ne pouvait laisser échapper une si belle occasion de s'immiscer dans les affaires barbaresques. Il se mit à la tête d'une expédition destinée à reprendre Tunis. Sa flotte, commandée par Doria, parut, le 16 juin 1535, devant cette ville qui se prépara aussitôt à la résistance. Deux jours après, Charles-Quint avait opéré son débarquement sur la terre où saint Louis avait trouvé la mort.

Le siége de la Goulette commença aussitôt et dura jusqu'au 15 juillet, jour où la place fut prise d'assaut. Une grande bataille, livrée à Kassar-Mexévi et perdue par les musulmans, amène Charles-Quint sous les murs de Tunis. Dans cette ville se trouvait Paul Simeoni, intrépide marin, alors esclave à Tunis, et que Barberousse n'avait jamais voulu relâcher, malgré la forte rançon qui lui avait été offerte. Décidé à reconquérir sa liberté, Simeoni gagne deux renégats geôliers qui lui procurent des limes et des marteaux pour briser ses fers et ceux de ses compagnons d'infortune. A peine les chaînes sont-elles tombées de leurs mains, que Simeoni à leur tête s'empare de l'arsenal du château, massacre la garnison turque, et arbore le pavillon blanc au haut d'une tour, afin d'avertir l'armée chrétienne.

En ce moment, Kheïr-Eddin accourait pour faire mettre le feu aux poudres qui se trouvaient dans les caves, sous la prison des captifs; mais voyant ceux-ci maîtres du château, il s'écria :

— Tout est perdu !

Et il s'enfuit, laissant les Espagnols entrer librement dans la ville.

Les habitants, las du joug des Turcs, s'étaient adressés à Muley-Hassan, le suppliant de sauver leur ville d'un pillage; mais le roi d'Espagne avait promis à ses soldats de leur livrer Tunis; Charles-Quint ne voulut pas violer son engagement. Les histoires du temps fourmillent d'affreux détails sur les circonstances qui accompagnèrent le sac de Tunis.

Cette ville ne s'était pas défendue; les Espagnols n'étaient donc pas animés par la fureur du combat. Ils s'élancèrent dans les rues, sans que rien pût les arrêter. Ils entrèrent dans les maisons et y répandirent la mort, le viol et l'incendie. La ville fut bientôt

---

1. De la Gournerie, *la Béarnaise*. Paris, 1834, in-8°.

pleine de cadavres; le seuil des portes en était encombré; le pavé des mosquées ruisselait de sang.

Le sac dura trois jours et trois nuits; les esclaves chrétiens eux-mêmes n'échappèrent pas à la férocité de ceux qui prétendaient combattre pour la chrétienté. Le massacre fut d'autant plus horrible, que les troupes de Charles-Quint comprenaient une foule d'Allemands âpres à la curée.

Le nombre des morts ne fut jamais connu. Environ quarante mille Tunisiens furent faits prisonniers, sans compter les femmes et les enfants; plus de soixante-dix mille périrent de soif et de chaleur en fuyant à travers les campagnes. Les chemins disparaissaient sous des monceaux de cadavres.

Muley-Hassan fut proclamé roi d'une ville presque sans habitants. Le roi d'Espagne se retira, triomphant, en Italie, pendant que Kheïr-Eddin s'enfuyait à Alger.

Furieux, le Turc reprend la mer et paraît devant Mahon à la tête de quarante galères pavoisées, sur lesquelles il a arboré les couleurs d'Espagne. Il se présente le soir devant l'île dont il a résolu de faire sa proie. Le gouverneur, trompé par cet appareil de triomphe, s'imagine que c'est la flotte victorieuse de Charles-Quint qui revient de Tunis; il fait aussitôt tirer le canon, en signe d'allégresse. Les cloches s'ébranlent et sonnent à toute volée; les maisons s'illuminent; les habitants accourent sur le port.

Avant qu'ils aient reconnu leur erreur, les postes fortifiés sont au pouvoir des pirates; la ville est prise et pillée; elle subit le même sort que Tunis. Tous les malheureux habitants sont embarqués et transportés à Alger avec un immense butin.

CHAPITRE V

LES CAPTIFS

Les captifs riches, les femmes, les enfants. — Les esclaves pauvres. — Bagnes. — Anecdotes tirées d'Emmanuel d'Aranda. — Esclavage d'un prêtre espagnol. — Domingo recherche la protection des Juifs. — Il devient amoureux d'une Anglaise. — Comment il l'épouse secrètement. — Sa ruse pour échapper au châtiment. — Il dit la messe. — Il faut en appeler au pape pour empêcher ce mécréant de recruter de riches aumônes. — Ingratitude d'un esclave portugais. — Le grand Moro. — Ce pirate rend la liberté à un esclave qui le remercie en le volant. — Ingratitude d'Ali-Pégelin. — Libéralité et reconnaissance. — Saban-Galan, renégat espagnol, achète un de ses compatriotes et lui rend la liberté moyennant une promesse de payement. — L'ancien esclave, après avoir acquitté sa dette, tombe une seconde fois entre les mains des corsaires. — Saban le délivre encore. — Ne pouvant payer sa rançon, l'affranchi revient à Alger se mettre à la disposition de son maître, qui le déclare acquitté. — Franchise d'un carme déchaussé. — Le père Angeli, interrogé par Ali-Pégelin, lui répond que son âme sera la proie du diable. — Cynisme du Turc. — Usage du poison en Afrique. — La femme et le vin trompent le plus fin. — Don Ornesila, pris en flagrant délit dans le harem de son maître, résiste à celui-ci et reste vainqueur. — Il est condamné à être brûlé vif. — Comment ce pacha le gracie et le garde comme esclave.

Avant de continuer l'histoire d'Alger et des pirates barbaresques, il nous semble nécessaire de dire quelques mots des malheureux captifs que leur destinée avait livrés aux musulmans.

Ces infortunés se divisaient en deux classes : la première comprenait les femmes, les enfants et les gens riches dont on espérait obtenir une forte rançon. On les soumettait à un travail peu dur, afin de ne pas les épuiser ou leur faire perdre de leur valeur. Les femmes servaient les dames maures dans les harems; les enfants étaient remis aux plus riches habitants qui les traitaient avec bonté dans l'espoir de les convertir à leur religion.

Mais les captifs de condition, les femmes et les enfants formaient la minorité. Le plus grand nombre se composait de marins, de pêcheurs, d'ouvriers pour lesquels on n'avait aucun égard. Dès leur arrivée, on les conduisait dans un *bazar* ou marché particulier appelé le *Batistan*, spécialement destiné à l'achat et à la vente des esclaves. Leur valeur dépendait de leur âge, du lieu de leur naissance, de leur fortune présumée, de leur force physique.

Les uns étaient vendus à des habitants dont ils devenaient la propriété. Les traitements qu'ils subissaient variaient naturellement en raison du caractère de leur maître.

D'autres étaient employés aux travaux publics. C'étaient les plus malheureux. Nourris de pain grossier, de gruau, d'huile rance et de quelques olives ; vêtus d'une chemise, d'une tunique de laine et d'un manteau, ils étaient entassés dans des bagnes infects où régnaient souvent de terribles épidémies.

Alger contenait six de ces bagnes ; à Tunis, il y en avait neuf ; à Tripoli, un seul ; à Salé et dans les villes du Maroc, les esclaves étaient parqués dans des caveaux voûtés appelés *Masmores*[1]. A Constantinople, les captifs étaient enchaînés pendant le jour à bord des galères, et le soir, on les reconduisait en prison.

Les bagnes d'Alger formaient de vastes édifices, distribués en cellules basses et sombres qui contenaient chacune de 15 à 16 esclaves. Ces lieux malsains étaient infectés d'insectes, de scorpions et de toute la vermine qui s'acharne après les malheureux privés des soins de propreté.

Quelquefois le nombre des captifs s'augmentait dans de telles proportions que les bagnes ne pouvaient plus les contenir. Ceux qui ne couchaient pas dans les cellules passaient les nuits dans les cours ou sur les terrasses du bagne, sous la surveillance d'un *bachi* (gardien) qui, répondant des esclaves à lui confiés, employait les moyens les plus cruels pour les tenir en respect.

Bien moins malheureux étaient ceux qui étaient tombés entre les mains d'un maître particulier, surtout ceux qui promettaient une rançon. Ils représentaient une valeur qu'il ne fallait pas déprécier. On les employait comme domestiques ; quelquefois même on ne leur demandait aucun travail lorsqu'on les savait riches.

Quelques-uns travaillaient à leur compte, moyennant une redevance mensuelle payée à leurs maîtres. Mais jusqu'à leur rachat, ils portaient à la jambe gauche, au-dessus de la cheville, un cercle de cuivre qui rappelait leur condition.

Nous ne nous étendrons pas longuement sur les généralités de leur captivité. Nous préférons, au contraire, en faire connaître les détails au moyen d'anecdotes puisées chez les auteurs qui, ayant habité Alger dans le temps de la piraterie, nous donnent le tableau complet et fidèle des mœurs de cette époque.

Les anecdotes véridiques que nous offrons dans ce chapitre sont extraites de la *Relation du sieur Emmanuel d'Aranda*, Paris, 1657, in-12.

ESCLAVAGE D'UN PRÊTRE ESPAGNOL

Un Espagnol, appelé Domingo, prit, en 1626, l'habit de religieux à Séville. Mais l'existence de prêtre ne lui plaisant pas, il se sauva à Lisbonne, en Portugal, et s'y maria. Au bout d'un an il eut un fils, puis, l'année suivante, un autre enfant ; se voyant chargé de famille et dans une grande pauvreté, il s'enrôla dans une troupe expéditionnaire destinée au Brésil.

Après quelques heures de navigation, les douleurs de l'enfantement surprirent sa femme, qui accoucha presque au moment où quelques corsaires turcs s'emparaient du

---

[1]. Voir plus loin la *Captivité d'Emmanuel d'Aranda*.

navire portugais qui fut emmené à Alger.

Pour éviter l'esclavage, Domingo alla chez les juifs et leur dit qu'il appartenait à leur religion, les suppliant de le racheter, avec sa femme et ses enfants.

Trop avares pour ouvrir leur bourse sans examiner attentivement leur prétendu coreligionnaire, les juifs n'eurent pas de peine à se convaincre du mensonge de cet Espagnol qui, perdant l'espérance de recouvrer sa liberté par ce moyen, prit une autre voie. Il s'adressa aux pères rédempteurs auxquels il se représenta comme le meilleur catholique de l'univers. Il sut si bien s'y prendre, que les religieux rachetèrent sa femme et ses enfants. Quant à lui, ils le laissèrent esclave de Saban-Galan, riche musulman d'Alger. Pourquoi l'abandonnèrent-ils ? L'histoire ne nous le dit pas.

Ce que nous savons seulement, c'est que ses enfants furent recueillis par les couvents et que sa femme eut le même sort. N'en entendant plus parler et se doutant bien que les moines la trouvaient trop jolie pour ne pas profiter de sa femme, Domingo résolut de se consoler. Il fit la connaissance, dans la maison de son maître, d'une belle Anglaise dont il devint éperdument amoureux. Mais sa maîtresse la surveillait tellement, qu'il resta longtemps sans pouvoir lui parler.

Il fut assez adroit néanmoins pour tromper toute surveillance et pour se trouver un instant avec elle.

Notre moine défroqué savait mentir avec le plus imperturbable sang-froid. Il dit à la jeune femme qu'il était arrivé dans la ville un ordre du 3,000 ducats pour son rachat et pour celui de sa femme ; mais que cette dernière étant morte depuis quelque temps, il lui semblait convenable de se chercher une autre épouse parmi les esclaves, afin de lui faire partager sa bonne fortune ; il offrit, en même temps, à la jolie fille de l'épouser secrètement.

Rien ne pouvait plaire davantage à l'Anglaise, très-amie du mariage, comme les filles de sa nation. Elle accepta donc de grand cœur ; mais la difficulté était de se marier. Domingo, fécond en expédients, court chez une vieille Mauresque, riche et avare, et lui dit :

— L'espérance d'une bonne récompense me fait venir ici, pour vous donner avis que vous pouvez acquérir à peu de frais une marchandise sur laquelle il ne vous sera pas difficile de gagner au moins 2,000 ducats.

L'avare, à laquelle ces paroles font dresser l'oreille, lui demande avec empressement :

— De quelle marchandise veux-tu parler ?

Au ton dont elle dit cela, il devine qu'il a frappé juste :

— Il y a, au logis de mon maître, répond-il, une esclave anglaise de bonne maison, dont personne ici ne connaît la riche famille, car je suis seul dans le secret. Je sais, en outre, qu'il y a en ville un ordre pour la racheter, quand elle devrait coûter 3,000 ducats. Quant à mon maître, qui ignore toutes ces particularités, je suis sûr qu'il la laisserait pour 500 ducats ; voyez quel bénéfice vous pouvez faire.

Rien de crédule comme l'avarice. Le conseil de Domingo plut tellement à la vieille Mauresque que, sans prendre d'autres informations, elle alla trouver la femme de Saban-Galan et lui demanda si elle voulait vendre son esclave anglaise. Cette femme répondit qu'elle n'en avait nullement envie et que, du reste, elle n'avait pas besoin d'argent. Sans se décontenancer, la vieille répliqua aussitôt :

— Estimez-la ce qu'il vous plaira ; cette fille me convient et je la veux avoir à tout prix. Je vous l'achèterais quand même vous voudriez la vendre 500 ducats.

Ce chiffre semblait tellement élevé que la femme de Saban-Galan prit la Mauresque au mot et le marché fut aussitôt conclu.

La plus satisfaite fut d'abord l'Anglaise.

La femme et le vin trompent le plus fin. (Page 46.)

Dès le soir même, Domingo vint la voir et lui fit entendre qu'il l'avait ainsi fait changer de maîtresse dans le seul but de pouvoir lui rendre visite avec moins de contrainte. Il fit si bien qu'il l'épousa à l'instant, sans l'assistance de consuls ni prêtres. La jeune femme, complétement aveuglée par lui, s'abandonna tout entière à ses caresses, espérant faire légaliser leur union aussitôt qu'ils seraient de retour dans la chrétienté. Quant à l'avaricieuse Mauresque, elle attendait avec impatience les 3,000 ducats.

Le moine mentait si bien qu'il l'a fit patienter de mois en mois; arriva cependant un terme où toutes ces fourberies furent découvertes. L'Anglaise devint mère de deux gros moinillons anglo-espagnols, ce qui fit un grand scandale et amena la découverte de toutes les tromperies dont avait usé le calotin décalotiné. Son maître voulut le jeter sur les galères pour lui faire *faucher le grand pré* jusqu'à la fin de ses jours.

Mais Domingo, qui n'était jamais à court d'expédients, évita ce châtiment en promettant à Saban-Galan de lui produire de grands bénéfices, s'il voulait bien le conserver à terre:

— Je suis prêtre, lui dit-il, et c'est le métier le plus fructueux. Je ne l'ai abandonné que parce que je me sentais criminellement entraîné vers les femmes; mais je suis attaché à l'Église par des liens que nul ne peut briser.

L'espoir de gagner de grosses sommes fléchit la colère du musulman. Il autorisa son esclave à revêtir une robe noire et à établir une petite chapelle où les catholiques ne manquèrent pas de venir entendre la messe et écouter les sermons du bon apôtre, qui recueillit en aumônes de quoi satisfaire son maître et au delà.

D'autres prêtres, qui avaient également obtenu l'autorisation de dire la messe et de recevoir des confessions et des aumônes, se montrèrent peu satisfaits d'avoir à partager, avec un pareil coquin, des bénéfices dont il leur enlevait une bonne part.

Ils voulurent d'abord lui défendre d'officier, en lui rappelant qu'il était marié :

— Il est vrai, leur dit-il, que je suis marié ; mais mon union est nulle de droit, puisque j'étais prêtre avant de la contracter.

Les autres, dont cette réponse ne faisait pas l'affaire, écrivirent à l'évêque de Ceuta, dans le diocèse duquel Alger se trouvait alors. L'évêque se rangea de leur avis et interdit à Domingo de dire la messe sous peine d'être excommunié. A quoi celui-ci répondit simplement :

— L'évêque n'a nul pouvoir sur moi, car je suis un religieux et n'obéis qu'au Provincial de mon ordre.

Il fallut en appeler au Pape pour empêcher ce mécréant de dire la messe et de recruter de riches aumônes. Mais encore on dut lui permettre de chanter en l'église, moyennant un salaire qui le mit à même de payer son maître, qui, sans cela, l'eût envoyé sur les galères.

DE L'INGRATITUDE D'UN ESCLAVE PORTUGAIS

J'ai connu en Alger un corsaire fameux appelé le Grand Moro, de nation Mozabi, qui est une tribu de pauvres Arabes fort méprisés parce qu'ils ne s'adonnent point au métier des armes et préfèrent la cuisine à la guerre. Ils se font ordinairement tripiers. Leur visage désagréable n'est celui ni des blancs, ni des nègres, ni des mulâtres ; mais il semble qu'il soit frotté d'huile.

Le Grand Moro vint en Alger à l'âge de douze ans ; et comme le commerce des tripes lui déplaisait, il s'embarqua en qualité de valet d'un capitaine de corsaire. A force de naviguer et de se battre, il devint expert marinier et bon soldat ; tellement que les armateurs lui confièrent le commandement d'un petit navire, puis d'un vaisseau de 30 canons et enfin d'une galère.

Ce Grand Moro était devenu l'épouvante des chrétiens et comme un dieu Mars pour les Turcs. Je crois que si le Grand Seigneur lui eût donné le commandement absolu sur mer, comme Soliman le donna autrefois à Barberousse, les victoires du Grand Moro auraient éclipsé celles de tous les amiraux ottomans. C'était un lion dans les combats et un agneau dans ses victoires ; car il traitait ses ennemis vaincus avec douceur et courtoisie.

Ce Grand Moro avait parmi ses esclaves un Portugais qui lui servait de valet de chambre et d'écrivain. Comme il avait toujours eu à se louer de ses services, il l'appela, un jour qu'il croisait le long des côtes portugaises, et lui dit :

— Je veux vous récompenser en vous donnant la liberté.

Puis il commanda de s'approcher de la côte, pour envoyer plus facilement à terre la chaloupe chargée de cet affranchi.

Pendant que l'on voguait vers la côte, l'esclave alla secrètement à la poupe du navire et vola quelques chemises à son patron, ce qui était fort mal le remercier de sa générosité.

Vers la même époque, arriva une autre chose non moins remarquable. Le général Ali-Pegelin ayant perdu un diamant de grande valeur, le fit chercher de tous côtés. Un sien esclave espagnol le trouva et le lui rendit. Bien aise de le ravoir, Pegelin donna à l'esclave un demi-patacon pour récompense, en lui disant :

— Tiens, prends cela, bête brute sans jugement, et cours acheter une corde pour te pendre ; tu avais trouvé ta liberté et tu n'as pas su la garder.

On voit, par ces exemples, que l'ingratitude est de tous les peuples et de toutes les religions.

LIBÉRALITÉ ET RECONNAISSANCE

Saban-Galan-Aga, mentionné dans mes relations, était né en Espagne, près des frontières du Portugal. Son père exerçait la profession de marinier. Tombé dès sa jeunesse au pouvoir des Turcs, il s'était laissé persuader de renier la foi chrétienne.

D'abord nommé Saban, il reçut le surnom de Galan, dû à sa noble manière de traiter ceux qui étaient en relation avec lui.

Un jour qu'il passait sur le marché aux chrétiens, il y trouva par hasard un sien compatriote qu'il acheta pour peu d'argent, car c'était un pêcheur sans espoir de se faire racheter. Il mena cet esclave chez lui et lui dit :

— J'ai payé pour vous 150 patacons. Si vous voulez me promettre de rembourser au pays cette somme à un tel qui est mon parent et qui est pauvre, je vous ferai rapatrier par le premier corsaire qui partira.

Le pêcheur ne pouvait repousser une proposition qui le comblait de joie. Il promit de payer fidèlement sa dette et fut, à peu de temps de là, débarqué sur les côtes du Portugal.

Ses voisins, qui le croyaient perdu pour toujours, ne furent pas peu étonnés de le voir revenir ; il leur raconta son aventure et leur rappela leur compatriote, Saban, dont chacun maudissait la mémoire parce qu'il avait apostasié ; mais dont, au fond, plusieurs envièrent le sort, lorsqu'ils eurent appris qu'il était devenu aga, c'est-à-dire maître de camp.

Fidèle exécuteur de sa promesse, l'ancien esclave vendit tout ce qu'il possédait et paya les 150 patacons au parent peu fortuné de Saban.

Peu de temps après, ce brave pêcheur, forcé de reprendre la mer pour gagner sa vie, eut le malheur de tomber une seconde fois entre les mains des corsaires qui le ramenèrent à Alger. Aussitôt arrivé, il donna avis à Saban de sa nouvelle captivité et lui annonça, en même temps, qu'il avait vendu tout son bien pour payer sa première dette. Le renégat, qui avait déjà reçu une lettre de remercîment de son parent, courut acheter derechef le pêcheur, le mena dans sa maison, lui donna du linge et lui dit, après l'avoir hébergé pendant quelques jours :

— On ne saurait trop récompenser l'honnêteté et la reconnaissance ; retournez encore une fois chez vous et remboursez à mon parent la somme que vous m'avez coûté.

Le pêcheur lui répondit, les larmes aux yeux :

— Hélas ! je ne puis accepter une semblable proposition ; car j'ai vendu tout ce que je possédais pour payer mon premier rachat ; j'aime mieux rester esclave pendant toute ma vie que de prendre un engagement que je ne pourrais tenir.

Touché de l'honnêteté de ce brave homme, l'aga lui répliqua avec émotion :

— Allez, mon ami, vous prendrez du temps pour vous acquitter. Si une année ne vous suffit pas, je vous en accorde deux.

Puis il le fit embarquer à la première occasion et le renvoya, libre, dans sa patrie.

L'affranchi courut incontinent chez le parent du renégat et lui promit de le payer dans le terme de deux années ; puis il reprit son ancien métier. Mais comme il ne possédait plus ni barque ni équipage, il fut contraint de servir les autres pêcheurs, de sorte qu'il gagnait peu et qu'il ne put, malgré toute son économie, payer plus du tiers de sa dette en deux années. Pour s'acquitter, il s'avisa d'un étrange expédient, qui fut d'acheter un quintal de tabac et de s'embarquer avec cette marchandise sur un navire de Portugal qui partait pour Alger, où le tabac coûtait fort cher. Arrivé dans cette ville, il alla droit au logis de Saban-Galan, qui fut d'abord bien étonné de le voir, mais qui le devint encore davantage lorsque le pêcheur lui dit :

— Patron, je n'ai payé que le tiers de ce que je vous dois, comme le prouve cette quittance, et pour le reste, n'ayant aucune ressource, je suis venu avec un quintal de tabac; si je puis réaliser le bénéfice sur lequel je compte, je vous payerai; sinon, je redeviendrai votre esclave. Car je ne voudrais pas que Votre Seigneurie, de qui j'ai reçu tant de bienfaits, pût m'accuser d'ingratitude.

Saban, l'ayant écouté avec admiration, lui répondit :

— Vous êtes un homme de bien, mais un grand niais; allez vendre votre tabac et retournez dans votre pays, jouir de l'argent et de la liberté tout ensemble; car vous pouvez, dès cet instant, vous considérer comme acquitté.

FRANCHISE D'UN CARME DÉCHAUSSÉ.

En l'an 1641, était esclave en Alger un Père carme déchaussé, plein de prudence et de doctrine. Ce vénérable religieux, appelé Angeli, était natif de Gênes. Pegelin l'avait acheté et envoyé servir avec les autres captifs; mais comme il disait la messe et faisait les fonctions ecclésiastiques, comme il distribuait, en outre, de nombreuses aumônes dues à la générosité de quelques esclaves pieux, ses vertus le firent estimer pour un saint parmi les Turcs eux-mêmes.

Sa renommée étant parvenue jusqu'à Pegelin, celui-ci le fit amener dans son logis et lui dit :

— Papa (c'est ainsi que les Turcs appellent les prêtres), on dit partout que vous êtes un docte personnage et que vous avez réponse à toute question; j'en ai une à vous poser.

Le bon Angeli répondit en s'inclinant devant son maître :

— Je suis esclave de Votre Seigneurie, mon devoir est d'obéir.

Alors Pegelin, le regardant fixement, lui demanda :

— Obéissez : dites-moi ce que vous croyez qu'il adviendra de moi après ma mort.

A cette demande si inattendue, le religieux craignit de tomber dans un piége.

— Je ferai observer, murmura-t-il, que Votre Seigneurie est capitaine général des galères et que je ne suis qu'un pauvre prêtre, votre esclave; je ne pourrais vous répondre sans sortir des bornes du respect que je dois à Votre Seigneurie.

Cet adroit compliment plut extrêmement à Pegelin, qui était Turc, c'est-à-dire fort orgueilleux et facile à séduire par la flatterie. Il se hâta de rassurer le prêtre.

— Répondez librement à ma question, lui dit-il avec douceur; je vous promets de ne pas prendre vos paroles en mauvaise part.

Puis il pressa tellement le Père Angeli de lui faire connaître quel était son sentiment, que celui-ci lui dit enfin avec franchise :

— Me confiant en la parole de Votre Seigneurie, je ne cacherai pas ce que je pense : je crois fermement qu'aussitôt votre mort, le diable vous emportera.

L'amiral, étonné, lui ayant demandé pourquoi, le religieux lui répondit aussitôt :

— Parce que vous n'avez aucune religion, et que vous ne pensez qu'à voler sans miséricorde vos esclaves chrétiens. Vous vous moquez de l'Alcoran comme de la Bible et ne mettez jamais le pied dans une mosquée; vous n'avez d'autre religion qu'une avarice insatiable.

Quand il eut fini, Pegelin lui demanda en riant :

— Papa, pourriez-vous m'indiquer le moment où le diable viendra me chercher?

— Certes, il viendra aussitôt que vous serez mort, car votre âme sera condamnée.

A quoi le Turc répliqua en riant plus fort qu'auparavant :

— J'espère ne pas mourir de suite, afin de donner à mes juges le temps de discuter mon procès, et, en attendant, je veux jouir du bon temps que j'ai, car il ne reviendra pas; après ma mort, que le diable fasse de moi ce qu'il voudra.

Puis il renvoya le religieux sans lui faire aucun mal, ce qui prouve que les Turcs savaient quelquefois mieux que nos grands seigneurs chrétiens entendre, sans s'en fâcher, les plus dures vérités.

USAGE DU POISON EN AFRIQUE.

Quand j'étais à Alger, les corsaires prirent une frégate construite à Dunkerque. La forme de ce bâtiment ayant plu à tous les capitaines, chacun la voulut avoir; mais le pacha la fit obtenir à son frère, qui était capitaine de corsaires. De quoi le Grand Moro, dont il a déjà été parlé, se montra extrêmement jaloux et ne put s'empêcher de dire que le frère du pacha n'était bon qu'à partager le butin que les autres avaient pris les armes à la main.

Ce discours ayant été rapporté au frère du pacha, celui-ci s'en montra d'abord très-irrité; mais, comme il manquait de courage, il dissimula ensuite sa colère pour se venger par le poison.

Au bout de quelque temps, il invita le Grand Moro à un grand repas, où il le régala d'un poison très-souvent employé par les Turcs.

Le dîner achevé, le Grand Moro, arrivé chez lui, se sentit tellement altéré, qu'il soupçonna quelque trahison et appela un esclave chirurgien auquel il dit :

— Il faut me donner promptement quelque remède, car il me semble que je suis empoisonné.

Le chirurgien, habitué depuis longtemps à assister de semblables malades, lui fit boire une grande quantité de lait et le força ensuite de vomir ce breuvage, qui fut rendu avec le poison.

Le Grand Moro fut donc guéri et le frère du pacha devint la risée de la ville, pour n'avoir pas su préparer le poison à la mode d'Afrique, de façon qu'il ne produisît son effet que quelque temps après avoir été pris.

Ce poison lent cause l'apostasie de bien des Espagnols et de bien des Italiens, parce que les musulmanes, qui les préfèrent à leurs maris, se débauchent avec eux et finissent par leur dire :

— Si vous voulez vous faire musulman, je vous épouserai et vous ferai, d'un pauvre esclave, le maître de cette maison.

Beaucoup se laissent aller à ces promesses de liberté et de richesses, sortant des lèvres d'une jolie femme. Lorsqu'ils ont juré de se faire musulmans, les épouses adultères donnent à leurs maris un poison lent qui les enlève au bout de quelques mois.

Le veuvage, abrégé par de secrètes amours, se termine par un mariage entre le renégat et la femme criminelle.

La justice paraît s'occuper si peu de ces sortes d'assassinats, que beaucoup se vantent d'exceller en l'art d'empoisonner.

Je me souviens que j'entendis une fois deux renégats qui devisaient ensemble. L'un disait à l'autre :

— Visitez-vous encore votre femme?

A quoi le second répondit :

— Oui, mais elle ne durera guère; j'en suis las, et j'ai dans mon coffre un remède pour m'en défaire.

LA FEMME ET LE VIN
TROMPENT LE PLUS FIN.

Don Ornesilo, gentilhomme portugais d'une des plus illustres familles de Lisbonne, s'était souvent battu en duel avec avantage; mais comme les plus vaillants ne sont pas toujours les plus gens de bien, on l'avait plusieurs fois condamné à mort pour ses crimes; il avait toujours trouvé moyen de se faire gracier, à l'aide de ses amis et aux dépens de sa bourse.

En 1637, il fut derechef accusé et convaincu d'avoir commis un assassinat. Cette fois, on avait résolu d'exécuter la sentence; il n'eut que le temps de s'embarquer nuitamment avec sa femme sur un navire en partance pour le Brésil, refuge des malfaiteurs portugais. Ils avaient à peine perdu de vue les côtes de leur patrie, lorsque leur bâtiment fut rencontré par des corsaires turcs dont il devint la proie.

Don Ornesilo et sa femme furent vendus à un Maure; comme sa femme était parvenue à dissimuler une forte somme dans un endroit où les musulmans négligèrent de passer l'inspection, elle put se racheter et elle partit, promettant d'envoyer sous peu l'argent nécessaire à la rédemption de son époux.

En attendant, Ornesilo demeura chez son maître dans un état de demi-liberté; on ne lui demandait aucun travail et on le nourrissait abondamment. On le traitait plutôt comme un ami que comme un esclave; il ne lui fut pas difficile de pénétrer dans le harem de son maître et de faire connaissance avec sa favorite dont il devint amoureux. N'osant pas d'abord déclarer sa passion, il se demandait comment il s'y prendrait pour s'attirer les faveurs de cette belle Mauresque, lorsqu'il rencontra, dans une rue, deux chevaliers de Malte, Français de nation, esclaves comme lui, qui l'invitèrent à boire, et le grisèrent si bien, que rentré chez lui il courut au harem, sans plus de cérémonie, et se mit à embrasser la Mauresque.

Celle-ci, qui avait remarqué avec complaisance notre Portugais, se prêtait avec assez de bonne volonté à ses caresses, lorsque survint le maître du logis, au moment où le tête-à-tête commençait à devenir fort intéressant.

Ornesilo, ayant la tête échauffée par le vin et le cœur brûlant d'amour, oublie le respect qu'il doit à son maître; celui-ci lui donne un coup de poing; il en rend deux; un pugilat s'engage entre l'époux outragé et l'amant dérangé. Enfin, le Maure a le dessous. Il est jeté à la porte de son appartement, tandis que le vainqueur reste seul avec sa conquête.

Mais le vaincu veut tirer vengeance du double affront qu'il a reçu. Il court au palais du pacha, dépose sa plainte et demande que le coupable soit brûlé vif, suivant les lois du pays.

Le délinquant, aussitôt arrêté, est mené le lendemain devant le pacha qui lui dit :

— Tu es accusé d'avoir frappé un musulman et, qui pis est, ton patron; tu n'as plus qu'à choisir entre le bûcher et l'abjuration.

Don Ornesilo nia le fait; mais on ne pouvait le croire, parce que la déposition d'un chrétien n'est pas valable en contradiction de celle d'un mahométan; sur quoi, il fut condamné à être brûlé vif.

Puis le pacha, ayant prononcé sa sentence, dit à l'époux outragé :

— A ta propre réquisition, nous avons condamné ce chrétien à la peine de mort; par cette condamnation, tu as perdu tes droits de propriété sur lui et je l'ai acquise comme représentant la personne du Grand Seigneur. C'est pourquoi, usant de mon pouvoir, qui est de gracier les condamnés, je lui rends la vie et le garde comme mon esclave.

Cette raison fut approuvée par les juges qui déclarèrent que don Ornesilo devenait la propriété du pacha. Quant à son patron, il voulut en vain réclamer contre ce jugement. Un juge lui demanda s'il ne lui suffisait pas d'avoir été battu, et ce qu'il lui fallait de plus.

Le malheureux dut se déclarer content.

CHAPITRE VI

ZULPHA ET FERDINAND[1]

La belle Zulpha. — Son mariage avec Sermey. — Laideur de ce Turc. — Départ de Sermey. — Le beau Ferdinand, attiré dans le harem, donne la pomme à Zulpha. — Fatime. — Jalousie des femmes de Sermey. — Les amants au bain. — Un nègre les surveille. — Retour de l'époux. — L'intrigue est dévoilée. — Fureur de Sermey. — Il se retire à la campagne. — Il se calme. — Il propose à Ferdinand de lui faire épouser Zulpha s'il veut abjurer. — Ferdinand accepte. — On découvre qu'il est Juif. — On le traîne devant le dey d'Alger. — Supplice de Zulpha et de son amant. — Vengeance de Sermey. — Il fait empaler toutes ses femmes et se sauve dans les montagnes de l'Atlas.

La jeune Zulpha avait de longs cheveux, semblables à des fils de soie; sa taille était élancée, ses yeux, grands et noirs, étaient plus doux que ceux d'une gazelle. Zulpha était fille d'un jardinier d'Alger, et son père comptait sur la beauté ravissante de sa fille pour lui faire contracter une alliance avantageuse. Elle fut, en effet, demandée en mariage par l'un des plus riches et des plus puissants seigneurs de la ville, Hadj-Sermey-Effendi, brave officier turc qui s'était réfugié à Alger, après avoir été défait par le pacha d'Égypte, en l'année 1680.

La crainte d'être puni par son maître, le sultan, qui ne pardonnait pas à ses officiers de se faire battre, avait poussé Sermey à s'enfuir en Afrique, avec une grande partie de ses richesses qui étaient immenses. Il y vivait dans la splendeur et les plaisirs, possédant un superbe palais en ville et une délicieuse maison de campagne. Il avait un grand nombre d'esclaves et plusieurs femmes d'une beauté extraordinaire.

La demande de ce riche seigneur combla de joie le pauvre jardinier qui n'avait jamais osé rêver une telle alliance. Le mariage fut décidé aussitôt que Sermey eut envoyé à son beau-père une somme assez considérable pour lui permettre de ne plus manier la bêche.

Mais la jeune épousée fut loin de ressentir la même satisfaction. Elle s'était empli l'imagination de visions délicieuses; elle fut bien désillusionnée en se trouvant en face de son mari.

Sermey avait été grand maître d'artillerie sous le règne de Mahomet IV; le bruit du canon l'avait rendu presque sourd; mais cette infirmité n'était rien auprès des autres.

Autrefois bel homme et favori des dames, il était devenu obèse en vieillissant; son visage, horriblement défiguré par l'explosion d'un baril de poudre, inspirait l'effroi bien plus que la sympathie. Ses sourcils brûlés, ses joues couvertes de cicatrices, son front balafré, son nez taché de grains de poudre, ses mains mutilées par la flamme, son crâne dénudé et couvert d'ulcères, quelques brins de poil répandus çà et là sur une face naguère couverte d'une belle barbe, objet de la vénération des Turcs, toute sa personne était devenue hideuse après ce terrible accident. Ses qualités et ses immenses richesses ne pouvaient, aux yeux de sa jeune femme, jeter un voile sur la difformité de sa personne.

Elle fut si épouvantée à la vue de son époux, qu'elle tomba malade; elle pleura nuit et jour; elle dépérit à vue d'œil; et, — mystère du cœur humain, — son mari ne devint que plus éperdument amoureux d'une beauté qu'il espérait vaincre à force de tendresse et de soins. Il la combla de présents, de caresses; il lui promit de renvoyer toutes ses autres femmes, d'augmenter le nombre de ses esclaves, de ne rien épargner pour sa

---

1. Cette anecdote véridique est tirée de l'*Histoire des États barbaresques, qui exercent la piraterie*, ouvrage très-intéressant que Roger de Pébraudier a publié à Paris, en 1757 (2 vol. in-12). Ce livre nous fournira d'autres renseignements que nous serons heureux de publier dans les chapitres qui vont suivre.

parure et ses plaisirs; ne lui demandant rien qu'un peu d'amour en échange.

Les parents de cette belle affligée employèrent également tous leurs efforts pour la ramener à de meilleurs sentiments envers son généreux époux; elle parut enfin céder à leurs raisons; ses larmes cessèrent et son mari, transporté à cet heureux changement, voulut user de ses droits; mais il éprouva une résistance insurmontable.

Sa femme, après l'avoir violemment invectivé, lui jura que s'il ne se contentait pas d'être légalement son époux, elle terminerait ses tourments par le poison.

Repoussé de cette sorte, Sermey voulut au moins lui ôter le prétexte d'un divorce; il la conjura de déclarer que le mariage avait été consommé, d'exposer en même temps le signe qui en est la preuve ordinaire et de recevoir les compliments usités en pareil cas chez les musulmans.

Elle céda sur ce point et reçut, à cette occasion, de très-riches présents.

Son mari, poursuivi par le désespoir, changea peu à peu de caractère; il devint bourru, insupportable. Lui, si généreux autrefois, suspendait ses largesses. Ses autres femmes éprouvaient les effets de sa mauvaise humeur. Pour les causes les plus légères, il les maltraitait; il n'avait de douceur que pour celle qui le détestait; avec les autres, il agissait comme un furieux.

Déjà depuis plus de six mois, cet époux malheureux ne pouvait vaincre la répulsion de cette jeune femme, alors âgée de quatorze ans, lorsque le dey d'Alger se mit à la tête de ses troupes pour aller combattre sur la frontière du Maroc. Comme il fit appel à tous les guerriers turcs établis dans ses États, Sermey ne put se dispenser de le suivre.

Inutile de dire quelle joie son départ causa à la belle Zulpha; elle espérait bien que le courage indomptable de Sermey, joint à la supériorité de l'ennemi, mettrait fin à une union qui lui était si odieuse.

Néanmoins, elle affecta de le voir partir avec peine; elle lui dit même qu'elle pensait ne plus mettre d'obstacle à son bonheur lorsqu'il reviendrait victorieux. Ravi de cette promesse, il la quitta avec toutes les marques de l'affection et de la confiance; il recommanda à ses autres femmes d'avoir pour elle les plus grands égards, les menaçant de sa colère s'il apprenait qu'on lui eût fait la moindre offense, et leur promettant au contraire de riches récompenses si, par leurs paroles, elles contribuaient à inspirer à la belle Zulpha la tendresse d'une épouse.

Elles lui jurèrent toutes d'unir leurs efforts pour le satisfaire; mais avec l'intention de machiner la perte de leur rivale en la faisant tomber dans quelque piège.

Pour mieux dissimuler leur dessein, elles commencèrent par accabler Zulpha de leurs attentions et de leurs complaisances; elles feignirent de plaindre sa situation; enfin, elles s'insinuèrent si avant dans sa confiance, qu'elles lui arrachèrent jusqu'à ses pensées les plus secrètes.

Parmi ses nombreux esclaves, Sermey en possédait un âgé de seize ans à peine, un nommé Ferdinand, fils d'un riche négociant portugais. Ce jeune homme, qui appartenait à la religion juive, se disait chrétien pour être traité avec moins de cruauté; car on sait que les musulmans sont sans pitié pour les enfants d'Israël, tandis qu'au contraire, ils avaient de grands égards pour les jeunes chrétiens, qu'ils espéraient convertir.

Sermey traitait ce jeune esclave comme un père pourrait traiter son enfant; il le menait partout richement vêtu et, le croyant chrétien, ne négligeait aucun moyen pour l'attirer au mahométisme. Il l'aurait pris avec lui, dans l'expédition marocaine, sans une maladie que Ferdinand avait eue quelque temps auparavant et qui nécessitait de grands soins, pendant une longue convalescence.

Il recommanda à ses femmes de l'envoyer à sa maison de campagne dès que sa santé

Sermey exécute son esclave noir. (Page 53.)

le permettrait et, en attendant, de donner des ordres pour qu'il fût convenablement soigné.

Sermey avait une vieille esclave vénitienne, que l'on nommait Fatime et qui servait de femme de chambre dans la maison. Dès que le jeune Portugais fut en état de quitter le lit, cette vieille eut soin de le laver et de le parfumer. La beauté de Ferdinand l'attendrit tellement sur son sort, qu'elle ne put, le soir même, vaincre sa démangeaison de parler ni s'empêcher d'entretenir les femmes de Sermey des charmes de son esclave.

De leur côté, les épouses, curieuses comme des malheureuses qui sont enfermées pendant presque toute la journée et qui ne sortent que le visage couvert d'un voile, demandèrent à la vieille de leur procurer une entrevue avec le beau Ferdinand.

Rien ne pouvait flatter la Vénitienne comme cette marque de confiance. A l'instant même, elle va chercher le jeune esclave et le conduit dans l'appartement où les épouses de Sermey ont l'habitude de s'assembler tous les soirs, après le coucher des domestiques.

La vue de ce jeune homme anime la conversation des femmes; après de joyeux propos sur sa beauté, elles lui demandent laquelle des cinq il trouve le plus à son gré:

Ferdinand, effaré, aurait bien voulu n'être pas venu. Telle était sa confusion de jeune homme imberbe qui n'avait de sa vie entrevu une femme, qu'il ne songeait à autre chose

7.

qu'à s'évader de cette chambre où sa présence pouvait causer sa mort.

Muet et interdit, il regardait, sans mot dire, ces belles odalisques qui avaient rejeté bien loin le voile protecteur de leurs charmes.

Mais à force de lui parler avec douceur et de l'assurer qu'il n'a rien à craindre, elles finissent pas l'enhardir un peu. Elles lui renouvellent leur demande ; il se déclare pour Zulpha.

Celle-ci ne se sentait pas moins éprise du jeune esclave, dont la beauté formait le plus grand contraste avec l'affreuse laideur de Sermey.

Pleines de jalousie et de dépit, les autres femmes renvoyèrent Ferdinand et dirent, en même temps à Fatime, que c'était assez d'une folie, qu'il ne fallait pas en commettre une seconde et qu'elle eût, par conséquent, à ne plus leur ramener cet esclave.

Mais tout n'était pas fini pour Zulpha.

Le lendemain, dès qu'elle se vit seule avec Fatime, elle lui demanda des nouvelles de Ferdinand.

La vieille répondit qu'il se trouvait assez bien pour être conduit à la campagne, selon les ordres de Sermey.

Cela ne faisait pas l'affaire de la tendre Zulpha ; elle remontra à la Vénitienne que ce jeune esclave était encore trop faible pour le travail du jardin, que l'on risquait une rechute ; que son maître avait recommandé de ne pas le surcharger de travail ; qu'il était prudent de le garder à la ville jusqu'à sa parfaite guérison.

Trop Italienne et trop versée dans l'intrigue pour ne pas comprendre de suite, Fatime saisit cette occasion de prendre de l'ascendant sur sa jeune maîtresse en pénétrant dans ses plus secrètes pensées ; elle sembla approuver les idées de Zulpha, fit l'éloge de son discernement, la rassura sur les événements et lui promit de travailler à son bonheur.

Elle n'eut pas de peine à arracher le même aveu au jeune esclave qui lui peignit, en termes enflammés, la violence de son amour. Elle se chargea de conduire l'intrigue à la satisfaction de tout le monde.

Chaque jour, la Vénitienne conduisait au bain la belle Zulpha, accompagnée d'une esclave pour la servir dans le cabinet, pendant que la vieille se tenait à la porte. Rien n'était plus facile que d'introduire Ferdinand près de Zulpha en le déguisant en femme, et Fatime n'eut garde de laisser échapper cette occasion de réunir les deux amants.

Tout semblait pour le mieux, lorsque les autres femmes de Sermey, aussi jalouses de la beauté supérieure de Zulpha, qu'irritées de la déférence manifestée par Ferdinand, eurent des soupçons ; car les femmes se trompent rarement dans ces circonstances. Elles firent surveiller l'heureux Portugais par un nègre, d'autant plus propre à ce métier d'espion, que tout le monde le considérait comme un idiot dont on ne devait pas se défier. Il eut bientôt découvert toute l'intrigue.

Voilà aussitôt les femmes de Sermey qui soupirent après le retour de leur époux ; elles brûlent de lui peindre sous les couleurs les plus noires l'infidélité de sa favorite.

En attendant, elles redoublent d'attentions, de soins, de respect pour la belle Zulpha, qui, ne se doutant point du complot tramé par ses rivales, leur promet d'instruire Sermey de la conduite pleine d'égards qu'elles ont eue envers elle.

Il arriva enfin et trouva sa jeune épouse plus belle que jamais. A la vue du guerrier, le visage de l'odalisque s'anima ; elle reçut, sans manifester de répugnance, ses caresses ; il lui rappela la promesse qu'elle lui avait faite lors de son départ ; elle lui répondit qu'elle ne l'avait pas oubliée...

Charmé de sa complaisance, devenu heureux, Sermey manifesta sa joie par de riches présents, distribués généreusement à ses autres femmes, qui les reçurent en souriant avec malice, mais qui se gardèrent bien de prononcer une seule parole qui fût de nature à troubler sa félicité. Elles voulaient d'abord s'assurer si la vigilante Fatime trouverait moyen d'unir encore quelquefois les deux amants. La Vénitienne se fût crue déshonorée d'y manquer ; plus il y avait d'obstacles et plus elle s'acharnait à les vaincre. Tous les matins, elle introduisait dans la chambre de bain Zulpha et son Portugais, et elle restait à la porte comme une sentinelle. Averties par le nègre, les jalouses résolurent enfin de se venger autant de Ferdinand que de leur rivale. Elles dévoilèrent la vérité à Sermey et lui offrirent de le rendre témoin de son déshonneur. Il refusa d'abord de les croire ; il les menaça de la mort la plus cruelle si leur rapport était faux. Mais il fallut bien se rendre à l'évidence. Dissimulé derrière un épais rideau, il vit passer près de lui la traîtresse accompagnée de sa Vénitienne et de son Portugais, qu'il reconnut parfaitement sous son costume de femme. Il les vit se diriger vers la chambre de bain, il les y vit entrer et, paraissant un instant après devant la vieille qui faisait le guet à la porte :

— Qui donc se baigne en cet instant? lui demanda-t-il.

— Seigneur, c'est Zulpha, votre céleste houri, qui veut se faire belle pour vous plaire, répondit Fatime sans se déconcerter.

— Et... qui donc l'accompagne ?

— C'est votre esclave chrétienne la Carolina... Une bien bonne femme, monseigneur, quand elle sera convertie à la sainte religion d'Allah enseignée par son prophète.

— Comment se fait-il que je viens de voir à l'instant Carolina dans le jardin ? s'écria d'une voix tonnante le guerrier musulman, en appuyant sa main de fer sur le crâne dénudé de la vieille...

— Écoute-moi, horrible moukère, ajoute-t-il en faisant briller aux yeux de l'Italienne la lame d'un poignard acéré, il faut me dire tout ou songer à mourir.

— Ah ! seigneur Sermey ! seigneur, ayez pitié de moi, murmure Fatime... Je n'ai rien fait... je vous jure...

— Assez, interrompt l'époux que la fureur et en même la douleur, la honte, le désespoir rendent complètement fou.

Il lâche l'infidèle Fatime et se retire à grands pas comme un homme qui a complétement perdu la raison. Agité de mille passions et de mille projets de vengeance, il vient annoncer à ses femmes qu'il a la preuve de la perfidie de Zulpha, mais qu'avant de la frapper avec son complice, il veut laisser calmer sa rage, pour agir de sang-froid, comme l'ordonne le Prophète.

Le jour même, il se retire à la campagne et s'y abandonne à ses réflexions. Il ne peut s'empêcher de se rendre justice et de convenir que, vieux et difforme comme il l'est, il ne peut, sans orgueil et sans ridicule, se croire aimé d'une belle et jeune personne. Pour mettre fin à ses tourments, et pour s'éviter le remords d'avoir fait mourir une femme qu'il avait tant aimée, il résolut de se montrer supérieur à sa mauvaise fortune.

Il fait venir le Portugais tremblant, qui s'imagine marcher au supplice.

— Ingrat, lui dit-il, je sais tout ; mais rassure-toi.

Ferdinand tombe à ses pieds, qu'il embrasse :

— Seigneur ! seigneur, ôtez-moi la vie, murmure l'esclave tremblant ; mais épargnez Zulpha... Je suis seul coupable.

Un rire plein d'amertume entr'ouvre les lèvres du musulman :

— Seul coupable !... En un crime pareil n'est-il pas indispensable d'avoir au moins un complice? Va, Ferdinand, tu n'es pas seul coupable, car je le suis aussi.. Mahomet vient de m'inspirer de meilleurs sentiments... Je vais réparer ma faute ; je vais répudier Zulpha et vous unir tous les deux par le mariage, en vous assurant une dot convenable, à la seule condition que tu embrasseras le mahométisme.

Ces paroles si étonnantes semblent jeter le Portugais dans la dernière perplexité ; non qu'il eût le moindre scrupule au sujet d'un changement de religion, mais parce qu'en acceptant il renonçait pour toujours à sa patrie et à ses parents, qui lui avaient écrit peu de temps auparavant et l'avaient informé que rien ne serait épargné pour sa rançon. Épouser Zulpha, c'était perdre un brillant héritage, une grande fortune en Portugal ; le malheureux ne commençait à comprendre réellement l'importance de sa faute que lorsque la générosité de son maître lui offrait un moyen de la réparer.

D'un autre côté, en refusant, le jeune esclave se condamnait lui-même à voir d'abord jeter à la mer sa belle maîtresse enveloppée dans un sac, et ensuite à être brûlé vif, double punition des adultères.

Enfin, il se décida pour le mariage et se déclara prêt à se faire musulman.

Tout fut aussitôt préparé pour son abjuration, dont la cérémonie devait se faire publiquement à Alger, dans la cour du palais de Sermey.

Malheureusement pour notre prosélyte, il avait déjà subi, tout enfant, la circoncision ; l'iman, surpris de le trouver circoncis, n'en revient pas :

— Il faut, s'écrie le prêtre musulman, que cet impie soit juif ou mahométan ; il ne se présente ici que pour faire insulte à Allah et à son prophète.

A cette déclaration, un murmure parcourt l'assemblée des témoins. Le malheureux est saisi, garrotté et traîné devant le dey d'Alger, qui le fait examiner de nouveau et lui ordonne de faire connaître immédiatement à quelle religion il appartient.

— Hélas ! murmure le Portugais, je me suis donné comme chrétien, afin de pouvoir me faire musulman.

— Être abject, interrompt le dey, ne craignais-tu pas d'attirer la foudre sur nos mosquées ? Ton crime, qui dénote une bien grande audace pour un vil pourceau de ton espèce, t'attirerait la mort ignominieuse sous les coups de bâton, si les mœurs, outragées par toi, ne criaient vengeance et ne nous ordonnaient de te condamner à un autre supplice.

Et se tournant vers Sermey, le dey ajouta :

— Seigneur, il faut immédiatement que tu livres ton épouse Zulpha à ma justice ; car elle est accusée et elle sera convaincue d'adultère.

A ces mots, Sermey fut presque aussi confondu que le Portugais, car il croyait que le mystère de cette intrigue n'avait pas franchi les murs de son palais. Quelle ne fut pas sa confusion, lorsque tous les officiers du divan lui déclarèrent que cette affaire avait été rendue publique par les propres femmes de Sermey, qui avaient eu bien soin d'en publier tous les détails, afin que Zulpha ne pût échapper au châtiment.

C'est alors seulement que le malheureux époux comprit par suite de quelle intrigue son honneur avait été offensé. Il chercha vainement à sauver sa jeune épouse.

L'infortunée Zulpha, traînée, avec Fatime, devant la cour du dey, se trouva si confuse de se trouver le visage découvert, au milieu du divan, qu'elle ne put proférer une parole.

— Malheureuse ! lui cria le dey d'une voix à faire trembler des Turcs, tu es indigne du nom de musulmane, puisque tu t'es livrée à un misérable juif.

Puis il ordonna d'enfermer ces deux femmes chacune dans un sac et de les jeter solennellement à la mer, ce qui fut aussitôt exécuté, en présence d'une multitude de Maures, d'Arabes et de Turcs accourus sur la rade.

En même temps, Ferdinand fut conduit sur un bûcher et brûlé vif.

Tout était fini pour ces malheureux ; mais pour Sermey, la vengeance n'était pas complète. Sa tendresse pour Zulpha se changeait en rage contre les auteurs de sa mort. Il rentra chez lui, résolu de sacrifier ses quatre femmes, dont la jalousie avait fait naître cette affreuse tragédie. Il les fit venir dans sa chambre et leur reprocha leur crime ; elles eurent beau se jeter à ses pieds, il les avertit, en brandissant son sabre, qu'il ne différait sa vengeance que pour la rendre plus cruelle. A force de menaces, il parvint à leur faire avouer que c'était l'affreux nègre qui les avait tenues au courant de toute l'intrigue et qui leur avait servi à en répandre ensuite la nouvelle par la ville.

Laissant des gardes auprès de ses femmes, il se rendit à la maison de campagne où cet esclave noir était allé, le matin même, chercher des provisions.

En arrivant, il frappa ce misérable au visage et lui ordonna, sous peine d'être coupé en mille morceaux, d'avoir à lui faire le récit de toute cette affaire.

— Seigneur, s'écrie l'esclave, ne me tuez pas ; je n'ai fait qu'obéir aux ordres de vos épouses. D'ailleurs, je croyais, en surveillant Zulpha, faire mon devoir, car je surveillais les autres aussi.

— Que dis-tu là ? s'écrie l'époux en brandissant avec rage son grand sabre recourbé. Esclave, ne cherche pas à me tromper. Souviens-toi que je suis ton seigneur et que tu n'es pas digne de baiser la poussière de mes souliers.

— Seigneur, épargnez-moi, répétait le nègre épouvanté, qui croyait à chaque instant sentir le terrible cimeterre de Sermey lui entrer dans les chairs. Seigneur, je n'ai rien de caché pour vous... Toutes vos épouses...

— Eh bien, achèveras-tu, maudit chien !...

— Toutes vos femmes vous trompent avec des esclaves chrétiens ; elles prennent, pour accomplir leur crime, le moment du bain ou celui où elles sont à la campagne.

— Malheureux ! lui dit son maître, au comble de la fureur, tes yeux ont vu ce qu'ils ne devaient pas voir, tes lèvres ont prononcé ta sentence de mort !

Et d'un seul coup de son cimeterre, il lui tranche la tête ; puis il assemble ses trésors et les confie à des Arabes pour les porter dans les montagnes de l'Atlas, lorsqu'il aura assouvi sa vengeance. Tout étant prêt pour son départ, il fait venir ses femmes à sa maison de campagne, sous prétexte de se réconcilier avec elles ; mais dès qu'elles sont arrivées, il se venge de l'insulte qu'elles ont faite à son honneur en les empalant à des pieux préparés dans une vieille tour.

Ces exécutions se firent devant une esclave numidienne que Sermey chargea d'aller raconter au dey comment les choses s'étaient passées. Mais pour l'empêcher de donner trop tôt l'alarme, on l'enferma dans une chambre.

Le guerrier turc se hâta ensuite de gagner les montagnes, où il devait être à couvert de toute poursuite.

L'esclave chrétien qui portait chaque jour à cette campagne les provisions nécessaires, fut tout surpris, le lendemain matin, de trouver la porte fermée.

Comme il frappait avec force, l'esclave numidienne lui cria d'enfoncer la porte, parce que leur maître, ayant fait périr toutes ses femmes, s'était sauvé dans les montagnes.

Épouvanté par ces paroles, le chrétien s'enfuit jusqu'au palais du dey, auquel il répéta ce que la Numidienne lui avait dit.

Pour éclaircir cette affaire, le dey envoya un de ses officiers à la maison de campagne de Sermey, et l'esclave de Numidie, ayant été délivrée, raconta de point en point tout ce qu'elle avait vu.

CHAPITRE VII

SIÈGE D'ALGER PAR CHARLES-QUINT

Charles-Quint rêve la conquête de l'Algérie. — Bulle du pape. — Hassan-Agha. — Descente des Espagnols. — Terreur des musulmans. — Un prophète nègre. — Attaque d'Alger. — Les chrétiens s'avancent jusqu'au pied des murailles. — Savignac à la porte Bab-Azoum. — La tempête. — Destruction de la flotte espagnole. — Désastreuse retraite des chrétiens. — Leur embarquement. — Leur départ.

Après son expédition de Mahon, Kheïr-Eddin s'était retiré à Constantinople.

Profitant de son absence, Charles-Quint prépara une grande expédition contre Alger, qu'il avait résolu de réduire comme Tunis. Il s'embarqua à Majorque le 18 octobre 1541 et arriva le 20 en vue d'Alger. Les capitaines les plus renommés d'Espagne, d'Italie et d'Allemagne avaient tenu à honneur de l'accompagner; les Cortez, les Spinola, les Colonna commandaient les troupes de terre; Doria se trouvait à la tête de la flotte. Une armée navale allemande obéissait au prince de Melphi. Le contingent fourni par le pape avait pour chef Urbin d'Anguillara.

La flotte se composait de 360 bâtiments de toute grandeur. L'armée comprenait 25,000 hommes, dont 500 chevaliers de Malte.

Toute la chrétienté avait fourni sa part de ce formidable armement, comme on n'en avait pas vu depuis le temps des croisades. Seul, le vieux Doria blâmait cette expédition; non pas en elle-même, car il en reconnaissait l'utilité et il conseillait à Charles-Quint de profiter de la trêve avec le roi de France, pour châtier et détruire les pirates; mais son avis était qu'il fallait choisir une autre saison. Il savait par expérience combien la Méditerranée est dangereuse en automne. Malheureusement ses observations furent traitées par Charles-Quint, comme celles d'un vieillard incommode.

Le but avoué de Charles-Quint était de rétablir sur le trône d'Alger le fils de cet infortuné Selim-Eutemy, dont nous avons raconté la fin cruelle. Mais au fond, l'empereur voulait détruire ce nid de pirates; il avait à cœur de punir les cruautés commises sur le gouverneur du Pegnon; enfin, il désirait faire triompher la croix sur ces rivages.

Outre la conquête d'Alger, il se proposait celle de tout le Moghreb. La connaissance qu'il avait de l'état du pays, de ses forces et de l'esprit des populations, semblait lui promettre le succès le plus complet. Il était persuadé que rien n'immortaliserait son nom comme la réduction de ces vastes contrées à la foi chrétienne.

Pour le seconder dans son pieux dessein, le pape avait publié une bulle, accordant une absolution générale à tous les chrétiens qui prendraient du service dans l'armée chrétienne; il avait promis la couronne du martyre à ceux qui perdraient la vie en combattant les infidèles; il avait gratifié d'indulgences ceux qui seraient blessés; ceux qui contribueraient de leur bourse à cette expédition devaient avoir également leur récompense en l'autre monde. En un mot, tout service était payé d'une félicité proportionnée.

Une infinité de jeunes seigneurs accompagnaient l'empereur, sans avoir d'autre mobile que l'amour de la gloire et de la religion. La flotte portait, en outre, un grand nombre de femmes, embarquées autant pour servir aux plaisirs des officiers et des soldats, que pour coloniser l'Afrique lorsqu'elle serait conquise.

Un vent favorable porta bientôt cet armement devant Alger qui semblait devoir inévitablement succomber. La rade qui s'ouvre en face de cette capitale fut couverte de navires pavoisés à la proue et à la poupe d'une bannière d'Espagne, et portant un crucifix au gouvernail.

A son départ d'Alger, Kheïr-Eddin avait confié le gouvernement à Hassan-Agha qui avait pris les meilleures dispositions pour la défense de la place. Ce Hassan était un renégat italien que Kheïr-Eddin avait enlevé tout enfant de Sardaigne, à l'issue d'une descente qu'il avait faite dans cette île. Sa physionomie ayant plu au corsaire, celui-ci le fit eunuque et l'éleva au milieu de ses femmes. Lui ayant ensuite reconnu une grande intelligence, il le mit à la tête de la milice turque; il le chargea à diverses reprises d'expéditions dans l'intérieur, pour lever des tributs sur les territoires de sa dépendance. Il eut toujours à se louer de son courage et de sa prudence, unis à une grande habileté.

Depuis longtemps Hassan-Agha connaissait les projets de Charles-Quint. Il fit faire par tout le peuple les travaux nécessaires pour mettre la ville en état de soutenir un siége. Plus de quatre cents esclaves chrétiens furent employés à ces travaux.

« Un jour, nous apprend la chronique manuscrite du Gazewat, un jour comme il était assis sur son divan, et occupé à rendre la justice, l'officier chargé de surveiller l'arrivée des bâtiments, vint lui apprendre qu'il avait aperçu la flotte des chrétiens cinglant vers le cap Cherchell; que cette flotte couvrait toute la surface de la mer et qu'il avait en vain essayé de compter le nombre de ses vaisseaux. Hassan-Agha se hâta d'envoyer une troupe de cavaliers pour aller sur la montagne de Bou-Zariah, voisine d'Alger, et lui apporter des avis certains sur le nombre et la direction des navires ennemis.

« Les cavaliers revinrent peu de temps après, et le rapport de chacun fut qu'il lui avait été impossible de compter les voiles, tant il y en avait!

« Hassan-Agha commanda de distribuer les habitants armés dans les tours et sur les remparts; on établit des postes et on arbora, de distance en distance, les drapeaux de l'Islam.

« Hassan plaça à la porte Bab-Azoun un vieux soldat qui avait passé par tous les grades militaires et s'était cent fois distingué par des traits de bravoure et d'intelligence : ce valeureux guerrier se nommait El-Hadji-Mchemi.

« Hassan se réserva la défense d'un des châteaux d'Alger, dont les batteries couvraient les sentiers de la campagne et les plages de la mer. Il s'y rendit avec une troupe d'élite, au bruit des fanfares et des acclamations du peuple.

« On voyait l'étendard de la victoire flotter au-dessus de sa tête, et à la porte du château il fit placer un canon du plus gros calibre, dont le bruit, lors de l'explosion, le disputait aux éclats du tonnerre. Les troupes de la ville, composées de Maures andalous et d'Arabes, furent disséminées sur les remparts et elles étaient munies d'arquebuses, de sabres, de lances et de flèches.

« La flotte espagnole fut découverte à l'horizon trois jours avant la fin de la grande lune de Gemâdi-el-Thari, l'an de l'hégire 948 (mercredi 19 octobre 1541). Elle mouilla sous le promontoire boisé de Matifoux, le lendemain, vers les trois heures de l'après-midi. On remarqua que le pavillon d'un des principaux navires tomba dans la mer au moment de jeter l'ancre, et les musulmans tirèrent de cet accident un augure favorable.

« Les Espagnols ne descendirent à terre que le troisième jour après leur arrivée, et dès que l'empereur eut débarqué toute l'armée se rangea autour de lui. »

Alger n'était alors défendu que par une simple muraille sans ouvrages extérieurs; sa garnison consistait en huit cents soldats turcs et en six mille Maures sans discipline et sans armes à feu. La vue d'une flotte si considérable jeta la consternation parmi les habitants. Le divan s'assembla sur-le-champ et délibéra sur les moyens de se défendre. Il fut résolu de ne pas s'opposer au débarquement, ce qui eût exposé inutilement les troupes. Il sembla plus prudent de se renfermer dans la ville, en attendant le retour des nombreux détachements de Turcs dispersés dans les campagnes et occupés à lever les taxes sur les Maures et sur les Arabes.

L'armée navale des chrétiens jeta l'ancre à la hauteur du cap Matifoux; le débarquement une fois terminé, l'empereur prit position sur la montagne qui domine Alger à l'ouest; il y déploya l'étendard de la croix au son des trompettes et des timbales; ses troupes se mirent aussitôt à élever des retranchements sur le lieu même où se dresse aujourd'hui le *Fort de l'Empereur*.

Des flancs de cette montagne sortait une source qui fournissait de l'eau à toute la ville; les Espagnols en détournèrent le cours et réduisirent ainsi les habitants à faire usage d'eau de citerne corrompue et malsaine.

Les troupes chrétiennes étaient divisées en trois corps d'environ sept mille trois cents hommes chacun. Les auxiliaires italiens et les chevaliers de Malte formaient le premier; le second était composé des Espagnols, presque tous vieux soldats; les Allemands et les Bourguignons marchaient en troisième ligne. Chaque corps était muni de trois pièces d'artillerie volante.

Le premier acte de Charles-Quint fut d'envoyer un parlementaire au gouverneur Hassan pour le sommer de lui rendre la ville; avec menace de passer tous les habitants au fil de l'épée après un assaut qui ne pouvait manquer de réussir.

Hassan demanda quelques jours pour délibérer avec son conseil; c'était afin de gagner du temps et permettre aux secours de marcher sur la ville assiégée.

Ne recevant que des réponses évasives, Charles-Quint, voyant que la disposition du terrain ne lui permettait pas de bloquer la ville, résolut de donner l'assaut.

La position de sa flotte était telle que ses troupes pouvaient se rembarquer aisément en cas d'insuccès. Les batteries ouvrirent leur feu toutes en même temps. Dans la ville régnait la terreur; les Maures parlaient de se rendre. Mais Hassan, averti que les secours attendus s'approchent rapidement, imagine un stratagème religieux pour donner un peu de courage à ses musulmans.

Un eunuque nègre, révéré du peuple comme prophète, mais méprisé des grands comme imposteur, demanda une audience au divan; le peuple l'accompagna jusque dans la cour du palais où ce conseil était assemblé.

Là, ce prophète populaire, inspiré sans doute par les ordres de Hassan, s'écrie d'une voix retentissante:

— Voici une flotte puissante, dont chaque vaisseau est plein d'infidèles bien armés; ils paraissent aussi soudainement que s'ils sortaient du sein de la mer. Mais Dieu délivrera son peuple des mains des idolâtres. Fiez-vous à l'abject *Yousouf* (c'était le nom de cet eunuque) et soyez assurés qu'avant la fin de cette lune, le Tout-Puissant déploiera sa gloire à la confusion des chrétiens. Leur armée, leurs vaisseaux périront à notre vue; notre ville sera libre et victorieuse; tant de ces infidèles resteront nos esclaves que peu reverront leur patrie.

Ce discours, mêlé en vingt endroits des louanges d'Allah et de son prophète, relève un peu l'énergie des habitants et l'on convient de résister encore jusqu'à la fin de la lune.

Le 23 octobre 1541, le débarquement étant terminé, vers l'embouchure de l'Haratch, l'armée chrétienne s'avança à la distance d'un mille de la porte Bab-Azoun.

Elle s'établit, comme nous l'avons dit, au delà d'un ravin que l'on franchissait sur un

Sermey empale ses quatre femmes. (Page 53.)

pont ; elle s'étendit depuis la mer jusqu'aux premiers escarpements de la montagne. De loin, les Arabes escarmouchaient sans oser s'aventurer à une affaire sérieuse.

Pour prendre position sur la cime des hauteurs qui dominent Alger, deux régiments furent employés à débusquer les musulmans des maisons de campagne qui leur servaient de retranchements, au lieu où s'éleva depuis le fort de l'Empereur, construit par les Turcs, lorsqu'ils eurent compris, après le départ de Charles-Quint, l'importance de cette position.

La prise d'Alger semblait inévitable à l'invincible roi d'Espagne. Après une reconnaissance aux abords de la place, il déclara que les murailles ne pourraient résister à ses boulets et que l'on viendrait promptement à bout de la ville en la plaçant entre les feux de la flotte et ceux de ses batteries.

Il ordonna aussitôt de mettre à terre le matériel de siége.

Dès ce jour-là, vers neuf heures du soir, un vent du nord-est, accompagné d'une pluie battante, commença de soulever la rade. Au milieu de la nuit, le mauvais temps se changea en ouragan. Les soldats, dont les tentes n'étaient pas encore débarquées, passèrent une nuit affreuse.

« Les musulmans de la campagne, continue la chronique arabe du Ghazewat, s'approchèrent pour empêcher la descente ; mais les boulets des vaisseaux les forcèrent à rester spectateurs du débarquement, qui se fit sans peine.

8.

« Le lendemain, les chrétiens passèrent la nuit sur la plage d'El-Hammah, qui n'est qu'à deux heures de marche d'Alger. Un officier de la milice turque, nommé Hadji-Bacha, proposa de faire pendant la nuit une sortie. Hassan-Agha y consentit; on ouvrit les portes et, déployant le drapeau, il s'avança le premier à la tête des gens de bonne volonté.

« Une quantité prodigieuse de braves musulmans s'élança sur ses traces ; il était trois heures du matin, lorsque cette troupe se mit en marche ; elle s'approcha sans bruit du camp espagnol ; à la faveur de l'obscurité, les Algériens pénétrèrent parmi les gardes avancées, et après avoir fait tous à la fois une décharge terrible d'arquebuses, ils commencèrent à lancer une grêle de flèches.

« Dès ce moment, un désordre affreux se répandit parmi les chrétiens. L'empereur, éveillé en sursaut, et troublé du bruit qu'il entendait, fit appeler ses généraux et leur dit :

« — Sont-ce là les gens qui, selon vous, n'auraient pu se défendre ? Nous pouvons juger par ce qu'ils ont fait cette nuit de ce qui nous en coûtera pour les réduire.

« Les musulmans continuèrent à combattre pendant plusieurs heures et ils ne reprirent le chemin de la ville qu'après le lever du soleil. Dans la journée suivante, l'armée chrétienne s'approcha d'Alger, tambour battant, drapeaux déployés ; semblable à ces fourmilières que les chaleurs du printemps font éclore, elle couvrait toute la campagne, précédée d'un corps de cavalerie de 4,000 hommes, et elle s'avança, en bon ordre, jusque sous les remparts. Les Algériens, du haut de leurs murailles, se défendirent vaillamment, avec leurs canons, leurs arquebuses et leurs machines à lancer des flèches et des pierres [1]. »

Repoussés avec vigueur, les musulmans

---

[1]. *Chronique du Ghazewat.*

n'avaient eu que le temps de fermer les portes de leur ville ; on les serra de si près qu'un chevalier de Malte français, nommé Savignac, vint planter son poignard dans la porte Bab-Azoun.

« Les Espagnols établirent leur camp près du lieu connu sous le nom de Ras Tafoura, et ils s'étendaient sur tout l'espace compris entre le bord de la mer et le sommet des collines. Tandis qu'ils travaillaient à leurs retranchements, un corps de Turcs choisis fit une seconde sortie qui eut le plus glorieux succès. »

Outre l'avantage du nombre, les Algériens possédaient celui de connaître exactement tous les accidents de terrain. Il fallut que Charles-Quint mît l'épée à la main pour rallier lui-même ses soldats et les ramener contre l'ennemi qui ne se retira qu'après un sanglant combat.

« Cependant les batteries que les assaillants avaient disposées sur les hauteurs commencèrent à tonner sur la ville, et les Algériens tirèrent, de leur côté, sur le camp une quantité de boulets de fer dont chaque coup portait la mort. L'empereur d'Espagne comprit alors qu'Alger était plus forte qu'il ne l'avait jugée de loin ; ses espérances se refroidirent ; il abandonna les retranchements commencés à Ras Tafoura et alla s'établir sur la colline nommée Koudiat-el-Saboun.

« De ce point il dominait la ville et croyait faire brèche à ses murs ; mais les Algériens se montraient sur toutes les faces des remparts et leurs canons portaient partout l'épouvante et la foudre ; ils tirèrent aussi sur la flotte, mais on n'a pu vérifier le mal qui en résulta.

« Avant l'aurore qui devait éclairer le second jour du siége, Dieu déchaîna les vents. La mer, agitée par la tempête, fit rompre les câbles des navires. Les chrétiens, pour éviter le naufrage, voulurent tendre les voiles et gagner le large ; mais l'orage augmentait d'heure en heure.

« L'amiral de la flotte, Antoine Doria, était dans les plus mortelles alarmes; une grande partie des vaisseaux, ne pouvant tenir sur leurs ancres, vinrent se briser à la côte.

« Les esclaves musulmans qu'ils portaient recouvrèrent alors leur liberté, et les Arabes de la campagne, accourant de toute part, massacrèrent les ennemis que la tourmente avait épargnés[1]. »

La tempête devint d'heure en heure plus furieuse. Les navires, battus par les flots et jetés les uns contre les autres, se heurtaient et se brisaient avec fracas. 140 sombrèrent en peu de temps ou furent écrasés contre les rochers. Toute la côte, depuis Alger jusqu'à Cherchell, se couvrit de mâts, de débris et de cadavres.

A la fureur des eaux se joignit un tremblement de terre qui renversa les tentes et les retranchements élevés par les chrétiens. Leur camp fut inondé par les torrents qui se précipitaient des montagnes.

Des épisodes de la plus sauvage férocité signalèrent ce premier succès des musulmans, à la suite de la tempête. Turcs, Arabes, Maures et Kabyles se montrèrent impitoyables.

Les armées se faisaient alors suivre d'une foule de femmes, les unes légitimement mariées aux officiers, d'autres destinées à servir de distraction aux soldats; on peut penser quelle razzia firent les musulmans. Le chroniqueur Ulloa rapporte qu'une jeune fille, d'une ravissante beauté, avait accompagné son amant, Antonio Carriero, capitaine de vaisseau espagnol. Cette créature tomba entre les mains d'un chef arabe, qui commença par la déshabiller, puis assouvit sur elle sa brutale passion, ce qui semble étonner fort l'historien en question. Mais où l'indigène dépassa ensuite les bornes de la licence tolérée à un soldat victorieux, c'est lorsqu'il annonça à sa victime qu'il allait la tuer.

1. Chronique du Ghazewat.

La malheureuse eut beau se traîner à ses genoux, il l'égorgea froidement, sans être touché de ses prières ni de ses larmes.

« Lorsque l'empereur d'Espagne vit sa flotte menacée d'une complète destruction, son courage l'abandonna, et la pâleur de son visage décela les angoisses de son cœur. Les Algériens, profitant de cette faveur du ciel, tentèrent alors une sortie générale avec la confiance que leur inspirait la protection du ciel, qui se manifestait d'une manière si visible. Ils pénétrèrent, presque sans obstacles, dans le camp des chrétiens et y firent un effroyable carnage[1]. »

Il y eut un moment affreux où, malgré la valeur de leurs chefs, les Espagnols se trouvèrent complétement démoralisés. Les chevaliers de Malte, habitués à combattre les musulmans, se dévouèrent pour amortir le choc des Algériens.

Reconnaissables à leur cotte d'armes violette chargée d'une croix blanche, on les vit se précipiter dans la mêlée; bientôt ils comptèrent 30 blessés, parmi lesquels le français Savignac, le même qui avait planté son poignard dans la porte Bab-Azoun.

Frappé d'un coup d'arbalète, ce héros s'appuie sur un soldat; sa main défaillante élève encore un instant l'étendard des chevaliers, puis il tombe expirant.

Le champ de bataille était couvert de cadavres sur près d'une demi-lieue; les chrétiens, complétement démoralisés, allaient être exterminés jusqu'au dernier; éperdus, ils allaient tomber sous le cimeterre, sans opposer de résistance, lorsque l'empereur se jeta lui-même au milieu des Algériens; il était suivi des gentilshommes de sa maison et, payant bravement de sa personne, il releva par son exemple le courage des fugitifs, ce qui permit de mettre un peu d'ordre dans la retraite.

« Les musulmans furent obligés de reculer, et quittant les collines, ils vinrent se ral-

1. Chronique du Ghazewat.

lier à Ras-Tafoura. Excités par ce premier avantage, les chrétiens les poursuivirent d'abord jusqu'à Kantara-el-Afran (le pont des fours).

« Les musulmans ne purent encore tenir dans ce poste ; le choc de la multitude des chrétiens, qui se succédaient comme les flots d'une mer houleuse, les repoussa jusqu'auprès du mausolée où repose Sidi-el-Taca, à l'extrémité du faubourg Bab-Azoun.

« Les Algériens reprirent alors l'offensive, et faisant volte-face, ils forcèrent avec l'arc et la fronde les vainqueurs d'un moment à reculer vers leur camp.

« Les flèches et les pierres étaient les seules armes dont on pût se servir de loin dans cette journée, à cause de la pluie qui ne cessa de tomber à grands flots.

« Lassé de ses pertes, l'empereur fit enfin de graves réflexions, et comprit qu'il n'avait de salut à espérer qu'en renonçant à la conquête d'Alger pour regagner au plus vite ses États. La mer, devenue plus calme, avait permis au commandant de la flotte, Antoine Doria, de descendre à terre. Il vint trouver l'empereur, la douleur peinte sur le visage, et lui dit :

« — Sire, n'avais-je pas raison de vouloir vous dissuader de cette malheureuse expédition ? Voyez où vous a conduit le peu de cas que vous avez fait de mes conseils ! Il n'y a plus de temps à perdre ; il faut s'occuper de votre salut ; il ne vous reste que très-peu de vaisseaux en état de tenir la mer ; la tempête en a jeté une grande partie à la côte et a fort endommagé les autres. Je ne sais comment nous pourrons ramener les débris de notre armée. Je retourne de ce pas au cap Matifoux, afin de disposer toute chose pour le départ. Je vous exhorte à me suivre de près par terre en résistant aux derniers assauts qui seront livrés à l'arrière-garde.

« Convaincu par les remontrances de ce chef expérimenté, l'empereur d'Espagne donne l'ordre de se remettre en marche, et arrive, à la tombée de la nuit, sur les bords de l'Oued-el-Haratch ; mais les eaux de cette rivière ont subi une crue extraordinaire par suite des pluies continuelles, et il fallut faire halte et passer la nuit sur la grève.

« Les Espagnols eurent beaucoup à souffrir du froid et de la faim ; ils égorgèrent quatre cents chevaux pour s'en nourrir.

« Le lendemain, au point du jour, Charles-Quint visita lui-même le lit de la rivière pour chercher un endroit guéable et fut encore effrayé des derniers obstacles qui lui restaient à franchir.

« Il demanda à ses chefs principaux le parti qu'on pouvait prendre ; l'idée leur vint de fabriquer une espèce de pont volant avec les mâts et les débris de navires que la tempête avait charriés sur la côte. Ils y réussirent après un long travail et toute leur armée effectua son passage.

« Mais les Arabes profitèrent de ce moment pour charger les fuyards ; ils ne cessèrent de les harceler et de leur tuer beaucoup de monde jusqu'auprès du cap Matifoux.

« Parvenu sur ce point, l'empereur s'y retrancha pour attendre que les avaries de ses vaisseaux fussent un peu réparées [1]. »

Cette retraite au milieu d'un pays ennemi n'avait pu s'effectuer sans de grandes pertes, à travers des nuées d'Arabes. Enfin, le 30 octobre, les chrétiens s'établirent dans les ruines romaines de Rusgunium, sur le cap Matifoux. Le 1er novembre, Charles-Quint fit rembarquer ses soldats découragés ; mais à peine la moitié de son armée a-t-elle atteint les bâtiments, qu'une seconde tempête s'élève non moins terrible que la première. Les bâtiments se hâtent de gagner la haute mer et parviennent séparément en Italie, après des difficultés inouïes.

« Lorsque tout fut prêt, Charles-Quint remit à la voile pour s'éloigner du rivage algérien, le désespoir dans l'âme, mais trop heureux d'échapper à sa perte. Il se vit en-

1. *Chronique du Ghazewat.*

core obligé d'abandonner un bon nombre de vaisseaux de haut-bord, de galères, de demi-galères et de galiotes qu'il n'avait pas été possible de relever, et de ses quatre mille chevaux, il n'en ramena pas un.

« Ce que les Algériens recueillirent de butin en cette occasion fut pour eux une source de richesses et un monument de leur gloire. Telles sont les circonstances les plus certaines de cette fameuse descente qui devint si fatale aux chrétiens [1]. »

Charles-Quint ne quitta l'Afrique que le 3 novembre; il vint passer deux semaines à Bougie pour donner à la mer le temps de se calmer. Il en repartit le 17, mais telle était encore la fureur des éléments, que l'empereur n'échappa à une troisième tempête qu'en rentrant au port à la hâte. Enfin, après une semaine encore, il remit à la voile et parvint à gagner Majorque, d'où il se retira, le 1er décembre, à Carthagène.

1. *Chronique arabe du Ghazewat.*

Quant aux Algériens, enrichis de la dépouille des chrétiens qui leur avaient abandonné bagages, femmes, munitions, armes, ils ne furent point ingrats envers Yousouf, l'eunuque prophète. Ils le déclarèrent le libérateur d'Alger et le récompensèrent largement.

Lorsqu'il fut mort, le peuple crut pendant longtemps qu'on pourrait soulever ou apaiser les tempêtes en prononçant quelques paroles cabalistiques sur ses ossements.

Le nombre des chrétiens, réduits en captivité, fut si grand que les prisons en furent pleines et que la valeur d'un esclave tomba à celle d'un lapin ou d'une poule. Certains chrétiens furent achetés moyennant un oignon par tête. Comme ils n'avaient plus aucune valeur, on les traita avec une férocité dont il est impossible de se faire une idée.

Les musulmans purent se procurer à peu de frais le plaisir de les voir expirer dans les tourments.

CHAPITRE VIII

FIN DE KHEÏR-EDDIN — HASSAN-PACHA

Kheïr-Eddin, allié de François Ier. — Prise de Reggio. — Gaetano et sa fille. — Attaque de Nice. — Doria. — Les musulmans pillent la Provence. — Prise de l'île d'Elbe. — Délivrance de Sinam. — L'Italie est ravagée. — Mort de Kheïr-Eddin. — Troubles à Alger. — Hassan, fils de Kheïr-Eddin, est nommé pacha d'Alger. — Son expédition contre Tlemcen. — Les Espagnols attaquent Mostaganem. — Ils sont exterminés. — Nouvelle expédition de Tlemcen. — Prise de cette ville. — Disgrâce de Hassan-Pacha. — Salah-Reïs. — Expédition de Fez. — Prise de Bougie. — Mort de Salah-Reïs. — Hassen, renégat corse. — Tékéli le renverse. — Supplice de Hassen. — Tékéli est renversé à son tour par Yousouf le Calabrais. — Retour de Hassan-Pacha. — Expédition de Mostaganem. — Les Espagnols sont écrasés à Mazagran. — Révolte des janissaires. — Hassan renvoyé à Constantinople. — Son retour. — Expédition d'Oran. — Belle défense du fort Saint-Michel. — Héroïsme des défenseurs de Mers-el-Kébir. — Retraite des musulmans.

La malheureuse issue de cette expédition n'exalta pas seulement le courage des pirates; elle combla de joie un roi très-chrétien, François Ier, dont le petit-fils devait assassiner ses propres sujets pour un motif religieux. En apprenant la défaite de son rival, le roi gentilhomme sentit naître l'espérance d'achever sa ruine en resserrant les liens de son alliance avec l'empereur de Turquie.

Ce dernier lui envoya une flotte de cent cinquante bâtiments qui vint, sous les ordres de Kheïr-Eddin, capitan pacha de la flotte ottomane, mettre le siège devant Reggio, le 20 juin 1543. Cette ville était protégée par une citadelle; mais dans cette citadelle se trouvait un lâche gouverneur, Diégo de Gaétano, qui, cédant à l'effroi de sa famille, demanda lui-même à capituler, sous la seule condition que sa liberté personnelle serait garantie. La ville, ainsi livrée, fut saccagée et brûlée. Les habitants, chargés de chaînes, furent traînés à bord des vaisseaux turcs.

Parmi les prisonniers se trouvait une jeune fille admirablement belle; c'était la fille de Diégo de Gaétano. Cette vierge, âgée à peine de seize ans, fut conduite au corsaire Kheïr-Eddin qui se reposait sur de riches tapis à la porte du palais, en attendant les dépouilles qu'on apportait à ses pieds.

Les charmes et les larmes de cette belle éplorée émurent tellement les sens du lascif pacha d'Alger, qu'il l'épousa immédiatement à la mode musulmane, après l'avoir forcée d'abjurer sa religion. Le père de la jeune fille, le misérable Gaétano, se fit, sans le moindre scrupule, le courtisan du ravisseur de sa fille.

Toute l'Italie tremblait; Rome elle-même se crut menacée par le guerrier ottoman. Kheïr-Eddin, qui aurait pu profiter de la terreur répandue par son nom pour marcher sur la capitale de la chrétienté, avait reçu l'ordre formel de venir se mettre à la disposition du roi de France. Il mouilla devant Marseille le 5 juillet 1543 et se mit à la disposition du héros de Marignan. Mais ce héros avait perdu son énergie en vieillissant. Après avoir ardemment sollicité une flotte turque, il hésitait maintenant à s'en servir; il craignait de soulever contre lui l'Europe chrétienne en accueillant, sous la blanche bannière de France, ces farouches musulmans.

Le corsaire, venu pour tuer, piller, égorger, se montra fort désappointé, lorsqu'il vit que rien n'était préparé pour une expédition; il fit insolemment éclater son mécontentement. Le roi donna alors des ordres à ses troupes pour attaquer Nice.

Les forces franco-turques agirent de concert; mais elles ne purent obtenir le succès espéré, parce que Doria accourut au secours de la place. Les deux plus grands marins du XVIe siècle se trouvant face à face se surveillèrent un instant; ni l'un ni l'autre ne désirait une action générale; ils semblaient craindre également tous les deux de compromettre leur réputation par un insuccès.

Le seul nom de Doria avait singulièrement refroidi l'ardeur des musulmans; Kheïr-Eddin jugea prudent de revenir à Toulon. De ce port, il expédia vingt-cinq galères pour piller les côtes d'Espagne et pour conduire ses prises à Alger.

Lui-même resta à Toulon jusqu'à l'été suivant, sous prétexte de réparer ses navires, mais en réalité pour négocier mystérieusement une alliance avec Doria.

La république de Gênes, qui le redoutait comme pirate, ne pouvait, nation chrétienne, s'associer à cet ennemi de la croix. Elle ne repoussa pas ses avances, néanmoins, afin de ne pas l'irriter; elle feignit de rechercher son amitié. Des échanges d'esclaves furent traités, parmi lesquels celui du fameux Dragut, hardi pirate, que nous retrouverons plus loin et qui prendra le titre de roi de la Méditerranée.

La conduite de François Ier était évidemment répréhensible, au point de vue religieux. En fin diplomate, Charles-Quint sut, à la diète de Spire, soulever l'Allemagne contre son rival, en accusant, comme un fait monstrueux, la présence, dans un port français, de ces Turcs que l'on considérait alors comme l'ennemi commun de toute la chrétienté. François Ier essaya vainement de se justifier en envoyant une ambassade à la diète. Ses députés ne furent même pas reçus. Le roi d'Angleterre, Henri VIII, heureux de ranimer la vieille querelle entre la Grande-Bretagne et la France, s'unit avec l'empereur. Les Français furent déclarés ennemis publics; un décret promulgua les peines les plus rigoureuses contre ceux qui passeraient à leur service; les armées coalisées envahirent encore une fois notre territoire. Les Allemands s'avancèrent jusqu'à Saint-Dizier; les Anglais assiégèrent Boulogne; Paris vit à ses portes deux ennemis également redoutables.

La paix de Crespy, signée le 18 septembre 1544, mit heureusement fin aux hostilités.

La France n'avait plus besoin du pirate musulman, puisqu'elle n'avait plus de guerre à soutenir ; de son côté, Gênes, voyant renaître la paix, lui fit comprendre qu'une alliance avec lui serait plus dangereuse qu'utile. Kheïr-Eddin, qui s'était cru indispensable, eut la mortification de se voir repousser par tout le monde. Ne comptant que sur la guerre pour se mettre de nouveau en relief, il essaya de la faire renaître. Il pressa François Ier de lui permettre de ravager les côtes de l'Espagne. Enfin, ne recevant aucune réponse favorable, il demanda l'autorisation de retourner à Constantinople.

Le roi de France, bien heureux de se débarrasser d'un si dangereux auxiliaire, le prit au mot et le pressa de partir. Mais Kheïr-Eddin, outré de l'empressement que mettait François Ier à l'éloigner des côtes de France, réclama, avant de quitter Toulon, une forte indemnité pour les dépenses occasionnées par son inutile expédition.

Le roi ne pouvait se dissimuler que les sommes réclamées par le musulman lui étaient légitimement dues; mais il ne pouvait les payer, faute d'argent. C'est alors qu'il commença à regretter sérieusement d'avoir appelé à son aide cet ennemi des chrétiens. Les côtes de Provence furent livrées au pillage. Le pirate voulut au moins se payer en nature. Chaque jour des bandes de musulmans parcouraient les campagnes, enlevaient les femmes et les enfants, rançonnaient les villages et détruisaient les plantations. Kheïr-Eddin avait défendu qu'on sonnât les cloches des églises, parce qu'il croyait que c'était un signal pour annoncer l'arrivée de ses forbans et provoquer la résistance. Le roi se vit forcé d'envoyer aux Turcs toutes les provisions qu'ils réclamèrent, leur fit remettre quatre cents prisonniers musulmans enchaînés sur les galères et il trouva encore 800,000 écus pour les envoyer à Toulon. Gorgé d'or et de présents, le pacha se décide enfin à s'en aller. En route, il s'arrête devant Gênes et menace de la saccager. La République effrayée lui offre une énorme quantité de vivres et d'étoffes; il veut bien s'en contenter et se dirige sur l'île d'Elbe, où il écrit au gouverneur pour lui réclamer un jeune Turc, nommé Sinam, qui ramait en ce moment sur les galères chrétiennes.

Jacopo Apiano, gouverneur de l'île, répond aussitôt que Sinam, converti à la religion chrétienne et traité avec douceur, refuse de retourner parmi ses anciens coreligionnaires.

Kheïr-Eddin, incrédule, débarque des troupes, s'empare de Capo Libero, réduit les habitants en esclavage et ravage les campagnes. Incapable de résister, Apiano finit par où il aurait dû commencer, c'est-à-dire par rendre Sinam, que l'on n'avait jamais songé à convertir, mais que l'on était bien heureux de conserver sur les galères.

Kheïr-Eddin le charge du commandement de sept galères et se dirige ensuite vers les côtes de Toscane, saccage Télamone, Montéano, Porto-Hercule, l'île d'Ischia ; puis il gagne la Calabre, dont il désole les rivages; se rabat sur la Sicile, foudroie Lipari et enfin, possesseur d'un immense butin, reprend le chemin de la Turquie, portant sur ses vaisseaux plus de 7,000 chrétiens, tellement entassés à fond de cale, qu'il en meurt des centaines chaque jour.

Son entrée à Constantinople fut celle d'un triomphateur; il eut soin d'envoyer de riches présents aux pachas, aux officiers de Soliman et aux femmes du sérail. Il se retire dans la retraite, cherchant à rétablir sa santé épuisée par les voluptés du harem, auxquelles il s'est livré avec emportement pendant toute sa vie. Il allait s'affaiblissant chaque jour et se disposait à la mort, lorsqu'un médecin juif lui conseilla de s'entourer de jeunes filles vierges dont la chaleur naturelle le ramènerait à la santé. Ce singulier remède ne fit que hâter sa fin. Il expira, en mai 1547, au milieu des plus ravissantes beautés.

La même année 1547 vit mourir trois hommes également célèbres : François Ier, Henri VIII et Luther.

Déjà depuis quatre ans, le brave Hassan-Agha, le défenseur d'Alger, était mort d'un accès de fièvre chaude, pendant une expédition contre Tlemcen. La milice, profitant de l'absence de Kheïr-Eddin, secoua le joug de l'empire ottoman et se constitua en République indépendante. Elle élut elle-même son chef et réunit ses suffrages sur un vieux capitaine, El-Hadj-Méhémi, qui avait défendu la porte Bab-Azoun contre l'attaque des chevaliers de Malte.

Le règne de ce nouveau souverain ne fut pas sans éclat, malgré sa courte durée. En juin 1544, Hassan-Pacha, fils de Kheïr-Eddin, parut devant Alger, à la tête de 12 galères, et n'eut pas de peine à réduire à l'obéissance la milice turque, déjà lasse d'être commandée par un chef trop usé pour exécuter des plans audacieux.

Trois ans plus tard, Hassan-Pacha, rêvant la conquête de Tlemcen, réunit 3,000 fantassins, turcs ou renégats, 1,000 spahis arabes et marche vers l'ouest, avec 10 pièces de canon.

La ville qu'il allait attaquer ne songea point à se défendre. Le sultan Muley-Ahmed s'enfuit à Oran, demander du secours au gouverneur espagnol, le comte d'Alcaudette, qui se rendit sur-le-champ en Andalousie, et en revint avec 1,800 hommes de renfort pour tenir la campagne. Soutenu par de grands contingents arabes et par les troupes de Muley-Ahmed, au nombre d'environ 5,000 cavaliers, il marche sur Tlemcen, répandant partout devant lui la nouvelle que Kheïr-Eddin vient de mourir et que c'en est fait de l'empire turc.

Sur ces entrefaites, un envoyé du roi de France arrive qui annonce officiellement à Hassan-Pacha la mort de son père. Le chef des Turcs, profondément affecté par cette nouvelle, perd courage et signe une paix dont le principal article reconnaît le sultan de Tlemcen comme vassal de l'Espagne ; puis il se retire vers Alger.

Le comte d'Alcaudette ne voulait pas rentrer à Oran après une campagne stérile ; il se dirigea vers Mostaganem dont il convoitait l'occupation et qui n'était défendue que par une faible garnison de 40 Turcs, avec 2 pièces d'artillerie, de trop petit calibre et en trop mauvais état pour résister sérieusement. Cependant l'enceinte de la place était si solidement bâtie que le feu des Espagnols ne put l'entamer et que le comte d'Alcaudette fut obligé d'envoyer un navire chercher à Oran de nouvelles munitions.

Informé de cette attaque, Hassan-Pacha s'arrête dans sa retraite sur Alger et fait secrètement entrer à Mostaganem, pendant la nuit, une partie des Turcs qu'il a ramenés de Tlemcen. En même temps il expédie de tous côtés des émissaires pour appeler aux armes les Arabes du voisinage, qui entourent d'embuscades le camp espagnol.

D'Alcaudette, qui ne soupçonne nullement le piège dans lequel on l'attire, donne l'assaut avant d'avoir reçu les renforts demandés. Ses soldats grimpent sur la forteresse et y plantent leur drapeau. Mais au même instant, les Turcs, ouvrant les portes, font une sortie inattendue, se précipitent avec fureur sur les chrétiens surpris et en font un horrible carnage.

Les Espagnols veulent fuir ; ils tombent sur les Maures et sur les Arabes embusqués dans les broussailles ; ils sont entourés, écrasés, vaincus, massacrés. Le comte d'Alcaudette, voyant que tout est perdu, rallie une poignée de cavaliers, force la foule des assaillants et regagne, en fugitif, la route d'Oran, abandonnant presque toute son armée sur le champ de bataille.

Supplice de Hascen et d'Ali-le-Sarde. (Page 66.)

Hassan-Pacha, victorieux, mais trop intelligent pour s'enivrer de son triomphe, revient à Alger avec l'intention préméditée d'abaisser un peu les caprices de la soldatesque turque. Il se ménage des intelligences chez les Kabyles de l'Atlas et se fait des alliés capables de le secourir en cas de besoin.

Comme il ne perdait pas de vue le royaume de Tlemcen, il sut si bien faire qu'une révolte des habitants força le sultan de cette ville à s'enfuir de nouveau vers les Espagnols d'Oran. Sans perdre une minute, Hassan-Pacha lance sur Tlemcen l'élite de ses Turcs, qu'il place sous les ordres d'un renégat corse nommé Hascen. Après une bataille sanglante, Tlemcen fut abandonnée à toutes les horreurs d'une prise d'assaut. A partir de ce jour, cette ville ne fut qu'une annexe, un beylick de l'empire turc.

Sur ces entrefaites, Hassan-Pacha fut rappelé à Constantinople pour y défendre la possession des biens laissés par son père. Un neveu du sultan, convoitant l'héritage de Kheïr-Eddin, suscitait des intrigues pour entraîner la déchéance de Hassan. Celui-ci ne put faire prévaloir son droit; il fut remplacé, en avril 1552, par Salah-Reïs, ancien compagnon de Kheïr-Eddin.

Ce nouveau pacha d'Alger, habile héritier de la politique inaugurée par Hassan, renoua les intelligences avec les Kabyles et porta la domination turque jusque dans le désert.

A la tête de quarante galiotes ou brigantins, il captura, le 5 juillet 1553, près du détroit de Gibraltar, une escadre portugaise de 6 vaisseaux, sur l'un desquels se trouvait Muley-Bou-Azoun, prétendant au trône de Fez. Le pacha d'Alger reprocha d'abord à ce prince d'avoir manqué à ses devoirs religieux en se réfugiant chez les chrétiens ; puis il le conduisit à Alger et concerta avec lui les plans d'une expédition contre le Maroc.

Aux premiers jours du mois de janvier de l'année suivante, il partit d'Alger avec 11,000 hommes et 12 pièces de canon. Pendant qu'il marchait sur le Maroc à la tête de ses troupes, une flotte de 82 voiles se rendit dans les parages de Mélillah, prête à lui offrir un asile en cas d'insuccès.

Arrivé sans obstacles sous les murs de Fez, il livra une bataille décisive aux défenseurs de cette ville et les tailla en pièces ; puis il remit sur le trône son allié Muley-Bou-Azoun et revint à Alger.

Les Espagnols, nous l'avons dit, possédaient Bougie. Salah-Reïs résolut de les en chasser. Il vint les attaquer du côté de la mer avec 3,000 Turcs, pendant que 30,000 Arabes bloquaient la ville du côté de la terre.

Après 22 jours d'un siége en règle, la garnison, voyant ses retranchements détruits et ses munitions épuisées, demanda à capituler.

Le pacha d'Alger lui accorda les honneurs de la guerre ; mais lorsque les Espagnols furent sortis de la ville, il les fit attaquer, cerner, désarmer, et, avec une révoltante perfidie, il les jeta en esclavage dans les bagnes d'Alger.

Il n'accorda la liberté qu'au gouverneur. Ce malheureux, en arrivant en Espagne, se vit arrêter, par l'ordre de Charles-Quint, puis jugé par une commission militaire, condamné à mort et juridiquement assassiné sur la place de Valladolid.

Son vainqueur ne lui survécut guère ; il mourut de la peste, en 1556, au moment où il se disposait à attaquer Oran. En attendant le successeur que désignerait Soliman, la turbulente milice algérienne donna le pouvoir au renégat corse Hascen, qui sut si bien s'emparer des esprits que la ville refusa ensuite de recevoir Tékéli, pacha nommé par le sultan de Constantinople.

Une rivalité d'intérêts entre les janissaires et les marins termina cet état de choses. Les janissaires formaient une milice privilégiée ; les marins s'enrichissaient par leurs pirateries. Entre ces deux parties de la population, il y avait mésintelligence et jalousie. La marine, désireuse d'abaisser l'orgueil et l'insolence de la milice, se déclara pour le nouveau pacha et l'introduisit dans la ville.

Débarqué à la faveur d'une profonde obscurité, Tékéli se met à la tête des pirates assemblés dans le port ; il attaque le palais, au moment où on s'attend le moins à le voir paraître. Les janissaires, éveillés en sursaut, s'enfuient et se retranchent dans les maisons. Hascen, se voyant perdu, court au-devant du nouveau gouverneur, lui rend hommage et cherche à lui faire croire que les janissaires l'ont forcé à garder le pouvoir, mais que, pour lui, il n'a pris aucune part à la révolte.

Sans l'écouter, Tékéli le fait jeter vivant sur les crampons de fer du rempart Bab-Azoun où il n'expire qu'après trois jours des souffrances les plus atroces.

Ses complices sont victimes de cruautés semblables.

Le gouverneur de Bougie, Ali-le-Sarde, qui a refusé de recevoir le pacha de Constantinople, est conduit au même lieu, coiffé d'un casque brûlant, puis empalé [1].

---

1. *L'empalement*, le plus horrible supplice que la cruauté humaine ait jamais inventé, fut pratiqué dès la plus haute antiquité, mais les musulmans ont seuls conservé l'usage. Il consiste à embrocher le condamné avec un pal ou tige de bois dont on fait pénétrer la pointe dans le fondement, et dont l'autre extrémité est fichée dans le sol. Les souffrances endurées par le patient sont plus faciles à concevoir qu'à dé-

Tékéli espérait régner par la terreur ; il ne fait qu'exciter le ressentiment de la milice. Yousouf, renégat calabrais, ami de Hascen, qui lui avait donné le gouvernement de Tlemcen, a résolu de venger la mort de son bienfaiteur ; il se fait l'âme d'une conspiration ; il s'assure du concours des janissaires.

Surpris dans sa maison de plaisance située au bord de la mer, Tékéli n'a que le temps de fuir à toute bride à travers ses jardins pour regagner la ville ; mais les portes d'Alger lui sont fermées. Yousouf, acharné à sa poursuite, le perce de sa lance en lui reprochant le meurtre d'Hascen. Le vainqueur est aussitôt élu pacha, vers la fin de 1556 ; il périt peu de temps après des atteintes de la peste, et le janissaire Yahia, qui lui succède pendant six mois, rend le pouvoir au célèbre Hassan-Pacha, fils de Kheïr-Eddin, que le sultan de Constantinople, désabusé, a repris en estime et qu'il renvoie à Alger, avec une flottille de six galères.

L'arrivée du chef légitime de la régence met fin aux troubles et à la confusion. Il entre dans la ville aux acclamations unanimes du peuple, de la milice et des marins. Son premier acte est de délivrer Tlemcen que le chériff de Fez est venu assiéger. Puis il vole au secours de Mostaganem que le comte d'Alcaudette, gouverneur d'Oran, avait résolu de réduire. Cette petite ville possède un port commode d'où les pirates s'élançaient

crire. Pendant deux ou trois jours il reste embroché ; le pal, enfoncé d'abord d'environ 50 centimètres dans les entrailles, pénètre de plus en plus en raison du poids du corps ; puis il finit par ressortir par le ventre, l'aisselle ou la poitrine.

Tant que dure son agonie, le malheureux supplicié ne cesse de demander à boire, mais il est défendu de lui porter aucun secours, ou même de l'approcher pour autre chose que pour le bafouer, l'insulter, le frapper.

Quelquefois, par un épouvantable raffinement de cruauté, on n'introduit pas le pal dans le fondement, mais on le fixe au bas de la colonne vertébrale, de telle sorte que le poids du corps est supporté par les dernières vertèbres ; les douleurs sont atroces et augmentent à chaque instant.

facilement vers les côtes d'Espagne. Il était urgent pour les chrétiens de se débarrasser d'un pareil voisinage. Dans les premiers jours du mois d'août 1558, le comte d'Alcaudette sortit d'Oran à la tête de six mille hommes nouvellement arrivés d'Espagne, avec quatre petites pièces de canon traînées à bras. Pour tromper l'ennemi, il prend d'abord une direction contraire à celle de Mostaganem et, après quatre jours de marche, il tourne droit sur Mazagran. Mais les Turcs, avertis de son intention, se contentent de le surveiller et de capturer, sous ses yeux, quatre galères qui lui apportaient des provisions auprès de Mostaganem.

Vivement inquiet de la situation critique où le laisse cet événement, il se décide à livrer immédiatement un assaut à cette place qu'il croit surprendre, et dont la prise doit fournir à ses troupes les ressources qui lui font défaut. Ses soldats, moins héroïques que lui, se conduisent avec mollesse et fuient dès que les musulmans paraissent. Le comte cherche vainement à les ramener au combat ; sa voix n'est pas écoutée ; il se jette devant son armée en déroute qui lui passe sur le corps en fuyant et le laisse brisé par les pieds des chevaux.

Hassan-Pacha déplora la fin de ce héros castillan, mort d'une si étrange façon ; il rendit son cadavre moyennant deux mille ducats. Mais indigné de la lâcheté des soldats, il en fit hacher par morceaux plus de huit cents qui étaient restés entre ses mains dans cette bataille dite de *Mazagran*, et livrée le 26 août 1558.

La haute estime dans laquelle le pacha tenait un chef kabyle ne tarda pas à donner de l'ombrage aux janissaires d'Alger, qui ne comprenaient pas que l'alliance des Turcs avec les montagnards était le seul moyen de faire pénétrer l'autorité des Algériens dans les régions de l'Atlas où elle ne fut jamais reconnue. Les janissaires crurent, à tort ou à raison, que le pacha, las d'être dominé par leur turbulente milice, **tramait contre eux quelque trahison et voulait, de concert avec les Kabyles, s'emparer du pouvoir absolu.**

Au commencement d'octobre 1561, le fils de Kheïr-Eddin fut arrêté dans son palais, chargé de chaînes et jeté sur un vaisseau qui le conduisit à Constantinople, où il fut accusé d'avoir voulu chasser les Turcs d'Alger. Il n'eut pas de peine à se disculper. Le sultan, convaincu de son innocence, le mit à la tête d'une flotte imposante pour le réinstaller dans son gouvernement. Aussitôt de retour à Alger, il fit saisir et décapiter l'agha des janissaires qui avait, le premier, proclamé sa déchéance.

N'osant pousser plus loin sa vengeance, il feint d'oublier la trahison de ses principaux officiers; mais il prépare une expédition dont le but secret est de le débarrasser de ses ennemis sans qu'on puisse l'accuser de cruauté.

Trente-cinq navires, chargés de 15,000 hommes et d'un convoi de munitions, sont envoyés devant Oran, pendant que le pacha se dirige, le 3 avril 1563, vers cette ville par voie de terre. Il vient camper à peu de distance de la tour *des Saints*, dont il s'empare en peu d'heures. De là il se porte devant le fort Saint-Michel qui abrite la ville du côté de terre.

Un parlementaire qu'il envoie sommer les Espagnols de capituler, ayant été tué d'un coup d'arquebuse, il ordonne, au comble de la fureur, l'assaut sans attendre que le canon de sa flotte ait ouvert une brèche. Les Turcs se précipitent et dressent leurs échelles le long des murailles; les Espagnols, dont le courage s'augmente par la certitude de n'obtenir aucun quartier, se défendent avec une énergie qui surprend les assaillants. Plus de 500 janissaires perdent infructueusement la vie; Hassan-Pacha est débarrassé d'une bonne partie de ses ennemis personnels, qu'il avait eu l'air d'honorer en leur confiant les postes les plus périlleux.

Quand il juge que le carnage a duré assez de temps, il ordonne de cesser l'attaque, se retranche dans son camp, fait débarquer ses canons et, le 4 mai, ouvre un feu de brèche qui ruine une partie des remparts de Saint-Michel.

Il livre plusieurs assauts constamment refoulés par les chrétiens qui disputent avec fureur ces décombres aux assiégeants. Enfin, les janissaires, honteux de céder à une poignée d'ennemis, se précipitent en masse sur la brèche, l'escaladent et y plantent leur bannière; ils sont presque aussitôt rejetés dans les fossés sous une pluie de grenades, d'huile bouillante et de pièces d'artifice. Hassan-Pacha, qui a payé de sa personne, cette fois, est blessé au visage; il cherche à rallier ses soldats, il veut les ramener encore une fois à l'assaut; mais il est entraîné dans la déroute générale.

Le lendemain, les Espagnols évacuèrent d'eux-mêmes cette place où les musulmans ne tardèrent pas à arborer leurs étendards. Maître de ce point, le pacha d'Alger marcha contre Mers-el-Kébir, qui servait de port à la ville d'Oran et qui était défendu par don Martin de Cordoue, second fils du comte d'Alcaudette.

Le 7 mai, au point du jour, 12,000 musulmans entament l'assaut. C'est à peine si 400 chrétiens sont enfermés dans Mers-el-Kébir. Mais ces chrétiens ont juré de se faire tuer jusqu'au dernier pour la défense de leur foi; ils vont étonner le monde par une bravoure digne des âges héroïques.

Malgré leur résistance désespérée, les bannières musulmanes paraissent à la cime de leurs remparts; déjà un bastion tout entier se trouve au pouvoir des assaillants, lorsque le ciel semble venir en aide aux vaillants défenseurs de la croix. Un orage d'une violence extraordinaire soulève les flots et les jette autour de la forteresse, de telle sorte que les Algériens consternés sont forcés de regagner leur camp après avoir subi des pertes considérables.

Désespérant de leur entreprise, ils allaient lever le siége, lorsqu'un traître, sorti furtivement des murs de la place, vint révéler au pacha le point faible de la citadelle et lui conseiller une nouvelle attaque du côté du port. Profitant de ce renseignement, Hassan-Pacha dressa de nouvelles batteries et resserra plus étroitement les opérations du siége. Des transfuges lui annoncèrent bientôt que de puissants renforts étaient attendus par les chrétiens et, comprenant combien le temps pressait, il réunit toutes ses forces pour une tentative décisive.

Dans un premier combat, il est repoussé, après cinq heures d'efforts inouïs, qui lui coûtent des centaines de ses meilleurs soldats. C'est alors que, furieux de cet échec, il rallie ses hommes, s'avance jusque sous le feu des remparts et s'écrie, en jetant son turban dans les fossés :

— Quelle honte pour nous, qu'une poignée d'infidèles puisse arrêter, au pied d'une bicoque, l'élite des guerriers musulmans !

Mais ses exhortations ne peuvent ranimer le courage des Turcs que vingt combats ont décimés et qui renoncent à une entreprise dont ils reconnaissent la stérilité.

Deux jours après, parut au loin une flotte espagnole qui apportait du secours aux assiégés. Hassan-Pacha se hâta de lever le siége de Mers-el-Kébir et se retira à Alger où son arrivée répandit le deuil et la consternation. On ne vit plus que des femmes pleurant leurs époux et des pères regrettant leurs fils.

CHAPITRE IX

CAPTIVITÉ D'EMMANUEL D'ARANDA RACONTÉE PAR LUI-MÊME [1]

Un Anglais flegmatique. — Capture d'Aranda. — Arrivée à Alger. — Le marché aux esclaves. — D'Aranda est vendu au renégat Saban-Gaïlan. — Il passe au service d'Ali-Péchelin. — Comment les esclaves se procurent de l'argent. — Le bonjour des gardiens. — Les coups de bâton. — D'Aranda portefaix. — Comme quoi les chrétiens sont des sauvages. — Une négresse bienfaisante. — La bastonnade. — Une bonne nouvelle. — Un échange. — Une mère moresque. — La liberté. — Un patron ivrogne. — Dans un caveau. — Départ des captifs. — Tempête et naufrage. — Les chrétiens à Tétouan. — Souterrain qui leur sert de prison. — Délivrance. — Arrivée à Ceuta. — Retour en Europe.

Après avoir demeuré un an en Espagne, et satisfait d'avoir appris la langue de ce pays, je partis de Madrid, le 1er août de l'an 1640, ayant pour compagnon un compatriote appelé Regnier Salden ; j'avais dessein de retourner en Flandre par terre pour éviter de tomber entre les mains des corsaires turcs ; mais ayant trouvé à Saint-Sébastien MM. Jean-Baptiste Calloen et le chevalier Philippe de Cherf, qui allaient partir sur un navire anglais, je me décidai à partir avec eux, d'autant plus que le vent était très-favorable. Après quatre jours de navigation, nous nous trouvâmes à la hauteur de La Rochelle ; une frégate de ce port vint à nous et après avoir visité notre passe-port, nous dit :

— Prenez garde ; il y a non loin de là cinq corsaires turcs qui pourraient bien vous capturer.

Mais notre capitaine inexpérimenté ne tint nul compte de cet avis. Arrivés près des côtes de Bretagne, nous vîmes, en effet, deux navires que nous jugeâmes d'abord appartenir au commerce, mais le plus petit s'étant dirigé tout droit vers nous, il fut facile de comprendre que c'était un corsaire, car il était sans pavillon : nous engageâmes donc notre capitaine à fuir à toutes voiles ; mais il nous répondit flegmatiquement qu'il n'était pas d'usage qu'un navire anglais prît la fuite ; sur ce, il fit serrer toutes les voiles. Le corsaire voyant cela, crut qu'on acceptait

---

1. *Relation de la captivité du sieur Emmanuel d'Aranda.* Paris, 1657, in-12.

le combat et qu'on l'attendait de pied ferme, c'est pourquoi il serra aussi ses voiles, attendant du secours, ce que nous pensâmes en voyant une lanterne à la poupe du navire ennemi. La nuit se passa ainsi en expectative de part et d'autre, mais le lendemain nous aperçûmes deux autres grands navires venir à nous avec la caravelle ; lorsqu'ils furent à une portée de mousquet, nous vîmes un Turc qui tenait une banderole dans ses bras et à ses côtés un esclave chrétien qui cria en flamand :

— Rendez-vous pour Alger.

Aussitôt le Turc abandonna la banderole au vent. Nous engageâmes le capitaine à parlementer et à offrir trente-deux mille patacons pour nous débarquer en terre chrétienne ; mais au lieu de cela il demanda simplement s'il aurait bon quartier :

— Oui, oui, lui répondit-on.

Et, sur cette assurance, il se rendit. Alors douze soldats turcs, conduits par un capitaine qui était un renégat anglais, montèrent sur notre navire. Comme j'étais sur le tillac, le capitaine me demanda si j'étais marchand.

— Non, lui dis-je, je suis soldat et de Dunkerque.

Sur quoi il répliqua :

— Patience, c'est la fortune de la guerre ; aujourd'hui pour vous, demain pour moi.

Je lui donnai l'argent que j'avais sur moi, et soudain un autre Turc prit dans ma poche mon étui, mon mouchoir, mon chapelet et mes heures qu'il me rendit avec le mouchoir, mais il garda le rosaire et l'étui disant que j'étais chirurgien.

Après avoir pillé notre navire, ils y laissèrent les Turcs pour le gouverner et nous firent passer sur leur bâtiment. Ce fut pour moi comme un rêve de voir tous ces costumes bizarres et d'entendre parler à la fois sept ou huit langues, car il y avait pour matelots des esclaves chrétiens que les Turcs avaient amenés d'Alger. Lorsque nous fûmes dans le détroit de Gibraltar sous la montagne des Ma-riniers, les Turcs jetèrent à la mer un pot plein d'huile, ils allumèrent aussi de petites chandelles sur les canons et firent beaucoup de cérémonies en l'honneur d'un marabout qu'ils croient enterré sur cette montagne.

Nous arrivâmes devant Alger au lever du soleil, après onze jours de marche ; le capitaine fit tirer le canon et aussitôt les quais furent remplis de curieux. C'étaient des gens qui n'avaient d'autre habit que trois ou quatre aunes de drap qui enveloppaient leur corps sans qu'aucun tailleur y eût mis la main.

Enfin nous débarquâmes pour être conduits au marché des esclaves, afin de voir si nous serions reconnus. De là on nous mena au palais du pacha qui a droit à un esclave sur huit dans les prises ; il était dans une salle, assis à la turque, c'est-à-dire les pieds croisés sur une estrade couverte d'un tapis bleu et tenant dans sa main un éventail de plumes. Son habit était une longue robe de soie rouge qui descendait jusqu'aux genoux, ses jambes étaient nues ; il portait sur sa tête un grand turban très-habilement entrelacé. Il prit pour son droit le chevalier Philippe, car il était déjà informé de sa noble condition et espérait de lui un bon rachat.

Du palais du pacha nous fûmes conduits chez un Turc, l'un des armateurs des navires qui nous avaient pris ; il nous demanda si nous avions mangé, et, sur notre réponse négative, il nous fit donner dans un panier du pain et des raisins. La nuit venue, il nous fallut coucher sur le pavé des galeries qui était en marbre ; aussi le matin étions-nous raides et pleins de douleurs. Nous passâmes là sept jours en attendant que d'autres chrétiens, pris avant nous, fussent vendus ; enfin, le 12 septembre (1640), on nous mena au marché. Un vieillard me prit par la main et m'en fit faire le tour pour voir s'il se trouverait quelque acheteur. On me regardait les pieds, les mains, on me faisait ouvrir la bouche pour voir mes dents comme à une bête de somme, et le vieillard criait :

— Arrach! Arrach! c'est-à-dire *combien en donnez-vous?*

Je demandai à un vieil esclave combien on offrait en échange de ma personne.

— Celui-ci, me dit-il, offre cent quatre-vingt-dix patacons, celui-là en offre deux cents.

Je lui fus adjugé.

J'étais donc devenu la propriété d'un renégat qui s'appelait Saban-Gallan, mais comme le pacha a le droit de reprendre un esclave pour le prix qu'on en a offert, nous fûmes conduits de nouveau devant lui, on avait inscrit sur nos chapeaux le prix auquel nous avions été vendus. Le pacha, usant de son droit de retrait, nous prit tous les trois, c'est-à-dire MM. Caloen, Regnier Salden et moi, disant qu'il savait fort bien que nous étions riches et gentilshommes. Malgré ces qualités, il nous fit conduire dans l'écurie de son palais où nous trouvâmes deux cent cinquante esclaves. Nous y restâmes vingt et un jours pendant lesquels nous reçûmes deux pains pour notre nourriture journalière; chaque esclave reçut, en outre, cinq aunes de toile pour faire un caleçon et une chemise de galère. J'en avais un pressant besoin, car on ne m'avait laissé pour tout vêtement qu'une chemise sale, déchirée et pleine de vermine. A la fin de septembre, un capitaine de galère et le maître d'hôtel du pacha vinrent prendre un grand nombre d'esclaves pour les embarquer en qualité de matelots. Nous ne fûmes pas du nombre, le capitaine en passant devant nous dit au maître d'hôtel :

— Laissons cette *canaille* à terre, ils sont encore *sauvages*.

Cette brutale injure ne blessa pas peu notre amour-propre.

Cependant je me mis à fabriquer ma chemise avec la toile qu'on m'avait donnée, et soit dit sans orgueil, je ne réussis pas trop mal; mais quand il fallut découper mon caleçon, je ne sus par quel bout m'y prendre, ce que voyant un esclave portugais :

— Je m'aperçois, dit-il, que vous n'êtes pas tailleur, laissez-le faire à celui-ci, — en montrant un autre esclave auquel il donna trois ou quatre petites pièces de monnaie. En effet, ce dernier coupa et cousut mon caleçon.

Le pacha ayant appris que nous n'étions ni gentilshommes, ni riches comme on le lui avait dit d'abord, nous vendit au général Ali-Péchelin. Celui-ci avait déjà pour esclaves au service de sa maison vingt femmes chrétiennes, dix à douze chrétiens et, de plus, quarante jeunes garçons de neuf à quinze ans qui étaient comme ses pages ou laquais. Ils avaient été enlevés par les corsaires sur les côtes de Provence et d'Italie et emmenés en Afrique.

Ce nouveau maître nous envoya à son bagne : c'était un côté des caves de sa maison, l'entrée en était fort étroite; il y avait quelques soupiraux mais qui donnaient si peu de jour qu'il fallait de la lumière en plein midi dans les tavernes que les esclaves chrétiens y tenaient au profit de leur maître. Les renégats et même les soldats turcs y venaient boire et s'y livraient aux plus dégoûtantes orgies. Au-dessus du bagne il y avait une cour carrée entourée de galeries à deux étages où se trouvaient d'autres tavernes et une église pour les esclaves chrétiens; trois cents personnes pouvaient y entendre la messe, mais nous étions dans ce bagne cinq cent cinquante de diverses nations, en sorte qu'on y parlait vingt-deux langues; c'était en un mot une vraie tour de Babel.

Ali-Péchelin était fort avare, aussi ne nous donnait-il rien à manger. Après avoir travaillé pendant toute la journée, nous avions trois ou quatre heures pour nous procurer la nourriture dont nous avions besoin, soit en maraudant, soit en exerçant quelque industrie; il y en avait même qui faisaient le métier de filou comme on en trouve en grand nombre dans Paris. Parmi ceux-ci un des plus adroits était un Italien surnommé Fontimama, il attrapait souvent les Juifs et rapportait au bagne assez d'argent non-seulement pour vivre lui-même, mais encore pour régaler ses amis. Un jour des Arabes ayant appris que des esclaves chrétiens vendaient du fer sur une galère, vinrent à la marine pour en acheter, il s'adressèrent justement à Fontimama qui se trouvait sur la galère de notre maître. L'esclave leur vendit l'ancre de réserve pour cinq patacons qui lui furent payés comptant; mais les deux Arabes n'étaient pas assez robustes pour emporter un objet si lourd, aussi descendirent-ils à terre pour aller chercher des camarades qui leur vinssent en aide. Ils revinrent au nombre de vingt et commencèrent par défaire les câbles. Les Turcs qui montaient la galère voulant s'y opposer, il s'ensuivit une querelle. Ali-Péchelin qui était à la poupe assis sur un matelas de velours, entendant tout ce bruit, demanda ce qu'il y avait à la proue, on lui répondit que Fontimama avait vendu l'ancre de réserve à des Arabes qui voulaient l'emporter. Le général ordonna aussitôt de chasser *cette canaille d'Arabes* hors de son bâtiment, ce qui fut exécuté à coups de nerfs de bœuf qu'ils emportèrent au lieu de l'ancre; cela fait, Ali fit appeler Fontimama et lui demanda pourquoi il avait vendu l'ancre qui ne lui appartenait point :

— Maître, répondit celui-ci avec sang-froid, j'ai pensé que la galère marcherait mieux étant déchargée d'un poids si considérable.

Tout le monde se mit à rire, Ali-Péchelin en fit autant, et les cinq patacons restèrent à Fontimama.

Cependant la plupart des esclaves gagnaient leur vie d'une manière plus légitime. Un Brabançon était secrétaire des esclaves dunkerquois, hollandais et hambourgeois ; un Espagnol nommé Rodrigo remplissait la fonction d'arbitre dans les querelles qui s'élevaient entre les captifs, et lorsque les parties étaient d'accord, on allait cimenter la paix à table et l'arbitre vivait ainsi aux frais des querelleurs. J'ai connu aussi un Hambourgeois, qui, n'ayant qu'un bras, gagnait sa vie en louant un jeu de quilles. D'autres faisaient le métier de porteurs d'eau. On entretenait la propreté dans les maisons ; il y avait aussi six chirurgiens qui gagnaient beaucoup d'argent en allant panser les Turcs malades ; en un mot chacun se tirait d'affaire comme il pouvait et selon ses goûts et son industrie ; les Anglais seuls étaient dans la misère parce qu'ils n'étaient nullement industrieux ; il en mourut de pauvreté plus de vingt dans un seul hiver. Aussi les Turcs ne les estimaient point et tandis qu'un Italien, un Français, un Espagnol se vendent cent cinquante à deux cents patacons, on n'offre d'un Anglais que soixante ou soixante-dix.

Le premier soir de mon esclavage chez Ali-Péchelin, ne sachant où me mettre pour dormir sans être dévoré par la vermine, je montai sur la terrasse du bagne avec une couverture qu'on m'avait donnée et dont je m'enveloppai le corps. J'y trouvai deux esclaves, l'un chevalier de Malte, l'autre Français, qui m'offrirent de partager leur chambrette pour être à l'abri, j'acceptai et me fis un lit avec quatre bâtons et des cordes entrelacées ; ils me demandèrent ensuite des nouvelles de la *chrétienté*. J'avais à peine commencé mon récit que j'entendis un gardien crier que le lendemain on prendrait cent esclaves pour aller travailler. Lorsqu'il eut refermé la porte, un vieux renard esclave italien se mit à parcourir le bagne portant sur son dos un énorme paquet de hardes de toute espèce, et même des ustensiles, comme pelles, pots de cuivre, etc.; il criait :

— *Arrach ! arrach !* je demandai au chevalier ce que cela signifiait ; il me répondit que le patron ne donnant rien à manger à ses esclaves, la plupart dérobaient divers objets qui, le soir, étaient vendus au plus offrant.

Le soleil n'était pas levé quand le gardien vint crier:

Un esclave chrétien reçoit la bastonnade. (Page 75.)

— *Sursa cani! a basso canallo!* Levez-vous chiens! en bas canaille!

Ce fut là le bonjour.

Aussitôt il nous fit marcher vers le faubourg Bab-el-Oued, où nous trouvâmes tout disposé pour faire des cordes. Il nous fallut nous mettre au travail avant même qu'on nous eût demandé si nous savions le métier. Regnier Salden et moi fûmes chargés de tourner la roue, ce que nous fîmes de toutes nos forces. Cependant le gardien criait :

Forti! forti! nous augmentâmes le mouvement, alors il vint nous apprendre à grands coups de bâton que le mot *forti* signifiait *doucement*.

Je fis ce métier fatigant pendant cinq à six jours ; ensuite on nous donna du blé à piler dans un mortier de pierre ; quand il était écrasé nous le mettions dans un sac. Par malheur il en tomba un peu à terre, le gardien me dit :

— *Pilla esso cani* (prends cela, chien!) et comme je ne comprenais pas le mot *pilla*, il m'ajusta quatre ou cinq coups de bâton sur le dos, mais si serrés, qu'ils s'imprimèrent en traces de sang sur ma chemise. Quand le sac fut plein, d'après l'ordre du gardien, je le chargeai sur ma tête pour le porter chez le maître. Mais après avoir fait quelques pas, comme j'étais très-fatigué, il glissa, le gardien m'aida à le recharger, et il me fit payer ce service en me donnant sur le visage quel-

10.

ques coups de poing si violents que le sang me sortit par le nez et par la bouche. Après plusieurs chutes, j'arrivai en me traînant jusque chez Ali-Péchelin; mais il fallait encore monter ce sac au grenier; j'en étais incapable, car il y avait quarante marches. Le bon Dieu permit que mon compagnon Regnier Salden, qui était beaucoup plus robuste que moi, descendit en ce moment après avoir déchargé le sien. Il me trouva au bas de l'escalier en un pauvre équipage; j'étais couvert de sueur, de poussière et de sang, et presque à demi mort; ce charitable compagnon prit mon sac et le monta pour moi, ce qui excita dans mon cœur une vive reconnaissance. Comme je la lui témoignais, il m'invita à aller avec lui dans une taverne où il nous fit servir un flacon de vin, car lorsque nous fûmes pris il avait pu cacher cinq ou six pistoles. Il demanda aussi qu'on nous servît à manger, puisqu'on lui avait dit qu'il n'en coûtait pas davantage. Pendant que nous étions à table, M. de Caloen survint et nous raconta que pendant toute la journée on lui avait fait conduire, de la maison du patron à la marine, un mulet chargé de biscuits; que passant dans une rue fort étroite, sa bête avait culbuté un Turc, qui, tombé dans la boue, avait tiré son couteau pour tuer le conducteur, et qu'il n'avait dû la vie qu'à l'intervention de quelques passants qui avaient dit au Turc:

— Ne voyez-vous pas que ce chrétien est encore *sauvage* et qu'il ne connaît pas la coutume! ils l'appelaient *sauvage* parce qu'il avait encore son habit espagnol et n'avait pas le caleçon des esclaves.

Nous passâmes la soirée à nous raconter mutuellement les aventures de la journée. Notre embarras fut de savoir comment nous pourrions pourvoir à notre nourriture, le patron ne donnant à ses esclaves pas même un morceau de pain, et nous n'ayant pas assez de hardiesse pour dérober. Je proposai à mes compagnons d'infortune d'aller emprunter soixante-quinze patacons chez un marchand italien nommé Capati, en lui promettant de lui en faire payer cent à Anvers. Celui-ci y consentit à la condition que nous nous engagerions tous envers lui solidairement l'un pour l'autre. Nous reçûmes donc chacun environ dix-neuf patacons.

Le lendemain on nous conduisit houer la vigne du patron. Au retour, étant harassé de fatigue, je dis au gardien que s'il voulait, à cause de ma mauvaise santé, m'employer à des travaux moins rudes je lui donnerais quatre réaux par mois; il y consentit à la condition que je lui payerais le premier mois au comptant, ce que je fis aussitôt; il me dit alors:

— Dorénavant tu porteras quatre grands pots d'eau de fontaine au logis du gardien en chef.

Je fus fort satisfait de ce nouvel emploi, car la femme de ce gardien, qui était une négresse, me donnait tantôt un morceau de pain, tantôt une écuellée de potage lorsque je lui faisais quelque commission. Malheureusement ma bonne fortune dura peu, car quelques jours après, ayant invité une esclave anglaise à boire un coup de vin d'Espagne avec moi, je fus entendu et dès le lendemain on m'envoya servir les maçons.

Un jour un esclave d'Anvers vint me trouver et me dit qu'un gentilhomme, qui avait été pris avec une frégate venant de Malaga, lui avait demandé s'il ne connaissait pas deux esclaves flamands appelés, l'un M. Caloen, l'autre d'Aranda; je le priai de ne pas les demander sous ces noms parce qu'ils en avaient changé, et aussitôt, craignant d'être reconnu, je fus prévenir de cela mes compagnons, et nous résolûmes d'aller parler de notre rachat au patron avant qu'il sût qui nous étions, car il pensait toujours que Philippe de Cherf était un prince dont nous étions les serviteurs. Quelques jours après, Ali-Péchelin acheta cet esclave qui n'avait que seize ans. Je lui fis dire de venir le lendemain matin sur la terrasse du bagne sous prétexte d'assister à la messe. Il y vint, en effet, et dit en me voyant :

— Oh! que je suis triste de vous trouver en pareil état! Voilà trois bijoux que j'ai sauvés, servez-vous-en pour vous secourir.

Je les engageai pour dix écus. Cet argent vint à propos, car nous avions mangé celui que nous avait prêté le marchand italien. Il servit à relever notre courage et à nous donner du crédit dans les tavernes où l'on venait d'apporter du vin d'Espagne qui avait été pris par les corsaires de notre patron.

Trente-deux esclaves avaient été employés à décharger le vin et à l'amener au bagne, la moitié étaient Russes, les autres Espagnols ou Italiens. Sur le soir, comme ils étaient tous ivres, les premiers firent une querelle aux autres et l'on commençait à se battre lorsque le gardien vint séparer les combattants à grands coups de bâton. Mais lorsqu'il se fut retiré, la lutte recommença de plus belle avec un tel bruit, que deux armées n'en auraient pas fait davantage. Grand nombre de blessés étaient étendus sur le champ de bataille ; à la fin un religieux qui demeurait au bagne et était aimé de tous, vint rétablir la paix, et les chirurgiens (il y en avait cinq ou six au bagne) pansèrent les blessés. On espérait que le patron n'en saurait rien ; mais il arriva avec des gardiens munis de falots et de lanternes et armés de bâtons et de nerfs de bœuf. Les combattants s'étaient cachés, mais il en découvrit un de la bande espagnole qu'il fit mettre à nu, et pendant que quatre esclaves le tenaient contre terre par les bras et les jambes les gardiens lui appliquèrent sur le dos plus de cent coups de bâton.

Il y avait six mois que nous étions en captivité lorsque MM. Caloen, Regnier Salden et moi fûmes trouver le patron à son logis pour traiter de notre rachat.

— Combien voulez-vous donner? nous dit-il.

— Que Votre Seigneurie fixe son prix, lui dis-je, car peut-être elle nous estime tant, que l'accord sera impossible. Après un moment de réflexion :

— Donnez, dit-il, 1,500 patacons ici ou 2,000 à Livourne.

Je répliquai qu'étant un pauvre soldat je ne pourrais donner plus de 500 patacons à Livourne :

— C'est trop peu, repondit-il, d'ailleurs je vais en voyage, nous verrons à mon retour.

A cette époque, Ali-Péchelin faisait bâtir une maison au haut de la ville et les esclaves devaient monter tous les matériaux ; car le chemin était si raide que nul mulet chargé ne pouvait y arriver. Pendant que nous étions à ce chantier, deux Turcs vinrent au bagne demander trois esclaves dunkerquois appelés Jean-Baptiste Caloen, Emmanuel d'Aranda et Regnier Salden. Personne ne nous connaissait sous ces noms. Les Turcs se fâchaient et montraient un papier écrit en latin, et comme on ne pouvait comprendre cet écrit ils demandèrent qu'on fît venir un *papas* (prêtre) qui pourrait le lire. Un esclave brabançon, surnommé l'étudiant, demanda à voir le papier, et lorsqu'il l'eut parcouru, il dit qu'il nous connaissait, mais que nous étions au chantier. Or, MM. Caloen et Regnier Salden, redoutant moins que moi les coups de bâton, avaient quitté l'ouvrage, et, cachés dans un coin du bagne, ils passaient leur temps à jouer aux cartes ; l'étudiant les vit et leur annonça que deux Turcs venus de Dunkerque avaient des lettres pour eux, ils coururent après, et les Turcs lui remirent le papier qui était une lettre de M. Caloen père; ensuite ils conduisirent les deux esclaves chrétiens chez un Arabe beau-père de Mustapha Jugles, qui était avec quatre autres mahométans en prison à Bruges. La mère et l'aïeule de Mustapha furent fort aises d'apprendre qu'il était encore en vie et qu'il pourrait bientôt revenir à Alger.

Je ne savais rien de tout cela, lorsque

rentrant le soir au bagne pour prendre un peu de nourriture, car la faim se faisait sentir, je rencontrai l'étudiant qui me dit :

— Jacques! j'ai de bonnes nouvelles à vous annoncer, vous n'êtes plus esclave; et il me raconta ce que j'ai dit plus haut.

La faim qui me pressait tant se calma, et je me mis à la recherche des deux Turcs que je trouvai dans une rue; ils m'apprirent que mes parents se portaient bien, mais que ma mère ignorait mon malheur; ils vinrent au bagne avec moi et dirent au gardien de ne plus me faire travailler, parce que j'étais libre.

Nous passâmes le reste du jour à boire avec nos camarades en réjouissance de notre liberté; nous avions oublié le proverbe qui dit :

Joie dans la maison, douleur à la porte.

En effet, le lendemain un juif envoyé par la femme d'Ali-Péchelin vint nous dire que le pacha voulait nous parler. On nous fit entrer dans une chambre reculée où nous attendîmes plus de deux heures sans savoir ce qu'on nous voulait. Enfin nous vîmes arriver le maître d'hôtel armé d'un gros bâton, et en arrivant il s'écria :

— *Chiens!* qui de vous a écrit au pays pour avoir des Turcs?

Nous répondîmes que nous n'avions pas écrit, mais que nos parents avaient su que nous étions esclaves. Sur notre question il donna quelques coups de bâton à M. Caloen et à moi en disant :

— Je viendrai cette nuit vous couper le nez et les oreilles.

— Patience! dit M. Salden; alors le Turc lui donna aussi sa part de coups de bâton en disant :

— Vous n'échapperez pas comme vous vous l'imaginez; vous n'êtes pas esclaves d'Ali-Péchelin, mais du pacha qui vous a prêtés, et le pacha veut de l'argent et non des Turcs pour votre rançon.

Cependant la loi des mahométans dit qu'un Turc, pourvu qu'il soit soldat, peut affranchir un chrétien en payant seulement la somme qu'il a coûtée, lorsque c'est pour délivrer un autre Turc de l'esclavage des chrétiens; mais le pacha prétendait que cette loi ne l'obligeait point. Le lendemain nous écrivîmes à la grand'mère de Mustapha pour lui dire ce qui se passait, l'avertissant que nos parents vengeraient sur son petit-fils les mauvais traitements que l'on nous faisait endurer. Elle vint aussitôt trouver la femme du pacha, et nous fit dire ensuite que nous n'avions plus rien à craindre.

L'économe du pacha était un renégat français, qui avait été au service de M. Chamois, chevalier de Malte. Sachant que j'étais l'ami de son ancien maître, il nous donnait chaque jour deux petits pains et quelque autre chose, comme des figues, de l'huile, du tabac, etc. Cependant ce fut là que nous eûmes le plus à souffrir à cause de la vermine qui infestait la petite chambre que nous occupions au nombre de douze; après avoir employé toute la journée pour nous en débarrasser, il suffisait d'une heure pour que nous en fussions encore dévorés. Outre cette société incommode, nous avions encore celle du maître d'hôtel du pacha qui se promenait toujours au milieu de nous avec un bâton à la main, dont il frappait pour se distraire tantôt l'un tantôt l'autre, sans autre motif que son caprice.

Cependant Ali-Péchelin étant revenu à Alger, les deux Turcs qui devaient obtenir notre liberté se présentèrent à lui pour la demander, mais il nous répondit qu'il nous avait achetés pour réaliser un profit et non pour nous échanger contre des Turcs, que d'ailleurs un des musulmans retenus par les chrétiens était né à Alger, qu'en conséquence il ne pouvait être soldat et n'avait aucun droit au privilége de la milice. Il ajouta qu'ils fissent racheter J.-B. Caloen par la mère de Mustapha qui n'avait pas droit au privilége, et qu'eux-mêmes achetant Emmanuel d'Aranda et Regnier Salden l'affaire serait arrangée.

Les deux Turcs se rendirent en effet chez la vieille Mauresse, afin de lui proposer d'acheter M. Caloen, pour l'échanger contre son petit-fils, elle y consentit et alla trouver Ali-Péchelin pour s'entendre sur le prix; mais celui-ci en demanda 6,000 patacons (environ 30,000 fr.), prétendant que cet esclave était proche parent du *roi de Dunkerque*. Il n'en demandait que 500 pour Regnier Salden et moi, aux deux Turcs qui voulaient nous racheter. La vieille entendant cela sortit sans répliquer, et nous fit dire qu'Ali-Péchelin demandait pour son esclave plus d'argent qu'elle n'en avait; qu'ainsi elle ne pouvait obtenir notre liberté à moins que nous ne voulussions y contribuer. Nous répondîmes que nous ne voulions pas donner une réale, et que si nous restions en esclavage son fils y demeurerait aussi.

Deux mois se passèrent ainsi entre la crainte et l'espérance, mais nous souffrions horriblement dans la prison du pacha. Enfin Ali-Péchelin consentit à vendre M. Caloen pour 1,400 patacons, et nous fûmes remis tous les trois en liberté, j'allai loger à la caserne avec le Turc qui m'avait acheté. C'était un beau bâtiment carré à quatre étages ayant chacun une galerie. Chaque soldat avait une chambre et un esclave chrétien pour le servir. Il me traita fort bien et me fit des excuses de m'avoir laissé si longtemps dans la prison du pacha. Regnier Salden se rendit chez Mahomet-Cheik-El-Belek-Oaga, oncle de l'un des Turcs avec lesquels nous devions être échangés.

M. Caloen, devenu la propriété de la vieille Mauresse, eut beaucoup à souffrir; on lui reprochait chaque jour la forte somme qu'il avait coûtée et l'on voulait qu'il en remboursât une partie. Il fut relégué dans une petite cave avec une chaîne de cent livres aux pieds, exposé à toute sorte de mauvais traitements.

Cependant il fallait que l'un de nous partît pour la Flandre, afin de ramener en Afrique les cinq Turcs contre lesquels nous devions être échangés. Il fut convenu que j'irais prendre terre en Espagne avec les corsaires qui devaient bientôt se mettre en mer, tandis que mes compagnons resteraient en otage jusqu'à mon retour. Malheureusement pour moi, Ben-Ali, tributaire d'Alger, s'étant révolté, on lui déclara la guerre et nulle galère ne partit pour l'Espagne. Regnier Salden fut plus heureux que moi, il trouva un navire de Livourne qui se chargea de le conduire dans les Pays-Bas, et partit en effet pour aller prendre les Turcs.

Je restai donc avec mon nouveau patron qui était plein de bonté pour moi.

— Emmanuel! me disait-il, ne soyez pas si triste, faites comme si vous étiez mon patron et que je fusse votre esclave. Faisons bonne chère, car je n'ai ni femme ni enfants, et, lorsque je mourrai, le pacha sera mon héritier selon la loi du pays, il en restera donc toujours assez.

— Vous agissez en homme sage, lui disje; je ne pouvais parler autrement, car je mangeais avec lui. Mais ces paroles ne plaisaient pas au garçon renégat qui le servait, car il murmurait sans cesse qu'on dépensait trop, et reprochait à son maître de ne pas mener la vie d'un vrai Turc en s'enivrant journellement. Malgré ces remontrances, le patron était encore ivre dès le lendemain.

Un jour, dans son ivresse, il injuria un capitaine d'infanterie et l'appela *chrétien;* celui-ci fit ses plaintes au conseil de la douane qui condamna mon patron à recevoir cent coups de bâton, et de plus à servir pendant six mois contre le roi Ben-Ali. Je lui en témoignai ma peine et lui baisai la main en signe de reconnaissance. Il me dit qu'il espérait qu'avant son retour j'aurais ma liberté, qu'en attendant je pouvais aller loger chez le Cheik-El-Belek-Oaga, et me chargea de saluer de sa part à mon retour à Dunkerque, un de mes cousins qui, disait-il, lui avait souvent fait boire de la bonne bière.

Le Cheik-Oaga fit quelques difficultés de me recevoir chez lui; cependant sur mes instances il me donna une petite chambre au-dessus de l'écurie. Je me rendis utile autant que je pus, soignant le cheval, allant chercher de l'eau pour le ménage, accompagnant le patron lorsqu'il allait à la boucherie et rapportant au logis la viande qu'il avait achetée ; d'autre part la patronne m'envoyait acheter les légumes au marché. Dans les premiers jours elle gardait un profond silence avec moi, mais enfin elle finit par causer et me demandait surtout des nouvelles de mon pays, ce que son mari faisait également de son côté.

Enfin après six mois d'attente je reçus une lettre de Regnier Salden, dans laquelle il m'apprenait qu'il était arrivé à Ceuta avec les cinq Turcs contre lesquels nous devions être échangés, et qu'il allait se rendre à Tétouan dans le royaume de Fez où l'échange aurait lieu. Il écrivit aussi à M. Caloen et lui disait que son père ne voulait pas donner une obole pour son rachat, mais il avait marqué en note que ceci n'était dit que pour la Mauresse qui réclamait les 700 patacons qu'elle avait payés pour lui. On effaça cette note et la lettre fut lue à la vieille femme qui en devint toute rouge de colère. Elle alla même solliciter ma patronne afin qu'elle me fît mettre à la chaîne, disant que je donnais de mauvais conseils à son esclave. Celle-ci répondit que, n'ayant pas à se plaindre de moi, elle se garderait bien de m'enchaîner. Cependant la Mauresse parvint quelque temps après à me faire saisir et enchaîner dans son caveau avec M. Caloen. Voici quel en fut le prétexte. J'avais traité avec un Juif pour qu'il me prêtât 78 patacons sur une lettre de change qui devait être payée par mes parents, mais il voulut que M. Caloen la signât en garantie. Or, en ce moment, mon compagnon était à la campagne chez Amet, l'un des fils de sa patronne. J'engageai celle-ci à le faire venir afin qu'il pût écrire à son pays, elle le fit dans l'espoir que cela pourrait faciliter le retour de celui de ses enfants qui était retenu en Flandre et qu'elle aimait davantage. Amet, en envoyant M. Caloen à la ville, sur l'ordre de sa mère, lui remit une vieille épée pour la faire nettoyer. Or, au moment où celui-ci entrait à Alger on venait de découvrir une conspiration d'esclaves flamands qui, ayant le dessein de s'enfuir, avaient caché de vieilles armes pour se défendre s'ils venaient à être poursuivis. M. Caloen, qui avait été vu avec cette épée, fut soupçonné de faire partie de cette conspiration, et la Mauresse ayant déclaré que c'était sur ma demande qu'elle l'avait fait venir de la campagne, je fus considéré comme complice et enchaîné avec mon ami dans le même caveau. Quelques heures après, ma patronne apprenant cela m'envoya un esclave chrétien nommé Grégorio pour m'avertir qu'il ne m'arriverait aucun mal, et que si j'avais besoin de nourriture elle m'en enverrait.

Le soir, la Mauresse vint nous dire que le lendemain un navire devait partir pour Tétouan et que si nous voulions en profiter il fallait que nous payassions les 700 patacons, qu'autrement elle nous laisserait mourir comme des chiens. M. Caloen lui répondit que son petit-fils étant au pouvoir de notre compagnon il lui ferait subir les mêmes traitements qu'elle nous faisait endurer. Alors elle se mit en fureur et referma la cave après elle. Le lendemain avant le jour elle vint renouveler ses menaces et ses sollicitations, mais sans plus de succès.

Vers midi, trois esclaves chrétiens qui devaient partir avec le navire qui allait à Tétouan vinrent nous faire leurs adieux, et dirent à la vieille qu'ayant su que son petit-fils était à Ceuta ils se chargeraient de ses commissions pour lui, ils ajoutèrent qu'ils feraient part à M. Salden de l'état où ils nous avaient laissés. La Mauresse entendant cela et croyant que le navire allait partir dans une demi-heure, perdit l'espoir de rattraper ses 700 patacons; elle craignit en même temps que, si nous ne partions pas, son petit-fils ne restât entre les mains de M. Salden. Alors elle se mit à crier comme une folle, demandant des limes et des marteaux pour rompre nos chaînes afin que son Mustapha pût revenir bientôt. Quelques femmes esclaves descendirent, ne sachant ce qui arrivait, mais, comme elles ne savaient comment s'y prendre pour nous déchaîner, on appela un voisin qui rompit le cadenas. La Mauresse me dit de courir à toutes jambes chez mon patron afin d'obtenir par son intermédiaire que le navire ne partît pas sans nous. Je m'y rendis en effet, mais mon patron était à la mosquée pour la *sala* (prière du midi), je l'attendis à la porte et nous fûmes ensemble à la marine; mais le capitaine nous dit que le vent n'étant pas favorable, il n'espérait point partir ce jour-là. Je retournai au logis de mon patron pour me procurer quelques provisions pour le voyage, sachant bien qu'on ne nous donnerait à bord que du vieux biscuit. Ma patronne me donna la moitié d'un fromage de Majorque et quinze livres de biscuit blanc. M. Caloen reçut aussi quelques provisions de la mère de Mustapha.

Enfin, le 8 décembre 1641, le vent étant favorable, je dis adieu à mon excellent patron et à sa femme qui me firent mille bons souhaits. Je m'embarquai ainsi que M. Caloen. Nous trouvâmes sur le navire quelques esclaves chrétiens qui allaient à Tétouan négocier leur liberté ainsi que des marchands juifs et maures. Tout le monde étant à bord on tira un coup de canon pour avertir la douane de faire sa dernière visite, qui a pour but de voir si tous les droits sont payés et s'il n'y a pas de chrétiens esclaves cachés en fraude.

Cette formalité remplie, le navire mit à la voile et nous sortîmes du port joyeux d'avoir enfin notre liberté. Cependant nous étions loin encore de la fin de notre infortune; à peine avions-nous fait quelques lieues que le vent devint contraire et le capitaine reprit la route d'Alger. Je retournai chez mon ancien patron qui me fit bon accueil. Quelques jours après nous nous embarquâmes pour la seconde fois et le vent nous poussa si fort qu'en trois jours nous pûmes voir de loin les côtes d'Espagne; néanmoins, le vent ayant encore tourné, le capitaine reprit de nouveau la route d'Alger où nous arrivâmes le 29 décembre.

Je retournai encore chez mon patron qui fut tout étonné de me revoir, je lui contai ma misère, étant très-fatigué du voyage, car entre seize chrétiens nous n'avions sur le navire qu'une petite chambre de huit pieds carrés et quelques-uns d'entre nous étaient malades. Cependant je fus bien aise d'assister aux fêtes du Ramadan dont je n'avais pas été témoin l'année précédente, car j'étais alors dans la prison du pacha. Cette fête dure huit jours, on fait des cavalcades et des jeux hors de la ville. Les enfants se font traîner sur des chariots par les esclaves chrétiens, quelques-uns de ceux-ci gagnent en cette circonstance jusqu'à quinze ou seize patacons. Malgré le Koran, la plupart des Turcs burent du vin jusqu'à l'ivresse. Ces fêtes sont précédées d'un mois de jeûne pendant lequel il est rigoureusement défendu de prendre la moindre nourriture pendant le jour, en sorte que si un Turc était convaincu d'avoir mangé quoi que ce soit, il serait condamné à recevoir du plomb fondu dans la bouche. Mais ils se dédommagent de cette diète forcée en mangeant presque toute la nuit. Pendant les quatre premiers jours de ces fêtes on ne fait travailler aucun esclave et l'on donne des étrennes aux serviteurs, comme on fait en France le premier jour de l'an.

Le 14 janvier 1642, nous nous embarquâmes pour la troisième fois; le vent, qui paraissait meilleur, se trouva contraire quand nous fûmes au large, et il nous fallut huit jours pour aller seulement jusqu'à la hauteur d'Oran. Notre capitaine avait juré cette fois de ne plus retourner à Alger, parce qu'on s'était moqué de lui ; on avait dit qu'il ne savait pas son métier et qu'il ferait bien de conduire une charrue plutôt qu'un navire. Arrivés à Mostaganem nous mouillâmes à l'ancre pour décharger quelques marchandises. Cette ville paye maintenant le tribut à Alger qui était autrefois son tributaire. Après trois jours de relâche, nous reprîmes la mer avec le vent en poupe, et le 12 février, vers le soir, nous mouillâmes à l'ancre dans une baie à moins de deux lieues de Tétouan ; le vent était violent et la mer fort agitée. On jeta donc toutes les ancres dans la crainte que le navire ne fût poussé sur un rocher qui l'eût brisé infailliblement sans espoir de nous sauver. Nous passâmes une nuit affreuse dans la crainte continuelle de faire naufrage. Le lendemain matin le capitaine ayant réuni tous les chrétiens demanda si quelqu'un d'entre nous connaîtrait quelque moyen de nous sauver, car la tempête allait toujours croissant. Un esclave norwégien, appelé Hans Maurus, très-habile marin, dit qu'il connaissait un moyen de sauver nos vies, mais que le navire serait perdu. Invité à s'expliquer, il ajouta qu'il fallait tourner les voiles de manière à ce que le bâtiment donnât en plein sur le sable, car nous voyions la terre à une portée de mousquet.

Cependant les Turcs, qui sont si superstitieux, récitaient dévotement leur *sala* avec force cérémonies et promettaient d'abondantes aumônes quand ils auraient touché terre. Mais la tempête ne cessant pas, ils résolurent de faire un sacrifice à Mahomet. C'est leur dernière ressource dans le danger. L'un d'eux, qui avait fait le pèlerinage de la Mecque, fut choisi pour sacrificateur. Il prit un mouton vivant qu'il coupa en quatre quartiers, et il en jeta un dans la mer vers les quatre points cardinaux en faisant mille cérémonies ridicules. Nous autres chrétiens nous contentâmes de nous recommander avec ferveur à la clémence divine.

Sur le soir, Hans-Maurus dit que la tempête augmenterait de violence jusqu'à minuit, et qu'alors les câbles qui retenaient les ancres venant à se briser nous serions emportés au gré des flots. Nous eûmes soin d'avertir le Turc chargé de fermer l'écoutille de la chambre de la proue, où nous passions la nuit, de venir nous ouvrir si cela arrivait, afin que nous pussions essayer de nous sauver à la nage ou autrement. Il le promit et tint parole, car vers minuit le câble de la grosse ancre se brisa et les deux autres ne mordaient plus, en sorte que le courant nous emportait. Alors le Turc vint ouvrir l'écoutille en nous disant que nous allions mourir tous ensemble. Je montai à la hâte sur le tillac où je vis une image effrayante du jugement dernier. Les Turcs réunis à la poupe criaient à gorge déployée en invoquant Mahomet. Leurs cris discordants se mêlaient aux affreux mugissements des flots, les Juifs assemblés autour du grand mât invoquaient Abraham, Isaac et Moïse ; nous, chrétiens catholiques, nous nous adressions à Jésus et à Marie, les protestants et les schismatiques priaient Dieu conformément à leurs croyances. Le plus méchant de tous était très-dévot en ce moment. Réduits à la dernière extrémité, le capitaine résolut de suivre le conseil du Norwégien, il fit donc mettre au vent la voile de la proue et ordonna de couper les câbles des petites ancres qui ne touchaient plus le fond ; alors le navire fut emporté avec une telle violence qu'une douzaine de Turcs furent précipités dans la mer, qui les rejeta sur le rivage. Le navire lui-même, lancé avec force, se brisa dès qu'il eut rencontré la terre. Lorsqu'on entendit craquer les membrures, chacun de son côté se précipita dans la mer, je m'y jetai aussi et je m'aperçus avec bonheur que je touchais le fond en me tenant debout ; mais l'agitation des vagues me renversa bientôt,

Procession à Paris des esclaves rachetés par les Rédempteurs. (Page 87.)

et je fus contraint de gagner la terre à la nage.

Je commençai d'abord par remercier Dieu du fond de mon cœur, et je cherchai ensuite M. Caloen, ne sachant pas s'il aurait pu gagner la terre. Il avait lui aussi le même souci pour moi. Enfin, nous étant retrouvés, nous rendîmes grâces à Dieu d'avoir échappé à ce péril.

Nous allâmes ensuite à la recherche d'un Turc, qui était venu avec nous d'Alger pour nous accompagner. Nous le trouvâmes dans un groupe composé de chrétiens esclaves, de Juifs et de Turcs qui se pressaient l'un contre l'autre pour se réchauffer; car étant tous trempés jusqu'aux os nous mourions presque de froid. Le capitaine compta ceux qui s'étaient sauvés, il en manquait plus de vingt, mais peu à peu ils se réunirent à la troupe, à l'exception de deux seulement qui furent noyés: c'étaient un garçon juif et un Turc à demi fou. Grâce à Dieu nous étions à l'abri des dangers de la mer, mais nous avions à craindre les barbares qui ont coutume de venir sur la plage dévaliser les naufragés et les réduire en esclavage. Le capitaine envoya deux Turcs au gouverneur de Tétouan pour l'avertir de notre infortune et lui demander sa protection.

Il arriva le matin, accompagné de vingt cavaliers armés, et nous trouva autour d'un feu que nous avions allumé avec des débris du navire, apportés par les vagues, afin de sécher nos vêtements ; nous fûmes ainsi escortés jusqu'à Tétouan, où nous arrivâmes en piteux équipage. Deux jours après, une caravane partant pour Ceuta, nous écrivîmes à Salden que nous croyions dans cette ville ; mais au retour de cette caravane, deux Pères Rédempteurs de l'ordre de la Sainte-Trinité qui en faisaient partie, nous remirent une lettre qui nous avertissait que Salden, ennuyé de nous attendre, était parti pour Gibraltar, laissant à Ceuta les Turcs avec lesquels nous devions être échangés. L'un d'eux, le fils de la Mauresse, écrivit à notre gardien que Regnier Salden avait promis sept cents patacons pour le rachat de M. Caloen, et que, si nous refusions de prendre l'engagement de les payer, il nous fît mettre en prison. Le gardien n'y manqua pas, car il voulait montrer son zèle à la famille de Mustapha.

Nous fûmes donc conduits dans un souterrain de trente pieds de profondeur, formant une salle carrée de vingt-huit pieds environ, éclairée par trois ouvertures grillées qui prennent le jour au milieu de la rue. Un crochet à l'extrémité d'une corde pend de ces grilles dans l'intérieur de la prison ; ce crochet sert aux chrétiens charitables à envoyer de l'eau fraîche ou quelques aliments aux malheureux qui y sont enfermés, au nombre de cent soixante-dix, tous esclaves chrétiens. Il n'y a d'autres lits que le sol humide et sale du cachot, dont la surface ne pouvant suffire à tant de monde on est forcé de s'entasser. Il arrive souvent pendant la nuit que des malfaiteurs viennent jeter par les grilles des pierres, de l'eau et même les ordures les plus dégoûtantes ; alors ceux sur qui cela tombe se lèvent et obligent tous les autres à en faire autant, à moins qu'ils ne préfèrent être foulés aux pieds. De tous les cachots que nous avions habités celui-ci était le plus affreux ; cependant, grâce à un chevalier de Saint-Jacques, et à notre argent, nous eûmes un trou pour reposer et une table suffisamment servie.

J'écrivis à Regnier Salden pour l'informer de ce qui se passait, et lui dis qu'il fît enfermer dans la prison de Ceuta les cinq Turcs qui étaient en son pouvoir, jusqu'à ce qu'on nous eût fait sortir nous-mêmes de celle de Tétouan. Salden, recevant ma lettre dont le récit lui fut confirmé par le porteur, se mit fort en colère et menaça les Turcs de la bastonnade au milieu de la rue ; deux marchands mahométans s'interposèrent, et M. Salden leur ayant expliqué la cause de son irritation, ils promirent d'écrire au gouverneur de Tétouan, afin qu'il nous mît en liberté et nous renvoyât à Ceuta par la première caravane. En effet, les portes de la prison nous furent ouvertes et le gouverneur nous permit de parcourir la ville. En attendant l'occasion de partir pour Ceuta, nous visitâmes les esclaves chrétiens pour leur demander leurs lettres. Enfin, les Pères Rédempteurs ayant terminé leurs affaires, nous nous mîmes en route avec eux et arrivâmes à Ceuta trois jours après. De nouvelles difficultés, dont j'épargnerai le récit au lecteur, faillirent nous obliger de retourner à Tétouan. Nous fûmes retenus, aux portes de la ville, durant cinq heures, qui nous parurent des années. J'avais envoyé à Salden, comme signal de notre arrivée, mes heures qu'il connaissait et cependant nous ne le voyions point venir, ni personne en son nom ; jugez de notre impatience et de nos inquiétudes. Enfin, nous apprîmes qu'il s'occupait activement de nous auprès du gouverneur. En effet, il vint sur le soir nous annoncer qu'il avait obtenu la permission de nous introduire dans la ville. Nous y entrâmes plus satisfaits que les empereurs romains lorsqu'ils entraient en triomphe dans la ville de Rome ; il ne peut y avoir dans cette vie de bonheur plus grand que celui que nous goûtâmes en cette circonstance. Salden nous conduisit au palais du gouverneur espagnol, et après lui avoir baisé la main nous lui donnâmes la hure d'un sanglier qu'un Turc de la caravane avait tué en route, et que M. Caloen acheta pour deux patacons, attendu qu'il est défendu aux Turcs d'en manger.

Le lendemain, jour de l'Annonciation, nous fîmes nos dévotions dans l'Église métropolitaine et nous baisâmes la main de l'évêque, qui était un vieillard vénérable et un saint homme. Il nous donna sa bénédiction en nous félicitant de notre heureuse délivrance. Après avoir séjourné une semaine à Ceuta, nous passâmes en Espagne, de là en France, où nous nous embarquâmes à Rouen. Oh! qu'il me fut doux, lorsque j'arrivai à Dunkerque et puis à Bruges, de revoir les clochers de ma chère patrie, d'embrasser mes parents, mes amis et surtout ma bonne et tendre mère à qui l'on avait caché mes infortunes pour lui épargner de trop vives douleurs.

CHAPITRE X

LES PÈRES RÉDEMPTEURS

Réunion des religieux *Trinitaires*. — Le Père Lucien. — Tempête. — Arrivée à Alger. — Le consul. — Joie des esclaves. — La rédemption. — Retour en France des captifs rachetés. — Enthousiasme des populations. — Arrivée à Paris. — Les quêtes. — Famille du Sausay, ou : dans le malheur plus de parents. — Ali-Péchelin. — Dettes des Pères de la Merci. — Un juif renégat. — Le P. Lucien revient à Alger. — Comment il est dévalisé. — Une vieille maraboute qui cherche un esclave chrétien. — Les rachats forcés. — Rédemption des capucins. — Comme quoi la religion chrétienne était libre à Alger. — Processions au retour des captifs délivrés. — Soulèvement à Alger. — Le P. Lucien est jeté dans une basse-fosse. — Le retour d'Ali-Péchelin apaise les émeutes. — Le Père Lucien est rendu à la liberté. — Mort d'Ali-Péchelin. — Apostasie d'un chrétien. — Mort du P. Lucien.

L'an 1642, près de quarante religieux étaient réunis dans la salle du chapitre de leur couvent de Montmorency [1]. Sur leur long habit blanc brillait une croix rouge et bleue, marque distinctive de l'ordre de la *Sainte-Trinité*, pour la rédemption des captifs. Après avoir invoqué les lumières de l'Esprit-Saint, le supérieur, P.-Denis Cassel, prit la parole et exhorta les religieux à se dévouer au rachat des chrétiens [2].

Tous ces religieux se levèrent spontanément pour demander d'aller en Afrique ; le Supérieur se vit donc forcé de faire un choix. Malgré les instances de tous les autres, il n'y eut d'élu que le Père Lucien Hérault auquel on permit de se choisir lui-même un compagnon. Ce choix ayant été approuvé par l'assemblée, le Père Lucien, après avoir renouvelé son vœu d'engager au besoin sa propre liberté pour le rachat des captifs, reçut son obédience avec le tiers du revenu de tous les couvents, ainsi qu'une somme de vingt-quatre mille francs provenant d'une quête faite dans quelques diocèses pour la rédemption des captifs. Il fut ensuite prendre à Cerfroy, pour son compagnon, le Frère Boniface des Bois, et partit avec lui pour Marseille avec le sieur Frarin qui se chargea de les conduire.

Lorsqu'on sut qu'ils allaient à Alger, on les regarda comme voués à une mort certaine et précédée des plus affreux tourments. La rumeur publique représentait cette terre comme si elle n'avait été peuplée que de tigres et de lions. Les rédemptions précédentes avaient été faites à Tunis et à Tripoli;

---

1. Tout ce chapitre est extrait d'un ouvrage de l'abbé Orse, *Alger pendant cent ans*, 1856, in-12.
2. Voltaire a écrit quelque part : « Les frères de la Charité et les religieux de la Rédemption des captifs sont les seuls moines utiles. Aussi ils ne sont pas comptés parmi les ordres. »
Les *Mathurins* ou *Trinitaires* ou *religieux de la Rédemption des captifs* consacraient leurs efforts au rachat des chrétiens captifs des pirates africains; ils employaient à cette œuvre de dévouement le tiers du revenu de leurs biens et toutes les aumônes qu'ils pouvaient recueillir.

on n'avait pas abordé Alger parce que les pirates algériens s'étaient fait une réputation d'audace et de cruauté qui le disputaient aux animaux les plus féroces. On racontait qu'en diverses circonstances ils s'entre-déchiraient, et ces bruits n'étaient pas sans fondement, car les janissaires et les koulouglis en venaient souvent aux mains[1]. Les chefs qu'ils se donnaient eux-mêmes sous le nom de Deys mouraient tous de mort violente. Que pouvaient donc attendre d'eux les chrétiens pour lesquels ils avaient tant de haine ?

N'écoutant que leur zèle, ils nolisèrent la barque du patron Maillan de Marseille, qui avait toujours montré beaucoup d'intérêt pour les pauvres captifs, et s'embarquèrent avec lui ; mais, à peine avaient-ils gagné la pleine mer qu'un vent furieux les ramena sur les côtes de France après leur avoir fait courir mille dangers. Trois tentatives semblables n'eurent pas plus de succès, enfin à la quatrième, une tempête, plus furieuse encore que les précédentes, les jeta en deux jours sur les côtes de Barbarie, à cent lieues du but de leur voyage. Fort heureusement un vent favorable, qui se leva tout à coup, les conduisit en vingt-quatre heures à Alger, où ils arrivèrent à la fin de janvier.

A peine les deux Pères rédempteurs furent-ils entrés dans le port que le consul, averti de leur arrivée, se porta au-devant d'eux et les conduisit dans sa maison malgré la résistance des deux religieux qui craignaient de lui être à charge.

— Mes RR. Pères, leur dit-il à la première conversation, j'admire votre courage et la foi qui vous l'inspire. Vous allez être témoins dans cette ville d'un spectacle affligeant. Les vices sont ici en honneur ; ils jouissent de tous les biens tandis que la vertu gémit dans l'esclavage, la misère et la douleur ; mais ce qui est encore plus navrant, c'est que de méprisables renégats sont au pouvoir ; plus coupables que les infidèles eux-mêmes, ils sont aussi plus méchants. La vue des chrétiens fidèles à Dieu les met en fureur parce qu'elle leur reproche leur lâche apostasie. Les Turcs de race sont en général moins méchants, ou bien, ce qui est plus probable, leur avarice sert de frein à leur méchanceté ; car, en maltraitant leurs esclaves, ils en diminuent la valeur ou se privent de leurs services. A part quelques fanatiques, ils ne les poussent pas à l'apostasie, parce qu'ils seraient forcés de leur rendre la liberté et ils perdraient leurs lunes, c'est-à-dire le profit mensuel que chaque esclave doit rapporter à son maître. Quant aux Juifs, c'est la race la plus méprisable ; ils favorisent le vice le plus exécrable des Turcs ; ils sont la pierre d'achoppement des Maures qu'ils trahissent ; le malheur des nègres qu'ils maltraitent ; les valets des renégats qu'ils flattent ; le scandale des chrétiens qu'ils trompent. Ils sont la risée de tous, mais peu sensibles aux railleries, ils se vengent par la fourberie de tous ceux qui les raillent. Tenez-vous sur vos gardes dans vos relations avec eux. Méfiez-vous aussi des Turcs ; quelquefois, après avoir conclu un marché, ne le croyant pas assez avantageux, ils en appellent à l'aga pour le rompre, di-

---

1. Les janissaires, craignant l'influence des Maures et des koulouglis, les bannirent d'Alger ; quelques-uns de ces derniers y étant rentrés peu de mois après, les janissaires les enfermèrent dans des sacs et les jetèrent à la mer. Deux ans après, cinquante koulouglis déguisés entrent dans la ville et s'emparent de la citadelle de la Casbah où leurs ennemis viennent les assiéger. Au moment où les conjurés allaient être pris, ils mettent le feu aux poudres renfermées dans les caves ; la citadelle et plus de cinq cents maisons furent renversées par l'explosion et six mille personnes écrasées sous leurs ruines. Les janissaires exaspérés firent subir à quelques koulouglis qu'ils avaient saisis les plus épouvantables supplices. Les uns furent rompus tout vifs, d'autres moururent les pieds et les mains cloués sur des échelles, quelques-uns furent enterrés vivants ou furent empalés ; d'autres, jetés sur les crochets de fer des remparts, furent dévorés vivants par les insectes. Ils partagèrent ainsi les tourments qu'on faisait souvent endurer aux chrétiens qui refusaient d'apostasier. (Voir l'*Histoire d'Alger*, par Ch. de Rotalier.)

sant qu'ils étaient ivres quand le prix a été réglé. Ils ont souvent recours à cette excuse pour se disculper de certains crimes et ils sont renvoyés absous.

— Je supposais, dit le P. Lucien, que le vin étant défendu par Mahomet, il n'y avait pas d'ivrognes parmi les Turcs.

— A la vérité ils sont plus rares parmi eux que chez les Maures et les renégats qui sont presque toujours ivres, dit le consul ; néanmoins, malgré le Coran, on voit assez souvent des Turcs dans une ivresse complète.

Le pacha reçut avec beaucoup de courtoisie le P. Lucien, il lui permit de voir les esclaves, de les choisir et de traiter avec leurs maîtres du prix de leur rachat. Mais, ce qui fut plus important encore, c'est qu'il fit un traité avec lui pour diminuer les frais accessoires de la rédemption qui étaient exorbitants. Ainsi, après avoir fixé le prix d'un esclave, de concert avec son maître, il fallait payer au pacha le dix pour cent en plus et en outre acquitter un droit pour la marque du rachat, et donner aussi une gratification à celui qui la faisait mettre. Ce n'était pas tout, il y avait encore à solder des droits aux secrétaires du Divan, aux chaoux ou gendarmes, à l'interprète du pacha, à son lieutenant, tout cela devait être soldé avant l'embarquement de l'esclave racheté. Mais on ne laissait partir le bâtiment qu'après qu'on avait payé de nouveaux droits :

1° A l'armin ou fermier de la douane et à celui du port ;

2° A l'ayabaski envoyé par le Divan pour visiter le navire ;

3° Au gardien du port ;

4° A l'interprète public ;

5° Au gardien du bagne où se trouvait l'esclave ; il semble que c'était bien assez. Les Turcs ne pensaient pas ainsi, car ils exigeaient encore qu'on payât une somme déterminée pour l'entretien de la forteresse, la Casbah ; pour maître Moussa ; pour les réparations du môle ; pour l'écrivain ; et enfin pour l'entretien des mosquées et des marabouts. C'était donc en tout dix-sept sommes différentes à compter en sus du prix de l'esclave. Quelques modiques qu'on les suppose, leur nombre formait un total considérable qui devait encore être multiplié par le nombre d'esclaves rachetés. Or, tout cela fut réduit à dix pour cent par le traité conclu entre le P. Lucien et le pacha. Celui-ci délivra, en outre, un sauf-conduit au P. Rédempteur et lui permit d'exercer la fonction de juge pour les différends survenus entre les chrétiens. Nous verrons dans la suite comment les Turcs furent fidèles à ces engagements.

Lorsque la nouvelle de l'arrivée des deux PP. Rédempteurs se fut répandue dans la ville et dans les campagnes, des nuées de malheureux chrétiens vinrent se jeter à leurs pieds pour solliciter la faveur d'être rachetés. Les uns, squelettes vivants, écartaient leurs haillons infects pour montrer leurs bras décharnés et leur poitrine desséchée par la souffrance, d'autres montraient leurs membres brisés par les coups de bâton qu'ils avaient reçus de la part des gardiens barbares qui voulaient exiger d'eux des travaux au-dessus de leurs forces ; en un mot, chacun des pauvres captifs s'appliquait à exciter en sa faveur la compassion des religieux qui, ne pouvant les racheter tous, se trouvaient dans un grand embarras pour faire un choix. Néanmoins, il fallut s'y résigner, à moins de rendre la rédemption impossible. Le P. Lucien en racheta donc cinquante avec l'argent qu'il avait apporté et promit aux autres d'aller par toute la France recueillir de nouvelles aumônes, et de revenir dans peu de temps les retirer de l'esclavage. Il leur annonça que, pour garantie de sa promesse, il laissait avec eux le Frère Boniface qui les aiderait de son mieux.

Qui pourrait dépeindre la joie, le bonheur de ceux qui virent leurs chaînes tomber, avec l'assurance de retrouver, après quelques jours de navigation, le sol de la patrie, de revoir leurs parents, leurs amis qu'ils croyaient avoir perdus pour toujours! ils embrassaient le P. Lucien avec des transports de reconnaissance, leur langue semblait paralysée, mais d'abondantes larmes disaient assez haut quels étaient les sentiments de leur cœur.

Le R. Père, après avoir pris congé du consul et du Frère Boniface, son compagnon, s'embarqua de nouveau avec ses captifs rachetés. Ceux qu'il laissait dans l'esclavage le suppliaient avec larmes de revenir au plus tôt, et enviaient le sort de leurs heureux compagnons d'infortune.

La traversée d'Alger à Marseille fut assez heureuse, sauf la mort de Pierre Lemoine, l'un des esclaves rachetés; un second était mort avant même son embarquement des suites des coups qu'il avait reçus; un troisième, jeune enfant de quinze ans, mourut aussi pendant la quarantaine dans le Lazaret de Marseille où les captifs furent retenus, quoique moins longtemps que ne l'exigeaient les règlements sanitaires; tous les autres, amaigris il est vrai par les souffrances de la captivité, arrivèrent cependant au port en assez bonne santé; quelques-uns néanmoins étaient tellement affaiblis qu'ils eurent besoin, pour se soutenir, du bras de leurs compagnons. Le bruit de leur arrivée avait attiré sur les quais une foule compacte composée en grande partie de curieux; mais il y avait aussi des personnes accourues dans l'espoir de reconnaître, parmi les *rachetés*, des parents ou des amis qu'elles savaient esclaves à Alger ou qu'elles soupçonnaient de l'être, n'ayant pas reçu de leurs nouvelles depuis qu'ils étaient partis pour un voyage lointain.

Le débarquement avait été fixé à deux heures de l'après-midi. Dès que l'on aperçut, au milieu du port, quatre barques, dont l'une portait le P. Lucien, facile à reconnaître à son long vêtement blanc, d'immenses cris se firent entendre, et la foule s'agita semblable à un champ d'épis précipités les uns sur les autres par le souffle de l'ouragan. Des yeux avides et inquiets suivaient les barques qu'on voyait approcher rapidement, car de robustes rameurs communiquaient à leurs avirons toute l'énergie de leurs bras. Combien de cœurs palpitaient d'émotion en ce moment! C'étaient des vieillards qui venaient embrasser leurs enfants; c'étaient des femmes dont les unes attendaient leur mari, d'autres leurs frères; c'étaient encore des jeunes gens qui espéraient revoir leur père qu'ils n'avaient pas connu, parce qu'ils étaient au berceau quand, au moment de son départ, ils reçurent sur leur front le dernier baiser paternel.

La plupart de ces esclaves étaient absents de leur patrie depuis près de vingt ans; de plus le soleil brûlant de l'Afrique avait tellement hâlé leur visage et ils avaient enduré de si grandes privations qu'on eut de la peine à les reconnaître. Aussi y eut-il de l'hésitation et même des méprises, quoique chacun d'eux répétât son nom pour se faire reconnaître, ce qui produisait encore plus de confusion au milieu de cette foule impatiente et serrée. Hélas! combien de déceptions de part et d'autre! Pendant le temps de leur esclavage, la mort avait fait des victimes dans les familles des captifs, et c'était en vain qu'ils appelaient des personnes qui leur étaient chères: la tombe s'était fermée sur elles pour toujours. D'autre part, des milliers d'esclaves gémissaient encore dans les bagnes d'Alger, et des femmes qui croyaient revoir leur époux, des mères qui espéraient embrasser leurs enfants, voyaient leurs espérances déçues et s'en allaient tristement les yeux baignés de larmes.

Cependant les religieux trinitaires des couvents de Marseille et des environs, suivis des membres de la confrérie de la Sainte-Trinité, étaient venus en procession, précédés du signe sacré de la Rédemption, recevoir sur le port les captifs rachetés pour les conduire, après de longs circuits à travers la ville, dans l'église cathédrale, afin de remercier le ciel de leur délivrance ; ils entonnèrent le cantique *In exitu Israel*. On se pressait sur le passage du cortége pour voir les captifs, et des larmes d'attendrissement coulaient sur beaucoup de visages. Enfin la procession étant entrée dans la cathédrale, l'évêque ne voulut pas rester étranger à cette touchante cérémonie et entonna lui même le *Te Deum*, cantique d'actions de grâces aux pieds des autels.

Après deux jours passés à Marseille pour se remettre de leur émotion et de leur fatigue, les captifs prirent tous ensemble la route de Paris. Dans toutes les villes qu'ils traversèrent, ils furent reçus solennellement au son des cloches et aux acclamations de tous les habitants. On se disputait le plaisir de leur donner l'hospitalité ; outre un sentiment de charité, on cherchait encore à satisfaire une curiosité bien naturelle, car chacun des captifs avait à raconter un drame et pouvait donner des nouvelles d'un pays presque inconnu, et dont la religion, les mœurs, le costume, les usages, avaient quelque chose d'étrange qui frappait vivement l'imagination. Aussi ceux qui ne pouvaient les avoir à leur table, ni les héberger, les faisaient venir chez eux pour leur donner des secours pécuniaires et profitaient de l'occasion pour leur demander le récit de leurs aventures.

Ils arrivèrent à Paris le 20 septembre 1643. Pendant qu'ils longeaient la rue Saint-Antoine, au milieu d'une foule curieuse, la reine-mère (Anne d'Autriche, mère de Louis XIV) passait dans la même rue pour aller faire ses dévotions dans l'église des religieuses de Sainte-Marie. Ayant demandé la cause du rassemblement qu'elle voyait devant elle, on la lui expliqua ; alors elle fit arrêter sa voiture, et, après avoir adressé quelques mots gracieux au P. Lucien et aux captifs qui le suivaient, elle témoigna le désir qu'ils fussent présentés à la cour. En effet, le lendemain, le marquis de Gêvres les introduisit auprès de Louis XIV, alors âgé de cinq ans. Le jeune roi parut prendre intérêt au récit de leurs souffrances, et leur fit même, dit-on, adresser quelques questions.

Après avoir séjourné pendant quelques jours à Paris, les captifs rachetés rentrèrent chacun dans leur famille, après avoir reçu de leur bienfaiteur le baiser d'adieu et de sages conseils.

Le P. Lucien avait fait exécuter ce long voyage aux *rachetés*, afin d'exciter plus efficacement la charité des fidèles pour les pauvres esclaves qu'il avait laissés dans les bagnes d'Alger, et auxquels il avait promis de s'occuper de leur rédemption. Il atteignit son but. Parmi les personnes qui montrèrent le plus de zèle pour cette œuvre, les relations contemporaines citent d'abord *Monsieur Vincent*, qu'elles surnomment *l'homme de Dieu :* c'était saint Vincent de Paul, l'apôtre de la charité. Il sollicita et obtint de la reine mère des lettres patentes qui autorisaient le P. Lucien à faire des quêtes dans toute la France. Le produit des quêtes et le tiers du revenu des couvents de la Sainte-Trinité se montèrent à près de cinquante mille livres, qui furent confiées au sieur Frarin pour les faire parvenir à Marseille.

Le P. Lucien n'ayant plus de compagnon, puisqu'il avait laissé à Alger le F. Boniface, prit avec lui le P. Guillaume Dreilhac et partit pour la Bretagne. Il avait été autorisé par la dame du Sausay à prendre sur les biens qu'elle possédait à Nantes la somme nécessaire pour son rachat, celui de son mari, de son frère et de sa servante, qui tous avaient été réduits en esclavage par les corsaires. Les parents de cette dame, qui s'étaient emparés de ses biens, auraient préféré qu'elle restât esclave à Alger pour en jouir : aussi firent-ils tant de difficulté que le R. Père se vit forcé de recourir à la justice. Elle jugea en sa faveur ; néanmoins les formalités sans fin dont elle est entourée l'empêchèrent de profiter de son arrêt, et ce fut avec le produit des aumônes qu'il racheta la famille Sausay.

Le R. Père prit la route de Marseille où l'attendait avec impatience l'intendant de la maison du général des galères d'Alger : cet intendant était un Juif renégat. Les Pères de la Merci[1] devaient à ce général (Ali-Péchelin) 12,000 livres pour droit sur les esclaves rachetés, et il prétendait qu'à leur défaut les Pères Trinitaires devaient payer cette somme. Cependant ne voyant pas revenir le P. Lucien, il pensa que ses réclamations pouvaient l'empêcher d'entreprendre un second voyage à Alger, ce qui l'aurait privé du bénéfice que lui procuraient les rédemptions ; aussi, dans la crainte de tout perdre, il écrivit au Rév. Père, l'assurant qu'il serait bien accueilli à Alger, qu'il le protégerait comme il avait protégé le F. Boniface pendant son absence. Il lui recommande aussi *son juif* (il s'était fait mahométan), et lui parle de Mahomet-Reys, prisonnier en France qu'on devait échanger contre M. de la Tour, esclave à Alger. Il lui promet encore de ne pas exiger de lui le payement de la dette des PP. de la Merci ; en un mot il n'oublie rien pour engager le P. Lucien à retourner en Afrique.

Celui-ci, autorisé par le roi, prit avec lui quelques Turcs prisonniers à Marseille pour les échanger contre des chrétiens ; mais les maîtres de ces derniers préféraient vendre leurs esclaves plutôt que de les échanger contre leurs coreligionnaires, ce qui ne leur procurait aucun bénéfice, car ils aimaient mieux l'argent que la liberté rendue à leurs concitoyens.

Après deux jours de navigation, le R. Père se trouva près des îles Mayorque ; mais le mistral vint à souffler avec violence, et le bâtiment fut emporté jusqu'à Bougie, où l'on fut forcé de relâcher.

Le temps paraissant devenir meilleur on reprit la mer, et bientôt le bâtiment entra dans le port d'Alger. Le premier soin des Pères fut d'aller saluer l'amiral pour se le rendre favorable ; mais à peine l'avaient-ils quitté, que quarante ou cinquante barbares se précipitèrent sur eux et leur enlevèrent 700 piastres qu'ils avaient prises par précaution.

Les RR. Pères ainsi dévalisés retournèrent chez l'amiral Ali-Péchelin, qui était aussi gouverneur de la ville. Celui-ci, au lieu de punir les voleurs, les excusa en disant qu'il avait eu avis par un Français nommé Roulleau, qui venait de Marseille, qu'ils avaient apporté avec eux seize mille piastres en espèces, outre une grande quantité de marchandises, et qu'il avait permis à ses gens de les fouiller, parce qu'il ne pouvait leur remettre les droits d'entrée d'une si forte somme. Il leur promit cependant de leur faire rendre justice et les envoya pour cela chez le consul. A peine y furent-ils arrivés qu'une nuée d'esclaves, prévenus du débarquement des RR. Rédempteurs, les assaillirent pour solliciter leur rédemption, exposant les raisons qu'ils croyaient devoir leur faire donner la préférence sur leurs compagnons d'infortune. Après deux jours d'audience, le Père Lucien et son compagnon ne les avaient pas encore tous entendus pour prendre note de ceux qui semblaient avoir plus de droit à une rédemption immédiate.

L'amiral, presque ruiné, fit appeler les deux Pères de la Sainte-Trinité, et de plus un Père de la Merci appelé Sébastien Brugierre, pour leur lire une lettre qu'il avait reçue du Père Faure, également religieux de la Merci.

---

1. L'ordre de la Merci, fondé en 1218, par Pierre Nolasque, gentilhomme du Languedoc, avait d'abord eu pour but la délivrance, par les armes, des chrétiens captifs des Maures et des Sarrasins.
Après que les Arabes eurent été expulsés d'Espagne, les chevaliers de la Merci, incapables de combattre les pirates barbaresques, abandonnèrent l'épée et ne poursuivirent plus qu'un but purement religieux et charitable. Leur ordre s'étendit considérablement tant en Amérique qu'en Europe. La rivalité qui existait entre les religieux de la Merci et les Trinitaires fut toujours des plus préjudiciables à l'œuvre de la rédemption des captifs.

La falaque. (Page 99.)

Celui-ci s'excusait de ne pas tenir les engagements qu'il avait contractés pour la rédemption des captifs, en disant que les quêtes faites dans toute la France par les religieux trinitaires l'avaient empêché de réaliser la somme sur laquelle il comptait. Le gouverneur voulait donc rendre les Pères de la Sainte-Trinité solidaires de ceux de la Merci. L'affaire fut discutée au Batistan (marché des esclaves), et renvoyée ensuite devant le consul qui rendit justice au Père Lucien.

Pendant la discussion de cette affaire, une autre venait ajouter à l'ennui des PP. Rédempteurs. L'esclave d'une vieille maraboute ayant pris la fuite, celle-ci revendiqua à sa place le F. Boniface, l'accusant d'avoir été complice de l'évasion du fugitif. Elle voulait, sous ce prétexte, le réduire lui-même en esclavage, et ce ne fut pas sans peine qu'il put conserver sa liberté.

L'amiral n'ayant pas réussi dans ses premières prétentions, imagina de nouveaux moyens d'avoir une partie de l'argent du P. Lucien : il voulut d'abord vendre lui-même les marchandises du révérend Père, et, pour avoir plus tôt ses droits de courtage, il les vendait à perte. Le religieux eut beaucoup de peine à arrêter le cours de cette vente ruineuse. Il y parvint cependant, mais alors le gouverneur prétendit avoir le droit d'exiger que le P. Lucien rachetât vingt de ses esclaves, dont il demandait deux cents piastres pour chacun, et il proposait les moins valides. Sur l'avis que reçut le Père que cet homme se porterait à des extrémités s'il ne s'arrangeait pas avec lui, il fut convenu que dix de ses esclaves seraient rachetés, et le P. Rédempteur mit seulement pour conditions qu'ils seraient catholiques et qu'ils n'auraient pas été pris au service des ennemis de la France.

Cette rédemption forcée faillit devenir épidémique : chaque esclave de Turc un peu haut placé sollicita son maître à aller exiger son rachat du P. Lucien. Celui-ci, poursuivi de toutes parts, vit sa mission sur le point d'être rendue impossible; sa vie même fut en danger, car le plus ancien capitaine de la milice, qu'on appelle *chaya* ou *boulouk-bachi*, vint trouver les Pères, armé d'un couteau et dans un état d'ivresse complète ; il voulait absolument le rachat de ses esclaves. Toutes les observations des religieux ne servaient qu'à le mettre en fureur; déjà il avait saisi le F. Boniface et l'entraînait dans la rue pour le tuer. Heureusement on suggéra à celui-ci d'en appeler au divan (conseil d'État); aussitôt le Turc s'apaisa comme par enchantement. Malgré trois faux témoins, le divan confirma le traité fait avec le Père, par lequel il était convenu que celui-ci serait libre de racheter les esclaves qu'il voudrait, à l'exception de quelques-uns dont le rachat lui était imposé, et que le traité désignait. Le lendemain, le chaya ayant cuvé son vin se présenta chez les Pères, leur disant qu'il les laisserait tranquilles s'ils voulaient seulement donner une gratification à ses témoins. Les Pères y consentirent pour se débarrasser tout à fait de ses importunités, mais ils n'y réussirent point.

N'ayant plus d'autre ressource, l'amiral proposa à tous ses esclaves, au nombre de huit cents, de leur rendre la liberté, à condition que les révérends Pères payeraient pour eux une certaine somme. Tous étaient des esclaves de choix qui auraient été vendus, au marché, de six cents à mille piastres chacun, mais comme cette vente forcée aurait déshonoré pour toujours le gouverneur, il préféra traiter avec les PP. Rédempteurs pour une moindre somme. Il les fit donc appeler chez lui. Avant d'entrer dans son appartement, les religieux reçurent ordre de laisser leurs souliers à la porte. Ils trouvèrent l'amiral sur son lit, composé d'un simple matelas étendu à terre et d'un carreau de velours ; comme il n'y avait pas de siége, force leur fut de s'asseoir à terre, les jambes croisées, selon la mode orientale.

On convint ensuite de la somme que les Pères devaient payer tant pour les esclaves que pour les divers droits, et comme le gouverneur était excessivement pressé de recevoir cet argent, les Pères vendirent le reste de leurs marchandises au-dessous du prix qu'ils auraient dû en retirer.

Tout l'argent qu'ils avaient ne suffisant pas pour racheter tant d'esclaves, quoique au-dessous de leur valeur, il fallut recourir à un emprunt ; mais comme le P. Faure, religieux de la Merci, n'avait pas rempli envers ses créanciers les engagements qu'il avait contractés, les Turcs disaient :

— Ce serait folie de prêter à ces *papas* qui ne nous payent pas ; cependant si le P. de la Trinité veut demeurer en otage dans notre ville pour la somme que celui de la Merci nous doit, nous lui prêterons l'argent dont il a besoin. Néanmoins le P. Lucien aurait pu revenir en France, chercher de l'argent pour se libérer, sans une circonstance qui le mit dans un nouvel embarras.

Au moment où, après avoir réglé ses affaires, il faisait ses préparatifs de départ, il reçut une lettre que la reine-mère, Anne d'Autriche, lui avait écrite à Marseille et qui avait éprouvé un long retard. Elle le priait de racheter trois Pères capucins bretons. Le Trinitaire avait épuisé non-seulement son argent, mais encore son crédit ; cependant il se rendit aussitôt chez le maître de ces religieux esclaves pour traiter de leur rédemption, mais le barbare dit, même en présence du consul, que ces esclaves étant *papas* (prêtres), valaient au moins mille piastres chacun, et que si on ne les rachetait pas à ce prix il allait leur faire donner la bastonnade jusqu'à ce que leur peau tombât en lambeaux. Il aurait tenu parole, car il était ivre en ce moment et dans une grande fureur, aussi l'on eut la précaution de faire cacher ces pauvres Pères pour les soustraire aux mauvais traitements de cet ivrogne, et le P. Lucien se retira espérant obtenir le lendemain des conditions plus raisonnables.

Le Frère capucin n'était pas avec les deux Pères; il appartenait à un autre maître qui, étant sur le point de quitter Alger, avait mis son esclave en vente sur le marché ; mais ce pauvre Frère était si maigre et dans un état si pitoyable que personne n'en voulait; les passants se moquaient de lui et disaient en riant :

— Quel est le prix de cette *méchante rosse ?*...

Les plaisanteries dont il était l'objet mettaient le Turc en colère; aussi menaça-t-il son esclave de le donner pour quelques piastres à un paysan grossier qu'on disait fort méchant.

— Fais de moi ce qu'il te plaira, répondit le Frère capucin.

Enfin le Turc se détermina à le vendre au P. Lucien pour 175 piastres, payables dans trois jours.

Le lendemain celui-ci retourna chez le maîtres des deux Pères recommandés par la reine. Ce Turc fut plus traitable parce que l'ivresse avait cessé et que, malgré ses recherches, il n'avait pas retrouvé ses esclaves. Il consentit donc à donner les deux pour 1,100 piastres, à la condition qu'on y ajouterait des présents beaucoup plus considérables que ceux que l'on donne ordinairement. Pendant que le P. Lucien cherchait partout à emprunter de l'argent pour payer ses nouveaux rachats, il fut cité devant l'aga (général commandant la milice) par ce même patron des Pères capucins; il voulait obliger le Père Rédempteur à racheter encore un esclave français qui lui restait, le menaçant, s'il n'y consentait, de rompre le marché qu'il avait conclu, sous prétexte qu'il était ivre quand le prix avait été convenu. C'était faux, puisque le P. Lucien avait voulu attendre le lendemain dans l'espoir qu'après avoir cuvé son vin il serait moins exigeant, mais il avait trouvé des faux témoins, ce qui n'est pas difficile à Alger. Le R. Père se vit donc forcé d'ajouter cette dépense à celles qu'il avait déjà faites.

Le temps n'était pas favorable pour emprunter de l'argent. Ceux qui en avaient craignaient de le divulguer dans la crainte d'être forcés de contribuer pour de fortes sommes à l'équipement de la flotte de vingt bâtiments qu'on envoyait au Grand Seigneur.

Après le départ de la flotte, le P. Lucien reprit ses recherches pour avoir de l'argent à emprunter, il en trouva enfin, mais à cinquante pour cent et à la condition qu'il resterait en otage à Alger avec quelques-uns des chrétiens rachetés et qu'un Juif, qui se fit bien prier et bien payer, lui servirait de caution. Cet emprunt permit au R. Père de racheter encore un pauvre petit enfant orphelin âgé de six mois que son maître voulait faire élever dans le mahométisme, et un jeune homme breton, esclave d'un mezoul-aga (capitaine en retraite) ; il s'était caché parce que son maître voulait lui couper le nez et les oreilles et l'employer ensuite à enlever les ordures du port. Le prix du rachat étant convenu, cet esclave eut le malheur de se montrer devant ce maître barbare, qui le saisit par le pied et le traîna dans sa maison, se dédisant de son marché; mais l'esclave l'ayant menacé de renier, le mezoul-aga préféra le vendre plutôt que de s'exposer à tout perdre s'il se faisait mahométan.

Le bon Père gémissait encore de ne pouvoir rompre au moins les chaînes des esclaves français qu'il avait sous les yeux, au nombre de deux mille, sans compter ceux des autres nations ; l'espoir de les consoler lui fit accepter avec joie la condition de rester à Alger pour servir d'otage. Ils célébraient les fêtes chrétiennes avec une grande solennité. Le vendredi saint, les quatre prisons d'Alger furent transformées en églises. Celle d'Ali-Péchelin[1] était tendue de riches tapisseries et ornée de glaces que les esclaves avaient empruntées à leurs maîtresses. Saint Pierre était représenté par un chrétien de condition, qui avait d'abord renié et s'était ensuite converti, il pleurait véritablement son péché. Dans la cour de cette même prison, les esclaves pendirent aux branches d'un arbre un mannequin habillé en juif et qui était hideux à voir ; sa langue ensanglantée sortait de sa bouche, et il tenait sa bourse à la main. Les Turcs allèrent voir cette représentation, il y en eut même qui y traînèrent deux ou trois juifs.

Le 24 juin (1645), fête de saint Jean-Baptiste, tous les chrétiens rachetés se rendirent à l'église pour entendre une messe d'actions de grâces, après laquelle ils allèrent deux à deux au palais du dey pour recevoir chacun son *jeskeret* (certificat de liberté). On les fit passer à deux reprises devant le *hoja* (contrôleur) de la douane, et, après une délibération, on ne permit la sortie qu'à quarante des rachetés, tandis que la rançon avait été payée pour cent dix. Ces barbares ne se contentèrent pas de cette injustice criante, ils reprirent, sans restituer le prix de leur rachat, deux jeunes enfants, qu'ils voulaient sans doute ajouter à six autres du même âge destinés à être envoyés en présent au Grand Seigneur. Malgré les réclamations, les prières et les larmes du père et du frère de l'un de ces enfants et de la sœur de l'autre, malgré les supplications pressantes des PP. Rédempteurs, ils furent enlevés et on ne les revit plus.

Les captifs rachetés s'embarquèrent. Après une traversée de huit jours, ils arrivèrent à Marseille, où ils furent reçus avec les mêmes transports de joie, la même charité qui avaient accueilli deux ans auparavant la première rédemption du P. Lucien. Après quelques jours de repos, ils prirent la route de Paris. En passant à Orange, la population vint les recevoir processionnellement, et déploya en cette circonstance ses bannières qui n'avaient pas vu le jour depuis un siècle. Partout la foule se pressait sur leurs pas. Il fut arrêté qu'on entrerait dans Paris, en procession, le jour de la fête de saint Laurent.

Le cortége partit, dès le matin, de l'église des Dames de Sainte-Marie, près de la Bastille ; il parcourut la rue Saint-Antoine, qui n'était pas assez vaste pour contenir les curieux, et arriva à Notre-Dame, où le *Te Deum* fut chanté ; de là, la procession se rendit à Sainte-Geneviève, patronne de Paris. L'abbé la reçut à la tête de tous ses religieux, et célébra pontificalement une messe d'actions de grâces. On se rendit ensuite au Palais-Royal, où le roi et la reine virent avec joie les Capucins qu'elle avait recommandés au P. Lucien. Sa Majesté ne voyant pas ce bon Père, s'informa de la cause de son absence. On lui répondit que n'ayant pas assez d'argent pour racheter tous ces captifs, il avait fait un emprunt dont il s'était rendu caution, engageant ainsi sa propre liberté pour la procurer aux autres. La cour fut fort édifiée de ce sublime dévouement.

L'amiral exécuta le projet qu'il avait de

---

1. Ali-Péchelin, comme nous l'avons dit, était amiral et gouverneur d'Alger. En 1639, il avait eu le projet de piller le trésor de Notre-Dame-de-Lorette en Italie ; mais un coup de vent avait poussé trop loin sa flotte, composée de seize galères ou galiotes parfaitement équipées. Les pirates qui l'accompagnaient firent une descente dans la Pouille, qui leur procura beaucoup de belles étoffes et une grande quantité de glaces de Venise. Ils firent aussi grand nombre d'esclaves, parmi lesquels se trouvèrent des religieuses, des prêtres, des diacres, etc.

quitter Alger à l'insu de ses ennemis en emportant avec lui tout l'argent qu'il avait pu réunir par toute sorte de moyens. Le P. Lucien se vit en butte, après son départ, aux poursuites de ses créanciers et de tous ceux qui avaient été victimes de ses nombreuses exactions. A peine sa fuite fut-elle connue qu'il y eut un soulèvement général parmi ces derniers. Ils obtinrent du Divan la permission de reprendre comme esclaves tous ceux qui avaient été affranchis, même ceux dont le P. Lucien avait payé la rançon. Le Père de la Merci fut sommé de comparaître et on le condamna à payer dans trois jours, sinon à être brûlé vif; on voulut obliger le P. Lucien à lui servir de caution.

C'était une terrible épreuve, car s'il consentait, il était certain de voir revendre comme esclaves les cent chrétiens qu'il avait rachetés et auquel on avait refusé, sous de vains prétextes, le certificat de liberté ; s'il refusait ce qu'on demandait de lui, il s'exposait à une mort certaine. Dans une telle perplexité, il prit le parti le plus sage, celui de gagner du temps en disant qu'il allait demander à son supérieur la permission dont il avait besoin pour se rendre caution pour le P. de la Merci. Mais les créanciers de l'amiral étaient peu disposés à attendre ; ils se rendirent en foule chez le bon Trinitaire et le tirèrent avec violence, qui par un bras, qui par l'autre, comme si son corps dût servir d'hypothèque pour les dettes de l'amiral. Sa robe de bure en fut toute déchirée. Il eût été bientôt mis en pièces sans l'avis d'un Turc qui dit qu'il ne fallait pas tuer si promptement un *papa* qui, dans peu de jours, devait être brûlé en l'honneur du Prophète ; qu'il valait mieux le mettre en prison avec le Père de la Merci, et que si dans trois jours ils n'avaient pas payé, on les brûlerait tous deux ensemble.

Aussitôt le R. Père fut saisi par deux chaoux qui lui laissèrent à peine le temps de rassembler les lambeaux de son habit pour cacher ses blessures et sa nudité, et le conduisirent dans une prison où l'amiral avait réuni les Arabes et les Juifs que la bastonnade n'avait pu décider à fournir les sommes qu'il voulait en extorquer. Après avoir passé vingt-quatre heures dans cette prison, le P. Lucien fut descendu dans une basse-fosse. Après avoir passé six semaines dans cet affreux cachot, n'ayant pour nourriture qu'un peu de maïs qu'on lui jetait par une ouverture qui ne laissait pénétrer qu'une lueur blafarde, il vit descendre auprès de lui l'un après l'autre quatre enfants qui paraissaient sans vie. La frayeur ou l'air méphitique de la prison les avait comme asphyxiés. Il les interroge l'un après l'autre mais inutilement, il secoue leurs bras en les pressant de lui répondre, même silence. En touchant leurs habits il croit reconnaître des esclaves; pour s'en assurer, il en prend un dans ses bras qu'il soulève vers la lucarne, et il lui semble voir un des jeunes Français qu'il a rachetés. Il le presse sur son sein pour le réchauffer, il respire dans sa bouche, espérant ainsi le ranimer ; enfin, à force de soins et de sollicitations pressantes, il obtient quelques paroles incohérentes et mal articulées qui lui apprennent le plus grand des malheurs que sa charité redoutât ; celui d'une nouvelle vente des esclaves qu'il avait rachetés.

Cependant, quelques-uns d'entre eux ayant appris assez à temps qu'un arrêt du Divan les condamnait à être revendus pour l'intérêt des sommes que le P. Sébastien de la Merci devait, s'enfuirent dans les montagnes, d'autres se cachèrent chez des Juifs et même dans des maisons de Turcs, qui ne leur rendirent ce service que dans l'espoir d'en recevoir une bonne récompense. Cette fuite mit la consternation parmi les négociants chrétiens qui se trouvaient à Alger, parce qu'ils craignirent que les Turcs ne s'en prissent à eux de ce qui arrivait, et qu'ils ne fussent pillés en dédommagement ; aussi ils crurent prudent de se présenter à la douane avec le consul pour arranger cette affaire. On leur permit de reprendre l'un des esclaves rachetés et de l'envoyer en France pour donner avis aux Pères Trinitaires de ce qui se passait en Afrique. Mais les créanciers étaient tellement exaspérés, qu'ils obtinrent un second arrêt du Divan qui condamna le P. Lucien à recevoir quatre cents coups de bâton s'il ne consentait à la vente des esclaves qu'il avait déjà rachetés. Le Père ne pouvait pas y consentir, car c'eût été vendre lui-même des chrétiens ; aussi ordonna-t-on au mézouard de se préparer à l'exécution de cet arrêt. Celui-ci fit retirer les cinq prisonniers de la basse-fosse avec sa brutalité accoutumée. Ils étaient dans le délire ou comme des hommes ivres, et tellement faibles qu'ils ne pouvaient se soutenir sans chanceler. De plus, le passage subit des ténèbres à la lumière les éblouit de telle sorte qu'ils ne pouvaient ouvrir les yeux. Toutes ces circonstances, qui eussent dû exciter la pitié, ne firent que provoquer des plaisanteries de la part de ces barbares.

Cependant, le P. Lucien et les quatre jeunes chrétiens étant un peu revenus à eux, après avoir respiré l'air pur du dehors, le mézouard se prépara à faire donner la bastonnade au saint religieux. Au moment où il allait être saisi, le mézouard se trouva tout à coup enveloppé par une foule de gens de conditions et de religions diverses, qui paraissaient ameutés contre lui. Au milieu du tumulte, il se vit forcé de faire descendre quatre Turcs dans le cachot d'où l'on venait de tirer les chrétiens. Pendant ce temps, le P. Lucien était dans une cour, livré à la garde d'un geôlier qui lui proposait de le faire évader s'il voulait lui donner de l'argent. Outre qu'il n'en avait pas, il était encore si étourdi de tout ce qui venait de se passer, qu'il ne lui fit aucune réponse.

Tout à coup, environ trente esclaves de ceux que le R. Père avait rachetés arrivent dans la cour, et y trouvant leur bienfaiteur, l'embrassent en répandant des larmes. Cette vue ranime le vénérable religieux. Après un moment de silence :

— Mes enfants, dit-il, devons-nous vivre ? devons-nous mourir ?

— Nous ne sommes certains ni de l'un ni de l'autre, répondit un captif ; mais ce qui nous permet de vous trouver ici, c'est que le parti d'Ali-Péchelin l'emporte, ses ennemis se cachent dans leurs maisons. Le conseil de la douane nous a rendu la liberté. L'aga vient d'être banni, et quatre de ses plus dévoués conseillers sont en prison. Nous venons vous avertir de cette heureuse révolution ; nous en avons fait prévenir les compagnons d'esclavage que la crainte d'être remis dans les fers avait fait fuir dans les montagnes. Bientôt vous pourrez les revoir.

A peine avait-il fini de parler, qu'un chaoux vint donner l'ordre au geôlier de remettre le P. Lucien en liberté ; toutefois, il dit au religieux qu'on ne lui accordait cette faveur qu'afin qu'il pût dégager plus facilement le Père de la Merci en payant ses dettes, sans quoi il courait risque de la vie. Ce n'était pas une vaine menace, car, quelques jours après, l'époque où la milice devait recevoir sa paye étant arrivée, elle ne reçut rien à cause du désordre et de la confusion dans laquelle se trouvait la ville. Les plus impatients des janissaires, regardant le P. Lucien comme leur débiteur, se portèrent en foule dans son logement, dont ils forcèrent les portes, et après lui avoir fait subir les plus indignes traitements, ils le traînèrent dans la rue en disant qu'ils allaient le brûler vif s'il ne se décidait à les payer. Mais un moment après ils le relâchèrent, parce qu'un bruit sourd et des cris confus se firent entendre au loin. C'était Ali-Péchelin qui rentrait triomphant, rappelé par le Divan lui-même, dont les démarches auprès du Grand Seigneur avaient failli, quelques mois auparavant, coûter la vie à cet amiral.

Ces révolutions étaient fréquentes à Alger. Le dey, le pacha, l'aga, l'amiral étaient autant d'autorités indépendantes qui travaillaient sans cesse à se supplanter. L'argent était le moteur principal de toutes les intrigues : on prenait le parti de celui qui donnait le plus et qui exigeait le moins. Celui qui voulait dominer, ou au moins se soutenir, avait donc besoin de ressources considérables, mais il fallait les puiser chez les Juifs ou les chrétiens, afin de ne pas faire des mécontents parmi les indigènes, et de ne pas diminuer par ce moyen la force de son parti. Nous avons vu qu'Ali-Péchelin lui-même avait largement usé de cet expédient auprès du P. Lucien, pour conjurer l'orage qui, à deux reprises, l'avait menacé, et qui avait fini par l'obliger à fuir.

L'amiral avait contre lui les janissaires; mais la marine était en sa faveur, parce qu'il enrichissait les corsaires dont il favorisait les courses. Sa politique consistait à rendre Alger indépendant de la Porte. Il voulait bien que dans l'occasion on envoyât des secours d'hommes au Grand Seigneur, mais à la condition qu'il en supporterait la dépense. Le pacha, qui représentait à Alger la cour de Constantinople, était donc contre lui ; et lorsque l'amiral mourut, quelque temps après son retour, on supposa, non sans fondement, qu'il avait été empoisonné.

Cependant on lui rendit après sa mort les plus grands honneurs. Son corps, revêtu de riches habits, fut exposé publiquement et gardé par plusieurs compagnies de la milice qui se relevaient chaque jour. Deux bannières déployées rappelaient les victoires qu'il avait remportées sur les chrétiens. Pendant quinze jours que dura l'exposition, ses officiers lui servirent une table somptueuse, et le revêtirent chaque jour d'habits nouveaux et magnifiques. Enfin on l'enferma dans un cercueil où il était assis, ayant son coude appuyé sur son genou et sa tête penchée sur sa main droite. Ce cercueil fut enveloppé d'un tapis vert, et l'on déposa dessus les armes dont il s'était servi pendant sa vie. Les marabouts le portèrent à son tombeau, et l'on vit dans le cortège les juges du Divan et de la douane revêtus d'une veste brodée en or, qui était lacée par-devant avec une chaîne du même métal; on le plaça la face tournée vers la Mecque, et les deux bannières qui rappelaient ses exploits portées par les présidents du Divan et de la douane, furent plantées sur sa tombe. On continua pendant vingt jours de servir sa table, à la grande satisfaction de quelques esclaves qui venaient chaque soir se régaler en son honneur.

Le deuil d'Ali-Péchelin dura jusqu'à l'arrivée de Sidi-Ramadan, son frère, auquel on envoya un exprès pour venir lui succéder. Celui-ci, voulant se mettre à l'abri du caprice des janissaires, amena avec lui cent cavaliers arabes qu'il avait pris à son service particulier. Ils étaient si habiles que, pendant que leurs chevaux étaient lancés à franc étrier, l'un ramassait son mouchoir tombé à terre, l'autre lançait en l'air une balle et prenait un javelot dans son carquois avec une telle prestesse qu'il la perçait de sa flèche avant qu'elle eût le temps de tomber; un troisième, toujours en courant, tuait à la volée un oiseau qui venait à passer.

A peine installé dans son emploi, le nouvel amiral mit sur les Juifs et sur les chrétiens un impôt qu'ils devaient payer chaque nouvelle lune. De plus, il poursuivit à outrance les créanciers de son frère, et le P. Lucien ne fut pas oublié. Nous épargnerons cependant au lecteur le récit des nouvelles persécutions dont il fut l'objet, et dont nous ne pourrions donner qu'une idée incomplète. Nous ajouterons seulement que le patron Maillan arriva à Alger, la veille de la Toussaint, avec son bâtiment chargé de marchandises que les révérends Pères Trinitaires de France lui avaient confiées, et dont la vente devait procurer la somme nécessaire pour dégager le P. Lucien; mais l'amiral trouva le moyen de s'adjuger à lui-même les marchandises pour un quart seulement de leur valeur; il en fit autant à l'égard d'un autre bâtiment chargé, envoyé par les Pères de la Merci.

Cependant le patron Maillan voulait remplir la mission de ramener en France le vénérable P. Lucien, dont la santé donnait des inquiétudes; mais il fut impossible d'obtenir sa sortie d'Alger, pas plus que celle des esclaves qui avaient été rachetés depuis un an. Deux mois furent employés sans succès à cette affaire. Cependant ces derniers, ne trouvant pas de quoi pourvoir à leurs besoins par le travail, étaient encore une nouvelle charge pour le charitable Père, auquel ils allaient demander leur pain de chaque jour.

Celui-ci, outre les peines qui l'accablaient, eut encore celle d'être témoin de l'apostasie d'un chrétien. Il le vit signer, chez le muphti, un acte par lequel il déclarait, en présence de plusieurs marabouts, qu'il regrettait d'avoir été chrétien. Après cette déclaration, le renégat fut rasé et revêtu ensuite d'un riche costume mahométan, dont le pacha et l'amiral lui firent présent. Après un bon repas qui lui fut servi en présence des marabouts, il fut soumis à la circoncision; ensuite on le promena, par toute la ville, monté sur un cheval richement caparaçonné; il tenait, entre le pouce et l'index, une flèche qu'il devait porter sans la faire vaciller, pour marquer qu'il était ferme dans la nouvelle foi, car, s'il avait montré de l'hésitation, deux chaoux, qui le suivaient avec leurs cimeterres hors du fourreau, avaient ordre de le massacrer. A la suite de cette cavalcade, quatre Turcs marchaient portant chacun un bassin pour recueillir les aumônes en faveur du nouveau mahométan.

Le R. Père se résigna à finir ses jours si pleins de bonnes œuvres loin de la France, sa patrie, loin de sa chère Communauté. Depuis longtemps une fièvre continuelle absorbait le peu de force qui lui restait encore.

Le Divan ayant appris sa mort envoya mettre les scellés sur ses coffres; le bruit avait couru qu'ils contenaient des sommes considérables, mais on n'y trouva que trois écus en *aspres*, qui sont la plus petite monnaie du pays.

CHAPITRE XI

LES PÈRES DE LA MERCI.

Départ des PP. Auvry et Récaudon. — Leur arrivée à Alger. — Les *Papas de l'aumône*. — Demandes des esclaves. — Visite aux bagnes et aux hôpitaux. — La *falaque*. — La coutume devient loi. — Aventures d'un marchand grec établi à Alger. — On ne peut contenter tout le monde. — Inspection des esclaves délivrés. — Nouvelles vexations. — Départ. — Rencontre de corsaires barbaresques. — Comment on leur échappe. — Une trombe. — Retour en France.

Dans une réunion générale des *Pères de la Merci*, tenue l'an 1660, il fut décidé que les PP. Auvry et Récaudon partiraient pour Alger, en qualité de rédempteurs des esclaves chrétiens du royaume de France. Ces deux religieux nolisèrent une barque et traitèrent avec le patron pour le transport de l'argent et le transport des esclaves.

Le jeudi, 14 septembre, le temps étant favorable, on mit les voiles au vent. On fit deux cents lieues en moins de trois fois vingt-quatre heures. Le dimanche, à la pointe du jour, on aperçut Alger; et le calme s'étant fait, les matelots descendirent dans l'esquif et ramèrent jusqu'à ce l'on fût assez près du quai.

Il était neuf heures du matin lorsque les Pères abordèrent au lieu tant désiré. Il se fit sur le Môle, au château que l'on bâtissait à la marine et sur le bord de la mer, un grand

Dragut et Giovannito Doria. (Page 106.)

concours de peuple composé de Turcs, de Maures, de renégats, de Juifs et de pauvres esclaves : ceux-ci attendaient leur liberté de ce voyage des Pères, et les autres espéraient s'enrichir par la vente de leurs esclaves. Aussitôt un vieillard, assez gros et de haute taille, qui était le gardien du port, vint dans un esquif, monta dans la barque et interrogea assez poliment les Pères, que les Turcs appellent *papas*, sur le motif de leur venue. Le truchement, jeune homme français et de la Beauce, qui avait renié, vint aussi en diligence, témoignant que les Pères seraient les bienvenus, surtout si les espèces *sonnantes* montaient à une forte somme, ce dont il ne manqua pas de s'informer.

Le gardien, l'interprète et les autres officiers firent apporter sur le tillac les dix caisses qui contenaient les aumônes recueillies en France ; ils firent également rechercher l'argent qui appartenait à des particuliers. Ensuite ayant mis les marchandises sous les scellés, afin que la douane ne pût être frustrée des droits d'entrée, ils firent emporter les caisses contenant l'argent par des Maures, sous la conduite d'un chaoux. Le consul les suivait, accompagné de l'interprète et des Pères. On arriva à une maison dont la porte cochère est ornée de peintures, et au milieu de laquelle est suspendue une forte chaîne. On l'appelait *maison du roi*, parce que le pacha l'habitait. Le gouverneur *Chaban-Aga*, renégat portugais, était assis dans l'angle ; il y avait à sa droite, sous une petite voûte séparée, deux secrétaires qui prenaient note sur un registre des résolutions et règlements qu'il leur dictait. Le kaïc ou lieutenant se tenait à sa gauche à une distance respectueuse. On déchargea les caisses auprès de ces tapis, et le consul accompagna les Pères saluer le gouverneur en lui baisant la main, selon les usages du pays : celui-ci témoigna aux révérends Pères la joie de leur arrivée et leur demanda des nouvelles de la France ; mais il n'oublia pas de s'informer de la quantité de piastres qu'ils avaient apportées. Il leur permit de faire emporter neuf caisses où ils voudraient, leur disant que la dixième devait rester pour servir à payer les droits de toute la somme, qu'on en ferait l'ouverture à leur retour, qu'ils pouvaient aller se reposer, et que personne n'y toucherait en leur absence.

Les Pères firent porter leur argent chez le consul de France ; après ils retournèrent à la maison du roi où l'un des écrivains calcula en un instant ce qu'il fallait prendre pour les droits d'entrée de la somme de vingt-neuf mille et quelques livres que les Pères avaient apportée. Alors un mezoul-aga, chargé de compter la somme, ouvrit la caisse sans tenailles ni marteau, il donna un seul coup de son pied nu sur le couvercle, qui fut aussitôt mis en pièces. Les espèces furent versées sur le tapis et comptées ; et ayant montré à des Juifs qui préparaient des aspres pour la paye de la milice les pièces douteuses ou légères, on rendit aux Pères le surplus de la somme fixée pour les droits.

Tout cela ayant été expédié paisiblement et sans conteste, le consul invita les Pères Rédempteurs à venir prendre réfection chez lui. Dans l'après-dînée ils virent venir vers eux une foule de religieux esclaves, de l'ordre de Saint-François et du royaume d'Espagne. Ils avaient été pris par des corsaires et réduits en esclavage, tandis qu'ils passaient d'un pays dans un autre, sur l'ordre de leurs supérieurs. Hélas ! le visage défiguré des uns et les habits déchirés des autres décelaient la souffrance et la pauvreté. L'un d'entre eux, exténué par une longue maladie, avait de la peine à se soutenir sur son bâton, et il ne lui restait que quelques lambeaux de son habit religieux. Il se présenta aussi quelques Dominicains un peu moins mal vêtus, mais dignes aussi de commisération. Ils virent encore deux savants prêtres de l'ordre de Saint-Augustin auxquels il ne restait aucune trace extérieure de leur caractère sacerdotal, n'étant qu'à demi couverts de vieux justaucorps gris. Tous ces hommes étaient méprisés des Turcs comme la fange, et aucune sollicitation en leur faveur n'avait pu les exempter des galères.

Ces visites terminées, on s'occupa de chercher pour les Rédempteurs une maison décente où les esclaves pussent facilement venir décharger leur cœur et solliciter leur rachat. On en découvrit une vaste et commode, occupée par un Espagnol, esclave de Chaban-Aga, qui lui avait permis d'y tenir pension et chambres garnies, moyennant qu'il payât *les lunes* à son maître. Ce fut là que les Pères prirent leur logement. Ils allèrent de nouveau saluer le gouverneur, le priant de leur accorder toutes les facilités qu'on avait accordées précédemment aux Pères de l'Aumône. Celui-ci le promit et fit observer que le gouverneur d'Alger n'était plus tyrannique comme il l'avait été dans les années dernières; qu'en conséquence, à l'exception de sept esclaves forcés qu'on choisirait de la nation française, les Pères seraient libres de racheter ceux qu'ils voudraient, sans que personne pût les forcer à d'autres rachats. On publia aussi dans la ville que personne, sous peine de rigoureux châtiments, ne s'avisât de faire insulte aux *Papas de l'Aumône* de France, ni dans leur maison, ni dans la rue. On avertit les Pères que l'aga de la milice étant aussi président de la douane, il convenait de lui faire une visite. Ils se rendirent donc chez lui, et il fallut, avant d'entrer, quitter les souliers à la porte. Il était assis à la façon des tailleurs sur trois ou quatre beaux tapis, et avait autour de lui de riches coussins pour s'appuyer. Les Pères lui baisèrent la main et lui firent compliment par l'interprète. L'aga répondit poliment et promit aux Pères de favoriser leur négociation.

Ceux-ci, de retour chez eux, trouvèrent deux ou trois cents esclaves qui venaient solliciter leur rachat. Les uns montraient des lettres de recommandation de la part de prélats ou d'autres personnes haut placées, d'autres faisaient valoir leur jeunesse et les dangers auxquels leur foi et leurs mœurs étaient exposées. Les vieillards montraient leurs cheveux blancs, disant qu'après avoir supporté leur malheur avec patience pendant si longtemps, il était juste qu'ils eussent un peu de repos, d'autant plus que leur âge ne leur permettait plus de travailler. Les hommes dans la force de l'âge demandaient la liberté afin de pouvoir nourrir leurs femmes et leurs petits enfants. Des officiers observaient que s'ils étaient rachetés avant que leurs qualités fût connue des Turcs, ils pourraient être rendus à la liberté à peu de frais ; tandis que, plus tard, on ne pourrait le faire qu'à force d'argent. Quelques-uns pleuraient de ce que, s'ils n'étaient pas rachetés, leurs maîtres allaient les embarquer sous peu de jours pour faire la guerre aux chrétiens. Il se présenta des familles entières dont le mari demandait que l'on rachetât sa femme ou son fils, ou qu'on lui rendît à lui-même la liberté pour aller en terre chrétienne recueillir des aumônes afin de racheter les autres; quelques-uns, plus charitables, offraient de donner ou de prêter une partie de la somme nécessaire pour racheter ceux de leurs compagnons d'infortune qui étaient plus maltraités. Enfin, quelques-uns ne demandaient rien pour eux, mais se faisaient les avocats des pauvres aveugles, des sourds, des boiteux, des estropiés de tout genre, et disaient que, puisque l'on pouvait les racheter à bon marché, il ne fallait pas les laisser périr dans la misère. Ceux-ci se plaignaient de leurs patrons qui les accablaient de travaux, les assommaient de coups ou leur refusaient de quoi vivre.

Les Pères, attendris jusqu'aux larmes par le récit de tant de maux, prenaient les noms de ceux qui paraissaient devoir être préférés, donnant aux autres de bons conseils et les exhortant à persévérer dans la foi.

Les jours suivants, les Pères Rédempteurs firent la visite des bagnes et des hôpitaux. Ils purent se convaincre de la réalité des souffrances des malheureux esclaves, et s'étonnèrent de ce que des hommes si mal nourris, couchés sur la dure quoique accablés de rudes travaux, pouvaient vivre si longtemps. Non-seulement leurs geôliers les injurient sans cesse, les appelant chiens, traîtres, juifs, mais encore leur donnant souvant la *falaque* avec des bâtons, des cordes goudronnées ou des nerfs de bœuf. Pendant ce supplice, leur tête est à terre, tandis que leurs pieds, passés dans les trous d'une pièce de bois, sont élevés en haut.

Les hôpitaux sont très-petits et dans une grande misère; les lits sont scellés dans le mur à la hauteur d'un pied et demi ; les parois sont nattées de jonc. Les matelas sont aussi de joncs et de feuillage ; pour couvertures, il n'y a que quelques pauvres haillons, de vieilles jupes de drap et de serge toutes rapiécées, et des caleçons à demi usés. Dans l'hôpital du *bagne du roi*, qui est un peu plus grand, les lits sont beaucoup plus propres et les malades mieux assistés. Les Pères virent avec joie, au-dessus de l'autel de cet hôpital, un beau tableau de saint Pierre Nolasque, fondateur de leur ordre.

Les Pères étant *forcés* de racheter six esclaves de la douane, et un de l'aga, sans avoir le droit de les choisir, le gouverneur leur fit dire de venir payer deux cent quinze piastres et demie pour chacun d'eux. Comme il n'y avait pas à répliquer, ils apportèrent cet argent et les captifs furent aussitôt remis en liberté. Il y avait parmi eux un Marseillais presque moribond ; mais à force de soins, les Pères lui rendirent assez de forces pour être transporté en France.

Sur le soir, ils se rendirent aussi chez l'aga, qui leur offrit des petits siéges de joncs grossièrement façonnés. L'interprète lui compta deux cent quinze piastres et demie, et l'on vit paraître aussitôt l'esclave racheté, qui vint baiser d'abord la main de l'aga, et ensuite celles des Pères. Ce dernier voulait en vendre au même prix un autre qui lui avait peut-être coûté quarante écus, mais les religieux, forts de leur droit, refusèrent absolument. L'un des hauts dignitaires de la douane les fit également venir chez lui pour leur proposer la vente de dix ou douze de ses esclaves, qu'il avait lui-même choisis, leur promettant en retour de les défendre et de les favoriser en toute rencontre. Mais les Pères, pour conserver toute la liberté dont ils avaient besoin dans le rachat, répondirent qu'on pouvait faire de leurs personnes et de leurs aumônes tout ce qu'on voudrait, mais qu'ils ne consentiraient pas à ce marché, qui établirait un précédent nuisible à l'œuvre même de la rédemption ; car il est nécessaire d'observer que les Algériens invoquent la coutume autant que la loi, surtout lorsqu'elle favorise leurs intérêts. En voici un curieux exemple.

Un marchand grec établi à Alger, en passant dans une rue, aperçut un maure boiteux et aveugle qui faisait de la dentelle, assis sur une natte, et demandant l'aumône. Excité par la compassion, il lui jeta une poignée d'aspres (monnaie d'Alger). Cette libéralité transporta si fort le Maure, qu'il se traîna, en comblant son bienfaiteur de bénédictions, jusqu'à la porte de celui-ci, et y établit sa demeure. Le lendemain, le mendiant sollicita de nouveau la charité du Grec, qui se montra aussi généreux que la veille. Il continua ainsi son aumône jusqu'à son départ pour l'Égypte. Le Maure ne voyant plus passer son bienfaiteur, s'informa de ce qu'il était devenu et apprit qu'il était en voyage. Six mois après, le Grec étant de retour, allait donner au mendiant la même somme qu'avant son départ, lorsque celui-ci lui réclama les arrérages, qui se montaient à une somme assez considérable. Le marchand, stupéfait, lui répondit qu'il ne comprenait pas ce langage. Alors le mendiant lui expliqua que son absence ayant duré environ six lunes, il lui devait cent quatre-vingts réales. Le Grec, regardant ce procédé comme une plaisanterie, passa outre. Mais le Maure le cita devant le dey pour cette somme. Ce dernier condamna le marchand grec non-seulement à payer les prétendus arrérages de son aumône, mais encore à donner de plus une piastre au mendiant pour les paroles dures qu'il lui avait dites à ce sujet. Le Grec fit observer que ce n'était pas une rente qu'il s'était engagé à payer au mendiant, mais une aumône qu'il lui avait faite librement. On lui répondit que cette aumône, faite un mois durant, constituait une somme qui devenait obligatoire, et qu'avant son départ il aurait dû avertir le Maure de ne plus compter sur cette somme.

Voulant éviter d'établir une *coutume* dont le Turc n'aurait pas manqué de se prévaloir dans la suite, les Pères refusèrent constamment la vente qu'il leur proposait. Le truchement les avertit que cet homme pouvait à son gré leur nuire ou leur être utile, selon qu'il serait bien ou mal disposé à leur égard. Malgré cet avis, ils furent fermes dans leur résolution.

Cependant l'œuvre de la Rédemption avançait rapidement, les Pères avaient toujours deux ou trois personnes occupées à s'informer si les esclaves dont on devait faire le rachat étaient revenus de la mer, à prier les patrons de se rendre auprès des religieux, à solliciter auprès des Turcs maures ou renégats, pour les rendre un peu moins exigeants sur le prix de leurs esclaves ; on employait pour cela toute sorte d'artifices. Les uns étaient fermes et ne voulaient rien diminuer sur le prix qu'ils avaient d'abord demandé, et voyant qu'on ne le leur accordait pas, ils disaient :

— C'est une preuve que le temps de leur rachat n'est pas venu, quand l'heure sera arrivée, et que Dieu le voudra, ils retourneront dans leur pays.

D'autres, quand on refusait de donner la somme qu'ils demandaient, se mettaient en grande colère, chargeaient l'esclave d'injures et menaçaient de le maltraiter. Quelques-uns, plus généreux, affranchissaient leurs esclaves gratis ; alors les Pères n'avaient que quarante piastres à payer pour les droits de leur sortie.

Quand un esclave était devenu libre, il demeurait encore quelques jours chez son patron, s'il n'avait pas trop à se plaindre de lui ; mais dans le cas contraire, les Pères lui ordonnaient de le quitter sur-le-champ, et de venir loger et prendre ses repas chez eux; en sorte qu'on y servait chaque jour une ou plusieurs tables de vingt-cinq à trente esclaves rachetés. Ils faisaient même manger avec eux ceux qui venaient à peine de recouvrer leur liberté.

Les captifs dont les maîtres demandaient trop s'irritaient quelquefois contre leurs parents qui les laissaient dans l'esclavage ; quelques-uns murmuraient contre les Pères, comme s'ils eussent pu vider toutes les prisons d'Alger ; d'autres, plus résignés, attribuaient à leurs péchés la durée de leur captivité ; quelques-uns enfin, plus sensés, convenaient que les Pères avaient raison de racheter ceux dont la liberté coûtait moins cher, afin de faire participer à ce bienfait un plus grand nombre de chrétiens.

Mais, s'ils n'étaient pas tous rachetés, du moins tous participaient aux largesses des Pères Rédempteurs selon leurs besoins. Les uns souffraient de la faim parce que leurs patrons ne leur donnaient chaque jour qu'un morceau de pain insuffisant, surtout après de rudes travaux. D'autres n'avaient pas de quoi couvrir leur nudité, ou bien, dévorés par la vermine, ils manquaient d'un chiffon blanc pour se soulager. Ceux-ci, malades, n'avaient pas de remèdes pour se soigner. Ceux-là, blessés ou convalescents, avaient besoin d'une nourriture saine et abondante pour réparer leurs forces et rétablir leur santé. Plusieurs devaient des *lunes* à leurs patrons qui les maltraitaient pour les leur faire payer. D'autres pouvaient exercer un petit métier, mais à condition qu'on leur fournirait les outils dont ils avaient besoin. Or, les révérends Pères remédiaient avec joie à toutes ces diverses nécessités, et employaient deux ou trois cents piastres pour leur faire supporter avec plus de patience la continuation de leur infortune. C'est ainsi que ces charitables religieux partageaient leurs journées entre le rachat des uns et le soulagement des autres.

Toutes ces œuvres de charité exigeaient de la part des Pères des courses continuelles ; or, ils ne sortaient pas une seule fois sans qu'ils fussent maltraités ou injuriés ; tantôt on leur lançait des pierres, tantôt on leur crachait au visage, quelquefois on les tiraillait par les habits jusqu'à les déchirer, d'autres fois on les poussait ou on leur jetait des ordures. Le plus souvent ces mauvais procédés venaient de la part des enfants qui couraient sans cesse après eux. Les Pères évitaient de se trouver hors de leur maison, après quatre heures, dans la crainte de rencontrer quelques Turcs ivres, sortant des tavernes, ce qui n'est pas sans danger ; car des religieux espagnols avaient été tués en pareille rencontre. Pour les mahométans fanatiques tuer un chrétien c'est gagner le paradis. On avait prévenu les Pères que l'un d'eux serait tué à l'approche de leur départ ; il ne leur arriva rien de semblable.

Ces Rédempteurs rendirent la liberté à plusieurs vieillards qui ne pouvaient, sans cruauté, être abandonnés dans ces lieux de souffrance, à des pères de famille dont les enfants vivaient dans l'abandon et les femmes dans le désordre.

Il leur restait à peine de quoi fournir aux frais de leur retour, lorsqu'il se présenta encore à eux des esclaves qu'ils ne pouvaient se dispenser de racheter; heureusement des négociants de Marseille leur prêtèrent, avec intérêt, les sommes dont ils avaient besoin. Ils commandèrent en même temps dix-sept cents livres de biscuit et toutes les choses dont ils pouvaient avoir besoin pendant le temps de leur navigation, et craignant que quelques esclaves rachetés ne fussent égarés ils en firent deux ou trois fois la revue et en dressèrent la liste exacte. Tout était prêt pour le départ et il ne restait plus qu'à payer le droit des portes, à la sortie, lorsque le gouverneur obligea les Pères à chercher de nouveau de l'argent. Un grand personnage avait été banni à vingt lieues de la ville par ordre de la douane, deux de ses esclaves, qui étaient Français, ayant su qu'on faisait une rédemption à Alger, prirent la fuite et s'y rendirent. Le gouverner les fit saisir comme fugitifs, et par son ordre on les conduisit au marché pour être mis en vente au profit même de la douane; mais comme il ne se présentait pas d'acquéreur on les promena par la ville sans plus de succès, car on craignait que leur maître ne revînt de l'exil et qu'il ne les reprît à ceux qui les auraient achetés. Alors le gouverneur fit appeler les Pères et les pria d'en faire le rachat. Ceux-ci ayant observé qu'ils n'avaient plus d'argent, le gouverneur leur répondit que s'ils ne voulaient pas les acheter de bon gré il saurait bien les y forcer. En effet, il leur envoya presque aussitôt les deux esclaves et en fit réclamer le prix; les religieux ne purent trouver de l'argent que difficilement et à de gros intérêts.

Après les quelques jours de retard occasionnés par cette affaire, les Rédempteurs firent une nouvelle revue des esclaves rachetés et se disposèrent à les embarquer; mais le gouverneur leur fit dire qu'ils ne pourraient partir avant quinze jours. S'étant informés de la cause de cette nouvelle tracasserie, les Pères apprirent qu'un bâtiment allait partir chargé de présents pour le Grand Seigneur, et qu'on craignait que les chrétiens n'en donnassent avis aux bâtiments européens qu'ils pourraient rencontrer, pour qu'ils en fissent la capture. On disait que si cet accident arrivait le gouverneur serait considéré comme traître à cause qu'il était renégat.

Ce nouveau retard avait pour les Pères de très-graves inconvénients; d'abord il occasionnait un surcroît de dépense, car il fallait nourrir pendant quinze jours ces nombreux chrétiens rachetés, ensuite il pouvait surgir quelque démêlé entre les Turcs et eux; et dans ce cas les premiers n'auraient pas manqué de faire rentrer leurs adversaires sous le joug de l'esclavage; de plus la mauvaise saison approchait et faisait craindre un naufrage; enfin l'on pouvait appréhender que ce délai ne fût qu'une excuse pour donner le temps aux corsaires de se préparer à poursuivre le bâtiment chargé des chrétiens, pour en faire de nouveau la prise. A ces chagrins vint se joindre la douleur de voir s'élever des différends parmi les chrétiens eux-mêmes, dont quelques-uns étaient débiteurs des autres; les Pères furent obligés de lever les difficultés à leurs propres dépens. Cependant le gouverneur, qui n'avait pas voulu laisser partir les Pères et les esclaves rachetés, réclamait à outrance les droits des portes ou de sortie, dont il voulait être payé à l'avance, disant qu'il avait besoin de cet argent pour la solde de la milice; c'était encore plus de trois mille écus à débourser pour soixante chrétiens seulement. A peine les Rédempteurs eurent-ils payé cette somme, pour éviter d'autres désagréments, que le kaïd, ou lieutenant du gouverneur, et plusieurs mézoul-agas se plaignirent qu'on ne leur payait pas leurs droits. D'après les usages reçus jusqu'alors il ne leur était pas dû une obole, mais le gouverneur, qui était juge en dernier ressort, obligea les Pères Rédempteurs à les satisfaire en leur payant un droit pour chaque esclave.

Heureusement, sur ces entrefaites il arriva, à Alger, des négociants de Marseille qui leur prêtèrent les sommes dont ils avaient besoin, à la condition qu'elles leur seraient remboursées en France, un mois après, capital et intérêts. Cette circonstance permit aux Pères de se libérer complétement eux et les chrétiens rachetés. C'est pourquoi le P. Récaudon se rendit de nouveau à la Casbah où se tient le conseil, afin d'obtenir la permission de partir. Elle fut enfin accordée, ce qui causa une vive joie.

Le samedi 28 octobre (1662) l'interprète vint avertir les Pères Rédempteurs que, s'ils voulaient partir ce jour-là, il fallait se rendre en diligence à *la maison du roi* où tout le conseil de la douane était réuni. Ils y allèrent avec empressement et furent fort étonnés de trouver, en entrant dans la cour, un grand nombre de janissaires alignés le long du mur comme des arbres en espalier et plus loin vingt-quatre aga-bachis (capitaines), et un plus grand nombre d'oldack-bachis (lieutenants), qui tous étaient debout les mains en croix et formant la haie. Les chrétiens ne comprirent pas d'abord ce que signifiait ce grand appareil. Cependant l'interprète s'avança devant l'aga tenant en main la liste des esclaves rachetés ; il commença à en faire la lecture, et à mesure qu'on nommait un chrétien on le faisait passer au milieu de la haie jusqu'à ce qu'il arrivât en présence du gouverneur. Lorsque cette inspection fut terminée, tous ces officiers se mirent à causer avec une grande animation, et quelques-uns allaient parler à l'aga comme pour le consulter ou lui faire un rapport. Tout ce tumulte parut aux R. Pères et aux chrétiens de fort mauvais augure, malgré le sauf-conduit qu'on leur avait délivré le matin et qui avait coûté fort cher. En effet, après quelques moments d'inquiétude, l'interprète vint dire aux Rédempteurs, de la part de l'aga, qu'ils avaient encore à payer quarante et quelques piastres. Ceux-ci s'en voulurent défendre, mais voyant l'impossibilité d'échapper à cette nouvelle exaction, ils promirent de livrer cette somme à l'interprète dès qu'ils seraient arrivés dans leur navire, où celui-ci devait les accompagner.

Cela convenu, l'aga fit dire aux Pères et aux chrétiens rachetés, que voulant qu'ils sortissent contents du pays, ils pouvaient librement faire leurs plaintes contre ceux qui auraient pu les vexer, qu'on leur rendrait bonne justice ; certes la liste en eût été longue et l'aga lui-même était digne, à tous égards, de figurer en première ligne, il avait assez vexé les vénérables religieux. Ceux-ci remercièrent poliment l'aga, prirent congé du gouverneur et des autres autorités, et se dirigèrent vers la marine pour procéder à l'embarquement. L'interprète fit la revue des officiers et de l'équipage du navire, ensuite il fit l'appel des chrétiens qui montaient à bord à mesure qu'on les appelait. Cette formalité à peine remplie, le comptador, ou fermier des droits d'entrée et de sortie, se présenta réclamant un droit sur chaque esclave. Les Pères protestèrent contre cette nouvelle extorsion, mais ce fut en vain, l'affaire fut portée au gouverneur qui décida en faveur du réclamant. Il fallut donc emprunter encore dans le navire pour le satisfaire ; ce fut alors seulement que les voiles furent rendues au patron, car, selon l'usage d'Alger, elles avaient été consignées à la douane depuis l'arrivée du bâtiment.

Ce fut au soleil couchant que, à la grande satisfaction des passagers, on sortit du port d'Alger où l'on avait enduré tant de misères. Le navire fut bientôt en pleine mer, mais le calme y était si grand qu'après vingt-quatre heures on apercevait encore la ville. La nuit suivante ne fut pas meilleure, aussi n'avait-on pas parcouru plus de vingt lieues. Au lever du soleil tout le monde fut dans les alarmes, on voyait approcher quatre forts bâtiments qu'on soupçonnait être des corsaires algériens. Le patron jugea que ce ne serait pas trop d'employer toutes les rames, on se mit donc à voguer avec ardeur tandis que les religieux étaient en prière. Le jour suivant on fit plus de chemin, néanmoins on était toujours en vue des bâtiments qui avaient inspiré cette crainte. Durant la nuit il s'éleva un vent d'est qui accéléra la marche, mais ne fit pas perdre de vue les redoutables corsaires; bien plus, on en vit deux autres qui furent reconnus pour être de Tunis et faire la chasse aux navires chrétiens, ce qui n'était pas du tout réjouissant; aussi les *rachetés*, qui depuis trois jours seulement goûtaient les douceurs de la liberté, firent manœuvrer les rames avec tant de force qu'on devançait pour ainsi dire le vent lui-même.

Enfin, après bien des efforts, on reconnut que les corsaires avaient renoncé à leur dessein et cherchaient une autre proie.

Cependant ils ne furent pas seuls à donner des alarmes, car le lendemain on vit à l'horizon un nuage noir et épais qui ressemblait à une immense colonne de portor de quinze à vingt pieds de diamètre; sa longueur était vingt ou trente fois plus considérable; l'une de ses extrémités semblait toucher le ciel, l'autre était posée sur les vagues qui bouillonnaient autour; quelquefois cette colonne s'élevait un peu en tournant en spirale et attirant l'eau vers elle. C'était une trombe, météore dangereux, car s'il passe au-dessus d'un navire il le saisit par le mât, l'élève un peu, et le submerge en laissant tomber sur lui une masse d'eau considérable.

Ce météore causa une frayeur si grande que les plus courageux se mirent en prière; quelques-uns eurent recours à la superstition pour conjurer le danger; ils avaient planté un couteau à manche noir et faisaient force signes de croix dessus en récitant des formules extravagantes. L'un des Pères s'en étant aperçu, arracha le couteau et fit des réprimandes. On vit peu de temps après que la trombe s'éloignait et se dissipait insensiblement; il tomba ensuite une petite pluie que l'on attribua au météore. Le lendemain matin on découvrit la Catalogne et vers neuf heures on débarquait dans le port de Barcelone avec de vives démonstrations de joie.

Pour ne pas s'exposer à de nouveaux dangers, surtout en traversant le golfe de Lyon, il fut convenu que l'on prendrait la voie de terre pour revenir en France.

On accourait en foule au-devant des captifs délivrés, on leur faisait d'abondantes aumônes pour les dédommager des privations inouïes qu'ils avaient endurées.

Le Père Levacher à la gueule d'un canon.

CHAPITRE XII

APOGÉE DE LA PIRATERIE BARBARESQUE

Dragut-Reïs. — Il est fait prisonnier par Giovannito Doria. — Une femme sans barbe. — Dragut enchaîné sur les galères. — Sa délivrance. — Il s'empare de Méhédia. — Terreur qu'il inspire. — Expédition de don Juan de Véga contre Méhédia. — Siége de cette ville. — Ruse des assiégés. — Assaut infructueux. — Dragut accourt au secours de la place. — Il est repoussé. — Une brèche est faite aux remparts. — Prise de Méhédia. — Doria bloque Dragut dans un golfo de l'île de Gelves. — Comment le corsaire s'échappe. — Siége de Malte. — Attaque du fort Saint-Elme. — Mort de Dragut. — Les musulmans lèvent le siége. — Bataille navale de Lépante. — Extermination de la flotte ottomane. — Le bastion de France. — Expédition de Gigeri. — Beaufort. — Les Français sont repoussés. — Baba-Hassan insulte le Roi-Soleil.

Le 15 juin 1540, la baie de Giralate, non loin d'Ajaccio, présentait un aspect inaccoutumé. Près du rivage se tenait une galère portant à la poupe un étendard turc surmonté d'un croissant doré. On voyait, épars sur le sable, une énorme quantité d'or, d'argent, de vaisselle et d'ornements d'église. Des musulmans se partageaient ce riche butin, produit du pillage des côtes d'Italie et d'Espagne.

Ces pirates ainsi occupés étaient commandés par le plus terrible des forbans que la Turquie eût vomis sur la Méditerranée; brigand originaire d'un petit village près de Sarabalaz, en Natolie ; mousse à douze ans, capitaine à trente, chef des galères d'Alger, heureux dans toutes ses expéditions, favori de Kheïr-Eddin, redouté sur les rivages chrétiens, Dragut-Reïs semblait n'avoir plus rien à craindre du sort ; sa bonne fortune devenait proverbiale.

Tranquillement assis sur un petit tertre de gazon, il contemplait d'un air dédaigneux ses soldats se disputant les dépouilles de la chrétienté. A ses côtés, une jeune captive agitait d'une main un large éventail pour rafraîchir le visage du capitaine, tandis que de l'autre main, cette infortunée essuyait furtivement les larmes qui coulaient de ses beaux yeux noirs.

Tout entiers à leur partage, oubliant un instant qu'ils se trouvaient au centre même de la chrétienté, les corsaires disputaient, insoucieux, sur la valeur de tel ou tel objet ; imprudence qui allait leur coûter cher, car au moment où ils s'y attendaient le moins, une énorme galère génoise arriva sur eux, sans avoir été aperçue. Elle était commandée par Giovannito Doria, neveu du fameux amiral, et elle portait les plus rudes guerriers d'Italie, lancés à la poursuite des forbans qui leur avaient échappé jusqu'alors. Les cris des Génois, déjà maîtres de la galère turque, éveillent seuls l'attention des musulmans; ils courent à leurs armes ; mais au même instant, descendent des montagnes plus de mille paysans corses armés d'arquebuses et traînant plusieurs pièces de canon. Toute résistance devenant inutile, Dragut agite un pavillon blanc, il demande à parlementer. Giovannito Doria exige qu'il se rende sous condition de la vie sauve seulement.

Lorsque le Turc, jusque-là si redouté, est amené devant son jeune vainqueur, il manifeste la plus grande fureur de s'être rendu à un adolescent :

— Faut-il, s'écrie-t-il en grinçant les dents, que je sois vaincu et fait prisonnier par une femme sans barbe !

A ces mots insultants, Giovannito, chez qui

La valeur n'attend pas le nombre des années,

se jette sur lui et le frappe si violemment du pommeau de son épée, qu'il le renverse presque mort sur le sol ; puis il le fait enchaîner, tout sanglant, sur les bancs de la chiourme, où il le laisse pendant trois ans exposé à des avanies continuelles.

En 1544, la république de Gênes, menacée par l'armée turque de Kheïr-Eddin, se montra heureuse de rendre la liberté à Dragut, pour obtenir la paix et éloigner le danger qui la menaçait.

Redevenu corsaire, le capitaine recommença ses courses avec d'autant plus de rage que le souvenir des mauvais traitements subis sur les galères de Doria développait en son esprit un insatiable besoin de vengeance.

En 1547, il se trouvait à l'île de Gelves, dans les parages de Tunis, lorsque lui parvint la nouvelle que son protecteur Kheïr-Eddin était mort. Il annonça aussitôt qu'il espérait égaler un jour ce célèbre pirate ; il fit un appel aux aventuriers en quête de brigandages ; il assembla une flottille, parut dans le golfe de Naples, s'empara d'une galère de Malte chargée d'or, surprit, par une attaque nocturne, la petite ville de Castel-a Mare, dont il chargea de fers les habitants, et se retira dans son île de Gelves avec un énorme butin.

Confiné dans cette île par la mauvaise saison, il médita la conquête de Méhédia, ville considérable à cette époque et qui datait des beaux jours de la domination arabe en Afrique.

Après avoir longtemps vécu sous l'autorité des rois de Tunis, cette ville avait proclamé son indépendance depuis les succès de

Charles-Quint en Tunisie. Elle s'était fortifiée tellement qu'on la considérait comme imprenable. C'est ce qui fit que Dragut eut recours à la ruse pour s'en rendre maître.

Des dissensions politiques divisaient les habitants en plusieurs factions acharnées. L'éternelle question des riches et des pauvres, danger de toutes les civilisations avancées, menaçait de faire naître une guerre civile entre les citoyens. Dragut s'entendit avec Ibrahim-ben-Barak, chef du parti des riches. Il convint avec lui d'un plan par lequel une partie des murailles devait être livrée aux Turcs.

Au jour fixé, le traître disposa sur le point opposé une partie de la garde des remparts, tandis que Dragut s'avançait avec 600 hommes d'élite pour escalader nuitamment le point abandonné. Les pirates dressèrent leurs échelles sans être aperçus, ils s'emparèrent de deux tours dont ils braquèrent aussitôt les canons sur la ville. Les habitants essayèrent vainement de résister. Ils durent se soumettre, et l'audacieux pirate se trouva, en quelques heures, maître de cette ville jusqu'alors invincible.

Il n'abusa pas de sa victoire et se contenta de faire empaler le traître Ibrahim-ben-Barak, en répondant à ses supplications :

— Comment compter sur la fidélité d'un homme assez lâche pour vendre sa patrie ?

Puis il reprit la mer et laissa le commandement de sa conquête à Hez-Reïs, avec une garnison de 400 Turcs.

Dragut menaçait de fonder, aux portes mêmes de Tunis, une régence turque aussi redoutable que celle d'Alger. La consternation régnait en Sicile et en Italie. Charles-Quint, désireux de faire oublier, par quelque succès, l'issue malheureuse de son expédition d'Alger, organisa sur-le-champ une flotte de 60 vaisseaux pour aller enlever à Dragut sa nouvelle conquête. Le 26 juin 1550, l'armée chrétienne, commandée par Doria, mouilla à l'est de Méhédia. Les troupes de terre, placées sous les ordres de don Juan de Véga, vice-roi de Sicile, opérèrent leur débarquement le lendemain, dès l'aurore.

Tranquilles derrière leurs remparts, les Turcs ne cherchèrent nullement à inquiéter le débarquement. Ils comptaient sur le climat et sur les fatigues du siège pour préparer la défaite des chrétiens.

Ceux-ci purent donc s'approcher assez près de la ville pour la canonner et y ouvrir une brèche praticable. Un assaut général était résolu, lorsque deux transfuges renégats apportèrent un avis qui sauva l'armée espagnole. Les Turcs avaient préparé des chausse-trapes couvertes de gazon, pour engloutir les assaillants ; de plus, le rempart était miné et devait faire explosion sous les pas de la colonne d'attaque.

Il fallut changer le plan et tenter un simulacre d'assaut contre la brèche où l'on espérait attirer les forces ennemies, tandis qu'une sérieuse attaque se dirigerait vers une des tours, du côté de l'ouest. Cette tentative ne réussit pas, parce que les échelles dont on se servit étaient trop courtes ; l'armée chrétienne, plus que décimée, dut battre en retraite.

Peu de jours après cet échec, Dragut accourut avec une flottille au secours de la place. Il débarqua de nuit 800 Turcs et 4,000 Maures, du côté opposé à celui qu'occupait l'armée chrétienne, qu'il espérait surprendre. Au point du jour, il attaque au moment où les assiégés tentent une sortie. Les chrétiens ne repoussent cette double attaque qu'après des prodiges d'héroïsme. Après son insuccès, Dragut se retira dans son île de Gelves, confiant la protection de la ville à son énergique neveu Hez-Reïs, qui augmenta nuit et jour les moyens de défense.

La fin du mois d'août approchait et les opérations du siège traînaient en longueur. Don Juan de Véga commençait à désespérer du succès, lorsqu'un Maure d'Andalousie lui fit savoir qu'une tour, que l'on croyait massive, était percée, au cordon de la courtine, par des passages qui diminuaient la force de ses murailles. Une batterie mit promptement à découvert l'intérieur de cette tour. C'est alors qu'un nouvel avis du même transfuge apprit aux chrétiens que les Turcs avaient creusé, en arrière, un fossé profond, garni de pieux, et avaient abattu les maisons voisines pour former une place d'armes que sillonnerait la mousqueterie des défenseurs, embusqués dans les maisons plus éloignées.

Au lieu de donner un assaut, les chrétiens attaquèrent un mur qui touchait la tour et qui pouvait être facilement entamé ; on y fit une brèche, et le 10 septembre, ils s'élancèrent de trois côtés à la fois.

De part et d'autre, s'engagea une canonnade si vive, que la terre était émue. 300 chrétiens périrent en quelques instants ; les autres n'atteignirent les murailles qu'en marchant sur les cadavres de ceux qui venaient de tomber. Turcs et chrétiens s'attaquèrent et se défendirent avec un égal courage ; l'air retentissait de cris et de gémissements ; la brèche se couvrit de morts.

Enfin les Espagnols culbutèrent les Turcs et restèrent maîtres de la tour. Se précipitant dans les rues, ils prirent les maisons une à une, avec des pertes énormes.

C'est ainsi que Méhédia devint espagnole, après soixante-quatorze jours de siége. Les chrétiens firent plus de 6,000 prisonniers et un butin immense. Parmi les captifs se trouvait Hez-Reïs, qui fut échangé quelque temps après. Un gentilhomme espagnol fut chargé de porter au pape la serrure du bagne et les chaînes qui attachaient les esclaves chrétiens.

Le sultan de Constantinople apprit avec stupeur la conquête de Méhédia ; Soliman fit en secret des préparatifs de guerre et rechercha l'alliance de Henri II, roi de France, pour l'opposer à la maison d'Autriche.

A cette nouvelle, Charles-Quint ordonna à Doria de poursuivre Dragut ; le célèbre Génois parvint à bloquer ce corsaire dans un golfe situé à l'est de son île de Gelves. Dragut inventa pour se sauver un stratagème resté fameux dans les fastes maritimes. Il fit creuser un canal dans toute la largeur de l'île et s'évada avec sa flotte, pendant que des batteries, élevées à terre, occupaient Doria. Lorsque les décharges s'éteignirent, la surprise des Génois fut extrême en n'apercevant plus un seul bâtiment ennemi.

Ce succès, dû à une ruse, ne relevait pas le prestige des armes turques ; Soliman le comprenait bien. Depuis longtemps, ce sultan caressait l'idée de conquérir Malte, position formidable, dont une association régulière avait la possession depuis une quinzaine d'années. Avec 112 galères ottomanes et 30 navires algériens, montés par 12,000 combattants, il se présente devant cette île, s'en éloigne, s'empare de Tripoli le 14 août 1551, ravage l'Italie, écrase les forces de Doria, reçoit un renfort de 26 galères françaises, pille traîtreusement Bonifacio, en Corse, et revient à Constantinople après avoir, par sa perfidie, troublé l'alliance franco-ottomane.

Sur ces entrefaites, Charles-Quint, usé par ses passions fanatiques, se retira dans un couvent et céda à son fils Philippe II la lourde tâche d'établir sur le monde l'empire des jésuites et de l'inquisition.

Après qu'il eut quitté les affaires, les hommes respirèrent un peu. Chrétiens et musulmans se surveillèrent, comme si une trêve tacite eût existé dans le monde religieux. Tout à coup, le nouveau roi d'Espagne s'empare de l'île de Gelves, devenue un repaire de brigands turcs. Mais, au milieu de sa victoire, l'armée espagnole est surprise par 80 galères turques, commandées par Piali-Pacha. La tempête se joint aux musulmans ; les débris de la flotte espagnole, commandés par Doria, se perdent vers toutes les plages ; 5 galères de Malte parviennent seules à faire une retraite qui ne ressemble pas à une fuite.

C'est contre l'ordre de Malte que va maintenant se tourner l'effort de la puissance turque. 6,300 janissaires d'élite, 6,000 soldats de Natolie, archers et piquiers, 2,500 Grecs, 13,000 volontaires, 3,500 aventuriers vêtus de peaux de bêtes, formèrent une armée destinée à la conquête de l'île de Malte. Ils étaient portés par une flotte de 37 galères, 35 galiotes et 21 galions ou vaisseaux de charge, sous les ordres de Piali-Pacha. L'armée de terre était commandée par Mustapha-Pacha, chef de l'expédition.

Jean de la Valette, chevalier français, grand maître de l'ordre de Malte, passa la revue de ses troupes; il compta 500 chevaliers, 200 vétérans espagnols, 400 hommes de pied, 2,000 Italiens et environ 3,500 Maltais armés d'arquebuses. C'est avec cette faible armée que ce fier Français entreprit de se défendre et qu'il parvint à sauver son île, alors boulevard de la chrétienté. Le siége commença le 18 mai 1565. Les assiégeants perdirent un temps précieux à l'attaque du fort Saint-Elme dont la possession ne pouvait avancer d'une heure la chute du reste de l'île. Ils canonnèrent furieusement ce fort pendant près d'un mois; ils lui livrèrent un assaut infructueux. Enfin, le 16 juin, une attaque générale fut décidée. Elle se tourna encore à la honte des Turcs. Dragut, qui la dirigeait, fut atteint à l'oreille d'un éclat de pierre. Le coup fut si violent que le pirate tomba sans connaissance et rendit des flots de sang par la bouche et par le nez. Le général en chef, Mustapha, le couvre aussitôt d'un manteau pour cacher à l'armée ce triste événement et donne des ordres pour l'établissement d'une nouvelle batterie, à l'aide de laquelle il réduisit au silence les derniers canons du fort.

Le 23 juin, dès l'aube, les Turcs, certains qu'il ne restait plus dans la place qu'un petit nombre d'hommes, s'avancèrent pour livrer un combat décisif. Une soixantaine de chrétiens mit toute leur armée en fuite; mais, honteux d'avoir cédé à une si faible troupe, les musulmans revinrent à l'assaut dans l'après-midi et n'eurent qu'à achever des blessés. Ils avaient perdu 25 jours et 4,000 hommes à prendre ce fort qui leur avait, de plus, coûté Dragut, le héros de la piraterie barbaresque.

Le 8 juillet, Hassan, pacha d'Alger, parut devant Malte, à la tête de 28 voiles et 2,500 soldats. L'effort des musulmans se porta sur la presqu'île Saint-Michel, dont ils ne purent s'emparer après une attaque qui vit périr plus de 2,500 Turcs. Néanmoins, ils enserrèrent tellement la place, que les assiégés délibéraient de se retirer dans le château Saint-Ange, lorsqu'une flotte chrétienne parut en vue le 7 septembre, et versa sur la plage un corps de 8,000 hommes et un grand convoi de munitions et d'approvisionnements. Les musulmans n'eurent plus qu'à lever le siége, laissant derrière eux les cadavres de 20,000 de leurs coreligionnaires.

Cet insuccès fut doublé d'un immense désastre maritime. Le dimanche 7 octobre 1571, la flotte turque, surprise à l'entrée du golfe de Lépante par une armée navale chrétienne commandée par don Juan d'Autriche, fut écrasée et perdit plus de 30,000 hommes. Cette victoire de Lépante, la plus considérable que l'on eût encore remportée sur les Turcs, pouvait être suivie de grands avantages, si la rivalité des États chrétiens n'en avait fait perdre le fruit.

L'effet moral produit par la bataille de Lépante n'en fut pas moins immense. Alger et Tunis se déclarèrent indépendants de la Turquie. Les pachas nommés par la Porte ottomane furent dépouillés peu à peu de tout pouvoir. Les deys (oncles), ou chefs élus par la milice, devinrent les véritables souverains et ne considérèrent plus les pachas que comme de simples agents du gouvernement de Constantinople.

La véritable cause de cette révolution, terminée sous le règne d'Amurat IV, en 1627, c'est que les Algériens ne voulaient plus respecter aucun des peuples chrétiens avec lesquels la Turquie avait signé des traités. A partir de ce jour, le commerce de la France, jusque-là protégé, diminua de jour en jour dans la Méditerranée.

Nos relations d'amitié avec les États barbaresques dataient de loin. Nous avons dit que, sous le règne de François Ier, une alliance avait été conclue avec la Turquie.

La Compagnie du Bastion de France avait établi son comptoir principal à *la Calle*, où les Marseillais élevèrent, en 1560, un fort, un magasin à blé et quelques établissements pour la pêche du corail. Ce fort fut détruit quelque temps après par les troupes algériennes, qui prétendirent que les Français achetaient tout le blé du pays et occasionnaient des famines.

Les Marseillais négociaient pour avoir un consul à Alger, mais ils ne purent obtenir cette faveur. Henri IV crut devoir intervenir pour faire rétablir l'établissement de la Calle, détruit en 1604. Ses réclamations ne furent pas écoutées. Quelques années plus tard, 30,000 esclaves chrétiens furent employés, sous le bâton de leurs maîtres, à construire des flottes immenses. 70 vaisseaux corsaires passèrent le détroit de Gibraltar, en 1617, et se répandirent sur l'Océan pour intercepter la route d'Amérique et des Indes. Quelques-uns s'aventurèrent jusque dans les glaces de l'Islande.

En 1628, Louis XIII envoya un ingénieur pour bâtir un autre fort sous le nom de *Bastion de France*; à peine les fondements en étaient-ils jetés, que les populations du voisinage se soulevèrent et obligèrent les Français à se rembarquer. Le roi n'abandonna pas son projet; non-seulement il fit construire ce fort, mais il acquit le port de *la Calle* et obtint du dey d'Alger de grandes franchises pour les négociants français.

L'établissement prit une certaine importance; on y éleva de vastes logements pour les officiers et les employés de la Compagnie.

Ne pouvant obtenir la cessation complète des pirateries turques, Louis XIII fit équiper, en 1637, une escadre de 13 bâtiments sous les ordres de l'amiral de Manty. La tempête dispersa cette flotte, qui rentra dans nos ports sans avoir rien fait. Pour se venger, les Algériens pillèrent notre établissement de la Calle, qui ne fut relevé qu'en 1640.

Vingt-quatre ans plus tard, Louis XIV, n'osant encore attaquer Alger, voulut au moins porter un coup aux pirates qui désolaient notre commerce. Ses vues se portèrent sur *Gigeri* ou *Djidjelli*, petite ville située à une cinquantaine de lieues est d'Alger. Elle possédait alors une kasbah qui commandait le pays d'alentour à une distance considérable. Son territoire, peuplé de tribus errantes, appartenait autrefois au royaume de Bougie. Quant à la ville, habitée par quelques Maures, elle s'élevait sur une langue de terre qui forme, par la disposition de ses rochers, deux havres séparés, l'un à l'est, l'autre à l'ouest.

La Compagnie du Bastion de France y avait une factorerie pour le trafic des cuirs, des blés et de la cire; petit établissement que les naturels du voisinage laissèrent paisible jusqu'au moment où Louis XIV voulut faire respecter la liberté de nos nationaux tenus en esclavage à Alger. Il en résulta une guerre entre la France et les Algériens; les Arabes attaquèrent notre établissement, et le duc de Beaufort, l'ancien roi des Halles, devenu amiral par droit de naissance, reçut l'ordre d'élever un fort sur la côte pour tenir les Arabes en échec.

L'expédition fut d'abord heureuse; la ville se rendit presque sans résister. Mais comme M. de Beaufort et son joyeux entourage, plus occupés de festoyer une facile victoire que de se préparer à défendre leur facile conquête, négligèrent de fortifier leurs lignes, les Kabyles des environs se préparèrent à nous chasser de leur territoire. Ils demandèrent des secours au dey d'Alger et en obtinrent plusieurs grosses pièces d'artillerie avec des munitions de toute sorte.

Profitant de l'absence de l'amiral, qui était

en course contre les Algériens, les Arabes attaquèrent le fort non achevé et n'eurent pas de peine à le prendre d'assaut.

Les Français, renfermés dans la ville, voulurent d'abord reprendre le fort pour se mettre à couvert de toute insulte. M. Frétoy fit une sortie à la tête de la cavalerie, que suivait toute l'infanterie de la place. Mais nos soldats, fort inférieurs en nombre, ne tardèrent pas à être enveloppés par des masses tourbillonnantes qui les mirent en déroute. La panique fut universelle. Quelques soldats purent traverser la ville et gagner les vaisseaux qui se tenaient dans le havre ; les autres se firent massacrer pour donner le temps de rembarquer les munitions, les vivres et l'artillerie, dont, néanmoins, une grande partie resta aux mains de l'ennemi. 400 Français furent emmenés en esclavage.

A la suite de cette expédition malheureuse, les Arabes resserrèrent les liens d'amitié qui les rattachaient au gouvernement d'Alger. Mais ils surent toujours conserver leur indépendance. Le dey n'osa prendre un ton de maître avec eux. C'est ainsi que les indigènes s'arrogèrent, pendant longtemps, le droit de piller les navires naufragés, sans s'occuper de savoir s'ils appartenaient à une nation amie du Turc.

En 1679, une barque de Tunis échoua sur la côte et fut aussitôt saisie par les montagnards, qui ne laissèrent la liberté qu'aux Turcs et aux Maures, dépouillèrent le vaisseau de ses agrès, de ses armes, de son attirail et voulurent même en enlever les ferrements. Comme il leur semblait impossible d'en retirer les chevilles de métal, ils s'avisèrent de mettre le feu à la sainte-barbe ; ce qui produisit une explosion dont périrent plus de 50 Arabes. Les autres se consolèrent de ce désastre par la capture de quelques esclaves chrétiens et d'une grande quantité de fer qu'ils emportèrent dans leurs montagnes.

En 1718, le Saint-Antoine, vaisseau français commandé par le capitaine Guignon, fut assailli, dans ces parages dangereux, par une tempête tellement violente que sept matelots, en train de mettre la chaloupe à la mer, furent tout à coup séparés du navire, et entraînés à une grande distance, dans l'esquif qui s'éloigna bientôt du vaisseau. Ce dernier ne tarda pas à couler sous leurs yeux. Ils furent ballottés pendant plusieurs jours sans savoir où ils allaient. Une rame leur servait de mât ; et ils y avaient accroché une jaquette en guise de voile.

Deux de ces malheureux tombèrent à la mer ; deux autres périrent de faim ; les trois autres n'échappèrent à l'inanition qu'en mangeant de la neige qui tombait par épais flocons. Le huitième jour, ils abordèrent entre Bougie et Djidjelli. Tel était leur état de faiblesse, que les Arabes, oubliant leur haine contre les chrétiens, eurent pitié d'eux, leur firent prendre un peu de nourriture et les conduisirent chez un marabout très-vénéré dans leur canton.

Ce pieux personnage fit informer le dey d'Alger du triste état de ces trois Français et le consul de France ne tarda pas à les rapatrier.

L'audace des pirates ne connaissait plus de bornes. Ils insultaient publiquement le grand roi Louis XIV, plus occupé à faire de stériles conquêtes en Hollande que de la défense de ses sujets. Des milliers de Français gémissaient dans les bagnes ou sur les bancs des galères. Le roi, insensible à leurs souffrances, ne se sentit atteint que lorsqu'une injure grossière et brutale vint le frapper en plein visage.

A son avénement, le dey Baba-Hassan, voulant flatter les janissaires auxquels il devait son élévation, fit appeler le consul de France et, du haut des terrasses de son palais, lui montrant ses navires prêts à appareiller :

— Malheur à ton maître, lui dit-il, qui a cru s'affranchir de la puissance d'Alger la Magnifique et la bien gardée ; fais-lui savoir que, dans quelques jours, son orgueil sera brisé.

C'était une déclaration de guerre à laquelle le grand roi ne pouvait répondre, étant engagé dans des expéditions ruineuses contre les puissances du Nord.

CHAPITRE XIII
SCÈNES DE CAPTIVITÉ

Michel Cervantès ou un homme de génie poursuivi par la fatalité. — Captivité de Cervantès. — Il se sauve dans un souterrain. — Sept mois sous terre. — Un traître. — Courage de Cervantès lorsqu'il est ramené devant le pacha. — Cervantès au bagne. — Sa rédemption. — Captivité de Saint-Vincent de Paul. — Il convertit son maître, qui s'enfuit avec lui. — Un bigot musulman veut assassiner un chrétien. — Ali-Péchelin accueille sa requête. — Désappointement du bigot. — Le renégat Clément épouse une vieille Mauresque. — Sa nouvelle union avec une fille de basse extraction. — Ses divorces. — Troisième femme de ce renégat. — Son beau-frère convoite sa fortune et le fait accuser d'un crime d'État. — Le consul anglais Thomson est battu par un jeune Maure. — Châtiment de celui-ci. — Un capitaine anglais insulte la religion de Mahomet et est condamné à recevoir, pour ce fait, cinq cents coups de bâton sous la plante des pieds.

On trouve, dans les annales de l'esclavage, des listes de personnages illustres, parmi lesquels on remarque particulièrement Michel Cervantès, l'immortel auteur de *Don Quichotte*.

Après avoir assisté à la bataille de Lépante, où il avait perdu la main gauche, il était venu à Messine pour guérir sa blessure et s'était rendu à Naples.

Le 26 septembre 1575, il retournait enfin dans sa patrie, lorsque la galère *le Soleil*, qui le portait, fut capturée par des corsaires d'Alger. La mauvaise fortune, qui s'acharne après les grands hommes, voulut que Cervantès tombât entre les mains d'un maître impitoyable, le terrible Arnaute, renégat albanais, ennemi mortel des chrétiens et surtout des Espagnols. Plus les fers s'alourdirent sur le malheureux esclave, plus il s'ingénia à trouver le moyen de les briser.

A trois lieues d'Alger, un chrétien navarrais vivait dans un jardin que son maître l'avait chargé de cultiver. Tourmenté, lui aussi, de l'envie de s'évader, il était parvenu à creuser un long souterrain conduisant d'un coin de ce jardin jusqu'au bord de la mer. Comme il ne pouvait entreprendre seul de traverser la mer, il s'ouvrit de son projet aux esclaves qui lui semblèrent, par leur énergie, les plus aptes à partager les périls d'une évasion. Cervantès ne pouvait manquer d'entrer dans la conspiration. Il s'enfuit de suite de chez son maître et se réfugia dans le caveau, vers la fin du mois de février 1577. D'autres captifs ayant imité son exemple, les chrétiens se trouvèrent au nombre de 15, dans ce sombre caveau qui leur servit de prison autant que de refuge.

Le jardinier, que personne ne soupçonnait, surveillait les dehors et donnait l'alarme à la moindre apparence de danger. Un autre esclave, nommé *le Doreur*, en raison de sa profession, profitait de la quasi-liberté que lui accordait son maître, pour procurer des vivres aux fugitifs qui n'osaient sortir de leur retraite qu'à la faveur de la nuit.

De longs mois se passèrent ainsi, sans que les malheureux esclaves eussent trouvé une seule occasion de communiquer avec quelque capitaine chrétien en état de les rapatrier secrètement. Au commencement de septembre, Cervantès, s'exposant pour le salut de tous, vint trouver un esclave majorquin, nommé Viane, qui ayant payé sa rançon était sur le point de retourner dans sa patrie. Comme c'était un homme d'honneur,

Les Maures jettent des pierres au cadavre de Mme de Bourk. (Page 128.)

sur lequel on pouvait compter, Cervantès lui remit une lettre pour le vice-roi de Majorque, lettre dans laquelle il exposait les souffrances des malheureux captifs.

Le vice-roi, applaudissant à l'énergie des fugitifs, s'intéressa si vivement à leur sort, qu'il confia à Viane un brigantin destiné à rapatrier les chrétiens.

Il serait impossible de décrire la joie de ces derniers lorsque, le 28 septembre au soir, ils virent manœuvrer à la hauteur d'Alger un brigantin qui leur fit le signal convenu, s'approcha de la côte, vers la chute du jour, et mit à la mer une petite embarcation. Mais la coupe des déboires n'était pas épuisée pour eux. Sur cette plage ordinairement déserte,

se tenaient ce jour-là quelques Maures qui donnèrent l'alarme et appelèrent les gardes-côtes.

Viane, surpris, ne sachant que penser, craignant que le complot n'ait été découvert, se hâte de reprendre le large.

Un autre coup, plus cruel, allait frapper les malheureux esclaves. Leur associé, *le Doreur*, jusqu'alors si dévoué à la cause commune, commença, lui aussi, à douter du succès de l'entreprise; l'effroi s'empara de son âme, lorsqu'il réfléchit aux tortures que les musulmans ne manqueraient pas de lui infliger lorsque la conspiration serait découverte et quand on saurait quel rôle il y avait joué. La frayeur et la lâcheté, s'unissant

15.

dans son esprit, le poussèrent à une trahison. Dès le lendemain de l'apparition de Viane, il se présenta devant le pacha d'Alger, lui déclarant qu'il désirait embrasser la religion musulmane et dénonçant les 15 esclaves renfermés dans le souterrain.

Aussitôt la retraite de ces malheureux est cernée; on les saisit, on les charge de chaînes et on les mène devant le pacha. Cervantès, âme d'élite, se dévoue encore pour sauver ses compagnons.

— Je suis le seul coupable, s'écrie-t-il ; c'est moi qui ai séduit mes frères et qui les ai entraînés, par mes discours, à fuir un honteux esclavage.

Ces paroles étaient sa condamnation. Heureusement que la pacha Hassan possédait une grandeur d'âme qui lui donnait de l'admiration pour les traits de courage. Il fut touché du noble caractère de l'Espagnol et, bien loin de le faire conduire au supplice, il l'acheta, moyennant 500 écus d'or, et le fit mener dans le bagne d'Alger, en recommandant de le traiter avec moins de brutalité que les autres détenus. Malgré les égards que les gardiens lui témoignaient, le noble Espagnol ne pouvait supporter, sans frémir, la captivité à laquelle il était condamné.

« Quoique la faim et la nudité, dit-il, nous fissent éprouver des souffrances atroces, notre malheur personnel s'effaçait par la comparaison de celui qui atteignait nos amis. Notre courage s'épuisait à la vue des cruautés inouïes qu'Hassan exerçait dans son bagne. Tous les jours un supplice nouveau était accueilli avec des cris de malédiction et de vengeance; tous les jours un captif était suspendu au croc fatal, un autre empalé, un troisième avait les yeux crevés, et cela sans motif, pour satisfaire cette soif de sang humain naturelle à ce monstre et qui inspirait même de l'horreur aux bourreaux dont il se servait. »

Désespérant de briser ses chaînes, Cervantès eut recours à un moyen beaucoup moins dangereux de recouvrer la liberté : il supplia sa famille de le racheter. Sa mère et sa sœur remirent, en juillet 1579, la somme de 300 ducats à des pères de la Trinité sur le point de partir pour Alger. Aussitôt leur arrivée dans cette ville, ces religieux négocièrent la délivrance de Cervantès; mais le pacha, croyant qu'un homme si grand dans le malheur ne pouvait appartenir qu'à une des premières familles d'Espagne, demanda 1,000 écus d'or pour sa rançon, afin de doubler le prix qu'il avait payé en achetant cet esclave.

L'affaire allait échouer lorsque Hassan-Pacha, rappelé à Constantinople, réduisit à 500 écus la rançon de Cervantès, en menaçant de l'emmener avec lui si la somme n'était immédiatement versée. Les religieux se hâtèrent de payer la rançon exigée; Cervantès, enfin délivré, revit sa patrie après onze ans d'absence et après en avoir passé plus de cinq dans les bagnes algériens.

Vingt-cinq ans plus tard, en janvier 1605, un des prêtres les plus illustres dont s'honore l'Église de France, Vincent de Paul, le père des enfants trouvés, fut traîné comme esclave dans les bagnes barbaresques.

« Pendant son séjour à Marseille, écrit M. Léon Guérin, un gentilhomme du Languedoc l'engagea à prendre avec lui la voie de la mer jusqu'auprès de Narbonne pour retourner à Toulouse.

« Ce fut le commencement des épreuves par où le saint devait passer. A peine était-il en route, que trois corsaires turcs, croisant dans le golfe du Lion pour s'emparer de quelques-uns des navires marchands attirés par la foire de Beaucaire, attaquèrent tous ensemble le bâtiment où il se trouvait.

« Vincent de Paul reçut un coup de flèche qui, selon son expression, devait lui servir *d'horloge* pendant toute sa vie. La plupart des autres chrétiens étaient blessés également et le bâtiment fut obligé de se rendre pour ne pas périr corps et biens.

« Tous les chrétiens se virent incontinent

mis aux fers, Vincent de Paul avec eux ; on les mena à Tunis, où on les exposa pour être vendus sur le marché public.

« Après avoir été marchandés, éprouvés au sujet de leurs forces et de leurs qualités physiques, comme des bêtes de somme, ils devinrent la propriété de différents musulmans.

« Vincent de Paul échut à un pêcheur, qui bientôt se vit contraint de se défaire de lui, ne le trouvant pas bon au service de la mer. Il passa à une sorte de médecin-alchimiste, qui avait usé 50 années de sa vie à la recherche de la pierre philosophale, mais qui avait un grand fonds de bon sens et d'humanité.

« Celui-ci étant mort, Vincent de Paul retomba en des mains plus ou moins traitables, entre autres dans celles d'un renégat natif du comté de Nice, qu'il sut rendre à la croyance de son enfance.

« Le nouveau converti le ramena en France sur un frêle esquif, et le débarqua à Aigues-Mortes, le 28 juin 1606, après dix-huit mois de captivité et avoir eu toutes les peines du monde à échapper, dans cette fuite périlleuse, à d'autres corsaires musulmans. »

Pour les musulmans, l'action la plus agréable à Mahomet est le meurtre d'un chrétien. Ils ne reculent devant aucun moyen pour accomplir cette œuvre méritoire. Quelques-uns, néanmoins, croient que pour mériter le ciel, il ne suffit pas d'assassiner lâchement un Roumi, mais qu'il est nécessaire de le tuer dans un combat égal.

Voici, à ce sujet, une histoire singulière que tout le monde racontait autrefois dans la régence d'Alger :

Ali-Pegelini ou Péchelin, renégat italien et général des galères, conduisit un jour dans le port de cette ville un vaisseau espagnol dont il s'était emparé. Parmi les Maures qui s'attroupèrent autour de ce bâtiment avec leurs acclamations ordinaires, se trouvait un vieux musulman bigot qui se jeta aux pieds du général et lui adressa ce bizarre discours :

— Seigneur, que vous êtes heureux de faire tant de ravages au milieu de ces infidèles et d'avoir presque tous les jours l'occasion de les détruire ! votre gloire égale dans le ciel celle des plus grands serviteurs du Prophète. Mais que je suis éloigné de ce bonheur ! Quoique exact observateur de la loi, je n'ai encore sacrifié aucun chrétien au Tout-Puissant. Je mourrai désespéré si je manque à cet article. Soyez donc l'auteur de ma félicité en m'accordant une victime parmi le grand nombre d'infidèles actuellement vos prisonniers.

Ali, qui n'était pas un musulman bien rigide, sourit à cette harangue et répondit au bigot qu'il accueillait favorablement sa requête :

— Va-t'en, lui dit-il, dans le bois et ce chien de chrétien te sera envoyé pour assurer ta félicité.

En parlant ainsi, il lui montrait un jeune Espagnol, d'une apparence vigoureuse et décidée, qui se trouvait parmi les prisonniers.

Le Maure, transporté de joie, prit à peine le temps de le remercier, tant il était pressé de courir au lieu désigné. L'Espagnol ne tarda pas à l'y rejoindre ; mais il était armé d'un fusil, d'un sabre et d'un bâton, qu'Ali-Pegelini lui avait donnés en lui disant :

— Tu vas suivre de loin ce vieux Maure ; arrivé au bois, tu marcheras vers lui et te mettras à sa disposition ; mais s'il veut te frapper, je t'autorise à le défendre.

Sans se rendre bien compte du danger qu'il va courir, l'Espagnol obéit à l'instant et se dirige vers le musulman qui, le voyant bien armé, s'enfuit d'un autre côté et vient rapporter au général que le chrétien s'étant présenté comme quelqu'un qui est décidé à se défendre, il n'avait osé l'attaquer, ce qui l'avait privé du bonheur de gagner le ciel, comme il s'était promis de le faire.

— Vieux lâche, lui répondit le général, apprends que je n'ai jamais tué de chrétiens sans défense ; car je ne crois pas qu'Allah récompense le guet-apens ni l'assassinat.

Quelques écrivains ont prétendu que les renégats n'étaient pas traités avec beaucoup plus d'égards que les esclaves chrétiens. L'histoire suivante prouve que si on ne les considérait pas aussi bien que les musulmans d'origine, du moins ils jouissaient de tous les priviléges accordés aux Maures.

Un certain Clément, natif d'Avignon, pris fort jeune par les corsaires, se laissa convertir et devint mahométan sous le nom d'Ibrahim. Se considérant comme Turc, désireux de se montrer digne de ce nom, il se fit soldat, combattit avec acharnement ses anciens coreligionnaires, perdit un œil à une affaire, revint estimé dans les États barbaresques et, las de l'existence aventureuse de pirate, s'établit négociant à Bone, où il fit une fortune considérable.

Il s'était marié ; mais en sa qualité de renégat, toujours soupçonné d'avoir conservé encore quelque teinture du christianisme, il avait été forcé d'épouser une femme sans fortune et plus âgée que lui.

Cette malheureuse, devenue infirme, hors d'âge d'avoir des enfants, ne connaissait que trop le sort qui lui était réservé. Le meilleur traitement auquel elle pût s'attendre était de se faire considérer, dans sa vieillesse, comme un ancien animal domestique. Séquestrée dans un coin, elle y serait du moins nourrie des restes de la table du maître, tandis que les femmes devenues vieilles sont généralement répudiées dès qu'elles ne sont plus propres à la génération ou aux plaisirs.

Elle s'avisa donc d'un expédient pour conserver les bonnes grâces de son mari : elle lui déclara que se reconnaissant trop vieille pour faire plus longtemps l'objet de ses amours, elle avait formé le dessein de suppléer à son insuffisance par les charmes d'une nouvelle épouse, belle à ravir, qu'elle s'engageait à mettre en sa place, à la condition d'être entretenue elle-même dans la maison pendant le reste de ses jours.

Encore assez jeune pour songer à un second mariage, Ibrahim fut charmé de ce projet. Il en remercia son officieuse et prévoyante épouse et lui promit de la traiter affectueusement, après sa nouvelle union.

Sur cette assurance, elle alla demander en mariage une jolie fille, dont les parents, dans l'indigence, eurent d'abord peine à croire qu'un ancien officier turc, dont les richesses augmentaient tous les jours, voulût s'abaisser à épouser une Mauresque de basse extraction. La femme du renégat, qui avait toujours été affectionnée à la mère, lui déclara toute l'affaire, et le mariage fut conclu.

Trompée dans son attente, la première épouse d'Ibrahim, chargée du gouvernement de la maison et voulant s'ingérer de diriger la nouvelle mariée, ne tarda pas à s'aliéner le renégat qui, pour se débarrasser d'un censeur incommode, divorça et la renvoya sans aucune indemnité. Il eut bientôt sujet de se repentir de son ingratitude, parce que sa jeune épouse, oubliant bientôt son premier état, se jeta dans un abîme de dépenses.

Le mari fut repris à ce sujet par les principaux habitants de Bone :

— Vous avez commis, lui dirent-ils, une grande faute en épousant une femme de la lie du peuple, qui veut vivre aussi grandement que les dames du premier ordre. Si vos affaires venaient à prendre une mauvaise tournure, où seraient vos ressources ? Sans parents, sans protections, ne seriez-vous pas méprisé et perdu pour toujours ? Il ne vous reste qu'un moyen pour prévenir votre ruine : répudiez votre femme et, riche comme vous êtes, vous en trouverez aisément une autre dans une famille puissante.

Parmi les harangueurs qui flattaient ainsi la vanité du renégat, un en particulier lui parut plus cordial et plus affectueux que les autres. Sa jeune femme fut répudiée pour faire place à la fille de cet ami prétendu, qui ne visait cependant qu'à s'emparer de la fortune acquise par Ibrahim.

Ce dernier, enorgueilli par son alliance avec une des premières familles du pays, constitua un douaire considérable à sa nouvelle épousée et ne fut plus que son humble serviteur. A peine installée dans la maison, elle voulut diriger tout et se livra à un luxe exagéré dont la splendeur excita l'envie de ses égales. Les plus riches Mauresques de la ville représentaient perpétuellement à leurs époux qu'il était honteux de voir la femme d'un renégat faire plus grande figure qu'elles, ce qui attira de nouvelles remontrances à Ibrahim. On lui insinua qu'il ne convenait point que sa femme affectât tant de magnificence et que si son orgueil n'était réprimé, il aurait les plus fâcheuses suites.

Plein de confiance dans la protection de son beau-père, le renégat fit si peu de cas de ces avis, qu'il renchérit sur la dépense faite jusqu'alors par sa femme.

Cette conduite anima tellement les autres Mauresques, qu'elles traitèrent leurs maris de vieux avares.

Tel fut le scandale que le beau-père pensa que le moment était venu d'en profiter, pour s'emparer de l'argent de son orgueilleux gendre. Il vint le trouver et lui dit :

— Vous êtes accusé de machiner quelque intrigue avec les chrétiens contre le gouvernement turc. Les grandes richesses que vous avez acquises, le luxe de votre femme, l'équipage que vous menez, vous ont fait des jaloux, qui ont irrité contre vous le pacha d'Alger. Or, votre qualité de renégat peut donner lieu à de graves soupçons. Je sais, de source très-certaine, que l'on se dispose à vous arrêter. Tout ce que je puis faire sera de favoriser votre évasion, dès que vous aurez mis votre femme en possession de son douaire et des autres effets qui lui appartiennent.

Connaissant trop bien la justice musulmane pour se fier un instant à elle, Ibrahim, qui croyait fermement ce que lui disait son beau-père, consentit à tout sans hésiter. Il rendit le douaire de sa femme et se cacha. Mais dès qu'il eut disparu, on l'accusa réellement de crimes d'État. Il n'échappa à la mort qu'en s'enfuyant à *Collo*, établissement français, où il abjura le mahométisme, avant de revenir en France.

Les Turcs jouissaient de tous les priviléges. Dès que les chrétiens en voyaient venir un, ils devaient lui faire place, sous peine d'être accablés d'injures. Les Maures voulaient aussi s'arroger le haut du pavé ; mais cela ne leur réussissait guère, ainsi qu'il est prouvé par le fait suivant que raconte Boyer de Pébrandier.

L'année 1716, le consul anglais, M. Thomson, allait un jour dans le lieu où s'assemblent les officiers de la marine. Il fut rencontré sur le môle par un jeune Maure qui, suivant les apparences, était pris de vin. Le môle, fort étroit, était en ce moment presque impraticable, en raison des grandes dégradations produites par la pluie.

Loin de faire place au consul, le Maure lui donna un coup d'épaule et le poussa rudement :

— Dites-moi, lui demanda M. Thomson, si vous avez l'intention de me jeter en bas du môle.

Ces simples paroles, dites fort tranquillement, suffisent pour exalter la fureur du musulman qui répond :

— Je ne me suis jamais rangé pour faire place à un chien.

En même temps, il tombe à bras raccourci sur le consul, le renverse, le bourre de coups de poing et de coups de pied et s'en va lorsqu'il voit s'approcher le capitaine du port qui vient au secours de l'Anglais.

Roué, moulu, assommé, M. Thomson ne put se relever sans l'aide du capitaine, qui le conduisit à l'assemblée des officiers de la marine, tous Turcs de naissance et fort heureux, par conséquent, de rabaisser la jactance des Maures qui avaient une certaine tendance à s'émanciper depuis quelque temps.

L'affaire fit de suite beaucoup de bruit ; si bien que lorsque le consul vint, le jour même, porter ses plaintes au dey d'Alger, celui-ci savait déjà ce qui s'était passé et il lui dit :

— Je suis fâché de votre malheur, mais soyez tranquille, justice sera faite.

Il ordonna en même temps au *bachaoux* ou prévôt de conduire le coupable devant lui.

Le jeune Maure, qui n'avait point songé à se cacher, fut trouvé sans peine.

— Qu'as-tu fait, misérable ? lui demanda le dey transporté de colère.

— Ce que j'ai fait, seigneur ? répondit le Maure sans beaucoup s'émouvoir, j'ai battu un chien.

— Tu reconnais donc avoir traité le consul anglais de la manière dont tu es accusé ! répliqua le dey, outré de l'impudence de ce garnement.

— Certainement, seigneur, répondit-il ; n'est-ce que pour cela que vous m'avez mandé ?

Sur cet aveu, le dey le condamna à recevoir deux mille deux cents coups de bâton, et la sentence fut en partie exécutée séance tenante, en présence du consul.

Après mille coups reçus sous la plante des pieds, ceux-ci, complétement broyés, se détachèrent des chevilles. Ils n'y tenaient plus que par un ligament si mince, qu'un officier acheva de les enlever sans la moindre difficulté.

Pour inspirer plus de terreur, le dey voulut que la sentence reçût une complète exécution ; mais comme le coupable était sur le point d'expirer, on le conduisit en prison pour lui laisser reprendre un peu ses esprits, et, le lendemain, à neuf heures du matin, il reçut sur les fesses les douze cents coups dont il était en reste. Il perdit la parole et le sentiment. Le dey le fit reconduire au cachot, où il expira seul, et sans secours, dans les tourments les plus affreux.

Les insultes proférées par les juifs ou les chrétiens contre la loi de Mahomet n'étaient pas punies avec moins de rigueur. C'est ainsi que le capitaine d'un navire anglais, maltraité par un musulman, ayant répliqué par quelques mots injurieux pour le Coran, fut aussitôt traîné devant le dey qui le condamna à recevoir cinq cents coups de bâton sous la plante des pieds.

Un pareil traitement ne pouvait être qu'extrêmement sensible à un homme né dans le centre de la liberté. Il se prépara à partir avec le seul lest de son navire et sept esclaves du dey qu'il cacha dans ses coffres, à fond de cale.

A peine était-il en mer que l'on s'aperçut, dans les bagnes d'Alger, de la disparition de sept captifs ; une galère fut lancée à la poursuite de notre Anglais qui, surpris par le calme, se jeta dans une chaloupe avec six hommes seulement. Il eut le bonheur d'atteindre l'île de Majorque. Mais le reste de son équipage et les esclaves qu'il avait laissés à bord de son navire restèrent prisonniers des Algériens, qui leur donnèrent d'abord une rude bastonnade.

Le consul anglais et les marchands de la Grande-Bretagne furent arrêtés ; leurs biens furent séquestrés, on ne les rendit à la liberté que lorsqu'ils eurent payé une forte somme pour la rançon des prisonniers. Quant au vaisseau, il resta confisqué.

CHAPITRE XIV

DÉCADENCE DES BARBARESQUES

Expédition de Duquesne à l'île de Chio. — Honteux traité des Anglais avec les Algériens. — Les galiotes à bombes. — Bombardement d'Alger. — Mezzo-Morto se fait nommer dey. — Mort du P. Levacher. — *La Consulaire*. — M. de Choiseul à la gueule d'un canon. — Reconnaissance d'un capitaine musulman. — Traité de cent ans. — Le vice-amiral d'Estrées bombarde Tripoli. — Nouvelle expédition contre Alger. — Cruauté de Mezzo-Morto. — Soumission des pirates. — Les captifs anglais. — Guerre avec le Maroc. — M. de Castellane. — Pirates de Salé et de Rabat. — Ambassade de l'empereur du Maroc. — Ben-Aïssa-Reïs à Versailles ; ses reparties. — L'empereur du Maroc devient amoureux de la princesse de Conti. — Rupture des négociations. — Une Anglaise dans le harem. — Alliance des Anglais et du Maroc. — Le chef d'escadre Duchaffault devant Salé ; insuccès de son expédition.

L'insulte faite au roi de France demandait une prompte réparation. Aussi dès que la paix de Nimègue laissa à Louis XIV la liberté nécessaire pour agir, il tourna ses forces contre les puissances barbaresques.

Nous avons raconté, dans notre *Histoire nationale de la marine*, l'expédition de Duquesne à l'île de Chio. Après avoir obtenu un semblant de réparation de ce côté, on songea à châtier les pirates algériens. Apprenant que la guerre allait éclater entre la France et le royaume d'Alger, les Anglais, qui n'ont jamais perdu aucune occasion de nous nuire, se hâtèrent de fournir des armes et des munitions à nos ennemis. Par un traité que le P. Levacher, notre consul, qualifiait de *honteux*, l'amiral Herbert se désista, au nom de son gouvernement, de toute prétention sur les 350 bâtiments de commerce que les Algériens avaient pris aux Anglais ; il abandonna tous les captifs de sa nation, détenus dans les bagnes d'Alger.

Sans se préoccuper aucunement de cette alliance, Louis XIV, alors à l'apogée de sa gloire, organisa une expédition de 11 vaisseaux de ligne, 15 galères, 5 galiotes à bombes, 2 brûlots et quelques tartanes. C'était la première fois qu'on allait essayer sur mer l'usage des mortiers à bombes, portés sur des galiotes dont l'invention est due à Petit Renaud d'Eliçaraguay.

La flotte française, commandée par l'illustre Duquesne, parut devant Alger le 12 juillet 1682. Le bombardement commença le 1er septembre et se continua jusqu'au 12, jetant la terreur dans la ville, détruisant les édifices, incendiant des rues entières. Alger allait être forcé de capituler, lorsqu'un vent violent s'étant levé, Duquesne, qui craignait de subir le sort de Charles-Quint, s'éloigna prudemment de ces parages dangereux.

En le voyant partir, le dey s'écria :

— Si le roi de France m'avait donné la moitié de la somme qu'a coûtée l'expédition, j'aurais moi-même brûlé Alger tout entier, tandis qu'il n'en a détruit que la moitié.

Cette expédition eut un grand retentissement en Europe, en raison de l'innovation des mortiers employés sur les galiotes ; mais elle était insuffisante pour abaisser la jactance des musulmans.

— Nous sommes assez riches, disaient-ils, pour rebâtir une nouvelle ville.

Louis XIV ne voulut pas leur laisser le temps de respirer. Il donna l'ordre à Duquesne de radouber ses vaisseaux et de renouveler sans délai le bombardement.

Le 6 mai de l'année 1683, notre grand marin partit de Toulon avec des forces plus considérables que la première fois. Il conduisait 7 galiotes à bombes. Le 20 juin, il mouilla devant Alger. Après un bombardement de plusieurs jours, Hassan-Pacha, qui avait plusieurs fois essayé de parlementer, nous envoya enfin quelques centaines d'esclaves, pour tâcher d'apaiser un peu la colère de Duquesne.

Ce fut seulement alors que le marin voulut entendre parler d'accommodement. Il demanda pour otages Ali-Reïs et Mezzo-Morto, renégat italien commandant de la flotte, lequel, l'année précédente, avait reçu cinq cents coups de bâton pour n'avoir pas réussi à repousser les Français. Ils s'étaient déjà rendus auprès de l'amiral, lorsqu'une émeute éclata dans Alger contre le dey, qu'on accusait de faiblesse. Celui-ci, se voyant sur le point d'être assassiné, réclama les otages. Duquesne les renvoya, et Mezzo-Morto, en le quittant, lui promit d'user de son influence auprès de la milice pour lever les difficultés. Mais ce renégat se mit à la tête de l'insurrection, marcha sur le palais du dey, le poignarda de sa main et se fit proclamer à sa place.

Aussitôt, Duquesne recommence le bombardement. Furieux, Mezzo-Morto ne voit d'autre moyen de nous réduire au silence que d'attacher à la bouche de ses canons les Français qui se trouvent dans la ville. Et comme sa menace n'arrête pas un seul instant notre feu destructeur, il passe à l'exécution de son horrible projet.

Les domestiques du P. Levacher ayant mis du linge à sécher sur la terrasse de la maison consulaire, un Anglais influent à Alger ameuta la populace en disant que c'étaient des signaux d'intelligence que notre consul faisait à la flotte. Les portes du consulat sont aussitôt enfoncées par une horde furieuse. L'infortuné consul, d'un âge avancé, et perclus de tous ses membres, depuis qu'il a eu la peste à Tunis, est saisi, lié sur une chaise, porté sur le môle, le dos tourné à la mer, attaché à la gueule d'un canon, soufflété, injurié, menacé de mort. Tout à coup, un boulet nous arrive, accompagné de débris humains; on les recueille avec horreur. On y reconnaît des morceaux informes de ce qui avait été le père Levacher, missionnaire dévoué, soutien des esclaves chrétiens, dont la vie se trouva ainsi couronnée du martyre [1].

Ce meurtre fut suivi de celui de 22 autres chrétiens qui périrent immolés par le même supplice. Parmi les malheureux destinés à subir cette mort affreuse, se trouvait le chevalier Choiseul-Beaupré, officier de marine, pris une des nuits précédentes par les Algériens. Il avait, dans des temps plus heureux, capturé un capitaine de caravelle musulman et l'avait traité avec la plus grande humanité.

Le musulman le reconnaît à la gueule d'un canon; il court à lui, l'embrasse, l'appelle son frère et lui rappelle toutes ses bontés, puis il demande sa grâce, il implore Mezzo-Morto. Celui-ci, impassible, répond :

— Ah! c'est un capitaine. Tant mieux! sa mort répandra bien plus d'horreur parmi les infidèles.

Alors le généreux Algérien se jette sur Choiseul, le serre dans ses bras et dit au canonnier qui tient la mèche prête :

— Tire! que je meure avec mon bienfaiteur, puisque je ne peux le sauver.

Tant de dévouement tire les larmes de tous les yeux. Le farouche Mezzo-Morto lui-même est ému. Il fait grâce à Choiseul et le retient prisonnier.

Alger ne pouvait tenir pendant longtemps; mais l'escadre française ayant épuisé ses munitions, dut rentrer à Toulon le 25 octobre, sans avoir délivré tous les captifs.

L'année suivante, M. Dussault fut investi d'une mission diplomatique auprès de Mezzo-Morto qui se montrait disposé à cesser les hostilités.

— Si le roi de France veut la paix une

---

1. La pièce monstrueuse à laquelle le P. Levacher avait été attaché prit le nom de *la Consulaire*. Après la prise d'Alger, en 1830, elle fut transportée et dressée, en forme de colonne, sur un piédestal, au milieu de la place d'armes de Brest. Elle ne mesurait pas moins de sept mètres de long.

Un tremblement de terre détruit la ville d'Oran en 1790.

fois, dit-il à notre ambassadeur, moi, je la veux dix fois.

Néanmoins, il faisait traîner en longueur la marche des négociations, lorsque le bruit se répandit que le vieux Duquesne allait revenir une troisième fois, pour presser la conclusion du traité. Cette nouvelle rendit Mezzo-Morto beaucoup plus conciliant. Il se montra fort heureux de rendre la liberté à tous les esclaves chrétiens et de signer un traité que les Algériens s'engagèrent à observer pendant cent ans, traité en vertu duquel ils jurèrent de ne plus attaquer nos bâtiments, de ne pas piller, à l'avenir, nos vaisseaux naufragés sur leurs côtes et de respecter notre commerce.

Cette paix, qui devait durer cent ans, dura à peine cent jours. Les corsaires se mirent à courir sous pavillon anglais et capturèrent sans le moindre scrupule les bâtiments français. Vers la fin de 1686, leurs expéditions devinrent si nombreuses que le ministre de la marine, considérant les traités comme déchirés, ordonna une chasse à outrance contre tout pirate. Par représailles, Mezzo-Morto fit piller notre maison consulaire et jeta dans les bagnes notre consul, M. Piolle.

Louis XIV résolut d'organiser une nouvelle expédition et d'en donner le commandement au maréchal d'Estrées, que les succès de Duquesne empêchaient de dormir.

Arrivé le 17 juin 1685 devant Tripoli, le maréchal bombarda la ville jusqu'au 25 et ne s'en éloigna qu'après la restitution des esclaves et une rançon de 500,000 livres.

Après cette fructueuse expédition, il se rendit à Tunis qui paya 600,000 écus et rendit nos esclaves, sans même essayer de résister.

Cependant, il fallait à d'Estrées un bombardement d'Alger qui fît oublier celui de Duquesne. En vain, la ville, terrifiée par le souvenir de sa destruction, retenait ses corsaires; Seignelay imagina de réclamer, non plus seulement les chrétiens français, mais encore les chrétiens de toute nation.

Une escadre française mouilla devant Alger à la fin du mois de juin 1588. D'Estrées adressa aussitôt au pacha la déclaration suivante :

« Le vice-amiral d'Estrées, vice-roi d'Amérique, déclare aux puissances et milices du royaume d'Alger que si, dans le cours de cette guerre, on exerce les mêmes cruautés qui ont été ci-devant pratiquées contre les sujets du roi, son maître, il en usera de même avec ceux d'Alger, à commencer par les personnages les plus considérables qu'il a entre ses mains et qu'il a amenés pour cet effet avec lui. »

Mezzo-Morto, terrifié, répondit, de sa main, sur le revers de cet écrit :

« Vous dites que si nous mettons des chrétiens à la bouche du canon, vous mettrez les nôtres à la bombe ; eh bien! si vous tirez des bombes, nous mettrons *le roi* des vôtres au canon; et si vous me demandez qui est le *roi*, c'est le consul. Ce n'est pas parce que nous avons la guerre que j'agirai ainsi ; c'est parce que vous tirez des bombes incendiaires. Si vous avez du cœur, venez à terre ou bornez-vous à tirer le canon de vos vaisseaux. »

Ces menaces, dictées par la rage et par la frayeur, n'arrêtèrent pas un instant l'exécution du plan de bombardement. Pendant seize jours le feu des chrétiens ne discontinua pas.

La plupart des batteries furent démantelées; la tour du fanal fut rasée. Mezzo-Morto tomba, blessé à la tête d'un éclat de mitraille. Il ordonna de passer à l'exécution de ses menaces. Le père Montmasson, vicaire apostolique, ancien curé de Versailles, fut sa première victime. Puis il immola successivement, à la bouche des canons, le consul Piolle, un religieux, sept capitaines et trente matelots français.

D'Estrées, au comble de l'indignation, fit mettre à mort 17 des principaux Turcs qu'il avait à son bord. Leurs cadavres furent ensuite déposés sur un radeau que l'on dirigea vers le port.

10,000 bombes furent lancées sur la ville, dont pas une seule maison ne resta intacte. Cinq vaisseaux algériens furent coulés dans le port même, un autre y fut brûlé.

Les Barbaresques se soumirent. Ils rendirent tous les chrétiens indistinctement.

« Parmi les esclaves délivrés, dit Voltaire, se trouvaient un grand nombre d'Anglais, qui, étant déjà sur nos vaisseaux, soutenaient que c'était en considération du roi d'Angleterre qu'ils étaient mis en liberté. Alors le capitaine français fit appeler les Algériens, et remettant les Anglais à terre : « Ces gens-ci,
« dit-il, prétendent n'être délivrés qu'au nom
« de leur roi; le mien ne prend pas la liberté
« de leur offrir sa protection, je vous les re-
« mets; c'est à vous de montrer ce que vous
« devez au roi d'Angleterre. » Les Anglais furent tous remis aux fers.

Quelque temps après, Mezzo-Morto, craignant pour sa vie que menaçaient d'incessantes conspirations et n'osant abdiquer, quitta furtivement la régence d'Alger. Son successeur Châaban renouvela les assurances de paix avec la France. Mais gagné par l'or de l'Angleterre, il refusa de s'engager dans une alliance offensive et défensive contre les puissances maritimes du Nord. La paix se continua, néanmoins, jusqu'à 1830. Les deys d'Alger observèrent assez fidèlement les traités, ainsi que le prouve l'histoire contenue dans le chapitre suivant. Louis XIV n'humilia pas moins les pirates du Maroc. Dès 1617, toute relation avait été rompue avec le gouvernement de ce pays.

La cause de la rupture avait été un certain de *Castellane* qui, s'étant installé à Fez avec de fausses lettres de créance signées de Louis XIII, avait abusé de la confiance du prince régnant et avait disparu, un beau matin, avec un dépôt précieux qui lui avait été confié. Le chérif, indigné, avait enveloppé dans sa vengeance tous les Français qui vivaient dans ses États ; il les réduisit en esclavage et ne leur rendit la liberté que lorsque Louis XIII lui eut donné satisfaction en châtiant le coupable.

Mais la paix, un instant troublée, ne se rétablit pas complétement. Les villes de Salé et de Rabat, toutes deux associées par les mêmes intérêts et formant une espèce de régence indépendante, se rendirent fameuses dans les annales de la piraterie et infligèrent de grandes pertes à notre commerce. Croisant continuellement devant le détroit de Gibraltar, leurs galiotes s'attaquaient à tous les navires chrétiens, sans distiction de nationalité.

Dépourvus, pour la plupart, d'artillerie, ces bâtiments étaient chargés surtout de galets de rivière que les pirates lançaient avec violence, au moyen de frondes dont ils se servaient avec une adresse extraordinaire. Ces projectiles pleuvaient en si grande quantité sur les navires marchands, que les équipages bouleversés n'osaient tenir tête et qu'un abordage décidait bientôt de leur capture.

Les empereurs du Maroc, impuissants à contenir les pirates, finirent par autoriser leurs déprédations, moyennant un impôt de 10 pour 100 sur le produit des prises et le dixième des esclaves.

Richelieu, voulant justifier son titre de surintendant général de la marine royale, résolut de mettre fin aux excès de ces pirates ; il confia une escadre au commandeur de Razily, qui vint, en 1629, bloquer étroitement Salé et Rabat. Les assiégés l'amusèrent en parlementant, si bien que la mauvaise saison arriva sans qu'il eût rien entrepris ; force lui fut de revenir en France.

Le 20 juin de l'année suivante, il partit de Saint-Martin de Ré, avec l'intention d'en finir cette fois. En route, il rencontra plusieurs corsaires saletins qu'il coula sans pitié ; puis il vint bloquer la ville mauresque. Effrayés, les pirates signèrent, le 12 août, un traité en vertu duquel un consul français fut installé à Salé et les esclaves de notre nation furent délivrés, moyennant un prix fort modique. Ce premier succès fut suivi d'un autre non moins important : le chérif du Maroc, Muley-Abd-el-Malek, se hâta de rendre la liberté à tous les esclaves français. Pendant tout le xviie siècle, la paix fut maintenue avec les empereurs du Maroc ; seuls, les pirates de Salé oublièrent quelquefois les traités et en furent sévèrement punis.

L'orgueilleux Louis, qui avait su se faire envoyer des ambassadeurs du royaume de Siam, obtint du chérif qu'un seigneur marocain visiterait sa cour somptueuse. Ben-Aïssa-Reïs, amiral du Maroc, s'embarqua sur une frégate de l'escadre de Château-Reneau, qui croisait devant Salé. Au mois de décembre 1698, il débarqua à Brest et fut reçu avec une certaine pompe.

Il était porteur de propositions pour un traité entre la France et le Maroc ; Louis XIV ne négligea rien pour captiver et éblouir l'amiral maure. Partout sur son passage, de Brest à Paris, les troupes lui fournirent un cortége d'honneur ; le 16 février 1699, il fut solennellement admis en audience au palais de Versailles. L'orgueilleux monarque, qui conduisait en ce moment la France à sa ruine, saisit habilement cette occasion d'occuper les esprits que les malheurs publics commençaient à aigrir. Ben-Aïssa fut promené avec un pompeux appareil au milieu de la capitale, les gazettes emplirent de ses reparties leurs colonnes où il leur était défendu de parler de la misère générale.

Comme on demandait à l'ambassadeur pourquoi, dans son pays, les hommes épousaient plusieurs femmes :

— C'est, répondit-il, afin de trouver réunies en plusieurs les qualités et les grâces que chaque Française possède à elle seule.

Admirant un des plus hauts jets d'eau de Versailles, il s'écria :

— Cette merveille suit la renommée de son maître et voudrait s'élever, comme lui, jusqu'aux cieux.

Saint-Cloud, Saint-Denis, les Invalides, l'Observatoire furent témoins de son admiration et retentirent de ses exclamations. Un jour, entre autres, parcourant le Louvre, il dit en regardant la Seine :

— Si ces eaux étaient de l'encre, elles ne suffiraient pas à décrire les merveilles que je vois partout à toute heure.

Quant à son appréciation générale de la France, il l'exprima en se trouvant à Marly, sur les hauteurs de l'aqueduc, d'où l'on jouit d'un magnifique coup d'œil :

— La France entière, dit-il, n'est qu'une immense ville si remplie de peuple, qu'elle suffirait à remplacer le reste du monde, si le reste du monde se désemplissait.

Ces naïves saillies d'une imagination toute orientale faisaient espérer que Ben-Aïssa, ébloui, accepterait un traité désavantageux pour sa patrie ; mais dès qu'il se trouvait en présence des diplomates, il se tenait sur la plus imperturbable réserve ; il fallut se séparer sans avoir rien terminé.

De retour dans sa patrie, plein des souvenirs de la cour de France, l'ambassadeur en fit une description pompeuse à son souverain. Parmi les charmantes Françaises qu'il avait remarquées, une surtout avait fixé ses regards par son admirable beauté : c'était la princesse de Conti, fille naturelle du roi et de Mlle de La Vallière. Il traça de cette princesse un portrait si séduisant que l'empereur en tomba amoureux fou et rêva d'elle nuit et jour. La violence de sa passion ne lui laissant aucun repos, il chargea Ben-Aïssa d'ouvrir, à ce sujet, de nouvelles négociations avec le ministre Ponchartrain, afin de lui faire obtenir la main de la charmante princesse.

Mais la demande du musulman fut des plus mal reçues à Versailles. Louis XIV se montra très-froissé de ce que ses courtisans appelaient l'outrecuidance d'un chef de pirates. Il lui sembla qu'une bâtarde française se serait souillée dans la couche d'un empereur. Non-seulement il dédaigna de répondre à Muley-Ismaël, mais il le fit ridiculiser par ses rimailleurs ; les beaux esprits qu'il entretenait à ses gages eurent ordre d'affubler de rubans roses le lion de Barbarie, dans leurs épigrammes et dans leurs madrigaux.

Bref, le traité ne fut pas signé.

Moins scrupuleuse, l'Angleterre, qui travaillait à établir son influence à l'entrée de la Méditerranée, fournit à l'amoureux chérif une magnifique Anglaise qui, pour n'être pas une bâtarde des Bourbons, n'en possédait pas moins de beaux yeux. En outre, un protestant français, du Languedoc, nommé Pillet, réfugié dans le Maroc après la révocation de l'édit de Nantes et dévoué, par vengeance, aux Anglais, s'empara de l'esprit de Muley-Ismaël, qu'il éloigna de notre alliance.

Notre décadence maritime, résultat de la fausse politique de Louis XIV, acheva de perdre notre influence dans ces parages. Le chérif nous traita avec une hauteur insultante ; il devint intraitable envers les frères de la Merci qui se rendirent dans ses États en 1708 et 1712 pour la rédemption des captifs. Les Anglais étaient maîtres de la place. Ils le furent bien davantage en 1727, à la mort de Muley-Ismaël, que suivirent des discordes civiles. Également recherchés par tous les partis, ils laissèrent les habitants se battre et se tinrent, comme toujours, loin des coups, mais se montrèrent lorsqu'il s'agit de profiter de la victoire. L'alliance marocaine était indispensable pour alimenter Gibraltar. En échange de vivres, ils fournirent des armes et des munitions dont les pirates avaient besoin pour combattre les autres nations chrétiennes. Quant à nous, la part que nous prenions au commerce du Maroc était à peine tolérée. Chaque jour, nos négociants étaient molestés.

Les choses durèrent ainsi jusqu'en 1765. A cette époque, le ministre Choiseul crut devoir agir vigoureusement pour amener les pirates marocains à respecter notre pavillon.

Le traité de paix qui venait d'être signé avec l'Angleterre permettait de disposer de quelques bâtiments. On résolut de les employer à châtier les audacieux forbans qui se tenaient continuellement devant le détroit de Gibraltar, montés sur de petits navires auxquels un faible tirant d'eau assurait un facile accès dans les rivières et les enfoncements de la côte.

En mai 1765, le chef d'escadre Duchaffault reçut le commandement d'un vaisseau, cinq frégates, deux chebecks et deux galiotes à bombes, avec l'ordre de poursuivre les pirates dans les ports où ils se réfugiaient.

La flottille française mouilla devant Salé le 31 mai et la bombarda pendant plusieurs jours; puis elle vint jeter l'ancre, le 26 juin, près de Larrache ou El-Araïch.

Dès le lendemain, les galiotes à bombes ouvrirent leur feu sur les fortifications, tandis que des embarcations se dirigeaient contre un navire mouillé dans la rivière Lixa, navire que l'on n'incendia que très-difficilement sous un feu très-vif de mousqueterie, qui partait du rivage. Enhardis par ce succès, les Français, ne tenant aucun compte de l'exaspération des innombrables Marocains massés sur les deux côtés de la rivière, voulurent continuer leur route vers un autre bâtiment ancré à quelque distance.

Mal leur en prit. Le reflux ayant mis tout à coup nos chaloupes à sec, 450 Français soutinrent, contre 1,200 Maures, une lutte furieuse. Les balles pleuvaient littéralement sur les embarcations. Ceux qui ne furent pas tués reçurent des blessures et ne purent manier les avirons; les embarcations allèrent à la dérive. Sept furent jetées à la côte; leurs équipages restèrent prisonniers des musulmans.

L'expédition rentra en France après avoir inutilement perdu 300 hommes.

L'année suivante, le gouvernement français essaya de renouer les relations diplomatiques; ce ne fut qu'à force d'argent que l'on obtint la rédemption des captifs, pour chacun desquels le chérif exigea 700 piastres fortes (3,500 fr.). Il y avait 223 esclaves chrétiens à délivrer; il fallut verser la somme de 156,000 piastres ou 780,000 fr. L'ordre de la Merci voulut contribuer pour la moitié dans cette dépense.

Enfin, au mois de mars 1767, le comte de Breugnon fut envoyé à Maroc, avec le titre d'ambassadeur extraordinaire, pour signer la paix, qui ne reçut, dans la suite, aucune modification, jusqu'à la guerre de 1844.

CHAPITRE XV

CAPTIVITÉ DE MADEMOISELLE DE BOURK

Le comte de Bourk ambassadeur à Madrid. — Mme de Bourk vient le rejoindre. — Son navire est pris par des corsaires. — Naufrage sur les côtes de Gigeri. — Mort de la comtesse de Bourk. — Mlle de Bourk est sauvée. — Sa captivité. — Elle est réclamée par le gouvernement français. — Intervention d'un marabout. — Un jeune Kabyle tombe amoureux de Mlle de Bourk. — Elle est rendue à la liberté.

Le comte de Bourk, Irlandais de naissance [1], était ambassadeur d'Espagne à la cour de Suède ; il avait épousé, pendant un séjour qu'il fit en France, la fille de la marquise de Varenne, dont il eut deux enfants. La comtesse de Bourk, après avoir passé quelque temps en France auprès de sa mère, voulut aller rejoindre son mari à Madrid. Son intention était d'abord de prendre la voie de terre, et elle se dirigea sur Montpellier, accompagnée, depuis Avignon, de son frère, le marquis de Varenne, qui était officier de marine. Mais, comme le midi de la France était alors occupé par les armées française et espagnole, on persuada à Mme de Bourk qu'il lui serait bien plus facile de s'embarquer à Cette pour Barcelone que de traverser ainsi deux armées ennemies, quoique le maréchal de Berwik lui eût promis de la faire escorter. Ayant déjà fait plusieurs voyages sur mer, elle prit cette voie comme plus courte et plus facile, et nolisa une tartane génoise qui mettait à la voile pour Barcelone.

Elle s'y embarqua le 22 octobre 1719, avec son fils âgé de huit ans, sa fille qui en avait onze, l'abbé de Bourk, un maître d'hôtel, un laquais et quatre femmes de chambre ou gouvernantes. Outre ses meubles, elle embarqua une riche argenterie, une magnifique chapelle composée de trois calices, des ornements d'église, des habits de cour, etc. Arrivée trois jours après à la hauteur de Palamos, la tartane rencontra un corsaire d'Alger de quatorze canons, commandé par un renégat hollandais. Celui-ci détacha sa chaloupe montée par vingt Turcs armés et la mit à la poursuite de la tartane. Dès qu'ils en furent assez près, ils tirèrent quelques coups de fusil dont personne ne fut blessé, et voyant qu'on ne faisait pas de résistance, ils montèrent à bord de la tartane le sabre à la main. Ayant ensuite posé quatre sentinelles dans la chambre de la comtesse, ils conduisirent la tartane auprès du vaisseau corsaire.

Le renégat fit aussitôt mettre à la chaîne l'équipage génois, et interrogea Mme de Bourk pour savoir qui elle était, d'où elle venait. Celle-ci présenta son passe-port que le corsaire lui rendit après l'avoir examiné, en lui disant qu'elle n'avait rien à craindre pour elle, sa suite et ses effets. La comtesse le pria de la faire conduire en chaloupe sur les côtes d'Espagne, qui n'étaient pas éloignées ; que par ce moyen il lui éviterait beaucoup de fatigues et à son mari de grandes inquiétudes ; qu'elle serait très-reconnaissante de ce service, quoique son passe-port de France lui donnât droit à ce qu'elle demandait. Le corsaire lui répondit qu'il ne pouvait en agir de la sorte sans courir risque de la vie ; qu'il fallait absolument qu'elle le suivît à Alger pour présenter elle-même son passe-port au dey, qui la ferait remettre au consul français, et que de là elle pourrait aller en Espagne par la voie qui lui conviendrait. Il lui donna le choix de

---

1. Voir *Alger pendant cent ans*, par M. l'abbé Orse.

passer sur son bord ou de rester sur la tartane, lui observant qu'elle et ses femmes seraient plus convenablement sur celle-ci, attendu que sur le vaisseau il y avait près de deux cents Turcs ou Maures peu respectueux pour les femmes chrétiennes. La comtesse prit ce dernier parti et fit présent de sa montre au renégat; elle en donna une autre avec quatre louis d'or au Turc qui commandait la tartane.

Le lendemain, il s'éleva une furieuse tempête qui cassa l'amarre par laquelle la tartane tenait au vaisseau. Elle fut ballottée pendant trois jours au gré des vents, et aborda cependant heureusement dans le golfe de Collo, non loin de Djigelli. Le commandant, ignorant dans quel lieu il se trouvait, envoya deux Maures à terre pour s'en informer. Les habitants du pays s'étaient réunis dans la crainte que ce ne fût un vaisseau chrétien venu pour enlever leurs troupeaux. Ces deux Maures leur apprirent que c'était, au contraire, une prise des corsaires algériens, et qu'il y avait à bord une grande princesse de France. Le commandant ayant su quelle distance le séparait d'Alger, voulut s'y rendre au plus tôt, et coupant le câble, il se livra au vent, sans ancre, sans chaloupe et sans boussole. Son imprudence lui coûta cher, car il n'avait pas fait une demi-lieue, qu'il trouva un vent contraire qui, malgré ses efforts, poussa la tartane sur un rocher dont le choc la brisa. La poupe fut aussitôt submergée. Ceux qui se trouvaient à la proue s'accrochèrent aux débris qui étaient près du rocher et parvinrent à l'atteindre après des efforts désespérés. Mais la comtesse, son fils et ses femmes de chambre disparurent au milieu des flots. Cependant, un domestique irlandais, le seul qui sût nager, voyant quelqu'un se débattre dans l'eau, y courut et en retira Mlle de Bourk. Encouragé par ce succès, il la confia au maître d'hôtel et se jeta de nouveau au milieu des vagues pour chercher la comtesse. Son dévouement lui coûta la vie, car on ne le vit plus revenir.

Pendant ce temps, les Kabyles descendirent des montagnes pour piller le navire. Ceux des Algériens qui s'étaient sauvés à la nage les ayant informés qu'il y avait à bord une princesse française, plusieurs de ces montagnards se jetèrent à l'eau pour la sauver; mais il n'était plus temps; la comtesse était déjà morte.

Les vagues poussèrent l'abbé de Bourk vers une roche sèche peu distante du rivage. Il voulut saisir une planche, mais elle lui échappa; enfin il put s'emparer d'une rame qui lui servit à gagner le continent. A peine il y était parvenu, que des Maures se saisirent de lui, le dépouillèrent de tous ses habits, et eurent même la cruauté de le maltraiter. La jeune demoiselle, à peine âgée de onze ans, voyant approcher les barbares, dit au maître d'hôtel :

— Je ne crains pas que ces Turcs me tuent; ce que je redoute, c'est qu'ils ne veuillent me faire changer de religion.

Les Berbères s'étant approchés du rocher sur lequel se trouvaient les naufragés, le maître d'hôtel, qui tenait encore la jeune fille dans ses bras, la leur remit, et la prenant l'un par la main, l'autre par le pied, ils la transportèrent sur le rivage, où, pour gage de sa servitude, ils lui ôtèrent seulement un bas et un soulier. Une fille de chambre et un domestique qui avaient pu se sauver furent pris aussi par les Maures et dépouillés complètement. L'un de ceux-ci en fit autant au maître d'hôtel lui-même, lorsque, après avoir passé de rocher en rocher, il fut parvenu jusqu'au rivage.

Les naufragés chrétiens se trouvant ainsi réunis au nombre de cinq (les six autres avaient péri) furent conduits par les Maures à travers des chemins rudes et escarpés jusqu'aux cabanes de la première montagne. Leurs pieds étaient déchirés par les ronces; et, parce qu'ils ne pouvaient accélérer leur marche au gré de leurs conducteurs, ceux-ci les frappaient à tout instant. Outre les fatigues et les émotions de cette fatale journée, ils étaient encore chargés chacun d'un paquet de hardes mouillées, et portaient tour à tour la jeune demoiselle. La fille de chambre était couverte de sang par les blessures qu'elle s'était faites en passant d'un rocher à l'autre, mais son état de souffrance n'excitait aucune pitié dans le cœur des barbares.

Lorsqu'ils approchèrent du douar (village arabe), les enfants accueillirent ces chrétiens à coups de pierres et les chiens ne se contentant pas d'aboyer, les mordirent aux jambes avec tant de fureur, que la fille de chambre, déjà si maltraitée, perdit un lambeau de chair.

Arrivés au milieu des tentes arabes, on leur donna deux maîtres différents, l'un eut le domestique et la fille de chambre, l'autre mademoiselle, l'abbé de Bourk et le maître d'hôtel. A force d'instances ils obtinrent qu'on allumât du feu pour sécher les habits de la jeune fille; on leur donna, pour se couvrir, de vieux burnous remplis de vermine, et pour nourriture un fort petit morceau de pain cuit sous la cendre. Le douar se composait de six cabanes faites de branches d'arbres et de roseaux entrelacés et contenant environ cinquante personnes; il n'y avait aucune séparation entre les femmes, les enfants et les bestiaux, tous étaient pêle-mêle couchés sur des peaux de mouton et des feuilles sèches, mais les chrétiens n'eurent pour couche que la terre nue.

Le lendemain, les Arabes des douars voisins s'étant réunis, on délibéra sur leur sort: les uns voulaient qu'ils fussent brûlés vifs, d'autres qu'on les décapitât; l'un de ces barbares prit même Mlle de Bourk par les cheveux et lui appliqua sur le cou la lame de son yatagan, mais enfin la cupidité l'emporta, et il fut décidé qu'on les vendrait comme esclaves. Quelques jours après, le bey de Constantine les envoya réclamer, menaçant, en cas de refus, de les faire enlever par force; mais les Kabyles se moquèrent de ses menaces et répondirent qu'il n'avait rien à y prétendre.

Cependant les barbares voulurent recueillir les débris du naufrage, ils conduisirent le laquais et le maître d'hôtel sur les bords de la mer pour les aider. Comme ils sont habiles plongeurs ils eurent bientôt retiré de l'eau des caisses, des ballots et même les cadavres des naufragés, qu'ils dépouillèrent de leurs vêtements, et comme la comtesse avait des bagues aux mains, ils coupèrent les doigts avec des cailloux, pour les retirer plus facilement. Les deux chrétiens furent saisis d'horreur en voyant les Maures jeter des pierres sur les cadavres gonflés par l'eau pour en faire un amusement barbare. Ils voulurent les ensevelir, mais les Kabyles s'y opposèrent, disant que les chrétiens ne méritaient pas tant d'honneur. Lorsqu'on retourna au douar, le domestique et le maître d'hôtel, quoique chargés de gros ballots, préférèrent grimper sur un rocher plutôt que d'être de nouveau témoins d'un spectacle si horrible.

Arrivés au douar on fit le partage du butin. Les riches étoffes furent coupées par morceaux qu'on distribua aux enfants pour en orner leur tête; l'argenterie fut vendue, mais à si bas prix, que les trois calices, dont un seul valait quatre cents livres, furent vendus pour moins de cinq, parce qu'ayant été ternis par l'eau, on les considéra comme des vases de cuivre de peu de valeur. Les livres et un encrier furent abandonnés au laquais et au maître d'hôtel. Pendant les vingt jours que les naufragés demeurèrent en ce lieu, Mlle de Bourk se servant des feuilles blanches qui se trouvaient au commencement et à la fin des livres, écrivit à trois reprises au consul français à Alger. Mais avant d'avoir reçu aucune réponse, les cinq chrétiens furent conduits dans les hautes montagnes du Koukou, où le cheik de ces tribus faisait sa résidence. Ils étaient escortés par douze Maures, armés de sabres, de fusils

Exécution aux flambeaux.

et de hallebardes. Plusieurs fois ils faillirent être tués. Un jour le maître d'hôtel ayant tiré un peu de paille de quelques bestiaux qui se trouvaient là pour la mettre sous la demoiselle, afin qu'elle fût couchée moins durement, le patron en fut si indigné qu'il lui fit mettre la tête sur un billot pour la lui couper. Un autre Maure l'en empêcha. Soit pour effrayer les chrétiens, soit qu'ils en eussent véritablement le dessein, ils fermaient souvent la porte de leur cabane, faisaient des préparatifs pour les tuer et changeaient d'avis au moment de l'exécution; une autre fois, ils conduisirent le maître d'hôtel et l'abbé derrière un buisson, pour en faire un sacrifice, et y renoncèrent ensuite. Ces malheureux n'avaient souvent pour nourriture que des feuilles de navets crues sans un seul morceau de pain. Cependant Mlle de Bourk était si douce, si bonne, que les enfants conçurent de l'amitié pour elle et lui donnaient à la dérobée du pain et quelquefois un peu de lait.

Enfin, deux mois après, celle-ci ayant écrit une quatrième lettre, elle fut remise au dey d'Alger, qui l'envoya à M. Dusault, ambassadeur. Celui-ci en fit lecture aux PP. François Comelin et Philémon de La Motte, Trinitaires, qui se trouvaient à Alger pour la rédemption des captifs. La jeune esclave racontait d'une manière simple et touchante le naufrage, la mort de sa mère, l'affreuse

17.

misère à laquelle elle était réduite ainsi que ses compagnons d'infortune. Les Pères Rédempteurs, touchés jusqu'aux larmes, offrirent au consul leurs services et leur argent. Celui-ci fit aussitôt acheter des habits et des provisions, obtint du dey une lettre de recommandation pour le grand marabout de Bougie, et fit partir une tartane française, avec son interprète, pour cette dernière ville. La réputation de sainteté que s'était acquise ce musulman lui attirait une telle vénération, que lorsqu'un Kabyle demandait, il le faisait au nom du marabout, qu'il associait à celui d'Allah. On comptait sur son assistance pour obtenir la liberté de Mlle de Bourk ; car il ne fallait pas songer à intimider les Kabyles. Le dey ne s'illusionnait pas à ce sujet ; il savait que si l'on essayait d'employer la force ou même la menace, les montagnards se retrancheraient dans leurs défilés et se défendraient avec un courage dont ils avaient souvent donné la preuve contre les Turcs. Il se contenta d'ordonner aux agas de Bougie et de Djidjeri de négocier la rançon des chrétiens au plus bas prix possible ; il promit en même temps aux montagnards que leur complaisance, en cette occasion, resserrerait les liens d'amitié qui les unissaient aux Turcs.

Ibrahim-Agha, interprète de l'envoyé de France, fut chargé de ces dépêches et s'embarqua pour Bougie sur un vaisseau français.

Peu avant son arrivée, un jeune montagnard, fils d'un des plus considérables cheiks du pays, supplia son père de lui réserver Mlle de Bourk pour épouse, proposition qui fut aussitôt portée à l'assemblée générale des notables. Il se trouva que l'amoureux avait plusieurs rivaux qui se flattaient, en l'épousant, d'obtenir les immenses richesses dont on disait que la jeune captive serait un jour en possession.

Le marabout, recevant la lettre du dey et celle du consul, se leva aussitôt, quoique malade, monta à cheval avec le marabout de Djigelli, qui se trouvait là, et, accompagné en outre de l'interprète français et de six Maures, prit la route des montagnes. Après cinq ou six jours de marche, ils arrivèrent au douar où se trouvaient les chrétiens ; mais les Kabyles les ayant vus venir de loin s'enfermèrent dans leur cabane, au nombre de douze, décidés à faire résistance. Le marabout frappa rudement à la porte, demandant où étaient les chrétiens. On lui répondit de l'intérieur qu'ils étaient à l'autre extrémité du village ; mais un Maure du dehors leur fit signe qu'ils étaient dans la cabane. Aussitôt ils mirent tous pied à terre et le marabout demanda impérieusement qu'on ouvrît la porte. Il fut obéi, mais tous ceux qui étaient dedans prirent immédiatement la fuite. Cet incident inexplicable pour les chrétiens leur fit croire que leur dernière heure était venue, mais ils furent rassurés lorsque le marabout remit à Mlle de Bourk du pain et des noix avec la lettre du consul. Il passa la nuit avec sa suite dans cette cabane, et le lendemain matin il envoya chercher les Maures par leurs enfants qui étaient restés. Les fuyards étant revenus, baisèrent tous sa main. Il fit appeler le cheik du douar et quelques notables, et leur déclara qu'il était venu réclamer cinq Français échappés dans un naufrage ; que la France étant en paix avec Alger, ils ne pouvaient les retenir sans injustice, puisqu'ils profitent eux-mêmes de cette paix, quoique n'étant pas sous la dépendance du dey. Les Maures se défendirent de leur mieux, mais enfin, pressés par l'autorité et les raisons du marabout, ils déclarèrent qu'ils consentaient bien à rendre la liberté aux quatre domestiques, mais qu'ils ne pouvaient la rendre à la demoiselle, attendu que le cheik se la réservait, parce qu'il en voulait faire l'épouse de son fils, âgé de quatorze ans ; que, serait-elle fille du roi de France, le fils du cheik ne serait pas indigne d'être son époux.

Ces paroles causèrent à Mlle de Bourk une frayeur qui la fit frissonner, et les autres chrétiens furent saisis d'étonnement d'une pareille proposition; mais enfin le marabout ayant pris l'Arabe à part, lui mit quelques sultanins d'or dans la main et le rendit ainsi plus traitable; on convint du rachat de tous pour treize cents piastres [1] payables sous peu de jours. Les Kabyles déclarèrent aux députés que leur condescendance venait de la vénération qu'ils portaient à leur marabout et nullement de la crainte des deys d'Alger. Le marabout laissa en otage un Turc et plusieurs joyaux de ses femmes, et emmena les cinq esclaves avec lui.

Ils revinrent à Bougie, où la tartane les attendait pour les ramener par mer jusqu'à Alger. Pendant la route à travers les montagnes, ils logeaient chez les Kabyles. Un soir ils s'arrêtèrent pour passer la nuit chez une vieille Mauresse qui témoigna beaucoup d'indignation de ce qu'on n'avait pas fait mourir ces chrétiens. Elle disait que dans son douar on ne les aurait pas épargnés, et que quand même son mari n'aurait pas voulu les tuer, elle les aurait égorgés de ses propres mains. Tout en faisant connaître sa sensibilité, elle préparait le couscoussou pour les marabouts, mais avec si peu de propreté, que les chrétiens eussent préféré mourir de faim plutôt que d'y toucher.

Arrivés à Bougie, le 9 décembre, les naufragés s'embarquèrent le lendemain, et trois jours après ils abordèrent heureusement à Alger. Dès que la tartane parut, le vaisseau du consul français tira un coup de canon; la tartane y répondit par quatre coups de pierrier : c'était le signal de l'arrivée des naufragés qu'on attendait avec impatience et inquiétude. Aussitôt le consul se rendit sur le port avec les Pères Rédempteurs pour accompagner à l'hôtel de l'ambassade ces naufragés heureux dans leur malheur. Non-seulement les chrétiens, mais encore des juifs et des Turcs y accoururent. M. Dusault, ambassadeur, reçut la demoiselle à l'entrée de la cour. Dès le lendemain, les Pères de la Sainte-Trinité comptèrent les treize cents piastres convenues pour le rachat et les envoyèrent chez un juif pour les blanchir, selon le goût des Kabyles, avant de les expédier au marabout de Bougie. L'ambassadeur y ajouta de riches présents pour ce dernier.

1. Ce qui fait environ 15,000 francs.

CHAPITRE XVI

RÉDEMPTION DE 1720, RACONTÉE PAR UN TRINITAIRE

Arrivée à Alger des Pères Rédempteurs. — Magnifique cortége. — L'ambassadeur chez le dey d'Alger. — Rachat de captifs. — Les fêtes de Noël. — Arrivée à Marseille. — Grandes réjouissances sur le passage des captifs. — Processions. — Magnifique réception à Paris.

Je venais de recevoir du P. de Massac, général de l'ordre de la Sainte-Trinité, la mission de me rendre à Alger pour racheter des captifs, lorsque M. Dusault, envoyé en Barbarie pour traiter de la paix, me fit offrir, ainsi qu'à mes compagnons, le passage gratuit sur le vaisseau qui devait le conduire. Nous acceptâmes tous avec reconnaissance cette offre généreuse, et nous partîmes de Marseille le 23 septembre 1719. Notre voyage n'eut de remarquable que la rencontre d'un corsaire, armé de quarante pièces de canon, que nous apprîmes plus tard être l'amiral d'Alger. Il vint d'abord sur nous, mais voyant à son approche que nous étions en état de lui faire bonne contenance, il changea de route. Lorsque nous fûmes parvenus en vue des côtes d'Afrique, il s'éleva une si horrible tempête qu'il nous fallut tenir le large et que durant quatre jours nous ne prîmes presque aucune nourriture; nous étions à tout instant éblouis par les éclairs; le tonnerre grondait avec force; les cordages et les mâts, agités par un vent furieux, produisaient un bruit horrible : on eût dit que le vaisseau allait se démembrer, car nous entendions de temps à autre des craquements effrayants. Enfin le temps étant devenu plus calme, nous atteignîmes la petite rade d'Alger le 1er novembre, jour de la Toussaint. On arbora la flamme et le pavillon blanc, sans faire aucun salut; mais au coucher du soleil on tira le coup de canon de retraite, ce qui obligea le capitaine du port à venir nous reconnaître.

Le lendemain, le dey, prévenu de l'arrivée de l'ambassadeur, donna ordre aux forteresses de faire le salut et envoya en même temps le présent de rafraîchissement, qui consistait en un bœuf, neuf moutons, deux sacs de pain et quantité de légumes; ce qui fut renouvelé pendant trois jours. Le salut fut de vingt-deux coups de canon, auxquels notre vaisseau répondit par vingt et un. De nombreuses chaloupes vinrent au-devant de nous. Elles amenaient M. Baume, consul français, le vicaire apostolique et ses missionnaires, ainsi que plusieurs négociants français. Ils venaient féliciter l'ambassadeur de son heureuse arrivée et l'accompagner dans sa visite au dey.

Le cortége fut magnifique. Six chaoux ouvraient la marche pour écarter la populace qui était nombreuse; venaient ensuite une escorte de janissaires, les négociants, l'interprète français, trente Turcs, dont le roi de France faisait présent au dey; ils étaient suivis du consul, du vicaire apostolique, du chancelier et des secrétaires du consulat qui suivaient l'ambassadeur, et enfin des Pères de la Sainte-Trinité et de la Merci députés pour la rédemption. On eut de la peine à se faire jour à travers la foule, et les terrasses des maisons voisines de la mer étaient couvertes de femmes turques. L'ambassadeur, arrivé chez le dey, lui fit un discours et lui présenta de la part du roi (Louis XV) un diamant avec un sabre garni d'émeraudes. Il demanda que, selon la coutume en pareille circonstance, tous les esclaves fussent déchaînés, ayant pris des mesures pour empêcher qu'aucun d'eux ne se sauvât sur son vaisseau. Il nous présenta ensuite au dey, lui faisant connaître le but de notre voyage.

Trois jours après notre arrivée, nous quittâmes le bord pour aller loger avec l'ambassadeur dans l'hôtel qu'on lui avait préparé. C'est un des plus beaux d'Alger; avant le tremblement de terre il avait trois étages; depuis lors il n'en reste que deux. Sa forme est carrée, avec une cour au milieu; chaque face est formée de quatre arcades soutenues par des piliers de marbre; la façade orientale est ornée d'une double galerie. On entre par la rue dans un vestibule qui conduit à un escalier de vingt marches, d'où l'on arrive à la première galerie à niveau de la cour : elle est pavée de marbre blanc et se trouve située au-dessus des caves, qui sont fort belles; l'intérieur des appartements est très-riche, les plafonds sont ornés de peintures avec des encadrements dorés; les lambris sont en pavés de Gênes, le reste est ciselé en filigrane; les fenêtres, qui ouvrent sur toutes les galeries, sont encadrées de marbre et munies de grilles de cuivre. A peine installés dans ce somptueux hôtel, nous commençâmes l'œuvre de la rédemption, et, deux semaines après notre arrivée, nous avions déjà brisé les fers de trente et un chrétiens; ce fut alors que l'ambassadeur reçut la lettre de Mlle de Bourk, dont le naufrage et la captivité ont été racontés dans le chapitre précédent.

Le 12 décembre, le dey nous reçut en audience dans son appartement, situé au plus haut de sa maison du côté de la mer; il était assis sur un sofa, ayant les jambes nues et croisées, les pieds hors de ses babouches, sur un grand tapis de Perse aux extrémités duquel étaient de gros coussins de damas rouge; le reste de la salle était couvert de tapis de Turquie. On voyait sur les murs des yatagans dont les poignées étaient garnies de pierres précieuses, des pistolets fort riches et très-brillants, et d'autres armes de toutes sortes. Dans une audience précédente, le P. Comelin avait commencé la négociation du rachat de dix esclaves appartenant, les uns au gouvernement, les autres au dey en particulier. La somme qu'il avait offerte n'ayant pas été agréée, il avait été contraint de n'en racheter que trois pour le prix de cent trente piastres; cette fois il en demanda trois autres, dont un était chirurgien, et offrit pour eux trois mille piastres. Le dey voulut en ajouter un quatrième qui ne nous convenait pas, parce qu'il n'était ni Français, ni catholique. Le dey répondit qu'il ne s'en mettait point en peine, et que, pour les quatre, il voulait cinq mille piastres; il nous reprocha d'avoir racheté plusieurs esclaves sans sa permission, qu'il n'accordait d'ordinaire qu'après en avoir vendu plusieurs des siens. Nous lui répondîmes qu'il avait été prévenu par l'ambassadeur du but de notre voyage, et que nous avions pris son silence, dans cette circonstance, pour une permission.

Cependant nous tenions ferme pour n'en prendre que trois, et le P. Comelin en avait offert jusqu'à trois mille piastres.

— Tout cela est inutile, répliqua le dey, je vais vous les envoyer tous quatre par un chaoux, et, bon gré mal gré, vous les prendrez au prix que j'ai fixé, car je ne vous laisserai sortir d'Alger que lorsque vous m'aurez satisfait.

Alors un des chaoux présents baisa la main du dey et le pria de diminuer de cinq cents piastres, ce qui fut accordé; mais nous tînmes bon, disant qu'il était le maître dans ses États, mais que, les fonds nous manquant, nous ne pouvions pas payer un si haut prix. Il répliqua qu'il nous aurait fait meilleur marché si nous eussions commencé par racheter les siens, mais que, ne l'ayant pas fait, nous ne devions attendre aucune faveur. Nous prîmes congé de lui, et, dès le jour même, il envoya les trois esclaves marchandés, nous faisant dire qu'il nous enverrait le quatrième la veille de notre départ.

Les fêtes de Noël étant arrivées, nous en profitâmes pour prendre un peu de relâche. Nous les célébrâmes aussi solennellement et avec autant de liberté qu'en terre chrétienne. La messe de minuit fut célébrée au son des trompettes, des flûtes et des hautbois; les fanfares commencèrent à dix heures du soir et ne finirent qu'à deux heures du matin.

Le 27 décembre, nous retournâmes chez le dey. Nous avions porté des sequins qui furent exactement examinés, pesés et comptés par un juif et par le trésorier, qui s'en empara. Pendant cet examen, on apporta le café, qu'on nous présenta après le dey et ses quatre secrétaires. Enfin l'argent étant compté et les droits des ports payés pour les quatre esclaves, nous nous retirâmes pour nous occuper des préparatifs de notre départ. Nous avions racheté soixante-trois captifs et les Pères de la Merci environ trente-cinq. Ils furent tous conduits ensemble à la maison du dey pour recevoir la carte de liberté, de là nous allâmes à la Marine, avec l'intention de nous embarquer pour Tunis et Tripoli, afin de faire de nouvelles rédemptions, mais la Providence en disposa autrement. L'ambassadeur, qui devait nous conduire avec lui dans ces deux villes, nous dit qu'ayant promis le passage à l'envoyé de la Porte pour lui et sa suite, qui était de trente personnes, son bâtiment ne serait pas suffisant pour prendre tous nos esclaves; mais il ajouta qu'il avait pourvu à notre transport en achetant une flûte à laquelle il avait donné un Marseillais pour patron; elle fut mise en rade pour suivre le vaisseau de l'ambassadeur. Nous avions à bord deux religieux espagnols qui allaient à Tunis fonder un hôpital ; ils avaient essayé d'en établir un à Oran, mais les autorités musulmanes s'y étaient opposées.

M. Dusault nous ayant fait dire de partir et qu'il nous suivrait de près, nous mîmes à la voile le 4 janvier (1720), et le lendemain nous étions déjà à la hauteur de Djigelli; mais à l'entrée de la nuit il s'éleva un vent si terrible, qu'après avoir lutté contre lui pendant deux jours, nous nous retrouvâmes à notre point de départ. Le dey nous fit dire de repartir sans délai, mais notre barque étant fortement secouée elle était incapable de tenir la mer : il fallut donc huit jours pour la réparer. Les esclaves rachetés, impatients de rentrer en France, murmuraient du retard que notre voyage à Tunis mettait à l'accomplissement de leur désir; ils appréhendaient en outre qu'une nouvelle tempête ne les rejetât encore sur les côtes de Barbarie ; nous convînmes donc de faire voile pour Marseille, mais le vent ayant changé, nous fûmes dans la nécessité de relâcher à Mahon.

Notre flûte était en si mauvais état que nous ne pouvions sans danger nous y exposer de nouveau; nous voulûmes la faire réparer, mais les ouvriers ayant demandé trop cher, nous nolisâmes une tartane d'Agde prête à faire route pour Marseille. Nous y arrivâmes le 1er mars, après sept semaines de navigation depuis notre départ d'Afrique. Nous fûmes transportés du bord au lazaret, où le bureau de santé qui s'y trouvait réuni décida qu'ayant quitté les côtes de Barbarie depuis près de deux mois, sans avoir perdu aucun passager, nous serions dispensés de la quarantaine. Nous apprîmes à Marseille que l'ambassadeur était parti pour Tunis le lendemain de notre départ et qu'il y était arrivé heureusement ; que le P. Bernard qui l'avait accompagné avait racheté dans cette ville quarante-cinq nouveaux esclaves, avec le reste de la somme que nous avions emportée, et qu'ils reviendraient tous avec M. Dusault.

Le lendemain de notre arrivée, les captifs furent conduits en procession à la cathédrale, au son de toutes les cloches. Monseigneur l'évêque de Marseille leur donna sa bénédiction du haut de son balcon, lorsqu'ils passèrent devant son palais. Sur la demande du peuple qui s'était réuni en foule, on leur fit parcourir une partie de la ville. La confrérie des Pénitents de la Trinité ouvrait la marche; elle était suivie des esclaves rachetés, après lesquels venait la communauté des Pères Trinitaires et enfin l'officiant en habit de cérémonie, accompagné des quatre recteurs du bureau, qui tenaient chacun un flambeau à la main. De Marseille les esclaves se rendirent à Aix. Les Pères de la Sainte-Trinité vinrent les recevoir à la porte de la ville et les conduisirent dans leur couvent, où la musique de la cathédrale vint chanter le salut. Quoique le temps fût mauvais, les rues étaient encombrées d'une foule nombreuse de personnes de tout sexe et de tout âge.

Dans la plupart des villes qu'ils traversèrent, les consuls venaient les recevoir à l'entrée, en habits de cérémonie, et les Pères de la Sainte-Trinité leur donnaient l'hospitalité partout où ils avaient des maisons. C'était partout un véritable triomphe ; on s'efforçait ainsi de les dédommager des souffrances qu'il avaient endurées et l'on honorait leur constance dans la foi. Arrivés à Avignon ils furent reçus en grande pompe ; le vice-légat du pape se chargea de payer de sa bourse toutes les dépenses qu'ils feraient pendant trois jours. L'archevêque donna aussi des preuves de sa libéralité.

Ils arrivèrent à Valence la veille des Rameaux et on les logea au Louvre. La procession commença à l'église de l'hôpital administré par des sœurs de la Sainte-Trinité. La supérieure, Mme de Grandmaison, avait rassemblé une société nombreuse de jeunes filles qui accompagnèrent les captifs de concert avec les séminaristes et la confrérie des Pénitents blancs. Tous les chanoines se trouvèrent au chœur, où l'on chanta plusieurs antiennes après lesquelles l'évêque donna le salut solennel et fit pour les captifs une offrande généreuse.

Leur entrée dans Lyon eut lieu le samedi saint, au bruit de l'artillerie et au son du tambour, des trompettes et des timbales. La place Bellecour était remplie de monde, et sans le secours d'une compagnie de soldats ils n'auraient pu traverser le pont, tellement il était encombré.

On les conduisit au couvent des Pères de la Sainte-Trinité, où ils passèrent plusieurs jours pour remplir le devoir pascal. La procession ne se fit que le mercredi suivant, mais elle fut des plus solennelles. Cinquante gardes ouvraient la marche, ils étaient suivis de la musique militaire, venait ensuite la bannière de la Rédemption portée par un ecclésiastique. Les esclaves suivaient, accompagnés chacun de deux jeunes enfants couverts d'or et de pierreries; ils représentaient des anges. Une musique de hautbois séparait les captifs des Pères Rédempteurs, ensuite on voyait venir des jeunes gens, dont l'un, revêtu d'un manteau royal et portant une couronne d'or, représentait saint Louis ; il était suivi de ses pages. De jeunes filles figuraient sainte Agnès, sainte Catherine et même la sainte Vierge, première patronne de l'ordre. La communauté des Pères Trinitaires chantait en chœur le cantique *In exitu Israël*, et la musique instrumentale y répondait par des airs de victoire. Pendant le trajet, les captifs furent salués par des décharges en divers endroits, mais principalement devant l'Hôtel de ville. L'archevêque, Mgr de Villeroi, leur adressa la parole du haut de l'escalier extérieur de l'hôtel du gouvernement ; le prévôt des marchands complimenta aussi les Pères Rédempteurs et fit présent aux captifs de cinquante écus au nom de la ville ; il leur avait déjà envoyé le vin d'honneur quelques jours auparavant. Enfin ce fut un jour de fête pour toute la ville.

La même solennité et le même concours se renouvelèrent dans toutes les villes par où ils passèrent, à Mâcon, à Chalon, Beaune, Dijon, Châtillon-sur-Seine, Troyes, Châlons-sur-Marne et Reims. Partout on sonnait les cloches, et les autorités religieuses et civiles s'empressaient d'honorer ces confesseurs de la foi de Jésus-Christ. Les aumônes de la ville de Reims furent de huit cents livres et le chapitre de la cathédrale en ajouta encore cinquante. Partout la charité chrétienne se manifestait en faveur des pauvres captifs.

La ville de Meaux voulut se distinguer dans la réception qu'elle fit aux esclaves. Le clergé et la bourgeoisie semblèrent se disputer à qui leur ferait plus d'accueil; cinquante bourgeois en uniformes, et sous les armes, marchaient en tête de la procession, précédés de leur drapeau, des tambours, trompettes et timbales. Après eux venaient la communauté des Pères Trinitaires et ensuite tous les esclaves accompagnés chacun de deux enfants représentant des anges. La musique de la cathédrale fermait le cortége. Comme partout les aumônes furent très-abondantes.

Les captifs, après avoir visité l'abbaye de Pont-aux-Dames et celle de Chelles, dont madame d'Orléans était abbesse, arrivèrent à Vincennes et entrèrent le lendemain dans Paris. Il est impossible d'exprimer l'empressement du peuple dans cette circonstance. Les rues n'étaient pas assez vastes pour contenir la multitude. Les balcons, les croisées, les portes même des maisons étaient encombrées de personnes de tout sexe, de toute condition. Les archers de la ville pouvaient à peine percer la foule et ouvrir le passage. On jetait du haut des maisons des fleurs et des branches de laurier. Le colonel de la ville, ses majors et aides-majors, les cadets, les officiers, les enseignes et la musique accompagnaient les esclaves et les Pères qui les avaient rachetés. On se rendit à Notre-Dame par la place Royale, les rues Saint-Antoine, du Temple, Sainte-Croix, Saint-Merry, des Arcis et le pont Notre-Dame. Après le *Te Deum*, chanté solennellement, le cortége continua sa marche à travers la ville pour se rendre aux Mathurins (Trinitaires). Les pauvres captifs ne pouvaient suffire à recueillir les aumônes qu'on leur jetait des divers étages de chaque maison. La cour voulut prendre part à l'allégresse commune, elle se réunit le lendemain dans l'un des pavillons du Louvre pour voir passer le cortége qui se rendait aux Feuillants, où les captifs étaient invités, avec leurs libérateurs, par les religieux de ce couvent à un banquet fraternel. Ils passèrent aussi devant le Palais-Royal, où le duc de Chartres les attendait au balcon pour les féliciter.

CHAPITRE XVII

SUITE DE LA DÉCADENCE DES BARBARESQUES

Ibrahim, surnommé le Fou, se déguise en esclave et visite sa ville d'Alger. — Un marchand exacteur est pendu. — Du danger de voler des prunes de Provence. — Comment un Maure vole à un Français son cabas plein de prunes. — Pendaison du coupable. — Ibrahim le Fou cherche à corrompre la femme du capitaine Mahmoud. — Résistance de cette belle musulmane. — La conjuration des maris. — Assassinat d'Ibrahim. — Son successeur Ali fait périr 1,700 hommes. — Anna-Maria Fernandez, sa captivité; elle repousse les avances du dey. — Sa délivrance. — Franchise d'un esclave napolitain. — Un cordonnier devient secrétaire d'État, puis trésorier, et enfin dey d'Alger. — Il périt assassiné. — Ibrahim II. — Un nouveau cordonnier au pouvoir. — Les puissances chrétiennes tributaires des forbans. — Expédition des Espagnols contre Alger. — Oran retombe au pouvoir des Turcs. — Aventure du savant Arago.

Ibrahim, surnommé *le Fou*, élu au mois de mai 1710, voulut signaler son avénement par un acte de justice qui, en imprimant la terreur aux exacteurs, lui attirât l'estime des honnêtes gens.

Il sortit un matin déguisé en esclave et accompagné d'un véritable esclave qu'il avait eu soin d'instruire de son dessein.

Il entra d'abord chez un marchand soupçonné d'être de mauvaise foi. Il lui dit :

— Nos maîtres nous envoient travailler à la campagne sans nous donner la subsistance nécessaire. Pour prévenir la faim, nous avons résolu de faire préparer au cabaret un plat à la mode de notre pays et de l'arroser gaiement d'une bouteille de bon vin. Nous venons vous acheter le riz et les raisins secs nécessaires pour ce mets. Surtout, nous vous demandons de garder le secret, attendu que si notre maître venait à connaître la cause de notre retardement, il nous punirait de cent coups de bâton.

Le marchand leur promit le secret; mais il eut soin de leur vendre le riz et les raisins le double de leur valeur.

De retour dans son palais, le dey reprit ses habits et se plaça sur son trône. Bientôt, l'esclave qui l'avait accompagné vint porter sa plainte contre l'exaction du marchand. Ibrahim fit amener celui-ci, qui nia le fait et prétendit que c'était une invention de l'esclave pour avoir sa marchandise et reprendre son argent.

Le dey, ne voulant pas encore se faire reconnaître, le retint prisonnier et envoya proclamer par toute la ville que si quelqu'un, Turc, Maure, chrétien et même juif, avait à se plaindre de ce marchand, il pouvait se rendre à son palais. Il y eut bientôt foule; le marchand fut accablé de témoignages à sa charge.

Le dey lui fit donner par provision cinq cents coups de bâton sous la plante des pieds, et, pour avoir osé mentir en sa présence, il le condamna à une amende de cinq cents piastres envers le trésor public.

Rosa Piombino est livrée au dey d'Alger.

Après ce préliminaire, l'affaire fut portée devant les juges ordinaires, qui condamnèrent le malheureux marchand à être pendu.

Quelques jours après, le dey, se promenant avec sa cour, aperçut un Maure qui mangeait de magnifiques prunes contenues dans un gros cabas qu'il portait sous son bras :

— D'où te viennent ces fruits? lui demanda le dey.

— Je viens de les acheter d'un matelot de Marseille ; c'est pour régaler ma famille, répondit le Maure.

Ibrahim, qui connaissait la misère de cet homme, soupçonna quelque larcin :

— Comment se fait-il que tu achètes des prunes pour tes enfants, tandis que tu ne peux pas leur acheter de pain? lui demanda-t-il. Et quand même tu ne les aurais pas volées, tu mériterais encore d'être puni pour avoir eu la folle présomption d'acheter un mets de luxe dont mes plus riches officiers se privent par économie.

Il ordonna à un chaoux de conduire ce Maure à son palais et de l'y retenir jusqu'à son retour. Il s'avança ensuite sur le quai et envoya chercher le maître et les matelots d'une tartane de Provence arrivée depuis peu. Il leur demanda s'ils avaient vendu leur cargaison et en particulier leurs prunes, si la vente avait été bonne et s'ils avaient été payés exactement.

Le capitaine répondit que non-seulement la vente n'avait pas répondu à son attente, mais qu'on venait de voler un cabas de prunes à l'un de ses matelots.

— Reconnaîtriez-vous le cabas? demanda le dey.

— Cela serait d'autant plus facile, répondit le capitaine, qu'il était marqué du nom de son propriétaire.

Ibrahim commanda à l'équipage de le suivre à son palais. Il fit rendre le cabas et les prunes à qui de droit, et le Maure, après avoir reçu cinq cents coups de bâton pour avoir menti au dey, fut ensuite pendu comme voleur.

Ibrahim le Fou ne resta que peu de temps au pouvoir. Extrêmement lascif, il fit servir son autorité à assouvir ses passions. Informé par ses émissaires des maisons où se trouvaient des femmes d'une grande beauté, il éloignait les maris sous divers prétextes et trouvait ensuite le moyen de s'introduire dans les harems. Il imposait silence aux esclaves, soit avec de l'argent, soit en les accablant de menaces.

Mais ces manœuvres corruptrices causèrent sa mort.

Il apprit que le reïs (capitaine) Mahmoud, alors en course, possédait une femme admirablement belle. Il se fit introduire, la nuit, dans son appartement par un esclave noir auquel le mari avait confié la garde de son harem.

La vue d'un Turc alarma extrêmement la jeune femme, qui se piquait de vertu, et dont la surprise redoubla encore lorsque Ibrahim se fut nommé. Elle eut la force de résister à ce brutal, et elle trouva le courage de le menacer s'il ne se retirait.

L'amoureux dey eut beau déclarer sa passion dans les termes les plus brûlants, ses paroles ne firent qu'augmenter la fureur de cette belle musulmane; il finit par se retirer, fort désappointé, mais sans réfléchir aux suites que pouvaient avoir de semblables démarches.

A quelque temps de là, Mahmoud revint. Sa femme, qui l'attendait avec impatience, l'instruisit de tout ce qui s'était passé et lui demanda de la venger.

Il répondit qu'elle avait donné de sa vertu une preuve si éclatante, que tout scandale lui semblait inutile. Il ajouta que l'administration de cet infâme Ibrahim ne tarderait pas à faire naître une révolution, et qu'ainsi il était sage de laisser les événements s'accomplir.

Cette modération de Mahmoud arracha mille reproches à sa femme.

— Je croyais, lui dit-elle, avoir épousé un musulman; mais je vois bien que tu n'es qu'un juif; aussi je saurai bien te forcer à un divorce, si tu ne me procures une satisfaction éclatante.

Elle sut si bien communiquer son ressentiment aux femmes des autres capitaines, en leur peignant sous les couleurs les plus sombres l'odieuse conduite du dey, qu'elles engagèrent leurs maris à déposer ce tyran. Les conjurés, décidés à agir, s'ouvrirent à Mahmoud de leur dessein et lui dirent que, comme le plus offensé, il devait se mettre à leur tête.

Ce capitaine, auquel sa femme faisait de continuels reproches, accepta l'offre, à la condition que les autres feraient, au besoin, le sacrifice de leur vie pour le seconder.

Tout étant prêt, il ordonna au nègre qui avait introduit Ibrahim dans le harem, de lui avouer toute la vérité. Cet esclave infidèle n'obtint sa grâce qu'en promettant de porter le premier coup au tyran.

Un jour que ce dernier revenait du port, accompagné de sa cour, le noir, qui s'était caché, lui tira un coup de mousquet; mais il le manqua, et s'enfuit sans être poursuivi, tant sa brusque attaque avait causé de confusion dans le cortége du dey.

Ibrahim, qui avait parfaitement reconnu

son agresseur, comprit de suite de quelle vengeance il s'agissait. Il ordonna à ses courtisans de continuer leur route, leur disant qu'il saurait bien retrouver le coupable.

Il le retrouva, en effet, en arrivant près de son palais. Le nègre, saisi par les conjurés, n'avait échappé à la mort qu'en s'armant de nouveau et en jurant de ne pas manquer le dey, cette fois. Dès qu'il aperçut Ibrahim, il lui lâcha un coup de mousquet qui n'eut pas plus d'effet que le premier.

Les conjurés, qui s'étaient mêlés au peuple et à la suite du dey, comprenant qu'ils allaient être massacrés s'ils ne réussissaient dans leur dessein, se mirent à crier :

— K'har Allah! Dieu demande justice!

Au milieu de la confusion produite par l'attaque du nègre et par les cris des conspirateurs, Ibrahim eut le temps de se jeter dans son palais; il arme ses esclaves et se dispose à une vigoureuse résistance.

Il creuse des meurtrières dans les murailles, et tire sur la foule assemblée devant la porte.

Trouvant l'attaque trop difficile de ce côté, les assaillants courent à la terrasse; ils y creusent une ouverture et jettent par là une grande quantité de grenades dans l'intérieur du palais; Ibrahim se fait tuer. Il est aussitôt remplacé (juin 1710), après un mois seulement de règne.

Son successeur, le dey *Ali*, commença par faire traîner son corps dans les rues; puis il immola à sa sûreté les quelques amis du défunt qui auraient pu venger sa mort. Ces exécutions lui ayant fait de nouveaux ennemis, il prévint toute sédition par le meurtre de 1,700 personnes soupçonnées de conspirer contre son pouvoir. Il parvint ensuite, par son adroite politique, à se débarrasser du pacha, qu'il envoya à Constantinople; puis il obtint du sultan l'autorisation de réunir sur sa tête la dignité de pacha et celle de dey. A partir de ce jour, Constantinople n'eut plus sur Alger qu'une suzeraineté nominale.

Le nouveau souverain, qui, dans sa jeunesse, avait gardé des moutons dans un village d'Asie, joignait à une grande férocité certains sentiments généreux qui se développaient dans de rares circonstances. En voici deux exemples :

Quelque temps après son élévation au pouvoir, on lui amena une femme espagnole et ses deux filles, dont la plus jeune, âgée de seize ans à peine, était admirablement belle.

Ali, heureux de posséder un semblable trésor, voulut d'abord en user cavalièrement avec cette jeune fille. Mais il fut repoussé si rudement, qu'il résolût d'employer d'autres moyens que la violence.

Il fit conduire la jeune Anna-Maria Fernandez (ainsi se nommait la captive espagnole) dans un somptueux appartement, lui donna une négresse pour la servir, mit à sa disposition des habits magnifiques et de riches bijoux; elle refusa de s'en parer et se renferma dans sa chambre : si bien que le dey, après avoir vainement essayé pendant vingt mois de vaincre sa résistance, admira une si noble vertu et lui rendit la liberté ainsi qu'à sa mère et à sa sœur.

« Ali avait un esclave napolitain qu'il affectionnait singulièrement. Lorsque le dey, dans ses accès de colère, avait commis quelque acte de cruauté, cet esclave lui en témoignait sa peine en le boudant. Dès que le dey voyait son air triste il lui demandait :

« — Qu'as-tu?

« — Rien, répondait sèchement le Napolitain.

« Le dey jurait, s'emportait, voulait connaître la cause de son silence. Alors l'esclave, prenant un ton dogmatique, disait :

« — Tu veux savoir ce que j'ai; ne le vois-tu pas? Je suis affligé des meurtres que tu commets chaque jour. N'as-tu pas fait mourir aujourd'hui telle ou telle personne? Tu n'as pas honte de te montrer aussi sanguinaire que le plus grand scélérat des casernes? Apprends qu'un roi ne doit que pardonner;

mais tu n'es pas roi, tu n'es qu'une *bourrique!*

« Le dey écoutait sans mot dire, et après le mot *bourrique*, qui était la péroraison ordinaire, il répondait en mauvais italien :

« — *Per Dios, ti parlar jouste!* Par Dieu! tu dis vrai!

« Cet esclave avait pris un tel ascendant sur son maître, que, lorsqu'il témoigna le désir d'avoir sa liberté, le dey, en l'engageant à demeurer auprès de lui avec la promesse de ne pas le forcer à changer de religion, lui dit :

« — Sois libre comme le soleil de faire le tour du monde en vingt-quatre heures; de près comme de loin, tu seras mon ami, et ma reconnaissance surpassera toujours les sentiments que tu auras pour moi.

« On dit qu'en effet il lui donna un joli bâtiment pour retourner dans sa patrie, et le combla d'autres bienfaits; c'est ainsi que quelquefois ces barbares joignent la plus exécrable cruauté aux sentiments les plus délicats du cœur.

« Une place de khodja (secrétaire d'État) étant vacante, le dey envoya un chaoux chercher un certain Mohammed qui demeurait dans une boutique, pour venir l'occuper. Le chaoux ignorant de quoi il s'agissait, s'adresse à un cordonnier qui portait ce nom et lui ordonne d'aller trouver le dey. Le pauvre Mohammed, quoique étonné de cet ordre, obéit non sans quelques appréhensions, il se rend auprès d'Ali et lui baise la main à son arrivée selon l'usage. Le dey, en le voyant, comprit qu'il y avait eu méprise et le renvoya sans lui rien dire. Comme le cordonnier tournait humblement le dos pour retourner dans son modeste gîte, Ali fait réflexion et dit :

« *Kischmet!* (cela est écrit), Dieu a permis que le chaoux se soit trompé, il a peut-être quelque dessein sur cet homme; qu'il le bénisse et qu'il prospère.

« Et l'ayant fait rappeler, il l'installa dans la place qu'il avait l'intention de donner à un autre. Plus tard il devint *khazenadji* (trésorier), et enfin, à la mort d'Ali, il fut appelé à lui succéder [1]. »

Ali eut la fortune, presque inconnue de ses prédécesseurs, de mourir sur le trône. A peine avait-il fermé les yeux, dans la nuit du 13 au 14 avril 1718, que les officiers de sa maison, de concert avec ceux du Divan, procédèrent à l'élection d'un successeur.

Leurs suffrages se réunirent en faveur du trésorier Mohammed, qui fut d'abord revêtu du cafetan et assis sur le trône.

Les portes du palais s'ouvrirent le matin à l'heure ordinaire, le canon tira pour annoncer la mort d'Ali et l'élection de son successeur.

Ce dernier fut accepté sans contestation. Officiers et soldats coururent au palais pour le complimenter et lui baiser la main.

C'était un ancien berger d'Égypte, qui ne savait ni lire ni écrire et qui ne se distinguait que par une stature colossale. Ses mœurs grossières, brutales, dépravées, ne tardèrent pas à lui faire de nombreux ennemis. Le 18 mai 1724, comme il revenait de sa promenade ordinaire du môle, il fut assassiné par cinq ou six Turcs apostés pour cela. L'un d'eux donna le signal par un coup de fusil lâché d'une terrasse. A ce bruit, les autres parurent et firent une décharge générale sur le dey, qui tomba mort, sans prononcer une parole.

Les gardes, laissant aux assassins le temps de tuer encore un chaoux et un secrétaire, parents du dey, se sauvèrent dans le palais, avec l'intention de s'en emparer et d'y proclamer un de leurs camarades.

Mais le trésorier, plus diligent, quoique blessé à la tête d'un coup de sabre, les avait prévenus. Ils avaient déjà engagé les *Noubagis* ou gardes de la porte à prendre les armes et à proclamer l'aga des spahis, nommé *Abdi*.

1. *Alger pendant cent ans.*

Ils l'avaient à peine vêtu du cafetan, que les conjurés parurent et furent mis en fuite par une décharge de mousquets. On ouvrit alors les portes du palais, le nouveau dey reçut les compliments ordinaires et tout rentra dans la tranquillité.

« Plusieurs deys se succédèrent sans événements mémorables, si ce n'est la reprise d'Oran par les Espagnols, en 1732. Le comte de Montemar commandait l'expédition, qui se composait de 25,000 fantassins et 3,000 chevaux. Les Maures voulurent s'opposer au débarquement, mais ils furent foudroyés par l'artillerie ; regardant alors la défense de la place comme impossible, ils abandonnèrent la ville et les Espagnols en prirent possession sans coup férir. Le dey, Ali II, n'osant reprendre le chemin de sa capitale, où sa tête n'eût pas été en sûreté, se réfugia dans le Maroc avec sa famille et ses trésors.

« Ibrahim II lui succéda et conserva le pouvoir pendant seize années. Ce long règne sur un trône si glissant suppose une grande habileté. Mais aussi les factions comprimées pendant si longtemps firent une explosion terrible après sa mort. Les janissaires ne furent pas seuls cette fois à prendre part à la lutte ; les habitants se jetèrent dans la mêlée et le sang ruissela dans les rues d'Alger ; la lutte entre les diverses factions fut des plus horribles. Non-seulement la milice était partagée entre divers prétendants, mais la marine et les Maures, qui jusque-là avaient pris peu de part aux intrigues de l'ambition, avaient les leurs qu'ils voulaient faire prévaloir.

« A peine le canon venait d'annoncer que le fauteuil doré était occupé, qu'un poignard se levait pour le rougir du sang du malheureux qui avait osé s'y asseoir, et la lutte recommençait aussitôt. Le palais lui-même du dey, assiégé par les divers partis, était pris et repris à chaque instant. A cinq reprises différentes le canon annonça qu'un souverain venait d'être élu ; mais le vent de l'anarchie soufflait avec tant de violence, qu'une heure suffisait pour qu'il fût emporté. Celui qu'une faction avait élevé sur le pavois était ensuite précipité sur les dalles, jeté dans la rue, traîné sur les places publiques et foulé aux pieds.

« L'assassinat ne suffisant plus pour assouvir la haine, on eut recours au supplice des criminels ; car le cinquième dey élu dans cette funeste journée fut traîné vivant jusqu'à la porte Bab-Azoum et précipité sur les fatals crochets.

« Le peuple, effrayé par ces sanglantes exécutions, s'était retiré dans l'intérieur des maisons ou abrité dans les mosquées ; car, paraître dans la rue, c'eût été s'exposer à glisser dans le sang. Cependant il fallait en venir à un dénoûment, et comme la force ne pouvait parvenir à créer un souverain, on en laissa le soin au hasard. Il fut convenu entre les divers chefs de partis qu'on se rendrait à l'entrée de la grande mosquée et que le premier qui en sortirait serait proclamé dey. Ce fut un pauvre cordonnier qui sortit de cette urne bizarre.

« Il prit d'abord pour une plaisanterie la nouvelle de son élévation, il opposa ensuite un refus obstiné à l'honneur dangereux qu'on lui voulait faire ; mais, malgré ses protestations d'incapacité, il fut conduit au palais, revêtu du cafetan d'honneur et les divers chefs de la milice lui baisèrent successivement la main, pendant que le canon annonçait sa souveraineté, qui était en même temps proclamée dans toute la ville par les hérauts publics.

« Chose bizarre, il s'appelait aussi Mohammed, comme le cordonnier que le hasard avait précédemment fait monter sur le trône, quoique d'une manière différente [1]. »

Les deys se succédaient au gré de la turbulence des janissaires, dont il était impossible de comprimer les excès. De leur côté, les pirates ne se montraient pas moins indomp-

---

1. *Alger pendant cent ans.*

tables; ils continuaient leurs déprédations sans jamais rompre complétement avec la France, seule nation européenne qui ne consentit jamais à leur payer un tribut pour la sécurité de son commerce. La plupart des autres États se soumettaient à des redevances de différentes espèces :

Le royaume des Deux-Siciles payait 24,000 piastres chaque année ;

La Toscane, 25,000 piastres à chaque renouvellement de consul ; la Sardaigne et les États du pape également ;

Le Portugal était traité comme les Deux-Siciles ;

L'Angleterre elle-même consentait à un présent de 600 livres (15,000 fr.) à chaque renouvellement de consul.

Les États-Unis, les princes allemands, le Danemark, la Suède étaient assujettis à un tribut en argent ou en munitions, ce qui n'empêchait nullement les pirates de piller leurs navires chaque fois que l'occasion s'en présentait.

Les choses en vinrent à un tel point, que l'Espagne, ayant à souffrir plus que les autres de l'insatiable audace des Algériens, organisa, en 1775, une grande expédition pour y mettre un terme. Un officier de fortune irlandais, nommé O'Reilly, en reçut le commandement et se présenta, le 1er juillet, devant la cité barbaresque. Sa flotte, composée de plus de 300 bâtiments de toute grandeur, portait 22,000 hommes de débarquement et un matériel de siége considérable.

Après avoir perdu un temps précieux en inutiles démonstrations, les Espagnols opèrent leur débarquement, le 8 juillet ; ils s'engagent dans des broussailles et, ne rencontrant aucune résistance, commettent la faute de se disperser au milieu d'un pays ennemi. Quand les Arabes, qui se sont cachés jusqu'alors, voient leur armée disséminée et hors d'état de se rallier, ils fondent sur elle et la déciment. Tel est le découragement des Espagnols, qu'ils se rembarquent dès le lendemain matin, abandonnant leur matériel, leurs malades et leurs blessés.

Quinze ans plus tard, un autre coup frappa non moins douloureusement l'Espagne. Dans la nuit du 8 au 9 octobre 1770, un affreux tremblement de terre renversa de fond en comble la ville d'Oran. Églises, maisons, remparts, tout fut renversé ; un tiers des troupes périt sous les décombres ; le reste dut se défendre, sans vivres et sans munitions, contre 30,000 musulmans accourus dès la première nouvelle de ce sinistre. Au mois d'août de l'année suivante, après dix mois d'un siége héroïquement soutenu, des négociations furent ouvertes avec les assiégeants, qui se retirèrent.

En 1792, l'Espagne, préoccupée de la tournure que prenait la politique révolutionnaire en France, ne crut pas pouvoir conserver cette ville d'Oran, sans valeur ni utilité pour elle. Les Turcs y entrèrent aussitôt et se trouvèrent ainsi maîtres absolus de toute l'Algérie.

L'expédition de Bonaparte en Égypte donna aux corsaires algériens l'occasion de déclarer une guerre acharnée à notre marine marchande. L'Empire ne rétablit jamais complétement nos relations amicales avec la Régence. Le dey d'Alger nous enleva, en 1807, nos concessions territoriales et les vendit aux Anglais, moyennant une rente annuelle de 200,000 fr.; plus tard, il expulsa notre consul. Faute de marine, nous étions impuissants à tirer vengeance de semblables outrages.

Néanmoins, la sympathie manifestée par le gouvernement d'Alger en faveur d'un de nos compatriotes, témoigna de l'intention qu'avait le dey de continuer de bonnes relations avec nous.

M. Arago, chargé par le gouvernement de se rendre aux îles Baléares pour un travail astronomique, s'était transporté à Majorque, où il devait, du haut de la montagne de Galatzo, mesurer un axe de parallèle. La guerre ayant éclaté, sur ces entrefaites, entre la France et l'Espagne, le savant fut dénoncé aux insurgés espagnols comme faisant des signaux à une flotte française imaginaire ; à la voix des prêtres fanatiques et ignorants, le peuple se souleva en poussant des cris de mort. Arago n'eut que le temps de s'enfuir, déguisé en paysan. Une barque de pêcheur le conduisit à Alger, d'où une frégate algérienne entreprit de le ramener à Marseille. Il arrivait près des côtes de France, lorsqu'un corsaire espagnol attaque la frégate, s'en empare et jette à fond de cale les passagers et les matelots. A la nouvelle de l'insulte faite à son pavillon, le dey menace les Espagnols des plus terribles représailles ; il obtient la mise en liberté de tous ceux qui avaient été pris à bord de la frégate algérienne.

Arago fut donc de nouveau dirigé vers l'Afrique ; une tempête jeta sur la plage de Bougie le navire qui le portait. Aussitôt, les Maures accourus pour se partager les épaves s'emparèrent des instruments d'Arago, fouillèrent ce savant, qu'ils supposaient richissime, le maltraitèrent et se diposaient finalement à lui trancher la tête, lorsqu'un marabout intervint, le prit sous sa protection et le conduisit par terre à Alger.

En arrivant dans cette ville, l'illustre astronome y trouva un dey nouvellement élu et qui était en discussion avec le gouvernement français. Furieux contre Bonaparte, qui lui devait de l'argent et qui ne le payait pas, le chef de la milice fit saisir le savant et le jeta sur un bâtiment corsaire, en qualité d'interprète. M. Nordesling, consul de Suède, obtint, quelque temps après, la délivrance d'Arago, qui s'embarqua d'Alger le 1er juillet 1809 et revint en France.

Les plénipotentiaires réunis au congrès de Vienne, en 1815, portèrent leur attention sur les déprédations des corsaires. L'Angleterre promit d'y mettre fin.

En attendant la réalisation de cette promesse, les États-Unis commencèrent par refuser de payer tout tribut au dey Omar. Une escadre américaine vint même croiser devant Alger et captura trois navires corsaires.

CHAPITRE XVIII

LES ANGLAIS BOMBARDENT ALGER

Massacre de Bone. — Lettre du capitaine Croker. — Les Anglais en esclavage. — Lord Exmouth. — Flotte britannique. — Un bébé qui pleure. — Arrestation du consul anglais. — Mesures défensives prises à Alger. — Ultimatum de lord Exmouth. — Retour de l'officier parlementaire. — Bombardement. — La foule sur la plage. — Massacre des curieux. — Pertes éprouvées par les Anglais. — Incendies dans Alger. — Emeute des habitants. — Soumission. — Délivrance des captifs.

Pendant vingt ans, l'Angleterre avait fait à notre révolution une guerre féroce et heureuse. Délivrée de la République et de l'Empire, devenue maîtresse de la Méditerranée, il ne lui restait plus, pour affirmer sa puissance, qu'à frapper les pirates barbaresques qui avaient profité de nos longues guerres européennes et avaient repris le cours de leurs déprédations.

Le massacre de Bone, qui donna le prétexte de l'expédition de 1816, vint emplir la coupe des crimes commis par les Berbères. Nous avons déjà eu occasion de dire que les habitants du Moghreb se considéraient comme ayant le droit légitime de s'approprier la cargaison de chaque navire européen qu'ils pouvaient capturer et d'enlever les passagers pour les plonger dans l'esclavage.

En 1816, le capitaine Croker, de la corvette *Wizard*, raconta, dans une lettre adressée à un membre du parlement, des détails horribles sur les souffrances que les captifs chrétiens enduraient sous le joug des Algériens. Par exemple, 357 esclaves européens qui avaient été pris sur mer un an auparavant, par deux corsaires algériens, avaient été conduits à Bone, et, après un voyage de plusieurs jours, 300 de ces malheureux, les seuls qui eussent survécu aux mauvais traitements, à la faim, à la soif et à mille souffrances, furent amenés aux pieds du dey. Quelques-uns étaient si amaigris et si fatigués qu'ils expirèrent devant lui ; six jours après, soixante-dix autres succombèrent à leur tour. Le reste fut dépouillé, enchaîné et envoyé avec d'autres captifs dans les carrières de pierres pour y travailler, sous le bâton de chefs impitoyables ; la nuit venue, on les jetait dans le bagne d'Alger, dont les chambres se composaient de simples murailles et d'un plancher de terre. Là ils dormaient non dans des lits, mais dans des hamacs d'osier pendus les uns au-dessus des autres. La puanteur de ces réduits était si intolérable que le capitaine et toute sa compagnie pouvaient à peine l'endurer sans être asphyxiés. Parmi les esclaves se trouvaient beaucoup de sujets britanniques, et une femme sicilienne qui subissait l'esclavage depuis treize ans avec ses enfants.

Leur nourriture journalière se composait de deux pains noirs d'une demi-livre avec un peu d'huile ; leur gardien pouvait battre, mutiler ou tuer tous ces malheureux selon son bon plaisir.

« Nous quittâmes ces scènes d'horreur, écrit le capitaine Croker, et, en allant dans l'intérieur du pays, je rencontrai les esclaves revenant de leur travail. Le bruit des fers de ceux qui étaient lourdement enchaînés appela mon attention sur leur extrême fatigue et leur abattement ; il étaient conduits par des infidèles armés de grands fouets.

« Le 13 juin 1816, tous les pêcheurs de corail italiens à Bone, au nombre de 300, furent barbarement assassinés par la soldatesque musulmane. Le consul anglais fut assassiné ; le drapeau anglais, arraché de son office, fut mis en pièces et foulé aux pieds. Dès cet instant toutes négociations cessèrent avec le dey qui avait autorisé ces barbaries. Il fut résolu de l'attaquer dans sa capitale. »

Une expédition fut préparée sous le commandement de sir Edward Pellew, connu sous le nom de lord Exmouth (plus tard vicomte Exmouth), officier distingué, qui avait été créé baron en 1796 pour son héroïsme dans sa capture de la frégate française la *Cléopâtre*, et qui était en ce moment amiral de l'escadre bleue.

Sa flotte, composée de dix-neuf vaisseaux, comptait à son bord un grand nombre de soldats de marine, de sapeurs-mineurs, d'artillerie de la marine et le corps royal des fuséens.

Une escadre hollandaise de six vaisseaux, sous les ordres du vice-amiral baron van Capellan, joignit l'armée navale des Anglais.

Ce dernier officier avait son pavillon à bord du *Melampus*, de 36 canons, dont le capitaine était un ancien officier d'origine écossaise nommé de Muir. Lord Exmouth montait la *Queen Charlotte*, de 110 canons, capitaine James Brisbaine. L'armement total était de 874 canons, il y avait, de plus, quatre bombardes : l'*Imperial*, le *Fury*, le *Hecla* et le *Beelzebute*, portant chacun 10 canons.

Après un retard de quatre jours, causé par les vents, près de Gibraltar, la flotte cingla vers la côte d'Afrique ; les troupes se montraient pleines d'ardeur et d'autant plus désireuses d'arriver vite devant la ville, qu'elles avaient appris la veille de leur départ qu'une grande armée s'assemblait à Alger et que des batteries très-considérables et des travaux additionnels se construisaient sur chaque flanc de la ville ainsi qu'au bout de la jetée.

« Cette nouvelle, dit lord Exmouth dans sa dépêche à sir John Wilson Croker, fut, la

Le dey d'Alger donne un coup de chasse-mouches à notre consul. (Page 158.)

nuit suivante, confirmée par le *Prométheus* que j'avais dépêché à Alger quelque temps auparavant pour qu'il s'efforçât d'enlever notre consul. Le capitaine Dashwood, déguisé sous le costume d'un aspirant de marine, avait réussi, après beaucoup d'efforts, à ramener sa femme et sa fille, laissant derrière lui un bateau qui devait apporter son petit bébé placé dans un panier commis aux soins du chirurgien ; malheureusement, lorsqu'ils arrivèrent à la porte cochère, l'enfant pleura ; aussitôt le chirurgien, trois aspirants et plusieurs autres personnes, au nombre de dix-huit en tout, furent saisies et confinées comme esclaves dans les donjons. L'enfant fut renvoyé le lendemain par le dey. Je crois de mon devoir de rapporter cet exemple isolé de son humanité. »

Le capitaine Dashwood raconta à lord Exmouth que 40,000 hommes de troupes et tous les janissaires des garnisons les plus éloignées se trouvaient dans la ville, et qu'ils étaient tous infatigablement employés dans les batteries, sur les canonnières pour préparer la défense. Les vaisseaux du dey étaient tous dans le port, où se trouvaient, en outre, de quarante à cinquante canonnières et galiotes à bombes. Le dey informa le capitaine Dashwood qu'il savait parfaitement que l'armement de Gibraltar était destiné à bombarder Alger. Il avait secrètement enfermé le consul anglais et refusait de lui rendre la

19.

liberté, pas plus qu'il ne voulait entendre parler de relâcher les officiers et les hommes si injustement enlevés des embarcations du *Prometheus*.

Le 26 août, au point du jour, la flotte se dirigea vers le nid des pirates. La ville s'élève en amphithéâtre sur le flanc d'une montagne; elle est construite de telle sorte que de toutes ses maisons la vue plane sur la mer. Les toits sont plats et couverts de terre, de manière qu'on peut se promener de l'une à l'autre sur une distance considérable. Toutes les maisons étant blanchies, donnent à la ville, vue à une certaine distance, l'aspect d'une voile de perroquet se détachant de l'eau bleue sur une côte verte et rocheuse.

Du côté de la terre, elle était entourée d'une muraille de trois milles de circonférence, défendue par des tours et par quatre châteaux ; mais la principale défense, du côté du port, se composait de deux digues dont l'une, d'environ cinq cents pas de longueur, au nord-est de la ville, aboutissait à un rocher appelé la lanterne, sur lequel un château est construit. Sur chaque point abordable reposaient des batteries fortes et nombreuses, armées de deux cent quatre-vingt-dix-huit pièces de canon.

A cette époque, la population d'Alger était évaluée à cent trente mille âmes, consistant en Turcs, Maures, juifs, renégats et esclaves chrétiens.

Le matin du 26 août, par un temps serein, la flotte arriva en vue de la baie d'Alger ; le vent cessa et les vaisseaux restèrent à cinq milles du rivage, mais assez près toutefois pour qu'on pût voir toute la masse des longues lignes de batteries, le drapeau rouge flottant partout et une forêt de mâts au-dessus de la jetée.

Lord Exmouth profita du calme pour dépêcher un bateau, sous pavillon parlementaire, avec l'ultimatum du prince régent de la Grande-Bretagne. Il ordonna à l'officier qui commandait cette embarcation d'attendre trois heures la réponse du dey ; après quoi il devait revenir à la flotte. L'officier chargé de cette périlleuse mission rencontra, près de la jetée, le capitaine du port qui, en apprenant que la réponse ne serait attendue que pendant une heure, répliqua vivement que cela était impossible :

— Alors, dit l'officier, j'attendrai deux ou trois heures.

— C'est différent ; deux heures suffiront, répliqua l'Algérien.

Les demandes de l'amiral, après les reproches adressés au dey pour les récentes atrocités de Bone, étaient ainsi conçues :

« 1° Abolition pour toujours de l'esclavage chrétien.

« 2° Demain à midi, remise de tous les esclaves, à quelque nation qu'ils appartiennent.

« 3° Demain à midi, restitution de tout l'argent reçu par le dey pour la rédemption des esclaves depuis le commencement de cette année. »

De plus, il demandait pour le consul anglais satisfaction en raison des pertes qu'il avait subies et exigeait que le dey lui fît une réparation publique ; il demandait, en outre, la délivrance des officiers et des hommes récemment arrêtés ; sinon il menaçait la place d'une entière destruction par le canon, les bombes et le feu.

Pendant que ces demandes étaient soumises au dey, la brise s'éleva ; la flotte atteignit la baie ; les bateaux et la flottille se préparèrent à accomplir leur terrible besogne. La flottille consistait en cinq grandes canonnières, dix mortiers et huit bateaux à fusées avec trente-deux canonnières, bateaux et yoles sous les ordres du capitaine F.-T. Mitchell et des lieutenants Davies et Revons.

L'amiral observa en ce moment que l'officier parlementaire s'en retournait en faisant un signal pour dire qu'après trois heures d'attente il n'avait point reçu de réponse.

Les troupes de la flotte étaient occupées à dîner, — repas qui fut le dernier pour un grand nombre, particulièrement à bord de l'*Imprenable* et de la frégate hollandaise *Diane*. A la table des officiers, on buvait à pleine rasade au succès d'une attaque, bien qu'il y eût un sentiment général d'espoir que l'affaire se terminerait en négociations. Soudain l'amiral s'écrie :

— Êtes-vous prêts ?

La réplique « prêts » courut de vaisseau en vaisseau.

— Attaquez ! crie alors l'amiral donnant lui-même l'exemple.

« Chacun se porta sur le point qui lui avait été assigné et dans l'ordre prescrit » écrit lord Exmouth ; « nous encrâmes à l'entrée de la jetée à environ cinquante mètres de distance les uns des autres. Jusqu'à ce moment aucun coup de canon n'ayant été tiré de la place, je commençai à croire que le dey finissait par accepter nos propositions.

« En cet instant de profond silence, un coup de feu partit de la jetée et deux autres furent dirigés sur les vaisseaux qui nous suivaient.

« La réplique fut immédiatement rendue par la *Reine Charlotte*, qui dirigeait alors son feu sur le principal mât d'un brick amarré à la tête de la jetée et que nous convoitions déjà comme principal point stratégique de notre position. »

Le *Leander*, de cinquante canons, courut se placer à deux encâblures du bâbord de l'amiral ; les canons étaient chargés à boulet et à mitraille, les caronades à mitraille seulement. La voilure se réduisait à la voile de perroquet, les voiles du grand mât étant ployées, tandis qu'à l'arrière les barques étaient jetées en remorque.

« Parmi la foule des vaisseaux, nos canonnières s'efforcèrent de se placer le long des batteries où les Algériens étaient occupés à charger et à traîner leurs canons, tandis que de grandes masses de spectateurs couvraient toute la plage, contemplant curieusement notre escadre et ne se doutant pas de ce qui allait arriver.

« Une frégate était amarrée en travers de l'embouchure du port, et un brick était ancré à son arrière.

« Quand la *Reine-Charlotte* vint jeter l'ancre, son flanc de tribord correspondait à la batterie de la jetée. L'escadre entière avait hissé ses vergues. Les voiles de perroquet et les petites vergues étaient seules ployées afin qu'en haut personne ne fût exposé sans nécessité à la mousqueterie des musulmans.

« Comme *le Leander* jetait l'ancre au large de la batterie du marché au poisson, on vit lord Exmouth, sur la poupe de son navire, agiter son chapeau pour avertir la foule qui couvrait la plage de se retirer. Un long hourrah retentit alors et le flanc de la *Reine-Charlotte* s'illumina. Des cris perçants et des hurlements se firent entendre, tandis que le sang, les os et des éclats de pierres volaient de tous côtés.

« Les applaudissements de la *Reine-Charlotte* furent fortement répétés par l'équipage du *Leander*, écrit un officier de ce dernier vaisseau, et la décharge de son flanc suivit aussitôt, portant la destruction sur le bateau qui se tenait à l'entrée du port. Bientôt l'incendie se déclara à son bord. Il fut anéanti en peu d'instants. Des centaines de Turcs furent brûlés ; le reste de l'équipage se sauvait à la nage, s'efforçant de regagner la rive, lorsqu'une nouvelle décharge l'anéantit complétement. »

Les Algériens essayèrent de répondre. Chaque vaisseau anglo-hollandais prit sa place ; l'amiral hollandais avec son escadre attaqua les batteries de l'est de la jetée ; la canonnade devint générale. La brise fraîche qui avait conduit la flotte alliée dans la baie était complètement tombée par l'effet de la canonnade ; de sorte que la fumée, planant au-dessus du port et des vaisseaux, devint si dense que les canonniers se voyaient souvent obligés d'attendre qu'elle disparût un peu ; tandis que l'ennemi tirait sans cesse. La défense fut si rude, que, dans le *Leander* seulement, soixante-cinq hommes furent transportés à l'infirmerie après la seconde décharge. Le soir, le contre-amiral Milne envoya un message à l'amiral, mentionnant les pertes sérieuses subies à bord de *l'Imprenable* (où cinquante hommes avaient été tués et cent soixante blessés), et le priant d'envoyer une frégate qui pût détourner une partie du feu qu'il essuyait. Le *Glasgow*, de 44 canons, capitaine honorable A Mailland, fut envoyé à son aide, mais, après avoir levé l'ancre, il se vit obligé de la jeter de nouveau à défaut de vent.

Comme on était à même d'essayer une tentative pour détruire les frégates algériennes, l'intimation de cesser le feu fut envoyée au *Leander*. « Ce fut un moment solennel, dit lord Exmouth, moment que je n'ose pas tenter de décrire, occasionné par l'idée d'incendier des vaisseaux si près de nous. J'avais résisté longtemps aux pressantes sollicitations de plusieurs officiers de commencer la tentative sur la frégate extérieure (distante d'environ cent mètres) lorsqu'enfin je cédai. Le major Gosset, qui avait manifesté le désir de débarquer son corps de mineurs, me pressa de lui permettre un abordage.

« La frégate fut abordée et mise en flammes en moins de dix minutes ; un jeune et vaillant aspirant, ardent à suivre la barque pour la seconder, malgré la défense qui lui en avait été faite, fut dangereusement blessé, son frère, « officier », tomba mort avec neuf hommes de sa suite. La barque en nageant plus rapidement avait moins souffert et n'avait perdu que deux hommes. »

En ce moment le feu de la côte était si intense que les mâts de l'escadre commençaient à souffrir ; des éclats de bois, des lambeaux de voilure s'en détachaient. Parfois le drapeau rouge d'une batterie disparaissait et une acclamation des vaisseaux saluait cet incident, chaque canonnier croyant être le pointeur qui avait si bien réussi. L'escadre algérienne se couvrit enfin de flammes ; les mâts et les vergues se consumèrent rapidement.

Toute la partie principale de la jetée avait été changée en un monceau de ruines, les batteries étaient réduites au silence et des milliers de cadavres mutilés gisaient parmi les décombres. Une batterie dans la partie supérieure de la ville restait seule intacte, elle se trouvait sur une position si élevée que les coups de ses canons traversaient le tillac du *Leander*.

A la première lueur du soleil on remarqua que tous les arsenaux, les magasins et les canonnières algériennes étaient, comme leur escadre, enveloppés de flammes qui rougissaient également la mer et le ciel. Couverte de feu, la frégate extérieure dérivait sur *la Reine-Charlotte* lorsqu'une légère brise l'entraîna heureusement vers la côte. Chaque moment apportait un danger pour la flotte chrétienne parce que des étincelles, des flammes et des tisons ardents, venant de la côte et des vaisseaux, flottaient tout autour de l'escadre.

« Les canonnières s'étaient tellement échauffées par la longue et incessante canonnade, que nos gens furent obligés d'avoir recours à la demi-charge et d'attendre le refroidissement des pièces avant de les recharger.

« Vers huit heures le feu de l'ennemi avait diminué et on voyait la foule courir, terrifiée, de ses défenses en ruines à la grande porte de la ville. On pouvait distinguer tous ses mouvements à la lueur sombre des flammes de la flotte et des arsenaux qui étalaient un spectacle d'une triste grandeur, impossible à décrire.

« En ce moment la flotte avait achevé la destruction de quatre grandes frégates de 44 canons, de cinq corvettes de 30 ou 34 canons, de trente canonnières et bateaux à mortier et d'une grande flotte de vaisseaux de toute sorte et de toute grandeur ; les pontons, les magasins, les arsenaux et les bois, les affûts, les mortiers, les barils, les provisions navales, tout était anéanti. C'était pour ces barbares une leçon dont ils pourront se souvenir à jamais, dit lord Exmouth. »

La perte totale des deux escadres s'élevait à 883 officiers, matelots et soldats, tués ou blessés. De ce nombre 690 étaient anglais.

Presque toutes les maisons d'Alger portaient des traces de la canonnade. Cinq bombes, dont une de treize centimètres et quatre de dix, tombèrent dans le palais du dey. Au moment où la flotte de lord Exmouth s'éloignait, les janissaires demandèrent que le pillage de la ville leur fût permis, sous prétexte que les Maures s'étaient défendus mollement et que les Juifs n'étaient que des espions. Ce ne fut pas sans peine que le dey humilié put détourner ces furieux de leurs projets. Se jetant au milieu d'eux, la poitrine découverte, il s'écria :

— S'il en est un parmi vous qui soit plus grand ami de la cause commune que moi-même qu'il me poignarde sur-le-champ.

Cet acte de bravoure et de fermeté les réduisit au silence.

Le 1er septembre, lord Exmouth eut la satisfaction de recevoir à bord de sa flotte tous les esclaves chrétiens, au nombre de 1,211. Rarement on avait vu un spectacle plus touchant et plus beau que celui des bateaux de l'escadre ramenant toutes ces pauvres créatures, dont les mains affranchies s'élevaient vers le ciel. Les Anglais obtinrent aussi 357,000 dollars pour Naples et 25,000 pour la Sardaigne.

Ces actes de rédemption ne furent pas les seuls :

Le 27 novembre, le contre-amiral Penrose, qui resta comme commandant en chef de la flotte anglaise dans la Méditerranée, fit savoir aux gouvernements de Tripoli et de Tunis son désir que le bashan et le dey fissent au prince régent d'Angleterre les mêmes concessions qui lui avaient été faites par le dey d'Alger ; le contre-amiral eut, quelques jours après, la satisfaction d'envoyer à Civita-Vecchia quatre-vingt-trois Romains affranchis.

Après cela, pas un esclave chrétien ne resta dans les États barbaresques.

Peu de temps après le départ de la flotte anglo-hollandaise, le dey Omar, accusé de trahison, fut étranglé par ses janissaires et remplacé par son rival, Ali-Kodjia, qui s'acquit par sa férocité un nom fameux dans les annales de la régence. On ne parvenait à lui qu'en passant sur les cadavres des Turcs ou des Maures sacrifiés à son caractère impitoyable. Il mourut de la peste, après avoir, en quelques mois de règne, fait tomber plus de 1,500 têtes.

CHAPITRE XIX

LES DERNIERS DEYS D'ALGER

Omar est étranglé. — Ali-Kodjia. — Coup d'État. — Conspiration d'Abd-Allah-Reïs. — Reconnaissance d'Ibrahim. — Ali-Kodjia se retire dans la Kasbah. — Exécution aux flambeaux. — Révolte des janissaires qui assiégent la Kasbah. — Mort d'Ali-Kodjia. — Le dey Hussein. — Sa biographie. — Meurtre de Yahïa, agha des janissaires. — Zéheïra. — Le lacet de soie. — Les habitants de Rome pillent un brick français. — Notre pavillon est insulté en toute circonstance. — Rupture entre la France et l'Ohjéak. — La Restauration ne peut payer les dettes de l'Empire. — Affaire Busnach et Bacri. — Notre consul Deval. — Affaire Rosa Piombino. — Le coup d'éventail.

« Sa vigilance était extrême, et il suivait d'un œil inquiet tous les complots des janissaires ; ce fut lui qui fit transporter le trésor public dans la citadelle, et qui y établit ensuite sa résidence. Une curieuse chronique algérienne raconte ainsi les détails de ce petit coup d'État[1].

« Un matin que, seul avec son chaouch[2] favori, qui était le confident et l'entremetteur de presque toutes ses aventures de débauche, il passait en revue les incidents dramatiques d'une équipée de la veille, en rêvant à de nouveaux projets pour satisfaire ses passions du lendemain. Ibrahim, officier supérieur des janissaires, qui devait à Ali-Kodjia sa récente promotion, vint au palais de la Djeninah, et demanda la faveur d'une entrevue secrète avec le souverain. Ali, qui n'ignorait pas combien était vif le sentiment de reconnaissance que lui avait voué son ancien compagnon de milice, ordonna qu'on l'introduisît sur-le-champ.

« Ibrahim paraissait vivement ému :

« — Dieu est grand ! s'écria-t-il en baisant la bordure du riche kaftan de soie cramoisie que portait le pacha ;

« Dieu protége le maître d'Alger la Guerrière, puisqu'il a permis que j'arrive à temps !

---

1. *Courrier d'Afrique*, n° 951. (Alger, 14 août 1846.)
2. Les chaouchs étaient des espèces d'huissiers attachés à la personne des pachas et des lieutenants. Leur pouvoir redouté s'étendait sans distinction sur tous les fonctionnaires et tous les sujets de l'Etat.

Une conspiration te menace ; l'ingratitude en est la source et ta chute en est le but. Le hasard a voulu que j'entendisse à la dérobée, dans la soirée d'hier, la conversation du misérable Abd-Allah-Reïs avec un autre chef de corsaires. Cet homme, que tu as comblé de richesses et de faveur, parlait avec chaleur de l'enlèvement d'une jeune fille et d'une vengeance qui ne pouvait s'assouvir que dans le sang. Il n'appartient pas à l'esclave de juger son maître ; la personne, les biens, la vie de tes sujets sont dans tes mains ; et sans avoir pu démêler les fils de cette trame qui s'ourdit, j'ai compris que mon dévouement devait du moins t'avertir d'être sur tes gardes. Les conjurés, quels que soient leurs motifs et quel que soit leur projet, doivent se réunir dans la maison de campagne que possède Abd-Allah, à l'ouest d'Alger, sur le versant du mont Bou-Zariah ; c'est de là qu'ils doivent partir, à la nuit tombante, peut-être ce soir, peut-être demain, pour s'introduire dans la ville. Si mon avis est de quelque importance à tes yeux, tu n'as pas un moment à perdre pour le mettre à profit.....

« — Ton zèle pour ma sûreté ne restera pas sans récompense, répondit Ali-Kodjia, dont les traits calmes et sombres ne laissèrent percer aucune inquiétude. Mais il s'agit de vérifier prudemment la valeur du complot que tu as cru découvrir, et c'est à toi-même que je confie cette mission délicate. Prends cet anneau, dont l'empreinte bien connue est le signe d'un pouvoir auquel chacun de mes sujets doit une aveugle obéissance. Il te suffira de le montrer à l'agha des janissaires pour qu'il mette à ta disposition le nombre d'hommes dévoués dont le concours te sera nécessaire. S'il existe des coupables, je me repose sur toi du soin de les saisir, et je veux que tu me les amènes vivants.

« A peine Ibrahim s'était-il retiré que le pacha tomba dans une profonde rêverie.

« — A quoi sert donc la puissance souveraine ! murmura à demi-voix le lubrique Ali-Kodjia. Faut-il que je vive sans cesse en proie à la terreur, dans un palais qui ne peut défier le moindre assaut, et entouré de gardes qui furent jadis mes égaux et dont le plus hardi peut, à toute heure, s'élever sur mon cadavre !

« Le chaouch favori, prenant alors la parole, dépeignit à son maître les avantages qu'il retirerait, pour sa sécurité, d'un changement de résidence. Il fit valoir les forces de la Kasbah et les moyens faciles que devait employer le pacha pour s'y mettre à l'abri des complots, sans donner à la défiance des janissaires le temps de s'éveiller.

« Ali-Kodjia se rendit le même jour dans cette citadelle ; et sous le prétexte que des rapports secrets lui faisaient appréhende une prochaine attaque d'une puissance chrétienne, il ordonna la construction rapide de nouvelles défenses qui devaient en faire le boulevard inaccessible des glorieux champions de l'Islam.

« A sept heures du soir, comme il venait de regagner son palais de ville, Abd-Allah et vingt autres conjurés, surpris par Ibrahim dans la maison du mont Bou-Zariah, furent amenés dans la Djéninah, sous l'escorte d'une troupe de janissaires. Par un raffinement de cruauté, le pacha voulut se donner le spectacle d'une exécution aux flambeaux. A huit heures, après un jugement qui ne fut rendu que pour la forme, Abd-Allah et ses compagnons furent condamnés au dernier supplice. Deux chaouchs leur tranchèrent la tête à coups de yatagan et les cadavres furent traînés à la voirie, sur des claies, hors de la porte Bab-Azoun. C'est ainsi qu'Ali-Kodjia s'affranchit de la vengeance de l'homme dont il avait violé la fille.

« Dès le lendemain, il fit porter deux cents pièces d'artillerie, entassées dans les magasins de la marine, sur les remparts de la Kasbah, qui devint ainsi une retraite redoutable. Les travaux de fortification, poussés avec célérité par deux mille esclaves chrétiens, furent complétement achevés en peu de jours ; et, quand le moment fut venu, un ordre, publié à son de trompette dans toutes les rues de la ville, prescrivit, sous peine de mort, aux janissaires de rentrer dans leurs casernes et aux habitants de s'enfermer chez eux après le coucher du soleil. On se demandait dans chaque famille quelle pouvait être la cause d'une mesure si subite et si extraordinaire. De toutes parts on se perdait en conjectures ; mais chacun obéit, tant était grande la terreur qu'inspirait le caractère du despote.

« Alger s'était enseveli dans le sommeil, quand tout à coup, à deux heures du matin, une musique plus bruyante qu'harmonieuse retentit dans la direction de la Djéninah. Réveillés en sursaut, les habitants prêtent l'oreille, et ceux qui habitent dans les rues que le cortége parcourt peuvent entendre le bruit des pas de plusieurs chevaux et mulets ; mais pas un n'ose se montrer. A la nuit close, le dey, après avoir fait charger, sur cinquante mulets, une partie du trésor public, l'avait expédié à la Kasbah, sous la protection d'une garde fidèle. Six voyages successifs furent effectués pour ce transport ; puis, quand le dernier convoi eut joint, à la totalité des richesses de l'Etat, la fortune particulière d'Ali-Kodjia, celui-ci fit briser le mât du pavillon où flottait le drapeau rouge, signe de commandement, et se mit en route avec ses femmes et serviteurs, musique en tête. Quand le cortége eut franchi le seuil de la Kasbah, les portes se refermèrent et le pacha, se tournant vers ceux qui l'accompagnaient, s'écria d'une voix tonnante :

« — Maintenant, s'il plaît à Dieu, je suis dey d'Alger.

« Le lendemain de ce coup d'État si secrètement accompli, une proclamation annonça aux Algériens que tous ceux qui auraient à demander à leur maître ou justice ou faveur, devraient à l'avenir se rendre à la citadelle où le siège du pouvoir était transféré pour toujours. Cette nouvelle ne causa parmi le peuple qu'une surprise passagère ; mais elle excita le plus vif mécontentement chez les janissaires ; et deux jours à peine s'étaient écoulés, qu'une vaste conspiration fut tramée par toute la milice. Le dey, prévenu à temps par ses affidés, appela tous les Maures à son secours. La démarche eut un plein succès. Tandis que les Turcs s'épuisaient en vains efforts contre la citadelle qui vomissait la mitraille par ses deux cents bouches à feu, les habitants réunis en armes et pressés de se venger, à leur tour, des insultes dont cette troupe les accablait depuis longtemps, vinrent les charger par derrière avec une telle furie que, mis en désordre de toutes parts, les miliciens ne regagnèrent leurs quartiers qu'après avoir laissé un grand nombre de morts sur le terrain.

« Ali-Kodjia, profitant de sa victoire, fit arrêter les principaux officiers des janissaires, dont les têtes furent suspendues aux portes de la Kasbah. Cet acte de vigueur affermit son autorité, et nulle révolte n'osa plus éclater jusqu'à la fin de son règne, qui fut terminé, en 1818, par les ravages de la peste [1]. »

Son successeur, Hussein-Pacha, fils d'un officier turc, avait reçu une éducation soignée qui lui avait valu un prompt avancement dans l'armée ottomane. Enrôlé fort jeune dans l'artillerie, il avait sauté pardessus les grades inférieurs et s'était rapidement vu appeler aux premiers commandements. Mais il était d'un naturel violent qui ne lui permettait pas de subir les réprimandes. Un jour, qu'il avait été sévèrement puni pour quelque grave manquement à la discipline, il résolut de se soustraire par la fuite à un châtiment qu'il croyait n'avoir pas mérité. Il quitta furtivement Constantinople et vint à Alger s'enrôler dans le corps des janissaires.

Comme la solde de ces miliciens était insuffisante, il joignit au noble métier des armes l'humble profession de fripier qui lui procura, en peu de temps, des bénéfices considérables.

Devenu riche, il obtint la place de directeur de l'entrepôt du blé, où il montra une telle habileté que le dey Omar l'appela aux fonctions de secrétaire du gouvernement puis à celles de ministre des propriétés nationales ; il l'éleva au rang de membre du divan. Ali-Kodjia montra les mêmes dispositions bienveillantes à l'égard de Hussein et le désigna même comme le seul homme capable de le remplacer.

Son administration se distingua par un caractère de justice et de fermeté inconnu avant lui. Il étudiait les progrès de la civilisation européenne qu'il espérait peut-être introduire dans ses États. Calme et pacifique, il dédaigna de régner sur des monceaux de cadavres. On ne lui reproche qu'un meurtre, celui de Yahïa, agha des janissaires, auquel il supposait l'intention d'usurper le pouvoir. Voici comment M. de Philippis raconte la mort de cet agha.

« Par une tiède soirée d'été de l'année 1827, tandis que la voix des muezzins, vibrant au haut des minarets, appelait les fidèles à la prière du soir, et que les Arabes qui gardaient leurs troupeaux près de la route s'agenouillaient dévotement aux bords des sentiers tout roses de bruyères fleuries, quelques

---

1. Christian, *Histoire des Pirates*.

Un monceau de têtes. (Épisode du naufrage de l'*Aventure* et du *Silène*). (Page 160.)

cavaliers turcs sortirent d'Alger par la porte Bab-Azoun, et se dirigèrent du côté de Blidah. Déjà, depuis longtemps, les derniers rayons du soleil ne scintillaient plus à travers les arbres qui balançaient çà et là leurs têtes échevelées. L'horizon perdait ses couleurs de pourpre et d'or, dont les teintes se fondaient peu à peu; et la lune dominant sur le tout, n'éclaira bientôt plus, de ses mélancoliques reflets, que les formes bizarres de quelques nuages jetés comme autant de taches dans l'immensité. A chaque instant, une lumière disparaissait aux fenêtres des maisons éparses de la campagne; à chaque instant une voix expirait, et avec elle l'écho répétant le chant monotone des pasteurs.

« Enfin la dernière lumière s'éteignit, et l'on ne vit plus au ciel que de rares étoiles; la dernière voix se perdit dans l'espace, et l'on n'entendit plus, sur la plaine solitaire, que le pas sonore et cadencé des chevaux de la petite troupe. Pendant six heures, cette cavalcade avança d'un pas égal, sans échanger une parole. Vers le milieu de la nuit elle entra dans Blidah, et vint s'arrêter devant une maison d'assez simple apparence, blanchie à la chaux comme toutes celles des villes africaines, et que l'on voit encore debout, rue du Bey, en face d'un café français. »

« L'homme qui paraissait être le chef de la troupe frappa rudement à une porte basse et cintrée, qu'un esclave nègre ouvrit après avoir interrogé les visiteurs par l'huis d'un guichet soigneusement grillé. L'escorte mit pied à terre, attacha les chevaux, et pénétra sous une espèce de vestibule obscur qu'elle franchit ; puis, après avoir monté quelques marches, elle se trouva dans une cour carrée, entourée d'une galerie couverte en forme de cloître, et sur laquelle s'ouvraient les appartements. La plus grande des salles avait vingt pieds de long sur six ou huit de largeur. L'ameublement, fort modeste, se composait d'un sopha niché dans l'embrasure d'une alcôve ; par terre, des tapis, des coussins de soie servaient de siége, et sur les murs, couverts, jusqu'à la moitié de leur hauteur, d'une mosaïque de faïence à dessins capricieusement coloriés, s'accrochaient des cadres dorés contenant des versets du Koran, écrits en lettres bleu céleste.

« Là se tenait accroupi sur le sopha un homme jeune encore, d'une imposante stature, et dont les traits avaient toute la majesté du type oriental. C'était Yahïa, l'agha des janissaires, lieutenant du dey, et le premier personnage de la régence après lui. Ce chef était, en tous points, l'opposé du pacha. Hussein avait l'abord rude, inculte, l'humeur farouche, les instincts bas et cruel ; l'agha avait les mœurs douces, cultivées, le commerce affable, les inspirations nobles et désintéressées. C'était l'homme de notre Europe, civilisé, policé, près de l'homme barbare, agreste et sauvage. Celui-là vivait de la vie des cités, obéissant au frein d'une certaine éducation, luisant presque de l'éclat du vernis social. Celui-ci ne suivait que ses appétits natifs ; il avait le contact hispide et repoussant : c'était une bête fauve grimpée à l'arbre du pouvoir, et s'y cramponnant, l'œil sanguinolent et la gueule béante. Le ministre, au contraire, était du petit nombre des Turcs qui, rêvant pour leur patrie d'adoption un avenir plus heureux, déploraient la rupture d'Alger avec la France, et travaillaient de tous leurs efforts et de tous leurs vœux à renouer l'alliance entre les deux pays. La paix ne pouvait être longue entre ces deux hommes, dont l'un entrait au conseil pour y interpréter les besoins du peuple arabe, tandis que l'autre marchait droit devant lui avec sa volonté de fer. Derrière eux s'échelonnaient les ambitions de tout grade et de tout rang, rapaces ou affamées, les unes minant sans cesse l'ordre de choses établi, et poussant de tous leurs bras au renversement de l'édifice ; les autres l'étayant sans relâche, soutenant d'un côté ce qu'on ébranlait de l'autre ; ambitions contradictoires, tissues de bien et de mal, de patriotisme et de calcul, d'honnêtes gens et de pillards effrénés, comme le sont et le seront toujours tous les partis, à quelque temps et à quelque pays qu'ils appartiennent. Le feu couvait sous la cendre ; Hussein eut peur du chef qui disposait à son gré de toutes les forces militaires de la régence, et qui pouvait les tourner contre lui. Pour me servir de l'expression de M. de Chateaubriand, le pied lui glissait dans le sang, et, pour prévenir une révolte imminente, il avait fait arrêter Yahïa depuis deux mois, et le faisait garder à vue dans sa maison de Blidah, sans autre compagnie que celle de sa fille, faible enfant à peine entrée dans cette phase intermédiaire, si privilégiée mais si courte de l'existence, où les charmes de la jeune vierge et ceux de la femme sont, en quelque sorte, confondus.

« Zéheïra reposait sur les coussins, la tête couchée sur son bras. Tout à coup des gémissements étouffés frappèrent son oreille ; elle se souleva avec lenteur. Brune comme l'Espagnole d'Andalousie, sa poitrine était déjà fortement accusée ; ses épaules, au contraire, fines et étroites, allaient rejoindre sa taille par une ligne flexible et à peine accentuée, qui donnait à son torse une élasticité de serpent. C'est d'elle qu'un poëte arabe aurait pu dire : « Sa peau est fraîche et lisse « comme une fleur pleine de rosée ; ses che-

« veux sont noirs, sans nombre, et doux
« comme la soie ; sa bouche est une rose qui
« s'ouvre vermeille et embaumée. » L'écharpe qui encadrait sa figure charmante se détacha pendant qu'elle s'approchait de son père, et ses cheveux, noirs comme l'ébène, ruisselèrent à flots sur ses blanches épaules. Frêle et délicate, avec ses formes d'une adorable pureté, se soulevant sur la pointe de ses petits pieds nus à peine engagés dans des pantoufles de maroquin vert et or, cette délicieuse enfant semblait une houri descendue du paradis du Prophète.

« Tourmenté par des images sinistres, Yahïa venait de pousser un cri d'angoisse. La jeune fille s'approcha doucement du noble proscrit, et chercha, par de douces paroles, à calmer son agitation. Écartant avec soin le souvenir de ses disgrâces, elle lui parla de son fils chéri, de l'aîné de la famille, qu'il avait lui-même désigné pour commander aux tribus soumises de la Métidjah. Réfugié dans les montagnes de Bougie, après le coup d'État qui venait de renverser son père, Ahmed-ben-Yahïa rassemblait, disait-elle, sur leurs cimes neigeuses, une armée de Kabaïles qui viendrait bientôt délivrer l'agha vénéré qui n'avait jamais semé le deuil au sein des tribus, et dont tous les efforts n'avaient eu d'autre but que le soulagement de la condition des Arabes tributaires. Elle lui parla encore de la gloire de ses ancêtres, de son aïeul qui avait mérité le surnom d'El-Mansour (le victorieux). El-Mansour depuis longtemps dormait sous le marbre de la tombe ; mais, quelque loin qu'il fût du pays où reposaient ses pères, Yahïa ne devait-il pas sentir le souffle de leur âme généreuse rafraîchir son front soucieux ?... Elle lui parla du passé et de l'avenir ; de D'johora, la plus belle de ses femmes, dont l'élégant mausolée dessinait, non loin de Blidah, son dôme blanc comme la neige du Djerjerah, sur l'azur foncé du ciel.

« Enfin, voyant que ses caressantes espérances ne parvenaient pas à dérider le visage pensif de l'agha, elle rechercha dans sa mémoire quelques-uns des contes merveilleux qui avaient bercé ses jeunes années ; elle raconta les poëmes consacrés au souvenir des victoires remportées sur les infidèles par les braves d'Alger la Guerrière, et l'aimable enfant semblait prophétiser qu'une prochaine guerre avec les chrétiens d'Europe verrait rappeler Yahïa au commandement des brillantes milices de la régence.

« A ces mots, un rapide éclair sillonna la majestueuse figure du proscrit ; il effleura de ses mains la noire chevelure de sa fille agenouillée, comme s'il eût voulu la bénir. Tout à coup la porte de l'appartement solitaire s'ouvrit avec bruit ; tous deux se levèrent avec inquiétude, en se serrant l'un contre l'autre, dans l'attente de ce qui allait arriver, car nul autre qu'un personnage investi d'un grand pouvoir n'eût osé se présenter avec si peu de cérémonial.

« Le chef des cavaliers venus d'Alger s'inclina profondément, en croisant ses bras sur sa poitrine, et fit signe à l'agha de passer dans la galerie. Un repas splendide s'y trouvait préparé. A cet aspect, Yahïa ne put se défendre d'un frémissement convulsif. Le chef de l'escorte devina ses appréhensions :

« — Le glorieux Hussein, lui dit-il gravement, n'a pas eu la pensée que tu lui supposes. Mange sans crainte : je goûterai de tous ces mets avant toi.

« Le proscrit promena autour de lui un long regard. Sa fille, les yeux humides des larmes de l'espérance, lui souriait doucement ; cette naïve enfant croyait au retour de la fortune : les cavaliers qui formaient le cercle autour de la galerie ne seraient-ils pas une garde d'honneur qui devait ramener son père en triomphe auprès du pacha guéri de ses cruelles préventions ?

« Tous deux prirent place au banquet de Hussein, et, comme il l'avait annoncé, le chef des cavaliers porta le premier la main à tous les plats.

« Le festin dura peu d'instants ; mais quand Yahïa tendit ses mains pour qu'un esclave lui présentât le vase d'ablution, un homme dont les yeux étaient presque couverts d'un énorme turban, s'avança tout à coup, portant sur un coussin de brocard une cassette de bois de sandal, incrustée d'or et de pierreries. Il fléchit le genou, et présenta ce mystérieux objet au chef des cavaliers, qui prit la cassette, l'éleva au-dessus de sa tête en signe de respect, et la posa devant l'agha, en disant d'une voix creuse :

« — Voilà le présent que t'envoie le glo-
« rieux Hussein, dont Dieu protége les
« jours ! »

« Les yeux d'Yahïa étincelèrent de joie. Un si riche écrin contenait sans doute le chapelet de perles dont les souverains musulmans gratifient les illustres coupables qu'ils affranchissent de leur colère, ou qu'ils admettent au pardon.

« Il l'ouvrit avec une anxiété mêlée d'un saint bonheur... et n'y trouva qu'un simple lacet de soie rouge [1]. »

Yahïa mourut avec courage et Hussein ne tarda pas à regretter d'avoir trop légèrement sacrifié ce fidèle conseiller.

« Depuis 1816, la piraterie algérienne, ruinée par les fréquentes expéditions des puissances européennes, ne se signalait plus que par de rares déprédations. En 1818, les habitants de Bone pillèrent un brick français, sans que le dey voulût accorder la moindre satisfaction pour ce méfait. En 1820, nos établissements de la Calle, menacés d'un bouleversement, ne purent s'y soustraire que par l'acceptation, de notre part, d'un surcroît de redevance annuelle qui élevait de soixante à deux cent mille francs la somme que les traités avaient stipulée. En 1823, sous le vain prétexte de poursuivre la contrebande, des janissaires violèrent à Bone le domicile de l'agent consulaire de France. Le résultat de leurs recherches prouva le mal fondé de leurs soupçons ; il n'en restait qu'une brutale injure dont le pouvoir turc ne daigna pas même s'excuser. Bientôt après, des bâtiments romains, naviguant sous pavillon français, furent capturés ; nos marchandises nationales furent saisies à bord de navires espagnols, malgré les conventions formelles qui en protégeaient le transit. Une dernière collision devait forcer notre gouvernement à prendre des mesures énergiques pour mettre un terme à tous ces brigandages partiels.

« On a diversement raconté les événements qui amenèrent cette foudroyante rupture. Je vais le résumer en peu de mots. La régence d'Alger avait expédié, de 1793 à 1798, des quantités considérables de grains, pour approvisionner nos départements du midi et ravitailler les expéditions d'Italie et d'Égypte. Le payement de ces fournitures, suspendu par l'épuisement du trésor et par la nécessité de constater des fraudes signalées, devint l'objet de vives réclamations de la part du dey Mustapha. La guerre était imminente ; le gouvernement consulaire y obvia par le traité du 17 décembre 1801, qui lui rendit les priviléges commerciaux, en échange de l'obligation prise de liquider la dette française. Plusieurs sommes furent d'abord soldées à titre d'à-compte ; mais la régence, supportant difficilement cette justice lente et partielle, renouvela bientôt ses plaintes, et passant des menaces aux effets, nous enleva en 1807 nos comptoirs, les vendit aux Anglais, moyennant une rente annuelle de 200,000 francs, et plus tard expulsa le consul de France. Napoléon s'émut de ce conflit auquel les intrigues britanniques avaient prêté un secret appui.

« Méditez l'expédition d'Alger, tant sous le point de vue de mer que sous celui de terre, écrivait-il en 1808 à l'amiral Decrès, mi-

---

1. *Mort de Yahïa*, par A. de Philippis.

nistre de la marine ; un pied sur cette Afrique donnera à penser à l'Angleterre. » Des mémoires furent préparés sur cette grave question ; des travaux de reconnaissance s'exécutèrent avec rapidité sous la direction d'officiers d'élite ; mais le temps manquait à l'empereur pour suivre son projet, et la chute de l'empire le fit rentrer dans les cartons de l'État. Louis XVIII, à son avénement, considérant que les causes de notre mésintelligence avec Alger n'avaient d'autres motifs réels que l'inexécution des promesses faites au dey par le traité de 1801, prescrivit l'examen des titres de la dette qu'il réclamait. A la suite de différentes négociations, le gouvernement français obtint une transaction à forfait, qui fixait à sept millions en numéraire le taux de la créance algérienne, en stipulant toutefois, formellement, que le trésor royal aurait le droit de retenir, sur cette somme, le montant des oppositions qui lui auraient été signifiées légalement par les sujets français à la charge de ceux du dey. Hussein-Pacha signa, au mois d'avril 1820, son adhésion complète à ces arrangements. Il faut observer ici que le monopole des céréales formant une des principales sources du revenu des souverains d'Alger, le dey se trouvait créancier pour une somme de 70,000 piastres (350,000 fr.) sur la valeur des fournitures faites à la France et dont les négociants juifs Busnach et Bacri, ses sujets, avaient tiré une partie des magasins de la régence. Lorsqu'il apprit que la totalité des sept millions avait été dévorée par une multitude d'oppositions étrangères, sans qu'il en restât la moindre parcelle pour couvrir sa créance personnelle, il fut saisi d'indignation. Il résulta des rapports que ses émissaires parvinrent à recueillir sur ce mystère administratif, que le consul de France, M. Deval, avait trompé sa bonne foi, et gagné une somme considérable dans l'infidèle gestion des intérêts qu'il lui avait confiés. Il se hâta d'écrire à Louis XVIII pour lui demander le rappel immédiat de cet agent diplomatique, et pour exiger qu'on lui livrât ses deux sujets Busnach et Bacri, qui, d'accord avec M. Deval, s'étaient partagé les sept millions. Mais le gouvernement lui répondit que les clauses de la transaction acceptée par lui, en 1820, avaient reçu leur accomplissement, que Bacri s'était fait naturaliser Français, et que Busnach habitait Livourne. Frustré dans son attente, le dey renouvela, par l'intermédiaire des consuls étrangers, plusieurs démarches qui n'obtinrent plus de réponse. Il dissimula son ressentiment jusqu'au 30 avril 1827.

« Chaque année, à cette époque, après les fêtes de Beïram, il était d'usage que les consuls européens se rendissent à la Kasbah, pour complimenter le chef de l'État ; ils prenaient rang, dans cette cérémonie, après le dernier soldat de la milice turque ; mais depuis longtemps l'agent français avait su obtenir, pour l'honneur de sa nation, qu'il serait admis, la veille de la réception générale, en audience particulière. M. Deval était loin de jouir, auprès du dey, de la moindre considération. Indépendamment des griefs qu'il croyait avoir à lui reprocher au sujet des créances dont nous venons de parler, Hussein le méprisait, à raison d'un fait qui paraîtrait incroyable, s'il n'était attesté par le témoignage d'un personnage éminent, et confirmé par le silence de M. Deval. Le 10 décembre 1817, raconte M. A. de Laborde, une jeune personne nommée Rosa Piombino, d'origine sarde, mais vivant à Alger sous la protection de la France, fut arrachée des bras de sa famille et livrée à la brutalité du dey Ali, qui régnait alors, ainsi qu'une jeune juive, Virginia Ben-Zamoun, logée, dit-on, chez le consul de France. Le cri public et les consuls eux-mêmes accusèrent M. Deval et son ami Jacob Bacri d'avoir coopéré à cet ignoble attentat. La plainte juridique des parents de Virginia et le rapport de Rosa Piombino, fait devant le consul de Sardaigne le 30 mai 1818, lorsqu'elle recouvra sa liberté, et que je possède, ajoute M. de Laborde, articulent positivement ce fait. Pénétrés de cette opinion, les consuls européens se réunirent pour défendre l'honneur du corps diplomatique, portèrent leurs plaintes au gouvernement français, et rompirent tout commerce public ou privé avec l'auteur de cette infamie. Une enquête fut entamée à Marseille par ordre du ministre de la marine; mais il faut croire qu'elle fut conduite de manière à voiler les actes du consul, car il reçut peu de temps après la décoration de la Légion d'honneur!!! Le successeur d'Ali, Hussein-Pacha, le jour même de son élévation au pouvoir, le 28 février 1818, rendit les deux victimes à leurs familles, leur donnant à chacune une indemnité de 5,000 piastres. On comprend que ce dey, dont tous les représentants des gouvernements d'Europe se sont accordés à faire un portrait favorable, dut conserver un profond dégoût pour la personne de M. Deval, et que le ministère français souilla cruellement notre dignité nationale, en persistant à maintenir à son poste un agent immoral dont la conscience publique réclamait le châtiment.

« Tous ces souvenirs rendaient sa présence intolérable à Hussein-Pacha, dont le mécontentement, sans cesse accru par la conduite dédaigneuse du ministère, n'attendait qu'une occasion pour éclater. Dans l'entrevue du 30 mai 1827, M. Deval crut devoir débuter par une attitude arrogante, en prenant sous sa protection, presque avec menaces, un bâtiment romain que les pirates venaient d'amener dans le port.

« — Comment! s'écria Hussein avec impatience, viens-tu me fatiguer pour des objets qui ne regardent point la France, lorsque ton gouvernement ne prend pas la peine de répondre aux lettres que je lui adresse pour ce qui me regarde? Soit ignorance de la valeur exacte des termes de la langue turque, ainsi que l'ont prétendu des narrateurs complaisants, soit plutôt brutal oubli des convenances les plus vulgaires, M. Deval osa répondre au dey d'Alger, en présence des ministres du divan, réunis autour de lui.

« — Mon maître ne s'abaisse pas jusqu'à répondre à un homme tel que toi. »

« A ces mots, les assistants murmurent; Hussein-Pacha ne peut maîtriser sa colère; il frappe le consul au visage avec un éventail en plumes de paon qu'il tenait à la main, et le fait chasser de sa présence. M. Deval, comprenant trop tard toute l'étendue de sa faute, et la responsabilité qui pèserait sur sa tête, si le courroux du dey enveloppait dans sa vengeance les Français établis dans ses États, fit tenter auprès de lui des voies d'accommodement; mais Hussein fut inflexible et lui enjoignit de ne jamais se montrer devant lui sous peine de la vie. Cette scène fut à peine connue dans Alger, que nos compatriotes se crurent perdus. C'est alors que, par une mesure qui honorait son caractère, et ôtait en même temps toute couleur politique à la vengeance qu'il venait d'exercer, le dey envoya ses principaux officiers auprès de tous les Français qui occupaient la capitale, pour leur annoncer que s'il avait dû punir un outrage personnel, il ne s'abaissait pas à son tour jusqu'à frapper des innocents; qu'ils pouvaient, comme par le passé, vivre et commercer en toute sécurité, sans craindre que qui que ce fût osât les insulter.

« Entraîné dans les voies de cet incroyable avilissement qui le conduisait à sa perte, le gouvernement de la Restauration voulut venger M. Deval par un stérile blocus qui nous coûta, jusqu'en 1830, sept millions par année. Poursuivi par l'opinion publique et la presse, qui voyaient s'engouffrer nos trésors dans les aberrations d'une honteuse politique, le ministère descendit bientôt de cet appareil guerrier jusqu'aux dernières lâchetés qui pouvaient acheter la paix. Il fit supplier le dey de consentir que, pour toute satisfaction, un officier de janissaires se rencontrât, *comme par hasard*, sur la corvette anglaise le *Pilorus*, pour donner quelques explications dont on s'engageait à se contenter, et, pour surcroît de honte, l'offre d'un brick armé en guerre achetait cette concession.

« Hussein-Pacha ne voulut accéder à aucun arrangement, qu'au préalable il n'eût obtenu la destitution de M. Deval; et cette affaire serait encore pendante, si le ministère suivant n'avait cru entrevoir dans l'expédition d'Alger une diversion favorable au succès d'un coup d'État. Les perfidies de la politique intérieure de 1829 voulaient copier Napoléon, qui étouffait la liberté sous les lauriers. Mais il manquait aux hommes d'État de ce temps-là le génie du modèle dont le souvenir les écrasait. On sait quel fut le fruit de leurs illusions : c'est un exemple[1]. »

1. P. Christian, *Histoire des Pirates*.

CHAPITRE XX
FIN DE LA PIRATERIE BARBARESQUE

Blocus de la Régence d'Alger. — Naufrage de l'*Aventure* et du *Silène*. — Relation de M. O. Troude. — Mauvais traitements subis par les naufragés. — Un Maltais les fait passer pour des Anglais. — Armée expéditionnaire. — Tableau des navires. — Débarquement des Français. — Combat de Staouéli. — Bombardement du fort de l'Empereur. — Explosion. — Capitulation d'Alger.

Le coup d'éventail reçu par notre consul ne pouvait rester impuni. Quelque méprisable que fût la personne de Deval, l'insulte qu'il essuyait n'en retombait pas moins sur la France; aussi le gouvernement résolut-il de mettre fin à l'insolence de la piraterie algérienne. Mais au lieu d'agir de suite avec vigueur, soit en bombardant la ville, soit en s'en emparant, on se contenta de bloquer la côte de Berbérie, mesure aussi pénible qu'inutile, qui nous coûtait sept millions par année.

Six bâtiments français croisèrent devant une côte qui a plus de cent lieues de long; ils ne pouvaient empêcher les légères embarcations de sortir des ports et d'y rentrer à leur guise. Nos efforts impuissants ne faisaient que nous ridiculiser aux yeux des populations, qui s'habituèrent à rire de nos menaces et repoussèrent ensuite toute proposition d'accommodement.

Charles X, entraîné à sa ruine par les maladroits conseils d'un ministère ultramontain, résolut enfin de détourner les esprits de sa triste politique intérieure en les occupant à une grande expédition contre la capitale des tyrans de la Méditerranée. Un malheureux événement jeta la consternation dans la division de blocus. Deux bâtiments français, l'*Aventure* et le *Silène*, commandés par les lieutenants de vaisseau Dassigny et Bruat, se perdirent à 63 milles d'Alger. Un acteur de ce naufrage, M. O. Troude, alors enseigne de vaisseau sur l'*Aventure*, rappelle dans son excellent ouvrage : *Batailles navales de la France*, quelques-unes des circonstances qui lui donnèrent un grand retentissement.

« Grâce aux sages mesures qui avaient été prises, dit-il, un seul homme manqua à l'appel qui fut fait lorsque, après une nuit de périls et d'angoisses, les équipages se trouvèrent réunis sur la plage. Mais à la joie d'avoir échappé à une mort presque certaine, car la mer déferlait avec une grande violence sur la côte, succéda bientôt la triste perspective du sort qui attendait les Français jetés sur cette terre ennemie et inhospitalière.

« On tint conseil, il fut décidé qu'il fallait se mettre immédiatement en mesure de repousser l'attaque qui ne pouvait manquer d'avoir lieu, aussitôt que les premiers rayons du jour viendraient éclairer le désastre de la nuit. Des armes, des munitions et des vivres étaient nécessaires pour cela. La mer avait porté les deux bricks tout à fait à terre. Des détachements furent désignés pour aller prendre à bord toutes les choses jugées indispensables, mais après y être arrivés à grand' peine, ils trouvèrent les ponts de l'*Aventure* défoncés par la mer, et le *Silène* tellement rempli d'eau, qu'il fallut renoncer à pénétrer dans l'intérieur des bâtiments. La défense devenait dès lors impossible. Que faire, en pareille circonstance ? s'acheminer vers Alger, et attendre les événements.

« Il pouvait être quatre heures du matin. La colonne, composée de deux cents naufragés, suivait silencieuse le rivage depuis quelques minutes, lorsqu'elle fut assaillie par une nuée de Bédouins que la vue des bâtiments avait fait accourir sur le rivage.

« C'en était fait probablement des malheureux Français, si le nommé Francisco, Maltais, pris quelques jours auparavant par le *Silène*, dans un bateau de pêche devant Oran, ne se fût bravement avancé au-devant de ces forcenés, auxquels il affirma que les bâtiments naufragés étaient anglais.

« Ce fut en vain que, pendant un quart d'heure, les canons de fusil et les pointes de yatagan furent dirigés sur sa poitrine pour lui faire avouer que les bricks étaient français, il soutint ce qu'il avait avancé. Et si sa contenance ferme ne persuada pas les Arabes, elle les empêcha, du moins, de commettre un attentat, inévitable, si la vérité leur eût été connue.

« Cependant, malgré la demande expresse transmise par Francisco, de conduire les prétendus Anglais à Alger, on les dirigea vers l'intérieur des terres, où on les divisa par groupes dont la force varia selon la volonté des capteurs.

« Une fois encore, avant cette séparation, une tentative fut faite pour arracher au Maltais l'aveu qu'on lui avait demandé sur le rivage ; les menaces de mort ne l'ébranlèrent pas, et cette fois encore, il sauva les équipages d'un massacre d'autant plus probable, que l'exaspération était à son comble parmi ceux des Bédouins qui, attirés par l'espoir du pillage, se trouvaient frustrés de leurs espérances. Dépouillés, en effet, pendant le trajet, les naufragés n'avaient été laissés en possession que du vêtement rigoureusement indispensable pour n'être pas nus.

« Je passerai sous silence les scènes affreuses qui eurent lieu pendant le séjour des Français dans la Kabylie. Tous ces faits, et la manière presque miraculeuse dont l'auteur de ce récit échappa au massacre qui coûta la vie à plus de la moitié de ses camarades, ont été rapportés dans une brochure publiée par le capitaine Dassigny [1]. Je dirai seulement qu'après trois mortels jours d'attente et d'anxiété, les naufragés furent conduits à Alger, où ils arrivèrent au nombre de quatre-vingt-douze, avec le simple vêtement que nous leur connaissons, tête et pieds nus ; deux journées de marche à travers des sentiers épineux et rocailleux, marche pendant laquelle ils n'avaient cessé d'être en butte à toute espèce de mauvais traitements, avaient été nécessaires pour faire ce trajet.

« Quatre-vingt-douze hommes sur deux cents ! Cent huit avaient été décapités ! Et pour que les malheureux qui avaient échappé à ce destin funeste ne pussent pas en douter, le premier acte du dey Hussein fut de les faire stationner dans la cour de la Kasbah devant les têtes entassées de leurs infortunés camarades ! De là, ils furent conduits en prison.

« Je ne suivrai pas les naufragés dans les tristes et pénibles pérégrinations qu'on leur fit faire, enchaînés deux à deux, depuis le jour où l'armée expéditionnaire débarqua à Sidi-Ferruch, pour d'abord les éloigner de la ville, et les plonger ensuite dans un cachot infect occupé jusque-là par les galériens indi-

---

1. Naufrage des bricks *l'Aventure et le Silène*. Toulon, J. Baume.

Explosion du fort de l'Empereur. (Page 165.)

gènes. Je ne dirai rien non plus des souffrances morales et physiques qu'ils eurent à endurer jusqu'au jour où ils virent tomber leurs chaînes. Jetons un voile sur ces scènes de désolation qui, après trente-sept ans, font encore éprouver un profond sentiment de tristesse, et qui sont d'ailleurs tout à fait étrangères à mon sujet. »

Au commencement de l'année 1830, on dirigea sur Toulon les bâtiments disponibles dans les autres ports de France, on affréta 572 navires de commerce et l'on forma une flotte composée de 11 vaisseaux, 25 frégates, 7 corvettes, 25 bricks, 2 goëlettes, 6 vapeurs, 8 bombardes, 8 corvettes de charge, et 10 gabares, ce qui constituait un total de 102 navires de guerre, dont le commandement fut confié à M. Duperré, officier général estimé, qui s'était illustré pendant les guerres de l'Empire [1].

[1]. Voir notre *Histoire nationale de la Marine*.

Voici, d'après M. Troude (*Batailles navales de la France*), la composition de cette formidable armée navale :

VAISSEAUX.

Canons.			
	Provence.............	Capitaine Villaret Joyeuse (Alexis). Baron Duperré, vice-amiral. Mallet (Louis), contre-amiral, chef d'état-major.	Armés en guerre.
	Trident.............	Capitaine Casy. Ducampe de Rosamel, contre-amiral.	
74	Breslaw.............	Capitaine Maillard Liscourt.	
	Duquesne...........	— Bazoche.	
	Algésiras...........	— Ponée.	
	Nestor.............	— Latreyte.	Armés en flûte avec la 2ᵐᵉ batterie et celle des gaillards.
	Marengo............	— Duplessis Parseau (Pierre).	
	Ville de Marseille......	— Robert.	
	Scipion.............	— Emeric.	
	Superbe............	— Cuvillier.	
	Couronne............	— Comte de Rossi.	

FRÉGATES.

	Iphigénie...........	Capitaine Cristy de Lapallière (J.-J.).	Armées en guerre.
	Surveillante..........	— Trotel.	
60	Didon..............	— Villeneuve Bargemont.	
	Artémise............	— Cosmas Dumanoir.	Armées en flûte avec la moitié des canons de la batterie et des gaillards.
	Melpomène...........	— Lamarche.	
	Herminie............	— Leblanc (Louis).	
	Guerrière...........	— de Rabaudy.	
58	Amphitrite...........	— Serec.	
	Pallas..............	— Forsans.	Armées en guerre.
	Sirène..............	— Massieu de Clerval.	
	Jeanne d'Arc.........	— Lettré.	
52	Vénus..............	— Russel.	
	Marie-Thérèse........	— Billard (Charles).	Armées en flûte.
	Belle Gabrielle........	— Laurens de Choisy.	
	Duchesse de Berry.....	— Kerdrain (Pierre).	
	Circé..............	— Rigodit.	
	Bellone.............	— Gallois.	Armées en guerre.
	Médée..............	— Defredot Duplantys.	
44	Thétis..............	— Lemoine (François).	
	Magicienne..........	— Bégué.	
	Aréthuse............	— Démoges.	
	Cybèle..............	— Robillaud.	Armées en flûte.
	Thémis.............	— Logoarant-Tromelin.	
	Proserpine...........	— Comte de Reverseaux.	
	Créole..............	— Depéronne (Léonard). (Baron Hugon, capitaine de vaisseau).	

CORVETTES.

24	Victorieuse..........	Capitaine Guérin des Essards.	
	Perle...............	— Villeneau (Théodore).	
	Cornélie.............	— Savy du Mondiol.	
18	Orythie.............	— Luneau.	
	Bayonnaise..........	— Ferrin (Lazare).	
	Écho...............	— Graëb.	
	Églé................	— Raffy (Constant).	

BRICKS.

Canons.		
	Voltigeur	Capitaine Bezard.
	D'Assas	— Pujol.
	Ducouédic	— Gay de Taradel.
	Cygne	— Longet.
20	Griffon	— Dupetit-Thouars (Abel).
	Adonis	— Huguet.
	Alerte	— Andréa de Nerciat.
	Actéon	— Hamelin (Ferdinand).
	Alcibiade	— Garnier (Pascal).
	Alacrity	— Laîné (Pierre).
	Dragon	— Leblanc (Jacques).
18	Endymion	— Nonay.
	Hussard	— Thoulon.
	Cuirassier	— Larouvraye
	Rusé	— Jouglas.
	Badine	— Guindet.
	Faune	— Couhitte.
	Zèbre	— Leférec.
16	Capricieuse	— Brindejonc-Tréglodé.
	Euryale	— Parseval Deschênes.
	Comète	— Ricard.
	Cigogne	— Barbier.
10	Marsouin	— Chevalier de Forget.
8	Alsacienne	— Hanet-Cléry.
	Lynx	— Armand.

GOËLETTES.

6	Iris	Capitaine Guérin (Nicolas).
	Daphné	— Robert Dubreuil.

VAPEURS.

	Sphinx	Capitaine Sarlat.
160	Pélican	— Janvier.
Chevaux	Souffleur	— Granjean de Fouchy.
	Nageur	— Louvrier.
80	Rapide	— Lugeol (Jean).
	Coureur	— Gatier.

BOMBARDES.

Cyclope	Capitaine Texier.
Volcan	— Brait.
Hécla	— Ollivier (Elzéard).
Dore	— Long.
Vésuve	— Mallet (Stanislas).
Vulcain	— Baudin (Louis).
Achéron	— Levêque (Borromée).
Finistère	— Rolland (Henry).

CORVETTES DE CHARGE.

Bonite	Capitaine Parnajon.
Lybis	— Costé.
Adour	— Lemaître.
Rhône	— Febvrier Despointes.
Dordogne	— Mathieu.
Caravane	— Denis.
Tarn	— Fleurine-Lagarde.
Meuse	— Moisson (Edouard).

GABARES.

Garonne	Capitaine Aubry de La Noë.
Vigogne	— De Sercey (Tole).
Robuste	— Delassaux.
Astrolabe	— Verninac Saint-Maur.
Lamproie	— Dussault.
Truite	— Miégeville.
Chameau	— Coudein (Jean).
Bayonnais	— Lefèvre d'Abancourt
Lézard	— Herpin de Frémont.
Désirée	— Tillette de Mantort.

L'armée de débarquement, composée de près de 35,000 combattants de toutes armes, était placée sous les ordres de M. de Bourmont, le traître de Waterloo, auquel le gouvernement espérait faire une popularité, pour s'en servir ensuite à l'accomplissement de ténébreux desseins.

Le 25 mai, à deux heures après midi, la flotte mit à la voile et s'éloigna de Toulon ; le 30, à onze heures du matin, elle arriva en vue des côtes d'Afrique, lorsque, tout à coup, commencèrent plusieurs manœuvres en apparence contradictoires, mais qui étaient nécessaires parce qu'une partie du convoi s'était dispersé. Force fut de revenir à Majorque, afin d'y rallier les retardataires.

Le 10 juin, la flotte remit à la voile. Le 13, elle jeta l'ancre dans la baie de Sidi-Ferruch, à l'ouest de Torre-Chica et à 250 toises du rivage.

« Avant de quitter Toulon, nous apprend M. Treude, le vice-amiral Duperré avait fait connaître, dans un ordre du jour détaillé, et son plan d'attaque, et le rôle que chacun devait jouer dans cette grande entreprise. Tout y était prévu. Mais la confiance que les Turcs, les Maures et les Arabes avaient en leur force rendit ces sages dispositions en quelque sorte inutiles, et les prescriptions du commandant en chef durent être forcément modifiées. On s'aperçut bientôt, en effet, que toutes les batteries étaient abandonnées et que les canons avaient été placés sur les hauteurs voisines. Le contre-amiral de Rosamel, qui avait été chargé de l'attaque du côté de l'est, mouilla ses huit vaisseaux en seconde ligne ; la Bayonnaise, l'Actéon et la Badine se placèrent seuls dans la baie de l'est. La journée était trop avancée pour commencer le débarquement.

« Le 14, la première division de l'armée expéditionnaire était à terre à quatre heures quarante minutes du matin ; la deuxième y était à six heures ; à midi, l'armée entière était débarquée ainsi que quatre batteries d'artillerie de campagne et une de montagne, 200 chevaux, un approvisionnement de munitions et dix jours de vivres.

« En déduisant les officiers, sous-officiers, soldats et employés d'administration dont les services n'étaient pas immédiatement nécessaires, tels que les officiers d'artillerie et du génie destinés aux batteries et aux opérations de siége, les médecins, etc., le premier débarquement comprenait :

1re division d'infanterie	9,600 hommes.	
Artilleurs pour dix-huit pièces de campagne	720	—
Artilleurs pour batterie de montagne	100	—
Troupes du génie	308	—
Total	10,728 hommes.	
Déduction faite également des militaires et des employés dont les services ne devaient pas être nécessaires à l'instant même, le personnel débarqué en second lieu montait à	9,900	—
Le troisième débarquement avait mis à terre un égal nombre de soldats, soit	9,900	
Total	30,528 hommes.	

Une armée de 30,528 hommes, approvisionnée pour dix jours, se trouvait donc à midi à quelques lieues de la ville d'Alger. »

Aucune résistance ne s'opposa à la descente des troupes françaises. Aussitôt débarquée, la première division se porta en colonne serrée sur la position des Turcs, qui furent refoulés jusqu'à Staouëli. Puis toute l'armée bivouaqua sur la presqu'île de Sidi-Ferruch ; elle y resta pendant deux jours dans l'inaction, ce qui permit aux ennemis de se fortifier sur le plateau de Staouëli. Le 19 au matin, nous croyant démoralisés, ils nous attaquèrent et furent battus si rudement que, frappés de stupeur, ils s'enfuirent complétement vaincus, laissant plus de 3,000 cadavres sur le champ de bataille.

Les travaux de Sidi-Ferruch purent être continués sans nouvel incident remarquable. Le 29 juin, nos soldats enlevèrent le mont Bou-Zariah qui domine Alger et le fort de l'Empereur, dernier boulevard de l'ennemi. C'était une forteresse incapable de nous résister, parce qu'elle s'offrait au feu plongeant de notre artillerie sans pouvoir lui opposer ni glacis ni chemin couvert. La tranchée fut ouverte à 600 mètres. Le 4 juillet, tous les préparatifs étant terminés, les batteries commencèrent le feu.

La défense fut désespérée. Les canonniers turcs se conduisirent avec un héroïsme qui rehausse l'éclat de notre victoire. 2,000 périrent à leur poste ; les autres, épouvantés et voyant que la résistance était impossible dans une enceinte où chacun de nos coups portait la mort, voulurent s'enfuir et se réfugier à Alger. Mais le dey les fit impitoyablement écraser par le canon de la Kasbah. Pas un n'échappa ; ceux que nos boulets avaient épargnés furent massacrés par leurs compatriotes. Puis tout rentra dans le silence. Nos artilleurs cessèrent leur feu ; la fumée s'éleva et se dissipa lentement ; les Français aperçurent au loin les ruines de ce qui avait été le fort de l'Empereur. Nul défenseur ne se montrait plus sur les remparts derrière lesquels pantelaient des milliers de cadavres. Vers dix heures, au moment où nos officiers, indécis, se consultaient sur les moyens de pénétrer, sans exposer trop de monde, dans cette citadelle dont les flancs pouvaient recéler encore des périls, une explosion terrible fit trembler le sol ; le fort s'entr'ouvrit, lançant, comme un cratère, une immense trombe de flamme, de fumée et de cendres auxquelles se mêlaient des membres humains, des lambeaux sanglants, des armes et des canons.

Le trouble se répandit dans la ville, où le peuple effrayé demandait la paix. Un canot portant le pavillon parlementaire se dirigea vers notre flotte. L'amiral de l'escadre algérienne venait supplier Duperré de cesser les hostilités. Le chef de notre armée navale voulut bien différer son attaque ; mais il dut renvoyer le musulman au commandant en chef de l'expédition.

Pendant ce temps, le tumulte augmentait dans la ville assiégée. Hussein voulait se faire sauter dans la Kasbah ; ses officiers durent lui arracher des mains une mèche au moyen de laquelle il se disposait à mettre le feu à la poudrière. Les chefs de la milice turque, s'imaginant que le dey était seul cause du bombardement, envoyèrent secrètement un parlementaire à M. de Bourmont, avec mission de lui offrir la tête de Hussein, en échange de la promesse que les Français se retireraient. Le général, indigné qu'on le crût capable de s'associer à un meurtre semblable, répondit que si le dey recevait la moindre injure, tous les habitants, sans exception, seraient passés au fil de l'épée. D'ailleurs il voulait traiter avec Hussein et non avec des insurgés.

Le dey, informé de ces dispositions de notre commandant en chef, lui envoya deux Maures notables qui parlaient la langue française, et lui fit demander quelles conditions il prétendait imposer à la ville.

M. de Bourmont réclama une capitulation

pure et simple, en vertu de laquelle le dey serait libre d'emporter ses richesses personnelles où bon lui semblerait ; les Turcs devaient jouir de la même liberté ; enfin le général s'engageait sur l'honneur à faire respecter la religion, les biens, le commerce, l'industrie et les femmes des habitants. Le 5 juillet, à deux heures de l'après-midi, le pavillon de la France flotta sur le palais de la Djenina. C'en était fait de la piraterie barbaresque. La civilisation européenne s'implantait sur le sol de l'Afrique ; la France allait fonder une belle et puissante colonie sur le lieu témoin des exploits de Barberousse et de ses successeurs.

Le jour de la capitulation d'Alger, cent trente-neuf Français prisonniers à Alger furent délivrés. Parmi eux, se trouvaient les malheureux naufragés du *Silène* et de *l'Aventure*.

LIVRE II

PRÉCURSEURS DES FLIBUSTIERS

CHAPITRE PREMIER

FRANCIS DRAKE

Drake prisonnier à Rio-de-la-Hacha. — Le corrégidor. — Drake lui raconte son histoire. — Il recouvre la liberté, mais il perd sa fortune. — Retour de Drake. — Ses désirs de vengeance. — Son expédition en compagnie de son parent Hawkins. — Prise de Nombre-de-Dios. — Voyage autour du monde. — Exécution d'un conspirateur. — Retour de Drake. — Réception magnifique qui lui est faite par la reine d'Angleterre. — Colère du roi d'Espagne. — Réclamations de l'ambassadeur. — Réplique de la reine. — Guerre entre l'Angleterre et l'Espagne. — Prise de Santiago, de Saint-Domingue et de Carthagène. — Philippe entreprend la conquête de l'Angleterre. — Le dieu des armées. — L'*Invincible Armada*. — Dernière expédition de Drake. — Mort de ce marin. — Ses obsèques. — Amias Preston, Barker, Oxnam et plusieurs autres jettent la terreur dans les colonies espagnoles.

Au mois de septembre 1565, la ville de Rio de la Hacha, située dans les Antilles, présentait un aspect inaccoutumé. Plusieurs alguazils conduisaient chez le corrégidor un jeune et solide gaillard, qu'ils avaient eu soin de garrotter, pour éviter toute évasion. Des centaines d'habitants suivaient les gens de la police et montraient, par leurs paroles, combien peu ils prenaient part à la triste position du prisonnier.

— C'est un hérétique, disait l'un ; on va le brûler vif.

— Je crois qu'on n'en fera pas un auto-da-fé sans lui appliquer la torture, ajoutait un autre ; car il n'est pas seulement hérétique, c'est un étranger, un espion sans doute.

Des femmes faisaient le signe de la croix, un moine récitait des prières, un soldat brandissait son sabre.

Enfin, le cortége arriva devant la petite case de bois où habitait le corrégidor. Les alguazils poussèrent devant eux le prisonnier, entrèrent après lui et fermèrent la porte, laissant le peuple se livrer aux conjectures sur ce qui allait se passer.

Le corrégidor, assis dans un grand fauteuil de bois, tenait à la main des papiers qu'il lisait attentivement. Lorsque le prisonnier fut entré, il le considéra un instant d'un œil sévère :

— C'est toi Francis Drake ? lui demanda-t-il.

— C'est moi, répondit l'autre.

— Que viens-tu faire ici ?

— Je viens faire du commerce.

— Du commerce, pestiféré ! Ne crains-tu pas, brebis galeuse, d'inoculer ton mal à notre innocent troupeau catholique ? N'es-tu pas un Anglais, un hérétique ? Du commerce ! Mais tu ne sais donc pas qu'en osant approcher de ces côtes que Dieu a données au roi mon maître, tu violes toutes les lois divines ! C'est ainsi que les gens qui ont abandonné le droit chemin tracé par notre sainte mère l'Église, piétinent ensuite sur toutes les choses sacrées. Un jour, on prétend réformer ; le lendemain, on viole les bulles ; puis on trouve tout naturel de venir faire du commerce dans un pays où l'on n'a pas le droit de mettre le pied.

Après un instant de silence :

— Quel est exactement ton pays? demanda-t-il.

— Je suis, répondit Francis Drake, de Tavistock, en Angleterre.

— Raconte-nous un peu, interrogea l'Espagnol, comment tu as pu concevoir le projet de venir en ce pays. C'est une idée qui me semble tellement audacieuse, que j'ai peine à croire qu'elle ait germé d'elle-même en ton cerveau.

— Le besoin de m'enrichir a été mon seul mobile. Je suis né en 1540, au fond d'un navire que mon père habitait en compagnie de ma mère. J'étais le douzième enfant de ces pauvres gens qui, ne pouvant me nourrir, me confièrent aux soins d'un pêcheur, notre voisin. Ce brave homme me prit en amitié et m'éleva comme il aurait élevé un fils, si le ciel avait bien voulu lui en accorder. Il mourut au bout de quelques années, et me laissa sa barque, dont je devins patron avant d'être capable de la gouverner. Heureusement qu'un de mes parents, nommé John Hawkins, qui a acquis une grande fortune en commerçant avec les Espagnols, me vint en aide et me fournit les moyens d'étudier assez pour me rendre capable de commander un navire. En peu de temps, je fis quelques bénéfices et, ne sachant pas qu'il y eût des lois pour empêcher le commerce entre les hommes, j'ai équipé un bâtiment, j'ai acheté une cargaison et je suis venu dans les Indes, avec le seul espoir d'y acquérir des richesses.

— Des richesses! interrompit vivement l'Espagnol. Dieu n'accorde de richesses qu'à ceux qui restent dans le giron de sa sainte Église; Dieu a voulu punir en ta personne l'hérésie de tout un peuple; car tu seras châtié comme tu le mérites.

Il achevait à peine, lorsqu'un officier entra; il portait une missive du gouverneur. Cette lettre contenait, en substance, que le roi d'Espagne recherchant en ce moment l'alliance de l'Angleterre, il serait imprudent de traiter le prisonnier comme un hérétique. Le gouverneur était d'avis de saisir simplement le navire du capitaine Drake, mais de ne pas torturer ce dernier ni aucun homme de son équipage.

Bien que cet ordre n'eût pas l'air de sourire positivement au dévot corrégidor, il dut s'y soumettre.

— Allez, seigneur hérétique, dit-il, le gouverneur me commande de vous rendre la liberté; je le fais, mais je vous informe que votre navire et la cargaison qu'il contient resteront entre les mains du roi de toutes les Espagnes, comme objets de contrebande.

Il n'y avait pas à résister; Drake dut se contenter de protester, avec beaucoup de ménagements, contre la saisie de son bâtiment. Sans se donner la peine de l'entendre, on lui délia les mains et on le fit sortir.

La foule qui l'attendait à la porte, ne sachant que penser de sa délivrance, s'écarta avec plus de terreur que de respect, et le laissa s'éloigner. Quelques instants après, ses compagnons, également délivrés sur l'ordre du gouverneur, vinrent le rejoindre, et ils ne tardèrent pas à s'embarquer, en qualité de matelots, sur un navire en partance pour l'Espagne. Arrivés en Europe, ils n'eurent pas de peine à rentrer dans leur patrie.

Ainsi finit la première expédition de celui qui devait être un jour l'illustre Drake; expédition toute pacifique, dont l'insuccès allait en motiver d'autres plus belliqueuses. Complétement ruiné, Drake vient trouver son parent Hawkins qui le prend à son service et le présente à la cour, où il raconte ses malheurs. La reine s'intéresse à lui, elle lui donne des lettres de recommandation pour le roi d'Espagne; mais le prince catholique ne daigne même pas répondre aux pressantes sollicitations du capitaine réformé qui demande humblement la restitution de son navire et de sa cargaison.

Pressé par le désir de la vengeance et par l'espoir du gain, Francis Drake cesse ses réclamations et s'enrôle sous les ordres de

Drake meurt dévoré par des crabes monstrueux. (Page 173.)

Hawkins, qui organise une expédition pour la traite des nègres, seul commerce qui fût toléré par les Espagnols. Les négriers s'embarquèrent dans les derniers jours de septembre 1567. La première partie de leur voyage fut heureuse. Ils prirent un nombreux chargement de nègres en Guinée, et les vendirent avec bénéfice à la Havane et à Saint-Domingue.

Mais, attaqués à l'improviste par une flotte espagnole qui les considère comme pirates, nos négriers perdirent trois navires et n'eurent que le temps de se sauver (23 février 1568).

Avant de songer à se venger, Drake fit plusieurs voyages en Amérique pour bien étudier ces parages. Lorsqu'il fut sûr de lui, il équipa deux navires montés par soixante-trois hommes, et eut l'audace d'attaquer l'Espagne au cœur même de ses possessions conduite d'autant plus extraordinaire que la paix la plus profonde régnant entre ce pays et l'Angleterre, il faisait la guerre sans lettre de marque.

Le 20 juillet 1572, il marche avec cent cinquante hommes sur la ville de Nombre-de-Dios, s'empare du fort sans coup férir, y laisse soixante-dix hommes et s'avance avec le reste sur la place du marché.

Le bruit de ses trompettes avait tellement effrayé les habitants qu'ils s'étaient enfuis, laissant les pirates piller leur ville. Mais, bientôt revenus de leur terreur, ils attaquent cette poignée d'hommes et les forcent à abandonner leur butin. Drake, blessé à la jambe, eut beaucoup de peine à atteindre ses navires.

A quelques jours de là, il se vengea en s'emparant de plusieurs vaisseaux pleins de richesses.

S'étant associé l'équipage d'un bâtiment français, il se mit en embuscade, avec cent cinquante hommes, sur une route où devaient passer trois *recoès* ou convois de mulets chargés d'or et d'argent, se rendant de Panama à Nombre-de-Dios. Telle fut la richesse de cette capture, qu'il fut forcé d'enfouir une partie de ces précieux métaux, tant ses hommes étaient chargés.

De retour à Rio-Francisco, il partagea le butin en deux parts égales avec les Français, et renvoya un détachement pour reprendre les richesses qu'il avait enfouies. Mais elles n'y étaient déjà plus.

Trois ans plus tard, Drake proposa à la reine Élisabeth son projet de pénétrer dans la mer du Sud pour y ravager les possessions espagnoles. La reine lui donna le commandement de cinq navires et de cent soixante-quinze marins d'élite.

Il partit le 13 décembre 1577 pour son fameux *voyage autour du monde*.

Il suivit d'abord la côte d'Afrique, prenant tous les navires espagnols qu'il rencontrait, puis il cingla vers les côtes du Brésil, visita la Patagonie, fit usage, au port de Saint-Julien, des célèbres potences dressées jadis par Magellan pour exécuter les matelots condamnés en route. Drake y fit pendre le capitaine John Doughty, qui avait conspiré contre sa vie.

John Doughty, bon marin, mais homme turbulent, caressait, paraît-il, l'idée de se défaire de Drake, parce qu'il se sentait seul en état de lui succéder. Il avait fomenté une révolte parmi quelques hommes d'équipage, mais il fut dénoncé et ne put mettre son projet à exécution. Il fut condamné à mort par quarante juges choisis par les équipages. On lui proposa d'être abandonné sur le rivage, ou transporté en Angleterre pour y être jugé de nouveau, ou de subir son arrêt. Il trouva original d'être le premier Anglais pendu dans ces régions. Du reste, il vit la mort sans s'effrayer. Le matin de son exécution, il communia avec Drake et plusieurs autres officiers ; il dîna à la même table, but à leur santé et leur dit adieu comme s'il se fût agi d'un simple voyage de quelques jours, puis il marcha sans chanceler au lieu du supplice. Il était coupable ; mais Drake aurait pu mettre moins d'empressement à se défaire de cet émule dangereux.

Le 21 août 1578, l'expédition finit de doubler le détroit de Magellan. Drake manifesta plusieurs fois son étonnement à la vue des géants cannibales qui habitent ces contrées ; il reconnut cependant qu'ils ne sont pas aussi grands que les précédents voyageurs les ont dépeints.

Sur les côtes du Chili, il prit un navire chargé de quatre cents livres de l'or le plus pur, pilla une petite ville près de Santiago, surprit, aux environs de Tarapaxa, un Espagnol endormi sur le rivage à côté de trente barres d'argent d'une valeur de quatre cent mille ducats. Il enleva l'argent et laissa l'Espagnol dormir tranquillement.

Non loin de là, des gens qu'il avait envoyés faire de l'eau rencontrèrent un Espagnol et un Indien qui conduisaient huit lamas chargés chacun de cent livres pesant d'argent. On soulagea ces animaux de ce lourd fardeau.

Trois autres navires tombèrent bientôt entre les mains de Drake, qui y trouva cinquante-sept lingots d'argent, pesant ensemble onze cent quarante livres. Ces vaisseaux n'étaient gardés par personne, tant les Espagnols étaient loin de craindre les voleurs dans ces parages où jamais d'autres qu'eux n'avaient navigué.

Il en était de même de douze vaisseaux qu'il rencontra dans le port de Callao, le 13 février 1579. Pas un homme ne se trouvait à bord pour défendre la cargaison, qui se composait de soie, de linge, d'un coffre plein d'argent monnayé et de quinze cents barres d'argent.

En continuant sa route, il prit un brigantin chargé d'or et d'argent; un peu plus tard, il s'empara du *Cago-Fogo*, navire portant des perles, des pierres précieuses, quatre-vingts livres pesant d'or, treize caisses d'argent monnayé et un si grand poids d'autre argent qu'on l'avait employé pour lester le vaisseau.

Il continua sa route vers le nord de l'Amérique, tout en débarrassant de leurs cargaisons les navires qu'il rencontrait.

Il s'arrêta un instant dans le nord de la Californie, où les sauvages vinrent, à ce qu'il dit, lui rendre hommage et reconnaître la suzeraineté de l'Angleterre.

Après avoir séjourné à Ternate dans les Moluques, il arriva le 10 février 1580 à Java-Mayor, doubla le cap de Bonne-Espérance au mois de juin et arriva le 3 novembre à Plymouth, où ses compatriotes, jaloux des immenses richesses qu'il apportait, le traitèrent avec le plus profond mépris, l'appelant forban et refusant son argent mal acquis.

Drake méritait moins d'ignominie, car en volant les Espagnols, il ne faisait que se venger; mais d'après les lois, il ne pouvait être considéré que comme un forban. Néanmoins, la gloire d'avoir été le premier Anglais qui fit le tour du monde, fit oublier ce que son expédition avait eu de criminel ; ses aventures firent du bruit; la reine Élisabeth ne cacha pas son admiration pour cet heureux navigateur.

C'est en vain que ses courtisans lui représentèrent qu'en affectant de pardonner à ce pirate, elle s'exposait à indisposer contre elle le puissant roi d'Espagne; elle fit peu de cas de leurs observations. Elle courut à Plymouth, elle ne dédaigna pas d'accepter un repas à bord du navire sur lequel Drake avait accompli sa périlleuse expédition, elle créa chevalier l'intrépide marin et voulut lui donner elle-même l'accolade. Puis elle fit placer dans un bassin de Deptford le bâtiment qui l'avait porté. C'était, à ses yeux, et ce fut pendant longtemps pour ses sujets, un monument élevé à la gloire de l'Angleterre maritime.

La conduite d'Élisabeth n'était guère de nature à lui attirer l'amitié du despote qui régnait sur les bords du Manzanarès. L'ambassadeur de Philippe ne cacha pas son mécontentement ; il fit même entendre des plaintes au sujet des pirateries commises par Drake pendant son voyage de circumnavigation.

— Il est vrai, répondit la reine, que sir Francis Drake a commis des actes de piraterie; mais je dois aussi vous rappeler, monsieur l'ambassadeur, qu'il y a quelques années, le même sir Francis n'a pu obtenir la restitution d'un navire qui lui a été injustement saisi.

L'ambassadeur ne put réprimer un mouvement de dépit :

— Votre Grâce, reprit-il, me permettra de lui faire observer que le navire en question n'a pas été injustement saisi. Il a été pris dans des contrées où Sa Majesté Catholique et ses sujets ont seuls le droit de se livrer au commerce.

Cette prétention des Espagnols était trop connue pour que la reine dût s'en étonner; elle se contenta de répliquer :

— En traitant les marchands étrangers comme des pirates, Sa Majesté Catholique perd le droit de se plaindre des véritables forbans.

L'Espagne avait d'autres sujets de plainte.

La reine Élisabeth osait traiter avec les Pays-Bas, crime affreux aux yeux du potentat de toutes les Espagnes. Aussitôt, sans déclaration de guerre, les navires anglais sont saisis sur les *mers espagnoles*.

Drake ne pouvait manquer une si belle occasion de courir sus à ses ennemis. Il obtient de la reine, avec le titre de vice-amiral d'Angleterre, le commandement d'une flotte de vingt-trois bâtiments portant deux mille trois cents hommes. Il part de Plymouth le 15 septembre 1585, croise un moment sur les côtes d'Espagne, s'empare de tout ce qui lui tombe sous la main, fait voile vers l'Amérique et arrive devant Santiago le 16 novembre.

Il débarque mille hommes sous les ordres du général Carlisle, surprend la ville, la pille, la saccage, la brûle et revient avec un butin considérable.

Ensuite, il arrive sur les côtes de Saint-Domingue; il prend en passant la capitale de cette île, la pille, menace de la brûler, et en obtient 25,000 ducats.

Ce n'était que le commencement de son expédition.

Il arrive bientôt devant Carthagène. Il l'attaque avec ses navires d'un côté, tandis que mille hommes de troupes de terre la prennent d'assaut.

Il ne lui fallut pas moins de six semaines pour piller tout ce que cette ville importante possédait de richesses. Apprenant que les plus notables habitants, avertis de son arrivée, avaient caché ce qu'ils avaient de précieux dans les montagnes, il met le feu à la ville et ne permet d'éteindre l'incendie que lorsque les Espagnols lui ont versé une rançon de 100,000 pesos. Ces injures et bien d'autres faites à la majesté espagnole avaient irrité au dernier point le roi Philippe, qui, plein de dépit, entreprit la conquête de l'Angleterre, croyant aussi facile de prendre un peuple civilisé qu'une nation sauvage. Tel était l'orgueil de ce despote qu'il s'imaginait que rien ne résisterait à ses armes. Ses officiers avaient subjugué presque tous les États de l'Amérique; il lui semblait que les peuples d'Europe devaient subir sa domination avec autant d'humilité que les sauvages du Mexique.

Philippe étendait sur la France sa main sanctifiée par les bulles du pape; il comptait bien qu'avant peu, grâce à Dieu, au pape et à la Ligue, il serait maître des Gaules, comme il l'était déjà des Espagnes. Mais auparavant il fallait vaincre l'hérésie, c'est-à-dire le diable, dans son repaire, dans cette île d'Albion qui servait de refuge au protestantisme. Il mit en mer une des plus formidables flottes qui aient paru sur l'Océan. Dans son fol aveuglement et sa stupide croyance à la protection divine, il donna à cette armée navale le nom d'*Invincible Armada*. Mais celui que les égorgeurs de peuples appellent le *Dieu des armées*, se fit le protecteur des armées anglaises; le *Dieu vengeur* vengea les peuples; il humilia l'orgueil des tyrans qui se faisaient un marchepied de la religion pour dominer les nations.

L'*Invincible Armada* fut vaincue autant par les éléments que par les marins de l'Angleterre. Les franciscains, dominicains, flagellants, jésuites et autres, qui s'étaient embarqués par centaines dans l'intention de brûler les hérétiques et de rétablir l'inquisition sur les rives de la Tamise, portèrent leur zèle pieux au fond des mers.

Drake eut sa bonne part de cette victoire sur les jésuites.

Au comble de la réputation, il démontre à Élisabeth la nécessité d'une nouvelle expédition dans les Indes occidentales. Il s'associe son bienfaiteur John Hawkins, et à frais communs, ces deux riches aventuriers qui devaient l'un et l'autre trouver la mort dans cette expédition, arment une flotte de dix-neuf navires, à laquelle la reine en ajoute six. Deux mille cinq cents hommes sont placés sous leurs ordres. Ils partent de Plymouth le 28 août 1595, tentent vainement, un mois plus tard, de s'emparer d'une des Canaries, et arrivent le 12 novembre devant Porto-Rico, où ils ne sont pas plus heureux.

Désespéré d'avoir inutilement sacrifié beaucoup de monde, Hawkins meurt de chagrin le même jour. Avec lui disparut la mauvaise étoile qui s'attachait à Drake chaque fois qu'il entreprenait une expédition en sa compagnie.

La vue du cadavre de son bienfaiteur rallume plus vivement encore les désirs de vengeance qui consument le chef des Anglais. Il se souvient que trente ans auparavant, il a reçu une insulte à Rio-de-la-Hacha. Il arrive le 1ᵉʳ décembre 1595 devant cette ville, qui lui rappelle les malheurs de sa jeunesse.

Rio-de-la-Hacha ne pouvait se défendre. En vain les habitants offrent une rançon de 34,000 ducats. Inexorable, l'Anglais y met lui-même le feu et n'abandonne les ruines fumantes que pour courir les environs et incendier également tous les villages voisins.

Sa haine n'étant pas encore assouvie, il brûle la ville de Santa-Maria (19 décembre) ainsi que Nombre-de-Dios, avec tous les navires qui se trouvent dans ce port.

Il lance sept cent cinquante soldats à travers l'isthme de Panama; mais cette troupe, bien qu'elle soit commandée par un officier très-distingué, sir Thomas Baskerfield, ne put atteindre son but, qui était la prise de Panama. Après deux jours de marche, elle éprouva une résistance si énergique, qu'elle fut obligée de battre en retraite, heureuse de parvenir à rejoindre l'escadre, le 2 janvier 1596.

Cet insuccès ne fait qu'irriter Drake; il veut s'emparer de Porto-Bello. Mais en route, il tombe foudroyé par une attaque d'apoplexie, causée, suivant toutes les apparences, par le désespoir; quelques écrivains prétendent même qu'il se suicida.

De Paw [1] affirme qu'étant descendu dans l'île des *crabes*, il fut environné par ces monstrueux crustacés, les plus grands que l'on connaisse dans le monde. Saisi aux bras, aux jambes et au cou, il ne put leur échapper et son cadavre fut rongé jusqu'aux os.

Il n'eut pas d'autres funérailles que celles que l'on accorde ordinairement aux gens de mer, avec cette différence que son corps fut enfermé dans un cercueil et jeté par-dessus bord au bruit d'une volée générale de tous les canons de la flotte.

En même temps que Drake, deux autres Anglais, Amias Preston et George Somersi, jetaient l'épouvante sur les côtes américaines. Leur flotte, composée de quatre navires, après avoir pris et pillé l'île de Puerto-Santo, près de Madéra, et ensuite celle de Coché, entre Margarita et le continent, se présenta, le 21 mai 1595, devant Cumana, qui dut se rendre et se racheter.

Une partie des gens de l'équipage débarqua, pénétra, après mille difficultés, à Santiago-de-Léon, qu'elle prit et où elle demeura du 29 mai au 3 juin. Les habitants n'ayant pu ou n'ayant voulu payer l'énorme rançon réclamée par les vainqueurs, la ville fut incendiée, ainsi que plusieurs villages voisins.

Un autre célèbre corsaire est André Barker, qui, parti de Plymouth en juin 1576, avec deux navires, alla ravager les îles du Cap-Vert, et s'empara, en Amérique, de cinq ou six navires richement chargés.

Parvenu dans la baie de Honduras, il fut livré aux Espagnols par son lieutenant Guillaume Cox, qui surprit et pilla peu après Truxillo.

A son retour en Angleterre, Guillaume Cox et plusieurs de ses compagnons furent emprisonnés et condamnés à la prison perpétuelle, pour avoir causé la mort de leur chef. C'est tout le bénéfice qu'ils eurent de leur mauvaise action, car leur butin, porté par une frégate, avait coulé avec celle-ci pendant leur retour.

Parmi les premiers aventuriers, il faut placer l'Anglais John Oxnam, ancien soldat

---

1. *Recherches philosophiques sur les Américains*, t. I, p. 245.

de Drake. Parti de Plymouth sur un navire de 150 tonneaux et de 70 hommes, il arrive en 1574 sur les côtes de l'isthme de Darien, aborde, dissimule son navire derrière des arbres coupés à la hâte, enterre ses canons, à l'exception de deux qu'il emmène avec lui... Ceci fait, il marche vers la mer du Sud. Arrivé à une rivière qui se jette dans cette mer, il construit une grande pinasse, se laisse aller au fil de l'eau, descend jusqu'à la mer, croise le long des côtes et s'empare de deux barques, dont l'une portait 60,000 pesos en or et l'autre 100,000 pesos d'argent en barres. Puis, se trouvant assez riche, il veut retourner à son navire, en suivant la route par laquelle il est venu ; fatale détermination qui lui coûta la vie.

Juan Ortega, officier espagnol, le poursuit, à la tête d'une forte troupe, le surprend, le bat et lui enlève tout son butin.

Oxnam s'enfuit avec le reste de ses hommes. A son arrivée sur le golfe de Darien, il ne trouva plus son navire, qui avait été enlevé par les Espagnols. Privé de ressources et de moyens de retraite, il partage son temps entre la chasse et la construction d'une barque.

Mais le vice-roi du Pérou envoie 150 hommes pour s'emparer de cette poignée d'aventuriers. Ceux qui ne se firent pas tuer en se défendant, furent conduits à Panama et à Lima, où on les mit à mort, à l'exception de cinq enfants.

Cet insuccès refroidit l'enthousiasme des Anglais pour ces expéditions brillantes, mais trop lointaines et trop dangereuses. Les côtes orientales de l'Amérique leur offraient encore d'assez belles prises à faire.

La reine Élisabeth donnant des commissions à qui en voulait, pour attaquer les navires espagnols en quelque endroit qu'on les rencontrât, les mers furent bientôt couvertes de corsaires dont l'audace ne connaissait aucune borne, et qui firent trembler les Espagnols jusque dans leurs centres les plus populeux.

En 1585, les Espagnols ayant assassiné huit Anglais descendus à la Trinité pour y chercher un peu d'eau, le célèbre capitaine Walter Raleigh vint débarquer une troupe dans cette île, incendia la ville naissante de Saint-Joseph d'Oruna et emmena le gouverneur.

Un autre Anglais, Parker, parvint, avec cinquante-six hommes, à s'emparer, la veille de Pâques, 1596, de la ville de Campêche, défendue par cinq cents espagnols ; il enleva 5,000 livres d'argent.

La même année, Porto-Rico fut pris par les Anglais et ne dut son salut qu'à une dyssenterie qui fit périr en peu de jours la moitié des envahisseurs. Mais moins heureuse, en 1614, la même ville fut pillée et rasée par les Hollandais.

Devenue maîtresse du Brésil, par suite de l'annexion du Portugal, l'Espagne interdit tout commerce aux Européens dans l'Amérique du Sud. Les commerçants y étaient considérés comme pirates et traités comme tels, c'est-à-dire pendus.

Plusieurs navires anglais ayant été capturés ou attaqués dans ces parages, les Anglais organisèrent une expédition, sous les ordres de *Jean Lancaster*, intrépide marin, natif de Londres. Son escadre se composait de trois navires et deux cent soixante-quinze hommes, dont deux Français de Dieppe qui parlaient le langage des Indiens.

Les aventuriers partirent de Darmouth le 30 novembre 1594. En route, ils s'emparèrent d'une flotte de vingt-quatre navires espagnols et portugais.

Arrivés sur les côtes du Brésil, ils prirent d'assaut la ville d'Olinda ou Pernambuco, le 23 mars 1595, et y demeurèrent un mois.

Pendant ce laps de temps, Lancaster fit de riches prises. Presque chaque jour, des navires entraient dans le port et étaient capturés.

Parmi eux, se trouvèrent trois navires français. Lancaster reconnut l'un des capitaines qui, l'année précédente, lui avait rendu un grand service en le prenant à son bord après un naufrage. Il permit alors aux Français de faire le commerce dans le port. Il avait déjà traité de la même façon plusieurs capitaines hollandais, et se montrait généreux même avec les Portugais.

Cependant, sa troupe, attirée dans une embuscade, ayant subi un échec qui avait coûté la vie à son lieutenant Baker et à deux capitaines français, il jugea prudent de profiter des ombres de la nuit pour mettre à la voile, à la tête d'une flotte de quinze navires portant un riche butin[1].

La guerre que les corsaires faisaient aux Espagnols se continua avec beaucoup de vigueur pendant les premières années du XVIIe siècle.

1. Hakluyt, part. III, p. 708

CHAPITRE II

THOMAS CAVENDISH

La reine Élisabeth s'intéresse au récit de Drake. — Un page de cour. — Cavendish oublie le respect dû à sa souveraine. — Rêves de ce jeune homme. — Il dissipe sa fortune. — Il équipe une flotte. — Des coquilles de noix marchent à la conquête du nouveau monde. — Pillage d'une bourgade de nègres. — Déceptions dans le golfe du Mexique. — Prise de *la Mère de Dieu*. — Arrivée dans le détroit de Magellan. — Cinq semaines de souffrances. — Les cannibales. — Prise d'une ville. — Combat contre un navire espagnol. — Un hidalgo qui ne croit pas à la vertu des femmes. — Dona Silvia sauvée par Cavendish. — Son histoire. — Suite et fin de l'expédition. — Partage du butin. — Cavendish épouse dona Silvia. — Sa dernière expédition. — Sa mort.

Par une brillante journée de printemps, dans la première semaine d'avril 1581, la reine Élisabeth, ayant dîné à bord du navire sur lequel Drake avait fait le tour du monde, écoutait avec admiration le récit que le navigateur lui donnait de ses aventures extraordinaires.

Le comte de Leicester, avec son gendre, le jeune comte d'Essex, sir Walter Raleigh, et plusieurs autres courtisans, se tenaient de chaque côté du siége royal, tandis que leurs dames et un groupe de personnages moins importants étaient placés à une petite distance en arrière.

Moins respectueux, un tout jeune homme d'une admirable beauté s'appuyait sur le dos de la chaise au fond de laquelle la souveraine s'était nonchalamment jetée pour entendre la narration de Drake.

Son vêtement simple, quoique riche, n'était point celui d'un grand seigneur, mais celui d'un page. Il tenait à la main son petit chapeau environné de plumes blanches. Gracieusement penché sur le siége de la reine, il était tout yeux et tout oreilles; sa physionomie, pleine de mobilité, exprimait tour à tour l'admiration, la terreur, la joie, suivant les péripéties du drame merveilleux dont l'aventureux Drake faisait le récit.

— Qu'est-ce à dire, monsieur Cavendish! s'écria vivement Élisabeth se retournant tout à coup, lorsque le navigateur eut terminé sa narration. Comment se fait-il que vous osez vous tenir plus près de moi que ne font les dames de ma suite?

— Pardonnez-moi, Votre Grâce, répondit le jeune page, en se retirant avec force génuflexions, pardonnez-moi, car j'étais plongé dans un tel ravissement, que j'ai tout oublié, tout, même le respect dû à Votre Majesté.

Il dit cela d'un air si confus et si embarrassé, que la reine ne put cacher un sourire qui effleura ses lèvres.

— Enfant, dit-elle, l'histoire de Drake est merveilleuse, en effet. Elle prouve qu'il suffit à nos sujets de vouloir rabaisser l'orgueil de ces *Dons*[1], pour être capables de le faire ; les récompenses que j'accorde au vainqueur montrent à la jeunesse que c'est par le courage seulement que l'on obtient notre faveur.

— Sir Francis, continua la reine, s'adressant à Drake et se disposant à sortir de la tente magnifiquement décorée que l'on avait établie sur le pont afin de recevoir cette royale visiteuse ; sir Francis, nous vous remercions de votre gracieux accueil ; nous espérons que vous continuerez de nous servir avec fidélité.

Puis elle tendit vers le navigateur sa main blanche qu'il porta respectueusement à ses lèvres.

— N'oubliez pas, sir Francis, ajouta-t-elle en quittant le navire avec toute sa suite, de venir nous visiter à Greenwich.

La vue des fêtes magnifiques qui avaient suivi l'arrivée de Drake, la haute faveur dont il jouissait à la cour, l'enthousiasme qu'il inspirait, avaient suffi pour enflammer la jeune imagination de Thomas Cavendish. Ce beau page n'eut plus qu'une pensée, qu'un rêve : imiter, égaler et peut-être surpasser ce modèle des aventuriers. On ne l'entendait plus parler que d'expéditions, de batailles, de galions, de lingots d'or, d'immenses richesses acquises en quelques heures. Pendant la nuit, ces songes le poursuivaient. D'abord, les courtisans sourirent en écoutant les puériles divagations de ce faible enfant ; mais les années passèrent sans refroidir son enthousiasme poussé jusqu'à l'extravagance.

Arrivé à sa majorité, Cavendish entra en jouissance d'une brillante fortune, que son

1. Surnom des Espagnols.

père, riche propriétaire du Devonshire, lui avait laissée en mourant. Peu de mois lui suffirent pour dissiper son argent et hypothéquer ses terres. Bals, réjouissances, repas, sérénades, lui firent oublier un instant ses beaux projets d'expéditions. Il vivait au milieu d'une cour légère, quoique anglaise ; en gentleman qui cherche à se distinguer, il fit parler de lui par ses grandes dépenses ; tant que dura son patrimoine, il fut le lion de la cour ; mais aussitôt qu'il eut dépensé sa dernière guinée, il n'eut plus un admirateur, ni un ami, ni une maîtresse.

Au lieu de perdre son temps en plaintes stériles sur l'ingratitude des hommes et des femmes, Cavendish ne songea plus qu'à rétablir sa fortune au détriment des Espagnols. Il se souvint qu'il lui restait, dans le Devonshire, deux ou trois coins de terre qu'il n'avait pas encore hypothéqués ; il les vendit et, avec l'argent qu'il en tira, il résolut d'organiser une expédition d'où il devait revenir « millionnaire ou mendiant. »

Presque tous les jeunes gens du Cornwal et du Devonshire naissent avec un esprit aventureux. Cavendish n'eut qu'à faire un appel à la jeunesse maritime du pays pour voir accourir une foule d'enfants perdus prêts à tout entreprendre ; il choisit les moins inexpérimentés, et s'en forma une petite troupe de cent vingt hommes seulement, tant officiers que soldats et matelots. Il équipa trois petits navires, dont le plus grand, le *Tiger*, ne jaugeait pas plus de cent vingt tonneaux. Les deux autres étaient le *Hawke*, de soixante tonneaux, et le *Lapwing*, de quarante. C'est avec ces trois coquilles de noix que Cavendish entreprenait d'affronter la fureur de mers inconnues et la rage des Espagnols. Le 21 juillet 1586, une brise favorable poussa hors de la rade de Plymouth la miniature de flottille qui portait l'aventurier et sa fortune.

Sur les quais de Plymouth se pressait une foule plus étonnée que vraiment enthousiaste. Les parents, les amis des aventuriers

Cavendish sauve une jeune Espagnole. (Page 181.)

leur disaient adieu, mais non au revoir; on les considérait comme perdus pour toujours.

Seuls, Cavendish et ses compagnons manifestaient une joie bruyante. Telle était la grandeur de leurs espérances que, depuis le chef jusqu'aux jeunes mousses, pas un ne laissa échapper une larme; tous promirent d'être de retour avant deux années et d'apporter des richesses de grand seigneur.

Les dangers, les privations, les fatigues d'une pareille entreprise ne trouvaient place dans aucune de ces imaginations, toutes emplies par l'amour des aventures et la soif des richesses.

Après quelques retards occasionnés par des vents contraires, la flottille atteignit la latitude des Canaries et, descendant vers les côtes occidentales d'Afrique, elle vint jeter l'ancre près de Sierra-Leone. Les populations étonnées s'enfuirent à l'approche des blancs. Cavendish descend à terre, pille un village défendu par quelques nègres et s'installe en maître dans un pays malsain où plusieurs de ses hommes tombent malades.

Le pillage ne lui avait produit que peu de chose, la terre d'Afrique n'étant pas riche; ce n'était pas un lieu où les aventuriers pussent rester longtemps. Ils s'en éloignèrent sans regret au commencement de septembre, après avoir embarqué de l'eau, des vivres et des rafraîchissements de toute sorte.

Traversant l'Atlantique, ils naviguèrent du

côté du golfe du Mexique, dans l'espoir d'y surprendre quelque galion plein d'or, d'argent, de diamants, de rubis et d'immenses richesses.

Grand fut leur désappointement : les galions étaient partis sans les attendre.

Comme le Mexique n'envoyait ses richesses en Europe qu'une seule fois par an, Cavendish ne se sentit pas la patience de rester jusqu'à l'année suivante dans le golfe. Il se dirigea vers le sud, traversa l'équateur, et ne trouvant aucun navire à prendre, tomba sur la ville de Sainte-Lucie, au Brésil, dont les habitants ne sauvèrent leurs maisons, leurs propriétés et même leur vie qu'en fournissant de grandes quantités de gibier et de bétail aux aventuriers. Mais ce qui, plus que tout le reste, contribua à remettre en belle humeur les équipages, ce fut une forte rançon en bonnes espèces payée par les Brésiliens. Cet argent arriva fort à propos pour empêcher une révolte des équipages qui commençaient à se désillusionner et ne se gênaient guère pour manifester leur mauvaise humeur. La bonne nourriture aidant, il ne fut pas difficile à Cavendish de ressaisir son autorité. Il fit comprendre à ses aventuriers qu'il ne fallait pas désespérer du succès de leur entreprise, mais qu'ils devaient, au contraire, s'armer de persévérance pour vaincre de nouvelles difficultés.

Il sut si bien s'emparer de leur confiance qu'il n'hésita pas de tenter le passage dans les mers du sud, en doublant le détroit de Magellan, afin de renouveler les exploits de Drake. Il s'ouvrit de son intention à Richard Winter, son second, qui avait jusqu'alors approuvé toutes ses résolutions, mais qui, cette fois, trouva le projet fort imprudent et plein de périls. Malgré les fâcheux pronostics de son lieutenant, Cavendish se mit en route vers l'extrémité australe de l'Amérique. Comme il s'approchait de la rivière de la Plata, la vigie annonça une voile au loin :

— Toutes voiles dehors ! cria le capitaine ; et il ordonna à ses trois bâtiments de commencer la chasse.

— Boys ! dit-il à ses gens, le navire que nous apercevons est sans aucun doute quelque gros bâtiment chargé de richesses dont vous aurez de bonnes parts ; du courage donc ! Nous allons livrer un rude combat avant de le prendre, car vous pouvez vous attendre à une vigoureuse résistance ; mais je vous connais, vous êtes des hommes capables d'attaquer dix mille démons ; c'est pour cela que je dis : ce navire est à nous.

Un long cri d'enthousiasme lui répond et la chasse commence. Les aventuriers ne tardent pas à se rapprocher du bâtiment poursuivi ; c'était une grosse caraque qui cherchait à dissimuler sa nationalité en n'arborant aucun pavillon. Ce stratagème ne pouvait induire les aventuriers en erreur. Quel autre navire qu'un espagnol se serait hasardé sur ces mers ?

On n'hésita donc pas à lui envoyer quelques boulets dès qu'on l'eut atteint. L'Espagnol arbora enfin le drapeau castillan et envoya toute sa bordée sur le *Tiger*, qui s'avançait le premier à sa rencontre. Inutile attaque ; les boulets de ses petits canons d'airain tombèrent dans la mer sans atteindre les Anglais.

Loin de répondre à cette inutile bordée, le *Tiger*, commandé par Cavendish en personne, s'arrêta prudemment pour attendre ses deux camarades. Ne sachant à quoi attribuer cette inaction et croyant qu'elle était causée par de graves avaries, l'Espagnol s'arrêta également et envoya une seconde bordée, avec l'espoir de désemparer entièrement son ennemi. Puis il attendit tranquillement que les aventuriers, qu'il croyait avoir déconcertés, voulussent bien se retirer pour le laisser continuer son voyage en paix. Pendant ce temps, les deux autres petits navires anglais s'approchèrent. Comme ils arrivèrent avec une grande assurance, l'Espagnol sentit diminuer la sienne. Il regretta d'être resté si longtemps à la même place; mais il espéra d'échapper à ce pressant danger en évitant un abordage. Pour cela, il eut encore recours à ses canons. Les bordées succédèrent aux bordées ; mais quelques rares boulets seulement atteignirent les Anglais, sans les arrêter un instant. Les trois petits bâtiments des aventuriers parvinrent à s'accrocher à l'énorme navire espagnol, dont le pont fut aussitôt couvert d'ennemis.

Les Castillans, tout occupés à leurs canons, ne s'étaient pas préparés à un abordage qui leur semblait peu probable. S'armant de sabres et de pistolets, ils se réunirent autour de leur capitaine, au pied du grand mât, et pendant dix minutes opposèrent une vigoureuse résistance. Mais rien ne pouvait arrêter la fureur de ces aventuriers, décidés à ne point laisser échapper cette riche proie. Un coup de coutelas ayant abattu le capitaine espagnol, ses défenseurs fuirent dans toutes les directions, abandonnant le pont jonché de cadavres.

La défense dans l'entre-pont ne fut pas longue ; après un échange de quelques coups de fusil, ils demandèrent à capituler ; on leur fit déposer leurs armes, et quelques minutes plus tard, le navire entier appartint aux corsaires. Jeter les morts dans la mer et nettoyer le pont fut l'affaire de quelques instants ; en moins d'une heure on eut dressé un inventaire de la cargaison contenue dans la *Mère de Dieu*, tel était le nom du navire capturé. Ce bâtiment contenait 30 caisses d'espèces en or et de lingots de ce précieux métal, qui fut porté sur le *Tiger*. On y trouva, en outre, 10 énormes caisses de mercure qui étaient si lourdes qu'il fallut renoncer à les changer de bord.

Cavendish distribua les prisonniers entre ses navires, laissant un équipage anglais sur la prise. Après quoi, il annonça à ses hommes son intention de traverser le détroit de Magellan. Il n'avait osé en parler jusque-là, de crainte de décourager ses équipages ; mais après la prise de la *Mère de Dieu*, il n'hésita plus. Il prédit que dans les mers du sud d'immenses richesses attendaient les aventuriers; il sut si bien enthousiasmer tout le monde, que ce fut à qui approuverait son dessein.

Le 2 janvier 1587, les aventuriers rencontrèrent un grand cap blanc ; le lendemain, une longue pointe de terre qui s'étend jusqu'à l'entrée du détroit de Magellan. Comme le temps était orageux, ils restèrent en cet endroit pendant trois jours. Si les peines endurées par les hommes avaient été grandes depuis un mois, elles devinrent alors presque insupportables. La neige tombait sans cesse ; elle était accompagnée de tempêtes affreuses dont l'horreur était encore augmentée par un temps sombre. De temps en temps des éclairs rompaient l'obscurité ; le tonnerre résonnait, répercuté par les flots soulevés. Tour à tour la grêle et la pluie se mêlaient aux flocons de neige. Un froid intense engourdissait les hommes et gelait les voiles humides. A toutes ces causes de souffrances se joignait la terreur constante de naufrager sur les bas-fonds, sur les rochers ou sur les énormes morceaux de glace qui roulaient perpétuellement autour des navires.

Pour entretenir l'ardeur de ses équipages, Cavendish courait de bâtiment en bâtiment et encourageait les hommes par ses brillantes promesses d'incroyables pillages, de richesses invraisemblables et d'aventures inouïes.

Trois ans auparavant, les Espagnols avaient porté une colonie de quatre cents personnes pour garder ce célèbre passage, il n'en restait plus que vingt-trois dont deux femmes. Cavendish n'eut pas de peine à s'en emparer. Ces malheureux, abandonnés en cet endroit depuis si longtemps, ne tenaient guère à combattre pour leur roi. Loin de là, ils indiquèrent aux Anglais les passages les moins dangereux.

Le 8 janvier, les aventuriers jetèrent l'ancre devant l'île des Pingouins, où ils tuèrent et salèrent une énorme quantité de ces palmipèdes. Ils tournèrent ensuite au sud-sud-ouest vers la ville du Roi-Philippe, bâtie par les Espagnols ; ils y trouvèrent quatre forts et plusieurs églises, mais pas un seul habitant. La vie qu'y avaient menée pendant deux ans les restes abandonnés des Espagnols, avait été si misérable, que Cavendish lui donna le nom de Port-Famine.

Le 22, ils trouvèrent une belle rivière sur les bords de laquelle vivaient des géants cannibales qui, ayant déjà dévoré beaucoup d'Espagnols, avaient pris goût à cette nourriture et se montraient décidés à faire subir le même sort aux Anglais. Ceux-ci s'éloignèrent et continuèrent leur route dans le redoutable détroit.

Enfin, après cinq semaines de souffrances infinies, de labeurs incessants, de fatigues incroyables, les équipages aperçurent le Pacifique et, déployant les voiles humides, voguèrent au nord, avec mille cris de joie et d'espérance. Ils n'étaient pourtant pas au bout de leurs peines.

L'océan Pacifique, peu soucieux de mériter son nom, se livrait en ce moment à une véritable débauche de tempêtes. Les navires, séparés les uns des autres, voguèrent au hasard pendant plusieurs jours, menacés de disparaître à chaque instant. L'escadre ne se rassembla que vers la fin de mars ; elle se trouvait alors sur les côtes du Chili, près d'une petite ville et d'un fort que les Anglais se mirent aussitôt en mesure de surprendre. Cela était d'autant plus facile, que les Espagnols, qui ne se connaissaient aucun ennemi dans ces parages, ne prenaient aucune disposition pour se défendre. Assemblés sur le rivage, ils voyaient sans crainte s'approcher une escadre qu'ils croyaient composée de navires appartenant à leur patrie. Leur confiance fut de courte durée : arborant ses couleurs, le *Tiger* envoya tout à coup une bordée meurtrière sur les gens inoffensifs qui le contemplaient.

Dans une rivière qui coulait au pied du fort, se trouvaient une grosse caraque et deux caravelles chargées de lin et de cuir, à destination des îles Philippines. C'est vers cette proie que Cavendish, monté sur le *Tiger*, porta ses efforts. Laissant les autres bâtiments bombarder la petite citadelle, il chercha à remonter la rivière ; mais ce fut inutilement. Le courant était si violent qu'il dut renoncer à son projet. Il se tourna alors du côté de la ville et opéra un débarquement sous le feu intense de l'artillerie et de la mousqueterie espagnole.

Il s'engagea ensuite dans un marais, où il fut non-seulement harcelé par les ennemis, mais encore frappé par les boulets égarés de ses propres navires.

Rien ne put l'arrêter, néanmoins ; il entra bientôt dans la ville, dont les habitants s'étaient enfuis, emportant leurs objets les plus précieux. Maître de ce côté, il marcha aussitôt sur les navires qu'il n'avait abandonnés un instant que pour mieux les saisir le moment d'après. Il les prit sans rencontrer de résistance et, les livrant au courant, il les conduisit lui-même au milieu de son escadre.

Sur ces entrefaites, parut au loin un navire de guerre qui semblait s'enfoncer sous le poids de ses canons. Quand même les Anglais auraient eu l'intention de le fuir, cela leur aurait été impossible, vu que plusieurs de leurs compatriotes se trouvaient encore à terre. En moins d'une heure, une forte brise amena le nouveau venu à une demi-portée de canon de ses adversaires. Sans explications inutiles, il leur envoya tout d'abord une bordée qui, fort heureusement pour eux, passa dans les mâts et ne leur causa aucun dommage. Les Anglais répondirent aussitôt, avec plus de succès. Lorsque la fumée se fut un peu dissipée, ils s'aperçurent que le navire espagnol avait perdu un mât et que ses gréements avaient souffert de manière à ne plus lui permettre de gouverner sans difficulté. Ils résolurent donc d'en venir à l'abordage. Les Espagnols, qui se croyaient probablement assurés de la victoire, attendirent bravement le combat corps à corps. Armés de pistolets et de grands coutelas, ils se disposèrent à défendre le pont de leur navire menacé par ses aventuriers.

A leur tête se trouvait un homme de haute taille, vêtu d'un habit tout doré, comme un grand d'Espagne et brandissant une longue épée. Cavendish se réserva l'honneur de sauter le premier sur le bord ennemi. A peine y fut-il qu'un combat terrible s'engagea autour de lui. Les Espagnols, décidés à vendre chèrement leurs vies, ne succombèrent qu'après avoir abattu un grand nombre d'Anglais. Quoique blessé et couvert de sang, Cavendish essaya plusieurs fois d'atteindre et d'attaquer le chef espagnol, facile à distinguer, au milieu du tumulte, par sa haute taille et par la grande plume qui voltigeait au-dessus de son chapeau à larges bords. Deux fois les épées des deux chefs se croisèrent ; deux fois, elles furent séparées par les épées des autres combattants acharnés à la bataille.

Une troisième tentative de Cavendish allait sans doute être plus heureuse, lorsque l'Espagnol disparut, comme par enchantement. Quelques secondes après, le bruit d'un coup de pistolet et les cris perçants d'une femme frappèrent l'oreille du chef anglais qui se précipita du côté d'où partaient ces cris.

Il descendit un étroit escalier et se trouva tout à coup dans une magnifique cabine où l'or ruisselait en bosse, le long des lambris couverts de miroirs vénitiens. Le plancher disparaissait sous un merveilleux tapis de Turquie. Au milieu de ce salon resplendissant se tenait le commandant espagnol, le boute-feu d'une main, un pistolet de l'autre. A ses pieds, une femme inanimée et couverte de sang et une enfant agenouillée sur le cadavre ; en face de lui une grande et belle jeune fille de dix-huit ans, qui tournait d'un air suppliant ses grands yeux noirs vers l'Espagnol.

Voyant accourir le capitaine anglais, l'hidalgo s'écria :

— Il est trop tard, dona Silvia ! Mort et éternité pour tous !

Puis, il jeta son boute-feu enflammé sur une glace qui vola en éclats ; derrière cette glace, se trouvait le magasin aux poudres.

Et se retournant vers l'Anglais :

— Hérétique ! voleur ! pirate ! tu vas sauter avec moi, lui dit-il.

Sans lui répondre, Cavendish saisit l'admirable jeune fille, la prend dans ses bras, saute, d'un seul bond, sur le pont du navire et se précipite dans la mer en criant :

— Sauve qui peut ! Le feu est aux poudres !

Par bonheur, la mèche n'était pas tombée sur les poudres ; le feu ne se communiqua qu'au bout d'un instant ; les Anglais eurent le temps de sauter par-dessus bord et de s'éloigner avant l'explosion qui eut lieu peu de temps après et qui couvrit la mer de débris et de cadavres.

Le capitaine anglais, après avoir roulé avec le bouillonnement causé par l'explosion, nagea d'une main vigoureuse vers le *Lapwing* et parvint à l'atteindre, sans avoir abandonné son précieux fardeau. Lorsqu'il fut à bord de ce navire, la jeune fille évanouie l'entourait de ses bras crispés ; il la porta dans une cabine.

Profitant de l'apparente insensibilité de son adorable captive, Cavendish déposa un baiser passionné sur ses lèvres pâlies. Cette action si peu respectueuse sembla tirer la dona de sa léthargie. Elle entr'ouvrit ses beaux yeux. Le jeune capitaine, de même qu'un coupable surpris dans un acte malhonnête, perdit son assurance ; il déposa la jeune Espagnole sur un siége et, tombant à ses genoux, la pria de lui pardonner.

— Mademoiselle, lui dit-il, excusez l'audace d'un homme qui, forcé de vous tenir dans ses bras, n'a pu faire autrement que de vous trouver la plus belle des femmes et qui a vainement résisté à une tentation.

Ces paroles la firent revenir complétement à elle.

— Je vous suis redevable de la vie, monsieur, murmura la doña; mais je vous dois bien davantage; car vous m'avez sauvé l'honneur. L'homme qui a assassiné ma mère et qui a mis le feu au navire voulait profiter de son autorité de capitaine pour faire de moi sa maîtresse; n'y pouvant réussir par la persuasion ni les promesses, il en était arrivé à des moyens brutaux, lorsqu'il rencontra votre escadre devant le port où il devait nous déposer. La violence de ses emportements ne me laissait guère d'espoir de lui échapper. Se voyant perdu, il allait m'assassiner, pour m'empêcher de tomber entre vos mains. Ma mère, qui se jeta au-devant de son arme, reçut le coup qu'il me destinait. Hélas! vous me dites que je suis belle; mais vous le voyez, je le suis pour mon malheur.

Trop gentilhomme pour n'être pas sensible à la douleur de sa vertueuse captive, Cavendish lui jura qu'il saurait la respecter mieux que ne l'avait fait le capitaine espagnol; il la conduisit à bord du *Tiger*, lui donna une belle cabine et voulut qu'elle fût traitée avec les plus grands égards, annonçant que, puisque le hasard avait jeté cette jeune fille sur ses pas, c'était un signe que la Providence avait ses vues; il n'en dit pas davantage pour l'instant, mais chacun put deviner que le chef des aventuriers avait ses vues tout aussi bien que la Providence.

L'expédition reprit bientôt sa route dans la direction du Nord; elle rencontra, quelques jours après, deux autres bâtiments dont elle s'empara sans difficulté.

Après avoir essuyé une tempête qui leur enleva un de leurs navires, les aventuriers pillèrent les petites places de Paraca, Chincha et Pischa; ils prirent plusieurs navires; s'emparèrent de la ville importante de Puna, dont le cacique ou seigneur était un Indien qui avait épousé une femme espagnole et embrassé le christianisme. Il avait caché dans une petite île un trésor valant 100,000 écus. Cavendish étant parvenu à découvrir cette cachette, ne trouva pas que la fortune du cacique fût suffisante; il pilla la ville et s'empara de tout ce qui fut à sa convenance. Il alla jusqu'à prendre les cloches des églises, après avoir brûlé celles-ci.

Les Espagnols, d'abord surpris, se rassemblent, appellent les Indiens à leur secours et attaquent les aventuriers. Vain effort! Cavendish les bat, brûle quatre grands vaisseaux sur les chantiers et ne fait qu'un amas de ruines de la ville qui était de 300 maisons.

Vers la fin du mois de juillet, arrivé à la hauteur de la Nouvelle-Espagne, il pille et brûle Copalita et Aquatulco, attaque le vaisseau amiral espagnol de toute la mer du Sud, s'en empare après un violent combat de six heures et y trouve 122,000 pesos d'or.

Il revint en suivant l'itinéraire tracé par Drake, doubla le cap de Bonne-Espérance le 17 mai 1588, arriva à Sainte-Hélène le 9 juin et entra dans la rivière de Plymouth, le 9 septembre 1588.

Le rivage était littéralement couvert d'une multitude enthousiaste qui faisait retentir les échos de ses hurras. Debout sur la poupe de son navire, le *Tiger*, Cavendish agitait un drapeau anglais. A côté, se tenait sa belle captive espagnole, qu'il avait respectée et dont il allait faire son épouse.

Aussitôt débarqué, il fit le partage de son immense butin; chacun de ses marins fut riche au delà de ses espérances. Quant à lui, il se trouva à la tête d'une fortune princière et d'une renommée de conquérant.

Son voyage, quoique effectué avec une rapidité extraordinaire, ne fut pas inutile à la science. Cavendish corrigea quelques erreurs des géographes; il réduisit de plus d'un quart la distance entre Java et le cap de Bonne-Espérance, distance que les navigateurs portugais avaient exagérée à dessein; il donna une description exacte du détroit de Magellan.

La reine Élisabeth le créa chevalier et il aurait pu passer le reste de ses jours dans le repos. Mais sa destinée n'était pas de devenir un aïeul. En moins de trois ans, il trouva moyen de dissiper des trésors qui auraient pu, au dire de ses contemporains « acheter un comté. » Complétement ruiné, il ne songea plus qu'à tenter de nouveau la fortune en entreprenant un voyage dans le pays de l'or. Il équipa 3 gros vaisseaux et 2 barques et partit de Plymouth le 6 août 1591. Il espérait encore passer dans l'océan Pacifique, mais sa petite flottille fut assaillie par une tempête sur les côtes de la Patagonie ; elle se dispersa et ne put se rallier que le 8 mars 1592.

Cavendish tenta de nouveau le passage du détroit. Sans cesse repoussé par les vents contraires, il ne put dépasser le cap Froward. Le manque de vivres et le froid firent périr une partie de son monde. Ses équipages se révoltèrent dès qu'on le vit malheureux ; la dissension se mit entre ses officiers ; son autorité fut méconnue ; il eut beau promettre le succès, la fortune, la gloire, ses aventuriers, aigris par de longues souffrances, demandèrent à revenir en Europe. Trois de ses bâtiments l'abandonnèrent, les deux autres, jetés par la tempête sur les côtes du Brésil, y furent attaqués par les Portugais ; ils n'échappèrent qu'avec bien de la peine. Désespéré de ces contre-temps qui faisaient évanouir une à une toutes ses chances de fortune, Cavendish succomba misérablement à la fleur de l'âge, en effectuant son retour.

LIVRE III

LES FLIBUSTIERS

CHAPITRE PREMIER

ORIGINE DE LA FLIBUSTE

Férocité et fanatisme des Espagnols. — Hatuey, cacique de Cuba, refuse le baptême. — Son supplice. — Les bulles du pape. — Révolte des âmes. — Boucaniers et flibustiers. — D'Enambuc et Warner s'emparent de Saint-Christophe. — Première émigration française à Hispaniola. — Pierre le Grand. — Prise d'un galion espagnol. — Retour de Pierre le Grand en Europe. — La *Tortue*. — Organisation des *boucaniers*. — Le matelotage. — Les *planteurs* ou *habitants*. — Leurs mœurs, leur organisation. — Leur férocité. — Histoire d'Œxmelin racontée par lui-même. — Principaux repaires des boucaniers — Les Espagnols détruisent les bœufs de Saint-Domingue.

Dans les premières années du XVIe siècle, la fureur des découvertes s'empara des esprits. De toutes les côtes d'Europe s'élancèrent de hardis aventuriers, à la recherche des immenses trésors entrevus par Colomb et accaparés par le gouvernement espagnol. L'amour de l'or enfantait des prodiges ; un vaste continent fut exploré et conquis par les Portugais et les Espagnols. Mais cette soif de richesses produisit, en s'assouvissant, une perversion immédiate dans l'esprit des conquérants. Le sens moral fut oblitéré. La force prima le droit. Le plus criminel devint le plus riche et le plus respecté. Un brigand heureux s'assit sur le trône des anciens rois du Mexique. Le crime fit la loi. Des populations, réduites en esclavage, s'éteignirent sous le fouet du vainqueur.

« Le premier instant où l'Amérique fut connue du reste de la terre fut marqué par une injustice, présage fatal de toutes celles dont ce malheureux pays devait être le théâtre. Les trésors de Saint-Domingue enflammèrent la cupidité de ceux même qui ne voulaient point passer les mers.

« Les grands et les gens en place obtinrent des possessions dans cette île, pour acquérir des richesses sans travail. Ils les faisaient régir par des agents qui avaient à faire leur fortune en augmentant celle de leurs commettants. On vit alors ce qui ne paraissait pas possible : un accroissement de férocité.

« Cinq ans après cet arrangement barbare, les naturels du pays se trouvèrent réduits à quatorze mille. Il fallut aller chercher sur le continent et dans les îles voisines d'autres sauvages pour les remplacer. Les uns et les autres étaient accouplés au travail comme des bêtes. On faisait relever, à force de coups, ceux qui succombaient sous leurs fardeaux. Il n'y avait de communications entre les deux sexes qu'à la dérobée. Les hommes périssaient dans les mines, et les femmes dans les champs que cultivaient leurs faibles mains.

« Une nourriture malsaine, distribuée par des mains avares, achevait d'épuiser des corps excédés de fatigue. Le lait tarissait dans le sein des mères ; elles expiraient de faim et de lassitude, en pressant contre leurs mamelles desséchées leurs enfants morts ou mourants. Les pères s'empoisonnaient. Quelques-uns se pendirent aux arbres, après y avoir pendu leurs femmes et leurs enfants. Leur race a disparu[1]. »

1. Christian, *Histoire des Pirates et Corsaires*, Paris, 1847, in-8º.

Supplice du cacique Hatuey. (Page 185.)

A la cupidité des Espagnols se joignait le fanatisme religieux. Au nom du Christ, ils commirent les plus épouvantables atrocités. Des milliers de misérables furent brûlés vifs, parce qu'ils refusaient de recevoir le baptême.

Un cacique nommé Hatuey, chef d'un petit royaume de l'île de Cuba, jugeait bien ces conquérants, lorsqu'il disait :

— Leur dieu, c'est l'or. Ne comptons sur aucune paix, tant que la divinité des Espagnols sera parmi nous. Si vous l'avaliez, ils fouilleraient vos entrailles. Ce n'est qu'au fond de la mer qu'on peut le cacher. Quand leur dieu ne sera plus parmi nous, ils nous oublieront peut-être.

Aussitôt il fait jeter dans les flots tout l'or qu'il possède ou qui se trouve dans son royaume. Mais cette action ne le sauve pas ; au contraire, elle donne un prétexte pour son supplice.

Hatuey est attaché sur un bûcher. Au moment où les flammes vont le dévorer, un prêtre catholique s'approche et lui propose le baptême :

— Si vous mourez sans accomplir ce devoir, votre âme ira en enfer, où elle brûlera éternellement, lui dit le prêtre.

Hatuey écoute, sans comprendre comment une âme peut brûler.

— Et si je me fais baptiser ? demande-t-il.

24.

— Alors, votre âme ira dans le paradis, séjour de délices, où elle jouira éternellement de la béatitude.

Sans comprendre davantage, le sauvage reprend :

— Dans ce lieu de délices, y a-t-il des Espagnols ?

— Certainement, réplique le missionnaire ; les Espagnols iront, parce qu'ils sont baptisés.

— Alors, je n'y veux point aller, murmure Hatuey. Ne me parlez plus de votre religion et laissez-moi mourir tranquille.

Il fut brûlé et tout son peuple périt exterminé au milieu des plus affreux supplices, en comparaison desquels ceux de l'enfer sembleraient pleins de douceur.

Les récits véridiques de ces atrocités faisaient frémir d'indignation les peuples de l'Europe ; mais nul n'osait élever la voix en faveur des malheureux Indiens, non-seulement parce que l'Espagne semblait trop redoutable aux autres nations, mais parce qu'elle s'était arrangée de façon à mettre la religion de son côté.

Les bulles de Rome lui ayant donné en toute propriété l'Amérique, on ne pouvait lui disputer cette proie sans se brouiller avec l'Église. A en croire les prêtres, Dieu ordonnait l'extermination des sauvages.

Bien mieux, quand il n'y eut plus de sauvages, ce fut encore au nom de Jésus-Christ qu'un autre prêtre, Las-Casas, prêcha la traite des nègres, afin de remplacer les esclaves.

C'est ainsi qu'en oubliant complètement son origine, en déviant de ses principes primordiaux, le christianisme devint, entre les mains du clergé espagnol, une religion de haine, de destruction, de fanatisme et d'esclavage.

Heureusement que l'Espagne, avilie par un long despotisme militaire et religieux, fut impuissante à continuer l'œuvre de Charles-Quint ; elle dut abandonner tout esprit de conquête en Europe. L'Allemagne, la Hollande, la France et l'Angleterre, qu'elle avait rêvé de réunir en une monarchie universelle, échappèrent à son étreinte. Il se fit dans les esprits une immense réaction contre les idées de despotisme ; tout se brisa ; Rome ne fut plus la capitale de tous les chrétiens. Les peuples du Nord s'insurgèrent contre la papauté ; la France chercha, sans y parvenir complétement, à suivre le mouvement de réforme religieuse.

L'Espagne perdit peu à peu son prestige militaire ; elle fut attaquée de tous les côtés à la fois. En Europe, les gouvernements qu'elle avait effrayés ou dominés se ruèrent sur elle. En Amérique, où l'Angleterre ni la France n'osaient encore la poursuivre, une nuée d'aventuriers de toutes les nationalités se jeta sur ses possessions et, formée en république, mit son empire à deux doigts de sa ruine.

Dès le commencement du XVIe siècle, les noms de *boucanier* et *flibustier* furent connus en Europe. « Mais on ne vit en eux qu'une corporation d'hommes sauvages, qu'un ramas de brigands.

« Longtemps leurs exploits, souillés de meurtres et de rapines, mais d'abord contenus ou réprimés, n'eurent rien de signalé dans une partie du monde où, pendant un siècle et demi, les plus forts n'avaient connu de point de ralliement que le meurtre et le pillage.

« On ne les regardait que comme des pirates ordinaires, ou plutôt l'Europe dédaigna de s'occuper d'eux, jusqu'à ce qu'ils éveillassent l'attention générale par leur organisation, par l'espèce de constitution qu'ils se donnèrent, par des singularités de plus d'un genre, et surtout par des faits et des aventures qui sortaient de l'ordre commun.

« C'est alors qu'ils s'emparèrent, dans l'histoire du monde, d'une place que le temps ne pourra leur ravir.

« Au reste, le récit de leur étrange fortune est bien moins une source d'instruction qu'un tableau d'atrocités. Il nous présente des hommes qui, avec de très-petits moyens, produisirent des résultats prodigieux et déployèrent des forces incroyables; des hommes qui, par leur esprit entreprenant, leur courage indomptable et leur activité, par une patience capable de surmonter tous les genres de peines et de privations, enfin par leur mépris des périls et de la mort, réclament notre admiration, tandis qu'ils nous font frissonner d'horreur par leurs ruses, leurs cruautés, leurs excès sans nom.

« Nous serions tentés de détourner nos regards de ces êtres féroces, de vouer leurs faits à l'oubli et leurs noms à l'exécration, si quelques qualités brillantes, si quelques vertus même ne nous réconciliaient avec ces farouches aventuriers, enfants d'un siècle encore barbare. » (Christian.)

Il serait sans doute fort difficile d'assigner une date précise aux premières pirateries des flibustiers. L'histoire nous apprend seulement que, dès le commencement du XVIIe siècle, des chasseurs de bœufs sauvages s'étaient répandus dans les savanes de l'île d'Hispaniola, si connue depuis sous le nom de Saint-Domingue. Ces chasseurs recevaient le nom de *boucaniers*, qui dérivait de *boucan*[1], vieux mot indien que les sauvages Caraïbes appliquaient aux huttes dans lesquelles ils fumaient les chairs de leur gibier ou de leurs prisonniers.

Ce mot ne devait pas être usité seulement dans les Antilles, on le retrouve dans le Canada où les Indiens, qui parlent encore français, disent de la *boucane* pour de la *fumée*. Les Canadiens ont adopté cette expression, et nous leur avons maintes fois entendu dire : ce poêle *boucane* (fume), un nuage de *boucane* (de fumée). Il y aurait, certes, une étude à faire sur ce mot et sur une foule d'autres usités dans notre ancienne colonie canadienne.

1. Charlevoix, *Histoire de l'isle espagnole*, p. 6, t. II.

Le titre de *flibustiers* était, dit-on, une corruption de l'anglais *freebooters* (libres pillards) qui était lui-même un terme allemand importé en Angleterre pendant les guerres des Pays-Bas, sous le règne d'Élisabeth. Quelques étymologistes le font dériver du hollandais *fly boat* (bateau léger ou bateau-mouche).

Dès 1625, le capitaine d'Enambuc avait obtenu du roi Louis XIII le droit de fonder un établissement dans les Antilles. Il aborda à Saint-Christophe le jour même où un aventurier, nommé Warner, y arrivait avec une troupe d'Anglais. Cette île fut le premier point de ralliement des pirates de toute nationalité qui infestaient depuis longtemps déjà la mer des Antilles. En quelques années, ils se multiplièrent tellement que l'Espagne dut songer à agir contre eux. L'amiral Frédéric de Tolède, envoyé, en 1631, au Brésil, avec une flotte redoutable destinée à détruire les établissements hollandais, eut ordre d'exterminer, en passant, les pirates de Saint-Christophe. Les Anglais et les Français essayèrent vainement de résister; écrasés par le nombre, ils se dispersèrent; quelques-uns des Français se réfugièrent à Hispaniola, qu'ils trouvèrent presque déserte. Les Espagnols, après avoir exterminé les habitants de cette île, l'avaient presque abandonnée, incapables qu'ils étaient de la mettre eux-mêmes en valeur et préférant porter leur tyrannie sur la grande terre. Les aventuriers n'éprouvèrent donc aucune résistance en y arrivant. Ils furent bientôt rejoints par d'autres habitants que l'oppression des Compagnies françaises chassait des Antilles. Ils formèrent le noyau d'une colonie qui n'allait pas tarder à devenir puissante.

Comme ils n'avaient d'autres ressources que le produit de leur chasse, ils se mirent en relation avec des marchands hollandais et dieppois qui se chargèrent de leur fournir les objets manufacturés dont ils manquaient. Quelques-uns se procuraient ces objets en les enlevant aux Espagnols, avec lesquels ils n'avaient aucune relation commerciale, parce qu'ils les considéraient comme les ennemis du genre humain et ne croyaient pas voler en les dépouillant de leurs biens mal acquis. Quelques Anglais vagabonds, qui se présentèrent pour augmenter cette population, furent accueillis sans difficulté.

La date de la première grande expédition organisée par les boucaniers est incertaine. Nous savons seulement que, vers l'année 1654, une troupe considérable d'aventuriers français et anglais se réunit pour tenter quelque chose sur le continent. Ils remontèrent en canot une rivière qui arrose le pays, alors appelé le Mosquito, à peu de distance au sud du cap Gracias a Dios, et après avoir lutté pendant un mois contre les torrents impétueux de la rivière, ils abandonnèrent leurs bateaux pour marcher sur la ville de Nueva Segovia qu'ils saccagèrent et qu'ils abandonnèrent ensuite pour s'en retourner vers la côte.

Selon la plupart des écrivains, le premier aventurier de quelque renommée connu à la Tortue, fut Pierre le Grand, natif de Dieppe. La plus célèbre entreprise de cet homme intrépide fut la capture du vice-amiral de la flotte espagnole, près du cap Tiberon, à l'ouest d'Hispaniola. Il accomplit ce trait d'audace dans une simple barque, accompagné seulement de vingt-huit compagnons, et surprit son adversaire dans le canal de Bahama, que les Espagnols avaient déjà traversé en parfaite sécurité. Il croisait depuis longtemps sans avoir fait aucune rencontre ; ses provisions étaient épuisées et ses hommes en danger de mourir commençaient à se livrer au désespoir. Dans ce moment d'abattement et d'angoisses, ils aperçurent tout à coup le grand vaisseau dont nous avons parlé. Ce navire, séparé du reste de la flotte, se dirigeait vers eux sous toutes voiles. Ils voguèrent immédiatement à sa rencontre pour s'assurer de ses forces et, bien qu'ils le reconnussent comme supérieur au leur, poussés à la fois par le désespoir et par la cupidité, ils résolurent sur-le-champ de s'en emparer ou de mourir. Du reste, s'ils échouaient dans leur entreprise ils ne faisaient qu'avancer de quelques instants une mort qui les aurait atteints par l'inanition. Arrivés si près de l'ennemi que toute retraite devenait impossible, ils jurèrent solennellement à leur capitaine de lui rester fidèles jusqu'au dernier moment, espérant d'ailleurs que leur victoire dépendrait peut-être de l'infériorité des armes ennemies. Comme on était à la chute du jour, l'obscurité facilitait leur abordage et cachait le désavantage du nombre. Tandis qu'ils apprêtaient leurs armes, ils ordonnèrent au chirurgien de percer un trou dans les flancs du bateau, afin que leur situation critique les obligeât à attaquer et à aborder l'ennemi avec la frénésie du désespoir. Mais leur courage n'avait pas besoin d'un pareil stimulant. Sans autres armes qu'une épée d'une main et un pistolet de l'autre, ils passèrent immédiatement sur les flancs du vaisseau espagnol et se précipitèrent pêle-mêle dans la principale cabine où ils surprirent le capitaine et ses officiers en train de jouer aux cartes. Mettant en joue chaque officier, ils ordonnèrent qu'on leur délivrât le vaisseau. Les Espagnols, consternés d'entendre dans l'entre-pont d'autres flibustiers dont ils ne soupçonnaient pas la présence à bord, ne voyant pas de bateau qui eût pu les conduire (car le chirurgien qui avait coulé la barque venait de rejoindre ses compagnons par un sabord) et croyant que ces hommes tombaient des nues ou étaient vomis par une étoile filante, s'écrièrent avec un mouvement inexprimable de terreur superstitieuse :

— Jésus, bénissez-nous, ce sont des démons ! Pendant ce temps les compagnons de Pierre, se dirigeant vers l'arsenal, saisirent les armes, tuèrent quelques matelots qui menaçaient de se défendre et poussèrent le reste dans les écoutilles.

Dans la matinée, les matelots espagnols

avaient averti le capitaine qu'un bateau pirate avançait de leur côté ; celui-ci, à la vue d'une si frêle embarcation, regagna sa cabine en riant, défiant n'importe quel vaisseau de l'oser attaquer, fût-il aussi grand que le sien. Dans le cours de la journée une seconde alarme fut donnée par le lieutenant, qui demanda s'il ne serait pas prudent d'apprêter un ou deux canons :

— Non, non, avait répliqué le capitaine, avec colère, gréez le cabestan et courez sus au bateau.

Pierre, maître de son riche butin, garda autant de matelots espagnols qu'il lui en fallait et déposa le reste sur la côte d'Hispaniola, qui se trouvait à peu de distance. Le vaisseau était plein de provisions et de grandes richesses ; Pierre cingla prudemment vers la France d'où il ne revint jamais achever une carrière si bien commencée.

Les nouvelles de cette capture firent grand bruit à la Tortue. Les planteurs et les chasseurs d'Hispaniola brûlaient du désir d'embrasser une profession si glorieuse et si lucrative. Ils comprenaient maintenant que la fortune d'un homme consistait simplement dans l'audace. N'ayant pas les moyens d'acheter ou de louer des bateaux à la Tortue, ils s'embarquèrent dans de simples canots et voguèrent à la conquête de meilleurs navires. Quelques-uns vinrent croiser près du cap d'Alvarez, capturant de petits bâtiments espagnols chargés de cuirs et de tabacs de la Havane. Retournant à la Tortue avec leur butin, ils repartirent pour Campêche ou Nouvelle-Espagne où ils trouvèrent à s'emparer de plus riches navires. En moins d'un mois ils se rendirent maîtres de deux vaisseaux qui se rendaient de Campêche à Caracas, et de deux autres navires de grande dimension. Deux ans plus tard les flibustiers ne possédaient pas moins de vingt vaisseaux, armés et équipés à la Tortue. Les Espagnols voyant tous les jours augmenter leurs pertes et les transports devenir périlleux, dépêchèrent deux grands vaisseaux de guerre pour surveiller la côte.

La vue des grandes richesses si facilement conquises par Pierre le Grand, éveilla la convoitise des Dieppois. Plusieurs armateurs, émerveillés, résolurent de tenter fortune de ce côté. A la tête de quelques petits bâtiments, ils vinrent s'établir, eux aussi, dans la petite île de la *Tortue*, ainsi nommée en raison de sa configuration.

C'est un îlot situé au nord de Saint-Domingue.

Là, ils pouvaient facilement se mettre à l'abri de toute agression. L'île, qui n'a guère que 16 lieues de tour, est environnée de gros rochers appelés *Côtes de fer* ; elle n'est accessible que du côté du midi, par un canal large de deux lieues, qui la sépare de Saint-Domingue. Elle ne possède qu'un port accessible aux gros navires. Le territoire en est fertile ; le gibier y est abondant ; la canne à sucre y prospère et elle produit du tabac qui surpasse en qualité celui des autres îles.

Les Espagnols y avaient établi, autrefois, un poste de vingt-cinq hommes que les aventuriers de Saint-Christophe n'avaient pas eu de peine à déloger.

Devenus nombreux, les Français se divisèrent en trois bandes ; les uns, appelés *boucaniers*, s'adonnèrent à la chasse et se répandirent sur la côte nord-ouest de Saint-Domingue, afin d'y tuer des bœufs sauvages et des porcs devenus libres dont ils boucanaient la viande pour la porter à leurs compagnons.

La seconde partie s'établit à la Tortue, s'appliqua à la culture de la terre, s'engagea à fournir des légumes, des fruits et des céréales à leurs camarades, lorsque ceux-ci reviendraient d'expédition. Les hommes qui composaient cette bande reçurent le nom de *planteurs* ou *habitants*.

Enfin la troisième partie, composée de *friboutiers* ou *flibustiers*, faisait une guerre sans merci aux Espagnols.

Les membres de cette singulière association se donnaient le nom général de *Frères de la côte*.

« Les premiers *boucaniers* étaient pour la plupart d'origine normande ou picarde. La misère les avait contraints d'émigrer. La persécution qu'ils éprouvèrent de la part des Espagnols excita leur courage par la soif des représailles et en fit rapidement des hommes de guerre indomptables.

« Les uns ne s'exerçaient qu'à la chasse des bœufs ; d'autres y joignaient celle du sanglier, dont la chair salée se vendait aux habitants. Leur matériel se composait de meutes de chiens qu'ils employaient en commun, et d'un fusil d'une fabrication particulière, qu'ils tiraient de France et qui portait leur nom.

« Pour tout vêtement, chacun d'eux était muni de deux chemises, d'un haut-de-chausses ou large culotte, et d'une casaque de drap grossier. Un bonnet de feutre ou de laine, et des souliers de peau de porc ou de vache, complétaient cet accoutrement.

« Dans leurs expéditions, ils emportaient une petite tente de toile très-fine, qu'ils tordaient à la manière dont nos soldats roulent leurs capotes en sautoir.

« Ainsi équipés, ils se joignaient deux à deux, et appelaient cette union *matelotage* ; le survivant héritait de celui des deux qui mourait le premier. Outre cette communauté particulière, il régnait une association générale entre les boucaniers, en sorte que chacun d'eux pouvait faire venir d'un autre *boucan* les objets dont il manquait.

« Ils s'interdisaient toute espèce de clôture d'habitation ; une telle précaution eût été regardée par eux comme un crime de lèse-société au premier chef.

« Le *tien* et le *mien* étant des mots inconnus dans cette république, les contestations et les disputes n'y pouvaient surgir que très-rarement, et l'arbitrage des voisins ou des amis communs suffisait pour les terminer.

« Mais si, malgré cette intervention officieuse, les adversaires persistaient dans leur animosité, ils vidaient leurs griefs par un duel au fusil, avec ou sans témoins. Tous deux se plaçaient à la distance convenue, et le sort marquait celui qui devait faire feu le premier. S'il manquait son coup, l'autre tirait à volonté. Quand il y avait un mort, les boucaniers d'alentour s'assemblaient pour vérifier s'il avait été *bien* ou *mal* tué, s'il ne s'était pas commis de lâcheté à son égard, si la balle avait frappé en face. Toute blessure reçue par derrière ou trop de côté, imputait à son auteur le crime d'assassinat ; le châtiment de cette perfidie ne se faisait pas attendre : le coupable était pendu à un arbre ou fusillé. » (Christian).

On ne s'occupait guère de la nationalité d'un individu qui désirait entrer dans l'association. On ne lui demandait même pas son nom ; la plupart des membres de la société s'affublaient d'un sobriquet, qui passait souvent à leurs descendants. Quelques-uns déclaraient leur nom véritable au moment de leur mariage, d'où vint ce proverbe longtemps usité dans les Antilles :

— On n'apprend à connaître les gens que lorsqu'ils se marient.

Du reste, un homme marié ne pouvait être boucanier : il devenait *habitant*.

Voici comment Olivier Œxmelin, qui fut longtemps leur compagnon, s'exprime au sujet des *planteurs* ou habitants :

« Quand ils veulent commencer une habitation, ils s'associent ordinairement deux ensemble, quelquefois trois, et signent un contrat, par lequel ils mettent en commun tout ce qu'ils possèdent. Ce contrat n'a de durée que la volonté des parties. Si, pendant la société, l'un d'eux meurt, les survivants demeurent en pleine jouissance de tout le bien du défunt, sans aucun recours de la part des héritiers directs qui pourraient venir d'Europe le réclamer.

« Leurs conventions étant faites, ils demandent de la terre au gouverneur du pays, qui envoie un de ses officiers pour mesurer et circonscrire leur habitation. S'ils sont deux, on leur accorde ordinairement quatre cents pas géométriques de large, sur soixante de long. Pour profiter entièrement de cette place, ils abattent les arbres de haute futaie qui leur nuisent et en coupent les branches qu'ils portent sécher, avec le menu bois qui leur est resté de leur petit bâtiment, dans un lieu exposé au soleil, où, quelque temps après, ils mettent le feu. Comme les troncs et les souches de ces grands arbres coûteraient trop de temps à débiter, ils s'épargnent, en les brûlant, la peine et les frais de les transporter plus loin. Les sauvages font leurs habitations et se débarrassent de la même manière du surplus des matériaux.

« Pour édifier le logis, les habitants commencent par couper six ou sept toises de bois sur un espace carré, qu'ils plantent en légumes de croissance rapide. Après avoir ainsi pourvu à leur nourriture à venir, ils s'occupent de la construction d'une grande loge qu'ils nomment *case*, à l'imitation des Espagnols. Ils en sont eux-mêmes, avec leurs voisins, les charpentiers et les entrepreneurs ; chacun y donne son avis. Pour débuter, il taillent en fourche trois ou quatre arbres de quinze à seize pieds de haut, qu'ils enfoncent en terre ; et sur ces fourches ils appuient une pièce de bois qui forme le faîte. A six pieds de là, ils en placent, de chaque côté, huit autres qui n'ont que six à sept pieds de hauteur, et sur les fourches desquels ils posent pareillement des pièces de bois qu'ils nomment *filières*. Enfin, de deux en deux pieds, ils mettent des traverses, c'est-à-dire de nouvelles pièces de bois, qui s'accrochent sur le faîte par le moyen d'une cheville, et dont le bout opposé vient reposer sur les filières. Quand cette carcasse est achevée, ils amassent quantité de feuilles de palmier, ou de roseau, ou de cannes à sucre, pour couvrir le bâtiment, et les voisins s'entr'aident pour activer ce travail.

« En un jour, la case est couverte ; on la ferme ensuite tout autour avec des palissades formées de roseaux tressés, et soutenues par des planches de palmier. Autour des parois intérieures de la case on plante, à la hauteur de deux ou trois pieds hors de terre, quantité de petites fourches sur lesquelles on étaye des bâtons entrelacés en forme de claies. Les habitants jettent là-dessus des paillasses remplies de feuilles de bananier, et chacun a la sienne, garnie d'une tente de toile blanche qu'on nomme pavillon. La case étant construite, le maître donne pour récompense, à ceux qui l'ont aidé, quelques flacons d'eau-de-vie. L'habitant ainsi accommodé est au-dessus de ses affaires, il n'a plus qu'à s'occuper des vivres qu'il a plantés, et à abattre les bois pour déblayer un espace suffisant à la culture du tabac. Ce lieu, pour être net et bien entretenu, a besoin d'un sarclage par semaine ; son étendue varie selon le nombre de bras qu'on peut y employer : un homme suffit pour deux mille pieds de tabac. Pendant sa croissance, on bâtit une ou deux cases pour le serrer après la récolte, en attendant l'occasion de l'exporter en France, où il s'échange contre d'autres marchandises, comme ustensiles de jardinage, toiles communes, vins et liqueurs.

« Quand les *habitants* ont recueilli quelques économies, ils passent en France pour y acheter eux-mêmes des pacotilles de diverses denrées, et engager à leur service des ouvriers ou des manœuvres. Comme ils sont ordinairement deux associés, l'un reste à la case pendant que l'autre s'absente.

« Au retour de ce voyage, tous deux dressent au travail les nouveaux venus. Ils en font commerce les uns avec les autres, et se les vendent pour trois ans moyennant une somme convenue. Ces victimes d'une espèce de traite des blancs se nomment *engagés*. Si un seul habitant en possède plusieurs, il ne travaille plus par lui-même ; mais il désigne un *commandeur* pour les surveiller, moyennant deux mille livres de tabac qu'on lui abandonne, ou une part des produits quelconques de l'habitation.

« Dès que le jour paraît, ce commandeur éveille ses gens par un coup de sifflet, et les conduit à leur tâche à laquelle il préside, armé d'une liane dont il les frappe à la moindre faute ou négligence. J'en ai vu battre quelques-uns au point que ces malheureux ne pouvaient plus se relever. On les jette alors dans un trou, et il n'en est plus question.

« J'ai connu un habitant qui, ayant un engagé dangereusement malade, le fit lever pour tourner une meule à aiguiser; et ce pauvre diable n'ayant pas la force d'obéir, reçut de son maître impatienté un coup de hache entre les deux épaules, dont il mourut deux heures après.

« Un autre habitant, de Saint-Christophe, nommé Belle-Tête, et natif de Dieppe, se faisait gloire d'assommer ses engagés, quand ils ne travaillaient pas à sa guise. J'ai ouï dire à ses parents qu'il en avait ainsi assassiné plus de trois cents, et il publiait qu'ils étaient morts de paresse. Un prêtre lui ayant fait quelques remontrances à ce sujet, il répondit brutalement qu'il avait été lui-même *engagé*, et qu'alors on ne l'épargnait pas; qu'au surplus il n'était venu aux îles que pour gagner de l'argent, et que, pourvu qu'un jour ses enfants allassent en carrosse, il ne se mettait pas en peine d'*aller au diable*.

« Un bonhomme extrêmement pauvre, du même pays, ayant appris que son fils était richement établi à la Guadeloupe, s'engagea à un marchand qui avait reçu de l'argent de ce fils pour lui embaucher des travailleurs. Le marchand s'imagina qu'il rendrait un bon office au fils en lui amenant son père, et le père se crut à la fin de ses peines; mais il fut bien trompé dans son attente, car ce fils dénaturé l'envoya travailler sous le bâton du commandeur, et comme l'âge et la faiblesse ne lui permettaient pas de faire beaucoup de besogne, il le vendit à un autre habitant, qui, plus généreux, donna à cet infortuné de quoi vivre et la liberté.

« Il n'est pas besoin, d'ailleurs, que je cite, à l'appui de ces faits, d'autres aventures que la mienne. Par suite d'événements qui n'intéressent que moi seul, je m'étais embarqué au Havre, le 2 mai 1666, sur le vaisseau *Saint-Jean*, de la compagnie des Indes occidentales. Après une navigation pénible, nous arrivâmes, le 6 juillet, au mouillage du port Margot, à Saint-Domingue, où M. d'Ogeron, gouverneur de la Tortue, avait une belle habitation. Il vint en canot nous visiter, accompagné de six individus, dont l'aspect frappa de surprise mes compagnons de voyage dont la plupart n'étaient jamais sortis de France. Ces personnages n'avaient pour tout habillement qu'une petite casaque de toile, et un caleçon qui ne leur venait qu'à la moitié de la cuisse. Il fallait les regarder de près pour savoir si ce vêtement était de toile ou non, car il était tout souillé de sang. Outre cela, ils avaient tous le visage singulièrement basané, les cheveux hérissés, la barbe longue, et la ceinture garnie de quatre couteaux et avec une baïonnette. Nous sûmes depuis que c'étaient des boucaniers. Ceux-ci nous apportèrent trois sangliers, et, en retour, nous les régalâmes d'eau-de-vie. Le lendemain matin, à la pointe du jour, nous fîmes voile pour l'île de la Tortue, dont nous n'étions qu'à sept lieues. Dès que nous eûmes jeté l'ancre, et que notre navire fut en parage, nous descendîmes à terre pour aller saluer le gouverneur, qui nous attendait sur la grève avec les principaux habitants de l'île. Il nous reçut très-bien, et dès ce premier jour j'eus le bonheur de recevoir des marques de la grande bonté qu'il n'a cessé de me témoigner en d'autres circonstances. Tous ceux qui, comme moi, étaient engagés au service de la Compagnie, furent conduits au magasin du commis général, à qui le capitaine de notre vaisseau apporta les dépêches qui contenaient des ordres. On nous donna deux jours pour nous

Pierre le Grand s'empare d'un vaisseau espagnol. (Page 188.)

rafraîchir et nous promener dans l'île, en attendant qu'on eût déterminé les emplois qui nous seraient assignés. Les paquets ouverts, on trouva que la Compagnie déposait le sieur Legris de ses fonctions de commis général, et qu'elle donnait son poste au sieur De Lavie, qui était lieutenant de l'île, avec ordre de nous vendre immédiatement, et de renvoyer en France le sieur Legris, pour y rendre ses comptes. Le délai qu'on nous avait accordé étant expiré, nous fûmes exposés en vente, au prix de trente écus par tête. Moyennant cette somme, la Compagnie nous louait, pour trois années, aux habitants qui s'accommoderaient de nous. M. d'Ogeron voyant bien, à mon air désespéré, que si je tombais au pouvoir d'un maître dur, je ne résisterais pas à cet esclavage imprévu, avait envie de m'acheter pour me renvoyer en France ; mais le sieur De Lavie m'avait déjà choisi, et repoussa toutes ses propositions. Bien plus, comme s'il eût voulu me punir des plaintes assez vives que son opiniâtreté lui avait attirées, cet homme impitoyable me condamna aux travaux les plus dégoûtants. J'offris de lui payer tous les jours deux écus, pour qu'il me permît d'exercer ma profession, et cette grâce me fut refusée.

« Un an après mon arrivée, je tombai malade d'épuisement et de chagrin ; la force de mon tempérament ne me sauva de la mort que pour me faire essuyer d'autres misères.

25.

J'avais faim, et mon maître me refusant les plus chétifs aliments, j'étais réduit à sucer des oranges amères. Je m'échappai un jour du fort de La Roche, où demeurait M. De Lavie, et je m'enfuis à la Basse-Terre. Le secrétaire du gouverneur me rencontra ; il eut pitié de moi, me mena chez lui, et, après m'avoir donné à manger, m'obligea d'emporter une bouteille de vin. Mais, à mon retour au fort, mon maître me fit dépouiller, et me jeta dans une basse-fosse, avec menace de m'y laisser mourir, en dépit de M. d'Ogeron. Après avoir passé trois jours et trois nuits, les fers aux pieds, dans ce cachot rempli d'immondices, je vis la porte s'ouvrir, et le commandeur me somma de révéler les prétendues plaintes que j'avais, disait-il, portées au gouverneur. Je répondis que, dussé-je périr, je n'avouerais jamais une démarche que je n'avais point faite. Rassuré par ce serment, mon maître me laissa sortir pour travailler au défrichement du terrain qui entoure le fort. Dès que je me vis moins surveillé, je quittai tout, résolu d'aller cette fois implorer la protection du chef de la colonie. Un capucin, qui me trouva sur la route, vivement ému du récit de mes souffrances, me conduisit lui-même chez le gouverneur. Ce fut le terme de mon esclavage. Cet homme vénérable, usant en ma faveur de son autorité, remboursa de ses deniers, à M. De Lavie, les trente écus que je lui avais coûtés, et me prit à son service. C'est ainsi que je fus soustrait à la barbarie de ce misérable qui, de retour en France, quelque temps après, n'eut pas honte d'aller dire à ma famille que j'étais un mauvais sujet qu'il avait comblé de bienfaits.

« Les Anglais traitent leurs engagés encore plus durement que les Français ; ils les retiennent pour sept ans, au bout desquels ils leur donnent à boire, et profitent de leur ivresse pour leur faire signer un nouveau bail de servitude. J'en ai vu qui avaient été esclaves pendant vingt-huit ans. Cromwell a vendu plus de dix mille Écossais ou Irlandais aux colons de la Barbade. Il s'en sauva un jour un plein navire, que le courant porta vers Saint-Domingue ; les vivres leur manquant, et ces infortunés ne sachant où ils se trouvaient, périrent tous de misère et de faim. Leurs os se voient encore près du cap Tibron, sur une plage qui a pris de cet événement le nom d'*Anse aux Hybernois*[1]. »

Les *habitants* se tenaient dans l'île de la Tortue, mais les *boucaniers* établissaient leurs principaux repaires ou boucans dans la presqu'île de Savanah, sur la côte septentrionale de Saint-Dominique. Ils se retiraient aussi dans un îlot de la baie du fort Dauphin, au port Margot, dans l'île de la Vache, et sur plusieurs points de la côte occidentale d'Hispaniola.

Ne pouvant les chasser de cette île, les Espagnols voulurent au moins leur enlever leurs moyens de subsistance en ordonnant la destruction générale des taureaux. Ils poursuivirent cette œuvre avec tant de persévérance, que presque toute la race de ces animaux fut détruite.

Privés de ressources, les boucaniers, pour vivre, et en même temps pour se venger, se firent flibustiers. Le nombre de ces derniers se trouva ainsi tellement augmenté que les chefs de la flibuste parvinrent à composer de véritables armées, capables de faire trembler les villes les plus populeuses.

---

1. Olivier Œxmelin, *Histoire des Aventuriers flibustiers qui se sont illustrés dans les Indes.*

CHAPITRE II

ORGANISATION DE LA FLIBUSTE

Coutumes écrites des flibustiers. — Punition des voleurs, des déserteurs, des ivrognes, etc. — Le chasse-partie. — Les femmes captives. — La fraternité d'armes. — Pierre François. — Pêcheries de Rancheria. — Surprise de l'*Armadilla*. — Captivité de Pierre François. — Barthélemi Portugais. — Sa croisière près du cap de Corinthe. — Il s'empare d'un vaisseau espagnol. — Il est fait prisonnier. — Il est traité d'une façon ignominieuse. — Préparatifs pour sa pendaison. — Il s'évade. — Sa fuite dans un pays désert. — Il rencontre des flibustiers. — Ses nouveaux exploits. — Roc le Brésilien. — Sa jeunesse. — Son caractère. — La tempête le jette sur la côte de Campêche. — Il est attaqué et bat les ennemis. — Il s'empare d'un vaisseau. — Il revient à la Jamaïque, où il dépense toute sa fortune. — Il repart pour une nouvelle expédition. — Il est fait prisonnier. — Sa ruse pour recouvrer sa liberté. — Il est envoyé en Espagne. — Sa dernière action.

Les premières courses des flibustiers ayant été heureuses, ils virent arriver des nuées de nouveaux compagnons, Anglais, Hollandais Flamands et Portugais.

Pour entretenir la paix entre gens de tant de nations antipathiques, ils établirent eux-mêmes des coutumes sévères qui passèrent bientôt en droit écrit.

Hors du service, chaque homme conservait toute son indépendance ; mais les flibustiers étaient liés les uns aux autres par une fidélité inébranlable. Un associé infidèle perdait son titre de *Frère de la Côte*, et on le déposait, sans vivres et sans vêtements, dans une île déserte.

Dans les circonstances importantes, chaque Frère de la Côte était admis à émettre sa voix ; chacun avait droit à une part égale de vivres, de vin, etc.

A bord des bâtiments, on n'acceptait ni femme, ni jeune garçon. Le seul fait d'y introduire une fille déguisée entraînait la mort du coupable.

La désertion pendant le combat était punie de la même peine.

Le vol était châtié avec plus ou moins de sévérité, suivant les circonstances. Celui qui volait un camarade perdait le nez ou les oreilles et était exclus de l'association. Celui qui volait la communauté (biens produits par le pillage), était *marroné*, c'est-à-dire exposé sur un rivage désert, avec un fusil, du plomb, de la poudre et une outre pleine d'eau.

Un jury élu prononçait les condamnations.

L'ivrognerie, la désobéissance aux ordres d'un supérieur, l'abandon de son poste, étaient punis par la perte de la part du butin.

Quand deux flibustiers se prenaient de querelle, il leur était défendu de la vider à bord ; mais au plus prochain débarquement, le sabre ou le pistolet en décidaient sous les yeux d'un officier. La première blessure terminait le duel et réconciliait les adversaires.

Une règle, sans cesse violée, interdisait les jeux de cartes et les dés.

Un accord, appelé *chasse-partie*, intervenait entre les équipages et les chefs. Voici, d'après Œxmelin, un modèle d'un de ces actes :

« 1° Si le bâtiment armé en course est la propriété commune de l'équipage, le premier navire capturé appartiendra au capitaine, avec une part du butin.

« 2° Si ledit bâtiment appartient seul, en propre, au capitaine, le premier navire capturé lui appartiendra, avec deux parts du butin ; mais il sera obligé de brûler celui des deux navires qui aura le moins de valeur.

« 3° Si le bâtiment, appartenant au capitaine, se perd par un naufrage, l'équipage s'oblige à demeurer avec son chef, jusqu'à ce qu'il se soit procuré, par quelque moyen que ce soit, un autre bâtiment.

« 4° Le chirurgien du bord a 200 écus pour l'entretien de son coffre de médicaments, soit qu'on fasse ou non quelque prise; et, outre cela, si l'on fait une prise, il recevra une part du butin. Si l'on ne peut le satisfaire en argent, on lui donnera deux esclaves.

« 5° Les autres officiers recevront chacun une simple part, à l'exception de celui qui se serait distingué. Dans ce cas, l'équipage réuni lui votera une récompense, à la pluralité des voix.

« 6° Celui qui, le premier, aura signalé, de jour ou de nuit, l'apparition du navire capturé, recevra 100 écus.

« 7° La perte d'un œil, pendant le combat, sera payée par 100 écus, ou le don d'un esclave.

« 8° Celle des deux yeux vaudra 600 écus, ou 6 esclaves.

« 9° Celle de la main droite ou du bras droit vaudra 200 écus, ou 2 esclaves.

« 10° Celle des deux mains ou des deux bras vaudra 600 écus, ou 6 esclaves.

« 11° Celle d'un doigt ou d'une oreille vaudra 100 écus, ou 1 esclave.

« 12° Celle d'un pied ou d'une jambe vaudra 200 écus, ou 2 esclaves.

« 13° Celle des deux membres vaudra 600 écus, ou 6 esclaves.

« 14° Lorsqu'un Frère de la Côte aura dans certaine partie du corps une plaie qui l'obligera de porter une canule, on lui donnera 200 écus, ou 2 esclaves.

« 15° Si quelqu'un n'a pas entièrement perdu un membre, et qu'il soit seulement privé de son usage, il sera récompensé comme si la perte était complète.

« 16° Tout estropié a droit de se faire payer l'indemnité ci-dessus fixée, en argent ou en esclaves, pourvu que la nature de la prise permette de le satisfaire. Dans le cas contraire, il exercera ses droits sur la valeur de la prise prochaine. »

Les apprentis ou novices marins n'avaient droit qu'à une demi-part de butin.

Indépendamment de la répartition des prises, il y avait des récompenses pour les actions d'éclat. Ainsi, celui qui enlevait le pavillon d'un vaisseau et qui arborait à sa place celui des Frères de la Côte, recevait une gratification de 50 piastres.

Celui qui amenait un prisonnier dans une conjoncture critique où l'on était sans nouvelles de l'ennemi, obtenait 100 piastres.

Chaque grenade lancée au delà des murailles d'un fort assiégé valait 5 piastres à l'habile tireur.

Lorsqu'une femme ou une fille tombait entre les mains des aventuriers, elle devait assouvir les passions de tous ceux qui la trouvaient de leur goût; mais un tirage au sort la donnait spécialement à un Frère de la Côte, qui seul était autorisé à la nommer *sa femme*.

La fraternité d'armes devait naturellement jouer un grand rôle chez ces hommes dont l'existence n'était qu'un perpétuel danger. Les associés se groupaient deux à deux, au gré de leurs sympathies. Ils échangeaient un écrit, en forme de testament, par lequel, si l'un ou l'autre venait à mourir, le survivant héritait de ses propriétés et de ses droits. Cette association prenait le nom de *matelotage*.

Après le Grand, dont nous avons raconté les exploits dans le chapitre précédent, Pierre François, natif de Dunkerque, devint le fléau des Espagnols dans ces mers; il possédait un génie et une intrépidité qui l'élevèrent bientôt au-dessus de tous les bandits de l'Océan. Son petit brigantin, monté de 26 hommes, croisait généralement vers le cap de la Vela, guettant les vaisseaux marchands qui faisaient route de Maracaïbo à Campêche.

Pierre tenait déjà la mer depuis longtemps sans avoir fait aucune prise. Les provisions touchaient à leur fin, le bateau faisait eau, et le capitaine restait morne et silencieux, tandis que l'équipage murmurait. Retourner les mains vides à la Tortue, c'était s'exposer aux railleries ; c'était devenir la proie des créanciers ; c'était la mendicité pour les hommes, la perte de toute réputation pour le chef. Cependant, comme il régnait une égalité parfaite à bord des bateaux, on voyait rarement l'équipage se révolter ouvertement, pas plus qu'il ne raillait une expédition manquée, puisque chacun avait voix dans la proposition d'une entreprise. Tout à coup, un matelot, plus audacieux ou plus clairvoyant que les autres, rompit le silence, et proposa de faire une visite à la pêcherie des perles dans la rivière de la Hacha.

L'histoire ne mentionne pas si François fut le promoteur de cette idée. Ce qu'il y a de certain, c'est que le plan fut adopté à l'unanimité par acclamations.

Les pêcheries de Rancheria étaient situées sur un banc de perles, où les habitants de Carthagène envoyaient annuellement une armadilla composée de douze navires, convoyés par un vaisseau de guerre, qui portait 200 hommes et 24 pièces de canon. Chaque navire comptait à bord deux ou trois esclaves nègres qui plongeaient pour pêcher les perles. Il était rare que ces hommes vécussent longtemps ; souvent même il leur arrivait de fréquentes ruptures internes, par la nécessité où ils se trouvaient de retenir leur respiration un quart d'heure sous les vagues.

Le moment le plus propice pour cette opération allait d'octobre à mai, car alors les vents du nord ne se faisant point sentir, la mer était plus calme.

Un gros navire, appelé la *Capitane*, recevait tous les soirs ce que la pêche avait produit, afin de prévenir la fraude ou le vol.

Plutôt que de repartir à vide, Pierre résolut de fondre sur le bâtiment et de l'enlever aux yeux de toute la flotte, exploit aussi périlleux que l'enlèvement d'une héritière irlandaise au moment de son mariage. Il trouva les bateaux pêcheurs ancrés à l'embouchure de la rivière de la Hacha, et le vaisseau de guerre éloigné d'à peu près une demi-lieue. Dès le lendemain il s'approcha ; les embarcations le voyant se tenir à distance, comme un milan au-dessus d'une ferme, coururent s'abriter sous les canons de leur gardien comme des poussins s'abriteraient sous l'aile de leur mère. Comme il se tint à distance, ils crurent bientôt qu'il n'osait approcher, et finirent par dissiper leur crainte. Cependant le capitaine de l'armadilla, pensant que les perles étaient la seule chose que convoitaient les aventuriers, envoya trois hommes armés à bord de chaque bateau et laissa ainsi son propre vaisseau presque sans défense. Le moment d'agir était venu pour les flibustiers. Déployant ses voiles, Pierre vogua le long de la côte et feignit d'être un capitaine espagnol de Maracaïbo ; mais dès qu'il fut arrivé près du banc de perles, il attaqua soudain le vice-amiral et lui ordonna de se rendre. Les Espagnols, quoique surpris, firent bonne contenance ; mais avant que l'armadilla, presque désarmée, eût le temps d'approcher pour leur porter secours, ils se rendirent après avoir lutté corps à corps pendant une demi-heure. Aussitôt Pierre coula son bateau, que l'on ne maintenait à flot que par le travail incessant des pompes. Bien des gens se seraient contentés d'un tel butin, mais Pierre n'était pas homme à s'endormir dans les délices de Capoue, il pensait « qu'il n'y a rien de fait tant qu'il reste quelque chose à faire. »

Il résolut de s'emparer de toute l'armadilla, par un coup de ruse. Profitant de l'obscurité de la nuit et de la faveur du vent il leva l'ancre et obligea ses prisonniers à aider son équipage dans la manœuvre. Le vaisseau de guerre voyant voguer le gros navire s'empressa de le suivre, parce qu'il craignit de voir les matelots s'enfuir avec les perles. Aussitôt qu'il fut à portée, Pierre obligea les Espagnols de crier, sous peine de mort immédiate :

— Victoire ! victoire ! nous avons pris les larrons.

Sur quoi le vaisseau de guerre s'éloigna, promettant d'envoyer chercher les prisonniers le lendemain. Pierre ne put s'empêcher de rire ; il donna ordre de larguer les voiles et de gagner le large au plus vite afin de rester inaperçu au point du jour. Mais il fut poursuivi.

Il n'avait pas fait une lieue, que le vent cessa tout à coup; son navire resta sur l'eau comme une planche, à quelques brasses de ceux qui le poursuivaient et qui le gardaient à distance, brûlant d'impatience et de honte. Vers le soir, le vent se leva de nouveau, après beaucoup d'invocations, de prières et de blasphèmes, ce qui confirma les flibustiers dans leurs pratiques superstitieuses. Pierre, qui ignorait la valeur de sa capture, et quelle voilure elle pouvait porter, hissa au hasard toutes les voiles et s'enfuit, poursuivi par l'armadilla furieuse. Comme beaucoup de gens en pareil cas, Pierre se trompa par son grand désir de célérité. Son navire était trop surchargé de voiles. Le vent mugissait, il brisa le grand mât avec le fracas de la foudre pourfendant un chêne. Mais Pierre tint ferme ; il jeta ses prisonniers à fond de cale, cloua les écoutilles et n'ayant espoir de se sauver qu'à la faveur de la nuit, il resta hardiment sur la travée.

Ne comptant que sur vingt-deux hommes valides, il redoutait une rencontre corps à corps avec l'ennemi ; il se défendit courageusement et se rendit enfin sous condition. Le capitaine espagnol consentit à ce que les flibustiers ne fussent pas employés à charrier des moellons, comme de simples nègres, mais fussent laissés libres sur la terre ferme. Le butin dont Pierre avait failli être le maître se composait de cent mille pièces de huit en perles, outre les provisions et les marchandises. Sous l'inspiration de son premier mouvement, le capitaine voulait tout passer au fil de l'épée, mais son équipage lui persuada de tenir sa parole.

Quand les boucaniers furent conduits devant le gouverneur de Carthagène, un seul cri s'éleva parmi la populace, qui demandait que ces voleurs fussent tous pendus, pour expier la mort d'un alferez qu'ils avaient tué, et qui, disait la foule, valait mieux, à lui seul, que toute la nation française ensemble. Cependant, bien que le gouverneur ne les mît pas à mort, il foula aux pieds ses promesses, et condamna les prisonniers à travailler aux fortifications de San-Francisco. Après trois ans de ce pénible esclavage, ils furent envoyés en Espagne, d'où, s'échappant un à un en France, ils repassèrent bientôt en Amérique, plus furieux que jamais, n'aspirant qu'à se venger d'une nation qui les avait maltraités, et que sa lâcheté rendait incapable de se défendre.

Le troisième héros de notre histoire, également brave et non moins célèbre, fut Barthélemi Portugais, natif du Portugal comme l'indique son nom.

Enthousiasmé par le récit des exploits des aventuriers, Barthélemi se procura un vaisseau à la Jamaïque ; il l'équipa à ses frais. Il se fit bientôt connaître pour un heureux flibustier. Il vint croiser près du cap de Corinthe qu'il savait être le principal passage des vaisseaux venant de Caracas ou de Carthagène, pour Campêche, la Nouvelle-Espagne et la Havane.

Il était depuis peu aux aguets, lorsqu'un grand vaisseau se présenta. Il portait un équipage de soixante-dix hommes, vingt canons et beaucoup de passagers et de marins. Les flibustiers, à la vue des Espagnols si bien armés et beaucoup plus nombreux qu'eux, tinrent conseil ; ils convinrent de n'attaquer que si le capitaine en donnait l'ordre. Celui-ci décida qu'on ne devait pas perdre cette occasion, puisque rien au monde ne se fait sans risque. Ils attaquèrent aussitôt le vaisseau qui attendait leur approche avec calme, aussi étonné qu'une hirondelle le serait de se voir poursuivre par un cousin. Recevant une chaude bordée, les pirates se précipitent demi-nus à l'abordage, mais sont repoussés par les Espagnols. Avant de revenir à la charge, il échangent le coutelas pour le mousquet et se battent, à bout portant, pendant cinq heures consécutives.

Chaque canonnier et chaque marin qui se présentait était abattu ; le sang couvrait le pont ; le courage de l'ennemi se refroidissant, sa résistance diminua pendant que l'attaque des pirates augmentait d'intensité ; les flibustiers revinrent à l'abordage et se rendirent enfin maîtres du vaisseau après une perte de 10 hommes et de 4 blessés. Il ne leur restait plus que 15 hommes pour manœuvrer un vaisseau contenant près de 40 prisonniers. Ces quelques survivants formaient tout ce qui avait survécu au combat et encore la plupart étaient-ils couverts de blessures. Le premier acte des vainqueurs fut de jeter à la mer tous les cadavres indistinctement, officiers ou soldats, après les avoir dépouillés des bijoux et des doublons qu'ils pouvaient posséder. Effrayés de conserver prisonniers le reste des Espagnols blessés ou mourants, et ne voulant point les tuer, ils les placèrent dans un petit bateau et leur rendirent la liberté.

Ensuite ils se mirent à réparer un peu les avaries de leur prise et à fouiller le vaisseau pour se rendre compte de leurs richesses. Ils évaluèrent leur capture à 75,000 couronnes, sans compter 120,000 livres de cacao estimées à peu près 5,000 couronnes. Ayant réparé le vaisseau ils voulurent cingler vers la Jamaïque, mais un vent contraire les poussa vers le cap Saint-Antoine, à l'extrémité ouest de Cuba où ils abordèrent pour s'approvisionner d'eau dont ils avaient grand besoin.

Ils avaient à peine largué les voiles pour continuer leur route qu'ils rencontrèrent trois grands vaisseaux venant de la Nouvelle-Espagne pour la Havane, lesquels, assurés de la victoire, leur donnèrent la chasse. Les flibustiers, lourdement chargés de butin, furent repris immédiatement.

Quelques heures après, les aventuriers, jetés dans les écoutilles, dépouillés de leurs habits, se disposèrent à être exécutés (le puritain chantant ses hymnes, le catholique murmurant son miserere et le rude cowkiller se promettant une vengeance exemplaire s'il pouvait réchapper). Deux jours après, une furieuse tempête sépara les vaisseaux de guerre et les navires marchands.

Le vaisseau contenant le malheureux Portugais arriva le premier à San-Francisco. Barthélemi, qui parlait espagnol, avait été bien traité par le capitaine, qui ignorait la valeur de son prisonnier. Les nouvelles de la capture se répandirent bientôt dans la ville ; le capitaine devint l'objet d'une ovation publique, les cloches sonnèrent à grande volée, le peuple se réunit en masse pour visiter les lions en cage, les marchands de la ville s'assemblèrent pour féliciter le capitaine de son heureux succès. Parmi les visiteurs, il s'en trouva un qui reconnut Barthélemi, et qui, malgré les protestations et les dénégations de ce dernier, demanda son exécution. Il n'est pas de haine plus forte que celle de l'avarice et de la cupidité.

— Voici Barthélemi le Portugais, dit-il à chacun, le plus vil scélérat du monde, qui a fait plus de tort au commerce espagnol que tous les autres pirates ensemble.

Il courait partout, déclarant qu'on tenait enfin cet homme fameux par les vols et les meurtres qu'il avait commis sur leurs côtes, et dont les mains avaient fait périr tant de ses compatriotes. Le capitaine, défiant ou peut-être favorable à Barthélemi, qu'il considérait après tout comme un hardi marin, bien plus digne de vivre que 10 lourdauds de la terre ferme, ennuyé de l'arrogance que les marchands mettaient dans leur demande, refusa de leur livrer le Portugais. Les marchands, exaspérés de ce refus, allèrent se plaindre au gouverneur, qui envoya demander le flibustier au nom du roi. Barthélemi fut immédiatement arrêté, malgré les instances du capitaine, et placé à bord d'un ponton, de crainte d'évasion comme il lui était déjà arrivé autrefois. On érigea un gibet, et il fut résolu que le jour suivant on le conduirait de sa cabine au lieu de son exécution, sans même l'honorer de la vaine et hypocrite cérémonie d'un procès. Le Portugais était encore dans l'incertitude de ce qui l'attendait, lorsqu'un matelot espagnol (il semblait posséder le prestige de se créer partout des amis) vint l'avertir que le gibet était en place et que la corde qu'on lui destinait était déjà prête. Ne voyant son salut que dans le court délai qui le séparait de l'exécution, il résolut de s'évader cette nuit même ou de périr d'une mort plus prompte et moins honteuse.

Il se délivra bientôt de ses fers, et découvrant dans sa cabine deux grandes jarres de terre qui servaient à transporter du vin d'Espagne aux Indes, il en boucha l'orifice, et se les attacha aux côtés avec des cordes. Pensant qu'il ne pourrait peut-être pas tromper la vigilance de la sentinelle qui passait à sa porte, il s'arma d'un couteau qu'il s'était procuré secrètement, se laissa glisser silencieusement dans la mer le long des chaînes du vaisseau, et flottant vers la côte, il évita avec soin cet éclaboussement des ondes que produit ordinairement le nageur dans les eaux tranquilles. Arrivé à terre, il se cacha dans un bois, plus heureux d'endurer les privations et même l'inanition que de périr d'une mort publique et honteuse. Trop rusé pour s'engager tout de suite sur une route explorée, il se cacha parmi des arbres au milieu d'un marécage afin de dépister les chiens que les Espagnols envoyaient à la recherche de leurs esclaves fugitifs.

Tracassé par les coups de fusils des nègres, l'aboiement des chiens, les blasphèmes des Espagnols, la décharge des armes à feu, le son des cloches d'alarme, la lumière des fanaux et l'éclat des torches, il passa des nuits anxieuses; car les trois premiers jours il ne vécut que d'ignames et d'autres racines croissant autour de lui. D'un arbre où il grimpait quelquefois il eut enfin la satisfaction de voir ses persécuteurs renoncer à la poursuite.

Croyant que le danger était passé, il résolut de pousser jusqu'au golfe Triste, à quarante lieues de là. Il espérait y trouver un bateau flibustier. Il atteignit son but après quatorze jours d'incroyables privations. Le soir il quitta le rivage où l'on apercevait encore son gibet; ses marches forcées furent pleines de péril; il n'avait sur lui pour toutes provisions qu'une petite calebasse d'eau pendue à son côté. La faim et la soif lui donnant le délire, il croyait entendre des voix espagnoles qui le poursuivaient. Sa subsistance consistait en coquillages quelquefois putrides qu'il trouvait au milieu des rochers. Il eut à traverser des rivières couvertes de caïmans et des bois où l'on entendait hurler le jaguar. Chaque fois qu'il approchait d'un cours d'eau profond, dangereux, où aucun endroit ne paraissait guéable, il y jetait de grosses pierres pour chasser les crocodiles qui se cachaient aussitôt. Dans un bois de mangliers où il n'y avait point de route tracée, il fit cinq ou six lieues en s'accrochant de branche en branche sans jamais poser le pied à terre. Souvent il avançait d'une façon presque imperceptible, tant il avait d'obstacles à combattre. Dans une rivière plus profonde que les autres il trouva une vieille planche dont il retira de grosses pointes qui y étaient enfoncées. Après mille efforts il parvint à les

Un boucan. (Page 187.)

user sur une pierre et s'en servit ensuite en guise de couteau pour couper quelques branches d'arbres qu'il joignit ensemble au moyen d'osier pour se faire un radeau. La faim, la soif, la chaleur et la crainte l'obsédaient sans cesse ; à sa droite le bruit de la mer arrivait jusqu'à lui semblable au hurlement d'un ennemi. Dans ces 14 nuits il « sentit littéralement un avant-goût de la mort et des horreurs de l'enfer. »

« La fortune favorise les braves. » Trouvant un vaisseau flibustier dans le golfe, il fut sauvé. L'équipage était composé de ses vieux compagnons arrivant de la Jamaïque et de l'Angleterre. Il leur raconta ses aventures et ses malheurs ; tous écoutèrent le récit d'une histoire qui pouvait devenir la leur à chaque instant. Il parla de revanche et leur promit, s'ils voulaient l'assister, un vaisseau plus grand que tous leurs canots ensemble. Il ne leur demandait pour cela qu'un bateau et trente hommes, avec lesquels il se chargeait de retourner à Campêche et d'enlever le vaisseau qui l'avait fait prisonnier quinze jours auparavant. Ils accueillirent favorablement sa proposition, équipèrent le bateau sur-le-champ, et il partit le long de la côte, se donnant pour un contrebandier qui apportait des marchandises. Huit jours après il atteignit Campêche ; inaperçu et sans bruit, il aborda le vaisseau à minuit. Interpellé par la sentinelle, Barthélemi répliqua d'une voix forte :

26.

—Nous faisons partie de l'équipage ; nous venons de terre avec des marchandises prises en contrebande. La sentinelle ne dit plus mot. Mais sans lui donner le temps d'éventer la mèche les aventuriers la poignardèrent et, se précipitant sur le navire, surprirent l'officier de quart et s'en emparèrent, ensuite ils coupèrent le câble et levèrent l'ancre ; ils surprirent l'équipage endormi dans les cabines et par une attaque vigoureuse obligèrent les Espagnols à se rendre, après quoi ils quittèrent le port et rejoignirent leurs camarades avant qu'aucun vaisseau eût le temps de les poursuivre. La possession d'une si belle capture causa une grande joie parmi les aventuriers.

Le Portugais se retrouva riche, puissant, et maître de ce même vaisseau sur lequel on l'avait vu quelques jours auparavant en qualité de prisonnier condamné à mort. Avec sa riche cargaison il espérait mener à bien d'autres entreprises.

De même qu'un chasseur ne doit jamais se réjouir qu'il ne soit hors du bois, un marin ne doit jamais rire qu'il n'ait atteint le port. Tandis que notre héros cinglait vers la Jamaïque, comptant déjà ses profits comme assurés, une terrible tempête se leva de l'île Pinos, au sud de Cuba, et brisa son vaisseau sur les rochers Jardine. Le Portugais et ses compagnons se sauvèrent sur un canot et arrivèrent à la Jamaïque, d'où, peu de temps après ils partirent à la recherche de nouvelles aventures. On ignore ce qu'il advint ensuite de cet aventurier, mais on sait « qu'il ne fut jamais heureux. » Devint-il la proie du gibet, fut-il percé d'une balle ou dévoré par la mer qui guettait sa victime ? c'est un secret que nous croyons impénétrable. Jamais on n'a connu la fin de cet homme étrange. Quand Œxmelin le quitta pour se rendre en Angleterre, il habitait la Jamaïque, dont les Anglais s'étaient emparés en 1655 et qui était devenue pour les flibustiers un nouveau centre, un nouveau point de ralliement où il leur était plus facile qu'à la Tortue de se défaire de leurs prises.

Après le Portugais, un autre chef établit sa réputation : c'était Roc le Brésilien, né à Groningue (Frise). On le surnomma le Brésilien, parce que ses parents avaient été colons hollandais au Brésil. On apprit de bonne heure à Roc les langues indienne et portugaise, et lorsque les Portugais reprirent le Brésil, il suivit ses parents aux Antilles françaises où il apprit le français. N'aimant point ce pays il passa à la Jamaïque. Là il apprit l'anglais. Il avait erré trop longtemps pour aimer le repos. Sa pauvreté, jointe à son amour pour la vie errante, le décida à se faire pirate.

Au bout de trois voyages, Roc devint commandant d'un brick dont l'équipage révolté contre son capitaine lui avait offert le commandement. En quelques jours, cet homme presque inconnu eut la bonne fortune de capturer un grand vaisseau venant de la Nouvelle-Espagne avec une cargaison d'argenterie. Il se rendit bientôt si redoutable, que les mères espagnoles se servaient de son nom comme d'un épouvantail pour effrayer leurs enfants.

Roc avait un corps robuste et vigoureux. Il était de taille moyenne, trapu et musculeux. Sa figure était large et courte, ses pommettes très-saillantes, ses sourcils épais et d'une dimension peu commune. Il était très-adroit au maniement de toutes sortes d'armes ; bon chasseur, bon pêcheur, bon tireur et aussi adroit pilote que vaillant soldat. Il portait ordinairement un sabre nu à la main et tuait sans scrupule quiconque se montrait mutin ou lâche. Il était très-redouté à la Jamaïque, surtout lorsqu'il était ivre. Dans ce cas il courait les rues, battant et blessant tous ceux qu'il rencontrait. Dans ses moments de sobriété il était craint et respecté, mais il s'abandonnait trop souvent à toutes sortes de débauches.

Un sentiment de vengeance s'ajoutait chez lui à l'amour du butin.

Roc se montrait toujours très-barbare et très-cruel envers les Espagnols, par suite d'une haine invétérée qu'il nourrissait contre leur nation. Il leur faisait rarement quartier et les traitait avec la dernière férocité. Il s'ingéniait à inventer de nouvelles tortures pour se venger sur eux indirectement de tout le mal que les Portugais avaient fait à ses parents. On prétend même qu'il rôtit tout vivants quelques prisonniers, sur des broches de bois, comme il eût fait à des sangliers, parce qu'ils s'étaient refusés à lui découvrir la cour aux cochons où il espérait approvisionner ses vaisseaux. Les Espagnols l'accusèrent de n'être qu'un apostat, ne voyant point d'autres moyens de flétrir ses inutiles cruautés.

Un jour qu'il croisait sur la côte de Campêche, une affreuse tempête le surprit si violemment, que son embarcation échoua. Lui et son équipage n'eurent que le temps de se sauver avec leurs mousquets, un peu de poudre et quelques balles ; car le plomb était bien plus utile que l'or sur ces parages. Ils gagnèrent la rive près le golfe Triste, où avait eu lieu l'évasion de Barthélemi. Roc, ainsi que tous les aventuriers, n'était pas abattu par un revers.

Gagnant la terre au moyen d'un canot il résolut de marcher le long de la côte, jusqu'au golfe, place bien connue aux gens de son métier. Roc releva le courage de ses hommes, leur promit de les sauver de tout danger et leur assura que sa promesse était déjà à moitié accomplie. Marchant sur la principale route ils s'avancèrent à travers un pays ennemi. Ils venaient de s'engager dans un désert, exténués de fatigue, de faim et de soif, lorsque, quelques Indiens donnant l'alarme, les Espagnols se présentèrent au nombre de cent cavaliers bien armés et bien équipés, tandis que les boucaniers n'étaient que trente hommes.

Dès que le Brésilien aperçut l'ennemi :
— Courage, mes frères, s'écria-t-il, nous avons faim ; mais, caramba ! vous aurez bientôt à dîner si vous me suivez.

Voyant alors le danger imminent il encourage ses hommes, leur assurant qu'ils étaient meilleurs soldats que les Espagnols, et qu'en hommes courageux ils devaient plutôt périr sur le champ de bataille que de se rendre et exposer leur vie aux plus terribles tourments. A la voix de leur courageux commandant les hommes résolurent d'attaquer au lieu d'attendre l'approche de l'ennemi et, couchant en joue les Espagnols, ils lâchèrent aussitôt une première décharge si adroitement que chaque balle tua son homme. Après une heure de combat les Espagnols prirent la fuite. Les aventuriers n'avaient que deux hommes tués et deux blessés. Fouillant les morts, ils leur enlevèrent tous les objets de valeur et achevèrent les blessés avec la crosse de leurs mousquets. Ils se précipitèrent ensuite sur le vin et l'eau-de-vie qu'ils trouvèrent dans leurs sacs ou dans l'arçon de leur selle et se déclarèrent prêts à recommencer si on les attaquait. Leur repas fini, ils montèrent sur les chevaux abandonnés et continuèrent leur route.

Après deux jours de marche, ils aperçurent, près du rivage, un vaisseau espagnol bien équipé. Il était venu protéger le débarquement des hommes qui coupaient le bois de campêche. Roc cacha ses hommes et se blottit avec six camarades dans un fourré, près du rivage, pour surveiller l'ennemi pendant la nuit. Au point du jour, les Espagnols, voguant vers la rive dans leurs canots, reçurent de la part des boucaniers un accueil inattendu.

Roc, suivi de ses hommes, se précipite à l'abordage et s'empare du vaisseau. Il y trouve peu de richesses ; mais, chose très-utile pour le moment, 200 livres de sel, qu'il emploie à saler quelques chevaux. Faisant cadeau des autres chevaux à ses prisonniers, il leur dit, d'un ton narquois, que ces bêtes valaient mieux que leur vaisseau, vu qu'une fois qu'ils les auraient enjambées sur la terre ferme, aucun d'eux n'aurait à craindre de se noyer.

La première pensée d'un flibustier en faisant une capture était d'en faire une seconde le plus tôt possible.

Roc, possédant encore 26 hommes et un bon vaisseau, s'empara bientôt d'un navire allant de Maracaïbo à la Nouvelle-Espagne. Ce bâtiment était chargé de marchandises et d'argent destiné à l'achat d'un chargement de coco.

Les aventuriers, de retour à la Jamaïque, laissèrent leur vaisseau amarré au port jusqu'à ce qu'ils eurent dépensé tout leur argent. Le Brésilien, ennemi de la pauvreté, repartit alors à la recherche de la fortune, sa déesse favorite. Il cingla vers Campêche, et, quinze jours après, placé dans un canot, il rôdait autour du port, comme un faucon à la recherche de sa proie.

A quelques jours de là, il fut pris avec ses hommes et conduit prisonnier devant le gouverneur, qui les jeta dans un donjon, avec l'intention de les pendre bientôt.

Mais la fortune ne les avait pas encore abandonnés complétement. Roc, aussi fin qu'intrépide, n'était pas encore à bout de ruses. Il gagna l'amitié de l'esclave noir qui lui portait sa nourriture, et lui promit de lui donner assez d'argent pour racheter sa liberté, s'il voulait seconder son évasion. Il désirait, disait-il, ne le compromettre aux yeux de personne; il lui demandait seulement de porter de sa part une lettre au gouverneur. L'esclave remit la lettre au gouverneur, disant qu'il était chargé de ce message par des flibustiers qui avaient débarqué dans ce but sur le rivage de la baie.

La lettre n'était qu'une longue menace, supposée avoir été écrite par un capitaine de vaisseau français mouillé en pleine mer. Elle conseillait au gouverneur « de bien prendre soin des prisonniers qu'il tenait en sa possession, car s'il leur arrivait le moindre mal, ils viendraient en nombre et ne feraient quartier à aucun des Espagnols qui tomberaient entre leurs mains. »

Le gouverneur, levant les yeux vers le ciel et se frottant les moustaches, se sentit intimidé et pressé de se défaire le plus tôt possible de prisonniers si dangereux. Il se rappelait que les aventuriers s'étaient déjà emparés de Campêche; il se demandait de quoi ils seraient capables s'ils venaient à s'introduire dans les villes espagnoles. Il commença de traiter ses prisonniers avec la plus grande bonté, et saisissant la première occasion de s'en défaire, il les expédia à bord d'un galion en partance pour l'Espagne, sur simple serment qu'ils renonceraient à la piraterie. Roc, par la souplesse ordinaire de son esprit, sut si bien se faire aimer que le capitaine lui offrit de le prendre comme matelot. Sa proposition fut acceptée.

Pendant la durée de ce voyage en Espagne, il ne se fit pas moins de 500 couronnes en vendant aux officiers du poisson qu'il pêchait à la mode indienne, avec des flèches et des harpons. Ses camarades, qu'il n'oubliait jamais, furent traités avec égard par considération pour lui.

A son arrivée en Espagne, Roc, en dépit de son serment arraché par la crainte, ne perdit pas de temps pour repasser à la Jamaïque, où il arriva, dans de meilleures conditions qu'il ne l'avait quittée. Il se joignit aussitôt à deux aventuriers français.

Le chef de ces derniers, nommé Tributor, était un vieux flibustier de grande expérience. Ils résolurent d'aborder à la péninsule de Yucatan, dans l'espoir de s'emparer de la ville de Merida. Roc, qui avait été prisonnier en cet endroit, et qui sans doute était le promoteur du plan, servait de guide. Mais les Indiens, découvrant leurs traces, donnèrent l'alarme aux Espagnols qui fortifièrent la place et se préparèrent à la résistance. A leur approche, les boucaniers trouvèrent la ville fortifiée et bien défendue; tandis qu'ils discutaient la question de savoir s'ils devaient avancer ou battre en retraite, un corps de cavalerie ennemie, tombant sur eux à l'improviste, tailla en pièces une moitié de leur troupe et fit l'autre moitié prisonnière. L'astucieux Roc, qu'on prenait rarement par surprise, réussit à s'évader, mais le vieux Tributor et ses hommes restèrent entre les mains des Espagnols. Œxmelin exprime son étonnement de l'évasion de Roc, parce qu'il avait toujours considéré comme une lâcheté de laisser un autre se battre avant lui. « Jusqu'à présent il avait toujours été le dernier à se rendre même lorsqu'il était entouré d'ennemis, car il disait préférer la mort au déshonneur. »

CHAPITRE III

L'OLONAIS, AMIRAL DES FRÈRES DE LA COTE.

François Naud contracte un engagement au service d'un colon. — Misère des *engagés*. — Esclavage de l'Olonais. — Il s'enfuit chez les boucaniers. — Un Robinson français. — L'Olonais se fait flibustier. — Comment il assassine son ancien maître. — Ses malheureux débuts dans la flibuste. — Il s'empare d'une frégate. — Le nègre bourreau. — L'Olonais s'associe avec Michel le Basque. — Prise de deux navires. — L'Olonais assemble une armée de 650 hommes. — Moyse Vauclin. — Expédition de Maracaïbo. — La province de Venezuela. — Prise de *l'Islet aux Ramiers*. — Pillage de Maracaïbo. — Cruautés commises par les flibustiers. — Belle défense de Gibraltar. — L'Olonais pille cette ville et la brûle en partie. — Une maladie contagieuse. — Les aventuriers reviennent à Maracaïbo. — Nouveau pillage de cette place. — L'île de la Vache. — Partage du butin. — Comment on se ruine à la Tortue. — Nouvelle expédition de l'Olonais. — Disette. — Attaque du Puerto-Cavallo. — Pas de chance! — Marche sur San-Pedro. — Supplice d'un prisonnier. — Les flibustiers anthropophages. — Les embuscades. — L'Olonais mange le cœur d'un Espagnol. — Prise de San Pedro. — Une *hourque* trop lourdement chargée. — La mésintelligence parmi les aventuriers. — Moyse Vauclin et le Picard abandonnent leur chef. — Naufrage de l'Olonais. — Des sauvages le mangent tout cru. — Extermination de ses compagnons.

François Naud naquit aux Sables-d'Olonne (Poitou), d'où vint le nom de guerre dont il se baptisa et sous lequel il se fit connaître dans la flibuste. Après plusieurs escapades qui ont scandalisé sa famille, il se voit chasser de chez son père et s'enfuit à la Rochelle. Il y fait la connaissance d'un planteur des îles qui lui propose de le suivre en lui faisant entrevoir un brillant avenir. Naud se laisse amorcer par ces séduisantes promesses et contracte un engagement de trois années au service du colon.

Nous avons dit quel était le sort réservé aux *engagés*. Véritables esclaves, ils menaient l'existence la plus misérable. Naud ne se sentait aucune vocation pour ce genre de vie. Le travail et les coups lui étant également antipathiques, il rongeait son frein et ne songeait qu'à le briser, lorsque le hasard le mit en rapport avec quelques boucaniers de la côte de Saint-Domingue. Il se sauva de chez son maître et les suivit, avec l'espoir de trouver une existence indépendante. Mais il passa d'une misère à une autre plus grande, car il tomba au service d'un maître encore plus brutal que le premier.

Il dut, pendant six jours de la semaine, écorcher des bœufs, et le septième jour, il fut employé à porter les peaux au bord de la mer.

Ayant osé représenter à son maître que les commandements de l'Église sanctifient le dimanche, il reçut, pour toute réponse, quelques coups de rotin qui coupèrent court à ses observations.

Un matin qu'il était malade, le boucanier lui ordonna de le suivre à la chasse; il obéit. Après plusieurs heures de marche, il ne peut plus suivre son maître. Celui-ci, furieux, lui assène un coup de crosse de fusil sur la tête, et, croyant l'avoir tué, s'en retourne tranquillement au *boucan*, où il dit que son valet était *marron* (déserteur).

Revenu à lui, Naud se traîne pour regagner le boucan; mais il s'égare et passe plusieurs jours à errer dans un pays qui lui est inconnu, au milieu d'immenses forêts où le moindre danger qu'il pût courir, était de tomber entre les mains des impitoyables Espagnols. Il était sur le point de mourir de faim, lorsqu'un des chiens de son maître, qui ne l'avait pas abandonné, se mit en quête dans les broussailles, dénicha une portée de truie et se jeta sur un des petits, dont il fit sa curée. L'Olonais, affamé, partagea son repas sans apprêts. A partir de ce jour, il n'eut plus d'autre nourriture que la chair crue des animaux que son chien capturait. Il s'habitua si bien à ce genre d'existence, qu'il ne songea plus à retourner parmi les hommes. Il vécut ainsi pendant près d'un an. Un jour qu'il poursuivait à la course un jeune porc dont il allait faire sa proie, il se trouva tout à coup face à face avec plusieurs boucaniers. En quelques mots il leur conta son histoire. Ils le ramenèrent au boucan, où l'on fut bien étonné de le voir revenir dans l'état pitoyable où la misère l'avait réduit.

L'Olonais, déclaré libre de toute servitude envers son maître, en réparation du cruel abandon qu'il avait essuyé de sa part, ne tarde pas à prendre un engagement parmi les flibustiers. Il fut accueilli dans leurs rangs en qualité de *novice-marin*.

Poussé par le besoin de la vengeance, le soir de son embarquement, à la nuit close, il se glisse dans la cahute de son ancien maître, le surprend endormi, lui fend le crâne d'un coup de hache, rejoint ses nouveaux compagnons et, sans que rien trahisse son émotion, il s'embarque.

Ce haut fait, accompli avec un pareil sang-froid, fixe sur lui l'attention. Sa conduite énergique dès les premières occasions le désigne à un prompt avancement. M. de la Place, gouverneur de la colonie, lui confie un petit navire; il se montre courageux, mais trop imprudent et perd successivement deux bâtiments. On lui donne le commandement d'un troisième vaisseau. Des aventuriers d'élite se placent sous ses ordres; la fortune sembla d'abord lui sourire, il fit plusieurs prises; sa réputation grandissait, lorsqu'une tempête affreuse fit sombrer son navire. Il n'eut que le temps de se sauver, avec ses hommes, sur la côte du Campêche.

Attaqué par les Espagnols, il vit massacrer tout son équipage. Blessé lui-même, il n'échappa qu'en usant, au milieu de la mêlée, d'un stratagème qui lui sauva la vie. Il se barbouilla de sang la poitrine et le visage, et se laissant tomber parmi les morts, il resta immobile jusqu'au départ des Espagnols.

La nuit venue, il se traîne dans un bois voisin, lave ses blessures, prend le costume d'un Espagnol resté sur le champ du carnage, s'approche résolûment de la ville, rencontre quelques esclaves, leur parle de liberté, de délivrance, de combats contre les Espagnols, de fortune rapidement acquise.

Ces esclaves se laissent gagner par ses paroles d'espérance; ils s'associent à lui, volent une barque de pêcheur et n'hésitent pas à s'embarquer pour la Tortue.

Arrivé là, le chef des aventuriers, dont l'acharnement contre les Espagnols ne connaît plus de bornes, complète son équipage qu'il porte à 21 hommes. Monté sur son esquif, il va croiser devant le port de *Boca de Caravelas*, sur la côte septentrionale de l'île de Cuba. Il y surprend un canot de pêcheurs, sur lequel il fait passer la moitié de son monde et vient s'embusquer au milieu du groupe d'îlots appelé les *Cayes du Nord*. Il y attend pendant deux mois le passage d'une flottille de bateaux qui transportait chaque année des denrées à la Havane.

Il commençait à se lasser de cette vaine

attente, lorsqu'il surprit une barque de pêcheurs, dont le patron lui apprit que les habitants de Cuba, avertis de sa présence, avaient suspendu leur commerce et demandé du secours au gouverneur de la Havane.

Une petite frégate, armée de dix canons et montée par quatre-vingts soldats d'élite, s'était aussitôt mise en route, avec ordre d'exterminer les flibustiers.

— Parbleu! camarades, s'écria l'Olonais en apprenant ce détail, nous allons bientôt troquer nos barques chétives contre une vraie carène d'amiral.

Puis il prit sur-le-champ ses mesures. Il sortit de sa retraite à la tombée de la nuit et, ramant doucement le long de la côte, il entra, avec ses deux barques, dans une rivière nommée Effera où la frégate avait pris position.

D'après ses ordres, les aventuriers se glissèrent sous les mangliers touffus des deux rives, débarquèrent leurs munitions sans faire le moindre bruit et, couchés à plat ventre derrière leurs barques, qui leur servaient de gabions, ils attendirent le jour.

Le lendemain matin, la frégate leva l'ancre; elle se dirigea vers l'embouchure de la rivière et vint passer entre les deux lignes d'embuscade.

A un signal donné par l'Olonais, les Espagnols sans défiance sont fusillés presque à bout portant. Le premier moment de confusion passé, les canonniers courent à leurs pièces et lancent plusieurs bordées à travers les massifs de broussailles; mais leurs boulets ne tuent personne. Les aventuriers continuent pendant plusieures heures un feu meurtrier sur les artilleurs qu'ils abattent les uns après les autres.

Vers midi, le ralentissement de la canonnade espagnole et les longues traînées de sang qui coulaient par les étanchères (égouts) de la frégate, firent juger à l'Olonais qu'un vigoureux abordage pourrait terminer l'affaire. Les aventuriers s'élancent dans leurs barques, abordent la frégate, se rendent maîtres du pont, font descendre dans la cale les débris de l'équipage et achèvent les blessés. Puis l'Olonais ordonne qu'on fasse remonter un à un les prisonniers enfermés dans la cale.

Le premier qui paraît est un nègre qui se jette aux pieds du pirate et lui crie en mauvais espagnol:

— Seigneur capitaine, ne me tuez pas, je vais vous dire la vérité.

L'Olonais, surpris, l'interroge. Il apprend que ce nègre n'a été embarqué que pour remplir l'office de bourreau lorsque les flibustiers seraient faits prisonniers. Il entre dans une fureur inexprimable; il arme le nègre d'une hache et l'oblige à exercer son horrible office sur les Espagnols à mesure qu'on les tire de la cale.

Lorsque le dernier prisonnier se présente à son tour, il lui fait égorger le nègre et le jette dans une barque avec une lettre menaçante pour le gouverneur (1656).

Quatre brigantins bien armés, mouillés à *Puerto del Principe*, attendaient des ordres pour servir d'auxiliaires aux évolutions de la frégate. L'Olonais s'en empara sans rencontrer de résistance; et comme il manquait de monde pour les emmener, il les fit couler avec leurs équipages; puis il revint à la Tortue, préparer une vaste entreprise.

Il s'associa avec un flibustier renommé, Michel le Basque, ancien officier enrichi par la course et qui se reposait depuis quelque temps. L'Olonais réussit à le tirer de son inaction. Ils convinrent de partager le commandement et firent un appel général à tous les aventuriers des îles voisines, auxquels ils assignèrent pour points de rendez-vous le port de la Tortue et la côte de Bahyah, au nord de Saint-Domingue.

Quatre cents hommes répondirent à leur appel; on les distribua sur six navires organisés en escadre. La frégate prise à Cuba par l'Olonais reçut le titre pompeux de vaisseau-amiral. L'escadre vint croiser devant Hispaniola.

Le début de l'expédition fut heureux. A peine en route, les aventuriers s'emparèrent de deux grands bâtiments, dont l'un, portant une riche cargaison de cacao, fut expédié à la Tortue et l'autre, chargé de poudre de guerre, suivit l'escadre.

Ravi d'une prise aussi importante, M. d'Ogeron, gouverneur de la Tortue, renvoya vers l'Olonais le navire espagnol, rebaptisé du nom de *cacaoyère*; il y joignit un renfort de deux cent cinquante hommes, dont ses deux neveux récemment arrivés de France.

A la tête de son armée, composée de tout ce que la flibuste compte de plus audacieux aventuriers, l'Olonais entrevoit un brillant avenir. Il passe la revue de cette troupe, s'accorde le titre d'amiral et choisit pour vice-amiral un certain Moyse Vauclin, l'un de ses plus anciens compagnons, en qui il plaçait toute sa confiance.

Lorsque tous ses préparatifs furent achevés, l'amiral des Frères de la Côte annonça l'intention d'attaquer la riche et puissante ville de Maracaïbo, dans la province de Vénézuela.

Ce pays, découvert en 1499, par Ojeda, avait reçu le nom de Vénézuela (ou petite Venise) en raison des dunes de sable qui protégent seules la côte contre les inondations. En 1528, Charles-Quint engagea ce territoire à une compagnie de négociants d'Augsbourg qui y envoyèrent quatre cent quatre-vingts Allemands pour le coloniser.

Ces bons Allemands détruisirent environ un million d'Indiens dans l'espace de quelques années; si bien que cette contrée se montra fort heureuse de leur mort violente et de leur remplacement par des Espagnols. Grâce à ces derniers, il ne resta bientôt plus d'indigènes, et il fallut repeupler la côte avec des nègres que l'on traita avec tant de tyrannie qu'ils se révoltèrent. Leur rébellion motiva l'égorgement de tous les mâles et la colonie redevint un désert.

Il y avait quinze ans que ces drames étaient terminés; la côte était riche maintenant, grâce aux plantations de cacao et de canne à sucre.

Maracaïbo, point de mire des flibustiers, comptait alors (1660) environ 5,000 habitants avec une garnison de huit cents soldats. La baie de Vénézuela, sur laquelle cette ville est construite, ne mesure pas moins de douze lieues en profondeur. Au fond, on rencontre deux îlots, chacun d'une lieue de tour, entre lesquels passent les eaux du lac de Vénézuela pour se jeter dans la mer. L'un de ces îlots portait une tour et une vigie; l'autre, nommé l'*Islet aux ramiers*, était armé d'un fort et commandait l'entrée de la rade. A dix ou douze lieues au large sont les îles d'*Oruba* et de *Las Monges*, peuplées d'Indiens et couvertes de pâturages.

La ville de Maracaïbo s'élevait en amphithéâtre sur les bords du lac. Les maisons élégantes, couvertes de sculptures et ornées de balcons, environnaient un port empli de bâtiments de commerce.

Un peu plus loin, également sur les bords du lac, s'étendait la belle bourgade fortifiée de Gibraltar, entourée de riches cultures de tabac, de cacao et de canne à sucre.

Gibraltar, en quelque sorte la forteresse du pays, communiquait, par des routes bien entretenues, avec les villes de l'intérieur. La plus rapprochée de ces villes, Mérida, était le siége du gouvernement de cette région. Les eaux, qui abondent partout dans ce pays, y portent une fécondité extraordinaire :

« J'y ai vu, raconte Œxmelin, des cèdres que les Sauvages nomment *acajous*, et du tronc desquels on fait des barques d'une seule pièce, et de la capacité de vingt-cinq à trente tonneaux. Le sol y produit en abondance toutes les espèces d'arbres des Indes; le poisson et le gibier y fourniraient aux besoins d'une nombreuse

L'Olonais fait subir la torture à un prisonnier espagnol. (Page 213.)

population. Le seul inconvénient de ce beau territoire, c'est qu'à la saison des pluies, l'air s'y corrompt subitement et engendre des fièvres malignes; aussi, à cette époque, ne laisse-t-on dans les campagnes que les esclaves nécessaires aux travaux de l'agriculture. Tous les marchands ou propriétaires se retirent à Mérida ou à Maracaïbo. »

Autour des villes, le tabac donne des récoltes immenses; mais les lieux plus éloignés sont couverts de grandes forêts marécageuses.

« Un vieux Espagnol, naturel du pays, m'a assuré, dit encore Œxmelin, qu'il avait vu dans ces forêts une espèce de singes monstrueux, qui grimpaient aux arbres comme des chats. Ces animaux, ajoutait-il, sont de forme humaine; leur peau, sans poils ni duvet, est d'un brun jaunâtre, et si dure, qu'un coup de lance ne pourrait la percer. Rien n'égale leur passion pour les femmes; ils se mettent en troupes pour les guetter et les enlever; mais quand ils prennent des hommes, blancs ou noirs, ils les emportent sur les arbres les plus élevés de leurs forêts, et les précipitent de haut en bas pour les assommer. »

Les flibustiers vinrent d'abord prendre à l'île d'*Oruba* les rafraîchissements dont ils avaient besoin avant d'attaquer Maracaïbo. Il fallait prendre le fort de l'*Islet aux Ramiers*, sans quoi il aurait été impossible de s'enga-

27.

ger dans la gorge qui forme l'entrée du lac.

L'Olonais débarque nuitamment avec la moitié de ses forces; il surprend les avant-postes espagnols, les culbute, poursuit les fuyards l'épée dans les reins, pénètre avec eux dans le fort et s'empare de quatorze pièces de canon, avant que les artilleurs, troublés par l'obscurité et par la crainte de tirer sur leurs camarades, aient pu faire une seule décharge.

Les vaisseaux des pirates, avertis aussitôt par des signaux, pénétrèrent dans le lac et se rapprochèrent de la ville, qui était éloignée de six lieues de l'*Islet aux Ramiers*.

Quelques soldats échappés au carnage y avaient jeté l'épouvante. Les habitants, qui se souvenaient d'une attaque antérieure, tombèrent dans la consternation. Chacun d'eux ne songea plus qu'à son salut. Ils s'enfuirent, abandonnant leurs marchandises et leurs approvisionnements à la merci de l'ennemi.

Guidés par la prudence, les flibustiers, anxieux d'assurer leur retraite en cas d'échec, s'étaient attardés à ruiner de fond en comble le fort de l'*Islet aux Ramiers*, au lieu de marcher droit sur la ville qu'ils croyaient mieux défendue. Grande fut leur surprise de la trouver déserte; ils prirent possession des meilleures maisons, établirent des postes et procédèrent ensuite au pillage. Mais les habitants avaient emporté la partie la plus précieuse du butin, qui est l'or. Cent soixante flibustiers, envoyés dans les bois à la recherche des fuyards, en amenèrent quatre-vingts avec une cinquantaine de mulets chargés de butin et de 20,000 piastres.

L'Olonais fit appliquer la torture à plusieurs des prisonniers, afin de leur faire révéler le lieu où les habitants avaient caché leur or.

Pour leur inspirer plus de terreur, il eut même la barbarie de faire couper les mains et les pieds à l'un de ces malheureux. Mais il ne put rien apprendre, sinon que les fuyards s'étaient réfugiés les uns dans les bois, les autres à Gibraltar, où ils organisaient une résistance formidable.

— Tant mieux! dit l'Olonais; s'ils se battent, c'est qu'ils ont quelque chose à défendre.

Après un repos de quinze jours, les flibustiers se décidèrent enfin à faire voile pour Gibraltar, où ils arrivèrent en trois jours. Le gouverneur de Mérida, vieux militaire qui s'était fait un nom glorieux dans les guerres de Flandre, accourut au secours de la ville menacée; il y amena 400 hommes de troupes régulières, auxquels se joignirent 400 habitants armés jusqu'aux dents. Cette troupe éleva à la hâte des retranchements au bord de la mer, rendit impraticable le chemin qui, du côté de la terre, conduisait à la ville, et en ouvrit un dans les bois pour lui servir de retraite. Le gouverneur, habitué à voir tout trembler devant lui, croyait avoir facilement raison d'un tas de coquins sans discipline.

A l'aspect des mesures prises pour la défense, les flibustiers eurent un moment d'hésitation. L'Olonais comprit la nécessité de relever leur courage.

— Camarades, leur dit-il, nous ne pouvons nous dissimuler que d'innombrables difficultés menacent le succès de notre expédition. Les Espagnols, avertis du désastre de Maracaïbo, ont eu le temps de s'apprêter à nous recevoir chaudement : ils ont beaucoup de soldats, des canons de forts calibres et sans doute de gros magasins de munitions. Mais de braves gens comme nous ne faiblissent pas devant les obstacles. Il faut conquérir les trésors qui nous attendent, ou les perdre avec une vie désormais inutile. Si nous sommes vainqueurs, voyez quelles dépouilles précieuses sont réservées à votre courage! Et pourquoi la fortune nous serait-elle contraire après tant de faveurs? Voyez votre chef, et sachez suivre son exemple. Il fut un temps où, bien moins forts qu'aujourd'hui, le nombre des ennemis n'arrêtait pas notre élan ; ne soyons pas au-dessous de notre renommée : si le péril est grand, la victoire nous produira un butin capable de nous indemniser de nos efforts.

Après les avoir exaltés par cette allocution, l'Olonais en débarque 380, armés chacun d'un sabre, d'un pistolet et de 30 cartouches.

— En avant! leur dit-il ; si je succombe, vengez mon sang dans celui des Espagnols ; mais je vous avertis que le premier lâche qui recule périra de ma main.

Arrivés à terre, les flibustiers s'embrassent comme des gens qui ne doivent plus se revoir ; puis ils se mettent en marche. Un prisonnier, qui leur sert de guide, les conduit à l'entrée du chemin creux qui mène à la ville. Arrivés là, les aventuriers reconnaissent l'impossibilité d'avancer, car la route est traversée de distance en distance par de larges fossés garnis de pieux aigus. Ils sont forcés de faire un long détour et de prendre à travers un bois. D'autres obstacles les arrêtent encore. A portée de pistolet d'un retranchement espagnol, ils rencontrent un marécage, ils enfoncent jusqu'aux genoux dans une vase fétide, tandis qu'ils sont foudroyés par une batterie de cinq pièces d'artillerie. Malgré cela, ils avancent avec résolution. Ceux qui tombent exhortent, en expirant, leurs camarades à ne pas se décourager et leur promettent la victoire.

Au bout du marécage, les flibustiers se croient au terme des difficultés, lorsque, soudain, de la profondeur des taillis part une décharge foudroyante. C'est une batterie de vingt canons qui tonne sur leur flanc. Les plus braves sont renversés ; l'effroi se communique dans la colonne ; les assaillants reculent et se rejettent dans le marais.

L'Olonais, suivi d'une poignée de braves, s'avance sous la ligne de feu et parvient sur le talus de la redoute. Vaine audace ! il n'a pas d'échelles pour monter à l'assaut ; il va payer de la vie son audace, lorsqu'il imagine un stratagème dont le succès peut seul le sauver et lui procurer la victoire ; il feint de se sauver.

Croyant écraser sans peine une aussi faible troupe, les Espagnols se précipitent hors de leur retranchement l'épée à la main.

L'Olonais les laisse s'approcher ; tout à coup il se retourne avec ses hommes, une affreuse mêlée commence ; le sabre et le poignard sont les seules armes qui donnent et rendent la mort. Le gros des aventuriers reprenant courage, sort du marécage et court à l'aide de l'Olonais. Les Espagnols, peu faits aux combats corps à corps, et privés du feu de leur artillerie qui ne pourrait agir qu'en tuant amis et ennemis, s'enfuient vers leur redoute dans laquelle entrent aussi les flibustiers. Le carnage est affreux. Plus de cinq cents Espagnols et le gouverneur de Mérida sont égorgés ; le reste se rend à discrétion ; pas un seul des autres retranchements n'ose se défendre ; la ville capitule.

Par une chance inouïe, l'Olonais et Michel le Basque n'ont reçu aucune blessure ; mais quarante flibustiers ont payé de leur vie cette victoire ; soixante-dix-huit autres sont mortellement atteints.

Les survivants se livrèrent avec une frénésie extraordinaire aux délices du triomphe. Les cadavres ennemis furent jetés à la mer ; les prisonniers, au nombre de cent cinquante, furent enfermés dans l'église principale, avec les femmes, les enfants et les esclaves. On laissa mourir de faim ceux qui avaient été pris les armes à la main. Quant aux femmes, elles ne sauvèrent leurs vies qu'en assouvissant les passions des vainqueurs.

La ville fut méthodiquement pillée pendant quatre semaines ; c'est-à-dire que tout le butin fut apporté à la masse commune, en attendant le partage. Mais bientôt, les prisonniers morts de misère et les flibustiers qui succombaient à leurs blessures et qu'on n'ensevelissait pas corrompirent l'air de la ville, au point d'enfanter une maladie contagieuse dont les aventuriers mouraient subitement.

Ceux qui ne furent pas atteints sentirent la nécessité d'abandonner ce pays.

Sur le point de repartir, l'Olonais envoya quatre habitants dans les bois pour annoncer aux fuyards qui s'y étaient réfugiés que s'ils ne lui faisaient pas parvenir une rançon de 10,000 piastres avant deux jours, leur ville serait réduite en cendres.

Le terme expiré, l'argent n'arriva pas. L'Olonais commençait à exécuter sa menace, lorsque les habitants vinrent se jeter à ses pieds et lui offrir la rançon.

— Il est trop tard, s'écria-t-il, en montrant les flammes qui avaient déjà consumé la grande église et la moitié de la ville; il me faut 20,000 piastres maintenant.

Et il fallut les trouver pour sauver la partie de la ville non encore incendiée.

L'Olonais reprit la route de Maracaïbo. Les habitants de cette ville y étaient rentrés. Ces malheureux ne se sauvèrent d'un second pillage qu'en offrant 25,000 piastres et 500 bœufs au terrible pirate.

Au moment d'embarquer, les flibustiers se mirent à piller les églises jusqu'alors respectées. Comme les Espagnols voulaient leur rappeler la transaction intervenue pour le rachat de la cité, ils répondirent :

— Dieu est pour nous comme pour vous. Nous voulons ériger dans l'île de la Tortue une chapelle à Notre-Dame des Victoires; il nous faut des objets d'art.

Puis ils déménagèrent les tableaux, les ornements d'autel, les crucifix, les vases sacrés et même les cloches. Quand ils n'eurent plus rien à prendre, ils se rendirent dans la petite île de la Vache, au sud de Saint-Domingue, pour y partager le riche butin qu'ils venaient de récolter. Réunis en assemblée générale, ils jurèrent l'un après l'autre sur le crucifix ou sur la Bible (chacun suivant sa religion), qu'ils n'avaient rien détourné de la masse commune et qu'ils ne prétendaient qu'à la part déterminée par les règlements de l'association. Leur butin fut évalué à 260,000 piastres, sans compter les ornements d'église, ni une cargaison de tabac estimée 500,000 livres, et de nombreux esclaves qui furent vendus à l'encan.

Le partage se fit suivant les règles. Chaque flibustier tira son lot; les parts des morts furent mises de côté, pour être livrées à leurs parents, amis ou héritiers, quand ils se feraient reconnaître par des preuves authentiques. Les blessés et les chirurgiens furent indemnisés.

Riches au delà de leurs espérances, les aventuriers voguèrent aussitôt vers l'île de la Tortue où les plaisirs les attendaient. Deux navires français, chargés de vins et d'eau-de-vie, s'y trouvaient au mouillage. En moins de six semaines, les flibustiers, ruinés jusqu'à leur dernier écu, commencèrent à songer au moyen de remplir leur escarcelle.

Plus gueux encore que ses compagnons, criblé de dettes de jeu, l'Olonais n'a plus d'autre ressource que d'organiser une nouvelle expédition. Telle était sa réputation, que sept cents hommes vinrent, au premier signal, se ranger sous son commandement. Il les distribua sur sept vaisseaux, et leur annonça son projet d'aller piller les villes situées sur les bords du lac Nicaragua; c'était, disait-il, une riche contrée qui n'avait encore jamais été visitée par les flibustiers, et dont les villes devaient, par conséquent, être faciles à surprendre.

Ses paroles sont accueillies par de vives acclamations; on rédige sur-le-champ les clauses d'un nouveau *chasse-partie;* quand tout le monde l'a signé, l'Olonais remet à ses lieutenants ses instructions écrites. En cas de tempête ou d'autre événement, le rendez-vous était à Mattamano, au sud de Cuba, où l'on devait s'emparer de bateaux pêcheurs pour remonter la rivière qui conduit au lac de Nicaragua.

Rien de cela ne se réalisa. Pendant la route, les navires furent surpris par un calme plat, et entraînés par les courants dans le golfe de Honduras ; contre-temps fâcheux pour eux et plus fâcheux encore pour les habitants du pays sur lequel le flot les conduisait.

Les flibustiers, voyant leurs vivres se consommer, pillèrent les peuplades indiennes voisines du rivage ; faible ressource qui ne produisit que quelques volailles et un peu de maïs.

La disette arrivait à grands pas ; il fallait à tout prix la prévenir, si l'on voulait éviter les révoltes qui en auraient été la suite inévitable. C'est pourquoi l'Olonais dut changer son plan primitif et proposer de faire des descentes successives dans les bourgades espagnoles échelonnées le long du golfe de Honduras. Le premier point d'attaque fut *Puerto-Cavallo*, entrepôt des denrées que les Espagnols tiraient de la province de Guatemala. En y arrivant, l'escadre surprit et prit un vaisseau de vingt-quatre canons, ainsi que quelques barques. Un détachement descendit à terre pour assaillir la place. Celle-ci ne fut pas difficile à conquérir, mais les magasins y étaient vides, les maisons aussi. Tout le monde avait fui. Quelques Espagnols que les aventuriers avaient faits prisonniers déclarèrent que l'on n'y trouverait ni or ni argent.

Les flibustiers irrités les mettent à la torture ; mais c'est vainement. Ne pouvant en tirer aucun renseignement, ils les massacrent tous, à l'exception de deux, qu'ils voulaient prendre pour guides, afin de gagner, dans l'intérieur des terres, la ville de San-Pedro.

Ces deux captifs ayant obstinément refusé de servir d'instrument à la perte de leurs compatriotes et déclaré qu'ils préféraient la mort, l'Olonais, pour en terrifier un, résolut de sacrifier l'autre avec un raffinement de cruauté encore inconnu.

Il fait attacher la victime à un poteau et donne lui-même le signal du supplice en brûlant, avec un canon de fusil rougi au feu, les chairs du malheureux depuis les doigts des pieds jusqu'aux genoux ; survient un autre forcené qui arrache au patient un énorme lambeau de chair depuis l'épaule jusqu'au jarret ; on emplit de poudre à canon la plaie sanglante et on y met le feu.

D'une voix étranglée par la douleur, la victime de ces bêtes sauvages demande à boire, on lui donne son propre sang mêlé d'eau. Mais ce n'est pas fini. L'Olonais veut faire encore mieux. Il se rapproche du malheureux auquel les forces commencent à manquer.

— Je vais le réveiller, dit-il.

Ce disant, il lui coupe la peau du crâne et y applique une couche de cendres ardentes.

Sa victime se réveille en effet en roulant des yeux effrayants : toute la bande acclame de ses cris sauvages l'ignoble bourreau qui ricane et insulte le malheureux.

— Ah ! tu es beau, lui dit-il, tu es beau avec tes grimaces ; on dirait un Indien torturé par les Espagnols ; jamais Caraïbe n'a grincé des dents comme cela. Mais c'est fini ; tu es libre.

Puis il le délie et, le frappant du plat de son sabre :

— Sauve-toi maintenant ; va te montrer aux sauvages, s'il en reste. Ils seront contents de voir un Espagnol tout rôti, prêt à être mangé.

Aveuglé par le sang, l'Espagnol, débris humain auquel l'excès de souffrance donne seul un reste de forces, fait un bond, trébuche et tombe.

On le fait relever en lui enfonçant des pointes de sabre dans le flanc ; trois pas plus loin, il tombe encore sur les pointes de sabre que les forbans opposent de toute part à sa fuite chancelante. Rugissant, écumant, le malheureux rassemble ses dernières forces ; dans un accès de rage désespérée, il ramasse des pierres et les lance à la tête de ses bourreaux, qui finissent par l'achever en poussant mille cris de joie. Ses restes palpitants, dépecés par petits morceaux, sont distribués aux flibustiers qui se les disputent et les rongent sous les yeux de son compatriote terrifié.

— Eh bien! lui demande l'horrible chef des pirates, nous conduiras-tu à San-Pedro, maintenant?

L'Espagnol répond qu'il est prêt.

On lui lie étroitement les bras derrière le dos; on lui entrave les pieds au moyen d'une corde dont ses guides tiennent les bouts. On s'assure ainsi qu'il ne fuira pas et la bande se met en route.

A trois lieues de là, l'Olonais rencontre une embuscade espagnole dissimulée dans un épais fourré.

— Tu m'as trahi! crie-t-il à son guide, et il lui brûle la cervelle. Puis la nécessité de triompher opérant des prodiges, les flibustiers se précipitent tête baissée sur l'ennemi. Une lutte terrible s'engage corps à corps, genre de combat où les aventuriers sont invincibles. Les Espagnols sont mis en complète déroute: l'obstacle est franchi.

Vers le soir, une seconde embuscade est surprise et n'oppose aucune résistance. Exténués de fatigue et de soif, les flibustiers font halte dans le retranchement abandonné et y passent la nuit.

Le lendemain, avant de continuer la marche en avant, l'Olonais fait venir devant lui les prisonniers que l'on a faits la veille; il demande à l'un d'eux si l'on est encore loin de San-Pedro. Le prisonnier refuse de trahir les siens. Alors, l'Olonais lui fend la poitrine d'un coup de sabre, lui arrache le cœur, et le mord à belles dents en vomissant les plus horribles imprécations contre les autres prisonniers, qui finissent par lui apprendre que l'on est près de San-Pedro et que cette place n'est plus défendue que par une dernière embuscade, placée en travers de la route.

« Cette redoute était fortifiée sans art, avec les seules ressources que la nature pouvait offrir. Son terrassement était flanqué d'une triple haie de cactus, dont les raquettes hérissées de longues épines étaient plus dangereuses à franchir pour les assiégeants en vestes et en pantalons de toile, que les chausse-trapes qu'on emploie contre la cavalerie et aux environs des citadelles. Tant d'obstacles cependant n'arrêtèrent point leur résolution:

« — Frères de la Côte! s'écrie l'Olonais, en leur montrant les soldats espagnols, ne faisons point de quartier à tout ce qui se défendra! Plus nous tuerons d'hommes ici, meilleur marché nous aurons de la ville!

« Un hourra frénétique répond à la voix du chef. Le combat commence: les aventuriers, abrités par les massifs qui bordent la route, ménagent leur feu pour ne tirer qu'à coup sûr, tandis que les Espagnols multiplient leurs décharges. Après quatre heures de fusillade, le nombre des assiégés est diminué des deux tiers, grâce à l'adresse des compagnons de l'Olonais:

« — C'est le moment de l'assaut! » s'écrie de nouveau l'intrépide chef, en se portant de sa personne au point le plus périlleux.

« Tandis qu'une partie de son monde, gardant sa position, continue d'abattre chaque soldat dont la tête se montre au-dessus du parapet, cinquante hommes se jettent, la hache à la main, sur la palissade de cactus, y font une trouée, et, grimpant sur le talus, renouvellent le combat avec cette fougue irrésistible qui décide partout le succès. Trente morts et vingt blessés payèrent de leur sang cette lutte qui termina l'affaire. L'Olonais entra en triomphe dans San-Pedro, dont la défense énergique lui faisait espérer la découverte d'un grand butin. »

San-Pedro ne contenait que d'énormes quantités d'indigo, unique objet de son commerce. C'était une denrée sans valeur pour les flibustiers, avides seulement d'or, d'argent, de bijoux ou de pierres précieuses. Les marchandises encombrantes n'avaient aucune valeur à leurs yeux parce qu'ils ne pouvaient les emporter.

Tant de fatigues, tant de combats livrés pour un si maigre résultat irritent les aventuriers ; ils mettent le feu à la ville et retournent vers leurs vaisseaux. En vain leur chef propose de marcher sur Guatemala, ville riche, mais défendue par 40,000 hommes. L'extravagance d'un semblable projet le fait rejeter.

Les flibustiers apprirent l'apparition dans la rivière de Guatemala d'une *hourque* (navire de transport) jaugeant 800 tonneaux. Après une croisière de trois mois dans le golfe de Honduras, ils la rencontrèrent enfin. Ce bâtiment faisait tous les ans, à la même époque, le trajet d'Espagne à Guatemala et revenait ensuite en Europe chargé des produits américains. Son chargement à l'arrivée consistait ordinairement en fers, aciers, papiers, liqueurs, vins, draps, toiles, soieries et objets manufacturés d'une grande valeur aux colonies. Mais quelques capitaines étant venus représenter à l'Olonais qu'il serait plus avantageux de prendre ce navire au retour, parce qu'alors il porterait des métaux précieux, l'amiral des Frères de la Côte se rendit à leurs observations, ce qui lui causa un grave mécompte.

L'équipage de la hourque, averti sans doute de la présence des flibustiers, mit une partie de sa cargaison à terre et resta au mouillage. Déconcerté et ne sachant ce qui se passait, l'Olonais n'eut pas la patience d'attendre. Il attaqua prématurément et ne s'empara du bâtiment qu'après un combat long et sanglant. Il y trouva 2,000 rames de papier, 100 tonneaux de fer en barres qui servaient de lest et quelques ballots d'étoffes.

Décidément la fortune abandonnait l'Olonais. Un assez grand nombre d'aventuriers, nouvellement arrivés de France, commençaient à se plaindre et demandaient à s'en retourner ; les anciens flibustiers, habitués aux fatigues du métier, se moquèrent d'eux ; la mésintelligence se mit parmi les aventuriers. Pour rétablir son influence sur ses soldats, l'Olonais en revint à son projet contre Guatemala ; sa proposition donna le signal d'une discorde complète. La majorité demanda le départ pour la Tortue. A sa tête se plaça Moyse Vauclin, qui se pavanait du titre de vice-amiral des Frères de la Côte. Les dissidents quittèrent l'escadre de nuit, secrètement, et emmenèrent la hourque avec son chargement et 56 canons. La destinée leur fut contraire ; leur navire échoua sur un banc de sable ; l'équipage se sauva à terre dans des chaloupes et se dispersa de tous côtés.

Le lendemain de leur départ, un autre lieutenant de l'Olonais, nommé *le Picard*, du pays de sa naissance, s'enfuit à son tour pour aller croiser sur la côte de Costa-Rica, en face de l'embouchure de la rivière de Chagre. Il n'y fit qu'un médiocre butin qui ne le paya guère de ses peines.

Quant à l'Olonais, resté sur sa frégate avec 300 fidèles compagnons, manquant de vivres, désespéré des désertions qui anéantissaient tous ses projets, il continua sa croisière, non dans l'espoir de faire fortune, mais dans le seul but de se procurer des approvisionnements. Chaque jour, il descendait à terre pour tâcher de faire quelque capture ; mais il ne rencontrait que des singes dont ses aventuriers se nourrissaient, faute de mieux. L'Olonais espérait gagner le lac de Nicaragua ; mais sa frégate s'engagea sur les bas-fonds de la petite île de *las Perlas*, à quelque distance du cap *Gracias-à-Dios*. C'est en vain que pour alléger son navire, il jette à la mer ses canons, ses mâtures de rechange et ses embarcations, aucun effort ne put le remettre à flot.

Les flibustiers, éperdus, parvinrent à se sauver sur le rivage ; leur chef, qui ne désespérait jamais de la fortune, leur persuada de dépecer les membrures du navire échoué et d'en construire une grande barque. Ce travail dura cinq mois. Pendant ce temps, il fallut vivre. Les flibustiers durent bâtir des cabanes sur le rivage, semer des légumes et s'adonner à la chasse et à la pêche.

Quand la barque fut achevée, il s'en fallut de beaucoup qu'elle pût contenir 300 hommes. On convint alors que le sort désignerait les premiers partants et que ceux-ci s'engageraient par serment à venir chercher leurs camarades dès qu'ils se seraient emparés d'un bâtiment capable de les contenir tous.

L'Olonais partit avec eux ; mais son étoile avait disparu pour toujours. Battu par les Espagnols dans la rivière de Saint-Jean, qui conduit au lac de Nicaragua, il s'échappe à grand'peine, après avoir perdu le tiers de ses hommes.

Ce désastre ne fut pas le dernier. Poussé par les vents dans le golfe de Darien, il débarque pour se procurer des vivres et tombe entre les mains d'une tribu de sauvages que la cruauté des Espagnols avait animés d'une rage impitoyable contre tous les blancs indistinctement.

Les flibustiers, à l'exception de cinq qui purent rejoindre leur barque et regagner la Tortue, furent déchirés et dévorés tout vivants. Ainsi finit l'Olonais, amiral des Frères de la Côte.

Quant à ceux de ses compagnons qu'il avait abandonnés dans l'île de *las Perlas*, ils attendirent longtemps le retour de leurs amis ; ils se croyaient abandonnés, lorsque, après onze mois de misère, ils aperçurent un navire des Frères de la Côte. Ce bâtiment les recueillit ; mais comme il tirait trop d'eau, les flibustiers l'abandonnèrent sur le cap de *Gracias-à-Dios* pour essayer de remonter le fleuve avec des canots. A leur approche, les habitants s'enfuirent au fond des bois avec leurs provisions. Les tristes débris de la bande de l'Olonais errèrent pendant longtemps sur cette côte déserte, réduits à dévorer le cuir de leurs souliers et de leurs fourreaux de sabre.

Les Espagnols, revenus de leur première terreur, se précipitèrent sur eux et les égorgèrent sans pitié, dès qu'après les avoir comptés, ils se furent convaincus qu'il n'y avait aucun danger à les attaquer.

CHAPITRE IV

ALEXANDRE BRAS-DE-FER ET MONTBARS L'EXTERMINATEUR

Bras-de-Fer comparé à Alexandre le Grand. — Ses aventures. — *Le Phénix*. — Prise d'un navire espagnol. — Montbars. — Anecdotes de son enfance. — Il s'enfuit de chez son père. — Il prend la mer. — Son premier combat. — Il se réunit à des boucaniers. — Défaite des Espagnols. — Mort de l'oncle de Montbars. — Son neveu le venge. — De l'île pille Santiago.

Dans son style vif et plein de finesse, Œxmelin nous raconte un exploit singulier d'un aventurier français, *Alexandre Bras-de-Fer*, dont il était l'ami et dont il nous fait connaître le caractère, composé d'une étrange combinaison de bravoure chevaleresque, de vanité et d'amour de la rapine.

Œxmelin dit naïvement qu'il était aussi grand parmi les flibustiers que l'ancien Alexandre le Grand avait pu l'être au milieu des peuples de l'antiquité. Il admet seulement que le Macédonien fut aventurier sur une plus large échelle.

« Je ne prétends pas, dit-il, que la comparaison soit tout à fait juste ; car s'il y a quelque rapport entre ces deux guerriers, il y a encore plus de différence.

« En effet, Alexandre le Grand était aussi brave que téméraire ; Alexandre Bras-de-Fer, aussi brave que prudent.

« Le premier aimait le vin et l'autre l'eau-de-vie.

L'Olonais et ses compagnons sont dévorés tout vivants par des sauvages. (Page 216.)

« L'ancien fuyait les femmes par grandeur d'âme ; le nouveau les cherchait par tendresse de cœur ; et pour preuve de ce que je dis, il s'en trouva une assez belle dans un vaisseau qu'il avait pris, et il la préféra à toute sa part de butin. »

Alexandre était gentilhomme. — Traqué par des créanciers impitoyables, il s'était expatrié : manière souvent dangereuse d'oublier ses dettes.

Comme il faut vivre, il s'était fait pirate ; mais par un reste de pudeur, il s'était annoncé dans la flibuste sous le prénom d'*Alexandre*, imitant en cela la plupart de ses camarades. Sa force prodigieuse lui valut bientôt le sobriquet de *Bras-de-Fer*.

28.

Il déployait un grand jugement dans la conception de ses entreprises et le plus grand courage dans leur exécution. Il ne visait pas aux expéditions brillantes, mais seulement aux plus fructueuses ; il voulait faire fortune ; mais, mieux avisé que la plupart de ses camarades, il économisait ses parts de butin, sachant bien qu'il ne serait pas toujours heureux. Il se montrait même quelquefois avare. Ainsi, Œxmelin, qui était chirurgien, se flatte de l'avoir traité d'une blessure dont la guérison aurait dû faire la fortune du médecin si le malade avait été généreux.

Jamais Bras-de-Fer ne voulut organiser d'escadre. Il allait en croisière avec un seul brigantin, nommé *le Phénix*, parce que la supériorité de sa construction le faisait considérer parmi les navires comme le phénix l'était parmi les oiseaux.

Le *Phénix* allait solitaire, portant un équipage d'élite. C'était un oiseau de proie qui n'aimait pas partager le butin. Alexandre pensait qu'il est assez difficile de maintenir un équipage dans le devoir, sans s'exposer à la mutinerie et à la trahison de plusieurs capitaines. D'ailleurs, si la solitude augmente les risques, elle augmente aussi les probabilités de succès.

Œxmelin, seul écrivain qui parle d'Alexandre, ne relate qu'une de ses aventures, mais cette aventure mérite d'être mentionnée d'une façon toute particulière :

« Dans une de ses expéditions, il est surpris par un calme prolongé qui interrompt la croisière. Selon l'habitude, il se livre à un grand luxe de prières pour obtenir le changement du temps. Ses vœux sont si bien exaucés, qu'une tempête affreuse éclate. La mer s'enlève en montagnes liquides. Le vent et le feu de la foudre semblent se combattre pour la possession du navire et de son équipage effaré. De violents coups de tonnerre abattent les mâts. Le feu électrique frappe le pont et perce jusqu'à la soute aux poudres. Une épouvantable explosion fait sauter la moitié du navire avec tous les flibustiers qui s'y trouvent ; le reste de la carène coule sous les flots.

« 33 hommes, seuls débris du malheureux équipage, parvinrent à se sauver à la nage, et gagnèrent une île voisine de ce sinistre. Alexandre était avec eux, et n'avait voulu abandonner que le dernier la carcasse fumante de son navire foudroyé. Les naufragés s'arrêtèrent sur le rivage, dans l'espoir de découvrir un bâtiment de leur parti, ou de voir rejeter sur la plage quelques débris dont ils pourraient se faire un canot.

« Leur position était affreuse ; ils manquaient de tout, et avaient à redouter les attaques des sauvages. Peu de jours après, un gros détachement d'Indiens, qui les observait, vint fondre sur eux ; mais Alexandre les reçut bravement, tua les plus acharnés, dispersa les autres, et fit quelques prisonniers, qu'une adroite politique l'engagea bientôt à relâcher, après leur avoir inspiré une terreur dont leur ignorance ferait tous les frais, et qui dégoûterait les autres de recommencer les hostilités.

« Il fit appliquer, en leur présence, sur le tronc d'un gros arbre, un plastron de buffle très-épais, et les invita, par signes, à décocher leurs flèches contre ce but. Ils le firent avec autant de vigueur que d'adresse ; mais leurs flèches, dont le bout n'était armé que d'arêtes de poisson ou de pierres tranchantes, égratignèrent à peine la surface du cuir. Sur l'ordre d'Alexandre, un des flibustiers prit son fusil, se mit à double distance du point où les sauvages s'étaient placés, et fit feu. La balle perça le plastron et s'enfonça profondément dans le tronc de l'arbre. Les prisonniers stupéfaits vérifièrent le coup, et demandèrent qu'on leur donnât une balle pour la lancer à leur tour. L'un d'eux la place sur son arc, le bande et lâche la corde ; mais le plomb tombe à ses pieds. Alexandre et ses compagnons leur parurent alors des êtres merveilleux, possesseurs du tonnerre et maîtres de la mort. On les renvoya dans les bois, et les autres Indiens ne se hasardèrent plus à tenter une nouvelle agression.

« Après avoir vécu de coquillages, de crabes et de quelques poissons, nos aventuriers aperçurent, au bout d'une semaine, un navire cinglant droit vers le rivage de l'île. Ils se cachèrent pour ne pas lui inspirer de défiance, et tinrent conseil sur le parti qu'ils avaient à prendre. Les uns proposèrent de se présenter comme de simples naufragés qui ont droit à l'humanité de toutes les nations ; les autres, et c'étaient peut-être les plus sages, représentèrent le péril auquel pouvait les exposer la chance d'être reconnus pour flibustiers, et jugèrent qu'il fallait, à tout événement, se tenir sur la défensive.

« Mais Alexandre, invité à se prononcer, ne fut ni de l'un ni de l'autre avis.

« — Nous sommes ruinés ! s'écria-t-il, et l'unique objet de nos vœux devrait être de remplacer le bâtiment que nous avons perdu. Attendre ici la possibilité d'une attaque, c'est nous reconnaître à moitié vaincus, c'est presque nous livrer à la discrétion de ceux qui voudraient disposer de notre sort. S'il y a des lâches ici, qu'ils se réfugient dans les bois; il me restera, je l'espère, assez de compagnons fidèles pour tenter la prise de cette coquille!

« Le sang-froid du chef, sa mâle assurance, et son regard qui semble fouiller les cœurs, rendent l'audace aux plus timides. Le navire approche et jette l'ancre : les couleurs espagnoles flottent à ses mâts ; sa forme annonce un bâtiment de commerce, mais huit bouches à feu percent les embrasures du pont. Une partie de l'équipage descend à terre pour faire de l'eau, mais en bon ordre, et sous la conduite de plusieurs officiers. Cette troupe est plus nombreuse que celle d'Alexandre; il ne faut pas songer à sortir au-devant d'elle.

« Les flibustiers, sans quitter leur embuscade, s'échelonnent dans les taillis, de distance en distance, et laissent leurs adversaires s'avancer jusqu'à portée de pistolet. Dès que chacun d'eux est à peu près sûr de son coup, un feu roulant commence. Aux premières détonations, les matelots s'arrêtent, et regardent autour d'eux; les flibustiers ne se montrent pas, mais la fumée de leurs armes trahit leur présence. Ne sachant cependant à quel nombre d'ennemis ils ont affaire, les officiers espagnols font coucher tout leur monde ventre à terre dans les broussailles, espérant par ce stratagème attirer les assaillants hors de leur cachette. En effet, les flibustiers, n'entendant plus rien remuer, s'imaginent que chaque balle a porté, et que les débris de la troupe fuient vers le rivage.

« Alexandre, impatient, s'élance hors du bois avec quelques hommes pour voir ce qui se passe. A son aspect, les Espagnols se relèvent en poussant de grands cris, et apprêtent leurs armes. Alexandre court au commandant, une racine d'arbre le fait broncher; il tombe, il est entouré. Déjà un matelot s'est précipité sur lui, et va lui fendre la tête, mais le chef des flibustiers doit son salut à son poignet d'hercule. Il se relève sur ses genoux, saisit l'Espagnol par le bras et lui arrache son sabre, en criant de toutes ses forces :

« — A moi, à moi, camarades!

« A cette voix connue, qui tonne dans les bois, les flibustiers accourent de tous côtés, prennent l'ennemi dans un feu croisé, dégagent leur chef, et, sans perdre de temps à recharger leurs fusils, mettent le poignard à la main et frappent en désespérés. Les Espagnols, voyant leur retraite coupée, leurs officiers couchés parmi les morts, jettent leurs armes et demandent grâce :

« — Point de quartier! crie Alexandre; un seul fuyard ferait tout perdre !

« Et, cruels par nécessité autant que par instinct, les flibustiers achevèrent le carnage.

« Cependant le reste de l'équipage du navire avait entendu la fusillade; mais le capitaine était sans inquiétude :

« — Peut-être, disait-il, nos hommes auront-ils rencontré les sauvages ; si chaque cartouche a fait son devoir, ils ont dû leur donner une fameuse leçon !

« Quelques coups de canon furent tirés à blanc pour encourager les combattants qu'on s'attendait à voir revenir en triomphe, bien loin de soupçonner la vérité. Les flibustiers n'étaient pas restés inactifs après cette boucherie. Ils avaient rapidement dépouillé les morts, et s'étaient revêtus de leurs habits, sans oublier leurs grands bonnets de laine qui couvrent toute la tête et encadrent le visage. Ainsi déguisés, ils font retentir les airs d'un grand hourra de victoire, se dirigent en bande serrée vers le rivage, se jettent dans les chaloupes amarrées sur la grève, et rament de tous leurs bras vers le navire. Le reste de l'équipage, amassé sur le pont, les salue de ses applaudissements, et tend les échelles pour remonter à bord. Profitant de cette funeste sécurité, les flibustiers font aussitôt main basse sur le peu d'adversaires qui leur restaient, et s'emparent en moins d'un quart d'heure du bâtiment et de sa cargaison, capture assez riche pour les indemniser des pertes et des souffrances qu'ils avaient essuyées. » (Christian.)

Dans le même temps qu'Alexandre Bras-de-Fer se livrait à ses courses solitaires et fructueuses, un autre chef de flibustiers, Montbars, se rendait célèbre par des expéditions plus chevaleresques. Montbars appartenait à l'une des meilleures familles du Languedoc. Ses parents soignèrent son éducation; mais il s'attacha surtout aux exercices du corps. Il négligea l'étude du grec et du latin pour se livrer à l'équitation, à l'escrime et à la pratique des armes à feu. Quand on lui demandait pourquoi cette prédilection pour les armes, il répondait invariablement :

— C'est afin d'apprendre à tuer les Espagnols.

La haine des Espagnols était passée chez lui à l'état de véritable monomanie. Il y pensait le jour, il y rêvait la nuit. Cette haine, il l'aiguisait par la lecture des cruautés presque incroyables dont les Espagnols s'étaient rendus coupables pendant leur conquête de l'Amérique. Il frémissait au récit des horreurs commises par l'Inquisition dans les Antilles, où le fanatisme, l'avarice et l'ambition s'étaient rués comme une trinité de fléaux.

Ces lectures imprimaient à cet esprit ardent une grande pitié pour les victimes et une haine fanatique contre les farouches conquérants.

Il se croyait marqué par Dieu, comme le Gédéon envoyé au secours des Indiens. Il en parlait continuellement. Il interrogeait anxieusement les personnes qui revenaient d'Amérique, et manifestait une joie immodérée lorsqu'on lui apprenait que les Espagnols avaient subi quelque échec.

Il savait par cœur la longue et sanglante histoire de la conquête de l'Amérique et la racontait avec une éloquence passionnée. Il revenait souvent sur l'anecdote suivante qu'il avait puisée dans quelque recueil aujourd'hui introuvable.

Un gouverneur espagnol d'une Antille, ayant complétement dépeuplé la province confiée à ses soins, se mit à faire la chasse aux Indiens dans les îles voisines. Mais il tomba un jour entre les mains d'une tribu de Caraïbes qu'il avait voulu réduire en esclavage. Les sauvages, après lui avoir lié les pieds et les mains, le portèrent sur un grand tas de paillettes et de pépites d'or en lui disant :

— C'est donc pour ce métal que tu viens nous assassiner, et nous enlever nos femmes et nos enfants! Que veux-tu faire de cet or? Les gens de ton pays le mangent-ils? C'est de cela que nous voulons nous assurer à l'instant.

Puis ils lui tinrent la bouche ouverte au moyen d'un bâton, comme on fait pour les oies que l'on veut gaver, et ils lui enfournèrent du métal, tant et tant, qu'il en mourut.

On raconte qu'étant au collége, Montbars joua avec ses jeunes camarades une pièce de théâtre, dans laquelle il remplissait le rôle d'un Français en dispute avec un Espagnol.

L'Espagnol paraissait le premier sur la scène; il commençait par vomir contre la France mille invectives mêlées de rodomontades. Montbars, qui lui donnait la réplique, s'identifia tellement avec son rôle, que sans donner à son interlocuteur le temps de terminer son discours, il se jeta sur lui, le prit à la gorge et voulut l'étrangler.

— Voleur ! coquin ! assassin ! criait-il, en assenant de violents coups de poing sur la tête de son camarade effrayé ; il faut que je te tue !

On eut toutes les peines du monde à le lui arracher des mains.

Son père, noble et riche, rêvait pour son fils un brillant mariage. Mais le jeune Montbars ne voulait pas entendre parler d'une existence tranquille. Arrivé à l'âge d'homme, sa haine ne s'éteignit pas avec l'âge ; il ne cessait de répéter :

— Je veux me faire marin, pour combattre les Espagnols.

Espérant vaincre son obstination, son père lui dit un jour :

— L'existence de marin est pleine de périls. Jamais un homme de mer ne finit autrement que de mort violente. Nous en avons mille exemples dans la famille de ta mère dont tous les parents sont morts en naviguant. Son père a disparu au milieu d'une tempête, son grand-père a été tué par la chute d'un mât ; son oncle a péri dans un incendie en mer ; son frère, ton oncle, dit toujours qu'il se fera sauter plutôt que de se rendre aux ennemis. Après de pareils exemples, je ne sais comment tu aurais l'audace de mettre le pied sur un vaisseau.

Le jeune homme regarda son père en souriant :

— Voilà, en effet, dit-il, des exemples terribles ; mais je voudrais savoir si vos parents sont morts d'une autre façon que ceux de ma mère.

— Certes, ils sont morts d'une autre façon. Mon père, mon grand-père et tous mes aïeux ont expiré dans leur lit.

— Et après de pareils exemples vous osez vous coucher dans un lit ! exclama le jeune Montbars ; pour moi, la vue d'une simple couchette va me donner des frissons.

Le soir même, notre héros s'enfuit de la maison paternelle et vint à pied rejoindre, au Havre de Grâce, son oncle, le frère de sa mère, qui était capitaine d'un vaisseau de la marine royale.

L'oncle était sur le point de s'embarquer pour l'Amérique, où il avait ordre de combattre à outrance les Espagnols, alors en guerre avec les Français. Il félicita son neveu, lui promit des aventures, de la gloire ; il écrivit à son beau-frère, M. de Montbars père, et lui annonça qu'il emmenait son fils.

Il lui dit, en manière de consolation :

— Soyez sans inquiétude ; je réponds de mon neveu ; il se fera couper en mille morceaux plutôt que de reculer d'une semelle. D'ailleurs j'aurai l'œil sur lui, et au premier mouvement de lâcheté, je lui ferai sauter la cervelle.

Après cette lettre encourageante, l'oncle mit à la voile et emmena son neveu sans autre autorisation.

En route, ils donnèrent la chasse à un gros bâtiment espagnol qui, ne pouvant leur échapper, se détermina à se défendre courageusement. Après un échange de plusieurs volées, on en arriva au terrible abordage, triomphe des Français.

Voyant son neveu se préparer à se précipiter sur le bord ennemi, l'oncle lui mit lui-même un sabre à la main :

— Courage, lui dit-il en lui frappant amicalement sur l'épaule, courage ; tout ira bien.

Dédaignant le danger, Montbars se jette le premier à l'abordage ; on le vit, le sabre à la main, se porter deux fois d'un bout à l'autre du bâtiment, renversant tout sur son passage.

— Pas de quartier ! criait-il pour exciter au carnage les quelques hommes qu'il entraînait à sa suite. Et en effet, les ennemis n'obtinrent aucun quartier ; ceux qui échappèrent à l'épée périrent dans les flots ; Montbars, à qui l'honneur de la victoire fut accordé par acclamations, refusa de recueillir un seul des hommes qui s'étaient jetés à la mer.

Le navire capturé contenait trente mille balles de coton, deux mille balles de soie, deux mille paquets d'encens et mille paquets de gousses de vanille. Les vainqueurs y trouvèrent en outre une cassette pleine de diamants, dont la valeur doublait celle de la prise.

Mais sans s'occuper du butin que son oncle et les marins admiraient d'un œil d'envie, Montbars se mit à contempler avec une volupté sanguinaire les cadavres espagnols entassés sur le pont.

Malgré lui, un officier et quelques matelots ennemis avaient été épargnés par les vainqueurs. Ces survivants apprirent aux Français qu'une violente tempête les avait séparés de deux autres navires richement chargés et que leur rendez-vous était fixé à Port-Margot, sur la côte de Saint-Domingue.

Averti de ce détail, le capitaine français résolut de faire connaissance avec ces navires ; il se dirigea donc vers le lieu du rendez-vous, et, comme toutes les ruses semblaient bonnes quand il s'agissait de combattre les conquérants de l'Amérique, il arbora les couleurs espagnoles.

Comme il s'approchait de la côte, quelques bateaux de boucaniers vinrent proposer des échanges de viande contre de l'eau-de-vie.

Ils offraient si peu de chose, que les matelots leur demandèrent s'ils n'avaient rien de plus.

— Hélas ! répondirent les boucaniers, nous sommes ruinés. Une bande d'Espagnols vient, tout dernièrement, de ravager notre district, de voler le produit de nos chasses et d'incendier nos boucans.

— Pourquoi souffrez-vous cela? s'écria brusquement Montbars.

— Nous ne le souffrons pas, répondirent les boucaniers, les Espagnols savent bien qui nous sommes ; aussi ont-ils choisi pour le temps de leur expédition le moment où nous étions à la chasse. Mais, patience ! notre tour viendra. Nous allons nous réunir avec d'autres campagnons qui ont souffert encore plus que nous, et alors on verra beau jeu !

— Si vous voulez, dit Montbars, je marcherai à votre tête, non pour vous commander, mais pour m'exposer le premier, car je voudrais vous montrer ce que je suis capable de faire contre ces brigands d'Espagnols.

D'abord étonnés de l'audace de cet adolescent, les boucaniers jugeant à son air qu'il avait du courage, acceptèrent sa proposition. Son oncle, charmé de lui voir des idées si belliqueuses, l'autorisa à partager les périls des boucaniers.

« Il lui donna quelques hommes d'élite, en lui recommandant de ne point perdre de temps, parce que des renseignements précis lui annonçaient la prochaine apparition de deux vaisseaux espagnols richement chargés, dont il ne voulait point manquer la capture.

« Montbars descendit avec ses compagnons dans les canots des boucaniers ; mais les paroles de son oncle mêlaient à sa joie une pénible inquiétude. Il ne craignait point de se voir abandonné, mais il appréhendait que les vaisseaux signalés n'arrivassent avant son retour, et qu'il ne fût ainsi privé de partager les périls et la gloire de l'action.

« De leur côté, les boucaniers l'assuraient qu'on n'irait pas loin sans rencontrer quelque détachement espagnol. Impatient d'en venir aux mains, et se fiant à son étoile du soin de protéger ses jeunes exploits, il pensa qu'en se pressant un peu il aurait le temps de battre sur terre les ennemis qu'il allait chercher, et de revenir assez tôt pour assister à la lutte navale que préparait son oncle.

« L'événement prouva que le fougueux jeune homme avait raisonné juste ; car à peine fut-il descendu, avec les boucaniers, dans une prairie environnée de bois et de collines, qu'on découvrit au loin, sur les hauteurs, une troupe nombreuse de cavaliers espagnols lestes et bien montés, qui, prévenus par leurs vedettes, s'avançaient en bon ordre au-devant des assaillants. Montbars allait fondre sur eux tête baissée, lorsque le chef des boucaniers l'arrêta en lui disant :

« — Doucement, mon gentilhomme, réservez cette ardeur pour des occasions plus pressantes ; nous avons l'habitude de ces sortes de combats, et tout à l'heure, s'il plaît à Dieu, nous aurons bon marché de ces gens-là, sans qu'il en réchappe un seul pour aller conter aux autres ce qui va se passer.

« Aussitôt, sur un signe du chef, les boucaniers tournent le dos et font halte, comme s'ils n'avaient point aperçu l'ennemi. Chacun déploya la petite tente de toile qu'il portait en bandoulière, et l'aspect d'un bivac fut improvisé en quelques minutes ; les aventuriers tirèrent de leur sac des provisions et de l'eau-de-vie, et se mirent à chanter.

« Les Espagnols, trompés par ce stratagème, s'imaginèrent qu'ils n'avaient qu'à surprendre des bandits avinés, sans moyens de défense et sans postes d'observation. Toute leur tactique se borna dès lors à dérober leurs mouvements à la faveur des plis du terrain, et ils rompirent leur ordre de marche pour descendre par groupes dans la prairie.

« C'est ce qu'avait prévu le chef des boucaniers. Laissant sur place les tentes toutes dressées, il jette ses compagnons dans les taillis voisins avec ordre de s'y cacher le mieux possible, et d'attendre sans bruit le signal de paraître.

« Lorsque les cavaliers espagnols arrivèrent sur le camp silencieux et dont les tentes avaient été, à dessein, clair-semées sur un vaste espace, ils crurent que les boucaniers dormaient, et, mettant pied à terre, ils se partagèrent les points d'attaque et poussèrent en avant une centaine d'Indiens esclaves, pour essuyer le premier feu. Mais, dès que les boucaniers virent l'ennemi à portée de pistolet, une décharge générale, partie des taillis, foudroya cette troupe imprudente et y sema le désordre. Montbars, sautant sur un cheval dont il avait tué le cavalier, laissa les Indiens pour charger les Espagnols, et faillit se faire prendre ; mais au milieu de la mêlée, le chef des boucaniers voyant que les Indiens se battaient comme des lions, et que cette lutte corps à corps allait assurer la victoire à la supériorité numérique de l'ennemi, se mit à crier aux esclaves, en langue espagnole :

« — Eh quoi ! ne voyez-vous pas que Dieu nous envoie ici pour vous délivrer de vos maîtres? Ne connaissez-vous pas Montbars, l'ennemi des tyrans espagnols et le sauveur des Indiens ?

« Ceux-ci s'arrêtèrent d'abord tout surpris, et, témoins des prouesses du jeune Français, qui sabrait les Espagnols comme s'il eût été lui-même invulnérable, ils crurent ce qu'on leur disait et se joignirent aux boucaniers. » (Christian.)

Le carnage est impitoyable. Les Espagnols lâchent pied ; quelques-uns échappent par la fuite ; les autres sont massacrés, au nombre de plus de 500.

Montbars regarda ce jour comme le plus beau de sa vie. Il avait délivré des Indiens ; il était devenu leur protecteur, il accomplissait sa tâche sur la terre.

Les vainqueurs le suppliaient d'achever sa victoire en ravageant les plantations espagnoles et en exterminant cette race abhorrée. Une telle proposition lui souriait : il allait se mettre en marche à la tête de sa petite armée, lorsque trois coups de canon, signal convenu entre son oncle et lui, le rappelèrent à bord. Les boucaniers ne voulurent pas se séparer de lui et les Indiens jurèrent de s'attacher à sa fortune. L'oncle, un vrai oncle de comédie, applaudit aux exploits de son neveu ; il le félicite de ses nouvelles recrues, et sans s'inquiéter des moyens de les nourrir, il les arme de mousquets et de sabres et les place sur le navire qu'il avait pris quelques jours auparavant.

Dès le lendemain, les Français s'emparèrent, sans coup férir, d'un galion ennemi que le capitaine donna en toute propriété à son neveu.

Notre jeune aventurier embarque sur ce bâtiment ses Indiens, auxquels il ajoute plusieurs boucaniers, et il part en compagnie du navire de son oncle.

Ils croisaient ensemble depuis huit jours, lorsqu'ils rencontrèrent, à l'embouchure d'une rivière, quatre vaisseaux de guerre espagnols. Trois de ces vaisseaux tombent sur le navire de l'oncle ; le quatrième attaque Montbars. Pris entre trois feux, l'oncle de Montbars, se sentant perdu, se bat comme un enragé. Il coule deux vaisseaux ; mais trop épuisé pour résister au troisième, il met, comme il l'avait promis plusieurs fois, le feu à ses poudres, plutôt que de se rendre.

Pendant ce temps, Montbars s'était conduit en héros. Il venait de couler son ennemi et arrivait au secours de son oncle, lorsque celui-ci sauta avec tout son équipage.

A cette vue, Montbars écume de fureur. Il jure de venger son oncle par les plus effroyables cruautés. Il attaque le quatrième vaisseau, s'en empare et massacre tout l'équipage.

A partir de ce jour, la guerre devint sans pitié. Tout navire espagnol qu'il apercevait était un navire pris. Tout soldat ennemi était mort d'avance. Il ne faisait grâce qu'aux femmes, aux enfants et aux gens désarmés.

Bientôt on ne l'appela plus que *Montbars l'exterminateur*, titre qui ne le flattait pas autant que celui de *Vengeur des Indiens*.

Un jour, ses boucaniers lui proposent de descendre pour détruire les établissements espagnols de Saint-Domingue. Ce projet, qui lui avait souri autrefois, lui agrée bien davantage, aujourd'hui qu'il a à venger la mort de son oncle et de ses compagnons. Il descend et annonce qu'il n'aura nulle pitié pour les vaincus.

Le gouverneur de la province, averti de son dessein, prépare une embuscade de nègres et de miliciens, se plaçant lui-même à la tête de 800 hommes, divisés en trois bataillons ; ses ailes étaient fortifiées par de la cavalerie, et son avant-garde était armée de canons.

Ces préparatifs ne firent qu'exalter l'ardeur de l'*Exterminateur*. Il lui aurait semblé lâche de dévaster un pays sans protection. A ses yeux, le butin devait être la récompense d'une victoire disputée. Montbars fut le premier à sauter hors des canots et le premier à se précipiter sur les piques espagnoles. Les premiers défenseurs sont vite repoussés, et quelques Indiens, prenant en flanc la réserve, y mirent le désordre. Montbars les poursuivit chaudement ; il en fit un carnage prodigieux et promena le fer et le feu dans l'intérieur des terres.

Sa renommée se répandit avec une rapidité extraordinaire. En moins de trois ans, une flotte entière de flibustiers vint se placer sous ses ordres. Plus de 1,000 hommes composaient son armée. Le commerce espagnol fut ruiné. Pas un navire n'osait sortir des ports et prendre la haute mer. Les relations entre l'Espagne et ses colonies devenaient presque impossibles.

Un jour, le jeune capitaine fut forcé d'entrer dans une baie pour caréner son navire. Il aperçut dans le lointain une troupe nombreuse d'Espagnols bien armés qui venaient vers lui en bon ordre. Craignant de les effrayer, il fit avancer contre eux quelques Indiens qui prirent la fuite dès qu'ils furent attaqués. Les Espagnols les poursuivirent. Tombant sur eux avec fureur, Montbars n'eut pas de peine à les mettre en déroute. Vainement ils demandèrent quartier, mais il les extermina.

Arriva un moment où il fut presque impossible de rencontrer, dans le golfe du

Montbars à bord d'un navire espagnol. (Page 222.)

Mexique, un seul navire de ces orgueilleux et féroces conquérants qui s'étaient, pendant deux siècles, considérés comme les seuls maîtres de l'Amérique.

Leur empire, bâti par l'épée, périssait par l'épée.

Ne trouvant plus de proie sur la mer, les flibustiers changèrent de tactique. Ils poursuivirent leur ennemi sur la terre ferme.

Pendant plusieurs années, Montbars fit aux Espagnols une guerre d'un nouveau genre. Croisant continuellement sur le bord des côtes, il attaqua à l'improviste leurs villes surprises et sans défense.

On ne sait où ni comment il finit sa vie.

Œxmelin nous a conservé quelques traits de la physionomie de Montbars :

« Je me souviens, dit-il, de l'avoir vu, en passant dans le golfe de Honduras. Il était vif, alerte et plein de feu, comme le sont tous les Gascons. Il avait la taille haute, droite et ferme ; l'air grand, noble et martial, le teint basané. Pour ses yeux, on n'en saurait dire au juste ni la forme ni la couleur : ses sourcils noirs et épais se joignaient en arcade au-dessus et les couvraient presque entièrement, en sorte qu'ils semblaient cachés comme sous une voûte obscure. On pouvait juger, à première vue, qu'un tel homme devait être terrible ; aussi disait-on communément que, dans le combat, il commençait à vaincre par la terreur qu'inspiraient ses regards, et qu'il achevait par sa force herculéenne, à laquelle il était presque impossible de résister corps à corps. »

De son vivant, il avait eu la joie de tuer le commerce espagnol. Malgré son imposante marine militaire, l'Espagne avait fini par renoncer à toute navigation dans les mers d'Amérique.

En 1659, un capitaine espagnol ayant surpris dans les eaux américaines un navire marchand venant de France, fit massacrer 42 Français qui le montaient et n'épargna qu'une femme et un jeune homme déguisé en moine. Aussitôt les flibustiers jurèrent de venger le meurtre de leurs compatriotes. Ils s'assemblèrent au nombre de 500 et obtinrent une commission du gouvernement anglais, parce que la paix étant sur le point de se signer entre la France et l'Espagne, ils ne pouvaient se livrer à leurs pirateries sous le pavillon blanc.

De L'Isle était leur chef, avec Adam, Lormel et Anne le Roux pour lieutenants. Ils débarquèrent à Puerto-de-Plata, le dimanche des Rameaux de l'an 1659 et, à la nuit tombante, marchèrent sur Santiago. Ils passèrent sur le corps des sentinelles à demi endormies et se précipitèrent vers le palais du gouverneur, qu'ils surprirent dans son lit.

Éveillé en sursaut, le gouverneur se jeta aux pieds des assaillants et leur demanda grâce, en leur disant que la paix allait bientôt être signée entre les deux peuples.

Ils lui répliquèrent :

— Nous sommes Français, mais nous combattons sous le pavillon anglais et nous sommes en état de guerre perpétuelle avec l'Espagne. Entre nous, il n'y a pas de paix, ni même de trêve. Souvenez-vous de la cruauté que vous avez montrée maintes fois envers nos camarades. L'heure du châtiment est venue. Il ne vous reste plus qu'à mourir ou à nous remettre 60,000 piastres.

Le gouverneur savait trop à quelle sorte de gens il avait affaire, pour marchander un instant. Du reste, il avait la conscience chargée de tant de meurtres qu'il ne pouvait espérer aucune grâce.

Il paya donc aussitôt une partie de sa rançon, et comme il se déclara incapable de trouver le surplus, la ville qu'il gouvernait fut livrée au pillage pendant vingt-quatre heures.

Rien n'y fut épargné. Les flibustiers ne respectèrent pas les églises plus que les propriétés particulières. Ils enlevèrent jusqu'aux cloches.

Mais, par exception à leurs habitudes, ils respectèrent les femmes et résolurent de repousser du partage tout Frère de la Côte qui se serait permis d'insulter une personne du sexe faible. C'était donner une leçon aux Espagnols.

CHAPITRE V

MORGAN TÊTE-ROUGE

La Jamaïque devient le rendez-vous des flibustiers. — Lewis Scott, Mansweld et Jean Davis. — Jeunesse de Morgan. — Ses débuts. — Expédition contre Porto-del-Principe. — Rivalité entre les Français et les Anglais. — Prise de Porto-Bello. — Les moines et les religieuses sont obligés de porter les échelles des aventuriers. — Explosion du navire de Morgan. — Expédition de Maracaïbo. — Prise de Gibraltar. — Supplice des habitants. — Défaite d'une flotte espagnole. — Prise de Sainte-Catherine. — Expédition de Panama. — Le fort Saint-Laurent à l'embouchure de Chagri. — Marche des flibustiers. — Privations et souffrances qu'ils endurent. — Combats. — Prise de Panama. — Incendie des magasins. — Orgies. — Morgan et la dame espagnole. — Départ de Panama. — Retour. — Partage du butin. — Morgan s'enrichit au préjudice de ses compagnons — Irritation de ces derniers. — Morgan au comble de la fortune et des honneurs.

La Tortue n'était plus jugée assez grande pour servir de repaire et d'entrepôt aux flibustiers. Leur nombre devint si considérable qu'il leur fallut un nouveau centre plus important. Ils s'établirent à la Jamaïque, dont les Anglais s'étaient emparés en 1655 et qui offrait bien plus de ressources que le rocher de la Tortue. Cette grande île devint le rendez-vous des aventuriers anglais. Le marché des forbans s'agrandit ; la vente des prises fut plus facile.

Les pirates vinrent attaquer l'Espagne sur la terre ferme ; ils débarquèrent et attaquèrent ses villes les plus riches et les plus peuplées.

L'Anglais Lewis Scott fut un des premiers à donner l'impulsion à ce changement de tactique. Il pénétra à l'improviste dans la ville de San-Francisco de Campêche et força les habitants à lui payer une forte rançon. Puis il revint tranquillement à la Jamaïque.

Presque aussitôt, un autre aventurier, nommé Mansweld, fit plusieurs descentes fructueuses sur la même côte. Il essaya même de passer dans la mer du Sud en traversant l'isthme de Panama. Il ne réussit pas complètement dans son expédition, parce qu'il s'éleva de violentes disputes entre ses compatriotes et les soldats français engagés dans ses troupes. Malgré cela, il s'empara de l'île Sainte-Catherine et en fit, pour quelque temps, le centre d'une petite république d'aventuriers.

Mais le chef le plus audacieux fut sans contredit Jean Davis, né à la Jamaïque, de parents hollandais. Avec un seul navire et 90 aventuriers, il exécuta un coup de main presque incroyable. Après avoir jeté la terreur dans la mer des Antilles, il ne rencontrait plus aucune proie sur le liquide élément. Ses hommes commençaient à murmurer. Il prit un parti décisif.

Abordant près de Nicaragua, il laisse son vaisseau à l'ancre, sous la garde de dix hommes, distribue les autres sur trois canots et dans l'obscurité de la nuit remonte la rivière qui conduit à la ville de Grenade. Un Indien, capturé sur les lagunes du Nicaragua, lui sert de guide.

Il fait ainsi trente lieues sur la rivière. Arrivé à l'entrée du lac, il dissimule ses chaloupes entre les arbres qui croissent sur les sables du rivage.

A la nuit suivante, il arrive près de la ville. A son approche, une sentinelle crie :

— Qui vive ?

— Espagnols, répond Davis.

Aussitôt, deux de ses hommes sautent à terre et tuent le soldat, dont les questions auraient pu devenir embarrassantes.

Les aventuriers sont conduits par leur guide à un chemin couvert qui conduit à

Grenade. Un autre Indien leur indique un endroit où ils cachent leurs embarcations. Cet endroit est le rendez-vous désigné pour recevoir le butin.

Aussitôt arrivés à la ville, les aventuriers se divisent en petites bandes et se dirigent, selon les indications de l'Indien, vers les maisons des plus riches habitants. Les citoyens, surpris dans leur sommeil, sont liés et sommés, pour sauver leur vie, de livrer ce qu'ils ont de plus précieux.

Les aventuriers vont ensuite chez les curés, s'emparent des clefs des églises et pillent les vases sacrés et les garnitures d'autel. Pendant deux heures, la ville endormie laissait déménager les objets précieux de ses principaux habitants, lorsque des domestiques, parvenus à s'échapper des mains des aventuriers, semèrent l'alarme. Les citoyens s'éveillent ; les cloches sonnent ; on s'arme de toutes parts, on s'assemble à la hâte ; on se dispose à attaquer les forbans.

Ceux-ci, réunis sur une place, avec leur butin au milieu de leur troupe, battirent en retraite vers leurs bateaux. Ils ne négligèrent pas d'emmener quelques riches otages auxquels ils ne rendirent la liberté que contre une rançon de 500 bœufs nécessaires à leurs approvisionnements. Comme ils s'éloignaient à force de rames, ils virent 600 cavaliers qui accouraient à leur poursuite et qui n'eurent pas le temps de les atteindre.

Cette expédition, qui n'avait pas duré plus d'une semaine, leur produisit plus de 40,000 écus en métaux monnayés.

Ce succès fit une réputation au chef qui avait dirigé l'expédition. Plusieurs autres capitaines se mirent sous ses ordres et le choisirent pour amiral d'une escadre de huit navires. Il ne fut pas aussi heureux qu'auparavant. A la tête de ses forces, il se rendit aux environs de l'île de Cuba, pour y épier le passage des galions d'Espagne, à leur retour du Mexique ; la flotte qu'il attendait lui échappa. Pour indemniser ses compagnons, il cingla vers la ville de Saint-Augustin, dans la Floride. Il la prit et la pilla malgré une citadelle gardée par une garnison de 100 hommes. Mais les habitants étaient trop pauvres pour lui fournir un riche butin. Davis, dégoûté de la vie d'aventures, revint dans son pays jouir d'une opulence acquise par le pillage.

Après lui, l'Anglais Morgan devint le chef le plus redouté des pirates de la Jamaïque.

Morgan Tête-Rouge, dont l'histoire fournit le plus ample chapitre de notre récit, va nous donner l'exemple d'un bandit souillé de tous les vices, enrichi par le vol, et qui termine son existence entouré de l'estime de ses concitoyens.

Aussi entreprenant mais plus froidement féroce que l'Olonais, moins fanatique que Montbars, moins généreux que les flibustiers français, il fut Anglais dans ses moindres actions.

Son père, laboureur aisé du pays de Galles, essaya vainement de lui inculquer des sentiments d'honnêteté. Morgan, las des admonestations paternelles, s'enfuit et s'embarqua en qualité de mousse à bord d'un bâtiment de la marine royale. Arrivé à la Barbade, dans les Antilles, il déserta, se fit vagabond, mendiant, brigand. Poursuivi pour quelques méfaits dont la potence devait être le salaire, il s'enfuit à la Jamaïque et s'enrôla parmi les flibustiers de sa nation. En peu de temps, il s'acquit une certaine réputation. Joueur habile, il s'enrichit rapidement, acheta une embarcation et s'associa quelques aventuriers avec lesquels il entreprit, sur la côte de Campêche, une expédition assez fructueuse.

Se sentant trop faible encore pour agir seul, il offrit ses services à un vieux corsaire nommé Mansweld qui le prit en qualité de lieutenant. Ils dirigèrent une expédition contre l'île de Sainte-Catherine où ils fondèrent une colonie. Mais la mort de Mansweld, arrivée en 1668, fit avorter ce projet. Après son décès, Morgan fut élu, sans opposition, chef des six cents aventuriers qui lui obéissaient.

Morgan, qui rêvait de grandes entreprises, fit un appel à tous les flibustiers qui voudraient se joindre à lui, et leur assigna pour rendez-vous l'île de Cuba, peu distante de Sainte-Catherine. En attendant, il s'occupa de faire de Sainte-Catherine une forteresse et un lieu d'approvisionnement. Il écrivit aux marchands de la Virginie et de la Nouvelle-Angleterre pour en obtenir, moyennant finances, des vivres et des munitions, mais il fut forcé de prendre la mer avant d'avoir reçu une réponse.

Il vint à Cuba, où l'attendaient 700 aventuriers décidés, Français et Anglais, qui lui jurèrent un à un de le suivre jusqu'à la mort. Pour prévenir les dissensions, si fréquentes entre les gens des deux nations, il inséra dans l'acte d'association une clause en vertu de laquelle il avait le pouvoir de condamner immédiatement à mort tout aventurier qui en tuerait ou en blesserait un autre.

Un conseil fut ensuite assemblé pour décider du but de l'expédition. Les uns proposaient d'attaquer Santiago, qui avait déjà été saccagé; d'autres préféraient faire une pointe sur la Havane ou Campêche. A la Havane, que l'on aurait pu prendre avant que le château fût en état de se défendre, il y avait un clergé millionnaire. Mais plusieurs flibustiers qui y avaient été prisonniers, affirmaient que pour tenter quelque chose de ce côté, il fallait être au moins 1,500 hommes. La proposition fut abandonnée.

Ensuite, quelqu'un proposa une visite à Porto-del-Principe, dans l'île de Cuba, ville populeuse, enrichie par le commerce des cuirs, située dans une plaine, loin des côtes, facile à surprendre et n'ayant encore subi aucune agression. Ce projet fut accepté par acclamations. On partit aussitôt pour le port Sainte-Marie, le plus rapproché de Porto-del-Principe.

Il y avait à bord du vaisseau de Morgan un prisonnier espagnol qui se jeta la nuit à la mer et gagna le rivage. Il courut à Porto-del-Principe où il donna l'éveil. Le gouverneur de cette ville, averti par lui du projet des flibustiers, prit à la hâte les mesures défensives les plus indispensables. Les habitants furent armés; la route fut obstruée au moyen d'abatis d'arbres; 800 hommes s'avancèrent au-devant des aventuriers, afin de s'opposer à leur débarquement; mais ils arrivèrent trop tard.

Morgan et sa troupe avaient découvert les obstacles semés sur leurs pas; ils avaient changé de direction pour éviter une lutte inutile et une perte de temps; ils s'étaient jetés dans un bois pour dissimuler leur marche.

Au moment où ils entrèrent dans la savane, le gouverneur, qui les épiait, crut le moment favorable pour les attaquer. Il les fit charger par sa cavalerie. Les flibustiers, formés en carré, reçurent à bout portant les cavaliers, les repoussèrent par une vive mousqueterie dont pas un coup n'était perdu, et après quatre heures de combat, remportèrent une victoire sanglante à laquelle survécurent bien peu de soldats ennemis.

Ceux qui n'avaient pas pris part à cette sortie, se retranchèrent dans leurs maisons et arrêtèrent les assaillants par leur feu continuel. Pour les réduire, il aurait fallu faire le siége de chaque maison. Morgan, peu disposé à perdre du temps et des hommes à cette besogne longue et périlleuse, les menaça, s'ils ne se rendaient, de mettre le feu à la ville et de tuer sous leurs yeux les femmes et les enfants déjà en sa possession.

La terreur inspirée par une telle menace amena une capitulation. Les habitants se rendirent pour sauver leur vie, celle de leurs femmes et de leurs enfants.

Les gens de la ville s'étaient hâtés de faire partir un grand nombre de marchandises et d'effets mobiliers. Cette soustraction d'une part du butin, excita la fureur des flibustiers et les entraîna dans de farouches excès. La capitulation fut violée; les maisons devinrent le théâtre de hideuses tortures infligées à des individus de tout sexe et de tout âge, pour leur faire révéler la cachette où ils avaient enfermé leurs biens.

Mais les Espagnols aimèrent mieux tout souffrir que de se voir dépouiller. Morgan les livra à la rapacité de ses compagnons. La ville fut pillée méthodiquement. Les Espagnols des deux sexes, les enfants et même les esclaves, furent entassés pêle-mêle dans la grande église. Les flibustiers exigeaient d'eux une double rançon : l'une pour leurs personnes, s'ils ne voulaient se voir transportés en masse à la Jamaïque; l'autre pour leur ville, s'ils voulaient la sauver d'un embrasement total.

Quatre prisonniers, envoyés dans les bois d'alentour, pour y recueillir les sommes exigées, revinrent bientôt et assurèrent que tout serait payé; on demandait seulement un répit de quinze jours, auquel Morgan consentit. Mais, le surlendemain, on lui amena un nègre, porteur d'une lettre que le gouverneur de Santiago écrivait à quelques prisonniers. Il leur recommandait de ne pas se presser d'acquitter leur rançon, d'amuser les pirates sous différents prétextes, et il leur promettait de venir lui-même, sous peu de jours, à la tête d'une troupe considérable, pour les délivrer.

Morgan déclara aux prisonniers que, pressé de partir, il se contentait, pour le moment, de cinq cents bêtes à cornes, pour le ravitaillement de ses navires. Mais afin de s'assurer le payement des sommes promises, il emmena, comme otages, six des principaux et des plus riches habitants de Campêche.

Les flibustiers se rembarquèrent, très-mécontents de la modicité de leur butin, qui, outre quelques marchandises, n'allait pas au delà de 50,000 piastres. Il s'éleva des querelles. Les animosités nationales se réveillèrent. Il fallut se séparer à l'amiable, pour éviter une division qui pouvait, d'un moment à l'autre, faire éclore des dangers réels. Morgan céda aux mécontents un de ses vaisseaux.

La plupart des Français quittèrent Morgan, se choisirent un chef de leur nation, et s'éloignèrent pour tenter fortune à leur compte.

La confiance des flibustiers anglais dans leur commandant était sans bornes; le départ des Français fit peu de sensation parmi eux. Moins mélangés, ils se lièrent plus intimement. Ils promirent à Morgan de le suivre partout. Ils mirent tous leurs soins à embaucher de nouvelles recrues, de sorte qu'en peu de semaines ils se virent possesseurs de 9 bâtiments de diverse grandeur, et leur nombre s'accrut jusqu'au chiffre de 460 hommes.

Morgan tourne ses vues sur le continent américain : c'est à l'opulente ville de Porto-Bello qu'il veut aller montrer sa puissance.

Porto-Bello, défendu par trois forts, était connu comme le plus grand marché du nouveau monde, pour les métaux précieux. C'était, après la Havane, la plus forte place de toutes les possessions espagnoles en Amérique. Deux châteaux protégeant l'entrée de son port, Saint-Jacques et Saint-Philippe, avaient chacun une garnison de 300 soldats. Mais la ville, malgré sa vaste enceinte, n'était habitée que par 400 familles, à cause de l'insalubrité du climat : elle ne contenait guère que des magasins, dont les propriétaires résidaient habituellement à Panama, qui en est peu éloigné.

L'intempérie du climat de Porto-Bello est si connue, qu'on a surnommé cette ville le tombeau des Espagnols.

Morgan ne se dissimulait pas les difficultés d'une telle entreprise; il n'avait communiqué à personne son projet. Les flibustiers eux-mêmes étaient loin d'y penser. Ils furent effrayés lorsqu'on le leur révéla. Les plus intrépides, les plus expérimentés se récrièrent sur leur infériorité numérique, avec laquelle ils ne pouvaient raisonnablement, disaient-ils, espérer d'emporter une ville si forte, et dont la grande étendue favorisait les moyens de défense.

— Qu'importe ! leur répliqua Morgan, moins nous serons, plus considérables seront nos parts de butin.

Cette courte harangue ferma la bouche aux objections. L'entreprise fut résolue.

Les Espagnols venaient de signer la paix d'Aix-la-Chappelle, ils n'avaient plus d'autres ennemis que les flibustiers. Vainement voulut-on, en arguant du traité de paix, obtenir qu'ils suspendissent pour quelque temps le cours de leurs entreprises :

— Ce traité, répondirent-ils, ne nous regarde pas ; nous n'avons pas été appelés aux conférences, nous n'avons pas eu de représentants au congrès.

Ils persistèrent donc dans leur dessein d'hostilités.

Morgan vint mouiller, pendant la nuit, à quelque distance de la ville. Un petit nombre de ses compagnons fut laissé à la garde des navires. Le reste se jeta dans les barques et les canots pour aller aborder, dans un profond silence, près du port. Morgan détacha quatre éclaireurs, sous la conduite d'un Anglais qui connaissait la localité, avec ordre d'égorger ou d'enlever sans bruit la sentinelle du premier poste avancé. Ce soldat, fatigué par sa faction, luttait péniblement contre le sommeil ; il se laisse approcher, il est surpris, on le bâillonne, on le conduit au chef des pirates, qui, à force de menaces, lui arrache les renseignements dont il a besoin. La troupe s'avance et gagne, sans être aperçue, le pied du fort voisin. Morgan, avare du sang de ses compagnons, a recours à la ruse.

Le soldat prisonnier est sommé de parlementer ; il répète mot pour mot les paroles qu'on lui dicte : il engage ses camarades à ne pas essayer une résistance infructueuse qui attirerait sur eux les plus cruelles représailles.

Cependant, le commandant du fort s'est jeté au milieu des soldats ; sa parole énergique les échauffe, ils courent sur le rempart, et commencent le feu, sans savoir où diriger leurs coups, tant les ténèbres sont épaisses. Les flibustiers, blottis contre les murailles, laissent tonner l'artillerie dans le vide, ils sapent le pied du rempart et parviennent à creuser en peu d'heures une excavation assez large pour y loger un baril de poudre, auquel ils attachent une longue mèche soufrée ; puis, ils s'écartent pour éviter les périls de l'explosion : bientôt un épouvantable fracas annonce qu'une large brèche a crevé.

Morgan, la hache au poing, franchit cette ouverture. Les flibustiers s'y précipitent. Les restes de la garnison se font tailler en pièces.

Morgan fait mettre le feu à un magasin à poudre dont il vient de s'emparer, et, laissant derrière lui le fort écrasé par ce dernier désastre, marche au pas de course sur la ville.

Les habitants n'étaient occupés qu'à cacher la partie la plus précieuse de leurs richesses ; les uns jetaient leur or dans les puits, d'autres l'enfouissaient dans les caves. Le gouverneur sort de la ville par une porte de derrière, et va se renfermer dans le second fort, d'où il dirige sur les pirates une canonnade bruyante. Ceux-ci n'en tentent pas moins l'assaut, qui dure depuis la pointe du jour jusqu'à midi, sans résultats. Ils essayent alors de tirer à boulets rouges contre les portes du fort ; mais celles-ci sont armées de si épaisses garnitures de fer, qu'aucun projectile ne peut les entamer. La garnison, du haut des murs, lançait en même temps une grêle de pierres, des pots à feu, des grenades, qui semaient la mort parmi les assaillants.

Morgan, lui-même, commençait à douter de la victoire, lorsque, à quelque distance du premier fort abattu, il vit flotter le pavillon anglais. A cet aspect, son courage et celui de ses compagnons se raniment. Il fait enlever des couvents de Porto-Bello les moines et les religieuses, les charge d'échelles, qu'il leur fait traîner sous les murs du fort. Là, ces échelles sont liées les unes aux autres, de manière à fournir un moyen d'ascension pour douze hommes de front. On les applique aux murailles : moines et nonnes sont forcés de monter à l'assaut les premiers, et de faire ainsi un rempart de leurs corps aux flibustiers qui les suivent et les poussent en avant. Morgan avait présumé que le gouverneur espagnol n'oserait faire tirer sur ses compatriotes, et surtout sur des personnes que la superstition devait lui rendre sacrées.

Ces infortunés cénobites, d'ailleurs, criaient de toutes leurs forces, et conjuraient le gouverneur de rendre le fort pour leur sauver la vie. Les flibustiers, mêlant de cyniques plaisanteries à leurs impitoyables violences, frappaient à coups redoublés sur les moines et les religieuses, et les piquaient de leurs sabres, comme pour leur donner un avant-goût du sort qui leur était réservé. La position des assiégés n'était pas moins déplorable.

La muraille avait peu d'élévation ; les batteries étaient presque à découvert, et les pirates, habiles à tirer, tuaient les canonniers sur leurs pièces, pendant la manœuvre nécessaire pour recharger. Les soldats espagnols entrevoyaient leur défaite, et cependant le gouverneur était sourd à toutes les représentations de ses officiers, comme aux lamentables clameurs des malheureux cénobites, à la suite desquels Morgan faisait traîner des femmes et des enfants. Sans pitié pour tant d'innocentes victimes, il fit jouer l'artillerie contre ce rempart vivant derrière lequel l'ennemi se croyait abrité. Le pied du fort fut, en peu d'instants, couvert des cadavres de ces infortunés, qui tombèrent entassés les uns sur les autres, comme pour servir de fascines humaines.

Les flibustiers, révoltés d'une telle cruauté, poussèrent des cris de rage ; ils n'hésitèrent pas à s'élancer pour un assaut décisif. Les plus robustes se chargeaient chacun d'un cadavre dont ils semblaient se faire un gabion mobile ; les autres empilaient les mourants pêle-mêle avec les morts, pour s'en faire des degrés, et ils atteignirent ainsi le faîte de la muraille, d'où ils lancèrent des espèces de boulets de terre cuite, emplis de poudre, sur les soldats espagnols qui reculaient peu à peu, en opposant vainement leurs longues piques à l'aveugle furie des assiégeants.

L'occupation de cette enceinte ne termina point la lutte. Le fort était encore intact. C'était une tour massive qui dominait le port, et dont la plate-forme, armée d'artillerie, tenait à distance les navires de Morgan.

Morgan fit sommer le gouverneur de se rendre. Une bordée d'artillerie fut l'unique réponse des assiégés : c'était dicter aux flibustiers le dernier parti qu'ils eussent à prendre.

Sans calculer les difficultés de l'entreprise, ils attaquèrent la tour le sabre à la main, forcèrent la porte avec les canons pris sur le mur d'enceinte, et, amoncelant au pied de l'escalier des affûts brisés, des broussailles et d'autres matières combustibles, ils enfumèrent les défenseurs du dernier boulevard de Porto-Bello. Les officiers, ne pouvant plus tenir cette position, essayèrent de se frayer une sortie l'épée à la main ; mais l'issue de la tour était gardée ; les flibustiers, postés comme à l'affût, n'avaient qu'à tirer sur tout ce qui se présentait. Quand les chefs eurent péri, les soldats jetèrent leurs armes du haut de la tour, en suppliant qu'on les épargnât.

Le gouvernement seul voulut encore arrêter la victoire des aventuriers ; la révolte des Espagnols put seule paralyser ses efforts. Morgan, subjugué par tant d'énergie, voulait sauver ses jours ; mais le fier Castillan refusa dédaigneusement la grâce qu'il lui offrait. Vainement fit-on venir, pour le fléchir, sa femme et ses deux filles en pleurs :

Les moines et les religieuses sont obligés de porter les échelles des aventuriers. (Page 232).

— J'ai fait mon devoir, leur dit-il avec un calme stoïque, j'aime mieux mourir sous le poignard que de garder une vie que réclamera l'échafaud, quand mon roi saura que je me suis laissé vaincre par de tels bandits !

Outrés de cette injure, les flibustiers le massacrèrent.

Morgan prit aussitôt ses mesures. Les hommes et les femmes furent enfermés dans une enceinte ; les aventuriers blessés furent transportés dans la meilleure maison de la ville, transformée en espèce d'hôpital. Au lieu de secourir les malheureux qui avaient versé leur sang pour la défense de leurs foyers, Morgan leur dit avec une odieuse ironie :

— Vos sanglots laveront vos blessures, et le diable les guérira.

Ses compagnons se montrèrent dignes de lui. L'ivrognerie, le viol, les plus horribles excès furent leur passe-temps pendant la nuit suivante. Les femmes et les filles qui voulurent résister à leur brutalité, furent menacées d'infâmes supplices ; celles qui préféraient la mort au déshonneur tombèrent sous leurs coups, et, mourantes ou mortes, servirent aux actes de la lubricité la plus inouïe.

Tous les genres de tortures, que l'habitude du mal peut faire inventer, furent appliqués aux prisonniers.

Morgan fut informé que le président de Panama, don Juan Perez de Guzman, ras-

30.

semblait des troupes de tous côtés, pour marcher au secours de Porto-Bello. Mais l'approche de ce péril ne lui ôta rien de sa sécurité.

Quinze jours s'écoulèrent, en effet, sans qu'aucune troupe ennemie osât se montrer dans les campagnes. Les flibustiers employèrent activement ce répit pour se procurer des vivres, et porter leur butin sur les navires. Ils auraient même pu prolonger davantage leur séjour, si leur insatiable gloutonnerie ne les eût entraînés à gaspiller sans profit une grande partie des subsistances qu'offrait le pays. Mais ils se virent bientôt réduits à ne plus se nourrir que de chair d'âne et de cheval.

L'insalubrité de l'air, la puanteur des cadavres engendrèrent en peu de jours des maladies pestilentielles. Un prompt départ était l'unique moyen de se soustraire à tant de maux. Mais avant de l'effectuer, Morgan eut encore l'audace d'envoyer au président de Panama deux prisonniers chargés de lui demander cent mille piastres (500,000 fr.) pour la rançon de Porto-Bello.

Perez de Guzman n'avait encore pu mettre sur pied que quinze cents hommes. Voulant, à tout hasard, risquer quelque chose pour préserver de plus grands malheurs, il se mit en route en toute hâte, pour rejoindre les flibustiers et tâcher de châtier leurs déprédations. Quinze cents hommes composaient une force redoutable pour tout autre adversaire que Morgan. Leur approche ne lui causa ni terreur ni inquiétude. Il rassembla sa bande, s'embusqua dans un défilé couvert par des bois de haute futaie, laissa passer le président de Panama, tomba sur les derrières de sa petite armée, lui coupa la retraite, et engagea le combat avec la vigueur ordinaire que déployaient les flibustiers dans toutes les rencontres.

Perez de Guzman reçut le choc avec plus de sang-froid qu'on n'eût dû l'attendre d'un gouverneur politique, étranger au métier de chef de troupes.

Morgan n'ayant pas songé à fermer les deux issues du défilé, il parvint à sortir de ce passage périlleux, gagna la lisière de la plaine, et y rallia son monde. C'est alors qu'il crut faire assez pour son devoir et pour son honneur, s'il parvenait à éloigner les aventuriers. Il envoya à Morgan un de ses officiers, pour lui dire que, s'il ne quittait ce jour même le rivage de Porto-Bello, rien ne pourrait le soustraire à sa juste vengeance.

Le chef des flibustiers répondit qu'il ne sortirait pas du pays que la rançon de la ville ne lui fût comptée, et que, si on le faisait attendre, nulle menace ne pourrait l'empêcher de brûler la ville avec tous les prisonniers qu'elle renfermait.

Cette réponse effrayante abattit le courage du président de Panama. Au lieu du secours sur lequel il avait compté, il se voyait dans un isolement complet. Réduit à subir le joug de l'inexorable nécessité, il ne pouvait qu'achever le malheur des habitants de Porto-Bello, en persévérant dans l'inutile projet de les dégager. Il les fit prévenir de son impuissance, et, quand tout espoir de salut leur fut ôté, ils se décidèrent à payer la contribution dont Morgan voulait bien se contenter.

« Guzman, rapporte Œxmelin, avait servi quelque temps en Flandre, avec le grade de mestre de camp. Il ne put refuser une espèce d'admiration à ces aventuriers surprenants, qui, sans entreprendre un siége en forme, étaient parvenus, en quelques heures, à emporter une ville défendue par une muraille, deux forts et du canon. Il ne pouvait concevoir de quelles armes ces conquérants s'étaient servis pour obtenir un pareil succès. Il envoya donc un nouveau parlementaire à Morgan, pour lui offrir de sa part quelques présents, et le prier de lui faire passer un échantillon de ses armes, qu'il désirait garder comme souvenir.

« Morgan reçut l'officier avec toute sorte de politesses, et lui fit remettre un simple pistolet de poche, avec douze balles et une poignée de poudre.

« — Offrez, lui dit-il, ce petit cadeau sans valeur à M. le Président, puisqu'il daigne y attacher quelque prix en ma faveur. Voilà le véritable échantillon des armes qui ont conquis Porto-Bello. Je désire que M. le Président veuille bien le garder un an. Ce terme expiré, j'aurai l'honneur d'aller moi-même à Panama, pour lui en démontrer l'usage. »

Perez de Guzman devina sans peine le sens mystérieux du compliment que lui adressait le chef des flibustiers; il y répondit aussitôt par l'envoi d'une superbe émeraude, enchâssée dans un anneau d'or; mais il lui renvoya son pistolet et ses balles, en lui faisant dire qu'il possédait de pareilles armes, et qu'il lui conseillait amicalement de s'épargner les frais du voyage de Panama, dont les habitants pourraient le payer d'autre monnaie que celle qu'il emportait de Porto-Bello.

Les flibustiers se rembarquèrent après avoir enlevé les meilleurs canons des forts, et encloué ceux dont ils ne pouvaient se charger utilement. Ils cinglèrent d'abord vers l'île de Cuba, où ils firent le partage de leur butin, qui comprenait, outre une grande quantité de marchandises précieuses et de bijoux, la valeur de deux cent cinquante mille piastres en or et argent monnayé ou travaillé. Cette répartition faite, ils se transportèrent à la Jamaïque, où les cabaretiers engloutirent en peu de jours les richesses achetées au prix de tant d'audace.

A bout d'argent et de crédit, ils s'occupèrent bientôt des préparatifs d'une nouvelle course. Par la protection du gouverneur de l'île, Morgan obtint le commandement d'un navire de guerre de 36 canons. Avec ce renfort imposant, il partit, au mois de janvier 1669, pour Saint-Domingue.

Il rencontra, dans un des ports, un navire de Saint-Malo, monté par des corsaires français, et armé de 22 pièces. Ce navire appartenait à des armateurs qui l'avaient frété pour commercer avec les Espagnols; mais en arrivant dans les mers d'Amérique, son équipage s'était révolté et venait de faire cause commune avec les pirates de la Tortue.

Morgan pensait faire un coup de maître en attirant ce navire sous son pavillon; mais, malgré toutes ses avances et ses magnifiques promesses, les Français refusèrent de se ranger sous ses ordres.

Ils avaient sur leur conscience un méfait assez grave pour leur inspirer certaines inquiétudes; car, dans les premiers jours de leur croisière indépendante, ils avaient attaqué un bâtiment de commerce anglais, et lui avaient enlevé une partie de ses provisions. Morgan, à qui ils confessèrent cette peccadille de pirates novices, dissimula son ressentiment pour en tirer, quelque jour, une vengeance certaine. Il invite à son bord le capitaine et les officiers du navire malouin, les traite magnifiquement, et leur propose une dernière fois d'entrer dans ses vues. Ceux-ci lui opposant toujours des objections, il lève le masque, donne un signal : sa chambre s'ouvre à un détachement de pirates anglais armés jusqu'aux dents; les convives, frappés de stupéfaction et d'effroi, sont déclarés prisonniers.

Le même jour, Morgan fait assembler un conseil de guerre général, et met aux voix son dessein de se rendre à Savanah pour y enlever une riche flotte qui arrive d'Espagne. Il déroule son plan, échauffe l'imagination de ses hommes, et enlève leurs suffrages. Pour fêter à l'avance la victoire future, tous les excès de la débauche succèdent à cette réunion; les pirates noient leur raison dans des tonnes de vin et d'eau-de-vie; on les voit courir du haut en bas du navire, s'agiter, se heurter dans tous les sens.

La nuit vient, l'orgie continue aux flambeaux, lorsque tout à coup le navire saute en l'air. Trois cent cinquante Anglais et tous les prisonniers français sont engloutis dans les flots. Trente hommes seulement, parmi lesquels se trouve Morgan, ont échappé à ce sinistre effroyable, parce qu'ils étaient dans la grande cabine, à l'autre extrémité du pont, et par conséquent éloignés du foyer de l'explosion. Ceux qui survécurent s'efforcèrent de porter secours aux malheureux qui se noyaient, mais ils ne repêchèrent que des cadavres ou d'informes débris humains. On retira des flots plusieurs cadavres français, qui furent fouillés, et l'on trouva sur eux des papiers remplis d'injures et de menaces contre les Anglais.

Cette découverte ne laissait plus aucun doute. Morgan fut tout à coup vengé de son malheur par l'apparition de quatorze navires qui venaient le rejoindre au rendez-vous des aventuriers. En présence de ces forces supérieures, l'équipage du Malouin, que la perte de ses chefs avait mis hors d'état de gagner la haute mer, se voyant cerné de toute part, et incapable de résister, se laissa capturer sans combat, et fut conduit à la Jamaïque avec les pièces de conviction qui devaient attirer sur lui d'impitoyables représailles.

Morgan ne pouvait réparer qu'en partie la perte considérable qu'il venait d'essuyer.

Le plus grand bâtiment de son escadre n'était armé que de 14 canons de petit calibre; mais il comptait encore autour de lui 960 flibustiers : l'étoile de sa fortune n'avait point pâli. Cependant d'autres épreuves l'attendaient encore. En une seule nuit de tempête, son escadre fut tellement maltraitée, que le jour suivant huit navires s'étaient perdus. Dans le cas de séparation par suite d'attaque ou d'un accident de mer, les commandants de chaque bâtiment devaient se rallier dans la baie d'Ochoa. Morgan se hâta de s'y rendre, mais personne ne vint l'y rejoindre ; il se voyait réduit à cinq cents hommes : cette circonstance fâcheuse changea ses plans.

D'après le conseil d'un de ses lieutenants, le fameux Pierre-le-Picard, il se décida à faire une visite à Maracaïbo. Il arriva, sans obstacle, jusqu'à l'entrée de la baie, mais il y trouva un fort, récemment bâti par les Espagnols sur les ruines de l'*Ilet-aux-Ramiers*, que l'Olonais avait détruit en 1666. Ce fort, armé d'une nombreuse artillerie, ouvrit un feu terrible contre son escadre. Mais le chef des troupes espagnoles, loin de prolonger sa résistance et de se confier à la bonté de ses murailles, ordonna subitement la retraite, après avoir allumé, dans le voisinage de la poudrière, un grand tas de matières combustibles, dont il pensait que l'incendie se communiquerait aux munitions abandonnées, lorsque les pirates pénétreraient dans la place. Contre ses prévisions, Morgan soupçonnant que la retraite précipitée de l'ennemi pouvait cacher un péril, promit une forte récompense à celui qui s'exposerait, pour l'intérêt commun, à aller reconnaître l'état de la place.

Tous voulurent escalader les remparts pour hâter leur triomphe ; et, avant que Morgan eût choisi parmi eux, plus de vingt, quittant leurs rangs, s'étaient élancés, pour se disputer l'honneur d'arriver le premier. En atteignant le faîte de l'enceinte, ils aperçurent l'incendie commencé ; sa direction révélait son but ; ils se jetèrent au milieu des flammes pour l'isoler d'abord et l'éteindre ; puis on les revit sur les murailles appeler à grands cris leurs compagnons à prendre possession de la conquête. Morgan démolit le fort pour ne pas laisser derrière lui une position que de nouveaux adversaires pourraient venir occuper. Les flibustiers avaient encore six lieues à franchir ; mais les eaux basses les obligèrent à abandonner leurs navires, pour continuer leur navigation sur de simples canots.

Les Espagnols évacuèrent la ville de Maracaïbo, tous les retranchements, tous les points d'où ils pouvaient harceler leurs adversaires. Morgan ne trouva sur son chemin que quelques vieux esclaves qui ne pouvaient marcher, quelques malades dans un petit hôpital, des vivres en très-petite quantité, des maisons dépouillées et désertes.

Les habitants, insensibles à toute autre considération qu'à celle de leur salut personnel, n'avaient songé qu'à mettre à l'abri du pillage leurs marchandises et leurs mobiliers.

Trompé dans ses espérances, Morgan ordonna de fouiller les bois d'alentour. Ses partisans ramenèrent, le même jour, 50 mulets richement chargés avec 30 fugitifs, hommes, femmes et enfants. Suivant l'horrible coutume des flibustiers, ces malheureux furent mis à la torture, pour leur arracher des aveux.

On attacha leurs membres à des cordes qu'on tirait en sens contraire ; on appliqua sur leurs mains des tisons brûlants ; on leur serra la tête avec des fils de fer, tordus jusqu'au point de faire sortir les yeux de leur orbite.

Quelques esclaves, qui ne voulaient point trahir l'asile où leurs maîtres s'étaient réfugiés, furent coupés vivants par morceaux. Chaque matin, de nouveaux détachements allaient dans les bois et les campagnes, à la chasse des Espagnols ; chaque soir ils revenaient avec de nouvelles proies dévouées au supplice.

Après trois semaines d'un séjour presque infructueux, les flibustiers continuèrent leur route du côté de Gibraltar, où ils pensaient que la population de Maracaïbo avait cherché son refuge.

Les habitants de Gibraltar, sous l'empire d'une terreur que le temps n'avait encore pu effacer, se sauvèrent dans les bois, leur asile ordinaire, où ils se retranchèrent au moyen d'abatis d'arbres.

250 habitants, surpris dans la campagne voisine, sont traînés, garrottés et tremblants, sur la place principale de Gibraltar. On les dépouille ; les uns sont cloués nus sur des croix, et tourmentés avec des torches ardentes ; d'autres, suspendus par les pieds sur un brasier, rôtissent lentement à petit feu. On en suspend plusieurs par les bras à des poutres, tandis que leurs jambes sont attachées à d'énormes pierres dont le poids étend et fait éclater leurs nerfs et leurs jointures. Il en fut qu'on pendit dans la position la plus douloureuse, par les parties du corps les plus sensibles, et qu'on laissa périr dans les angoisses de cette agonie ; quelques-uns vécurent ainsi pendant quatre ou cinq jours, implorant le coup de grâce, et n'obtenant que de cyniques insultes.

Les auteurs de tant de furieux excès les commirent indistinctement sur toutes leurs victimes, quels que fussent leur âge, leur condition, leur couleur : femmes, enfants, vieillards, blancs, mulâtres, nègres, tous éprouvèrent le sort commun.

« On coupait, raconte Œxmelin, les parties génitales aux prêtres et aux moines ; on les faisait bouillir, on les mangeait. On fendait, avec des cailloux tranchants, le ventre des femmes et des jeunes filles, jusqu'au nombril. On taillait à d'autres les mamelles ; à d'autres, on brûlait les parties honteuses avec des pieux rougis au feu, ou on les remplissait de charbons. On arrachait à ceux-ci les ongles des mains et des pieds ; on liait ceux-là à la queue des mulets, qu'on chassait à coups de fouet à travers champs ; le moindre des supplices était d'être précipité dans les caves et les citernes, au fond desquelles la faim creusait le tombeau de ceux qui survivaient à leur chute. L'on en hachait tout vifs en mille pièces, et les flibustiers se jetaient les uns aux autres ces tronçons palpitants. On empalait des vierges, et j'en vis porter ainsi en guise d'étendard. Un jeune homme qui avait lutté avec la rage du désespoir contre ces tigres à face humaine, fut traîné sur le ventre à travers les rues pavées de pierres pointues, et chacun lui assenait, en passant, un coup de sabre ou de crosse de fusil. Pour terminer ses tourments, on lui coupa des lambeaux de chair, qui furent bourrés dans sa gorge, afin de l'étouffer, et, avant qu'il expirât, les chiens, excités par l'odeur du sang, se disputaient ses misérables restes. L'intérieur des maisons était le théâtre de scènes encore plus hideuses. Quelques flibustiers y avaient établi leur boucherie, et faisaient cuire des enfants à la broche. D'autres, entraînant ces malheureuses petites créatures, leur remplissaient la bouche de poudre à canon, les bâillonnaient et les poussaient dans le feu. »

Quinze jours s'écoulèrent au milieu de ce carnage. Morgan n'avait fait réserver, sur chaque convoi de victimes, qu'un petit nombre d'individus qui déclaraient leurs richesses pour racheter leur vie. Il en fit relâcher quatre, en leur annonçant que les autres resteraient comme otages entre ses mains, et que si, avant huit jours, le montant de la contribution qu'il leur fixait ne lui était pas apporté à Maracaïbo, sa vengeance gardait en réserve des désastres sans nom.

De retour à Maracaïbo, le vainqueur reçut une nouvelle foudroyante. Cet homme de fer fut pris d'une épouvante profonde; ses compagnons tremblèrent en lavant leurs mains sanglantes. Trois vaisseaux de guerre espagnols venaient d'être signalés à l'entrée du lac. L'un d'eux portait quarante canons, le second trente-huit, le troisième vingt-quatre. Quinze cents hommes étaient à bord. Un détachement travaillait à élever un retranchement avec les ruines du fort de l'Islet-aux-Ramiers.

Les trois navires fermaient la barre du lac, et devaient intercepter la retraite de l'escadre flibustière, engagée sur des bas-fonds qu'elle ne pouvait quitter qu'en perçant deux lignes de mitraille prêtes à tonner. Toute fuite était impraticable. Des rapports funestes arrivaient de toutes parts, et il ne restait plus qu'à mourir sur les cadavres dont le sang criait vengeance.

Si les flibustiers doivent périr, ce sera dans un embrasement formidable. La menace en est portée à l'amiral espagnol par un prisonnier.

La réponse ne se fit pas attendre; elle était conçue en ces termes:

« Nos alliés et nos voisins m'ayant donné avis que, nonobstant la paix et la forte amitié qui règnent entre le roi d'Angleterre et Sa Majesté Catholique le roi d'Espagne, mon maître, vous avez eu l'insolence d'entrer dans le lac de Maracaïbo, pour y commettre toute sorte d'hostilités, piller les sujets de l'Espagne, massacrer les uns et soumettre les autres à contribution, je suis venu avec des forces suffisantes pour châtier exemplairement les auteurs de cette infâme action. Je suis maître des positions qui commandent l'entrée du lac; j'ai pris toutes mes mesures pour vous en fermer le passage; et je prétends, avec mes trois navires, vous écraser sans pitié. Mais, d'après la relation qui m'est faite des meurtres inouïs que vous avez déjà exercés, avec une férocité sans exemple, sur une partie des prisonniers que le sort vous a livrés, d'après les menaces que vous ajoutez à tant de crimes accomplis, je crois qu'il est de mon devoir de soustraire, s'il se peut, à votre rage infernale les sujets du roi mon maître, qui attendent, en quelque sorte, de ma résolution, leur arrêt de vie ou de mort. Je consentirai à vous laisser passer sans représailles, pour retourner dans votre pays, si vous rendez, jusqu'à la dernière parcelle, toutes les dépouilles dont regorgent vos embarcations. Si vous refusez d'accepter ma parole pour toute garantie, car les officiers d'un royaume civilisé ne traitent pas avec des voleurs; si vous refusez de vous soumettre immédiatement à la condition que je vous impose; si demain, au soleil levant, je n'ai pas reçu par des otages l'assurance que tous vos prisonniers sont en pleine liberté, et jouissent de la pleine et entière restitution de ce que vous leur aviez ravi, j'entrerai moi-même dans le lac, j'irai vous chercher à Maracaïbo; et, dussiez-vous changer cette ville en fournaise, je saurai vous y atteindre, et vous traiter ainsi que vous le méritez. »

Cette lettre était datée du 24 avril 1669, à bord de la frégate la *Magdalena*; l'amiral espagnol don Antonio del Campo d'Espinosa l'avait signée.

Quand les aventuriers comparèrent leur situation et celle des ennemis, il fallut bien reconnaître qu'à moins d'un miracle inespéré, improbable, on ne pouvait forcer le passage gardé par les Espagnols. Aussi, dès le lendemain, convinrent-ils de recourir à la voie des négociations. Morgan, contraint de se résigner à sa fortune chancelante, écrivit en ces termes à l'amiral Espinosa:

« Les flibustiers offrent d'évacuer Maracaïbo, sans faire aucun dommage à la ville, et sans insister davantage sur la rançon qu'ils seraient en droit d'exiger des vaincus. Ils proposent en même temps de mettre en liberté tous les prisonniers qu'ils ont faits, la moitié des esclaves et les otages qu'ils ont emmenés de Gibraltar pour garants des contributions promises. Ils demandent, en échange, à sortir librement de la baie, sans être visités ni inquiétés, sous aucun prétexte, par l'escadre espagnole. »

Don Alphonse del Campo d'Espinosa repoussa cette capitulation avec mépris, et répondit qu'il n'accordait que deux jours aux flibustiers pour accepter les termes de son premier message; faute par eux de s'y soumettre entièrement, ils devaient s'attendre à être traités sans merci.

Les pirates n'avaient plus qu'à choisir entre une retraite honteuse, précédée de l'abandon de leur butin, et un combat à mort. Morgan, donnant lui-même l'exemple de l'énergie, ordonna de garrotter étroitement tous les prisonniers espagnols, les esclaves indiens et les otages amenés de Gibraltar. Il fit ensuite ramasser tout ce qu'il y avait de poix, de goudron et de soufre, toute la poudre dont il pouvait se passer, afin de convertir en brûlot un de ses plus gros navires. Il imagina des espèces de bombes formées de poix avec un mélange de soufre, enduites de goudron, et propres à être lancées comme des grenades. Les bordages du bâtiment-brûlot furent amincis intérieurement, de manière à pouvoir se briser et éclater plus facilement dès qu'il serait temps d'en faire usage. Il fit placer sur le pont des blocs en bois grossièrement taillés, revêtus d'habits d'hommes, avec des chapeaux à larges bords, des armes, des drapeaux, de façon que, de loin, ces figures pussent être prises pour des soldats immobiles qui attendent l'ordre de commencer le feu à bout portant. On pratiqua dans le corps du navire beaucoup d'embrasures, dans lesquelles on passa des poutres de bois peint, arrondies en forme de canons.

On arbora, sur le gouvernail, un grand pavillon anglais, afin qu'il ne manquât rien à ce brûlot de tout ce qui pouvait lui prêter l'apparence d'un vaisseau de guerre britannique, bien équipé et fortement armé. Cette machine infernale fut placée à l'avant-garde. Les chaloupes, canots et barques de diverses grandeurs devaient suivre à la file. Au centre de ce convoi, tous les prisonniers mâles étaient entassés dans une seule embarcation; les femmes avec tous les effets précieux, or, argent, pierreries, remplissaient un second bâtiment; le reste du butin était réparti entre les autres équipages. Avant de mettre à la voile, les flibustiers furent obligés de jurer tous, entre les mains de Morgan, qu'ils combattraient, sans demander grâce, jusqu'à leur dernier soupir.

Espinosa comptait si aveuglément sur les avantages de sa position, et sur l'incontestable supériorité de ses forces, qu'il se plaignait à ses officiers de n'avoir aucune gloire à acquérir dans l'espèce de mission que le hasard l'obligeait à remplir. Cette insouciance devait assurer le salut de Morgan, en lui laissant tout le loisir nécessaire pour combiner sa résistance.

Au bout de six jours tout fut prêt; le 30 avril 1669, les flibustiers s'avancèrent à la rencontre des Espagnols. L'aurore commençait à paraître. L'amiral, dont le vaisseau mouillait dans le milieu du canal étroit qui sépare le rocher de la Vigie et l'Islet-aux-Ramiers, laisse approcher le brûlot, qu'il prend pour le navire du chef.

Il suspend l'usage de son artillerie pour foudroyer bord à bord. Les Espagnols ne s'aperçurent de leur erreur que lorsque le brûlot était déjà près d'eux. Tous leurs efforts pour l'arrêter sont dès lors inutiles. Les flibustiers qui le montent lancent des grappins qui l'attachent au vaisseau d'Espinosa, et se jettent aussitôt dans un esquif qui les éloigne du point de l'explosion. L'amiral fit sauter plusieurs hommes de son équipage sur le pont du brûlot, mais il était trop tard, car la flamme était déjà dans ses flancs. Le désastre fut complet. En moins d'une demi-heure, le bâtiment et la plus grande partie des matelots furent engloutis dans les flots. Un très-petit nombre seulement, parmi lesquels se trouvait l'amiral, atteignirent la grève de l'Islet-aux-Ramiers.

Morgan lança ses plus hardis aventuriers à l'attaque du second vaisseau. Ils le prirent à l'abordage.

Les Espagnols qui montaient le troisième furent frappés d'une telle frayeur qu'ils songèrent beaucoup moins à soutenir le combat qu'à se mettre en sûreté. Ils cinglèrent au plus vite vers l'Islet-aux-Ramiers. Avant de débarquer, ils percèrent la cale de leur dernier vaisseau, pour ne pas le laisser au pouvoir des flibustiers. Toute cette action n'avait pas duré plus d'une heure. Morgan résolut de livrer, sur-le-champ, l'assaut aux retranchements de l'Islet-aux-Ramiers, mais son espoir fut trompé. L'amiral avait disposé son monde avec tant d'intelligence sur tous les points les plus périlleux, que Morgan, après avoir perdu soixante-dix hommes, fut contraint de se retirer et de regagner ses embarcations.

Il reprit, avec la moitié de son escadre, la route de Maracaïbo.

Il fit radouber dans ce port, pour son propre usage, la frégate espagnole, qui portait 22 canons. Il envoya de là, à l'amiral, une nouvelle sommation de payer une rançon s'il voulait sauver la ville de ses vengeances. Don Alphonse ne voulut écouter aucune proposition. Les habitants se montrèrent beaucoup moins intraitables, ils capitulèrent avec Morgan et lui livrèrent 20,000 piastres, à titre de rançon, et 500 bœufs pour la subsistance de sa troupe.

Morgan expédia un dernier message à don Alphonse d'Espinosa, et lui fit dire que, si on lui laissait un libre passage, il rendrait tous ses prisonniers, mais qu'en cas de refus, il les ferait pendre tous aux mâts de ses navires.

Quelques prisonniers, chargés de cette épineuse mission auprès de l'amiral, le conjurèrent, les larmes aux yeux, de prendre en pitié leurs femmes et leurs enfants. Mais Espinosa se montra inexorable.

Les députés de Morgan furent presque aussi mal reçus qu'eussent pu l'être des ennemis vaincus, venant implorer la merci du maître de leur existence. L'amiral leur reprocha durement leur lâcheté et leur dit :

— Si vous aviez su empêcher l'entrée de ces infâmes pirates, comme je suis décidé à empêcher leur sortie, vous ne vous seriez jamais trouvés dans la situation dont vous vous plaignez.

Morgan ne fit que rire de ce qu'il appelait la forfanterie d'un *invalide :*

— Eh bien ! s'écria-t-il, puisque ce héros n'a pas assez de courtoisie pour m'accorder une liberté que j'ai si bien méritée, je me passerai de son consentement, mais je ne manquerai pas de le *saluer* en passant.

Il commença par ordonner que chacun eût à apporter le butin qui se trouvait sous sa garde, afin qu'on procédât, sans délai, à la distribution générale. La somme totale fut évaluée à 250,000 piastres, tant en or et argent qu'en pierres précieuses, sans compter

Un habitant de Gibraltar à la torture. (P. 237.)

les esclaves et une prodigieuse quantité de marchandises. Chacun reçut sa portion, qu'il allait être désormais chargé de défendre.

Morgan imagina ensuite une nouvelle ruse de guerre. Il fit conduire, par des barques et des canots, une centaine de flibustiers à terre, dans un endroit couvert d'épaisses broussailles. Après s'y être tenus cachés pendant plusieurs heures, ils retournèrent à leurs canots, un à un, rasant la terre, marchant en partie sur leurs mains, prenant, en un mot, toutes les précautions pour n'être pas aperçus. Arrivés de la sorte à leurs embarcations, ils s'y couchent sur le ventre ou sur le dos, et les canots, vides en apparence, sont ramenés par quelques rameurs au point d'où ils étaient partis.

Cette manœuvre se répète plusieurs fois dans la journée, à la vue des Espagnols retranchés sur l'Islet-aux-Ramiers, de manière à leur persuader que toute la troupe est débarquée, et que les flibustiers ne manqueront pas de tenter, la nuit suivante, un assaut du côté de la terre. Trompés par ce simulacre, les Espagnols conduisent leurs gros canons vers ce point, et y postent presque toutes leurs forces, en sorte que le côté de la mer reste presque sans défense. Les flibustiers profitèrent de cette circonstance. Vers le soir, ils s'embarquent, lèvent l'ancre à la nuit close, s'abandonnent au courant, et ne dé-

31.

ploient leurs voiles qu'en arrivant en face de l'Islet-aux-Ramiers.

Le vent favorisait la retraite des flibustiers. Leurs bâtiments n'éprouvèrent que de légers dommages, et gagnèrent la haute mer après avoir pris congé de l'amiral par plusieurs salves de mousqueterie. Une fois que Morgan se vit hors de danger, il se débarrassa de ses prisonniers en les faisant jeter sur les grèves du plus prochain rivage; il ne conserva que les otages enlevés à Gibraltar, et qui lui garantissaient le payement d'une forte rançon.

Au large, une horrible tempête vint l'assaillir.

Les flibustiers perdirent en peu d'heures leurs ancres et leurs mâts; le vent les poussait à la dérive avec une violence qui ne tendait qu'à s'accroître. Quelques-uns de leurs bâtiments faisaient eau, d'autres étaient tellement fatigués que, pour les empêcher de se disjoindre, il fallut en lier les diverses parties avec de gros câbles. Cet ouragan dura quatre jours et quatre nuits sans interruption; et pendant toute cette crise, les yeux des flibustiers restèrent *constamment ouverts*, suivant l'expression d'Œxmelin, *de peur d'être fermés pour toujours*.

Quand enfin le calme revint, les flibustiers aperçurent 6 vaisseaux qu'ils prirent pour espagnols; mais c'était une escadre que commandait le maréchal d'Estrées, et dont ils reçurent tous les secours dont ils avaient le plus pressant besoin. Ils se séparèrent ensuite : quelques-uns se rendirent à Saint Domingue; les autres, sous la conduite de Morgan, se dirigèrent vers la Jamaïque où ils arrivèrent heureusement.

Possesseur d'une assez grande fortune, Morgan aurait voulu en jouir au sein du repos; mais ses compagnons eurent promptement dissipé le produit de leurs pillages. Ils vinrent alors le prier de former le plan de quelque expédition lucrative; il ne put résister à leurs vœux.

Aussitôt que sa résolution fut connue, il accourut, de toute part, des flots d'aventuriers qui venaient se ranger sous ses ordres.

Jean Morgan fixa le 24 octobre 1670 pour le jour du départ. Vaisseaux, équipages, armes, munitions navales, tout se trouva prêt.

La flotte de Morgan, la plus nombreuse qu'un chef de flibustiers eût jamais commandée, consistait en 37 navires de différentes grandeurs, tous armés de canons. Le *vaisseau-amiral* en portait 32; les autres 20, 18, 16; le plus petit 4. Les équipages se composaient de 2,000 combattants, sans compter les matelots et les mousses.

Morgan promit à ses compagnons qu'à leur retour ils auraient de quoi passer agréablement le reste de leur vie.

Il partagea ses forces navales en deux escadres, distinguées par deux pavillons, l'un rouge et l'autre blanc, et prit formellement le titre d'amiral. Il nomma ensuite un vice-amiral pour l'autre escadre, se fit prêter serment de fidélité, établit des signaux et choisit tous ses officiers, parmi lesquels quatre reçurent le titre de contre-amiral.

Il distribua à chaque capitaine une patente en forme, et des lettres de marque énonçant la mission formelle d'attaquer de toute manière les Espagnols, tant sur terre que sur mer, attendu qu'ils étaient tous reputés ennemis déclarés du roi d'Angleterre.

Les chefs d'équipage furent convoqués sur le vaisseau-amiral, pour régler et signer, au nom de toute la flotte, les conventions relatives au partage du butin ramassé après chaque affaire. Ce chasse-partie contenait dix-huit articles, qui nous ont été conservés.

« 1° Jean Morgan, amiral des Frères de la Côte, en vertu des pleins pouvoirs à lui délégués par le gouverneur de la Jamaïque, au nom de Sa Majesté Britannique, prélèvera le centième sur la totalité des dépouilles conquises pendant toute la durée de l'expédition.

Il jouira ensuite d'une part de flibustier, après le prélèvement des parts de chaque centaine d'hommes.

« 2° Chaque commandant de navire, indistinctement, recevra une valeur de 8 parts, non compris le remboursement des avances qu'il aurait faites pour l'équipement, la réparation et le ravitaillement de son navire.

« 3° Quiconque enlèvera le pavillon ennemi d'une forteresse ou d'un retranchement, pour y arborer le pavillon anglais, recevra, outre sa part, cinquante piastres.

« 4° Quiconque fera un prisonnier, lorsque la troupe aura besoin de recueillir des renseignements sur la position de l'ennemi, recevra, outre son lot, 100 piastres.

« 5° Pour chaque grenade lancée dans un fort, le grenadier recevra 5 piastres, outre sa part de prise.

« 6° Quiconque prendra, dans le combat, un officier de considération, en risquant sa vie, sera récompensé selon le mérite de cette action d'éclat, à la pluralité des voix.

« 7° Quiconque aura perdu les deux jambes par le fer ou le feu de l'ennemi, recevra 1,500 piastres, à titre d'indemnité, ou 15 esclaves, à son choix, si un nombre d'esclaves suffisant fait partie du butin.

« 8° Celui qui aura perdu les deux bras, aura 1,800 piastres, ou 18 esclaves, sous la condition fixée par l'article précédent.

« 9° Celui qui aura perdu une jambe, sans distinction de la droite ou de la gauche, recevra 600 piastres, ou 6 esclaves.

« 10° Celui qui aura perdu une main ou un bras, sans distinction du droit ou du gauche, aura pareillement 600 piastres, ou 6 esclaves.

« 11° Pour la perte d'un œil, il sera donné 100 piastres, ou 1 esclave.

« 12° Pour la perte des deux yeux, 2,000 piastres ou 20 esclaves, au choix de l'estropié.

« 13° Pour la perte d'un doigt, 100 piastres ou 1 esclave.

« 14° En cas de blessure grave d'un membre ou d'une partie de ce membre, si l'estropié est entièrement privé de son usage, il obtiendra la même récompense que si ce membre était perdu.

« 15° Dans le cas d'une blessure particulière, qui obligerait l'estropié à porter une canule, il lui sera alloué 500 piastres, ou 5 esclaves, à son choix.

« 16° Toutes les récompenses stipulées par les articles précédents, seront acquises indépendamment de la part individuelle de butin, et seront prélevées sur la totalité, avant le partage.

« 17° Si un vaisseau ennemi est capturé en pleine mer, ou dans quelque port, par un seul navire des Frères de la Côte, le produit de cette prise sera partagé loyalement entre toute la flotte, à moins qu'elle ne fût estimée à une valeur dépassant 10,000 écus. Dans ce cas, 1,000 écus seront prélevés au profit de l'équipage qui en aura fait la capture ; et en outre, sur chaque somme de 10,000 écus que pourrait valoir ladite capture, 1,000 écus seront prélevés au profit du navire qui l'aura procurée.

« 18° Le chirurgien et le charpentier de chaque navire recevront, outre leur lot, une gratification de 200 piastres pour le premier, et de 100 piastres pour le second. Cette somme sera payée à la fin de la campagne, et prélevée sur les parts de chaque équipage. »

Tout étant réglé, Morgan développa ses plans. Il ne s'agissait de rien moins que d'aller attaquer la grande et opulente cité de Panama.

Cette ville se trouvait à une distance considérable des côtes, et personne, dans toute l'armée des flibustiers, ne connaissait le chemin qui y conduisait. Pour remédier à cet inconvénient, Morgan décida qu'on se rendrait d'abord à l'île de Sainte-Catherine, où les Espagnols reléguaient leurs malfaiteurs, et qu'on s'y procurerait des guides

On mit à la voile le 16 décembre 1670. La traversée fut rapide. Le quatrième jour, la flotte arriva, sur le soir, en vue de l'île. Le lendemain, vers midi, les 37 vaisseaux flibustiers mouillèrent dans une grande rade appelée l'*Aguada*, où les Espagnols avaient une batterie de 4 pièces, que les artilleurs abandonnèrent aussitôt.

Morgan fit débarquer un millier d'hommes qu'il conduisit lui-même à travers les bois, n'ayant pour guides que quelques-uns de ses gens qui avaient parcouru l'île, en 1668, avec Mansfield. On campa dans un fourré de broussailles. Une pluie froide dura jusqu'au lendemain, et les aventuriers, qui, pour la plupart, n'étaient vêtus que d'une chemise et d'un large caleçon de toile, en souffrirent cruellement.

Au lever de l'aurore, leurs cartouches inondées étaient hors de service, et la pluie avait grossi les ruisseaux en véritables torrents. Vers midi, le soleil reparut.

Morgan se hâta d'envoyer quatre hommes pour sommer les Espagnols de rendre l'île, et leur signifier que, s'ils faisaient résistance, il mettrait tout à feu et à sang.

Le gouverneur de Sainte-Catherine députa le major de la garnison et un enseigne, afin de discuter, avec le chef des flibustiers, le moyen qu'il pourrait prendre pour livrer ses forts sans que le roi d'Espagne et les gouverneurs généraux des colonies américaines le pussent accuser de lâcheté. Les parlementaires venaient engager les flibustiers à simuler quelques démonstrations hostiles contre le fort Saint-Jérôme.

Le gouverneur devant faire alors une sortie pour gagner un autre fort du voisinage, Morgan l'enlèverait dans ce trajet et le ferait prisonnier ; cet événement justifierait la reddition des troupes espagnoles.

Morgan consentit à tout. Sur le soir, on marcha vers l'endroit convenu, tout se passa loyalement ; les Espagnols firent grand bruit, sans s'aviser de blesser leurs adversaires ; et les forts furent capturés successivement, pendant le fracas de ce combat dérisoire, où la poudre fut prodiguée des deux côtés. Dix forts s'ouvrirent ainsi l'un après l'autre, au milieu d'une résistance qui offrait l'aspect d'un assaut.

On enferma les habitants de toute l'île dans le fort Sainte-Thérèse, bâti sur une roche escarpée.

Les vainqueurs trouvèrent dans l'île 459 personnes des deux sexes, dont 190 soldats, 42 malfaiteurs, 85 enfants, et 66 nègres. L'île avait 10 forts, contenant 68 pièces d'artillerie de divers calibres, et tellement défendus d'ailleurs par la nature, qu'on avait cru pouvoir se dispenser d'y entretenir une garnison plus considérable. Outre une immense quantité de fusils, de grenades et d'autres projectiles dont on faisait alors un grand usage, on trouva dans l'arsenal plus de 300 quintaux d'excellente poudre à canon.

Ces munitions furent portées à bord de la flotte des pirates ; on encloua toutes les pièces que Morgan ne jugea pas possible d'utiliser ; on brûla les affûts, et on démolit tous les forts, à l'exception d'un seul, dans lequel les flibustiers mirent garnison. Morgan choisit, parmi les malfaiteurs déportés, trois guides intelligents pour le conduire à Panama. Quand il fut de retour à la Jamaïque, il leur rendit la liberté, et leur accorda même une part de son butin pour récompenser leurs services.

Le plan conçu par ce chef intrépide inspirait un véritable enthousiasme à tous ses compagnons. Il avait un caractère de grandeur et d'audace qui enflammait leur courage ; nous allons voir s'ils se montrèrent capables de l'exécuter. On va oublier le brigandage pour ne songer qu'à leur héroïque valeur, digne d'une meilleure cause.

Panama, situé à quelque distance des rivages de la mer du Sud, était alors, une des villes les plus importantes et les plus riches de l'Amérique. Elle comptait 2,000 grandes maisons, très-belles pour la plupart, et 5,000 plus petites, ayant cependant presque toutes trois étages.

Un assez grand nombre de ces maisons étaient de pierre, toutes les autres de bois de cèdre, élégamment construites et magnifiquement meublées. La ville avait des remparts et une enceinte de murailles. C'était l'entrepôt de l'argent du Mexique et de l'or du Pérou, que 2,000 mulets transportaient, à travers l'isthme, vers le bord septentrional de la mer.

« Il se faisait aussi, à Panama, un grand commerce de nègres, qui n'était pas alors exclusivement entre les mains des Anglais, des Hollandais, des Français et des Danois, et auquel presque toutes les autres nations prenaient une part active. Aucune n'entendait mieux ce commerce que les Italiens, qui en donnaient des leçons au reste de l'Europe ; et, comme il exigeait deux choses dont les Génois ne manquaient pas, de l'adresse et de l'argent, ils en attiraient presque le monopole, et c'étaient eux qui approvisionnaient d'esclaves le Pérou et le Chili.

« Le président de Panama était à la fois intendant en chef pour les affaires civiles, et capitaine général de toutes les troupes de la vice-royauté du Pérou. Il avait dans sa dépendance Porto-Bello et Nata, deux villes habitées par les Espagnols, et les bourgs de Cruces, Penoma, Capira et Veragua. La ville de Panama avait aussi un évêque, suffragant de l'archevêché de Lima.

« Les négociants vivaient dans une grande opulence ; les églises et les autres édifices publics étalaient une magnificence surprenante. La cathédrale, bâtie dans le genre italien et surmontée d'un dôme imposant, était enrichie d'ornements en or et en argent, aussi bien que les huit couvents que contenait la ville. Il y avait, à peu de distance de la côte voisine, quelques petites îles embellies par l'art autant que par la nature, où

les principaux habitants de la ville possédaient de charmantes maisons de campagne, et qu'on appelait, pour cette raison, *les Jardins* de Panama.

« Tout concourait, en un mot, à rendre ce séjour aussi prospère qu'agréable. Plusieurs nations européennes y avaient des palais de commerce, et entre autres les Génois, qui y jouissaient d'un crédit presque illimité, et occupaient de vastes magasins pour les objets de leur immense négoce. Les principales maisons étaient remplies de tableaux précieux et de chefs-d'œuvre des arts, qu'on y avait entassés moins par un goût éclairé que par envie de s'entourer de tout l'éclat du luxe, puisqu'on en avait les moyens. Les trésors de toute nature dont on regorgeait, avaient été employés à faire venir d'Italie ces brillantes superfluités, qui n'avaient de valeur réelle que pour la vanité de leurs possesseurs.

« Tel était Panama, en 1670, lorsque les flibustiers le choisirent pour le but de leur audace, pour victime de leur extravagance, et attachèrent l'immortalité de leur nom à la triste gloire de réduire en un monceau de ruines cette capitale de la richesse américaine. » — P. Christian.

Pour cette œuvre, il leur fallait, avant tout, se rendre maîtres du château de Saint-Laurent, situé sur la rivière Chagre. Morgan détacha quatre vaisseaux, avec quatre cents hommes, sous les ordres de l'intrépide Brodely, qui remplit sa mission avec autant de courage que de bonheur. Ce château, situé sur une haute montagne, à l'embouchure de la rivière, était inaccessible de tous les côtés. Les premières tentatives furent infructueuses, les flibustiers perdirent d'abord beaucoup de monde ; car les Espagnols furent secondés par les Indiens dont les flèches empoisonnées furent encore plus meurtrières que les boulets et les balles.

Les assaillants voyaient tomber leurs camarades à côté d'eux sans pouvoir les venger. Leur courage commençait à chanceler ; le désordre se mit dans leurs rangs. Ils songeaient déjà à se retirer, lorsque les provocations des Espagnols leur donnèrent un nouvel accès de vigueur :

— Chiens d'hérétiques, leur criaient-ils d'un air triomphant, maudits Anglais, possédés du diable ! Vous trouverez ici votre tombeau !

Les flibustiers résolurent d'emporter le fort, ou de rester tous sur la place. Ils commencent l'assaut, en bravant la grêle de flèches dont on les accablait, et sans se laisser abattre par la chute de leur commandant Brodely, dont un boulet de canon emporta les deux jambes. L'un d'eux, dans l'épaule duquel une flèche était restée enfoncée, l'arracha lui-même en criant :

— Patience ! mes camarades, il me vient une idée ; tous les Epagnols sont perdus !

Il tire du coton de sa poche, en recouvre la baguette de son fusil, l'enfonce dans le canon, et lance, au lieu de balle, cette matière enflammée sur les maisons du fort, couvertes de bois léger et de feuilles de palmier. Les autres flibustiers ramassent les flèches dont la terre est jonchée et en font le même usage. L'effet de ce nouveau genre d'attaque donne un rapide résultat. Déjà un grand nombre de toits sont en feu : un caisson de poudre saute. Les assiégés ne songent plus qu'à arrêter les progrès de l'incendie.

La nuit survient ; les pirates mettent aussi le feu aux palissades de bois très-combustible. Les terres que soutenaient ces palissades s'éboulèrent faute d'appui, et comblèrent le fossé. Les Espagnols se défendirent cependant encore avec beaucoup d'énergie, mais les flibustiers poursuivirent leur attaque jusqu'à ce qu'ils fussent maîtres du château. Un grand nombre d'Espagnols se précipitèrent du haut des murailles dans le fleuve, pour ne pas tomber vivants au pouvoir de l'ennemi. Vingt-quatre prisonniers seulement échappèren au massacre. Ces vingt-quatre hommes étaient le reste de trois cent quarante qui composaient la garnison.

Malgré l'affreuse blessure qui l'avait mutilé, l'héroïque Brodely continua de commander et d'encourager sa bande. Il conserva la force de ne pas compromettre, en se faisant emporter du champ de bataille, des avantages qui lui coutaient si cher ; car, des quatre cents hommes qui composaient sa petite armée, cent soixante avaient été tués, quatre-vingts blessés plus ou moins grièvement, et de ces quatre vingts, plus de soixante gisaient dans un état désespéré.

Les cadavres des Anglais et des Français reçurent la sépulture, ceux des Espagnols furent précipités du haut du fort, et restèrent entassés au pied des murailles. Brodely attendit Morgan qui ne tarda pas à paraître avec toute son escadre.

Les flibustiers, en s'approchant, se livrèrent aux excès de la boisson, sans songer aux périls qu'offrait l'embouchure de la rivière de Chagre, où un écueil était caché sous les eaux. Leur ivresse leur coûta quatre navires qui coulèrent à fond, et dont l'un était précisément le plus fort, celui que montait Morgan. Les équipages et les chargements furent pourtant sauvés. Morgan ressentit cette perte avec un profond chagrin, mais n'en fit pas moins son entrée triomphale dans Saint-Laurent, où il établit une garnison de cinq cents hommes. Il détacha aussi de son corps de troupes cent cinquante marins, pour occuper plusieurs bâtiments espagnols qui se trouvaient dans la rivière.

Le reste des combattants reçut l'ordre de se préparer au départ. Morgan les chargea de fort peu de vivres, tant pour ne pas retarder sa marche sur Panama, que parce que les moyens de transport lui manquaient. Enfin, le 18 janvier 1671, il se mit en marche pour Panama, avec l'élite des flibustiers, formant un corps de treize cents hommes.

Cinq bâtiments furent chargés de l'artillerie, la troupe fut placée, fort à l'étroit, sur trente-deux barques à voiles. En arrivant à Rio de los Bracos, les flibustiers ne trouvèrent absolument rien; les Espagnols, en fuyant, avaient emmenés avec eux tous leurs bestiaux, et emporté jusqu'à la dernière pièce de leur mobilier.

Le second jour ne fut pas plus heureux ; le défaut de pluie avait rendu les eaux de la rivière si basses, et le grand nombre d'arbres qui y étaient tombés embarrassait tellement son cours, qu'il leur était presque impossible de le suivre.

Le troisième jour, le chemin les conduisit à une forêt où il n'y avait aucun sentier frayé, et dont le terrain fuyait sous de profonds et fétides marécages.

Plusieurs furent réduits à manger des feuilles d'arbre ; la plupart manquèrent entièrement de toute espèce de nourriture. C'est dans cet état de cruelles privations, et très-légèrement vêtus, qu'ils passaient les nuits, couchés sur le rivage, transis de froid.

Ils étaient obligés de ne point s'éloigner des bords de la rivière, parce qu'ils avaient trouvé le moyen de traîner leurs barques avec eux ; et lorsque l'eau était assez profonde, une partie des équipages s'y plaçait, tandis que les autres continuaient le voyage par terre.

Le quatrième jour, les flibustiers arrivèrent à *Torna-Cavallos*. Mais les Espagnols l'avait aussi évacué.

De grands sacs de peau furent la seule chose qu'ils n'eussent ni brûlée, ni emportée.

Ce cuir fut coupé par petits morceaux, que l'on râpa, et que l'on battit fortement entre des pierres. On fit ensuite détremper ces lanières dans l'eau pour les amollir, puis on les mangea rôties. Après ce détestable repas, les pirates se remirent en route avec effort, et parvinrent à *Torna-Munni*, où les attendait encore le même abandon. Le jour suivant, ils atteignirent *Barbacoa*; mais nulle part ils ne rencontrèrent ni hommes, ni animaux, ni rafraîchissement d'aucune espèce.

Les Espagnols avaient eu soin de détruire, dans toutes les maisons, jusqu'aux moindres ressources dont l'ennemi pût profiter. Un heureux hasard fit cependant découvrir dans le creux d'un rocher, deux sacs de farine, quelques fruits et deux grandes jarres remplies de vin.

Morgan eut la générosité de refuser sa part, et il ordonna que ces modiques provisions fussent partagées entre les aventuriers les plus abattus. On transporta les éclopés sur les barques, pour faire rentrer dans les rangs tous les individus valides. La marche, néanmoins était fort lente, car les plus courageux sentaient leurs dernières forces prêtes à s'éteindre, et plus on avançait, plus les chemins devenaient accidentés et pénibles.

Le lendemain, le défaut d'aliments avait exténué les ressorts des plus persévérants, et à chaque instant il fallait arrêter la colonne, pour relever et traîner ceux qui ne pouvaient plus suivre. Vers le milieu du jour, on arriva dans une ferme isolée, dont les granges étaient encombrées de maïs que, dans leur précipitation, les colons fugitifs n'avaient pas eu le temps d'incendier.

Les aventuriers regardèrent cette trouvaille comme un bienfait de la Providence. On les vit se jeter avec une espèce de rage sur ces grains qu'ils dévoraient tout crus ; Morgan fit broyer en farine une quantité suffisante de maïs dont on fabriqua des espèces de galettes cuites dans des feuilles de bananiers, sur des pierres plates rougies au feu.

Chaque aventurier se chargea d'une ration assez abondante pour deux jours; et les mieux réconfortés se dévouèrent pour porter entre eux une réserve commune.

A deux lieues de la ferme, on fit rencontre d'une troupe d'Indiens armés, qui se déployait sur l'autre bord de la rivière; quelques coups de fusil les éloignèrent, et Morgan continua sa route, à travers ce pays toujours solitaire, les illusions anéanties firent place à toutes les angoisses.

Les murmures se déchaînèrent; l'entreprise fut maudite, et son instigateur s'entendit reprocher amèrement d'avoir voulu sacrifier ses compagnons aux calculs d'une insatiable cupidité. Deux partis se formaient; les plus exaspérés voulaient qu'on abandonnât le chef, les autres hésitaient.

Après une nuit d'insomnie, ils s'acheminèrent vers la rivière, dont le cours barrait leur marche. Sur la rive opposée, apparaissait une bourgade fort étendue.

— Là, enfin, s'écria Morgan, nous rencontrerons infailliblement des hommes et des vivres!

Mais c'était encore une déception. A mesure qu'on approchait, on vit tourbillonner la fumée de plus en plus épaisse et noire; on marchait vers le foyer d'un incendie.

C'était le bourg de Crucès, au moment où les flibustiers arrivèrent, tous les habitants avaient pris la fuite, après avoir eux-mêmes mis le feu à leurs maisons.

On n'y trouva qu'un sac de cuir rempli de pain et quelques chats et chiens qui furent à l'instant tués et dévorés, quelques hommes de la bande découvrirent enfin seize jarres pleines de vin du Pérou, dont ils s'enivrèrent.

Tous ceux qui en avaient bu furent atteints de vomissements accompagnés de tranchées cruelles. Le bruit se répandit aussitôt que les Espagnols avaient empoisonné ce vin.

Morgan favorisa la pensée de l'empoisonnement des liquides par les Espagnols, afin de contraindre la sobriété par la crainte, et, voyant le lendemain que les malades étaient soulagés par le repos, il eut l'art de tirer des périls supposés, auxquels on les croyait échappés, un heureux augure pour l'issue prochaine de ses desseins.

Les eaux basses de la rivière le réduisaient à la nécessité de s'éloigner, en cet endroit, de sa flottille de barques. Il lui fallut mettre à terre tout son monde, et même les hommes les plus énervés, parmi lesquels soixante seulement, hors d'état de faire aucun service actif, furent chargés de ramener la flotille à l'embouchure du Chagre.

Morgan ne conserva qu'une seule chaloupe, armée de deux pièces de canon, qui devait, en cas de besoin, lui servir d'intermédiaire avec la garnison de Saint-Laurent et ses navires.

Prévoyant alors qu'un plus long séjour l'exposerait à livrer aux espions de l'ennemi le secret de sa situation, Morgan donna sur l'heure l'ordre de se préparer au départ; c'était le 26 janvier et le neuvième jour de l'expédition. Sa troupe se composait encore de onze cents hommes. Deux cents des plus valides formèrent l'avant-garde.

On marcha jusqu'au coucher du soleil, sans rien rencontrer. Mais tout à coup l'avant-garde, engagée entre deux massifs de rochers, fut assaillie par une grêle de flèches. Les flibustiers s'arrêtèrent un moment, déconcertés; sans avoir combattu, ils comptaient déjà vingt hommes tués ou blessés, ils jugèrent qu'ils avaient affaire à un parti d'Indiens; ils avancèrent résolument, et traversèrent une forêt où se trouvaient tapis, au nombre de trois ou quatre cents, les Indiens qui les avaient harcelés.

Ces indigènes se défendirent avec acharnement, la plupart furent massacrés; mais cette victoire coûta de nouvelles pertes aux aventuriers, qui laissèrent encore dix-huit des leurs sur la place.

Les vainqueurs firent toute la diligence possible pour sortir de ce labyrinthe de rochers, au milieu duquel une seconde rencontre eût pu devenir désastreuse, et ils débouchèrent enfin dans une prairie découverte et privée d'arbres, où rien n'offrait le moindre abri contre les rayons d'un soleil brûlant. Une pluie abondante y tombait. En quelques minutes, les aventuriers furent mouillés jusqu'aux os.

Vers midi, un détachement gravit une haute colline, d'où l'on commençait à décou-

Massacre des habitants de Gibraltar. (P. 237.)

vrir la mer du Sud. A cet aspect qui leur annonçait le terme prochain de leurs souffrances, les flibustiers furent transportés de joie. Panama échappait encore à leurs regards ; mais ils virent à leurs pieds, une grande quantité de bœufs, de vaches de chevaux et d'ânes.

Ces aliments qu'ils dévoraient des yeux, allaient réparer leur puissance.

Aussi se jetèrent-ils sur les animaux qu'on leur avait abandonnés. Ils en tuèrent à la hâte un grand nombre, et se mirent à en manger la chair presque crue, et avec une telle avidité, que le sang tout chaud découlait de leur bouche sur tout leur corps. Ce qu'ils ne purent consommer sur les lieux, ils l'emportèrent.

Morgan ne savait encore à quoi s'en tenir, quant à la proximité de Panama, lorsqu'enfin les flibustiers, parvenus sur le plateau d'une seconde hauteur, découvrirent les tours de cette ville.

Aussitôt ils poussent des cris de joie. Ils font voler leurs chapeaux, et s'écrient en s'embrassant :

— Victoire ! Victoire !

Cependant, il faut s'arrêter pour discuter les plans d'attaque.

C'est à l'imprévu qu'il faut demander le succès.

Les flibustiers, cependant, s'occupaient avant tout, de leurs provisions. Comme leur chef avait interdit de faire du feu, de peur

32.

que les lumières de son camp ne servissent de guide à quelque sortie de gens de Panama, ils dévoraient sans aucun apprêt les viandes dont ils s'étaient emparés, tout en devisant fort gaiement sur la bizarre apathie des Espagnols, qui poussaient la négligence au point de n'oser troubler le repos qui leur était si nécessaire.

Le jour suivant, 22 janvier 1671, les flibustiers se mirent en marche de très-bonne heure, et prirent, d'abord tout droit, le chemin de la ville. Mais, par les conseils d'un de ses guides, Morgan leur fit bientôt quitter la grande route pour se porter dans un bois épais où il n'y avait aucun sentier frayé.

Les Espagnols, qui ne s'attendaient pas à cette manœuvre, ne s'y trouvèrent nullement préparés : au lieu de mettre tous les alentours en état de défense, ils s'étaient contentés d'obstruer, par des abattis d'arbres et par quelques retranchements de terre, la route principale sur laquelle ils comptaient voir éclater l'attaque de l'ennemi.

Ils se portèrent en toute hâte, vers le point menacé.

Le corps des miliciens espagnols était remarquable par sa belle tenue, et s'avançait en ordre de bataille. Les soldats étaient vêtus en étoffes de soie de différentes couleurs, et les cavaliers se pavanaient sur leurs coursiers fringants, comme s'il eût été question pour eux d'aller à un combat de taureaux.

Le président de Panama, qui commandait en personne, avait réuni toutes les ressources guerrières de son petit État, 4 régiments d'infanterie, 400 dragons à cheval, et 2,000 taureaux sauvages conduits par quelques centaines d'Indiens et de nègres, munis de flèches empoisonnées. Cette armée fut aperçue du camp des flibustiers postés sur la hauteur.

Sur l'ordre de Morgan, ils se partagent en trois colonnes, détachent en avant 200 tirailleurs très-exercés, et prennent le pas de charge pour les soutenir.

Le président de Panama donne à ses cavaliers le signal de tourner l'ennemi, pendant que les Indiens lancent et excitent les taureaux. Mais le terrain, coupé par des cultures, des fossés et des haies, n'est bientôt plus praticable pour les dragons, qui s'arrêtent en piétinant sur la lisière d'un marais, en face et à demi-portée des tirailleurs de Morgan, qui dirigent contre eux un feu nourri, et sèment la mort dans leurs rangs. Des 400 cavaliers qui déployaient tout à l'heure un front menaçant, 50 à peine parviennent à battre en retraite sous la mousqueterie.

Les taureaux, sur la fougue desquels on avait compté, se cabrent et se renversent; quelques-uns de ceux que les balles ont atteints se rejettent dans la foule avec des mugissements effroyables; d'autres courent effarés, çà et là, et portent le désordre au milieu des fantassins. Les flibustiers joignent alors l'infanterie espagnole et la pressent avec vigueur. Tour à tour, ils mettent un genou à terre, ajustent, tirent et se relèvent. Tous montrent une dextérité et une présence d'esprit qui doivent, en peu de temps, fixer le sort de la lutte. Presque tous les coups portent en pleine poitrine. Les Espagnols fléchissent peu à peu; leur découragement s'accroît, la voix de leurs chefs est impuissante pour les contenir et les ramener contre l'ennemi.

La plupart jettent leurs armes et se refoulent vers la ville en abandonnant sur le terrain 1,200 hommes tués ou blessés, et plus de 60 prisonniers. Parmi ces derniers se trouvaient 5 ou 6 moines franciscains, qui s'étaient exposés aux plus grands dangers pour animer l'ardeur des soldats.

On les conduisit à Morgan, qui les fit abattre à coups de pistolet. Un bon nombre de fuyards s'étaient réfugiés dans des massifs de broussailles. Les flibustiers ne leur firent aucun quartier et les hachèrent à coups de sabre.

Malgré cet avantage, les vainqueurs n'étaient pas au terme de leur entreprise. Il s'agissait de forcer Panama, dont les remparts et les tours, hérissés d'artillerie, pouvaient défier longtemps les tentatives d'assaut Le gouverneur se croyait d'autant mieux fondé à croire sa position imprenable, que le combat de la plaine avait aussi coûté aux flibustiers des pertes considérables.

Le chef des aventuriers venait de recueillir de la bouche d'un officier espagnol, qui se trouvait au nombre des prisonniers, les renseignements les plus détaillés sur la situation de Panama.

L'officier espagnol avait déclaré que les femmes et les richesses des habitants étaient cachées, depuis quinze jours, dans les îles de Taroga ; que les 2,000 hommes d'infanterie et les 400 cavaliers battus dans la plaine composaient toute la garnison de la ville ; et que les assiégés chercheraient à attirer les flibustiers dans les rues mêmes de la ville, dont ils avaient barré les passages, de distance en distance, avec des sacs de farine empilés derrière lesquels ils feraient jouer leur artillerie, composée de 28 pièces, sans compter le feu de mousqueterie qui plongerait du haut des maisons sur les assaillants.

Morgan fit marcher en tête de ses gens l'officier espagnol qui devait lui servir de guide, et payer de la vie le moindre signe de trahison. En arrivant au pied des fortifications, il fut étonné de trouver les portes ouvertes, pénétra dans la ville par la grande rue de Porto-Bello, dont toutes les maisons semblaient désertes. Quelques habitants se montraient seulement à l'extrémité de la rue, lâchaient un coup de fusil et prenaient la fuite Les flibustiers s'élancèrent à la course au moment où leur tête de colonne débouchait sur la grande place de la ville, les canonniers se hâtèrent de mettre feu à l'artillerie. Cette décharge mal calculée n'atteignit qu'un petit nombre d'assaillants, et porta en plein dans les maisons dont toutes les fenêtres et les portes volèrent en éclats.

Morgan ne laissa pas aux Espagnols le temps de recharger leurs pièces ; fusillant à bout portant les artilleurs, il s'empara des canons, et les fit tourner contre la foule.

Après trois heures d'un engagement corps à corps, les Espagnols s'enfuirent à travers les rues voisines, poursuivis de tous côtés par une grêle de balles.

La plupart des habitants étaient en fuite.

Ils avaient embarqué leurs femmes, leurs richesses.

Quoiqu'on eût emporté de Panama tous les effets précieux, il s'y trouvait cependant une foule de boutiques remplies de marchandises, de produits du luxe et de l'industrie et d'immenses provisions de farines, de vins, d'huiles et d'épiceries ; de grands magasins remplis d'outils et d'instruments de fer, d'enclumes, de charrues, qu'on avait reçus d'Europe, et qui étaient destinés au développement des colonies espagnoles, étaient sans valeur, on le sent bien, pour le farouche Morgan, parce qu'il ne pouvait pas les emporter ; mais, en les conservant, il aurait pu en faire l'objet d'une rançon. Il fit mettre le feu en plusieurs endroits de la ville : en quelques heures, elle fut consumée presque en entier.

Un vent violent soufflait, et d'ailleurs, la plupart des édifices de la ville étaient construits en bois. Ses plus belles maisons, entre autres le magnifique Palais du Commerce des Génois, ses églises, ses couvents, son hôtel-de-ville, ses boutiques, ses hôpitaux, ses pieuses fondations, ses magasins encombrés de sacs à farine, près de 200 autres dépôts de marchandises diverses furent réduits en cendres.

L'incendie fit aussi périr un grand nombre de bestiaux, de chevaux, de mulets, et beaucoups d'esclaves qui s'étaient cachés, et qui furent brûlés vifs. Bien peu de maisons échappèrent à ce sinistre dont les ravages durèrent quatre semaines. Au milieu de ces scènes de désolation, le pillage ne ralentissait rien de son activité, et les aventuriers ramassèrent encore des dépouilles considérables.

Morgan, honteux de son atroce résolution, cacha soigneusement la part qu'il avait prise à la destruction de Panama. Il voulut faire croire que les Espagnols eux-mêmes en étaient les auteurs.

Il détacha un gros corps de troupe pour aller annoncer sa victoire aux compagnons qu'il avait laissés à l'embouchure de la rivière de Chagre. Deux autres détachements, de cent cinquante hommes chacun, furent chargés d'emmener les prisonniers.

Enfin, un des meilleurs navires de la flotille fouilla les côtes de la mer du Sud. Ce bâtiment revint deux jours après, et ramena trois grandes barques marchandes; mais il apportait en même temps une nouvelle qui causa le plus vif chagrin à Morgan.

Un fort galion, chargé des trésors que les habitants de Panama avaient sauvés venait d'échapper à la poursuite. A bord de ce galion se trouvaient aussi les femmes recueillies dans l'île de Taroga, et le bruit courait qu'il était lesté d'or et d'argent.

Ce bâtiment ne portait que six canons avec un équipage peu nombreux. Il faisait voile avec une entière sécurité, parce que les flibustiers étant arrivés par terre à Panama, les Espagnols se persuadèrent qu'ils n'étaient pas en état d'inquiéter les routes de la mer.

Morgan fit sortir en chasse quatre embarcations légères, qui, pendant huit jours, croisèrent en tous sens dans les parages circonvoisins. Mais toutes leurs manœuvres furent infructueuses, et la petite flottille revint de cette exploration sans ramener aucune prise, et sans avoir fait la moindre découverte.

On avait, au reste, reçu du fort Saint-Laurent des nouvelles satisfaisantes. La garnison avait réussi à enlever un vaisseau espagnol qui s'était approché sans méfiance; le bâtiment venait de Carthagène, d'où il rapportait plusieurs caisses d'émeraudes. Cet heureux incident détermina Morgan à prolonger quelque temps encore son séjour à Panama. En attendant, toute crainte de voir les Espagnols du dehors tenter quelques représailles, s'étant peu à peu dissipée, les flibustiers s'établirent dans le petit nombre de maisons que la flamme avait épargnées, et y vécurent tranquillement, en se reposant sur la vigilance de fortes patrouilles qui parcouraient sans cesse les environs, et qui chaque jour, rentraient avec de nombreux prisonniers chargés de butin.

En peu de temps, ces détachements d'éclaireurs avaient saisi plus de cent mulets, et plus de deux cent personnes que l'on tourmenta de la manière la plus barbare, pour leur faire avouer en quels lieux se trouvaient cachés les débris de la fortune de Panama. Plusieurs de ces infortunés expirèrent au milieu des tortures.

Quelques femmes riches et belles furent seules traitées avec des égards, mais on ne les sauvait du meurtre que pour les prostituer aux brutalités les plus infâmes. Celles qui s'y refusaient payèrent de leur vie les combats de la pudeur. Morgan lui-même donnait à ses compagnons l'exemple des débauches les plus révoltantes.

« Parmi les prisonnières qui lui furent amenées, se distinguait une jeune et très-belle femme, d'un caractère doux et modeste, uni à l'âme la plus fière et la plus intrépide. C'était l'épouse d'un riche commerçant qui se trouvait alors en voyage dans le Pérou, pour les affaires de son négoce. Elle avait pris la fuite avec ses parents, lorsque les flibustiers l'arrêtèrent à quelques lieues de Panama. Morgan n'eut pas besoin de l'examiner longtemps pour ordonner que cette belle créature fût mise en réserve et destinée à ses plaisirs.

« Elle avait, dit Œxmelin, des cheveux noirs comme l'ébène, des yeux pleins d'un feu sombre, une peau d'une éblouissante blancheur, et la gorge la plus admirable que l'on puisse imaginer. »

« Le chef des aventuriers la traita d'abord avec ce respect instinctif qu'impose la beauté ; il la sépara des autres prisonniers, quoiqu'elle le suppliât en pleurant de lui épargner cette distinction plus redoutable que flatteuse. Il lui donna une chambre à part dans l'habitation qu'il occupait, avec des nègres pour la servir, et poussa la complaisance jusqu'à lui permettre de recevoir la visite de quelques dames espagnoles, prisonnières comme elle.

« Cette jeune dame fut d'abord surprise d'un pareil traitement, d'autant plus qu'on lui avait dépeint les flibustiers comme des espèces de monstres aussi hideux par leur forme qu'odieux par leur caractère. Œxmelin, qui nous a transmis cette anecdote, raconte qu'une des captives espagnoles, en les voyant pour la première fois, s'était écriée :

« — Santa Maria ! ces brigands sont tout à fait semblables à nous autres chrétiens !

« L'héroïne de la passion naissante de Morgan ne soupçonna pas d'abord que ses attraits fussent la cause des égards délicats et inespérés dont elle se voyait l'objet. Mais elle sut bientôt à quoi s'en tenir. Morgan, que ses rigueurs impatientaient, lui donna trois jours de réflexion pour se préparer à partager sa couche. Pour adoucir en même temps la brusquerie de ce dénouement, il fit déposer à ses pieds ce qu'il possédait de plus précieux en bijoux d'or, perles et diamants. Mais la belle captive refusa tous ses présents, et crut pouvoir dompter ce tigre amoureux en faisant appel aux sentiments généreux qu'elle lui prêtait.

« — On m'a répété mille fois, lui dit-elle, que vos semblables étaient sans humanité, et livrés à toute sorte de vices. Mais je suis convaincue, par tous vos bons traitements, que vous ne ressemblez pas aux êtres féroces qui vous obéissent, et il ne tiendra qu'à vous de me persuader de votre vertu, en n'abusant pas d'un droit que vous ne tenez que de la force. Ma vie est entre vos mains ; mais, je le jure par mon salut éternel, vous ne toucherez à mon corps qu'après en avoir séparé mon âme !

« Et comme Morgan, peu sensible aux révoltes de la pudeur, voulait porter sur sa conquête une main téméraire, elle tira de son sein un poignard dont elle l'eût frappé, s'il n'eût rapidement détourné le coup et désarmé sa main.

« Incapable d'aucun élan généreux, le chef des flibustiers ne vit qu'une insulte dans la résistance de sa victime. Il l'a fit saisir par ses gardes ; on la déshabilla presque nue, et elle fut traînée dans un souterrain de la cathédrale.

« De pareils barbaries, et de plus terribles encore, étaient si fréquentes parmi les flibustiers, que personne ne se fût soucié du sort de cette malheureuse, si sa ravissante beauté n'eût excité la compassion de quelques aventuriers français. Ceux-ci ne craignirent point de blâmer Morgan avec une telle énergie, qu'il fut obligé, pour se justifier, de recourir à une imposture. Il prétexta que cette captive, abusant de sa bonté et de l'imprudente facilité qu'il lui avait accordée de voir ses compatriotes, ses parents et ses amis, s'en servait pour entretenir des intelligences avec les Espagnols du dehors, et qu'il avait découvert un complot dont il tenait les fils.

« Ce mensonge fit taire les murmures, et Morgan resta libre de châtier à son gré la courageuse résistance que la belle Espagnole opposait à ces désirs.

« Ingénieux à créer des supplices aussi lents que cruels, il imagina de faire enchaîner un squelette dans un caveau voisin de celui où il tenait sa captive. Quand cette épouvantail fut préparé, il se couvrit d'une robe de moine, et descendit seul dans l'espèce de tombeau où il espérait, tôt ou tard, triompher par l'effroi d'une nature déjà vaincue par la douleur. La jeune femme tressaillit à son aspect; mais elle restait inébranlable :

« — Monstre, lui dit-elle, tue-moi si tu l'oses, mais n'espère outrager que mon cadavre !

« Morgan, furieux, ne put contenir sa rage ; et, après avoir cruellement frappé cette infortunée, il la tira par les cheveux hors de son cachot, et, poussant du pied la porte voisine, il la jeta dans le cloaque où gisait le squelette enchaîné :

« — Voilà, lui cria-t-il, ce que deviennent ceux qui me résistent ! Médite bien, en face de ces ossements, le sort que je te réserve ! Je viendrai bientôt savoir si tu préfères cette société à celle du roi des Frères de la Côte !...

« Malgré l'autorité presque absolue que l'audacieux flibustier exerçait sur ses compagnons, il était cependant loin de fermer la bouche à leurs plaintes. Plusieurs chefs subalternes avaient formé le projet de se séparer de lui, de ne point retourner au fort Saint-Laurent, et d'aller croiser pour leur compte dans la mer du Sud.

« Ils voulaient choisir dans ces parages une île écartée pour y déposer le produit de leurs prises, et retourner en Europe en faisant le tour des Indes-Occidentales, lorsqu'ils se verraient assez riches pour renoncer à la piraterie. Pour exécuter ce projet, ils avaient déjà rassemblé secrètement, à bord des navires capturés, beaucoup de vivres, d'armes, de munitions, et de pièces d'artillerie enlevées de Panama. Mais la veille de leur départ, Morgan fut averti de leur dessein par un de ses affidés.

« Il appela aussitôt les mécontents autour de lui, et leur déclara qu'il ne s'opposait point à leur séparation, mais que l'intérêt et la sûreté de la troupe exigeaient qu'on fît retraite en masse jusqu'à l'embouchure du Chagre. En conséquence, l'ordre du départ fut donné sur-le-champ.

« Le butin, qui ne consistait guère qu'en argent, en or et en bijoux, parce que tous les autres objets n'auraient pu être emportés facilement, fut chargé sur cent soixante-quinze bêtes de somme, à côté desquelles plus de six cents prisonniers, habitants et esclaves, hommes, femmes et enfants, furent obligés de marcher à pied. Ces malheureux, qui ne savaient pas où on les traînait, qui étaient exténués de faim et de fatigue, se livraient à des gémissements qui eussent attendri d'autres maîtres que des bandits anglais. Ils conjurent à genoux Morgan de les abandonner parmi les cendres de leur patrie ; mais le farouche pirate leur répond qu'il lui faut une rançon.

« Cette condition équivalait à un arrêt de mort ; cependant, ils l'acceptèrent, et quelques moines obtinrent leur liberté pour aller chercher la somme convenue.

« Mais comme, au bout de deux jours, ils ne reparaissaient pas, Morgan se mit en marche avec son cortège de captifs. La belle Espagnole dont nous avons raconté l'histoire était sortie de son cachot, dans un accablement voisin de l'agonie. Les flibustiers l'arrachèrent au pouvoir de Morgan, et décidèrent, malgré leur chef, qu'elle serait mise en liberté sans rançon, dès qu'on pourrait la déposer dans quelque bourgade, si les moines ne revenaient pas pour racheter les autres prisonniers. Ceux-ci ne reparurent point et Morgan dévora sa rage impuissante, car ses compagnons tinrent leur promesse.

« On fit halte à moitié chemin du fort Saint-Laurent. Là, chacun fut sommé d'affirmer par serment qu'il n'avait pas détourné à son profit la moindre parcelle du butin. Ce serment fut prêté ; et cependant le soupçonneux Morgan demanda que chaque aventurier fût scrupuleusement fouillé.

« Pour rendre supportable ce que cet ordre pouvait avoir d'offensant, il se laissa visiter le premier, et, afin que rien ne pût échapper à la perquisition qu'il voulait bien subir lui-même, il ôta jusqu'à ses chaussures. Aucun flibustier n'osa dès lors protester contre une si rigoureuse mesure, bien qu'un assez grand nombre, et particulièrement les Français, se permissent des plaintes amères.

« Les officiers de la bande furent en cette occasion, les exécuteurs de la volonté du chef, et s'acquittèrent de cette fonction avec une sévérité qui fit éclater le mécontentement général. On alla jusqu'à démonter les bois de fusil pour s'assurer si, entre les ferrures et le bois, il n'y avait point de pierreries cachées.

« Les plus indignés cessèrent alors de se contenir; des cris de mort s'élevèrent contre Morgan lui-même, et il ne dut peut-être son salut qu'à l'énergie de quelques vieux routiers qui parvinrent à calmer les esprits, en représentant que la mesure dont quelques-uns se plaignaient, était, en définitive, protectrice des intérêts communs.

« Mais Morgan, d'accord avec ses affidés, et qui savait concilier une rare adresse avec les dehors d'une impérieuse arrogance, avait profité du tumulte de cette scène et des préoccupations de la visite, pour recommander à ses officiers d'enlever adroitement les objets qu'ils pourraient découvrir, et d'éviter ainsi les rixes que pourraient faire naître la saisie publique des fractions de butin dérobées à la masse commune. Cette précaution produisit un bon effet, et rétablit la discipline.

« La bande arriva enfin, le 9 mars 1671, à l'embouchure du Chagre. Morgan fit embarquer les prisonniers sur un navire qui les conduisit à Porto-Bello. On procéda ensuite au partage des dépouilles de Panama, dont la valeur s'élevait à 443,200 livres pesant d'argent massif, à raison de dix piastres pour la livre. Mais, en cette circonstance, Morgan se conduisit comme un brigand déhonté envers ces mêmes compagnons qui s'étaient si docilement soumis à ses recherches, et qui avaient versé au fonds commun tout ce qu'ils eussent pu s'approprier à son préjudice.

« Il se permit ouvertement les plus criantes spoliations en faisant mettre de côté, pour lui seul, une grande quantité de pierreries; en sorte que chaque complice de toutes ses vexations et de toutes ses cruautés ne reçut, pour prix de tant de fatigues et de dangers qu'une misérable somme de deux cents piastres pour sa part.

« L'irritation se ralluma. Les plus modérés jusqu'alors lui reprochèrent en face de les avoir trompés et volés. Morgan craignait un soulèvement; mais la cupidité dominait en lui l'appréhension du péril, et il ne songea qu'au moyen de se soustraire à l'orage avant son explosion. Une seule voie s'offrait, c'était la fuite : il n'hésita point.

« D'accord avec trois de ses lieutenants, qui avaient apporté dans le partage du butin la même infidélité, il leva l'ancre pendant la nuit, et laissa le reste de sa flotte en arrière. Les autres flibustiers, furieux de se voir si lâchement exploités et trahis, voulaient se mettre à sa poursuite, et tirer de cette conduite une sanglante vengeance, lorsqu'ils s'aperçurent qu'ils allaient manquer de vivres, et qu'au lieu de se mettre en course, la nécessité les pressait de se séparer, pour aller chercher sur la côte de Costa Ricca les ravitaillements qu'exigeait leur situation.

« Mais des accidents de tout genre vinrent bientôt faire avorter ce dernier projet; et ils ne réussirent que longtemps après, et au prix de peines infinies, à regagner la Jamaïque.

« Malgré le trop heureux résultat de ses aventures, Morgan rêvait encore de nouvelles expéditions, et ne doutait pas que de nombreux compagnons n'accourussent de toutes part se rallier à sa fortune, Il se proposait d'aller fonder à Sainte-Catherine une petite souveraineté, et d'y créer un centre fortifié qui servirait de dépôt à ses prises futures.

« Mais pendant qu'il organisait le plan de cet établissement, on vit arriver à la Jamaïque un vaisseau de ligne anglais, porteur de dépêches du gouvernement britannique, don la publication fut un coup de foudre pour les flibustiers. Le gouverneur de la colonie était rappelé à Londres, pour rendre compte au Parlement de la protection qu'il avait accordée à cette *association de scélérats*. L'officier général qui devait le remplacer était à bord du navire. A peine débarqué, il fit proclamer, dans tous les ports de la domination anglaise, la paix conclue entre l'Angleterre et l'Espagne, et la défense, sous les peines les plus rigoureuses, d'entreprendre à l'avenir, sous quelque prétexte que ce fût, la moindre hostilité contre les colonies espagnoles.

« Les forbans anglais qui tenaient encore la mer à l'arrivée de ces dépêches, se gardèrent bien de rentrer dans les ports, de peur qu'on ne les obligeât de restituer leur butin. Ils se rendirent à la Tortue, dernier repaire de la flibuste, qui n'avait encore reçu du gouvernement français aucune interdiction. Morgan, forcé de renoncer à ses desseins, prit le parti de vivre tranquille avec les richesses considérables qu'il avait acquises. Il s'établit à la Jamaïque, épousa la fille d'un haut fonctionnaire, et parvint lui-même à des emplois importants. Ainsi finit, au sein d'un bonheur insolent, cette existence gorgée du sang et des larmes de tant de victimes. » (Christian).

« Cependant, dit Œxmelin, chaque fois que le moindre incident rappelait le passé à ses compagnons, chacun d'eux sentait se réveiller sa haine et le désir de la vengeance. Un jour, entre autres, que l'eau-de-vie montait les têtes, ils s'emportèrent furieusement contre lui. Les uns, transportés de rage, tiraient leurs sabres, et couraient les rues, prêts à le frapper s'ils l'eussent rencontré ; d'autres montraient leurs blessures, en racontant les périls dont il avait accaparé tout le fruit ; tous regrettaient les camarades qu'ils avaient perdus dans des combats livrés pour assouvir l'avidité d'un seul homme. Ces bandits entendaient la justice à leur façon, et certes, la prospérité de Morgan était bien faite pour aigrir leur misère. Pour moi, j'examinais à l'écart, avec quelques-uns de nos officiers, la scélératesse de ce coquin parvenu. Je leur faisais remarquer ce qui, naguère, n'avait pas même éveillé nos soupçons ; ses conférences mystérieuses avec cinq ou six affidés, sa réserve inquiète vis-à-vis de tous ses autres compagnons, et sa contenance embarrassée au moment du partage des dépouilles de Panama. Un jour qu'il se trouvait auprès d'un de ses confidents, dont je pansais une plaie rouverte, il lui dit à demi-voix :

« — Courage, vieux frère, courage, guéris-toi promptement ; car, après m'avoir aidé à vaincre, il faut encore m'aider à profiter de la victoire !

« C'était lui dire, comme l'événement ne l'a que trop prouvé :

« — Tu m'as aidé à faire un grand butin, mais il s'agit de l'enlever à cette canaille qui s'imagine avoir travaillé pour elle !

« Une autre fois, je rôdais dans la campagne, pour cueillir quelques herbes médicinales. Je rencontrai Morgan, seul dans un canot ; il était baissé, et fourrait dans un coin quelque chose que je ne pus discerner à cause de l'éloignement. Comme il tournait souvent la tête de côté et d'autre, je présumai qu'il avait besoin du secret. Dès qu'il m'aperçut, il sauta à terre, et vint droit à moi, d'un air préoccupé. Quelques moment après, il me demanda, mais avec une indifférence très-affectée, ce que je faisais en cet endroit, et s'il y avait longtemps que j'y étais. Pendant qu'il me questionnait, j'aperçus l'herbe que je venais chercher, et ma réponse fut de la cueillir à ses yeux, et de lui en dire les propriétés. Il me tint alors plusieurs discours sans suite, et me fit, assez maladroitement, quelques offres de service. Je m'étonnais que cet homme, qui s'enveloppait ordinairement d'une morgue inabordable, prît le chemin que je suivais, quoique ce ne fût pas le sien. Par honnêteté, je ne voulais pas le souffrir ; il s'aperçut probablement que sa bévue pour-

Morgan et la dame espagnole. (Page 253.)

rait me faire réfléchir, et me quitta brusquement. En examinant depuis les particularités de cette petite aventure, je pensai, et je crois encore, qu'il avait pratiqué dans son canot une petite cachette, où il mettait en réserve les pierres précieuses qu'il avait l'adresse de détourner du butin,

« Cette cachette était ménagée avec beaucoup d'art, car ayant eu l'occasion de me trouver plus tard dans ce même canot, je ne pus en découvrir la moindre apparence. Mais ce qui me confirma dans mes suppositions, c'est que Morgan ne perdait jamais de vue cette embarcation et ne permettait à personne de s'en servir en son absence.

« Cet Anglais insatiable, souillé de tous les vices, et enrichi par le vol de ses propres complices, a fini sa carrière entouré de l'estime de ses dignes compatriotes, chez lesquels, comme chez bien d'autres peuples, un homme, quel qu'il soit, n'a besoin d'autre considération que celle qu'assure la fortune. » ŒXMELIN.

CHAPITRE VI

SAWKINS ET SHARP

Une bande de flibustiers entreprend une nouvelle expédition dans l'isthme de Panama. — Débarquement dans le golfe de Darien. — Marche dans les terres. — Prise de Santa-Maria. — Croisière devant Panama. — Mauvais débuts de l'expédition. — Combat contre une flotte espagnole. — Prise du vaisseau de Péralta — Le capitaine Coxen, accusé de lâcheté, se retire. — Mort de Sawkins à l'attaque de Puebla-Nueva. — Sharp est élu commandant en chef. — Pillage de Serena. — Les aventuriers sont défaits devant Arica. — Sharp sauve ses compagnons. — La conspiration des esclaves. — Retour par le sud de l'Amérique. — Sharp revient en Angleterre. — Il se fait forban. — Il s'empare d'un navire français. — Il disparaît.

Après le départ de Morgan, les flibustiers ne restèrent point sans chefs, mais ils n'en eurent pas d'abord de bien célèbres. Sharp, Harris et Sawkins entreprirent des expéditions hasardeuses sans parvenir à faire oublier leur prédécesseur.

Au mois d'avril 1680, une troupe de forbans essaya de recommencer les exploits de Morgan dans l'isthme de Panama. Les aventuriers, au nombre de 331, abordèrent sur la côte de Darien. Après des peines infinies, après des dangers sans nombre, ils arrivèrent à la ville de Santa-Maria, près de laquelle se trouvaient des mines d'or qui passaient pour être les plus riches de l'Amérique. Associés à une tribu d'Indiens, dont le chef, qui se donnait le titre de roi, se montrait fort aigri contre les Espagnols, les flibustiers s'emparèrent facilement de cette petite ville; mais ils n'y trouvèrent presque aucun butin, parce que trois jours avant leur arrivée, tout ce qu'il y avait d'or à Santa-Maria avait été transporté à Panama.

Cette dernière ville, que Morgan avait détruite dix ans auparavant, s'était relevée de ses ruines; on l'avait rebâtie à quatre lieues plus loin, dans une position plus avantageuse, avec des fortifications mieux en état de se défendre. Les flibustiers ne restèrent que deux jours à Santa-Maria : juste le temps de tout incendier. Après quoi, ils se mirent en route pour Panama dont ils avaient résolu de tenter la conquête. Sous les ordres de Sawkins et de Sharp, ils s'embarquèrent à bord de 35 canots, en compagnie du roi indien et de sa peuplade.

Ce qu'ils eurent à souffrir pendant cette traversée par eau est inénarrable. Les vivres leur manquaient : ils mangèrent le cuir de leurs souliers, car nulle privation n'était au-dessus de leurs forces quand ils avaient l'espoir de butin. Bientôt des torrents de pluies tombèrent sur eux; la rivière, grossie et fougueuse, les couvrit de vagues énormes qui emplirent leurs embarcations et les mirent en danger de couler; il fallut jeter les munitions et les effets; puis chercher le salut en se précipitant à la nage.

Au milieu de ces affreux tourments, les aventuriers trouvèrent moyen d'enlever deux bâtiments aux Espagnols, ce qui leur permit d'atteindre l'île de Chepillo, à sept lieues marines de Panama. Malgré leur rapidité, ils furent devancés par un navire de commerce qui cingla droit vers la ville menacée, où il donna l'alarme. Tous les efforts des flibustiers pour l'atteindre furent inutiles.

Les habitants, prévenus du péril, se mirent en mesure de se défendre; il ne fallut plus songer à les surprendre, il devint impossible de tenter un débarquement.

Les aventuriers durent se contenter de croiser dans ces parages, avec l'espoir de s'emparer des navires qu'ils pourraient y rencontrer.

Huit vaisseaux de guerre, armés et équipés

tout exprès pour leur donner la chasse, étaient mouillés à deux lieues marines de la ville, près de l'île Périco, où les Espagnols avaient quelques établissements de commerce.

Trois de ces navires, placés sous les ordres de don Jacinto de Barahona, amiral des mers du Sud, se tenaient prêts à déployer leurs voiles, lorsque les aventuriers parurent à l'horizon. Le vaisseau monté par l'amiral don Jacinto Barahona était un haut-bord manœuvré et défendu par 190 Biscaïens, c'est-à-dire par des hommes que l'on considérait comme les meilleurs marins et les plus intrépides soldats de toute l'Espagne.

Le second vaisseau, sous les ordres de don Francisco de Péralta, contenait 77 nègres armés jusqu'aux dents.

Enfin, le troisième, commandé par don Diego de Caravajol, portait à son bord 65 mulâtres.

Chefs et soldats s'étaient déjà signalés par des actes de valeur; ils se croyaient assurés de la victoire; ils avaient juré de ne faire grâce à aucun flibustier.

Ils s'approchèrent donc bravement de ces derniers, lorsqu'ils les virent s'avancer séparément, à quelque distance les uns des autres. Cinq canots et un bâtiment à rames des aventuriers se trouvaient groupés ensemble; tout leur équipage consistait en 68 hommes affaiblis, amaigris, n'en pouvant plus, dans une situation à ne se défendre que par des prodiges d'héroïsme.

Le vaisseau monté par les mulâtres attaqua le premier, il essaya de couler bas quelques canots, mais c'est à peine s'il tua quatre ou cinq flibustiers. L'adresse particulière déployée par les forbans dans le service de la mousqueterie faisait tourner l'avantage de leur côté, lorsque survint le vaisseau amiral de don Jacinto. La victoire sembla un instant tourner du côté des Espagnols; la moindre hésitation pouvait perdre les flibustiers, mais ils ne savaient pas hésiter. Le danger ne faisait qu'exalter leur courage.

Leurs coups, parfaitement ajustés, couvrirent de morts et de mourants le pont des navires ennemis. Chaque homme qui paraissait dans la mâture ou au gouvernail était aussitôt abattu.

Pendant un instant, ils tentèrent d'aborder le vaisseau des mulâtres, et ils auraient réussi dans cette manœuvre si la violence du vent ne l'eût rendue impossible. Ils réparèrent ce contre-temps en faisant pleuvoir une grêle de plomb sur l'équipage; cela leur réussit mieux. Les mulâtres perdirent tant de monde qu'ils se retirèrent du combat le plus promptement possible.

Débarrassés de ce côté, les flibustiers entourent le vaisseau-amiral qui se trouve abandonné à lui-même. Avant de commencer le carnage, ils crient aux soldats biscaïens :

— Rendez-vous, on vous laissera la vie sauve.

Une volée de coups de canon est la réponse qu'ils reçoivent; le combat recommence avec un redoublement de furie. En quelques instants les deux tiers de l'équipage espagnol succombent sous le feu des forbans; la plupart des survivants sont blessés : don Jacinto lui-même, ainsi que son pilote. Ceux qui survivent à ce massacre jettent leurs armes et crient qu'ils se rendent. En un clin d'œil, le pont espagnol est envahi; le pavillon des flibustiers est attaché aux cordages.

Pendant ce temps, le navire monté par des nègres résistait énergiquement aux assauts de Sawkins ; trois abordages successifs avaient été repoussés. L'intervention des forbans victorieux changea la face des choses. Deux canots surviennent et ouvrent sur les nègres un feu de mousqueterie des plus intenses.

Pour comble de malheur, un baril de poudre s'enflamme et saute, brisant les bastingages et jetant à la mer un grand nombre de nègres. Le capitaine don Francisco de Péralta s'exaspère à l'idée d'être vaincu par des ennemis qu'il méprise. Sa résistance redouble à mesure que ses forces diminuent. Mais enfin, l'incendie s'attache aux flancs de son navire, le feu se communique à plusieurs autres barils de poudre ; ceux des nègres que les explosions ne lancent pas à la mer, gisent horriblement brûlés, mutilés, écorchés, défigurés, rôtis. La peau noire de ces malheureux contraste hideusement avec la rougeur des chairs dénudées et sanglantes.

C'est à peine si 25 hommes sont restés debout, des 190 dont l'équipage était composé, et encore sur ces 25 hommes, il y en a 17 plus ou moins blessés.

Depuis près de neuf heures durait cet effroyable engagement, le plus sanglant peut-être et, à coup sûr, le plus acharné, que les flibustiers eussent jamais livré. En quelques minutes, ils montent à l'abordage et se rendent maîtres de la place, où ils n'éprouvent aucune résistance.

Ils sont partout victorieux ; mais le succès leur a coûté cher. Ils comptent 18 morts et 22 blessés ; ils ne sont plus que 28 hommes valides. Parmi les morts, celui dont la perte excite les plus vifs regrets est le capitaine Harris. Cet officier anglais a reçu, pendant la bataille, un coup de feu qui lui a traversé les deux jambes en emportant les chairs jusqu'à l'os. Malgré ces deux cruelles blessures, il a trouvé la force de grimper sur le vaisseau ennemi et de venir expirer sur le pont, au milieu d'un tas de cadavres.

Sans perdre de temps, les vainqueurs gagnèrent l'île de Périco, où se trouvaient cinq autres bâtiments plus grands que ceux dont ils venaient de s'emparer. Ils les prirent sans éprouver une bien vive résistance, parce que la majeure partie des équipages avait été transbordée sur les navires qui avaient combattu.

Le plus fort des cinq, la *Santissima-Trinidad*, était entièrement abandonné et livré aux flammes ; pour le détruire plus rapidement, les Espagnols l'avait percé d'outre en outre, avant de l'incendier ; mais les flibustiers arrivèrent à temps pour le sauver ; ils parvinrent à éteindre le feu et à boucher la voie d'eau ; puis ils y transbordèrent leurs prisonniers et leurs blessés.

Ce navire, du port de 400 tonneaux, contenait un chargement de vins, de sucre, de peaux et de savon.

Le second était chargé de fer, le troisième de sucre, le quatrième de farine, le cinquième seul était vide.

78 hommes seulement avaient pris part au premier combat ; les autres n'étaient arrivés qu'après le dénoûment de l'affaire. On accusa un capitaine, nommé Coxen, d'avoir causé ce retard ; les flibustiers lui reprochèrent son manque de courage. Blessé de cette inculpation, il se sépara de la société avec 70 aventuriers qui passèrent sur le plus petit des navires capturés. Leur bande se dirigea vers la rivière de Santa-Maria. Le roi indien du Darien, qui avait suivi jusqu'alors l'expédition, voulut accompagner le capitaine Coxen. Il quitta donc, avec ses guerriers, le corps principal des aventuriers, en laissant son fils et son neveu comme gage de son amitié :

— Coopérez, leur dit-il, à l'extermination des Espagnols et vous aurez bien mérité des mânes de nos pères égorgés par ces féroces conquérants.

Les aventuriers qui étaient restés sous les ordres de Sawkins firent voile vers l'île de Taroga, pour y épier les bâtiments de commerce qui s'approcheraient de la côte. Ils y reçurent la visite de plusieurs marchands de Panama qui, oubliant les devoirs du patriotisme, venaient leur vendre des denrées et leur racheter les cargaisons des navires capturés ; on leur vendit les nègres prisonniers, à raison de 200 piastres par tête.

Le gouverneur de Panama leur envoya un jour une missive pour leur demander qui ils étaient et ce qu'ils voulaient.

— Nous sommes Anglais, répondirent les

aventuriers; nous venons comme alliés du roi des Indiens de la terre de Darien, prince légitime du pays dont les Espagnols se sont emparés. Il suffit que nous vous parlions d'Indiens pour vous donner une idée des vengeances que nous sommes en droit d'exercer. Vous nous parlez de paix; nous voulons bien cesser nos hostilités, mais voici nos conditions : Vous rendrez tout ce pays aux Indiens et, de plus, vous paierez les frais de la guerre, frais que nous abaisserons à une contribution de 500 piastres par chacun des prisonniers que nous avons faits et 1,000 piastres pour chacun des capitaines de vaisseau qui ont combattu contre nous. En cas de refus, nous avons les moyens de renverser Panama de fond en comble ; souvenez-vous des fureurs de Morgan et craignez un désastre pire que celui de 1771.

A cette missive, les flibustiers joignirent deux pains de sucre pour l'évêque de Panama, qu'ils voulaient ménager.

L'évêque répondit le premier par l'envoi d'un anneau d'or. Quelques jours après, le gouverneur envoya un message à peu près ainsi conçu :

— Vous prétendez être Anglais ; mais je désirerais savoir au nom et par les ordres de qui vous avez entrepris une pareille expédition, afin de réclamer l'indemnité due à l'Espagne pour les dommages que vous lui avez causés.

La réponse de Sawkins ne fut pas moins énergique :

— Nous agissons au nom du roi des Indiens, écrivit-il au gouverneur ; nos corps de troupes ne sont pas encore tous rassemblés ; mais dès qu'ils le seront, nous irons à Panama et nous ferons signifier nos pleins pouvoirs par la bouche de nos canons; vous pourrez les lire très-clairement à la lueur de vos maisons en feu.

Cette lettre interrompit les pourparlers; on se disposa à la guerre.

Plusieurs vaisseaux, qui naviguaient en sécurité dans cette mer ordinairement si paisible, tombèrent bientôt entre les mains des flibustiers. L'un d'eux portait 2,000 tonneaux de vin, 50 barils de poudre et 5,500 piastres en numéraire, destinés à l'approvisionnement et à la solde de la garnison de Panama.

Malheureusement pour les flibustiers, leurs vivres diminuaient rapidement ; ils furent obligés d'abandonner Taroga et de faire voile vers l'île d'Otoca, où ils trouvèrent des subsistances en grande quantité. Presque aussitôt, la flottille vint mouiller près de Cayboa, l'une des îles les plus fameuses du Nouveau-Monde, par la pêche des perles. Sawkins se proposait d'attaquer la ville de Puebla-Nueva, à 8 lieues de la côte. Il choisit 60 hommes d'élite et s'avança dans les terres, mais les habitants étaient sur leurs gardes, l'entreprise échoua et Sawkins y perdit la vie.

Sa mort donna le signal à une nouvelle scission entre les aventuriers; plusieurs se rangèrent sous les ordres du capitaine Sharp qui avait l'intention de parcourir la mer du Sud et de s'en retourner en doublant le fameux détroit de Magellan. Cette route était la plus longue; mais elle était aussi la plus sûre. La plupart des aventuriers, privés de jouir du butin qu'ils avaient conquis, préféraient revenir en traversant de nouveau l'isthme de Panama. Cette route était plus courte, mais elle offrait sur presque tout son parcours un enchaînement d'obstacles et de fatigues.

63 hommes se déterminèrent à ce voyage par voie de terre et prirent pour guide le fils du roi de Darien et son neveu. Ils partirent sur un vaisseau pourvu de vivres, et se dirigèrent vers l'isthme, à la fin de 1680.

Sharp, auquel il ne restait plus que 2 bâtiments, mit à la voile avec les flibustiers qui lui étaient restés fidèles. Il cingla vers le Pérou, arriva à Guayaquil, déjà visité par Drake, et qui était alors l'entrepôt du commerce entre le Pérou et le Mexique.

Les aventuriers résolurent de tenter quelque chose dans ce pays riche. Ils commencèrent par s'emparer de plusieurs petits navires espagnols, auxquels ils enlevèrent tous les objets de quelque prix, et qu'ils relâchèrent ensuite avec leurs équipages. Ils se contentèrent de garder comme otages les passagers notables et les officiers de marine qu'ils traitèrent avec des ménagements inusités.

Ces captures furent les seules, car la fortune tourna contre la troupe du capitaine Sharp. Des tempêtes affreuses forcèrent les vaisseaux de se tenir au large. Pendant qu'ils essayaient de se rapprocher, les habitants, avertis, coururent aux armes; toute descente devint impossible. Les canots couraient le risque de se briser à chaque instant contre des écueils; l'eau douce manqua; il fallut réduire la ration de chaque individu à deux tasses de thé par jour. Les équipages menaçaient de se révolter.

Sharp parvint, après mille efforts, à se jeter dans la baie d'Ilo, au nord-ouest d'Arica (Pérou). Ses aventuriers y débarquèrent et prirent d'assaut une bourgade qu'ils pillèrent. Ils s'approvisionnèrent d'eau, ramassèrent de grandes provisions de sucre, d'huile, de fruits, de légumes et remirent à la voile le même jour, sans oser s'approcher de la côte, parce que tout le pays était occupé par des milices accourues de l'intérieur des provinces.

Le lendemain, ils firent une descente pour surprendre la riche ville de Séréna qui contenait 8 églises, 4 couvents et des fortunes considérables. La ville fut prise : mais elle était déserte. Les notables s'étaient enfuis avec leur or et leur argent. Les pauvres seuls avaient attendu l'ennemi. Ils obtinrent un délai de trois jours pour payer une contribution de 95,000 piastres. Dans la nuit qui suivit cet accommodement, ils lâchèrent deux grandes écluses pour submerger le bivouac des flibustiers; ceux-ci n'échappèrent que par un effet du hasard; ils se vengèrent en incendiant la ville.

Pendant qu'ils s'occupaient à cette besogne, les Espagnols cherchaient à mettre les flibustiers dans l'impossibilité de fuir, en brûlant leurs vaisseaux.

Pour cela, l'un d'eux se plaça dans la peau d'un cheval empaillé et nagea sans être aperçu, à la faveur des ténèbres, jusqu'au navire le plus proche; il enfonça des étoupes soufrées et d'autres matières combustibles dans les jointures du gouvernail; puis il y mit le feu. Le vaisseau s'emplit aussitôt de fumée; les flibustiers chargés de sa garde eurent beaucoup de peine à le préserver.

Effrayé des suites qu'aurait pu avoir cet incident, Sharp rejoignit aussitôt son escadre parce qu'il craignait une révolte de ses prisonniers. Il leur rendit la liberté sans conditions. Parmi eux se trouvait le malheureux capitaine Péralta, pris devant Panama. Les flibustiers l'avaient obligé jusqu'alors de partager leurs dangers et de leur fournir des renseignements sur les contrées qu'ils traversaient. Son caractère s'était aigri à un tel point que Sharp craignit de le voir se joindre aux autres prisonniers pour tenter un coup de désespoir.

Débarrassé de ce côté, Sharp continua sa route vers le sud; mais lorsqu'il arriva vers l'île de Juan-Fernandez, célèbre par les aventures de Selkirk, le mécontentement qui fermentait dans les esprits de ses aventuriers se manifesta d'une façon violente. Ils déclarèrent à leur capitaine qu'ils ne lui reconnaissaient plus le droit de les commander, parce qu'il ne savait pas diriger leur expédition; puis ils élurent un nouveau chef, nommé Watling, et, sous sa conduite, ils errèrent en divers sens, plus ou moins loin des côtes de l'Amérique méridionale. Ne rencontrant aucune proie, force leur fut de revenir à Arica, où ils arrivèrent en juin 1781.

Arica, ville importante du Pérou, se préparait à la défense. Outre sa garnison ordinaire de 900 soldats, elle avait une milice, à laquelle étaient venus se joindre 400 miliciens de

Lima qui s'étaient retranchés dans la citadelle.

Malgré l'infériorité de leurs forces, les aventuriers n'hésitèrent pas à tenter une descente; ils aimaient mieux mourir par le fer que par la faim, qui les talonnait. Watling laissa une partie des siens à la garde des vaisseaux et marcha sur la ville, à la tête de 92 assaillants seulement. Les Espagnols sortirent à son avance et furent honteusement repoussés malgré leur écrasante supériorité numérique.

Les vainqueurs, ne doutant plus d'un prochain succès, marchèrent aussitôt sur la citadelle, dont ils eurent l'audace de risquer l'assaut. Mais les fuyards, revenus de leur frayeur, se rallièrent et chargèrent les assaillants d'un côté, tandis que la forteresse les canonnait de l'autre.

Cette fois, les aventuriers eurent le dessous. Watling périt les larmes à la main; ses soldats tombèrent un à un; ils allaient être exterminés jusqu'au dernier, lorsque Sharp, qui était resté à bord des navires, accourut avec quelques hommes au secours de ses compagnons. Il en sauva quelques-uns et se retira, après avoir perdu 46 hommes. Il ne parvint à regagner ses vaisseaux qu'après avoir fait des prodiges de valeur pour repousser un ennemi qui semblait se multiplier et sortir de terre à mesure que le danger diminuait pour lui.

Sharp avait montré un grand courage et une haute intelligence. Ses compagnons le supplièrent de reprendre le commandement dont nul n'était aussi digne que lui. Il fit d'abord des difficultés; enfin, il se résigna. Aussitôt redevenu chef, il se hâta de quitter le théâtre de la défaite des flibustiers; il reprit la haute mer et se dirigea vers le golfe de Nicoya. En route, il fit des provisions d'eau à Guasco et embarqua 120 moutons, 80 chèvres et 200 boisseaux de farine. A Hillo, il surprit, endormis, les gardiens de la ville; son butin consista en 18 jarres de vin, des figues nouvelles, du sucre et de la mélasse.

Quelques jours plus tard, une autre révolte éclata contre son autorité. 45 hommes se séparèrent encore de la troupe, décidés à se faire tuer ou à retourner à la Jamaïque en traversant l'isthme de Panama. Sharp, envisageant tous les maux que ces désertions préparaient au reste de sa troupe, rassemble les aventuriers qui lui restent et les supplie, dans l'intérêt de leur salut, de se lier les uns aux autres par un nouveau serment, et de déclarer traîtres quiconque, à l'avenir, parlera d'une nouvelle division.

Ce serment une fois fait, il crut pouvoir compter sur le dévouement de ses hommes. Il vint croiser près de l'île de Chica, où il captura un navire espagnol, qui se rendait à Panama et qui portait 37,000 piastres, avec des marchandises précieuses. Le jour suivant, un second vaisseau d'une valeur encore plus grande tomba en son pouvoir. C'était un de ceux qu'il avait déjà pris devant Panama et qu'il avait relâchés. Parmi les prisonniers qu'il fit en cette circonstance, se trouvaient plusieurs charpentiers, qu'il employa, pendant une quinzaine, à réparer les navires, et qu'il rendit ensuite à la liberté avec leurs compagnons.

Les aventuriers se rendirent alors dans le golfe Dolce, où ils débarquèrent. Ayant traité avec douceur plusieurs Indiens qu'ils firent prisonniers, ils en obtinrent quelques vivres et principalement du miel. Peu après, ils capturèrent un riche bâtiment, le *San Pedro* qui se rendait de Truxillo à Panama, où il transportait 37,000 pièces de huit et de la vaisselle d'argent. De cette prise chaque boucanier reçut 234 pièces de huit, le surplus étant réservé pour une future distribution.

Ils apprirent, par l'équipage de ce bâtiment, qu'un nouveau vice-roi du Pérou venait d'arriver à Panama; mais qu'il n'avait pas osé se rendre à son poste sur un vaisseau de 25 canons et qu'il attendait l'*Armada*, pour le convoyer.

Avant de s'éloigner de ces parages, les aventuriers s'emparèrent encore d'un bâtiment qui les effraya d'abord par sa grosseur. Mais dès la première volée, les Espagnols demandèrent grâce. C'était une prise importante, à bord de laquelle on trouva 320 cruches de vin.

Malgré ces succès, le moral des flibustiers s'affaiblissait chaque jour; ils avaient de l'or et du vin; mais les vivres solides leur faisaient défaut; l'ivresse générale régnait perpétuellement parmi eux; car ils n'avaient d'autre soutien que des boissons fermentées.

Comme ils continuaient leur route vers le sud, leurs prisonniers, témoins de l'abrutissement où l'ivrognerie les plongeait, conspirèrent une révolte. Mais le complot fut découvert, au moment où, les aventuriers étant ivres pour la plupart, le massacre allait commencer.

Le chef des conspirateurs, au lieu de se défendre, ce qui eût peut-être engagé ses complices à en faire autant, se jeta par-dessus le bord, dès qu'il se crut trahi. Il fut tué d'un coup de fusil. Les autres, terrifiés par sa mort, n'osèrent pas bouger; on leur pardonna.

Le danger qu'ils venaient de courir aurait dû donner une leçon aux aventuriers : il n'en fut rien; la débauche continua comme par le passé.

Ils continuèrent leur route vers le détroit de Magellan, qu'ils voulaient traverser le plus tôt possible, pour se rendre ensuite en Angleterre ou dans les Antilles. Comme ils s'approchaient de ce détroit redoutable, de rudes tempêtes les poussèrent au large et les éloignèrent de l'entrée, qu'ils ne retrouvèrent plus ensuite.

Ils voguèrent, pendant tout un hiver, au milieu de mers inconnues, hérissées d'écueils et de bancs de sable où ils faillirent cent fois d'être engloutis.

Ils ne savaient plus où ils allaient, car ils ne pouvaient se diriger sur la marche du soleil qui n'apparaissait jamais à l'horizon brumeux. D'énormes glaçons assaillirent leurs bâtiments, des vents les poussaient vers le pôle; l'espoir les abandonna; ils se crurent perdus et noyèrent leur chagrin dans les meilleurs vins d'Espagne et d'Italie. Dans les courts moments de lucidité que leur laissait l'ivresse, ils contemplaient les immenses richesses métalliques, à côté desquelles ils mouraient de faim. Ils en commencèrent le partage, ils se distribuèrent l'or et l'argent, tant en lingots qu'en monnaie, puis les bijoux, les meubles portatifs et renvoyèrent à d'autres temps la répartition du reste.

Chaque aventurier eut pour sa part la valeur de 550 piastres; mais cette fortune ne leur donnait pas à manger. L'affreuse misère dans laquelle ils vivaient leur inspira des sentiments de haine contre leur capitaine, Sharp, qu'ils rendaient responsable de tous leurs maux. Mais ce chef intelligent, qui avait déjà découvert le complot des prisonniers, n'eut pas de peine à éventer celui de ses soldats. Il apprit que les conspirateurs devaient le fusiller pendant les fêtes de Noël 1681.

Le jour venu, il fit avorter le complot sans avoir l'air de le connaître. Pour cela, il n'eut qu'à diminuer la ration de vin; les hommes n'étant pas ivres ne songèrent pas à se révolter; il mit le comble à leur satisfaction en sacrifiant ce jour-là un porc gras, dernière ressource des aventuriers.

Cependant le froid augmentait à chaque instant. Plusieurs nègres esclaves eurent les pieds gelés. Enfin, le 17 janvier 1682, l'atmosphère devint un peu moins froide; les aventuriers en augurèrent qu'ils s'étaient rapprochés du continent; chacun d'eux promit une pièce de huit à celui qui, le premier, découvrirait la terre; bientôt des oiseaux volant au-dessus des mâts leur annoncèrent que cette terre n'était pas loin; enfin, le 28 janvier, un cri retentit :

— Terre! terre au nord!

Les flibustiers reconnurent la Barbade,

Sawkins s'empare d'un navire espagnol commandé par le capitaine Péralta. (Page 259.)

une île anglaise. Si près d'une possession de leur patrie, ils n'osèrent y aborder, parce qu'une frégate était mouillée dans le port et qu'ils avaient à craindre d'être pendus, pour avoir fait la course sans lettres de marque. Ils vinrent à Antigoa. Avant de songer au débarquement, ils se distribuèrent le reste de leur butin; ils donnèrent la liberté à quelques esclaves dont ils avaient eu à se louer.

Sharp envoya à terre un canot pour acheter des rafraîchissements et pour savoir si l'on pourrait débarquer sans danger. Les habitants se montrèrent joyeux d'apprendre leur arrivée et annoncèrent l'intention de les recevoir à bras ouverts. Mais le gouverneur les accueillit par un refus menaçant.

Ils se divisèrent alors. Ceux qui étaient riches s'embarquèrent pour l'Angleterre, abandonnant leurs embarcations à ceux qui avaient perdu, au jeu, leur part de butin et qui étaient dans l'intention de continuer le métier de pirates.

Sharp revint en Europe où il fut jugé et acquitté. Une existence paisible n'était plus dans ses goûts; il voulut retourner en Amérique, mais il ne trouva pas un seul capitaine marchand qui voulût l'emmener comme passager, tant on craignait que, par son éloquence, il fît soulever les équipages et les entraînât au métier de pirate. Ni promesses, ni argent ne purent décider les capitaines; il resta en quelque sorte prisonnier en Angleterre.

Enfin, il se détermina à acheter un vieux navire sur lequel il embarqua seize marins anglais, qui ayant, pour la plupart, des comptes à rendre à la justice de leur pays, étaient aussi envieux que lui de s'éloigner des côtes européennes. Parti sans lettres de marque, Sharp se fit forban dans la Manche. Il y surprit un navire français dont il s'empara sans combat. Comme ce bâtiment était neuf et bien construit, il y transporta ses armes et partit pour l'Amérique. On n'entendit plus jamais parler de lui. On suppose qu'il périt dans un naufrage.

CHAPITRE VII

DE GRAMMONT. — VAN-HORN. — LAURENT DE GRAFF

Jeunesse du chevalier de Grammont. — Il assassine le fiancé de sa sœur. — Il devient capitaine de frégate. — Il se fait flibustier pour échapper aux criailleries de ses créanciers. — Prise de Maracaïbo, de Torilha et de Puerto-Cavallo. — Ruine de Grammont. — Il s'associe avec Van-Horn et Laurent de Graff. — Histoire de Van-Horn. — Aventures de Laurent de Graff. — Expédition de la Vera-Cruz. — Attaque et prise du fort Saint-Jean de Luz. — Pillage de la Vera-Cruz. — Retraite des flibustiers. — Laurent de Graff assassine Van-Horn. — Séparation de Grammont et de Laurent de Graff. — Retour de Grammont à la Tortue. — Un Anglais sentimental troublé dans ses promenades. — Laurent de Graff à Carthagène. — Un gouverneur complaisant et des forbans qui ne sont pas ingrats. — Le gouverneur de Saint-Domingue veut s'opposer aux expéditions des flibustiers. — On menace de le boucaner. — Prise et pillage de Campêche. — Un feu de joie. — Fin de Laurent de Graff et de Grammont.

Le chevalier de Grammont, né à Paris vers 1650, appartenait à une famille dont la noblesse d'épée n'avait pas été sans éclat. Fort jeune, il perdit son père et fut élevé par sa mère.

Un officier de fortune, c'est-à-dire d'une noblesse peu ancienne, devint subitement amoureux de la sœur du futur flibustier. Celui-ci, blessé des galanteries assidues d'un homme dont la naissance lui semblait méprisable, se mit en tête de l'éconduire. Plusieurs fois, il exprima, en termes peu mesurés, le déplaisir que lui causait sa présence.

La sœur, du consentement de sa mère, avait agréé ses vœux; les deux jeunes gens s'étaient fiancés; le jour du mariage était même fixé, lorsque notre gentilhomme, outré de la persistance du futur, intervint pour faire rompre l'union projetée.

Il appela les laquais de sa mère et leur ordonna de jeter à la porte l'officier de fortune.

— Je vous défends, lui dit-il, de vous présenter ici. Je ne vous veux pas pour beau-frère. Il faut un homme d'une autre naissance que la vôtre.

Au bruit de la querelle accoururent la mère et la sœur. Elles traitèrent Grammont d'enfant mal élevé, firent des excuses à l'officier et l'accueillirent avec plus de faveur que jamais.

Le chevalier, piqué au vif, annonce qu'il tuera l'officier la première fois qu'il le trouvera dans les salons de sa mère; on sourit de ses menaces; il les met à exécution dès le lendemain. Sautant sur une épée qui se trouvait dans un coin du salon, il perce de part en part le malheureux fiancé que l'on transporte chez lui dans un état désespéré. Les chirurgiens déclarent qu'il ne survivra pas à sa blessure; il expire en effet deux jours après. Mais, par une noblesse de sentiments qui vaut bien celle de la naissance, il fait adresser à son meurtrier une somme considérable pour favoriser sa fuite et lègue 10,000 livres pour servir de dot à mademoiselle de Grammont.

De plus, il déclare à M. de Castellan, major des gardes, que le duel s'est passé selon les règles de l'honneur, il met les torts de son côté et sauve la vie de l'assassin.

Sa déclaration, jointe aux instances de la famille du chevalier, arrêtèrent les poursuites que l'on se disposait à diriger contre le jeune Grammont. On ne vit plus en lui qu'un jeune homme qui avait frappé un coup de maître, dès ses débuts dans le noble métier des armes ; on lui pronostiqua un brillant avenir et on l'admit à servir en qualité de cadet dans le régiment *Royal Vaisseau*. En quelques années, il devint capitaine de frégate. Mais sa fureur pour le vin, le jeu et les femmes, ne tarda pas à ruiner sa fortune et son avenir. Il s'enfuit pour mettre fin aux criailleries de ses créanciers. Il vint en Amérique, arbora son grand nom au lieu de le cacher, se distingua par son éloquence entraînante et devint chef de pirates.

« Ruiné par la débauche, il avait porté parmi les corsaires les hautes qualités qui, en Europe, auraient pu l'élever aux premiers honneurs de la guerre, et les qualités aimables qui l'auraient fait distinguer et rechercher dans tous les cercles ; mais il avait adopté leurs fureurs. »
L. ROUBAUD.

« Il avait peut-être, ajoute Raynal, assez de vertus pour racheter tant de vices : de la grâce, de la générosité, de l'éloquence, un sens droit, une valeur distinguée, qui le firent bientôt regarder comme le premier des flibustiers. Dès qu'on sut qu'il allait armer en course, mille braves se rangèrent autour de lui. »

A sa voix éloquente, une troupe de 1,000 aventuriers se forme à la Tortue. Il tombe sur Maracaïbo, qu'il prend sans coup férir, en 1678. Mais comme il n'y trouve pas les richesses qu'il a rêvées, il abandonne ses vaisseaux, s'avance dans l'intérieur du pays, franchit, au milieu de mille périls, des ravins, des torrents, des forêts, et, après des privations de toute sorte, arrive à Torilha.

Il n'y trouve que des maisons vides ; les habitants ont eu le temps de s'enfuir avec leurs effets les plus précieux. Ils n'ont abandonné dans leur ville que des marchandises d'un gros volume que les flibustiers ne peuvent emporter. Grammont se hâte de revenir à la Tortue, avec un butin de peu de valeur. De son armée, il ne reste plus qu'une cinquantaine de flibustiers à peine ; les fièvres ont moissonné le reste.

Ce début n'était pas heureux. Il n'affaiblit en rien, paraît-il, la confiance que le noble Grammont savait inspirer à tout le monde. L'année suivante, il trouva moyen d'organiser une nouvelle troupe, à la tête de laquelle il entreprit une expédition sur la côte de Cumana. Avec 180 aventuriers, il se porte contre la ville de Puerto-Cavallo, emporte deux forts, en détruit les ouvrages et encloue les canons. Le pays, d'abord surpris de sa brusque attaque, revient de sa première stupeur ; les habitants comptent les flibustiers ; ils courent aux armes quand ils s'aperçoivent de leur petit nombre. Pendant ce temps, une colonne de 2,000 soldats s'approche à marches forcées.

Grammont donne le signal de la retraite, sa petite troupe ne peut se retirer sans avoir à soutenir un combat furieux, pendant lequel Grammont est blessé au col d'un coup de feu. Enfin il échappe, emmenant avec lui 150 riches prisonniers, parmi lesquels se trouve le gouverneur de la ville.

Il comptait sur la rançon de ces captifs pour suppléer à la modicité du butin qu'il avait fait dans cette course ; mais il fut cruellement trompé dans ses calculs. Comme il était à l'ancre dans la rade de Gouva, souffrant horriblement de sa blessure, un ouragan jeta subitement ses navires à la côte, et détruisit celui qui portait son butin et ses prisonniers.

C'était une perte irréparable ; Grammont ne fut pas seulement ruiné, il perdit toute son influence ; il ne trouva plus de soldats ; il n'eut plus de vaisseaux.

Retiré à la Tortue depuis plusieurs mois, il achevait de guérir sa blessure, lorsqu'il reçut la visite de deux capitaines flibustiers fort renommés, qui venaient lui témoigner leur joie de son rétablissement. C'étaient Van-Horn et Laurent de Graff, auxquels Grammont se proposa, en qualité de simple volontaire, pour concourir à une expédition qu'ils organisaient contre la Vera-Cruz. Mais les deux chefs connaissaient trop la valeur de Grammont pour l'ensevelir dans la foule obscure des aventuriers; ils se l'associèrent et lui confièrent le commandement d'un tiers de leurs forces.

Avant de parler de cette expédition, nous ne pouvons nous dispenser de faire connaître aux lecteurs les deux chefs auxquels Grammont s'associait.

Van-Horn, nous n'avons pas besoin de le dire, était Hollandais. Il avait débuté par le métier de matelot. A force d'économie, il avait amassé quelques centaines de piastres. D'accord avec un autre marin qui possédait une somme à peu près égale à la sienne, il avait déserté, à la suite de quelques mauvais traitements, et s'était rendu en France, au Havre-de-Grâce.

La France était alors en guerre avec la Hollande. Le déserteur n'eut pas de peine à obtenir des lettres de marque pour aller en course contre le commerce de ses compatriotes; il équipa un petit bâtiment de pêcheurs, réunit de 25 à 30 hommes bien armés et sortit du port avec l'intention de se procurer des canons en s'emparant de quelque bâtiment de guerre hollandais.

Il s'empara d'abord de plusieurs petits navires marchands qu'il vendit à Ostende et, avec l'argent qu'il en retira, il put acheter un navire de guerre. En peu de temps, sa renommée devint telle que plusieurs autres capitaines se réunirent à lui et qu'il commanda une escadre de corsaires.

La paix de Nimègue ne put l'arrêter. Il déclara à son équipage que la guerre était le seul moyen de s'enrichir promptement et qu'à l'avenir, il ne ferait plus aucune distinction entre Français, Anglais ou Hollandais. Il tint parole en faisant main-basse sur tout navire qu'il rencontrait. Plusieurs capitaines français, rançonnés par lui, portèrent leurs plaintes au gouvernement. Le maréchal d'Estrées, qui avait reçu l'ordre de le chasser, se mit à sa poursuite, et détacha contre lui une frégate chargée de le prendre mort ou vif.

Serré de près et séparé de son escadre, Van-Horn chercha vainement à gagner le large. Comme toute lutte lui semblait impossible, il prit tout à coup une résolution singulière. Sautant dans un canot, il se rendit à bord du navire français, avec l'assurance d'un innocent qui vient demander l'explication d'une injustice ou d'une méprise.

Le capitaine de la frégate lui communique l'ordre qu'il a reçu de l'arrêter et de le conduire en France; Van-Horn feint le plus profond étonnement; il proteste de sa fidélité; il se plaint de la calomnie qui l'a noirci aux yeux du gouvernement.

— Je veux bien, répond ironiquement le capitaine français, croire aux assurances que vous me donnez; mais j'ai des ordres formels et il ne dépend pas de moi de les modifier. Au surplus, je ne doute pas que M. le maréchal d'Estrées, entre les mains de qui je dois vous remettre, ne s'empresse de vous rendre la prompte justice qui vous est due.

Van-Horn, en écoutant cette menace ambiguë du sort auquel il pouvait s'attendre, remarque en même temps que les matelots de la frégate s'apprêtent à lever l'ancre. Entre deux dangers également redoutables, celui de rester prisonnier pour attendre l'échafaud, et celui de se faire peut-être massacrer sur place, l'intrépide corsaire n'hésite pas. Il recule de deux pas, et montrant son navire en panne:

— Commandant! s'écrie-t-il d'une voix tonnante, prenez garde à ce que vous allez faire! Croyez-vous que les miens souffriront qu'on m'enlève ainsi sous leurs yeux ? Sachez bien que ce sont tous des hommes d'élite, qui se rient de la force, et qui défient la mort. Mon lieutenant ne me verra point partir sans venir attacher son vaisseau comme un brûlot aux flancs de votre frégate. Si vous avez envie de sauter en l'air avec moi, vous n'avez qu'à faire un mouvement : mes ordres étaient donnés d'avance, et les compagnons de Van-Horn ne sont pas gens à reculer !...

Le commandant pâlit à cette menace, car il connaît les pirates ; il sait que, poussés au désespoir, ils ne reculeront devant aucun crime. Comme il n'a pas reçu l'ordre de s'exposer aux hasards d'un combat, il se décide à rendre la liberté à son prisonnier.

Celui-ci, revenu à son bord, met toutes voiles au vent et s'éloigne au plus vite.

Il se réfugie dans les Antilles, le grand réceptacle des gens qui fuyaient l'Europe. Là, un trait d'audace l'enrichit et établit sa réputation.

C'était la saison où les galions du roi d'Espagne partaient chaque année de Porto-Rico pour l'Europe ; mais ils n'osaient se mettre en route sans être protégés par un ou deux bâtiments de guerre bien armés. Van-Horn, qui n'ignore aucun de ces détails, s'associe à deux navires montés par des pirates anglais et vient jeter l'ancre dans le mouillage de Porto-Rico. Il descend à terre, accompagné de vingt hommes seulement, il pénètre dans la ville au bruit des cymbales et des trompettes. Il se nomme, il déclare que l'ingratitude du gouvernement français l'ayant dégoûté, il vient, à la tête de trois navires, se mettre à la solde de l'Espagne.

Le gouverneur de Porto-Rico a la simplicité de le croire sur parole ; il fait au pirate l'accueil le plus empressé ; il le comble de faveurs. Van-Horn, pressé d'exploiter la crédulité de l'Espagnol avant qu'il soit revenu de son erreur, se montre impatient de signaler son zèle, et pour donner une preuve éclatante de son dévouement, il se charge d'escorter les galions. Cette demande excite une joie générale ; nul ne soupçonne le traître.

Trois jours après, la flotte, composée de six galions, sort du port au milieu des acclamations des habitants. L'un des navires flibustiers prend l'avant-garde ; le second manœuvre en flanc, et celui de Van-Horn ferme la marche.

La flottille fit ainsi une centaine de lieues dans la plus complète sécurité. Tout à coup, le chef des flibustiers fait hisser un pavillon rouge à la flèche de son grand mât ; c'est le signal dont il est convenu avec les flibustiers anglais. Chacun d'eux choisit sa proie et l'attaque sans retard. Quatre galions parviennent à s'échapper, mais les deux derniers, criblés de mitraille, restèrent entre les mains des forbans. Cette capture lui ayant livré d'immenses richesses, Van-Horn n'eut pas de peine à entrer dans l'association des Frères de la Côte. C'est sur ces entrefaites qu'il fit connaissance du chevalier de Grammont, dont il devint le protecteur et l'ami.

Quant à Laurent de Graff, c'était un Flamand espagnol. Il ne le cédait aux deux autres chefs ni en habileté ni en courage :

« Il avait, dit Œxmelin, la taille haute, sans être voûté ; le visage régulier sans paraître efféminé, les cheveux d'un blond doré sans être roux, et sa moustache, retroussée à *l'Espagnole,* lui donnait un air martial, mêlé d'une certaine coquetterie qui n'était pas sans charme. On ne vit jamais un plus habile canonnier ; son coup d'œil n'avait point d'égal pour la justesse du pointage, et les plus expérimentés tireurs au fusil étaient moins sûrs de leur coup, que Laurent du boulet dont il réglait la portée.

« Prompt, hardi, résolu dans les calculs d'un plan comme dans l'exécution, il ne croyait à rien d'impossible et se riait de tous les obstacles. Pendant plusieurs années, il avait servi la marine espagnole, en qualité d'officier d'artillerie, dans plusieurs croisières contre les flibustiers de Saint-Domingue, de la Tortue et de la Jamaïque. Les chances de la guerre l'ayant fait tomber entre leurs mains, ceux-ci éprouvèrent son courage par les apprêts de la torture, et, le voyant impassible en face de la mort affreuse qu'on lui préparait, ne crurent pas acheter trop cher le concours d'un tel homme en lui offrant le commandement d'un navire. »

A partir de ce jour, les Espagnols, qu'il avait toujours détestés et qu'il ne servait qu'à contre-cœur, n'eurent pas de plus terrible ennemi. Ses premières courses furent si heureuses que le gouvernement espagnol, effrayé de ses rapides progrès, détacha à sa poursuite deux de ses meilleurs bâtiments, armés chacun de 60 canons et portant 1,500 hommes.

Pour l'approcher, ces navires usèrent d'une ruse dont il ne se défia pas; ils arborèrent le pavillon rouge des flibustiers. Laurent de Graff ne reconnut le piége que lorsqu'il ne fut plus possible d'éviter un combat. Bien qu'il comprît tout le désavantage de sa situation, il eut l'art de cacher ses appréhensions.

Il jette à ses pieds son large feutre pour montrer à tous un front calme et intrépide :

— Camarades, s'écrie-t-il, nous sommes en danger, mais avec du courage, nous en sortirons; ce n'est pas en essayant de fuir; au contraire, il faut attaquer... L'audace seule peut nous sauver... Chacun à son poste pour l'abordage, et n'oubliez pas que les Espagnols mettent à la torture tout flibustier pris les armes à la main.

Ces paroles produisirent leur effet. L'énergie du chef se communique aux aventuriers. Pour exalter leur résolution, Laurent ordonne qu'on lui apporte une mèche allumée ; il la remet à son lieutenant :

— Ton poste, lui dit-il, est à la saintebarbe; si nous sommes vaincus, tu nous feras sauter.

En ce moment, les Espagnols lâchent leur première bordée. Les flibustiers répondent par un feu de mousqueterie qui tue un à un les canonniers ennemis. Laurent, quoique blessé par un boulet, dirige lui-même le feu de ses canons avec tant d'adresse qu'il renverse le grand mât de son plus proche adversaire. Le désordre causé par la chute de ce mât permet aux aventuriers de s'échapper sans être poursuivis.

Ce combat fit du bruit. Les gazettes du temps en parlèrent comme d'un fait extraordinaire. Cela valut à Laurent de Graff des lettres de naturalisation que lui envoya le gouvernement anglais. En Espagne, la sensation ne fut pas moins profonde. Irrité de ce honteux échec, le gouvernement de Madrid fit juger, condamner à mort et exécuter les deux capitaines qui, à la tête de 1,500 hommes, n'avaient pu s'emparer d'une poignée de forbans.

A quelque temps de là, Laurent de Graff courut un autre danger, dont il se tira avec un égal bonheur. Trois vaisseaux espagnols s'étaient mis à sa recherche, avec l'espoir de le prendre, cette fois. Mais le chef des flibustiers, averti de leur intention, assemble une escadre de 8 navires, commandés par des capitaines tels que Michel Brouage, Jonquet, Lesage et Braha. C'est lui qui cherche les Espagnols, maintenant. Il les rencontre et les attaque. En vain ils veulent fuir; il ne leur en donne pas le temps. Il s'empare de leurs 3 vaisseaux, après un combat de 9 heures.

Tels étaient les deux hommes avec lesquels Grammont s'associa. D'autres chefs renommés devaient commander les flibustiers : c'étaient Jonquet, Lesage, Braha et Michel Brouage. 1,200 aventuriers, répartis sur 4 navires, leur obéissaient. Leur but était, nous l'avons dit, de piller la *Vera-Cruz*, sur la côte de la Nouvelle-Espagne (Mexique). Les chefs ne se dissimulaient pas les dangers d'une pareille entreprise. La *Vera-Cruz* était alors défendue par un mur flanqué de 8 tourelles et par 2 bastions donnant sur le rivage. Ces ouvrages, quoique mal combinés et mal entretenus, étaient en état de soutenir un siège parce qu'ils étaient complétés par la forteresse de Saint-Jean de Luz (Saint-Jean d'Ulloa), construite sur un rocher, à 1 mille du port. 3,000 soldats étaient répartis entre les divers postes militaires. On ne pouvait attaquer la ville qu'avec les plus grandes précautions. Le secret était de rigueur.

Les chefs n'annoncèrent donc pas le but de l'expédition ; ils dirent seulement, en termes vagues, que l'on se dirigeait vers le continent américain et que l'on était assuré d'un grand succès. Ces réticences des chefs n'étaient pas de nature à satisfaire les flibustiers, habitués à connaître le secret de leurs chefs. Ils manifestèrent si peu de bon vouloir que Grammont suggéra à ses deux associés un expédient propre à vaincre toute hésitation. Il fit paraître devant les aventuriers quelques prisonniers espagnols qui déclarèrent que, sous peu de jours, 2 galions devaient partir de Goava pour la Vera-Cruz.

L'enthousiasme étant ainsi réchauffé, 1,200 aventuriers se présentèrent et signèrent immédiatement leur engagement. Cette troupe fut répartie sur 4 bâtiments et mit aussitôt à la voile.

Lorsque l'escadre arriva devant la Vera-Cruz, 2 navires seulement s'approchèrent de cette ville ; ils portaient les couleurs espagnoles. Les habitants, accourus sur le rivage, les prirent pour 2 vaisseaux chargés de cacao qu'ils attendaient depuis longtemps. Mais ils remarquèrent bientôt que ces vaisseaux manœuvraient au loin, sans avancer. Cela fit naître quelques inquiétudes ; plusieurs habitants coururent informer de ce qui se passait le gouverneur, don Luis de Cordova. Mais ce gentilhomme refusa de partager leurs craintes.

La nuit survint, et les habitants se couchèrent tranquillement, persuadés qu'à leur réveil ils trouveraient les navires à l'ancre. Vers minuit, les vaisseaux d'arrière-garde, ayant rejoint les autres, mouillèrent, à la faveur des ténèbres, dans la rade de la vieille Vera-Cruz, située à 2 lieues de la nouvelle ville. 600 aventuriers descendirent à terre. Ils se divisèrent en 2 colonnes. La première, commandée par Grammont, se porta sur la ville, qu'elle atteignit un peu avant le jour, égorgea les avant-postes et s'empara des portes. Les soldats, surpris dans leurs casernes, se rendirent sans résistance ; les habitants n'eurent pas le temps de fuir, et, en moins de 2 heures, la Vera-Cruz fut au pouvoir des Frères de la Côte.

Pendant ce temps, Laurent de Graff avait marché contre Saint-Jean de Luz. Il n'eut qu'à égorger les sentinelles endormies sur les remparts. Maître des batteries, il les tourna aussitôt, pour tenir en respect les gens du fort et ceux de la ville ; puis il fit rouler des barils de poudre près des casernes ; d'effroyables explosions firent sauter les derniers défenseurs de la citadelle.

Pendant que des flibustiers achevaient à coups de fusil les soldats que les volcans avaient épargnés, d'autres traînèrent dans la plus grande église les habitants prisonniers, et entourèrent cet édifice avec des fascines et des barils de poudre, prêts à y mettre le feu au moindre signe de révolte. Cela leur permit de piller la ville tout à loisir. Ils employèrent 24 heures à charger leurs vaisseaux de tout ce que la ville contenait de plus précieux. Le butin, consistant en or et en argent monnayés, en bijoux, en cochenille, en meubles de prix, s'éleva à 6 millions de piastres (30 millions de francs). Ils n'eurent pas le temps d'en emporter davantage, parce que leurs vedettes annoncèrent qu'une armée formidable approchait.

Avant de s'en retourner, ils firent entrer dans les églises des prêtres, pour prêcher aux prisonniers le sacrifice de ce qu'ils pouvaient avoir caché. Ces malheureux, qui n'avaient bu ni mangé depuis 3 jours, se cotisèrent à la hâte et réunirent 200,000 piastres : c'était trop peu ; on les menaça de mort ; ils ne purent rien donner de plus.

Heureusement que l'évêque de la Vera-Cruz, en tournée dans son diocèse, prêta 2 millions de piastres, que ses ouailles s'engagèrent à lui rembourser dans le plus bref délai. La moitié de cette somme fut livrée presque immédiatement; il fallait attendre le reste pendant quelques jours; mais le bruit se répandit que le vice-roi de la Nouvelle-Espagne approchait avec 17 vaisseaux, tandis que des forces de terre considérables marchaient au secours de la Vera-Cruz. Les flibustiers comprirent la nécessité de s'éloigner au plus vite. Ils se rembarquèrent aussitôt; pour s'indemniser du million qui leur manquait, ils emmenèrent 1,500 esclaves noirs. La flotte du vice-roi les rencontra non loin des côtes; mais elle passa à côté d'eux sans oser leur envoyer un boulet.

Van Horn et Laurent de Graff ne vivaient pas en parfaite harmonie. Ce dernier reprochait à son compagnon d'avoir gardé pour lui seul le produit de plusieurs captures qui devaient être partagées. En vain Grammont s'efforçait de faire cesser leur mésintelligence. Pendant le retour, Laurent de Graff, profitant de ce que le Hollandais dormait sur une table, après de nombreuses libations, le frappa traîtreusement de son poignard et le tua.

Grammont se déclara aussitôt héritier du défunt, ce qui amena un soulèvement des flibustiers. Ceux-ci n'aimaient pas beaucoup Van-Horn, qui les tuait sur place au moindre mouvement de crainte qu'ils laissaient percer; mais ils détestaient son héritier, qui affectait une grande hauteur envers tout ce qui n'appartenait pas à la noblesse. Il trouva très-peu de Frères de la Côte qui voulussent rester à son bord. Enfin, il en resta assez pour rejoindre la Tortue.

A quelque temps de là, un vaisseau anglais de 30 pièces de canon vint rôder sur les côtes françaises de Saint-Domingue; il semblait explorer les alentours de la Tortue, et le faisait d'une manière qui parut inquiétante au gouverneur.

On lui envoya une chaloupe, afin de savoir ce qu'il demandait et quel était son but. L'Anglais répondit fièrement :

— Je me promène. D'ailleurs, je n'ai de comptes à rendre à personne; la mer n'est-elle pas libre?

Lorsque Grammont fut informé de cette réponse, il se chargea de donner la réplique :

— Je vais, dit-il, déranger un peu la promenade sentimentale de ce Goddam.

Il courut à l'insulaire, l'aborda, l'accrocha, sauta sur le pont et s'empara de son navire, après avoir passé tout l'équipage au fil de l'épée. Le capitaine seul survécut et fut emmené prisonnier.

Pendant que ceci se passait sur la côte de Saint-Domingue, les autres Frères de la Côte, ceux qui avaient abandonné de Grammont, s'étaient mis à croiser près de Carthagène avec des navires qui pouvaient à peine tenir la mer. Le gouverneur espagnol de cette ville leur envoya deux frégates et un navire inférieur, le tout en fort bon état et armé de 95 pièces de canon. En une heure de combat, les flibustiers enlevèrent cet armement. Ils chargèrent ceux des Espagnols qui n'avaient pas été tués d'aller porter au gouverneur de Carthagène la missive suivante :

« Monseigneur,

« Nous vous remercions de l'attention délicate que vous avez eue en nous envoyant deux belles frégates, dont nous avions le plus pressant besoin, pour remplacer nos chaloupes vermoulues. Si Votre Seigneurie possède encore quelques bons vaisseaux dont elle veuille se défaire, qu'il lui plaise de nous les adresser; nous les recevrons avec joie et reconnaissance. Mais que Votre Haute et Puissante Seigneurie n'oublie pas d'y mettre beaucoup d'argent; sinon, nous aurions la douleur d'exterminer, sans quartier, tous ceux qui les monteraient. Nous attendrons votre réponse pendant quinze jours. »

Laurent de Graff assassine Van Horn. (Page 272.)

Inutile de dire que le gouverneur ne répondit pas. Alors les flibustiers revinrent à Saint-Domingue.

Grammont attendait leur retour pour tenter de nouvelles entreprises. Il fit un appel à tous les aventuriers; l'éclat de sa réputation lui en amena 1,200. Le désir général était de tenter un coup de main sur Carthagène. Mais le manque de vivres fit décider qu'on irait d'abord se ravitailler à Campêche.

Apprenant son intention, M. de Cussy, gouverneur de la Tortue, appela le chef des flibustiers et lui dit :

— Le roi ne veut point que vous attaquiez Campêche.

— Comment Sa Majesté peut-elle savoir que je vais à Campêche ? demanda le pirate; je ne suis pas sûr moi-même de me diriger de ce côté.

— Vous ne m'entendez pas, monsieur, répliqua le gouverneur. La paix est signée avec l'Espagne; le roi blâme, sans exception, toutes les attaques contre les possessions espagnoles.

— Monsieur, dit de Grammont, je suis le chef de mes flibustiers, mais non leur maître. S'ils veulent cesser leurs courses, je suis prêt à quitter mon commandement. Autrement, je le conserverai, pour ne pas le laisser à un autre. Venez donc manifester vous-même à mes hommes la volonté du roi.

M. de Cussy eut le courage d'aller à bord

35.

des pirates et de leur proposer d'interrompre leurs courses; 1,200 voix rauques et formidables couvrirent la sienne; il voulut insister, on le menaça de le boucaner. Il ne dut son salut qu'à l'énergie et au sang-froid de Grammont qui protégea son départ. Pâle et tremblant, il descendit dans son canot, et s'enfuit, poursuivi par les menaces, les injures et les lazzis.

Dans la nuit du 16 juillet 1685, l'escadre de Grammont vint jeter l'ancre à 14 lieues de Campêche dans le Yucatan; il fit aussitôt descendre 900 hommes dans des canots qui s'arrêtèrent à une portée de canon de la ville et qui y arrivèrent le lendemain, dans la soirée, sans avoir été aperçus. Les flibustiers, couchés dans leurs canots, attendirent le retour du soleil. Grammont ne donna qu'à 9 heures le signal de la descente.

C'était adroit, parce que les Espagnols ne s'imaginaient pas qu'on pût tenter d'attaquer en plein jour, avec de simples canots, une place qu'ils avaient fortifiée de manière à défier toute surprise. Ils laissèrent les aventuriers débarquer paisiblement, se former en colonnes, se mettre en marche et s'avancer en toute sécurité.

Une frégate espagnole, mouillée dans le port, devina seule leur manœuvre. Elle tira un coup de canon à poudre pour donner l'alarme; puis elle vomit une bordée de mitraille sur les assaillants. Mais par un accident qu'on ne saurait attribuer qu'à la précipitation des canonniers ou à l'imprudence de quelque matelot, le feu prit à *la Sainte-Barbe* et la frégate sauta.

Cet épouvantable sinistre jeta partout l'alarme. 800 soldats espagnols sortirent de la place et vinrent s'embusquer dans un chemin couvert qui traversait la route suivie par les assaillants; l'avant-garde des flibustiers est attaquée avec la plus grande vigueur. Les forbans, fidèles à leur système de lutte corps à corps se ruent avec furie sur leurs adversaires; ils les refoulnt, le sabre dans les reins, jusqu'à la ville où ils entrent pêle-mêle avec eux.

Là, de nouveaux dangers les attendent. Les habitants se sont barricadés dans les rues avec des charrettes et des meubles, derrière lesquels ils ont traîné quelques pièces d'artillerie. Trop habile pour briser ses forces contre un tel obstacle, Grammont s'empare des maisons voisines et, du haut des terrasses fusille les défenseurs. Les canonniers sont abattus sur leurs pièces; les rues sont bientôt balayées. Grammont se jette à la tête d'une troupe d'élite, s'empare des canons et les tourne contre les assiégés. En moins de trois heures, il est maître de la place; les habitants éperdus implorent la suspension du carnage.

Reste à prendre la citadelle défendue par 400 hommes et 24 canons. On ne pouvait s'en emparer qu'après un siège régulier. Grammont ne voulut en entreprende la conquête qu'après avoir donné à ses compagnons un repos de trois jours. Pendant cet intervalle, il dressa en batteries les 40 pièces de canon qu'il avait prises dans la ville; il tira de la poudre et des boulets de ses vaisseaux.

Puis il ouvrit le feu, tandis que 600 flibustiers, embusqués sur une hauteur voisine, abattaient, par des coups sûrs, les soldats espagnols qui osaient se montrer au-dessus des remparts.

Le bombardement ne produisit point l'effet espéré; on ne put faire brèche à la muraille; les flibustiers impatients réclamèrent à grands cris l'assaut définitif; Grammont résolut de le tenter le lendemain dès l'aube, lorsqu'il apprit, par un transfuge, la retraite de la garnison.

Cette nouvelle pouvait être une ruse de guerre; les flibustiers redoublèrent de vigilance; mais la nuit s'étant passée tranquillement, ils envoyèrent, le lendemain matin, un détachement à la découverte. Ces éclaireurs pénétrèrent dans le fort abandonné et n'y trouvèrent que deux hommes, deux officiers pleins d'honneur qui, maudissant la lâcheté de leurs compagnons d'armes, étaient restés à leur poste, avec la certitude d'être égorgés.

Le premier était un Anglais que Grammont fit décapiter parce qu'il détestait les gens de sa nation ; l'autre était un Espagnol qu'il rendit à la liberté en le comblant d'éloges.

Pendant les deux mois qu'ils demeurèrent à Campêche, les flibustiers envoyèrent chaque jour des partis battre la campagne à dix ou douze lieues à la ronde pour tâcher de ramasser quelque butin. La ville ne contenait que du bois de teinture ; dans la campagne, on ne rencontrait que quelques rares fuyards. La conquête ne produisait pas ce que l'on avait espéré.

900 soldats espagnols, commandés par le gouverneur de Mérida, s'étaient avancés dans une forêt à quelques lieues de Campêche. Un nombreux détachement de flibustiers, qui battait l'estrade, tomba au milieu de cette troupe. Les aventuriers étaient à cheval ; ils se trouvèrent fort empêtrés quand il fallut combattre en qualité de cavalerie. Ces marins invincibles perdirent la tête ; ils tournèrent bride au plus vite et s'enfuirent de toute la vitesse de leurs montures. Les Espagnols, les chargeant vigoureusement, parvinrent à en tuer une vingtaine et en saisirent deux qu'ils gardèrent prisonniers.

De Grammont, vivement affecté du sort réservé à deux de ses plus braves compagnons, fit proposer au gouverneur de Mérida de lui envoyer en échange ceux des habitants de Campêche qu'il tenait enfermés dans leurs maisons ; il menaça de les massacrer sans pitié et d'incendier Campêche si sa proposition était repoussée.

Le gouverneur répondit par une rodomontade :

— Vous êtes maître d'incendier et d'assassiner ; l'Espagne est assez riche en hommes et en trésors pour repeupler et rebâtir une ville comme Campêche. Au surplus, nous saurons bien vous châtier, avant qu'il soit longtemps.

Exaspéré par cette réponse, Grammont passa à l'exécution de sa menace. Il prit avec lui le messager du gouverneur, le promena par la ville que les flibustiers incendiaient sur tous les points, fit trancher la tête en sa présence à cinq habitants des plus notables et le renvoya annoncer au gouverneur que c'était seulement le prélude de sa vengeance.

Le 25 août, il donna l'ordre de célébrer la fête de Saint-Louis, patron du roi, en faisant un grand feu de joie du bois de Campêche, contenu dans les magasins de la ville et qui représentait une valeur de plus de 1,000,000. Puis il rasa les fortifications jusqu'au sol et abandonna les habitants, dépouillés de tout, au milieu des cendres de leurs maisons, de leurs meubles et de leurs marchandises.

Le 29 août, ne voyant pas approcher le gouverneur de Mérida qui menaçait toujours et n'attaquait jamais, de Grammont reprit le chemin de Saint-Domingue.

Il y fut mieux reçu qu'il n'aurait pu l'espérer. Pendant son absence, les Espagnols avaient fait une descente sur la côte française et avaient enlevé plusieurs bâtiments dans les ports. M. de Cussy avait alors écrit à Versailles pour expliquer la conduite des flibustiers, seuls capables de venger cet outrage. Il avait demandé, en faveur de Grammont et de Laurent de Graff, des brevets de lieutenants du roi pour la partie sud de Saint-Domingue que l'on espérait conquérir.

C'était une manière de régulariser leur situation et d'enlever ces chefs à la flibuste que le gouvernement voulait dissoudre. Laurent de Graff accepta. Mais dès qu'il eut un titre officiel, il ne fut plus bon à rien. Ce fut un déclassé. Le flibustier ne put devenir un officier passable ; le sud de Saint-Domingue ne fut même pas attaqué.

Quelques années plus tard, attaqué au cap Français, dont il était commandant, il s'enfuit après avoir fait sauter le fort et une partie de la ville. Sa femme resta comme un trophée entre les mains des Espagnols. Mandé en France, Laurent y fut jugé. On le reconnut incapable de commander des troupes de terre et on lui donna le grade de capitaine de frégate légère.

Quelques historiens assurent que les Espagnols, espérant profiter de sa disgrâce pour l'attirer à leur service, lui offrirent un brevet de vice-amiral; mais il leur refusa de peur que ce fût un piége.

Quant à Grammont, plus rusé, il comprit ce qu'on voulait faire de lui. Sans refuser positivement, il demanda à clore la série de ses exploits par une dernière course. Il partit avec environ 200 aventuriers et ne reparut plus. On n'a jamais su ce qu'il était devenu.

Après lui, la flibuste française, traversée, entravée, persécutée même, entra dans sa période de décadence. Le gouverneur de Saint-Dominique essaya vainement de retenir les Frères de la Côte et d'en faire de paisibles habitants. Ils émigrèrent presque tous à la Jamaïque.

CHAPITRE VIII

EXPÉDITION DANS LA MER DU SUD

Grande expédition dans la mer du Sud. — Les aventuriers se divisent. — Départ de la flottille. — Relâche à l'île de Taroga. — Combat contre la flotte espagnole, le 7 juin 1685. — Retraite des aventuriers. — Une tempête les disperse. — Expédition de Grenade. — Prise de cette ville. — Attaque de Ginandejo. — Croisière devant Panama. — Prise de Vallia. — Cruautés commises par le capitaine Tusley. — Nouveau combat de Taroga. — Expédition de Guayaquil. — Relâche dans l'île enchanteresse de Pugna. — Débauche. — Galanteries des dames espagnoles prisonnières. — Rançon de Guayaquil. — Départ de Pugna. — Réunion avec le capitaine Dawis. — Prise et pillage de Tetsantepeca. — Dispersion des aventuriers. — Retour de quelques bandes. — Le capitaine Lesage dans les mers d'Afrique. — Retraite de la grande bande. — Marche sur la nouvelle Ségovie. — Prise de Chiloteca. — Arrivée à la nouvelle Ségovie. — Marches de nuit dans les montagnes. — Défaite de plusieurs armées espagnoles. — Arrivée sur les bords de la rivière de la Madeleine. — Les *piperies*. — Navigation dangereuse sur la Madeleine. — Arrivée au cap Gracias, à Dios. — Misère des aventuriers.

Persécutés par les gouverneurs de Saint-Domingue, les flibustiers ne se trouvant plus en sécurité dans la mer des Antilles, où les Espagnols plaçaient leurs possessions sous la protection des peuples européens, songèrent à s'établir dans l'Océan Pacifique, de l'autre côté de l'Amérique, sur des rivages encore peu explorés, près des côtes du Chili et du Pérou.

Dans ces parages, la résistance devait être nulle, pensaient-ils. Rien ne pourrait s'opposer à leurs pirateries. Les Espagnols ne s'étaient pas préparés à la défense. C'est dans cet ordre d'idées que fut organisée, en 1684, la grande expédition de la mer du Sud, bien oubliée aujourd'hui et qui fit tant de bruit en ce temps-là. C'était une tentative hardie, bien digne des Frères de la Côte. On n'avait encore rien entrepris de semblable.

Plus de 2,000 hommes de toutes les nations s'étaient réunis pour concourir à cette expédition. Mais comme ils avaient beaucoup de chefs, et pas un chef suprême, ils se divisèrent dès le début, ce qui les empêcha de fonder un vaste empire sur les ruines de la domination espagnole.

Les uns résolurent de passer dans la mer du Sud par le détroit de Magellan; les autres trouvèrent plus court d'y parvenir par l'isthme de Panama.

Au commencement du mois de mars 1685, une flottille, composée de 10 bâtiments et portant 1,100 hommes, parvint à doubler le détroit de Magellan. Elle consistait en 2 frégates, l'une de 36 et l'autre de 16 canons. Elle comprenait, en outre, trois barques et cinq petits navires armés en guerre, mais sans artillerie. Quelques détachements voguaient sur des pirogues et de simples canots, frêles véhicules sur lesquels ils osaient affronter les périls d'un lointain voyage.

L'anglais Dawis avait le commandement général de l'expédition. Du reste, presque tous les chefs étaient anglais. Un capitaine français, nommé Grognier, commandait une petite embarcation.

Le détroit de Magellan une fois passé, la flottille remonta sans faire aucune rencontre toute la côte américaine jusqu'au Pérou. Arrivés là, les flibustiers enlevèrent un bâtiment espagnol et apprirent des prisonniers qui tombèrent entre leurs mains, que le vice-roi de Lima, informé de leur arrivée, avait donné l'ordre aux navires marchands de rester dans les ports, en attendant une escadre de guerre qui devait nettoyer avant peu la mer du Sud de la présence des Frères de la Côte.

Loin d'être intimidés par cette nouvelle, les flibustiers vinrent jeter l'ancre près de l'île de Taroga, non loin de Panama, pour y attendre l'apparition de l'escadre espagnole, qu'ils avaient résolu de détruire avant d'entreprendre autre chose.

Ils étaient au mouillage depuis plusieurs semaines, lorsque le 7 juin ils aperçurent la flotte espagnole, forte de sept vaisseaux de guerre, armés à la légère pour leur donner la chasse. Cette flotte arrivait sur eux, toutes voiles dehors. Les deux navires d'avant-garde étaient des vaisseaux de haut-bord, dont le plus grand portait 70 canons. Habitués à triompher en toute rencontre, les flibustiers acceptèrent le combat, malgré l'écrasante supériorité de leurs ennemis. Cette fois, la fortune leur fut infidèle. Tout les trahit. Le vent leur fut contraire ; la mer, houleuse et tourmentée, ballotta leurs petits navires et rendit la manœuvre presque impossible. Dès les premiers moments, ils se trouvèrent dans la situation la plus critique. Une de leurs deux frégates fut entourée par trois vaisseaux espagnols. Les autres flibustiers, accourus à son secours, ne réussirent à la dégager que par leur intrépidité surhumaine. Contraints ensuite de fuir devant une artillerie à laquelle ils ne pouvaient que faiblement riposter, ils ne laissèrent, entre les mains de l'ennemi, qu'une seule barque chargée de prisonniers et tellement criblée qu'elle menaçait de couler bas, au moment où l'équipage l'abandonna.

Les prisonniers y restèrent seuls. Réduits à périr, ces malheureux s'efforcèrent de faire dériver l'embarcation vers les navires de leur nation, en poussant de grands cris pour se faire reconnaître et pour obtenir du secours. Mais l'amiral espagnol crut que cette barque était un brûlot, il lâcha sur elle toute une bordée de mitraille qui la mit en pièces et tua ou noya les infortunés dont elle était chargée.

Pendant ce temps, la mer de plus en plus furieuse, dispersa les navires flibustiers qui ne parvinrent plus ensuite à se réunir. Quelques-uns se perdirent corps et biens. D'autres n'échappèrent au naufrage que pour lutter contre mille nouveaux dangers.

L'issue malheureuse de ce combat excita dans les équipages des mésintelligences qui dégénérèrent en disputes. Bientôt des querelles religieuses entre protestants et catholiques amenèrent des désordres, semèrent des ferments de haine entre des gens que les rivalités nationales envenimaient déjà. Les Anglais insultaient les crucifix et les images qu'ils brisaient en mille pièces ; ils mutilaient les statues des saints à coups de pistolet et se moquaient hautement des Français qui associaient à leurs brigandages les pratiques extérieures du culte catholique. De là des disputes violentes, qui devinrent une cause de dissolution dans ce ramassis d'aventuriers. 130 Français firent bande à part ;

200 autres, sous les ordres du capitaine Grognier, restèrent dans le voisinage de Panama.

En s'éparpillant, les aventuriers n'en devinrent que plus à craindre. Toute la côte, sur une longueur de plus de 1,000 lieues, fut infestée de petites bandes qui tombaient à l'improviste sur des villes sans défense et ne se retiraient qu'après le pillage complet.

Jamais les colons espagnols n'avaient vu d'ennemis dans ces parages. Dès l'enfance, on leur apprenait qu'il n'y avait qu'un peuple : le leur. Le roi d'Espagne, selon leurs croyances, régnait sur l'univers entier. On peut juger combien des gens élevés dans une pareille ignorance devrait être surpris en voyant tomber chez eux des hommes qui ne parlaient pas leur langue.

Un seul vagabond faisait fuir des troupeaux d'Espagnols. Dès que les flibustiers paraissaient, les prêtres ne pouvant les exterminer, se contentaient d'excommunier le pays. Aussitôt les habitants, frappés de terreur, se hâtaient de fuir une terre maudite.

Les 130 dissidents français avaient formé le noyau de la plus audacieuse bande qui se fût jamais signalée. Ils s'emparèrent des villes de Léon et d'Esparso, mirent le feu à celle de Realengo, enlevèrent tous les navires qu'ils rencontrèrent et abordèrent partout où il y avait à piller.

Une barque montée par des Anglais s'étant brisée contre la côte de San Juan de Cueblo, son équipage se décida à s'associer aux aventuriers français ; mais ils voulurent faire bande à part pour la répartition du butin que les partis des deux nations enlevaient chacun de leur côté. Les Espagnols, incapables de résister, eurent recours à la ruse pour se débarrasser de ces hôtes insatiables. Ils envoyèrent aux flibustiers un parlementaire pour leur annoncer que la paix ayant été conclue en Europe entre l'Espagne et ses rivales, les aventuriers n'avaient plus aucune raison de continuer leurs dévastations. De leur côté, les colons offraient gratuitement aux flibustiers les moyens de retourner dans les Antilles par l'isthme de Panama, et s'engageaient à leur fournir tous les secours nécessaires.

Les Forbans ne se laissèrent point tromper ; ils soupçonnèrent un piége, chassèrent le parlementaire et continuèrent leurs ravages.

Ils commencèrent par brûler la ville de Nicoya, au midi du lac de Nicaragua, ville trop pauvre pour payer une rançon. Les incendiaires français n'épargnèrent que les églises et les images religieuses. La bourgade de Chiriquita et quelques autres des environs se sauvèrent de la ruine en payant de grosses contributions de guerre.

Le capitaine Grognier arriva sur ces entrefaites avec les Français, qui s'étaient séparés de la première flottille. Ce renfort, composé d'hommes déterminés, permit d'entreprendre la guerre sur une plus vaste échelle.

La troupe anglaise marcha contre Pueblo-Viejo, grosse bourgade, dont les habitants se retranchèrent dans l'église. 150 riches colons, montés à cheval, se rangèrent en bataille sur la grande place pour recevoir les aventuriers. Mais dès que ces derniers parurent au loin, le courage de ces cavaliers faillit ; ils se sauvèrent sans essayer de combattre. Les assaillants trouvèrent dans la ville une grande quantité de provisions dont ils avaient le plus grand besoin et qu'ils gaspillèrent avec leur insouciance ordinaire.

Revenus à San Juan de Pueblo, ils commençaient à retomber dans la disette, lorsqu'une de leurs vigies découvrit 15 voiles qui voguaient vers le rivage. Persuadés que c'était une armée ennemie qui venait détruire leur unique vaisseau, ils échouèrent celui-ci, après avoir transporté ce qu'il contenait à bord des deux barques, quatre pirogues et quelques bateaux qui composaient toute leur flotte.

Les Espagnols s'approchèrent en effet. Mais sans oser attaquer les aventuriers, ils se contentèrent de visiter le vaisseau échoué, d'en enlever toutes les ferrures et d'en incendier la carène. Après cette vaine démonstration, ils s'en retournèrent.

Les Forbans délibéraient sur le parti qui leur restait à prendre, lorsqu'ils aperçurent à quelque distance, un vaisseau isolé ; ils lui donnèrent aussitôt la chasse. Au moment où ils allaient l'attaquer, ce navire arbora le pavillon rouge ; c'était un de ceux de l'escadre de Dawis, monté par 125 Anglais. Les flibustiers français, qui avaient à se plaindre des Anglais et particulièrement du capitaine Tusley, chef de ce vaisseau, montèrent à bord et s'emparèrent du navire, sans se soucier du drapeau rouge qui le surmontait.

D'abord surpris, Tusley et ses compagnons demandent des explications. On leur rappelle leur conduite passée, on leur adresse des reproches menaçants ; on les traite comme des prisonniers. Puis, après avoir joui pendant près d'une journée de leur consternation mêlée de crainte, après avoir joué, pendant quelques heures, le rôle de vainqueurs, les Français, croyant les avoir assez punis, leur rendirent la liberté avec leur vaisseau et tout ce qu'il portait. Ils ne mirent d'autre condition à cette restitution, sinon que les nouveaux venus feraient cause commune avec leurs anciens associés.

Cette jonction des deux plus fortes bandes ayant considérablement augmenté les forces de la troupe de forbans, ils convinrent de tenter une grande entreprise contre la ville de Grenade, située sur les bords du lac Nicaragua, à 20 lieues de la mer du Sud.

Le 17 avril 1686, 345 Frères de la Côte se mirent en marche contre cette ville, qui était l'une des plus grandes et des plus riches de l'Amérique du Sud. On les y attendait déjà depuis longtemps. Les meubles, les effets précieux avaient été mis en lieu de sûreté ; les habitants, organisés militairement, faisaient une garde rigoureuse. Toute la population était sous les armes. La ville était défendue par une forte enceinte, garnie de 20 pièces de gros calibre ; 6 escadrons de cavalerie régulière battaient continuellement les environs ; enfin, au centre de la ville, se trouvait une citadelle quadrangulaire qui pouvait contenir 2,000 soldats.

Tels étaient les obstacles qu'il fallait renverser avant d'entrer dans cette cité. Mais les aventuriers ne comptaient jamais leurs ennemis ; ils ne s'occupaient que du butin en perspective, et ils savaient que Grenade contenait de riches habitations, de magnifiques couvents, de somptueuses églises pleines de trésors. En avant de son enceinte s'élevaient de nombreuses raffineries, situées au milieu de villages populeux.

Les flibustiers attaquèrent avec leur témérité ordinaire. Sans donner aux Espagnols le temps de se reconnaître, ils se ruèrent sur les portes. En 4 heures de combat, ils enlevèrent toutes les défenses et prirent la ville, sans que cette conquête leur eût coûté plus de douze hommes tués ou grièvement blessés. Mais les maisons étaient vides : les Espagnols en avaient retiré jusqu'aux objets de la plus minime valeur. Les flibustiers ne firent pas le moindre butin. C'était la première fois qu'ils se trouvaient en face d'un pareil désappointement.

Ils quittèrent Grenade, après avoir encloué tons les canons, à l'exception d'un seul, qu'ils emmenèrent pour ne pas se retirer les mains complétement vides. Ce canon ne tarda pas à leur devenir fort utile ; car ils eurent, pendant leur retraite, à repousser plusieurs attaques.

A peine se trouvaient-ils en rase campagne qu'ils furent chargés par un corps de 2,500 Espagnols, qui se débanda au premier coup de mitraille ; un autre détachement de 500 hommes fut repoussé avec la même facilité.

Le our suivant, les bœufs qui traînaient

cette précieuse pièce d'artillerie moururent de soif et de lassitude en traversant une plaine déserte et sans eau, sous les rayons d'un soleil ardent. Il fallut enclouer et abandonner ce canon.

Les aventuriers continuaient leur route au milieu d'un pays désert, où toutes les provisions avaient été détruites par ordre du gouvernement, lorsqu'ils reçurent deux députés envoyés par les habitants du bourg de Ginandejo, pour supplier les flibustiers d'épargner leur localité et pour leur offrir des vivres et même de l'argent, s'ils voulaient s'y ravitailler sans s'y livrer au pillage. C'était un piège destiné à endormir la vigilance des forbans. Les habitants avaient retranché et garni de palissades une gorge étroite qui conduisait à leur bourg, et où ils avaient posté 200 hommes. Ils espéraient exterminer les flibustiers au passage. Mais les aventuriers ne marchaient jamais sans lancer des éclaireurs à droite, à gauche et devant eux. Avertis, ils chargèrent avec furie les colons qui gardaient cette embuscade; ils s'emparèrent du poste, gagnèrent le bourg au pas de course, y mirent le feu et massacrèrent tous les habitants.

Cette terrible exécution ne leur donna pas les vivres qui leur manquaient. Ils revinrent, mourant de faim, vers leurs embarcations. La disette amena de nouveau leur dispersion. Les uns étaient d'avis de croiser à la hauteur de Panama; d'autres préféraient cingler vers l'Occident pour hiverner dans une île et revenir à la belle saison.

Avant de se diviser, l'avis unanime fut qu'il fallait s'occuper du sort des blessés, dont 4 se trouvaient estropiés sans espoir. On consacra à ce devoir d'humanité tout l'argent qui était déposé à la caisse de la société. Les 4 estropiés reçurent chacun 1,000 piastres; les autres blessés furent généreusement indemnisés. Les barques, les canots, les munitions, les provisions, tout fut partagé à l'amiable, et l'on se sépara.

Les Anglais et 148 Français, sous les ordres du capitaine Tusley, restèrent devant Panama. Les autres Français, au nombre de 150, nommèrent pour chef le capitaine Grognier, et quittèrent la troupe principale, le 13 mars 1686.

Parmi les flibustiers qui n'avaient pas voulu se séparer de Tusley, se trouvait Raveneau de Lussan, auquel on doit des détails sur la suite de l'expédition.

La bande à laquelle appartenait de Lussan commença par s'emparer de la ville de Vallia, à 30 lieues de Panama. Cette capture fut productive. Les flibustiers firent 300 prisonniers et ramassèrent 15,000 piastres d'or et d'argent monnayé, et pour un million et demi de marchandises. Ils n'emportèrent de celles-ci que les plus précieuses et les plus faciles à faire voyager. Ne pouvant obtenir aucune rançon de leurs prisonniers, ils mirent le feu à la ville, suivant l'habitude, et se retirèrent.

Le butin avait été chargé à bord de 2 canots, qui descendirent la rivière voisine jusqu'à son embouchure, tandis que la troupe les escortait en bon ordre, en suivant le rivage. Ils étaient en marche depuis quelque temps, lorsque 5 ou 600 Espagnols postés en embuscade dans un épais fourré engagèrent une lutte acharnée avec les aventuriers. Ceux-ci furent victorieux; comme toujours, l'embuscade fut forcée; mais, pendant la lutte, les 2 canots furent capturés avec tout le butin qu'ils contenaient.

Irrité de cet échec, Tusley fit dire aux Espagnols que si on ne lui apportait pas 10,000 piastres, il ferait noyer tous ses prisonniers, qui étaient gens notables et riches. Cette menace produisit son effet: la somme exigée fut payée le jour même. Mais le capitaine anglais, ayant compté les morts et les blessés que l'embuscade lui avait coûtés, fit couper la tête à autant de prisonniers qu'il avait d'hommes à regretter: il chargea les autres de porter leurs têtes sanglantes à l'alcade de Vallia.

Dans l'île de Pugna. (Page 284.)

Quelques jours plus tard, les flibustiers, ayant enlevé un bâtiment qui sortait de la rade de Panama, apprirent de fâcheuses nouvelles par les révélations de l'équipage.

Trois bandes d'aventuriers, surprises les unes après les autres, avaient succombé et s'étaient fait exterminer. Un flibustier, seul survivant, était en ce moment prisonnier dans la prison de Panama.

Une autre nouvelle vint fort heureusement réchauffer l'enthousiasme refroidi des Frères de la Côte. Ils apprirent qu'on attendait à Panama, d'un moment à l'autre, 2 bâtiments venant de Lima, avec un chargement de farine et des sommes considérables. Ils vinrent aussitôt s'embusquer derrière l'île de Taroga, pour guetter l'arrivée de cette proie.

Ils y attendaient depuis plusieurs jours, lorsqu'un prisonnier espagnol, ayant réussi à s'évader, gagna la terre à la nage, se rendit auprès du gouverneur de Panama et l'informa du petit nombre des aventuriers. Le gouverneur dépêcha aussitôt une frégate et deux grandes barques à voiles vers l'île de Taroga. Les flibustiers auraient bien voulu éviter un combat où il n'y avait que des coups à recevoir et nul butin à faire; mais, acculés au rivage, ils durent l'accepter, et ils le firent franchement. Lorsque la frégate se trouva à une portée de pistolet, ils firent pleuvoir sur elle une grêle de grenades et de pièces d'artifice qui y semèrent le désordre. Puis, ils se précipitèrent a l'abordage avec leur fureur ordinaire. La résistance, d'abord vigoureuse, faiblit dès que les aventuriers se sont rendus maîtres de la moitié du pont. Alors, les Espagnols jettent leurs armes et demandent quartier ; on les massacre sans pitié.

Presque au même moment, l'une des barques à voiles, abordée avec la même furie, subit le même sort ; et l'autre, en cherchant à fuir, sombre sur un récif avec tout son monde.

Les vainqueurs étaient en train de jeter à la mer les cadavres des 200 Espagnols qui les avaient attaqués, lorsqu'ils virent 2 nouvelles barques qui, ignorant l'issue du combat, venaient au secours de la frégate. Tusley, peu désireux d'exposer ses compagnons fatigués aux chances d'un second abordage contre des troupes fraîches, eut recours à un stratagème pour s'emparer, sans coup férir, de ces nouveaux ennemis ; il fit arborer le drapeau espagnol sur la frégate ; les barques arrivèrent sous son feu sans la moindre défiance ; dès qu'elles eurent rangé ses flancs, on les cribla de mitraille ; elles ne purent résister et se rendirent, sans que leur capture eût coûté un seul homme aux aventuriers. On y trouva de gros paquets de cordes que les Espagnols, à peu près assurés de la victoire, avaient apportés pour garrotter leurs prisonniers. Ces cordes servirent à pendre ceux d'entre eux que la mitraille avait épargnés.

Dans ces divers engagements, 1 seul flibustier avait été tué ; mais 22 avaient reçu des blessures, d'abord peu dangereuses, et qui entraînèrent ensuite la mort de tous ceux qui avaient été atteints ; entre autres, le capitaine Tusley mourut peu de jours après la prise de cette frégate. Une semblable mortalité fit soupçonner les Espagnols de se servir de balles empoisonnées, et anima les aventuriers des plus terribles sentiments de vengeance.

Ils étaient dans tout le feu de la colère causée par la mort extraordinaire de leurs compagnons, lorsqu'on leur annonça que 4 Anglais et 1 Français, appartenant à d'autres bandes, étaient tombés entre les mains des Espagnols et se trouvaient dans les prisons de Panama, étroitement gardés, menacés de mort, sans espoir de délivrance.

Les Frères de la Côte entrèrent en correspondance avec le gouvernement de la province de Panama, pour réclamer la délivrance immédiate des 5 prisonniers, menaçant, en cas de refus, de tuer 20 Espagnols pour chacun des flibustiers.

Le gouverneur repoussa cette sommation, malgré les prières des habitants, qui tremblaient pour leur vie, et qui connaissaient l'implacable férocité des flibustiers. Le gouverneur restant inflexible dans son refus de livrer les prisonniers, les notables s'adressèrent à l'évêque, qui essaya d'apaiser les Frères de la Côte en leur écrivant la lettre suivante :

« Messieurs,

« Un de vos chefs, le célèbre Morgan avait pour moi quelque estime, et ne m'eût jamais refusé quelque grâce que je lui eusse demandée au nom de la religion. Je ne suis pas un homme de sang, mais un ministre de paix et de conciliation. J'ai appris avec regret que M. le président vous avait écrit en des termes sévères ; c'est son métier de guerrier qui lui en fait peut-être un devoir. Placé sous son autorité, comme tous les habitants de cette ville, je n'ai pas le droit de juger ses actes, même en ne les approuvant pas 'es t donc spontanément, et de mon seul mouvement que je vous écris, pour vous supplier de ne plus verser le sang des prisonniers qui sont ou qui tomberont entre vos mains ; car ces malheureux ne combattent contre vous que parce qu'ils y sont forcés. Le refus que fait le président de vous rendre les cinq hommes que vous réclamez, est fondé sur l'obéissance qu'il doit aux ordres du roi d'Espagne, notre souverain maître, qui a défendu de pareils échanges. Je vous promets néanmoins d'employer toute mon influence et tous mes efforts pour obtenir leur mise en liberté. Reposez-vous sur ma parole épiscopale ; je ferai en sorte que vous soyez satisfaits. Mais en attendant, je dois vous rassurer sur le sort de vos compagnons, et vous informer que les 4 Anglais ont librement abjuré l'hérésie protestante, pour rentrer dans la religion de la sainte Église romaine. Vous n'ignorez pas qu'il existe déjà dans la colonie anglaise de la Jamaïque une église catholique, et que le gouvernement de la Grande-Bretagne ne s'oppose point à la libre et volontaire conversion de ceux de ses sujets qui consentent à abjurer. Je vous affirme que les 4 Anglais en question n'ont été soumis pour ce fait, à aucune violence. Il y a plus : aujourd'hui qu'ils font partie de mon troupeau, je prends leur vie sous ma protection immédiate et j'ai foi en la clémence dont le roi notre maître daignera user en leur faveur, sur mes instantes prières. Quant au cinquième, qui est Français, on ne saurait le condamner isolément, en faisant grâce à ses compagnons. Les uns et les autres ne doivent songer qu'à se repentir de leur passé, et à rentrer dans la voie d'une vie pacifique et chrétienne, à laquelle je souhaiterais vous voir revenir vous-mêmes, si mes faibles prières pouvaient y contribuer en quelque chose. »

Cette missive ne donna aucune envie aux flibustiers d'entrer dans une voie plus chrétienne. D'ailleurs, 22 de leurs compagnons venaient de mourir les uns après les autres des suites de blessures empoisonnées ; pas un blessé n'avait échappé à la mort. Parmi eux se trouvait le capitaine Tusley, chef de la bande. La vengeance ne se fit pas attendre.

100 hommes exaltés font une descente à trois lieues de Panama ; il surprennent un village endormi, coupent 60 têtes de colons et ramènent 3 prisonniers. Ces 3 malheureux sont mis dans un canot avec 3 sacs contenant chacun 20 têtes. En arrivant à Panama, ils font le lugubre récit de ce qui s'est passé. Ils annoncent que les forbans les ont chargés de porter mille menaces au gouverneur.

La terreur s'empare de tous les esprits ; le peuple se soulève, envahit le palais du gouverneur et réclame au plus vite les 5 flibustiers, pour les renvoyer sains et saufs parmi leurs compagnons. Le gouverneur, aussi terrifié que les autres, à la vue des 60 têtes étalées à ses pieds, ne se contente pas de renvoyer ses prisonniers. Il les charge d'une lettre d'excuses et fait emplir de rafraîchissements la barque qui les emmène.

Leur délivrance ne suffit pas aux Frères de la Côte. Ils se plaignent amèrement au sujet des balles empoisonnées.

— Un tel moyen, disent-ils, n'est qu'une violation des lois de la guerre, une lâcheté qui doit être châtiée par la destruction totale de Panama et par le massacre impitoyable de tous les Espagnols qui seront pris à l'avenir ; à moins que les habitants, pour éviter de semblables représailles, n'envoient, sous 24 heures, 30,000 piastres, *afin de faire prier pour les âmes des malheureux empoisonnés.*

La somme réclamée fut aussitôt réunie par une cotisation des plus riches propriétaires.

N'ayant plus rien à faire dans ces parages, la bande se dirigea contre *Guayaquil*, située sur la rivière du même nom, à 10 milles de la mer. Cette ville est entièrement bâtie sur pilotis, à cause des débordements de la rivière. 600 Espagnols, sortis au-devant des flibustiers, furent mis en déroute dès le premier choc et se réfugièrent dans les trois petits forts qui défendaient la ville. Quoique chacun de ces forts fût muni d'une bonne garnison, ils tombèrent au pouvoir des assaillants après onze heures de combat. La ville ne résista guère davantage ; elle fut prise dès que le gouverneur et ses principaux officiers, blessés pour la plupart, furent tombés au pouvoir des forbans, après une résistance dont les Espagnols donnaient peu d'exemples. La victoire fut chèrement achetée; un grand nombre de flibustiers perdirent la vie et avec eux, le capitaine Grognier, qui fut mortellement blessé et succomba le lendemain.

Un immense butin, consistant en perles, pierres précieuses, lingots et 80,000 piastres les consola de ces pertes. Des richesses encore plus considérables évaluées à 6,000,000 avaient été sauvées pendant l'attaque des forts. Quelques chaloupes emportaient ces trésors que l'on poursuivit vainement. Ces richesses furent perdues pour les flibustiers, qui s'indemnisèrent en saisissant 600 des principaux habitants. Ils trouvèrent aussi dans le port de Guayaquil 14 vaisseaux de différentes grandeurs; mais ces navires étaient inutiles. Le plus clair du butin consistait dans les prisonniers, parmi lesquels se trouvait le gouverneur. On leur fit promettre une rançon de 1,000,000 de piastres en or et de 400 sacs de blé, rançon qui devait venir de la ville de Quito, éloignée d'environ 18 lieues.

Pendant la deuxième nuit qui suivit la prise de Guayaquil, un vaste incendie qui se déclara près de l'endroit où les forbans avaient amoncelé leur butin et leurs munitions de guerre, faillit les ruiner complétement. Un tiers de la ville fut détruit par cet embrasement dont on ne se rendit maître qu'à force d'activité.

Plus de 900 cadavres encombraient les rues de la ville. On ne se donnait pas la peine de les ensevelir. Il en résulta, en moins de trois jours, une peste épouvantable dont périrent plusieurs flibustiers. Les vainqueurs durent abandonner ce dangereux théâtre de leurs exploits. Ils firent voile vers l'île de Pugna, après avoir encloué les canons, brisé les affûts, et transporté dans leurs barques tous leurs prisonniers, surtout ceux du sexe féminin.

L'île de Pugna, où ils se réfugiaient, n'était alors habitée que par des nègres fugitifs qui s'y cachaient sous des huttes de lataniers, dans les endroits les plus inaccessibles. Ces malheureux trouvaient à y vivre en mangeant les sommités des palmistes, les oignons des nymphœa, dont ils sont très-friands, ou les coquillages recueillis sur le bord de la mer.

L'île n'a que 11 lieues de circuit; c'est une sorte de petit paradis terrestre, où une nature vierge offre partout une physionomie pleine de poésie. Au centre règne une grande forêt pleine d'ombre et de mystère. Sur le rivage, un gazon d'un beau vert gris s'harmonise, d'un côté avec la verdure des bois, et de l'autre avec l'azur des eaux.

Sur les montagnes de l'intérieur, échelonnées en pyramides, s'élèvent des forêts de hauts palmistes couronnés d'un panache. Des lianes pendantes, flottent comme des draperies. De frais ruisseaux, coulant sur un lit de sable, au milieu du gazon, ménagent, partout dans leurs cours, des voûtes de verdure, où l'homme trouve un abri naturel contre les rayons ardents du soleil.

Les flibustiers demeurèrent un mois sur cette île enchanteresse, passant leurs jours et leurs nuits dans les réjouissances. La musique, la danse, le chant, les festins se partageaient le temps que ne dévorait pas l'amour; car les belles Espagnoles, revenues de la première terreur inspirée par les forbans, se prêtaient avec un voluptueux abandon aux plaisirs de leurs vainqueurs.

Chaque jour, on apportait de Guayaquil des vivres en profusion. Les musiciens de cette ville, emmenés comme prisonniers, payaient leur nourriture en concerts de théorbes, de guitares, de harpes et de mandolines. Peu à peu, les mœurs féroces des flibustiers s'adoucirent; ils semblèrent prendre à tâche de se présenter à leurs captifs sous des dehors plus agréables. Leurs soins se portèrent surtout du côté des dames, dont les préventions avaient été longues à vaincre.

On raconte qu'à leur entrée à Guayaquil, les Frères de la Côte avaient été reçus par les femmes comme des espèces de monstres anthropophages : — *Por l'amor de Dios, no mi como !* (pour l'amour de Dieu, ne me mangez pas). Tel était le cri qui s'échappait de toutes les lèvres féminines. Blessés de se voir en si mauvaise réputation, les aventuriers convinrent de s'en attirer une meilleure. Ils s'évertuèrent à adoucir ce que la captivité pouvait avoir de rigoureux pour leurs prisonnières. Revenues de leur effroi, elles prirent bientôt une part active à la jubilation générale ; elles se livrèrent à la joie, à la danse, aux jeux, avec moins de gêne que dans leurs propres maisons. Elles donnèrent à leurs vainqueurs des gages de faveur que les femmes de ces pays-là ne partagent jamais qu'entre les moines et leur maris légitimes.

Le vingtième jour, terme fixé pour la rançon des prisonniers, les habitants demandèrent un nouveau répit. On leur accorda 3 jours. Mais ce délai expiré, un officier de la milice bourgeoise apporta de vagues promesses, au lieu des sommes promises.

Les flibustiers flairèrent un piége. Ils devinèrent que les Espagnols désiraient gagner du temps pour se préparer à quelque coup de main. Il n'y avait pas à hésiter, il fallait agir avec énergie pour effrayer les habitants. Les aventuriers assemblèrent alors tous les otages et leur ordonnèrent de tirer au sort. Le sort en désigna 4 qui furent aussitôt décapités et on envoya leurs têtes au gouverneur par intérim de Guayaquil en l'avertissant que si la rançon n'était pas acquittée sous 3 jours, tous les autres prisonniers seraient traités de la même façon.

80 sacs de farine et 20,000 piastres en or furent la réponse. Ce n'était pas assez. Mais le soupçon que les flibustiers avaient conçu se changea en certitude. Ils interceptèrent un courrier dans lequel le gouverneur par intérim de Guayaquil demandait du secours au vice-roi du Pérou, afin d'exterminer jusqu'au dernier des bandits. Presque en même temps, la ville fit déclarer qu'au lieu de la rançon promise, elle allait envoyer 5,000 hommes de troupes régulières, tout prêts à traiter les forbans de la bonne manière.

Ce message faillit entraîner la mort de tous les autres prisonniers ; ces malheureux offrirent 22,000 piastres pour sauver leurs têtes ; on accepta cette transaction et, lorsqu'ils eurent payé, on les mit en liberté, à l'exception de 30 des plus notables, parmi lesquels se trouvait le gouverneur.

Les aventuriers se disposaient à s'éloigner de Pugna, lorsque le capitaine anglais Dawis, leur premier chef, dont ils s'étaient séparés deux ans auparavant, parut et joignit ses forces aux leurs. Ce renfort arriva fort à propos, car, à peine avaient-ils mis à la voile. qu'ils se jetèrent au milieu d'une flottille espagnole envoyée à leur poursuite. Malgré l'inégalité des forces, les flibustiers acceptèrent le combat. L'engagement dura jusqu'à la nuit et recommença le lendemain matin, sans avantage marqué de part ni d'autre. Enfin, le deuxième jour, les vaisseaux espagnols, surchargés d'artillerie, ne purent suivre leurs adversaires et se trouvèrent hors de vue.

Echappés à ce danger, les aventuriers débarquèrent, près du cap de Pastoa, les prisonniers qui leur restaient encore et qui leur devenaient à charge, en consommant leurs vivres. Bientôt les vents et la tempête les poussèrent dans la haute mer et jetèrent la confusion dans leur flottille. La plupart de leurs petites barques furent dispersées, bien peu se maintinrent de conserve. Les vivres se firent de plus en plus rares ; il fallut en arriver à une modique ration. Bientôt même, on resta 48 heures sans manger.

La soif, plus cruelle que la faim, produisait des souffrances affreuses. Heureusement qu'une forte pluie tira les aventuriers de la crise à laquelle ils allaient succomber.

Ils recoururent à tous les moyens de recueillir cette eau bienfaisante.

Enfin, ils atteignirent la baie de Tecoantepeca, sur la côte occidentale de la province de Guatémala. Sur le bord de cette baie s'élevait la grande et belle ville de Tecoantepeca, cité opulente qui n'avait pas moins de 8 faubourgs.

Le besoin pressant de subsistances décida les flibustiers à tenter l'attaque presque impossible de cette ville qui ne contenait pas moins de 3,000 soldats. La nécessité de réussir toujours enfantant des prodiges, ils parvinrent à forcer les premiers retranchements et se trouvèrent, en peu d'heures, maîtres de toute la place, à l'exception d'une abbaye crénelée où s'étaient retranchés les hommes les plus courageux de la garnison. Ils auraient sans doute réussi à s'en emparer, sans un incident qui les força de lâcher leur proie. La rivière qui baigne la ville se mit à déborder avec tant de rapidité que les flibustiers, menacés d'être submergés, se rembarquèrent au plus vite.

Sur ces entrefaites, le capitaine Dawis, d'humeur fort inconstante, se sépara encore de ses compagnons. Il voulait, disait-il, s'en retourner en Europe, pour y mettre en sécurité le butin qu'il avait fait pendant la durée de sa première séparation. Il avait, en effet, enlevé plusieurs vaisseaux espagnols, avait débarqué à Saguna, Arica et Pilca et avait recueilli un butin si considérable, que le moins bien partagé de ses compagnons avait reçu 5,000 piastres pour sa portion. C'est ce butin que sa bande voulait mettre à couvert.

Une autre troupe de 55 hommes se sépara encore de la société générale; elle se rendit non loin des côtes de la Californie, sur trois petites îles désertes, connues sous le nom des *Trois îles Marie*. Ils y restèrent 4 années dans le plus entier dénûment. Montés dans une barque dont un pêcheur ne voudrait pas, ils firent voile vers le sud et parcoururent 2,000 lieues marines, ayant presque toujours le vent contraire. Ils avaient déjà traversé la moitié du détroit de Magellan, lorsque la honte d'arriver pauvres dans les Antilles, après tant de fatigues, les retint. Ils retournèrent sur leurs pas.

Sur leur route, ils apprirent qu'il se trouvait dans le port d'Arica un vaisseau chargé du produit des fameuses mines du Potosi, évalué à 2,000,000 de piastres. Ils eurent le bonheur de surprendre ce galion et de s'en emparer. Ils s'y embarquèrent aussitôt et, se trouvant assez riches, ils reprirent décidément cette fois le chemin des Antilles.

Dans le détroit de Magellan, leur navire échoua, ils ne purent sauver qu'une partie de leur trésor. Pour continuer leur route, ils durent construire 2 chaloupes avec les débris du navire naufragé. Ils arrivèrent sans nouvel accident à l'île de Cayenne. Quelques-uns s'y fixèrent; d'autres repassèrent à Saint-Domingue. Bien peu revirent la France avec leur part de butin.

Une autre troupe de 200 hommes, sous les ordres du capitaine Lesage, n'avait pu pénétrer dans la mer du Sud, à cause des mauvais temps qui avaient rendu impraticable le détroit de Magellan. Elle vint croiser le long des côtes d'Afrique, où elle fit pendant deux ans des prises qui lui permirent de vivre dans la plus grande abondance. Un jour, le hasard fit tomber entre les mains des aventuriers un vaisseau hollandais de la Compagnie des Indes. Ce navire portait une grande quantité de poudre d'or. Sa cargaison appartenait à un jeune Hollandais qui, après s'être fiancé dans son pays, avait voulu faire ce voyage pour assurer un douaire à sa future. Riches au-delà de leurs espérances, les aventuriers revinrent à Saint-Domingue.

Pendant ce temps, les destinées du capitaine Dawis changeaient complétement. Ce chef, pendant les longueurs de la navigation, avait cherché à échapper à l'ennui en se livrant à un jeu effréné. Il s'était ruiné complétement, ainsi que plusieurs de ses compagnons qui ne voulurent plus s'en retourner en Europe avec les mains vides. Dawis vira de bord, au moment où le hasard amena à sa vue un navire portant d'autres flibustiers. C'était la troupe du capitaine Wilnett.

Wilnett, chef d'une petite bande, avait fait fortune, lui aussi. Mais, plus avisé que Dawis, il ne s'était pas ruiné ; il avait laissé ses soldats se livrer à la fureur du vin, du jeu et de l'amour, sans partager leurs folles débauches. Quelques-uns de ses camarades, complétement ruinés, demandaient à rester dans la mer des Indes. Wilnett et Dawis firent un échange. Ceux qui avaient conservé leur butin et qui voulaient s'en retourner, suivirent Wilnett sur la route d'Europe. Les autres, plus nombreux, se réunirent à Dawis, dans l'espoir de rétablir bientôt leur fortune par le pillage. Ils se lancèrent de nouveau dans la mer des Indes, au nombre de 60 Anglais et 20 Français. Ils arrivèrent bientôt devant Guayaquil, lieu général de rendez-vous où les autres flibustiers attardés les accueillirent avec des transports de joie.

Ils se dispersèrent par troupes plus ou moins nombreuses, sous la direction de chefs qui les ramenèrent peu à peu en Europe. Ceux qui restèrent les derniers dans la mer du Sud auraient bien voulu s'en retourner; mais ils manquaient d'embarcations capables de doubler le redoutable cap Magellan. Ils résolurent d'entreprendre, à travers l'isthme de Guatémala, un passage qui devait présenter mille difficultés. Après avoir interrogé leurs prisonniers, ils se décidèrent à prendre leur chemin par la Nouvelle-Ségovie, au nord du lac de Nicaragua, à 40 lieues de la mer du Sud et à 25 lieues d'une rivière qui se rend dans l'Océan atlantique, près du cap de Gracias à Dios.

Pour mieux se renseigner, ils lancèrent 68 hommes dans l'intérieur de terres. 50 revinrent bientôt, annonçant que 6,000 Espagnols se trouvaient dans le voisinage. 18 eurent l'audace de pousser en avant. Ils surprirent 3 Espagnols qui leur apprirent que non loin de là se trouvait une bourgade importante, nommée Chiloteca, habitée par 400 colons et par un grand nombre d'esclaves. Les 18 aventuriers s'approchèrent avec les plus grandes précautions de cette bourgade, ils y entrèrent tout à coup en poussant des clameurs effroyables. Les habitants, croyant avoir sur les bras toute une armée de ravageurs, n'essayèrent même pas de résister. Les flibustiers s'emparèrent de plusieurs chevaux et des principaux habitants.

A leur retour commença la marche de la petite armée des aventuriers. Leur retraite, si elle eût été accomplie par une armée régulière, au lieu d'être l'œuvre d'une poignée de forbans, serait aujourd'hui aussi célèbre que celle des dix mille ; elle est aussi étonnante que celle-ci ; elle tient du merveilleux ; elle atteint jusqu'à l'invraisemblable.

En voici le détail, imité, en partie, de l'*Histoire générale de la Marine*, par Van Tenac.

Ce fut le 1er janvier 1688 que les flibustiers qui étaient restés les derniers dans la mer du Sud, au nombre de 285, se mirent en marche avec 68 chevaux. Leur départ s'effectua à la vue de quelques vaisseaux espagnols. Auparavant, ils avaient jeté à la mer leurs canons et tous les meubles et ustensiles dont ils pouvaient se passer. Ils avaient brûlé une partie de leurs effets et brisé tout ce qu'il leur restait encore d'embarcations. Ils n'avaient pas négligé d'adresser solennellement leurs prières à Dieu pour en obtenir un heureux voyage. Leur équipage était peu considérable. Ce qu'ils avaient de plus pesant à transporter, c'était leur argent et leur or. Chacun portait ce qui lui appartenait, et ce n'était pas une charge légère. Plusieurs, qui avaient tout perdu au jeu, se trouvaient à l'abri de cet embarras ; mais pour prévenir leurs murmures, on fit un accord avec eux : les riches donnèrent aux pauvres une partie de leurs métaux précieux à porter, sous la condition qu'arrivés sans accident à la destination commune, ils en gardaient une moitié pour prix de leur peine et de leurs soins, mais qu'ils restitueraient l'autre aux propriétaires.

La marche des flibustiers se fit à travers cette portion de l'Amérique espagnole qu'embrasse la province de Guatemala, ayant au nord la côte de Honduras, et vers l'orient le cap Gracias-à-Dios. Les habitants de ces contrées, préparés à les voir paraître, leur opposèrent tous les obstacles imaginables. Ils entassèrent sur leur passage des abatis d'arbres et autres choses propres à barrer les chemins et à rendre même les sentiers impraticables. Tous les vivres furent transportés au loin; on mit le feu aux herbes des prairies et des champs; en sorte que la caravane, hommes et chevaux, fut menacée d'être étouffée par la fumée et la chaleur. Souvent les flibustiers furent obligés de s'arrêter jusqu'à ce que le feu fût éteint. Le neuvième jour, ils durent prendre à l'arme blanche une redoute que les Espagnols avaient construite sur leur route.

Le onzième jour ils atteignirent la Nouvelle-Ségovie, où ils s'attendaient à un combat sérieux et où ils espéraient se procurer, sinon un riche butin, au moins des subsistances, mais ils ne trouvèrent rien : les habitants avaient tout emporté ou détruit, et avaient pris la fuite. Ce fut pour les flibustiers un très-fâcheux mécompte. C'était d'ailleurs une grande ville qui avait de très-belles maisons et plusieurs églises d'assez mauvaise apparence.

Continuant leur chemin dans des montagnes où le froid les glaçait chaque nuit, escaladant des cimes inexplorées, traversant des ravins pleins de brouillards, s'écrasant à chaque pas, manquant de vivres, ils se trouvaient dans un grand embarras quant aux moyens de continuer leur route, car les prisonniers qui leur servaient de guides ne connaissaient pas les chemins au delà de Ségovie. Cependant, un nouveau prisonnier tomba fort à propos entre leurs mains. Ils l'emmenèrent avec eux, en le forçant de les conduire vers une rivière qui était encore à 20 lieues de là.

Se trouvant vers le coucher du soleil au sommet d'une montagne, ils aperçurent, à leur grande surprise, dans une vallée, un troupeau de 12 à 1,500 bêtes qui paissaient, et qu'ils prirent d'abord pour des bœufs. Ces animaux étaient des chevaux sellés et bridés. Quarante des leurs qu'ils avaient envoyés à la découverte en acquirent la triste conviction; mais ce qui était bien plus fâcheux, c'est qu'arrivés tout près de ces chevaux, ils découvrirent trois retranchements qui s'élevaient en forme de terrasses les uns au-dessus des autres. Cet amphithéâtre redoutable régnait autour des montagnes et barrait entièrement le chemin par lequel les flibustiers devaient nécessairement passer le jour suivant. Il n'y avait aucun moyen d'éviter ce passage en faisant un détour. Sur un des flancs de la montagne coulait une rivière, et un coteau enfermé dans un retranchement dominait la seule issue par laquelle les flibustiers, avec tous leurs équipages, pussent sortir. Tout le pays environnant était une forêt épaisse, impraticable, hérissée de rochers, entrecoupée de précipices, en partie couverte de marais, à travers laquelle il n'y avait point la moindre apparence d'un chemin ou même d'un sentier. Les chevaux, les malades, les prisonniers, en un mot tout ce qui ne pouvait pas les accompagner fut laissé dans le camp, sous une escorte de 80 flibustiers; ils eurent soin d'entretenir les feux pendant la nuit, de répéter les roulements de tambour, de relever les sentinelles à grand bruit et avec les cris qui accompagnent cette opération en temps de guerre, de faire faire par intervalles des décharges de mousqueterie. Ils avaient disposé leurs bagages en carré pour former une espèce de retranchement, dans l'intérieur duquel les chevaux furent répartis, et où les malades, les blessés et les prisonniers eurent leurs places déterminées. Toutes ces mesures durent être prises avec une extrême rapidité, parce que le jour approchait de son déclin, et qu'il fallait se

Les piperies. (Page 292).

mettre en mouvement aussitôt que la nuit serait close. La marche commença donc aussitôt que l'obscurité la favorisa. Les flibustiers descendirent de leur hauteur, après avoir formé leur itinéraire en conséquence des avis qu'avait rapportés un des leurs qu'ils avaient envoyé pour reconnaître le terrain. Ils n'omirent pas, avant de marcher, de réciter leurs prières, mais à voix basse pour n'être pas entendus des Espagnols. Presque en même temps, ceux-ci entonnèrent à haute voix la prière du soir et les litanies, et firent des décharges de mousqueterie et d'artillerie en l'honneur de leurs saints, comme s'ils eussent voulu insulter aux vaincus, et célébrer d'avance leur infaillible victoire.

Les flibustiers se mirent en route au nombre de 200. Ils eurent une peine incroyable à se frayer pendant la nuit un passage à travers la forêt, à gravir les rocs escarpés et à les redescendre; tantôt se traînant sur les genoux, tantôt se laissant glisser le long de la pente rapide des rochers, tantôt obligés de sauter par-dessus les précipices, sans pouvoir un seul instant se tenir debout. Ils se réunirent enfin sur le sommet d'une montagne, d'où ils avaient les retranchements espagnols au-dessous d'eux, à leur gauche.

Le jour parut. Ils étaient au terme des plus grandes difficultés. Les principaux obstacles étaient surmontés; mais le but n'était pas encore atteint. Un brouillard épais favorisa cependant leur audace, en sorte qu'ils ne furent aperçus que tard. Mais ce brouillard rendait à d'autres égards leur situation plus critique : il les empêchait de voir à quelques pas, et leur enlevait le moyen d'avancer avec sûreté. Cependant, ils entendirent à leurs pieds une patrouille, dont la marche bruyante leur servit de guide jusqu'à un certain point. La voix des Espagnols, qui récitaient tout haut leur prière du matin, leur indiqua plus précisément encore à quelle distance et de quel côté était l'ennemi.

Ces deux indices les conduisirent droit à un poste d'arrière-garde de 500 hommes. Ce corps, qui les attendait par le bas, fut extrêmement surpris en les voyant arriver par le haut. Les Espagnols crurent réellement qu'ils tombaient des nues ; et leur saisissement fut tel, que, sans combattre, ils prirent tous la fuite.

Les flibustiers eux-mêmes furent étonnés de leur succès. Ils voyaient bien que si le premier corps de 500 Espagnols eût fait son devoir, ils auraient été tous précipités dans les abîmes.

Les flibustiers attaquants étaient convenus avec ceux de leurs camarades qu'ils laissaient dans le camp, qu'en cas de victoire ils recevraient très-promptement de leurs nouvelles; mais que si, une heure après que le feu serait terminé, ils n'entendaient pas parler des combattants, ils devaient chercher à se sauver comme ils pourraient. Ceux-ci se trouvaient dans une fâcheuse position. Ils avaient à protéger les bagages, à garder un grand nombre de chevaux, à surveiller les prisonniers ; et cependant il leur fallait encore faire tête à des ennemis dont le nombre était quadruple du leur. Mais les Espagnols ne profitèrent pas de ces grands avantages ; ils manifestèrent au contraire une extrême timidité. Au lieu de rendre leur supériorité décisive par une attaque impétueuse, ils proposèrent une conférence. Un officier se porta dans le camp des flibustiers, et leur annonça que l'attaque tentée par leurs compagnons contre les retranchements avait échoué; qu'ils étaient en fuite, et que, dans le désordre qui s'était emparé d'eux, ils ne pouvaient échapper à un corps de 200 Espagnols postés sur les bords de la rivière. Persuadé que cette nouvelle allait les atterrer, l'officier s'efforça de leur prouver qu'abandonnés à eux-mêmes dans un camp où ils ne pouvaient espérer de secours, ils étaient perdus sans ressource, s'ils ne se rendaient pas prisonniers de guerre ; et il ajouta que, s'ils prenaient ce sage parti, il leur promettait de la manière la plus solennelle, au nom du général, qu'on les laisserait poursuivre paisiblement leur route, avec une escorte, vers les côtes septentrionales.

Les flibustiers ne crurent pas plus à la prétendue défaite des leurs qu'à la promesse par laquelle on essayait de les endormir, et répondirent hardiment : « que si les Espagnols, à la faveur de l'extrême supériorité de leur nombre, avaient anéanti les deux tiers de leurs camarades, le reste se sentait cependant encore le courage de leur tenir tête; qu'ils n'avaient pénétré dans l'intérieur du pays que pour retourner chez eux ; et qu'ils espéraient y réussir en dépit de l'opposition des Espagnols. » L'officier alla porter cette réponse à ses chefs.

Mais les flibustiers, laissés dans le camp, songèrent bientôt à agir par eux-mêmes : ils confièrent le soin des bagages et des prisonniers à une petite garde, montèrent à cheval, attaquèrent inopinément ces mêmes Espagnols qui venaient de les défier, en sabrèrent une partie et dispersèrent le reste. Ensuite les deux corps victorieux se réunirent, se trouvèrent ainsi maîtres de tout le pays, et se reposèrent un jour entier. Mais il leur restait d'autres inquiétudes. Ils apprirent par les prisonniers qu'à six milles plus loin il y avait encore un grand retranchement qu'ils ne pouvaient éviter. Ils commencèrent à craindre que les fugitifs n'eussent mis tout le pays en mouvement, qu'ils ne se fussent réunis au corps retranché près des bords de la rivière, et qu'ils n'ajoutassent encore à l'extrême difficulté qu'on devait éprouver à son passage. Ils aperçurent d'ailleurs de loin des feux sur le sommet de quelques hautes montagnes, et présumèrent que ce pourrait bien être des signaux.

Ces circonstances alarmantes ne les empêchèrent cependant pas de prendre leur route dès le lendemain matin, après avoir mutilé 900 chevaux, qui les eussent embarrassés dans leur marche. Ils en emmenèrent à peu près autant, non-seulement pour leur servir de monture et pour les employer à porter les bagages, mais aussi pour se nourrir de leur chair, pendant une route qui pouvait encore être longue et ne leur offrait aucun moyen de subsistance.

Deux jours après ils rencontrèrent le retranchement qu'on leur avait annoncé; mais les Espagnols qui le gardaient avaient été tellement frappés de terreur, qu'ils ne firent pas la moindre résistance. Le seizième jour de leur marche, les flibustiers arrivèrent enfin sur le bord de la rivière, tant désirée, qui devait les porter à la mer.

Cette rivière, qui paraît être celle de la Magdeleine, prend sa source dans les montagnes de la Nouvelle-Ségovie, coule avec fracas dans un lit hérissé d'énormes rochers, ensuite se plonge dans d'immenses abîmes, et, après avoir franchi plus de cent cascades naturelles, dont trois surtout sont d'un aspect effrayant, se jette enfin dans la mer des Antilles, assez près du cap Gracias-à-Dios. Les flibustiers entendaient de plusieurs milles l'épouvantable fracas des eaux qui se précipitaient. Ces cataractes auraient pu rendre impraticable tout moyen de passer la rivière, si à l'entrée et à la sortie de chacune d'elles il n'y avait pas eu un grand bassin d'eau dormante où les flibustiers pouvaient espérer de s'arrêter, et de transporter jusqu'à l'autre bord leurs embarcations ou machines flottantes d'une espèce quelconque.

Ils ne s'effrayèrent point de cette foule d'obstacles, et tous mirent la main à l'œuvre pour en triompher. Ils tuèrent une partie de leurs chevaux, en firent saler la chair et lâchèrent tous ceux qui leur étaient inutiles.

Il y avait une forêt dans le voisinage du fleuve : ils y coupèrent des arbres menus dont le bois était léger, ils en ôtèrent l'écorce, les taillèrent en morceaux qu'ils assemblèrent et lièrent cinq par cinq. C'est ainsi qu'ils formèrent un grand nombre de machines, petites et frêles, que Raveneau de Lussan appelle des *piperies*. Ce n'était ni des canots, ni des bateaux, ni des radeaux, mais des espèces de corbeilles qui avaient quelque ressemblance avec des paniers à fruit, ou avec de grandes cruches d'osier, qui s'enfonçaient de deux à trois pieds dans l'eau, et dont chacune ne pouvait porter que 2 hommes. C'est là qu'ils se placèrent en se mettant dans l'eau jusqu'à la ceinture. La petitesse, la forme, la mobilité des piperies étaient telles, qu'il fallait absolument qu'ils s'y tinssent debout, ayant en main de longues perches à l'aide desquelles ils se soutenaient contre le courant, et s'éloignaient le plus qu'ils pouvaient des rochers qui auraient brisé leurs fragiles nacelles et des abîmes qui les auraient engloutis. On traîna ces corbeilles de la forêt à la rivière, sans éprouver la moindre contrariété de la part des Espagnols, dont aucun ne se laissa même apercevoir pendant toute l'opération.

Après avoir rendu la liberté à tous leurs prisonniers, et s'être armés de leurs longues perches, ces hardis aventuriers commencèrent leur navigation, une des plus téméraires entreprises dont fassent mention les annales du genre humain.

Cette manière fatigante de naviguer, deux dans un panier, présentait les plus grands dangers. D'énormes vagues submergeaient les embarcations et noyaient les navigateurs. Le choc des écueils, que l'on ne pouvait pas toujours éviter, en tua plusieurs.

D'autres, trop pesants, ne sauvèrent leur vie qu'en abandonnant le précieux butin pour la conquête duquel ils avaient affronté mille fois la mort.

De grandes cataractes barraient, de temps en temps le liquide chemin auquel les aventuriers s'étaient confiés; quelques embarcations ne pouvant atteindre le rivage, entraînées par le courant, étaient précipitées, d'une hauteur prodigieuse, dans des gouffres insondables. Il fallait, pour éviter ce danger, atteindre le bord le plus rapproché, vider les piperies, remettre celles-ci dans l'eau, courir à pied de l'autre côté de la cascade et rattraper à la nage les embarcations, au fur et à mesure qu'elles passaient, rapides comme l'éclair, au bas de la chute d'eau. Celles que l'on laissait échapper devaient être aussitôt remplacées par d'autres machines flottantes, construites à la hâte.

Pendant quelque temps toutes leurs piperies s'étaient tenues constamment ensemble, pour pouvoir se prêter des secours réciproques; mais il en était résulté beaucoup d'accidents.

La disette vint mettre le comble à la déplorable situation des pirates. La chair de cheval salée qu'ils avaient emportée s'était tellement corrompue à force d'être humectée, que dès le second jour il fallut la jeter. Le gibier abondait autour d'eux; mais ils ne pouvaient le tirer, parce que leurs armes étaient humides et que leur poudre, quelque soin qu'ils prissent pour la préserver contre les fréquentes irruptions des vagues, ne pouvait plus leur servir. Leur seule nourriture était le fruit des bananiers qu'ils trouvaient en abondance sur le rivage; mais cet aliment était bien insuffisant pour soutenir la vigueur de ces hommes livrés sans relâche au travail le plus fatigant.

La discorde s'ajouta à tant de sources de maux. Ceux qui avaient perdu leur or portaient envie aux riches. C'est ainsi que 6 Anglais, ruinés au jeu, firent noyer 5 Français pour s'emparer de ce que contenaient leurs piperies; puis ils disparurent dans les bois, sans qu'il fût possible de les poursuivre.

L'espérance de se retrouver bientôt parmi des hommes pour lesquels l'or et l'argent devaient avoir quelque valeur, agit plus fortement sur quelques-uns de ces scélérats que ne pouvaient le faire la misère présente et la foule de dangers qui les entouraient. La crainte de la mort était sans effet sur eux. Ils n'étaient frappés que de la crainte de ne pas avoir de quoi vivre à leur aise.

Le 20 février, le lit de la rivière s'élargit. Aux cataractes succéda un autre danger. De gros arbres obstruaient le courant. Plusieurs navigateurs furent chavirés et noyés. Les autres, construisirent sur les deux rives du fleuve, des canots capables de tenir la mer et abandonnèrent leurs piperies.

Le 9 mars 1688, le soixante-huitième jour de leur voyage surprenant, les pirates embarqués atteignirent enfin l'embouchure du fleuve, non loin du cap Gracias-à-Dios, et entrèrent dans la haute mer, après avoir navigué, non pas en ligne droite vers le nord, mais presque toujours par le nord-ouest, et avoir fait ainsi un voyage de plus de 300 lieues de France. Ce ne fut que vers la fin qu'ils purent se diriger tout à fait du côté du nord.

La fortune cependant n'avait que très-imparfaitement favorisé ces téméraires aventuriers; car la plupart d'entre eux, par les fréquentes submersions de leurs machines flottantes, ayant perdu leur butin et tout ce qu'ils possédaient d'ailleurs, se trouvaient entièrement ruinés Leurs vêtements tombaient en lambeaux. Leur aspect hideux causait plus de pitié encore que d'effroi; et on les aurait pris pour des sauvages. Mais ils se consolèrent par l'idée qu'ils touchaient au moment de revoir leur patrie. En peu de jours, ils abordèrent à l'île de las Perlas. Ils n'étaient plus que 191. Nous avons déjà dit qu'au départ leur nombre s'élevait à 285. Les survivants, réduits au plus complet dénûment, presque nus ou couverts de haillons à demi-pourris, se répandirent, la plupart sans butin, sur les côtes du Mexique. Un navire anglais en reçut 80, qu'il transporta à Saint-Dominique. Les autres revinrent par petits détachements. 90 ne revirent jamais la colonie.

C'est ainsi que se termina la dernière opération de la *grande flibuste*. Depuis cette étonnante aventure, le titre de flibustiers ne fut plus donné qu'à des bandes de vagabonds brigands de mer, forbans, s'attaquant à tout et n'ayant plus que le nom de Frères de la Côte.

CHAPITRE IX

LE CAPITAINE MONTAUBAN

Mémoires du capitaine Montauban. — Ses expéditions en Amérique et en Afrique. — Retour à Bordeaux. — Son équipage se débauche. — Départ pour la Guinée. — Prise de plusieurs bâtiments. — Combat contre un vaisseau anglais. — Abordage. — Explosion. — Les deux navires sautent ensemble. — Montauban dans les airs. — Sa chute. — Il se sauve dans une barque. — Arrivée chez le prince Thomas. — Hospitalité d'un roi nègre. — Embarquement sur un navire anglais. — Générosité de M. Russell, gouverneur anglais des Barbades. — Retour en France.

Parmi les types disparates que nous offre l'histoire des flibustiers, on distingue tout particulièrement celui de Montauban. Les amis de cet aventurier le représentaient comme aussi prudent que brave, aussi poli que sincère. Il racontait ses propres aventures avec un air franc qui ajoutait au charme de sa narration et captivait la confiance de ses auditeurs.

De sa jeunesse nous savons peu de chose. On croit qu'il naquit vers 1630, à Montauban, dont il prit le nom pour cacher celui de sa famille.

Avant lui, les flibustiers s'étaient attaqués principalement aux Espagnols. Il se rendit célèbre surtout en combattant les Anglais et les Hollandais, ce qui montre bien qu'à la fin du XVIIe siècle, la flibuste avait perdu de vue son but et son origine et que, par conséquent, elle n'avait plus aucune raison d'être.

L'histoire de Montauban nous intéresse d'autant plus, que cet aventurier est le dernier capitaine flibustier qui se soit attiré quelque célébrité. Nous ne le connaissons guère que par ses mémoires, à peu près oubliés de nos jours et que nous allons remettre en lumière.

RELATION CURIEUSE DES VOYAGES
DU SIEUR DE MONTAUBAN,
CAPITAINE DE FLIBUSTIERS
EN GUINÉE, L'AN 1695 [1].

« Après avoir ressenti si souvent les influences malignes de l'étoile qui préside sur la mer ; et avoir perdu, par un revers de fortune tous les biens que j'avais amassés avec tant de soin et de travail, je ne me plairais point à rappeler ici le souvenir de smalheurs qui ont fini ma dernière campagne, si le désir de servir encore le public et le particulier et de faire connaître à Sa Majesté l'affection et l'attachement que j'ai eus pour son service, ne me faisait prendre la plume pour rendre compte à Mgr de Philipeaux des observations que j'y ai faites, dans lesquelles il pourra encore voir avec quelle ardeur j'ai pénétré jusque dans les colonies les plus reculées de nos ennemis pour les détruire et ruiner leur commerce.

1. Ces mémoires, que nous rééditons ici, ont été publiés en 1698, dans un ouvrage intitulé : *Relation des voyages et des découvertes que les Espagnols ont faits dans les Indes occidentales, écrite par dom B. de Las Casas, évêque de Chiapa ; avec la relation curieuse des voyages du sieur de Montauban, capitaine des flibustiers, en Guinée, l'an 1695*. Amsterdam, in-12.

« Je n'ai pas voulu grossir cette relation du récit de tous les voyages que j'ai faits et de toutes les aventures particulières qui me sont arrivées sur les côtes de la Nouvelle-Espagne, Carthagène, Mexique, Floride, Nouvelle-York, Nouvelle-Angleterre, Terre-Neuve, les îles Canaries et le Cap-Vert, où j'ai été depuis 20 ans en çà, ayant commencé à naviguer à l'âge de 16 ans.

« J'aurais pu encore y ajouter la campagne de 1691, où commandant le vaisseau *la Machine*, je fus ravager les côtes de Guinée, j'entrai dans la grande rivière de Serrelion [1], je m'emparai de la forteresse des Anglais, où il y avait 24 pièces de canon, et la fis sauter, afin qu'ils ne pussent pas s'y rétablir.

« Mais je me veux borner au récit de mon dernier voyage, parce que c'est le plus nouveau et celui dont le public se souvient encore, en ayant été averti et instruit par le bruit qu'ont fait en France et ailleurs l'incendie de mon vaisseau et le saut prodigieux que je fis en l'air.

« En 1684, après avoir ravagé la côte de Caraque, je montai au vent vers Sainte-Croix, où j'appris qu'il devait partir des îles Barbades et Nieve un convoi de vaisseaux pour venir en Angleterre. C'est ce qui me fit aller à la hauteur des Bermudes dans le dessein d'enlever cette petite flotte et dans l'espérance de faire une bonne prise. Je n'y fus pas arrivé que je la vis paraître, venant droit à moi sans rien craindre; mais j'attaquai l'escorte nommée *le Loup* et je l'enlevai avec deux autres vaisseaux marchands chargés de sucre, le reste ayant pris la fuite durant le combat. Emmenant cette prise en France, je trouvai un autre vaisseau anglais monté de 16 pièces, qui venait d'Espagne et qui allait aussi en Angleterre. Il se rendit après un léger combat, et je le conduisis à la Rochelle, où l'amirauté me le jugea de bonne prise. Après l'avoir vendu, je menai mes autres trois vaisseaux à Bordeaux, où j'arrivai au mois de septembre 1694. Ils m'y furent aussi jugés de bonne prise, et je cherchai d'abord des marchands qui les voulussent acheter.

« Cependant, mes flibustiers qui n'avaient pas vu la France depuis longtemps, se trouvant dans une grande ville où règnent le plaisir et l'abondance, voulurent se réparer des fatigues qu'ils avaient endurées durant une si longue absence de leur patrie.

« Ils firent de terribles dépenses et de plus grandes folies. Les marchands et les aubergistes ne faisaient point de difficulté de leur avancer ou de leur prêter tout ce qu'ils demandaient sur la réputation de leurs richesses et sur le bruit que faisaient par la ville les grosses prises auxquelles ils avaient part. Toutes les nuits se passaient en divertissements, et les jours à courir en masque par la ville; se faisant porter en chaise avec des flambeaux allumés en plein midi. Ces débauches en firent crever quelques-uns; quatre autres me désertèrent; et voyant que je perdais mon monde, malgré tous les soins que j'en prisse et toutes les défenses que je pusse donner, je songeai à me retirer au plus tôt de cette ville pour conserver le reste.

« Je remplaçai premièrement le nombre de ceux que j'avais perdus par autant de jeunes gens de Bordeaux, qui en peu de temps firent aussi bien que les plus vieux. Aussi ai-je toujours eu un soin particulier d'apprendre à mes gens à tirer, et le fréquent exercice que je leur donne, les rend en peu de temps aussi habiles à tirer droit et à se servir de leurs armes que les plus anciens flibustiers de la mer et les meilleurs chasseurs de la terre.

« Après avoir ravitaillé mon vaisseau, qui n'avait que 34 pièces de canon, je sortis de Bordeaux au mois de février de l'année 1695, dans le dessein d'aller croiser sur la côte de Guinée en Afrique.

« Je passai aux îles Açores, qui sont au 37e degré de latitude, et j'y croisai huit jours durant sans rien voir. De là, je fus aux îles Canaries qui sont au 25e degré. On aperçoit

---

1. Sierra-Leone.

fort loin le pic de Ténériffe, qui est, dit-on, la plus haute montagne du monde. On dit que ces îles ont reçu le nom des Chiens, que les Latins appellent *canis*, et que les Portugais trouvèrent en quantité dans ces îles. Je croisai autour pendant quatorze jours pour attendre quelques vaisseaux hollandais que j'avais appris y devoir venir. Ils y vinrent, en effet; mais ils entrèrent dans le port plus tôt que je ne pusse les atteindre; c'est ce qui m'obligea de faire route pour le cap Blanc et vers les îles du Cap-Vert, qui sont entre le 14e et 18° degré de latitude. Je trouvai, en arrivant, deux vaisseaux anglais mouillés dans la rade de l'île de Mai. J'envoyai ma chaloupe pour les reconnaître; et comme elle me rapporta que c'étaient des armateurs ou interlopers [1], d'environ 30 pièces de canon chacun, je résolus de les enlever à l'abordage. Pour cela, je louvoyai pour aller à eux; mais pendant que je courais une bordée sur une des pointes de l'île, ces vaisseaux n'attendirent pas que j'eusse reviré de bord, et, connaissant mon dessein, ils appareillèrent et abandonnèrent leurs câbles et les ancres dans la rade, sur lesquels ils laissèrent leurs chaloupes.

« Je les poursuivis toute la journée; mais la nuit étant survenue, je les perdis de vue et je revins à la rade d'où ils étaient partis, pour faire lever les câbles et les ancres et couler à fond les chaloupes qui y étaient attachées. Ensuite, je fis route vers l'île Saint-Vincent pour y spalmer mon vaisseau et y faire de l'eau et du bois. Cette île est encore une de celles du Cap-Vert; j'y demeurai pendant huit jours, et au bout de ce temps-là, ayant appris par une barque portugaise qu'il y avait deux armateurs anglais de 20 à 30 pièces à l'île de Fugo, dont un se radoubait, à cause d'un combat qu'il avait donné à quelqu'autre armateur, je levai d'abord l'ancre et je fus à cette île qui n'est pas fort éloignée de celle de Saint-Vincent, dans l'espérance d'y rencontrer les ennemis; mais en y arrivant j'appris des Portugais que, quatre ou cinq jours auparavant, ils étaient partis pendant la nuit sans dire leur route de l'île de Fugo ou île de Fuc.

« Je fis route vers les côtes de Guinée et je fus atterrer premièrement au cap des Trois-Pointes, où je rencontrai la garde-côtes qui était une frégate hollandaise de 34 pièces de canon, qui croisait au large. Elle ne manqua pas de m'apercevoir et d'abord s'en vint droit à moi pour me reconnaître. Comme je l'avais aussi aperçue et que j'espérais pouvoir la combattre, je fis mettre pavillon hollandais pour ne la point épouvanter et pour lui laisser la liberté de s'approcher à la portée de mon canon. Quand je vis qu'elle était assez près, je mis pavillon français et lui fis signe d'amener ses voiles. Elle me donna aussitôt sa bordée fort courageusement et essuya la mienne de même.

« Nous continuâmes à nous battre de cette manière depuis le matin jusqu'à quatre heures du soir, sans que je pusse jamais gagner le vent, ni la joindre d'assez près pour me servir avantageusement de mes fusils boucaniers qui font la principale force de nos armements; ni empêcher qu'à la faveur du vent qu'elle avait sur moi, elle n'allât mouiller sous la forteresse du cap des Trois-Pointes, où il y avait encore deux autres vaisseaux hollandais armés en guerre, dont l'un était de 14 pièces et l'autre de 28.

« Je crus d'abord que ces trois vaisseaux se joindraient ensemble pour me venir chercher; je louvoyai par-là autour, pendant tout un jour pour les attendre; je mouillai même à une heure de la rade, espérant qu'à la fin le dépit de se voir insultés de cette manière leur donnerait l'envie de se venger, mais inutilement, et apparemment la garde-côtes se trouva assez maltraitée pour n'avoir pas besoin d'un second combat. Un petit vaisseau portugais, qui passa bientôt après, m'apprit que ces vaisseaux étaient les mêmes

---

1. Interlopes, contrebandiers, négriers.

qui avaient obligé le sieur Roi, commandant la flûte du roi nommée *la Profonde*, d'abandonner la côte; ce que le sieur Roi même me confirma dans la suite, à l'île du Prince où je le rencontrai.

« Voyant donc que les ennemis ne voulaient point se battre et jugeant qu'il me serait désavantageux de les attaquer sous le canon de la forteresse, je résolus d'aller au cap de Lopez et aux îles du Prince et de Saint-Thomé. Je fus reconnaître, en passant le cap Saint-Jean qui est [dans la terre ferme de Guinée, aussi bien que le cap des Trois-Pointes; et j'y rencontrai, par bonheur, un vaisseau anglais de 20 pièces de canon, chargé de 350 nègres, de dents d'éléphants et de cire. Il ne m'en coûta pas beaucoup à le prendre; et le capitaine me dit qu'il venait d'Ardre, où il avait chargé 550 nègres, dont il en avait fait tuer quelques-uns, parce qu'ils s'étaient révoltés contre l'équipage et quelques autres s'étaient sauvés à terre dans sa chaloupe qu'ils avaient enlevée. Ardre est une des principales villes de Guinée, située sur le bord de la mer, et la résidence ordinaire d'un prince qui gouverne une grande région de ce pays-là.

« De là, je fus à l'île du Prince, à la vue de laquelle je pris un petit capre de Brandebourg, armé de 8 pièces de canon et de 70 hommes. Il croisait à cette hauteur et enlevait les petites barques qui passaient, sans distinction de nation ni de pavillon. Après cela, j'entrai dans le port pour faire nettoyer mon vaisseau qui était fort sale; et pour expédier la prise anglaise que je venais de faire. Je l'envoyai à Saint-Domingue, en Amérique, pour y être adjugée, sous la conduite du sieur de Nave, avec un nombre suffisant d'hommes que je tirai de mon équipage. J'appris, quelque temps après, qu'elle avait été reprise par des vaisseaux de guerre anglais qui se trouvèrent devant le Petit-Goave.

« Cependant, pour ne pas laisser mes gens inutiles, je donnai ordre à mes officiers de faire caréner mon vaisseau et avec le capre de Brandebourg que j'avais pris et 90 hommes que je mis dessus, je fus en course où je demeurai pendant un mois et demi, croisant sur les côtes de Guinée ou autour des îles du Prince et de Saint-Omer, sans rencontrer aucun ennemi. Je revins ensuite dans la rade de la première de ces îles, où je fis ravitailler mon vaisseau le plus tôt qu'il me fut possible; et après que tout fut prêt, je levais l'ancre et fus tout droit à l'île de Saint-Thomé pour y vendre ou troquer le capre que j'avais pris. Je le troquai en effet pour des vivres, n'en ayant pas suffisamment pour aller croiser le long des côtes d'Angola, où j'avais résolu d'aller passer cinq ou six mois, pour éviter l'armement des Anglais qu'ils faisaient à la même ville de Guinée. Ils y armaient 3 vaisseaux de guerre et 1 brûlot, pour me venir chercher dans les croisières de Saint-Thomé, où ils croyaient que je devais rester.

« En partant de Saint-Thomé, je vis à l'ancre un vaisseau sur lequel ayant couru je lui donnai la chasse pendant longtemps; mais je ne pus empêcher qu'il ne gagnât la terre et qu'il ne fut échouer à l'île Saint-Omer. Je manquai, en ne le prenant point, 150 livres de poudre d'or que cet interloper hollandais avait traité à la côte.

« Je fus ensuite vers les côtes d'Angola qui sont par delà la ligne à plus de 250 lieues. J'y arrivai le 22 septembre. J'appris, à 3 lieues du port de Cabinde, qu'il y avait 2 vaisseaux anglais qui étaient chargés de nègres. Comme j'étais sous le vent de ce port, je courus une bordée au large, dans l'espérance que le lendemain, le vent du sud-ouest, qui vient ordinairement du large, me ferait gagner le port.

« Le jour étant venu, je vis venir à moi un vaisseau portant pavillon anglais; je ne le crus pas d'abord vaisseau de guerre; mais quelque temps après, je découvris qu'il avait 54 pièces de canon. Je fis toutes les manœuvres imaginables pour ne le point effaroucher;

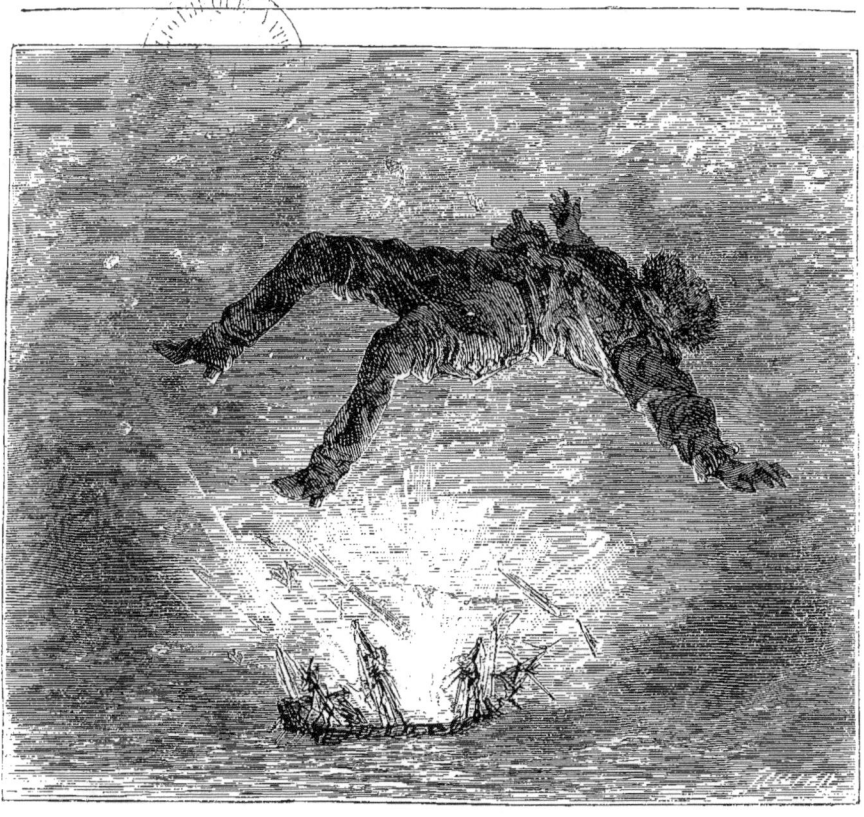

Je fus enlevé si haut... (Page 238.)

je mis pavillon hollandais pour m'approcher de lui avec plus de facilité ; lui, de son côté, faisait à peu près la même manœuvre que moi, et par des coups de canon d'assurance, qu'il tirait de temps en temps, il tâchait de s'approcher de moi.

« Ayant reconnu son dessein, je feignis de l'attendre, ne marchant que fort lentement, pour lui faire croire que mon vaisseau était fort chargé, ou que j'étais embarrassé, comme si je manquais de voiles ou d'équipage.

« Nous allâmes de cette manière depuis le point du jour jusqu'à dix heures avant midi. Il m'assurait de temps en temps son pavillon par des coups de canon sans balle ; mais voyant à la fin que je n'en faisais pas de même pour assurer le mien, et que nous étions déjà à la portée de l'un et de l'autre, il me tira un coup de canon à balle, ce qui m'obligea de mettre pavillon français et de lui repondre.

« A la vue de ce pavillon, l'Anglais, sans vouloir venir dans mon travers, m'envoya deux bordées de son canon, que je reçus sans tirer un coup, quoiqu'il m'eût tué 7 hommes.

« J'espérais qu'étant un peu plus près de lui, je pourrais le mettre dans un état à ne pouvoir m'échapper. Je tâchais de m'approcher de lui à la portée des fusils boucaniers, et je voulais bien lui donner la hardiesse de m'aborder, ne pouvant pas moi-même l'aborder, à cause que j'étais sous le vent. Enfin, m'étant peu à peu approché et l'ayant vu à la portée de mes fusiliers, que j'avais tenus couchés sur le ventre au-dessus du pont, je les fis lever, et ils firent un si grand feu qu'ils ralentirent bientôt celui des ennemis.

« Cependant, comme leur équipage était de plus de 300 hommes, et qu'ils voyaient que par le feu de leur canon, ils ne pouvaient pas venir à bout de leur entreprise, ils résolurent d'en venir à l'abordage, ce qu'ils firent avec de grands cris et de grandes menaces de ne faire aucun quartier, si nous ne nous rendions. Leurs grappins n'ayant pas pu prendre derrière mon navire, le leur courut d'une manière, qu'il vint abattre son derrière sur mon beaupré qu'il cassa.

« Ce fut pour lors que profitant de l'embarras où était sa manœuvre, mes gens ne perdirent aucun de leurs coups et firent un feu si terrible pendant une heure et demie, que les ennemis n'y pouvant résister et ayant perdu beaucoup d'hommes, abandonnèrent leur gaillard et se retirèrent au-dessous entre les ponts. Je m'aperçus presque aussitôt qu'avec leurs chapeaux, ils me faisaient signe de leur donner quartier.

« Je fis cesser le feu de mes gens et commandai aux Anglais de s'embarquer dans leurs chaloupes pour venir se rendre à mon bord. En même temps je faisais sauter de mes gens dans le vaisseau ennemi pour s'en saisir et empêcher toute surprise. Je me réjouissais déjà d'une prise si considérable, d'autant mieux que j'espérais qu'ayant pris ce vaisseau, qui était le garde-côte d'Angola, et le plus gros que les Anglais eussent dans ces mers, je me trouvais en état de faire encore de meilleures prises et d'attaquer quelque vaisseau de guerre que ce fût. Mes gens avaient aussi la même joie que moi et ils désabordaient ou filaient les bosses, avec beaucoup de plaisir. Mais le feu ayant pris tout à coup aux poudres de la *Sainte-Barbe*,
par le moyen d'une mèche que le capitaine y avait laissée, espérant de se sauver avec ses deux chaloupes, les deux vaisseaux, étant accrochés, sautèrent tous deux en l'air et firent le plus terrible bruit qu'on ait jamais ouï. Il est impossible de faire une peinture de cet affreux spectacle; les spectateurs étant eux-mêmes les acteurs d'une si sanglante scène, ne sachant s'ils l'ont vue ou s'ils ne l'ont pas vue et ne pouvant juger que de ce qu'ils ont raconté eux-mêmes.

« C'est pourquoi laissant au lecteur s'imaginer l'horreur que peut donner la vue de 2 vaisseaux que la poudre enlève en l'air à plus de 200 toises, faisant comme une montagne d'eau, de feu, de débris de vaisseaux, de cordages, de canons, d'hommes, avec un fracas épouvantable; où, parmi les canons qui tirent en l'air, et des vagues qui s'élèvent, on entend des mâts et des tables qui se brisent, des voiles et des cordes qui se déchirent, des hommes qui crient, des os qui se cassent; laissant, dis-je, au lecteur à s'imaginer tout cela, je dirai ici seulement ce qui m'arriva et par quel bonheur je me sauvai.

« Quand le feu prit, j'étais sur le pont de mon vaisseau au-devant, où je donnais les ordres. Je fus enlevé sur une partie de ce pont, si haut que ce fut, je pense, la hauteur où j'allai qui empêcha que je ne fusse mêlé dans les débris des vaisseaux, où j'aurais été infailliblement moulu et réduit en mille pièces. Je retombai dans la mer tout étourdi et je demeurai un assez long temps sous l'eau sans pouvoir me remettre.

« A la fin, me débattant avec l'eau comme un homme qui craint de se noyer, je revins au-dessus et je me rattrapai à une pièce de mât qui se trouvait près de moi. Je criai à quelques-uns de mes gens que je vis nager autour de moi et les exhortai à avoir bon courage, espérant que nous nous sauverions si nous pouvions trouver quelques-unes de nos chaloupes.

« Mais ce qui m'affligeait encore plus que

mon malheur, était de voir deux demi-corps qui, ayant encore quelque reste de vie, se levaient de temps en temps sur l'eau et laissaient le lieu où ils se renfonçaient teint de leur sang. C'était aussi de voir autour de moi un nombre infini de membres et de parties séparées de leurs corps et embrochés la plupart dans des éclats de bois. Un de mes gens ayant enfin trouvé une chaloupe entière parmi les débris qui nageaient sur l'eau, me vint dire qu'il fallait essayer d'en fermer quelque trou et de tirer le canot qui était enchâssé dedans. Nous nous rendîmes, 15 ou 16 qui nous étions sauvés, auprès de la chaloupe, chacun sur son morceau de bois, et prîmes tant de peine à dégager notre canot, qu'à la fin, nous y réussîmes.

« Nous montâmes tous dedans, et quand nous y fûmes, nous sauvâmes notre maître-canonnier qui, dans le combat, avait eu une jambe coupée. Nous attrapâmes 3 ou 4 avirons ou morceaux de planches qui nous servirent à cette usage. Ensuite, nous cherchâmes de quoi faire une voile et un petit mât; et, après nous être accommodés de la meilleure manière qu'il nous fut possible, nous nous confiâmes à la Providence, qui, seule, pouvait nous donner le salut et la vie.

« Aussitôt que j'eus cessé de travailler, je me sentis tout couvert de sang, qui coulait d'une blessure que j'avais à la tête et qui s'était faite dans mon saut. On me fit de la charpie avec mon mouchoir, et une bande avec une pièce de ma chemise, ayant premièrement lavé la plaie avec de l'urine. On en fit de même à ceux qui se trouvèrent blessés, et cependant, notre chaloupe allait sans voir de terre, ni sans savoir où nous allions; ce qui était encore de plus fâcheux, nous n'avions aucuns vivres et nous avions déjà passé trois jours sans boire ni manger. Un de mes gens, pressé de la faim et de la soif tout ensemble, but tant d'eau salée qu'il en creva. La plupart des nôtres rendaient continuellement, soit qu'ils eussent été incommodés de l'eau qu'ils avaient bue en tombant dans la mer, comme il m'arriva, soit par celle qu'ils buvaient par nécessité. Pour moi, j'en fus fort longtemps incommodé. J'enflai extraordinairement dans la suite; il me sortit quantité de petits boutons par le corps; et je crois devoir à une fièvre quarte qui me prit bientôt après, la guérison de mon hydropisie et la santé que j'ai un peu recouvrée et qui se répare de plus en plus.

« Je ne compte point les autres incommodités que me causa le saut périlleux que je fis, étant impossible qu'elles n'arrivent à un homme qui se trouve dans un tel feu. — Le feu de la poudre me brûla tous les cheveux, tout le visage et tout un côté; et il m'arriva, ce qui est ordinaire aux bombardiers qui servent sur mer, c'est-à-dire que je rendis le sang par le nez, par les oreilles et par la bouche. Je ne sais si c'est le feu de la poudre qui cause cet effet en enflant extraordinairement les vaisseaux qui contiennent le sang dans notre corps, de sorte que les bouts de rameaux, s'ouvrant, le laissent aller; ou si c'est le grand bruit et le grand mouvement qu'il cause dans ces organes, qui oblige les veines à s'ouvrir. Mais de quelque manière qu'il en soit; ce n'est point ici le lieu de faire une consulte de médecin, tandis que nous mourons de faim, ni de chercher de quoi sont devenus tous les Anglais, quand nous avons de la peine à nous sauver nous-mêmes.

« Nous continuâmes notre route en remontant le courant à force de rames, parce nous savions qu'il venait du port de Calinde. Mais comme nous avions le vent contraire, nous ne pûmes jamais y arriver et il nous fallut nous contenter de gagner le cap de Corse, lequel est à douze lieues de celui de Catherine, où nous ne pouvions aborder à cause d'une barre qui en rend la côte inaccessible. C'était là notre dessein; mais la faim nous empêcha de l'exécuter et il nous fallut vaincre les obstacles que la nature nous opposait en abordant là la terre malgré la barre. C'est ce que nous fîmes après bien de la peine, dans l'espérance de trouver là quelque nègre qui nous donnerait des vivres. Aussitôt un de nous fut chercher à terre de quoi soulager notre faim. Il trouva, par bonheur dans un étang que la mer a formé auprès de là, des huîtres attachées à des branchages; et il nous en vint d'abord avertir.

« Nous y fûmes tous en remontant le canal de la mer jusqu'à cet étang, où étant arrivés, nous mangeâmes des huîtres de très-bon appétit. Nous les ouvrions avec les couteaux qui s'étaient trouvés dans nos poches, nous les prêtant les uns aux autres fort charitablement et de très-bon cœur.

« Après avoir passé là deux jours, je séparai mes gens en trois petites troupes et les envoyai chercher des vivres et des habitations dans la terre, avec ordre de revenir le soir à la chaloupe. J'y fus aussi comme les autres; mais nous ne trouvâmes aucune habitation, ni aucun vestige d'hommes. Nous vîmes seulement de grandes troupes de buffles, de la grandeur d'un bœuf, qui nous fuyaient à mesure que nous approchions d'eux. Ainsi tout le jour s'étant passé sans avoir rien trouvé, nous revînmes tous à la chaloupe manger des huîtres et résolûmes de partir de cet endroit le lendemain, pour aller au cap de Corse, sous le vent duquel il y a un grand port où les vaisseaux qui viennent de faire leur course vont faire de l'eau et du bois. Les nègres qui demeurent dans la terre, avertis de l'arrivée des vaisseaux par des coups de canon, viennent y échanger des vivres pour de l'eau-de-vie, des couteaux et des haches. Ils sont obligés de demeurer loin de la mer à cause que toute cette côte est marécageuse.

« Dès que nous fûmes arrivés à ce cap, nous entendîmes un grand bruit que faisaient les nègres qui venaient vendre du bois aux vaisseaux ancrés dans le port. Je cherchai parmi eux si je n'en trouverais point quelqu'un de ma connaissance, car comme ils m'avaient apporté fort souvent des rafraîchissements et du bois dans mes autres voyages, j'espérais en trouver quelques-uns qui me reconnaîtrait, mais quoique j'en reconnusse plusieurs, il me fut impossible de leur persuader que j'étais le capitaine Montauban, tant j'étais défiguré; et ils me prenaient pour un homme qui leur en voulait faire accroire.

« J'eus beau leur dire en leur langue que je mourais de faim et que je les priais de me donner à manger, rien pour cela; et il fallut que je les priasse de me mener chez le prince Thomas, fils du roi du pays, espérant qu'il se souviendrait des plaisirs que nous avions partagés ensemble.

« Je menai toute ma troupe avec moi chez ce prince. Nous passâmes premièrement par les habitations où ces nègres demeuraient; et là, commençant à s'approvisionner, ils nous donnèrent des bananes, qui sont une espèce de figues plus longue que la main.

« Le lendemain nous arrivâmes à l'habitation du prince Thomas, et j'étais en si méchant équipage qu'il ne put jamais me reconnaître à tous les signes que je lui donnai, soit en langue nègre, soit en langue portugaise, qu'il parle assez bien. Comme en se baignant un jour avec moi, il m'avait vu la cicatrice d'un coup de mousquet que j'avais reçu à la cuisse, il me dit qu'il fallait tout à l'heure savoir si j'étais le capitaine Montauban et que si je n'étais pas lui, il voulait me faire couper la tête.

« Il me demanda si je n'avais point à la cuisse la cicatrice d'une blessure faite par un coup de mousquet : et la lui ayant fait voir, aussitôt il m'embrassa et me dit qu'il était bien fâché de me voir dans un si triste état. Il fit d'abord distribuer des vivres à tout mon monde, et les fit séparer en diverses habitations, avec ordre aux nègres chez qui il les avait mis d'en avoir le plus de soin qu'ils pourraient.

« Pour moi, il me retint chez lui et me fit toujours manger à sa table. Quand je fus un peu remis, il me dit qu'il voulait me mener voir le roi son père, qui demeurait à cinq ou six lieues de là, à dix ou douze lieues de la mer. Je lui fis connaître le plaisir et l'honneur qu'il me ferait, et je le priai en même temps, de permettre que j'emmenasse avec moi mes flibustiers et de nous donner quelques pièces d'étoffes pour nous mettre un peu en état de paraître devant un si grand prince. Il m'accorda tout ce que je lui demandai et trois jours après, nous partîmes tous ensemble, dans un grand canot et nous remontâmes la rivière du cap de Lopez, à cause que le pays est trop marécageux pour pouvoir aller par terre.

« Étant arrivés à l'habitation du roi, village de 300 cabanes couvertes de feuilles de palmiste, dans lesquelles le roi tient ses femmes, sa famille, ses parents et quelques autres familles de nègres qu'il aime le plus, je fus loger dans la maison du prince Thomas, et tous mes gens furent distribués dans d'autres. Nous trouvâmes les habitants en grand deuil et en grand tristesse, parce que le chef de religion, qu'ils appellent *Papa*, venait de décéder ce jour-là, et qu'on en devait commencer la pompe funèbre, qui dure ordinairement sept jours pour les prêtres de ce rang.

« Celui-ci était en grande vénération et en grande estime parmi ces peuples qui le regardaient comme un saint homme, et comme, pendant tout le temps que dure cette lugubre cérémonie, le roi est en deuil et ne voit personne, le prince Thomas me dit de prendre patience et de ne point sortir du logis que pour voir le roi, parce que c'était la coutume de sa nation.

« Toutefois je ne pus m'empêcher d'aller voir le convoi funèbre, dont je ne vis autre chose qu'un grand concours de monde qui était autour de ce mort. Cependant je fus assez bien nourri par l'ordre du prince Thomas, qui était allé voir son père. On ne me laissa pas manquer de bananes, de chair d'éléphant et de poisson de rivière, le tout sans pain et sans vin comme on peut se l'imaginer. Mes gens furent traités de même dans leurs habitations, pendant tout le temps que nous demeurâmes là.

« Au bout de huit jours, le prince Thomas nous vint chercher et nous présenta au roi. C'est un grand nègre assez bien fait, d'environ 50 ans, qui pour me faire plus d'honneur, sur le récit que son fils lui avait fait de moi, sortit de sa maison pour me recevoir, et vint quelques pas au devant de moi. Il était appuyé sur quatre ou cinq femmes qui le soutenaient, se donnant certains airs de grandeur d'une manière assez embarassée et assez bizarre.

« Il était entouré de plusieurs nègres armés de lances et de fusils, dont ils faisaient de temps en temps des décharges avec fort peu d'ordre. Plusieurs trompettes et tambours marchaient devant lui, et on portait aussi à la tête de cette troupe plusieurs étendards de la couleur de ceux de Hollande. Il n'avait d'autre habit qu'une pièce de toile de coton rayée de blanc, de laquelle il était couvert en partie par divers tours qu'il en avait fait autour du corps.

« Il me fit beaucoup de démonstrations d'amitié ; il me tendit même la main, me disant que c'était la première fois qu'il l'avait donnée à un homme. Étant arrivé à sa maison, il s'assit sur la porte, me faisant mettre à un de ses côtés et son fils à l'autre, il m'interrogea sur la grandeur et sur la puissance du roi mon maître. Je lui dis que le roi soutenait à lui seul présentement la guerre contre les Anglais et les Hollandais, et contre les Allemands et les Espagnols qui sont encore des nations plus puissantes que celles des Anglais et des Hollandais. Il me dit que ce récit lui faisait plaisir, et qu'il voulait boire à la santé du roi de France.

« Aussitôt on lui apporta du vin de palmier, qui n'est pas trop désagréable à boire, et ses femmes lui en servirent dans un grand verre de cristal. Dès qu'il commença à prendre le verre, les nègres et les négresses qui étaient là en grand nombre, levèrent le bras droit, et le tinrent toujours élevé en grand silence, jusqu'à ce qu'il eût achevé de boire. Après quoi il se fit un grand bruit de trompettes et de tambours, et une décharge de mousqueterie, ou pour mieux dire *fusillerie*, si l'on veut me souffrir le mot.

« Le prince Thomas me demanda ensuite comment s'appelait le roi de France ; je lui répondis qu'il s'appelait Louis le Grand ; il me dit qu'il voulait que je tinsse à baptême un enfant qu'il avait, de sept ou huit mois, et que je l'appelasse Louis le Grand ; ce qui me fit un peu sourire.

« Il me promit aussi qu'au premier voyage que je ferais en son pays, il me le donnerait pour le porter en France et le présenter au roi, au service duquel il le destinait : étant bien aise qu'il fût élevé à la mode de la nation et à la cour d'un aussi grand prince.

« Je lui promis aussi, de mon côté, que la première fois que je reviendrais en Guinée, je ne manquerais pas de venir le faire souvenir de sa promesse, afin qu'étant de retour en France, je pusse faire au roi le plus grand présent qu'il fût possible de lui faire, en lui présentant le fils du prince Thomas.

« — Et assurez-le, dit ce prince, que je suis de ses amis et que s'il a besoin de mes services, je passerai moi-même en France avec toutes les lances et tous les fusils du roi mon père : pour dire avec toutes les forces du royaume.

« Le roi prit la parole et m'assura qu'il y passerait lui-même s'il le fallait ; et d'abord tous les nègres et toutes les négresses firent un si grand cri que j'en fus tout surpris. Ce cri ne fut pas fini, que les fusiliers firent une décharge de toutes leurs armes. Les trompettes et les tambours reprirent et ceux qui portaient des lances se mirent à courir d'un côté et d'autre, allant et venant, avec de grandes huées qui me faisaient peur. Je ne savais pas en effet ce que tout cela voulait dire et je ne me rassurai que lorsque le roi but une seconde fois à la santé du roi de France, avec les mêmes cérémonies que la première fois ; que le prince Thomas y but aussi et qu'il fut ordonné que nous la boirions tous.

« Ce qui étant fait, le roi se fit apporter deux pains de cire dont il me fit présent, me priant de les recevoir comme une marque de son amitié, et ensuite il entra dans sa maison.

« Cette audience ayant fini de cette manière, le prince Thomas me mena avec lui dans tous les endroits du village où il allait voir ses amis ; et les jours suivants nous allâmes voir divers autres villages qui sont dans l'intérieur des terres à 5 ou 6 lieues les uns des autres.

« Ces peuples, dont la plupart, n'étant jamais allés au bord de la mer, n'avaient jamais vu de blancs, accouraient de tous côtés pour nous voir, et nous portaient plus de fruits et de viande de buffle et d'éléphant que nous n'en pouvions manger. Les éléphants de ce pays-là ne sont pas tout à fait semblables à ceux des Indes orientales. Ils n'en sont qu'une espèce, comme ceux de Sofala, près de Zanguebar, dans les côtes orientales de l'Ethiopie. Les nègres en mangent avec beaucoup de plaisir, et en estiment plus la chair qu'aucune autre. Ils en font leurs plus beaux festins ; et ceux qui nous voulaient faire plus d'honneur nous en apportaient au lieu de buffle, que j'aurais estimé davantage.

« Comme ils ne pouvaient comprendre la différence de la couleur de notre visage d'avec la leur, ils nous venaient passer la main sur le visage, pour voir si la couleur blanche s'en irait ; et il arriva à plusieurs de nous d'avoir les mains raclées avec des couteaux, tellement que quelquefois ils nous faisaient mal, dont nous n'osions pourtant pas nous plaindre. Le prince Thomas, apercevant cela, commanda à ses gens de ne permettre pas qu'on nous vînt ainsi frotter et ratisser les doigts ; et il disait tout haut à ce peuple qui courait après nous, que tous les étrangers étaient ainsi blancs ; et que si les nègres allaient en d'autres pays, ils paraîtraient aussi singuliers que nous le paraissions en Guinée. Il riait même de temps en temps de voir ainsi courir le monde après nous ; comme si nous eussions été quelque animal inconnu ; et je ne sais s'il était fâché de nous voir ainsi accablés par l'importunité de ces nègres, ou s'il prenait quelque plaisir à voir la sottise de ces gens-là, comme j'en avais quelquefois à voir toutes leurs extravagances.

« Enfin, après trois jours de voyage et de divertissements, tout ensemble, ce prince m'emmena par une autre route prendre congé de son père. Ce roi me fit mille caresses à la mode de sa maison et me fit promettre de l'aller voir la première fois que je retournerais en Guinée. Ensuite, nous nous embarquâmes dans ses canots et nous arrivâmes le lendemain à la bourgade du prince Thomas, où il nous continua les bons traitements qu'il avait accoutumé de nous faire. Il me dit qu'il voulait que je tinsse son fils à baptême ; et je le fis d'autant plus agréablement, que j'allais contribuer à faire un chrétien et à sanctifier une âme.

« Mais comme je doutais que le prêtre du village sût baptiser, ou qu'il se souvînt des paroles qu'on doit prononcer dans l'administration de ce sacrement, je priai le prince de faire venir quelque prêtre de ceux qui étaient dans les vaisseux portugais et il en envoya chercher un au cap de Lopez, qui arriva deux jours après.

« Ce sont les Portugais qui ont porté en ce pays la religion chrétienne.

« Le prêtre portugais étant arrivé, le fils du prince Thomas fut baptisé et appelé Louis le Grand, suivant l'intention de son père. Une négresse, de ses parentes, servit de marraine et moi de parrain. On me dit que cette dame s'appelait Antonia et qu'elle avait été ainsi nommée par la femme d'un capitaine portugais qui l'avait tenue à baptême.

« Deux ou trois jours après cette cérémonie, qui fut faite avec toute la magnificence négresse, des gardes que le prince Thomas entretenait au cap Lopez, pour l'avertir de l'arrivée des vaisseaux, vinrent lui dire qu'il y était arrivé un vaisseau anglais. Je le priai de permettre que je m'embarquasse dedans pour retourner en mon pays, me remettre des incommodités que je ressentais encore. Mais il ne voulut pas que je me misse parmi mes ennemis et il me pria d'avoir un peu de patience jusqu'à ce qu'il arrivât quelque Portugais avec lesquels il me laisserait aller.

« Cependant il s'en alla au cap Lopez pour y changer des dents d'éléphant, de la cire et des nègres, avec du fer, des armes et de l'eau-de-vie et il fut de retour après 10 ou 12 jours.

« Étant arrivé, il me dit qu'un navire portugais venait de mouiller au cap de Lopez, et qu'il fallait que je m'y fisse porter dans des canots, pour m'y embarquer : qu'il m'avait recommandé au capitaine et que je ne manquerais de rien de tout ce qui me serait nécessaire pour faire mon voyage en Europe.

« Je rassemblai d'abord mes gens, excepté 2 que je ne jugeai pas devoir attendre parce qu'ils étaient allés se promener dans les terres depuis 5 ou 6 jours et que je ne savais où les prendre. Nous nous embarquâmes donc dans les canots de ce prince, après lui avoir fait mes adieux. En arrivant au cap de Lopez, je trouvai que le commandant portugais était un de mes amis, avec qui j'avais lié amitié à l'île Saint-Thomé. Je m'embarquai avec lui et, 4 jours après, nous fûmes mouiller à cette même île, dont le gouverneur me fit mille honnêtetés et à tout mon monde pendant tout un mois que nous fûmes obligés de rester dans le port. Au bout de ce temps-là, il vint un vaisseau anglais qui venait de faire sa course à la Côte-d'Or. Je fis connaissance avec le capitaine et nous fûmes si bons amis que je crus qu'il était de mon honneur d'accepter les offres qu'il me faisait. Il me pria de m'embarquer avec lui, et m'assura qu'aux Barbades où il voulait aller, je trouverais tous les secours nécessaires pour rétablir ma santé parce qu'il y avait de bons médecins juifs qui étaient de ses amis.

« Je montai donc dans son vaisseau, avec tout mon monde, nonobstant toutes les raisons que put me dire le gouverneur de l'île, pour me rendre suspect cet Anglais, qui était sans doute le plus honnête homme de sa nation. Il me fit des honnêtetés, jusqu'à me céder sa chambre, et à me donner tous les plaisirs et tous les divertissements qu'il pouvait s'imaginer, pour soulager les douleurs que je souffrais de temps en temps.

« Dix jours après notre départ de Saint-Thomé, un coup de temps nous fit perdre le gouvernail du vaisseau, et nous fûmes obligés de mettre à sa place un mât de hune que nous passâmes par les sabords de la Sainte-Barbe ; et il nous fallut ainsi gouverner pendant trois mois que dura notre traversée.

« Les vivres commençaient à nous manquer quand nous arrivâmes aux Barbades et nous n'en avions plus que pour trois jours ; de sorte que le capitaine, fort chagrin de s'être chargé de mes gens, avait ordonné qu'on diminuât la portion de trois quarts.

« Quand nous fûmes arrivés au port, le capitaine alla saluer le général Russel, gouverneur, lui conta toute l'aventure que j'avais eue avec le garde-côtes d'Angola et fut fort blâmé de m'avoir porté aux Barbades.

« Le capitaine, étant revenu à son bord, me raconta tout ce que lui avait dit le général, qui lui avait défendu, sous peine de la vie, de me laisser aller à terre. Il ne me dit pas pourtant cette défense ; mais il se contenta de me prier seulement de n'aller point à terre, afin de ne donner aucun soupçon à M. Russel : ce que je lui promis d'observer exactement, ne me souciant pas de reconnaître de nouveau un endroit que je connaissais depuis longtemps et ne voulant pas donner le moindre chagrin à mon capitaine.

« Le lendemain, plusieurs juifs, qu'on avait chassés de la Martinique, vinrent me voir, sur le bruit de mon arrivée, et me voyant fort incommodé et fort défait, ils m'envoyèrent des médecins de leur nation, qui me dirent que je ne pourrais point guérir si l'on ne me portait à terre. Ils m'offrirent même de solliciter de M. le général, afin qu'il permît que je fusse porté dans une maison du port : de sorte que je dressai une requête à M. Russel, où je le priais de me donner cette liberté, lui promettant que je ne sortirais de la chambre où je serais mis, que pour me rembarquer et me faire porter à la Martinique.

« Il fallut que les médecins même servissent de caution pour moi, et je fus enfin porté chez le sieur Jacob Loüis où je fus assez bien soigné pendant tout le temps que j'y restai. Trois jours après que j'y eus été porté, M. le major-général me vint voir de la part de M. Russel. Il me promit fort honnêtement sa protection et m'offrit ses services et les choses qui me seraient nécessaires pour le rétablissement de ma santé. J'étais pourtant visité de temps en temps par le même major, et tous les jours par un capitaine de la garnison, qui ne venaient savoir l'état de ma santé que pour voir si je serais bientôt en état d'être transporté hors de cette île.

« M. Russel vint aussi lui-même dix ou douze jours après mon arrivée, pour voir s'il était vrai que je fusse si mal qu'on lui disait. Il vint aussi sept ou huit jours après, sur le soir, et me fit transporter de la maison du juif où j'étais chez un marchand anglais.

« Il me dit que j'y serais mieux que je n'avais été chez Jacob Loüis ; mais c'était, en effet, afin que je fusse mieux gardé et que je ne parlasse pas à tant de gens.

« Le lendemain, il me vint voir et me demanda si j'étais bien commodément dans cette nouvelle auberge. Je le remerciai des services et des bons offices qu'il me rendait, et, afin qu'il n'eût pas sujet de soupçonner

Jacques Avery dans la taverne du *Peck-d'Argent*. (Page 315.)

mes gens, je le priai de les faire renfermer dans la citadelle pour les empêcher de courir dans l'île et pour pouvoir empêcher qu'ils ne m'échappassent.

« Il me dit qu'il le voulait bien ; mais que je devais savoir qu'ils étaient prisonniers de guerre aussi bien que moi. Je lui répondis que je le savais et que je m'estimais heureux d'être tombé entre ses mains : mais que le capitaine anglais qui m'avait apporté aux Barbades m'avait donné sa parole que je ne serais point retenu, ni aucun de mes gens ; que sur la foi qu'il m'avait donnée et sur les offres de service qu'il m'avait faites, je m'étais embarqué, me fiant aux marques d'amitié qu'il m'avait données : que je le priais de m'accorder la liberté et celle de mes gens, lui promettant que je me souviendrais du plaisir qu'il me ferait, soit en lui rendant les prisonniers que je pourrais faire dans les îles, si j'armais, soit en lui payant la rançon qu'il me demanderait.

« — Non, dit le général Russel, je ne veux ni de votre rançon ni de vos prisonniers. Vous êtes un trop brave homme pour que l'on n'ait pas compassion de votre malheur. Je vous prie, au contraire, de prendre 40 pistoles dont je vous fais présent, pour subvenir à ce qui vous sera nécessaire.

« Il me les donna dans une bourse qu'il avait portée sans doute pour me la donner, et, en me quittant, il me dit qu'il allait donner ordre que mes gens fussent rassemblés.

« Le lendemain, il m'en envoya deux qui me dirent ne savoir ce que les autres étaient devenus; et avoir ordre du général de demeurer auprès de moi. J'avais la liberté de les envoyer dehors chercher ce qui m'était nécessaire; et enfin, me sentant un peu fortifié par les soins que mon hôte prenait de moi, je dis à l'officier qui venait me voir tous les jours, que je priais M. le général de me faire embarquer dans le premier vaisseau qui irait à la Martinique.

« Trois jours après, il arriva une barque que M. le comte de Blénac, général des îles françaises, envoyait pour échanger des prisonniers. M. Russel me fit dire que je me préparasse à partir avec elle. J'eus la liberté d'aller chez lui le remercier de toutes les honnêtetés qu'il m'avait faites. Il me dit qu'il était fâché d'avoir été obligé par les lois de la guerre de ne me donner pas plus de liberté que j'en avais eu; et qu'il me priait de faire un bon traitement aux Anglais qui tomberaient entre mes mains. Ensuite je fus m'embarquer sur la barque française qui était commandée par le sieur Courpon, ci-devant habitant de Saint-Christophe; et je ne pus recouvrer aucun de mes flibustiers, excepté les deux que le général Russel m'avait envoyés.

« Nous débarquâmes au Fort-Royal de la Martinique, et je fus avec mes deux hommes au bourg pour voir M. de Blénac. Il était malade de la maladie dont il est mort. Je lui fis le récit de toutes mes aventures, et je connus qu'il était surpris d'entendre raconter de si grands malheurs. Comme il voulut que je demeurasse chez lui tout le temps que je resterais à la Martinique, il me faisait faire tous les jours le récit de mon combat avec le vaisseau anglais. Et enfin, ayant trouvé l'occasion de me faire porter en France, il envoya chercher le capitaine de vaisseau qui y devait aller et me recommanda à lui. Il voulut aussi me donner des lettres pour M. de Philippeaux, afin que je pusse obtenir de l'emploi : mais le jour avant mon départ, de si grandes faiblesses le prirent, qu'il fut hors d'état d'écrire, et qu'il mourut sur le soir du 10 juin.

« Le lendemain, je m'embarquai sur *la Vierge*, vaisseau de Bordeaux; après un trajet de peu de jours, j'arrivai enfin dans le port de cette ville.

« Je ne sais si je dirai adieu à la mer, tant mon dernier malheur m'a épouvanté; ou si je remonterai, pour me venger des maux que les Anglais m'ont fait souffrir; ou si j'irai recourir les mers pour amasser un peu de bien; ou si je demeurerai en repos, en mangeant celui que mes parents m'ont laissé.

« Il en est de la passion que donnent les voyages maritimes comme de celle du jeu. Quelque malheur qu'on ait, on ne croit pas être toujours malheureux et on veut toujours jouer. Quelque accident aussi qui nous soit arrivé en mer, on espère trouver une occasion favorable qui nous dédommagera de toutes les pertes. »

Montauban ne reprit pas la mer. Il mourut vers 1700.

CHAPITRE X

FIN DES FLIBUSTIERS

M. de Cussy, gouverneur de Saint-Domingue. — Prise de San-Yago. — Combat dans la savane de la Limonade. — Ducasse succède à M. de Cussy. — Expédition contre la Jamaïque. — M. de Pointis. — Un nouveau procédé de recrutement. — Révolte des flibustiers. — Prise et pillage de Carthagène. — Les aventuriers évincés par M. Pointis, pillent une seconde fois Carthagène. — John Neville dans les Antilles. — Comment Mme de Maintenon punit de Pointis. — Fin des flibustiers.

Après la grande expédition dans la mer des Indes, l'association des *Frères de la Côte* perdit sa puissance et sa liberté. Les flibustiers, ou du moins les bandits à qui l'on donna encore ce nom, n'agirent plus pour leur compte personnel ; ils se mirent à la solde de quelque grande puissance, sous le drapeau de laquelle ils espéraient faire quelque butin.

C'est ainsi qu'en 1689, M. de Cussy, gouverneur de la portion française de Saint-Domingue, assemble, au Cap-Français, 400 cavaliers, 450 flibustiers et 150 nègres. A la tête de cette petite armée, il entreprend une expédition contre San-Yago de los Caballeros, dans l'intérieur de Saint-Domingue. Un combat, livré en pleine savane, le rend maître de cette ville qui n'essaie même pas de lui résister, quoiqu'elle soit située dans une forte position.

Les habitants la désertèrent, emportant leurs objets les plus précieux, mais y laissant une grande quantité de vivres et de boissons que l'on soupçonna d'être empoisonnés. Sur ce simple soupçon, de Cussy mit le feu à San-Yago et opéra sa retraite.

Incapables de résister aux flibustiers, les Espagnols appelèrent les Anglais à leur secours. Au mois de janvier 1691, une escadre alliée débarqua 2,600 hommes près du Cap-Français. Cette armée, bientôt augmentée de 800 soldats venus par terre de la ville de San-Domingo, n'eut pas de peine à écraser une troupe française de 800 hommes qui s'était bravement avancée au-devant d'elle et lui avait offert le combat dans la savane de la Limonade. De Cussy, criblé de blessures, resta sur le champ de bataille, avec la plupart de ses compagnons.

Cette défaite porta un coup terrible à la flibuste française. Les ennemis parcoururent en maîtres toute la plaine du Cap, brûlèrent la ville de ce nom, égorgèrent les hommes qui leur tombèrent sous la main, emmenèrent les femmes, les enfants et les nègres, et se retirèrent espérant avoir complétement anéanti notre colonie.

Les affaires semblaient désespérées du côté de Saint-Domingue ; le ministère français ne vit qu'un homme qui fût capable de relever notre influence, cet homme s'appelait Ducasse.

C'était le fils d'un marchand de jambons de Bayonne ; il avait fait sa fortune à vendre des nègres. Quelques actions d'éclat lui avaient valu le grade de capitaine ; puis on le nomma gouverneur en remplacement de Cussy. Il rappela les flibustiers fugitifs, fit ravager la colonie anglaise de la Jamaïque. Puis il se mit lui-même à la tête d'une expédition contre cette île. Il cingla au commencement de juin 1694, avec 23 voiles et 1,500 hommes, vers cette belle Antille. Il la ravagea et revint avec un immense butin et 3,000 nègres. En représailles, les Anglais envoyèrent, l'année suivante, une armée de 4,000 hommes dans notre colonie, 200 Espagnols se joignirent à eux. Le Cap-Français fut attaqué, Laurent de Graff, qui y commandait l'évacua. Port-de-Paix ne résista pas davantage. La colonie fut ruinée. Les ennemis n'y laissèrent ni arbre ni plante d'aucune sorte.

La France avait à venger cet échec. Mais Louis XIV, devenu jésuite et imbécile, fut insensible à l'insulte reçue par ses armes. Il fallut qu'une compagnie d'armateurs fît les frais d'un armement pour tirer vengeance de l'injure qui venait de nous être faite. Une expédition partit de Brest, le 9 janvier 1697, pour s'emparer de quelques places importantes de l'Amérique espagnole. Cet armement était placé sous les ordres de Jean-Bernard Desjeans, baron de Pointis, gentilhomme courageux, mais plein de vanité et d'avarice, qui avait combattu avec honneur dans la marine royale et qui, devenu forban, allait se montrer plus intéressé que ses soldats.

L'escadre expéditionnaire se composait de 7 vaisseaux de guerre, 3 frégates, 1 galiote à bombes, 1 brigantin, 2 flûtes et 4 petits bâtiments de pêcheur. Elle arriva le 1er mars 1697 devant Saint-Domingue. De Pointis résolut aussitôt d'attaquer Carthagène; ville alors importante, qui subsiste encore avec un certain éclat, dans une presqu'île de sable qui ne tient au continent mexicain que par deux langues de terre dont la plus large n'a pas 35 toises. A peu de distance, s'élève une colline sur laquelle on a construit la citadelle de Saint-Lazare. La ville est en outre défendue par une fortification régulière. En temps de paix, ces ouvrages étaient gardés par 700 hommes; mais en temps de guerre une nombreuse milice se joignait aux troupes.

Carthagène se tenait toujours sur le qui-vive, parce qu'elle avait été plusieurs fois surprise. En 1544, des corsaires français l'ont pillée; en 1585 elle fut brûlée par le célèbre Drake. Elle se défiait et l'on devait s'attendre à une sérieuse résistance. De Pointis eut un moment d'hésitation; il sentait bien que sa petite armée n'était pas suffisante et il aurait voulu y ajouter une troupe de flibustiers. Il s'en ouvrit à Ducasse, gouverneur de Saint-Domingue. Celui-ci, bien qu'il eût à se plaindre de la morgue aristocratique du baron, ne refusa rien; mais il demanda une part de prise pour ses hommes.

De Pointis répondit que des gens de cette espèce n'ont besoin de rien et qu'il saurait bien les faire marcher sans leur rien promettre.

Là-dessus, on le vit, une trique à la main, courir après les flibustiers, les empoigner au collet et les menacer de mort s'ils ne s'enrôlaient pas dans ses troupes. Un pareil procédé de recrutement, qui commençait à n'être déjà plus admis en France, produisit une révolte dans cette colonie où l'habitude de la liberté donnait de l'énergie aux hommes.

Les flibustiers coururent aux armes. M. de Pointis, sur le point d'être *boucané*, fit appeler Ducasse à son secours et ne sauva sa vie qu'en promettant aux aventuriers une part dans le pillage de la ville que l'on se disposait à attaquer.

Cette promesse, faite avec l'intention bien arrêtée de ne point la tenir, lui valut un renfort de 7 petites frégates, de 1,200 boucaniers et de 400 nègres. Ce qui, joint aux 4,000 hommes amenés d'Europe, constituait une armée assez respectable.

De Pointis mit aussitôt à la voile. Le 13 avril 1697, son armée commença à opérer sa descente à l'entrée du port, entrée si étroite qu'on l'appelle *Boca Chica*, petite bouche. Le château qui défend ce canal, se rendit le lendemain, au moment où on allait tenter l'assaut. Le 17 se passa à entrer les navires dans l'ouverture qui mène au port. Le 21, on prit sans coup férir le fort Saint-Lazare. Le 30 avril on donna l'assaut à la basse ville dont on s'empara avec beaucoup de peine; enfin, le 3 mai la haute ville se rendit par une capitulation honorable. Le gouverneur sortit de la place par la brèche, tambour battant et enseignes déployées, mais tous les trésors restèrent aux vainqueurs, à l'exception de ce que les femmes riches avaient pu emporter avec elle, en fuyant à l'arrivée des Français.

De Pointis trouva à Carthagène un immense butin, tant en métaux qu'en bijoux et en marchandises, le tout évalué à 40 millions d'écus, sans compter ce que s'approprièrent clandestinement les principaux officiers, dont chacun, indépendamment de sa part de butin général, emporta plus de 200,000 piastres, fruit de son pillage particulier.

Les vainqueurs se livrèrent à toutes les atrocités qui avaient rendu si terrible le nom de flibustiers. De Pointis et ses officiers donnèrent à leurs soldats l'exemple de la plus odieuse férocité. La capitulation fut violée; les églises furent profanées. Des jeunes filles furent sacrifiées, toutes nues, sur les autels, aux plus honteuses lubricités.

Tout à coup, une épidémie décima les troupes françaises. Les malades indigènes, jetés hors des hôpitaux, agonisèrent dans les rues, tandis que les vainqueurs s'installèrent dans leurs lits pour y mourir.

« Les chaleurs sont excessives à Carthagène. Les torrents d'eau qui tombent sans interruption, depuis le mois de mai jusqu'en novembre, y rafraîchissent à peine le climat. Une transpiration continuelle donne aux habitants la couleur pâle et livide des malades. Lors même qu'ils se portent bien, leurs mouvements se ressentent de la mollesse du climat qui relâche leurs fibres. On s'en aperçoit jusque dans leurs paroles, toujours prononcées d'une voix traînante et basse. Ceux qui arrivent d'Europe conservent leur fraîcheur et leur embonpoint pendant 3 ou 4 mois; ils perdent ensuite l'une et l'autre par l'excès de ces sueurs incessantes. Cette débilitation générale est l'avant-coureur d'un mal plus fâcheux encore, mais dont la nature est peu connue. On conjecture qu'il a pour cause ordinaire des refroidissements gagnés par imprudence, ou des digestions laborieuses. Il se déclare par un vomissement accompagné d'un si violent délire, qu'il faut garrotter le malade pour l'empêcher de se déchirer lui-même. Souvent il expire au milieu de ces transports, qui durent rarement plus de 3 ou 4 jours. Ceux qui ont échappé à ce danger dans les premiers temps de leur acclimatation, ne courent plus aucun risque.

« La ville et son territoire présentent aussi le spectacle d'une lèpre hideuse, qui attaque indifféremment les indigènes et les étrangers. Les médecins qui ont voulu en attribuer la cause à l'usage de la chair de porc n'ont pas observé que cette maladie est inconnue dans toutes les autres régions de l'Amérique, où la même viande se consomme en grande quantité. Pour arrêter la contagion on a fondé un hôpital à la campagne. Tous ceux qu'on croit atteints y sont aussitôt renfermés, sans distinction de sexe, de rang ni d'âge. Mais le fruit d'un établissement si utile est détruit par l'avarice des administrateurs, qui, sans être arrêtés par les dangers que propage la communication, permettent aux pauvres de sortir pour aller mendier leur nourriture. Aussi, le nombre des malades est-il si grand que l'enceinte de leur asile augmente toujours d'étendue. Chacun y jouit d'un petit terrain qu'on lui assigne à son entrée dans l'hospice. Il s'y bâtit une habitation selon sa fortune, et y vit retiré jusqu'à la fin de ses jours, car la lèpre est souvent incurable. Cette maladie excite si vivement les organes sexuels, qu'on a cru devoir tolérer les mariages entre ceux qui en sont attaqués. »
P. Christian.

De Pointis, dont l'intention avait d'abord été de fonder une colonie française à Carthagène, abandonna ce projet et résolut de fuir ces lieux insalubres que le meurtre empestait. Le difficile était d'évincer les flibustiers qui réclamaient leur part de butin. Le chef de l'expédition ne se dissimulait pas qu'ils avaient essentiellement contribué à la prise de la ville. Mais il s'était promis de ne leur rien donner et il n'était pas homme à violer un serment de ce genre.

Sous prétexte que la ville était menacée d'une attaque, il les fit camper à une grande distance des murs en leur disant qu'il comptait sur leur dévouement, dans le cas où l'ennemi arriverait. Son but était de leur cacher ses plans de fuite et de faire disparaître le butin.

Mais ils eurent des soupçons. Fatigués de ne voir paraître aucun ennemi, ils se rapprochèrent de la place. On ferma devant eux les portes de la ville; ils comprirent que l'on voulait les jouer et menacèrent de prendre la ville de vive force. Effrayé de cette menace, de Pointis révoqua ses ordres, les laissa entrer et nomma Ducasse gouverneur de la place. C'était pour gagner du temps, car il n'avait pas encore pu embarquer tout le butin à bord de ses navires.

Ducasse, chef des flibustiers, se laisse d'abord gagner par ses belles promesses. Il use de son influence pour modérer l'irritation de ses soldats. Mais bientôt ses yeux se dessillent, Il s'aperçoit que le butin disparaît. Il court demander des explications au chef de l'expédition. Celui-ci le bafoue; Ducassse s'emporte. Les deux chefs en viennent aux coups.

Pendant ce temps, les flibustiers se soulèvent en voyant les caisses de butin portés sur les vaisseaux de Pointis. Ils prennent les armes, mais l'embarquement est terminé.

La dernière caisse étant mise en sûreté, de Pointis ne garde plus aucun ménagement; il déclare que pour punir l'insubordination de ce *ramassis de vagabonds* il les prive de toute gratification.

Cette déclaration met le feu aux poudres. Les flibustiers veulent prendre de force le vaisseau amiral. Une collision est imminente, lorsque l'un d'eux s'écrie :

— Laissons ce chien ronger son os, notre part est dans Carthagène; allons la prendre.

Un cri d'enthousiasme salue ce projet. C'est en vain que Ducasse cherche à les amener à d'autres sentiments. Il aurait voulu fuir au plus tôt ces parages, car il venait d'apprendre l'arrivée d'une flottille anglaise, commandée par l'amiral John Neville, et venue dans l'intention d'enlever à de Pointis le produit de ses pilleries.

Sourds à ses exhortations, les flibustiers ne veulent pas s'en retourner les mains vides. Ils rentrent dans Carthagène consternée, enferment tous les hommes dans la cathédrale et leur députent un orateur qui les harangue en ces termes :

— Vous nous considérez comme des êtres sans foi ni loi, sans religion, sans conscience, comme des créatures plus semblables à des démons qu'à des hommes. Mais nous voulons nous montrer généreux et compatissants pour détruire la mauvaise opinion que vous avez de nous. Comptez-nous une indemnité de *cinq millions; nous n'en demandons pas davantage*. Vous semblez affligés de cette demande, votre pâleur témoigne de votre effroi. N'accusez que le baron de Pointis qui nous a trompés. Car, bien qu'il ne doive qu'à notre valeur la prise de votre ville, il a violé sa promesse de partager le butin avec nous.

Les malheureux habitants donnèrent, pour se débarrasser de ces êtres affreux, tout ce qui leur restait en métaux précieux. Un moine, présent à l'allocution du flibustier, monta en chaire pour exhorter les prisonniers à se défaire de leurs biens. Ensuite, il fit circuler son capuchon pour ramasser la collecte; cela ne produisit qu'une somme insignifiante, car on peut penser que de Pointis n'avait laissé que bien peu de chose derrière lui. Alors les flibustiers se mirent à piller la ville une seconde fois; ils fouillèrent les maisons, les églises, les tombeaux; ces recherches produisirent encore bien peu, Pointis ayant déjà profané les temples et les tombes.

Les aventuriers eurent enfin recours à un moyen extrême; ils appliquèrent leurs prisonniers à la torture, et cela produisit plus que tout le reste. L'or et l'argent reparurent comme par enchantement; les flibustiers emportèrent chacun plus de 30,000 piastres.

Pendant ce temps, M. de Pointis s'était enfui. Il parvint à éviter la flottille de John Neville et rentra à Brest après une expédition immoralement heureuse.

John Neville, qui n'avait pu l'atteindre, vint croiser au large de Carthagène, avec l'espoir de surprendre les flibustiers. Ceux-ci, qui ne le croyaient pas si près d'eux, donnèrent tête baissée dans son escadre. Chacun de leurs navires, sans s'occuper du sort des autres, songea à son propre salut. Leurs deux plus grandes frégates furent prises, après un combat désespéré ; une troisième fut rejetée par la tempête sur la plage de Carthagène et tomba au pouvoir des Espagnols ; le feu prit à une quatrième, qui périt en vue des côtes de Saint-Domingue ; la cinquième disparut sans que l'on ait su ce qu'elle était devenue. Deux seulement regagnèrent Saint-Domingue.

Le gouvernement français se montra mécontent de la conduite tenue par de Pointis. Louis XIV aurait tout pardonné à ce chef, excepté les sacrilèges commis dans les églises. Mme de Maintenon le fit blâmer très-sévèrement. Le roi le contraignit à restituer une somme de 1,400,000 livres, qui devait servir à indemniser les flibustiers. Puis, avec cet argent, détourné de son but, Mme de Maintenon fit équiper un vaisseau et renvoya au clergé de Carthagène des richesses bien plus grandes que celles qu'il avait perdues.

Telle fut la dernière expédition des boucaniers de Saint-Domingue, qui ne méritaient déjà plus le nom de *Frères de la Côte*. La paix de Ryswick rendit inutile leur association en établissant une paix durable entre la France et l'Angleterre. Les flibustiers français voulurent continuer à molester le commerce des Hollandais et des Anglais ; mais le gouverneur de Saint-Domingue leur défendit expressément de continuer la course.

En 1704, M. Auger voulut rappeler à la Tortue ceux qui s'étaient enfuis à la Jamaïque et à Bocca-Torro. Son successeur, le comte de Choiseul-Beaupré, comprenant la nécessité de les réunir contre les Anglais victorieux, rétablit leur société dans ses anciens priviléges. La plus grande partie de ceux qui s'étaient joints aux Anglais, revinrent à Saint-Domingue où on distribua quelques indemnités à ceux qui avaient assisté à l'expédition de Carthagène. Les flibustiers reparurent encore une fois sur la scène. Ils équipèrent quelques frégates pour garder les côtes de Saint-Domingue et désoler celles de la Jamaïque. C'est pendant une de ces expéditions que leur chef, le comte de Choiseul-Beaupré, fut tué, en 1710, au milieu d'une bataille navale.

Après lui, il ne fut plus question de flibustiers français. Ceux qui ne voulurent pas se faire planteurs, s'enfuirent chez les Anglais pour échapper aux persécutions.

LIVRE IV

LES ROIS DE MADAGASCAR ET LES PIRATES DE NEW-PROVIDENCE

CHAPITRE PREMIER

JACQUES AVERY ET LES ROIS DE MADAGASCAR

Légende de Jacques Avery. — La vérité sur ce forban. — Sa jeunesse. — Comment il devint capitaine. — Prise d'un vaisseau appartenant au Grand Mogol. — Avery abandonne traîtreusement ses camarades français. — Son retour en Angleterre. — Il est honnêtement dépouillé de son butin. — Sa mort. — Le capitaine Thomas Tew. — Les rois de Madagascar. — Leurs habitations. — Leurs citadelles. — Ils sont exterminés par les nègres révoltés.

La paix d'Utrecht, signée en 1713, mit fin à la flibuste anglaise qui avait survécu de quelques années à la flibuste française. Chassés de la Jamaïque aussi bien que de la Tortue, les *Frères de la Côte* se dispersèrent. Leur nom fut encore appliqué à des associations d'écumeurs de mer, véritables vagabonds qui ne formaient pas d'association permanente, brigands qui s'attaquaient à toutes les nations, forbans sans drapeau que n'unissait plus une haine commune contre le despotisme espagnol.

Ils constituèrent une nouvelle association, composée presque exclusivement d'aventuriers anglais qui couraient indistinctement sur les navires de toutes les nations. Ils formèrent un établissement à l'île de la *Providence*, et il fallut, de la part du gouvernement anglais, de longs et sérieux efforts pour détruire cette puissance que lui-même avait primitivement permise et encouragée.

D'autres vinrent croiser le long des côtes d'Afrique et essayèrent de fonder quelques établissements à Madagascar.

Le premier et le plus célèbre de ces pirates de Madagascar est le capitaine Jacques Avery, dont on raconta longtemps les aventures merveilleuses. On le représentait comme un petit roi, un fondateur de monarchie qui, après avoir accumulé d'immenses richesses, s'était emparé d'un vaisseau indien portant la fille du Grand Mogol, et qui avait fini par épouser cette princesse.

Mille variantes romanesques se brodaient sur ce thème. On parlait des flottes invincibles du roi de Madagascar, de ses armées aguerries, enfermées dans des citadelles imprenables. Cette étrange réputation n'était que chimérique. Le roi de Madagascar, héros d'un drame qui obtenait un immense succès à Londres, pirate dont le parlement anglais s'occupait, aventurier dont on voulait arrêter les exploits au moyen d'une flotte et que l'on préféra amnistier, de crainte de subir un échec en l'attaquant, Jacques Avery n'était en réalité qu'un pauvre diable de forban, qui revint mourir de faim dans sa patrie.

Il était né aux environs de Plymouth. Dès son enfance, il avait navigué et s'était élevé au grade de contre-maître.

Avant la paix de Ryswick, l'Espagne, désireuse de faire cesser la contrebande dans ses colonies, mais impuissante contre les contrebandiers, appela à son aide plusieurs navires de guerre étrangers qu'elle prit à sa solde.

Mort de Teach.

Sur un de ces navires, nommé le *Duc*, capitaine Gibson, se trouvait le contre-maître Avery. C'était un homme adroit et persuasif, qui sut gâgner l'esprit des matelots. Un soir que le capitaine Gibson s'était enivré, suivant son habitude, le contre-maître s'empara du vaisseau, qui portait 30 canons, 300 hommes d'équipage et toutes les munitions nécessaires pour une croisière.

Les futurs pirates s'assurèrent, sans perdre un instant, de toutes les ouvertures du tillac, levèrent l'ancre sans bruit et gagnèrent la pleine mer, sans donner l'éveil au capitaine endormi. Puis ils s'éloignèrent de la Corogne, dans la rade de laquelle étaient ancrés plusieurs autres bâtiments de guerre.

En s'éveillant, Gibson, qui s'était endormi dans la rade de la Corogne, appelle, encore tout engourdi par les vapeurs de l'eau-de-vie, son contre-maître, et lui demande :

— Qu'est-ce qui arrive donc au vaisseau?

— Le vaisseau marche très-bien et il ira loin, répond Avery.

— Comment! réplique le capitaine; qui a donné l'ordre de sortir du mouillage?

— Moi-même, qui suis le capitaine; hâtez-vous de déguerpir d'ici; j'ai besoin de ma chambre.

Gibson ouvrit de grands yeux étonnés. On le saisit et on le jeta hors de sa cabine; il fut trop heureux, pour échapper à la mort, de prendre du service parmi les forbans.

Ils arrivèrent sans encombre à Madagascar. Sur la côte nord-ouest de cette île, ils rencontrèrent deux chaloupes à l'ancre, dont l'équipage gagna la terre et se sauva dans les bois.

C'étaient des pirates français échappés des Antilles. Ils prenaient le vaisseau anglais pour un navire expédié à leurs trousses et cherchaient leur salut dans la fuite.

Avery se douta de la vérité; il fit débarquer un petit détachement qui entra en relations avec les fugitifs, et leur offrit de s'associer à l'équipage anglais.

Les deux troupes n'en firent bientôt plus qu'une, plus puissante et plus à même de tenter quelque entreprise considérable.

Les forbans vinrent croiser dans les parages de l'Inde, où ils rencontrèrent un énorme navire qu'ils prirent à l'abordage. C'était un bâtiment appartenant au Grand Mogol. Il portait de riches musulmans et une fille de ce prince qui allait en pèlerinage à la Mecque. Les passagers portaient de riches offrandes destinées aux marabouts de la ville sacrée.

Les aventuriers se contentèrent de transporter sur leur vaisseau les richesses du Grand Mogol. Quant à leurs prisonniers, ils les abandonnèrent avec le navire qui les portait, et qui n'avait rien de mieux à faire qu'à s'en retourner dans son pays.

Maître d'un grand butin, Avery songea au moyen d'évincer les Français du partage. Il sonda les dispositions de ses compatriotes.

— Nous serions bien fous, leur dit-il, de partager avec ces vagabonds que nous avons recueillis par charité.

Ses compagnons le comprirent, et, la nuit suivante, ils abandonnèrent les chaloupes, avec tous les Français qui les montaient. Ces malheureux, ne pouvant croire d'abord qu'on leur eût joué un si mauvais tour, se laissèrent aller à la dérive pour gagner la côte d'Afrique. Ils atteignirent, après de longues souffrances, les parages de Madagascar, où ils se joignirent à une troupe d'Anglais dont nous parlerons plus loin.

Occupons-nous d'abord de Jacques Avery. Ce capitaine vint en Amérique, où il espérait n'être pas reconnu. Arrivé à l'île de la Providence, il vendit son navire et revint en Angleterre sur une grande barque à voiles. Plusieurs de ses compagnons l'avaient abandonné. Voici comment l'*Histoire pittoresque de la marine* raconte la fin étonnante de ce forban :

Pour donner ce récit, il faut que le lecteur nous permette de le transporter à Plymouth, vers le milieu du mois d'août 1693.

Cette grande cité maritime, composée de trois cités (ce qui l'a fait appeler un *rendez-vous de villes*), était, dès le règne de Guillaume d'Orange, le port maritime le plus important de la Grande-Bretagne. Cependant elle n'avait point encore cette régularité géométrique, si enviée par *les hommes de progrès* du continent, et qui donnent aux villes modernes de l'Angleterre l'aspect d'immenses damiers de moellons passés au noir de fumée; Plymouth était *mal bâtie*, c'est-à-dire que ses quartiers étaient déshérités des charmes de la ligne droite et des grâces de la perpendiculaire : plus d'une rue y serpentait capricieusement, sans égard pour l'axiome qui nous enseigne le chemin le plus court; plus d'une maison avançait sur la voie publique; ses étages à pans de bois ou ses corniches sculptées privaient aussi les passants, selon l'occurrence, de pluie ou de soleil ; enfin, l'entrée du port était *déshonorée* par une centaine de ces cabanes à toits fumeux et moussus, devant lesquels Van Ostade aimait à placer une vieille femme éclairée par un coucher de soleil, ou quelques marins à jambe de bois regardant jouer des enfants.

Ce quartier était, à la vérité, plus beau à peindre qu'à visiter, et sa destruction eût été moins regrettable pour la morale que pour le paysagiste, car la plupart des haltes qui le composaient n'étaient habitées que par des taverniers et des filles de joie. C'était là que des matelots anglais venaient, au retour de leurs expéditions lointaines, perdre, comme ils disaient, le goût du *chat à neuf queues*[1] et de la viande salée ; là qu'ils touchaient leur arriéré de plaisir, en se livrant à des excès aussi prodigieux que les privations qui les avaient précédés.

Or, le jour où commence notre récit, la taverne du *Peck-d'Argent* retentissait de cris joyeux, poussés par une troupe de jeunes marins et par une demi-douzaine de femmes de mauvaise vie. Grâce « à ces aimables infirmités, » comme les eût appelées le poëte Dryden, et aux flots de gin déjà versé, les braves matelots de Georges Rooke avaient complétement oublié le cruel échec que Tourville venait de leur faire subir, et ne songeaient qu'à se dédommager de six mois de continence et de sobriété forcée. Le *Presle Britannia*, lui-même, avait fait place à des chants moins sublimes ; la *vieille Angleterre* était détrônée pour Jean Graind'Orge, et la liberté des mers momentanément abandonnée au monde ! Le corps britannique était ivre !

Les *pints* venaient d'être emportés par le tavernier pour être remplis une dixième fois, lorsqu'un nouveau personnage entra au *Peck-d'Argent*.

C'était un homme d'environ cinquante ans, pâle, marchant avec peine, et dont les vêtements annonçaient une misère si sordide, que les buveurs eux-mêmes en furent frappés. Les lambeaux dépareillés qui composaient son habillement étaient attachés l'un à l'autre par des brins de *félin* dédoublé ; ses chaussures crevées laissaient paraître ses pieds nus, et l'un des rebords de son feutre déteint pendait, à demi détaché, jusque sur son épaule. Il avait les cheveux en désordre, la barbe blanchie par endroits et hérissée, le regard brillant d'un éclat vitreux, les narines contractées et les lèvres frissonnantes. Cependant, sous cette expression maladive, il était facile de retrouver encore dans cet homme des traces de vigueur. Ses traits étaient fortement dessinés, sa taille élevée, et, malgré la nécessité de ménager un costume que le moindre tiraillement pouvait compromettre, ses mouvements avaient une certaine liberté qui prouvait une énergie exercée.

En entrant, il regarda autour de lui d'un œil hagard, s'approcha d'un banc qui touchait à la table des matelots, et s'assit.

William Bitter, joyeux contre-maître du vaisseau de S. M. *le Dragon*, leva les yeux dans ce moment et l'aperçut :

— Saint-Georges ! s'écria-t-il, qu'est-ce qui nous vient là ?

— Quelque mendiant de la montagne, observa le canonnier Rakam, en jetant par-dessus l'épaule, au nouveau venu, un regard de dédain.

— Non, reprit William, ce doit être un homme de mer.

— Pourquoi cela ?

— Ne vois-tu pas qu'il manœuvre ses culottes comme une voile d'artimon, et qu'il y a pris des ris de peur des coups de vent ?

L'hilarité qu'excita cette plaisanterie fit lever la tête à l'étranger.

— Depuis quand les marins d'avant-hier se permettent-ils de railler leurs aînés ? dit-il d'une voix rauque et hardie.

Rakam se détourna.

— Est-il donc vraiment du métier ? demanda-t-il avec un air protecteur.

— Assez pour distinguer un loyal matelot d'un refouleur de gargousses ! répliqua l'homme aux haillons, de ce ton de mépris qu'affectaient les marins de l'époque pour tous les corps auxiliaires qui servaient avec eux sur les vaisseaux du roi.

— Par le ciel ! c'est un des nôtres ! s'écria gaiement Bitter. Holà ! l'ami, je ne vous parlerai plus de votre manière de faire les re-

---

[1] Martinet à neuf cordes dont on frappe les matelots anglais.

prises, puisque vous avez la peau tendue de ce côté ; mais approchez un peu du bout de la table, et buvez avec nous.

L'étranger s'approcha, et, malgré la fièvre qui faisait trembler sa main, il prit un gobelet qu'il tendit au jeune contre-maître.

— Allons, reprit celui-ci en trinquant, à une meilleure fortune, milord !... et surtout à une meilleure santé, car si l'habit a fini son temps, il me semble que la doublure n'est guère en meilleur état.

— Le fer lui-même finit par s'user, murmura l'inconnu, qui, après avoir trempé ses lèvres dans le gin, reposa le gobelet sur la table avec une sorte de dégoût.

— Buvez, buvez, reprit William ; il n'y a que cela pour reprendre des forces. Le gin est le soleil de l'estomac ! et je vous en verserai à discrétion.

— Vous avez donc touché votre solde de mer ?

— Et nous voulons la dépenser jusqu'au dernier *farthing*. Il faut bien s'indemniser de ce que l'on a souffert ; après la diète, l'abondance. Nous mettons nos vices au vert, comme dit le révérend Purry, et nous les laissons paître à leur faim ! Malheureusement la bourse est légère ; nous n'avons eu ni gratifications, ni part de prise...

— Que pourrait-on prendre avec ces chiens de Français ? dit Rakam en haussant les épaules ; des mendiants qui n'ont que leur chemise, et qui la défendent comme si elle était doublée de perles fines !... Non, non, ce n'est pas dans les mers d'Europe qu'il faut courir le bon bord.

— Et tu pourrais ajouter, dit Bitter en guignant le canonnier, que ce n'est pas sous le pavillon du roi Guillaume.

— Sous lequel donc ? demanda une des filles qui se trouvait là.

— Sous celui de Jacques Avery, ma colombe.

L'homme aux haillons dressa la tête.

— Jacques Avery ! répéta-t-il.

— Oui, dit Rakam, celui que l'on a appelé *l'heureux pirate*, et sur lequel on a fait une comédie qui se joue demain ; j'ai vu l'affiche de toile près du bureau de l'Amirauté.

— Que je sois damné si je ne vais la voir ! s'écria Bitter ; vous connaissez l'histoire de Jacques Avery, milord ?

— Je crois avoir entendu prononcer ce nom, dit l'étranger.

— Jacques, reprit William, qui était bien aise de trouver un prétexte pour parler de son héros favori, était le contre-maître du capitaine Gibson, le plus invétéré buveur de toute la marine royale. Ce fut lui qui profita, il y a quelques années, du moment où le capitaine cuvait son grog, pour enlever le navire qu'il montait et se faire écumeur de mer.

— Ce qui vaut mieux que de courir la bouline pour le Hollandais, observa Rakam d'un air rogue.

— Surtout quand on a le bonheur de Jacques, reprit Bitter, et que votre première prise est un vaisseau chargé d'or, de pierreries, et conduisant à la Mecque la fille du Grand Mogol...

— Qui est maintenant la femme d'Avery, interrompit le maître canonnier, car le drôle a su profiter du flot ; il s'est retiré à Madagascar avec toutes ses richesses et s'y est fait reconnaître roi.

L'étranger le regarda avec une expression de doute railleur.

— Qui a dit cela ? demanda-t-il.

— Qui ? répéta Rakam, pardieu ! tous ceux qui naviguent dans la mer des Indes et qui ont été poursuivis par ses vaisseaux ! Car le roi Avery a une flotte montée par des équipages de toutes nations, depuis les peaux rouges du Canada jusqu'aux peaux jaunes du Japon, et portant pour pavillon un drapeau noir, sur lequel est dessiné le squelette de la mort qui perce un cœur sanglant. Pierre Stoll a monté un de ces navires et m'a assuré que rien n'y manquait ; il y avait même un aumônier pour dire les prières et faire le punch. Quand ils ont fait une course heureuse, ils regagnent Madagascar, où Avery a bâti un fort, des magasins et un palais, dans lequel il vit entouré de négresses qui n'ont d'autre occupation que de l'éventer avec des feuilles de palmier.

— C'est la vérité, reprit Bitter. Le capitaine Wood Roger a vu le pays que Jacques et ses pirates ont soumis. Pour le tenir dans l'obéissance, ils ont bâti au milieu des forêts des espèces de citadelles auxquelles on ne peut arriver que par des labyrinthes bordés de bois épineux, et d'où ils gouvernent leurs sujets sans craindre les surprises.

— Et la preuve que ce n'est pas un conte de gaillard d'arrière, ajouta Rakam, c'est que le conseil d'amirauté songe à envoyer une flotte pour dénicher le vieux Jacques de son aire.

— Plus à présent, maître, plus à présent, dit le tavernier qui écoutait, les deux mains passées dans la ceinture de son haut-de-chausses; le conseil a changé d'avis ; Guillaume en a assez de sa querelle avec le roi de France ; il ne veut rien avoir à démêler, pour le moment, avec son nouveau cousin de Madagascar, et, ne pouvant le faire pendre, il va lui adresser des propositions.

L'étranger, qui avait trempé un doigt dans son gobelet et s'en servait comme d'un pinceau pour tracer des arabesques sur la table de chêne, tressaillit à ces derniers mots et releva la tête.

— Est-ce vrai? dit-il vivement ; qui t'a appris cela?

— Pardieu! c'est imprimé, reprit l'aubergiste ; voici la pancarte que m'a donnée, ce matin, un des copistes de l'amirauté.

Bitter, qui était le plus près du tavernier, prit le papier et le lut tout haut. C'était une ordonnance royale accordant à Jacques Avery la permission de rentrer en Angleterre et l'oubli du passé.

— Un pardon complet ! s'écrie l'étranger avec un transport de joie ; j'accepte, j'accepte !...

Tous les matelots se détournèrent en poussant une exclamation de surprise !...

— Comment ! que voulez-vous dire ? demanda Bitter.

— Je veux dire, s'écria l'homme aux haillons avec un rire ému, que c'est moi qui suis le maître de la mer des Indes, le gendre du Grand Mogol, le roi de Madagascar, Jacques Avery, enfin, l'*heureux pirate!*... pour le moment à la recherche d'une paillasse et d'une paire de culottes.

Cette déclaration causa parmi les matelots un mouvement de stupeur : tous les yeux s'arrêtèrent sur le forban en haillons, et tous les esprits semblaient faire un effort pour passer de la brillante chimère dont ils s'étaient bercés à cette repoussante réalité.

— Jacques Avery, répétèrent-ils en chœur; c'est impossible... Le drôle se moque de nous... ce ne peut être l'ancien contre-maître du capitaine Gibson... Quelle preuve a-t-il à donner ?

Pour toute réponse, l'étranger chercha dans son sein un portefeuille en peau de *javaris* [1], dont il tira un papier sale et déchiré qu'il jeta sur la table. Rakam le prit ; c'était l'acte de naissance de Jacques Avery, portant le timbre de la paroisse de Biddiford, dans le Devonshire. Le papier passa de mains en mains, et bien que la plupart des matelots ne pussent le déchiffrer, tous commencèrent à croire lorsqu'ils y eurent jeté les yeux. Les détails donnés par l'étranger achevèrent d'ailleurs de dissiper leurs doutes, et leur firent comprendre comment l'erreur sur la véritable position de Jacques Avery avait pu naître et se propager.

L'audace avec laquelle il s'était emparé du vaisseau du capitaine Gibson, sur une rade amie et en présence d'autres navires anglais, avait d'autant plus fixé sur lui l'attention pu-

1. Sanglier américain.

blique, que c'était le premier acte de ce genre qui se fût produit dans de pareilles circonstances. La prise du navire monté par la fille du Grand Mogol qui, pour se venger de cette piraterie, voulut détruire tous les établissements anglais placés à sa portée, acheva de rendre son nom populaire dans les ports de la Grande-Bretagne. Aussi se trouva-t-il alors dans le cas de l'Hercule antique, auquel on avait fait honneur de toutes les grandes choses exécutées par ses contemporains; tous les brigandages commis dans la mer des Indes lui furent attribués, et le pirate, pour qui cette croyance était une sauvegarde, s'appliquèrent à la confirmer. Le nom de Jacques Avery devint une sorte de fantôme, derrière lequel chacun d'eux cacha son propre nom. Partout où il y avait des navires pris, des cargaisons pillées, des équipages abandonnés sur des îles désertes, c'était par l'ordre de Jacques Avery. Quiconque s'était donné pour métier de voler et de tuer sur l'Océan, désormais s'appelait ainsi; Jacques n'était plus un homme, mais un symbole; c'était la piraterie incarnée [1].

Cependant, au moment même où l'indignation publique supposait ainsi une association entre des crimes isolés et faisait de l'ancien contre-maître le Romulus d'une république de pirates, celui-ci avait déjà abandonné la partie et regagnait l'Angleterre avec la vaisselle d'or et les diamants pillés dans le vaisseau arabe, espérant que le produit de leur vente lui permettrait de vivre le reste de ses jours « comme un chrétien repentant et à son aise... » Mais en débarquant à Cork, il trouva son nom dans toutes les bouches, et apprit, pour la première fois, quelle réputation formidable lui avait été faite. Son portrait se vendait dans toutes les foires, et les matelots chantaient des ballades dont il était le héros. Cette célébrité inattendue l'effraya. Craignant d'être reconnu s'il restait sur les côtes, il s'enfonça dans l'intérieur des terres, chargé de ses diamants et de lingots d'or qu'il cachait sous ses haillons, mais dont il ne pouvait réaliser la valeur de peur de se trahir. Ce fut, de son aveu, l'époque la plus misérable et la plus tourmentée de sa vie entière. Tour à tour excité par les aiguillons du désir et les avertissements de la prudence, condamné à manquer de tout avec les moyens de tout obtenir, et n'ayant de la richesse que les angoisses, il parcourut une partie de l'Irlande, vivant de galette d'avoine, buvant aux fontaines et couchant dans les granges. Enfin, ne pouvant supporter plus longtemps ces misères, il regagna Biddiford, où il avait quelques parents auxquels il se confia, et qui l'adressèrent à un joaillier de Plymouth.

Celui-ci se chargea des lingots et des diamants avec promesse de les vendre; mais lorsque, quelques mois après, le pirate vint lui en réclamer le prix, l'honnête bourgeois le fit jeter à la porte par ses apprentis, en le menaçant, s'il reparaissait chez lui, de le dénoncer à l'amirauté.

Ce fut le soir même de cette visite que Jacques Avery se présenta, comme nous l'avons dit, à la taverne du *Peck-d'Argent*.

Les matelots avaient écouté avec un singulier intérêt son récit, interrompu par de nombreuses libations. Le gin semblait avoir exalté la fièvre de Jacques. A mesure qu'il parlait, sa voix devenait plus saccadée, ses idées plus confuses; et, au moment de quitter la table, il fallut l'aider à se soutenir. Cependant ses compagnons, chancelant eux-mêmes, prirent cette défaillance pour l'effet de l'ivresse et le quittèrent près du bureau de l'amirauté, après avoir échangé la promesse de se revoir le lendemain au *Peck-d'Argent*.

Mais, le lendemain, les gardiens du port trouvèrent, en sortant, un homme étendu

---

1. Ce fut ainsi qu'on put lui croire une flotte. L'établissement de quelques aventuriers, réfugiés à Madagascar et qui s'y fortifièrent, donna lieu à la fable du prétendu royaume dont Avery était le fondateur.

sans mouvement le long du mur d'enceinte. C'était le pirate qui, étourdi par la maladie et l'ivresse, n'avait pu aller plus loin et s'était couché dans le ruisseau pour mourir. Au-dessus de son cadavre flottait, encore suspendue au mur, l'affiche du spectacle de la veille, sur laquelle on lisait, comme une ironique épitaphe :

L'HEUREUX PIRATE

ou

Jacques Avery, roi de Madagascar.

Les Français qu'il avait si traîtreusement abandonnés dans l'Océan indien se joignirent, ainsi que nous l'avons dit, à des aventuriers anglais qui y étaient venus dans les circonstances suivantes :

Leur capitaine, Thomas Tew, avait reçu du gouverneur des îles Bermudes l'ordre d'attaquer notre comptoir de Gorée. Une tempête l'ayant mis hors de sa route, il se trouva sans vivres dans les mers d'Afrique et se fit pirate. Quelques petites prises l'encouragèrent. Il doubla le cap de Bonne-Espérance et gagna le détroit de Bab-el-Mandeb. Il y prit un gros navire hollandais et cette riche capture valut à chacun de ses gens une somme de 3,000 livres.

Cinq autres bâtiments, aussi richement chargés que le premier, allaient devenir leur proie, lorsqu'une révolte d'une partie des équipages, soulevés par les discours du quartier-maître, vint jeter la division parmi les forbans.

Tew se retira à Rhode-Island où il obtint son pardon.

Ceux de ses hommes qui n'avaient pas voulu le suivre, s'établirent à Madagascar, dont on peut les considérer comme les véritables rois.

Leur alliance fut bientôt recherchée par les petits princes nègres de la côte, sans cesse en guerre les uns contre les autres. Les armes à feu, dont l'usage était encore inconnu dans cette île, leur assurèrent une supériorité qu'il employèrent à établir solidement leur puissance.

Les prisonniers, traînés en esclavage, cultivaient les terres qu'ils s'étaient appropriées. Ils n'avaient qu'à choisir parmi leurs plus belles captives pour se composer de nombreux sérails. Mais l'union qui faisait leur force finit par se rompre, à la suite de la jalousie qu'ils se portaient réciproquement. Ils en vinrent aux disputes, puis aux coups ; plusieurs furent tués par leurs camarades.

Les esclaves, témoins de cette désunion, complotèrent de les exterminer en une nuit. La chose était d'autant plus facile que les tyrans demeuraient dans des habitations séparées les unes des autres.

La conspiration allait éclater, lorsqu'une négresse, concubine de l'un des aventuriers, avertit son « petit blanc » du danger qu'il courait. Celui-ci assembla ses camarades, en sorte que les nègres, les trouvant en armes, se retirèrent sans rien entreprendre.

Cet événement les rendit plus circonspects. Ils ne se divisèrent plus et s'ingénièrent à faire éclater des guerres entre les nègres, afin de se poser en libérateurs des plus faibles et de se faire ainsi des amis dévoués.

L'arrivée des Français grossit leur troupe. Ils agrandirent les établissements qu'ils avaient formés dans l'île. Ils se divisèrent en plusieurs tribus ; se construisirent, au milieu des bois, des citadelles entourées de remparts de terre.

Rois absolus d'une partie de l'île, ils ne maintenaient leur puissance qu'au moyen des précautions les plus minutieuses.

C'est dans cet état que les trouva le capitaine Woods Rogers, lorsqu'il arriva à Madagascar, en 1712, sur le vaisseau de 40 canons, *Delicia*, pour acheter des esclaves destinés à la colonie hollandaise de Batavia.

Depuis 25 ans, les aventuriers s'étaient établis dans l'île ; il n'en restait plus que 11, mais les autres avaient laissé une nombreuse postérité élevée dans les traditions du pillage. Ils se cachèrent d'abord dans leurs repaires inaccessibles, dissimulés au milieu d'inextricables labyrinthes de broussailles. Leurs huttes de feuillages étaient si bien cachées qu'on ne pouvait les apercevoir qu'au moment d'y pénétrer.

Elles étaient toutes construites sur le même plan et situées près de quelque source ou sur le bord d'un ruisseau. Tout autour régnait un rempart de terre, entouré d'un fossé. Cette muraille ne pouvait être escaladée qu'à l'aide de hautes échelles. Le passage inextricable qui y conduisait était si étroit que deux personnes ne trouvaient pas à y marcher de front. Il consistait en un sentier tournant coupé de cent autres sentiers qui égaraient les pas à chaque instant et qui rendaient impossible la découverte des petites citadelles où les rois de Madagascar enfermaient leurs femmes, leurs enfants et le produit de leurs pilleries.

Dès que cette petite nation de forbans aperçut le navire de Rogers sur ces rivages inexplorés où l'on n'avait pas vu de bâtiment européen depuis 7 ou 8 ans, chacun s'imagina que ce navire arrivait pour exterminer les rois de Madagascar. Mais quand on vit les matelots descendre à terre, sans armes, et négocier paisiblement avec les chefs indigènes, la confiance se rétablit peu à peu.

Les pirates se risquèrent hors de leurs trous et firent connaissance avec les étrangers. Ils vinrent souvent à bord du vaisseau de Woods Rogers et se familiarisèrent avec l'équipage qu'ils invitèrent plusieurs fois à leur rendre visite dans les repaires.

Leurs avances donnèrent de l'ombrage au capitaine, il les observa de fort près. Il remarqua qu'ils examinaient curieusement le dedans du vaisseau comme s'ils eussent caressé la secrète intention de le surprendre pendant la nuit.

Par mesure de précaution, il défendit à ses hommes d'avoir, à l'avenir, la moindre relation avec des gens qui ne lui semblaient mériter aucune confiance. Il choisit un officier pour les négociations relatives à l'achat des esclaves.

Celui qui paraissait le chef suprême de cette étrange nation était un marinier de la Tamise qui avait fui sa patrie après le meurtre de l'un de ses camarades. Le plus instruit de ces malheureux prenait le titre de secrétaire en chef. Il savait un peu lire, mais ne pouvait signer son nom.

Quelque temps après le départ de Woods Rogers, une insurrection des indigènes ruina de fond en comble l'établissement des forbans qui se rendaient odieux par leur cruauté. Pour la moindre faute, ils tuaient sans pitié leurs esclaves.

Ceux de ces despotes qui échappèrent aux révoltés, se jetèrent dans des barques et se retirèrent sur le continent africain, où ils moururent dans la plus complète obscurité.

Mort de Skinner. (Page 334.)

CHAPITRE II

TEACH, DIT BARBE-NOIRE

Débuts de Teach. — Il s'associe avec le capitaine Hornigold. — Ce dernier se soumet. — Teach devient capitaine de forbans. — Ses croisières. — Le major Bonnett. — Relâche à la Caroline. — Complicité du gouverneur. — Portrait de Barbe-Noire. — Son caractère. — Anecdotes. — Le lieutenant Maynard est envoyé à sa poursuite. — Embuscade de l'île d'Ockericock. — Mort de Teach. — Exécution de ses compagnons.

L'histoire de Teach est encore plus merveilleuse que celle de Jacques Avery. Edward Teach naquit à Bristol. Marin dès sa plus tendre jeunesse, il fit plusieurs courses avec des armateurs de la Jamaïque, pendant la guerre entre la France et l'Angleterre. Malgré l'intrépidité qu'il avait déployée en plusieurs circonstances, il n'obtint que peu d'avancement. Lassé des lenteurs de la fortune, il s'associa, en 1717, avec un pirate, le capitaine Benjamin Hornigold, qui lui confia le commandement d'une chaloupe pontée. Ils firent ensemble plusieurs prises sur les côtes de la Virginie, jusqu'au moment où Hornigold, suffisamment enrichi, profita d'une amnistie générale pour s'en retourner en Angleterre.

Teach, resté seul, fit appel aux aventuriers qui ne voulaient pas se soumettre. Il arma un vaisseau de quarante-six canons, le *Queen Anne's Revenge*, et vint croiser au large de l'île Saint-Vincent. Il ne tarda pas à s'emparer du *Great Allan*, qu'il brûla, après l'avoir pillé.

Quelques jours plus tard, il fut attaqué par le *Scarborough*, navire de guerre de quarante canons, qui ne pouvant le vaincre, l'abandonna après quelques heures de canonnade et se retira à la Barbade.

Teach se dirigeait vers l'Amérique espagnole, lorsqu'il rencontra une galiote montée par des aventuriers de sa nation, conduits par un riche planteur des Bermudes, le major Bonnett, qui faisait de la piraterie par excentricité, pour occuper ses loisirs. Comme le major était soldat et non marin, Teach lui proposa un accommodement. Il fit passer à bord de la galiote son lieutenant Richard et installa Bonnett sur son propre vaisseau, avec le titre de commandant en chef des troupes de débarquement. Les choses étant ainsi arrangées, la croisière continua et fut heureuse. Dans la baie de Honduras, ils surprirent un sloop de la Jamaïque, qui se rendit sans combat. L'équipage de cette prise ne demanda pas mieux que de se joindre au sien ; ce fut une augmentation dans le nombre des pirates. A Honduras, ils trouvèrent un vaisseau et quatre sloops, les uns appartenant au commerce de la Jamaïque, les autres à celui de Boston. Teach les incendia parce que les équipages s'étaient enfuis à terre et qu'il manquait de monde pour les manœuvrer. D'ailleurs il détestait les habitants de Boston, parce qu'ils avaient pendu plusieurs pirates ; il se vengeait par l'incendie.

Les forbans vinrent ensuite croiser devant les côtes de la Caroline ; ils prirent plusieurs navires et un brigantin chargé de nègres. Le peuple de la Caroline, qui avait été, peu de temps auparavant, visité par le pirate Vane,

fut saisi de terreur. Nul bâtiment n'osa désormais sortir des ports et le commerce fut interrompu. En addition à ces misères, une révolte des indigènes mit la colonie à deux doigts de sa perte.

Le gouverneur entra en composition avec les pirates ; il reçut, à titre de présent, soixante caisses de sucre et autorisa les aventuriers à vendre leur butin, en échange de vivres dont ils manquaient.

Teach, que l'on surnommait *black beard* (barbe noire), resta quatre mois dans la rivière qui arrose cette colonie. Sous prétexte de négoce, il prenait ce dont il avait besoin et ne payait que lorsqu'il était d'humeur libérale. Il enlevait ce qui lui semblait à son gré sans se préoccuper des réclamations. Plusieurs fois il descendit à terre pour se réjouir avec ses officiers, au grand désespoir des colons dont il caressait les femmes et les filles. Mais nul n'osait résister, tant était grand le prestige de ce barbare et de son singulier équipage.

D'ailleurs, Teach avait un air imposant, en raison de sa haute taille et de sa grande barbe noire qu'il laissait croître jusqu'à une longueur démesurée. Tout son visage était couvert de longs poils qui lui tombaient jusqu'à la ceinture. Il en faisait quelquefois de petites tresses qu'il tournait autour de ses oreilles. Il portait une écharpe avec trois paires de pistolets dans des fourreaux en forme de bandoulières. Deux mèches allumées, attachées sous son chapeau, lui pendaient de chaque côté du visage ; ses yeux farouches et cruels donnaient à sa physionomie un aspect affreux, bien fait pour terrifier. On racontait de lui des anecdotes qui prouvaient que son humeur et ses inclinations répondaient à sa mine barbare.

Un jour qu'il était en mer, un peu pris de vin :

— Allons, dit-il, faisons un enfer et voyons qui y pourra résister le plus longtemps.

Puis il descendit dans la cale avec deux

ou trois de ses compagnons ; il ferma toutes les ouvertures du tillac, mit le feu à plusieurs pots emplis de soufre et d'autres matières combustibles. Il ne rouvrit les écoutilles que lorsque ses compagnons furent à peu près asphyxiés. Il les fit enlever et put ensuite se glorifier d'avoir été le plus solide.

Quelques jours avant sa mort, quelqu'un lui demanda si, en cas de malheur, sa femme avait connaissance de l'endroit où il avait caché son argent.

— Personne, répondit-il, ne le sait, excepté le diable et moi. Le dernier vivant de nous deux aura le tout.

Ses compagnons racontaient que dans une croisière ils avaient remarqué parmi eux, pendant plusieurs jours, un homme de plus qu'à l'ordinaire, qui tantôt se promenait sur le tillac, tantôt descendait à fond de cale et qui disparut un jour, sans que l'on sût comment il était venu, ni comment il était parti.

— Evidemment, c'était le diable, ajoutaient les narrateurs. Et, en effet, Black beard cherchait à se poser comme une créature ayant des rapports avec les êtres surnaturels.

Malgré sa réputation, les capitaines de barques qu'il détroussait chaque jour, résolurent de se défaire de lui, en dépit de la protection que lui accordait le gouverneur de la Caroline. Ils se consultèrent avec les principaux de la colonie et députèrent secrètement au gouverneur de la Virginie, pour lui demander du secours.

Ce gouverneur envoya contre le pirate deux chaloupes armées et bien équipées, qu'il plaça sous le commandement d'un lieutenant de vaisseau, Robert Maynard, officier brave et expérimenté. Ces chaloupes ne portaient point de canon, parce que Maynard voulait agir de ruse et tenter un abordage sans canonnade.

Au moment où cette petite expédition quitta la rivière de Saint-Jacques, le gouverneur lança la proclamation suivante :

« De par le Lieutenant-gouverneur pour Sa Majesté, et commandant en chef de la colonie et province de la Virginie.

« Proclamation promettant des récompenses à ceux qui prendront ou tueront des pirates.

« Comme par un acte de l'assemblée de Williamsbourg, le 11 novembre, dans la cinquième année du règne de Sa Majesté, intitulé *Acte pour encourager la destruction des pirates*, il a été entre autres choses stipulé, que toute personne qui dans le cours d'une année, à commencer du 14 novembre 1718 jusqu'au 14 novembre 1719, entre les 33 et 39 degrés de latitude septentrionale, et sur l'espace de 100 lieues, depuis le continent de la Virginie, et dans les provinces de la Virginie et de la Caroline septentrionale, prendra ou, en cas de résistance, tuera quelque pirate sur mer ou sur terre, en sorte qu'il paraisse évident par devant le gouverneur et son conseil, que tel pirate aura été dûment tué, recevra du trésor public, par les mains du trésorier de cette colonie, les récompenses suivantes, savoir :

« 1° Pour Edouard Teach, vulgairement appelé le capitaine Teach, ou Black-Beard, 100 livr. sterlings ;

« 2° Pour chaque pirate commandant un vaisseau, chaloupe ou navire, 40 liv.

« 3° Pour chaque lieutenant, maître, quartier-maître, contre-maître ou charpentier, 20 liv.

« 4° Pour chaque officier inférieur, 15 liv.

« 5° Pour chaque matelot pris à bord de semblable vaisseau, chaloupe ou navire, 10 liv.

« Les mêmes récompenses seront données pour chaque pirate qui aura été pris par quelque vaisseau, chaloupe et navire appartenant à cette colonie ou à la Caroline septentrionale, conformément à la qualité et condition de ces pirates.

« C'est pourquoi, afin d'encourager ceux qui, pour le service de Sa Majesté et de ce pays, voudraient s'engager dans une entreprise aussi juste et aussi honorable que celle d'exterminer une race que l'on peut, à juste titre, appeler l'*ennemie du genre humain*, j'ai trouvé à propos, de l'avis et du consentement du conseil de Sa Majesté, de publier cette proclamation ; déclarant par la présente, que les récompenses ci-devant mentionnées seront ponctuellement payées en argent courant de Virginie, conformément à l'intention du susdit acte. Et ordonne en outre que cette proclamation soit publiée par les shériffs et leurs subdélégués, et par tous les ministres et lecteurs des églises et chapelles de cette colonie.

« Donné en notre chambre du conseil à Williamsbourg, le 14 novembre 1718, dans la cinquième année du règne de Sa Majesté.

« A. SPOTWOOD. »

Le 21 novembre 1718, Maynard, qui avait navigué avec tout le secret possible, arriva près de la petite île d'Okerecock, où il aperçut les pirates. Il arrêta tous les bâtiments qu'il rencontra, afin d'empêcher que Teach reçût quelque avis de sa présence. Mais malgré ses précautions, Black-Beard fut prévenu par le gouverneur, son complice. Comme il avait eu souvent de semblables avis et qu'ils avaient toujours été faux, il n'ajouta aucune croyance à celui-ci.

A la nuit tombante les chaloupes s'avancèrent ; il les vit et commença à se douter du danger ; il se mit en état de défense. Malheureusement pour lui il n'avait que 25 hommes à son bord. Il les distribua chacun à son poste et passa la nuit à boire, en attendant l'ennemi.

Maynard s'était arrêté par prudence, pour ne pas s'engager dans l'obscurité au milieu d'un canal embarrassé et peu profond. Le lendemain matin, il continua sa route sous le feu roulant des canons que Black-Beard faisait pointer sur ses embarcations. Le pirate, désireux d'éviter un abordage, avait coupé ses câbles et cherchait à fuir, tout en canonnant. Maynard avançait toujours, occupant la moitié de ses hommes à ramer vigoureusement, tandis que l'autre moitié faisait un feu continuel de mousqueterie.

La chaloupe du forban tirait peu d'eau. Elle s'approcha de terre et s'échoua dans un endroit où la mer avait si peu de profondeur que Maynard ne put l'y poursuivre.

Le lieutenant dut jeter l'ancre à demi-portée de canon des pirates, à dessein d'alléger son bâtiment pour arriver à un abordage. Lorsqu'il eut jeté son lest et vidé l'eau qui se trouvait à fond de cale, il s'approcha :

— Que Satan ensanglante le sein qui t'a porté ! lui cria le farouche Barbe-Noire. Qui es-tu ?

— Vous pouvez voir à notre pavillon que nous ne sommes pas pirates, riposta l'officier.

— D'où viens-tu ?

— De la rivière de Saint-Jacques.

— Que veux-tu ?

— Nous allons vous le montrer avant peu.

— Envoyez votre esquif à notre bord, cria le pirate, afin que nous sachions à qui nous avons affaire.

— Inutile d'envoyer notre esquif, répliqua le lieutenant ; nous allons nous y rendre nous-mêmes.

Sur quoi le forban avalant un grand verre de liqueur :

— Arrive ! Et que le diable m'emporte si je fais aucun quartier ou si je demande grâce.

— Je n'en attends pas de toi, répondit Maynard, et tu peux être assuré de n'avoir aucun quartier de moi.

Pendant ce colloque, la chaloupe de Black-Beard était revenue à flot. Elle lâcha sur celle du lieutenant une volée de mitraille qui y mit le désordre, 29 hommes furent tués ou blessés.

Maynard fit descendre tout son monde, pour éviter le danger d'une seconde bordée.

Il resta seul sur le tillac, avec le timonier qui avait grand soin de se cacher.

Enfin, les deux chaloupes s'abordèrent. Teach fit jeter sur le pont des assaillants plusieurs grenades d'une nouvelle invention. Ces projectiles consistaient en bouteilles pleines de poudre et de morceaux de fer. Lorsqu'on les jetait dans un bâtiment, ces grenades y produisaient des ravages incroyables, et jetaient la confusion parmi les équipages. Par bonheur, elles n'atteignirent personne.

Ne voyant personne à bord et ignorant que les assaillants s'étaient réfugiés dans la cale, Black-Beard se croit victorieux :

— Ils sont tous morts ! crie-t-il. C'est à nous de les aborder et de jeter leurs cadavres à la mer.

Il se jette, avec 14 autres pirates, dans la chaloupe du lieutenant Maynard. Sur le tillac, il se trouve en face de l'officier ; il lui tire un coup de pistolet et le manque ; Maynard l'ajuste à son tour et le blesse. Ils se battent ensuite à coups de sabre, pendant que les marins anglais, quittant la cale, se précipitent sur les forbans et les attaquent avec bravoure. L'avantage devait rester au nombre. Black-Beard, déjà fort occupé par Maynard, reçut un coup de feu à la tête, au moment où, ayant brisé le sabre de son adversaire, il allait le frapper avec le sien.

Cette nouvelle blessure ne l'abattit pas. Il se défendit avec fureur jusqu'à ce qu'ayant reçu 18 coups de sabre et 5 coups de feu, il tomba mort, en tirant un dernier coup de pistolet. Plusieurs de ses compagnons furent tués dans le même moment. Les autres se jetèrent par-dessus bord et demandèrent grâce. Ceux qui étaient restés dans la chaloupe se rendirent quand ils virent que leur chef était mort.

Le lieutenant ordonna de couper la tête de Black-Beard ; il la fit attacher au haut de son beaupré. En visitant la chaloupe du pirate, il y découvrit des papiers fort compromettants pour Eden, gouverneur de la Caroline, pour quelques négociants de New-York et pour Knight, secrétaire du gouverneur.

Maynard n'était pas homme à laisser impunies de semblables trahisons. Arrivé à Bath Town, il se saisit de 60 caisses de sucre dans les magasins du gouverneur et de 20 que Knight avait reçues des forbans.

Ensuite, le brave lieutenant revint dans la rivière de Saint-Jacques, toujours avec la tête de Black-Beard attachée à son beaupré, et 15 prisonniers, dont 13 furent pendus, après avoir été régulièrement jugés et condamnés à mort.

Parmi les deux qui furent graciés, s'en trouvait un nommé Samuel Odell, qui n'était enrôlé parmi les pirates que depuis la veille du combat. Il avait été pris sur une chaloupe marchande et ne s'était engagé que par frayeur. L'autre, appelé Israël Hands, n'avait point assisté au combat ; il se trouvait à terre au moment où son capitaine se faisait tuer.

Il avait été estropié quelques temps auparavant par Black-Beard, dans une de ses humeurs féroces, ce qui arriva de la manière suivante :

Une nuit que Barbe-Noire était ivre, il saisit un pistolet et, sans aucune explication, tira sur son pilote Hands, dont il n'avait eu qu'à se louer. Hands fut tellement blessé au genou, qu'il resta estropié toute sa vie.

Quand la fureur du capitaine fut passée on lui demanda quelle raison l'avait porté à cette extrémité ; il répondit :

— Si je ne tuais ainsi de temps en temps quelques-uns de mes hommes, ils oublieraient qui je suis.

Hands fut condamné comme les autres ; mais au moment où on allait l'exécuter, arriva une proclamation du roi d'Angleterre qui accordait le pardon aux pirates non encore châtiés.

Hands revint à Londres, où il finit ses jours dans un état si misérable qu'il ne vivait que d'aumônes.

CHAPITRE III

LE MAJOR STEDE BONNETT

Un anglais excentrique. — Bonnett se fait pirate. — Riches captures. — Bonnett se joint au capitaine Teach. — Il se repent d'avoir accepté cette association. — Il se soumet et profite de l'amnistie. — Comment il redevient pirate. — Il change son nom pour celui de Thomas. — Le colonel Guillaume Reth est envoyé contre lui par le conseil de la Caroline méridionale. — Prise de Bonnett. — Ce pirate s'échappe de la prison de Charles-Town. — Il est repris et condamné à mort. — Allocution que lui adresse le juge.

En parlant de Teach, nous avons prononcé le nom d'un anglais excentrique, qui faisait du brigandage pour se distraire : c'était le major Stede Bonnett, dont l'histoire va faire l'objet du présent chapitre.

Bonnett était riche. Il possédait de vastes plantations dans les Antilles. Lettré, bien élevé, gentilhomme, il jouissait d'une grande considération. Et néanmoins, il s'ennuyait; il avait le spleen. La vie lui semblait monotone; il ne rêvait qu'aventures guerrières. Un jour il réunit ses amis et leur annonça qu'il allait se faire pirate.

L'idée sembla tellement bizarre que Bonnett fut traité de fou. On attribua cette résolution à certains chagrins que le major venait d'essuyer dans son ménage. On essaya de le détourner d'un semblable projet. On lui fit remarquer, avec raison, qu'il était incapable d'exercer avec profit sa nouvelle profession, parce qu'il ne possédait aucune connaissance de la marine.

Sans se préoccuper de son insuffisance, Bonnett équipa une chaloupe armée de 10 pièces de canon et de 70 hommes d'équipage. Il donna à son esquif le nom de la *Revanche*, ce qui marquait bien l'étrange aberration de son esprit. Ce pirate, qui allait s'attaquer à tous les peuples, s'imaginait sans doute accomplir, lui aussi, une mission providentielle.

Il s'enfuit des Barbades, pendant une nuit sombre. Il vogue vers les caps de Virginie et prend plusieurs vaisseaux, dont il enlève les provisions, l'argent et les munitions. C'étaient des navires anglais, entre autres l'*Anne*, le *Glascow*, capitaine Montgommery, le *Turbot*, l'*Essort*, de Bristol.

Quand aucun navire marchand n'osa plus se montrer dans ces parages, Bonnett vint croiser devant New-York. Il y prit une chaloupe, après quoi il relâcha dans l'île de Gardner, où il acheta des provisions.

Au mois d'août 1717, il croisait devant la Caroline septentrionale, lorsqu'il s'empara d'une chaloupe appartenant à l'île des Barbades, et qui était chargée de sucre, de rhum et de quelques nègres. Il prit aussi un brigantin venant de la Nouvelle-Angleterre. Il l'abandonna, après l'avoir pillé. Quant à la chaloupe, il l'emmena avec lui dans une petite île de la Caroline septentrionale, où il se rendait pour se radouber; après quoi il mit le feu à sa prise.

Son inexpérience en matière navale s'était trahie de plusieurs façons. Ses matelots commençaient à se lasser d'être dirigés par un chef aussi peu marin. Il s'aperçut de cette défection et, pour en prévenir les suites, il commit des actes de faiblesse.

Après s'être radoubé, il se remit en mer, sans avoir exactement fixé la route qu'il devait suivre. Son équipage, réuni en conseil, se divisa sur la résolution à prendre. Les uns voulaient une chose, les autres en demandaient une autre. La discussion commençait à dégénérer en dispute, lorsque les pirates rencontrèrent le fameux Edouard Teach, autrement dit Black-Beard, dont nous avons parlé.

La troupe du major se montra fort satisfaite de cette rencontre. Bonnett, attiré à bord de Teach, fut remplacé dans sa chaloupe par un capitaine du choix de Black-Beard. Son successeur fut le lieutenant Richard, ami de Teach.

Quant au major, comme on n'osait pas le déposséder complétement du premier coup, Black-Beard l'installa sur son propre vaisseau, en lui donnant le titre de chef des troupes de débarquement, titre qui devait mieux convenir à un ancien officier de terre, et que le major accepta. Il eut plus tard à s'en repentir, car Teach lui enleva peu à peu toute son autorité.

Bonnett fit alors un retour sur l'état de sa vie passée. Il tomba dans une profonde mélancolie; il regrettait de s'être jeté dans une carrière honteuse. Il s'ouvrit à quelques-uns de ses compagnons, auxquels il déclara être prêt à quitter ce genre de vie dont il s'était dégoûté.

Mais comme il n'aurait jamais osé reparaître en présence d'aucun Anglais, son intention était de se retirer dans quelque province d'Espagne ou de Portugal pour y passer le reste de ses jours.

Il était dans ces dispositions, lorsque le navire de Bonnett, qu'il montait, fit naufrage. Cet accident amena une séparation. Bonnett se soumit à la proclamation du roi, qui amnistiait tous les pirates, à la condition que ceux-ci renonceraient à leur infâme métier.

Le major se tint tranquille pendant quelque temps. Mais il ne pouvait plus vivre désormais d'une existence sans aventures. La guerre étant déclarée entre l'Espagne et l'Autriche, Bonnett eut le dessein de solliciter une commission de l'Empereur pour attaquer les Espagnols. Dans cette intention, il réunit une nouvelle bande d'aventuriers et partit de la Caroline septentrionale pour se rendre à l'île Saint-Thomas. En passant, il s'arrêta à la petite île de Topsail, où Teach avait l'habitude d'assigner un rendez-vous à ses compagnons. Lorsque Bonnett arriva dans cette île, Barbe-Noire venait d'en partir. Mais il y avait débarqué 17 de ses camarades sur un rocher désert, et les avait laissés sans vivres, avec l'intention de les faire périr de faim. Ces malheureux y avaient déjà passé deux jours et deux nuits, sans prendre aucune nourriture, lorsqu'ils furent délivrés par l'arrivée de Bonnett. Dès qu'ils l'aperçurent, ils firent des signaux; on les prit tous à bord.

Le major ayant eu intelligence que Teach, avec 18 ou 20 hommes seulement, était à la petite île d'Œrick, mit à la voile pour le poursuivre et tirer vengeance de toutes les injures qu'il en avait reçues. Mais il le manqua et continua sa route vers la Virginie.

Arrivé au mois de juin près des caps de Virginie, Bonnett y rencontra une flûte ayant à bord une grande quantité de provisions dont il avait le plus grand besoin. Il prit 10 ou 12 barils de porc et environ 400 livres de pain, en paiement desquels il donna 8 ou 10 tonneaux de riz et un vieux câble; car il ne voulait pas passer pour un voleur.

Deux jours plus tard il donna la chasse à une chaloupe de 60 tonneaux, qu'il prit à 2 lieues du cap Henri. Il lui enleva 2 barils de rhum et un peu de sirop de sucre. Il envoya ensuite 8 de ses hommes à bord de cette prise, afin d'en avoir soin. Ces aventuriers, profitant de l'occasion, s'enfuirent et se mirent à pirater pour leur compte personnel. Bonnett ne les revit plus.

A partir de ce jour, Stede Bonnet se défit de tout scrupule. Il abandonna le nom sous lequel il avait obtenu sa grâce, et se fit appeler le capitaine Thomas. Il redevint pirate et pilla tous les vaisseaux qu'il rencontra.

Avant de s'éloigner du cap Henri, il captura deux bâtiments venant de Virginie et allant à Glasgow: faibles prises sur lesquelles il ne trouva que 100 livres de tabac. Le lendemain, il s'empara d'une petite chaloupe, dont il enleva 20 barils de porc et quelques morceaux de lard. En échange il donna 2 tonneaux de riz et une pièce de sirop de sucre. 2 hommes de cette chaloupe s'engagèrent parmi ses aventuriers.

La première prise qu'il fit ensuite fut un autre navire de Virginie, chargé pour Glascow. Il n'y trouva que des parures de dames : des peignes, des aiguilles, des épingles. Il les troqua contre 1 baril de porc et 2 barils de pain.

Arrivé devant Philadelphie, il rencontra un navire de la Caroline septentrionale destiné à Boston. Il se contenta de lui prendre 2 douzaines de peaux de veau pour couvrir ses canons.

Jusqu'alors il avait assez favorablement traité ceux qui étaient tombés entre ses mains; mais dans la suite, il n'en usa pas de la même façon. Il captura d'abord 2 bâtiments destinés pour Bristol, dont il enleva quelque argent et les marchandises. Il prit aussitôt une chaloupe de 60 tonneaux, allant de Philadelphie aux Barbades, la pilla et la laissa ensuite aller, comme il avait fait pour les autres bâtiments.

Le 29 juillet, il captura une autre chaloupe de Philadelphie, ayant pour maître Thomas Read. Elle était chargée de provisions à destination des Barbades. Il les prit et mit sur la chaloupe 4 ou 5 hommes de sa troupe. Le lendemain, il surprit une autre barque de 60 tonneaux, commandée par Pierre Mauwaring, et chargée à Antigoa, pour Philadelphie. Il s'appropria son chargement, consistant en rhum, mélasse, sucre, coton et indigo.

Il quitta aussitôt la baie de la Delaware avec les marins qu'il avait dernièrement pris, et fit route vers les rives du cap Fear. Son bâtiment, nommé le *Royal-Jacques*, commençait à faire eau. Il fut obligé de s'arrêter pendant deux mois pour le réparer et le mettre en état de tenir la mer.

Ce retard les perdit. La nouvelle de sa présence fut portée à la Caroline. Le colonel Guillaume Reth, de cette province, s'adressa au gouverneur et offrit généreusement d'aller en personne, avec deux chaloupes, attaquer ce pirate. Le gouverneur accepta aussitôt. Guillaume Reth équipa en peu de jours deux barques, dont l'une le *Henri*, était commandée par le capitaine Jean Monters, avec 8 pièces de canon et 70 hommes d'équipage ; et l'autre, la *Nymphe-Marine*, par le capitaine Fayer-Hall, avec 8 pièces de canon et 60 hommes d'équipage.

Le 14 septembre, le colonel Reth partit de Charles-Town avec cet armement. Il fit voile vers l'île de Swillivants. Il y rencontra un petit bâtiment qui venait d'Antigoa. Le capitaine de ce navire rapporta qu'il avait été pris et pillé par un pirate nommé Charles Vane, chef d'un brigantin de 12 pièces de canon et de 90 hommes. Le même pirate avait encore pris deux autres navires, dont l'un, venant de Guinée, portait 90 nègres qui furent transportés dans une des chaloupes du forban avec 20 hommes pour les garder.

Le chef de cette chaloupe était un nommé Yeats, qui se lassait de son dangereux métier et songeait au moyen de l'abandonner. Ce forban repentant profita de l'obscurité de la nuit pour quitter Vane. Il se rendit au sud de Charles-Town où il se constitua prisonnier et fut gracié en raison de son repentir. De cette façon, les propriétaires du vaisseau de Guinée reçurent leurs nègres.

Sur ses avis, le colonel Reth se mit à la poursuite du pirate qui lui était signalé. Mais après avoir inutilement croisé dans les endroits où il espérait le rencontrer, il revint devant le cap Fear pour reprendre son premier dessein contre le major Bonnett.

Dans la soirée du 26 septembre, il entra dans la rivière du cap Fear avec sa petite escadre. Il aperçut trois vaisseaux à l'ancre. C'était Bonnett avec ses prises.

Reth voulut s'approcher aussitôt. Il se jeta dans une chaloupe et ordonna aux autres de le suivre.

Pendaison de Jean Rackam et de ses camarades.

Mais le pilote de la chaloupe qu'il montait ne connaissait pas cette rivière. Il fit échouer l'embarcation. Une partie de la nuit passa avant qu'on pût la remettre à flot. Les pirates eurent le temps d'armer trois esquifs qu'ils envoyèrent contre la troupe du colonel avec ordre de la faire prisonnière. Mais quand les aventuriers eurent vu à qui ils avaient affaire, ils s'enfuirent au plus vite vers leurs compagnons pour leur donner l'alarme.

Bonnett ne pouvait éviter le combat. Il s'y prépara en homme de courage. Il envoya au gouverneur de la Caroline une lettre contenant que si les chaloupes qu'il apercevait étaient envoyées contre lui et qu'il pût se tirer d'affaire sain et sauf, il détruirait sans pitié tous les vaisseaux qu'il rencontrerait.

Le jour venu, il mit à la voile et descendit la rivière dans le dessein de ne combattre que de loin. Reth s'avança pour un abordage. Décidé à l'éviter, Bonnett se rangea du côté de terre et s'échoua. Reth imita son exemple. La chaloupe qu'il montait, nommée le *Henri*, s'échoua à la portée de pistolet du pirate. L'autre chaloupe toucha la terre hors la portée du canon, ce qui fit qu'elle ne put rendre aucun service.

L'avantage de la position était en faveur des pirates ; car leur chaloupe, en s'échouant, s'était tournée de manière qu'ils étaient à couvert, tandis que les marins du colonel

42.

étaient entièrement exposés. Se voyant en sécurité, les pirates firent plusieurs signes de leurs chapeaux, pour narguer leurs adversaires en les invitant à se rendre à leur bord, sur quoi Reth répliqua d'un air résolu :

— Nous irons bientôt à votre bord, mais ce sera en maîtres.

Il parvint presque aussitôt à se remettre à flot ; ayant rajusté ses agrès, qui avaient été endommagés pendant le combat, il courut sur les pirates. Ceux-ci, qui ne se sentaient pas de force à résister à un abordage, arborèrent un pavillon blanc. Après avoir parlementé un instant, ils se rendirent prisonniers.

Le *Henri* avait 4 hommes tués et 15 blessés. Les pirates n'avaient perdu que 7 hommes tués et 5 blessés, dont deux moururent presque aussitôt. Le colonel prit possession de la chaloupe et manifesta sa joie d'apprendre que le capitaine Thomas n'était autre que Stede Bonnet dont la réputation s'était répandue au loin. Il arriva à Charles-Town le 3 octobre avec ses prisonniers. Il débarqua Bonnett et sa troupe. Les pirates furent enfermés dans un corps de garde faute de prison publique. Pour plus de sécurité, on ordonna au geôlier de garder Bonnett dans sa maison avec le maître David Harriot et le contre-maître Ignace Pell.

Cette précaution n'empêcha pas Bonnett et Harriot de s'enfuir. 700 livres sterling de récompense furent promises à celui qui pourrait se saisir des deux fugitifs.

Ils s'étaient évadés sur un petit canot. Mais, faute de provisions, ils ne purent aller bien loin. Ils s'arrêtèrent à l'île Swivillants, près de Charles-Town, pour y prendre des rafraîchissements. Le colonel Reth les atteignit. Harriot se fit tuer sur la place. Le major se rendit.

Il fut solennellement jugé ainsi que 30 autres pirates qui, à l'exception de 4, furent déclarés coupables et condamnés à mort.

Le président du jury leur fit une allocution pathétique sur l'énormité de leurs crimes. S'adressant à Bonnett, le juge Trott prononça l'originale allocution dont la teneur suit :

« Major Stede Bonnett, vous êtes ici convaincu sur deux accusations de piraterie ; l'une d'après le rapport des jurés, l'autre conformément à votre propre aveu.

« Quoique vous n'ayez été accusé que de deux faits, vous savez néanmoins que, depuis que vous fîtes voile pour la Caroline septentrionale, vous avez pris ou pillé pour le moins treize vaisseaux.

« En sorte que vous auriez pu être convaincu de onze chefs de plus, les ayant commis depuis que vous avez promis d'abandonner un si infâme genre de vie.

« Je ne fais point mention de tous ceux que vous avez commis avant ce temps-là, et dont vous devez répondre devant Dieu, quoiqu'ils vous aient été remis par les hommes.

« Vous n'ignorez pas que ces crimes sont très-odieux en eux-mêmes, et contraires, non-seulement à la loi naturelle, mais aussi à la loi divine qui dit : « Tu ne déroberas point » (*Exod.*, 20-15), et l'apôtre saint Paul déclare en termes exprès : « Que les larrons n'hériteront point du royaume de Dieu » (*Episto. ad Corint.*, cap. VI, *v.* 10).

« Vous êtes non-seulement coupable de larcin, mais y avez ajouté le péché d'homicide. Combien de sang innocent n'avez-vous pas répandu, en tuant ceux qui faisaient quelque résistance à vos violences injustes ! Nous ne le savons point, mais il nous est connu qu'outre les blessés, vous avez tué dix-sept personnes de ceux qui ont été envoyés contre vous pour réprimer les rapines que vous commettiez journellement.

« Vous alléguerez peut-être que c'était en combattant. Mais quelle autorité légitime aviez-vous de vous servir de l'épée ou de combattre qui que ce soit ? Tous ceux qui ont péri par vous, en faisant leur devoir envers le roi et l'État, ont été assassinés, et leur sang crie vengeance et justice contre vous; car c'est le vœu de la nature confirmé par la loi de Dieu, que le sang de celui qui aura répandu le sang des hommes soit aussi répandu. (*Gen.* IX-VI.)

« La mort n'est pas la seule punition due aux assassins, ils sont encore menacés d'avoir leur part dans l'étang ardent de feu qui est la seconde mort. (*Apoc.* XXI-VIII.) Paroles terribles qui doivent vous faire trembler d'effroi, pour peu que vous fassiez attention aux circonstances de vos crimes; car qui est-ce qui pourra séjourner avec les ardeurs éternelles? (*Isaïe*, XXXIII-XIV.)

« Les remords de votre conscience doivent vous convaincre de la grandeur de vos offenses envers Dieu, par la multitude et l'énormité de vos péchés, qui attirent sur vous son indignation et sa juste vengeance. Je crois qu'il n'est pas nécessaire de vous montrer que le seul moyen d'obtenir de Dieu le pardon et la rémission de vos péchés est un repentir sincère en la foi de Jésus-Christ, et que c'est uniquement par les mérites de sa passion et de sa mort que vous pouvez espérer le salut.

« Comme vous êtes gentilhomme, que vous avez eu l'avantage d'une belle éducation, et que d'ailleurs vous êtes réputé homme de lettres, je ne vous expliquerai point la nature du repentir et de la foi en Jésus-Christ; sans doute vous ne l'ignorez pas, peut-être même trouvera-t-on que je vous en ai trop parlé. Mais lorsque je considère le cours de votre vie, j'ai juste raison de craindre que les principes de la religion, dont on vous a imbu dans votre jeunesse, ne soient très-corrompus, pour ne pas dire entièrement effacés par votre mauvaise vie, et par votre trop grande application à la littérature et à la vaine philosophie de ces temps-ci, qui vous ont fait négliger la recherche sérieuse des lois et des volontés de Dieu, qui nous sont révélées par la Sainte Écriture. Car si votre plaisir eût été en la loi de l'Éternel, et que vous l'eussiez médité jour et nuit, vous auriez trouvé que la parole de Dieu était une lampe à vos pieds, et une lumière à votre sentier (*Psalm.*, I-XIX-CV), et que toutes les autres sciences n'étaient que vanité en comparaison de l'excellence de la connaissance de Jésus-Christ, notre Seigneur, qui, pour ceux qui sont appelés, est la puissance de Dieu (I *Cor.*, I-II-IV), la sapience cachée, laquelle Dieu avait déterminée avant les siècles.

« Vous auriez également reconnu que les Écritures sont les véritables clartés du ciel; qu'elles nous donnent les règles les plus parfaites de la vie, et qu'elles nous montrent les moyens d'obtenir de Dieu le pardon de nos péchés; car c'est en elles qu'on trouve uniquement le mystère de la conversion du pécheur, dans laquelle les anges désirent regarder jusqu'au fond.

« Elles vous auraient convaincu que le péché est l'avilissement de la nature humaine, déviée de la justice, de la droiture et de la sainteté dans laquelle Dieu nous a créés; et que la vertu et la religion sont les voies de la loi de Dieu, entièrement préférables à celles du péché et de Satan; car les voies de vertu sont des voies agréables, et tous ses sentiers ne sont que prospérité.

« J'espère que la divine Providence et les afflictions présentes qu'elle vous a envoyées vous retireront des égarements dans lesquels vous êtes tombé par votre négligence à vous instruire de sa parole, ou à ne la considérer que superficiellement; car quoique, dans vos prospérités apparentes, vous ayez fait un jeu de vos péchés, vous reconnaissez aujourd'hui que la main de Dieu est appesantie sur vous, et qu'elle vous a livré à la justice publique. J'espère que ces malheureuses circonstances vous feront rentrer en vous-même, et que faisant une sérieuse réflexion sur les actes de votre vie passée, vous deviendrez confus de la grandeur de vos péchés et que vous en trouverez le fardeau intolérable.

« Pour cette raison, vous estimerez, comme la plus solide connaissance, celle qui vous enseignera la manière dont vous pourrez vous réconcilier avec ce grand Dieu, que vous avez offensé si grièvement ; celle enfin qui vous révélera celui qui non-seulement est le puissant avocat envers le Père, mais qui a payé les dettes des péchés par sa propre mort sur la croix, et satisfait pleinement à la justice divine.

« Mais ceci ne se peut trouver que dans la Sainte Écriture, qui nous enseigne que l'agneau de Dieu qui ôte le péché du monde, c'est Jésus-Christ, le fils de Dieu ; car sachez, et soyez assuré qu'il n'y a point sous le ciel d'autre nom par lequel nous puissions être sauvés, que le seul nom du Seigneur Jésus. Considérez qu'il invite tous les pécheurs à venir à lui ; car il nous assure qu'il est venu pour sauver ce qui était perdu (*Math.* 18-11), et il a promis qu'il ne jettera point dehors celui qui viendra à lui (*Jean*, 6-37).

« En sorte que si vous voulez retourner à lui, quoique tard, comme les ouvriers de onze heures dans la parabole des vignerons, (*Marc*, 20-6-9), il vous pourra encore recevoir.

« Il n'est pas nécessaire de vous répéter que les moyens d'obtenir sa grâce, sont la foi et la repentance.

« Mais prenez bien garde que la nature de votre repentir ne soit un simple regret, qui provienne de la considération des maux et de la punition que vous souffrez présentement. Que ce regret soit l'effet d'une douleur sincère d'avoir offensé un Dieu si bénin et si miséricordieux.

« Je ne prétends pas vous donner de plus amples explications sur la nature du repentir, car je considère que je parle à une personne dont les fautes sont plutôt l'effet du mépris et de la négligence de son devoir, que de son ignorance.

« Aussi bien ne m'appartient-il pas de vous donner des avis qui sont hors de la sphère de ma profession.

« Vous en serez mieux instruit par ceux qui ont fait leur étude particulière de cette science divine, et qui, par leur savoir aussi bien que par leur charge, étant ambassadeurs pour Jésus-Christ, sont plus autorisés à vous enseigner.

« Mon plus ardent désir est que ce que je viens de vous dire par compassion pour votre âme dans cette funeste et solennelle occasion, en vous exhortant en général à la foi et au repentir, fasse une telle impression sur vous, que vous puissiez vous repentir sincèrement.

« C'est pourquoi, m'étant acquitté de mon devoir comme chrétien, en vous donnant les meilleurs conseils dont je sois capable pour le salut de votre âme, je vais présentement faire le devoir de ma charge en ma qualité de juge. La sentence que la loi ordonne de prononcer contre vous pour vos crimes, et que cette cour prononce en conséquence, est :

« Que vous, Stede Bonnett, irez d'ici vers le lieu dont vous êtes venu, et que là vous serez pendu par le cou jusqu'à ce que mort s'ensuive.

« Que Dieu infiniment miséricordieux ait pitié de votre âme. »

CHAPITRE IV

ÉDOUARD ENGLAND ET LE CAPITAINE TAYLOR

England est fait prisonnier par le forban Winter et s'enrôle dans son équipage. — Croisière sur les côtes d'Afrique. — Le capitaine Skinner fait prisonnier. — Son supplice. — Les forbans à Madagascar. — Prise du vaisseau anglais *le Greenwich*. — Générosité d'England envers ses prisonniers. — Il est dépouillé du commandement et jeté sur une plage déserte. — Le capitaine Taylor. — Puissance d'Angria, pirate indien. — Capture du vice-roi de Goa. — England refuse de trahir ses anciens compagnons. — La troupe de Taylor se dissout, en 1722. — Taylor prend du service dans la marine espagnole.

Une chaloupe en route pour la Jamaïque fut prise par un pirate nommé le capitaine Winter. England, contre-maître de cette chaloupe, demanda à s'enrôler parmi les forbans et obtint le commandement d'une barque.

« Il est étrange, disent les gazettes du temps, qu'un homme de bon sens puisse se résoudre à embrasser un genre de vie si contraire au droit des gens! Mais les crimes énormes que ce dangereux métier entraîne après lui, transforment tellement ces hommes, que le moindre retour qu'ils pourraient faire aux sentiments de l'honneur, passerait parmi eux pour une véritable trahison.

« England avait toujours vécu en honnête homme et il semblait que la raison dût lui inspirer de meilleurs sentiments. Il ne manquait ni d'élans généreux ni de courage. L'avarice qui dévore ordinairement le cœur des aventuriers était sans empire sur lui. Il montrait même de la pitié pour les prisonniers auxquels les pirates faisaient subir les plus cruels traitements. Il se serait volontiers contenté d'un médiocre butin, sans chercher à l'augmenter par de sanglants excès. Mais il ne pouvait entraîner ses compagnons à une semblable modération. Engagé dans une société aussi dépravée, il fut forcé de participer à tous les excès dont il était le témoin. »

Il s'associa d'abord aux pirates de l'île de New-Providence. Lorsque le gouvernement anglais se fut emparé de cette île, et que les pirates se furent soumis à la proclamation du roi, England s'enfuit de ces parages. Il fit voile vers les côtes d'Afrique où il prit plusieurs bâtiments.

Son équipage se composait presque complètement de marins que leur capitaine, nommé Skinner, avait débarqués à la suite d'une dispute. Ce capitaine Skinner avait allégué des motifs de discipline pour faire passer sur un vaisseau de guerre des hommes mutins dont il craignait, disait-il, une révolte. Mais il refusa de payer leurs gages; on conçoit l'irritation de ses hommes. Ne pouvant obtenir justice, ils s'étaient faits pirates, ce qui était une manière de se venger des capitaines et des armateurs.

Leur haine contre la société en faisait des hommes cruels, animés par la soif de vengeance.

Comme ils croisaient sur les côtes d'Afrique, la vigie cria :

— Navire au vent!

A ce signal, tous les pirates se précipitèrent sur le pont et se préparèrent à donner la chasse au navire en vue. C'était un petit bâtiment de commerce, dont les forbans s'approchèrent rapidement.

Quelle ne fut pas leur joie en reconnaissant le *Cadogan*, de Bristol, commandé par Skinner, le même dont l'indélicatesse avait poussé au désespoir la troupe des pirates.

Dès les premiers coups de fusil, Skinner, qui était incapable de résister, amena son pavillon et cria :

— Ne tirez plus.

On lui ordonna aussitôt de venir à bord, avec son canot. Il obéit. La première personne qui se présenta à lui fut son ancien contre-maître, qui s'écria en lui montrant le poing :

— Goddam, capitaine Skinner, je vous reconnais.

— C'est bien moi le capitaine Skinner.

— Ne me reconnaissez-vous pas, coquin? demanda le contre-maître.

— Vos traits ne me sont pas inconnus.

— Vous avez la mémoire courte, quand il s'agit de vos créanciers.

Skinner tressaillit. Le contre-maître continua :

— Ici vous devez à presque tout le monde ; c'est un compte qui va se régler à l'instant.

Le capitaine fut saisi d'un sinistre effroi quand il reconnut entre quelles mains il venait de tomber. Il voulut balbutier quelques mots pour sa défense, mais sans discuter davantage, les pirates le saisirent, le déshabillèrent, l'attachèrent à l'affût d'un canon et l'assaillirent à coups de bouteilles, dont le verre, en se brisant, lui faisait d'affreuses blessures. Il s'évanouit. Pour le remettre, on le détacha et chacun vint le frapper à coups de fouet.

Le malheureux revint à lui et chercha à se sauver. Toute la bande se mit à sa poursuite autour du navire, en faisant pleuvoir sur lui une grêle de coups de poing et de coups de fouet, sans se laisser fléchir par ses prières ni par ses lamentations. Quand il ne put plus bouger, ils l'achevèrent à coups de sabre.

Ils prirent à bord de son navire tout ce qui leur convenait : puis ils abandonnèrent ce bâtiment et son équipage, sous les ordres du contre-maître Howel-Dawis, qui se fit pirate et dont nous parlerons plus loin.

Le capitaine England continua sa croisière vers les Açores et les îles du Cap-Vert. Il prit une chaloupe nommée *la Perle*, l'arma pour la course, la nomma *Royal-Jacques* et captura des bâtiments de toutes les nations.

Au commencement de l'année 1719, il prit, sur les côtes de la Gambie, plusieurs vaisseaux parmi lesquels :

L'*Aigle*, chargé pour la Jamaïque ;
Le *Sura*, pour la Virginie ;
Le *Buck*, pour le Maryland.

Il relâcha ces bâtiments après les avoir pillés. Les suivants, moins heureux, furent incendiés par ses ordres :

La *Charlotte*, le *Benworth*, le *Carteret* et le *Coward*.

Deux autres furent équipés par lui pour aller en course ; c'étaient le *Mercure*, qu'il nomma la *Revanche de la Reine-Anne* ; et l'*Elizabeth-Catherine*, à laquelle il donna le nom de *Flying-King*.

Sur le premier, il plaça comme capitaine un certain Vane et sur le second Robert Sample.

Ces deux vaisseaux le quittèrent sur les côtes d'Afrique et firent voile vers l'Amérique, où ils prirent plusieurs bâtiments. Ils commirent une infinité de vols en rôdant près du Brésil. Un vaisseau de guerre portugais interrompit le cours de leurs rapines. C'était un bon voilier, qui leur donna vigoureusement la chasse. Le *Flying-King* se sentant perdu, se fit échouer. Il portait soixante-dix hommes d'équipage, dont douze furent tués et le reste fait prisonnier. Les Portugais en pendirent trente-huit, parmi lesquels il y avait trente-deux Anglais, trois Hollandais, deux Français et un Portugais.

L'autre bâtiment de pirates, la *Revanche de la Reine-Anne*, parvint à échapper ; mais se perdit quelque temps après sur la côte.

England, resté sur la côte d'Afrique, prit encore le *Perberorough-Galley*, de Bristol, capitaine Owey, et la *Victoire*, capitaine Ridow.

Il garda le premier de ces bâtiments et relâcha le second, après l'avoir pillé.

Près de la rade du cap Corse, il vit deux vaisseaux à l'ancre ; c'étaient :

Le *Whidah*, capitaine Prince ;
Et le *Jean*, capitaine Rider.

Dès qu'ils virent les pirates, ces navires coupèrent leurs câbles et se retirèrent sous le canon d'un fort construit au cap Corse. Sur quoi, les forbans firent un brûlot du bâtiment qu'ils avaient pris en dernier lieu et tâchèrent d'incendier ces vaisseaux. Mais le feu du fort les obligea de s'éloigner.

Après avoir manqué ce coup, England vint se radouber dans un port du voisinage. Ses compagnons y vécurent plusieurs semaines au milieu des plaisirs grossiers qu'ils partageaient avec les nègres. Leur conduite déréglée irrita peu à peu les habitants auxquels ils enlevaient les femmes et les filles. Ils commirent des actions si outrageantes, que les naturels finirent par se soulever. Les pirates auraient été égorgés sans la supériorité de leurs armes. Ils tuèrent un grand nombre de noirs et incendièrent leurs cases.

Comme ils n'avaient plus rien à faire dans ces parages, où leur présence était signalée, ils résolurent, à la pluralité des voix, de se rendre aux Indes orientales. Ils arrivèrent à Madagascar au commencement de l'année 1720. Après s'y être approvisionnés d'eau, ils coururent vers la côte fertile de Malabar.

Ils y prirent plusieurs vaisseaux indiens et un bâtiment européen et s'en retournèrent à Madagascar où il leur prit fantaisie d'aller chercher le reste de la troupe d'Avery. Pour cet effet, plusieurs d'entre eux parcoururent l'île pendant quelques jours, mais en vain, car les rois de Madagascar étaient établis de l'autre côté de l'île.

Après s'être radoubés, les pirates firent voile vers l'île de Jouan, où ils rencontrèrent deux vaisseaux, l'un anglais, l'autre d'Ostende, qui sortaient du port de cette île. Le premier fut pris après une vigoureuse résistance. Voici comment le capitaine Mackia, qui commandait ce navire, raconte les particularités de sa capture, dans une lettre datée de Bombay, le 16 novembre 1720.

« Le 25 du mois de juillet dernier, nous arrivâmes, accompagnés de vaisseau le *Greenwich*, à une île située près de Madagascar, nommé Juanna. En y entrant pour rafraîchir notre équipage, nous trouvâmes quatorze pirates venant de Mayotte, dans des canots. Ces gens nous dirent que le vaisseau auquel ils appartenaient, la *Reine Indienne*, de 250 tonneaux, monté de 28 pièces de canon, et de 90 hommes d'équipage, commandé par le capitaine Olivier de la Bouche, s'y était brisé et perdu. Ils ajoutèrent qu'ils avaient laissé ce capitaine avec 40 hommes, travaillant à la construction d'un nouveau bâtiment, pour poursuivre leurs pernicieux desseins.

« Le capitaine Kirby et moi, nous conclûmes que ce serait rendre un service très-signalé à la compagnie des Indes orientales d'exterminer cette engeance. Nous nous préparâmes à mettre à la voile ; mais, en même temps, nous découvrîmes deux vaisseaux de pirates qui avançaient vers la baie de Juanna, dont l'un était de 33 pièces, et l'autre de 36 pièces de canon. Je me rendis aussitôt à bord du vaisseau le *Greenwich*, pour y faire activer les apprêts du combat. Je quittai le capitaine avec des promesses réciproques de nous assister. Je démarrai ensuite, et ayant mis à la voile, je fis les dispositions nécessaires pour tenir serré au *Greenwich* ; mais Kirby au contraire fit tout son possible pour s'éloigner de moi. Le capitaine d'un vaisseau d'Ostende, de 22 pièces de canon, qui était de notre compagnie, s'en étant aperçu, fit la même chose, quoiqu'il eût promis de ne nous pas abandonner ; et je crois certainement qu'il aurait tenu sa parole si le capitaine Kirby eût tenu la sienne. A midi et demi environ, nous appelâmes plusieurs fois le *Greenwich*, en tirant quelques coups de canon pour l'engager à venir à notre secours, mais ce fut inutilement. Nous eûmes pourtant lieu d'espérer qu'il reviendrait, parce qu'étant à une lieue de nous, il s'arrêta pour nous regarder faire ; cependant le vaisseau d'Ostende et lui désertèrent lâchement et nous laissèrent aux prises avec l'ennemi. Les pirates avaient déjà arboré leur pavillon noir, de sorte qu'il ne nous restait plus aucune espérance qu'en Dieu, qui, par sa grande bonté, nous retira du danger presqu'inévitable d'être mis en pièces. Malgré leur supériorité, nous en vînmes aux mains avec les deux vaisseaux et nous combattîmes pendant trois heures avec un courage intrépide. Leur plus gros bâtiment reçut durant ce temps-là. plusieurs coups à fleur d'eau, ce qui l'obligea de s'éloigner un peu, pour boucher les avaries que notre canon lui avait fait essuyer. L'autre vaisseau fit tous ses efforts pour en venir à l'abordage à force de rames, n'étant éloigné pendant plus d'une demi-heure que de la demi-longueur d'un vaisseau ; mais nous eûmes le bonheur de mettre en pièces toutes ses rames, ce qui prévint le dessein des pirates et nous sauva la vie.

« Sur les quatre heures, la plupart des officiers et des matelots qui se tenaient sur le tillac étaient déjà tués ou blessés ; et comme le plus gros vaisseau s'approchait de nous en toute diligence, en nous lâchant souvent toute sa bordée, et que d'ailleurs nous avions perdu toute espérance d'être secourus par le capitaine Kirby, nous tâchâmes de gagner terre. Par bonheur pour nous, le pirate vint à échouer, ce qui l'empêcha une seconde fois d'arriver à l'abordage. Le combat devint alors plus terrible qu'auparavant. Tous mes officiers et mes matelots firent des prodiges ; et j'ai lieu de croire que nous nous serions rendus maîtres de leurs deux vaisseaux, si le capitaine Kirby fût venu alors à notre secours, d'autant plus que l'un était, pour ainsi dire, déjà pris, par l'avantage considérable que nous avions de tirer toute notre bordée sur l'avant du vaisseau, ce qui l'endommagea extrêmement. Mais l'autre pirate qui faisait un feu continuel sur nous, voyant que le vaisseau le *Greenwich* ne faisait aucun semblant d'approcher, envoya promptement à son compagnon un renfort de trois barques. Sur les cinq heures, le capitaine Kirby disparut entièrement, nous laissant entre les bras de la mort. Sur quoi le pirate, qui était à flot, nous pressa vigoureusement ; plusieurs de mes gens furent tués ou blessés, de sorte qu'ayant perdu toute espérance de salut, j'ordonnai à tous ceux qui le pourraient, de se retirer dans la grande barque : ce que nous fîmes à la faveur de la fumée de notre canon. Ainsi, partie à la nage, et partie dans des esquifs, nous arrivâmes heureusement à terre à sept heures. Lorsque les pirates montèrent à bord de notre vaisseau, ils hachèrent en pièces trois de nos blessés.

« Je fis toute la diligence possible, avec le peu de monde qui m'accompagnait, pour gagner Kingstown, qui était éloigné de vingt-cinq milles ; j'y arrivai le lendemain à demi-mort, tant de fatigue que de la perte de sang d'une blessure que j'avais reçue à la tête.

« J'ai appris dans cette ville que les pirates avaient offert 10,000 écus à quiconque me livrerait entre leurs mains, ce que plusieurs auraient bien entrepris, s'ils n'eussent su que le roi et les chefs de ce pays étaient dans nos intérêts. Je fis en même temps courir le bruit que j'étais mort de mes blessures ; ce qui apaisa beaucoup leur furie. Environ dix jours après, je fus passablement bien guéri ; mais je fus accablé de douleur en considérant le triste état auquel nous étions réduits, sans espérance de trouver des occasions de retourner dans notre patrie : nous étions pour ainsi dire nus, n'ayant eu le temps de rien emporter, pas même une chemise, ni une paire de souliers.

« J'obtins un sauf-conduit de ces pirates pour me rendre à bord de leur vaisseau ; j'étais connu de plusieurs de leurs chefs ; quelques-uns même avaient navigué avec moi, ce qui me fut d'un grand secours ; car

La pipe lui en tomba de la bouche. (Page 348.)

plusieurs, malgré leurs promesses, m'auraient haché en pièces aussi bien que ceux qui n'étaient pas de leur avis, si le capitaine England et quelques autres des chefs que je connaissais ne s'y fussent opposés. Ils parlèrent de mettre le feu à un de leurs vaisseaux, que nous avions si maltraité, et de se servir de la *Cassandre* à sa place ; mais je ménageai si bien cette affaire, qu'enfin ils se décidèrent à m'en faire présent. C'était un vaisseau construit à la hollandaise, nommé la *Fontaine*, de trois cents tonneaux ou environ. Ils me donnèrent encore cent vingt-neuf balles de drap appartenant à la compagnie ; mais ils ne voulurent jamais me rendre mes habits.

« Le 3 septembre, les pirates mirent à la voile : j'eus bien de la peine à en faire autant le 8 du même mois, à cause du mauvais état où se trouvait notre vaisseau.

« L'équipage consistait en 43 hommes, y compris 2 passagers et 12 soldats, et nous n'avions que 5 tonneaux d'eau. Enfin, nous arrivâmes le 26 d'octobre, après avoir souffert au delà de ce qu'on peut s'imaginer, pendant 48 jours que dura notre voyage, par la disette de toutes les choses nécessaires, ayant été réduits à une pinte d'eau par jour, outre l'appréhension continuelle de ne plus revoir la terre, à cause d'un grand calme qui nous surprit entre les côtes d'Arabie et du Malabar. Nous avions eu 12 hommes tués et 20 blessés pendant le combat; mais les pirates, à ce que nous avons appris, en perdirent 90 à 100. Lorsque ces derniers nous quittèrent, ils avaient 300 blancs et 18 nègres à bord de leurs vaisseaux. Je suis persuadé que si le capitaine Kirby eût fait son devoir, nous les aurions absolument détruits, et que nous aurions sauvé aux propriétaires et à nous-mêmes 200,000 livres sterling dont la perte, aussi bien que celle du vaisseau la *Cassandre*, ne peut être attribuée qu'à sa désertion. J'ai fait porter au magasin de la compagnie le drap dont les pirates m'avaient fait présent; sur quoi, le gouverneur et le conseil ordonnèrent que je fusse récompensé. Ce gouverneur, qui se nomme M. Boon, est très-honnête et très-poli; il a eu la bonté de m'honorer de sa bienveillance, et m'avait procuré un passage pour l'Angleterre; mais le capitaine Harvey, qui avait une promesse antérieure, y va à ma place. Le gouverneur m'a promis de me faire faire un voyage dans le pays, pour tâcher de me relever de mes pertes, et il veut que je reste ici jusqu'à l'année prochaine pour m'en retourner avec lui. »

England avait trop manifesté sa compassion pour le capitaine Mackra. Ses compagnons jugèrent qu'une telle générosité était incompatible avec les règlements de leur association; ils se révoltèrent.

Sous le prétexte que le capitaine Mackra, rendu à la liberté, allait revenir contre eux à la tête de nouvelles troupes, ils dépouillèrent England de son commandement et le déposèrent sur une plage de l'île Maurice; puis ils se remirent en route avec les prisonniers qu'ils avaient faits dans le combat.

Ils naviguaient depuis un jour lorsqu'ils aperçurent deux vaisseaux maures venaient de Maskate avec une cargaison de chevaux. Les pirates les visitèrent et mirent au pillage tout ce qu'ils contenaient.

Le lendemain, ils découvrirent une escadre qui cinglait droit sur eux. Ils se crurent perdus; mais ils ne tardèrent pas à reconnaître l'escadre du célèbre pirate indien Angria, dont la renommée s'était répandue dans toute la mer des Indes.

Angria commandait à des forces nombreuses et désolait depuis longtemps le commerce des Européens, surtout celui des Anglais. Il possédait plusieurs forteresses sur les côtes de l'Hindoustan. La principale, nommée Callaba, se trouvait à peu de distance de Bombay. C'est là qu'il se réfugiait, derrière une petite île, au fond d'un port encombré de bas-fonds, et inaccessible, par conséquent, aux vaisseaux de guerre.

Une autre forteresse de ce pirate, le fort de Cayra, fut inutilement attaqué, en 1720, par une armée et par une flotte de Bombay. En outre, le gouverneur de cette dernière ville confia un armement au capitaine Mackra, avec ordre de poursuivre les forbans sans relâche et de les exterminer.

L'année suivante, le vice-roi de Goa entreprit de se rendre maître de Callaba. Il débarqua 10,000 hommes aux environs de ce port. Mais jugeant que cette place était imprenable il se retira sans rien entreprendre.

Revenons aux pirates anglais, qui obéissaient au capitaine Taylor, depuis qu'ils s'étaient débarrassés d'England. Ils croisèrent quelque temps entre Goa et Carwar, où ils prirent un petit navire hollandais.

De là ils se rendirent à l'île de Mélinda dont les habitants s'enfuirent à leur approche, laissant derrière eux leurs femmes et leurs enfants. Les compagnons de Taylor assouvirent leur brutalité sur ces malheureuses femmes. Ils dévastèrent ensuite toutes les plantations; puis ils se rembarquèrent dans l'intention d'aller à Cochin, rendre visite aux Hollandais qui, si l'on voulait en croire ces bandits, favorisaient les gens de leur profession.

Ils naviguaient depuis trois jours, lorsqu'ils prirent, à la hauteur de Tellockery, un petit vaisseau appartenant au gouverneur Adam, et commandé par le maître d'équipage Jean Tawke, qu'ils trouvèrent plongé dans l'ivresse. Cet homme leur apprit que le capitaine Mackra parcourait les mers avec une flottille, pour leur donner la chasse.

— Coquin! s'écrièrent-ils; c'est ainsi qu'il reconnaît nos bons procédés. Si jamais il tombe entre nos mains, il sera pendu sans pitié.

Voici comment M. P. Christian raconte la fin de leurs aventures :

« Ils poursuivirent leur route vers Calicut, où ils tâchèrent d'enlever un vaisseau maure qui était sur rade; mais ils en furent empêchés par plusieurs décharges de quelques pièces de canon, braquées en batterie sur le rivage. Le jour suivant, ils arrivèrent à la hauteur de Cochin, où, par le moyen d'un canot pêcheur, ils firent enfin tenir une lettre à terre. Dans l'après-midi, ils entrèrent par un vent frais dans la rade, et y mouillèrent après avoir salué le fort de onze coups de canon. Le fort leur rendit leur salut par une salve égale, ce qui était un heureux présage de bonne réception. Vers la nuit, une barque hollandaise vint aborder le vaisseau de Taylor, chargée de toutes sortes de provisions fraîches et de liqueurs, et conduite par le domestique de l'un des principaux habitants.

« Ce domestique, qui se nommait Jean Trumpett, leur conseilla de lever l'ancre au plutôt et de courir plus au sud, où ils trouveraient en abondance tous les ravitaillements dont ils avaient besoin. Ils suivirent cet avis. A peine avaient-ils jeté l'ancre, que quantité d'habitants, tant blancs que noirs, vinrent les visiter en canots, et leur offrir tous les bons offices qu'ils pourraient désirer pendant leur séjour. Mais rien ne fut plus agréable aux forbans qu'une grande barque chargée d'arrak (boisson fermentée faite avec du riz) que leur amena Jean Trumpett, avec soixante balles de sucre. C'était, comme on peut le supposer, un présent que leur faisait le gouverneur de Cochin. Taylor reconnut cette honnêteté en adressant à son tour au gouverneur une très-belle horloge, qu'il avait pillée quelque temps auparavant dans le vaisseau du capitaine Mackra.

« Lorsque les provisions nécessaires à l'équipage furent embarquées, Taylor compta 7,000 livres sterling à Jean Trumpett et donna l'ordre d'appareiller.

« La suite de leur voyage ne donna lieu à aucun autre incident remarquable.

« Le jour de Noël 1720, les forbans se livrèrent à de grandes réjouissances qui durèrent près d'une semaine, avec une telle prodigalité de toutes choses, qu'ils dissipèrent en ce peu de temps toutes leurs provisions, au point de se trouver réduits à une poignée de riz avec une bouteille d'eau par homme et par jour, en attendant qu'ils parvinssent à gagner l'île Maurice, où ils n'arrivèrent, après des souffrances infinies, que vers le commencement de février 1721. Ils en repartirent le 5 avril suivant, et rencontrèrent le 8, à l'ancre, devant l'île de Mascareignas, du côté de Madagascar, un vaisseau portugais de 70 canons. Ce vaisseau avait essuyé une si horrible tempête, à la hauteur du 13° au sud, que l'équipage avait été obligé de jeter à la mer la plus grande partie de sa charge et de son artillerie. Il était presque entièrement démâté et réduit à un si misérable état, que les forbans n'eurent pas de peine à s'en emparer. Le comte de Terceïra, vice-roi de Goa, était à bord de ce vaisseau avec plusieurs autres passagers; et cette prise était si riche, que le prix des diamants seuls qu'elle contenait montait à trois ou quatre millions de rixdales.

« Le vice-roi fut fait prisonnier avec tout l'équipage; mais après quelques débats, et en considération de la grande perte qu'il faisait, il fut rançonné à 2,000 rixdales, et mis à terre avec les autres prisonniers, avec promesse qu'on leur laisserait un vaisseau pour les transporter ailleurs, parce que l'île n'était pas capable de nourrir tant de monde. Cependant les pirates ne tinrent pas leur parole; car quoiqu'ils eussent appris par eux qu'un vaisseau d'Ostende était sous le vent de l'île, et qu'en conséquence de cet avis, s'en étant emparés, il leur fût facile d'accomplir leurs promesses, néanmoins ils envoyèrent le vaisseau d'Ostende qui avait été ci-devant le *Grehound-Gallay*, de Londres, à Madagascar, sous la conduite de quelques-uns de leur troupe, pour y porter la nouvelle de leur succès, et pour faire préparer des mâts pour réparer leur prise. Les autres pirates suivirent bientôt après, emmenant avec eux 200 nègres de Mozambique sur le vaisseau portugais, sans avoir aucun égard à leurs promesses ni à la misère dont ces pauvres gens étaient exposés. Le capitaine Taylor trouva à son arrivée que l'équipage du vaisseau d'Ostende, profitant de l'ivrognerie de ses gens, s'en était rendu maître, et avait emmené le bâtiment, selon les nouvelles qu'il en eut depuis à Mozambique, d'où il partit pour Goa suivant l'ordre du gouverneur.

« Les pirates radoubèrent le vaisseau et partagèrent entre eux leur butin. Ils eurent au moins 42 diamants par tête. Un des forbans qui n'en avait pour sa part reçu qu'un seul, dont la valeur avait été jugée égale à celle des 42 autres, se plaignit d'abord de son lot ; puis, soit par ignorance ou autrement, il pila son diamant dans un mortier, et jura ensuite qu'il était mieux partagé que les autres, puisqu'il en avait su tirer 43 pièces.

« Ceux qui ne voulurent plus hasarder leur vie, se détachèrent des autres, se contentant de leurs diamants et autres trésors qu'ils avaient acquis. Ils demeurèrent à Madagascar, parmi leurs anciens amis, et convinrent entre eux que le dernier vivant aurait tout. Les autres pirates, qui n'étaient plus assez nombreux pour monter deux vaisseaux, mirent le feu à la *Victoire*, et ceux de l'équipage qui le voulurent, montèrent le vaisseau portugais, sous le commandement du capitaine Taylor, que je laisserai un moment concerter ses projets pour se rendre, ou à Cochin, afin d'y vendre ses diamants aux Hollandais, ou ailleurs, vers la mer Rouge, ou celle de Chine, pour éviter les vaisseaux de guerre dont il craignait toujours la rencontre ; et je suivrai maintenant l'escadre qui arriva aux Indes au commencement de l'an 1721.

« Le commandant de cette escadre trouva, au mois de juin, au cap de Bonne-Espérance, une lettre que le gouverneur de Madras y avait laissée, et qui lui avait été envoyée par le gouverneur de Pondichéry, comptoir français situé sur la côte de Coromandel. Par cette lettre, il recevait l'avis que les pirates étaient très-puissants dans les mers des Indes, qu'ils avaient onze vaisseaux montés par quinze cents hommes ; mais que plusieurs d'entre eux s'étaient retirés vers ce temps-là sur les côtes de Brésil et de Guinée ; que d'autres s'étaient établis et fortifiés aux îles de Madagascar, de Maurice, de Juanna et de Mahilla ; qu'un pirate, commandant le navire *le Dragon*, avait pris sous Couden un vaisseau Maure venant de Judde et de Machin, ayant à bord 65,000 écus, et qu'après avoir partagé entre eux le butin, les forbans avaient mis le feu à ce vaisseau, et s'étaient retirés tranquillement auprès de leurs amis à Madagascar.

« Le commandant Mathews jugea sur cet avis qu'il était de son devoir de partir au plus tôt. Il hâta son voyage vers ces îles, où il crut pouvoir le mieux réussir. Étant arrivé à Sainte-Marie, il voulut engager England à lui communiquer tous les renseignements qu'il possédait sur la situation de ses anciens compagnons, avec promesse de le récompenser s'il voulait l'aider en lui servant de pilote. Mais England fut circonspect et crut que ce serait se rendre à discrétion. De sorte que le commandant, après avoir enlevé les canons du vaisseau de Judde, qui avait été brûlé, dispersa ses vaisseaux de guerre, auxquels il fit prendre différentes routes, pour croiser ensuite, dans l'espoir de réussir par ce moyen ; mais ce fut en vain. Ainsi l'escadre fit voile vers Bombay, où elle fut saluée par le fort, et elle se retira dans le port.

« Les pirates, je parle de ceux qui montaient le vaisseau de guerre portugais avec le capitaine Taylor, résolurent, malgré les richesses qu'ils avaient accumulées, de faire encore un voyage aux Indes. Mais lorsqu'ils allaient mettre à la voile, ils apprirent que quatre vaisseaux étaient dans ces mers, et qu'ils venaient leur donner la chasse. Ils changèrent donc de projet, firent voile vers le continent d'Afrique, et abordèrent à une petite place nommée Delagoa, près de la rivière du Saint-Esprit, sur la côte de Monomotapa, et à 26° de latitude méridionale. Ils se crurent en toute sécurité en cet endroit, parce qu'il ne leur paraissait pas possible que l'escadre eût aucune connaissance de leur retraite, n'y ayant aucune correspondance par terre, ni aucun commerce par mer entre cette place et le cap de Bonne-Espérance, où ils supposaient que les vaisseaux de guerre étaient pour lors. Les pirates y arrivèrent sur le soir, et furent surpris par quelques coups de canon qu'on leur tira du rivage. Ils ignoraient qu'il y eût aucun fort ni aucun établissement européen dans cette partie du monde ; de sorte qu'ils jetèrent l'ancre à quelque distance de là, pour y passer la nuit. Le lendemain, ils aperçurent un fort armé de six pièces de canon, sur lequel ils coururent et dont ils se rendirent maîtres en peu d'heures.

« Ce fort avait été bâti quelques mois auparavant par ordre de la compagnie hollandaise des Indes orientales, sans que je sache à quelle intention. Elle y avait laissé 150 hommes, qui, peu de temps après, furent réduits, par la maladie et autres accidents, au nombre de 50, sans que depuis ils eussent reçu aucun secours ni renfort. Les pirates en admirent 16 à bord de leurs vaisseaux, et abandonnèrent les autres à leur misère.

« Ils demeurèrent dans les environs pendant plus de 6 mois, soit pour y faire radouber leurs vaisseaux, soit pour s'y divertir en toute sûreté, jusqu'à ce qu'ayant consommé toutes leurs provisions, ils se mirent de nouveau en mer, après avoir laissé aux Hollandais moribonds des mousselines, des indiennes et d'autres choses semblables, que ceux-ci durent échanger ensuite avec les premiers venus, contre les provisions qui leur manquaient.

« Les pirates partirent de Delagoa à la fin de décembre 1722 ; mais n'étant point d'accord entre eux, il résolurent de se séparer. Ceux qui étaient d'avis de continuer cette sorte de vie se mirent à bord de la prise portugaise, et firent voile vers Madagascar pour y trouver leurs amis ; les autres montèrent la *Cassandre*, et se rendirent aux Indes occidentales espagnoles. Il arriva que dans ce temps-là le *Mermaid*, vaisseau de guerre, se trouvait, avec un convoi, à 30 lieues ou environ du point où ils croisaient. Le commandant voulut les attaquer ; mais après avoir consulté les officiers du navire, ceux-ci jugèrent que leur sûreté était préférable à la destruction des pirates : de sorte que le commandant en fut détourné malgré lui. Il dépêcha néanmoins une chaloupe vers la Jamaïque, pour y porter cette nouvelle ; mais elle arriva trop tard d'un jour ou deux seulement, les pirates s'étant soumis peu de temps auparavant avec toutes leurs richesses au gouverneur de Porto-Bello.

« C'est là que ces brigands s'établirent pour jouir du fruit de leurs vols et de leurs rapines ; ils partagèrent entre eux les dépouilles de diverses nations, sans le moindre remords, se contentant de dire, pour le repos de leur conscience, que d'autres gens en auraient fait autant s'ils en avaient eu l'occasion. Si ces pirates avaient eu connaissance de ce qui se passa dans ce temps-là en Angleterre, par les directeurs de la Compagnie du Sud, ils se seraient sans doute écriés : que quelques brigandages qu'ils pussent commettre, il se trouvait encore de plus grands voleurs qu'eux dans le monde.

« Il est très-difficile de supputer les crimes que ces scélérats ont commis dans l'espace de 5 années ! Ils ne se sont pas contentés de piller les vaisseaux, ils en ont brûlé plusieurs, et coulé d'autres à fond, sous prétexte, disaient-ils, de prévenir toute intelligence, et pour d'autres raisons semblables, ou pour mieux dire, pour satisfaire leur cruauté.

« Depuis leur soumission aux Espagnols, plusieurs d'entre eux se rembarquèrent de nouveau furtivement vers le mois de novembre 1722, sur une des chaloupes de la Compagnie du Sud, comme des gens qui avaient fait naufrage ; ils arrivèrent à la Jamaïque, où ils se procurèrent un navire. Le capitaine Taylor prit une commission au service de l'Espagne, et se distingua plus tard en combattant contre les Anglais. »

CHAPITRE V

CHARLES VANE ET JEAN RACKAM

Charles Vane refuse de profiter de l'amnistie. — Sa croisière dans la mer des Antilles. — Yeats l'abandonne. — Vane est poursuivi par une frégate française. — Révolte à bord. — Jean Rackam s'empare du commandement. — Vane est embarqué sur une chaloupe. — Son naufrage sur une côte déserte. — Le capitaine Holford. — Pendaison de Vane. — Histoire de Jean Rackam. — Ses courses. — Il est pris et exécuté.

Charles Vane est un des pirates de la Providence qui refusèrent de se soumettre à l'amnistie proclamée dans cette colonie. Il s'enfuit avec sa troupe, ses pavillons de pirate déployés et en faisant feu sur un vaisseau de guerre qui voulait le poursuivre.

Deux jours après son départ, il rencontra une chaloupe venant des Barbades. S'en étant rendu maître, il la garda pour son usage, y mit 25 hommes de ses gens et en donna le commandement à un certain Yeats.

Le surlendemain, il tomba sur un petit bâtiment, le *Jean-Elisabeth*, qui portait plusieurs pièces de 8 et dont l'équipage faisait la contrebande. Vane le garda.

Au mois de mai 1718, il incendia une chaloupe espagnole venant de Porto-Rico et allant à la Havane. Les Espagnols qui la montaient furent jetés dans un esquif et durent s'éloigner à la lueur du navire embrasé. Il pilla successivement un brigantin, une chaloupe, un vaisseau chargé de bois de Campêche et plusieurs autres bâtiments qu'il laissa aller, après les avoir soulagés de leur cargaison.

Sur ces entrefaites, il perdit une partie de son monde. Il avait confié à son lieutenant Yeats le commandement d'une chaloupe. Il traitait ce lieutenant et ses 25 compagnons avec une certaine hauteur, parce qu'il ne considérait leur bâtiment que comme une allège, sur laquelle il déposait ses prises les plus embarrassantes. Il venait d'y établir 90 nègres, lorsque Yeats, blessé des manières de son capitaine, lui faussa compagnie, coupa ses câbles et s'enfuit. Vane, qui n'était pas homme à lâcher comme cela son butin, mit à la voile pour le poursuivre. Il l'approchait et allait l'atteindre, lorsque le fugitif lui dit un adieu, en lui envoyant une terrible bordée, qui arrêta la fureur de l'assaillant.

Aussitôt Yeats se rendit à Charles-Town et fit sa soumission à la proclamation du roi. Il rendit tout le butin et les nègres, en récompense de quoi il obtint son pardon et celui de ses 25 camarades.

Vane croisa pendant quelque temps dans ces parages pour le surprendre, car il ne pensait pas qu'il se fût soumis. Il prit 3 vaisseaux sortis de Charles-Town pour se rendre en Angleterre.

Comme il songeait à s'en retourner, il rencontra le colonel Reth avec deux chaloupes, équipées pour donner la chasse au fameux major Stede Bonnett. Le colonel s'acharna après Vane, mais ne put l'atteindre; et peu s'en fallut, qu'en se détournant de sa route, il ne manquât encore le pirate Bonnett.

Vane se retira dans les parages du Nord. C'est là qu'il rencontra le capitaine Teach Barbe-Noire, qu'il salua de son gros canon chargé de balles, après l'avoir reconnu. C'était la coutume des pirates de se saluer ainsi, en ayant la précaution de tirer en l'air. Black-Beard rendit le salut de la même façon. Les deux chefs de pirates passèrent plusieurs jours ensemble et se firent mille protestations d'amitié. Ils ne se doutaient ni l'un ni l'autre que leur dernier jour était si proche.

Le 23 octobre, Vane prit, à la hauteur de Long-Island, un petit brigantin qu'il pilla et relâcha. Vers la fin de novembre, il tomba sur un vaisseau qui lui parut redoutable. Il arbora le terrible pavillon noir des forbans, pour effrayer l'adversaire qu'il allait attaquer.

Le navire le laissa s'approcher, avant de découvrir ses batteries; tout à coup de larges sabords s'ouvrirent devant les forbans; une épouvantable bordée leur apprit qu'ils avaient affaire à une petite frégate. Un grand drapeau blanc leur annonça que ce navire de guerre appartenait à la marine royale de France.

Tout le sang de Vane se glaça dans ses veines; il ne songea plus qu'à fuir; il s'éloigna avec la plus grande précipitation. La frégate mit toutes ses voiles dehors et le poursuivit vivement.

Pendant que le navire français leur donnait la chasse, les pirates n'étaient pas d'accord sur la conduite à tenir. Vane, effrayé des conséquences d'un combat, voulait éviter une action. Mais le quartier-maître Jean Rackam, qui jouissait d'une grande influence sur ses compagnons, et qui haïssait le capitaine, soutenait une opinion contraire.

— Les ennemis, disait-il, ont sur nous l'avantage de l'artillerie, mais rien ne nous empêche de les aborder et alors la victoire appartiendra aux plus braves. En évitant le combat, nous perdons l'occasion de nous approprier un magnifique navire de guerre qui nous faciliterait d'importantes entreprises.

Les voix se partagèrent. Enfin Vane termina la discussion en usant de son autorité, conformément aux lois établies parmi les pirates. En matière de combat, de chasse ou de retraite, le pouvoir du capitaine était absolu; il ordonna la fuite, et le brigantin, meilleur voilier que la frégate française, s'éloigna rapidement de celle-ci.

Les forbans lui avaient obéi; mais le lendemain, Rackam demanda que la conduite du capitaine fût examinée par la troupe. La majorité se déclara contre Vane, accusé de lâcheté; on le dépouilla de son commandement et on le plaça dans une chaloupe avec ceux qui avaient partagé son opinion. Afin de les mettre en état de continuer leur métier, on leur donna une quantité suffisante de provisions de guerre et de bouche.

Après leur départ, Rackam s'empara du commandement à bord du brigantin et continua sa route vers les Antilles.

Pendant ce temps, Vane et les pirates qui lui étaient restés fidèles firent voile vers la baie de Honduras. Après une croisière de quelques jours au nord-ouest de la Jamaïque, ils prirent une chaloupe et deux bâtiments dont les équipages se joignirent à eux. Ils gardèrent la chaloupe, dont Robert Deal fut fait capitaine.

Le 16 décembre, les deux chaloupes entrèrent dans la baie de Honduras et y prirent *la Perle*, vaisseau de la Jamaïque. Quelques jours plus tard, ils surprirent une chaloupe venant également de la Jamaïque.

Ils continuaient leur croisière, lorsqu'ils

furent surpris par une violente tempête qui sépara les deux chaloupes et jeta celle de Vane contre une île inhabitée où elle se brisa. Presque tout l'équipage se noya. Vane se sauva avec beaucoup de peine. Réduit à la dernière extrémité, il allait périr de misère, lorsque des pêcheurs de tortue vinrent à son secours.

Au contact de ces braves gens, Vane prit des sentiments d'honnêteté qu'il n'avait pas connus jusqu'alors. Pendant le séjour forcé qu'il fit dans cette île, un vaisseau vint y mouiller pour faire de l'eau. Il se trouva que le capitaine, nommé Holford, reconnut Vane. Celui-ci se réjouit d'abord de cette rencontre, parce qu'il espérait que le capitaine Holford ne l'abandonnerait pas dans cette île. Mais celui-ci refusa de le sauver :

— Charles, lui dit-il, je ne puis vous emmener à mon bord, parce que je n'ai pas la moindre confiance en vous. Je vous connais trop. Vous êtes homme à soulever mon équipage et à vous emparer de mon navire après m'avoir pendu.

— Quoi! lui dit le pirate, pouvez-vous douter ainsi de ma reconnaissance?

— Je doute surtout de votre reconnaissance. D'ailleurs, vous avez un moyen bien simple de vous en aller.

— Quel moyen? demanda le forban.

— N'y a-t-il pas des barques de pêcheurs sur cette côte? répondit Holford ; ne pouvez-vous en prendre une?

— Comment! dit Vane, il faut donc que je la vole ?

— Pour un pirate, pour un voleur public sans foi ni loi, je trouve, monsieur, que votre conscience est bien délicate. Restez donc dans cette île si bon vous semble. Pour moi, je vous le déclare, je ne puis vous prendre qu'en qualité de prisonnier. Je reviendrai ici dans un mois, et si je vous y retrouve encore, je vous mènerai à la Jamaïque où je vous ferai pendre.

Après ces paroles, Holford quitta le forban, et mit à la voile. Deux ou trois jours après son départ, un autre vaisseau anglais vint mouiller à la même île. Personne de l'équipage ne connaissant Vane, celui-ci se fit passer pour un marin naufragé ; on lui donna des secours et on le prit à bord, en qualité de matelot.

Il s'embarqua, se croyant enfin sauvé ; mais un fâcheux contre-temps ruina toutes ses espérances.

En route, le vaisseau rencontra celui du capitaine Holford. Le deux capitaines se connaissaient. Holford fut prié à dîner à bord de son compatriote.

En se promenant sur le pont avant le repas, il aperçut Charles Vane qui se tenait sur le tillac. Il ne fit semblant de rien, mais arrivé à la chambre du capitaine, il demanda à ce dernier :

— Savez-vous qui vous avez à votre bord?

— Certainement, répondit le capitaine. C'est un pauvre naufragé que j'ai trouvé dans une île déserte, où il avait été jeté par la tempête.

— Erreur! répliqua Holford, cet homme vous a trompé.

— Vous le connaissez?

— Je ne le connais que trop.

— Expliquez-vous.

— J'ai eu souvent peur de tomber entre les mains de ce pirate.

— Un pirate ! s'écria le capitaine, au comble de l'étonnement.

— Oui, un pirate, et un pirate fameux, répliqua Holford.

— Comment se nomme-t-il?

— Vane.

A ce nom redouté, le capitaine tressaillit.

— Si c'est lui, je ne puis le garder à mon bord, murmura-t-il.

— Donnez-le-moi donc, dit Holford, et je le mènerai à la Jamaïque.

— Menez-le au diable, si vous voulez; pour moi je ne le veux plus sur mon vaisseau.

Duel de Mary Read. (Page 350.)

— Eh bien, laissez-moi faire, je vais vous en débarrasser.

Après le repas, Holford retourna à son bord. Il envoya aussitôt sa chaloupe et plusieurs hommes armés, que commandait le contre-maître de son vaisseau.

Celui-ci, s'étant approché de Vane, l'appela par son nom.

Le forban eut un mouvement aussitôt réprimé.

C'est alors que le contre-maître lui dit :

— Vous êtes Vane, n'est-ce pas ?

— Moi ? balbutia le malheureux en pâlissant.

— Vous-même.

— Vous vous trompez.

— Je te reconnais, brigand, lui dit le contre-maître, en lui appliquant le canon de son pistolet sur le front. Un mot, un geste de résistance et tu es mort.

— Que me voulez-vous ? demanda Vane.

— T'emmener prisonnier.

— Je ne résiste pas ; ne me faites pas de mal.

En effet, il se rendit sans aucune opposition; on le mena à bord du vaisseau d'Holford qui le fit mettre aux fers et le conduisit à la Jamaïque.

Son procès ne fut pas long. La seule constatation de son identité suffisait pour sa condamnation à mort. Il fut pendu.

Son camarade, Robert Deal, avait déjà subi

le même sort, dans le même lieu, car il avait été pris, quelque temps auparavant, par un vaisseau de guerre.

Décidément la piraterie ne réussissait plus; les forbans finissaient tous au bout d'une corde.

Rackam, qui s'était emparé du vaisseau de Vane, ainsi que nous l'avons dit, ne pouvait éviter une semblable destinée. Il vint croiser dans les Antilles où il prit plusieurs bâtiments.

Ses pirates passèrent les fêtes de Noël dans une petite île, où ils burent et mangèrent tant que leurs provisions ne furent pas épuisées. Quand ils eurent bien festoyé, il ne leur resta plus d'autre ressource que de reprendre la mer pour chercher de nouvelles provisions.

Ils commencèrent une croisière qui ne réussit pas trop bien. Pendant deux mois, ils ne firent pas de prise importante, à l'exception d'un vaisseau qui transportait dans les colonies un convoi de voleurs condamnés en Angleterre. Ce bâtiment fut repris peu de jours après par un vaisseau de guerre anglais.

Rackam, revenant aux Bermudes, captura, chemin faisant, un navire de la Caroline, destiné à l'Angleterre. A la nouvelle de cette prise, le gouverneur de la Caroline arma un gros vaisseau pour courir sur les pirates. Les captures furent délivrées, mais les forbans parvinrent à s'échapper.

Ne prévoyant aucun danger, ils vinrent sur la côte de Cuba où ils se livrèrent à la débauche jusqu'à l'épuisement de leurs provisions et de leur argent. Quand ils n'eurent plus rien à perdre, ils se disposèrent à se remettre en route, au mois d'août 1720. Au moment d'appareiller, ils furent attaqués par un garde-côte espagnol.

Le combat aurait été inégal ; ils l'évitèrent en se retirant derrière un îlot, dans une position bien abritée où leur adversaire n'osa les poursuivre. La nuit venue, Rackam se glissa le long de la côte, sans être aperçu, grâce à un épais brouillard. Il regagna le large et parcourut impunément les ports et les petites îles aux environs de la Jamaïque. Il fit quelques prises sans importance, parce qu'il avait trop peu de monde et un navire trop mal armé pour risquer des entreprises un peu hasardeuses.

Ne ramassant aucun butin, il en fut réduit à s'emparer du poisson et des filets qu'il trouvait sur les barques des pêcheurs.

L'insuccès de cette croisière l'ayant découragé, il se rendit vers la partie française de Saint-Domingue et débarqua quelques-uns de ses gens qui volèrent du bétail et enlevèrent quelques hommes isolés. Après quoi, Rackam revint à la Jamaïque, où devait se terminer son existence aventureuse. Le gouverneur, ayant eu avis de son retour, expédia deux brigantins à sa poursuite.

Quinze jours après, le 16 novembre 1720, le navire des forbans fut surpris et forcé de se rendre. L'équipage fut conduit, prisonnier, à Port-Royal. Un tribunal maritime s'assembla aussitôt à Sant-Yago de la Véga sous la présidence de Nicolas Laws.

Jean Rackam et presque tous ses compagnons furent condamnés au gibet. On les exécuta dans les 24 heures, à l'exception de deux qui se déclarèrent femmes et enceintes.

Le tribunal, ayant reconnu la vérité de leur déclaration, prescrivit de surseoir à leur supplice, pour ordonner sur cette affaire; on trouvera, dans le chapitre suivant, le résultat de l'enquête à laquelle on se livra à ce sujet.

CHAPITRE VI

LES FEMMES PIRATES. — MARY READ ET ANNE BONNY

Aventures galantes de la mère de Mary Read. — Mort de son enfant mâle. — Elle déguise le sexe de sa fille. — Une bonne grand'mère. — Mary Read entre comme valet de pied chez une grande dame. — Une lady amoureuse. — Mary Read ne peut cacher son sexe; elle est chassée. — Elle s'enrôle dans la marine, puis dans l'infanterie et enfin dans la cavalerie. — Elle devient amoureuse d'un soldat flamand, son camarade. — Comment elle lui fait connaître son sexe. — Joie du cavalier. — Mariage. — Mort du mari. — Sa veuve reprend les habits d'homme. — Son départ pour l'Amérique. — Le navire qui la porte est pris par des forbans anglais. — Mary Read s'engage dans leur troupe. — Elle se fait amnistier et repart presque aussitôt avec une troupe de corsaires. — Elle complote avec Anne Bonny et Rackam pour s'emparer du navire qui les porte. — Histoire d'Anne Bonny. — Un avocat amoureux et un tanneur indélicat. — Capture de Mary Read et d'Anne Bonny. — Mort de Rackam et de Mary Read.

L'histoire de Mary Read et d'Anne Bonny pourrait fournir la matière d'un roman ou d'un drame à sensation.

La première naquit à Londres. Son père, qui était marin, quitta sa mère pour entreprendre un voyage de long cours : il laissa sa femme enceinte d'un fils, dont elle accoucha quelques mois après son départ. Soit que son mari eût fait naufrage, soit qu'il fût mort de maladie, elle n'en entendit plus parler. Comme elle était jeune, jolie et galante, elle s'ennuya bien vite de son veuvage, et fit connaissance avec un jeune gentleman qui n'eut pas de peine à la consoler.

Au bout de quelques mois d'une union secrète, la jeune veuve devint enceinte; grave position qu'elle voulut cacher à son voisinage. Pour cela, cette habile commère quitta la petite ville où elle demeurait et se retira dans une campagne éloignée. Elle partit avec son fils à peine âgé d'un an.

Cet enfant, maladif et très-faible, mourut presque au moment où vint au monde sa petite sœur, Mary Read, qui devait le remplacer plus tard.

La mère vécut dans sa retraite pendant 4 ans, jusqu'à ce que, n'ayant plus d'argent, elle habilla sa fille en garçon et vint trouver à Londres sa belle-mère qui jouissait d'une petite aisance.

— Je n'ai plus de ressources, lui dit-elle, et j'ai pensé que vous ne m'abandonneriez pas dans ma détresse. Je vous amène votre petit-fils, seul souvenir qui me reste de mon mari, que j'ai toujours tant aimé.

La bonne femme versa quelques larmes en souvenir de son fils. Elle prit dans ses bras son enfant supposé, le couvrit de caresses, reconnut qu'il présentait le portrait de son père, et sentit naître en son cœur une telle affection qu'elle parla de le garder avec elle pour prendre soin de son enfance.

Ce dessein de l'excellente dame offrait le danger de dévoiler, dès les premiers jours, la fourberie. La mère de Mary Read ne se laissa pas déconcerter; elle sut habilement jouer toutes les petites comédies de l'amour maternel.

— Quoi! s'écria-t-elle, vivre sans mon fils bien-aimé, l'unique souvenir de mon cher époux; je ne pourrais jamais!

La bonne femme insista :

— Pourquoi, dit-elle, me refuser ce gentil petit garçon. Il ne manquera de rien. Je lui donnerai de bons vêtements et des jouets; je l'enverrai à l'école; tandis que vous ne pourrez l'élever aussi bien, n'ayant pas de ressources.

La bru pleura, attendrit sa belle-mère, et il ne fut plus question de la séparer de son joli bébé. Il fut convenu qu'elle habiterait une petite chambre dans le voisinage et qu'elle recevrait 2 écus par semaine pour subvenir aux besoins de l'enfant.

C'est ainsi que Mary Read fut élevée aux frais de sa grand'mère supposée. Quand elle eut atteint sa quinzième année, sa mère lui révéla son sexe, en lui conseillant de le tenir caché pour conserver les bonnes grâces de sa grand'mère. Celle-ci mourut sur ces entrefaites. Elle laissait quelques vieilles dettes qui dévorèrent le peu qu'elle possédait. Sa bru et son petit-fils supposé retombèrent en peu de temps dans la plus entière misère.

Mary Read avait alors 16 ans et toutes les inclinations d'un vrai garçon; elle était forte, vive, hardie. Avec cela, son costume masculin lui allait à ravir. Elle ne fut pas difficile à placer,

Son air éveillé lui valut la protection d'une grande dame qui la prit à son service en qualité de valet de pied. Cette position était ce qui lui convenait le mieux; malheureusement elle ne put la garder longtemps : une curieuse complication s'éleva.

La dame prit son petit valet de pied en une telle amitié qu'elle ne pouvait plus vivre sans sa présence. Elle n'avait d'yeux que pour le voir et lui sourire ; un sentiment indéfinissable l'attirait vers lui.

Mary Read ne fut pas longtemps à s'apercevoir de l'étrange influence qu'elle exerçait sur sa jeune maîtresse; mais trop ignorante encore pour en comprendre la portée, elle n'en devint que plus agaçante, et fit si bien que la grande dame, au comble de la passion, lui déclara en termes de feu son amour immodéré.

Fort embarrassée de sa contenance, Mary chercha des échappatoires. Elle se prétendit fiancée à une jeune fille qu'elle aimait beaucoup et à laquelle elle voulait rester fidèle.

Or, il advint ce qui arrive presque toujours dans ces sortes d'aventures. La dame s'embrasa d'autant plus, que l'objet de sa passion semblait ne la pas partager. Complétement folle, elle avoua au jeune valet de pied qu'elle était prête à se donner à lui et qu'un refus de sa part causerait sa mort.

Quelques instants après cette déclaration, la dame connaissait le secret de Mary et celle-ci, éplorée, fuyait précipitamment une maison d'où on venait de la chasser.

Elle courut s'engager comme novice à bord d'un vaisseau de guerre sur lequel elle servit quelque temps. Une punition injustement infligée l'irrita à un tel point, qu'elle quitta la marine par une simple désertion et passa en Flandre où elle entra, en qualité de cadet, dans un régiment d'infanterie. Elle assista à plusieurs combats, où elle se distingua d'une manière toute particulière. Mais en dépit de sa bravoure et de sa bonne conduite, elle n'eut aucun avancement, parce qu'elle ne possédait pas de protections. Cela la dégoûta de l'infanterie ; elle passa dans un régiment de cavalerie où elle espérait être plus heureuse.

Elle n'y trouva aucun grade ; mais l'amour vint la visiter et lui lança un trait des plus vifs. Elle s'éprit d'une belle passion pour un flamand de sa compagnie, auquel elle laissa surprendre, comme par hasard, le secret de son sexe. L'occasion qu'elle choisit pour cela est assez curieuse pour qu'on ne la passe pas sous silence. Comme notre amazone était assise sous une tente, en face de son compagnon, avec lequel elle jouait aux cartes sur un tambour, elle ouvrit tout à coup son uniforme, sous prétexte qu'il faisait chaud.

Le Flamand ne prit pas garde, tout d'abord, à la blancheur ni à la finesse de la gorge que la jeune fille mettait à découvert. Mais tout à coup, Mary, subitement prise d'une crise de nerfs, s'évanouit et tombe à terre. Son camarade la prend dans ses bras, la soutient, déboutonne sa veste, pour faciliter sa respiration, et découvre le sein le plus blanc, le plus ferme et le plus rondelet qu'il soit possible d'imaginer.

Peindre l'ébahissement de ce brave garçon serait difficile. La pipe lui en tomba de la bouche. Sans songer à la ramasser, il regarde fixement. Mary juge opportun de reprendre ses sens. Elle s'échappe vivement des bras de son compagnon.

— Comme vous avez la gorge blanche! lui dit celui-ci, au comble de l'émotion.

Elle rougit, il lui prend un baiser, il veut se permettre d'autres privautés, mais elle résiste.

A partir de cet instant, elle s'arma d'une telle réserve que, malgré plusieurs tentatives, il ne put arriver à ses fins. Elle résista à tous ses efforts avec une persistance si décidée, que le cavalier, désespérant d'en faire sa maîtresse, ne vit d'autre moyen de la posséder qu'en l'épousant légitimement.

Dès que le régiment fut rentré dans ses quartiers d'hiver, elle déclara son sexe, en reprit les vêtements et se maria à son ancien camarade.

Cette union extraordinaire entre deux cavaliers fit grand bruit dans la garnison. Plusieurs officiers voulurent être de la noce; ils se cotisèrent pour en faire les frais et pour fournir aux nouveaux époux de quoi acheter le congé du cavalier. On leur procura, en outre, les moyens d'ouvrir une hôtellerie, près du château de Bréda. La renommée de leurs aventures et de leurs amours ne tarda pas à achalander leur auberge. Les officiers de la garnison tinrent à honneur d'y prendre leurs repas.

Mais ce paisible bonheur ne dura pas longtemps. Le mari mourut; la paix de Ryswick éloigna les garnisons. Le départ des officiers mit l'hôtellerie aux abois. Mary ne put payer ses créanciers; elle décampa, reprit ses habits d'homme et vint s'enrôler dans un régiment d'infanterie stationné sur les frontières de France. Elle ne tarda pas à déserter et s'embarqua sur un navire de commerce hollandais qui se dirigeait vers l'Amérique.

En route, ce navire fut pris et pillé par des pirates anglais. Mary Read, enchantée de se retrouver avec des compatriotes, s'engagea dans leur bande. C'en était fait, elle était pirate.

Elle croisa avec ses nouveaux compagnons, jusqu'à ce qu'une amnistie lui permît de prendre une existence plus tranquille. Malheureusement, sa part de butin était insignifiante; elle se trouva bientôt dans le dénûment et regretta sa vie d'aventures. Sur ces entrefaites, elle apprit que le capitaine Woods, gouverneur de l'île de la Providence, donnait des lettres de marque pour la course contre les Espagnols. Elle prit un engagement à bord d'un des navires armés à cette occasion.

Le commencement de l'expédition étant peu productif, les équipages se mirent à murmurer. Mary Read et une autre femme déguisée, nommée Anne Bonny, se firent l'âme d'un complot qui aboutit à une révolte. Les conspirateurs s'emparèrent des navires. Rackam fut élu capitaine du bâtiment sur lequel se trouvait Mary Read. Anne Bonny était secrètement la maîtresse de ce pirate.

De même que Mary Read, Anne Bonny était une enfant de l'amour. Elle était née en Amérique d'une servante et d'un avocat.

Cet homme de loi, dont la femme avait contracté une grave et longue maladie, à la suite d'une couche difficile, avait fait transporter son épouse à la campagne et demeura à la ville avec une jeune servante fort jolie.

Un ouvrier tanneur du voisinage faisait la cour à cette servante, avec promesse d'épousailles, mais seulement pour la séduire. Un jour qu'il se trouvait seul avec elle, il vola adroitement trois cuillers d'argent qu'il mit dans sa poche. Aussitôt qu'elle s'aperçut de ce larcin, la servante en fit les plus vifs reproches à son amoureux; il nia effrontément sa culpabilité; elle le menaça de la justice. Intimidé par la contenance résolue de cette fille, qu'il craignait de pousser à bout, l'ouvrier la supplia de visiter la maison avec le plus grand soin; elle se rendit à sa prière; il voulut l'aider dans ses recherches, et saisit un instant favorable pour glisser les trois cuillers entre le matelas et la paillasse de la pauvre fille.

Dès qu'il fut parti, la servante, outrée de ne pouvoir retrouver les cuillers, et craignant d'être accusée par ses maîtres, courut faire sa déposition à la police. L'ouvrier fut arrêté; mais comme on ne trouva aucune preuve du délit, on le relâcha.

Quelques jours plus tard, la femme de l'avocat revint à la ville, accompagnée de sa belle-mère; elle reprit l'affaire et fit citer le tanneur devant le juge du quartier. Ce misérable ne vit d'autre moyen de se disculper, que d'accuser la servante et de dire que si l'on fouillait ses effets et jusqu'à la paille de son lit, on saurait à quoi s'en tenir.

La visite se fit aussitôt; les trois cuillers se retrouvèrent entre le matelas et la paillasse. Mais la maîtresse ne fut pas convaincue de la culpabilité de sa servante. Au contraire, elle resta convaincue que l'ouvrier avait caché l'argenterie en cet endroit pour se venger de quelque sujet de jalousie qu'il avait pu recevoir de sa maîtresse. Mais elle chercha à deviner qui avait pu donner de la jalousie à cet homme. Nul ne venait dans sa maison et son mari seul approchait la servante. La dame se rappela alors les familiarités que cette jolie fille se permettait avec son mari. Elle ne tarda pas à se convaincre de la réalité de cette supposition. Elle fit arrêter la servante qu'elle accusa de l'avoir volée. Mais le mari, qui ne voulait voir dans toute cette affaire qu'une machination pour perdre cette malheureuse fille, trouva moyen d'arrêter l'affaire, fit sortir de prison sa jeune maîtresse et s'enfuit avec elle en Amérique. Il en eut une fille qui fut Anne Bonny.

A l'âge de seize ans, le produit de leur union s'éprit d'un jeune matelot qui l'enleva et la conduisit à l'île de la Providence. C'est là qu'elle fit connaissance du capitaine Rackam, auquel elle s'attacha si étroitement qu'elle ne le quitta plus.

Quoiqu'elle fût la maîtresse avérée de ce pirate, on racontait qu'elle ne lui était guère fidèle. Aussitôt qu'elle vit Mary Read, elle en devint éperdument amoureuse. Elle lui fit, sans autre préambule, une déclaration dans toutes les formes. Mary Read se moqua d'elle et fit de son amour des gorges chaudes avec les autres pirates.

Rackam ne tarda guère à s'apercevoir des prévenances que sa maîtresse avait pour le jeune matelot. Il la fit venir et la menaça de la jeter par-dessus bord. D'un autre côté, il avisa Mary Read que la première fois qu'il la verrait parler à Anne Bonny, il lui brûlerait la cervelle.

Effrayée, Mary ne vit d'autre moyen de se soustraire à sa vengeance, qu'en lui révélant la vérité. Rackam, rassuré, promit le secret. Mais il le garda si péniblement que le pilote le connut bientôt.

Ce pilote était un vert-galant qui profita de l'occasion; il voulut prendre la taille de la belle femme pirate; elle lui répondit par un soufflet; il répliqua par un coup de poing en plein visage.

Indignée, Mary Read court au capitaine et réclame le droit de se venger. Une chaloupe la conduit à terre avec son adversaire, pour s'y battre en duel selon la coutume des pirates. Les témoins et les parties arrivent sur la grève. Le combat s'engage. Le pilote est percé de part en part :

— Misérable, lui dit Mary, tu me croyais femme et tu as eu la lâcheté de me frapper. Eh bien, c'est cette femme qui te tue aujourd'hui pour donner un exemple à ceux qui s'aviseraient de l'insulter demain.

A partir de ce jour, chacun connut le sexe véritable de ce pirate; mais chacun la respecta à l'avenir. Elle sut toujours se faire remarquer par sa bravoure et son énergie.

A quelque temps de là, les pirates prirent un navire marchand sur lequel se trouvait un jeune ouvrier qu'ils gardèrent prisonnier. Marie Read perdit avec lui son humeur farouche; elle lui découvrit son secret et lui fit partager sa passion.

Depuis quelques mois à peine durait cette nouvelle union, lorsque le navire de Rackam tomba au milieu d'une escadre envoyée contre lui ; les forbans furent capturés, jugés et condamnés à la potence.

Le jour où Rackam devait être exécuté, on lui permit de faire ses derniers adieux à sa maîtresse.

— Lâche, lui cria Anne Bonny, si tu avais su mourir comme un homme de cœur, tu ne serais pas réduit aujourd'hui à être étranglé comme un chien.

Les deux femmes pirates furent jugées comme les autres.

Mary Read jura ses grands dieux qu'elle avait toujours eu en horreur le métier de pirate, et qu'elle avait même résolu de l'abandonner, avec plusieurs de ses camarades qu'elle nomma.

Parmi ces derniers se trouvait celui qu'elle appelait son mari. Il fut acquitté. Mais Mary Read et Anne Bonny furent condamnées à mort. On allait les exécuter, lorsqu'elles se déclarèrent enceintes. Elles l'étaient en effet. Leur peine fut commuée en une détention perpétuelle.

Mary Read ne survécut guère à cette commutation. Elle mourut des suites de ses couches.

CHAPITRE VII

HOWEL DAWIS, LE DERNIER DES PIRATES ANGLAIS

Jeunesse de Dawis. — Il étudie les lois et les viole. — Sa fuite. — Il s'embarque en qualité de timonier du *Cadogan*. — Mort de Skinner. — Dawis est relâché. — Il rêve de s'emparer du *Cadogan*. — L'équipage refuse de s'emparer du navire. — Dawis est arrêté et acquitté. — Il devient capitaine de forbans. — Ses croisières. — Son arrivée dans les îles du Cap-Vert. — Il invente un stratagème pour s'emparer du gouverneur de Sant-Yago. — Sa mort. — Proclamation du roi d'Angleterre pour la destruction des forbans anglais.

Howell Dawis est le dernier forban anglais dont il nous reste à parler. Après lui, la piraterie, trop dangereuse, fut abandonnée.

Howell Dawis appartenait à une riche famille d'armateurs. Après avoir fait de brillantes études à l'université d'Oxford, il travailla pour entrer au barreau. Mais tourmenté par une imagination désordonnée, il se brouilla avec ses parents, commit plusieurs fautes et dut s'enfuir de sa patrie, après s'être rendu coupable d'un viol.

Il passa aux îles où il ne tarda pas à se trouver sans ressources. Alors il s'embarqua en qualité de timonier sur un petit navire, nommé le *Cadogan*, capitaine Skinner.

Ce bâtiment arrivait sur les côtes d'Afrique lorsqu'il fut attaqué par les pirates sous les ordres d'Edouard England. Nous avons raconté comment fut traité le malheureux Skinner. Après l'avoir massacré, les forbans rendirent la liberté à l'équipage du *Cadogan*. Le timonier, Howell Dawis, qui avait conquis l'amitié d'England, fut renvoyé également, parce qu'on ne put le décider à rester avec les pirates. England lui remit une lettre qu'il devait ouvrir au bout de vingt-quatre heures seulement. Cette lettre contenait le don, fait à Dawis, du *Cadogan* et de sa cargaison.

Cette donation faite par des brigands n'était qu'illusoire. Néanmoins elle fit rêver Howell Dawis. Il eut un moment d'hésitation. Il proposa à son équipage de se rendre indépendants des armateurs en s'emparant du navire et en s'enrichissant de pirateries. Mais les matelots refusèrent de lui obéir et conduisirent le bâtiment à la Barbade où notre aventurier fut mis en prison pendant trois mois.

Heureusement pour Dawis, on ne pouvait l'accuser que d'une simple tentative avortée d'embauchage, et d'ailleurs, il n'existait contre lui aucune preuve matérielle. Il fut remis en liberté.

Quelque temps après, il passa à l'île de la Providence, où il fut employé sur un brigantin que le gouverneur avait équipé pour négocier avec les Français et les Espagnols.

L'équipage se composait en grande partie d'anciens pirates amnistiés. Dawis n'eut pas de peine, cette fois, à organiser un complot pour s'emparer du navire. Sa tentative réussit parfaitement. Le commandement lui fut déféré d'une commune voix. Son premier soin fut de s'assurer un lieu de retraite où il pût déposer ses captures. Il choisit la rade de Coxen, sur la pointe orientale de l'île de Cuba, rade dont le passage est si étroit qu'un seul navire peut en disputer l'entrée à toute une escadre. Après cette précaution, il côtoya la partie septentrionale de l'île Saint-Domingue et s'empara d'un bâtiment français de 22 canons. A peine avait-il fait cette prise, qu'il aperçut un autre vaisseau venant droit sur lui. Quoiqu'il n'eût que 35 hommes d'équipage, il n'hésita pas à attaquer ce nouvel adversaire. Il l'enleva à l'abordage, après un combat long et sanglant. Embarrassé de cette seconde prise, il la relâcha, après l'avoir pillée et avoir fait jeter ses canons à la mer, par mesure de précaution.

De là, il vint aux îles du cap Vert et s'y présenta sous pavillon anglais. Il jeta l'ancre au mouillage de Sant-Yago, appartenant aux Portugais. Décidé à faire en ce lieu quelque tour de sa façon, il descendit lui-même à terre avec quelques hommes, sous prétexte de s'approvisionner et de faire de l'eau.

Howell Dawis, richement vêtu, de fort bonne mine, instruit, causant avec esprit, n'eut pas de peine à se mettre au mieux avec le gouverneur. Il se donna comme membre d'une compagnie de commerce établie à Liverpool. Il dit qu'il voyageait en personne pour aller visiter les comptoirs de ses associés sur la côte et sur la rivière de Gambie; mais qu'ayant été pourchassé par deux vaisseaux de guerre français, il était venu s'abriter sous le canon des forts de Sant-Yago, parce qu'il savait bien que la nation portugaise lui prêterait aide et protection.

Pour augmenter la sympathie qu'il espérait acquérir, il ajouta que son dessein était d'acheter quelques centaines d'esclaves noirs si on pouvait les lui procurer.

Enchanté d'avoir affaire à un négociant de cette consistance, le gouverneur promit sa protection au pirate et poussa l'honnêteté jusqu'à l'inviter à dîner dans son hôtel. Dawis accepta avec les marques de la reconnaissance; mais, sous le prétexte de quelques ordres importants à donner sur son bâtiment, il demanda la permission d'y retourner, en promettant de revenir à l'heure du festin et de apporter quelques liqueurs anglaises dont il voulait faire présent au gouverneur.

De retour à son bord, il prépara une attaque qui devait, pensait-il, le rendre maître du trop crédule Portugais. — 15 hommes d'élite reçurent l'ordre de se rendre au palais du gouverneur, comme pour lui servir d'escorte à son retour. Trois autres, armés de pistolets sous leurs vêtements, devaient le suivre en qualité de domestiques et verser, à la fin du repas, un narcotique dans les verres de leurs hôtes, afin de les assoupir. Il était convenu que, lorsque le gouverneur accompagnerait le pirate pour lui faire honneur, après le festin, les 15 aventuriers apostés s'élanceraient à l'improviste, bâillonneraient Son Excellence, l'enlèveraient sans bruit, pendant que la ville serait plongée dans son

Floki-aux-Corbeaux. (Page 359.)

premier sommeil. On espérait en obtenir une riche rançon.

Ce plan une fois arrêté, le difficile était de l'exécuter. Howel Dawis fit descendre à terre une caisse de liqueurs dans son canot et s'en revint à terre. Le gouverneur, sans défiance, le traita magnifiquement. Vers la fin du dîner, on couvrit la table de toutes sortes de vins et de liqueurs, pour se gorger, selon la mode anglaise, dont le gouverneur se déclarait partisan très-actif.

Le moment de la séparation allait arriver, lorsque le bruit de plusieurs coups de fusil, tirés dans la rue, sous les fenêtres du gouverneur, apprirent à Dawis que son plan n'avait pas réussi.

Voici ce qui était arrivé:

Les 15 pirates, débarqués pour seconder son coup de main, avaient éveillé les soupçons de quelques habitants. On avait refusé de les recevoir dans la cour. Se trompant sur la signification de ce refus, ils s'imaginèrent que leur chef avait été reconnu et qu'on le retenait prisonnier. Ils engagèrent une rixe sanglante pour le délivrer; mais le bruit de la fusillade mit toute la ville sur pied; on entoura les pirates et on s'en rendit maître.

Dès le premier coup de fusil qu'il entendit, Howell-Dawis comprit qu'il n'avait d'autre chance de salut que dans une fuite à tout prix. Il s'élança hors de la salle du festin;

45.

mais comme il sortait du palais, une sentinelle lui fit sauter la cervelle à bout portant.

Les pirates qui étaient restés à bord du vaisseau, entendant tout ce bruit, comprirent que l'affaire était manquée. Ils levèrent l'ancre avec précipitation et s'enfuirent dans les ténèbres. On n'entendit plus jamais parler de leur petite bande, soit qu'elle ait péri dans une tempête, soit qu'elle se soit dispersée.

C'est presque au moment où arriva cette aventure du dernier des pirates anglais, que le gouvernement britannique promulgua le décret suivant pour l'extinction de la piraterie :

« Article premier. — Un pirate est un ennemi du genre humain, à qui, selon Cicéron, il ne faut garder ni parole, ni serment. Les princes et les États sont responsables de leur négligence, lorsqu'ils diffèrent d'employer à temps les moyens nécessaires pour empêcher ou réprimer cette sorte de brigandage.

Article ii. — Quoique les pirates soient réputés ennemis du genre humain, ceux-là seuls méritent ce titre, au dire de Cicéron, qui ont une république, une cour, un trésor, des associations ou affiliations quelconques, et à qui l'on permet, dans certaines occasions, d'envoyer des députés pour contracter des alliances ; ceux qui se sont érigés dans un état libre, comme sont, par exemple, ceux d'Alger, de Tripoli, de Tunis, sur la côte de Barbarie, et autres semblables, en quelque pays du monde qu'ils existent.

Article iii. — Les pirates d'Alger, de Tunis et de Tripoli, formant des républiques redoutables, ont seuls droit d'envoyer des ambassadeurs pour négocier avec les États d'Europe, et l'on observe avec eux le droit des gens.

Article iv. — Si un marchand, en vertu de lettres patentes qu'il a obtenues, équipe un vaisseau monté de capitaine et de matelots, et que, contre la teneur de sa commission maritime, il attaque les navires de guerre ou de commerce des puissances alliées de S. M. le roi d'Angleterre, cet acte d'hostilité est réputé piraterie. Si ce vaisseau entre dans les ports de S. M., il sera saisi, et les propriétaires ou armateurs seront déchus de toute réclamation à titre d'indemnité, sans toutefois qu'on puisse les poursuivre en réparation des actes de piraterie, eu tant que leur participation à ces actes ne sera point prouvée par témoignages irrécusables.

Article v. — Si un vaisseau de S. M. britannique est capturé par des pirates, et que le propriétaire soit réduit en esclavage, les intéressés, commerçants ou autres, sont tacitement obligés, selon le droit de la marine, de contribuer, chacun selon sa part, au rachat du propriétaire, maître ou capitaine enlevé du bord. Mais si la perte de ce vaisseau peut être attribuée à la négligence du maître ou du capitaine chargé de la conduite, les intéressés ne seront obligés à aucune contribution,

Article vi. — Si les sujets d'un état en guerre avec la couronne d'Angleterre se trouvent à bord d'un vaisseau anglais, dont l'équipage commette des pirateries, et que ce vaisseau soit pris, les Anglais seront poursuivis pour crimes de félonie ; mais les sujets de la puissance ennemie seront traités selon les lois de la guerre.

Article vii. — Si les sujets ennemis de la couronne d'Angleterre commettent des pirateries dans les mers britanniques, ils ne seront proprement punissables que par la couronne d'Angleterre, qui a seule ce droit et ce domaine (*istud regimen et dominium*), à l'exclusion des autres puissances.

Article viii. — Si les pirates commettent quelques pirateries sur l'Océan, et qu'ils soient pris sur le fait, les vainqueurs ont le droit de les pendre au grand mât, sans aucune condamnation solennelle, ni forme de justice. Si les prisonniers sont conduits dans quelque port voisin, et que le juge rejette le procès, ou que les vainqueurs ne puissent sans danger pour eux, attendre la commodité des juges, ils peuvent eux-mêmes exercer la justice, condamner et exécuter les prisonniers.

Article ix. — Si un capitaine de navire, ayant chargé des marchandises pour les transporter vers quelque port, les transporte vers un autre sans autorisation de ses commettants, et que là il les vende et en dispose contrairement aux ordres qu'il a reçus, ce n'est pas un acte de félonie. Mais si après les avoir déchargées au premier port, il les reprend ensuite par violence ou perfidie, c'est un acte de piraterie.

Article x. — Si un pirate attaque un vaisseau, et que le maître, pour le rachat de ce vaisseau, s'engage par serment de payer une certaine somme, c'est piraterie, quand même les pirates n'auraient rien pris sur son bord.

Article xi. — Si un pirate attaque et pille un vaisseau qui est à l'ancre, et dont les matelots sont à terre, c'est piraterie.

Article xii. — Si quelqu'un commet quelques pirateries envers les sujets de quelque prince ou république, quoiqu'en paix avec l'Angleterre, et que les marchandises capturées soient vendues en place publique, elles demeureront à ceux qui les ont achetées, et leurs premiers propriétaires ne seront admis à présenter aucune réclamation.

Article xiii. — Si un pirate entre dans quelque port de la Grande-Bretagne, et qu'il y prenne un vaisseau à l'ancre, ce n'est pas piraterie, parce que cette action ne se commet pas sur la haute mer (*super altum mare*) ; mais c'est un vol selon les lois communes, parce qu'il se commet dans le foyer même du propriétaire légitime (*supra corpus comitatus*). Un pardon général ou amnistie ne peut, en aucun cas, être invoqué par les auteurs de ce vol, à moins qu'ils n'y soient compris expressément et nominativement.

Article xiv. — Les meurtres et les vols commis sur mer, ou autres endroits que l'amiral prétend être sous sa juridiction, seront examinés, ouïs et décidés sur les lieux, ou par-devant telle cour de justice du royaume britannique que la commission royale indique, et de la même manière que si les crimes eussent été commis sur terre.

Article xv. — Les commissions royales relatives à la poursuite des faits de piraterie étant scellées du grand sceau, seront déférées au grand amiral ou à son lieutenant, et à trois ou quatre autres membres que le grand chancelier nommera pour former le tribunal.

Article xvi. — Lesdits commissaires ou trois d'entre eux, ont le pouvoir de faire examiner de semblables crimes par douze jurés légitimement établis, ainsi limités dans leurs commissions, comme si les crimes eussent été commis sur terre et dans le cercle de leur juridiction ; et ces examens seront tenus pour bons et conformes à la loi, et la sentence et l'exécution qui s'ensuivront seront aussi valables que si lesdits crimes eussent été commis sur terre.

Article xvii. — Si les accusés nient les crimes qui leur sont imputés, ils seront jugés par les douze jurés limités dans ladite commission ; sans que ces dits accusés puissent dans aucun cas, en appeler aux grands-jurés ; et tous ceux qui seront trouvés coupables seront punis de mort, avec l'exclusion du bénéfice du clergé, et leurs biens seront confisqués, comme cela se pratique à l'égard des meurtriers, voleurs, et autres brigands pris sur terre.

Article xviii. — Cet acte n'aura pas lieu envers ceux qui, par nécessité, enlèvent aux vaisseaux des vivres, des câbles, des ancres ou des voiles de rechange; pourvu qu'il en reste d'autres auxdits vaisseaux, et qu'on les paie en argent, en marchandises ou en obligations par écrit ; payables, si c'est en deçà du détroit de Gibraltar, dans quatre mois, si c'est au delà, dans douze mois.

Article xix. — Si les commissions

royales sont envoyées vers quelque endroit sous la juridiction des Cinq-Ports, elles seront déférées au lord-gardien desdits ports, ou à son lieutenant, assisté de trois ou quatre jurés qui seront nommés par le grand chancelier, et les procès seront instruits par les habitants et les membres des Cinq-Ports.

Article xx. — Le Livre des lois, § xi-xii, chap. 3, vers. 7, dit que : si un sujet né ou naturalisé en Angleterre, commet quelques actes de piraterie, ou tout autre genre d'hostilité à main armée sur mer, envers les sujets de S. M. britannique, naviguant sous leur pavillon national, ou sous l'autorité de quelque puissance étrangère, sans exception, il sera réputé pirate, et poursuivi comme tel.

Article xxi. — Si quelque commandant ou maître de vaisseau, ou quelque matelot, livre son vaisseau aux pirates, ou qu'il complote pour le faire livrer, ou qu'il déserte avec ledit vaisseau; qu'il attaque son commandant, ou qu'il cherche à susciter quelque révolte parmi l'équipage, il sera réputé pirate, jugé et puni comme tel.

Article xxii. — Tous ceux qui, à partir du vingt-neuvième jour du mois de septembre 1720, assisteront quelque pirate de profession, ou donneront quelques secours à ceux qui commettent des actes de piraterie, soit par mer, soit par terre, seront regardés et traités comme complices des pirate et subiront le même châtiment.

Article xxiii. — La loi G., § xi, sect. 7, dit que tous ceux qui auront commis ou commettront des crimes pour lesquels ils seront accusés comme pirates, seront privés de la prérogative du clergé.

Article xxiv. — Cet acte n'aura point lieu envers les personnes atteintes et convaincues en Écosse. Mais il aura lieu par tous les domaines de S. M. britannique en Amérique, et sera regardé, affiché et proclamé comme un acte public. »

Cette déclaration était accompagnée d'une proclamation royale ainsi rédigée :

« Nous, Georges III, ayant été informé que plusieurs sujets de la Grande-Bretagne ont commis, depuis le 24 juin de l'année 1705, diverses pirateries et brigandages dans les mers des Indes occidentales, ou aux environs de nos plantations; lesquels brigandages ont causé et causent encore de très-grandes pertes aux marchands de la Grande-Bretagne, et autres négociants dans ces quartiers et parages; nonobstant les ordres que nous avons donnés de mettre sur pied des forces suffisantes pour réduire ces pirates, forbans, écumeurs de mer et autres malfaiteurs publics; cependant, pour en venir à bout plus efficacement, nous avons trouvé à propos, de l'avis de notre conseil privé, de publier cette royale proclamation ; promettant et déclarant par la présente, que tous et un chacun des pirates qui se soumettront avant le 5 septembre 1720, par-devant un de nos secrétaires de la Grande-Bretagne ou Irlande, ou par-devant quelque gouverneur ou sous-gouverneur de quelqu'un de nos plantations au-delà des mers, jouiront de notre gracieux pardon, pour les pirateries qu'ils auraient commises avant le 5 du mois de janvier prochain.

« Nous enjoignons et commandons très-expressément à tous nos amiraux, capitaines, et autres officiers de mer, comme aussi à tous nos gouverneurs et commandants de nos forts, châteaux ou autres places dans nos plantations, et à tous officiers civils ou militaires, de se saisir de tous les pirates qui refuseront ou négligeront de se soumettre conformément à la présente proclamation.

« Déclarons en outre que toute personne qui pourra découvrir ou arrêter, ou faire en sorte que l'on découvre et arrête un ou plusieurs de ces pirates, à partir du 6 septembre des présents mois et année; en sorte qu'ils tombent entre les mains de la justice pour être punis de leurs crimes, recevront pour récompense, savoir :

« Pour chaque commandant de vaisseau, la somme de 100 livres sterling.

« Pour chaque lieutenant, maître, contre-maître, charpentier et canonnier, 40 livres ;
« Pour chaque sous-officier, 30 livres ;
« Et pour chaque particulier, 20 livres.

« Et si quelqu'un de la troupe, ou au service desdits commandants des navires peut, dans le terme susdit, saisir ou arrêter, ou faire en sorte qu'on arrête quelques-uns des chefs de ces pirates et forbans, il aura, pour chacun, 200 livres sterling ; lesquelles sommes seront payées par le lord-trésorier, ou par les commissaires de notre trésorerie qui seront pour lors de service, en étant requis par la présente.

« Donné à Hampton-Court, le 5 septembre 1719, l'an sixième de notre règne. »

A partir de ce jour la piraterie s'éteignit peu à peu. On vit aparaître de loin en loin quelques troupes de forbans ; mais aucune d'elles ne parvint à acquérir ni richesse, ni notoriété.

Leurs courses éphémères se terminèrent invariablement par leur capture suivie de leur exécution.

Au moment où les derniers aventuriers disparaissaient de la mer des Indes, les corsaires de France, les Jean-Bart, les Duguay-Trouin, les Cassart, faisaient une guerre particulière d'un tout autre genre. Ils mettaient l'amour des aventures au service de l'amour de la patrie et s'acquéraient une gloire immortelle.

LIVRE V

LES PIRATES SCANDINAVES

CHAPITRE PREMIER

ORIGINE DES NORTH-MANN

Le grand Odin. — L'île de Thulé. — Colonisation de la Scandinavie. — Emigrations périodiques des hommes du Nord. — Floki-aux-Corbeaux. — Découverte de l'Islande. — Colonisation de cette île. — Éric-le-Rouge découvre le Groënland. — Charlemagne convertit les peuples du Nord. — Pressentiments de l'empereur.

Dans les âges passés, au milieu des plaines de la Scythie et des marais du Tanaïs, s'élevait une superbe cité appelée Asgaard. C'est de là que partit un chef, un héros, le grand Odin, poussé sans doute par quelque invasion de puissants voisins.

Bien avant l'ère chrétienne, ce personnage, dont les générations futures devaient faire un Dieu, guida son peuple à travers l'Europe, en laissant des établissements le long des rivages méridionaux de la Baltique (Jutland)[1]. Il s'établit enfin dans les forêts et dans les vallées de la contrée que l'on a appelée depuis la péninsule scandinave.

Pour que ces enfants du Midi, ces nourrissons du soleil aient choisi un pays si inclément, il fallait qu'ils fussent peu nombreux et ne pussent en conquérir un plus favorisé.

Odin et ses douze paladins se répandirent dans les vallées encore inhabitées de la Suède et de la Norvége, vallées fécondes en gibier. Ils s'établirent sur des rivages riches en poissons. Peu à peu, au milieu des rudes influences d'un climat rigoureux, grandit et se fortifia une race solide, vaillante, qui était destinée à donner une dynastie à la Russie, des conquérants à l'Angleterre et des maîtres à tous les rivages de l'Europe.

Graduellement et pacifiquement, des lois s'établirent; le sol fut divisé, la propriété devint inaliénable. Jamais l'esclavage ne fut connu chez ce peuple simple; jamais de despotes féodaux n'opprimèrent les faibles, car tous les hommes étaient égaux; jamais d'armée permanente ne favorisa la tyrannie, car les épées des propriétaires, les armes des citoyens suffisaient à la défense du royaume. Réunis en parlement, les habitants réglaient les affaires publiques, votaient les impôts et le roi ne pouvait rien faire sans leur consentement.

Tandis que le despotisme militaire régnait partout ailleurs, la civilisation scandinave, restée pure, a traversé tous les âges et offre encore au XIXe siècle, l'exemple d'un peuple libre.

L'insuffisance des productions de leur pays mettant les Scandinaves dans l'impossibilité de se multiplier sur leur sol, ils durent songer à émigrer vers des rivages plus favorisés. Une loi permanente soumit les fils puînés à un exil périodique qui revenait tous les cinq ans. Ces émigrants se répandirent sur les

---

1. Le Jutland ou *Thiuland*, dont on fit *Thulé*, a été visité au temps d'Alexandre le Grand par un navigateur marseillais nommé Pythéas. — Suivant Strabon, qui nous fait le récit de ce voyage, la Thulé aurait alors formé une île bien peuplée, où les habitants cultivaient le millet dans le nord et le blé dans le sud. Ils usaient largement de l'hydromel.

côtes d'Allemagne, en Russie, en Prusse; ils allèrent jusque dans le Bosphore, sur les rives de la mer Noire; en même temps que d'autres hordes scandinaves menaçaient Londres et Paris.

En 882, une partie de la Russie appartenait aux North-Mann. Déjà, sous la conduite de Floki-aux-Corbeaux (Rabna-Floki), ces hardis navigateurs avaient découvert l'Islande. Ce Floki, d'autant plus hardi, qu'il ne connaissait pas l'usage de la boussole (puisqu'il naviguait en l'an 864), allait droit devant lui à la découverte d'une nouvelle patrie.

Ne sachant où se trouvait la terre qu'il cherchait, il avait pris, dit la légende, trois corbeaux consacrés. A une certaine distance, il lâcha un de ces noirs oiseaux, qui ne tarda pas à revenir au vaisseau. Plus loin, il en lâcha un second qui, après avoir tracé dans les airs quelques cercles empreints d'incertitude, regagna le bord, comme s'il eût hésité à franchir la distance qui le séparait encore de la terre. Le troisième enfin, en obtenant sa liberté, s'envola et disparut dans l'ouest. En suivant cette direction, Rabna Floki ou Floki-aux-Corbeaux atteignit triomphalement l'Islande.

« Les véritables colons n'arrivèrent que plusieurs années après. Un roi scandinave nommé Harold Harfager, après avoir exterminé par le fer et le feu la plupart de ses collègues couronnés, engeance qui pullulait en Norvége comme les mûres sur les buissons, établit en ce pays l'unité de domination, puis ensuite essaya d'asseoir l'unité de gouvernement en restreignant les droits de ses vassaux.

« Plusieurs de ceux-ci, animés de cet esprit de liberté inné parmi les nobles North-Mann, plutôt que de se soumettre à l'oppression, se déterminèrent à chercher une nouvelle patrie dans les solitudes désolées de la mer glaciale.

« Confiant donc à une galère en forme de dragon (Drakkar), leurs femmes, leurs enfants et tout ce qu'ils avaient de plus précieux, ils virent les bleus sommets des montagnes natales disparaître peu à peu derrière eux et se dirigèrent droit à l'ouest où, suivant de vagues et légendaires traditions, devait se trouver une nouvelle terre.

« Arrivé en vue de l'Islande, le chef de l'expédition jeta à la mer les piliers sacrés de son ancienne demeure, afin de connaître, par le lieu où aborderaient ces piliers, celui où les dieux voulaient qu'il élevât ses nouveaux foyers.

« Entraînés par les flots on ne sait dans quelle direction, ils furent enfin découverts, trois ans plus tard, sur la grève d'une baie profonde creusée dans le côté occidental de l'île, et Ingolf, autre émigrant norvégien, étant venu s'y établir, ce lieu devint, dans la suite, Reyjkjavick, la capitale du pays.

« Peu après l'arrivée des premiers colons en Islande, un marin du nom d'Eric-le-Rouge découvrit, au loin, dans l'ouest, une contrée qu'il appela Groënland, à cause de son apparence verdoyante. Au bout de peu d'années, cette nouvelle terre devint si peuplée qu'il fut nécessaire de l'ériger en évêché, et sous la date de 1448, nous possédons un bref du pape Nicolas V, où sa sainteté « prenant en « considération la piété de ses bien-aimés « fils du Groënland, qui ont élevé plusieurs « édifices sacrés et une splendide cathédrale, « leur octroie un nouvel évêque et un renfort de prêtres. »

« Cependant, dès le commencement du siècle suivant, cette colonie du Groënland, avec ses évêques, son clergé, ses *cent quatre-vingt-dix* centres de population, sa cathédrale, ses églises, ses monastères, tombe dans un oubli soudain, s'évanouit comme dans un songe »[1], subitement assiégée sans doute par quelque banquise de glace,

---

1. Lord Dufferin. Lettres écrites des régions polaires. Traduites de l'anglais par F. de Lanoye. Paris, Hachette, 1860, in-8°.

descendue de la mer polaire. Çà et là, on en trouve encore, gisant sur le sol, des vestiges de ce passé devenu mystérieux.

Les Scandinaves ne s'en tinrent pas là ; ils vinrent commercer avec le nord de l'Amérique bien longtemps avant la naissance de Christophe Colomb.

Pour entreprendre, sans autres guides que les étoiles ou des oiseaux, ces voyages lointains dans la haute mer, alors que les navigateurs les plus hardis des autres nations ne s'aventuraient jamais loin des côtes, il fallait des marins joignant une expérience consommée à une audace extraordinaire.

Bondissant sur les flots dans leurs frêles esquifs, aussi rapides que les oiseaux de tempête, ces écumeurs des mers, ces *Wikingr* (enfants des anses) ne redoutaient ni la fureur des vents, ni celle des ondes. Les côtes de France, d'Angleterre et d'Espagne furent bientôt exposées à leurs brigandages.

Le culte d'Odin s'était étendu peu à peu dans le nord ; il fallut toute la puissance de Charlemagne pour le repousser, tandis que la religion de Mahomet attaquait le christianisme au sud. A demi barbare lui-même, Karle au marteau, le grand Charlemagne ne connut jamais que la force. Ses armées servaient à la conversion des peuples, avec des bourreaux pour missionnaires. La persuasion étant impuissante, il employait la terreur. Pour être plus expéditif dans ses moyens d'extermination, il réunissait les vaincus, les enfermait dans de grandes cages d'osier et les y faisait brûler ; il détruisait ainsi des populations entières ; il exterminait tout ce qui ne pouvait fuir.

Cet empereur que nous admirons tant, sur la foi des moines payés pour le glorifier, cette grande figure qui éclaire le seuil du moyen âge, a cependant préparé, par sa cruauté, les plus effroyables calamités.

Réfugiés dans la Scandinavie, les sectaires d'Odin firent à leurs coreligionnaires une peinture de la férocité des Franks qui avaient juré de détruire leur culte. Ne pouvant attaquer les chrétiens sur la terre ferme, les hommes du Nord se firent pirates. Leur éducation, toute maritime, les avait déjà préparés à ce genre d'expéditions. Toujours à la mer, adroits pêcheurs, ils avaient fini par se rendre maîtres du liquide élément, obligés qu'ils étaient d'avoir recours à son inépuisable fécondité.

Du vivant même du grand empereur, les North-Mann firent plusieurs descentes en Frise ; leur audace fit éprouver à ce monarque les plus sinistres pressentiments. A ce sujet, le moine de Saint-Gall nous raconte le trait suivant :

« Il arriva qu'un jour Karle vint subitement et sans être attendu, dans une ville maritime de la Gaule narbonnaise. Comme il se mettait à table, voici que des barques de pirates North-Mann parurent en vue du port. Les uns les prenaient pour des marchands juifs, les autres pour des Africains, ou encore pour des Bretons.

« Mais le sage Karle, à la stature et à l'agilité de ces navires, reconnut que ce n'étaient pas des bâtiments de commerce, mais des navires de guerre.

« — Ces vaisseaux, s'écria-t-il, sont remplis, non de marchandises, mais d'implacables ennemis !

« A ces mots, l'un s'efforce de prévenir l'autre ; tous les assistants s'élancent pour attaquer ces navires, mais en vain, car les North-Mann, comprenant que c'était là celui qu'ils nommaient *Karle au marteau* et tremblant que leurs armes ne rebroussassent ou ne tombassent en poudre en touchant ce héros qu'ils croyaient invulnérable, échappèrent avec une vitesse inouïe, non-seulement aux coups, mais aux regards de ceux qui les poursuivaient...

« Karle, appuyé sur une fenêtre, y resta longtemps à rêver, le visage inondé de pleurs. Comme nul n'osait l'interroger, il leur expliqua de lui-même le sujet de ses larmes :

Charlemagne convertit les peuples du Nord. (Page 360.)

« — Savez-vous, ô mes fidèles, pourquoi j'ai tant pleuré ? Je ne crains pas ces gens-là pour moi-même ; mais je m'afflige que, de mon vivant, ils aient osé insulter ce rivage ; je prévois combien de maux ils feront à mes descendants. »

Tourmenté par ses pressentiments, Charlemagne organisa des garde-côtes pour croiser à l'embouchure des rivières et des fleuves qui vont se jeter dans la mer du Nord.

Après lui commença la grande irruption maritime des peuples de la Scandinavie.

CHAPITRE II

LES NORTH-MANN EN FRANCE

Premières invasions. — Les Drakkars et les Snekars. — Déprédations dans le midi. — Sac d'Aix-la-Chapelle. — Les paysans dans les Ardennes. — Godfried, duc de Frise. — Une conversion. — Fin malheureuse d'un ivrogne. — Les North-Mann sur la Loire. — Les paysans se font pirates. — Histoire d'Hastings. — Son expédition en Italie. — Comment il entre à Luna. — Sa résurrection. — Sac de Luna. — Il se convertit pour de bon. — Sa fin. — Ogier et les North-Mann sur la Seine. — Premier sac de Paris par Ragnar-Lodbrog. — Retour d'Ogier. — Godfried. — Biern, Côte-de-Fer, pille Paris. — Cette ville est saccagée une troisième fois. — Conversion de Weeland. — Belle défense de Paris. — Lâcheté de Charles le Gros. — Paris a capitulé à son insu. — Histoire de Rollon. — Il se convertit. — Cérémonie du baisepied. — Un roi qui tombe à terre. — Conversion des Normands. — Une casaque méprisée. — Un méchant brigand qui fait de bonnes lois. — Fin des invasions.

Frappé de terreur, dès leur première apparition, Louis le Débonnaire cède une partie de la province batave au danois Harold, acte irréparable de faiblesse, qui semblait inviter les autres chefs à venir demander au sol de la France des héritages que la Scandinavie leur refusait.

Bientôt on les vit, matelots et soldats tout ensemble, à l'embouchure de nos fleuves, attendant la marée pour les remonter, sur leurs légers navires appelés drakkars (dragons) et *snekars* (serpents); bâtiments mixtes qui avaient jusqu'à 30 rames de chaque côté et dont les deux voiles blanches étaient armées d'emblèmes guerriers, et du blason du capitaine.

Se saisissant « d'un îlot, d'un fort, d'un poste de difficile accès, propre à servir de cantonnement, de dépôt ou de retraite, » ils en font le centre de leurs opérations, remontent le fleuve et ses affluents, « sur leurs longues et sveltes embarcations, à la proue aiguë, à la carène aplatie. Le jour, ils restent immobiles dans les anses les plus solitaires, ou sous l'ombre des forêts du rivage; la nuit venue, ils abordent, ils escaladent les murs des monastères, les tours des châteaux, les remparts des cités; ils portent partout le fer et la flamme; ils improvisent une cavalerie avec les chevaux des vaincus, et courent le pays en tous sens, jusqu'à 30 ou 40 lieues de leurs flottilles [1]. »

Dès 827, ils brûlent Séville; plus tard, ils s'emparent de Lisbonne, qu'ils pillent pendant 13 jours; et se présentent devant Cordoue et Alicante, où l'aproche d'une armée musulmane les oblige à regagner leurs navires.

Les querelles intérieures, les guerres intestines entre les successeurs de Charlemagne, avaient fait de la France une proie facile à attaquer. Les North-Mann, les hommes du Nord, comme on les appelait, se présentent d'abord sur les côtes d'Aquitaine, pays affaibli par la querelle de Charles le Chauve et de Pépin II. Leur flotille était commandée par le plus terrible de tous les rois de la mer, le célèbre et audacieux Hastings.

Entre les années 843 et 848, Bordeaux est 3 fois pillé et deux ducs de Gascogne, Sigevin et Guillaume, perdent pour défendre cette ville, l'un la vie, l'autre la liberté. Les pirates rançonnent Poitiers, à peine remis d'un premier pillage; ils ont l'audace de s'aventurer jusqu'en Auvergne, après avoir défait et tué le comte d'Angoulême, pour ravager son comté.

Etienne, comte d'Auvergne, périt égale-

---

1. Henri Martin, *Histoire de France*, liv. V, ch. 1er.

ment sous leurs coups et Clermont est livré aux flammes.

Dans leurs incursions, les pirates prirent Saintes, remontèrent jusqu'à Périgueux, assaillirent sans succès Toulouse et, ne pouvant piller cette ville, remontèrent les gorges des Pyrénées pour saccager Bigorre, Tarbes, Oloron et Bayonne.

Le prétendant Pepin, qui les avait appelés en Aquitaine, les fit prévenir une dernière fois, eu 864, pour dévaster le territoire de Toulouse.

Leurs déprédations n'étaient pas moins terribles dans le Nord.

Après une incursion de ces pirates, il ne resta plus un habitant à Utrecht, ni une maison à Anvers.

L'île de Walcheren était devenue, en 837, leur première station; puis Louvain fut leur place d'armes. Aix-la-Chapelle, la capitale de Charlemagne, saccagée, ne conservait que quelques murailles éventrées, symboles de la faiblesse et de l'effondrement de la race des Carlovingiens. La basilique de Charlemagne servait d'étable aux chevaux des pirates et son palais n'était plus qu'une masure, attestant la vanité des grandeurs humaines.

Pendant ce temps, le peuple retiré dans le fond des forêts, las de prier Dieu qui n'allégeait pas ses maux, demandait des armes qu'on lui refusait parce que dans les sociétés profondément divisées en deux castes, les petits font toujours peur aux grands.

Le peuple était donc désarmé. Tandis que ses maîtres, tandis que les seigneurs et les prêtres éperdus s'enfermaient dans des citadelles bâties à la hâte et soutenaient des sièges souvent glorieux, le paysan tombait sans gloire au coin de son champ qu'il ne pouvait défendre faute d'armes ; ses yeux en se fermant voyaient, horrible spectacle, sa femme et sa fille devenir la proie des hommes du Nord.

Un jour, poussé à bout, il se souleva, préférant la mort à sa misère. Quelques milliers de paysans vinrent attaquer les Normands et se faire hacher dans les clairières des Ardennes, par Godfried, qui pillait le nord de la France.

Charles le Gros, ne pouvant chasser ce chef de pirates, fut forcé de lui proposer un accommodement qui pût sauver les apparences et le débarrasser d'un ennemi qu'il n'osait attaquer.

Il lui offrit le duché de Frise, avec la main de sa fille ; avantage que Godfried accepta aussitôt.

Mais comme la faiblesse cherche toujours à être rusée pour sembler forte, Charles voulut avoir l'air d'imposer des conditions qu'il savait devoir être acceptées sans difficultés : il ordonna au païen de se convertir au christianisme.

A force de vivre en contact avec les Francks, les farouches sectaires d'Odin perdaient peu à peu leurs préjugés. Ils finissaient par ne plus ajouter aucune importance à la cérémonie de *se faire laver la tête avec de l'eau*, comme ils disaient; ils s'y soumettaient sans peine, quand leur intérêt les y contraignait, quittes à retourner vers Odin, sans le moindre scrupule.

La haine religieuse, vivace, quand ils arrivaient sur notre sol, s'affaiblissait bientôt ; Godfried en est un exemple.

Il se convertit, ainsi que tous ses guerriers (882). Mais dès qu'il eut la Frise et la princesse royale, il réclama contre l'insuffisance de la dot.

Sans vin, l'amour lui semblait insipide ; il voulait les bords du Rhin, parce qu'il y a des vignes.

On lui promit tout ce qu'il exigeait ; puis, comme il devenait pressant, on l'attira dans un guet-à-pens où le comte Henri de Franconie l'assassina.

La mort de ce chef donna le signal du déchaînement de ses compagnons. Son frère, Siegfried, vint d'abord ravager les bords de l'Oise, d'où le roi Carloman l'éloigna, moyennont 12,000 livres d'argent.

Dès l'an 843, une colonie de pirates s'était établie dans l'île de Her, dont le nom, changé en Noirmoutier, rappelait l'incendie d'un couvent.

Un peu plus tard, lorsque Nantes eut été saccagée une première fois, les pirates transportèrent leur principale station dans l'île de Bière, près Saint-Florent, où les cabanes prirent bientôt l'aspect d'une ville, tant ils y amoncelèrent de butin et de captifs.

Tandis qu'ils dévastaient les églises, égorgeaient les hommes pour s'emparer de leurs biens et de leurs femmes, on vit les chefs du pays pactiser avec eux et s'en faire des instruments de domination. Le comte Lambert les prit à sa solde contre d'autres seigneurs alors en guerre avec lui.

D'ailleurs, qu'importait aux nobles le pillage du plat pays. Ils s'étaient hâtés de fortifier leurs palais et les abbayes. Les campagnes et même les villes restant seules exposées sans défense, ce n'était pas un sang noble qui coulait. Cantonnés derrière les murailles qui les rendaient invulnérables, les grands voyaient avec indifférence brûler la ville voisine ou passer, à une portée d'arbalète, une longue chaîne d'hommes et de femmes que les North-Mann emmenaient en captivité.

Les paysans, les artisans, serfs, esclaves, semblaient n'être pas en cause ; ils passaient d'un maître à l'autre suivant les hasards de la guerre ; mais il fallait que les changements de maîtres fussent indépendants de leur volonté. Ils ne pouvaient fuir l'esclavage. Le roi de France ramenait aux North-Mann leurs esclaves échappés ; il levait lui-même sur les vilains, les manants et les paysans l'impôt que les pirates ne pouvaient ou ne voulaient percevoir eux-mêmes.

N'ayant d'autre alternative que d'être massacrés par les envahisseurs ou de leur être vendus par les grands, incapables de se défendre, puisque les armes leur étaient refusées, les laboureurs, pour conjurer la fureur des païens, se firent souvent pirates comme eux. Ils renoncèrent à leur baptême en jurant sur le cadavre d'un cheval, immolé en sacrifice, de ne plus avoir d'autre religion que celle d'Odin.

Témoin Hastings, le terrible ravageur, dont les exploits ont été mille fois racontés. Il était fils d'un laboureur des environs de Troyes, en Champagne. Entraîné par la haine des nobles, il avait abandonné sa patrie et son Dieu pour s'enrôler parmi les pirates north-mann. Il n'éprouvait jamais plus de joie que lorsqu'il voyait fuir devant lui ces cavaliers, ces barons, ces grands, que ni lui ni ses pères n'avaient encore jamais osé regarder en face.

Familiarisé avec les usages de France, on le vit, agité par la soif des ravages, courir d'aventure en aventure, avec la rapidité d'un homme sûr de ses coups. Vers 843, il débarque sur les bords de la Loire, s'établit dans une des îles marécageuses qui en obstruent le cours, s'y fortifie, ravage le rivage voisin, remonte le fleuve, met Amboise à feu et à sang, et assiège Tours, qui se défend avec un courage héroïque.

Repoussé, Hastings fait appel à ses coreligionnaires. Un roi scandinave lui envoie son fils, Bier, *Côte-de-Fer*, à la tête d'une multitude d'aventuriers. La Frise, la Picardie et tout l'ouest de la France sont saccagés par ces pirates qui ont, en Frise, un établissement formé par Hastings, vers 851, pour se refaire de ses pertes et y prendre ses quartiers d'hiver.

L'épuisement de ces malheureuses contrées ayant rendu tout pillage impossible, Hastings organise une vaste expédition destinée à l'Italie. Cent vaisseaux mettent à la voile, pillent, en passant, les côtes de l'Espagne et de l'Afrique, entrent dans la Méditerranée (861), rançonnent les Maures d'Espagne, suivent les côtes du Languedoc et de la Provence, rencontrent l'embouchure du

Rhône, remontent ce fleuve en jetant la désolation sur ses deux rives et redescendent enfin pour atteindre le but de leur voyage, qui est l'Italie.

Rome, la riche cité des empereurs et des papes, se désignait naturellement à leur convoitise et à leur haine.

Bons soldats, excellents marins, mais mauvais géographes, les pirates s'arrêtent devant la première ville qu'ils rencontrent. C'est Luna, alors florissante et bâtie de marbre de Carrare, cité magnifique et opulente, dont la seule vue éblouit ces hommes grossiers habitués aux bourgades barbares.

Mille cris de joie retentissent : c'est Rome !...

Mais la ville, bien fortifiée, ne semble guère disposée à se rendre ; il ne faut pas songer à la prendre de vive force. Hastings a recours à la ruse.

Il député un de ses officiers pour représenter à l'évêque et aux chefs de la ville que les Normands, venus seulement pour faire du commerce en ce pays, ont été jetés à la côte par une tempête, et que, du reste, leur chef, Hastings, grièvement malade, désireux de se réconcilier avec Dieu, avant de mourir, demande à recevoir le baptême.

La perspective d'une conversion fait évanouir la défiance du clergé. Hastings, pâle, mourant, reçoit le baptême, à la grande édification des témoins de cette cérémonie.

Le soir même, on apprend qu'il est mort, repentant de ses méfaits, léguant tous ses biens au clergé et demandant à être inhumé dans la cathédrale.

Pouvait-on repousser ses derniers vœux ?

Hastings, déposé dans une bière, entouré de ses soldats sanglottants, est porté à l'église, au milieu d'un grand concours de peuple. L'enceinte de la cathédrale est trop étroite pour contenir les assistants.

Tout à coup, au milieu de la cérémonie, le mort se lève en poussant des cris terrifiants ; il saisit ses armes, placées sur son cercueil ; il bondit sur l'évêque, en train d'officier, et lui tranche la tête ; en trois ou quatre coups d'épée il égorge les prêtres qui l'entourent. Pendant ce temps, les portes de la cathédrale ont été fermées ; les principaux habitants qui y sont assemblés sont pris ou tués ; la ville est couverte de sang.

Mais Hastings est bientôt détrompé ; il apprend qu'il a tué un évêque et non le pape ; la ville qu'il a prise est loin d'avoir l'importance de la capitale des chrétiens. Furieux, il la fait raser, tue tous les habitants du sexe mâle ; quant aux femmes, il n'épargne que celles qui sont jeunes et jolies ; il les embarque avec lui et revient en France.

En route, une tempête lui enlève une partie de ses vaisseaux et le force à jeter son butin féminin à la mer. Il s'en dédommage en pillant les côtes de France. En 867, il fait une incursion en Bretagne, remonte la Loire, se jette sur l'Anjou, le Poitou et la Touraine.

Robert-le-Fort, l'ancêtre des Capétiens, lui ayant donné une sanglante leçon, il se retire à Angers et ne quitte cette ville qu'après y avoir soutenu un siége prolongé contre Charles le Chauve et le duc de Bretagne ; il dut même payer une grosse rançon pour s'échapper.

Malheureux dans ses expéditions, il ne lui resta bientôt plus d'autre ressource que de se convertir ; mais en homme bien avisé, il ne se fit baptiser que lorsque Charles le Gros lui eut assuré le comté de Chartres.

Devenu noble à son tour, Hastings se tint tranquille jusqu'à l'invasion de Rollon en Normandie. Alors il marcha contre ce nouvel arrivant. Mais sa conduite équivoque le fit soupçonner de trahir les deux partis.

En 893, le vieux pirate, attiré encore par l'amour des aventures, tente une descente en Angleterre. A son arrivée, les Danois se soulèvent en sa faveur. Mais le roi d'Angleterre, Alfred, lui livre un combat, le vainc et le force à retourner chez lui, où il ne tarda pas à mourir. Son successeur, Théobald, maître de Tours, de Chartres et même de Blois, était également un ancien pirate converti. Il ferma la Loire aux incursions des Scandinaves.

Ni l'Escaut, ni la Loire ne furent attaqués avec plus d'acharnement que la Seine.

Le 15 mai 841, une flotte scandinave y arriva, conduite par le terrible *Ogier*, dont les sanglants exploits devaient laisser un tel souvenir parmi les peuples, que son nom, changé en celui d'*Ogre*, a traversé les siècles et sert encore d'épouvantail. Ogier brûle Rouen, Jumiéges, Fontenelle, détruit villes et monastères, traîne en esclavage les populations sans défense, égorge tout ce qui résiste.

Quatre ans plus tard, le Norvégien Ragnar-Lodbrog remonte jusqu'à Paris avec 120 bâtiments chargés de pirates. Les habitants s'étaient enfuis ; les Danois pillèrent tranquillement les monastères et la cité. Le roi Charles le Chauve, réfugié à Saint-Denis, se hâta de pactiser avec eux et de leur donner 7,000 livres d'argent pour les renvoyer. Ragnar, après avoir juré, *par ses dieux*, de ne plus attaquer le royaume, s'empressa, dès qu'il eut reçu la somme promise, de ravager tous les pays qu'il traversait pour s'en retourner.

Revenu dans son pays, il étale son immense butin sous les yeux de ses compatriotes émerveillés. Il raconte à la jeunesse empressée autour de lui, comment il a soumis à un tribut *tout le royaume des Franks;* comment il a parcouru en conquérant une terre bonne, fertile, remplie de biens, couverte d'habitants lâches et incapables de se défendre.

Ses récits enflamment la cupidité et redoublent l'audace des pirates. C'est en vain que les rois de France, de Germanie et d'Italie demandent la paix au *kongar* (roi) des îles danoises (847), ce dernier lui-même se sent impuissant à arrêter le courant qui entraîne ses peuples vers des rivages plus fortunés.

En 851, Ogier, qui revient de Gascogne où il n'a rien laissé debout, reparaît tout à coup. Il renverse ceux des monastères des deux rives qui s'étaient rachetés à prix d'or dans sa première invasion, et répand une telle terreur, qu'au dire des chroniqueurs, on n'avait jamais vu semblable extermination dans ces contrées. Mais comme il revenait de piller Beauvais, il fut surpris par un des seigneurs du pays, et le petit nombre de ses compagnons qui échappèrent au massacre s'enfuirent dans les bois et regagnèrent de nuit leurs vaisseaux.

En 853, Godfried, *roi de mer*, après avoir tenté d'établir une colonie à Vernon, vogua vers la Loire, pour piller le monastère de Saint-Martin, l'illustre sanctuaire de la Gaule mérovingienne. Nos vieux chroniqueurs nous montrent les chemins couverts de peuple, de moines, de prêtres épouvantés, portant avec eux les reliques des saints, les restes de l'apôtre des Gaules, qui fuyaient de toutes parts devant les bannières d'Odin.

Bientôt les pirates, commandés par Biern-Côte-de-Fer, reparaissent dans la Seine. Mais Charles le Chauve les attendait à la tête d'une armée et en fit un grand carnage dans la forêt du Perche.

Cette défaite n'empêcha pas Biern de revenir, en 857, après avoir reformé sa flotte. Paris fut livré à un nouveau pillage. Presque toutes ses églises furent brûlées.

« Lutèce, dit un contemporain de ce désastre, Lutèce, cette noble capitale resplendissante de gloire, ce trésor des rois, ce port des nations, ne présente plus qu'un amas de cendres. »

« La Seine, s'écrie Hildegher, évêque de Meaux, roule à la mer d'innombrables cadavres chrétiens ; la poussière des os des captifs morts entre les mains des pirates blanchit toutes les îles du fleuve. »

Les North-mann revinrent encore en 861 et enlevèrent tout ce que leurs devanciers avaient laissé. Comme ils s'en retournaient, Charles leur ferma la retraite, leur fit restituer une partie de leur butin et força Weeland, un de leurs principaux chefs, à recevoir le baptême ; ce qui ne compromettait guère celui-ci aux yeux de ses compagnons, tout prêts à en faire autant pour sauver leur vie ou leur butin.

Pendant 24 ans, les North-mann, occupés ailleurs, ne songèrent plus à Paris qu'ils croyaient avoir anéantie pour toujours. Les Parisiens profitèrent de ce répit pour se fortifier, en construisant une solide enceinte.

Enfin, en 885, les pirates reparurent plus nombreux que jamais. 700 barques peintes, couvrant le fleuve sur une étendue de deux lieues, portaient 30,000 combattants, et arrivèrent devant Paris, le 25 novembre. Les audacieux North-mann, attirés par l'espoir de piller une quatrième fois la capitale des Franks, furent bien surpris de la trouver fortifiée et de voir la Seine barrée par deux ponts protégés eux-mêmes par deux énormes tours.

Cette fois, les Parisiens allaient se défendre, sous les ordres de leur évêque Gozlin et de leur comte, Eudes, ancêtre des Capétiens.

Jugeant bien qu'ils n'auront pas facilement raison de la ville, les pirates demandent seulement à la traverser, en franchissant le barrage de la Seine, pour remonter ce fleuve et aller piller le centre de la France.

Leur proposition est repoussée avec horreur.

L'attaque commença le lendemain, mais elle n'eut aucun succès. Après quelques semaines de repos, les Barbares reprirent les attaques de vive force en employant toutes les machines que la science militaire des Romains avait inventées.

Tour roulante, à trois étages, tortues de boucliers, mantelets de cuir frais, béliers, brûlots, tout vint échouer contre le courage des assiégés.

L'inclémence du ciel ne put elle-même les effrayer. La chute du Petit-Pont, emporté par une crue subite de la Seine, vint faire tomber une tour au pouvoir des North-mann sans affaiblir la résolution des Parisiens.

Leurs hauts faits retentissaient dans tout l'empire et faisaient contraste avec la lâcheté des autres villes. De toutes parts on organisa des secours ; mais nul ne put faire lever le siége.

Bientôt la peste, dont l'héroïque évêque Gozlin fut une des premières victimes, abattit les plus intrépides défenseurs de la cité, sans abattre pour cela le courage de ceux qui restaient.

Enfin Charles le Gros arriva avec des troupes assez nombreuses pour écraser les assiégeants, qui livrèrent un dernier assaut, repoussé comme les autres, et se préparèrent à vendre chèrement leur vie.

Mais le lâche empereur, au lieu de combattre, prit le parti de payer aux pirates une rançon de 700 livres d'argent et de leur donner, en outre, le droit d'aller ravager la Bourgogne.

Malgré les termes de cette convention, Paris ne s'y méprit pas. C'était une capitulation !...

A partir de ce jour, la dynastie des Carlovingiens fut perdue dans l'esprit du peuple indigné, qui chercha dans son propre sein des hommes capables de le défendre et ne tarda pas à donner la couronne au plus digne de la porter, à Eudes, fils de Robert le Fort, et fondateur de la dynastie des Capétiens.

La rançon payée par Charles ne désarmait pas les pirates ; elle les rendit plus entreprenants.

Ne pouvant traverser Paris pour aller piller la Bourgogne, ils transportèrent leurs barques par terre, de l'autre côté de la cité, et l'année suivante, le 24 juin 888, Eudes les surprit dans les défilés de l'Argonne et en passa 19,000 au fil de l'épée.

D'autres désastres avaient presque anéanti les North-mann, lorsque, des ports de la Scan-

-dinavie, partirent de nouvelles nuées, à la suite d'une guerre civile. A leur tête, ils avaient placé le célèbre Rollon dont voici l'histoire en peu de mots.

Rollon, que les anciens chroniqueurs appellent tantôt Rolf, Rou, Raoul, Haroul ou Robert, exilé pour certains actes de violence, ne pouvait revoir la Scandinavie. A la tête d'une troupe d'aventuriers, il s'abat sur les côtes d'Écosse, imprime son souvenir en lettres de sang sur les rivages anglais, tombe sur la Frise, bat et fait prisonnier le comte de Hainaut, qu'il soumet à un tribut et aborde en France, vers l'an 876.

Après avoir remonté la Seine jusqu'à Rouen, il s'empare, sans combat, de cette ville ; mais au lieu de la piller, il la fortifie et en fait sa place d'armes. La victoire de Pont-de-l'Arche, remportée sur l'armée française, lui livre Meulan ; une autre victoire lui donne la tranquille possession des bords de la Seine.

Il aurait bien voulu Paris ; mais il tenta vainement, en 911, de s'en emparer. Il se consola en allant saccager Bayeux et le pays bessin. Dans cette expédition, il parvint à s'emparer de Popée, fille du comte Bérenger, femme d'une grande beauté, dont il était éperdument amoureux et qu'il épousa *par amour*, comme on disait alors, quand le prêtre ne bénissait pas l'union.

Souvent battu, mais jamais vaincu, Rollon vogue vers l'Angleterre, pour secourir le roi Alfred, son ami, alors en guerre avec ses sujets ; puis il reparaît en France, conquiert Nantes, Angers, le Mans ; pousse des excursions jusqu'en Bourgogne et en Auvergne.

Battu sous les murs de Chartres, dont il fait le siège, il parvient à se retirer sans se laisser entamer et force le faible Charles le Simple à lui proposer la paix.

Un traité fut conclu à Saint-Clair-sur-Epte, traité par lequel le North-mann resta maître, en qualité de duc, de la partie de la Neustrie qui, depuis, a porté le nom de *Normandie*.

Rollon, pour faire une fin sérieuse, se convertit au christianisme et épousa Gisèle, fille du roi (912).

La cérémonie du baptême avait été précédée de l'hommage, dont une des formalités était de baiser les pieds du roi. Lorsqu'on avait proposé cet acte humiliant au fier Scandinave, il s'était récrié. Une vieille chronique latine [1] dit même qu'il refusa carrément, par ces mots :

— *Ne se, by god!* Jamais, de par Dieu !

D'où serait venu le sobriquet de *bigots*, donné d'abord aux Normands et appliqué ensuite à ceux qui parlent souvent de Dieu.

On ne put rien obtenir de lui, sinon qu'il ferait baiser le pied du roi par un de ses officiers.

Celui-ci, furieux d'accomplir une semblable commission, empoigne brusquement le pied auguste du monarque, et le porte jusqu'à ses lèvres, sans daigner se baisser ; de sorte que le roi tomba en arrière, aux grands éclats de rire des Normands présents à cette cérémonie.

Le faible Charles, incapable de se venger, fit semblant de prendre cette insolence pour une maladresse ; et l'hommage de Rollon (appelé Robert depuis son baptême) ne servit qu'à humilier, une fois de plus, la majesté royale.

A l'exemple de leur prince, les Normands s'empressèrent de recevoir le baptême. Ils se présentèrent un jour en si grand nombre aux pieds des autels, qu'il n'y eut pas assez d'habits dits *de néophytes*, habits dont on couvrait alors les nouveaux convertis et qui leur restaient ensuite. On en fit à la hâte d'assez grossiers. Mais les Normands n'en voulurent point.

— Garde ta casaque pour des bouviers, dit l'un d'eux en colère ; voilà, grâce au ciel, la vingtième fois que je me fais baptiser ; jamais on n'avait encore eu l'insolence de m'offrir de pareilles guenilles.

1. Duchesne, III, 360.

Tout à coup, le mort se lève. (Page 365.)

Il faut avouer qu'en général c'étaient d'étranges chrétiens que ces Normands convertis.

Devenu duc, Rollon donna des lois sages à ses peuples; il rappela les laboureurs qui, à son approche, s'étaient enfuis jusque dans le centre de la France. Il poursuivit le vol avec tant d'ardeur qu'il fut bientôt impossible de trouver un malfaiteur dans l'étendue de ses domaines, qui devinrent en peu d'années les plus riches et les plus populeux du royaume.

Enfin, cet ancien chef de pirates est considéré comme le bienfaiteur des peuples qu'il était venu dans l'intention d'exterminer; ce qui prouve bien qu'entre brigand et conquérant, il n'y a que l'épaisseur du succès.

Après lui, les invasions des hommes du Nord ne cessèrent point; mais elles devinrent de plus en plus rares. La Scandinavie se convertissait peu à peu; d'un autre côté, la France se hérissait de citadelles.

Rois, ducs, comtes, barons, abbés, chaque seigneur eut son donjon. L'effroyable calamité de la piraterie avait créé un mal plus grand : la féodalité, née du besoin qu'éprouvait chaque province de se défendre elle-même et de se donner un chef.

CHAPITRE III

CONVERSION DES SCANDINAVES

Olaf Tryggvesson est proclamé roi de Norvége. — Ses aventures. — Il poursuit l'usurpateur Hacon, dont il met la tête à prix. — Le traître Kasker assassine son maître et est récompensé par le *Collier rouge*. — Olaf cherche à convertir ses sujets. — Résistance de ces derniers. — Outrage fait à une princesse de Suède. — Le *Grand-Serpent*. — Mort d'Olaf Tryggvesson. — Histoire de saint Olaüs. — Il se fait brûler une main pour se punir d'avoir travaillé un dimanche. — Sa mort. — Conversion de l'Islande. — Conservateurs et radicaux. — Discussions orageuses. — Un argument foudroyant.

Les hommes libres de la Norvége ont proclamé roi Olaf Tryggvesson, personnage superbe qui descend de Harald aux beaux cheveux. Depuis longtemps, ce prince a quitté sa patrie. Poursuivi par la haine d'un usurpateur, il s'est réfugié chez la belle Geyra, la compagne de son enfance. A la mort de cette fidèle amante, il n'a plus connu la joie : il s'est fait pirate.

A la tête d'une flotte de Scandinaves, il a pillé sur terre et sur mer ; il a désolé l'Angleterre ; il a détruit le pont de Londres, et s'est rendu redoutable aux peuples occidentaux. Une princesse irlandaise, Gyda, l'a choisi pour époux, à l'exclusion d'une centaine de concurrents riches et de haute naissance.

Pendant que le descendant d'Harald aux beaux cheveux erre dans l'exil et monte sur un trône étranger, l'usurpateur, le grand iarl Hacon, pittoresque figure des dramatiques légendes norvégiennes, s'est rendu odieux par la dureté de son caractère. Ses mœurs voluptueuses ternissent l'éclat de son courage et de ses autres qualités; il a séduit Gudrun Lyrgia, dont l'époux excite les Norvégiens à briser le joug de ce licencieux despote.

Rappelé par le vœu unanime des habitants, Olaf hésite un instant; mais ni l'amour de Gyda, ni les splendeurs d'une cour irlandaise n'ont pu lui faire oublier sa patrie. Il accepte la couronne qui lui est offerte, il accourt pour en ceindre son front.

Proscrit à son tour, le grand iarl Hacon s'enfuit, accompagné seulement d'un esclave appelé Karker. Il se réfugie chez Thora de Rimmol, dame « dont il a jadis été beaucoup aimé ; elle est fidèle dans le malheur à l'ami d'un temps plus heureux ; elle cache le iarl et son compagnon dans un réduit pratiqué dans ce dessein sous un toit à porcs recouvert de bois et de fumier, comme le seul lieu capable de le dérober à la poursuite de ses ennemis.

« Olaf et ses limiers font une perquisition dans la maison de Thora, mais en vain ; et enfin, Olaf, debout sur la muraille contre laquelle s'appuie le toit à porcs, promet richesses et honneurs à celui qui lui apportera la tête du iarl.....

« Une faible clarté pénètre dans la cachette, où le iarl et Karker entendent tous les deux les paroles d'Olaf.

« — Pourquoi étais-tu pâle tout à l'heure ? dit le maître à l'esclave ; et maintenant pourquoi es-tu rouge comme de la braise? serais-tu disposé à me trahir?

« — En aucune façon, dit Karker.

« — Nous sommes nés la même nuit, dit le iarl, et il s'écoulera peu de temps entre nos deux morts.

« Quand vient la nuit, le iarl se tient éveillé, mais Karker dort d'un sommeil troublé. Hacon l'éveille et lui demande à quoi il rêve. L'esclave répond :

« — J'étais à Ladé (capitale des états d'Olaf)

et le nouveau roi mettait un collier d'or à mon cou.

« Le iarl répliqua :

« — Ce serait un collier rouge, sois-en sûr, s'il venait à te saisir : de moi tu as tout à attendre, mais ne me trahis pas.

« Alors ils se tiennent tous les deux éveillés, l'un guettant l'autre ; mais vers le jour, le iarl tombe endormi et, dans son sommeil inquiet, il ramène ses talons sous lui, dresse la tête, comme pour se lever et crie avec épouvante. Alors Karker tire un couteau de sa ceinture, l'enfonce dans la poitrine du iarl et lui coupe la tête.

« Dans la soirée, il court à Ladé, porte ce trophée à Olaf et lui raconte son histoire.

« On est satisfait d'apprendre que le collier rouge fut mis au cou de ce traître : Olaf le fit décapiter [1]. »

Débarrassé de son rival, Tryggvesson remonte tranquillement sur le trône de ses ancêtres ; mais il ne croit plus en leurs dieux ; il a courbé sa noble tête devant un prêtre chrétien ; il a reçu les eaux du baptême ; il a juré de convertir ses sujets et de rendre toute la Norvége chrétienne.

Il protége hardiment des missionnaires propagateurs d'un culte jusqu'alors maudit. Ses sujets, d'abord étonnés, se révoltent bientôt. Ils s'assemblent autour de leur roi et le somment de sacrifier à leurs anciens dieux.

Debout, au milieu de ses rebelles vassaux, le roi élève son bouclier au-dessus de sa tête ; sa main droite frémissante a tiré du fourreau sa large épée.

— Je vais sacrifier à vos divinités, s'écrie le convertisseur ; je leur offrirai le plus grand holocauste qu'elles aient jamais reçu ; mais je ne ferai pas couler le sang des esclaves ; c'est vous tous que je vais immoler.

Terrifiés par ces paroles menaçantes, les nobles s'enfuient ; quelques-uns se soumettent et abandonnent la religion d'Odin, presque tout le peuple imite leur exemple ; la Norvége devient chrétienne.

Olaf a tenu son serment.

Les exploits d'Olaf lui avaient acquis une réputation si brillante, que l'altière Sighrit, reine d'une partie de la Suède, le jugea digne de sa main, vainement recherchée par plusieurs autres rois. Cette orgueilleuse reine avait fait assassiner Harald pour avoir osé, lui « petit roitelet » aspirer à devenir son époux ; mais elle se montra fière de partager la couronne avec Olaf.

Dans une entrevue préliminaire, le roi de Norvége voulut exiger que sa future épouse embrassât le christianisme ; elle s'indigna de cette proposition ; il s'emporta, elle l'injuria. Blessé de quelque expression malsonnante, le roi s'oublia jusqu'à frapper de son gant le visage de l'altière princesse.

Après ce sanglant outrage, Sighrit s'enfuit, prédisant au roi chrétien qu'il serait puni de ce manque d'égards par la perte de sa couronne et de sa vie.

Elle épousa Swend, roi de Danemark, et se fit l'âme d'une coalition des rois du Nord, contre celui dont elle avait juré la perte.

Olaf opposa un front déterminé aux ennemis de sa couronne. Le roi de Suède et Swend à la barbe fourchue, roi de Danemark, se coalisèrent contre lui et trouvèrent un allié dans le iarl norvégien Eric, fils d'Hacon.

Olaf Tryggvesson s'était mis à la tête d'une flotte de 70 vaisseaux, commandant lui-même le fameux *Long-Serpent*, le plus grand vaisseau construit en Norvége.

« Ses ennemis lui dressent une embuscade derrière les îles. Aussitôt qu'Olaf et les siens sont engagés dans un étroit passage, les flottes réunies des trois alliés s'élancent du Sund ; ses soldats supplient Olaf de rebrousser chemin et de ne pas risquer sa fortune contre des forces aussi supérieures ; mais le

[1]. Lord Dufferin, *Lettres des régions polaires*. Traduction de F. de Lanoye. Paris, 1860, Hachette, in-8°.

roi répond debout, sur son banc de quart :

« — Amenez les voiles ! Je n'ai jamais tourné le dos à la bataille ; que Dieu dispose de ma vie ; mais je ne prendrai pas la fuite, aujourd'hui plus que par le passé.

« Alors, il ordonne qu'on sonne les trompes de guerre, car tous ses vaisseaux sont restés en arrière, entassés les uns sur les autres, puis il demande :

« — Quel est le chef des forces qui sont droit devant nous ?

« On lui répond :

« — Swend de Danemark, avec son armée.

« Olaf réplique :

« — Ces bons Danois ne nous font pas peur ! Quels sont ceux qui sont sur notre droite ?

« — Olaf de Suède et sa flotte.

« — C'est encore mieux, observe le roi. Ces Suédois devraient être chez eux à faire leurs sacrifices, au lieu de s'aventurer près du *Long-Serpent*. Mais à qui sont ces grands vaisseaux à bâbord des Danois ?

« — Au iarl Eric, le fils d'Hacon.

« — Celui-ci, dit Olaf, a ses raisons pour venir à notre rencontre; nous devons nous attendre à un rude choc avec ses hommes, Norvégiens aussi bien que nous.

« Ce terrible combat dura plusieurs heures; non pas, il est vrai, avec les *bons Danois* et les idolâtres Suédois. Comme Olaf l'avait deviné, après une courte mêlée, ils furent dispersés et mis en fuite. Mais le iarl Eric, sur son grand vaisseau la *Barbe de fer*, sut résister aux légers vaisseaux d'Olaf. L'un après l'autre, ils furent inondés de sang, et leurs braves défenseurs balayés dans la mer; un à un ils furent mis en pièces et engloutis dans les flots. Cette besogne faite, la *Barbe de fer* vint se ranger côte à côte, à tribord du *Long Serpent* et, à partir de ce moment il y eut, en vérité, un rude labeur au gaillard d'arrière et au banc de quart.

« Einar Tambarskelvar, l'un des plus habiles archers d'Olaf, est auprès du grand mât et combat avec son arc. Sa flèche touche la barre du gouvernail de l'ennemi, juste au-dessus de la tête du iarl et pénètre dans le bois.

« — Qui frappe ce coup hardi ? demande le iarl.

« Une autre flèche passe entre sa main et son flanc, et déchire l'étoffe de son siége.

« — Allons, dit-il à un des siens, un nommé Fin, vise ce grand archer qui est auprès du mât !

« Fin tire ; sa flèche atteint l'arme d'Einar au moment où il va tirer, et l'arc éclate par le milieu.

« — Qu'y a-t-il ? crie le roi Olaf ; qu'est-ce qui se brise avec un tel bruit ?

« — C'est la Norvége, ô roi ! qui tombe de tes mains, lui réplique Einar.

« — Non, non, dit le roi, prends mon arc et tire.

« Einar prend l'arc et y place une de ses flèches :

« — Trop faible, trop faible, dit-il, pour l'arc d'un grand roi !

« Et jetant l'arc, il saisit une épée et un bouclier et combat vaillamment.

« Mais l'heure d'Olaf est venue. Des morts nombreux sont couchés près de lui ; il en est plus tombé sous sa main qu'il n'en est tombé à ses côtés.

« Les rangs, éclaircis à bord de la *Barbe de fer*, sont sans cesse reformés par des combattants nouveaux venus des autres vaisseaux, même par des Suédois et des *bons* Danois, forts maintenant avec les forts, tandis qu'Olaf, séparé de ceux qui pourraient le secourir, se tient seul sur le pont du *Serpent* où son pied glisse dans le sang des siens.

« Le iarl a mis en mer toutes ses embarcations pour arrêter ceux qui pourraient s'échapper du vaisseau ; mais il n'y a pas de fuite dans la pensée du roi. Il promène ses regards autour de lui, contemple son épée, brisée comme l'arc d'Einar, pousse un profond soupir et, élevant son bouclier au-dessus de sa tête, s'élance par-dessus bord.

« L'ennemi rugit, hurle, se précipite. Qui saisira ce noble prisonnier?

« Arrière, esclaves ! le bouclier qui l'a protégé à travers cent combats, doit aussi le protéger contre le déshonneur.

« D'innombrables mains s'avancent pour lui arracher une vie qu'il ne veut plus conserver; mais le bouclier flotte seul sur les vagues ; sous lui, le roi Olaf s'est enfoncé dans l'abîme [1]. »

Suivant une tradition, il put se sauver à la nage et, après de longues pérégrinations, il entra dans un couvent de Syrie. Son œuvre était presque accomplie en Norvége. La plus grande partie du peuple était chrétienne. Il avait introduit la nouvelle religion en Islande, aux îles Fœroë et jusqu'au Groënland (an 1000).

Lorsqu'il fut mort, il y eut, dans ses états, comme une réaction en faveur de l'ancien culte, pour lequel les rudes habitants de la Scandinavie conservaient, en dépit du baptême, une grande vénération.

Peu à peu, néanmoins, à mesure qu'ils se civilisèrent, ils s'aperçurent de l'infériorité de leur religion primitive, basée tout entière sur la satisfaction des sens. Leurs frères revenaient de France et d'Angleterre apportant avec eux des idées nouvelles; quelques-uns de ces pirates enrichis pratiquaient le christianisme; les autres avaient perdu leur fanatisme.

Un autre roi de Norvége, Olaf, ou saint Olaüs, comme nous l'appelons, s'étant fait expliquer la religion des peuples occidentaux, en adopta les principes qu'il trouva beaucoup plus purs que ceux du culte d'Odin.

« Son histoire exhale très-peu le parfum de sainteté; mais plutôt cette vieille odeur de poisson qui caractérisait les actions des Wikings ses ancêtres. Mais elle se passait dans un temps où l'on regardait bien plus comme un honneur que comme une honte le butin enlevé, surtout aux ennemis du pays.

« Si l'on ne peut nier qu'il partagea les erreurs des autres rois prosélytes, et renversa le paganisme d'une main sauvage et sanglante, il ne fit jamais entrer dans la balance de ses actions une injure purement personnelle.

« Combien est grande sa réponse à ceux qui lui conseillaient de ravager avec le fer et le feu la province rebelle de Tromjem :

« — Nous avons à présent l'honneur de Dieu à défendre ; ces rebelles me trahissent, mais ils n'abandonnent pas le christianisme ; je ne dois point les punir avec la dernière rigueur.

« Cette dure manière de juger les actions des autres, il s'en servait pour mesurer les siennes propres; témoin ce fait curieusement caractéristique :

« Un jour, assis sur son siége, à table, absorbé dans sa pensée, il se mit, sans en avoir conscience, à couper un morceau de sapin, tombé sous sa main.

« Ses serviteurs, voyant sa distraction, lui dirent (remarquez la périphrase respectueuse) :

« — C'est demain lundi, sire.

« Le roi les regarda, et il lui vint à l'esprit qu'il travaillait un dimanche. Il balaya les copeaux qu'il avait faits, y mit le feu et les fit brûler sur sa main nue, montrant ainsi qu'il voulait suivre fermement la loi de Dieu et ne pas la transgresser sans punition.

« Ses sujets, mécontents de la sévérité avec laquelle il faisait respecter les lois religieuses, ou corrompus par les intrigues de Canut, roi de Danemark et d'Angleterre, se déclarèrent en pleine révolte contre lui. Le monarque marcha contre les rebelles, à la tête d'une poignée de troupes étrangères et de quelques-uns de ses leudes restés fidèles.

« Il eut une fin glorieuse. Abandonné de ceux qui l'avaient aimé et servi, leur pardonnant et les excusant, entouré d'un petit

---

1. Lord Dufferin.

nombre de croyants qui partagèrent son destin, il tomba percé de coups [1]. »

Ce fut le 31 août de l'an 1030 que se livra cette bataille, dite de Stuklcslad (près de Drontheym). Peu de temps après la mort de leur roi, les Norvégiens qui l'avaient abandonné eurent regret d'avoir commis une pareille trahison; ils rendirent de grands honneurs à ses restes et déclarèrent que saint Olaf serait à l'avenir patron de la Norvége.

Les progrès du christianisme n'étaient pas moins rapides dans les autres états scandinaves. La Suède ne persécutait plus les missionnaires avec tant de fureur, et peu à peu, sans violence, la foi du Christ s'établit.

Le Danemark, placé près de l'Allemagne convertie par Charlemagne, suivit le torrent.

Des rivages de la Scandinavie, le christianisme fit un bond jusqu'en Islande. Dans l'été de l'an mil, au moment où les peuples du continent attendaient, au milieu d'un effroi général, la fin du monde que les livres sacrés prédisaient, disait-on, la nation islandaise fut appelée à délibérer sur les mérites d'une religion nouvelle, récemment introduite dans l'île par les émissaires d'Olaf Tryggveson, le premier roi chrétien de Norvége.

Ce que nous appelons le *parlementarisme* avait existé de tout temps chez ce peuple libre. Une assemblée de notables faisait et défaisait les lois, et se déclarait souveraine. C'est devant cette assemblée que les missionnaires de la loi nouvelle furent invités à exposer les dogmes de leur religion. Ils le firent avec éloquence, et lorsqu'ils eurent terminé, les débats commencèrent entre les représentants de la nation.

Les opinions se partageaient. Le bon vieux parti conservateur, ennemi de tout progrès, voulait *conserver* le culte d'Odin par la seule raison qu'il possédait l'autorité d'un fait établi. Les radicaux, au contraire, habitués depuis longtemps à considérer l'ancienne religion comme pleine d'absurdités, plaidaient en faveur de la réforme. Quelques-uns se permirent des sarcasmes sur le paradis-taverne du Walhalla. Les cris de droite couvrirent la voix de ces blasphémateurs.

Entre ces partis extrêmes, se trouvaient, au centre, les timides libérâtres qui, sans croire aux dogmes surannés de l'ancienne religion, n'osaient, par scepticisme, prendre fait et cause pour la nouvelle, à laquelle ils ne croyaient pas davantage. Avant de se déclarer positivement, ils attendaient, pour voir de quel côté pencherait la balance, prêts à se mettre du côté des vainqueurs, pour partager avec eux les bénéfices de la victoire.

L'ardente discussion dégénérait en violente dispute, lorsqu'un terrible coup de tonnerre fit trembler le palais où se tenait la réunion :

— Ecoutez! s'écria un membre du parti païen, écoutez la grande voix d'Odin que vous outragez; il vous annonce que ses feux vont vous consumer.

Puis l'orateur promena sur l'assemblée un regard menaçant :

— N'agitez plus ce spectre, répliqua aussitôt un révolutionnaire. Que l'honorable préopinant m'explique plutôt quel motif irritait son dieu quand ces rochers en ébullition jaillirent du sein de la terre.

En disant cela, il montra les rocs calcinés qui jonchent le sol dévasté de l'Islande. Cette réplique, considérée, dans les annales parlementaires de cette contrée, comme un des plus heureux arguments que l'on ait jamais hasardés, frappa les esprits bien plus que n'avait fait le coup de tonnerre. Les conservateurs restèrent atterrés pendant quelques instants. Avant qu'ils fussent revenus de leur stupéfaction :

— Aux voix ! aux voix ! crièrent les radicaux ; et la religion chrétienne fut adoptée à une grande majorité.

---

1. Lord Dufferin.

CHAPITRE IV

LES NORMANDS FRANÇAIS

Les Normands pèlerins. — Conquête de la Pouille et de la Calabre. — Les enfants de Tancrède. — Guillaume Bras-de-Fer. — Robert Guiscard. — Fondation du royaume de Sicile et de Naples. — Les Normands en Angleterre. — Ils aident Édouard le Confesseur à chasser les Danois. — L'Angleterre colonie française. — Droits douteux de Guillaume le Conquérant. — Son expédition contre Harold. — Sept pieds de terre anglaise. — Bataille d'Hastings. — Position des deux armées. — Harangue de Guillaume. — Marche des Français. — Guillaume passe pour mort. — Chute d'Harold. — Sa mort. — Comment il est enterré. — Le duc de Normandie paie ses dettes. — Distribution des fiefs et des serfs. — Noble origine de l'aristocratie anglaise.

Les Scandinaves avaient cessé depuis longtemps leurs incursions en Europe; mais ils avaient jeté sur le sol de la France, à l'embouchure de la Seine, une race belliqueuse, avide d'aventures, prête aux expéditions lointaines. Se multipliant avec une rapidité extraordinaire, les Normands de France, bientôt à l'étroit dans leur province, ne tardèrent pas à renouveler les exploits de leurs ancêtres scandinaves.

Les contrées méridionales les attiraient invinciblement.

En l'an 1016, des pèlerins normands, bons apôtres, toujours prêts au pillage, remarquent, en traversant le sud de l'Italie, combien il serait facile de prendre ce pays, alors possédé par les Grecs dégénérés.

Revenus chez eux, ils font un rapport fidèle de ce qu'ils ont vu; une troupe de jeunes gens se forme pour aller courir les aventures. Sous prétexte de pèlerinage et de dévotion, ils arrivent par différents chemins, se réunissent en corps de troupe, vers le mois de juillet 1017, surprennent les Grecs sans défiance et les battent.

Vaincus à leur tour, ils reçoivent un renfort de leurs compatriotes et finissent par s'emparer de la Pouille. Cette possession ne suffisant pas à leurs appétits, ils se mêlent à toutes les querelles survenues entre les princes napolitains, vendent leurs services au plus offrant, deviennent riches et puissants, appellent d'autres jeunes Normands qu'ils prennent à leur solde, conquièrent une partie de la Sicile sur les Sarrasins et finissent par fonder, en 1043, le comté de Pouille et de Calabre.

Comme il leur fallait un chef, un comte, ils élurent un de leurs compagnons, *Guillaume Bras-de-Fer*, fils de Tancrède, seigneur de Hauteville, près de Coutances.

Tancrède, père de 12 enfants, n'ayant point de quoi établir une pareille lignée, avait conseillé à ses fils d'aller chercher fortune ailleurs. Guillaume, l'aîné, était donc parti, en 1035, suivi d'Unfroi et de Drogon, ses frères, et de 300 aventuriers déguisés en pèlerins.

Sa force herculéenne, ses exploits qui lui donnent chez les Grecs le renom d'un être surnaturel, le désignent au choix de ses compagnons qui, se divisant le sol conquis, lui accordent la suzeraineté de leur aristocratie.

Après lui, ses frères Drogon et Unfroi régnèrent successivement.

Puis vint un autre de ses frères, Robert Guiscard, dit l'*Avisé*, marin et soldat, qui combat les Sarrasins en Sicile, donne ce pays à son frère Roger, avec le titre de comte (1072), continue les exploits de ses devanciers contre les Grecs, bat Alexis Commène, s'empare de Durazzo, où se trouve le fils du doge de Venise, délivre le pape assiégé par l'empereur dans le château Saint-Ange, revient en Albanie, y bat les flottes unies des

Grecs et des Vénitiens (1084), les force à lever le siége de Corfou et meurt l'année suivante, après avoir pris le titre de duc de Pouille et de Calabre.

Telle est l'origine de ces ducs, qui devinrent plus tard rois de Sicile et de Naples.

Tandis que ceci se passait en Italie, les Normands tournaient leurs vues vers l'Angleterre. Ce pays, habité primitivement par les Bretons, avait été envahi par les Anglo-Saxons[1], qui jouissaient paisiblement du fruit de leur victoire, lorsque les Danois apparurent sur les côtes. Là, comme en France, les pirates du Nord commencèrent par le pillage et par l'incendie, pour finir par la conversion. Suénon, l'un d'eux, parvint même à se faire proclamer roi de la Grande-Bretagne et par léguer sa couronne à son fils Canut. Mais Édouard, prince légitime anglais, soutenu par le peuple qui n'aimait guère les Danois, finit par chasser ces derniers et par devenir maître incontesté de l'Angleterre. Comme il devait, en partie, ses succès au courage et à la fidélité d'une troupe d'aventuriers normands, attachés à sa fortune, il en fit ses favoris, malgré le dépit non dissimulé de ses sujets. Bientôt l'Angleterre ressembla à une colonie française. Navires, châteaux, églises, forteresses, furent munis de capitaines et de prêtres normands. Mais un seigneur nommé Godwin, Saxon de vieille souche, détestant les Français autant que les Danois qu'il avait combattus pendant toute sa vie, pousse le peuple à la révolte et fait bannir les étrangers. Ceux-ci, se considérant comme outragés, jurent qu'ils reviendront un jour sur cette terre qui leur doit sa liberté; ils revinrent, en effet, après la mort d'Édouard.

Les Français ont fait plusieurs descentes en Angleterre et les Anglais se sont rués plusieurs fois sur la France; mais une seule de ces invasions fut complète et définitive; ce fut celle de Guillaume le Conquérant; elle seule eut pour résultat la conquête du vaincu qui conserva, pendant plusieurs siècles, les lois et la langue du vainqueur.

Guillaume le Bâtard, duc de Normandie, se croyait des droits à la couronne d'Angleterre, en vertu d'un prétendu testament d'Édouard le Confesseur, testament que personne n'a jamais vu. En dépit de cette prétention, les Anglais donnèrent la couronne à Harold, fils de Godwin, d'où une colère exaspérée du duc de Normandie, qui résolut de revendiquer ses droits les armes à la main et de faire payer à ses sujets d'outre-Manche les frais de la guerre.

Mû par l'agitation d'un caractère naturellement emporté, il emplit l'Europe de ses réclamations; il écrit au roi de France, au pape, aux ducs ses voisins; il leur annonce son intention d'envahir l'Angleterre et leur demande du secours.

Le pape Alexandre II lui envoie une bannière consacrée et un cheveu de saint Pierre; mais le roi ni ses voisins ne lui donnent de troupes. Il fait alors appel à la nation française et proclame partout que ceux qui s'enrôleront sous la sainte bannière qu'il a reçue du pape, auront une bonne paie et de grandes terres dans le pays conquis, sans préjudice des indulgences religieuses.

Il n'en fallait pas davantage pour voir accourir une foule d'aventuriers, de cadets sans fiefs, de nobles ruinés, de voleurs, de banqueroutiers, de brigands, les uns descendant des Alpes ou des Pyrénées, les autres quittant les bords fleuris de la Seine, les plaines plantureuses des Flandres ou les rives agrestes de la Garonne; tous étrangers les uns aux autres, mais rattachés par le même sentiment : l'espoir du pillage.

200,000 hommes se trouvèrent réunis, dès le mois de juillet 1066, près de Saint-Valery, lieu du rendez-vous. Parmi ces gens de toute

---

1. Après cette invasion, qui eut lieu vers le milieu du Ve siècle, les débris de la race vaincue se réfugièrent en Gaule, dans le pays qui, depuis, a porté le nom de Bretagne et qui, auparavant, s'appelait l'Armorique.

La *Barbe de fer* vint se ranger à tribord du *Long Serpent* (Page 372).

provenance, il ne se trouvait pas plus de 753 nobles authentiques ; les autres, les moins gueux, cachaient leur roture sous des noms d'emprunt ; mais la plupart, se glorifiant de la bassesse de leur origine, conservaient des appellations bizarres, telles que celles de Boutevillain, Basset, Lupus, Malvoisin, Œil-de-Bœuf, Malin, Front-de-Bœuf, le Charretier, le Tailleur, le Tambour, etc.

Les barons de Normandie avaient refusé à Guillaume de l'argent pour cette injuste expédition ; mais il en emprunta et parvint à réunir une flotte de 400 bâtiments à voiles et de plus de 1,000 bateaux de transport. (L'historien Hume affirme que la flotte normande comprenait 3,000 vaisseaux, mais ce chiffre nous semble exagéré.) Robert le Blond prend le commandement des troupes de mer, avec le titre de *Dux Navium Militarium*.

Les vents contraires ayant retardé l'embarquement jusqu'au mois de septembre, Guillaume en profite pour faire le classement de son immense armée.

Elle comprenait 67,000 combattants armés du bouclier, du casque et de la cotte de mailles ; environ 200,000 valets, ouvriers, marins et pourvoyeurs accompagnaient cette troupe.

Enfin, les vents étant redevenus favorables, l'embarquement eut lieu et Guillaume traversa la mer, sans que la flotte anglaise occupée ailleurs, ait cherché à entraver sa route.

L'armée française débarqua sur différents points entre Bexhill et Winchelsea, le jour de la fête de saint Michel, patron de Normandie.

Tout occupé de la surveillance, Guillaume ne descendit que le dernier. En arrivant à terre, il fit un faux pas et tomba.

Une pareille chute, dans un semblable moment, pouvait paraître d'un mauvais augure; mais le duc s'écria, en montrant avec une rare présence d'esprit, son gantelet couvert de boue :

— Je viens de me baisser pour prendre possession de cette terre.

Harold n'avait point perdu son temps. Il avait assemblé des troupes et une flotte de 700 vaisseaux. Mais appelé au nord par une invasion norvégienne, il courut au-devant de ce premier danger.

Attaqué de tous les côtés à la fois, il fit face à tous les périls. Harald Hardrada, roi ou plutôt pirate norvégien, avait attaqué ses États au nord, au moment même où Guillaume, un autre North-mann, s'apprêtait à les envahir au midi.

Le roi anglais marche au-devant des Norvégiens, auxquels il envoie d'abord un parlementaire

Hardrada ne veut point d'accommodement; il lui faut des terres. Harold lui envoie cette fière réponse :

— Tu veux des terres? tu en auras. Je te donnerai sept pieds de terre anglaise, parce que tu es beaucoup plus grand que les autres hommes.

En effet, quelques jours plus tard, le Norvégien vaincu tombait, mortellement frappé à la poitrine par une flèche. Fidèle à sa promesse, Harold fit enterrer son cadavre.

Puis il se dirigea contre Guillaume ; mais il était trop tard pour s'opposer à son débarquement.

D'ailleurs, confiant en Dieu et dans la bonté de sa cause, il ne croyait pas à la possibilité d'une défaite ; mais pour éviter toute effusion de sang, il fit demander au Normand quelle somme il voulait pour s'en retourner.

Guillaume répondit qu'il ne lui fallait pas d'argent, mais une couronne de roi. Puis il offrit de s'en référer au pape ou de terminer le différend par un combat singulier. Harold ne fit que sourire de semblables propositions. Ayant reçu de Londres un renfort de troupes il se crut invincible, à la tête de ses braves Anglais, et résolut de combattre en personne, pour prouver à ses sujets qu'il était digne de porter la couronne qu'ils avaient placée sur sa tête.

Telle était sa confiance dans l'avenir, qu'il équipa sept cents navires destinés à prévenir la fuite des Normands quand il les aurait battus et dispersés.

Tout accommodement étant devenu impossible, on ne songea plus qu'à combattre. Les Anglais s'avancèrent, au nombre de 80,000, vers les sommets verdoyants d'*Hastings*, où les Français s'étaient retranchés d'une manière formidable. Des fossés, creusés profondément, des palissades, deux tours de bois, garantissaient leurs camps.

Pour plus de sécurité, les Normands lançaient, de jour et de nuit, des centaines de cavaliers dans les campagnes voisines, autant pour sonder le terrain que pour fourrager, piller, faire de l'eau et ramener le bétail que les paysans n'avaient pas eu le temps d'emmener dans les forêts.

Les Anglais vinrent camper sur une colline, alors appelée *Senlac*, où fut depuis construite l'abbaye de Sainte-Marie-aux-Bois. Accompagné de son frère, Gurth, le roi d'Angleterre reconnut en personne le camp des Français ; puis il entra dans le sien et, bien loin d'être intimidé par ce qu'il avait vu, il annonça qu'il avait résolu d'attaquer les envahisseurs, malgré l'avis contraire de plusieurs de ses officiers.

La journée du vendredi, 13 octobre 1066, se passa des deux côtés à se préparer à la terrible bataille qui devait se livrer le lendemain. Pleins d'espoir et de gaieté, les Anglais s'occupaient surtout à s'enivrer de bière, selon leur habitude, et à chanter de vieilles chansons bachiques. Les Normands, moins rassurés sur cette terre étrangère, ne songeaient, au contraire, qu'à prier et à faire pénitence.

Le 14, dès l'aube, après avoir communié, Guillaume assemble les principaux chefs de son armée; il leur rappelle ses griefs contre Harold; il leur donne l'espoir de vaincre :

— Nos ancêtres, toujours victorieux, leur dit-il, ont conquis les Gaules à la pointe de l'épée ; jamais ils n'ont connu la défaite ; tandis que ces Anglais ne jouissent d'aucune réputation guerrière ; ils ont été conquis tour à tour par les divers peuples scandinaves ; ils ne sauraient résister à nos armes.

Cette harangue terminée, chacun se rendit à son poste ; toute l'armée normande partit d'Hastings et vint s'établir sur une colline appelée Telham, d'où elle pouvait apercevoir le camp ennemi. On raconte que Guillaume, plein d'émotion, au moment de revêtir son costume de combat, mit à l'envers sa cotte de mailles et que, s'apercevant aussitôt de sa méprise, il s'écria :

— Excellent signe ! aujourd'hui un duc deviendra roi.

Entre les deux armées s'étendait une vallée alors sauvage et désolée, mais aujourd'hui couverte de vertes prairies et de taillis épais. Les ennemis, formés sur les deux collines dominant cette vallée, se surveillaient, prêts à commencer l'action au premier signal.

Les Normands avaient admis un ordre de bataille sur trois longues lignes : la première, composée d'archers et d'infanterie légère, obéissait à Roger de Montgommery ; la seconde, formée de soldats pesamment armés, était conduite par Martel ; enfin, la troisième, dont Guillaume s'était réservé le commandement, ne comprenait que de la cavalerie. Harold ne bougea pas. Inférieur en nombre, il attendit derrière ses profonds retranchements défendus par de solides balistes et par d'autres engins à lancer des pierres.

A neuf heures, les Normands s'avancèrent sur trois lignes, en faisant retentir l'air de la chanson guerrière de Rolland. De temps en temps, ils interrompaient leur hymne, pour crier tous ensemble :

— Dieu nous protége !

— Christ's Rood ! Holy Rood ! répondaient aussitôt les Anglais, en lançant contre les assaillants une nuée de flèches et de javelines.

Les Français arrivèrent d'un trait au pied des palissades élevées par leurs ennemis.

La bataille fut horrible. Des milliers de cadavres emplirent les retranchements et servirent au passage de leurs camarades qui entrèrent enfin dans le camp des Anglais.

Guillaume n'eut pas moins de trois chevaux tués sous lui. Pendant un instant le bruit courut qu'il était mort ; il y eut un moment d'émotion parmi ses soldats ; il parut tout à coup et cria, en courant de compagnie en compagnie :

— Me voici ; regardez-moi ; avec l'aide de Dieu nous allons remporter la victoire.

Sa vue ranime ses troupes, tout le monde se précipite en avant ; le froid courage des Anglais est impuissant à résister à cette furie ; les insulaires sont rejetés hors de leur camp. Ils se resserrent autour de leur étendard et soutiennent un combat désespéré près du village d'Epiton, un peu au nord de la ville actuelle d'Hastings.

Leur roi a fait des prodiges. Plusieurs fois blessé, il combat encore et donne l'exemple de la plus héroïque résistance.

Vingt chevaliers français, apercevant son étendard, font le vœu de s'en emparer ou de se faire tuer ; ils se jettent tête baissée dans la mêlée. Harold en abat dix et tombe lui-même littéralement couvert de blessures.

Quand il n'est plus là pour défendre son étendard, les dix Français survivants s'en emparent ; ils l'abattent et, en signe de victoire, agitent, sur le lieu même, un oriflamme de France. Puis l'un d'eux, le comte Eustache de Boulogne, reconnaissant à ses insignes et à sa riche armure, l'infortuné Harold, se précipite, furieux, sur son corps inanimé et le perce de coups, en criant :

— Il ne faut pas qu'il en revienne.

La mort du roi donne le signal à la déroute la plus sanglante dont il est fait mention dans les annales de l'Angleterre.

Le vainqueur, après avoir égorgé tout ce qui lui tombe sous la main, ne commence à faire de prisonniers que lorsque la fatigue l'a mis dans l'impossibilité de lever le bras.

Le lendemain Guillaume fit enterrer les cadavres. En vain, la mère de Harold, Gurtha, lui fit offrir « le poids en or du corps de cet infortuné roi, pour le faire ensevelir à Waltham. » Le conquérant refusa sèchement et ordonna de l'enterrer sous un tas de pierres, près de la grève ; ajoutant avec mépris :

— Il se flattait de garder les côtes ; eh bien, qu'il les garde maintenant.

Puis il se proclame immédiatement roi de la Grande-Bretagne et marche sur Londres où il arrive quatorze jours après sa victoire.

Presque tous les évêques se hâtèrent de venir se ranger sous la bannière bénite envoyée par le pape.

Après cela, le nouveau roi dut songer à payer ses dettes. Il commença par envoyer au pape l'étendard et une partie du trésor de Harold.

Ensuite, il restitua les sommes empruntées à divers seigneurs français.

Puis il songea à lui. Pour s'offrir un trésor, il fit piller les magasins de tout le royaume, en mettant à mort sans pitié les marchands qui osaient réclamer contre sa manière d'agir.

Enfin, il fallait contenter ses aventuriers. Les uns avaient demandé une solde en argent ; plusieurs avaient voulu un domaine, un château ; ni l'argent, ni les terres, ni les castels ne manquaient. D'autres, moins positifs, avaient stipulé d'avance qu'ils auraient une femme. Guillaume combla leurs vœux en leur donnant de riches héritières ou des veuves dont il avait fait tuer les pères ou les époux.

Parmi les conquérants, quelques-uns ayant déclaré se contenter de tout le butin qu'ils pourraient faire, on leur donna carte blanche et Dieu sait s'ils s'arrangèrent de façon à n'être pas les plus mal partagés.

Un nommé Rémi, de Fécamp, avait fourni à l'expédition un navire et vingt hommes d'armes ; il s'était fait promettre un évêché et, comme ce saint homme se croyait, tout aussi bien qu'un autre, digne de porter la mitre, on le fit évêque.

Tandis que ces impurs vagabonds se partageaient le territoire et s'emparaient des femmes sur les cadavres de leurs pères et de leurs maris ; tandis que d'ignobles écuyers épousaient, tantôt par *mariage* et tantôt par *amour*, les filles les plus nobles et les plus riches du pays conquis ; tandis que de vils malandrins festoyaient joyeusement dans les maisons dont ils avaient assassiné les maîtres ; le peuple, dépossédé, traîné en esclavage, devint la proie d'un autre fléau, de l'horrible famine, fidèle compagne de la guerre. Après s'être nourris de la chair des chevaux morts que les Normands abandonnaient sur les routes, les Anglais finirent par manger de la chair humaine.

Avant l'arrivée de Guillaume, on comptait environ 2 millions d'habitants, dans le royaume. Plus de 500,000 périrent sous le glaive des vainqueurs ou dans les tortures de la faim.

Ce n'est pas que le sol fut improductif ; mais le fruit de la terre s'enfouissait dans les châteaux, où les conquérants vivaient au milieu de l'abondance. C'était un affreux spectacle de voir sur les routes les cadavres sans sépulture ; car il ne restait personne pour les enfouir.

Enfin ceux qui ne périrent pas de faim furent distribués aux envahisseurs ; le sol lui-même fut partagé en une infinité de lots que l'on donna aux soldats, suivant les grades : les capitaines eurent de vastes domaines, des châteaux, des bourgades, voire même des villes ; les simples combattants se contentèrent de fermes ou de champs que les anciens habitants durent cultiver en qualité de serfs.

Telle fut l'origine de l'aristocratie anglaise. C'est ainsi que des tisserands de Flandre ou des bouviers auvergnats firent souche et devinrent les ancêtres de ces baronnets orgueilleux, de ces lords pleins de morgue qui possèdent encore le sol de la libre Angleterre.

LIVRE VI

QUELQUES PIRATES DU MOYEN AGE

CHAPITRE PREMIER

EUSTACHE LE MOINE OU LE PIRATE MAGICIEN

L'abbé de Jumiéges battu, dévalisé et moqué par un fantôme. — Levée en masse des hommes valides du Boulonnais. — Battue infructueuse. — Un loup qui parle. — La comtesse de Boulogne fournit des vivres aux brigands. — Histoire d'Eustache le Moine. — Comment on devenait sorcier. — Succès du pirate Eustache. — Il organise une flotte. — Le *vaisseau fantôme*. — Eustache au service du roi d'Angleterre. — Révolte des barons anglais. — La *Grande-Charte*. — Louis de France sur le trône d'Angleterre. — Eustache se met à son service. — Les *Cinque-Ports*. — Mort de Jean, ou danger de la goinfrerie. — Défection générale des seigneurs anglais. — Philippe-Auguste et Blanche de Castille. — Hubert de Burgh. — Bataille de Douvres. — La poudre aux yeux. — Défaite des Français. — Mort d'Eustache. — Fin de l'expédition des Français en Angleterre.

Vers la fin du mois de décembre 1202, par une froide nuit, un cavalier traversait, en chantant à tue tête, une petite forêt alors située entre Montreuil et Boulogne-sur-mer.

Ce cavalier n'était autre que l'abbé de Jumièges, gros personnage qui était venu, après les fêtes de Noël, toucher le loyer de certaines fermes appartenant à son abbaye.

Il s'était attardé à boire de la bière et puis, le soir venu, avait si mal su diriger sa monture qu'il s'était égaré. Pendant qu'il cherchait son chemin, au milieu des bois, sur une terre couverte de neige, la nuit était arrivée; il ne savait plus guère où il se trouvait; la peur le tenait à la gorge et, pour se donner du courage, il chantait.

Tout d'un coup, son cheval s'arrêta, dressa les oreilles, souffla bruyamment et eut un mouvement, comme pour se cabrer :

— Holà ! quoi donc, Jupin ! cria l'abbé, que la froidure n'avait pas tout à fait dégrisé; holà mon beau; on dirait que tu as peur. Ne portes-tu pas un homme d'Église ? va, ne crains rien.

Puis le prélat chercha à ranimer son cheval à l'aide de quelques légers coups d'une brindille qu'il tenait à la main.

Mais au lieu d'avancer, l'intelligent animal recula.

En cet instant, une voix formidable retentit à l'oreille du prêtre.

— Arrête, voyageur imprudent. Ne sais-tu pas que tu te trouves dans les domaines d'Eustache ?

— Sainte Vierge, ayez pitié de mon âme, murmura l'abbé, osant à peine tourner les yeux du côté d'où partaient ces paroles menaçantes.

Au loin, un grand fantôme, couvert d'un blanc linceul, s'avançait avec rapidité. Sa haute silhouette se détachait à peine du manteau de neige qui couvrait la terre ; mais deux gros yeux rouges et flamboyants éclairaient toute sa personne et jetaient de vagues lueurs sur les objets d'alentour. Il remuait la tête d'une sinistre façon. Il tenait à la main une longue épée nue qu'il faisait tournoyer au-dessus de lui [1].

[1]. Cette anecdote a été attribuée plus tard à Mandrin. Mais elle appartient à l'histoire de notre héros.

Arrivé à trois pas du prélat, il s'arrêta :
— Qui es-tu, téméraire ? lui demanda-t-il.
— Seigneur Belzébuth...
— Eustache, je m'appelle Eustache.
— Seigneur Eustache, ne me faites pas de mal, je ne suis qu'un pauvre moine...
— Ah ! tant mieux, ricana le fantôme ; je n'aime pas les moines, et j'ai mes raisons pour cela.

L'abbé fit un signe de croix ; mais ce signe fut impuissant ; l'apparition ne s'évanouit pas.
— Où vas-tu ? lui demanda le fantôme sans paraître se soucier aucunement de ses gestes accompagnés de paroles d'exorcisme.
— Je vais à Boulogne.
— Tu lui tournes le dos ; je crois que tu me mens.
— Non pas, esprit de ténèbres ; je suis seulement égaré ; mais le mensonge ne convient ni à mon âge, ni à mon caractère.
— C'est bien ; ne parlons pas de ton caractère ; je sais ce que tu vaux. Es-tu riche ? Prête-moi quelques ducats.
— Seigneur, je vous jure...
— Ne jure pas, donne-moi de l'argent.
— Je n'en ai pas... Je ne suis qu'un pauvre homme d'église.
— Combien as-tu ?
— Je n'ai rien... absolument rien.
— Moine, je te connais... tu mens.
— Rien, vous dis-je
— Descends de cheval, ou je te coupe en deux.

L'abbé voulut fuir ; mais au moment où il allait éperonner sa monture, le fantôme le toucha du bout de son épée.

Le malheureux sauta au bas de son cheval. Sa bourse, qu'il portait à sa ceinture, le trahit. Comme il tombait à terre, les pièces d'argent se mirent à carillonner.
— Oh ! oh ! le pauvre homme d'église, qui ne sait pas mentir ; tu portes à ta ceinture quelque chose qui sonne bien agréablement à mon oreille, s'écria le fantôme avec un ricanement.

— Ce n'est rien, seigneur Satan.
— Eustache, te dis-je.
— Ce n'est rien, seigneur Eustache ; quatre ducats seulement que je porte à une pauvre veuve...
— Quatre ducats pour une veuve, c'est beaucoup.
— Elle est si belle, soupira le prêtre qui perdait complétement la tête ; puis se reprenant aussitôt : Elle est si tendre ! non, elle est si pieuse ! D'ailleurs elle a un enfant, un orphelin...
— Jette-moi ta bourse et dis-moi où elle demeure, cette veuve ; je ferai la commission.
— Y songez-vous, seigneur Eustache, murmura le gros abbé en joignant les mains et en levant les yeux au ciel.
— Pas d'explications ; jette-moi ta bourse ou je te coupe en mille morceaux.
— Mais puisque je vous dis...
— Ne dis rien ; obéis.
— Quoi ! pour quatre ducats, destinés à la veuve et à l'orphelin !...
— Je crois que tu raisonnes. Dépêche-toi, je suis pressé.
— Seigneur Lucifer, je vous jure que ces quatre ducats...
— Tu prêches dans le désert.
— Quatre malheureux ducats d'argent...
— Assez ! interrompit le fantôme ; et il allongea deux ou trois coups du plat de son épée sur les oreille du pauvre prêtre qui en fut tout étourdi et oscilla un instant comme sur le point de tomber.
— Grâce ! Grâce ! ne me tuez pas, je ne suis pas en état de mourir ; j'ai quitté mon monastère sans avoir accompli mes devoirs religieux ; ah ! c'est le ciel qui me punit.
— Ta bourse.
— *In nomine...*
— Ta bourse, te dis-je.
— *Patris et filii...*
— C'est trop fort, cria le fantôme, voilà qui finira tes patenôtres.

En disant cela, il appliqua, sur la tête de l'abbé, un coup de plat d'épée, un coup sérieux cette fois. Le gros homme poussa un cri perçant, porta ses mains à sa tête et tomba la face dans la neige.

Sans dire un mot de plus, l'être aux yeux flamboyants se baissa, prit la bourse du prêtre, l'éclaira de son regard et fit retentir la forêt de son gros rire.

— Oh ! oh ! quatre ducats ! il y en a peut-être cent. Comptons-les. Deux, quatre, dix, vingt, trente. Trente ducats d'argent, une fortune !

En cet instant, le dévalisé se releva :

— Mon argent, murmura-t-il d'une voix suppliante.

Le fantôme compta 26 ducats, les mit dans une poche placée sous son linceuil, puis rejetant 4 ducats dans la bourse du prêtre :

— Voici ton compte, lui dit-il ; va porter ces quatre ducats à la veuve et à l'orphelin ; mais comme il faut toujours que le mensonge soit puni, le tien te coûtera un cheval.

Et sans autre forme de jugement, il enfourcha la monture du prêtre.

— Voici ta route, si tu veux te rendre à Boulogne ! bon voyage ; que Dieu te préserve de malencontre. Et si tu parles au comte de Boulogne, ne manque pas de lui souhaiter le bonjour de ma part ; dis lui que je ne l'oublie pas et que je lui donnerai bientôt de mes nouvelles.

Battu, dévalisé, démonté et moqué, mais encore fort heureux d'échapper aux griffes de Satan, le pauvre abbé continua à pied son chemin dans la neige, pendant que l'esprit nocturne prenait par une route opposée et s'éloignait au grand galop.

Lorsqu'il eut couru pendant quelques minutes, le fantôme s'arrêta, prêta l'oreille, et quand il se fut assuré que personne ne traversait plus la forêt à cette heure avancée de la nuit, il se débarrassa de son linceul ; prit à deux mains sa tête artificielle, la souleva de dessus ses épaules, éteignit une lanterne qui brûlait dans l'intérieur et qui éclairait les yeux.

A la place de cette figure flamboyante, il montra un gros et jeune visage, fraîchement rasé et qui n'avait rien de bien terrible. Une longue chevelure d'un blond roussâtre se répandait sur ses épaules et achevait de donner à sa physionomie l'air béat de quelque bon moine bien repu.

Après avoir suspendu à l'arçon de sa selle sa tête factice, après avoir plié son linceul qu'il jeta sur la selle comme pour la rembourer, le faux fantôme se mit d'aplomb sur ses étriers, piqua de l'éperon les flancs de son cheval et s'enfuit vers un épais taillis où il disparut au milieu d'une inextricable dédale de broussailles et de rochers.

Le lendemain de cette scène, tout le pays fut sur pied. Le bruit se répandit avec rapidité que l'abbé de Jumièges, traversant la forêt, avait rencontré l'horrible magicien qui y avait établi son domicile et qui jetait la terreur dans toute la contrée. Jusqu'alors, cet esprit infernal s'était seulement attaqué aux paysans, auxquels il avait volé des bœufs, des chevaux, des poules, des œufs et quelque peu d'argent. Mais aujourd'hui, il portait sa malignité jusque sur les gens d'église ; il avait frappé et dévalisé un abbé. Il devenait urgent de mettre fin aux maléfices, déprédations, vols, pilleries et extorsions de cet affreux *Eustache*, surnommé *le Moine*.

Le comte de Boulogne, auquel il avait déjà joué plusieurs mauvais tours, ne pouvait supporter plus longtemps un pareil scandale sur ses domaines ; il ordonna une levée générale de tous ses vassaux. Nobles et roturiers, manants et vilains, gens d'armes, soudards et miliciens furent appelés jusqu'à l'arrière-ban. Ce fut une levée en masse, une sorte de croisade contre Satan.

Du haut de la chaire, les prêtres appelèrent le peuple aux armes. Nul ne put rester tranquillement au coin de son feu. Seuls les vieillards, les jeunes enfants, les estropiés, les

Harold à Hastings. (Page 379.)

malades, les invalides furent autorisés à demeurer avec les femmes occupées à faire de la charpie.

Ce n'étaient partout que bruits de guerre, roulements de tambours, chants de fifres, cris sonores de la trompette, cliquetis d'armes. Enfin l'armée boulonnaise se mit en marche; elle se divisa en nombreux pelotons qui se répandirent dans la campagne et cernèrent complétement la forêt.

Cette fois le magicien n'échappera que s'il se transforme en oiseau, en taupe ou en souris. Mais comme il pourrait bien essayer de se défendre en appelant à son aide une armée d'esprits infernaux, les Boulonnais, crédules et superstitieux comme on l'était

alors, ne marchaient pas sans appréhension. Ils sondaient du regard les broussailles et ne s'en approchaient qu'avec la plus extrême prudence. Les gens d'armes, eux-mêmes, qui avaient jusqu'alors ignoré le sentiment de la peur, ne pouvaient comprimer leur émotion.

C'est qu'il ne s'agissait pas, cette fois, d'occire des chrétiens en chair et en os; on allait lutter contre Belzébuth et toute sa séquelle. La partie n'aurait pas été égale, si les prêtres, chargés de leurs croix et de leurs bannières, n'eussent marché au milieu des combattants, qu'ils exhortaient par leurs paroles. Cela rendait un peu de courage aux défenseurs de la bonne cause.

49.

Une battue générale est organisée. Les fourrés sont visités un à un. On égorge tout ce que l'on peut atteindre : loups féroces, biches craintives, sangliers terribles, renards pleins de ruse. On poursuit à coups de flèches et de pierres la colombe aussi bien que l'autour. Mais on ne trouve aucune trace du sorcier. Il est devenu invisible; il s'est évaporé.

Le soir venu, les chasseurs se réunissent au centre de la forêt, autour de leur comte qui ne cache pas son désappointement. Les chefs lui rendent compte de ce qu'ils ont fait pendant cette rude journée. Chacun a fait son devoir ; chacun énumère les nombreux dangers qu'il aurait pu courir.

Le suzerain les écoute d'un air maussade :

— Par l'épée flamboyante de Saint-Michel ! s'écrie-t-il, ce mécréant nous échappera-t-il toujours ?

Et tout en maugréant contre ses officiers, il descend de cheval et se dispose à prendre quelque nourriture avant de s'en retourner.

Tout à coup, une voix moqueuse se fait entendre à quelques pas derrière lui :

— Bonjour, comte. C'est moi.

Il se retourne et voit, à l'entrée d'un terrier de renard, un loup énorme, presque complétement caché sous terre et dont la tête montre des yeux sanguinolents et une double rangée de dents blanches et acérées.

Le comte saute sur sa lance.

— C'est lui, je le tiens, crie-t-il.

Ses hommes d'armes se précipitent vers la bête fauve; celle-ci disparaît sous la terre; l'entrée du terrier est trop étroite pour qu'on l'y suive. On perd un temps précieux à élargir l'ouverture ; mais pas un homme n'ose s'y introduire, car on craint que ce soit l'entrée de l'enfer.

On amène des chiens qui, ne craignant rien pour leurs âmes, n'ont pas peur du diable, ce qui, à leurs yeux, constitue, sans doute, une grande supériorité sur les hommes. Ces animaux s'introduisent dans le terrier; on les attend pendant longtemps; l'un d'entre eux revient, portant dans sa gueule la peau tannée d'un loup dont la mort semble remonter à longtemps déjà.

On rappelle les autres ; ils arrivent à leur tour, mais sans rien rapporter. On assemble de grandes quantités de bois à l'entrée du souterrain, on y met le feu. On allume également des feux à l'ouverture de tous les terriers des environs qui pourraient communiquer avec celui où l'on a vu le magicien que l'on espère asphyxier.

Des hommes veillent de tous côtés pour prévenir une évasion; mais la nuit se passe sans que l'on ait vu autre chose que la peau du loup.

Pendant que le comte s'occupe de ce côté, sa dame l'attend avec impatience dans son manoir.

Agenouillée devant un crucifix, elle prie pour que son seigneur et maître revienne sain et sauf de cette étrange expédition.

La nuit est profonde, le sablier a marqué la dixième heure et le comte ne revient pas.

Quel malheur a pu lui arriver? Il a annoncé qu'il rentrerait le soir même.

L'inquiète comtesse se perd en conjectures et se plonge dans la perplexité, lorsque le cor résonne dans la campagne. Un cavalier arrive au galop, appelle, dit qu'il vient de la part du comte et ordonne de baisser le pont-levis.

C'est un jeune paysan porteur d'une missive; on l'introduit dans le château. Genou en terre, il présente à la suzeraine un pli scellé du sceau du comte ; la dame décachète avec émotion cette lettre qui a été écrite par un clerc, au dire du messager, car, en sa qualité de gentilhomme, le comte ne sait tenir une plume.

Moins ignorante, la comtesse peut épeler. Elle déchiffre ce qui suit :

« Ma douce dame,

« Nous n'avons pu surprendre le traître

apostat; nous passerons la nuit à sa recherche. Donnez au porteur de cette missive un chariot de vivres, qu'il nous amènera. Priez pour nous. A demain.

« † »

En guise de signature, le comte avait apposé sa croix.

Sans se douter qu'elle se trouve en face du traître en personne; sans soupçonner que c'est lui-même qui a écrit et scellé la lettre, la comtesse, heureuse d'apprendre qu'il n'est rien arrivé de fâcheux à son époux, donne des ordres pour qu'on lui obéisse.

Un chariot est empli de toutes sortes de victuailles, dont le jeune paysan presse le chargement, car le comte l'attend avec impatience, à ce qu'il dit. Trois forts chevaux, attelés à ce lourd véhicule, passent le pont-levis et sortent du château. Ils s'éloignent d'abord dans la direction de la forêt; mais après une demi-heure de marche, le conducteur les dirige à droite, abandonne la route qu'il a suivie jusqu'alors et se rapproche de la côte.

Sur le bord de la mer, deux hommes l'attendent.

— Voici des vivres pour plus d'un mois, leur dit-il. Du courage, mes gars, nous réussirons. Avais-je tort lorsque je vous disais que les victuailles ne nous manqueraient pas? C'est un de mes tours. Mais je vous conterai cela quand nous serons embarqués. Dépêchons.

Les acolytes, deux solides gaillards, transportent les vivres dans une petite embarcation attachée au rivage. Le faux paysan leur vient en aide; les trois associés embarquent les viandes fumées, les barils de bière, les sacs de pain.

Cette besogne achevée, ils s'installent dans l'embarcation et s'éloignent de la grève, sans prendre nul souci de la charrette et des trois chevaux. Lorsqu'ils sont à une demi-encablure de la terre, Eustache le Moine — nos lecteurs ont sans doute deviné que c'est lui-même — étend la main vers l'immensité de la mer :

— Voici, dit-il, quel sera notre élément, puisque la terre cesse d'être notre domaine. De brigands nous deviendrons pirates. Ici nul n'osera nous poursuivre.

Avant de continuer l'histoire de cet étrange personnage, dont la réputation de magicien est si bien établie, il est nécessaire de dire par suite de quelle circonstance il s'est lancé dans la voie du brigandage.

Eustache le Moine naquit à Cors (aujourd'hui Courset), petit village situé à 5 lieues de Boulogne-sur-Mer. Il appartenait à une famille distinguée. Son père, appelé Baudouin Buskès, était pair du Boulonnais, et Eustache porta, dès sa naissance, le titre de chevalier. Sa jeunesse se passa dans un couvent; il se fit moine et entreprit un voyage ou un pèlerinage en Espagne.

Mais au lieu de s'occuper de dévotion, il fit la connaissance, à Tolède, de quelques Maures, qui lui enseignèrent l'alchimie. Ce fut assez pour lui donner la réputation d'être un sorcier [1].

Il étudiait encore la science des Arabes, lorsqu'il apprit que son père venait d'être tué à la suite d'un procès relatif à un fief. Il quitta aussitôt l'Espagne et ses travaux pour venir dans le Boulonnais demander justice au comte. Ce dernier l'accueillit favorablement et lui conféra la dignité de sénéchal.

C'est sur ces entrefaites que, dégoûté de la vie du cloître, il jeta le froc aux orties et se maria, au grand scandale des moines de

1. A cette époque, les Maures d'Espagne, poursuivis par la haine des Espagnols, cherchaient à se réhabiliter aux yeux de leurs vainqueurs en répandant à profusion la science dont ils semblaient avoir le monopole, au milieu d'un monde fanatique et barbare. Leur école la plus brillante se trouvait à Tolède. C'est là qu'ils enseignaient l'algèbre et l'alchimie. Mais l'inquisition, ardente à arrêter tout progrès, répandit, au moyen de ses agents, le bruit que les Maures professaient la magie; moyen hypocrite de trouver prétexte à de sanglantes persécutions.

Saint-Saumer (Vulmer), abbaye de l'ordre de Saint-Benoît, auquel appartenait Eustache.

A partir de ce jour, le moine défroqué fut poursuivi par la haine de ses anciens condisciples, qui le représentèrent comme un affreux magicien, ne vivant que d'incantations, courant la nuit sous des formes hideuses, s'accouplant avec Belzébuth et jetant des sorts aux hommes et aux animaux.

Leur haine ne fut pas impuissante. Le comte de Boulogne, prévenu contre lui, manifesta en diverses circonstances sa mauvaise humeur; il alla plus loin, il laissa planer des soupçons sur l'intégrité de son sénéchal. Eustache se prépara à rendre des comptes de sa gestion comme sénéchal et bailli. Mais au sujet de ces comptes, il s'éleva, paraît-il, une vive querelle entre lui et le comte de Boulogne, querelle qui eut pour résultat la confiscation des domaines d'Eustache.

Complétement ruiné, il ne reste plus à l'ancien moine qu'à se faire voleur de grands chemins pour vivre; il s'y résout facilement. Mais plus adroit que les brigands ordinaires, il emploie rarement la violence pour parvenir à ses fins. Ses tours sont ceux de Cartouche plutôt que ceux de Mandrin. C'est presque toujours à la faveur de déguisements variés qu'il trompe ses victimes. Il met surtout sa subtilité et sa ruse à voler et à mystifier le comte de Boulogne. Habillé en moine blanc, il lui dérobe son cheval; puis il troque son vêtement contre celui d'un berger et lui enlève tout un troupeau [1].

D'après la légende, « il force le comte à courir jour et nuit les grands chemins et les forêts dans l'espoir de le rencontrer et de punir le perfide moine, qui toujours lui échappe.

« On voit ce rusé Eustache se déguiser tour à tour en bûcheron, en pèlerin, en marchand, même en femme, et, sous tous ces déguisements, il dupe et met à contribution ce pauvre comte [1]. »

Poursuivi, traqué, perdant tout espoir d'échapper à ses ennemis qui n'auraient pas manqué de le faire brûler vif, comme sorcier, le moine défroqué ne vit d'autre salut que de se réfugier sur le liquide élément où il espérait bien qu'on ne le suivrait pas.

Une petite barque, montée par 2 hommes associés à sa fortune, fut le premier esquif sur lequel il affronta de nouveaux périls. Comme il possédait des vivres pour un mois, il ne se pressa pas de déceler sa présence par quelque acte de piraterie. Il désirait auparavant augmenter son équipage.

Depuis plus d'une semaine, il se tenait près des côtes, se réfugiant sur la grève dès que la mer devenait grosse, lorsqu'il aperçut une grande barque de pêcheurs qui sortait du port de Boulogne. Il se mit bravement à sa poursuite.

La barque, ignorant la présence d'un pirate dans ces parages, se laissa facilement approcher. Elle était montée par 5 hommes, dont un, le patron, vieux loup de mer, qui avait visité toutes les mers alors connues, possédait mille exorcismes pour prévenir n'importe quel danger.

Eustache s'approcha comme pour voguer de conserve.

— Ohé! de la barque, cria-t-il, où allez-vous?

— A la pêche.

— A qui appartenez-vous?

— Au comte de Boulogne, et vous?

— Nous sommes Normands, répondit effrontément le pirate; nous allons dans les Pays-Bas porter une lettre du roi d'Angleterre.

— Que Dieu vous protège et vous accorde un bon voyage, crie le patron des pêcheurs.

— Nous le prions aussi, réplique Eustache;

---

1. Voir le *Roman d'Eustache le Moine*. Paris, Silvestre, 1834, in-8º.

1. *Histoire littéraire de la France*, t. XIX, p. 733.

mais cela n'empêche pas la mer d'être bien dure.

— Ne craignez rien ; d'ailleurs, si la tempête vous surprend, vous n'aurez qu'à frapper deux cailloux l'un contre l'autre ; c'est le plus sûr moyen d'éviter un naufrage, pourvu que l'on crie par sept fois : *Credo !* Si la mer menace de vous jeter à la côte, ou de vous briser sur un récif, vous êtes sûr d'échapper à la mort en embrassant trois fois la paume de chacune de vos mains et en disant à chaque fois : *Sainte plaie du Christ !*

— Ainsi ferons-nous, répliqua l'ancien moine qui savait bien mieux qu'un autre se donner un air dévot, lever les yeux au ciel, joindre les mains et prendre toute l'attitude d'un saint homme. Il me semble pourtant que deux ou trois hommes de plus dans ma barque pourraient aussi m'être d'un grand secours ; ne pourriez-vous me céder deux des vôtres ?

— Ces hommes ne sont pas à moi, répliqua vivement le patron ; ils appartiennent au comte de Boulogne. Je n'en puis disposer.

— Or çà, vous autres, demanda Eustache, combien le comte vous paie-t-il pour courir ainsi, malgré vent, froidure et tempête ?

— Rien, répondit un des mariniers. Nous sommes serfs et devons la corvée ; chacun notre tour.

— Eh bien, camarades, s'écria le magicien en sautant à bord de la barque des pêcheurs, je vous dis qu'il y a tout avantage à naviguer pour vous-mêmes. Si vous voulez m'en croire, vous abandonnerez le service peu lucratif du comte ; vous entrerez au mien ; je vous couvrirai d'or, je vous procurerai mille délices. Avec moi, pas de corvées ; des fêtes, des festins, des réjouissances incessantes.

A ces paroles, les mariniers se regardent étonnés, ne sachant d'abord s'il ne s'agit pas de quelque plaisanterie. Le patron fronce le sourcil et semble se demander :

— Que veut cet intrigant ?

Sans prendre garde à son attitude courroucée, Eustache continue :

— Par Hercule ! Il n'est pas difficile au comte de s'enrichir. Croyez-vous que si vous gardiez pour vous-mêmes le produit de votre pêche, vous ne sauriez pas, aussi bien que lui, boire, manger, fainéanter, courtiser les filles et vous engraisser ? Pourquoi ce servage ? Pourquoi ces corvées ? Dieu ne vous a-t-il pas donné, comme à votre seigneur, le soleil qui réchauffe, l'air que l'on respire, les animaux et les poissons ? Dieu a-t-il créé les hommes inégaux ?

Les mariniers se regardent, pendant que les deux associés du pirate, ayant accroché leur embarcation à celle des pêcheurs, sautent à leur tour à bord de cette dernière et se mettent à côté de leur chef.

— Croyez-moi, camarades, s'écrie Eustache, enhardi par leur présence ; rien de tel que la liberté ! Le comte vous vole depuis assez longtemps, en prenant votre travail, votre temps, vos sueurs, vos existences. Il ne tient qu'à vous d'être ses égaux ; emparez-vous de cette belle barque et obéissez-moi.

— Assez ! interrompit le patron d'une voix impérative. Que signifient ces paroles ? Ne sais-tu pas que je suis seul maître ici ?

— Maître quand je n'y suis pas, répliqua le brigand. Tu ignores donc qui je suis !…

— Sans te connaître, je puis affirmer que tu marches dans la mauvaise voie ; car tu commets le crime le plus abominable, tu veux faire révolter les serfs contre leur maître. Retourne dans ta barque et laisse-nous.

— Retourner dans cette coquille de noix ? Je suis trop bien ici.

— Qu'est-ce à dire ?

— Patron, regarde-moi bien ; ne me reconnais-tu pas ?

— Non.

— Vieillard, on dirait que tu as passé toute ton existence sous la terre ou au fond de l'eau, toi qui ne connais pas le visage d'Eustache le Moine.

Ce nom redouté éclate comme un coup de tonnerre sur la tête des gens du comte. Pendant un instant, ils restent immobiles, comme terrifiés. Enfin, le patron rentre le premier en possession de lui-même :

— Eustache ou non, s'écrie-t-il, retire-toi.

— Mais puisque je te dis que je suis ici chez moi.

— Retire-toi, te dis-je, ou cette hache mettra fin à tes maléfices.

Il n'a pas terminé, qu'Eustache fait un signe. Ses deux accolytes se jettent sur le patron récalcitrant, le renversent et le tiennent en respect.

— Qu'on le mette lui-même dans cette petite barque où il prétendait nous reléguer. Il ira rejoindre le comte et lui portera de mes nouvelles.

— Quant à vous, camarades, continua le pirate, je vous crois trop intelligents pour supposer que vous voudriez retourner à Boulogne, vivre sous le joug, vous plier servilement dans le plus honteux esclavage, tandis que je vous offre la liberté, la gloire, la fortune.

Ils ne répondent pas ; un reste de soumission les retient encore, pendant que le patron arrive, en se débattant, à bord de la petite barque. En un tour de main, les jeunes et vigoureux compagnons d'Eustache ont jeté dans leur nouveau navire les vivres dont le leur est empli. Les deux bâtiments sont décrochés l'un de l'autre ; celui des pirates vogue vers la haute mer ; le patron s'en retourne piteusement auprès du comte.

Du premier coup et sans autres explications, Eustache a pris le commandement du navire. Il donne des ordres ; il place un homme à l'avant, un autre en vigie, un troisième au gouvernail. Le voilà capitaine d'un beau bâtiment et d'un équipage de six hommes.

D'abord, ses nouvelles recrues lui obéissent en donnant toutes les marques de la terreur. Mais en peu d'instants il change, par ses paroles, leurs sentiments à son égard. Il s'empare de leur confiance ; il leur annonce qu'avant peu ils auront, eux aussi, leur part de ces biens, de ces richesses, de ces jouissances que les seigneurs, les grands de la terre ont accaparés.

A cette époque, où la patrie comme nous la concevons n'existait pas, il n'y avait d'autre lien que celui du servage. Ce lien, puissant, il faut l'avouer — une fois rompu, rien ne pouvait enchaîner l'homme, sinon la crainte religieuse.

Mais dans les esprits incultes, cette crainte était superstitieuse et non raisonnée. On avait peur du diable, Satan servait de gendarme à la féodalité. L'enfer était la prison perpétuelle où les vassaux révoltés devaient être déportés après leur mort. C'était une punition pour ainsi dire palpable, assurée : une espèce de Nouvelle-Calédonie du Moyen-Age.

Mais lorsqu'en face de Satan venait se placer un homme de la trempe d'Eustache ; un homme qui pouvait dire : J'ai été moine et je connais la supercherie ; le voile de la crédulité tombait de lui-même.

Eustache s'était fait magicien, c'est-à-dire allié de Satan ; il déclarait la guerre au ciel représenté par les moines et les seigneurs ; il ne devait pas lui être bien difficile d'entraîner à sa suite les hommes qu'écrasait le poids de la féodalité. La crainte disparaissait : il ne restait plus que la haine, le souvenir des injures passées, la soif de vengeance.

En quelques heures, Eustache s'empara si bien de l'esprit de son nouvel équipage, que tous ses hommes lui jurèrent de se faire tuer plutôt que de l'abandonner.

Il se dirigea d'abord sur les côtes de la Normandie, d'où s'élançaient chaque jour de nombreux navires destinés à l'Angleterre. L'histoire ne nous fournit aucun détail sur sa croisière qui dura pendant plus d'une année. Nous savons seulement qu'il trouva moyen de recruter une armée d'aventuriers décidés et qu'il devint le fléau du commerce dans la Manche.

Ce qu'il avait promis à ses marins se réalisa; l'abondance régnait perpétuellement à son bord, les navires qu'il captura furent si nombreux qu'il en forma une flotte redoutable. Au lieu d'être vassal, il devint seigneur ; il n'eut pas de terre ; mais la mer lui appartint.

A ses compagnons, les meilleurs vins de France et les plus belles femmes d'Angleterre! Il ne négligeait rien pour leurs plaisirs ; il partageait largement le butin et savait se faire aimer autant que redouter.

D'ailleurs il inspirait à tout le monde cette sorte de respect religieux que les esprits d'élite savent imprimer à ce qui les entoure. Au milieu d'un peuple grossier, inculte, superstitieux, il était instruit et sceptique. Il riait des fausses pratiques d'une dévotion sans lumières. Mathématicien, il étudiait le cours des astres, prévoyait les orages et parlait comme un véritable sorcier.

Dans une expédition, il usait d'une telle ruse que ceux qui ne connaissaient pas ses moyens criaient au miracle. Averti par ses espions, il était toujours averti d'avance du départ d'une flotte marchande. Il savait combien elle comprenait de navires et combien de galères de guerre l'accompagnaient.

De cette façon, il frappait à coup sûr; il prédisait le succès ; il arrivait à l'heure ; la proie ne pouvait lui échapper.

C'est ainsi qu'il établissait sa réputation d'être surnaturel. Personnellement il n'était pas très-belliqueux. Ce n'était pas un de ces héros qui se jettent tête baissée dans la mêlée et donnent l'exemple à leurs soldats. Moins brave et plus habile, il conservait tout son sang-froid pendant l'action; il se tenait au milieu des siens et ne cessait de donner des ordres.

Il s'était choisi, parmi ses marins, une troupe d'élite pour composer l'équipage d'une magnifique galère normande dont il s'était emparé et qui constituait son plus solide bâtiment de guerre.

C'est là qu'entouré de voluptueuses captives, il passait dans la joie et dans les festins une existence que plus d'un prince aurait enviée.

Le soir, lorsque la mer était calme, le navire d'Eustache prenait un aspect féerique. D'énormes fallots, établis dans les hunes ou suspendus aux cordages, éclairaient de nombreux musiciens et de joyeux danseurs. Les fêtes se continuaient fort avant dans la nuit.

Pendant les nuits orageuses, le navire, s'éloignant de la flotte, tombait à l'improviste sur quelque bâtiment surpris par la tempête et qui n'osait se rapprocher des côtes.

Une musique lugubre ou terrible se mêlait au bruit des flots tempêtueux; d'horribles chants de mort augmentaient le tapage des vents en furie. C'était Eustache qui annonçait son arrivée. Des feux de diverses couleurs étaient promenés le long de son navire et inspiraient l'effroi.

Puis il se précipitait soudain sur sa victime déjà terrifiée. Ses ennemis étaient vaincus avant d'avoir songé à se défendre ; croyant se trouver en face d'un navire enchanté, ils demandaient grâce et se rendaient; la plupart d'entre eux augmentaient le nombre des pirates ; les plus âgés, les moins solides, rendus à la liberté, après avoir payé une rançon proportionnée à leur position sociale ou à leur fortune, répandaient dans leur pays la terreur du pirate magicien et de son *vaisseau fantôme*; car c'est de cette époque que date cette vieille légende du *vaisseau fantôme*, conte plusieurs fois séculaire et plusieurs fois modifié qui possède encore le don de faire frémir nos naïves populations maritimes.

L'Angleterre surtout avait à souffrir des déprédations de cette armée de pirates, devenue maîtresse de la Manche. Tout commerce était impossible entre l'île et ses possessions continentales; la noblesse anglaise commençait à murmurer, parce qu'elle manquait de vin. Jean sans Terre, anxieux de mettre fin à ces brigandages et de se créer une marine, fit faire des propositions au chef des pirates. Celui-ci, heureux d'abandonner une existence au bout de laquelle il n'avait d'autre perspective que la potence ou le bûcher, se mit à la solde du puissant roi d'Angleterre. Il conserva ses troupes, ses vaisseaux, son commandement, son autorité, son prestige. Rien ne fut changé : seulement il eut des ports de refuge; il cessa d'être un vagabond sans feu ni lieu ; il put faire ses enrôlements d'une façon moins anormale. En échange de ces pérogatives, il dut arborer le pavillon de l'Angleterre et partager le butin avec le roi de ce pays ; il s'engagea à n'attaquer, à l'avenir, que les ennemis de Jean sans Terre.

L'histoire est muette sur ses exploits pendant cette période de sa vie, elle dit seulement que ce pirate mit exclusivement son talent de magicien à détruire le commerce de la France.

Cela dura pendant de longues années jusqu'à ce qu'enfin il y eût brouille entre le roi Jean sans Terre et son associé.

Voici à quelle occasion finit l'alliance du pirate et du Plantagenet.

L'Angleterre, de tout temps avide de liberté, ne supportait pas sans frémir le joug de Jean sans Terre, que l'on aurait bien mieux surnommé *sans honneur*. Il y avait haine, guerre sournoise, opposition sourde, menaces continuelles entre ce roi et l'orgueilleuse noblesse qu'il espérait dompter.

Après la bataille de Bouvines, Jean, humilié de sa défa   rentra dans sa patrie et dut, faible, vaincu, abandonné de ses alliés, ayant perdu ses soldats mercenaires, souscrire aux exigences de ses barons.

Le 15 juin 1215, jour à jamais mémorable dans les annales de l'Angleterre, les seigneurs de ce pays, justement irrités de la lâcheté de ce tyran, le forcèrent de signer la *Grande charte de liberté*.

Jean ne signa cette charte qu'avec la volonté bien arrêtée de la violer dès que les circonstances lui permettraient de le faire. A peine les barons eurent-ils licencié et dispersé leurs troupes, qu'il les attaqua les uns après les autres dans les châteaux où ils s'étaient tranquillement retirés. A la tête d'un corps de Gascons et de Poitevins mercenaires, il se mit à battre le pays, pillant ou brûlant tout ce qui se trouvait sur son passage. Au dire des historiens, « le ciel de l'Angleterre devint rouge pendant la nuit et noir pendant le jour. Le peuple s'enfuyait dans les forêts, abandonnant les villes et les champs où le roi promenait le fer et le feu. »

En cette extrémité, les barons prirent le parti désespéré d'offrir la couronne à Louis de France, qui avait épousé la nièce du roi Jean et qui était, par conséquent, le plus proche héritier de la couronne, si l'on excluait le prince actuel et sa descendance. Le jeune Louis était, en même temps, le fils aîné de Philippe-Auguste; il devait succéder à ce roi sur le trône de France; en lui offrant celui de l'Angleterre, les barons acceptaient d'avance la réunion des deux couronnes, réunion qui ne pouvait manquer de s'effectuer avant peu. Un tel changement, une pareille révolution, qui allait donner à la France la suprématie sur toutes les nations chrétiennes, aurait été l'événement le plus mémorable de ce siècle et même de plusieurs siècles.

On ne peut prévoir ce qui serait arrivé dans le monde féodal si la France se fût annexé tout à coup l'Angleterre, qui semble, par sa position, n'être qu'une île française. Après cet heureux événement, plus de rivalité entre deux peuples qui n'ont jamais songé depuis qu'à s'entre-détruire. Un immense empire se fondait qui dictait des lois à l'univers. Au lieu de s'affaiblir par une guerre intestine de cent ans, le peuple anglo-français jetait d'abord ses forces sur

— Où vas-tu ? (Page 383.)

les Flandres et reprenait les limites naturelles du Rhin. Dans l'avenir, l'Espagne et l'Allemagne ne pouvaient s'unir; l'Amérique nous appartenait; les océans devenaient notre domaine.

Bien mieux. L'esprit militaire et féodal, fléau né de la guerre et entretenu par elle, disparaissait dès qu'il devenait inutile; la civilisation, fille de la paix, se développait avec une rapidité extraordinaire; la liberté florissait sur les bords de la Seine aussi bien que sur ceux de la Tamise; le peuple anglais gagnait en générosité ce qu'il nous donnait en esprit libéral; chacune des deux nations bénéficiait, ni l'une ni l'autre ne pouvait perdre.

50.

Mais *cela n'était pas écrit*, comme disent les fatalistes.

Cette tentative de réunion, la plus magnifique conception du XIIIe siècle, ne tarda pas à avorter, par suite de la superstition des peuples ignorants et fanatiques.

Un pape intervint; et il lui suffit d'élever la voix pour faire évanouir ces beaux rêves de paix occidentale.

Mais n'anticipons pas : racontons les faits.

Les barons anglais s'étant déterminés à renverser leur roi, députèrent, auprès du prince Louis, le comte de Winchester, pour le presser d'accepter la couronne d'Angleterre. Ce comte était accompagné de 25 jeunes seigneurs des premières familles, otages destinés à garantir la fidélité des Anglais.

Le fils de Philippe-Auguste accepta avec une répugnance simulée les offres des Anglais; au fond, il comprenait l'importance de cette réunion de deux couronnes rivales ; mais il crut habile de feindre et de faire quelques difficultés.

Enfin, il promit au comte de Winchester que, dans deux mois, il se rendrait à Calais pour traverser la Manche. En attendant, il envoya en Angleterre quelques officiers pour organiser la guerre contre le despote.

Tout allait donc pour le mieux, lorsqu'un certain abbé de Londres, voyant arriver dans son pays les officiers envoyés par Louis, leur demanda s'ils agissaient au nom de Dieu ou s'ils obéissaient seulement à une puissance terrestre.

Étonnement des officiers :

— Nous sommes au service du prince Louis de France, nommé roi d'Angleterre par les barons de ce royaume, répondirent-ils.

Sur ces paroles, l'abbé se retira; mais, rentré dans son église, il fulmina une sentence d'excommunication contre les officiers et, en outre, contre ceux qui les avaient appelés et ceux qui les avaient envoyés.

Sur ces entrefaites, Jean sans Terre envoya au pape de gros présents, résultant du pillage des villes, des campagnes, des églises et des monastères ; il lui promit de lui en envoyer davantage avant peu et de faire passer à Rome tous les trésors de l'Angleterre, à la seule condition que le pape le soutiendrait dans sa lutte contre son peuple.

Le chef de la chrétienté, toujours besogneux, se hâta d'accepter un pacte si avantageux, où il avait tout à gagner. Il députa en France un légat nommé Galon ou Gualo qui eut ordre de s'opposer au départ de Louis.

Quoique très-religieux, le roi Philippe, qui ne comprenait pas bien quel mobile faisait agir le pape, chercha à gagner le légat par de bonnes raisons au lieu de lui offrir de grosses sommes :

— Jean a été condamné à mort par la cour des Pairs pour avoir assassiné son neveu, Arthur de Bretagne, lui dit-il ; depuis, il a commis plusieurs horribles homicides ; il s'est rendu indigne de régner par sa tyrannie. Et comment s'est-il emparé de cette couronne qui tombe aujourd'hui de son front? il l'a usurpée ; car l'Angleterre, où ne règne pas la loi salique, appartient de droit à Blanche, femme de mon fils, fille de Richard et dernier rejeton de la famille légitime d'Angleterre. Ces titres ne sont-ils pas suffisants ? Faut-il vous rappeler que nous avons, en notre faveur, l'élection des peuples. Le pape n'a pas le droit d'empêcher mon fils de se faire rendre justice et de recueillir la succession qui lui appartient. Le souverain pontife n'est pas, quoi qu'il dise, le souverain de l'Angleterre ; et quand même le pernicieux Jean aurait disposé d'un État dont il n'est que l'administrateur, quand même il se serait reconnu tributaire du pape, les coutumes de France veulent que l'on punisse les vassaux criminels, non-seulement en leur enlevant les fiefs qu'ils possèdent dans notre royaume, mais encore en les privant de tout ce qu'ils possèdent au dehors.

Ainsi parla le roi Philippe-Auguste.

Quelque justes que fussent ses raisons, le légat avait les siennes pour ne s'en point contenter. Il protesta que Louis serait excommunié s'il passait en Angleterre et, comme ce prince, sans paraître se soucier de ses menaces, pressait les armements qui se faisaient à Calais, Galon en donna avis au pape Innocent III. Celui-ci, outré qu'il y eût un homme assez hardi pour lui désobéir, se prépara à excommunier le père et le fils, et ne cessa de répéter pendant plusieurs jours, pour exciter et entretenir sa colère :

— Glaive, glaive, sors du fourreau ; tue afin de te donner de l'éclat [1].

---

1. Verset du XXIe chapitre d'Ézéchiel.

Nous avons dit quelle haine Eustache portait aux gens d'église qui avaient brisé son avenir en le poursuivant de leurs calomnies. Dès qu'il vit le clergé prendre fait et cause pour Jean sans Terre, il changea de sentiments vis-à-vis de ce prince.

Sollicité par les émissaires de Philippe-Auguste, il se disposa à trahir son allié. Enfin, un beau jour, il arbora la bannière de France et déclara que Jean, ayant perdu la couronne et mérité la mort, les conventions passées avec ce tyran étaient nulles de droit.

Cette défection frappa le Plantagenet bien plus que toutes les autres. Il sentit que l'empire de la mer lui échappait et, qu'à l'avenir, il ne pourrait se mettre à l'abri d'une invasion.

« En 1215, Philippe-Auguste envoya aux barons anglais révoltés contre le roi Jean des machines de guerre par Eustache le Moine[1], » nonobstant les menaces du pape.

Une armée française fut assemblée à Calais. Louis s'embarqua pour Sandwich, à la tête de 680 navires portant une armée nombreuse et bien équipée. Jean sans Terre établit son camp à la hauteur de Douvres avec les quelques barons qui lui étaient restés fidèles. A la vue d'une flotte si considérable, il se retira sans essayer de s'opposer à son passage. Seuls, les barons des *Cinq-ports*[2],

[1]. Francisque Michel, *Roman d'Eustache le Moine*, pirate fameux du troisième siècle. Paris, Silvestre, 1834.
[2]. La féodalité maritime des *Cinque-Ports* était une puissante association politique fondée par Guillaume le Conquérant. Ce prince, qui avait appris par sa victoire même combien le peuple anglais est faible sur son propre territoire, avait de suite compris que, pour prévenir de nouvelles invasions, il fallait se mettre en mesure de défendre les côtes, au moyen d'une marine respectable. A ses yeux, la mer devait servir de boulevard à l'Angleterre; la défense des côtes répondait du salut du territoire.

C'est pourquoi il fonda, sur les rivages du Kent, du côté qui regarde la France, une corporation maritime de cinq ports (*cinque-ports* dans l'ancienne langue française parlée en Angleterre.)

Douvres, Hastings, Romney, Hythe et Sandwich furent les cinq villes maritimes qu'il forma en un corps politique auquel il accorda de grands priviléges, à la condition qu'elles lui fourniraient pour six semaines, et dès qu'il le demanderait, cinquante-sept navires armés et portant chacun vingt-quatre marins.

ennemis acharnés de la réunion des deux couronnes, osèrent, malgré leur infériorité, attaquer ceux de nos navires qui s'étaient éloignés du gros de la flotte; ils en prirent et en coulèrent quelques-uns; mais ils ne purent empêcher le débarquement de s'effectuer tranquillement à Sandwich, le 30 mai 1216.

En peu de jours, le prince français réduisit toute la province, hormis le château de Douvres, qu'il eût aisément pris s'il eût

Suivant leur richesse, leur population et leur importance commerciale, ces ports de mer devaient équiper plus ou moins de bâtiments de guerre. Ainsi, Douvres et Hastings n'en fournissaient pas moins de vingt et un chacun; les trois autres ports, cinq seulement.

En retour de ce service, les villes associées étaient exemptées de certaines taxes; leurs habitants jouissaient de grands priviléges et le chef de leur flotte, considéré comme un des plus hauts dignitaires du royaume, portait le titre d'amiral et de connétable du château de Douvres.

Plus tard, Winchelsea, Rye et Seafort furent ajoutés aux cinq ports; mais l'association ne changea pas de nom.

Bien qu'elle n'ait plus aucune raison d'être aujourd'hui, les ports qui la composaient conservent encore une partie de leurs anciens priviléges; c'est un de ces mille souvenirs que les mœurs et les lois de l'Angleterre ont gardés de la féodalité.

Le service de la flotte des *Cinque-Ports* avait d'abord été fixé à une durée de six semaines; mais Guillaume l'abaissa ensuite à deux semaines seulement, sur les réclamations des villes associées. En effet, leur office n'était point une sinécure, tant s'en faut.

Non-seulement on leur faisait appel à chaque instant pour la défense des côtes, mais encore leur flotte devait accompagner le roi dès qu'il quittait son royaume pour venir visiter ses domaines du continent. C'est pourquoi, passé deux semaines de service consécutif, l'entretien des marins, leur solde et leur nourriture furent à la charge du roi.

Cette association dite des *Cinque-Ports* a joué un rôle considérable dans l'histoire du moyen âge. L'Angleterre lui doit en grande partie sa suprématie maritime.

assiégé tout d'abord. Mais il commit la lourde faute de passer outre sans s'en occuper ; il comprit trop tard l'importance de cette position, à laquelle il donna le temps de se préparer à la défense.

Pressé d'arriver à Londres, il y courut tout d'une traite et y fut reçu avec une joie inexprimable par un peuple qui l'appelait le libérateur du royaume. Il fut déclaré légitime héritier du trône d'Angleterre, et fut solennellement couronné, selon le cérémonial ordinaire ; après quoi, il reçut les serments de fidélité et les hommages des Anglais ; de son côté il jura, la main étendue sur les Évangiles, de soutenir ses barons contre toute agression du roi dépossédé. Les comtes d'Arondel, de Salisbury et de Varennes vinrent ensuite lui prêter serment ; les villes lui apportèrent leur soumission et reçurent de lui des gouverneurs ; il créa un chancelier et les autres officiers de la couronne ; enfin tout lui souriait ; l'Angleterre entière lui appartenait, son rival allait disparaître, lorsque tout à coup on apprit que le légat du pape, quittant Paris, avait traversé la Manche et était venu, sur le sol même de l'Angleterre, excommunier le nouveau roi.

Pour ne pas se brouiller complétement avec le clergé, ni interrompre ses conquêtes, Louis en appelle à un concile et, en attendant, il envahit les comtés de Kent, de Sussex et de Winchester, dont toutes les places se soumettent, à l'exception, toutefois, de Douvres et de Windsor. De là, il passe dans les pays d'Essex, de Suffolk et de Norfolk ; il soumet le château de Norwick, pendant que Richard de Percy, l'un de ses lieutenants, réduit la province d'York.

C'est alors qu'il commence à regretter de n'avoir pas soumis Douvres avant que sa citadelle soit en état de soutenir un siége. C'est devant cette place qu'il rencontre, pour la première fois, de la résistance. Hubert de Burgh, qui en est gouverneur, a juré de se faire couper en morceaux plutôt que de se rendre. En vain Louis le menace de faire pendre, à sa vue, son frère qu'il tient prisonnier, il répond sans s'émouvoir :

— Cet usurpateur peut faire périr mon père et ma mère ; il ne saurait me faire trahir mon devoir.

Pendant que le prince français était occupé à ce siége, Jean avait appelé à son service tous les vagabonds, les criminels, les voleurs, dont il forma une armée digne de sa cause. Le légat leur promit le ciel et, en attendant, il leur permit de piller, de voler, de violer et de brûler tout à leur aise, sans craindre la justice divine qui était de leur côté.

Lorsque le nombre de ces bandits fut assez considérable pour former une armée, le roi Jean et le légat Galon se mirent à courir le pays, dépouillant les églises de leurs ornements, profanant les lieux saints, abandonnant les femmes et les religieuses à la brutalité de leurs soldats, dont ils partageaient les infâmes débauches ; livrant les maisons aux flammes, après avoir supplicié les habitants.

Ayant amassé un butin considérable, qu'ils destinaient en partie à grossir les trésors du pape, ils songèrent à revenir du côté de Douvres. Mais ils se trompèrent au retour. Quelques jours auparavant, ils avaient traversé à gué la rivière appelée le Wash ; pendant qu'ils recommençaient la même opération, la mer montante se précipita avec fureur à l'embouchure de ce petit fleuve et, formant un *mascaret* comme jamais on n'en avait vu, engloutit en une seconde les chariots chargés du butin que les soldats de Jean avaient ravi au peuple et aux églises. Le prince y perdit ses bagages, ses bijoux, ses trésors et jusqu'à sa belle couronne d'or. Lui-même eut beaucoup de peine à se sauver.

Ce coup l'accabla, la fièvre s'empara de lui ; pour apaiser une soif inextinguible qui lui brûlait la gorge, il mangea tant de pêches et but tant de bière, qu'il se donna une indigestion et mourut (19 octobre 1216).

Voici une autre version sur la cause de sa mort :

« Un moine de la maison de Suinesheved, de l'ordre de Cîteaux, poussé d'un zèle pour sa patrie ou d'un désir de vengeance pour son ordre, dont les grandes richesses avaient été pillées par ces brigands, lui donna à boire d'un vin empoisonné, après en avoir fait l'essai le premier, dont ils moururent tous deux, après de mortelles et violentes convulsions.

« Ce prince ne fut pas même en repos dans le sépulcre ; les moines de Worchestre, se plaignant qu'ils entendaient sur son tombeau des cris effroyables et un bruit perpétuel, déterrèrent son corps, si bien qu'après sa mort il fut *sans terre*, comme il l'avait été durant sa vie, ayant été dépossédé de Normandie par Philippe et du royaume d'Angleterre par ses sujets [1]. »

Après sa mort, le faible prince Louis, délivré de toute crainte, cessa de ménager ses nouveaux sujets. Il affecta de s'entourer de Français, auxquels il donna le gouvernement des châteaux, des villes, des comtés, au préjudice des indigènes qui l'avaient appelé au trône. Il ne se gênait pas pour dire qu'il n'y avait aucune créance à accorder au peuple perfide de l'Angleterre :

— Ces gens qui ont trahi leur roi Jean, ne me trahiraient-ils pas aussi ? disait-il.

La calomnie s'en mêlant, le bruit courut que Louis et ses officiers méditaient d'égorger tous les seigneurs anglais, pour s'emparer de leurs domaines.

Peu de nobles ajoutèrent foi à de semblables absurdités ; mais leurs idées se modifièrent néanmoins et, en peu de jours, ils se retirèrent de notre alliance.

Ces hauts barons, si pointilleux sur le chapitre de leurs priviléges, commencèrent à craindre de s'être donné un maître. Ils réfléchirent que leur nouveau roi, soutenu par les troupes de France, pourrait, plus facilement que tout autre, violer leurs prérogatives.

D'ailleurs, leur haine contre le despote décédé était morte avec lui. Ils résolurent de rendre le trône à son fils, le jeune Henri de Winchester, prince âgé de 10 ans à peine, autour duquel ils se rallièrent, parce qu'ils espéraient obtenir de sa faiblesse une augmentation de priviléges.

La couronne royale d'Angleterre ayant été engloutie dans les flots, ainsi que nous l'avons dit, les partisans du fils de Jean lui ceignirent le front d'un simple filet d'or et chacun d'eux, en signe de ralliement, porta à l'avenir un filet d'étoffe blanche.

En peu de jours la cour du roi français fut désertée pour celle du prince national ; ceux même qui s'étaient montrés les plus ardents à appeler le fils de Philippe-Auguste devinrent ensuite les plus chauds partisans de son rival. Ils accoururent en foule à Gloucester, où eut lieu la cérémonie du couronnement de cet enfant qu'ils acclamèrent avec un enthousiasme bien rare chez les Anglais.

D'abord étonné, puis indigné d'une défection aussi générale, Louis prend la résolution de ne point abandonner cette île perfide sans avoir au moins lutté pour la conserver.

« Le nouveau pape Honorius ou Honoré III, qui venait de succéder à Innocent III, embrassa chaleureusement la cause de l'héritier des Plantagenêts et menaça de renouveler de sa propre bouche l'excommunication fulminée par le légat Gualo, si Louis ne quittait pas immédiatement l'Angleterre.

« Louis, inquiet et voulant aller lui-même en France chercher un renfort d'argent et de soldats, conclut avec ses adversaires une trêve de 40 jours, durant le carême de 1217. Mais le roi Philippe, en homme très-chrétien, ne voulut point communiquer, même de parole, avec son fils excommunié.

---

1. Mézeray, *Histoire de France*.

« Philippe commençait à mal augurer de l'entreprise de Louis et ne voulait pas se compromettre.

« Il fournit cependant sous main quelques secours à son fils; mais Louis, de retour en Angleterre, trouva ses affaires bien empirées; pendant son absence, presque tous les grands barons s'étaient tournés vers Henri III « leur droit sire; » la commune de Londres seule montra un attachement obstiné au prince français, et Louis envoya la milice de Londres, avec 600 chevaliers français et quelques chevaliers anglais, contre les partisans de Henri III.

« L'armée franco-anglaise fut surprise dans Lincoln même et mise en déroute (19 mai 1217) et Louis se vit bientôt resserré dans Londres par les vainqueurs[1]. »

Désespéré de ces revers, le faible Louis écrivit missive sur missive à son père et à sa femme, l'énergique Blanche de Castille. Philippe-Auguste, quoique très-affligé de l'insuccès de son fils, n'était pas homme à compromettre sa couronne et encore moins son âme; il se montra inflexible et refusa toute espèce de secours.

Mais il n'en fut pas de même de sa bru, la vertueuse épouse de Louis. Cette princesse, bien supérieure aux mesquines idées de son siècle, prenait fait et cause pour son seigneur et maître, contre le pape, le légat et les bulles d'excommunication. Elle vint supplier son beau-père, le roi, d'envoyer au moins quelque argent au prince que tout le monde abandonnait.

— Par la lance de Saint-Jacques, lui répondit le roi, je ne me ferai point excommunier pour mon fils.

— Comment, sire, laisserez-vous donc mourir mon seigneur (mon mari) en terre étrangère? N'est-il pas votre héritier? envoyez-lui au moins les revenus de son patrimoine.

— Certes, Blanche, je n'en ferai rien.

[1]. Henri Martin, *Histoire de France*.

— Eh bien, je sais, dit la dame, ce qui me reste à faire.

— Quoi donc? demanda le roi intrigué.

— Par la benoîte mère de Dieu, j'ai beaux enfants de mon seigneur; je les mettrai en gages et trouverai bien qui me prêtera sur eux.

Et elle se retira comme exaspérée; le roi, pénétré de douleur, croyant qu'elle allait exécuter sa menace, la rappela et dit :

— Blanche, je vous donne tout mon trésor, faites-en ce que vous voudrez; mais quant à moi, je n'enverrai rien à mon fils qui est excommunié.

Et alors, Mme Blanche reçut de grands trésors qu'elle envoya à son seigneur pour renforcer sa guerre[1]. »

Avec l'argent que son beau-père lui laissa prendre dans ses trésors, Blanche de Castille entreprit d'armer une troupe de soldats et de la faire passer à Londres. Ce fut chose difficile, car les seigneurs français ne tenaient guère à se mettre au service d'un excommunié. Malgré cela, l'espoir de renouveler les exploits de l'invasion de Guillaume le Conquérant attira à Calais, où se faisait l'armement, plus de 300 chevaliers et une foule de sergents d'armes, ayant à leur tête Robert de Courtenay, seigneur de la race capétienne.

Cette petite armée de renfort s'organisa vite, tandis qu'on équipait une flotte. On fit appel aux mariniers de la côte; mais tel était l'effroi inspiré par l'excommunication, que les populations maritimes refusèrent à peu près complètement leur concours, et que l'on eut beaucoup de peine à recruter les équipages nécessaires. On eut recours surtout aux pirates, aux écumeurs de mer qui régnaient alors en grand nombre sur les côtes de la Manche. A leur tête on plaça l'ancien moine Eustache, dont le seul nom semblait une garantie de succès.

La plupart des soldats et des marins comp-

[1]. *Chronique de Reims*.

taien¹ bien plus sur les maléfices du sorcier qui conduisait leur flotte que sur leur force et sur la bonté de leur cause.

« Ils avaient une telle confiance dans ses promesses, d'après les prodiges qu'il leur avait montrés, qu'ils amenèrent avec eux des femmes et des enfants, dont plusieurs au berceau, pour habiter l'Angleterre sur-le-champ[1]. »

C'est en vain que les seigneurs anglais font les offres les plus avantageuses au chef des pirates, dont la seule présence parmi les Français met l'Angleterre en danger. Cet homme, que l'histoire a flétri, en le traitant d'apostat et de traître, se montra, en réalité, plus fidèle que ces barons qui abandonnaient le prince Louis, après l'avoir appelé et mis à leur tête.

Eustache, soit qu'il crût que les affaires des Français se relèveraient, soit que sa haine contre les gens d'église le maintînt, soit qu'il obéît à un sentiment d'honnêteté dont l'histoire ne lui sait aucun gré, Eustache resta fidèle à une cause que tout le monde abandonnait.

Il refusa de reconnaître comme roi d'Angleterre le fils du roi déchu. Il se mit entièrement au service de son rival.

Les troupes s'embarquèrent à Calais sur 80 gros navires, accompagnés de galères et d'autres bâtiments de guerre et de transport, le tout sous les ordres d'Eustache le Moine.

Le 24 août 1217, l'armement français prit la mer, espérant remonter la Tamise et atteindre Londres, pour y débarquer les troupes de terre commandées par Robert de Courtenay. Mais il ne fallait plus songer à traverser la Manche avec autant de facilité qu'au temps de Guillaume le Conquérant.

Hubert de Burgh, sénéchal de Poitou, et actuellement connétable du château de Douvres, que Louis assiégeait du côté de la terre, prévit et prédit que c'en était fait de

1. Manuscrit de la bibliothèque harléienne.

l'indépendance de l'Angleterre, si cette armée formidable parvenait à débarquer et à occuper la capitale.

Il fit des appels réitérés et inutiles au patriotisme de ses compatriotes. Il réunit en conférence les plus hauts dignitaires du pays, parmi lesquels on remarquait Peter de Rupilius, évêque de Winchester, et leur adressa une chaude allocution, qu'il termina par ces paroles :

— Si ces gens-là débarquent, nous sommes perdus ; c'est pourquoi il faut leur courir sus, et les attaquer. Que craindrions-nous ? Dieu n'est-il pas avec nous ? Ces mécréants ne sont-ils pas excommuniés ?

Puis il promène son regard sur l'assemblée pour juger de l'effet produit par sa harangue. Les auditeurs restent froids :

— Nous sommes des pêcheurs et non des pirates, murmurent quelques-uns, qui ne semblent guère partager l'ardeur de l'orateur ou qui, peut-être, ont peur du terrible moine Eustache.

D'autres disent :

— Allez vous faire tuer, si bon vous semble.

— Eh bien j'irais... J'irais seul à l'ennemi, s'écrie le connétable, si ma place n'était à votre tête.

Découragé, il quitta brusquement l'assemblée, vint trouver son chapelain, se confessa, communia, se revêtit de son armure et, passant en revue les soldats en garnison à Douvres, il leur enjoignit de défendre cette place jusqu'au bout, ajoutant avec emphase :

— Pendez-moi si je venais à parler de rendre cette forteresse, clef de l'Angleterre !

Les soldats furent moins difficiles à exalter que n'avaient été les grands seigneurs. Ils jurèrent tous de faire leur devoir.

Pendant ce temps, le peuple des *Cinque-Ports*, peu sympathique à l'union de la France et de l'Angleterre, se livrait à mille conjectures. Des orateurs populaires assemblaient la multitude sur les places publiques.

— Si les Français débarquent, s'écriaient-ils, qui défendra nos foyers? Nous n'avons pas d'armée de terre pour nous protéger. Que faudrait-il cependant pour prévenir les désastres d'une nouvelle invasion? Il suffirait de tuer l'odieux pirate qui conduit la flotte ennemie; ensuite il ne serait pas impossible de mettre en déroute le reste de leur armée navale restée sans chef.

Ces paroles émeuvent la masse et lui donnent quelque espoir. Des hommes de bonne volonté demandent à s'embarquer sur les bâtiments disponibles et à se sacrifier pour empêcher un débarquement qui doit être suivi, selon toutes les apparences, de la conquête entière de l'Angleterre.

5 vaisseaux de guerre anglais appartenant aux *Cinque-Ports* et une vingtaine de bâtiments plus petits sont aussitôt équipés et forment une escadre. Les plus braves chevaliers anglais se décident à tenter la fortune d'un combat naval. Parmi eux se distinguent: sir Philip d'Albany, gouverneur de Jersey; sir Henry de Tuberville; sir Richard Suuard; Richard, fils naturel du roi Jean.

Confiant à son lieutenant la défense du château de Douvres, de Burgh présida à leur embarquement, et ils mirent aussitôt à la voile.

Les 80 vaisseaux français se trouvaient à peine à quelques milles de Calais, lorsque ceux des *Cinque-Ports* se trouvèrent tout près d'eux.

Le récit de la bataille qui s'ensuivit n'a jamais été donné d'une manière bien complète; mais les vieux narrateurs nous racontent qu'une forte brise, soufflant du sud, poussait rapidement les Français vers les côtes d'Angleterre. Au lieu de venir se mettre en face d'eux, les Anglais firent un détour, comme s'ils se fussent dirigés vers Calais, manœuvre adroite qui allait les faire passer derrière nos navires et leur donner l'avantage du vent.

Apercevant au loin cette petite flotte qui marchait en sens inverse de la sienne, Eustache ne sembla pas trop s'étonner de cette manœuvre, pourtant bien extraordinaire:

— Je devine l'intention de ces misérables, s'écria-t-il; qu'on les laisse passer sans obstacle; ils espèrent surprendre Calais et le piller, les voleurs! Mais ils y seront reçus comme ils le méritent.

Les Anglais passèrent en effet; mais dès qu'ils se virent au sud de la flotte française, ils obliquèrent tout à coup et, maîtres du vent, ils firent ensuite volte-face, comme pour tomber sur l'arrière de nos vaisseaux [1].

De Burgh employa contre les Français un stratagème qui contribua, plus que tout le reste, à sa victoire. Il fit jeter en l'air une grande quantité de chaux vive en poudre fine, que le vent poussa dans les yeux des Français, au point de les aveugler et de mettre la confusion dans leur manœuvre.

L'air s'emplit de cette poudre qui, poussée par le vent du sud, s'éloigne des bâtiments anglais et forme un nuage épais autour de la flotte française. Les marins d'Eustache n'y voient plus; tout occupés à tenir leurs mains sur leurs yeux brûlés, ils n'entendent pas les ordres que leur donnent les chefs; ces

[1]. « Le jour de l'apôtre saint Barthélemy (24 août 1217), la flotte française fut confiée à Eustache le Moine, homme couvert de crimes, afin qu'il la conduisît sans male encontre en la ville de Londres et la remît en bon état au prince Louis. Les soldats susdits s'étant, en conséquence, mis en mer, eurent un vent arrière qui les poussait violemment vers l'Angleterre; mais ils n'avaient aucune connaissance des embûches qu'on leur avait dressées. Ils avaient donc parcouru une grande partie de leur route lorsqu'ils rencontrèrent les corsaires du roi d'Angleterre qui venaient obliquement. Ceux-ci voyant que leurs adversaires avaient quatre grands navires et un nombre plus considérable de petits et de barques armées, redoutèrent d'engager un combat naval avec le peu qu'ils en avaient, car tant de barques que vaisseaux d'autre espèce, la totalité des leurs, bien comptée, n'excédait pas quarante; mais enfin, animés par le souvenir de ce qui était arrivé à Lincoln, où un petit nombre avait triomphé d'un plus grand, ils s'élancèrent hardiment sur les derrières de l'ennemi. » Mathieu Paris.

Le vaisseau fantôme. (Page 391.)

derniers eux-mêmes perdent contenance et ne marchent que les yeux fermés.

Eustache commence à comprendre qu'il s'est trompé sur les intentions des Anglais. Mais il a peine à croire qu'une si faible flotte veut attaquer la sienne qui est pleine de soldats; pour plus de sécurité, néanmoins, il ordonne à ses vaisseaux de virer de bord et de se disposer à la bataille. Cette manœuvre s'opère sans ensemble, parce qu'il lui est impossible, dans le nuage brûlant qui l'enveloppe, de faire connaître ses ordres avec promptitude.

Déjà les ennemis sont prêts à l'attaque. Déjà, sans cesser de jeter en l'air des masses de chaux vive, ils lancent sur les Français des nuées de flèches et de pierres, qui tombent sur nos navires comme une grêle.

Philip d'Albany, ses frondeurs et ses archers, font en peu de temps un grand carnage; des centaines de marins et de soldats sont frappés sans se rendre compte du lieu où se trouve l'ennemi, sans savoir au juste d'où partent les coups dont ils sont terrassés.

Eustache, qui n'a pas prévu cette manière de combattre, reste stupéfait. Habitué à l'attaque, il perd la tête maintenant qu'il faut se défendre. Souvent il a surpris des ennemis dix fois supérieurs en nombre et il les a vaincus; aujourd'hui il possède l'avantage du nombre et il se sent le plus faible; il a donné dans un piége; les Anglais se sont emparés du vent, non pour lui couper la retraite, mais pour lui jeter de la poudre aux yeux.

Quand les ennemis ont mis le désordre dans sa flotte, quand ils voient que nos bâtiments à voiles sont dans un affreux pêle-mêle avec les galères qui seules combattaient alors, ils se décident enfin à s'approcher, bien sûrs de ne rencontrer qu'une faible résistance, en portant leurs efforts combinés, tour à tour sur chaque navire de guerre isolé ou entouré de vaisseaux de transport.

D'ailleurs notre supériorité numérique était bien plus apparente que réelle. Il est hors de doute que les galères se trouvaient d'autant moins nombreuses que nul ne s'attendait à une attaque. Les bâtiments à voiles, ou de transport, toujours gênants, et en ce moment mêlés avec les navires de guerre, étaient en majorité.

Eustache n'eut pas le temps, ni la faculté de se séparer de son convoi pour se mettre en bataille. Les ordres qu'il donna au milieu de l'affreux nuage de chaux vive ne furent pas exécutés, parce que ses officiers et ses marins, complétement aveuglés, n'obéirent que lentement.

D'ailleurs, nul ne croyait encore à une attaque sérieuse; mais grande était l'erreur.

Après avoir épuisé leurs provisions de poudre, après avoir lancé sur notre flotte une nuée de flèches et de pierres qui mirent à mort une infinité de combattants et de rameurs, les Anglais, habiles marins, passèrent à un autre genre d'attaque, consistant à heurter violemment, avec l'éperon de leurs galères, nos navires surpris et incapables de se défendre en ce moment critique.

« Les Anglais avaient des barques armées d'un éperon de fer avec lequel ils perforaient les navires de leurs adversaires; de cette manière, ils en coulèrent bas un grand nombre en un moment[1]. »

1. Mathieu Paris.

« A cette époque, les grands navires de guerre étaient parfois armés à l'extérieur d'une ceinture de fer qui leur composait une espèce de cuirasse. Ils portaient aussi un éperon — le *rostrum* des Latins. — Cette arme consistait en trois pointes ou en trois pièces de bois pointues, armées de fer par le bout et appliquées à fleur d'eau sur la proue. Attaquer le vaisseau, le désemparer, le briser, lui faire dans le flanc une large ouverture qui le mettait en danger de couler bas, telle paraît avoir été la tactique des premiers marins, lorsque, la marine grandissant, transforma le radeau ou le tronc d'arbre creusé, en un navire allant porter ou attendant le combat.

« La manœuvre de l'attaque se faisait au moyen de rames, car, bien qu'on se servît de voiles dans la navigation, leur manœuvre était encore trop peu connue pour que, dans les combats, on ne préférât pas employer les rames, à l'aide desquelles on donnait au navire la direction que l'on voulait.

« Aussi la principale manœuvre de l'époque consistait-elle à empêcher les navires de gouverner, en brisant leurs rames.

« Voici comment cela s'exécutait :

« L'assaillant courait sur une ligne à peu près parallèle à celle que suivait le navire qu'il voulait attaquer; et lorsqu'il était sur le point de le joindre, il donnait au sien la plus grande vitesse possible. Il laissait aller ou retirait alors ses rames, et, passant très-près du navire ennemi, il rencontrait les siennes qui étaient infailliblement brisées.

« L'attaque avec l'éperon devenait alors facile, puisque la fuite était impossible[1]. »

Il est plus facile de s'imaginer que de peindre la situation des navires de France, du reste moins bien équipés que leurs ennemis.

Surpris avant d'avoir pu se mettre en bataille, gênés par les bâtiments à voile, mêlés avec ces derniers, attaqués un à un et succes-

1. O. Troude, *Batailles navales de la France.*

sivement par plusieurs adversaires, privés tout d'abord de leurs rames, sans lesquelles ils ne pouvaient bouger, frappés au moyen d'un solide éperon, crevés, éventrés, ils coulaient avant même d'avoir pu songer à se mettre en défense.

L'attaque fut si violente et si inopinée, qu'elle ne permit aucune résistance.

En peu d'instants la mer se couvrit des débris de nos galères si orgueilleusement parties de Calais quelques heures avant le combat. Les navires que les Anglais ne purent couler au moyen de leurs éperons furent pris à l'abordage.

« La mêlée devint très-chaude ; mais ceux des Français qui n'avaient point l'habitude de se battre en mer furent bientôt mis hors de combat ; car les Anglais, guerriers exercés dans les combats de mer comme ils le sont, les perçaient de traits et de flèches, les perforaient à coups de lances, les égorgeaient avec leurs poignards et les épées, ou crevaient les nefs ennemies et submergeaient ceux qu'elles portaient. Ces malheureux étaient, en outre, aveuglés par la chaux et n'avaient ni l'espoir d'être secourus, ni la possibilité de fuir[1]. »

Dans ce genre d'attaque, les Anglais emploient encore un stratagème inconnu aux Français. A coups de hache et de poignard, ils coupent les cordages et tous les grééments, si bien que les voiles tombent sur leurs adversaires « comme des filets sur les oisillons[2]. »

Après un immense carnage, les Français furent complétement défaits ; car, bien qu'au dire de leurs ennemis eux-mêmes, « ils fussent incontestablement très-braves, ils étaient moins habitués à la tactique navale et aux combats de mer que leurs ennemis, sous les haches, les lances et les épées desquels ils tombèrent rapidement[3]. »

1. Mathieu Paris.
2. Manuscrit de la bibliothèque cottonienne.
3. James Grant, *British battles on land and sea*.

Nous ne connaissons pas les détails de cette défaite. Nous savons seulement qu'effrayés par la perspective de tomber entre les mains des Anglais, déjà connus par leur inhumanité envers les prisonniers, un grand nombre de seigneurs français, inhabiles à se défendre sur des navires, se jetèrent tout armés dans les flots et furent aussitôt entraînés au fond de la mer par leur lourd attirail de fer.

C'est à peine si quinze vaisseaux parvinrent à s'échapper.

Eustache le Moine, voyant que tout était perdu, s'enfuit avec beaucoup d'autres dans la sentine, endroit le plus profond de la cale. Il voulut encore faire agir les ressources de son art de magicien pour échapper à ses ennemis.

Il se déguisa, se teignit le visage et se transfigura tellement, qu'il aurait été impossible de le reconnaître. Puis il se coucha à demi dans l'eau boueuse et infecte qui s'était amassée au fond de la sentine.

Mais son étoile l'avait abandonné.

Il fut reconnu, peut-être dénoncé par ses propres marins, auxquels il avait promis une facile victoire et aux yeux desquels il avait perdu tout prestige, maintenant qu'il était vaincu. Cette capture fut annoncée au loin par les cris de joie de ceux qui l'avaient faite. Pour prévenir toute évasion de cet artificieux magicien, on lui garrotta solidement les bras et les jambes, et on le porta aussitôt devant Richard, fils naturel de Jean sans Terre :

— Te voici donc, enfin, traître apostat, lui cria le bâtard, tes maléfices ne te sauveront pas. Appelle à ton secours la nuée de démons que tu as à ton service. Ils ne t'obéissent donc plus ? Moins abominables que toi, tes satellites de Satan refusent-ils d'obéir au traître qui a violé tous ses serments ?

Étendu et impuissant aux pieds de son vainqueur, Eustache ne perd pas encore tout espoir de sauver sa tête.

— Seigneur Richard, implore-t-il, ne me tuez pas.

— N'as-tu pas mérité la mort et même mille morts ?

— Seigneur, écoutez-moi... on m'a trompé ; mais je puis réparer mes fautes. Je puis payer une grosse rançon. Si vous me laissez la vie sauve, je jure de ne plus servir d'autre prince que Henry de Worchester, roi légitime d'Angleterre...

— Vil traître, interrompt Richard, tu ne séduiras plus personne par tes vaines promesses.

Et sans l'écouter davantage, il le frappa de son épée et lui trancha la tête.

La victoire étant complète, les Anglais rentrèrent triomphalement à Douvres, remorquant 65 navires français.

« Lorsque Hubert, vainqueur par miracle, revint joyeux au rivage, il vit venir au-devant de lui les évêques, accompagnés de l'armée et du peuple, et vêtus de leurs habits sacerdotaux, qui portaient des croix et des étendards, chantaient des hymnes solennels et louaient Dieu[1]. »

Les vainqueurs promenèrent dans toute l'Angleterre la tête d'Eustache le Moine, placée au bout d'une pique.

Pendant plusieurs jours, ce ne furent partout que processions avec évêques, prêtres et bannières, pour remercier le dieu des victoires d'avoir secouru l'Angleterre.

L'or, l'argent, les riches vêtements, les armes, les armures ayant été réunis, sir Philip d'Albany fut envoyé au jeune roi et au régent Pembroke, pour leur remettre ces dépouilles des vaincus et leur annoncer « qu'une glorieuse victoire navale venait d'assurer l'indépendance de l'Angleterre. »

Parmi les prisonniers se trouvaient : Robert de Courtenay, Ralph de Tornellis, Guillaume de Barès, 125 chevaliers et plus de 6,000 hommes d'armes.

Les pertes éprouvées par les vainqueurs ne sont mentionnées nulle part ; mais elles ne durent pas être fort grandes, car ils ne rencontrèrent, pour ainsi dire, aucune résistance.

Cette bataille termina la guerre. Louis, considérant que sa défaite provenait de la colère céleste, et « voyant qu'il n'y avait de secours à attendre ni par terre ni par mer, » résolut de se soumettre. Il traita avec le légat et avec Guillaume de Salisbury, grand maréchal d'Angleterre qui le tenait assiégé dans Londres.

Il promit de quitter l'Angleterre, avec tous ses Français ; il rendit les otages qui lui avaient été confiés pour l'attirer dans l'île ; il obtint une amnistie complète en faveur de Londres et en faveur des seigneurs anglais qui avaient suivi sa cause.

La liberté fut rendue aux prisonniers que les deux partis s'étaient faits mutuellement, et Louis, relevé de son excommunication, revint tristement dans sa patrie qu'il avait quittée en conquérant moins de quinze mois auparavant.

---

1. Manuscrit de la bibliothèque cottonienne.

CHAPITRE II

Pirates écossais.

LE FAUX MACBETH. — MERCER. — ANDREW WOOD. — LES TROIS BARTON.

Le faux Macbeth. — Wymond devient évêque. — Ses prétentions à l'héritage de Macbeth. — Ses pirateries. — Son mariage. — Comment il est fait prisonnier. — Sa captivité. — Mercer. — Ce jeune marin venge son père. — Il est vaincu par Philpot. — Andrew Wood. — La *Fleur* et la *Caravelle jaune*. — Capture de cinq vaisseaux anglais. — Bataille acharnée de l'île de May. — Victoire du corsaire écossais. — Les trois Barton. — Serment des trois Barton. — Leurs courses. — La première négresse que l'on ait vue en Écosse. — Cinq grands tonneaux pleins de têtes de Flamands. — Mort d'Andrew Barton.

Le faux Macbeth

L'année 1141 est célèbre dans les annales de l'Ecosse, parce qu'elle vit les exploits du fameux saxon Wymond, singulier prétendant, dont le nom est à peine connu aujourd'hui et que lord Hailes, dans le premier volume de ses *Annales*, dépeint comme « un atroce imposteur, qui troubla la tranquillité d'un peuple heureux et content, gouverné par un prince vertueux, » David Ier.

Wymond appartenait à la race saxonne; mais il était d'une naissance obscure. Il se livra, de bonne heure, à l'étude et montra de grandes aptitudes pour les sciences alors cultivées. Il acquit un véritable talent dans l'art d'enluminer et de transcrire les missels destinés aux établissements monastiques.

Ses penchants studieux l'attiraient vers la vie religieuse; il se fit moine et prit les ordres à Furness, magnifique abbaye, qui venait d'être construite.

Doué d'une facile élocution, d'un esprit vif et d'une mémoire tenace, il se distingua bientôt parmi ses condisciples et fut envoyé à l'île de Man avec quelques frères de son couvent.

A cette époque (1134) Olave, roi de ce petit territoire, avait donné à Evan, abbé de Furness, certaines terres dans un endroit nommé *Sodo* (aujourd'hui *Castleton*, capitale de l'île), d'où est venu le nom latin de l'évêché, *Sodoriensis*. C'est là que Wymond se rendit, avec plusieurs moines de son ordre, pour fonder une succursale de la maison à laquelle il appartenait. Sa haute stature, son air de commandement et son éloquence en imposèrent de suite aux Manxmen [1], encore à demi barbares. Il sut se gagner la faveur générale, si bien que les habitants l'élurent évêque [2]; son nom se trouve en tête de la liste de ceux qui furent revêtus de cette dignité : « *Weymondus ou Reymondus, premier évêque de Sodor et de l'île de Man.* »

Mais en grandissant, le moine s'enorgueillit; les honneurs lui donnèrent de l'ambition. Il se crut appelé à d'autres destinées qu'à croupir au milieu d'une population à peine civilisée. Il conçut le projet audacieux de se faire passer pour le fils d'*Angus*, comte de Moray, qui avait été tué pendant la guerre précédente, à la bataille de Strickathrow, en Écosse : brillant projet qui ne visait à rien moins qu'à réclamer la couronne d'Écosse et à la disputer au roi David Ier; et voici pourquoi :

Le comte décédé de Moray avait des droits à la couronne en qualité d'héritier de Lulach, fils et successeur du fameux Macbeth. C'est pour faire valoir ces prétentions qu'il s'était révolté contre David. Une foule de seigneurs avaient pris fait et cause pour lui; il en avait composé une armée. Mais toute la partie méridionale du royaume refusa d'abandonner le roi David qui fut, en outre, soutenu avec dévouement par les barons de

---

[1]. *Manxmen*, nom des habitants de l'île de Man.
[2]. En ce temps-là, le peuple élisait les évêques.

Northumberland, de Westmoreland et de Cumberland. A leur tête, David marcha contre le comte rebelle qui fut vaincu et tué à la bataille de Strickathrow[1].

Déclarant l'intention de venger la mort de son père et affirmant ses droits à la couronne, le Saxon imposteur quitta son nom de Wymond, pour s'approprier celui de Malcolm Macbeth; il s'y prit assez adroitement pour trouver des crédules, surtout parmi les Manxmen, gens simples et primitifs qui ajoutèrent foi à ses paroles.

Il leva une petite armée de soldats qu'il rompit lui-même à la discipline. Bientôt l'île de Man tout entière lui appartint. Il assembla à Sodor une flottille de grands bateaux à la tête desquels il entreprit plusieurs expéditions contre les îles écossaises qu'il pilla et qu'il plongea dans la désolation.

En quelques années, le nom de Malcom Macbeth ne fut prononcé qu'avec terreur. David ne pouvait, faute de marine, punir les injures faites à ses peuples; il chargea de ce soin Somerled Thane, comte d'Argyle, qui se donnait le titre de lord des Iles.

Somerled s'acquitta d'abord avec zèle, mais sans aucun succès, de cette tâche difficile; le pirate, après lui avoir longtemps échappé, finit par lui demander sa fille en mariage. C'était une proposition d'alliance avec un moine défroqué qui trahissait ses vœux, après avoir trahi son roi.

Somerled accepta. Les uns prétendent que, convaincu par l'éloquence persuasive de Wymond, il crut de bonne foi que ce forban était petit-fils de Macbeth. Mais il est plus probable qu'il obéit à quelque motif d'ambition ou de vengeance personnelle et qu'il voulait exciter une sérieuse rébellion contre le roi David.

Le mariage se fit solennellement; rien ne manqua à la cérémonie. Les prêtres appelèrent la bénédiction du ciel sur l'union de ce moine, qui avait pourtant formé déjà d'autres vœux.

Le faux Macbeth, tout entier à l'amour, chercha pendant quelques années à se faire oublier; il semblait qu'il n'eût plus d'autre ambition que de multiplier les héritiers d'un nom qu'il avait usurpé.

Il eut plusieurs enfants, dont un seul, Donald Macbeth, fit quelque bruit dans la suite. Les autres sont restés inconnus.

Mais la lune de miel du moine ne pouvait durer toujours, quelque soin qu'il prît, sans doute, de la ménager. Lorsqu'il en eut dévoré le dernier quartier, il retomba sous le joug de son ambition démesurée. Fortifié par sa nouvelle alliance, il leva une armée et, abandonnant les mers, il se jeta sur la terre d'Écosse dont il massacra les habitants, incendia les villages et ruina les plantations. Ses incursions eurent lieu principalement dans le comté de Ross.

Pendant le repos du pirate, le roi David, qui ne se fiait pas à son amoureuse tranquillité, s'était préparé à soutenir la guerre en cas d'attaque. Il assembla donc un corps de chevaliers et d'hommes d'armes et marcha contre Wymond. Celui-ci, qui ne se sentait pas assez fort pour accepter une bataille, se retira au milieu des antiques forêts de pins, sur les montagnes rocheuses de Ben Wyvis. Le roi l'y poursuivit d'escarpement en escarpement, et le repoussa avec tant de vigueur, que Wymond fut forcé d'abandonner la terre qu'il avait ravagée.

Ses vaisseaux lui restaient; il recommença ses courses et redevint un pirate redouté. Telle fut la terreur qu'il répandit sur les côtes d'Ecosse, que presque tous les évêques et les abbés du Nord s'assujettirent à lui payer un tribut pour qu'il les laissât en repos. Mais tous ne reconnurent pas ses droits. Un évêque, entre autres, refusa de payer le tribut et menaça de l'excommunier s'il portait le pillage sur ses terres.

Wymond, se riant de ces menaces, envahit

---

1. *Chronicle of Melrose.*

le domaine du prélat. Ce dernier avait eu le temps de lever une armée. Le pirate, qui croyait le surprendre, rencontra partout une rude résistance. Les habitants, armés de lances, de claymores et de faux, avaient été organisés militairement par leur évêque qui eût fait, paraît-il, un capitaine tout aussi bien et peut-être mieux qu'un prêtre.

Wymond résolut d'en finir par un coup décisif; il offrit la bataille; ses ennemis l'acceptèrent et l'audacieux brigand eut la honte d'être vaincu par des paysans qu'il méprisait.

Au milieu du combat, l'évêque l'aperçut et courant à lui :

— Traître à ton Dieu et à ton roi, lui dit-il, l'heure du châtiment a sonné. C'est moi, c'est ma main qui va mettre fin à tes crimes.

C'était un défi auquel Wymond ne pouvait se dispenser de répondre. Les deux chefs se précipitèrent l'un sur l'autre de tout le poids de leurs chevaux bardés de fer. Les lances rompues, ils en vinrent aux coups de hache. Le combat fut long; Wymond était un rude soldat, mais le noble prélat se montra son maître; il parvint à l'abattre d'un coup de hache et le laissa sur le terrain, croyant l'avoir tué.

Quelques hommes d'armes de l'île de Man relevèrent leur chef et l'emportèrent avec eux en fuyant. On eut beaucoup de peine à le remettre; il resta plus d'un mois entre la vie et la mort. A ses souffrances physiques se joignait la douleur d'avoir été vaincu, d'avoir sacrifié inutilement ses meilleurs soldats, d'avoir vu fuir son armée en désordre.

Peu à peu, néanmoins, le courage lui revint avec la santé. Les îles Hébrides lui fournirent une nouvelle armée qu'il organisa et disciplina avec soin; une année ne s'était pas écoulée depuis sa défaite, qu'on le vit reparaître sur les côtes d'Écosse. Cette fois le roi David eut l'air d'entrer à composition. Il lui accorda des terres et de grands revenus à prélever sur les abbayes du Nord. De plus, Wymond fut nommé abbé de Furness, titre envié auquel étaient attachés d'énormes bénéfices.

Devenu moins belliqueux en vieillissant, et d'ailleurs perdant l'espoir de disputer sérieusement la couronne d'Écosse au roi légitime, le Saxon se contenta, à défaut de mieux, des offres de David; quittant la cotte de maille pour endosser le froc, il vint en grande pompe prendre possession de son abbaye de Furness.

Il se retrouva là au milieu de ses anciens condisciples qui le reçurent à bras ouverts et lui témoignèrent le plus profond respect. Mais c'était un piège imaginé par David pour se débarrasser d'un rival redoutable.

La nuit venue, les moines envahissent la cellule du nouvel abbé, qui ne peut leur résister n'ayant pas d'armes sous la main; ils le couchent sur un banc, l'y attachent solidement et, après lui avoir reproché son mariage, accompli en trahison de ses vœux monastiques, ils lui font subir, séance tenante, une opération douloureuse qui le met, pour l'avenir, dans l'impossibilité de faillir à la chasteté.

Le lendemain, ils le conduisirent processionnellement, avec cierges et bannières en tête, au roi David, qui résidait ordinairement à Carlisle. Ce prince pieux et débonnaire ne voulut point faire périr un ennemi qui lui avait pourtant causé bien des alarmes. Il se contenta de lui faire arracher les yeux. L'ayant ainsi rendu tout à fait inoffensif, il l'envoya à Roxburgh, où il le confina dans une tour du château.

Après une longue captivité en ce lieu, le faux Macbeth fut transféré dans la vaste et antique abbaye de Byland. Il y passa le reste de ses jours dans le recueillement et la solitude.

Mais l'humeur farouche de cet ambitieux Saxon n'était pas abattue par tant de revers et de mutilations. Au contraire, il se plaisait, pendant les longues veillées d'hiver, assis dans un coin du vieux réfectoire, à faire, aux moines attentifs, le récit de ses périlleuses aventures parmi les îles Hébrides et au milieu des collines écossaises.

« Il avait l'habitude, nous apprend William of Newbridge, de se vanter gaiement que nul n'avait jamais pu le vaincre en bataille, sinon un bélître d'évêque.

« — S'ils m'avaient seulement laissé la plus faible lueur de lumière, aimait-il à ajouter, mes ennemis n'auraient pas lieu de se glorifier pendant longtemps de ce qu'ils ont fait. »

Quelques années après ces événements, Somerled, beau-père de Wymond, prit les armes pour faire valoir les droits du prétendu Donald Macbeth, fils du Saxon. Il assembla une flotte de 160 grosses galères et vint ravager les côtes d'Écosse. Un jour qu'il avait débarqué près de Renfrew, il fut attaqué, battu et tué par une poignée de soldats que commandait le comte d'Angus.

Presque au même moment, Donald fut pris les armes à la main, près de Whitehorn, en Galloway. On l'emmena au roi Macolm IV qui le fit enfermer dans le cloître où son père passait le reste de ses jours.

Ainsi se termina, en 1164, l'étrange insurrection causée par les prétentions d'un moine saxon à l'héritage de Macbeth.

Mercer

La longue rivalité entre l'Écosse et l'Angleterre donna lieu à de nombreux actes de piraterie que les rois se montraient impuissants à réprimer.

Lorsque Richard II, fils du Prince noir, monta sur le trône d'Angleterre, les affaires navales furent tellement négligées que les villes de la côte restèrent exposées au pillage et à l'incendie. Français, et surtout Écossais, qui avaient à venger mille injures, ravagèrent les côtes et prirent une multitude de vaisseaux marchands. Les pirates d'Écosse venaient jusque dans les ports s'emparer des bâtiments qui s'y trouvaient à l'ancre. Le commerce souffrit de telle sorte que le roi écrivit à ses capitaines et à ses amiraux, pour se plaindre en termes amers « de leur lâcheté qui permettait aux pirates ennemis de prendre et de détruire les vaisseaux marchands de l'Angleterre à la vue de ses navires de guerre. »

Une petite flotte fut enfin assemblée, sous les ordres de Richard Fitzalan, comte d'Arendel et de William de Montacute, comte de Salisbury. Cette flotte partit pour prendre possession de Cherbourg que le roi de Navarre s'était engagé à livrer aux Anglais. En route, elle fut attaquée par quelques navires espagnols qu'elle repoussa.

Pendant qu'elle s'occupait à surveiller les ports de France, John Mercer, riche marchand écossais, qui résidait à Paris et jouissait de l'amitié du roi Charles le Sage, fut capturé en mer et conduit prisonnier à Scarborough.

En vengeance de cela, le fils de Mercer, jeune marin hardi et entreprenant, fit un appel à tous les aventuriers qui couvraient la Manche, les mers du Nord et le golfe de Gascogne. Il vit accourir Français, Écossais, Castillans et Flamands, en si grand nombre qu'il put équiper une flotte, à la tête de laquelle il vint brûler Scarborough et s'emparer des navires qui s'y trouvaient. Il se mit ensuite à croiser dans la Manche où il ne tarda pas à s'attirer la réputation du plus terrible pirate qui eût jamais désolé ces parages. Il parcourut les rivages avec la plus grande impunité, ne rencontrant partout que des marchands effrayés qu'il capturait ou rançonnait sans pitié. L'énormité des pertes qu'il fit subir au commerce de l'Angleterre occasionna mille plaintes contre le duc de Lancastre qui avait entrepris de protéger le négoce maritime des Anglais et ne s'acquittait pas de cette tâche.

Las de faire entendre des lamentations que nul ne semblait entendre, les marchands

Bataille navale de Douvres. (p. 402.)

résolurent enfin de se défendre eux-mêmes, sans rien demander aux courtisans ni au roi. Un opulent négociant de Londres, John Philpot, équipa, à ses frais et sous sa responsabilité, une escadre montée de 1,000 marins et soldats armés et soldés par lui seul. Il fit voile à la recherche de Mercer, qu'il rencontra bientôt dans la Manche. Les chroniqueurs que nous avons consultés ne donnent aucun détail sur la bataille que se livrèrent les deux escadres; ils nous apprennent seulement que Mercer fut vaincu et fait prisonnier avec toute sa flotte (1378).

Le brave Philpot rentra à Londres, où il espérait recevoir les honneurs du triomphe. Mais il avait compté sans l'orgueil qui règne dans les cours. Autant le peuple l'acclama, autant les grands seigneurs se montrèrent jaloux du grand succès qu'il venait d'obtenir :

— De quel droit, demandaient les courtisans, un homme sans naissance et sans mandat se permettrait-il de faire la police des mers?

Philpot était parti sans demander aucune permission; il fut arrêté et jeté en prison comme un pirate. Pendant de longs mois il demanda des juges. Enfin, à force d'argent, il obtint sa liberté.

ANDREW WOOD.

En 1489, la mort de James III laissa

l'Écosse dans la confusion. Le jeune héritier, James IV, attaqué par les Anglais, se défendit avec peine. Les pirates profitèrent de la triste situation où il se trouvait pour ravager les côtes de son royaume.

5 gros vaisseaux, commissionnés par le roi d'Angleterre, se firent remarquer dans cette guerre de course, et, marchant de conserve, formèrent une escadre qui se mit à piller, brûler, ravager, sans tenir aucun compte des trêves qui se signaient entre les deux rois. Leur audace, croissant avec le succès, ils mirent obstacle à tout commerce, détruisirent plusieurs petites villes le long de la côte et poursuivirent un navire du roi d'Écosse jusque sous les canons de Dumbarton.

James IV, incapable de repousser de pareils outrages, fit appel au patriotisme d'un armateur, sir Andrew Wood, qui s'était enrichi dans le commerce, et que la voix publique désignait comme le meilleur marin du royaume.

Parmi les nombreux navires que possédait Wood, il s'en trouvait deux, la *Fleur* et la *Caravelle jaune*, qu'il venait d'armer en guerre pour accompagner ses autres bâtiments. C'étaient les vaisseaux les plus solides, les plus gros, les mieux équipés et les mieux armés que l'on eût encore vus en Écosse.

Le roi vint trouver ce riche armateur, qui se trouvait alors à Leith. Il lui représenta quelle honte rejaillissait sur la nation qui souffrait, sans les punir, les injures d'une poignée de forbans. Il sut si bien l'exciter que Wood entreprit de se faire le vengeur de l'Écosse.

Le roi, lui remontrant le nombre des pirates anglais, lui conseilla d'équiper et d'armer plusieurs bâtiments :

— Non, répliqua le marin, ma *Fleur* et ma *Caravelle jaune* suffiront. Je réponds du succès.

Le dernier jour de février 1489, par un vent favorable, il descendit la rivière de Forth, dans le but d'attaquer les Anglais qui croisaient devant la ville de Dunbar.

Après un combat sanglant et obstiné, les 5 vaisseaux ennemis furent capturés et conduits à Leith, où James IV se fit présenter le vainqueur.

Pour ce service important, Andrew Wood fut noblement récompensé par le parlement, qui lui accorda, suivant les vieilles chroniques, « le droit de construire, à Largo, un château avec des portes de fer. »

La perte de ses cinq vaisseaux affecta vivement le roi d'Angleterre, Henri VII, qui offrit une rente viagère de 1,000 livres à n'importe quel officier de marine qui pourrait lui amener Andrew Wood mort ou vif. Un seul se proposa de gagner cette prime ; ce fut un capitaine marchand de Londres, sir Stephen Bull, marin habile et d'un courage éprouvé. Il promit, si on lui donnait des forces suffisantes, d'attaquer l'amiral écossais. On lui donna trois vaisseaux, les plus gros et les plus solides que possédât l'Angleterre. Les historiens remarquent que ces navires portaient encore les canons *en barbette*, parce que les sabords ne furent imaginés qu'en 1499, par Descharges, constructeur à Brest.

Bull avait à son bord une compagnie d'arbalétriers et une autre de piquiers, qui avaient demandé à s'embarquer, ainsi qu'un certain nombre de nobles chevaliers.

Cet armement mit à la voile au mois de juillet 1490 et vint jeter l'ancre près de l'île de May. Pour empêcher les pêcheurs écossais de faire connaître son arrivée à Wood, l'Anglais coula ou brûla tous les bateaux qu'il trouva dans les ports, et garda prisonniers à son bord tous les pêcheurs qui, connaissant la forme des vaisseaux commandés par sir Andrew, pouvaient, pour racheter leur liberté et leur vie, l'informer lorsqu'ils seraient en vue. En addition à ces précautions, le prudent capitaine envoya plusieurs de ses marins croiser au large, dans de grandes embarcations, pour lui signaler chaque voile qui paraîtrait à l'horizon.

Wood, qui se trouvait en Hollande, reprit la route de son pays sans avoir la moindre idée de la réception qui l'attendait. Il arriva le 18 août en face de ses ennemis. Déjà, les éclaireurs anglais avaient annoncé à leur capitaine la venue de deux gros vaisseaux portant une tour à la poupe et un château à l'arrière, avec un grand nombre de coulevrines et de fauconneaux.

Bull fit aussitôt monter sur le pont ses prisonniers écossais, et leur ordonna de lui faire savoir si c'étaient les voiles de sir Andrew Wood que l'on apercevait. Mais les pêcheurs refusèrent d'abord de trahir leur opinion.

— Nous ne pouvons, répondirent-ils, distinguer clairement, parce que le soleil, qui frappe sur les voiles, nous éblouit.

L'Anglais saisit une large épée à deux tranchants qu'il fait tournoyer un instant au-dessus de sa tête :

— Voici qui vous fera voir clair, s'écrie-t-il ; il faut choisir entre la liberté et la mort.

Les pêcheurs effrayés reconnurent alors très-distinctement la *Fleur* et la *Caravelle jaune*, portant le pennon de sir Andrew — d'argent avec un chêne d'or croissant sur une montagne flanquée de 2 vaisseaux du même.

Après cette déclaration, les pêcheurs furent conduits à terre et mis en liberté comme on le leur avait promis.

Bull assembla ses équipages, auxquels il fit verser plusieurs rasades de clairet, pour leur donner du courage.

Pendant que les Anglais se donnaient du cœur au ventre, sir Andrew s'approcha et aperçut plusieurs navires surmontés de la croix de Saint-George.

— Mes amis, crie-t-il à ses soldats, après avoir endossé son armure, mes braves camarades, voici des gens qui s'imaginent nous emmener chargés de fer, aux pieds du roi d'Angleterre ; mais, par votre courage et par l'assistance de Dieu, ils seront déçus ! Que chacun se mette à son poste... Arbalétiers, dans les hunes! Piquiers, sur les châteaux! Canonniers, bourrez de poudre et de boulets de pierre vos coulevrines et vos fauconneaux ! Que chacun soit courageux et dévoué pour l'honneur de l'Écosse... Hurrah[1] !

Mille acclamations répondent ; lui aussi, il fait verser à la ronde des rasades de ce bon vin de Gascogne qui excite les braves et donne du cœur aux lâches ; après quoi, yeomen, piquiers, arbalétriers, canonniers, marins et soldats, chacun gagne son poste.

On s'avance, toutes voiles dehors, sans s'occuper des nombreux boulets lancés par les Anglais. Ce n'est qu'à bonne portée qu'on leur répond, et l'on s'approche pour l'abordage. Après que les coulevrines et les serpenteaux ont grondé un instant, les navires arrivent bord à bord ; les grappins sont jetés : les bâtiments, accrochés les uns aux autres, forment un champ de bataille flottant, sur lequel une implacable lutte corps à corps s'engage et se soutient pendant 12 heures, sans qu'aucun parti remporte le moindre avantage sur son adversaire.

Les navires, abandonnés à la volonté des vents et des vagues, sont poussés près du rivage comme pourrait l'être un grand radeau. Le peuple, assemblé sur la grève, exprime sa terreur, son horreur et ses espérances par ses cris et ses gestes. La nuit vient enfin mettre un terme à cet affreux conflit ; les vaisseaux se dégagent, se séparent et s'éloignent un peu les uns des autres pour se réparer et se remettre en état de combattre à l'aube naissante.

---

1. Dans sa *Chronique* originale, Lindesay of Pitscottie nous donne, en vieux dialecte écossais, l'allocution que sir Wood adressa à ses compagnons. Nous lui empruntons, en partie, le récit du combat:

Le lendemain matin, avant le lever du soleil, le bruit des trompettes et des porte-voix résonne sur la mer ; les navires se rapprochent et se jettent les grappins. Wood, décidé à en finir d'une façon ou d'une autre, attache solidement les vaisseaux, au moyen de gros câbles, de sorte qu'ils peuvent désormais couler tous ensemble, mais pas un ne fuira.

Le carnage recommence avec plus d'animosité que la veille ; il se continue jusqu'à ce que les cinq bâtiments, poussés à la côte, finissent par aborder un grand banc de sable qui se trouve dans l'estuaire de la Tay.

Sir Stephen Bull, trouvant que c'en était assez, se rendit enfin et se laissa conduire, avec ses navires, dans le port de Dundee. Ainsi se termina ce combat naval, le plus acharné du xve siècle, et dont l'issue répandit au quatre coins de l'Europe la renommée de sir Andrew Wood.

Quelques jours plus tard, ce marin présenta au roi d'Écosse ses prisonniers, à la tête desquels marchait sir Stephen Bull. Le roi complimenta également vainqueur et vaincu, rendit la liberté aux captifs, et renvoya les vaisseaux au roi d'Angleterre.

Wood mourut en 1540, après s'être illustré en plusieurs autres circonstances. Il a laissé des mémoires publiés en 1852.

LES TROIS BARTON.

Pendant qu'il combattait rudement les pirates anglais, ses compatriotes armaient en course de nombreux vaisseaux qui répandaient la terreur dans toutes les mers. Parmi eux se distingue tout particulièrement Andrew Barton, marin audacieux dont les exploits eurent un certain retentissement.

Il se fit corsaire dans les circonstances suivantes :

En 1476, un vaisseau plein de marchandises, appartenant à Jean Barton, riche négociant de Leith, fut pris par une escadre portugaise. Aussitôt ce marchand, à demi ruiné, assemble ses trois fils, André, Robert et John, auxquels il fait part de la triste situation qui lui est faite par la perte de son vaisseau. Loin de perdre leur temps en plaintes inutiles, les trois Barton font le serment de se venger et de regagner par la force bien plus qu'ils n'ont perdu par elle. Ils vont trouver le roi et en obtiennent une commission les autorisant à courir sous les couleurs écossaises, afin de saisir tous les navires portugais qu'ils pourront rencontrer.

Pendant 30 ans, on les vit, montés sur un gros vaisseau armé en guerre, croiser dans le golfe de Gascogne et sur les côtes du Portugal. Plus de 200 bâtiments devinrent leur proie. Ils réclamaient, disaient-ils, 12,000 ducats que « le roi de Portugal leur avait volés ; » leurs courses coûtèrent plus de 100,000 ducats à leurs ennemis. On les cita comme les plus riches armateurs de l'Écosse et même de l'Angleterre.

L'aîné des Barton, Andrew, fut anobli et se rendit propriétaire de Barnton, l'une des plus belles seigneuries du royaume. C'est lui qui, en 1506, se fit accompagner, dans un tournoi, par la première négresse que l'on eût vue en Écosse. C'était une jeune et jolie esclave capturée à bord d'un bâtiment portugais. Barton la présenta en brillant costume et assise dans un chariot triomphal. Après les joutes, il l'offrit au vainqueur.

A la même époque, quelques corsaires flamands ayant pillé plusieurs vaisseaux écossais dont ils avaient maltraité les équipages, le cadet des Barton, Robert, fut chargé par le roi de punir ces injures. Il partit aussitôt et ne revint que lorsqu'il eut empli de têtes de Flamands cinq des grands tonneaux dont on se sert pour encaquer les harengs.

Ne bornant plus leurs pirateries à courir les Portugais, nos trois frères s'attaquèrent aussi aux Anglais, sous prétexte qu'ils transportaient des marchandises portugaises. Les plaintes furent si vives à Londres qu'elles excitèrent l'indignation du comte de Surrey, lequel, dans le but de réprimer de semblables excès, équipa deux gros navires de guerre dont il donna le commandement à ses deux fils, lord Thomas Howard et sir Edward Howard, qui devait devenir, dans la suite, lord grand amiral d'Angleterre. Outre des équipages d'élite, il enrôla un grand nombre de piquiers, de canonniers et d'arquebusiers.

Le roi d'Angleterre encouragea cette entreprise, d'autant plus volontiers que l'ambassadeur portugais lui représenta que les Barton deviendraient, en cas de guerre avec l'Écosse, de formidables ennemis, tandis qu'il était facile de les surprendre en ce moment de paix entre les deux pays.

Le roi, fort peu scrupuleux, du reste, résolut donc de considérer les Barton comme de simples pirates que les traités ne couvraient d'aucune garantie.

Les deux frères Howard vinrent dans la Manche et se mirent à la recherche d'Andrew Barton qui s'y trouvait en ce moment avec son vaisseau, *le Lion*, énorme bâtiment portant 36 canons et plusieurs fauconneaux. C'était un des premiers navires que l'on eût percés de sabords [1].

Il était accompagné d'une pinasse nommée la *Jenny Pirwen*.

Les Anglais n'eurent pas de peine à l'approcher, parce que la paix la plus profonde régnait en ce moment entre les deux royaumes. Pour plus de précautions, ils déployèrent des drapeaux blancs à leurs beauprés, comme pour annoncer à Barton qu'ils voulaient entrer en pourparlers avec lui.

Arrivés à bonne portée, l'un sur bâbord, l'autre sur tribord, ils attaquèrent et prirent leur ennemi entre deux feux. Dès le premier coup de canon, Barton, qui ne s'est pas préparé au combat, s'empare d'une épée à deux tranchants et court sur le pont afin de donner des ordres et de présider à la bataille. Les Anglais le distinguaient parfaitement à la richesse de sa brillante armure. Il devint leur point de mire. La pinasse se rendit presque sans combat. Mais *le Lion*, quoique placé dans une situation désavantageuse, se défendit avec le courage de l'animal dont il avait emprunté le nom. Muni d'une machine à laquelle étaient suspendues d'énormes poutres, toutes prêtes à écraser les ponts ennemis, il défiait l'abordage. Ses adversaires, tenus en respect par la vue de ces terribles projectiles qui se balançaient dans les airs n'osaient approcher à portée du grappin. Ils se contentaient d'abattre, à coups de flèches, chaque Écossais qui paraissait au dessus du bastingage. William Horseley, l'archer le plus adroit d'Angleterre et du pays de Galles, avait l'ordre spécial de viser tout homme qui s'approchait de cette machine pour la mettre en mouvement.

Trois ou quatre Écossais tombèrent successivement ; nul n'osant plus s'approcher de l'engin, sir Barton fit appel au courage de ses compatriotes.

Il porta à ses lèvres le magnifique sifflet d'or suspendu à son cou par une grosse chaîne du même métal ; et, confiant dans la solidité de son armure, il s'approcha de la machine pour encourager ses marins.

Lord Thomas Howard l'aperçoit et le reconnaît :

— C'est lui ! s'écrie-t-il ; Horseley, visez-le et ne le manquez pas.

— Que je perde ma tête si je ne l'atteins, répond l'archer ; mais le tuer c'est autre chose ; il est bardé de fer et je ne possède plus que deux flèches.

En disant cela, il lance un premier trait qui frappe l'Écossais, rebondit sur son armure et tombe à ses pieds. Sans paraître se préoccuper du danger qu'il venait de courir,

---

1. Ce vaisseau était le plus gros que l'on connût. Par jalousie, les Anglais construisirent leur célèbre *Great Harry* qui le surpassait un peu.

sir Andrew saisit une corde qui mettait en mouvement la lourde machine. Comme il levait le bras, son aisselle resta un instant à découvert : une seconde à peine ; c'en était assez pour Horseley. Cet adroit tireur lança sa seconde flèche qui vint frapper Barton à l'endroit qu'il avait si imprudemment exposé.

Il tomba lourdement, et saisissant son sifflet d'or, il en tira des sons aigus, jusqu'à ce qu'un boulet vînt le frapper en pleine poitrine (1511).

Aussitôt qu'il fut mort, ses marins firent des signaux pour annoncer qu'ils se rendaient. On les remit en liberté ; quant au *Lion*, il augmenta la flotte anglaise.

James IV, roi d'Écosse, envoya, à son bon cousin d'Angleterre, un héraut pour réclamer la restitution de ce navire.

Mais le fougueux Henri répondit que la destruction des pirates n'est ni une infraction aux traités, ni un cas de guerre ; et les réclamations n'eurent pas d'autre suite.

LIVRE VII

LES GUEUX DE MER

CHAPITRE PREMIER

AFFAIRE D'AUSTRAWELL

Comme quoi un gueux peut avoir une jolie maîtresse. — Histoire d'Herman Ruyter. — D'où vient le nom de gueux appliqué aux confédérés des Pays-Bas. — Le compromis et la requête. — Bréderode, chef des confédérés. — Vivent les gueux! — Ecuelle et besace. — Costume des gueux. — Les queues de renard. — André d'Anderlecht, ou un mari qui arrive quand on ne l'attend pas. — Marnix de Sainte-Aldégonde. — Affaire d'Austrawell. — Trahison du prince d'Orange. — Défaite des gueux. — Mort de Tholouze.

Petite et fluette, Wilhelmine ne pouvait se lasser d'admirer la stature gigantesque de son amant.

Assise sur un escabeau, près de lui, elle contemplait sa figure énergique et lui adressait un sourire agaçant. Sur un meuble brûlait une bougie parfumée, dont la lueur indécise se mêlait à l'éclat vacillant d'un grand feu de bois qui flambait dans la cheminée.

— On dirait que tu as encore grandi, depuis deux ans?

— C'est le malheur qui m'a grandi, murmura le galant, tirant sa grande moustache blonde avec un air moitié vainqueur et moitié triste.

— Tu as donc bien souffert? demanda la jeune femme d'un ton de commisération.

— Souffert mille morts... souffert au physique et au moral. Écoute mon histoire... J'étais heureux. Nous nous étions juré tous les deux un amour éternel.., et pour sceller notre serment, nous avions effeuillé la première rose de l'amour... Qui donc avait pu nous entendre? Qui nous avait surpris? Oh! celui-là, je l'étranglerais...

— Ne crie pas si fort, je t'en supplie, on pourrait nous entendre encore, chuchota Wilhelmine.

— Le lendemain, j'arrive au lieu du rendez-vous... je t'y attends; tu ne viens pas .. je cours chez ton père; la porte m'est brutalement refusée... Longtemps après, j'appris que tu étais enfermée dans un couvent... que tu allais te marier... que tu étais fiancée... Et à qui? A un espion du comte de Meghen, qui est lui-même un agent de notre gouvernement. J'appris que ton père, qui avait refusé mon alliance parce que j'étais pauvre, recherchait celle d'un homme plus pauvre que moi; d'un homme criblé de dettes, mais que protégeaient de mystérieuses intrigues... Une sourde persécution s'attachait à moi... Je quittai Bois-le-Duc, je m'enfuis et je me fis marin... Je te conterai tout cela... J'ai eu tous les déboires... j'ai connu le froid, la faim, la soif. Aucune souffrance ne m'a été épargnée... Voilà ce qui m'a grandi.

— Pauvre Herman, soupira Wilhelmine, en se penchant vers lui et en approchant son front des lèvres du jeune cavalier.

— Moi aussi, j'ai bien souffert, continuat-elle. Tous les jours, un confesseur me reprochait le crime de t'aimer... Mon père, qui ne voulait plus me voir, me fit dire que si je consentais à épouser André d'Anderlecht, il me pardonnerait... D'abord, je refusai... On me dit que tu avais disparu, que tu étais devenu voleur de grands chemins; que tu ne pourrais échapper à l'échafaud ; qu'il fallait t'oublier... Ah! je ne t'oubliai pas... mais j'eus la faiblesse d'obéir... Je portai ma dot et non mon amour à André. Depuis deux mois nous sommes unis... Il ignore ce qui s'est passé entre nous deux... Il m'aime... je l'accompagne partout, car sa charge nécessite de nombreux voyages...

— Sa charge ? interrompit brusquement Herman ; quelle charge ?

— Il est majordome du comte de Meghen, répondit Wilhelmine.

— Majordome ! grinça l'amoureux. C'est espion qu'il faut dire.

Wilhelmine eut l'air de ne pas entendre ; elle continua :

— Voilà pourquoi je me trouve à Anvers... Je ne sais ce qui se prépare, mais mon mari semble fort affairé ; il ne rentre que bien tard ; quelquefois je passe la nuit à l'attendre.

— Oui, quelque chose se prépare, murmura Herman ; quelque chose de grave arrivera demain à Anvers ; c'est ce qui fait que je m'y trouve... Je savais qu'André d'Anderlecht y était venu et qu'il t'avait amenée ; aussi me suis-je promené de long en large dans la rue où l'on m'avait dit qu'il demeure...

— Cher Herman, interrompit Wilhelmine, mon cœur avait reconnu le bruit de ton pas... Je me dis : c'est lui... je cours à la fenêtre ; j'entr'ouvre la jalousie... je te vois... je te reconnais, malgré ton costume bizarre... Tu lèves les yeux... nos regards se croisent et se devinent. A la nuit tombante, j'ai encore entendu ton pas dans la rue ; mais, cette fois, ce n'est plus ma jalousie que j'entr'ouvre... tu n'eus qu'à pousser la porte entre-bâillée ; j'étais derrière... Oh ! comme nos cœurs battaient lorsque tu me pris dans tes bras...

Herman écoutait rayonnant ; il attira sa maîtresse près de lui et lui déroba un baiser.

— Écoute-moi, dit-il, après un instant de silence... il est temps que je me retire... Ton mari peut arriver... il faut qu'il ne se doute de rien... Si nous réussissons, je te délivrerai ; tu seras à moi.

— Déjà me quitter ! répondit Wilhelmine... Non, je veux fuir avec toi... je veux partager tes périls, ta misère ; Herman, tu me caches quelque chose... Que se passe-t-il donc ?

— Tu le sauras demain, murmura le jeune cavalier. J'ai juré de garder le silence aujourd'hui.

— Même avec celle qui t'aime ?

— Même avec ma mère... La patrie avant tout. Vois tu, Wilhelmine, une grande partie va se jouer demain. Vainqueurs, nous serons libres ; les bannis rentreront dans leurs foyers ; les espions se cacheront ; mais, vaincus, nous serons perdus ; tout est fini ; les Pays-Bas tomberont sous le joug...

— Sous quel joug ? demanda Wilhelmine.

— Sous le joug des prêtres et de l'Inquisition.

— Mais cela n'a rien de bien affreux, dit la jeune femme avec conviction. Je ne comprends pas pourquoi tu te révoltes contre l'Inquisition.

Herman la regarda bien en face.

— On voit que tu sors du couvent, dit-il en se maîtrisant. Eh bien ! Wilhelmine, je vais tout t'avouer ; je suis, moi aussi, un confédéré, un *gueux*...

— Un ennemi de la religion, de la propriété et de la famille, comme dit mon mari.

— Un défenseur de la religion, de la propriété et de la famille.

— Explique-toi...

— Voici. Nous avons notre religion et nous la défendons ; on nous brûle vifs ; nous fuyons les supplices... 50,000 Flamands sont en exil pour des causes religieuses. Pas un d'entre eux n'attaque la religion de son voisin ; mais tous veulent conserver la leur... Sont-ce des ennemis de la religion ?

Mort d'Eustache-le-Moine. (P. 404.)

Wilhelmine fit une moue.

— Je continue. Nos chefs sont les hommes les plus riches du pays; crois-tu qu'ils voudraient partager leurs propriétés, leurs titres, leurs châteaux? Sont-ce des ennemis de la propriété?

— Mais si vous êtes si riches, pourquoi vous nomme-t-on les *gueux?* hasarda la jeune femme, qui croyait interdire son interlocuteur.

— Écoute-moi; j'étais désespéré de t'avoir perdu, je maudissais les couvents, les moines, les lois qui te tenaient en esclavage, lorsqu'un jour deux seigneurs mis comme des princes s'approchent de moi; l'un me dit :

« — Herman de Ruyter, n'es-tu pas gentilhomme?

« — Je le suis.

« — Eh bien, il faut signer toi aussi le *compromis des nobles.*

« — Qui êtes-vous donc?

« — Je me nomme Bréderode, ennemi de l'Inquisition et de tous les abus de l'ancienne église, défenseur de la liberté civile.

« — Et votre compagnon?

« — Tu vois ici, Philippe Marnix de Sainte-Aldegonde, disciple de Calvin, poëte, écrivain, auteur de notre compromis.

« — J'ai entendu parler de votre compromis et je suis prêt à le signer, » répondis-je.

Je suivis les deux gentilshommes dans une

53.

maison où se signait ce fameux manifeste.

— Et que demandait ce compromis ? Interrogea Wilhelmine.

— Bien peu de choses; l'abolition de l'édit royal qui introduit l'Inquisition dans les Pays-Bas.

— L'édit qui introduit l'Inquisition ? Mais elle a toujours existé, exclama la jeune femme.

— Les Espagnols le disent et les moines l'apprennent à leurs élèves, riposta vivement le gueux... C'est ainsi que s'écrit l'histoire. Si elle a existé chez nous, elle s'était si bien dissimulée que nul ne l'avait aperçue, avant l'arrivée de Philippe II au trône d'Espagne. Mais ne discutons pas. Voici les faits. Nous voulons l'abolition de l'Inquisition et nous formons une ligue de gentilshommes pour atteindre ce grand but. En deux mois, plus de deux mille nobles avaient envoyé leurs signatures à Bréderode, à Charles de Mansfeld et à Louis de Nassau. Ceci se passait en février 1566. Au mois de mai, la duchesse de Parme voulant détruire l'effet produit sur l'esprit du peuple par notre agitation, convoqua une assemblée de notables. Bien loin d'être interdit, le comte de Bréderode résolut de présenter lui-même à la gouvernante une pétition pour réclamer le maintien de nos anciennes prérogatives. Je demandai à l'accompagner. Deux cents de nos amis voulurent être de la partie. Nous nous réunîmes aux portes de Bruxelles et nous entrâmes dans cette ville, au milieu de plus de 50,000 citoyens de tout rang qui se pressaient dans les rues sur notre passage. C'était le 3 avril, sur les 6 heures du soir. Tous jeunes, magnifiquement vêtus, montés sur de superbes chevaux, le pistolet aux fontes, nous suivîmes Bréderode, dont la haute taille, l'apparence athlétique, la contenance martiale, l'agréable physionomie inspiraient la sympathie.

De fréquentes salves d'applaudissements saluèrent notre cortége, pendant que nous parcourions lentement les rues de la cité.

Lorsque nous arrivâmes devant l'hôtel d'Orange-Nassau, le comte de Bréderode et le comte Louis descendirent de cheval :

« — Ils croyaient que nous aurions peur de venir, eh bien, nous voici, cria Bréderode.»

Nous applaudîmes avec frénésie. Les comtes entrèrent dans l'hôtel et nous nous dispersâmes.

Le lendemain, une autre députation arriva: elle se composait de 100 cavaliers dirigés par les comtes de Culembourg et de Van den Berghe, beau-frère du prince d'Orange.

Le 5, nous nous réunîmes à l'hôtel de Culembourg, place du Sablon, près du palais où la duchesse Marguerite nous attendait. Un peu avant midi, nous sortîmes deux à deux de l'hôtel; nous étions 300, qui nous rendîmes à pied au palais. Bréderode et le comte Louis marchaient les derniers, bras dessus, bras dessous. Une foule immense couvrait la place; on nous appelait les libérateurs des Pays-Bas. Partout sur notre passage, nous étions accueillis par les hourras étourdissants et les battements de mains du peuple.

La bâtarde de Charles-Quint nous attendait, assise sur le trône et entourée des plus grands personnages du pays. Elle ne put cacher son émotion. Bréderode s'avança, et du ton le plus humble, lut notre respectueuse requête.

Le trouble de Marguerite s'accrut pendant cette lecture; elle se mit à pleurer, elle ne sut que répondre, sinon qu'elle délibérerait avec ses conseillers. Après cela nous défilâmes un à un devant elle.

Pendant 3 jours, nous attendîmes une réponse. Comme elle n'arrivait pas, Bréderode, qui cherchait à tuer le temps, nous invita, tous les 300, à un banquet somptueux, qui eut lieu le 8 avril, à l'hôtel de Culembourg.

Bréderode, grand ennemi des Espagnols, des Inquisiteurs et de l'eau, but d'abord une rasade à la liberté; puis une seconde au prince d'Orange; une troisième au comte d'Egmont. Tout à coup, l'un de nous s'écria :

« — Il faut donner un nom à notre confédération.

« — *Société de la Concorde,* opine un confédéré.

« — *Ligue des Pays-Bas,* » dit un autre.

Chacun proposait un nom, lorsque Bréderode se lève :

« — Silence, crie-t-il. Laissez-moi d'abord vous conter ce qui s'est passé hier chez la duchesse de Parme. Comme elle semblait effrayée de notre nombre, un de ses courtisans, le comte de Barlaymont, je crois, d'autres m'ont dit le comte de Meghen, l'a rassurée par ces mots :

« — Madame, vous n'avez rien à craindre de ces gens-là ; ce ne sont que des *Gueux.* »

« — Je propose que nous acceptions ce titre et que nous nous appelions les *Gueux.* »

Ces paroles sont suivies d'un grand tumulte. Les uns se fâchent et veulent aller demander raison au comte de Barlaymont d'une injure faite aux gentilshommes dans les veines desquels coule le sang le plus noble du pays. Les autres parviennent à les apaiser, et bientôt nous nous glorifions tous d'un nom que l'on nous a donné pour nous insulter.

« — C'est notre titre, nous l'honorerons ; nous le ferons respecter, continua Bréderode. Nous lutterons contre l'Inquisition, mais nous resterons fidèles au roi, quand même nous en serions réduits à la besace des gueux. »

Tout le monde applaudit.

Bréderode ordonne à l'un de ses pages d'aller quérir une besace de cuir et une large écuelle de bois, semblables à celles qui forment l'équipement ordinaire des mendiants. On lui apporte ces deux objets ; il se pend la besace au cou, emplit l'écuelle de vin, la vide d'un seul trait et s'écrie :

« — Vivent les gueux ! »

Une salve étourdissante d'applaudissements accompagne son action. Alors, il passe la besace au cou de son voisin et lui tend l'écuelle de bois. Chaque convive, à tour de rôle, endosse le bissac du mendiant et vide l'écuelle à la santé des gueux ; chacun jure, sur sa tête, de se sacrifier à la patrie.

Quand la besace et l'écuelle eurent fait le tour de l'assemblée, on les suspendit à un des piliers de la salle. Les gentilshommes jetèrent ensuite, l'un après l'autre, un peu de sel dans leur coupe, et répétèrent, un à un, le distique suivant, improvisé pour la circonstance :

> Par le sel, par le pain, par la besace,
> Les gueux ne changeront quoi qu'on fasse.

Voilà pourquoi nous nous appelons les gueux. Le peuple a adopté ce mot pour désigner tous les partisans de la liberté. Les bourgeois se nomment *Gueux des villes;* les paysans, *Gueux des bois;* enfin, les fugitifs, les bannis, ceux qui n'ont d'autre refuge que des vaisseaux, se glorifient du nom de *Zeegeuzen* [1].

Wilhelmine eut un sourire méchant :

— Ce n'est point ainsi, dit-elle, que mon mari vous appelle.

— Et comment nous nomme-t-il donc ? demanda vivement le jeune gueux.

— *Zeeganzen* [2].

— Il sied bien à un vil espion de tourner ainsi en calembours le nom que se sont donné les défenseurs de la patrie, murmura Herman. Mais ils ne riront pas longtemps. Ils se sont flattés d'être les renards qui mangeront les oies ; eh bien, nous sommes les gueux qui coupent la queue des renards, et qui les portent à leurs chapeaux, en guise de plumes.

En disant cela, Ruyter montrait du doigt

---

1. *Gueux de mer.*
2. *Oie de mer.*

son chapeau de feutre gris posé sur un escabeau.

— Car nous avons un costume et des insignes, continua-t-il. Jusqu'à ce que l'inquisition soit abolie, jusqu'à ce que nos anciennes lois tutélaires soient remises en vigueur, nous rejetterons le velours et les broderies d'or. Nous nous vêtirons, comme des mendiants, d'un grossier pourpoint, de manteaux écourtés et de chausses solides, le tout couleur gris de fer ; nous couvrirons nos têtes d'un chapeau de feutre commun, orné d'une queue de renard et d'une cocarde en plomb, sur laquelle est gravée la devise : « Fidèles au roi jusqu'à la besace » ; et comme des mendiants, nous raserons nos barbes, à l'exception de la moustache.

Herman de Ruyter allait continuer, lorsque plusieurs coups secs furent frappés à la porte de la rue :

— Ciel ! mon mari ! Je suis perdue ! murmura Wilhelmine, au comble de l'épouvante.

— Ne crains rien, je suis là, répondit son amant, en portant la main là a garde de son épée...

— De grâce, pas d'esclandre... cache-toi, pour l'amour de moi.

— Où me cacher? demanda Ruyter.

— Là, dit la jeune femme en ouvrant un petit cabinet qui lui servait de prie-Dieu.

Herman se jeta dans cet étroit refuge.

Les coups redoublaient à la porte de la rue, Wilhelmine courut ouvrir.

André d'Anderlecht entra :

— Vous me laissez frapper bien longtemps, Wilhelmine, dit-il.

— Je ne vous entendais pas tout d'abord, répondit la coupable, en cherchant à cacher son trouble... Je priais un peu fort... Je priais pour qu'il ne vous arrivât aucun accident..., car je ne sais au juste ce qui se passe ; mais le peuple s'agite, et je devine que vous courez des dangers.

André l'embrassa avec effusion.

— Ne crains rien, mon enfant, je saurai me tenir à l'abri du danger, dit-il en souriant d'un air malin. On se battra demain... le sang jaillira de mille blessures. Ils seront exterminés.

— Qui donc? demanda Wilhelmine avec intérêt.

— Eux, les gueux, les oies, les brigands, les tisons d'enfer... Pas un n'échappera ; toutes les mesures sont prises. 3,000, Wilhelmine, ils sont 3,000 dans un camp, près d'Anvers ; ils comptent sur les habitants de cette ville ; ils comptent sur le prince d'Orange, burgrave d'Anvers. Mais le prince d'Orange ne les a laissés s'assembler que pour mieux les faire écraser ; il est avec nous. Il les trahit ; il fait couper les ponts sur lesquels les habitants auraient pu passer pour porter secours aux rebelles. Il faut que je parte à l'instant. Je suis venu seulement chercher des armes et certains papiers qui pourraient me compromettre si, contre toutes mes prévisions, la populace se soulevait et pillait cette maison.

— Vous me faites trembler, murmura Wilhelmine.

— Ne craignez rien, répondit André ; Guillaume d'Orange répond de maintenir l'ordre... D'ailleurs, les gueux ne peuvent réussir ; ce serait le monde renversé. Croyez-vous, mon amie, que l'une de ces oies disait hier, en pleine rue, que si la révolution aboutit, on rétablira le divorce. Entendez-vous bien, le divorce, Wilhelmine... Comment, vous ne frémissez pas !

— Si, mon ami, je frémis... se hâta de répondre Wilhelmine. Elle ne mentait pas, elle tremblait, parce que son mari s'approchait de la porte du prie-Dieu. André prit un pistolet pendu à la muraille, il se le passa à la ceinture et s'éloigna de la porte. Sa femme respira plus librement.

— C'est en cas d'attaque, dit André, en montrant son pistolet ; mais ne crains rien ;

le bon peuple d'Anvers ne bougera pas. Quant aux 3,000 oies marines qui se sont abattues sur la campagne, on leur envoie une bonne troupe de renards qui les approcheront, cette nuit même, sans les effrayer. Les gueux attendent une autre troupe d'oies ; et les renards, se faisant passer pour ces innocents volatiles, sauront les surprendre et leur tordre le col.

Puis, d'Anderlecht embrassa sa femme en riant :

— Je ne rentrerai, dit-il, que demain, lorsque tout sera terminé... ce ne sera pas long.

Puis il partit. Wilhelmine l'accompagna jusqu'à la porte ; elle le regarda s'éloigner et, lorsqu'elle n'entendit plus le bruit de son pas, elle courut ouvrir la cellule où Ruyter était enfermé.

— Trahis ! nous sommes trahis ! cria celui-ci.

— Mais vous ne risquez rien, lui dit Wilhelmine ; vous êtes ici ; vous n'irez pas au camp des rebelles.

— J'y vole à l'instant.

— Herman, si tu m'aimes...

— Je ne laisserai pas égorger 3,000 frères, adieu...

En vain, elle veut le retenir. Il traverse le corridor, ouvre la porte, embrasse sa maîtresse et s'enfuit à grands pas.

Arrivé sur un quai, il s'aperçoit que d'Anderlecht n'a pas menti ; le pont est rompu ; des sentinelles veillent aux alentours. Il fait un circuit et se jette à la nage. Il traverse trois larges fossés. Quelques soldats font feu sur lui ; il va toujours. Dans les campagnes, il voit des hommes qui marchent dans l'obscurité. Il se cache et écoute. Ce sont des soldats espagnols qui se dirigent vers le camp des gueux. Il tremble de tomber entre leurs mains. Il fait encore un grand détour, s'égare et ne peut arriver avant le jour, au moment où les gueux, surpris, sont attaqués par leurs ennemis.

Il est trop tard pour sauver ses frères ; il court vers le général en chef, Marnix de Tholouze. Celui-ci l'écoute avec incrédulité et ne peut admettre un instant que Guillaume d'Orange est un traître.

Avant de parler de cette première affaire, si malheureuse pour les révoltés, nous devons dire un mot des causes qui avaient poussé les Hollandais à s'insurger.

Malgré la requête des gentilshommes, Marguerite de Parme, docile instrument de Philippe II, avait établi des tribunaux d'inquisition.

Des milliers d'habitants s'étaient enfuis. Chassés du territoire, n'y pouvant rentrer sans risquer d'être brûlés vifs, ils s'étaient faits pirates et ravageaient continuellement les côtes de leur pays. On les appelait les *Oies de mer* ; mais entre eux, ils se traitaient de frères et de *gueux*.

A leur tête se trouvaient deux chefs que la Hollande doit considérer comme ses deux libérateurs : Bréderode et Marnix.

Henri, comte de Bréderode, appartenait à une vieille famille, de tout temps attachée au parti de l'indépendance. Vers le milieu du XVe siècle, un Renaud de Bréderode, burgrave d'Utrecht, avait eu de vifs démêlés avec l'évêque de cette ville qui le fit saisir et torturer. Mais ne pouvant trouver de juges qui voulussent le condamner, l'évêque l'empoisonna. Quelques années plus tard, un autre Bréderode, connu sous le nom de *Jonker-Franz*, se fait pirate. 2,000 Hollandais se joignent à lui et s'emparent, en 1488, de la grande ville de Rotterdam. Maximilien, comte de Hollande et roi des Romains, ne put les faire déguerpir qu'après un long siège inutile, suivi d'une promesse d'amnistie. Cette promesse fit plus que la force. Les pirates abandonnèrent la ville. Mais comme, au lieu de les amnistier, le comte fit pendre ceux qui lui tombèrent sous la main, Bréderode continua de combattre jusqu'à ce que, vaincu et pris, il fût jeté dans un donjon de Dordrecht où il mourut en 1490, à l'âge de 24 ans.

Le comte Henri de Bréderode n'aurait donc pu, sans mentir à son origine, rester en dehors du mouvement politique et religieux qui annonçait une prochaine révolution dans les Pays-Bas. Il signa le premier, en 1565, le traité d'association d'abord connu sous le nom de *Compromis de Bréda* et, l'année suivante, à la tête de 300 gentilshommes, il présenta à la duchesse de Parme, gouvernante des Pays-Bas, la fameuse requête qui amena l'insurrection. Banni par le duc d'Albe, il mourut dans son exil, le 15 février 1568, quelques années avant le triomphe de la cause pour laquelle il avait sacrifié son repos.

Philippe van Marnix, seigneur de Mont-Saint-Aldegonde, l'une des célébrités de son siècle, était diplomate et littérateur. Il publia plusieurs écrits sur la théologie et traduisit en vers hollandais les psaumes de David. A Genève, il s'était lié avec Calvin; dans sa patrie, il fut persécuté. Il s'enfuit en Allemagne et ne revint qu'en 1565, au moment où une révolution se préparait. Il rédigea le fameux *Compromis des gentilshommes* pour mettre un terme aux fureurs de l'Inquisition. Il mourut à Leyde, en 1598. Il était né à Bruxelles, en 1538.

Marnix, le poëte, et pour ainsi dire l'âme de la nouvelle révolution, soulevait les esprits avec des pamphlets. Ses écrits, répandus à profusion, faisaient fureur. On les lisait; on riait; puis on songeait. Les plus braves se révoltaient; les autres attendaient dans le silence.

Philippe de Marnix, se méprenant sur le sentiment général, crut que l'heure du soulèvement était venue. De poëte, il se fit soldat; il quitta la plume pour l'épée. Bréderode, élu chef militaire des citoyens impatients de recourir aux armes, espéra, lui aussi, que la révolte serait générale.

Il donna à Philippe de Marnix le titre de *Questeur des gueux*, avec l'autorisation d'agir selon ses intentions.

Le plan d'une expédition sur Anvers fut aussitôt arrêté entre Philippe de Marnix et son frère Jean de Marnix de Tholouze, un jeune seigneur, presque un enfant, qui avait quitté le collége pour combattre.

Leur troupe se composait de recrues, de vagabonds et de gens hors la loi que Bréderode avait enrôlés à la hâte, dans le Brabant, surtout dans Anvers, avec la demi-complicité du prince d'Orange.

Les rebelles croisèrent un moment dans les environs de Flessingue, sur trois vaisseaux dont se composait leur flotte. Deux avaient été fournis par des armateurs de la Rochelle et obéissaient à un protestant français.

Repoussée de Flessingue et de Zélande, leur petite armée navale se rabattit, en mars 1567, sur Austrawell, dans une position favorable et bien choisie, près d'Anvers. Les troupes débarquent et se fortifient. Un grand nombre de mécontents, de gueux, d'exilés accourent se ranger autour de l'étendard de la rébellion. Au bout de quelques jours, Marnix de Tholouze comptait 3,000 hommes dans son camp.

Les Marnix avaient eu soin de s'appuyer aux murs d'Anvers, où commandait le prince d'Orange, burgrave héréditaire de cette ville. Marnix comptait sur le concours de ce prince; mais Guillaume blâmait au fond les révoltés; d'ailleurs, nul ne pouvait connaître au juste sa pensée. L'histoire l'a surnommé, avec raison, le *Taciturne*.

La population d'Anvers était avec les révoltés; mais le prince sut s'y prendre de telle sorte que, moitié par persuasion et moitié à l'aide de menaces, il maintint l'ordre.

A la première nouvelle de ce rassemblement d'insurgés, la gouvernante des Pays-

Bas, la duchesse de Parme, charge Philippe de Lannoy, seigneur de Beauvoir, de le disperser ou de le noyer dans l'Escaut. Elle donne à cet officier jusqu'à ses propres gardes; et le comte d'Egmont, qui devait être un peu plus tard récompensé par l'échafaud, amène à Beauvoir 400 vétérans wallons.

A la tête de 800 hommes seulement, tous gens d'élite, l'intrépide Beauvoir entre en campagne avec mystère et promptitude.

Le 12 mars, ses troupes s'avancèrent par petits pelotons, ne portant qu'un sabre et un poignard, afin d'éviter tout soupçon. Les casques, les baudriers, les arquebuses, les cuirasses, les lances, les drapeaux et les tambours furent transportés sans bruit à l'abbaye de Saint-Bernard, lieu de rendez-vous, près d'Anvers.

Le 13, à la pointe du jour, Beauvoir et ses soldats s'y trouvaient réunis. Chacun prit ses armes. Le général fit un petit discours et recommanda à ses troupes de s'avancer, sans roulement de tambours et sans déployer les étendards, jusqu'en vue des ennemis. Alors, le premier peloton devait faire feu, puis se retirer pour recharger ses armes, pendant que le second peloton tirerait à son tour; par-dessus tout, on ne devait tirer qu'à coup sûr.

Arrivée en vue d'Austrawell, l'armée régulière déroula ses drapeaux et marcha sur le camp à grands cris. Tholouze crut d'abord voir arriver un détachement des troupes promises par Bréderode : la croix sur les bannières le détrompa bientôt.

Ses gueux, surpris, sont frappés d'une terreur panique à l'apparition soudaine des catholiques. C'est en vain que Tholouze cherche à les ranimer; ce *jeune étudiant*, comme l'appelait Beauvoir, ne peut inspirer à ses soldats indisciplinés le courage qui l'anime. Ils tirent presque au hasard, par-dessus la tête des assaillants; tandis que ces derniers, bien exercés, visent les défenseurs et les renversent un à un.

Bientôt les catholiques se jettent sur les retranchements et les prennent au pas de charge; c'est une chasse plutôt qu'un combat. Des centaines de gueux gisent à terre; les autres se précipitent dans l'Escaut et s'y noient. 500 ou 600 hommes se réfugient dans une ferme; les catholiques mettent le feu à ce bâtiment. Tous les rebelles sont tués ou brûlés.

— Pas de quartier ! ordonne de Beauvoir; et 1,500 prisonniers sont égorgés.

C'est à peine si, des 3,000 gueux, il en échappe 3 ou 4, parmi lesquels Ruyter, qui parvint à regagner Anvers.

Pendant ce temps, que faisaient les habitants de cette ville? Ils couraient aux armes et demandaient à marcher au secours de leurs coreligionnaires. Mais les ponts avaient été coupés secrètement par Guillaume. La population dut assister en frémissant, du haut des remparts, au combat acharné soutenu par les Gueux.

Guillaume eut le courage de paraître dans les rues et de haranguer le peuple pour l'inviter à rester calme. Il ne put apaiser les cris des femmes et des enfants. Il dut armer les catholiques et leur confier, lui protestant, le soin de maintenir les calvinistes.

Comme il arrivait sur le rempart, une femme cria :

— C'est un traître !

Il se retourna et pâlit en reconnaissant Judith, épouse de Jean Marnix de Tholouze.

— C'est lui, c'est sa trahison qui a causé la mort de mon mari, sanglotait la malheureuse femme.

Guillaume eut un sourire; il croyait avoir trouvé une échappatoire.

— Dieu vous rendra votre mari, mon enfant; on ne lui fera pas de mal, voulut-il murmurer.

Mais une espèce de géant, assis jusqu'alors sur une borne, se leva tout à coup et rugit :

— Marnix est mort. Je l'ai vu mourir.

Le prince recula d'un pas, car il eut peur ; il se trouvait en face de Ruyter.

— Nous nous étions retirés, continua ce dernier, dans le hangar d'une ferme, et nous résistions dans cette citadelle improvisée. Tout à coup, je dis : « Nous sommes trahis ; les Anversois ne viendront pas. — J'ai la promesse du prince, me répondit Marnix. — Eh bien, moi, je n'y crois pas, lui répondis-je ; c'est pourquoi je vais essayer de m'échapper. »

Je sautai dans un fossé ; je me glissai au milieu des broussailles où les catholiques ne s'étaient pas encore établis, et je me sauvai. Je n'étais pas encore bien loin, lorsque j'entendis nos ennemis pousser de grands cris de joie ; je me retournai et les vis qui portaient au bout d'une pique la tête de Tholouze.

Pendant que Ruyter faisait ce récit, le prince d'Orange avait tenu ses yeux baissés vers la terre ; il les leva ensuite vers le ciel, se retourna sans dire un mot et s'éloigna, poursuivi par les imprécations du peuple.

CHAPITRE II

LE DUC D'ALBE ET LES PERSÉCUTIONS

Chute du gouvernement de Marguerite. — Douceur et sévérité du duc d'Albe. — Les *Gueux des bois*. — Exécution des comtes d'Egmont et de Hornes. — Le prince d'Orange s'enfuit en Allemagne. — Correspondance de Philippe II. — Le règne de la terreur. — Statistique de sang. — Exécutions à Tournai. — Mort de Godefroy du Fresnoy. — La persécution à Valenciennes.

Si nous écrivions un roman, l'action se continuerait par les exploits de Ruyter qui chercherait à se rapprocher de sa galante Wilhelmine. Mais nous faisons une histoire. Dût l'intérêt faiblir, force nous est d'avouer que Ruyter disparut de la scène pendant plusieurs années. Nous le retrouverons bientôt ; il sera capitaine ; il se réunira à sa maîtresse. Sa dernière action le rendra célèbre dans les annales des Pays-Bas. Mais en attendant qu'il attire de nouveau notre attention, d'autres acteurs doivent nous occuper.

L'affaire d'Austrawell amena la chute du gouvernement de la duchesse Marguerite de Parme. Philippe II accusa sa sœur de gouverner avec une faiblesse qui avait laissé se produire cette émeute. Le roi d'Espagne ne rendait pas son despotisme responsable des troubles ; au contraire, il pensait qu'en multipliant les exécutions, en accablant les peuples d'impôts, on les réduirait à un tel état de misère, qu'ils ne songeraient plus à la liberté.

A ses yeux, Marguerite avait molli devant les demandes des seigneurs. Elle avait fait une concession : elle avait admis qu'à l'avenir les hérétiques ne seraient plus enterrés tout vivants. L'Inquisition se montra irritée de n'avoir plus à sa disposition que le feu, la roue, le plomb fondu, le gibet. Elle accusa Marguerite de n'être qu'une *modérée*, c'est-à-dire une tiède.

Philippe n'était pas moins irrité, parce qu'il y avait eu une émeute.

— Si Marguerite savait gouverner, pensait-il, les peuples ne se soulèveraient pas.

En vain sa sœur lui écrivait :

— Les habitants ne se révoltent que parce que je viole leurs lois en obéissant à vos ordres.

Le roi répondait :

— Agissez avec plus d'énergie ; faites peur aux rebelles et ils ne bougeront pas.

Bref, la princesse dut, malgré ses protestations, céder le gouvernement au duc d'Albe.

Mort d'Andrew Barton. (P. 414.)

Celui-ci était bien résolu à ne pas pécher par faiblesse. Il annonça qu'il voulait gouverner avec la plus grande douceur, mais cela à une condition : c'est que les habitants reviendraient au catholicisme, oublieraient leurs anciens priviléges, accepteraient l'Inquisition, ne jouiraient plus d'aucune liberté et subiraient le joug militaire et religieux qui commençait à abrutir l'Espagne.

Faute de se soumettre à ces exigences, les habitants devaient voir la douceur du duc d'Albe se changer en sévérité. Et quelle sévérité !

Le nouveau gouverneur annonçait hautement que, dût-il faire exécuter jusqu'au dernier habitant et coloniser ensuite le pays au moyen d'Espagnols, il ne reculerait devant aucun moyen de réduire les Pays-Bas à l'obéissance.

Pour commencer par la douceur, il établit, sous le nom de *Conseil des troubles*, de véritables conseils de guerre, pour juger tous ceux qui résisteraient à l'Inquisition. Les seigneurs protestèrent que l'établissement d'un pareil tribunal est interdit par les lois des peuples libres. Le duc ne s'émut guère de leurs réclamations. Son roi lui avait ordonné d'avilir, d'abrutir la nation batave ; et la meilleure manière d'obéir, c'était de confier à des soldats le jugement et la condamnation des citoyens.

Les effets d'un pareil gouvernement ne

tardèrent pas à se faire sentir. Le peuple s'enfuit, les manufactures manquèrent de bras ; l'industrie reçut un coup terrible, le commerce languit. La culture des terres fut abandonnée, parce que les paysans se firent *gueux des bois*. La noblesse ne se lassait pas de protester. Pour la frapper de terreur et lui imposer silence, le duc d'Albe fit tomber les plus hautes têtes.

Les comtes d'Egmont et de Hornes, considérés jusqu'alors comme de solides soutiens du trône, furent arrêtés, jugés, condamnés à mort et exécutés. Par leur amour du formalisme, ils avaient laissé s'établir les nouveaux règlements ; ils avaient refusé de s'associer aux revendications du compromis ; ils avaient combattu les confédérés à Austrawel ; dès qu'ils voulurent arrêter les progrès d'un despotisme qu'ils avaient d'abord soutenu, ils en furent les plus nobles victimes.

Le prince d'Orange lui-même n'échappa au bourreau qu'en s'enfuyant en Allemagne.

Frapper les trois plus grands princes de l'État, c'était, pour le duc d'Albe, se débarrasser de trois seigneurs populaires qui pouvaient devenir dangereux. Son calcul le trompa.

Les hommes sont ainsi faits que le supplice de leurs égaux ne les émeut pas autant que le meurtre de leurs supérieurs. Des milliers de Bataves étaient morts sur l'échafaud ; d'autres avaient mystérieusement disparu, sans que la nation tout entière se sentît frappée. Lorsque les têtes de Hornes et d'Egmont roulèrent sous la main du bourreau, il sembla que chaque habitant sentît couler son propre sang. La nation frémit de rage. Guillaume d'Orange, qui avait été assez adroit pour éviter la hache, devint l'idole du peuple. On oublia l'appui qu'il avait prêté au pouvoir ; on lui pardonna Austrawel et la trahison d'Anvers. D'un accord tacite, chacun le reconnut comme le chef de ceux qui voulaient en appeler aux armes.

Furieux d'être si mal récompensé par le despotisme qu'il avait soutenu, il entra carrément dans la voie révolutionnaire et ne la quitta plus.

Avec lui, le formalisme entra dans le camp des rebelles. Il souleva mille questions de compétence. D'après lui, le conseil des troubles n'avait pas eu le droit de juger le comte d'Egmont qui, étant chevalier de la Toison d'or, ne pouvait être arrêté sans l'autorisation des autres chevaliers. « — Que Philippe soit roi en Castille, en Aragon, à Naples, aux Indes et partout où il commande, à plaisir ; qu'il le soit, s'il veut, en Jérusalem ; paisible dominateur en Asie et en Afrique ; tant y a que je ne connais, en ce pays, qu'un duc et comte duquel la puissance est limitée selon nos priviléges, lesquels il a jurés en la *Joyeuse entrée*. »

Telles étaient les paroles du prince.

D'ailleurs, il prétendait, comme les gueux, respecter les droits du roi. Le duc d'Albe était seul coupable aux yeux du peuple.

De précieux documents, publiés de nos jours, ont prouvé, au contraire, que le duc d'Albe n'était qu'un docile instrument de despotisme derrière lequel se dissimulait la main hypocrite de Philippe II.

« Philippe II croyait avoir enveloppé son gouvernement de mystères impénétrables. Retiré dans sa cellule de l'Escurial, personne ne surprenait jamais un mouvement de sa physionomie ni un accent de sa parole. Lorsqu'il recevait des députations, il gardait encore un silence de pierre : il se contentait de se pencher sur l'épaule de son ministre, qui balbutiait quelques mots insignifiants à sa place.

« Ses secrétaires avaient devant eux l'exemple de la proscription d'Antonio Perez, de l'assassinat d'Escovedo. Voilà donc un homme parfaitement garanti contre la renommée ou l'indiscrétion des murailles. Il a enseveli plus profondément qu'aucun prince ses secrets d'État dans les entrailles de la terre. De vagues rumeurs pourront, il est vrai, circuler parmi la foule tremblante; mais ces bruits sourds, qui garantira qu'ils sont vrais?

« Parmi tant de meurtres, quelle trace restera? Qui jamais a entendu le roi donner un ordre? Pour les plus petits détails, il s'est contenté d'écrire furtivement à son secrétaire assis à quelques pas de lui. Il a enfoui son règne comme un crime.

« Singulière justice de l'histoire! Ce même homme qui a tant fait pour se dérober à la postérité est aujourd'hui plus démasqué que ne l'a été aucun prince. Grâce à la manie de tout écrire pour tout cacher, ces secrets d'État si bien gardés, ces projets de meurtre si bien conduits, ces complots éternels, ces échafauds dressés, ces agonies étouffées dans le fond des forteresses, ces bourreaux masqués, ces mensonges monstrueux, ces piéges tendus à la bonne foi de l'univers, tout cet arsenal de tortures, d'embûches, que l'on croyait si savamment enfoui, apparaît aujourd'hui en pleine lumière. Avec l'immense correspondance de Philippe II, un témoin terrible sort de la forteresse de Simancas, où les papiers d'État étaient restés ensevelis jusqu'à nos jours [1].

« Ce qui n'était qu'une ombre, une rumeur populaire, éclate dans ces pages chargées de l'écriture du roi. L'histoire avait eu le pressentiment de ces œuvres ténébreuses; elle avait, comme Cassandre, reconnu le meurtre à l'odeur du sang; mais ces révélations posthumes ne laissent pas de vous frapper, quand vous tenez dans vos mains le sceau officiel.

---

[1]. « *Correspondance de Philippe II, recueillie et publiée par* M. *Gachard, directeur des archives de Belgique*. Cette publication de documents officiels est certainement une des plus importantes qui aient été faites de notre temps. On objecte qu'elle n'apprend rien qui soit absolument nouveau; mais qu'y a-t-il de plus nouveau en histoire que la certitude mise à la place des présomptions? » E. Q.

« J'ai vu l'Escurial désert; il n'y restait pas un moine pour faire la garde autour du spectre de Philippe II. C'est à ce moment que les murs ont parlé.

« Avant que l'on possédât cette correspondance, on n'avait jamais touché du doigt la grande embûche qui enveloppe le peuple des Pays-Bas pendant plus d'un demi-siècle. L'histoire manquait de base. Heureusement, Philippe II a pris soin de révéler lui-même le côté secret des choses et de montrer le nœud de l'affaire. Il confie très-nettement sa pensée au seul homme qui ait mission de l'entendre et de la juger, au pape.

« Quand, par-dessus la tête de toutes les nations courbées et muettes, on entend ce dialogue du roi catholique et du pontife romain, l'un déclarant dans quel piége sanglant il veut faire tomber ses peuples, l'autre acceptant et consacrant ce piége; quand on voit ces deux hommes qui tiennent, à cette heure, presque toute la terre sous leur main, tramer l'immense conjuration en des dépêches officielles, que chacun peut lire aujourd'hui, il est impossible de ne pas reconnaître que l'histoire a fait un pas.

« Quelle est cette pensée secrète, nœud de tout le XVIe siècle, dans l'esprit de Philippe II et de Pie V? La voici, telle que le roi l'expose sous le sceau du secret.

« Le roi promet un pardon à ses peuples suspects d'hérésie, cela est vrai; mais que Sa Sainteté ne se scandalise pas: ce pardon publié, annoncé, juré, n'a aucune valeur, n'étant pas autorisé par l'Église. D'ailleurs, le roi pardonne volontiers l'injure qui le touche, il n'a pas le droit de pardonner l'injure faite à Dieu : la vengeance que l'on doit au ciel reste sous-entendue, pleine, entière, malgré le serment de mansuétude. Philippe II sera clément, ainsi qu'il l'a juré; Dieu, par la main du duc d'Albe, sera inexorable. Le roi enverra, dans ses dépêches, de bonnes paroles de réconciliation qui désarmeront les âmes; Dieu, par la main de l'armée espagnole, mettra, s'il le faut, tout un peuple au gibet. Le bourreau tombera à l'improviste sur les dix-sept provinces; il les châtiera par le feu, par le fer, par la fosse, au besoin, jusqu'à leur totale destruction.

« Ainsi seront conciliés la parole royale, le serment juré, ce que l'on doit aux hommes et ce que l'on doit à Dieu.

« La conscience tranquillisée par ce pacte, Philippe II se prépare à exterminer, s'il le faut, tous ses peuples. Il a la paix antique du prêtre qui accomplit un sacrifice humain.

« Vous assurerez Sa Sainteté, écrit-il à l'ambassadeur d'Espagne, que je tâcherai d'arranger les choses de la religion aux Pays-Bas, si c'est possible, *sans recourir à la force*, parce que ce moyen entraînerait la totale destruction du pays; *mais que je suis déterminé à l'employer cependant*, si je ne puis d'une autre manière régler le tout comme je le désire; et en ce cas, je veux être moi-même l'exécuteur de mes intentions, *sans que* ni le péril que je puis courir, ni *la ruine de ces provinces, ni celle des autres États* qui me restent, puissent m'empêcher d'accomplir ce qu'un prince chrétien et craignant Dieu est tenu de faire pour son saint service et le maintien de la foi catholique. »

« C'est au nom de la religion que l'Espagne engage la lutte contre les Pays-Bas : pour que la lutte soit égale, c'est au nom de la religion que les Pays-Bas doivent se défendre.

« Ce sera l'honneur des Pays-Bas d'avoir compris mieux qu'aucun autre peuple la logique de la tyrannie.

« En vain Philippe II répétait qu'en imposant l'Inquisition et les *placards* (ordonnances contre les hérétiques), il ne changeait rien de ce qu'avait établi son père Charles-Quint; l'instinct public avait clairement discerné que l'introduction du concile de Trente, c'était l'entrée dans le chemin de la servitude politique consacrée pas la servitude ecclésiastique. Là était la cause de cette subite horreur qui avait saisi les Pays-Bas. Comme ces troupeaux aveugles qu'un sourd pressentiment avertit du péril suspendu dans l'abattoir, les peuples refusaient d'entrer par la porte nouvelle où le roi catholique avait juré de les engager.

« Ils étaient pleins d'épouvante; leur chair se hérissait; ils respiraient d'avance l'odeur du sang; ils cherchaient partout une issue pour se dérober à leur divin pasteur.

« Si l'on ajoute que tous ces sujets de colère, de crainte, d'aversion, se confondaient avec l'idée de la domination étrangère que le concile de Trente, les *placards*, l'Inquisition, c'était l'Espagne, on comprend de reste quels ferments s'agitaient dans les esprits. Chose terrible pour le peuple ! Il venait de faire cette découverte : sa religion, c'était son ennemi [1]. »

Averti par ses espions de la révolution qui se faisait dans les esprits avant d'éclater dans les faits, le duc d'Albe ne vit qu'un moyen d'éviter une explosion ; c'était de régner par la terreur. Il ne connut plus que les actes de rigueur. Pendant plusieurs années, chaque ville, chaque village, chaque hameau assista tous les matins à une exécution capitale.

Le peuple s'habitua à voir, dans l'administration espagnole, un gouvernement de bourreaux. L'ouvrier s'enfuit dans les bois et combat sous les ordres du noble.

Seule, la haute bourgeoisie, intéressée au repos public, soutient le gouvernement aussi longtemps que celui-ci peut la protéger sans lui demander trop d'argent. D'abord les fonds ne manquèrent pas au duc d'Albe. Il pu combattre les gueux des bois et les anéantir. Mais lorsque apparurent de nouveaux ennemis, *les gueux de mer*, qui détruisirent tout

1. E. Quinet, *Marnix de Sainte-Aldegonde*. Paris, 1854, in-12.

commerce, il ne put se procurer d'argent, parce que tout le monde fut ruiné.

C'est alors qu'il résolut de régner dans le sang. Les exécutions se multiplièrent. Chacun, en se levant le matin, dut se demander s'il ne serait pas pendu, brûlé, roué ou décapité avant le soir. Il y eut de véritables hécatombes d'artisans, de bourgeois et de paysans.

Grotius porte à 100,000 le nombre des hérétiques *immolés* pendant le règne de Charles-Quint. On se demande ce que ce dut être pendant celui du duc d'Albe. Nous ne pouvons citer aucun chiffre exact, parce que cette statistique de sang est encore à faire. Nous nous contenterons de montrer ce qui se passa, en moins de deux années, dans une seule ville des Pays-Bas.

EXÉCUTIONS DE TOURNAI

Depuis le 8 novembre 1568 jusqu'au 23 juillet 1570.

« Le 8 novembre fut décapité Jean Tura. Il criait qu'il n'avait pas mérité la mort devant les hommes, mais devant Dieu.

« Le même jour fut décapité un charron. Tous les deux étaient saccageurs d'églises.

« Le même jour fut brûlé vif un jeune homme anabaptiste. Son corps fut mis sur une roue près du gibet de Maire.

« Le 10, fut décapitée, sur le marché, Catherine Legrand, femme Mathieu Dumont, futailleur; elle était rentrée dans le giron de l'Église et elle mourut en bonne catholique.

« Le même jour, fut décapité Jan van der Gens, grand doyen de la chambre et doyen des hauts-lisseurs, pour avoir mis en pièces, à la halle, le tableau sur lequel on faisait prêter serment lorsqu'il s'agissait de déposer en justice. Par là, il s'était rendu coupable du crime de mépris des images.

« Le même jour, Antoine Bourgeois, vitrier, fut condamné à être brûlé vif comme saccageur. Suivant l'usage, on lui avait donné le matin, pour son déjeuner, du pain blanc, du beurre et du vin. Il fit ôter le beurre; puis, prenant le pain et le vin, il se mit à genoux contre un banc et fit la cène à la manière calviniste.

« Le samedi, 17 novembre, le procureur général du roi lut et publia à la *bretèque* les noms de tous ceux qui avaient été bannis pour faits de troubles, ainsi que de ceux qu'on avait fait mourir par sentence des commissaires royaux, du magistrat et du bailliage.

« Le 28, tous les noms et prénoms des fugitifs et bannis furent affichés au portail de Notre-Dame et dans plusieurs autres lieux. Une liste comprenait les bannis de l'année 1567, au nombre de 112, tant hommes que femmes. Il y figurait des bourgeois très-notables. Une seconde liste comprenait les bannis de 1568, au nombre de 385, ce qui faisait un total de 497 en deux années.

« Le 3 décembre, fut décapité Jean Devillers, censier, après avoir fait ses prières à Dieu, étant confessé par un cordelier.

« Le même jour, Antoine Petit, censier, fut brûlé tout vif. Sa sœur était venue à sa rencontre, l'avait embrassé deux fois et lui avait dit d'avoir bon courage.

« Le même jour, Bastien, boulanger, fut aussi brûlé vif. Tous les deux étaient anabaptistes.

« Le même jour, fut décapité Henri Caret, porteur de sacs. Il mourut en bon catholique.

« Le même jour, fut décapité Pasquier, son corps fut conduit au *Hapart*.

« Le même jour, furent brûlés tout vifs Jacques Homart et Adrien Lebrun, et *après qu'ils furent rôtis comme des cochons*, ils furent mis sur des roues au Hapart.

« Le 24, furent brûlés vifs Jacques Jacotin, de Blandain, Roland Bras, le fils d'Antoine Maes et le fils du meunier de Bailleul, près de Chin.

« Le jeudi 13 janvier 1569, furent décapités un nommé Mononde, de Bailleul; Jacques Leclercq, d'Estaimbourg, lequel était diacre des huguenots ; et Legland, de Pecq. Tous les trois ont été enterrés.

« Le même jour, Simon Flamend, de Bailleul, fut brûlé vif, et son corps mis à la justice de Maire.

« Le 19, furent décapités Louis Duprié, savetier, et Martin Delis, mercier. Ils moururent catholiques.

« Le même jour, fut brûlé tout vif, Simon Duhault. Il fut exhorté à retourner à la foi catholique; mais il répondit qu'il avait fait profession de la foi hérétique, dans laquelle il mourut.

« Le même jour, Gaspard de Lespée, qui autrefois avait été sergent à verge du magistrat, fut brûlé vif, pour sa méchante hérésie.

« Le même jour, fut aussi brûlé vif Christophe Madou.

« Le lendemain, furent décapités Claude Wagnon, tisserand, et Hercule, maître d'école. Après eux, Guillaume, retordeur ; Arthur Dupire, du village de Rumegies ; Jacques Wocquier, d'Estaimbourg; et le serviteur de Pierre Dailly, marchand, furent brûlés vifs comme pervers hérétiques.

« Le 21, Joachim Ternais, haut-lisseur, fut condamné à la peine de mort par l'épée, parce qu'il avait paru aux commissaires que durant les troubles de 1566, alors que les rebelles s'étaient emparés de l'abbaye de Près, il s'était montré leur partisan, prêtant main-forte à leurs pernicieuses et damnables entreprises, *pour avoir tenu certain baudet avec lequel il aurait porté du pain auxdits rebelles, étant ce baudet chargé de deux paniers propres au transport des vivres.*

« Le lundi 24, Louis Legrain, de Blandain, fut aussi décapité; mais il eut grande contrition de ses péchés. Il disait, en marchant à la mort, qu'il croyait fermement à ses douze articles de la foi.

« Le même jour, fut brûlé Gervais Lagache, de Marquain ; et Colin Priez, de Néchin, eut la tête tranchée. Ensuite Jean Bis, Robert de Longuehaye et Gusman (le premier, *gueux de la ville*) furent brûlés comme hérétiques.

« Le mercredi 2 mars, on décapita David Boutry, hôtelier de la *Cloche*, à la porte de Marvis ; il ne cessa de crier au peuple :

« — Messieurs, priez Dieu pour moi, afin qu'il me pardonne mes péchés.

« Le même jour, Jean Delepré fut décapité. En attendant le coup, il dit :

« — Seigneur, reçois mon esprit.

« Le même jour, on décapita encore Augustin Mol, boucher; Jean Cuvelotte, passementier; et un villageois, Marc Fiévez, tailleur, qui dit :

« — O mes frères ! je vous ai offensés ; priez Dieu qu'il veuille me pardonner ma mauvaise hantise. J'ai été cause que je suis ici.

« Le même jour, on décapita Lecarlier de Rumegies, qui avait tenu bon dans les bois, avec ses camarades, et avait une fois percé le bras à un sergent. Il s'écria gaillardement :

« — Adieu, messieurs de Tournai ; priez Dieu pour moi; je m'en vais mourir.

« Puis il se mit à genoux et fut exécuté.

« Le même jour on amena Arnaud et Waubansart, surnommé Dieu-Lannoy, parce qu'il remplissait le rôle de Dieu dans les mystères, représentations théâtrales du temps. Il commença par citer les paroles du roi David :

« — Bienheureux les hommes qui souffrent dans ce monde pour leurs péchés !

« Et il ajouta qu'il avait les siens en horreur. Il se mit ensuite à genoux pour faire ses prières, ce qu'il fit par trois fois. Il supplia le peuple de prier pour lui et dit :

« — Ah ! que je redoute la mort.

« Enfin, il déclara avoir prié Dieu pour

M. de Cuinchy (gouverneur du Tournaisis), qui lui avait accordé terre sainte aux cordeliers. Après quoi, il se mit à genoux et on lui coupa le cou.

« Le même jour, Jean de la Tombe fut décapité. Il ne fit autre chose que dire :

« Dieu veuille me pardonner.

« Le même jour, fut décapité Godefroid du Fresnoy, seigneur de Thun, près de Saint-Amand. On avait dressé pour lui un théâtre exprès, où l'on vit monter un cordelier, un augustin et le curé de Notre-Dame. Le seigneur de Thun suivit avec trois soldats du château, qui avaient reçu ordre de l'accompagner. On le travailla pendant une heure pour le préparer à la mort ; mais il ne voulut rien entendre. Il se mit plusieurs fois à genoux, puis il se releva, et, en se relevant, il demanda un verre de vin, *but à la santé du peuple*, et le supplia de prier Dieu pour lui. Mais il brava toutes les exhortations, toutes les remontrances des trois prêtres. En apercevant l'épée de justice, il l'embrassa. Comme ce seigneur n'était pas lié et que le théâtre était rempli de monde, le bourreau n'avait pas toutes ses aises et lui lui donna un coup sur l'épaule. Du Fresnoy se relève ; le bourreau le renverse sur le dos et lui scie la tête. Elle n'est pas plutôt tombée qu'un long hurlement de deuil et d'effroi part des premiers rangs des spectateurs et se communique de proche en proche jusqu'à la portion de la foule qui n'avait rien vu. Les soldats et les officiers finissent par n'y plus tenir et bientôt c'est dans les rangs mêmes de l'escorte qu'éclatent les plus violents murmures contre cette atrocité. Un soldat donne au bourreau un coup de pied qui le jette du théâtre. Le peuple, voyant ce désordre, s'enfuit ; et les militaires, ne sachant comment interpréter cette scène, tirent leurs épées et frappent les bourgeois, de sorte qu'ils en blessent grièvement une vingtaine. Les bourgeois se forment en escadrons pour faire justice des militaires ; et les officiers tombent sur ces derniers pour les empêcher de maltraiter les bourgeois. Enfin, le tumulte cesse et le corps du seigneur de Thun est porté au château. Son crime fut d'avoir donné les clefs de l'église de Saint-Quentin aux briseurs d'images.

« Le même jour, Obert Souverain, du même village de Thun, fut brûlé vif comme anabaptiste. Il avait assisté avec le calme le plus profond à tous les apprêts de son supplice ; mais une fois dans les flammes, il poussa des hurlements épouvantables.

« Le dimanche 24 avril, maître Jean de Lattre, avocat du roi, déclara avoir mérité son sort pour s'être montré infidèle à son Dieu et à son souverain, et pour avoir chanté des psaumes la nuit, dans les rues de Tournai. Il se mit à genoux et dit au bourreau :

« — Frappe.

« Le même jour, Nicolas Duquesne, sergent de ville, fut décapité. Il avait aidé à briser les images dans Anvers, montra un repentir sincère et avoua qu'il avait plus d'une fois fait tort au monde dans son office de sergent :

« — Mourons dans la croyance de nos pères, dit-il à un autre condamné, Jean Gombault, qui résista à ses instances.

« Puis ce fut le tour d'Eloi Descamps, autre sergent de ville ; de Nicolas Hellebaux, mercier ; de Mathieu, drapier ; d'un homme du village de Bailleul.

« On amenait encore du château, Gerard Denos, couturier, et un vieillard de Néchin ; ils furent tous brûlés vifs et leurs corps exposés à la justice de Maire.

« Le lundi, 4 juillet, on plaça, de grand matin, un pilori sur le marché pour y brûler Jean Hornez, jeune homme à marier ; mais comme il se convertit, il ne fut que décapité.

« Le lundi 22 août, fut décapité un jeune homme d'Esplechin, pour avoir chanté des psaumes et vendu des livres hérétiques. Il se repentit et mourut catholique.

« Le vendredi 7 octobre 1569, Balthazar Taffin fut pendu sur le marché de Tournay, pour n'avoir point comparu à la barre du duc d'Albe.

« Le jeudi fut brûlé Jean Seret, qui avait été diacre pendant les prêches. Son corps fut mis au hapart.

« Le lundi 28 novembre, fut décapité Jacques Robert, riche marchand. Son corps fut porté à Saint-Piat par les anciens bourgeois, suivis d'un cordelier et d'un augustin.

« Puis, ce fut le tour de Piemant, boulanger, d'Arnold de Halo et de Jérôme d'Antoing.

« Le dimanche 5 mars 1570, furent encore affichés au portail de Notre-Dame et ailleurs, les noms de 45 personnes bannies, avec confiscation de leurs biens, pour ne point avoir comparu à la barre du conseil des Troubles.

« Le mercredi 22, furent décapités, par sentence des commissaires, Jean de Solon, âgé de 84 ans, du village de Lecelle ;

« Jean Dewatines, boulanger, aussi fort âgé ;

« Et Charles Levaillant. Ce dernier criait toujours :

« — Mes amis, priez Dieu pour moi !...

« Il dit aussi :

« — Mes frères, veuillez amender votre vie, car notre bon Dieu a toujours les mains ouvertes pour vous recevoir en grâce. Gardez-vous du péché d'ivrognerie ; car tous les maux en proviennent, tels que paillardise, homicides et larcins. Si tu es ivrogne, tu es larron ; si tu as 4 ou 5 enfants à la maison, et qu'ils aient besoin d'une paire de souliers, tu diras à ta femme : je n'ai point d'argent ; et la veille tu auras été à la taverne, dépenser tout ce que tu avais. N'es-tu pas larron ? car tes enfants ont besoin de tout ce que tu as dépensé.

« Il demanda ensuite au peuple de dire un *Pater* et un *Ave* pour son âme, afin que Dieu lui fît miséricorde, lui pardonnât ses péchés et le reçût dans le royaume des cieux. Et après avoir encore une fois dit au peuple de s'amender, il se mit à genoux, et le bourreau lui coupa le cou.

« Le mercredi, 12 avril, fut pendu Adrien Becq, et décapité Jacques Pollu, messager d'Anvers, qui avait qualifié le saint-sacrement de *Jean le Blanc*, et proféré d'autres blasphèmes.

« Le 17, furent décapités Adam Lecoq, pour avoir fait faire plusieurs insolences pendant les troubles ; Ernould, laboureur et marchand ; et Roland de Quersesme, de Templeuve, qui avait été diacre d'un prédicant. Ces deux derniers étaient revenus au catholicisme.

« Le même jour, maître Pierre Coffret et un jeune homme de Thun, furent brûlés vifs, après qu'on leur eut d'abord brûlé la langue. Ils moururent obstinés.

« Le lundi 18, Mlle Lafosse fut décapitée. Elle s'était signalée dans l'iconoclastie. Elle mourut catholique.

« Le 20, Deldale fut décapité pour avoir brisé une barre de fer à la chapelle de Notre-Dame. Sa tête bondit de l'échafaud et roula à une distance de six à sept pieds.

« Le 23 juillet, on pendit Hernauld, du village de Hollain ;

« Roland Triaille, maçon ;

« Et Guillaume Eschevain, du village d'Estaimbourg ;

« Tous les trois iconoclastes. Les deux derniers étaient rentrés dans le giron de l'église[1]. »

Voici donc le bilan de la persécution à Tournai, pendant une période de 21 mois à peine :

---

1. *Chronique de tout ce qui s'est passé à Tournai et aux environs, depuis l'an 1566 jusqu'en l'an 1570, sous l'épiscopat de monseigneur l'illustrissime et révérendissime Gislebert d'Oignies*, par Nicolas Le Sourdoier, bourgeois de la ville, et Simon le Sourdoier, grand vicaire de la cathédrale. (Manuscrit de la bibliothèque de Tournai.)

Vivent les Gueux ! (Page 419.)

Décapités 47
Brûlés vifs 27
Pendus 5
Bannis 542
                            ———
                  Total...... 621

Par cet aperçu de ce qui se passait dans une petite ville, on peut juger de ce que pouvait être la persécution dans plus de cinquante florissantes cités soumises à l'Espagne, sur un territoire comprenant le nord actuel de la France, toute la Belgique et la Hollande.

A Valenciennes, aujourd'hui française, la férocité de l'Inquisition alla encore plus loin. Voici, à ce sujet, quelques chiffres à méditer :

17 janvier 1569, décapitation de 10 honorables bourgeois dont la fortune passe entre les mains des hommes noirs.

18 janvier, décollation de 20 autres habitants : fabricants, érudits, peintres distingués.

19 janvier, décapitation de 20 bourgeois, dont un vieillard de 70 ans.

28 janvier, décollation de 7 bourgeois.

5 mars, les juges, las de condamner les habitants sur les plus futiles prétextes, cherchaient des coupables au milieu de 1,700 personnes arrêtées par ordre du Saint-Office. Le duc d'Albe, trouvant trop longues toutes

55.

ces formalités, ordonna un massacre général. Les 1,700 prisonniers furent égorgés; leurs cadavres, traînés dans les rues de la ville, y urent laissés, pendant plusieurs jours, en spectacle à la population terrifiée. Les charretiers étaient forcés de se détourner pour ne pas écraser les victimes de tout sexe et de tout âge qui gisaient, éparses ou amoncelées, sur une terre couverte de sang [1].

1. *Archives du royaume de Belgique* : Conseil des troubles, vol. XXXVI, f° 312, verso. — Arthur Dinaux, *Archives historiques du nord de la France*, t. II, p. 49 et 50.

CHAPITRE III

DOLHAIN, AMIRAL DES GUEUX DE MER.

Le prince d'Orange est battu. — Il jette les yeux sur les Gueux de mer pour continuer la guerre. — Principaux capitaines des pirates. — Jean Abels, Thierry Sonoy, Focke Abels, Homme Hettinga, Guillaume d'Embyze, Henry Laers, Hartmann Gauma. — Le prince d'Orange nomme Dolhain au grade d'amiral des Gueux de mer. — Bréderode, vice-amiral. — Impéritie de Dolhain. — Insuccès de sa première campagne. — Mort de Spierinck. — Défaite des Gueux. — Exécution du capitaine Van Troyen. — Fureurs de ses camarades. — Dolhain est disgracié.

Comprenant enfin que contre le despotisme il n'y a d'autre résistance que la force, le prince d'Orange appela aux armes les Gueux des bois que la corde avait épargnés. Il essaya de la guerre civile. Mais battu en toute circonstance, il dut chercher son salut dans la fuite.

L'Allemagne et la France tour à tour le virent, proscrit et errant, chercher des protecteurs, de l'argent et des soldats.

Ses efforts n'aboutirent absolument qu'à faire couler du sang. Il n'obtint pas un seul succès. Dès qu'il cherchait à envahir les Pays-Bays, les Espagnols lui livraient bataille et détruisaient en quelques heures les troupes qu'il avait assemblées avec la plus grande peine.

Les Gueux des bois disparurent; le calme sembla se rétablir sur la terre ferme; le parti des patriotes parut désespéré. Le prince luimême, qui servait de porte-drapeau à la révolution, allait peut-être se livrer au découragement, lorsque Marnix de Sainte-Aldégonde le frère du héros d'Austrawell, vint lui porter le secours de son éloquence et de son énergie.

Il fut résolu que l'on combattrait jusqu'au bout. Mais pour cela, il fallait des soldats et de l'argent. C'est alors que l'amiral Coligny, chef des protestants français, crut devoir donner un conseil à son coreligionnaire des Pays-Bas. A ses yeux, on pouvait, on devait continuer la guerre, mais sur la mer seulement. Rien de plus facile, pensait Coligny, habitué à mener des marins. Il fallait réunir en une flotte les nombreux navires des *Gueux de mer* qui se livraient à la piraterie sur toutes les mers; il fallait s'emparer d'une ville maritime de la Hollande et en faire une autre la Rochelle.

Le prince d'Orange pourrait alors se procurer de l'argent, en partageant les prises que feraient ses corsaires; et cela lui permettrait d'entreprendre la guerre continentale.

Le prince ne se méprit pas sur les difficultés qu'il y aurait à réunir, en un seul faisceau, les éléments disparates qui composaient les bandes de Gueux de mer. Mais il espéra que les chefs se soumettraient à ses ordres et entraîneraient les soldats.

Voici quels étaient, à la fin de 1569 — au moment où Guillaume entreprit de les ranger sous son obéissance — les principaux capitaines des pirates hollandais :

Jean Abels, de Dockkum, en Frise, qui, déjà avant les troubles, avait servi dans la marine; en 1568, ce capitaine s'était trouvé à Delfzyl avec deux ou trois bateaux montés chacun par 40 hommes et y avait tenu en échec toute une flottille ennemie. A son seul nom les bourgeois tremblaient, les armateurs suspendaient l'équipement de leurs vaisseaux, les soldats espagnols faisaient le signe de la croix.

Thierry Sonoy (Snoy ou Snoey), né à Clèves, mais marié et établi en Hollande. Dans sa jeunesse, il avait servi, en qualité de gentilhomme, dans la bande d'ordonnances de Maximilien de Bourgogne, marquis de Veere. « Sa figure aux traits énergiques, bien que réguliers, était ornée, au-dessus de la lèvre supérieure, d'énormes moustaches retroussées. Mais la farouche nature du gueux de mer était tempérée chez lui par de profondes habitudes de douceur, d'humanité et de tolérance, dont il donna plus d'une preuve aux prisonniers espagnols et au clergé catholique. Les cruelles représailles dont ses matelots n'usèrent que trop souvent le révoltaient; et cependant ce valeureux guerrier, ce brillant capitaine descendit dans la tombe (2 juin 1597), chargé, à tort ou à raison, d'une accusation qui fait peser sur sa mémoire une responsabilité plus sanglante et plus terrible que celle des Vargas et des Hessele [1]. »

Focke Abels, fils de Jean Abels, déjà nommé. Ce Focke offrait le type le plus parfait du gueux de mer : taille épaisse et courte, cheveux roux, yeux glauques, nez camus, fureur continuelle contre les prêtres catholiques, grand pilleur d'églises, de couvents et de trésors sacrés. Ce qu'il aimait surtout, c'était le bon vin dont les prêtres font usage à l'autel et qu'il buvait dans un calice d'or. Chaque homme de son équipage possédait également un calice provenant du pillage des églises. Au plus haut d'un mât de son terrible navire appelé *la Galère*, Focke Abels avait fait clouer un précieux tabernacle. Lorsqu'il lui arrivait de prendre un prêtre, il lui montrait ce magnifique chef-d'œuvre de bois sculpté :

— Savez-vous, lui demandait-il, pourquoi nous avons placé le Très-Saint-Sacrement sur la partie la plus élevée de notre navire?...

— Non, répondait invariablement le prêtre.

— Eh bien, je vais vous le dire. C'est pour montrer que la hauteur de notre vénération dépasse de beaucoup celle des catholiques.

Après cette plaisanterie, sa bouche s'ouvrait toute grande et de sa gorge s'échappait un gros rire bête que l'on pouvait prendre aussi pour un féroce rugissement :

— Maintenant, continuait le pirate, tu vas dire la messe devant ce tabernacle.

Le prêtre avait beau résister, on lui endossait un costume sacerdotal, et il devait, sous peine de mort, accomplir les cérémonies de son culte, au milieu des huées, des moqueries, des rires de tout l'équipage, qui imitait d'une façon bouffonne ses gestes, ses génuflexions et ses chants religieux.

Homme Hettinga, l'un des plus puissants seigneurs de Frise, jouissait d'une grande renommée parmi les *Gueux de mer*. Dépouillé de sa fortune par le duc d'Albe, il s'était fait soldat pour reprendre ses biens. Le duc d'Albe l'avait battu. Alors Homme Hettinga se sentant incapable de lutter sur terre, avait fait comme tant d'autres; il s'était jeté dans une barque et, suivi d'une troupe d'indomptables Frisons que commandaient ses deux fils, il se fit pirate. Il donnait à ses partisans, connus sous le nom redouté de *picoreurs*, des lettres de marque qui les autorisaient à lui procurer, au moyen de pilleries, un dédommagement pour ses biens confisqués; et en effet, il percevait un dixième de tout le butin fait par les picoreurs.

Guillaume d'Hembyze, qui, surpris en 1372 par des forces supérieures, trouva dans les

---

1. J.-J. Altmeyer, *les Gueux de mer et la prise de La Brille*. Bruxelles, A. Lacroix, Verboeckhoven et Cⁱᵉ, 1863, in-12.

flots une mort volontaire et se déroba ainsi aux gibets du duc d'Albe, tandis que ses compagnons périrent dans les flammes, près d'Ecloo, en s'enveloppant dans le même drapeau.

Henry Laers, d'Amsterdam, héros d'un épisode dans le magnifique poëme où Onno-Zwier[1] a chanté la guerre des *Gueux* ; il se fit surtout connaître, ainsi que Sonoy, en résistant à toutes les forces de François van Bosschuysen, vice-amiral du duc d'Albe.

L'une des plus farouches de ces bandes des Gueux de mer était commandée par *Hartmann Gauma* et par son frère Watze, tous les deux d'Akkrum, en Frise.

Hartmann n'était pourtant pas né pour la haine et pour la vengeance. Noble, riche, jeune, élégant, instruit, il semblait destiné à passer des jours heureux aux côtés d'une épouse aimable. Il s'était appliqué à l'étude des sciences et des lettres; sa fortune lui laissant des loisirs, il les passait à cultiver les muses et à courtiser les belles. L'avenir se présentait à lui sous les plus brillantes couleurs. Mais tout à coup, sur un ordre de l'Inquisition, on vient pour l'arrêter. Averti à temps, il s'enfuit; ses biens sont saisis. Errant, vagabond, forcé de se cacher sous vingt noms et sous vingt costumes différents; traqué de refuge en refuge, il finit, lui aussi, par se faire pirate.

A partir de ce jour, les catholiques n'eurent pas de plus implacable ennemi. Il s'était formé une troupe de Frisons aussi exaltés que lui. Malheur aux églises, aux couvents, aux prêtres, aux moines et aux nonnes qui se trouvaient sous leur main. Ils n'épargnaient rien : ni les vases sacrés, ni les trésors des riches, ni le vin des curés, ni la vertu des religieuses.

Depuis près d'une année, le duc d'Albe dépensait des sommes considérables pour s'emparer de ces pirates exaspérés. Hartmann lui échappait toujours. Inutilement, on brûla une vingtaine de paysans soupçonnés de lui servir d'espions. Non moins vainement on espéra le faire tomber dans des piéges. Il déjoua toutes les combinaisons ; on l'appelait le Fléau de Dieu.

Un jour pourtant il faillit se laisser prendre. Étant entré dans un couvent de femmes, il s'y trouva si bien qu'il y resta près d'une semaine, festoyant joyeusement avec ses compagnons. Pendant ce temps, les soldats espagnols s'avancèrent et cernèrent le couvent. Au lieu de se rendre, Hartmann se barricada, mit le feu aux quatre coins de l'édifice et s'enfuit par un souterrain avec toutes les nonnes qu'il avait eu soin de garrotter et de bâillonner.

Les Espagnols trouvèrent au milieu des décombres en flammes un écrit attaché à un arbre, dont l'auteur, Hartmann Gauma, menaçant ses ennemis d'une destruction totale, avait placé, au-dessous de sa signature, les vers latins qui suivent :

Prælia magnatum cernes et sanguinis undas,
Et terras populis vacuas contusaque regna ;
Fana domusque cadent et erunt sine civibus urbes,
Inque locis multis tellus inarata jacebit.
Strages nobilium flet procerumque ruina,
Fraus erit inter eos, confusio magna sequetur [1].

Vers la fin du mois d'août 1569, le prince d'Orange, cédant aux conseils de Coligny, résolut d'organiser ces forces indisciplinées et de les faire servir au salut de la patrie.

Il nomma comme chef suprême de la flotte des *Gueux* un des auteurs du compromis, Adrien de Berghe, seigneur de Dolhain et de Cohem, mais seigneur sans seigneurie, de-

---

1. *Le Poëme des gueux*, monument élevé par Onno-Zwier, poëte hollandais, au patriotisme de ses compatriotes.

1. On verra des batailles de princes et des flots de sang, des pays déserts et des royaumes anéantis; temples et maisons crouleront et les villes seront sans habitants, et dans beaucoup de lieux le sol restera en jachère. Les nobles seront égorgés et les riches seront ruinés ; parmi eux régnera la fraude, et il en résultera une immense confusion.
Van Groningen, *Geschiedenis der Watergeuzen*, p. 50.

puis que la persécution l'avait forcé de fuir ses domaines.

Le choix du prince d'Orange n'était pas des plus heureux. L'amiral qu'il donnait aux *Gueux de la mer* était un brave soldat qui avait rendu de grands services; mais il n'entendait rien aux choses de la marine. Il se laissait conduire par son lieutenant, qui était d'Enkhuyzen, et par un portefaix banni d'Amsterdam.

De petite taille, maigre, laid, pauvrement vêtu d'un sayon vert, portant à peine quelques poils incultes au menton, il n'en imposait guère à des marins très-disposés à l'indiscipline. Wallon de naissance, il s'entoura d'abord de Wallons, excellents soldats, mais incapables de servir utilement sur une flotte et ne supportant pas la mer. Il fallut les remplacer plus tard par des Flamands, bons marins, mais dont l'amiral parlait difficilement la langue.

A cet officier peu expérimenté on donna pour vice-amiral Lancelot de Bréderode, frère du fameux Henri de Bréderode et le plus bel homme des Pays-Bas. Aussi ardent que son frère, mais plus fanatique, il ne redoutait rien tant que le repos. Les *friboutiers*[1] aimaient à servir sous ses ordres, parce qu'il ne les laissait jamais manquer de rien. Il savait leur procurer du vin et des victuailles abondantes. A défaut de navires, il capturait des bourgades et taxait les rançons en nature. A un marchand il prenait 200 aunes de drap; à un autre 40 barriques de vin, au boulanger du pain, au meunier de la farine, chacun suivant son état.

Au moment où lui parvint sa nomination au grade de vice-amiral, il était en train de charmer ses loisirs en buvant, avec ses pirates, le vin qu'il avait enlevé à un marchand de Deventer.

1. *Friboutiers*, free bootiers (libres pillards), nom que se donnaient volontiers les Gueux de mer. Quelques pirates hollandais portèrent sans doute ce nom dans les Antilles, et les corsaires de la Tortue le francisèrent en flibustiers.

Il s'était composé un équipage d'élite, comprenant tout ce que la piraterie comptait de plus choisi parmi les ribauds et les rouffians; d'ailleurs, tous bons marins, prêts à mourir sur un signe de leur chef, tous braves, tous préférant la mort à leur vie d'exil.

Sous les ordres de Dolhain se placèrent d'abord Albert d'Egmont, Crépin van Saltbrugge, Berthod Entes de Mentada, Jelle Eelsema, Meinert de Frise (le Frison), tous bannis et ligués ensemble pour renverser la tyrannie espagnole et pour partager avec le prince d'Orange le butin qu'ils faisaient sur l'ennemi.

« Maintenant nous allons assister à de vrais combats de démons surexcités, d'un côté, par la rage de l'impossible, de l'autre par la rage de la vengeance.

« L'ardente humeur et la hardiesse aventureuse des Gueux, le petit nombre et le petit calibre de leurs bâtiments les portaient à préférer d'ordinaire, à de lentes combinaisons stratégiques, une action vigoureuse soutenue par de rapides manœuvres dont ils connaissaient le secret.

« De simples gentilshommes ou des bourgeois et des paysans, transformés en capitaines de marine, agissaient chacun suivant son courage et ses fantaisies, combinant ses entreprises à son gré, associant à sa fortune d'autres proscrits et donnant, à tort et à travers, la chasse aux voiles espagnoles.

« Montés sur leurs bricks agiles, tous ces vautours de mer se portaient au-devant des flottes ennemies, les bravaient par la légèreté de leur course, disparaissaient devant des forces supérieures, attendaient une tempête ou une nuit obscure pour attaquer les vaisseaux ennemis dispersés ou maladroitement conduits.

« Ils abritaient leurs frêles embarcations derrière les récifs, dans des anses profondes, dans des lieux consacrés par de sombres traditions; ils épiaient au passage les bâtiments isolés et se jetaient sur eux à l'improviste;

ils croisaient sur les côtes de la Hollande et de la Zélande, à l'embouchure de l'Ems et de l'Elbe, ainsi que sous la Rochelle, leur lieu de refuge, comme Douvres, Londres et Embden.

« Ces opérations, conduites sans aucun plan, ne pouvaient que rester stériles en résultats.

« Dolhain le comprit, et se hâtant d'abandonner une marche qui n'aboutissait qu'à tenir les adversaires en haleine, il s'efforça d'introduire dans les mouvements de sa petite flotte l'ensemble et le talent nécessaires à de sérieux succès.

« Aussi, pendant que les armées de terre du prince d'Orange s'organisaient et commençaient à prendre l'aspect de troupes régulières, les navires des Gueux se réunissaient insensiblement en escadres plus compactes sous la main du nouvel amiral qui, néanmoins, fut loin de répondre à l'attente de Guillaume.

« Quoique les *Gueux de mer*, comme les *Gueux des bois*, eussent pris les armes pour la délivrance de la patrie, beaucoup cependant ne cherchaient qu'à calmer les douleurs de l'exil au bruyant cliquetis des verres et des fourchettes ; d'autres encore se battaient uniquement pour se battre, pour dépenser leur ardeur, pour apaiser la furie qui les dévorait.

« Tous avaient juré une guerre d'extermination aux inquisiteurs, aux membres du tribunal de sang, à leurs complices et à leurs adhérents. Parmi eux, il y avait beaucoup d'étrangers : Anglais, Écossais, Danois, Français, Liégeois.

« S'ils commirent des excès hautement condamnables, la responsabilité doit en retomber sur ceux qui, foulant aux pieds les droits les plus sacrés de la nation, les avaient poussés au désespoir et à la vengeance.

« Aux persécutions du duc d'Albe, ils répondirent par d'autres, tout aussi sanglantes et souvent plus exécrables encore. Mais sans les funestes exemples de cruauté donnés par ce barbare étranger, ses adversaires seraient restés les citoyens les plus paisibles.

« Les massacres et les crimes de la liberté égalaient ceux de la tyrannie. Les deux races et les deux religions comptaient presque autant de bourreaux et de victimes l'une que l'autre[1]. »

En plaçant un amiral à la tête de ces chefs indisciplinés, le prince d'Orange avait espéré les réunir en une flotte imposante, capable d'entreprendre de grandes choses. Mais il avait compté sans l'impéritie de Dolhain, qui ne sut pas tout d'abord en imposer aux capitaines. Chacun le reconnut pour chef, il est vrai ; mais ce ne fut guère qu'un chef nominal. Il ne savait pas commander ; on ne lui obéit pas toujours. Pour dompter les Gueux, il aurait fallu un homme autrement trempé.

Soit qu'il n'entendît rien à la guerre d'ensemble, soit qu'il ne rencontrât partout que de la désobéissance, il ne parvint pas à réunir de flotte. Les capitaines agirent isolément ; un d'entre eux incendia le château de Jean de Mepsche, lieutenant du roi à Groningue ; une bande pilla et brûla l'abbaye de Wœrd, en Frise ; une autre, commandée par un ancien prêtre catholique, saccagea le château du comte d'Arenberg, à Terschel-Schelling.

D'autres chefs, moins heureux, se firent prendre et décapiter.

Pendant ce temps, Dolhain s'était retiré en Angleterre, où il pressait l'équipement d'une escadre. Le 15 septembre, il parut enfin sur les côtes des Pays-Bas. Cinq ou six capitaines seulement s'étaient placés sous ses ordres. Le vaisseau qu'il montait ne comptait que 150 soldats mal vêtus, mal fournis d'arquebuses et mal disciplinés.

Lancelot de Bréderode, vice-amiral des Gueux, commandait un autre vaisseau ; Guillaume d'Hembyze, un troisième. L'escadrille

---

1. J.-J. Altmeyer.

ne consistait qu'en 6 navires, défendus par moins de 600 hommes.

Le 16 septembre, cet armement entra au Vlie, où les Gueux firent un riche butin sur deux flottes marchandes fortes de 100 voiles, et qui venaient de la Baltique. Puis ils détruisirent 2 églises, les seules qu'il y eût dans l'île.

Leur flottille reçut quelques renforts. De nombreux Frisons, bannis de leur pays, vinrent s'enrôler. On les mêla aux Wallons qui avaient jusqu'alors composé les équipages de Dolhain.

Sur ces entrefaites, se répandit une nouvelle qui porta jusqu'au paroxysme la fureur des Gueux de mer. Un de leurs capitaines, nommé Jean Broeck, avait été saisi par des Hambourgeois, considérés jusque-là comme des amis. On lui avait coupé le cou. Sa tête avait été placée sur un pieu, et son corps enseveli au-dessous.

Cette exécution criait vengeance. Les Gueux se mirent aussitôt à piller les vaisseaux hambourgeois qui se trouvaient dans les eaux de la Hollande.

Les bourgeois de Hambourg, n'ayant pas de marine de guerre capable de faire respecter leur commerce, envoyèrent un député à l'amiral des Gueux. Tout s'expliqua. Jean Broeck était coupable d'avoir attaqué et pillé plusieurs vaisseaux hambourgeois, contrairement à ses pouvoirs, qui défendaient aux Gueux de nuire aux villes, places et habitants de l'Empire, de l'Angleterre, du Danemark, de la Suède et de la France.

Après ces explications, les hostilités ne cessèrent pas complétement, malgré les ordres de Dolhain, qui ne voulait avoir d'autre ennemi que le duc d'Albe.

Vers la fin du mois, l'amiral des Gueux se trouvait à la tête de 29 navires, dont 9 grands et 20 petits. Il avait reçu l'ordre de s'emparer d'une place maritime qui pût servir de repaire aux pirates. Dans ce but, il s'approcha de Delfzyl. Mais le gouverneur de la province de Groningue se tenait sur ses gardes; la ville avait été fortifiée. On aurait peut-être pu la surprendre et s'en emparer par un coup de main. Malheureusement, Dolhain manquait de l'audace nécessaire à un chef de partisans. Il se contenta de piller quelques villages et de boire dans des calices, produit du vol des églises. Puis il vint prendre ses quartiers d'hiver dans le Nesserland. Les pauvres habitants du comté d'Ost-Frise, en Allemagne, le reçurent à bras ouverts, parce que ses Gueux les enrichissaient par leurs grandes dépenses. Les seigneurs, appelés à partager les bombances de l'amiral, le traitèrent en ami. Seulement, pour ne pas trop se compromettre vis-à-vis du duc d'Albe, le comte Edzard défendit aux Gueux de s'établir dans sa capitale, Emden.

En même temps, d'autres gueux s'étaient répandus dans le Zuyderzée. C'étaient, pour la plupart, des Rochellais, embauchés par le roi de Navarre pour le compte de Guillaume le Taciturne. Arrivés trop tard en Angleterre, ils n'avaient pu se joindre à la flotte de Dolhain. Alors, ils s'étaient joints à des partis d'Anglais et d'Écossais. Pendant plusieurs mois, ils jetèrent la terreur sur les rivages du Zuyderzée et se firent remarquer par l'acharnement qu'ils apportèrent à saccager et à brûler églises et couvents.

Le duc d'Albe, partout victorieux sur la terre ferme, commença à prêter une sérieuse attention aux actes des pirates qu'il avait d'abord méprisés. Il fit armer à Dokkum une flotte qui garda les côtes, mais qui ne se sentit pas assez forte pour poursuivre les Gueux en haute mer.

Le comte de Meghen, Charles de Brimen, gouverneur de la Gueldre et de Zutphen, écrivit au duc d'Albe pour lui faire un poignant tableau de la situation dans les provinces maritimes. D'après lui, l'armée des Gueux de mer se composait de 5,000 hommes. Il portait à 60 le nombre des vaisseaux enlevés, en une seule campagne, aux habitants restés fidèles à leur roi.

En présence des brigandages exercés par les Gueux, Amsterdam arma un vaisseau et quelques barques. Trois pirates furent pris et exécutés.

Un officier espagnol, nommé Billy, vint, avec une flottille, croiser devant Vlie, où il espérait trouver quelques pirates.

Au commencement de l'année 1570, cinq de ses vaisseaux furent dispersés par la tempête. Un seul parvint à trouver un navire des Gueux.

Il l'attaqua vigoureusement, espérant en avoir bon marché. Mais le bâtiment des gueux, commandé par l'intrépide capitaine Spierinck, tint bon, rendit coup pour coup et fit une boucherie des marins royaux.

Étonné d'une pareille résistance, le capitaine espagnol se résout à battre en retraite. Sa lâcheté soulève l'indignation de son équipage. Il est forcé de recommencer un combat qu'il ne peut abandonner sans déshonneur, car il possède tous les avantages matériels.

Le feu des pirates ne tarda pas à faiblir; bientôt ils ont épuisé toutes leurs munitions. Spierinck, sommé de se rendre, répond par un énergique refus. Il fait jeter à la mer quelques sacs d'argent qu'il veut soustraire à la cupidité des Espagnols; puis il ordonne à un soldat de lui plonger son épée dans le cœur. Le soldat obéit. Ses camarades se précipitent dans les flots; des chaloupes les poursuivent et les prennent en partie. On les décapita presque tous, et leurs têtes furent salées. En faisant son entrée triomphale à Groningue, Billy força les prisonniers qu'il avait épargés de porter devant eux ce sanglant trophée et de lui en faire hommage; après quoi il fit expirer ces malheureux au milieu des plus horribles souffrances[1].

La férocité était donc toujours du côté des Espagnols.

1. Van Groningen, p. 43-46.

Quelques jours plus tard, Jean Rol, bourgmestre de Hoorn, prit le commandement d'une flottille et se mit à faire la chasse aux Gueux qui s'enfuirent vers les côtes d'Angleterre.

La tempête détruisit quelques-uns de leurs bâtiments; ils perdirent leur vaisseau amiral et trois autres grands navires.

Tant d'insuccès ébranlèrent la position de Dolhain.

« Dans ce moment, il se laissait guider en tout par Robert de Bailleul et par Landas, l'un Flamand, l'autre Wallon. Il avait toujours, autour de lui, 5 navires et 2 barques, commandés par un autre Wallon, nommé Pleucqueu; par un noble Gantois, Antoine Uutenhove « petit et rousseau; » par Jean Louis (Hans Lodewyk), autre Flamand, et par un Italien établi en Angleterre. Ces navires étaient mal pourvus d'hommes, mais garnis d'une excellente artillerie. Les matelots et les soldats descendaient souvent à terre pour boire; c'était ordinairement à Douvres et dans l'île de Wight. Leurs canons, du calibre de treize à quatorze cents livres, vomissaient des boulets de fer munis de chaînes pour briser les mâts des vaisseaux ennemis.

« Peu nombreux, mais robustes, jeunes, trapus, allègres et très-braves, ces hommes n'avaient aucune peur des galères du roi, sur lesquelles ils tiraient des fusées incendiaires.

« L'amiral disposait encore de 3 autres navires et d'un yacht, avec lesquels il guettait les bâtiments venant de Dantzick.

« Il trouvait de grandes ressources en Angleterre, où la femme du romanesque Gabriel de Montgomery, le meurtrier involontaire de Henri II de France, avait fait équiper pour les Gueux un magnifique navire connu sous le nom de *la Comtesse*.

« Lorsque les enrôlements volontaires ne leur suffisaient pas, ils enlevaient des hommes propres au service maritime, en les attirant

Ils portaient au bout d'une lance la tête de Tholouze. (Page 424.)

dans les cabarets, en les enivrant et en les transportant ensuite sur la flotte[1]. »

Le duc d'Albe, alarmé de la puissance des Gueux, chargea Maximilien de Hennin, comte de Boussu et gouverneur de la Hollande, d'armer 12 navires à Amsterdam, pendant que Billy en équipait une dizaine. Boussu et Billy mirent bientôt à la voile; ils capturèrent 3 gros navires des Gueux et en brûlèrent 8 ou 10.

Pour se venger, Dolhain combina avec Lancelot de Bréderode une attaque sur l'abbaye d'Oldenklooster. Au mois d'avril, les Gueux pillèrent ce riche monastère. L'abbé eut beau promettre une pluie d'indulgences aux paysans vassaux qui viendraient le secourir, pas un ne bougea. Les superstitions du moyen âge avaient fait leur temps.

Presque au même moment, un pirate, Jean Van Troyen, fils d'un batelier de Rotterdam, jetait la terreur sur les côtes de Hollande. Monté sur une simple barque portant 35 hommes, il s'empara du navire qui faisait le marché entre Amsterdam et Anvers.

Associé à Adrien Menninck[1] et à Nicolas Ruychaver, de Harlem, il résolut d'attaquer Boussu qui se trouvait dans le Vlie. Le

1. J.-J. Altmeyer, les Gueux de mer.

1. Menninck, ancien teinturier de Delft, s'était enrôlé, dès le début, dans les armées révolutionnaires. Il avait échappé, comme par miracle, au massacre d'Austrawell.

14 juin 1570, ils arrivèrent en face de l'amiral espagnol.

Leur devise était : Dieu aide Orange ; leur drapeau : une écharpe jaune et rouge ; leur signe de ralliement : un mouchoir blanc autour du bras droit.

Le 15, ils assaillirent leurs ennemis. Mais par suite d'une fausse manœuvre, le navire de Jean Troyen, séparé de ceux des autres Gueux, fut entouré de tous côtés.

Troyen se voit perdu, il se précipite dans la mer et vient, en nageant, demander l'hospitalité à un vaisseau marchand ancré dans le voisinage. Livré à Boussu, il est conduit, avec 3 autres Gueux, dans la prison d'Amsterdam.

La perte d'un tel chef exaspère les Gueux. Ils menacent Boussu de raser Enkhuyzen et Amsterdam et de mettre le feu aux quatre coins de la Hollande, si on fait périr leur capitaine.

Boussu a peur, les juges chargés de condamner le Gueux de mer sentent se réveiller leur conscience ; le jugement traîne en longueur ; Troyen reste prisonnier jusqu'au mois d'octobre. Enfin le duc d'Albe, impatienté de ces retards, donne l'ordre de pendre le prisonnier.

En apprenant l'exécution du capitaine Van Troyen, les Gueux donnent un libre cours à leur fureur.

Ils commencent par suspendre au beaupré d'un de leurs navires un pilote espagnol qu'ils avaient fait prisonnier ; puis ils se servent de ce malheureux comme d'une cible. Ensuite, ils noient tous leurs prisonniers. Ils font des descentes multipliées sur les côtes et mettent à la torture les riches bourgeois[1]

qui ont le malheur de tomber entre leurs mains.

La guerre se poursuivait donc avec énergie ; mais elle dégénérait en affaires de brigandages. Nul plan d'ensemble n'était suivi ; les capitaines allaient, suivant leur propre intention et, livrés à eux-mêmes, ils déshonoraient le drapeau de la liberté par leur esprit de rapine.

Rendu responsable, aux yeux du monde civilisé, des excès auxquels se livraient les Gueux, Guillaume d'Orange résolut de remplacer son amiral, qui ne savait pas en imposer aux capitaines.

Le prince, qui avait besoin d'argent, ne délivrait de commissions que dans l'espoir de toucher une part de butin ; mais Dolhain se montrait d'une négligence incroyable ; si bien que les pilleries des pirates ne produisaient absolument rien.

Appelé à Dillenbourg, où se trouvait Guillaume le Taciturne, Dolhain, au lieu de payer les sommes sur lesquelles le chef des révoltés avait droit de compter, lui réclama, au contraire, 5,000 écus qu'il prétendait avoir déboursés.

De là, rupture. L'amiral, disgracié, s'enfuit en Angleterre, où des Gueux parvinrent à le saisir. Remis en liberté, sur l'ordre de Guillaume, il fut révoqué de ses fonctions. On lui offrit le commandement de deux ou trois vaisseaux ; mais il refusa et se retira en France. En 1572, il revint combattre pour la cause de sa patrie et se fit tuer bravement.

---

[1]. Il ne faut pas oublier que les bourgeois riches se montraient opposés à la révolution. La noblesse, la petite bourgeoisie et le menu peuple défendaient seuls la liberté du peuple batave.

CHAPITRE IV

AFFAIRE DE LOEVESTEIN

Sept franciscains demandent l'hospitalité au châtelain de Loevestein. — Nous sommes des watergeuzen! — Une châtelaine énergique. — Ruyter se fait reconnaître. — Wilhelmine et Isabeau. — Une réconciliation qui se fait difficilement. — Histoire de Ruyter. — Il envoie Wilhelmine et Isabeau sur la flotte des gueux. — Adam van Haren, lieutenant de Ruyter. — Le capitaine espagnol Laurent Perea attaque Loevestein. — Siége de trois jours et quatre nuits. — Mort de Ruyter. — André d'Anderlecht arrive trop tard pour délivrer sa femme. — Il écrit au comte de Meghen.

Le 2 décembre 1570, deux barques s'approchèrent du château de Loevestein, situé sur la rive occidentale de l'île de Bommel, au confluent du Rhin et de la Meuse. Sept religieux débarquèrent et frappèrent à la porte de cette petite forteresse qui commandait aux deux villes de Gorcum et de Worcum.

Un soldat parut à une étroite fenêtre, et demanda :

— Que voulez-vous ?

— Pour l'amour de Dieu, répondit l'un des moines, donnez-nous l'hospitalité. Nous sommes de pauvres religieux de l'ordre de Saint-François et nous cherchons un gîte.

Le soldat courut demander des ordres au châtelain qui allait peut-être refuser l'entrée à ces moines, lorsque sa femme, vieille dévote, s'écria que ce serait pécher que de laisser des religieux coucher à la porte.

On ouvrit donc, et les bons franciscains demandèrent tout d'abord à présenter leurs salutations au maître du logis. On les conduisit dans la grande salle où le noble châtelain se tenait assis, à côté de sa femme, devant une haute et large cheminée où deux ou trois fagots flambaient en pétillant.

Il se leva pour les recevoir ; mais les prétendus moines tirant des pistolets de dessous leurs frocs, s'écrièrent :

— Nous sommes des *watergeuzen!* (Gueux de mer), vive le prince d'Orange !

Le seigneur, sans paraître troublé à la vue de leurs armes, demanda :

— Que venez-vous faire ici ?

— Nous venons, répondit un des gueux, savoir si vous êtes avec ou contre nous.

— Sainte Vierge! interrompit la châtelaine ; est-ce une question à faire ? Pouvez-vous supposer que nous sommes avec des gens qui n'ont aucun respect pour les prêtres, ni pour les dames ?...

— Ne craignez rien, on vous respectera, madame, répliqua vivement le faux moine, qui déjà avait fort bien remarqué la laideur de la châtelaine ; mais pour votre mari, c'est autre chose. Il faut qu'il nous dise à l'instant s'il veut reconnaître notre prince comme son suzerain.

A ces paroles, le vieux châtelain se redressa d'un air digne :

— Je n'ai jamais reconnu d'autre prince que le roi d'Espagne, répondit-il.

Sans plus d'explications, le moine décharge son arme sur le seigneur qui tombe grièvement blessé.

La vieille dame crie :

— Au secours !...

A sa voix, quelques serviteurs accourent ; mais dès qu'ils voient de quoi il s'agit, la terreur les prend. Les uns s'enfuient dans les caves du château ; les autres, secrètement associés aux Gueux de mer, se joignent à ces derniers, en demandant seulement que l'on ne tue pas leur maître et qu'on les laisse le porter sur son lit.

Le chef des pirates, celui que nous avons vu frapper de son arme le seigneur de Loevestein, leur permet d'enlever leur maître, puis il réclame toutes les clefs du château; mais la dame les lui refuse énergiquement.

— Tuez-moi, lui dit-elle, puisque vous êtes le plus fort; mais n'attendez de moi aucun acte de soumission. De vils pirates sans religion peuvent être victorieux un instant; les honnêtes gens subissent leurs outrages sans s'abaisser à l'obéissance.

— De vils pirates! interrompit vivement le gueux; sachez, madame, que nous sommes de fort honnêtes soldats, régulièrement armés pour la défense de notre patrie.

En disant cela, il entr'ouvrit son froc et tira un parchemin d'une besace qu'il portait en bandoulière par-dessous son vêtement de franciscain.

— Voici, continua-t-il, une patente de mon seigneur et maître le prince d'Orange.

A ce nom, la vieille dame fit le signe de la croix.

Sans y prendre garde, le moine lui tendit le parchemin.

— Veuillez lire vous-même...

La châtelaine repoussa la patente avec un geste d'horreur.

— Je comprends, ricana le pirate, vous ne savez pas lire; eh bien! écoutez-moi. Voici quels sont les ordres de notre seigneur le prince d'Orange.

Et il lut d'une voix solennelle, tandis que la dame appliquait la paume de ses mains sur l'orifice de ses oreilles, afin de ne rien entendre.

« Nous, Guillaume, prince d'Orange, comte de Nassau, lieutenant général de Sa Majesté[1] en Hollande, Zélande, Frise et Utrecht, à tous ceux qui ces présentes verront, savoir faisons qu'en vertu de notre charge, nous commettons et établissons le noble homme Herman de Ruyter, capitaine de nos Gueux de mer, et lui donnons, par les présentes, la charge et conduite d'une troupe qui prendra de force ou autrement le château de Loevenstein, ainsi que les villes de Gorcum et de Worcum et tout le territoire compris entre ces dites villes. Mandons et ordonnons à notre dit sieur Herman de Ruyter, capitaine de nos gueux, de se ranger et se conduire selon les ordonnances; tenir la main à ce que la nouvelle religion soit prêchée dans les villes et pays susnommés, si les habitants le demandent, sans souffrir toutefois qu'il soit porté le moindre trouble ou empêchement à l'exercice de la religion catholique; maintenir ou changer les magistrats, selon les occurrences; faire prêter serment à ceux-ci et à tous les habitants; et enfin nous rendre bon compte de sa mission. En témoignage de ce, avons signé ces présentes, signées de notre nom, et cachet armoyé de nos armes.

« Fait au château de Dillenbourg, le xxve jour de novembre, l'an soixante-dix.

« *Signé* : Guillaume d'Orange,
« Comte de Nassau, etc. »

Lorsqu'il eut terminé la lecture de cette pièce, le gueux replia gravement le parchemin, le remit dans sa besace et, s'adressant à la châtelaine :

— Je suis, lui dit-il, Herman de Ruyter, chargé par ces patentes de rétablir la liberté de conscience en ce pays. Au nom de Guillaume de Nassau, prince d'Orange, lieutenant général, je prends possession de ce château et vous somme de m'en donner les clefs.

La châtelaine fit la sourde et la muette.

---

1. Guillaume, dont la finesse était poussée jusqu'à la rouerie, ne perdait aucune occasion de se représenter comme le plus ardent défenseur des droits de Philippe II. Il n'en voulait, disait-il, qu'à l'administration du duc d'Albe. D'après lui, ce gouverneur portait tort à son roi en ruinant, bannissant, massacrant ses sujets. C'est pourquoi Guillaume protégeait ces mêmes sujets, afin de les conserver au souverain. Faisant semblant d'ignorer que le duc d'Albe n'était qu'un instrument docile entre les mains de Philippe, il laissait retomber sur ce gouverneur tout l'odieux d'une administration despotique et barbare. Quant à lui, Guillaume, il se donnait le titre de représentant du roi.

— Madame, lui cria le capitaine, j'ai promis de vous respecter; je ne puis user de violence envers vous; refusez donc tout à votre aise de reconnaître mes droits, je me passerai de votre obéissance. Allez; vous êtes libre de vous rendre auprès de votre époux qui sans doute réclame vos soins.

La dame ne se le fit pas dire deux fois; elle s'enfuit.

— Maintenant, ordonna Ruyter à l'un des domestiques tremblants, vous allez me dire où se trouvent les clefs du château.

Le valet hésitant répondit :

— Je ne sais.

— La manière dont tu dis cela, coquin, me montre que tu mens.

— Je ne sais au juste, monsieur le capitaine; mais la demoiselle de confiance vous le dira.

— La demoiselle de confiance, où est-elle? Qu'on la cherche et qu'on l'amène.

— Je sais où elle est; je vais la chercher.

Quelques minutes après, deux femmes arrivèrent, accompagnées d'un jeune enfant de 3 ou 4 ans. Elles ne semblaient pas trop effrayées.

A leur vue Ruyter eut un tressaillement :

— Wilhelmine! murmura-t-il en cherchant à réprimer un élan de joie.

Wilhelmine rougit, puis pâlit; mais elle se contint. A peine jeta-t-elle un regard furtif sur son amant; elle prit entre ses bras l'enfant effrayé et se donna une contenance.

L'autre femme, qui n'avait pas les mêmes raisons de jouer l'indifférence, eut un cri d'étonnement :

— Quoi! Herman, vous ici, et sous un pareil travestissement?

— Les explications viendront plus tard, répliqua le faux moine; donnez-moi les clefs de céans.

— Je ne les ai pas.

— N'êtes-vous pas ici la demoiselle en qui l'on a toute confiance?

— Cette confiance, je ne la trahirai pas.

Ruyter arma un pistolet et l'appuyant sur la poitrine de la jeune femme :

— Isabeau, lui dit-il, choisissez entre l'obéissance et la mort.

Celle qu'il appelait Isabeau fit un grand cri et tomba à genoux, tandis que Wilhelmine, se jetant sur le bras du pirate, chercha à détourner son arme :

— Ne tuez pas ma sœur, cria Wilhelmine. Grâce, Herman, grâce, au nom du ciel!...

— Je tuerais ma propre sœur, répondit le gueux d'un ton farouche. Voyons, Isabeau, les clefs...

— Seigneur, ayez pitié de mon âme, murmura la jeune femme.

— Ne tirez pas, Herman, supplia la belle Wilhelmine; ne voyez-vous pas qu'elle s'évanouit et ne peut vous répondre? Prenez les clefs à sa ceinture.

En effet, Isabeau, terrifiée, était tombée sans mouvement sur le tapis de Turquie recouvrant le parquet de la grande salle. Herman n'eut qu'à se baisser pour prendre un trousseau de clefs suspendu à sa ceinture de cuir. Puis, sans s'occuper des deux femmes, le chef des Gueux, suivi de ses 6 compagnons, courut à la porte principale du château qu'il ouvrit toute grande.

— Vivent les Gueux! s'écria-t-il de toute sa force.

— Orange et Nassau! répondit une voix dans le lointain.

— Avancez donc.

Une vingtaine de Gueux, qui s'étaient tenus dans la campagne, coururent vers la porte et entrèrent.

— Maintenant, nous sommes les maîtres, dit Herman avec un rire de joie.

Rentré dans la grande salle du château, Ruyter quitta son air farouche, avec le froc des moines. Revêtu du costume des Gueux, il redevint lui-même, c'est-à-dire un joyeux et loyal compagnon.

Son premier soin est de se faire pardonner

la brutalité qu'il a montrée vis-à-vis de Wilhelmine et de sa sœur. La réconciliation ne se fit pas sans une vive résistance de la part de Wilhelmine; enfin la curiosité féminine amena un rapprochement. La jeune hollandaise grillait du désir d'apprendre pourquoi son ancien amant venait s'emparer de Loevenstein, précisément le jour où elle s'y trouvait. Elle amena la conversation aigre-douce sur ce sujet.

Ruyter lui répondit sur un ton de bonne humeur :

— Nous savons tout; car si le duc d'Albe a ses espions, nous avons les nôtres. Or, voici ce que j'appris : la femme d'André d'Anderlecht devait venir passer le mois de décembre et les fêtes de Noël au château de Loevenstein, où sa sœur était demoiselle de confiance. Pouvais-je résister au désir de revoir ces deux amies de mon enfance et de ma jeunesse? J'ai risqué ma tête, Wilhelmine, et quelle récompense est-ce que je reçois maintenant? Vous vous montrez irritée de la manière dont je me suis emparé des clefs... Pouvais-je faire autrement? allais-je perdre mon temps en pourparlers, lorsque à chaque minute pouvait renaître le courage des gens du château? Il fallait agir; il fallait ouvrir de suite à mes camarades restés dans la campagne... O Wilhelmine, tous les moyens m'ont paru excellents, quand j'ai songé que je devais renverser tous les obstacles pour te posséder.

Wilhelmine baissait les yeux; et sans oser répondre, pressait dans ses bras son jeune enfant qu'elle couvrait de caresses.

Changeant brusquement de ton et de conversation, Ruyter frappa un petit coup amical sur la joue du bébé :

— Quel âge a-t-il? demanda le gueux d'un air indifférent.

— Il aura 3 ans le douzième jour de ce mois, répondit la jeune mère visiblement troublée.

Ruyter fit un soubresaut. Il regarda Wilhelmine en face, l'attira près de lui et lui prit un baiser qu'elle ne lui refusa pas.

— Le douzième jour de décembre! murmura-t-il; neuf mois jour pour jour après Austrawell.

Et prenant l'enfant, il le pressa sur son cœur.

Dès le lendemain, la nouvelle de la prise de Loevenstein éclata comme un coup de foudre dans les Pays-Bas. Le duc d'Albe comprit de suite l'importance que pouvait avoir le succès de Ruyter. Il écrivit aux magistrats de Gorcum et de Worcum pour les engager à résister en attendant des secours qu'il allait leur envoyer.

La municipalité de Worcum, encouragée par ces promesses, mit en mer des vaisseaux qui croisèrent nuit et jour devant le château de Loevenstein et empêchèrent que personne y entrât ou en sortît. Les habitants des deux villes s'armèrent; mais ils n'osèrent d'abord rien entreprendre tant était grande la terreur inspirée par Herman Ruyter.

Le duc d'Albe ne crut pas prendre de mesures trop énergiques contre un homme doué de beaucoup de finesse et de résolution. Sa police lui donna sur ce gueux des renseignements circonstanciés.

Voici le résumé de leurs rapports :

Ruyter, quoique originaire d'une famille noble[1] de la Gueldre, était très-pauvre. Livré jeune à lui-même, il avait gagné son existence à mener des bœufs aux marchés. Puis il était devenu marchand de bœufs à Bois-le-Duc, sa ville natale.

Dès 1566, il avait cherché à soulever la ville de Bois-le-Duc; mais les bourgeois l'ayant traité d'énergumène, il s'était enfui. Depuis ce jour, il s'associa à toutes les révoltes. Condamné au bannissement, le 24 mars 1568, il ne lui restait plus d'autre espoir que de rentrer dans sa patrie à la suite d'une révolution.

1. Ackersdyck, *Newe werken van de Maatischappy der Nederlandsche Letterkunde te Leyden*, t. I, p. 187.

Le duc d'Albe fut instruit, en outre, que Ruyter n'avait attaqué le château de Loevenstein que parce qu'il comptait sur le concours des bandes du comte Van den Berghe. Le duc prit donc des mesures promptes et vigoureuses, pour empêcher tout secours d'arriver à ce chef de gueux.

Le capitaine Laurent Perea reçut l'ordre de quitter Bois-le-Duc à la tête de 50 soldats, renforcés ensuite par 60 arquebusiers.

Perea partit avec ses hommes que portaient 2 gabarres. Il arriva devant le château le 15 décembre, à la nuit tombante.

Depuis deux semaines que les Gueux s'étaient rendus maîtres de cette forteresse, ils n'avaient rien fait pour la mettre en état de défense. Hommes de coup de main et de révolution, ils n'avaient pas les qualités nécessaires aux véritables guerriers.

Herman de Ruyter attendait du secours que devait lui envoyer le prince d'Orange. Les journées se passèrent et rien n'arriva. Le jeune gueux tuait le temps dans la société de la belle et tendre Wilhelmine.

Son lieutenant, Adam Van Haren, de Walkenburg[1], issu d'une antique et noble famille, s'était mis dans les bonnes grâces d'Isabeau et semblait, lui aussi, oublier qu'un orage se formait aux portes du château.

Toute l'habileté des deux chefs des Gueux semblait consister à convertir des femmes ; à cela, ils réussissaient du reste. Tout le monde, au château, finit par prendre fait et cause pour les rebelles : tout le monde excepté le châtelain et la châtelaine, bien entendu.

Le 15 décembre, au moment même où le capitaine Perea arrivait devant la petite forteresse, Ruyter, qu'un secret pressentiment semblait avertir, fit venir son lieutenant :

— Adam, lui demanda-t-il, vous sentez-vous capable de passer cette nuit au milieu des vaisseaux qui nous surveillent?

— Je puis, répondit laconiquement van Haren.

— Il faut vous rendre au château de Dillenbourg, et presser le prince d'Orange, qui semble nous oublier.

— J'irai.

— Écoutez-moi, Adam, ce n'est pas tout, continua le capitaine. Quelque chose me dit que nous ne serons pas longtemps sans être attaqués.

— Pourquoi m'envoyez-vous alors ? demanda le lieutenant.

— Parce que j'ai à vous confier une mission très-délicate. Il faut mettre Wilhelmine et Isabeau en sécurité ; il faut les conduire toutes les deux sur la flotte des Gueux. Ce sont de précieux otages que nous retrouverons toujours.

— Bien pensé et bien dit, murmura van Haren.

— D'ailleurs, continua Ruyter, un voyage auprès du prince d'Orange est indispensable ; vous emmènerez nos deux prisonnières par la même occasion.

— C'est entendu.

— Quand serez-vous prêt ?

— Je le suis.

— Et les deux voyageuses ?

— Je vais les préparer.

Van Haren courut avertir Wilhelmine et Isabeau. Elles ne s'attendaient pas à cette communication. Wilhelmine jeta les hauts cris ; mais elle se soumit bien vite en songeant qu'elle allait s'éloigner de la châtelaine qui, s'étant aperçue de sa liaison illicite avec le chef des Gueux, ne lui épargnait ni les reproches, ni le mépris.

Les mêmes considérations firent accepter volontiers à sa sœur l'idée d'une fuite au milieu des corsaires.

Wilhelmine vint se jeter dans les bras de son amant.

---

[1]. Aujourd'hui station du chemin de fer d'Aix-la-Chapelle à Landen (province de Limbourg), alors capitale d'une seigneurie dans le pays d'outre-Meuse.

— Pourquoi ne viens-tu pas avec moi? lui demanda-t-elle.
— Ma place est ici.
— Et la mienne?
— La tienne est loin du danger. Si Dieu nous protége, nous nous reverrons avant peu.
— Hélas! hélas! sanglota la belle jeune femme; Dieu peut-il nous protéger?...

Le visage du gueux s'assombrit un peu.
— Va, murmura-t-il, en essuyant avec ses baisers brûlants les larmes qui inondaient le visage de Wilhelmine; va, tu n'es qu'une femme; Dieu, qui lit au fond de nos cœurs, sait ce que nous avons souffert; il nous pardonnera nos amours... Adieu... au revoir.

Wilhelmine s'enfuit.

Un instant après, elle se présentait avec sa sœur devant la noble châtelaine de Loevenstein, à laquelle Ruyter avait abandonné une cellule dans le donjon du château. Son mari, presque guéri de sa blessure, était assis près d'un bon feu, lorsque les jeunes femmes entrèrent. A peine daigna-t-il les regarder. Quant à la dame, elle ne put contenir sa colère.

— Allez, dit-elle à Isabeau; allez au milieu des oies, des voleurs et des damnés; fuyez avec un homme maudit... Ne rougissez pas... Ne niez pas; je sais tout. J'ai tout serveillé... partez avec votre honte...

— Et vous, Wilhelmine, continua-t-elle, qu'espérez-vous? comptez-vous sur la connivence criminelle qui fait que tout le monde cache aux époux ce qu'ils ont, plus que personne, intérêt à savoir? J'irai trouver André d'Anderlecht, et je lui dirai tout...

— Mais vous êtes prisonnière aussi bien que moi, essaya d'objecter Wilhelmine.

— Je ne le serai pas longtemps; car ces forcenés ne tarderont guère à recevoir le prix de leurs crimes. Allez, madame; ne reparaissez jamais devant moi, et attendez-vous à un prompt châtiment...

Moins d'un quart d'heure après, une barque s'éloignait de l'île de Bommel. Elle contenait van Haren, Isabeau, Wilhelmine, les trois servantes de cette dernière et un même nombre de jeunes gueux, qui avaient eu des raisons particulières pour demander à accompagner les femmes.

Dirigée par les trois gueux que commandait le lieutenant van Haren, la barque passa entre plusieurs gros bâtiments qui croisaient devant le château. L'un d'eux se mit à sa poursuite; mais il la perdit dans l'obscurité d'une nuit pleine de brouillards.

Pendant que van Haren s'enfuyait, le capitaine Laurent Perea se demandait comment il prendrait la place. Monté dans une barquette, il fit une reconnaissance autour de Loevenstein. Les Gueux, bien loin de s'attendre à une attaque pour cette nuit-là, n'avaient pas placé de sentinelles sur les murailles. Pas une patrouille ne faisait les rondes réglementaires.

Perea envoya chercher des échelles à Worcum, et il s'en servit avec tant de rapidité, qu'avant que les Gueux fussent avertis, déjà ses soldats étaient en haut de la muraille.

Un pirate donne l'alarme; de Ruyter accourt; il se trouve entouré d'ennemis. Il parvient à se dégager et se retire dans le donjon, où il se prépare à soutenir un siége en règle.

La nuit se passa de part et d'autre à prendre des dispositions. Perea, secondé par un certain nombre de bourgeois de Gorcum, fit venir une petite pièce de campagne et commença, le lendemain matin, 16 décembre, à canonner un mâchicoulis d'où les assiégés faisaient feu.

Ruyter avait enfermé dans une cellule du donjon le châtelain et sa femme qu'il considérait comme de précieux otages. La dame de Loevenstein, entendant le bruit du canon, ne put se tenir tranquille; n'étant pas surveillée, elle se mit à une étroite fenêtre qui donnait sur la campagne et voulut faire des signaux à ses amis les assiégeants. Un arque-

Mort de du Fresnoy. (Page 431.)

busier espagnol, la prenant pour une sentinelle, lui envoya une balle qui lui entra dans la poitrine et la jeta presque morte aux pieds de son mari. Elle vécut encore une semaine.

Presque au même instant, le lieutenant Van Haren, ayant appris que Ruyter était attaqué, revint avec six Gueux de mer; il avait laissé les femmes à bord d'un bâtiment corsaire qu'il avait rencontré par hasard et avait cru de son devoir d'accourir au plus tôt au secours de son chef. Mais il ne put pénétrer dans le château. Poursuivi, il perdit 3 de ses aventuriers et ne s'échappa qu'à grand'peine.

Le 17 décembre, l'artillerie espagnole fit, dans le mur du donjon, une trouée à passer un homme. Un noble Hollandais, le seigneur de Hardingveld, veut se précipiter dans l'intérieur, par cette brèche. Un Gueux lui barre le passage; il le jette à terre d'un coup d'épée. Le second défenseur est Ruyter, armé d'une longue hache. Hardingveld n'a pas le temps de parer le coup terrible que lui porte le gigantesque capitaine. Sa tête roule d'un côté et son corps décapité tombe sur le cadavre du Gueux qu'il a tué.

Un caporal vient après lui; mais voyant cette boucherie, il n'ose passer par la brèche. Les soldats qui l'accompagnaient essaient seulement de déblayer le terrain; ils engagent un assez long combat, pique contre pique.

57.

Le 18, un mousquetaire abattit une sentinelle placée sur une tour et, sans laisser aux assiégés le temps de s'en apercevoir, il dressa une échelle, y grimpa avec 12 soldats et sonna l'alarme sur les derrières des défenseurs.

Ces derniers, réduits à une dizaine d'hommes valides, étaient exténués; leur résistance mollit un peu ce jour-là.

Le 19, ils n'en pouvaient plus, ils tombaient de fatigue et de sommeil.

Depuis 3 jours et 4 nuits, ils résistaient à un petit corps d'armée. Les assiégeants jugeant bien que 10 hommes fatigués ne tiendraient pas longtemps désormais, se précipitèrent tous ensemble et parvinrent, après avoir perdu beaucoup de monde, à passer toute la garnison au fil de l'épée.

Ruyter résista le dernier. Couvert de blessures, il se retira dans une salle où se trouvaient les provisions de poudre; d'une main il tenait deux mèches allumées et de l'autre un espadon avec lequel il frappait à droite et à gauche les assaillants.

Il en avait tué plus de 30 lorsque le pied lui glissa dans le sang. Alors il jeta ses mèches sur un tas de poudre qui fit explosion; la tour, théâtre de la lutte, sauta en l'air; Ruyter fut tué du coup; 20 Espagnols restèrent sous les décombres, 2 ou 3 seulement purent s'enfuir tout défigurés. D'autres arrivèrent sur ces entrefaites et placèrent au bout d'une pique la tête roussie du capitaine des Gueux.

La châtelaine, délivrée, eut la force, malgré sa blessure, de se traîner au milieu des vainqueurs. Elle ne cessait de répéter:

— Je dirai tout à André d'Anderlecht.

Mais elle mourut avant d'avoir pu accomplir sa promesse.

8 cadavres de Gueux furent pendus à des arbres, 4 blessés furent conduits à Anvers où on les soigna pour les juger après leur guérison. L'un fut décapité, un autre rompu sur la roue, un troisième périt sous la potence et le quatrième fut écartelé.

La tête d'Herman Ruyter, clouée toute noire sur une potence, fut exposée sur la place publique de Bois-le-Duc, sa ville natale. Il ne s'était si bien défendu que dans l'espoir d'être secouru par des bandes qui, paralysées dans leur marche par la pluie et la neige, arrivèrent trop tard.

La défaite de Ruyter amena sur les lieux de la lutte une nuée de ces vautours que l'on appelle officiellement agents secrets et qui ne vivent que d'espionnage.

Le duc d'Albe, le roi d'Espagne, les princes, les évêques voulurent être renseignés, chacun envoya un ou plusieurs agents.

André d'Anderlecht arriva le premier. Son but avoué était d'avoir des nouvelles de sa femme; mais il devait tenir son maître, le comte de Meghen, au courant de tout ce qui s'était passé ou de ce qui se passerait.

Le châtelain de Loevestein le reçut avec cet air de compassion que l'on accorde toujours à un mari trompé. D'Anderlecht crut qu'on le plaignait d'avoir perdu sa femme. Il ne se douta jamais de la triste vérité, parce que la châtelaine étant morte la veille de son arrivée, nul ne se sentit le courage de lui avouer ce qui s'était passé.

Il ne vit dans l'enlèvement de sa femme qu'une occasion de se plaindre à son maître et d'en obtenir des sommes qui lui étaient dues depuis longtemps; car les affaires allant au plus mal, le duc d'Albe ne payait plus son agent de Meghen, qui ne payait plus son espion Anderlecht. Voici la lettre que ce dernier, profitant de la circonstance, écrivit au grand chef des espions de Hollande.

« 22 décembre 1570.

« Monsieur le comte,

« Si Votre Excellence ne m'assiste, homme vivant de ma qualité n'est plus malheureux que moi; car je suis jusques aux oreilles en dettes; et à cette heure ai perdu tout ce que j'avais en ce monde; et outre ce, les Gueux ont pris ma femme, sa sœur et mon fils Virycke et la plupart de mes gens; et comme ma femme et sa sœur sont assez belles, je suis en mille hasards et peines que, outre toutes mes pertes et maux, ils forceront ma femme et me mettront encore les cornes, et tout ce que en surplus peut advenir; et ce, de par le service de Sa Majesté et de Votre Excellence. Voilà la bonne récompense que suis apparent de recevoir pour mes bons, loyaux, fidèles, hasardeux et libéraux services, si Dieu, Sa Majesté ou Votre Excellence n'y pourvoye.

« ANDRÉ D'ANDERLECHT[1]. »

Cette affaire du château de Loevestein faillit amener le départ du duc d'Albe. Mais le roi d'Espagne le força de rester à son poste qu'il menaçait d'abandonner pour cause de santé.

1. *Correspondance de Gueldre et de Zutphen*, t. XI, f. 153, verso.

CHAPITRE V

GUISLAIN DE FYENNES, AMIRAL DES GUEUX

Nomination de Guislain de Fyennes. — Pouvoirs qui lui sont conférés. — Un nouveau déluge. — Jugement de Philippe Abue. — Pillage de Staveren. — Arrestation de Treslong. — Pillage de Monnikendam. — Le comte Edzard fait la chasse aux Gueux. — Le vice-amiral Bosschuysen poursuit les pirates jusque dans le port d'Emden. — Exécution des prisonniers. — Misère générale. — Plaintes que font entendre les bourgeois. — Les Gueux des bois reparaissent. — Découragement du duc d'Albe.

Guillaume d'Orange avait songé un moment à remplacer Dolhain par son frère Louis de Berghe, qui commandait 8 vaisseaux stationnant à Londres. Mais son choix se porta définitivement sur Guislain de Fyennes, seigneur de Lumbres, homme énergique, diplomate habile, soldat déterminé, qui lui avait été jusque-là d'une grande utilité.

De Fyennes, envoyé à La Rochelle, y enrôlait des français protestants pour la cause des Pays-Bas. Le succès avec lequel il accomplissait cette mission avait donné à Guillaume le Taciturne une haute opinion de son intelligence. Il pensa qu'un chef aussi solide, investi d'un pouvoir dictatorial, pourrait ramener les capitaines à l'obéissance. Le 10 août 1570, Guislain de Fyennes fut nommé *amiral des Gueux de mer*. Lui seul, à l'avenir, eut le droit de délivrer des commissions aux corsaires; et toutes les nominations faites par son prédécesseur furent annulées et durent être révisées par le nouvel amiral. Ce dernier recevait l'ordre de faire régner la « pure parole de Dieu » à bord des navires; de chasser les réprouvés de justice qui infestaient la flotte des Gueux, de placer un ministre de l'évangile sur chaque bâtiment; et enfin, clause principale, de faire trois parts du butin : la première pour le prince, la seconde pour les chefs, la troisième pour les équipages et un dixième de l'ensemble pour l'amiral.

Défense fut faite aux Gueux d'attaquer tout autre que le duc d'Albe ou ses partisans.

Voici la copie d'une commission délivrée par de Fyennes :

« Nous, Guislain de Fyennes, chevalier, seigneur de Lumbres, admiral et capitaine général des navires et flotte de monseigneur le prince d'Orange, comte de Nassau, etc., à tous ceux qui ces présentes verront, sçavoir faisons que, en vertu de notre charge et commission, aïant eu bon rapport de la preud'hommie et expérience de seigneur Home van Hitting, gentilhomme, au faict de la guerre : l'ayant commis et establi, commettons et establissons, par ces présentes, capitaine d'un navire de guerre, avecq laquelle il fera la guerre au duc d'Albe et tous ses adhérens, soubz notre charge et conduite en la flotte de mondit seigneur et prince et, en outre, soy renger et conduire selon les ordonnances, poincts et articles dressées et faictes, ensemble rendre bon compte et reliqua, le tout en suivant l'ordre que Son Excellence veult estre observé en flotte, et ce tant et si longuement que aultrement sera par nous ordonné. En tesmoing de ce avons signé ces présentes, signées de notre nom et cachet armoyé de nos armes. Faict le xx⁰ jour d'octobre, l'an soixante-dix.

« Icy estaient ses armes, à scavoir, deux lyons avec un lambeau *rampart* (sic). » « Icy estait soubsigné : GUISLAIN DE FYENNES. »

(ARCHIVES DU ROYAUME DE BELGIQUE, *Conseil des troubles*, papiers non classés.)

Guillaume espéra que les Gueux pourraient s'emparer de quelque ville maritime dont il ferait sa place d'armes. Mais le nouvel amiral ne put rien tenter tout d'abord, parce que le comte Edzard qui avait, jusque-là, protégé les pirates, fit saisir tous les bâtiments qui se trouvaient dans les eaux d'Embden. Il prétexta que les Gueux avaient pillé plusieurs de ses navires ; mais au fond il obéissait aux ordres de l'empereur d'Allemagne qui voulait rester bien avec l'Espagne.

Déjà la France était fermée, par ordre de Charles IX, à tous les navires révoltés. Il ne restait plus aux patriotes que le refuge de La Rochelle qui était trop éloigné ; et les ports anglais qui n'allaient pas tarder à leur être interdits.

Repoussés d'Allemagne et de France, les rebelles se réunirent en plus grand nombre devant les côtes de leur patrie. Tous les points furent menacés à la fois. Enkhuysen trembla, Deventer fut sur le point de voir les Gueux dans ses murailles. Le vaisseau qui faisait le marché entre Anvers et Bois-le-Duc devint la proie d'un capitaine des révoltés ; ce bâtiment portait 4,500 rixdalers et une riche cargaison.

Les Gueux allaient entreprendre la conquête d'une ville située sur le Zuyderzée, lorsqu'une calamité inattendue déconcerta leurs desseins.

Dans la nuit du 31 octobre au 1ᵉʳ novembre 1570, l'Océan, soulevé par un effroyable ouragan, bondit par-dessus les digues hollandaises et les brise en vingt endroits. Le pays se couvre d'eau, 100,000 hommes sont victimes de ce désastre. En Frise et en Hollande, les corps des hommes, les cadavres des animaux, les meubles, les décombres flottent pêle-mêle dans les champs submergés, où l'on ne distingue plus la terre d'avec la mer.

Partout se présente l'affreuse image d'un déluge. L'eau, les sables, tout est confondu, bouleversé. Le pays est ruiné. Les Gueux n'échappent à la mort qu'en s'éloignant du rivage.

Lorsqu'enfin se calma cette effrayante tempête, les prêtres catholiques profitèrent de la terreur universelle, pour accuser les révoltés d'avoir appelé sur leur pays la colère des saints dont ils détruisaient chaque jour les images. La persécution religieuse redoubla d'intensité. Les Gueux, un instant déconcertés, reparurent bientôt.

Ils avaient surpris Philippe Abue, espion de Billy. Ils le condamnèrent à avoir la tête tranchée et son corps à être mis en quatre quartiers et exposé dans quatre endroits différents de la Hollande septentrionale.

Le capitaine des Gueux, Entes, présida lui-même le conseil de guerre devant lequel comparaissait Philippe Abue. Ce capitaine prit la parole en ces termes :

—Nous, gentilshommes, capitaines et prévôt des navires de guerre appartenant à trèshaut et très-puissant seigneur, le prince d'Orange, qui nous a prescrit et donné commission d'aider les bons, de punir les méchants et de pardonner à ceux qui le méritent ; nous, comme vrais soutiens de la foi chrétienne, nous te promettons de te sauver la vie, si tu dis la vérité; sinon nous te ferons mourir de mille morts.

Entes ne tenait ce langage que pour permettre au prisonnier de trouver quelque défaite qui pût le sauver. Mais son discours emphatique, au lieu d'effrayer l'accusé, lui arracha involontairement un grand éclat de rire. Outré de colère, Entes ordonna de le pendre immédiatement. Quand ce malheureux eut la corde au cou, on le hissa à une vergue; puis on le laissa respirer un instant, pour lui demander comment il trouvait le service du roi d'Espagne. On le relâcha enfin, moyennant une rançon de 395 florins.

Vers la fin du mois de novembre, une troupe de Gueux, butinant le long des côtes de Frise, pilla les églises et 60 maisons de Worcum. Tombant à l'improviste sur Staveren, les pirates enlevèrent un abbé, Nicolas van Landen, qu'ils emmenèrent en compagnie d'une troupe de comédiens et de femmes de mauvaise vie.

Ils menacèrent cet abbé de le pendre à un mât, s'il ne consentait pas à payer, avant 15 jours, une rançon de 6,000 écus; et pour lui donner une idée de ce qu'était une pendaison, ils exécutèrent devant ses yeux deux individus qu'ils avaient capturés quelques jours auparavant.

L'abbé écrivit à ses moines, dont l'abbaye se trouvait à Hemelun, près de Staveren. Les moines allaient envoyer la somme exigée lorsque l'empereur d'Allemagne intervint et fit rendre à van Landen la liberté sans rançon.

Les Gueux se consolèrent en détachant de l'Espagne plusieurs capitaines belges et hollandais, qui jusque-là étaient restés fidèles au roi Philippe II. C'est ainsi qu'ils attirèrent dans leur parti le brave Zéger Jansen, de Médenblick, qui déserta avec tout son équipage. Son lieutenant, Eloi Rudam, de Lille, eut une part glorieuse dans tous les combats de l'indépendance et mourut, en 1587, comme capitaine des Gueux, à Middlebourg.

Les fureurs du duc d'Albe enflammaient de plus en plus les têtes échauffées. Des prédicants parcouraient le pays pour ramasser de l'argent. Des poëtes populaires répandaient partout des milliers de chansons satiriques qui exaltaient les esprits, excitaient à la révolte et prédisaient le succès de la cause nationale.

« Du haut des dunes et des digues de la Zélande et de la Hollande, on voyait flotter au vent le pavillon des Gueux; et le tonnerre de leurs canons annonçait à leurs compagnons opprimés que l'heure de la délivrance était sonnée.

« C'est qu'en effet, ces écumeurs de mer, cruels et débauchés, ces hommes, plus licencieux que sarrasins, devenaient, en dépit de leurs condamnables excès, les sauveurs des Pays-Bas et les fondateurs d'une république glorieuse.

« Répugnant aux demi-mesures, ils voulaient se débarrasser, d'un seul coup, de tout ce qui les gênait. Les plus terribles d'entre eux furent les Wallons liégeois. Le sang versé par le duc d'Albe leur avait donné le délire [1]. »

Sur ces entrefaites, un poëte, Thierry Volckertsen Coornhert, sollicitait d'Edzard la levée du séquestre que ce seigneur d'Embden avait mis sur les biens des Gueux. Le comte Edzard, dont la seigneurie relevait de l'empereur d'Allemagne, n'osait déplaire à son suzerain, qui lui avait formellement défendu de donner asile aux pirates; mais il aimait les *oies de mer* qui venaient dépenser dans sa capitale le produit de leurs pilleries. Il leva donc le séquestre.

Mais quelque temps après, n'osant se compromettre davantage, il fit arrêter un des plus illustres capitaines des Gueux, Guillaume de Blois de Treslong, seigneur d'Oudenhoorn, de Greysoort, de Peteghem, en Flandre; de Trélon, dans le Hainaut; de Berenthuizen; de Cabouw et du pays de Stein, en Hollande.

1. J.-J. Altmeyer.

Sa famille, établie au xive siècle dans les Pays-Bas, remontait à Jean de Blois, fils naturel du comte Jean de Blois. Ce Guillaume de Treslong s'était distingué dans les campagnes de Charles-Quint, contre les Français et les Turcs ; d'abord ami de Bréderode, il avait abandonné le camp des patriotes, lors de l'arrivée du duc d'Albe ; il venait d'y rentrer et de se mettre au service du prince d'Orange, pour la guerre maritime.

Après une détention de 14 semaines, Treslong fut libéré sous caution, en promettant de ne pas quitter la ville. A peine libre, il s'enfuit avec un vaisseau et vint se joindre aux Gueux.

Pendant la nuit du 2 mars 1571, une troupe de Gueux se dirigea vers Monnikendam, sur le Zuyderzée, dont le nom signifie un moine (*monnik*), et dont les armes parlantes étaient *d'argent au moine de carnation, vêtu de sable à long capuchon, tenant de la dextre une massue de sinople, posée en barre sur son épaule.*

Vers 10 heures, quelques pirates frappent à la porte nord de la ville, en se faisant passer pour des bourgeois attardés. La femme du portier leur ouvre ; ils se jettent sur elle, la bâillonnent et la maintiennent jusqu'à l'arrivée de 300 autres Gueux qui se précipitent dans la ville. Tout est pillé aussitôt : hôtel de ville, église, riches maisons. Les prisonniers pour cause d'hérésie sont mis en liberté. Avant le jour, nos pirates se rembarquent au son du fifre et du tambour. Ils emportaient des calices, de l'argenterie et tous les objets précieux qu'ils avaient pu découvrir. Ils emmenaient le chapelain.

Vers la fin du même mois, cette troupe surprit l'île du Texel, brûla les images des saints, incendia plusieurs maisons et le couvent des Augustins. On ne put éloigner cette bande qu'en lui payant une forte somme.

Le 29 mars, une troupe de 700 Gueux de mer arriva au village de Petten, dépouilla l'église et exigea une contribution de 80 florins carolus.

Plusieurs autres villages maritimes, traités de la même façon, n'opposèrent pas plus de résistance, parce que les paysans ne bougeaient pas, soit qu'ils fussent intimidés, soit qu'ils eussent de secrètes relations avec les insurgés.

Les choses allèrent si loin que l'on craignit une attaque sur la Haye. Les habitants de cette ville s'enfuirent avec tout ce qu'ils purent emporter.

Les succès des Gueux donnaient de plus en plus à réfléchir au duc d'Albe qui, ne pouvant les poursuivre sur mer, cherchait à leur fermer les ports d'Allemagne. L'empereur de ce pays, allié de l'Espagne, ordonna plus formellement que jamais au comte Edzard, de ne plus tolérer aucun navire des Gueux dans les eaux de l'Ost-Frise. Edzard, forcé d'obéir, mais secrètement dévoué aux idées du prince d'Orange, se donna sérieusement l'air de chasser les pirates de ses États ; il équipa des navires et se mit à leur recherche. Il s'y prit de façon à n'en jamais découvrir un seul. Quand il en fit réellement pendre quelques-uns, c'étaient des criminels condamnés pour d'autres causes que les exploits des pirates. Il sut habilement tirer parti des circonstances pour augmenter ses revenus. Il délivra des lettres de franchise pour ceux qui voulaient passer sains et saufs à travers la flotte des Gueux. Pour chacune de ces lettres il ne percevait qu'un écu ; mais comme il ne pouvait en délivrer qu'aux habitants de son comté, un grand nombre de marchands étrangers se firent naturaliser, et payèrent chacun 3 florins carolus.

Malgré l'accroissement de leurs forces, les Gueux n'étaient pas encore en état de tenter une guerre sérieuse, continue, persévérante.

« Leur flotte n'était pas construite dans des conditions qui lui permissent de subir de grandes pertes. Leurs vaisseaux étaient des navires marchands, faiblement pourvus d'artillerie ; une marine de commerce plutôt que de guerre. Elle était principalement composée de flibots, petites semaques à 2 mâts. Dans la suite, elle eut un plus grand nombre de galères de bas bords et de diverses grandeurs, puis de barques, d'yachts, de boeyers, de bélandres, de caravelles, de heux.

« Mais au nombre des navires équipés à la Rochelle, il y en avait de plus grands, parce que dans les eaux de la France et de la Flandre, on prenait plus de grands vaisseaux espagnols (assabres et caraques), la plupart très-incommodes pour la guerre.

« Joint encore les équipages de la flotte des Gueux, — ramassés de toutes les nations, rebelle à toute espèce de frein, toujours sur le point de se dissoudre; puis la suprême incapacité de la plupart des chefs, incapacité qui fut telle, que le prince était forcé de diriger tout du fond de Dillenbourg.

« Dès le commencement de 1571, Guillaume noua des relations secrètes pour se mettre en possession de quelque ville principale du pays; les capitaines les plus distingués des Gueux de mer le désiraient également: ils y voyaient le seul moyen de tenir en bride leurs troupes devenues sauvages par la vie errante qu'elles menaient; car on avait beau dresser des règlements de discipline les plus sévères; par la nature même de la guerre, l'indiscipline était à l'ordre du jour. Chacun ne comptait que sur soi-même, et plus d'un navire se détachait de l'ensemble, pour se livrer à ses propres exploits.

« Il est évident que ce désordre aurait cessé au moins partiellement, si l'on avait pu mettre un terme à la cause du désordre, c'est-à-dire à la vie d'aventure des Gueux; ce qui n'était possible que lorsqu'ils pourraient avoir un point fixe dans une ville de la Hollande ou de la Zélande.

« Le prince fit tout pour arriver à ce résultat; il pratiqua des intelligences secrètes avec des nobles et des bourgeois influents; mais toutes ses tentatives échouèrent au grand regret des habitants, de ceux d'Utrecht surtout.

« Ils furent d'autant plus animés dans leur aversion pour le duc d'Albe que des fanatiques offrirent, dit-on, à Guillaume de déposer dans leurs maisons des mèches incendiaires pour réduire les villes à l'impuissance de résister si ce prince se présentait devant elles.

« Dans l'intervalle, les Gueux menaient joyeuse vie, buvant par dérision dans des calices et dans d'autres vases qu'ils avaient volés, et faisant de divers ornements d'église l'objet de leurs railleries.

« Aux dunes, il y avait 50 de leurs navires courant de côté et d'autre, et pillant partout où ils pouvaient. D'autres se tenaient entre Douvres et Calais, pour tomber sur les vaisseaux marchands qui devaient se rendre de Zélande en Angleterre, et même pour fondre tout à coup sur la Zélande et pour s'en rendre maîtres.

« Le duc d'Albe, épouvanté de leurs progrès incessants, résolut d'envoyer à la Brille et dans d'autres petites localités 250 soldats pour secourir la Haye en cas de besoin. Il revint de sa peur en apprenant qu'entre Douvres et Calais il n'y avait que 3 heux (*hulken*) et 18 petits navires, la plupart fort peu de chose, mal équipés, pourvus de gens peu redoutables et en pleine anarchie. La Brille était une ville tellement pauvre, tellement en décadence que des soldats n'auraient pu s'y maintenir sans argent. » Altmeyer.

Le 25 mai 1571, une flotte respectable, équipée à Amsterdam, se fit battre près de la Brille par des Gueux, déterminés à vaincre ou à périr, et qui descendirent à Katwik, où ils saccagèrent les églises.

Le 3 juin, une flotte marchande de 28 navires chargés de sel, fut assaillie par les pirates. Il y eut des deux côtés une vive canonnade et beaucoup de blessés.

Le 18, une flotte de 16 navires des Gueux se dirigeait vers Emden, afin d'y vendre les prises.

Le vice-amiral espagnol Bosschuysen se mit à sa poursuite avec une escadre de 11 vaisseaux de guerre.

La veille de la Saint-Jean, à trois heures de l'après-midi, il surprit ses ennemis qui avaient jeté l'ancre en vue de l'Ems. L'action s'engagea aussitôt. Dès la troisième volée les Gueux prirent la fuite. Les Espagnols en firent un carnage affreux. 4 de leurs navires seulement parvinrent à s'échapper. Les autres se réfugièrent dans le port d'Emden. Bosschuysen, sans craindre de violer la neutralité de ce port allemand, les saisit et fit pendre, sur l'ordre du duc d'Albe, tous les prisonniers aux antennes de son navire. Les chefs furent mis à la torture ; et le vice-amiral fit parvenir au duc les aveux qui leur furent arrachés par la douleur.

Du haut de leurs remparts, les habitants d'Emden avaient assisté à cette horrible exécution. Ils en furent tellement irrités qu'ils se précipitèrent sur la digue et menacèrent d'égorger les marins espagnols qui s'approcheraient de leurs murs.

Le comte Edzard protesta vainement contre la violation de sa neutralité. Bosschuysen se moqua de lui.

Enhardi par ce premier succès, le vice-amiral espagnol conduisit sa flotte triomphante sur les côtes d'Angleterre, où il battit 17 vaisseaux qui stationnaient près de Douvres.

Mais dès qu'il prit ses quartiers d'hiver, les pirates reparurent et détruisirent complétement le commerce maritime des Pays-Bas.

Les plaintes des bourgeois furent si vives que, pour les faire cesser, le duc d'Albe envoya des soldats espagnols dans les principales villes du littoral. C'était un étrange remède. Non-seulement les soldats ne pouvaient protéger les vaisseaux, mais encore ils se rendirent insupportables par leur fanatisme et par leurs immenses besoins d'argent.

Si bien que les bons bourgeois commencèrent à se demander sérieusement s'il ne conviendrait pas de se ranger du côté de la révolution, plutôt que d'avoir à nourrir deux gouvernements ; car il est à remarquer que les bourgeois payaient fort cher le duc d'Albe pour les protéger contre les pirates, et que les pirates leur coûtaient encore bien davantage par la faute du duc d'Albe qui ne savait pas faire cesser la guerre civile.

La misère devint si grande que des populations entières ne purent plus vivre que de brigandage.

On vit reparaître les *Gueux des bois* que l'on croyait anéantis pour toujours. Armés d'arquebuses, de pistolets, de bâtons et d'engins d'effraction subtilement confectionnés, ils recommencèrent leur guerre de destruction contre les couvents et les églises. Aidés des huguenots fugitifs de France, ils envahirent les villes de la Flandre, de l'Artois, du Hainaut et du Tournaisis. On ne pouvait les combattre faute d'argent pour payer des soldats ; et les bourgeois, bien heureux d'être débarrassés de la soldatesque espagnole, faisaient cause commune avec les Gueux, dès que ceux-ci paraissaient sous leurs remparts.

Le duc d'Albe avait encore d'autres raisons de jeter un regard défiant vers l'avenir. L'hérésie faisait des ravages effrayants. C'est en vain que les saints du paradis firent pleuvoir sur l'Allemagne et les Pays-Bas une averse de miracles étonnants ; personne ne semblait y croire.

D'autre part, les relations se tendaient avec l'empereur Maximilien II qui prétendait, avec raison, que les troupes espagnoles n'avaient pas le droit de se répandre dans l'Ost-Frise. Le comte Edzard refusa de chasser de ses États les réfugiés non militaires. Il déclara qu'Emden, ville marchande et libre, devait rester ouverte à tous les étrangers. Sa capitale resta l'asile des révoltés belges et hollandais.

Voilà les raisons pour lesquelles le duc aurait bien voulu se faire relever de sa charge.

Nous sommes des Watergeuzen ! (Page 443.)

CHAPITRE VI

PRISE DE LA BRILLE

Guillaume de la Marck. — Portrait de ce vice-amiral des Gueux. — La reine Élisabeth se déclare contre les rebelles. — Discours de Van Ryk. — Le *Wilhelmus*. — La flotte quitte l'Angleterre et ne peut pénétrer dans le Zuyderzée. — Van Haren partage son fromage. — Koppelstock. — Capitulation de la Brille. — Pillage des églises. — Comment André d'Anderlecht retrouva sa femme et se fit espion des Gueux.

Philippe II pensait que le duc d'Albe seul serait capable de lutter avec succès contre les Gueux de mer, dont un des chefs, Guillaume, comte de la Marck, baron de Lumay[1], Seraing, Borset, etc., s'occupait à recruter de nouvelles troupes à Wesel et à Emden.

Un mot de ce terrible pirate qui va s'illustrer à la prise de la Brille et qui sera l'un des pères de l'indépendance hollandaise. Il était arrière-petit-fils du fameux *Sanglier des Ardennes* qui, à la fin du xve siècle, avait tué

[1]. Ulloa l'appelle un *monsignor de Lumach che pareva un huomo salvatico.*

l'évêque de Liége et qui semblait avoir légué à son descendant sa haine invétérée des prêtres.

Guillaume rappelait Jean Ziska, le terrible chef des Hussites, dont les cendres faisaient, 150 ans après sa mort, trembler l'empereur Ferdinand Ier : on le comparait au baron des Adrets « ce taureau furieux qui, de ses cornes, renversait églises et bataillons entiers de catholiques, et que l'on craignait plus que la tempête passant par de grands champs de blé. »

Lumay était liégeois par son père, Jean, comte de la Marck, mais il se glorifiait d'être hollandais par sa mère, Marguerite de Wassenaer et par son oncle, Henri de Bréderode. Des liens de parenté l'attachaient au comte d'Egmont qui venait d'être juridiquement assassiné.

En compagnie de Bréderode, il avait pris part à toutes les manifestations révolutionnaires ; un des premiers il avait revêtu le costume gris des Gueux et s'était attiré le titre de *Capitaine des queues de renard*. Accusé, par le conseil des troubles, d'avoir porté à Bruxelles un costume séditieux, il n'avait eu que le temps de se sauver, d'abord parmi les Gueux des bois, et, après la défaite de ceux-ci, au milieu des Gueux de mer.

Naturellement farouche, Guillaume de la Marck était devenu sauvage et sanguinaire en combattant des ennemis féroces. Il avait juré de ne couper ses cheveux, sa barbe, ni ses ongles avant d'avoir vengé la mort du comte d'Egmont. Sa face hérissée semblait l'incarnation de la haine.

Par les cruautés qu'il exerça dans la suite sur les moines et sur les prêtres, il paya largement aux papistes l'énorme dette de vengeance que leur devait la noblesse des Pays-Bas ; il montra qu'il avait profité des leçons données par le tribunal de sang.

Il se considérait lui-même comme un instrument de la colère divine. Il réunit quelques aventuriers et équipa un navire sur lequel flottait un étendard où l'on voyait représentées 10 pièces de monnaie, allusion à l'impôt du 10e établi par le duc d'Albe, sur chaque vente de meubles.

Ses premières courses ayant été heureuses, de Fyennes, amiral des Gueux de mer, le distingua et lui abandonna en partie la direction de la flotte avec le titre de vice-amiral.

Sa nature grande et forte, son incroyable énergie, son dévouement sans borne, possédaient une telle force attractive que le prince d'Orange ne put y résister. Il l'éleva, le 20 juin 1572, au rang de gouverneur de la Hollande : titre purement nominal, puisque le prince d'Orange ne possédait pas un pouce de territoire. Mais le gouverneur *in partibus* promit de conquérir son gouvernement.

En attendant, il commanda toujours la flotte, dont de Fyennes était amiral et dont Bréderode et Menninck furent, au mois de septembre, nommés officiellement vice-amiraux.

Vers la fin de 1571, de la Mark se trouvait devant Emden, où il se livrait au recrutement d'une armée ; chose difficile, faute d'argent. Il se procura ce nerf de la guerre en faisant quelques bonnes prises.

Le 28 décembre, il quitta Emden. Sa flotte se composait de 18 vaisseaux, dont 14 se dirigèrent sur le Vlie, capturant tout ce qui se trouvait sur son passage.

Les glaces vinrent arrêter une campagne si bien commencée. 2 vaisseaux se perdirent ; les autres ne purent bouger. Plusieurs Gueux furent pris par les troupes espagnoles. Quelques navires parvinrent seuls sur les côtes de l'Angleterre.

C'est là qu'une nouvelle foudroyante vint frapper les patriotes. La reine Élisabeth, jouant un double jeu, voulait donner satisfaction au roi Philippe II, et venait d'ordonner aux Gueux de quitter ses États. Interdiction était faite à ses sujets de leur fournir des logements et des vivres.

Il y eut un moment de découragement sur la flotte des pirates. Les uns parlaient de quitter le métier d'écumeurs de mer; d'autres voulaient porter la guerre sur les côtes d'Espagne.

Heureusement qu'un riche marchand d'Amsterdam, Guillaume Van Ryk qui, pendant longtemps, avait servi de banquier aux patriotes, et qui venait d'équiper un navire, arriva dans ces parages avec une troupe déterminée :

Il assembla les capitaines à bord du vaisseau monté par de la Marck. Il releva leur courage par un discours chaleureux :

— Citoyens, leur dit-il, cet édit de proscription, que vient de signer la reine d'Angleterre, donnera certainement une nouvelle tournure aux affaires. Vous allez être forcés de réaliser le plan du prince d'Orange. Au lieu de disperser vos forces, vous unirez vos efforts. Vous détruirez les navires du duc d'Albe dans le Vlie ; vous prendrez Enkhuyzen ; vous sauverez votre patrie. Cet édit vous met dans la nécessité d'occuper à tout prix certains ports dans les Pays-Bas et de vous y maintenir. Là, vous serez chez vous et nul souverain ne pourra vous expulser; là vous n'aurez pas à craindre la versatilité d'une reine qui sacrifie ses amis aux intérêts de sa couronne.

« La prise d'un port dans les Pays-Bas vous rendra une patrie, vos pères, vos mères, vos épouses, vos enfants ; et le premier de tous les biens : la liberté.

« Rien n'arrêtera plus le succès de notre cause sacrée. Le peuple batave vous attend avec impatience pour secouer le joug d'un maître détesté. L'introduction de nouveaux impôts a porté à l'extrême le mécontentement général. La bourgeoisie est frappée dans ses intérêts; l'amour qu'elle porte à son argent fera ce que n'ont pu faire les flots de sang versés par le duc d'Albe. Les bourgeois se révolteront dès qu'ils se sentiront soutenus par notre voisinage. Déjà, leur opposition devient dangereuse. Les marchands ferment leurs boutiques pour ne pas payer l'impôt. A Bruxelles, on se nourrit de poisson, parce qu'il n'y a plus un seul boucher qui n'ait interrompu son commerce. Les brasseurs ont suspendu leurs travaux. Le duc d'Albe a dû quitter sa capitale pour échapper à la colère des marchands et des industriels.

« Toutes les villes sont dans les mêmes dispositions. A Anvers, les collecteurs refusent de s'acquitter de leur charge parce qu'ils ne veulent pas s'exposer à être massacrés.

« Partout, les boulangers cessent de cuire du pain. Le duc traite de vauriens les juges du pays qui refusent de se faire les instruments de ses violences.

« C'est pourquoi je viens au milieu de vous qui êtes les chefs des patriotes, et je vous supplie de prendre une détermination conforme aux intérêts de la patrie. Tout annonce une révolution prochaine qui aboutira si vous la soutenez. Les Espagnols en sont réduits aux expédients désespérés pour se procurer de l'argent. Votre seule présence mettra le feu aux poudres, il y aura explosion ; écoutez ma voix et marchons unis vers la délivrance. »

Ces paroles sont accueillies par des applaudissements. Les capitaines jurent de travailler à se créer une patrie. Au milieu d'eux, de la Marck se fait remarquer par son exaltation.

Enfin, le silence s'étant rétabli, le vice-amiral entonne le *Wilhelmus van Nassouwen* (Guillaume de Nassau), chant patriotique qui allait devenir national et que l'on chantait pour la première fois à bord de la flotte des Gueux :

LE WILHELMUS

« Je suis Guillaume de Nassau, né de sang allemand. A la patrie je resterai fidèle jusqu'à la mort. Je suis un prince d'Orange sans crainte et sans effroi. J'ai toujours respecté le roi d'Espagne [1].

« Je me suis toujours efforcé de vivre dans la crainte de Dieu ; je suis banni, loin de mon pays et des miens, mais Dieu me conduira comme un bon instrument ; il me ramènera au gouvernail.

« Vous, hommes au cœur loyal, tout accablés que vous êtes, Dieu ne vous abandonnera pas ; vous qui voulez vivre pieusement, priez-le, jour et nuit, pour qu'il me donne la force de vous aider.

« Je ne vous ai épargné ni ma vie ni mes biens ; et mes frères aussi grands par le nom vous ont montré le même dévouement. Le comte Adolphe est resté en Frise dans le combat ; son âme, dans la vie éternelle, attend le jugement dernier.

« Vous êtes mon bouclier et ma force, ô Dieu, ô mon seigneur ! En vous je me repose ; ne me délaissez jamais, afin que je puisse toujours rester votre serviteur fidèle et détruire la tyrannie qui ulcère mon cœur.

« Comme David dut se cacher devant Saül le tyran, ainsi j'ai dû m'enfuir avec plus d'un gentilhomme ; mais Dieu a relevé David du milieu de l'abîme et, dans Israël, il lui a donné un grand royaume.

« Si mon Seigneur le veut, tout mon désir de prince est de mourir avec honneur sur le champ de bataille et de conquérir un royaume éternel, comme un héros royal.

« Rien ne me fait plus de pitié dans mon adversité, que de voir s'appauvrir le bon pays du roi, et les Espagnols tourmenter son peuple. Quand j'y pense, ô douce, noble Néerlande, mon cœur en saigne.

« Avec la force de mon armée, je me suis levé comme un prince ; j'ai affronté l'orgueil et le combat du tyran. Ceux qui sont ensevelis à Maestricht ont éprouvé ma puissance. On a vu courir mes hardis cavaliers à travers la plaine.

« Si, alors, c'eût été la volonté du Seigneur, j'aurais repoussé loin de vous cette effroyable tempête ; mais le Seigneur d'en haut, qui régit toutes choses, il faut le louer toujours... il ne l'a pas voulu [1]. »

Les capitaines répètent en chœur chaque strophe de cet hymne, dont toutes les paroles s'harmonisent avec les sentiments et les aspirations des Gueux.

C'est aux cris de vivent les Gueux, vivent la liberté, vive le prince d'Orange, que les chefs se séparent, pour se rendre à leurs bords.

A l'instant même, la flotte quitte les côtes inhospitalières de l'Angleterre. Elle se compose de 24 navires de différentes grandeurs.

Elle part de Douvres dans les derniers jours de mars, et se rapproche de la Hollande dans le seul but de se procurer des vivres, car les Gueux sont à demi morts de faim. Elle met le cap vers Enkhuyzen, riche port de mer où le prince comptait beaucoup de partisans secrets.

---

1. « Wilhelmus van Nassouwe
Ben ick duytschen bloet,
Het vaderland Ghetrouwe
Blyf ick tot in den doot,
Een prince van Oraengien
Ben ick vry onverveert,
Den coninck van Hispaengien
Heb ick altyd gheeert. »

Les ennemis du prince d'Orange avaient composé une parodie de ce chant patriotique. Voici comment débutait leur poésie burlesque :

« Wilhelmus al van Nassouwen
Ben ick van duytsch Ghebroet,
Den elleboog al deure de mouwe,
En het hair al deure den hoet, etc. »

« Guillaume de Nassau, je suis d'engeance allemande ; j'ai le coude hors des manches et les cheveux hors du chapeau. »

1. Le *Wilhelmus* fut composé sur la fin de 1571 ou au commencement de 1572, par Marnix, et suivant d'autres par Coornhert. Accueilli avec le plus grand enthousiasme par tous les patriotes, il fut couvert de ridicule par le parti catholique et espagnol. Après avoir chassé Philippe II, le *Wilhelmus* mena encore les Hollandais au combat contre Louis XIV et contre Napoléon. « *La Marseillaise* seule a exercé sur les masses une puissance pareille. »

Le dimanche des Rameaux, la flotte avait à peine perdu de vue les côtes britanniques, lorsqu'on signala des voiles à l'horizon. C'était une flottille de riches vaisseaux espagnols, qui prirent la fuite dès qu'ils aperçurent les Gueux. Ceux-ci leur donnèrent la chasse, et parvinrent à en capturer deux seulement (30 mars 1572).

Ces deux bâtiments furent aussitôt armés en guerre. L'un fut confié au capitaine Adam van Haren, ancien lieutenant de Ruyter. L'autre fut placé sous le commandement de Marinus Brand, glorieux officier qui termina en 1574 sa sanglante carrière.

Les Gueux continuèrent leur route vers le nord, mais presque aussitôt le vent devint contraire; il fut impossible de doubler le Helder ou le Texel, pour entrer dans le Zuyderzée.

N'ayant pas le temps d'attendre les variations du vent, les Gueux revinrent au sud, avec la résolution de tomber sur n'importe quelle bourgade, pourvu qu'il y eût des vivres. Ils descendirent vers la Zélande et pénétrèrent dans le large estuaire de la Meuse. Vers l'embouchure de ce fleuve, à 3 lieues de Delft et à 4 lieues au-dessus de Rotterdam, est située, dans l'île de Voorn, la jolie petite ville de la *Brille* ou *Brielle*, qui allait devenir le premier jalon de l'indépendance batave, et qui devait, plus tard, donner le jour à l'immortel Martin Tromp.

Vers le mois de mai de l'année précédente, le nom de la Brille avait été prononcé pour la première fois à la table de Lancelot de Bréderode, par un jeune homme de 20 ans, Frédéric Hendrikszoon, qui avait changé son état de tailleur, à Amsterdam, contre celui de mousse sur le navire du vice-amiral.

Depuis ce jour, Lancelot caressait l'espoir de surprendre la Brille pendant la nuit, alors que les bourgeois seraient plongés dans le sommeil. Il chargea Frédéric Hendrikszoon d'aller, avec trois autres Gueux, reconnaître les forces des Espagnols dans le pays. Malheureusement Frédéric fut trahi. Les catholiques le mirent à la torture avant de le pendre. La douleur lui arracha des aveux. Par lui, le duc d'Albe fut mis au courant du projet médité par Bréderode. Il envoya une petite garnison à la Brille, et les Gueux durent abandonner momentanément leurs desseins.

Par la plus coupable des imprévoyances, le duc d'Albe retira, au mois de novembre 1571, la garnison espagnole, que quelques mois auparavant il avait placée avec tant de sagesse, à la Brille. Averti de la faute énorme commise par le gouverneur, la flotte des Gueux s'arrêta devant cette petite ville; la Marck ne pouvait trouver une meilleure occasion de s'en rendre maître; non qu'il eût positivement l'intention de s'y établir, mais parce qu'il espérait y trouver à manger. Les Gueux avaient faim.

Le mardi, 1er avril 1572, vers 4 heures de l'après-midi, deux vaisseaux s'avancèrent en éclaireurs et jetèrent l'ancre devant la Brille. C'étaient deux navires de construction espagnole. L'un était commandé par Van Haren; l'autre par Brand.

Lorsque les ancres furent jetées, Marinus Brand héla son camarade :

— Avez-vous à manger? lui demanda-t-il.

— J'ai, répondit le laconique Van Haren.

— Beaucoup?

— Peu.

— Qu'avez-vous?

— Un fromage.

— Pouvez-vous m'en donner la moitié? Nous mourons de faim. Nous ne pourrons jamais attendre jusqu'à ce soir sans tomber d'inanition.

Van Haren fit aussitôt porter à bord de son camarade la moitié de son unique fromage. Comme quelques-uns de ses Gueux semblaient effrayés de sa générosité dans un pareil moment, il leur montra la Brille :

— Là, il ne manque pas de fromages, dit-il simplement.

Pendant ce temps, les autres navires, au nombre de 24, vinrent jeter l'ancre devant la ville.

Au même instant, un batelier de la Brille, Pierre Koppelstock, partisan du prince d'Orange, quittait Maasluis, village à une lieue de là. Sa barque était pleine de voyageurs qui se rendaient à la Brille.

La vue de cette flotte effraya les passagers.

— Quels sont ces navires qui carguent leurs voiles? demandèrent-ils.

— Ce sont les navires des Gueux de mer, répondit Koppelstock.

Epouvantés, les voyageurs le prièrent de rebrousser chemin et de les ramener à Maasluis, ce qu'il fit. Puis il revint, tout joyeux, trouver les Gueux. Il demande à parler à son concitoyen Treslong, fils de l'ancien bailli de la Brille. Treslong le reconnaît et le conduit à de la Marck.

Il apprend à ces deux chefs que la ville peut résister; mais il se fait fort de la faire tomber entre les mains des Gueux, si ceux-ci veulent l'honorer de leur confiance.

Treslong, qui le connaît depuis longtemps, lui fait donner pleins pouvoirs, et le renvoie après l'avoir muni de son propre anneau à cacheter, en guise de lettre de crédit.

Le hardi batelier arrive bientôt à la Brille. Les portes de la ville sont fermées; les magistrats sont assemblés; les bourgeois ont pris les armes. Koppelstock se fait conduire devant la municipalité. Au nom des Gueux de mer, il somme la ville de se rendre au prince d'Orange; il montre l'anneau, preuve de sa commission; il jure que les habitants n'ont rien à craindre, parce que les Gueux veulent délivrer le pays et non l'asservir.

Le plus ancien bourgmestre, Jean-Pierre Nikker, l'interrompt pour lui demander:

— Les marins sont-ils nombreux?

— Ils sont au moins 5,000, répond imperturbablement Koppelstock.

— Cinq mille! répètent avec épouvante les magistrats, vivement impressionnés par cette assertion mensongère.

— Il n'y a pas à résister, murmure l'un d'eux; il faut envoyer deux délégués pour discuter les termes d'une capitulation. Mais qui voudra faire partie de cette délégation?

Nul bourgmestre ne se sent le courage d'aller à bord des pirates. Enfin, deux échevins se lèvent et s'offrent pour être députés.

Arrivés devant de la Marck, qui était déjà descendu à terre, ils s'inclinent humblement, et demandent quels seront les termes d'une capitulation.

Le vice-amiral des affamés exige l'ouverture immédiate des portes. Il montre aux délégués ses troupes qui s'avancent tambours battants et drapeaux déployés vers les murailles de la ville.

Les députés reviennent à la Brille annoncer qu'il faut se rendre à l'instant, si l'on ne veut subir un assaut. Les bourgeois compromis dans le parti du duc d'Albe s'enfuient par la porte du Sud, tandis que les bandes de Lumay se disposent à attaquer celle du Nord.

Les magistrats délibèrent. Nikker est le premier à voter la reddition; et par son vote il entraîne ses collègues.

Il était temps que cette capitulation arrivât. Déjà Treslong, suivi d'une division, s'était porté vers la porte du sud et arrêtait les fuyards. Rooboll, un des plus farouches capitaines, avait déposé des matières inflammables, près de la porte du nord. Le feu n'allant pas assez vite à son gré, il avait frappé la porte à l'aide d'un vieux mât en guise de bélier; enfin, ce moyen ne réussissant pas, il avait eu recours à la mine. La porte venait de sauter lorsque les bourgeois annoncèrent que les magistrats avaient voté la capitulation.

La nuit était arrivée, lorsque les Gueux purent entrer dans la ville. Ils étaient au nombre de 600 seulement, dont 300 arquebusiers français et wallons; les 300 autres étaient composés de Hollandais, d'Anglais et d'Écossais.

C'est ainsi que la Brille fut conquise sans qu'il y eût une seule goutte de sang versé. Le premier soin des Gueux fut de manger. De la Marck saisit les deniers publics qui se trouvaient entre les mains de Nikker et du receveur des rentes de l'île de Voorn. Le lendemain, 2 avril, les Gueux procédèrent au pillage des églises et des couvents de la ville et de toute l'île. Ils y détruisirent les objets de la vénération des catholiques. Ils n'épargnèrent même pas l'image du Christ que, dans leur rage, ils appelaient le *Grand Baal*.

Avec les saints en bois, ils firent du feu. On les vit se prélasser dans les chapes et les chasubles dorées du clergé. Prêtres, moines et nonnes furent chassés de l'île. Mais pas un ne fut tué, ni même violenté.

Les chefs des Gueux s'établirent dans les résidences abandonnées par les riches bourgeois fugitifs, et ils se livrèrent à la joie de vider les caves et les garde-manger.

Ne se sentant pas en sécurité à la Brille, le vice-amiral fit transporter le butin sur ses vaisseaux. Mais ses capitaines lui firent comprendre qu'il valait mieux tenir une petite ville, que de courir après Enkhuysen qui ne serait peut-être pas aussi facile à prendre.

Lumay prêta l'oreille à leurs sages conseils et tous, d'une voix solennelle, jurèrent de faire de cette cité une autre la Rochelle.

Aussitôt on se mit à l'œuvre pour la placer dans un état respectable de défense; on construisit des ouvrages de fortification; on transporta de l'artillerie sur les remparts; on abattit dans la campagne les maisons et les vergers qui auraient pu dissimuler une armée assiégeante; on débarqua les munitions de guerre qui se trouvaient sur la flotte.

Les habitants, hommes et femmes, rivalisèrent de zèle pour aider les Gueux dans ces travaux.

Le peuple batave apprit avec des transports d'enthousiasme que les Gueux de mer avaient enfin conquis une forteresse. Chacun sentit que la révolution allait se faire. En attendant de prendre les armes, les bons bourgeois répétèrent ce distique :

> Den eersten dag van april
> Verloos, duc d'Alva synen bril [1].

Ici se termine l'histoire des Gueux de mer, considérés comme pirates. La prise de la Brille leur a donné une patrie qui va bientôt s'agrandir et devenir la Hollande. Les Gueux conserveront longtemps encore le nom qu'ils ont illustré; mais ils seront belligérants reconnus par les autres nations. D'ailleurs, mieux disciplinés, ils perdront le caractère d'indépendance qui les a jusqu'ici assimilés à des brigands.

Un mot, avant de finir, sur André d'Anderlecht, que nous avons laissé fort ennuyé d'avoir perdu sa femme et de ne pas toucher régulièrement ses gages.

Dès qu'il apprit que les Gueux se trouvaient à la Brille, il y accourut, autant pour s'y livrer à son métier d'espion que pour tâcher d'avoir quelques nouvelles de Wilhelmine.

Il descendit dans une petite auberge et parcourut la ville, écoutant les discours, payant à boire aux Gueux, prenant note de tout.

Un jour qu'il était assis dans un cabaret, il vit venir à lui un jeune capitaine, qui lui sourit et lui tendit la main : l'espion le regarda d'un air étonné :

— D'Anderlecht, murmura le capitaine.

— Je me nomme Brominck, répondit en pâlissant l'agent du comte de Meghen.

Souriant toujours le capitaine se frappa de petits coups sur la poitrine et dit à voix basse :

— Ton beau-frère.

[1]. Le premier jour d'avril
Le duc d'Albe a perdu ses lunettes.
Il y a ici un jeu de mots. Le nom de la Brille s'écrit en flamand comme le mot *bril*, lunettes.

André ouvrit de grands yeux.

— Van Haren, continua le capitaine, toujours du même ton, et se frappant la poitrine pour bien montrer que c'était de lui-même qu'il parlait.

L'espion ne comprenait pas. Le peu causeur Van Haren se pencha vers son oreille :

— Époux légitime d'Isabeau, dit-il à voix basse.

A ce nom, d'Anderlecht fit un bond :

— Parlez plus bas, je vous en supplie... Et Wilhelmine? demanda-t-il.

— Bien portante.

— Où est-elle ? s'écria l'espion.

— Ici.

— Puis-je la voir ?

— Oui.

— Oh ! conduisez-moi près d'elle ; vous me rendrez un de ces services que...

— Suivez-moi ; surtout pas de phrases.

Dix minutes après ce dialogue, Van Haren et son beau-frère arrivèrent devant une jolie maison, appartenant à un échevin fugitif. Van Haren s'y était installé avec sa femme et Wilhelmine.

Le pistolet au poing, il avait réduit à l'obéissance passive le valet et la servante de l'échevin ; tout cela s'était fait sans bruit et sans harangues.

Wilhelmine courut embrasser son époux, qui ne put se lasser d'admirer combien son fils Virycke, avait grandi. Cet enfant menaçait de devenir un géant.

— Vous ne pouvez pas le renier ; il vous ressemble assez, eut l'effronterie de dire Isabeau.

La reconnaissance fut touchante. Enfin, après un échange de mille embrassades, Van Haren prit la parole :

— Je vais prononcer un discours, dit-il.

Tout le monde, intrigué, écouta. Adam se gratta un instant la tête, eut l'air de chercher, tendit le bras comme pour dessiner un grand geste ; puis il se tourna du côté de la servante :

— Qu'on apporte à boire, dit-il.

La servante courut chercher deux ou trois bouteilles de vin de Bordeaux que Van Haren trouvait d'autant meilleur que ce vin avait vieilli dans la cave de l'échevin.

Une rasade lui délia la langue. Il commença son discours :

— Seigneur d'Anderlecht, dit-il, voici votre femme. Elle est belle ; vous l'aimez ; mais elle est notre prisonnière... Et vous croyez qu'on va vous la rendre comme cela !

L'espion eut un mouvement d'effroi.

— Voyons, signor Espagnol, continua Van Haren, d'un ton emphatique ; voyons, dom André d'Anderlecht, soyez franc. Que feriez-vous de la femme d'un Gueux, si vous la teniez en votre possession ? La rendriez-vous à son mari ? Eh bien ! moi, je dis non. Vous ne la rendriez pas... Vous la mettriez à la torture... Vous lui feriez dénoncer son mari, puis vous la pendriez... Heureuse encore, si vous ne la livriez pas d'abord à vos soldats !...

D'Anderlecht restait atterré.

— Et nous, rugit Adam, nous, que vous représentez comme des brigands sans feu ni lieu, sans foi ni loi, nous avons respecté votre femme... Elle est là pour attester que nous avons eu pour elle les plus grands égards.

Wilhelmine fit, de la tête, un signe approbatif. André respira.

— Nous l'avons respectée, tonna le capitaine ; mais nous la garderons, parce que vous êtes notre ennemi.

— Moi, votre ennemi !... murmura l'espion ; c'est une erreur.

— Expliquez-vous.

— Vos principes, je les admets et je les admire ; ce que je déteste ce sont les brigands qui vous ont servi jusqu'ici, dit André reprenant ce vieil argument que l'on a de tout temps opposé aux révolutionnaires. Mais vos principes !... Oh vos principes !... pour cela, je suis avec vous.

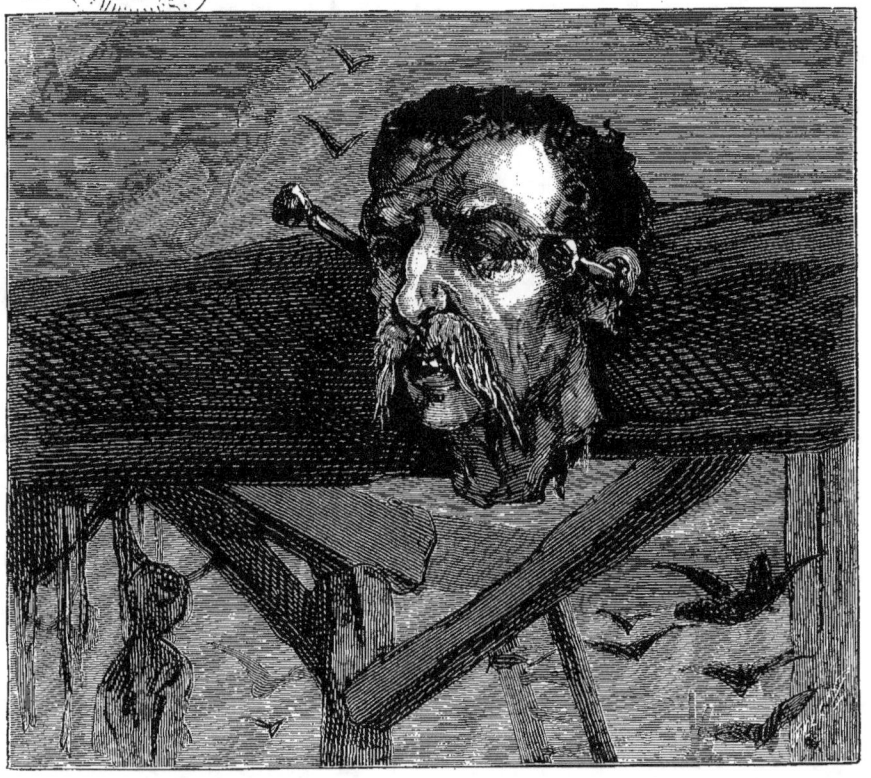

La tête d'Herman Ruyter, clouée toute noire sur une potence... (Page 450.)

Le capitaine jeta sur l'espion un regard perçant.

— Eh bien, signor, ces principes, vous pouvez les servir; je dis plus, vous devez les servir... Nos soldats ne sont plus des brigands... Nous avons une patrie, dont nous sommes les libérateurs... Voyons, trêve de phrases... Combien vous paie Meghen?

— Hélas ! il ne me paie plus... Il n'a pas le sou... Voyez-vous, capitaine, ces gens-là sont perdus.

— Continuez, d'Anderlecht ; dites que vous ne seriez pas fâché de vous tourner enfin du côté du droit, de la justice, du patriotisme.

André baissa le front.

— D'Anderlecht, continua le Gueux, je suis votre beau-frère, je puis vous donner un bon conseil... Unissez vos efforts aux nôtres. Votre femme ne vous sera rendue qu'à cette condition... Et de plus, vous serez largement payé.

D'Anderlecht prit la main d'Adam et la pressa avec effusion. Ses lèvres ne prononcèrent pas une parole; mais son regard dit clairement : j'accepte.

— Eh bien ! termina le capitaine, une rasade au prince d'Orange !

Il emplit une écuelle qu'il portait toujours à son côté.

— Vive le prince d'Orange ! cria-t-il en vidant cette coupe des Gueux.

Sans hésiter, l'espion prit la coupe et cria, après l'avoir vidée, à son tour :

— Vive le prince d'Orange ! Vivent les Gueux ! Vive la liberté !

A partir de ce jour, les Gueux furent informés de tout ce qui se dit dans le conseil du duc d'Albe ; ils eurent auprès de Meghen un agent dont nul ne pouvait se défier.

LIVRE VIII

JEAN BART

CHAPITRE PREMIER
JEUNESSE DE JEAN BART

Siége de Dunkerque. — Cornille Bart. — Le *Renard de la mer*. — Antoine Bart. — Oh! les Anglais! — Jean Bart à bord du *Cochon-Gras*. — Cavoye, d'Harcourt et Coislin chez Jean Bart. — Ruyter. — Jean Bart sur la flotte hollandaise. — Bataille navale du 6 août 1666. — Héroïsme des gentilshommes français.

Au mois de juin 1658, Dunkerque, la ville des dunes, qui devait devenir si célèbre, un demi-siècle plus tard, était assiégée par une armée anglo-française sous les ordres de Turenne et de lord Lockart. Cette place, toute française, appartenait depuis six ans seulement aux Espagnols qui nous l'avaient prise en 1652. Condé et don Juan d'Autriche la défendaient.

Pendant que l'artillerie des forts répondait aux batteries des assiégeants, un vieux corsaire flamand, nommé Cornille Bart, blessé sur les remparts dès le commencement des hostilités, devisait tristement avec sa femme Catherine Jansen, dans la salle basse d'une modeste maison, située vers le milieu de la rue de l'Église.

Maître Cornille Bart était un homme de haute taille, à cheveux blancs, à moustaches encore blondes. Son visage pâle et amaigri paraissait abattu par la souffrance.

Aux pieds du large fauteuil dans lequel il était assis s'agenouillait un enfant dont le visage était presque entièrement caché par de longs cheveux blonds. C'était JEAN BART, fils de Cornille, un robuste garçon d'environ neuf ans, d'une taille moyenne mais déjà vigoureux. Ses grands yeux bleus, pleins de résolution, contrastaient singulièrement avec le reste d'une physionomie pleine de douceur.

Cornille avait attiré son fils près de lui, et jouant avec ses grands cheveux, lui racontait les prouesses de leur ancêtre, Antoine Bart, contre les Anglais.

« Ton grand-père, mon petit Jean, lui disait-il, est mort en combattant bravement. Il était frère d'armes d'un vieux corsaire, nommé Jacobsen et surnommé le *Renard de la mer*, parce que pas un mieux que lui ne savait ruser et louvoyer pour atteindre sa proie ou pour échapper à son ennemi.

« Ton grand-père et Jacobsen s'étaient prouvé l'un à l'autre une sincère amitié. Or, voici ce qui arriva, il y a de longues années.

« L'Anglais bloquait le port et notre brigantin, appelé *l'Arondelle de mer*, était mouillé dans le havre, prêt à prendre la mer. Un soir d'hiver, que le vent soufflait avec rage, le *Renard de la mer* dit à mon père, en le regardant en face :

« — Antoine, j'ai besoin de toi, de ton fils, de ton équipage et de ton brigantin, à l'heure même et pour aller en haute mer.

« — Eh bien, répondit mon père, lâchons le canon de partance.

« — Oui, partons, dit le Renard.

« Le bosseman leva l'ancre ; à minuit, nous étions dans le canal ; une heure après, nous atteignîmes la haute mer. Le vent était d'aval et le Renard, à qui mon père avait remis le commandement de son brigantin, ordonna au pilote de louvoyer, afin de faire route dans l'ouest, et dit d'éteindre tous les feux. La nuit était pluvieuse et sombre. Nous naviguâmes toute la nuit sous peu de voiles, à cause de la bourrasque. Aussi fîmes-nous peu de chemin.

« Quand le jour fut haut, le *Renard de la mer* ordonna de laisser notre grande enseigne de poupe et de tirer un coup de canon. Cet ordre nous étonna, car le bruit de l'artillerie ne pouvait manquer d'attirer vers nous les croiseurs ennemis. En effet, le guetteur, placé au haut du grand mât de hune, ne tarda pas à signaler deux grosses ramberges et une pinasse :

« — Enfin, les voici ! s'écria joyeusement le Renard.

« Alors, il apprit à mon père qu'il était sorti pour attirer les croiseurs hors des environs du port, afin de livrer passage à un gros convoi qui arrivait le jour même de la mer du Nord.

« — Il faut, nous dit-il, se sacrifier pour le service de Dieu et du roi ; il faut nous acharner sur ces trois Anglais pour les empêcher d'attaquer le convoi.

« Puis il harangua l'équipage ; et telle était la confiance aveugle inspirée par le Renard que nos matelots jurèrent que l'ennemi n'aurait d'eux ni os ni chair vive.

« Là-dessus, le Renard fit apporter sur le pont un tonnelet d'eau-de-vie ; on but à la santé du roi ; les gens de l'artillerie se barbouillèrent la face avec de la poudre détrempée dans cette liqueur ; ce qui leur donnait une physionomie terrible et les exaltait encore.

« Les ramberges arrivaient sur nous. Aussi le Renard dit au pilote de virer de bord sur le plus proche des ennemis : c'était une pinasse moins forte que notre brigantin. Nous lui envoyons deux bordées dans la quille et elle coule.

« Pendant ce temps, les deux grosses ramberges se sont rapprochées ; elles font sur notre brigantin un feu si formidable, que notre pauvre *Arondelle* en est dégréée et que le reste du monde y reste tué ou blessé. Mais aussi, mon fils, quelle glorieuse défense ! Nos deux adversaires nous approchaient à peine, tant nous combattions avec rage aux cris de : vive le roi !

« L'ivresse du combat nous avait enlevé tout sentiment du danger. Nous appelions les Anglais en leur disant :

« — Abordez ! abordez donc !

« Poussés à bout par nos bravades, ils nous abordent tout à coup des deux côtés à la fois. Nous les recevons hache en main, coutelas au poing ; mais ils étaient en nombre et nous ne restions plus que quelques hommes et encore tous blessés.

« Le Renard avait reçu une arquebusade dans le corps ; mon père, trois coups de pique ; notre pont était couvert de morts et d'agonisants. Notre poupe, toute brisée par les boulets, s'enfonçait lentement, ce que voyant le Renard, qui avait juré de ne pas se rendre, il cria à mon père :

« — Antoine, le feu aux poudres ! le feu aux poudres ! et à la grâce de Dieu. Ces requins rouges ne nous auront pas vivants.

« Le Renard, je le vois encore : il s'était jeté sur un des capitaines anglais. Mais comme il ne pouvait plus manier sa hache, il s'était cramponné à lui et ne le lâchait pas. Il criait toujours :

« — Aux poudres ! aux poudres !

« Plus de 100 Anglais couvraient notre pont et allaient partager notre sort. Mon père était parvenu, en escaladant des monceaux de cadavres, jusqu'à la soute aux poudres. Tout à coup je sentis une épouvantable secousse... Nous sautions.

« Que se passa-t-il ensuite ? Je n'en sais rien. Je perdis tout sentiment. Quand je revins à moi, je me tenais crispé à un débris qui flottait sur l'eau. Je jetai au loin des regards effarés. Je vis des Anglais qui allaient çà et là dans des bateaux et recueillaient les naufragés. Je fus repêché par une de leurs chaloupes. Je demandai mon père : il était mort; le Renard, notre digne capitaine, mort aussi. De tout notre équipage, il restait deux hommes ; de notre brigantin, quelques planches fumantes. Mais aussi, des deux frégates anglaises, il n'en restait plus qu'une, presque désemparée. L'autre avait sauté avec nous.

« Pendant que nous avions livré ce combat, le convoi était entré à Dunkerque; nous ne nous étions donc pas sacrifiés inutilement. On m'emmena prisonnier en Angleterre avec les deux matelots qui avaient échappé au désastre. Voilà, mon fils, comment mourut ton grand-père... Voilà comment je voudrais mourir... imite-nous... et... »

Ce récit animé avait épuisé les forces de Cornille Bart.

Le vieux marin retomba pâle et sans mouvement sur son fauteuil.

— Sainte Vierge ! il trépasse, s'écria Catherine.

— Mon père... mon père aussi... ils auront tout tué... Oh ! les Anglais, cria le petit Jean Bart, le poing crispé et le regard enflammé. Oh ! les Anglais... Je vengerai mon grand-père et mon père.

Le 17 juin, Dunkerque se rendit à l'armée franco-anglaise. Louis XIV garda sa prise pendant un jour, et la remit ensuite à Cromwell, ainsi que le portait le traité d'alliance avec l'Angleterre.

Telle est, d'après M. Eugène Sue [1], le premier incident remarquable de la vie de Jean Bart. Cet enfant, qui devait devenir le marin le plus populaire que la France ait jamais eu, était né le 21 octobre 1650, dans la maison où nous venons de voir expirer son père.

Il appartenait, non pas à une obscure famille de pauvres pêcheurs, comme on l'a si souvent imprimé, mais à une famille de marins armateurs, joignant à une certaine ai-

[1]. *Jean Bart et Louis XIV.*

sance une grande notoriété sur les rivages flamands. Ils étaient corsaires de père en fils. Le besoin d'aventures semblait être, chez eux, un corollaire de l'esprit maritime.

Dans les courts intervalles d'une guerre à l'autre, on faisait du négoce, on se livrait à la pêche ; ce n'était que pour s'entretenir la main, pour ne pas oublier la manœuvre, pour ne pas laisser pourrir les galiotes et les ramberges. Mais la pêche rapportait à peine le pain, ou plutôt le poisson de chaque jour.

Pour s'enrichir, vive la guerre ! On obtenait de l'Amirauté une commission autorisant la course ; on armait un bâtiment, n'importe lequel, pourvu qu'il fût bon voilier, on y mettait quelques canons ; on engageait un équipage, d'autant plus facile à composer que le capitaine était plus renommé, puis on partait.

Pendant quinze jours, un mois, deux mois, on surveillait les côtes ennemies, on évitait l'approche des gros navires de guerre. Pour cela, toutes les ruses étaient permises. On changeait de pavillon, on fuyait, on se cachait, et, si l'on était surpris, on se défendait. Mais il était rare que cela arrivât. On rencontrait bien plus souvent un bâtiment de commerce, une buisse, une ramberge, une simple barque de pêcheur. Alors, en chasse ! Le navire menacé s'enfuit comme une alouette poursuivie par un vautour. La fuite présente toutes les péripéties d'une chasse à courre. Tandis que la proie, le gibier, cherche une anse, un port ami pour y trouver du secours, le limier, meilleur voilier, essaie de lui couper toute retraite.

Enfin il s'approche de sa future prise. Il lui adresse quelques boulets pour tâcher de lui briser un mât et l'arrêter. Puis, on tente l'abordage. Si l'ennemi est trop faible, il amène de suite son pavillon et se rend. Mais quelquefois il se défend ; on ne le prend que lorsque la hache a mordu. Plus d'un corsaire a payé de sa vie la victoire de ses camarades. Ce sont les émotions du métier. Après une bonne prise, le corsaire rentrait triomphant dans le port. Une foule d'amis l'attendaient, on applaudissait à ses exploits ; on se racontait ses prouesses ; on pleurait ses morts.

Le corsaire n'était pas seulement un homme honoré : il s'enrichissait vite. Quatre ou cinq bonnes prises faisaient sa fortune. Il est vrai qu'il partageait avec son équipage ; il est vrai que l'armateur prenait la meilleure part, mais il restait toujours de grosses sommes au capitaine, et c'est pourquoi sa profession était considérée comme des plus honorables.

Élevé dans ces idées, Jean Bart ne pouvait être autre chose qu'un marin et un corsaire, comme avaient été son père et son grand-père. Ce futur homme célèbre fit son noviciat de marin en grimpant dans les hunes de tous les bâtiments du port et en s'aventurant parfois sur un frêle esquif à travers des lames de la haute mer. Quant aux écoles, il ne les fréquenta guère et n'apprit jamais à lire. Il savait à peine épeler et signer son nom. On ne put lui enseigner autre chose et il dut regretter, plus tard, d'avoir si mal employé son temps. Sans instruction, il fut plus capable d'une action hardie que d'un projet étendu. Cela ne l'a pas empêché de devenir le marin populaire par excellence. Il est plus connu que Duquesne et que Tourville, qui furent plus illustres que lui.

D'autres corsaires ont fait plus de mal que lui au commerce de l'Angleterre, mais le peuple ne les connaît pas. Nul ne sait que Thurot a existé ; les exploits de Surcouf sont si récents qu'on ne les a pas encore oubliés ; mais le Malouin ne jouit pas de la même popularité que le Dunkerquois.

Le nom de Jean Bart est connu dans le palais comme dans la cabane ; il semble personnifier le génie maritime de son siècle et même de plusieurs siècles. Il plaît à la masse, bien moins comme marin que par sa rudesse envers les courtisans et par son indépendance vis-à-vis des grands et du roi.

Les courtisans l'appelaient l'*ours ;* il leur répondait à coups de poing. Le peuple riait et se sentait vengé par un des siens. Le peuple, habitué à courber l'échine, n'osant lever le front, devina, en plein règne du grand roi, qu'une bousculade pouvait renverser les gens de cour.

L'enfance de ce futur homme célèbre n'eut rien de remarquable. A douze ans commença pour lui la vie de bord. Il fit son apprentissage sous les ordres d'un nommé Valbué, capitaine du *Cochon gras*. Le *Cochon gras*, petit bâtiment d'une marche supérieure, servait de paquet-boat entre la France et l'Angleterre. En 1666, pendant la guerre entre la Hollande et la Grande-Bretagne, le *Cochon gras* tint lieu de garde-côte et croisa incessamment dans le Pas-de-Calais, afin de signaler le passage des vaisseaux anglais qui sortaient de leurs rades, ou afin de piloter, dans le havre de Calais, les navires hollandais qui venaient chercher un refuge dans nos ports, car les Provinces-Unies étaient alors les alliées du roi de France, qui leur avait promis son aide contre le roi d'Angleterre, mais qui ne tint pas son engagement.

Après une première bataille, les Hollandais forcèrent le pavillon britannique à se réfugier dans la Tamise. Lorsqu'on reçut en France la nouvelle de cette victoire, l'enthousiasme se répandit comme l'éclair. Les courages s'enflammèrent. Dans le courant de juillet, Louis d'Oger, marquis de Cavoye, qui avait partagé les jeux d'enfance de Louis XIV, et MM. d'Harcourt et de Coislin obtinrent du roi la faveur de se rendre à bord de la flotte hollandaise pour y combattre les Anglais. Avant la fin du même mois, ces trois brillants cavaliers, équipés avec un luxe de prince, arrivèrent à cheval, vers la tombée de la nuit, au petit port de Saint-Paul, au sud-ouest de Calais. Ils espéraient s'embarquer aussitôt à bord du *Cochon gras*, qui devait les conduire auprès de Ruyter. Malheureusement ils apprirent en arrivant que le maître pilote royal Valbué était sorti des passes pour conduire à Calais une ramberge hollandaise, et qu'il ne restait à Saint-Paul qu'un jeune pilotin fort brave et d'une habileté reconnue.

Le marquis de Cavoye et ses deux compagnons, décidés à partir cette nuit même, se rendirent au logis du pilotin pour juger par eux-mêmes du degré de confiance qu'ils pourraient lui accorder. Ils le trouvèrent en train de fumer sa pipe sur la terrasse d'une petite maisonnette au bord de la mer.

— Dis-moi, drôle!... s'écria le bouillant Cavoye.

— Monsieur, je m'appelle Jean Bart, interrompit tranquillement le pilotin.

— Où est maître Valbué? demanda le gentilhomme d'un air arrogant.

— Maître Valbué fait son devoir, répondit Jean Bart; il mène au port de Calais un vaisseau hollandais désemparé.

— Et qui nous conduira?

— Moi, dit le pilotin avec assurance.

Les gentilshommes s'entre-regardèrent.

— Allons, enfant, vous vous moquez de nous.

Jean Bart, voyant leur indécision, répondit entre deux bouffées de tabac.

— Si vous avez peur, restez à terre; car si vous manquez la marée, la pleine lune et la brise de ce soir, vous attendrez peut-être longtemps avant de trouver un temps pareil. Pour moi, je ne serai pas fâché de dormir ma nuitée bonne et franche.

En voyant son insouciance presque dédaigneuse, les gentilshommes furent un peu ébranlés.

— Allons, messieurs, dit le jeune pilotin en secouant la cendre de sa pipe, en mer ou au lit.

« — Mon ami, dit gravement d'Harcourt à Jean Bart, savez-vous bien que vous prenez une grande responsabilité sur vous en nous proposant de nous conduire à la flotte des Provinces, et que, si nous acceptions, ce serait un engagement grave, mais très-grave, et qui doit vous donner fort à penser... savez-vous cela?

« — Eh, sainte-croix! qu'est-ce qu'il y a donc là dedans qui doive me brouiller tant la vue, dit Jean Bart avec impatience, c'est-y donc *si grave*, comme vous dites, de mener une paire et demie d'hommes aux bancs d'Harwich avec un vent du sud, pleine lune et marée!.,. quand un gourmette de dix ans irait là, la tête sous son épaule!... ou bien, est-ce que vous vous défiez de moi? Tenez, alors, le vieux Sauret va vous montrer quelque chose qui vous rassurera peut-être; puis, s'adressant à Sauret: Voyons, donne l'épée et le papier qui est après le baudrier, et que ça finisse...

« Un instant après, Sauret apporta tout triomphant une épée à garde argentée, ornée d'un baudrier bleu bordé d'argent; à ce baudrier était attaché un papier scellé aux armes de France.

« — Eh bien! dit d'Harcourt après avoir lu, c'est un certificat attestant que le nommé Jean Bart, apprenti lamaneur, a gagné le prix comme le meilleur pointeur d'artillerie du port de Calais.

« — Eh bien! dit Jean Bart avec une certaine fierté, aurez-vous confiance en un marinier qui sait aussi bien le pilotage et l'artillerie pour vous mener aux bancs d'Harwich?

« D'Harcourt lui dit:

« — Ainsi, c'est vous qui vous appelez...

« — Jean Bart.

« — Vous êtes Français?

« — Oui, car ma famille est originaire de Dieppe... mais je suis né à Dunkerque.

« — Et y a-t-il longtemps que vous êtes marin?

« — Depuis sept ans.

« — Et savez-vous assez bien votre métier pour...

« — Ah, sainte-croix! ce serait pour vous aller faire pendre que vous ne rechignerez pas autant ! s'écria Jean Bart avec impatience ; tenez, assez comme cela ; le temps se passe, il est onze heures, et si vous n'êtes pas embarqués à minuit, tout est dit, et bonsoir... voyons, est-ce oui, est-ce non ?

« — Mais où est votre équipage ?

« — Mon équipage, c'est moi, ce vieux marinier que vous voyez là, et deux marins couchés dans la caravelle : si vous dites oui, dans une heure je suis prêt... sinon, bonne nuitée, et je vais me coucher.

« — Allons, dit Cavoye après un regard échangé avec d'Harcourt, allons, soit... préparez votre monde, nous revenons à l'instant avec nos gens...

« — Ah çà, n'en amenez pas trop, dit Jean Bart, ce bétail-là gêne la manœuvre ; s'il y a place pour trois ou quatre, c'est beaucoup.

« — Nous amènerons chacun un valet, et pas plus, dirent les gentilshommes en sortant, conduits par Sauret.

« — Ce sera trois fainéants qui ne seront bons qu'à faire lest... mais, après tout, la traversée ne sera pas longue, si Dieu nous est en aide ; car le vent est au sud, ajouta Jean Bart en se parlant à lui-même, et rentrant sur la terrasse pour chercher dans l'examen du ciel et de la mer ces symptômes qui ne trompent jamais un marin.

« Pendant toute la scène que nous avons décrite, la figure de Jean Bart n'avait pas un instant perdu l'expression singulière de calme et d'assurance qui la caractérisait ; sa manière de parler, malgré un accent flamand très-prononcé, était nette, brève, et annonçait une grande confiance en lui-même, qui, chez de tels hommes, n'est pas vanité, mais conscience involontaire de ce qu'ils sont et de ce qu'ils peuvent.

« Car Jean Bart était une de ces natures rares et privilégiées qui naissent pour leur spécialité, qui ne s'étonnent jamais, qui prennent les partis les plus extrêmes, les résolutions les plus violentes, avec un calme et une bonhomie incroyables, parce que cela est chez eux comme inné, et qu'ils agissent sans se rendre compte de l'instinct qui les guide ; aussi, chez de tels hommes, l'instinct fait plus que le savoir, ils devinent bien plus qu'ils n'apprennent, et ils ont plutôt l'air de se souvenir que de s'instruire par l'expérience.

« Enfin, si les façons d'agir et de parler de Jean Bart en s'adressant à des seigneurs paraissent fort étranges à une époque où la hiérarchie et le respect des classes étaient si scrupuleusement observés, je répondrai que tous les documents recueillis sur Jean Bart ne le montrent pas une fois intimidé ou gêné dans sa naïveté de matelot par l'influence du rang quelque élevé qu'il soit, depuis la scène qui vient d'être retracée jusqu'à ses entrevues avec le roi et la reine de France, devant qui on le retrouvera tout aussi naïf et tout aussi à son aise qu'avec MM. Cavoye et d'Harcourt.

« Cela est encore un de ces traits typiques, saillants, arrêtés, qui donnent à la figure de Jean Bart un caractère si original, et si contrastant avec les habitudes et les mœurs de ce siècle grave et imposant d'ailleurs [1]. »

Un quart d'heure après, les trois gentilshommes s'embarquaient avec leurs bagages et trois valets sur la caravelle : ce léger bâtiment, doublant la pointe de Kenau, filait comme une flèche dans la direction du nord-est.

Après une rude, mais heureuse traversée, la caravelle de Jean Bart vint s'accrocher à l'échelle du navire de Ruyter. L'officier hollandais qui commandait le quart sur le pont les conduisit à l'amiral ; quant au jeune Jean Bart, il voulut, en sa qualité de capitaine d'esquif, remettre lui-même ses passagers au chef de la flotte batave.

Voici, toujours d'après M. Eugène Sue, comment eut lieu la réception :

1. Eugène Sue, *Jean Bart et Louis XIV*

Il entonna le Wilhelmus. (Page 459.)

« Ruyter salua les seigneurs français avec bienveillance, puis son regard s'arrêta un moment sur Jean Bart, qui le considérait avec une admiration naïve.

« — Monsieur l'amiral, dit l'officier, ces gentilshommes français sont porteurs d'un message de M. le gouverneur de Calais, et ce jeune marin est celui qui les a amenés.

« Alors Cavoye s'inclina respectueusement devant l'amiral, et lui présenta les dépêches de M. de Charost, que Ruyter se mit à lire.

« Depuis quelques minutes, il s'était opéré un changement complet dans le maintien de Jean Bart ; lui, naguère si calme, si insouciant, si assuré, paraissait fort troublé ; il rougissait, la sueur lui venait au visage, et, quand par hasard il rencontrait le regard perçant de Ruyter, il baissait les yeux avec une timidité et un embarras extrêmes.

« C'est que cette organisation tout unique, toute spéciale, était alors soumise à l'espèce de charme et de fascination qu'elle devait éprouver en présence de la seule supériorité qui à ses yeux fût réellement imposante. Le jeune homme naïf et résolu pouvait bien regarder en face, et sans se troubler, un grand seigneur comme Coislin ou Cavoye ; mais il ne pouvait échapper aux sentiments de respect et d'admiration qu'il éprouvait en voyant un marin tel que Ruyter. Pour lui, Ruyter était autant qu'un roi pour un courtisan, que Newton pour un savant.

60.

« Lorsque l'amiral eut pris connaissance des lettres de M. de Charost, il dit aux gentilshommes, en assez bon français, mais d'un air froid et contraint, que, puisqu'ils le désiraient, il les ferait assister à un combat naval, et qu'en attendant il les garderait à son bord avec plaisir.

« Cavoye, d'Harcourt et Coislin le remercièrent. Cavoye ajouta :

« — Permettez-moi, monsieur l'amiral, de réclamer votre intérêt pour ce jeune garçon qui nous a conduits ici, et que je ne reconnais plus ; tout à l'heure il était aussi fier et aussi hardi qu'un page, et le voici tout confus.

« — En vérité, le voilà tout pantois, ajouta d'Harcourt.

« — Tout ébaubi, dit Coislin.

« A chaque mot, le pauvre Jean Bart témoignait son impatience ; à la fin, se retournant avec vivacité vers ses passagers, il leur dit, l'œil étincelant :

« — Vous avez vu, sainte croix ! si j'étais ébaubi ou pantois en votre présence, au moins...

« — C'est donc moi qui te fais peur ? dit Ruyter avec bonté...

« — Oui... non... amiral, votre... mais... je voudrais... c'est que...

« Et Jean Bart, les yeux baissés, la rougeur au front, balbutiait et ne pouvait trouver une parole. Il finit par se jeter aux pieds de Ruyter, et lui embrasser les genoux.

« — Allons, allons, calme-toi, mon garçon, dit l'amiral un peu orgueilleux de l'impression qu'il causait.

« — Messieurs, ajouta-t-il, on va vous conduire au logement que je vous destine, et puis je vous attendrai pour dîner à midi... si vous avez besoin de quelque chose avant, mon valet vous le servira...

« Les Français saluèrent, sortirent, et laissèrent Jean Bart avec Ruyter...

« La première émotion passée, Jean Bart retrouva son sang-froid ; aussi fit-il assez bonne contenance lorsque l'amiral lui parla de nouveau...

« — Eh bien ! mon garçon... es-tu rassuré maintenant ? dit Ruyter.

« — Ça commence, monsieur l'amiral ; ça commence, mais, sainte-croix ! le premier moment a été rude, car moi, qui n'ai vu ni Dieu ni le roi... je n'ai, jusqu'à présent, rencontré rien de plus saint et de plus respectable qu'un marin comme vous l'êtes, monsieur l'amiral.

« Cette admiration brusque et ingénue flatta Ruyter, qui sourit et dit à Jean Bart, avec cette bonhomie et cette gravité religieuse, qui était un des traits saillants de son caractère :

« — Ce n'est point moi, mon cher enfant, c'est Dieu qui m'a fait ce que je suis ; aussi je lui renvoie ces louanges, car le Seigneur m'abandonnerait si j'avais la vanité de me croire quelque chose sans son appui... Mais, dis-moi, tu viens de Calais ?

« — Oui, monsieur l'amiral, de Saint-Paul, tout proche de Calais.

« — Et tu commandais ta caravelle ?

« — Oh ! oui, monsieur l'amiral ; mais c'était facile, je suis venu déjà bien des fois dans cette mer... j'étais d'une *quaiche* de contrebande qui venait tantôt de Calais, tantôt de Flessingue à la côte de Suffolk... Nous débarquions toujours nos marchandises près de la baie Holsoy.

« — Et, en venant, tu n'as rien rencontré ?... tu n'as pas vu de navires de guerre ?...

« Ici Jean Bart ne répondit pas, rougit beaucoup, se gratta l'oreille, tordit son bonnet entre ses mains, et baissa la tête.

« — Pourquoi rougis-tu donc ? dit Ruyter étonné. Est-ce que tu es un menteur ?...

« — Menteur !... sainte-croix ! ne le croyez pas, monsieur l'amiral ; mais voilà ce qui est : on m'a dit que, sur l'ordre de M. le gouverneur de Calais, il y avait défense pour moi de m'écarter, en venant ici, de ma route droite, si le vent était bon.

« — Eh bien ?

« — Eh bien! monsieur l'amiral, au risque de me faire pendre, je me suis écarté de ma route... et, au lieu de venir ici droit depuis Saint-Paul, quand je me suis trouvé près du Konings-Diep (le canal du Roi)... me voyant une petite risée du nord-est qui affalait... je me dis que, venant aux bancs d'Harwich, ce que je saurais des entrées de la Tamise serait aussi bon pour vous que la brise pendant le calme ; alors je me suis mis à louvoyer dans ce canal, que je connaissais bien.

« — Eh bien, eh bien... qu'as-tu vu ? s'écria Ruyter avec empressement. On ne t'a pas donné la chasse ?...

« — Voilà, monsieur l'amiral ; comme ma caravelle vole plutôt qu'elle ne navigue, je me dis : Si une ramberge me chasse, j'ai du largue, et je la mènerai dans des passes où il faudra bien qu'elle me laisse, car une frégate est trop buveuse pour se contenter de l'eau qu'elle trouverait sur le banc de *Heaps*; alors j'ai toujours avancé, au risque de faire prendre avec moi ces trois plumets que je vous amenais, monsieur l'amiral... mais enfin je voulais voir et j'ai vu, car en m'avançant dans le *Coln*, jusqu'à ce que Colchester m'ait demeuré au nord-ouest quart-ouest...

« — Si avant que cela!... tu as été si avant que cela ? s'écria Ruyter en l'interrompant.

« — Oui, monsieur l'amiral ; mais je n'ai pas osé aller plus loin, parce que tous les mâts, les balises et les tonnes qui signalent la route avaient été détruits : aussi je me suis arrêté là ; et tout proche *Middle-Ground*, j'ai vu environ douze ou quinze frégates qui se faisaient des signes avec la terre en laissant tomber leur cargue... J'ai pourtant encore avancé un peu, et j'ai encore vu beaucoup de mâts, de navires qui paraissaient mouillés devant Queens-Borough. Alors une quaiche a mis à la voile pour venir à moi, mais j'ai pris chasse, et elle m'a perdu près des west-rocks ; et puis je suis arrivé ici comme cela...

« — Bien, très-bien, mon enfant, dit Ruyter en frappant sur l'épaule du jeune homme, tes renseignements sont très-bons et ne me laissent plus de doute sur ceux qu'on a donnés au vice-amiral de Liefde... En vérité, tu me rends là un bien signalé service... Que veux-tu de moi ?...

« — Oh! sainte-croix! si j'osais, monsieur l'amiral, je vous demanderais...

« — Parle donc...

« — Eh bien ! je vous demanderais, monsieur l'amiral, de renvoyer ma caravelle à mon maître, pilote à Saint-Paul, et de me garder sur votre escadre ; quand ce serait comme page ou gourmette, monsieur l'amiral, dit Jean Bart en joignant les mains d'un air suppliant.

« — Je le veux bien, mon garçon, dit Ruyter, je le veux bien... tu resteras donc à mon bord, et je renverrai ta caravelle par un maître de navire d'Ostende que j'ai repris des Anglais...

« — Merci, merci, monsieur l'amiral, mais c'est que... j'ai avec moi un vieux marinier qui ne me quitte pas, et était à mon père... Le gardez-vous aussi ?...

« — Aussi le vieux marinier, mon garçon.

« — Tenez, monsieur l'amiral, s'écria Jean Bart très-ému, je ne sais pas comment vous dire ce que je sens ; mais, sainte-croix, sainte-croix! vous êtes un marin comme le Renard de la mer dont me parlait mon pauvre père... C'est là tout ce que je puis dire... voyez-vous... oui... vous êtes un second Renard de la mer...

« Quoique Ruyter ne comprît pas tout ce que cette comparaison avait de flatteur, l'expression de reconnaissance qui brillait dans les yeux humides de Jean Bart lui plut beaucoup, et il lui répondit avec une bonté toute paternelle :

« — Allons, allons, tu es un bon jeune homme ; continue, mets ta force et ton espoir en Dieu, sois brave, alerte et vigilant, et qui sait? tu parviendras peut-être. Tiens, rappelle-toi toujours ceci, mon enfant : on m'appelle amiral, n'est-ce pas ?... je commande cent vaisseaux de guerre, eh bien ! j'ai commencé par gagner un sou par jour à tourner la roue de la corderie du port de Flessingue. Ainsi, tu le vois, avec l'aide et la grâce de Dieu, on peut tout, si on remet son sort entre ses mains. Va, je ne t'oublierai pas...

« Et l'amiral congédia Jean Bart après l'avoir fait inscrire par l'écrivain sur le rôle du bord, ainsi que son vieil ami Sauret. »

Tel fut le début de Jean Bart dans sa brillante carrière.

Le 6 août 1666, Ruyter livra une nouvelle bataille aux Anglais, bataille glorieuse, mais indécise.

Le vaisseau amiral, sur lequel se trouvaient notre jeune héros et les gentilshommes français, fut pris entre deux feux, et se défendit pendant trois heures. 200 hommes étaient déjà tombés sur son bord, lorsque les Anglais, désespérant de s'en emparer, résolurent de l'incendier, à l'aide d'un brûlot.

Cette machine infernale est lancée contre l'invincible Ruyter. En quelques instants, tout est en tumulte sur le pont de son navire; seul l'amiral, sa trompette marine à la main, conserve son sang-froid.

Il ordonne de descendre deux chaloupes à la mer pour attaquer et détourner le brûlot.

Les gentilshommes français, suivis de 40 mousquetaires également français, se jettent dans ces chaloupes ; ils nagent droit au brûlot, au risque d'être eux-mêmes consumés.

Arrivés à bonne portée, ils commencent à balayer le pont avec des grenades. Leur feu est si nourri que les vingt matelots anglais montés sur cette machine de guerre se hâtent de se jeter dans la chaloupe qui l'accompagnait. Ils ont mis préalablement le feu au brûlot, mais à la hâte, au hasard.

Nos braves Français ont le temps de virer de bord et de se sauver pour n'être pas engloutis par l'explosion. Leur dévouement a servi ; l'amiral est sauvé, car les flammes deviennent plus dangereuses aux vaisseaux anglais qu'à ceux des Hollandais.

Quelques minutes plus tard, une grande flamme, un bruit terrible, une secousse, une large colonne de fumée blanche et compacte annonçaient que le brûlot avait éclaté : il n'avait produit aucun effet.

On a dit que le service rendu ce jour-là par les Français à la Hollande valait celui de toute une flotte, puisqu'ils avaient sauvé Ruyter.

CHAPITRE II

PREMIERS EXPLOITS DE JEAN BART

Le capitaine Svoëlt et le secrétaire Van Berg cherchent à conserver Jean Bart au service de la Hollande. — Comment Keyser et Jean Bart s'échappent. — Prises de Jean Bart pendant les années 1674, 1675, 1676, 1677 et 1678. — Mariage de Jean Bart. — Colbert le récompense en lui faisant remettre une chaîne en or.

Tant que dura la guerre entre la Hollande et l'Angleterre, Jean Bart resta sur la flotte de Ruyter et s'instruisit dans la science des manœuvres navales. En 1672, il était second lieutenant sur un bâtiment hollandais, le *Canard doré*, lorsque la guerre éclata entre la Hollande et la France alliée à l'Angleterre.

Le *Canard doré*, capitaine Svoëlt, faisait alternativement le commerce et la contrebande en temps de paix, et la course en temps de guerre.

Jean Bart et son lieutenant en premier, Gaspard Keyser, comme lui natif de Dunkerque, avaient su se faire distinguer. Aussi, le capitaine Svoëlt fit-il tous ses efforts pour les conserver au service des États-Généraux. Assisté d'un embaucheur, nommé Van

Berg, il parvint à leur faire signer un acte d'engagement, en leur donnant une chaîne en or et en promettant à chacun d'eux le commandement d'une caravelle. Mais cet embaucheur avait soigneusement caché aux deux marins qu'on les enrôlait pour se battre contre la France.

Voici, d'après Eugène Sue, comment cet engagement fut déchiré :

« — Ah çà ! monsieur le secrétaire, dit Jean Bart, quand verrai-je ma caravelle ? Sainte-croix, je m'en promets ; j'en commandais une sans canons, c'est vrai, quand j'avais dix-sept ans ; c'est de là que j'ai servi sous M. l'amiral de Ruyter, et que j'ai vu le feu pour la première fois en 1666 ; mais je n'oublierai jamais, sainte-croix ! mon digne monsieur, que c'est à vous que je dois cette bonne aubaine ; et, si jamais vous avez besoin de Bart, vous n'aurez qu'à dire : Viens, et je viendrai ; car je vous suis aussi reconnaissant pour Keyser que pour moi-même.

« Mais en ce moment, Keyser, pâle comme un mort, entra violemment dans la cabine, et, dans moins de temps qu'il n'en faut pour le décrire, il ferma la porte à clef, et sauta au collet de Van Berg, en criant à Jean Bart :

« — Pas un mot, et fais comme moi.

« Jean Bart obéit presque machinalement, et fit comme son ami, c'est-à-dire qu'il serra le cou du bonhomme Svoëlt, comme s'il eût voulu l'étrangler.

« — Mets-leur un des gobelets entre les dents, dit encore Keyser, et attache-les avec leur mouchoir.

« Ce qui fut encore fait, malgré la résistance des deux victimes, hors d'état de lutter longtemps avec deux jeunes gens aussi vigoureux que Jean Bart et Keyser.

« — Attache-leur les coudes avec la corde du panneau.

« Cette manœuvre fut exécutée aussi facilement que le reste ; le bonhomme Svoëlt et M. Van Berg furent liés, bâillonnés, et dans l'impossibilité de faire un mouvement ou de pousser un cri.

« — Ah çà ! maintenant, matelot, pourquoi tout ça ? demanda alors Jean Bart.

« — Pourquoi ? parce que ces honnêtes mynhers voulaient nous faire pendre en France, si l'envie nous avait pris d'y retourner.

« — Sainte-croix ! qu'est-ce que tu dis ?

« — Ces misérables voulaient nous cacher que la guerre est déclarée entre la France et la Hollande ; j'ai reçu la déclaration qu'on a criée dans les rues de Dunkerque, et la fin, la voici :

« *Recommandons à nos sujets de ne prendre aucun service chez nos ennemis sous peine de la hart,* » ou de la corde, si tu aimes mieux.

« — Sainte-croix ! je n'aime mieux ni l'un ni l'autre. Ah ! chien, dit Jean Bart au secrétaire avec un geste menaçant, tu savais donc que la guerre était déclarée !...

« Le malheureux Van Berg ne put faire qu'un signe négatif en ouvrant affreusement les yeux.

« — Et vous, dit Keyser au bonhomme Svoëlt, vous avez pu tromper ainsi deux jeunes gens qui vous servaient depuis longtemps !

« Pendant ce temps-là, Jean Bart, qui fouillait le secrétaire, tira plusieurs papiers de ses poches pour trouver l'engagement. — Vois si c'est ça, Keyser ? disait-il à mesure.

— Non, non ; mais voici quelque chose de bon à savoir... Une fois notre engagement signé, on devait nous tenir sous clef jusqu'à ce que la déclaration de guerre fût bien connue, pour rendre notre retour en France impossible.

« — Et nous mettre, sainte-croix ! dans la passe d'être pendus en France ou de nous battre contre la France.

« — Mort-Dieu ! si ce n'étaient tes cheveux gris, je t'étoufferais avec le bâillon, dit Jean Bart au secrétaire.

« — Ah! voici l'engagement, dit Keyser ; et bientôt les morceaux volèrent par la chambre.

« — Maintenant, matelot, dit Jean Bart, nous n'avons qu'à enfermer ces deux misérables, à prendre ce que nous avons d'argent, et à tirer pays ; justement il y a là la barque de cet animal. Allons, vite ; car les États ont les bras longs, et avant deux heures il faut être loin ; car, voyant que nous ne les voulons pas servir, ils nous empêcheraient de servir en France en nous retenant prisonniers; maintenant qu'il y a guerre, ils n'ont rien à risquer.

« — Et puis, ajouta Keyser en ôtant la chaîne d'or du cou du secrétaire, comme nous ne pouvons emporter nos coffres d'ici, voilà qui nous dédommagera de la perte que nous faisons.

« Et les deux jeunes gens ayant encore assuré les liens qui attachaient le capitaine et le secrétaire, fermèrent la porte, et, recommandant aux matelots de ne pas interrompre la conférence du secrétaire du collége d'amirauté, ils donnèrent ordre au maître pilote de veiller sur le brigantin, et se firent mettre à terre par la barque du secrétaire, ordonnant au patron de les attendre.

« Deux heures après, il avaient gagné Flessingue. Deux jours après ils étaient en France, à Dunkerque. »

Les deux amis jouissaient d'une certaine notoriété. Ils trouvèrent facilement à s'engager sur les navires que l'on armait pour la course. En quelques mois, ils passèrent officiers. Jean Bart fut nommé second et Keyser maître d'équipage. Ils donnèrent tant de preuves de leur valeur et de leur habileté que l'on confia à chacun d'eux le commandement d'un navire. Pendant 5 ans ils firent une guerre acharnée aux Hollandais. Jean Bart surtout s'illustra et s'attira une telle réputation que son nom parvint jusqu'à Colbert. Il ne fit pas moins de 52 *prises* pendant la guerre de Hollande. Nous donnons plus loin le détail de ces captures.

Tant de succès avaient enrichi le jeune corsaire ; il comptait parmi les meilleurs partis ; bien des cœurs soupiraient pour lui. Le sien commençait à parler ; il se fiança avec Nicole Gontier, d'une bonne famille de Dunkerque. Mais il ne voulut pas l'épouser sans lui offrir un cadeau de noces digne de lui. Le 21 janvier 1675, il s'empara du beau navire hollandais *l'Espérance*, de 10 canons. Deux semaines plus tard il épousait sa belle fiancée.

PRISES DE JEAN BART [1].

Année 1674.

« Le 2 avril, la galiote [2] *le Roi-David*, commandée par le capitaine Bart, en compagnie de *l'Alexandre*, capitaine Keyser, a pris *l'Homme-Sauvage*, dogre chargé de charbon de terre qu'ils ont rencontré vers la Meuse. — Le roi étant en son conseil l'a déclaré de bonne prise, et l'adjuge au capitaine Bart.

« Le 6 avril, la galiote *le Roi-David*, commandée par le capitaine Bart, a pris la pinasse [3] appelée *l'Aventure-de-l'Ami*, près du Vlie, ladite pinasse, montée de dix pièces de canon, chargée de vins d'Espagne. — Le roi, étant en son conseil, l'a déclarée de bonne prise, et l'adjuge au capitaine Bart.

« Le 15 mai, la galiote *le Roi-David*, commandée par le capitaine Bart, a pris, vis-à-vis de la Meuse, un dogre, après lui avoir donné la chasse pendant deux heures ; ledit dogre chargé de 4,000 écrevisses, de noisettes et de 400 paires de bas. — Le roi, étant en son conseil, l'a déclaré de bonne prise et l'adjuge au capitaine Bart.

« Le 24 juin, *le Roi-David*, capitaine Bart, a pris, à douze lieues du Vlie, la galiote *l'Ami-*

---

1. Cette liste sommaire est extraite des registres du conseil des prises. (Archives de la marine).

2. *Galiote hollandaise.* Bâtiment fait pour la charge et qui portait depuis 50 jusqu'à 300 tonneaux.

3. *Pinasse.* Bâtiment de mer à poupe carrée, long et étroit, d'une grande vitesse et propre à la course ; il avait trois mâts et allait aussi à rames.

tié, chargée de 700 setiers de blé. — Le roi, étant en son conseil, l'a déclarée de bonne prise et l'adjuge au capitaine Bart.

« Le 25 juin, le *Roi-David*, capitaine Bart, a pris, vers le Dogger-Bank, après deux heures de chasse, une flûte chargée de vins de Bordeaux, appelée *le Saint-Pierre-de-Bruges*. — Le roi, étant en son conseil, l'a déclarée de bonne prise et l'adjuge au capitaine Bart.

« Le 28 juin, le *Roi-David*, capitaine Bart, a pris, vers le Vlie, une buisse de pêche appelée *le Corbeau-Noir*. — Le roi, étant en son conseil, l'a déclarée de bonne prise et l'adjuge au capitaine Bart.

« Le 27 août, la frégate *la Royale*, capitaine Jean Bart, en compagnie de *l'Alexandre*, capitaine d'Horn, a pris, devant les côtes de Zélande, la galiote *l'Élisabeth*, chargée de planches et de cordages.

« Le 13 septembre, la frégate *la Royale*, capitaine Bart, en compagnie de la frégate *l'Alexandre*, capitaine d'Horn, a pris, devant le Texel, une grande flûte, nommée le *Flambeau-Doré*, montée de 8 canons et de 40 hommes d'équipage, après un combat de 4 heures ; ladite flûte chargée de 11 baleines. — Le roi, étant en son conseil, l'a déclarée de bonne prise et l'adjuge aux capitaines d'Horn et Jean Bart.

« Le 24 octobre, la frégate *la Royale*, capitaine Bart, en compagnie du *Dauphin*, capitaine Jacobsen, a pris la flûte *le Saint-Georges*, à 8 lieues du Dogger-Bank, chargé de planches de Norwége. — Le roi, étant en son conseil, l'a déclarée de bonne prise et l'adjuge auxdits capitaines Jean Bart et Jacobsen.

« Total de l'année 1674 : 10 prises. »

Année 1675.

« Le 23 janvier, la frégate *la Royale*, capitaine Bart, a pris, devant l'île des Chelmy, une galiote chargée de grains, nommée *la Ville-de-Paris*. — Le roi, étant en son conseil, l'a déclarée de bonne prise et l'adjuge au capitaine Bart.

« Le 24 janvier la frégate *la Royale*, capitaine Bart, a pris, devant le Vlie, un navire de guerre qui servait de convoi à trois marchands, lequel navire de guerre appelé *l'Espérance*, monté de 10 canons et de 50 hommes d'équipage, a été pris après une heure de combat. — Le roi, étant en son conseil, l'a déclaré de bonne prise, et l'adjuge au capitaine Bart.

« Le 30 juin, sur les 3 heures du matin, à la hauteur de la rivière de l'Elbe, la frégate *la Royale*, capitaine Bart, *le Grand-Louis*, capitaine Keyser, ont pris *les Armes de Hambourg*, après une heure de chasse, chargé de poudre d'or. — Le roi, en son conseil, l'a déclaré et déclare de bonne prise.

« Le 5 août, la frégate *la Royale*, capitaine Jean Bart, en compagnie du *Grand-Louis*, capitaine Keyser, a pris la frégate *le Lévrier*, convoi de dix buisses, après deux heures de combat ; une des buisses s'appelant *le Canard-Doré*. — Le roi, en son conseil, l'a déclarée de bonne prise et l'adjuge aux capitaines Bart et Keyser.

« Le 23 mars, la frégate *la Royale*, capitaine Jean Bart, en compagnie du *Dauphin*, capitaine Jacobsen, a pris un senau appelé *le Premier-Jugement-de-Salomon*, chargé de soufre, à l'embouchure du Vlie. — Le roi, étant en son conseil, l'a déclaré et déclare de bonne prise, et l'adjuge aux capitaines Bart et Jacobsen.

« Le 8 octobre, la frégate *la Royale*, capitaine Bart, en compagnie des *Armes de Dunkerque*, capitaine Keyser, et de *l'Alexandre*, capitaine d'Horn, a pris, entre le Vlie et le Texel, une flûte appelée *la Baleine-Grise*, chargée de planches. — Le roi, étant en son conseil, l'a déclarée de bonne prise et l'adjuge aux capitaines Bart, Kayser et d'Horn.

« Le 24 octobre, la frégate *la Royale*, capitaine Jean Bart, en compagnie des frégates *le Dauphin* et *l'Alexandre*, commandés par les frères Jacobsen, a pris une flûte venant de Drontheim, chargée de cuivre et nommée *l'Arbre-de-Chêne*. — Le roi, étant en son conseil, l'a déclarée de bonne prise et l'adjuge auxdits frères Jacobsen et au capitaine Bart.

« Total des prises de l'an 1675 : sept.

Année 1676.

« Le 28 mars, le capitaine Bart, montant *la Palme*, frégate, étant parti en compagnie des capitaines Keyser, Lassie et Hennarker, a pris la nuit suivante, entre Niewport et Ostende, une frégate appelée *la Tertoule*, la pinasse *le Saint-Joseph*, et les belandres *le Saint-Paul*, *le Saint-Christophe*, *le Saint-Jean*, *la Saint-Michel*, *la Sainte-Anne*, et trois autres sous le nom de *Saint-Pierre*, en tout onze bâtiments.

« Le roi, en son conseil, a déclaré lesdits navires de bonne prise, et les adjuge aux capitaines Jean Bart, Keyser, Lassie et Hennarker.

« Le 5 septembre, la frégate *la Palme*, en compagnie de la frégate *l'Ange-Gardien*, capitaine Pitre Lassie, et du capitaine Keyser, commandant *l'Alexandre*, ils prirent une flûte à la hauteur d'Ostende, appelée *l'Espérance-de-Brême*, chargée d'huile, de beurre, de peaux, et de ballots de bas et de mitaines noires.

« Le roi, en son conseil, déclare *l'Espérance-de-Brême* de bonne prise, et l'adjuge auxdits capitaines.

« Le 7 septembre, le capitaine Bart, commandant *la frégate la Palme*, à la hauteur d'Ostende, a pris, après un long combat, *le Neptune*, frégate de 20 canons.

Le 10 décembre, le capitaine Jean Bart, commandant *la Palme*, en compagnie des capitaines Keyser et Lassie, a pris, à la hauteur du Vlie, une buisse appelée *le Faucon-Doré*.

« Le 22 novembre, le capitaine Jean Bart, en compagnie du *Dauphin*, capitaine Newmarker, a abordé, à la hauteur de Vlie, deux bâtiments convois ; après deux heures de chasse et une heure de combat, un seul a pu être pris, *la Demoiselle Catherine*. Le roi, en son conseil, a déclaré et déclare cette prise de bonne prise et l'adjuge auxdits capitaines Bart et Newmarker.

« Le 21 novembre, étant à trois lieues du Texel, la frégate *la Palme*, capitaine Bart, en compagnie de *la Mignonne*, frégate commandée par Antonin Lombard, a pris une flûte appelée *le Pelican*, de 8 canons et faisant route pour Amsterdam, venant de l'Amérique, chargée de bois des îles, indigo, girofle, etc. Le roi, en son conseil, déclare le navire *le Pélican* de bonne prise et l'adjuge auxdits capitaines.

« Le 15 novembre, le capitaine Jean Bart, commandant *la Palme*, se trouvant à 20 lieues en mer, à la hauteur du Vlie, a pris une galiote chargée de vins, nommée *le Corbeau-Vert*. Le roi, en son conseil, déclare la prise bonne et l'adjuge au capitaine Bart.

Total des prises de 1676 : Seize. »

Année 1677.

« 5 avril, au camp devant Cambrai.

« Vu par le roi, étant en son conseil, le procès-verbal fait par le secrétaire de l'amirauté de Dunkerque, sur les rapports de Jean Bart, commandant la frégate *la Palme*, du 21 juin 1677, contenant que le 19 janvier, étant devant la Meuse, en compagnie du capitaine Lassie, il aurait aperçu un dogher portant pavillon du prince d'Orange, qu'il aurait pris retournant de la pêche, et aurait fait passer le maître dans son bord après l'avoir rançonné, moyennant la somme de 2,800 liv., argent de Hollande ; que, le 12 février, il aurait pris deux autres doghers, qu'il aurait rançonnés, l'un pour 2,500 liv., l'autre pour 300 liv., argent de Hollande, et qu'il aurait donné des billets aux maîtres pour achever leur pêche ; que, le 15 dudit mois, il aurait encore pris un autre dogher,

Oh! les Anglais! (Page 469.)

pour la rançon duquel il aurait traité avec le maître pour la somme de 2,500 liv., argent de Hollande, et qu'il a fait passer les maîtres desdits doghers, seulement parce que, s'il en avait pris davantage, le reste n'aurait pu continuer la pêche et conduire les bâtiments. Interrogatoire du 21 février dernier de Thisclassen-Day, natif de Maeslandsluys, y demeurant, maître du dogher *le Cabilhau*; de Pitre Claissen, natif de Zériczée, y demeurant avec sa famille, maître sur le dogher *la Femme-de-Wesby*; de Cornille Haze, natif de Zériczée, y demeurant, maître sur le dogher *le Faucon*, par lequel il paraît que lesdits doghers leur appartiennent et à des bourgeois de Maeslandsluys et de Zériczée ; qu'ils ont été pris ainsi qu'il est contenu au rapport des preneurs. Ouï le rapport du sieur de Harlay, conseiller du roi en ses conseils, maître des requêtes ordinaires de son hôtel, commissaire à ce député, et tout considéré ;

« Le roi, étant en son conseil, a adjugé et adjuge audit capitaine Bart les quatre rançons par lui faites ensuite des prises des doghers *le Cabilhau*, *le Caroos*, *la Femme-de-Wesby* et *le Faucon*, à la réserve du dixième desdites rançons appartenant au sieur amiral de France, et d'un autre dixième qui sera payé à l'hôpital de la ville de Dunkerque. Fait Sa Majesté très expresses inhibitions et défenses audit Bart et à tous autres armateurs de s'immis-

61.

cer à l'avenir de donner une permission de pêcher aux vaisseaux qu'ils auront rencontrés, à peine d'être leur procès fait et parfait.

« Enjoint au lieutenant de l'amirauté de Dunkerque de tenir la main à l'exécution du présent arrêt, qui sera enregistré au greffe de ladite amirauté, publié et affiché où besoin sera, à la diligence des procureurs de Sa Majesté audit siége, afin que personne n'en ignore. »

« Le 16 février, la frégate *la Palme*, capitaine Jean Bart, en compagnie de *la Mignonne*, capitaine Lombard, a pris, à la hauteur de la Meuse, un dogher, nommé *le Prince-Guillaume*, que le roi, en son conseil, a adjugé auxdits Bart et Lombard, à la réserve du dixième, qui appartient à M. le comte de Vermandois.

« Le 21 février, la frégate *la Palme*, étant à la hauteur de Gravelines, a pris un petit capre hollandais, appelé *la Bonne-Aventure*. — Le roi, étant en son conseil, l'a adjugé et adjuge audit Bart, sauf le dixième dû à M. l'amiral de France.

« Le 22 février, à dix lieues du Texel, la frégate *la Palme*, capitaine Jean Bart, en compagnie du capitaine Coopman, a pris un dogher chargé de vin, nommé *l'Eléphant*. — Le roi, étant en son conseil, l'a déclaré de bonne prise, et l'adjuge aux capitaines Bart et Coopman, sauf le droit du dixième de M. l'amiral.

« Le 7 mai, à la hauteur d'Ostende, la frégate *la Palme*, en compagnie de *l'Espérance*, capitaine Soutenaye, a pris *le Dauphin-Doré*, chargé d'oranges, de sucre, de limons et d'une pipe de jus de limon, faisant route pour Middelbourg. Le roi, en son conseil, l'a déclaré de bonne prise, et l'adjuge au capitaine Bart, sauf le dixième.

« Total des prises de l'année 1677 : seize. »

Année 1678.

« Saint-Germain, 19 août 1678.

« Vu par le roi, étant en son conseil, le procès-verbal fait par le lieutenant en l'amirauté de Dunkerque, sur les rapports des capitaines Charles Keyser, Jean Bart et Jean Soutenaye, commandant les frégates *l'Empereur*, *le Dauphin* et *la Notre-Dame-de-Lombardie*, des 13 et 14 juin dernier, contenant que le 18 dudit mois, environ à la hauteur du Texel, ils découvrirent un navire de guerre, auquel ils donnèrent la chasse ; que, ledit navire les ayant attendus, ledit Bart l'aborda le premier, Soutenaye le seconda, et se mit à son côté pour jeter son monde dans sa frégate, afin de plus aisément aborder ledit navire de guerre ; qu'ensuite ledit capitaine Keyser l'aborda par la poupe, et, après un combat d'une heure et demie, ils s'en rendirent les maîtres : dans lequel combat ils eurent 6 hommes tués, 30 blessés, et ledit capitaine Bart eut le visage et les mains brûlés, et les gras de jambes emportés d'un coup de canon ; et ont fait conduire ladite prise à Dunkerque. Interrogatoire dudit jour, 14 mars, de Willems Ranc, natif de Noort, y demeurant, capitaine sur la frégate prise, nommée *le Scherdam*, portant qu'elle appartient aux officiers de l'amirauté de Rotterdam ; qu'il est parti de la Meuse pour convoyer les doghers de la pêche du nord, ayant 24 pièces de canon, 94 hommes d'équipage et pavillon du prince d'Orange, avec une commission des États de Hollande et des officiers de l'amirauté de Rotterdam ; qu'ayant été abordé par lesdits trois capitaines, il s'est défendu le mieux qu'il a pu, et, après un combat d'une heure, dans lequel il a eu plus de 30 hommes tant tués que blessés, il a été contraint de se rendre, et croit qu'à l'abordage et au pillage de son coffre par les matelots preneurs, sa commission a été perdue. Interrogatoire du même jour de Sébastien Van der Concke, natif de Zierickz, demeurant à Rotterdam, lieutenant sur ladite frégate prise, conforme à celui de son capitaine, ajoutant que ledit capitaine Soutenaye était à l'avant-garde, qu'eux déposants, voyant que ce n'était qu'une petite frégate, firent voile sur lui pour le mettre hors de combat ; que, le vent n'étant pas favorable, leur frégate fut abordée par le capitaine Bart, qui essuya la première décharge ; que ledit Soutenaye soutint ledit Bart, et Keyser en même temps l'aborda par derrière, et, après un combat d'une heure et demie, pressés de tous côtés, et le monde desdites trois frégates étant dans leur bord, il furent obligés de se rendre. Interrogatoire dudit jour de Cornille Lodewek, natif de Rotterdam, y demeurant avec sa famille, second pilote sur ladite frégate *le Scherdam*, et de dix autres hommes, tant officiers que matelots du même équipage, tous de Rotterdam et des environs, conforme aux précédents. Ouï le rapport du sieur de Bezons, etc.

« Le roi, étant en son conseil, a déclaré et déclare ledit navire de guerre nommé *le Scherdam*, ses agrès, apparaux, armes, munitions, mitrailles et autres choses étant en icelui, de bonne prise, et, en conséquence, les a adjugés et adjuge auxdits capitaines Keyser, Bart et Soutenaye, à la réserve du dixième de ladite prise appartenant au sieur comte de Vermandois, amiral de France, qui sera fourni et payé au receveur de ses droits.

« Le 7 juin, étant à la hauteur de Dermude, après une heure de chasse, la frégate *le Mars* prit, après deux heures de chasse, une flûte nommée *le Saint-Martin*, chargée de vins de Bordeaux, d'eaux-de-vie et de pruneaux ; laquelle prise Sa Majesté, en son conseil, adjuge au capitaine Bart.

« Enfin, le 31 août 1678, étant à la hauteur de Niewport et d'Ostende, la frégate *le Mars*, capitaine Bart, a pris un dogher appelé *le Saint-Antoine*.

« Total des prises de 1678 : trois. »

Le total de ses prises avait donc été de :

10 pour l'année	.	. . .	1674
7	—	. . . .	1675
16	—	. . . .	1676
16	—	. . . .	1677
3	—	. . . .	1678

52 en cinq années.

La paix de Nimègue, conclue le 10 août 1678, vint mettre un terme à ces courses.

Pour récompenser le jeune capitaine, Colbert lui envoya une chaîne d'or. Voici, du reste, la lettre du grand ministre à l'intendant. On remarquera que dans cette lettre, Colbert, frappé de l'intrépidité du capitaine capre, avait déjà conçu l'espoir, réalisé plus tard, de former une escadre de corsaires et d'en confier le commandement à Jean Bart :

« Du 18 septembre 1676, à Versailles.

« Sa Majesté a été bien aise d'apprendre qu'un capre de Dunkerque, commandé par le capitaine Jean Bart, ait pris un vaisseau de guerre de Hollande de 32 pièces de canon. Comme il est important d'exciter lesdits capitaines à continuer la guerre qu'ils font aux Hollandais, il trouvera ci-joint une chaîne d'or, que Sa Majesté a bien voulu accorder audit capitaine Bart pour récompense de l'action qu'il a faite.

« Comme Sa Majesté pourrait tirer un service considérable desdits capitaines armateurs de Dunkerque s'ils pouvaient se réduire en escadre et obéir à un d'entre eux pour faire la guerre aux ennemis, Sa Majesté veut que M. Hubert envoie un mémoire exact du nombre et des noms desdits capitaines, dans lequel il doit marquer la réputation que chacun d'eux s'est acquise, les actions qu'ils ont faites depuis le commencement de la guerre, la qualité des bâtiments qu'ils montent, et qu'il examine soigneusement si, moyennant les secours que Sa Majesté pourrait leur donner, soit en leur accordant de ses vaisseaux à armer en course sans payer le tiers, soit en leur accordant d'autres avantages, ils pourraient se réduire à obéir à un d'entre eux, ainsi qu'il est dit ci-dessus ; mais surtout que Sa Majesté défend à M. Hubert de se déclarer de ce qui est dit ci-dessus à qui que ce soit, ne voulant pas que le dessein que Sa Majesté peut avoir sur ce sujet puisse parvenir à la connaissance desdits armateurs, et désirant que ledit sieur Hubert prenne bien garde de suivre les ordres qui lui sont donnés et de garder un secret inviolable. »

(*Mém. et ordr. du roi concernant la marine*. 1676, p. 270. Arch. de Vers.)

Voici la réponse de l'intendant :

« 24 septembre 1676, Dunkerque.

« J'ai mis dans les mains du capitaine Bart la chaîne d'or que Sa Majesté a bien voulu lui accorder. Si le présent a été reçu de lui avec une grande joie, il ne donne pas moins d'envie aux autres de faire de même que lui quelque belle action.

« Dans la pensée que Sa Majesté aurait de tirer service de ces sortes de gens-ci, il y en aurait bonne partie qui se soumettrait volontiers à obéir audit Bart : sa bravoure et sa manière de commander (quoique peu expérimenté) lui a donné quelque créance parmi eux ; mais, à quelque service qu'on les mette, l'intérêt et le gain les font agir ; il est bon même de les intéresser, et d'engager quantité de matelots étrangers à demeurer dans le pays et à s'y attacher. Je crois que, leur donnant les secours que Sa Majesté se propose ils se disposeront à les recevoir et à faire du service. Du moins pourra-t-on les porter (faisant la course) à attaquer particulièrement les navires de guerre. Je travaille à faire le mémoire qui m'est demandé ; si la pensée en est sue, je puis vous assurer, monseigneur, que cela ne viendra pas de moi : je sais garder le secret quand il le faut et qu'il m'est recommandé.

« Hubert. »

(En *P.-S.*) « Les armateurs m'ont apporté les lettres de leur capitaine Bart, qui, apparemment, rend grâce du présent qui lui est fait. »

(*Ordr. de Dunk. Hubert*, 1676-79. — Arch. de Vers.)

CHAPITRE III

JEAN BART PARVIENT A LA RENOMMÉE

Jean Bart et le maréchal d'Estrade. — Le corsaire refuse le grade de lieutenant dans la marine royale. — État des capitaines capres de Dunkerque. — Jean Bart, Keyser, Michel Small, Wakrenié, Lasie, etc. — Contre-enquête faite secrètement par Colbert. — Lettre de M. Hubert sur les armements en course. — Jean Bart commande une frégate de la marine royale. — Sa croisière contre les corsaires salétins. — Il devient capitaine de frégate. — Le petit François Cornille a peur. — Jean Bart l'attache au mât d'artimon. — Un futur vice-amiral.

Le nom de Jean Bart était donc parvenu jusqu'à la cour. On eut un instant l'idée de le faire entrer dans la marine royale, avec le titre de lieutenant, sous les ordres de quelques-uns de ces capitaines de hasard dont notre marine était alors infestée.

Un jour que le corsaire se promenait sur la jetée de Dunkerque, en fumant sa pipe légendaire, il rencontra le maréchal d'Estrade accompagné du nouvel intendant Desclouzeaux :

— Voici le fameux Jean Bart dont vous m'avez parlé plusieurs fois, dit l'intendant au maréchal.

Ce dernier s'approche du marin et, d'un ton protecteur :

— Bonjour, monsieur Bart. Je parlerai au roi pour vous prendre à son service.

— Bonjour, monsieur, répond tranquillement le corsaire ; bien flatté ; mais je suis depuis longtemps au service du roi.

— J'entends au service sur un vaisseau du roi ; un bon grade de lieutenant, monsieur Bart.

— Je n'en veux point ; j'ai déjà reçu un brevet, le 12 janvier 1679, mais j'ai refusé.

— Et pourquoi cela, s'il vous plaît ?

— Parce que je suis capitaine sur mon bâtiment capre et que je ne veux point me trouver le second sur un vaisseau. Mes coudées franches à mon bord, c'est ma devise.

— Mais vous pourriez devenir capitaine.

— Je le suis déjà.

— Alors, vous refusez ?

— Comme capitaine, j'accepte ; comme lieutenant, je refuse.

— Savez-vous bien, s'écria le maréchal en fronçant le sourcil, que l'on pourrait vous contraindre à l'obéissance ?

Le corsaire, sans se décontenancer, répond entre deux énormes bouffées de tabac :

— Celui qui me contraindra à faire ce qui me déplaît, aura du poil aux yeux.

— Mais, monsieur, il y a la Bastille.

— Pendant que j'y serai, je ne servirai point.

Voyant qu'il n'en pouvait rien tirer, M. d'Estrade termina d'un ton radouci :

— Ce que je vous dis là, monsieur Bart, n'est que pure plaisanterie. Sa Majesté n'a jamais besoin d'employer la violence. On est toujours trop honoré de la servir.

La détermination du jeune marin était donc irrévocable ; il voulait être le premier à son bord.

On a vu plus haut que le but de Colbert était de le faire chef d'escadre de navires corsaires. Pour répondre à l'idée du ministre, l'intendant Hubert avait dressé, le 28 septembre 1676, un état des capitaines capres de Dunkerque et des navires qu'ils commandaient. Cet état commençait naturellement par Jean Bart. Voici comment il s'exprimait :

État des capitaines capres de Dunkerque.

1° Le capitaine Jean Bart, âgé d'environ trente ans, fait capitaine depuis trois ans, commandant actuellement la frégate *la Palme*, armée de 24 pièces de canon, et équipée de 150 hommes.

Dans sa dernière action, ledit capitaine Jean Bart a pris, lui seul encore, un convoi hollandais de 32 navires. Pendant qu'il était lieutenant, son capitaine rendit témoignage aux armateurs de sa conduite et de sa bravoure ; ce qui lui fit donner sa première frégate de 8 pièces de canon, avec laquelle il prit un convoi hollandais de 10 voiles, en compagnie du capitaine Keyser. — Avec sa seconde frégate, de 24 pièces de canon, accompagnée d'une autre de 20 pièces de canon, commandée par le même capitaine Keyser, ils prirent chacun un convoi hollandais, avec leur flotte chargée de harengs. — Les deux mêmes ensemble, avec un autre de moindre force, ont attaqué une flotte sortant d'Angleterre pour Ostende, convoyée par 3 navires de guerre. Le capitaine Bart s'attacha à celui de 18 pièces de canon, et le prit à la vue des deux autres convois, laissant aux autres capitaines câpres, de Dunkerque, la flotte entière capturée par eux.

2° Le capitaine Keyser, âgé de trente-cinq ans, commandant la frégate *le Grand-Louis*, armée de 20 pièces de canon, et équipée de 150 hommes.

Ce qui est dit de lui ci-dessus fait connaître sa liaison avec Jean Bart ; tous deux servent ensemble, ce dernier déférant à l'autre ; mais il leur faut laisser cette liberté de vivre comme ils font familièrement avec leurs équipages, conférant avec les officiers et matelots quand il faut entreprendre quelque chose ; après quoi leur commandement est absolu.

3° Le capitaine Michel Small, âgé de trente-six ans, commandant une frégate neuve de 18 canons, de 10 livres de balles chacun, équipée de 150 hommes.

Il a fait plusieurs prises, et revient tout récemment encore de la mer, avec 6 flûtes qu'il a enlevées sous le feu des navires d'escorte. Il n'a pas moins de courage et de conduite que les deux capitaines ci-dessus nommés.

4° Le capitaine Wakrenié, âgé de cinquante ans, commandant la frégate *l'Oie*, armée de 18 pièces de canon, et équipée de 180 hommes.

Ce corsaire a fait plusieurs prises dans la pensée de trouver aussi occasion de se signaler ; il n'a pas moins de courage et de génie que le capitaine Bart ; quoique charpentier de son premier métier, il est bon pilote et peut rendre des services, se croyant capable, et ayant autant de courage que les autres. On aurait peine à les accorder sur la question de préséance dans le commandement. Il y a cette différence entre eux, que Jean Bart hasarderait plus, et ménagerait moins sa personne.

5° Le capitaine Lasie, âgé de quarante-cinq ans, commandant la frégate la *Poudre-d'Or*, armée de 18 pièces de canon et équipée de 180 hommes.

Ce capitaine a fait quantité de prises, mais n'a pas trouvé occasion de combattre ; il est, du reste, bon officier, et a été ci-devant lieutenant sur la frégate la *Mignonne*.

6° Le capitaine Souteneia, âgé de vingt-six ans, commandant une frégate de 10 pièces de canon, équipée de 100 hommes.

Ce capitaine a aussi fait plusieurs prises, mais sans occasion de se signaler par aucun combat digne de marque.

7° Le capitaine Delâstre, âgé de vingt-huit ans, commandant une frégate neuve de 10 pièces de canon, équipée de 100 hommes.

Ce corsaire, quoique chirurgien de son métier, s'est rendu habile dans la navigation par les nombreux voyages qu'il avait faits antérieurement ; il paraît avoir de l'activité et du courage.

8° Le capitaine Vermulle, âgé de quarante ans, commandant une frégate neuve, armée de 12 pièces de canon, et équipée de 100 hommes.

Pendant que ce corsaire montait une barque longue, il a fait plusieurs prises, la plupart assez considérables ; sa conduite et sa valeur l'ayant fait estimer, on lui a donné la frégate de 12 pièces de canon, dans l'espérance d'obtenir des services plus signalés.

9° Le capitaine Gouvernasen, âgé de quarante ans, commandant une frégate de 8 pièces de canon, équipée de 70 hommes.

Ce capitaine, quoique brave soldat, n'a pas été aussi heureux que les autres.

10° Le capitaine Pitrebas, âgé de quarante-cinq ans, commandant la frégate la *Fortune*, armée de 6 pièces de canon équipée de 59 hommes.

Bon marinier, brave homme, très-capable de rendre d'utiles services.

11° Le capitaine Yan-Yance, âgé de trente ans, commandant la frégate le *Saint-Michel*, armée de 6 pièces de canon et équipée de 60 hommes.

Il n'a fait autre chose que la course sur les ennemis, et on l'estime plus courageux que rempli de conduite.

12° Le capitaine Liévens, âgé de vingt-huit ans, commandant une frégate de 6 pièces de canon, équipée de 60 hommes.

Mêmes renseignements que sur le précédent.

13° Le capitaine Héry, âgé de 46 ans, commandant la frégate le *Coq*, armée de 6 pièces de canon, équipée de 60 hommes.

Ce corsaire, ancien chirurgien de profession, est plus capable d'exercer ce métier que d'aller à la mer.

14° Le capitaine Charles Lauscot, âgé de 46 ans, commandant une barque longue, armée de 6 pièces de canon, équipée de 56 hommes.

Ce capitaine a fait diverses prises assez importantes ; il paraît courageux et homme de conduite.

15° Le capitaine Bowin, âgé de 30 ans, commandant une barque longue, de 6 pièces de canon, équipée de 50 hommes.

Ce corsaire est Anglais de nation, habitué à Dunkerque au commencement de la guerre, estimé habile et courageux.

16° Le capitaine Josse Contant, âgé de 36 ans, commandant la barque longue nommée *le François-de-Paule*, armée de 4 pièces de canon, avec 40 hommes.

On l'estime l'un des plus courageux et des plus utiles capitaines de course ; il pourrait être employé avec beaucoup de résultats dans la marine royale.

17° Le capitaine Gilletant, âgé de 26 ans, commandant une barque longue, armée de 4 pièces de canon, et équipée de 55 hommes.

Aussi courageux que le précédent, mais avec moins d'expérience et d'esprit de conduite.

18° Le capitaine Hautebart, commandant une autre barque longue, armée de six pièces de canon, et équipée de 55 hommes.

Bon pilote, et cœur courageux.

19° Le capitaine Blankemin, âgé de 32 ans, commandant une autre barque longue, armée de 6 pièces de canon, et équipée de 56 hommes.

Bon marinier.

20° Le capitaine Albert Lécluze, âgé de 36 ans, commandant une barque longue, de 3 pièces de canon, avec 30 hommes d'équipage.

Même observation que pour le précédent.

21° Le capitaine Baptiste Roussel, âgé de 42 ans, commandant une barque longue, de 4 pièces de canon, équipée de 50 hommes.

Même observation.

22° Le capitaine Arnaud-Yance, âgé de 46 ans, commandant une barque longue, de 4 pièces de canon, avec 40 hommes d'équipage.

Même observation.

23° Le capitaine Nicolas, âgé de 50 ans, commandant une autre barque longue, de 4 pièces de canon, avec 39 hommes.

Même observation.

24° Le capitaine Suanne, âgé de 50 ans, commandant une petite corvette d'une pièce de canon, avec 20 hommes d'équipage.

Ce capitaine est Anglais, habitué à Dunkerque depuis deux ans, homme estimé, courageux, et d'une conduite sans reproche.

25° Le capitaine Charles Maréchal, âgé de 40 ans, commandant une barque longue, de 2 pièces de canon, avec 40 hommes d'équipage.

Estimé bon marinier.

26° Le capitaine Lombard, âgé de 32 ans, commandant une des barques longues de Sa Majesté, donnée en course, armée de 4 canons, et équipée de 40 hommes.

Natif de Calais, ce corsaire est expérimenté, courageux, et d'une conduite assez régulière.

A ces capitaines, en pleine activité, il faut en joindre 7, actuellement sans emploi :

1° Le capitaine Alexandre Jacobsen, âgé de 45 ans ; on l'estime malheureux : je le crois sans courage.

2° Le capitaine Gaspard Dupré, âgé de 36 ans ; homme habile et bon soldat.

3° Le capitaine Jean Pitre, âgé de 36 ans ; pilote expérimenté, mais de peu de conduite.

4° Le capitaine Martimboure, âgé de 36 ans ; peu estimé.

5° Le capitaine David Truelle, âgé de 40 ans, ferait un bon officier de bord.

6° Le capitaine Michel Patel, âgé de 38 ans, mérite la même mention favorable.

7° Le capitaine Jean Augustin, âgé de 36 ans, n'est pas grand'chose.

Dans le nombre des hommes qui forment les équipages, il y a quantité d'officiers mariniers aussi courageux et de conduite aussi excellente qu'aucun des meilleurs capitaines ; et parce qu'ils sont connus, et que les commandants ont la pleine liberté de les choisir, ils servent avec zèle, moyennant qu'on leur fasse de bonnes conditions (1).

Voici le résultat d'une contre-enquête que Colbert fit faire secrètement :

Liste des principaux capitaines commandant les vaisseaux corsaires de Dunkerque.

« JEAN BART, commandant une frégate de vingt-quatre pièces. } Bons soldats et matelots.
« KEYSER, commandant une frégate de dix-huit pièces.

« Je mets ces deux capitaines ensemble, parce qu'ils naviguent de concert ordinairement. Ils sont originaires de Dunkerque, âgés de 30 à 35 ans, et fils et petits-fils de deux fameux corsaires, qui ont fait beaucoup parler d'eux durant la guerre qui était entre les Espagnols et les Hollandais, avant le traité de Munster, et dont l'un, G. Bart, fut blessé au dernier siège de Dunkerque.

« Ils sont sortis avec honneur de toutes les occasions qu'ils ont trouvées dans leurs courses. Ils n'ont point dégénéré, quoique leur mauvaise fortune les ait obligés de servir d'officiers-mariniers ou de matelots dans le commencement de la guerre d'aujourd'hui, et, s'étant rendus dignes de commander, ils ont pris jusqu'à 5 frégates ennemies, dont la moindre a toujours été plus forte qu'eux. Entre plusieurs prises considérables qu'ils ont faites, on compte celle d'une frégate de Hollande, chargée de poudre d'or pour 80,000 livres ; et celles des belandres, dont il sera parlé ci-après au sujet de Pitre Lasep. Ledit Bart a encore enlevé depuis peu un vaisseau des États de 32 pièces de canon. Je ne sais point le détail de cette action.

« PITRE VERMULLE, âgé de 40 ans ou environ.

« Celui-ci a servi de maître d'équipage sur la frégate la *Mignonne*, et depuis, s'étant mis dans la caprerie, a très-bien fait son devoir ;

(1) Bibliothèque nationale. Manuscrits. — Colbert.

il a fait quantité de prises très-riches, et a été un des plus heureux capitaines du port ; mais, comme il n'a commandé que des bâtiments de 4 et 6 pièces, sa bravoure n'a pas fait encore tant de bruit que celle des autres.

« PITRE LASEP, âgé d'environ 40 ans.

« Il a été de même au service du roi sur la *Fidèle*, en qualité de maître d'équipage. Ayant eu le commandement d'une frégate armée en course, il a fait paraître qu'il le méritait ; car, au premier voyage qu'il fit avec les sieurs Bart et Keyser, il attaqua, le premier, trois vaisseaux ennemis, dont le moindre était plus fort que lui, et, ayant essuyé tout leur feu, il donna moyen auxdits Keyser et Bart de les venir charger : ensuite de quoi ils prirent un desdits vaisseaux ennemis, mirent les deux autres en fuite, et prirent 9 belandres chargées de toutes sortes de marchandises qui étaient sous le convoi desdits ennemis.

« NICOLAS NOUX, âgé d'environ 40 ans.

« C'est un bon capitaine, qui a fait plusieurs courses dans la guerre de 1667 et dans celle d'à présent ; il a commandé des barques longues dans la Manche pour le service du roi, et a été entretenu quelques années dans le port à 100 livres par mois. M. le vice-amiral l'estime beaucoup.

« JOSSE CONSTANT, âgé d'environ 28 à 30 ans.

« Encore bon capitaine, et qui a fait beaucoup de prises.

« Il y a quantité d'autres petits corsaires qui font aussi beaucoup de prises, mais dont la réputation n'est pas égale à celle des ci-devant nommés.

« Ce 6 novembre 1676. »

M. Hubert, peu de jours après, envoyait à Colbert ce mémoire sur les armements en course, mémoire dans lequel il donne de curieux détails sur le mode suivi par les armateurs de Dunkerque.

Merci, monsieur l'amiral. (Page 475.)

Mémoire d'Hubert sur les armements en course à Dunkerque.

« Par ceux ci-devant envoyés, j'ai marqué le nombre et la force des bâtiments de guerre qui sont à Dunkerque appartenant à des particuliers, les sujets pour les commander, et la qualité des matelots qui pourraient les servir pour les desseins qu'on pourrait avoir ; outre qu'il y a peu de matelots pour les armer tous, et pour former une forte escadre, il y a tant de sortes d'intéressés dans les frégates, qu'il y aurait peine à les préparer tous à l'emploi qu'en en voudrait faire : les désordres et les procès qu'on voit journellement parmi eux le font dire, et, à moins d'un grand avantage pour eux, il serait difficile de les y porter, particulièrement dans le temps qu'ils voient retourner leur navire de la mer avec grandes dépenses, n'y ayant trouvé que tous vaisseaux exempts ou porteurs de passe-ports de Sa Majesté ; dans cet état, ils voient bien que la navigation ennemie se faisant par de forts convois, il y aura plus de dépenses et de risques à courir que de bien et de fortune à espérer pour eux ; et, comme la plupart sont peu accommodés, ils cesseront d'armer indubitablement, ainsi que ceux de Calais ont déjà fait, s'ils ne sont secourus d'ailleurs, pour les obliger à continuer leurs courses vers le Texel et le Vlie ; fatiguant de la sorte la navigation des ennemis, que cela puisse empêcher leur commerce, ou les obligeant à faire de grands armements, qui seront plus de dépense qu'à charge aux autres, parce qu'ayant moyen de s'étendre à la mer, ils pourront aller ailleurs au passage des flottes qu'ils ont dehors, et revenir de temps en temps à leur port continuer la guerre, même aller souvent dans le Nord interrompre leur pêche, qui leur est d'autant plus sensible, qu'elle fournit presque la subsistance de leur pays, et fait le plus considérable négoce qu'ils aient, néanmoins gardés par de simples convois aisés à enlever.

« Si Sa Majesté pense simplement à porter ceux de Dunkerque à faire la guerre à ses ennemis de la manière qu'ils ont fait, il n'y a pas nécessité de les obliger tous à faire de fortes escadres ; outre qu'il n'y aurait pas de matelots assez, il y aurait moins à espérer pour eux, et de mal à faire aux autres. Ou le commerce des ennemis cesserait, voyant des forces dehors, ou ils en auraient d'autres pour le favoriser. Dans la disposition où sont la plupart des armateurs, il serait assez difficile de les porter tous à l'armement de leurs vaisseaux ; il y a tant de différentes personnes intéressées, que souvent ils ont peine à convenir de ce qu'ils ont à faire ; et, pour le dessein qu'on aurait de les joindre tous ensemble, il faudrait les pressentir et quasi leur dire la pensée qu'on aurait, ce qui me paraît de conséquence.

« La mienne serait de préparer adroitement ceux qui ont les plus considérables bâtiments, leur offrant quelques secours ; même si Sa Majesté voulait leur accorder de ses frégates, les donner en place de celles qui n'auraient pas de disposition à se joindre à eux, on pourrait demander le dixième des prises qui se *feraient*, leur laissant le reste pour augmenter la part des matelots, et pour les désintéresser d'ailleurs ; de la sorte, ils pourraient s'engager dans la dépense d'armements (qui ne sont pas de peu de considération). Peut-être que les autres armateurs, voyant quelques apparences de profit, viendront insensiblement demander à joindre leurs navires, et à former une ou plusieurs escadres, selon le besoin. Il est bon d'observer sur cela que les prises qui se sont faites n'ont pas beaucoup enrichi les armateurs : la plupart de leurs gains sont en vaisseaux qui leur demeurent sur les bras, et peu d'argent comptant pour faire des armements ; ainsi, outre les frégates de Sa Majesté, il les faudra secourir d'ailleurs, les intéressant de telle sorte que l'apparence de profits les fasse agir ; mais, de quelque manière que le secours se donne, soit de vaisseaux, ou d'autre chose, il est nécessaire que là tout paraisse à eux, et que rien ne soit connu de ce qu'exige Sa Majesté, du moins dans les commencements des armements. Pour cet effet, il faudrait commencer par l'armement de 3 ou 4 bâtiments, et continuer le reste ensuite, pour se joindre, en cas de besoin, selon les occurrences : de cette sorte, on pourra être en état d'attaquer toutes les flottes qui entrent et sortent, et incommoder extrêmement les ennemis de Sa Majesté.

« A l'égard des matelots, pour peu qu'on augmente leur part, et qu'ils sentent du bien, il en viendra assez d'ailleurs s'engager à servir.

« Hubert. »

On fit tant et si bien que Jean Bart entra dans la marine royale en 1681. Ne pouvant ou ne voulant lui donner d'emblée le titre de capitaine, Colbert lui accorda celui de lieutenant; mais il lui confia le commandement d'une frégate, puis de deux frégates pour l'envoyer combattre les pirates de Salé, qui pillaient nos bâtiments marchands et n'acceptaient ni paix, ni trêve. Dans un seul combat, livré à deux navires salétins, Jean Bart fit 300 prisonniers, dont le fils du gouverneur de Salé et 12 des plus notables habitants.

Sa croisière dura un an. Lorsqu'elle fut

terminée, il recommença de naviguer dans la marine marchande. Ce ne fut qu'en 1686, le 14 août, que Seignelay, prévoyant des guerres prochaines, le reprit au service de l'Etat, avec le titre de capitaine de frégate légère. Il fut placé sous les ordres de M. d'Amblimont, qui croisait dans la Méditerranée. Il revint à Dunkerque vers la fin de 1687.

L'année suivante, la guerre était imminente ; Seignelay, ministre de la marine, se faisant armateur pour son compte personnel, équipa en course plusieurs navires, dont un, la *Railleuse*, de 30 canons, fut confié au corsaire dunkerquois.

Bien que la guerre ne fût pas encore officiellement déclarée, Jean Bart n'hésita pas à attaquer, le 26 octobre, une flûte hollandaise, le *Cheval marin*, qui se défendit avec un courage extraordinaire.

« Ce fut dans ce combat que le fils de Jean Bart, François-Cornille Bart, alors âgé d'environ douze ans, et qui naviguait avec son père depuis deux années, vit le feu pour la première fois.

« L'engagement fut court, mais terrible.

« Ce jour-là, selon sa coutume, Jean Bart était à l'arrière, proche la barre du gouvernail, qu'il prenait souvent, et là attendait le moment d'ordonner l'abordage.

« A ces côtés, le corsaire avait son fils.

« La flûte hollandaise, armée en guerre, portait 24 canons en batterie. Préjugeant que Jean Bart la voulait aborder, elle ménagea son feu ; et par une manœuvre rapide, après avoir feint un instant d'attendre la *Railleuse* en restant en panne, elle lui envoya toute sa volée, et fit servir aussitôt vent arrière...

« L'effet de cette bordée, qui prolongea la frégate de Jean Bart de l'avant à l'arrière, fut fatal : onze hommes tombèrent morts ou blessés, et un boulet vint en ricochant se loger dans les caissons du couronnement, proche duquel étaient Jean Bart et son fils.

« Ce pauvre enfant, en entendant souffler cet ouragan de fer, pâlit... comme en 1666 son père avait aussi pâli, lors de son premier combat sous Ruyter... puis, cédant à l'instinct involontaire de la conservation, l'enfant fit un pas comme pour fuir.

« Jean Bart, qui le couvait d'un œil ardent... le vit... le saisit par le bras, et lui dit en riant :

« — Ce sont les dragées de ton baptême de corsaire, mon petit Cornille. Ne te baisse pas pour les ramasser... il s'en trouvera d'autres...

« L'enfant le regarda sans le voir ; sa vue était troublée, son teint blafard ; une sueur froide collait ses longs cheveux blonds à ses tempes, et ses genoux fléchissaient en se choquant...

« Jean Bart eut *peur* pour son fils, et pourtant la terreur de cet enfant était concevable : deux matelots mutilés étaient là gémissant à ses pieds... et le troisième ne gémissait plus...

« — Je te dis que ça n'est rien, mon petit Cornille, reprit Jean Bart en embrassant son fils avec tendresse et le faisant asseoir près de lui sur le banc de quart ; je te dis que ça n'est rien : ça n'attrape que les couards... et comme tu n'as pas peur ni moi non plus, ça ne nous regarde pas.

« A ce moment, Peter Mall, le lieutenant de Jean Bart, lui vint demander s'il fallait tirer ; car la hollandaise, ayant viré, revenait sur la *Railleuse* serrant le vent.

« — Non, sainte-croix ! non... qu'on soit paré pour l'abordage ; et, en attendant, ronge encore un peu ton frein, vieux Mall, attends ces buveurs de bière bord à bord, et, une fois là, envoie-leur ça... mais de près, à la dunkerquoise : « que la bourre ferme le trou de « la balle et lui serve d'emplâtre... » n'est-ce pas, mon brave petit Cornille ?... ajouta Jean Bart en serrant dans ses mains les mains glacées de son fils toujours tremblant.

« En ce moment, la hollandaise, se trouvant à demi-portée de canon de la *Railleuse*, dévia un peu de sa ligne, et une nouvelle bordée de fer vint rugir dans les apparaux de la frégate, fit peu de dommage, mais emporta un second maître timonier qui assurait la drisse de pavillon du bâton de poupe.

« Cornille Bart ne put surmonter sa terreur ; il se jeta sur le pont, en s'écriant :

« — Grâce, mon père, j'ai peur... je suis perdu !...

« A cet accent nerveux, profond et insurmontable de l'effroi poussé jusqu'au paroxysme, Jean Bart jeta un terrible et déchirant regard sur son enfant. En une seconde, mille idées contraires, furieuses, navrantes, désespérées, passèrent sur son large front comme des nuées d'ouragan, mais il fallait agir...

« Pendant que le malheureux enfant se cachait aux pieds de Jean Bart, sa frégate allait aborder l'ennemi, et son équipage l'observait en silence... Jean Bart prit alors un épouvantable parti : saisissant un bout de manœuvre et se faisant aider par Peter Mall, il releva son fils et l'attacha au mât d'artimon droit, debout, faisant face à l'avant ; puis sautant sur le couronnement, il commanda : — Feu !... feu !... partout !...

« La volée de la *Railleuse* partit à longueur de refouloir...

« — Aborde ! cria alors Bart d'une voix tonnante ; et, au même instant, repoussant le timonier, il lui prit la barre, la mit toute dessous ; et, tournant la tête vers son fils, placé et attaché derrière lui, il jeta ses yeux sur lui avec une indicible expression d'angoisse et de honte...

« Mais quelle fut sa gloire ! son enfant était pâle... mais il redressait fièrement sa tête, et son air fixe et hardi changea le regard d'abord si douloureux de son père en un regard de triomphe.

« Le point d'honneur, la bravoure née, un moment abattus par le cri de la conservation, avaient repris bientôt leur noble niveau.

. . . .

« En l'analysant de sang-froid, la résolution de Jean Bart dans cette occurrence semble à la fois folle, effrayante, sublime, et surtout empreinte de ce sauvage orgueil, de ce féroce amour-propre de l'homme brave qui aime mieux voir son fils mort que lâche. Mais si l'on songe à la nature intrépide de Jean Bart, à son religieux respect pour le nom qu'il portait, à ses idées sur la bravoure, à ce qu'il devait éprouver enfin en voyant son fils faillir ainsi à la vue de tout son équipage, en face de l'ennemi, on comprendra facilement qu'il ait pu et osé donner à son fils une aussi terrible leçon, leçon qui fut d'ailleurs suivie de la plus longue et la plus noble carrière militaire (1). »

(1) Eugène Sue.

CHAPITRE IV

JEUNESSE DE FORBIN

Enfance de Forbin. — Son courage. — Il tue un chien enragé. — Ses fugues. — Il devient cadet. — Ses duels. — Comment il enlève une soubrette. — Aventures d'auberge. — Expédition de Siam. — Arrivée de Forbin sur les bords du Meïnam. — Désappointement. — Forbin demeure en otage. — Affaire des Macassars. — Dangers courus par Forbin. — Son retour en France. — On l'amatelotte avec Jean Bart. — Caractère de Forbin. — Contraste de Jean Bart et de Forbin. — Hauteur de ce dernier. — Jean Bart défie Forbin. — Réconciliation des deux marins.

Interrompons un instant l'histoire de Jean Bart pour raconter celle d'un marin qui lui fut associé pendant quelque temps et qui s'est acquis une certaine notoriété.

Claude Forbin, qui allait s'illustrer par de brillants combats, paraissait alors sur la scène. Il appartenait à une très-ancienne famille de Provence. Il nous apprend, dans ses spirituels mémoires, que sa jeunesse fut loin d'être exemplaire. Dès son enfance, il se montra d'un naturel vif, bouillant et impétueux.

« Je naquis, dit-il, en l'année 1656, le sixième jour du mois d'août, dans un village de Provence appelé Gardanne. Je perdis mon père dans mes premières années, et resté pauvre cadet d'une nombreuse famille, je ne trouvai en moi d'autre ressource qu'un grand fonds de courage et d'intrépidité. Dès l'âge de 10 ans, je m'étais garanti de la mort. Un chien enragé, qui effrayait tout le voisinage, vint un jour sur moi, la gueule écumante ; je l'attendis de pied ferme, et lui présentant d'abord mon chapeau que je lui abandonnai un moment après, je le saisis par une jambe de derrière et je l'éventrai d'un coup de couteau, en présence d'une foule de gens qui étaient venus pour me secourir.

« Les éloges qu'on me donna m'enhardirent à représenter à ma mère que, me sentant de l'inclination pour les armes, j'espérais qu'elle me mettrait en état d'aller à l'armée.

« Cette proposition fut mal reçue ; je voulus insister ; on me châtia. Ce procédé me piqua vivement. Dans mon chagrin, je résolus de quitter la maison et d'aller me plaindre à mon frère qui demeurait dans une terre appelée *Saint-Marcel* à 4 lieues de Gardanne. Il ne fit aucun cas de mes plaintes. Ayant compris qu'il songeait à me renvoyer, je résolus de le prévenir. Pour cela, j'enlevai quelques pièces de vaisselle et je me sauvai à Marseille, dans la pensée de m'engager et de faire argent de ma capture. Mais un orfèvre à qui je m'adressai, ayant reconnu les armes de Forbin, en donna avis. Ainsi, je fus arrêté et ramené chez ma mère qui me mit en pension chez un prêtre du voisinage.

« Avec les idées de guerre dont j'étais rempli, il est aisé de comprendre que je ne m'accommodai pas longtemps du genre de vie auquel on voulait me forcer.

« Un jour que le prêtre chez qui je logeais voulait me punir pour quelque faute assez légère, je lui jetai mon écritoire par la tête ; puis, je me sauvai à Marseille, chez le commandant de Forbin Gardanne, qui commandait une galère.

« Il me reçut avec plaisir et, m'ayant fait habiller en cadet, il me prit sur son bord, où je commençai à paraître sous le nom de chevalier de Forbin (1674).

« Dès la première campagne, les galères s'étant arrêtées à la Ciotat, je mis l'épée à la main, presque sans sujet, contre un cadet nommé *Coulon*. Je désarmai mon homme.

« En l'année 1675, étant à Toulon, en attendant le départ pour Messine, j'eus un démêlé avec un de mes camarades nommé Villecrose ; nous mîmes l'épée à la main et je remportai encore tout l'avantage. Quelques jours après, jouant au mail, j'eus une nouvelle affaire avec un certain Bido, autre garde de la marine. Il était déjà homme fait. Après quelques paroles assez vives de part et d'autre, me regardant d'un air dédaigneux, il me prit le menton, affectant de me traiter en enfant. Outré de cet affront, je lui déchargeai sur la tête un coup de mail si terrible qu'il tomba à mes pieds. Sans un de mes camarades qui m'arracha le mail, je le tuais sur-le-champ.

« Le chevalier de Gourdon m'ayant emprunté 20 écus, refusa de me les rendre. Une rencontre eut lieu à Toulon, devant l'évêché. Je lui donnai un coup d'épée dans le ventre et un autre dans la gorge, où, par un coup de parade, mon épée resta.

« Me trouvant sans armes, je reçus une blessure dans le côté, ce qui me fit reculer quelques pas. Dans ce moment, mon épée, qui était engagée dans la gorge du chevalier, tomba à terre : il la ramassa. Je voulus alors me jeter sur lui ; mais en me présentant la pointe des deux épées :

« — N'avancez pas, me dit-il ; vous êtes désarmé ; tenez, voilà votre épée. Vous m'avez crevé, mais je suis honnête homme.

« En adressant ces paroles, il tomba roide mort. Dans l'instant, je ne pensai qu'à me sauver, en me faisant jour au travers de la populace qui était accourue.

« Comme le roi ne faisait point de grâce aux duellistes, j'écrivis en Provence à mon frère de faire en sorte qu'on fît mon procès. Le parlement d'Aix me condamna à avoir la tête tranchée ; j'obtins facilement des lettres de grâce. »

Le chevalier assista aux différentes expéditions de Duquesne et de d'Estrées. En 1683, il obtint le grade de lieutenant de vaisseau. Après avoir accompagné une ambassade en Portugal, il revint en Provence, pour régler des affaires de famille. En route, se trouvant dans une auberge d'*Auriol*, il voit arriver un carrosse à 4 chevaux.

« Il y avait dedans, nous apprend-il dans ses mémoires, un homme malade, une grande femme entre deux âges, mais laide, qui menait avec elle une espèce de petite fille de chambre fort jolie, âgée d'environ dix-huit ans.

« La dame descendit à la hâte et débuta par donner un soufflet à la fille de chambre, qui se mit à pleurer. La maîtresse chargea de coups cette pauvre malheureuse, la décoiffa et la traîna aux cheveux dans la basse-cour.

« Je souffrais de la voir ainsi maltraiter. Je trouvai moyen de lui parler ; je lui demandai d'où elle était ; elle me répondit : de Paris.

« Après lui avoir offert de la ramener chez ses parents, j'ajoutai que si elle voulait se fier à moi, j'aurais soin d'elle comme de moi-même.

« Elle ne me répondit rien ; mais par un sourire qu'elle me fit, elle me donna à entendre qu'elle ne rejetait pas mes offres.

« Il n'en fallut pas davantage ; j'allai sur-le-champ trouver l'hôte, je lui ordonnai de conduire cette fille dans une chambre en particulier et de lui donner à manger, lui déclarant que je me chargeais de la dépense.

« Peu après, on servit le souper ; j'eus bientôt fini : impatient de savoir à quoi aboutirait mon aventure, je me tirai de table longtemps avant la fin du repas.

« J'entrais à peine dans la chambre où cette fille avait été conduite, lorsque sa vigilante maîtresse qui, se doutant de quelque chose, m'avait suivi sans que je m'en aperçusse, tira la porte à elle, la ferma à deux tours et emporta la clef.

« Dieu sait la rumeur qu'il y eut dans l'hôtellerie. La dame faisait les hauts cris et, mêlant dans ses serments tous les saints du paradis, jurait qu'elle aurait satisfaction de l'affront que je lui faisais.

« Cette fille m'ayant appris que son maître était homme de robe, je craignis que, me trouvant ainsi enfermé avec elle, il pût y avoir lieu de me poursuivre en crime de rapt.

« Je me sauvai de ma prison au moyen de deux draps de lit attachés ensemble à la fenêtre, et j'allai me coucher dans ma chambre.

« Le lendemain, dès le point du jour, le juge et le greffier arrivèrent en grand cortége. La dame qui les avait envoyé chercher se répandit en plaintes contre moi et, jetant dans son discours toute l'amertume qu'elle avait dans l'âme, demanda un châtiment exemplaire dont elle me déclarait digne et au delà.

« Le maître, plus lent, ne parlait que par sentences; il cita force lois et beaucoup de latin, et, après de mauvais raisonnements, conclut à ce que je fusse arrêté pour y être pourvu comme de droit.

« La plainte étant dressée, la maîtresse donna au juge la clef de la chambre, en lui disant :

« — Tenez, monsieur, ouvrez cette porte; vous trouverez cet honnête monsieur couché avec ma coquine de servante.

« Le juge ouvrit, et n'ayant trouvé dans la chambre qu'une fille tranquillement couchée dans son lit, il lui demanda :

« — Où donc est ce monsieur, qui a passé la nuit avec vous ?

« La soubrette, qui ne manquait pas d'esprit, répondit, d'un air assez naturel, qu'elle n'entendait rien à cette question, qu'elle avait passé la nuit toute seule, et que l'on pouvait visiter sa chambre.

« Le juge, ayant fait lui-même la recherche, sortit, et dit qu'on l'avait inutilement dérangé.

« — Comment, monsieur ! vous n'avez rien trouvé ! répondit la dame, transportée de rage et qui n'avait pas abandonné la porte de crainte de me laisser sauver, je le trouverai bien, moi, fût-il sorcier; venez, je l'ai vu moi-même entrer dans la chambre et je l'ai fermée sur-le-champ, sans m'être, depuis, désemparée de la clef un seul moment.

« A ces mots, elle entra comme une enragée, tenant le juge par la main et chargeant la servante de mille injures et d'autant d'imprécations. Il n'y avait pas apparence que la kyrielle finît encore de sitôt; mais la soubrette, qui était à demi habillée, prenant la parole :

« — Eh quoi ! madame, lui dit-elle, n'êtes-vous pas contente de m'avoir battue tant qu'il vous a plu ? De quel droit voulez-vous encore me déshonorer ?

« Et, s'adressant ensuite au juge :

« — Monsieur, continua-t-elle, je vous demande justice; je vous prie d'ordonner à cette méchante femme de me payer le reste de mes gages; car qu'elle ne compte plus sur mes services; j'aimerais mieux crever que de vivre plus longtemps avec ce démon.

« Je parus dans ce moment, et prenant la parole :

« — C'est moi, monsieur, dis-je au juge, qui suis la cause innocente de tout ce vacarme. Touché de voir maltraiter sans raisons cette pauvre fille, j'ai voulu savoir qui elle était. J'ai reconnu sa famille. Sur cela, j'ai dit à l'hôte de prendre soin de cette enfant, me chargeant de payer la dépense qu'elle ferait; et c'est sur ce beau sujet que monsieur et madame vous ont donné la peine de venir, assez mal à propos, comme vous voyez.

« Les marchands, qui étaient présents, se mirent de la partie et appuyèrent ce que je disais; le juge et tout son monde se retirèrent à petit bruit. Le monsieur et la dame se remirent dans leur carrosse et continuèrent leur chemin; la soubrette et moi, nous prîmes la route de Provence.

« Comme je voulais dérober mon aventure au public, je l'habillai en cadet, et, la mettant en croupe, je la conduisis à Aix. Le lendemain de mon arrivée, je la promenai par la ville, sans que personne se doutât du déguisement.

« Le jour d'après, je lui donnai tout l'argent qu'il lui fallait pour sa dépense jusqu'à mon retour, et je lui recommandai, sur toutes choses, de tenir son déguisement secret; elle le promit en m'embrassant les larmes aux yeux.

« L'envie de rejoindre mon cadet fit que je me pressai d'expédier mes affaires. Elles furent terminées dans moins de trois semaines ; après lesquelles je pris la poste pour Aix, où je comptais n'arriver jamais assez tôt.

« J'y trouvai tout mon mystère de galanterie divulgué. Mon prétendu cadet, dont les larmes m'avaient si fort attendri, ne m'avait été rien moins que fidèle. Sa mauvaise conduite avait fait du bruit. Certaine nation dévote, que je n'aimais pas beaucoup en ce temps-là, ayant eu connaissance du fait, lui avait fait reprendre son habit de fille. J'en fus irrité au dernier point. Et, honteux de voir mon manége découvert, j'éclatai contre les auteurs de mon chagrin.

« Dans ces premiers mouvements de ma colère, je voulus faire retomber sur la fille une partie de mon ressentiment ; mais, un moment après, attribuant son infidélité à la légèreté de son sexe, je pris le parti de la mépriser.

« Je la remis à une personne de confiance, à qui je donnai tout ce qui était nécessaire pour la conduire chez ses parents. »

Revenu à Paris après cette aventure galante, Forbin trouva à la cour deux mandarins siamois, accompagnés de M. Levacher, prêtre des missions établies à Siam.

Dans les différentes conférences qu'ils eurent avec les ministres, ils firent entendre que le roi leur maître n'était pas éloigné d'embrasser la religion des chrétiens, et qu'il le ferait infailliblement si le roi de France le lui proposait par une ambassade. Louis XIV consentit à ce qu'on lui demandait et nomma pour ambassadeur à Siam le chevalier de Chaumont; l'ambassadeur en second fut l'abbé de Choisi. On leur donna un cortége de jeunes gentilshommes, parmi lesquels se trouvait Forbin.

L'expédition partit le 3 mars 1685 et arriva le 23 septembre à l'embouchure du Meïnam. Grande fut la désillusion des Français en arrivant dans un pays misérable que les jésuites avaient dépeint comme l'un des plus riches de l'univers. Le chevalier de Forbin ne put cacher son désappointement; il s'expliqua si franchement, il jugea si sévèrement la supercherie des missionnaires que ceux-ci résolurent de ne pas le laisser revenir en France avec les autres membres de l'ambassade et de le laisser, au contraire, en otage dans le royaume de Siam.

Pour lui cacher les véritables intentions des jésuites, on lui donna le titre de *grand amiral*, général des armées du roi et gouverneur de Bancok. Les autres Français revinrent dans leur patrie où nul n'osa contredire les assertions erronées des missionnaires. Le roi de France se laissa engager à envoyer un corps d'armée sur les bords du Meïnam, avec l'espoir que la vue des troupes françaises enhardirait le roi de Siam à se faire chrétien.

Pendant ce temps, Forbin restait livré aux embûches du premier ministre Constance, qui avait l'intention de le faire disparaître. Constance eut d'abord recours au poison. Mais Forbin, averti, se tint sur ses gardes.

Constance trouva presque aussitôt l'occasion d'éloigner Forbin pour une expédition où, suivant les apparences, il devait succomber.

Un prince des *Macassars*, fuyant l'oppression des Hollandais et suivi d'environ 300 des siens, s'était retiré dans le royaume de Siam, où on le reçut avec bonté. Mais comme il conspira ensuite contre la sûreté de l'État,

HISTOIRE ILLUSTRÉE DES PIRATES

Ah! chien! (Page 477.)

Forbin eut ordre de se rendre à Bancok pour lever une armée de 2,000 hommes. Il échappa comme par miracle à plusieurs piéges.

Un capitaine de galère de l'île de Macassar, venu à Siam pour commercer, se disposait à s'en retourner, muni d'un passe-port régulier pour lui et 53 hommes d'équipage.

« Pour me perdre sans ressource, Constance m'envoya l'ordre de tendre la chaîne qui ferme la rivière et d'empêcher la sortie de ce bâtiment. Il me recommandait de me rendre *en personne* à bord de la galère pour arrêter le capitaine, parce qu'il savait bien que je serais égorgé par le farouche Macassar.

« Mais au lieu de cela, je fis descendre le capitaine et 7 hommes, sous prétexte de visiter son passe-port. Lorsqu'il fut arrivé dans ma maison, je le priai de mettre tout son monde à terre pour voir s'il n'y avait pas de Siamois parmi eux. Pendant que le reste de ses hommes descendait à terre, je dis à un vieux major métis :

« — Investissez les Macassars; désarmez-les et arrêtez-les.

« — Effrayé, il me répondit :

« — Monsieur, ce n'est pas faisable ; vous ne connaissez pas cette nation. Ces sortes d'hommes sont imprenables, il faut les tuer pour s'en rendre maître. Bien plus, si vous faites mine d'arrêter ce capitaine qui est dans le pavillon, lui et ce peu d'hommes qui l'accompagnent vous tueront tous, sans qu'il en échappe un seul.

« J'ordonnai à un mandarin d'aller arrêter le capitaine. Il obéit. Au premier mot, les Macassars, ayant jeté leurs bonnets à terre, mirent le *crit* (sabre) à la main et le tuèrent, avec 6 autres mandarins qui se trouvaient dans le pavillon.

« Un de ces enragés vint sur moi. Je lui plongeai une lance dans l'estomac. Le Macassar, comme s'il eût été insensible, venait toujours en avant, à travers ce fer, et faisait des efforts incroyables afin de parvenir jusqu'à moi. Tout ce que j'eus de mieux à faire fut de reculer, en lui tenant toujours la lance dans l'estomac; enfin je fus secouru par d'autres lanciers qui achevèrent de le tuer.

« 4 autres Macassars se firent tuer et 2, quoique blessés grièvement, se sauvèrent en sautant en bas du bastion. Leur rage m'ayant fait connaître que le métis avait raison, et qu'ils étaient imprenables, je commençai à craindre les 47 autres qui étaient en marche. Je changeai l'ordre de les arrêter pour celui de les tuer, si l'on pouvait.

« J'envoyai un capitaine anglais, à la tête de 40 métis, pour leur couper le chemin. Les Macassars fondirent sur eux avec tant de vigueur, qu'ils les mirent en fuite avant que nous nous fussions aperçus qu'ils les avaient attaqués. De là, sans prendre haleine, ils poussèrent vers les troupes que je commandais. Quoique j'eusse plus de 1,000 soldats armés de lances et de fusils, l'épouvante les prit à tel point que tout se culbuta.

« Les Macassars leur passaient sur le ventre : ce ne fut plus qu'un carnage horrible.

« Quand ils n'eurent plus personne à tuer, résolus de se mettre dans la nécessité de combattre, ils incendièrent leur galère et se répandirent dans le pays, tuant les femmes, les enfants et les vieillards. Telle fut l'alarme que la rivière fut bientôt couverte de gens à la nage, hommes et femmes, qui portaient leurs enfants sur le dos.

« Je ramassai une vingtaine de soldats armés de fusils et je m'embarquai avec eux. Nous tuâmes plusieurs de ces forcenés et forçâmes les autres à se réfugier dans les bois, où je les traquai comme des bêtes sauvages.

« Un jour, on m'en amena un que M. Manuel, missionnaire, prêcha beaucoup. Ce misérable demanda si, en se faisant chrétien, il recouvrerait la vie. On lui dit que non.

« — Puisque je dois mourir, dit-il, qu'importe de demeurer avec Dieu ou avec le diable ! »

« Là-dessus, il eut le cou coupé.

« A la tête de 2,000 hommes, je les serrai de fort près. On les tua en détail. J'en fis dépouiller quelques-uns ; ils étaient secs comme des momies, n'ayant que la peau sur les os. Telle fut la fin de cette malheureuse aventure qui, pendant un mois, me causa des fatigues incroyables et faillit me coûter la vie.

« M. Constance me fit des reproches ; mais bientôt lui-même fut battu par les Macassars et ne se sauva qu'en se jetant dans une rivière.

« Plusieurs autres embûches que le ministre me tendit m'ayant complètement dégoûté du pays, je résolus de m'en aller. Je profitai d'un vaisseau de la compagnie d'Orient pour revenir en France. »

A son retour à Paris, en 1688, Forbin fut fort bien reçu. Il chercha à détromper le roi et la cour au sujet des pieuses supercheries imaginées par le P. La Chaise et autres jésuites. Mais il ne put empêcher le gouvernement français d'envoyer des troupes dans le royaume de Siam. Les soldats que Louis XIV engageait aussi imprudemment ne purent résister à une révolte causée par l'intolérance des missionnaires. Écrasés par le nombre, ils furent presque tous massacrés.

« Ce fut donc au retour de ce malencontreux voyage que M. de Forbin trouva la guerre allumée en Europe, et qu'il servit avec Jean Bart.

« Au physique, M. de Forbin réunissait toutes les qualités qui distinguent l'homme de guerre ; il avait un fort grand air ; il était vif, nerveux, alerte ; sa taille, souple et dégagée, était élégante, et il avait singulièrement réussi dans tous les exercices d'académie ; son teint brun, ses sourcils prononcés, son œil noir, fixe et hardi, sa lèvre haute et dédaigneuse, cadraient merveilleusement bien avec la roideur et l'imperturbable audace de son caractère, qui, loin de se modérer, était plus entier que jamais ; à cette impatience naturelle, poussée jusqu'à l'exaspération par la moindre contrariété, s'était joint un sentiment incurable d'envie et de jalouse rivalité contre tous les marins de son temps : en un mot, l'orgueil le plus insultant et le plus effréné pouvait passer pour de la modestie auprès du suprême mépris que M. de Forbin témoignait aux autres officiers du corps de la marine. Ainsi, Tourville était timide, Coetlogon fou, Chateaurenault stupide, Gabaret important, Langeron une caillette, Jean Bart un brutal, dont la grossièrceté faisait tout le renom, et Duguay-Trouin un matelot insolent et ignare : quant à lui, Forbin, il résumait l'essence de son merveilleux génie par ces mots : « Il n'y « a que Turenne et Forbin qui aient eu carte « blanche en France, » faisant allusion à l'assez grande latitude d'opérations qui lui fut donnée, mais dont il abusa étrangement, lors de sa campagne de l'Adriatique.

« D'ailleurs, toujours en hostilité ouverte avec les ministres ; cassant, opiniâtre, et vain au dernier point de sa naissance, dont il pensait les écraser, il fallut toute la patiente douceur, l'imperturbable égalité d'âme, ou plutôt l'indifférence méprisante de M. de Pontchartrain aux folies de Forbin, pour qu'il ne le perdît pas cent fois et sans retour.

« Avec cela, M. de Forbin se montrait plein de courage et de résolution ; insouciant, *son laisser-aller* dans le danger, si cela peut se dire, était peu croyable, et sa bouillante et souvent aveugle intrépidité lui valut plusieurs beaux et brillants faits d'armes ; il était de plus bon manœuvrier, s'entendait fort à la construction des vaisseaux, et partageait cette réputation avec M. le marquis de Langeron.

« Quant à ses mœurs, une débauche, vilaine et outrée, lui faisait passer des mois entiers dans l'ombre avec la plus crasse et la plus honteuse compagnie. Sa cupidité était monstrueuse ; il aimait fort la chère grande et délicate et jouait avec énormité ; son esprit, s'il n'était pas obscurci par l'orgueil ou éteint par ces excès, brillait d'un éclat et d'un feu qu'on ne saurait dire, salé, plaisant, moqueur, enjoué, gai jusqu'à la folie, mais la plus aimable et la plus divertissante ; on ne se lassait point de l'entendre, et c'était à mourir de rire lorsqu'il parlait de son voyage de Siam. Fort indifférent d'ailleurs à toute sorte de culte, son irréligion et son impiété eussent scandalisé Desbarreaux.

« Quand on se représente ce gentilhomme corrompu, dédaigneux et brelandier, toujours sur la hanche, mais d'ailleurs plein d'audace et brave marin, mis en contraste avec Jean Bart, simple, ordonné, et vivant en bourgeois paisible au milieu de sa famille après une course ou une croisière, malgré soi, l'esprit se plaît dans les mille suppositions que dut faire naître le rapprochement fortuit de ces deux caractères si distincts.

« Malheureusement les documents contemporains sont muets sur les relations qui existèrent entre ces deux marins, à la réserve d'une scène énergique, mais fort brièvement racontée dans une lettre de M. Boursin à M. de Valincourt.

« D'après cette lettre, en arrivant à Dunkerque, Forbin, avec sa suffisance et sa hauteur connues, avait commencé de prendre des airs fort sarcastiques avec Jean Bart (ceci se passait en 1688, avant leur première course); puis, encouragé par l'insouciance du corsaire, qui, fort de sa force et de sa conscience, avait peu remarqué les insolences déguisées de son nouveau compagnon de course, qui ne voulait rien brusquer pour *s'amuser de l'ours*, ainsi qu'il appelait Jean Bart, Forbin poussa les choses à un tel point, que M. Patoulet, intendant de la marine de Dunkerque et singulièrement des amis et des admirateurs de Jean Bart, lui ouvrit les yeux et le mit sur ses gardes.

« Une fois prévenu, Jean Bart, qui avait beaucoup de bon sens et une grande finesse naturelle dans l'esprit, attendit son chevalier à sa première impertinence; bien que gazée et fort entortillée, elle ne se fit pas attendre, et un groupe assez nombreux d'officiers en furent témoins.

« Alors Jean Bart s'approcha de Forbin, en balançant un peu ses larges épaules, selon son habitude; puis, ôtant sa pipe de sa bouche et secouant son fourneau vide sur son ongle afin de remplacer le tabac qu'il venait de fumer, le corsaire dit à Forbin, tout en chargeant nonchalamment sa pipe :

« — Sainte-Croix ! vous avez de l'esprit, monsieur, et moi je ne suis qu'un sot.

« — Ah! monsieur Bart!... ah! dit Forbin en ricanant et en saluant avec une humilité bouffonne.

« Jean Bart, chargeant toujours sa pipe, ajouta :

« — Eh bien! tout sot que je suis, je vais vous apprendre une chose, moi, monsieur.

« — Avec vos conseils et vos leçons, monsieur Bart, je dirai certainement comme la devise de ce pauvre Fouquet... *Où n'atteindrai-je pas !*...

« Jean Bart n'eut pas l'air d'entendre ce sarcasme, mais, ayant fini de charger sa pipe il prit tranquillement son briquet, et en frappant la pierre il reprit avec un flegme qui démontait Forbin :

« — Voyez-vous, monsieur, nous autres pauvres marins de Dunkerque, nous ne connaissons que deux allures : ou marcher ensemble et de conserve, comme de bons matelots... ou se voir franchement à contre-bord. M'entendez-vous ?

« — A contre-bord !... peste ! mais voilà qui est merveilleusement neptunien et délicieusement marinier... monsieur Bart !

« — Autrement dit, répliqua Jean Bart avec la même insouciance, en exhalant de sa pipe allumée deux ou trois énormes bouffées de tabac qui semblèrent scinder ses paroles; autrement dit... être amis ou ennemis... se donner la main ou se f... franchement un coup de sabre... M'entendez-vous ?

« — Parfaitement, monsieur Bart, dit fièrement Forbin, parfaitement, c'est une langue que l'on parle aussi bravement en Levant qu'en Ponant..., croyez-moi...

« — Je vous crois, monsieur, et c'est pour cela que vous m'allez dire ici, sur l'heure et en homme d'honneur, ce que vous voulez que nous soyons : amis ou ennemis, et que ça finisse vite et tôt, parce que, voyez-vous, « je n'ai pas le temps, moi, de m'amuser « toute la journée à chercher les puces à vos « paroles. » (Hist.)

« A cette vulgaire mais spirituelle et franche boutade, Forbin fit un mouvement qui trahissait la violence de son naturel; car un homme de ce caractère et de cette bravoure devait cruellement souffrir de refuser un défi; pourtant il se contint, et, soit qu'il suivît une noble impulsion, soit qu'il réfléchît à ce que sa conduite avait eu jusque-là de tortueux et de peu loyal, en cela qu'au lieu de persifler Jean Bart à mots couverts, il aurait dû au moins l'attaquer en face, attaque que rien au monde d'ailleurs ne pouvait justifier, et dont il aurait supporté tout l'odieux, Forbin dit en lui tendant la main :

« — Je veux être votre ami et votre matelot, monsieur Bart, et, si vous le voulez bien, j'en serai glorieux; enfin, si mes paroles vous ont offensé, je les désavoue...

« — Touchez donc là, monsieur..., voilà

qui est fait, n'en parlons plus, dit Jean Bart en serrant avec cordialité la main que Forbin lui offrait. Puis il ajouta : — Une fois tous deux en haute mer..., vous verrez que le fils de mon père sait ce que c'est que d'être bon matelot.

. . . .
« Malgré cette réconciliation, sincère du côté de Jean Bart, Forbin ne laissa pas, ainsi qu'on le voit dans ses Mémoires, d'attaquer Jean Bart autant qu'il le put[1]. »

1. Eugène Sue.

CHAPITRE V

JEAN BART ET FORBIN

Première expédition de Jean Bart et de Forbin. — Retour au Havre. — Jean Bart et Forbin sont faits prisonniers. — Leur évasion de Plymouth. — *Fishermen!* — Un descendant des croisés qui passe par la fenêtre. — Jean Bart et Forbin sont nommés capitaines de vaisseau. — Un miracle de *Sainte-Pompe*. — Jean Bart chef d'une escadre de corsaires. — Il passe à travers une flotte d'ennemis. — Jean Bart fait connaissance d'un commodore. — Un déjeuner d'amis. — Chien d'Anglais! — Le commodore prisonnier. — Forbin brouille les Français avec tout le monde. — Retour en France. — Jean Bart à la cour. — Anecdotes racontées par Richer. — Jean Bart fume chez le roi. — Il renverse les courtisans. — Il menace le payeur du roi. — Son costume de drap d'or doublé de drap d'argent. — Forbin montreur d'ours.

La première expédition de Jean Bart et de Forbin fut des plus heureuses. Il s'agissait de transporter, de Calais à Brest, 30,000 livres de poudre et un poids égal de mèches et de plomb. 6 vaisseaux anglais et 6 frégates hollandaises croisaient à la hauteur de Plymouth. Seignelay dit à Jean Bart :

— Il faut éviter ces navires ou les prendre.

C'est là-dessus que la *Railleuse*, de 24 canons, capitaine Jean Bart, et la *Serpente*, de 16 canons, capitaine Forbin, prirent la mer.

Les deux marins manœuvrèrent si habilement qu'ils évitèrent les ennemis et firent chacun une capture, le 25 avril 1689. Ce jour-là Jean Bart prit, à la hauteur de Newport, un bâtiment espagnol de 400 tonneaux, l'*Union*, chargé d'or et d'argent, au moment même où Forbin se rendait maître du *Roi-David*, de 14 canons.

A leur retour au Havre, Seignelay leur fit proposer d'armer pour son compte personnel une escadre de corsaires dont ils seraient les chefs, mais ils refusèrent de se mettre aux gages du ministre, préférant rester dans la marine royale.

Une nouvelle expédition, dans laquelle ils furent chargés de convoyer une escadre marchande ne réussit pas, car ils furent pris par l'ennemi.

Ayant conduit à Brest les bâtiments qu'ils devaient escorter, ils revenaient au Havre, lorsqu'ils trouvèrent, par le travers de l'île de Wight, le 22 mars, 2 vaisseaux anglais de 50 canons qui leur donnèrent la chasse.

Ils auraient pu se sauver ; mais dans ce cas ils auraient dû abandonner un convoi qu'ils accompagnaient. Ils préférèrent accepter le combat et attaquèrent un des vaisseaux qui voguait en avant. Ce vaisseau allait être pris lorsque l'autre vint à son secours. Dès lors les forces ne furent plus égales. Le combat fut long et sanglant. Il dura plus de deux heures. Les deux tiers des Français se firent tuer. Jean Bart fut blessé à la tête ; Forbin reçut six blessures ; ils se rendirent enfin lorsqu'ils se virent tout à fait hors de défense. On les conduisit à Plymouth, où le gouverneur refusa obstinément de les laisser prisonniers sur parole.

Aussitôt qu'il eut appris la captivité de ses deux capitaines, le ministre écrivit, le 16 juin 1689, à M. de Louvigny :

« Il faut s'occuper de l'échange des sieurs Bart et chevalier de Forbin, mais surtout du sieur Bart. »

Ce fut peine inutile ; Jean Bart et Forbin n'étaient point gens à rester longtemps en prison : ils s'évadèrent bientôt.

Un matelot ostendois, parent de Bart, vint voir ce dernier. Forbin lui donna 400 écus pour le mettre dans ses intérêts. Le Flamand leur fournit des outils au moyen desquels ils limèrent un barreau de leur fenêtre. Ils cachèrent leur travail au moyen de pain mâché mêlé de suie.

Ils firent entrer dans leur complot un chirurgien flamand que le gouverneur avait chargé de panser leurs blessures et qui désirait revoir le continent. Enfin ils engagèrent dans leur parti deux mousses qu'on leur avait donnés pour les servir et qui leur furent d'un grand secours, à cause de la liberté qu'ils avaient de sortir quand bon leur semblait.

Ces mousses ayant trouvé le batelier d'un petit canot ou *iole* de Norvége étendu ivre au fond de son bateau, l'en tirèrent, le transportèrent dans un autre petit bâtiment, détournèrent le canot dans un coin du port où les fugitifs purent s'embarquer sans être vus pendant la nuit. Ils entrèrent sans crainte dans cette petite embarcation, après s'être munis de pain, de bière, d'un fromage et d'une carte marine. Ils n'y trouvèrent que deux avirons, un long et un petit.

Forbin n'était pas en état de ramer, parce que ses blessures saignaient encore. Bart prit le grand aviron, un des deux mousses le petit ; Forbin se mit au gouvernail.

Ils traversèrent ainsi la rade au milieu de 20 bâtiments, d'où on leur criait à chaque instant :

— Où va la chaloupe?

Bart répondait en anglais :

— *Fishermen*, c'est-à-dire *pêcheurs*.

Le péril leur donnait des forces. Pendant deux jours et demi, Bart rama avec une vigueur infatigable, sans se reposer que pour manger un morceau à la hâte. Enfin ils arrivèrent sur les côtes de Bretagne, après avoir fait 64 lieues en moins de 48 heures. Ils prirent terre à 6 lieues de Saint-Malo, où ils eurent de la peine à se faire reconnaître parce qu'ils avaient passé pour morts.

Forbin prit la poste pour la cour, pendant que Jean-Bart s'en retournait à Dunkerque.

Le chevalier arrive chez Seignelay et se fait annoncer par un valet de chambre.

— Avez-vous perdu l'esprit! demanda le ministre. Le chevalier de Forbin est dans les prisons d'Angleterre et non pas dans mon antichambre.

En disant cela, le ministre sort de son cabinet et court au marin en disant :

— D'où venez-vous donc?

— D'Angleterre, monseigneur, répond le chevalier.

— Mais par où diable avez-vous passé?

— Par la fenêtre, monseigneur.

A l'instant le ministre conduit Forbin chez le roi, qui se fit conter toute leur aventure. Le lendemain Seignelay annonça au marin que le roi le nommait capitaine de vaisseau et lui accordait une gratification de 400 écus. Forbin court aussitôt remercier le souverain, au sortir de la messe.

Le roi lui dit :

— Vous n'avez qu'à continuer de me bien servir, j'aurai soin de vous.

Après une profonde révérence, le marin réplique :

— Sire, je prends la liberté de représenter à Votre Majesté qu'elle semble avoir oublié le sieur Bart, homme de mérite, digne d'être récompensé et qui, dans cette dernière action, n'a pas servi avec moins de zèle que moi.

Le roi s'arrêta et, s'étant tourné vers Louvois qui était à son côté :

— Le chevalier de Forbin, lui dit-il, vient

de faire une action bien généreuse et qui n'a guère d'exemple dans ma cour.

Jean Bart fut aussitôt nommé capitaine de vaisseau ; il reçut également une gratification de 400 écus.

En attendant d'être pourvu de son commandement, Forbin, qui ne pouvait vivre inactif, arma une flûte, fine voilière, nommée la *Marseillaise*. Après deux jours de croisière à l'entrée de la Manche, il coula un navire anglais ; deux autres jours plus tard, il en prit un chargé de sucre.

Le reste de son expédition ne fut pas aussi heureux. Les temps orageux le jetèrent dans la mer de Bristol, où il se trouva souvent en danger d'échouer sur les côtes d'Angleterre.

La mer était si épouvantable que la moitié des matelots tomba malade. Un coup de mer enfonça la grande voile, brisa la chaloupe sur le pont, emplit d'eau le navire, renversa le fond de cale et mit le vaisseau sur le côté, comme quand on le carène.

Les malades furent noyés dans l'entrepont ; l'équipage, effrayé, se lamentait et faisait des vœux à tous les saints du paradis. Voyant ce désordre :

— Courage, enfants, cria Forbin, tous ces vœux sont bons ; mais *sainte Pompe, sainte Pompe!* c'est à elle qu'il faut s'adresser. N'en doutez pas, elle vous sauvera.

Et en effet, sainte Pompe les sauva.

Leur navire vint échouer sur les côtes d'Irlande, à l'entrée du port de Duncanon où 2 frégates françaises vinrent à son aide. De 230 hommes d'équipage, il n'en restait plus que 75. Tout le reste était mort de travail, de peur ou de maladie.

Tandis que Forbin naviguait seul, Jean Bart ne perdait pas son temps. Mis par Seignelay à la tête d'une escadre de 3 frégates : l'*Alcyon*, le *Capricieux* et l'*Opiniâtre*, il prit, en quelques jours de décembre 1689, une flûte chargée de soldats ennemis et 4 dogres hollandais.

En cette même année, il assista à la bataille de Bantry et reprit ensuite ses courses. Il captura ou rançonna 12 navires.

Capitaine de l'*Entendu*, il fit, sous les ordres de Tourville, la campagne de la Manche. A son retour, il soumit à M. de Pontchartrain un projet que Colbert avait caressé. Il voulait créer une *Escadre du Nord* pour inquiéter et ruiner le commerce des Hollandais. Son idée fut accueillie. Sous ses ordres on plaça Forbin qui, dès ce jour, le jalousa, ne pouvant concevoir comment un homme sans origine était placé au-dessus de lui.

En sa qualité de gentilhomme, Forbin se croyait le droit de rosser les bourgeois de Dunkerque et de cajoler leurs filles. Ses aventures firent du scandale. Un jour, il assomma un boulanger ; une autre fois, il fut accusé et même convaincu de rapt.

Jean Bart ne dissimula pas son mécontentement ; il en résulta un refroidissement précurseur d'une rupture.

Leur petite escadre quitta Dunkerque dans la nuit du 25 au 26 juillet 1691. Il lui fallut passer à travers *trente-sept* vaisseaux ennemis. Les capitaines sortirent du port le boute-feu à la main, prêts à se faire sauter plutôt que de se rendre.

Les Anglais leur donnèrent la chasse. Mais au point du jour ils étaient hors de leur vue.

Vers le soir, Jean Bart aperçut 6 vaisseaux anglais, richement chargés, qui se dirigeaient au nord. Il les serra pendant toute la nuit et les prit le lendemain, après une heure de combat. Quelques jours plus tard, il captura presque toute une flotte de pêcheurs hollandais.

Une descente sur les côtes d'Ecosse jeta l'épouvante dans toute la contrée. Enfin, l'escadre se dirigea vers la Norvége.

A Bergue, il arriva à Jean Bart une aventure, racontée par tous les biographes de cet illustre marin, et que nous ne pouvons passer sous silence, parce qu'elle peint bien le caractère du Dunkerquois.

En attendant un vent favorable, il s'était tranquillement attablé dans une auberge, devant une bouteille de cidre, et fumait sa pipe proverbiale.

Un homme, portant l'uniforme de commodore de la marine anglaise, vint s'asseoir en face du fumeur, et se mit à le considérer d'une manière fatigante. Jean Bart allait lui en demander le *pourquoi*, lorsque l'inconnu, s'adressant au cabaretier, s'informa si ce n'était pas là le célèbre Jean Bart :

— Lui-même, répond l'interrogé.

— A merveille, poursuit l'Anglais. J'ai deux mots à lui dire.

Alors l'insulaire exprime à Jean Bart le plaisir qu'il éprouve de se voir en présence d'un marin si distingué. La conversation s'engage, et Jean Bart propose au commodore de se battre avec lui pour faire plus intime connaissance, ne voyant pas de meilleur moyen. Celui-ci accepte, mais à la condition qu'on ira préalablement déjeuner ensemble à son bord. Jean Bart ne se fait pas prier.

A l'heure dite, il est sur le pont du navire anglais, qui était à l'ancre à portée de pistolet de ses 2 vaisseaux amarrés. Le repas fut gai. On mangea beaucoup, on but davantage, à la façon des Anglais. Après son dernier verre d'eau-de-vie et en commençant sa dernière pipe :

— Je vous quitte, dit Jean Bart à son amphitryon ; mais demain je vous rendrai, j'espère, toutes vos politesses.

— Vous vous abusez, lui répond le commodore ; car dès ce moment vous êtes mon prisonnier.

— Ton prisonnier, moi, chien d'Anglais ! dit Jean Bart en bondissant. Ah ! mille bombes, c'est ce que nous allons voir ! Et, se tournant vers ses vaisseaux : « A moi, « mes braves ! s'écrie-t-il d'une voix ton- « nante ; à moi, *Dunkerque* et *Jean-Bart !* »

Tout en parlant ainsi, il s'élance, plus prompt que l'éclair, sur une mèche placée à deux pas de lui, l'allume à sa pipe, et se précipite vers un baril de poudre défoncé. Posant la mèche allumée quelques lignes au-dessus, il dit au commodore : « Si un « seul de vous fait un pas vers moi, nous « sautons tous ! »

L'Anglais reste immobile, de même que son équipage, frappé de terreur. En même temps les Français qui ont entendu le cri de leur capitaine, et deviné la trahison, accostent en foule et envahissent le vaisseau du commodore. Lui-même devient leur prisonnier, avec tout son équipage.

Le caractère de Forbin reprenant le dessus, ce bouillant gentilhomme se rendit tout à fait insupportable. Il passa son temps en querelles et en batailles avec les paisibles habitants de Bergue.

Un jour, ses matelots, en état d'ivresse, se mirent à parcourir la ville en apostrophant les passants : l'un d'eux, plus alcoolisé que les autres, tint des propos insultants envers des dames qu'il rencontra ; il se permit même d'ignobles grossièretés.

Les femmes crièrent, les hommes intervinrent, on se battit ; la garde arriva et l'on mena en prison l'auteur de tout ce scandale.

Forbin crut devoir prendre fait et cause pour ce matelot, et courant chez le bourgmestre, il y fit un bruit effroyable. Il alla jusqu'à tirer son épée et à menacer le brave maire de l'embrocher si le matelot ne lui était rendu sur-le-champ.

Le chef de la municipalité, craignant d'occasionner une rupture avec la France, céda aussitôt ; mais l'arrogance de Forbin avait brouillé les Français avec tout le monde

A son retour en France, comme on blâmait sa conduite, il résolut de détourner les reproches en amenant Bart avec lui à la cour.

C'est au sujet de ce premier voyage de

Il redressait fièrement la tête. (Page 492.)

Jean Bart à Versailles que se rapportent les anecdotes peu vraisemblables dont on a enrichi l'histoire de ce marin. Ce ne sont que de pures légendes, des bouffonneries de caserne, inventées longtemps après la mort du chef d'escadre et accréditées par des écrits sans authenticité. Jean Bart était rude, franc, plein d'une bonhomie plébéienne, avec un air un peu sauvage et l'accent des gens de Flandre; mais il ne manquait pas de finesse. Il n'aurait jamais fumé sa pipe au nez du roi, ni juré, ni sacré en présence d'un prince idole de son siècle.

Ces contes absurdes ne sont racontés par aucun de ses contemporains, et Dieu sait si Forbin eût manqué de s'égayer d'excentricités aussi burlesques!

Le duc de Saint-Simon n'en parle pas davantage, ni aucun auteur contemporain. C'est Richer qui, écrivant trois quarts de siècle plus tard la *Vie de Jean Bart*, accrédita ces historiettes, en les publiant sans discernement dans un travail qui passait pour être consciencieux.

Voici, du reste, le récit de Richer :

« Arrivé à la cour, le célèbre marin se présenta pour entrer chez le roi : mais comme il n'était pas encore jour, il resta dans l'antichambre.

« Ne connaissant personne dans ce pays, il

s'ennuyait. Il tira sa pipe, battit son briquet, se mit à fumer. Tous ceux qui étaient présents furent étonnés de voir qu'il se trouvât un homme assez hardi pour prendre une pareille liberté. Les gardes voulaient qu'il sortît, et lui dirent qu'il n'était pas permis de fumer chez le roi. Il leur répondit avec un air de sang-froid :

« — J'ai contracté cette habitude au service du roi mon maître ; elle est devenue un besoin pour moi.

« Et il continua de fumer.

« Comme il n'avait jamais paru à la cour, il n'y avait que le comte de Forbin qui le connût ; mais il craignait les suites de cette aventure et n'osa dire qu'il était son ami.

« On alla avertir le roi qu'un homme avait la hardiesse de fumer dans son appartement et refusait d'en sortir.

« Louis XIV dit en riant :

« — Je parie que c'est Jean Bart ; laissez-le faire.

« Peu de temps après il dit :

« — Qu'il entre.

« Lorsque Jean Bart parut, Sa Majesté le recevant avec bonté lui dit :

« — Jean Bart, il n'est permis qu'à vous de fumer chez moi.

« Au nom de Jean Bart, qui était fort connu, à l'accueil que le roi fit à cet homme singulier, tous les courtisans furent étonnés. Ils se rangèrent autour de lui, lorsqu'il eut quitté le roi, et lui demandèrent comment il avait pu sortir de Dunkerque avec sa petite escadre pendant que ce port était bloqué par une flotte ennemie.

Il les rangea tous sur une ligne, les écarta à coups de coudes et à coups de poing ; il passa au milieu d'eux et leur dit en se retournant :

« — Voilà comme j'ai fait.

« Quelques-uns rentrèrent chez le roi en riant et lui racontèrent ce qui venait de se passer. Louis XIV voulut s'amuser ; il fit appeler Jean Bart et, croyant l'embarrasser, lui demanda comment il avait passé au travers de la flotte ennemie qui bloquait Dunkerque.

« Il répondit en termes énergiques, enfin en langage marin, qu'il leur avait envoyé ses bordées de tribord et de bâbord. Les courtisans marquèrent de la surprise. Le roi leur dit :

« — Il me parle un peu grossièrement ; mais il agit bien noblement pour moi.

« Les parcourant ensuite des yeux, il ajouta :

« — Y en a-t-il un, parmi vous, qui soit capable de faire ce qu'il a fait ?

« A cette question, ils baissèrent tous la tête.

« Le nom de Jean Bart remplissait tout Versailles. Les petits-maîtres se disaient :

« — Allons voir le comte de Forbin qui mène l'ours.

« Louis XIV lui donna une rescription de mille écus sur le trésor royal. C'était un nommé Pierre Gruin qui devait la payer ; il demeurait dans la rue du Grand-Chantier, au Marais. Jean Bart se rend à Paris, va dans la rue du Grand-Chantier, demande de porte en porte où demeure Pierre Gruin, trouve sa maison et dit au portier :

« — N'est-ce pas ici que demeure Pierre Gruin ?

« Le portier lui répond :

« — C'est ici que demeure M. Gruin.

« Jean Bart entre, monte l'escalier, ouvre les portes, arrive au lieu où M. Gruin est à dîner avec plusieurs personnes de ses amis et demande :

« — Lequel de vous est Pierre Gruin ?

« Pierre Gruin lui répond :

« — C'est moi qu'on appelle M. Gruin.

« Jean Bart lui présente sa rescription en lui disant :

« — Payez.

« M. Gruin la prend, la lit, passe la main par-dessus son épaule comme pour la lui rendre, la laisse tomber et dit :

« — Vous repasserez dans deux jours.

« Jean Bart tire son sabre, qu'il portait toujours au lieu d'épée, et lui dit :

« — Ramasse cela et paie tout à l'heure !

« Un des convives dit à M. Gruin :

« — Payez, c'est Jean Bart, il ne faut pas plaisanter avec lui.

« M. Gruin se lève, ramasse la rescription, dit à Jean Bart de le suivre, qu'il va le payer. Il passe dans son bureau, prend des sacs remplis d'argent blanc et va pour les peser. Jean Bart lui dit :

« — Je ne suis pas un mulet; il me faut de l'or.

« M. Gruin, que la peur a rendu poli, paie en or.

« On conseilla à Jean Bart de s'habiller proprement pour aller remercier Sa Majesté des bontés qu'elle avait eues pour lui et prendre congé d'elle.

« Il commande un habit, une veste, une culotte de drap d'or et fait tout doubler de drap d'argent, même la culotte. Cette doublure le gênait beaucoup, principalement celle de la culotte, ce qui fit rire le roi et toute sa cour lorsqu'on fut instruit de cette simplicité.[1] »

Que cette simplicité fût réelle ou qu'elle ait seulement été imaginée par la légende, il n'en est pas moins vrai que Jean Bart fut reçu à la cour comme il le méritait, c'est-à-dire comme un grand homme. La déception de Forbin fut grande. Il avait cru se faire *montreur d'ours*, mais il fut éclipsé et laissé au second plan. Ce n'était pas ce qu'il avait espéré. Il se vengea en disant dans ses mémoires :

« Barth fut reçu beaucoup mieux qu'il ne méritait. On lui donna 1,000 écus de gratification, le tout parce qu'il portait le titre de commandant, et moi qui avais été chargé de tout l'embarras, je n'eus rien, ce qui me mortifia très-fort.

« Comme Barth avait beaucoup de réputation, toute la cour souhaitait de le voir. Je l'introduisais partout; sur quoi les plaisants disaient en badinant :

« — *Allons voir le chevalier de Forbin qui mène l'ours.*

« Et à dire vrai, ils n'avaient pas tout à fait tort. Barth ne savait ni lire ni écrire; il était de haute taille, robuste et bien fait de corps, mais d'un air grossier; il parlait peu et mal.

« Soit timidité, soit bêtise, *il ne dit jamais un mot en ma faveur*. Je ne voulais plus servir sous un homme avec qui il fallait faire toutes les fonctions, les écritures, les signaux, les projets, tandis qu'il en retirait seul tout l'honneur et tout le profit. On me fit passer dans le département de Brest. »

Ainsi finit l'amatelotage entre Jean Bart et Forbin.

---

[1]. Richer, *Vie de Jean Bart*.

CHAPITRE VI

RÈGLEMENTS DE LA GUERRE DE COURSE.

La mer est un domaine commun à tous les hommes. — Du droit de course. — Des commissions. — Des prises. — Du droit de visite. — Des neutres. — Obligations de l'armateur. — Le jugement des prises. — Main levées. — Jugements de bonne prise. — Distribution du produit des prises. — Des congés.

Avant d'aborder le tableau des combats qui portèrent à l'apogée la réputation de Jean Bart, il est utile de dire quelques mots des lois qui régissaient alors la guerre de course. Nous trouvons ces renseignements dans un manuscrit de Valincourt, secrétaire général de la marine. Ce mémoire avait été rédigé pour le jeune comte de Toulouse, amiral de France.

DES PRISES QUI SE FONT SUR MER.

CHAPITRE 1er. — *Que la mer est un domaine commun à tous les hommes.* — Vous avez souvent observé, Monseigneur, en étudiant des cartes de géographie, que toute la terre habitable est divisée en plusieurs parties, dont chacune est soumise à l'autorité d'un prince ou d'un gouvernement républicain qui commande à tous ceux qui l'habitent, et qui peut empêcher que ceux des autres pays ne viennent y former des établissements, et ne puissent même y passer, ou y séjourner provisoirement, sans sa permission.

Vous avez vu aussi que ces parties sont, pour la plupart, subdivisées par des chaînes de montagnes, par des cours d'eau plus ou moins étendus, ou parfois même par de vastes déserts, que Dieu semble avoir placés exprès pour les séparer et leur servir de bornes. Mais vous n'avez rien remarqué de semblable sur la mer; non-seulement il n'y paraît aucune séparation, mais il est impossible aux hommes d'y en faire aucune; ce qui prouve assez que Dieu a voulu qu'elle leur fût commune à tous.

Cette vérité a été reconnue de tout temps, et même par le peuple le plus jaloux d'étendre sa domination, c'est-à-dire par les Romains, dans le temps qu'ils s'appelaient maîtres de l'univers, et qu'ils l'étaient en effet. Leurs plus fameux jurisconsultes reconnaissaient que la mer est naturellement ouverte à tout le monde, qu'elle est aussi commune que l'air, et que l'usage en appartient indifféremment à tous les hommes.

Je sais bien, Monseigneur, que les Anglais ont une prétention fort contraire à ce principe de droit naturel; mais j'espère avoir l'honneur de démontrer plus tard à Votre Altesse Sérénissime combien cette prétention est chimérique; et comme il n'y a que les Anglais seuls qui la soutiennent dans le monde, il n'est pas nécessaire de s'y arrêter pour le moment, et cela ne doit pas m'empêcher de vous établir, comme maxime constante et universellement reconnue, que la mer est commune à tous les hommes, et qu'aucun prince ou gouvernement ne saurait avoir à son usage plus de droit qu'un autre.

CHAPITRE II. — *Quelle autorité les princes peuvent exercer sur la mer, et comment ils peuvent faire des lois maritimes.* — Vous direz peut-être, Monseigneur : puisque la mer n'appartient point aux princes, comment donc peuvent-ils exercer leur autorité, et à quoi servent les lois maritimes? Car les lois des princes ne sont observées que dans les lieux qui leur appartiennent, et, où ils ont le droit de commander.

A cela, Monseigneur, je vous réponds que, lorsqu'un prince fait des lois maritimes pour des choses même qui veulent être exécutées en pleine mer, on ne peut pas dire qu'il commande hors du lieu où il a le droit de commander ; car ces lois s'exécutent dans un vaisseau, et par des hommes qui sont toujours ses sujets, en quelque lieu qu'ils se puissent trouver.

En effet, on peut regarder un vaisseau comme une petite ville qui est toujours sous l'autorité de son prince, quelque part qu'elle soit située ; et, comme les ordres du roi ne s'exécutent pas moins dans nos colonies qu'à Paris, de même un vaisseau français qui est au milieu de la mer des Indes, n'est pas moins sujet à ses lois que dans un de nos ports de guerre ou de commerce.

Il s'ensuit donc de là que les princes peuvent faire telles ordonnances qu'ils jugent à propos pour leurs vaisseaux, ou pour ceux de leurs sujets qui vont en mer, sans qu'il soit moins vrai de dire que cet élément est commun à toutes les nations, et que personne ne peut prétendre à aucun droit particulier sur son usage.

CHAPITRE III. — *Que les souverains peuvent ordonner à leurs vaisseaux, et à ceux de leurs sujets, de combattre et de capturer ceux de leurs ennemis.* — Supposant maintenant le droit que les souverains ont de faire la guerre, qui est un droit incontestable, on ne peut douter que, par une suite nécessaire, ils aient aussi le droit de nuire à leurs ennemis sur mer comme sur terre ; qu'un roi, par conséquent, puisse permettre et même ordonner à ses sujets de combattre et de capturer leurs vaisseaux, et que ceux qui s'en rendent maîtres de cette manière en deviennent les véritables et légitimes possesseurs. Mais, comme l'envie de s'enrichir porterait aisément ceux qui se trouveraient les plus forts à prendre également les vaisseaux *amis* et *ennemis*, en se déguisant souvent sous l'apparence d'amis, il a été nécessaire d'établir des règles pour l'un et l'autre de ces abus. C'est, Monseigneur, ce que je vais avoir l'honneur de vous expliquer.

CHAPITRE IV. — *Des vaisseaux du roi et des navires corsaires.* — Vous ne doutez pas, Monseigneur, que les vaisseaux de la marine royale, commandés par les officiers de sa Majesté, aient le droit de capturer ceux de ses ennemis ; mais vous pouvez peut-être douter si les simples particuliers qui possèdent des navires peuvent exercer légitimement ce même droit. En effet, comme il n'est point permis à un particulier d'attenter sur la vie de son ennemi, il ne lui est pas permis davantage de s'emparer de son bien ; et, lorsqu'il le fait de son autorité privée, c'est un vol qu'il commet et qui mérite punition. C'est pour cela, Monseigneur, que, quand le roi déclare la guerre à ses ennemis, il permet et ordonne en même temps à ses sujets de leur courir sus, tant sur mer que sur terre, afin de leur donner un droit qu'ils ne sauraient recevoir et tenir que de lui. Mais, afin qu'ils n'abusent pas de cette permission générale, il faut encore que celui qui veut faire des prises sur mer, outre cette permission générale, se munisse d'une autorisation particulière.

CHAPITRE V. — *Des commissions navales, pour armer en course ou en guerre.* — C'est un des plus beaux droits de votre charge, Monseigneur, qu'aucun vaisseau français ni étranger ne puisse sortir des ports de France sans prendre un *congé* de vous ; mais comme il ne s'agit ici que des prises, et que j'aurai l'honneur de vous expliquer plus loin ce qui regarde les *congés*, en vous parlant des droits de votre charge, je ne vous entretiendrai présentement que des permissions, ou congés, que sont obligés de prendre les particuliers qui veulent armer en course pour faire des prises.

Cette permission, qu'on appelle communément *commission en guerre*, ou *commission pour armer en course*, doit mentionner le nom et le port du vaisseau, avec celui du capitaine : le nombre de ses canons et de ses hommes d'équipage, et le lieu d'où il part.

Lorsque vous étudierez le détail des constructions navales, on vous montrera, Monseigneur, tout ce qui regarde le port des vaisseaux et la manière de les mesurer. Je dois vous dire ici, afin qu'il n'y ait aucun mot dans ce mémoire qui puisse vous paraître obscur, que le *port* d'un navire signifie sa *capacité*, et qu'un *tonneau*, en termes de mer, signifie la *pesanteur* de deux mille livres : ainsi, un vaisseau de cent tonneaux par exemple, peut charger à son bord un poids de deux cent mille livres.

Pour revenir à mon sujet, voici, Monseigneur, quelques dispositions importantes des *Ordonnances* sur le sujet des commissions en guerre, dont je tâcherai de vous expliquer les raisons et les motifs, afin de vous les rendre plus intelligibles.

Il est défendu à tous sujets de Sa Majesté de prendre une commission d'aucun roi, prince ou État étranger, pour armer des vaisseaux en guerre, sans une permission expresse, sous peine d'être traités comme *pirates*, c'est-à-dire d'être punis de mort.

Il y a deux raisons de cette défense. La première est qu'un prince n'ayant aucune autorité sur les sujets d'un autre, il ne peut leur conférer le pouvoir ni le droit de se rendre maîtres du bien d'autrui, et, qu'ainsi, par exemple, un armateur français qui voudrait courir sur les Hollandais, et qui aurait pris une commission du roi d'Espagne, nuirait, par cette action, aux alliés de Sa Majesté, et commettrait à l'égard de la France, un véritable acte de piraterie, justiciable de nos lois.

Ceux qui courent la mer, sans commission d'aucun prince ou État souverain, sont encore plus criminels. Vous en verrez aisément la raison, si vous vous souvenez de ce que j'ai eu l'honneur de vous dire, qu'un particulier ne peut se donner lui-même le droit de s'emparer du bien d'autrui. Ainsi, ceux qui entreprennent de le faire sans permission, doivent être regardés et punis comme des voleurs publics.

Les particuliers, au contraire, qui se trouvent saisis de deux commissions de différents princes, sont traités de même, et déclarés *pirates*; et la raison est bien évidente, car un armateur ne doit courir que sur les ennemis de son souverain, qui sont désignés dans la commission qui lui est donnée. Si donc il prend une commission d'un autre prince, ce ne peut être que pour attaquer des peuples sur lesquels son souverain ne lui a pas permis de courir, et c'est ce fait qui mérite punition.

Il était aussi autrefois défendu, sous les mêmes peines, à ceux qui arment en course, d'avoir plusieurs pavillons différents dans leur bord. Il y a une autre ordonnance du 23 février 1674, par laquelle le roi veut que ceux qui s'en trouveront saisis soient traités comme pirates ; mais on s'est relâché sur cet article en faveur des armateurs, et l'on souffre maintenant qu'ils aient plusieurs pavillons, pourvu qu'ils ne combattent que sous celui du prince dont ils ont commission.

Vous savez, Monseigneur, que l'usage des pavillons, à la mer, sert à distinguer les vaisseaux ; chaque nation a son pavillon particulier, et c'est par là qu'on connaît, ou du moins que l'on juge à qui peut appartenir un navire qu'on aperçoit de loin.

Vous voyez par là de quel usage il peut être aux armateurs d'avoir différents pavillons. Cela leur sert à pouvoir plus facilement s'approcher des vaisseaux dont ils veulent se rendre maîtres, et qui prendraient la fuite à la vue d'un pavillon ennemi. Ainsi, par exemple, un corsaire français, voyant de loin un vaisseau qu'il croit hollandais ou anglais, mettra pavillon de l'une de ces nations pour le pouvoir reconnaître de plus près, et l'attaquer ensuite s'il le juge plus faible que lui, ou le laisser passer s'il est plus fort. Mais lorsqu'il a commencé à tirer et qu'il en vient au combat, il est obligé de mettre pavillon français, et il serait puni s'il en était autrement. La raison est qu'un vaisseau qui en attaque un autre est obligé de se faire connaître, afin que le vaisseau attaqué sache s'il doit résister ou se rendre, et que l'on ne puisse pas lui imputer de s'être défendu mal à propos.

Chapitre VI. — *Des quatre sortes de vaisseaux qui sont de bonne prise.* — Après vous avoir expliqué, Monseigneur, ce qui est nécessaire à un armateur pour pouvoir légitimement faire des prises en mer, il faut vous dire maintenant quels sont les vaisseaux qu'il lui est permis de capturer, et qu'on appelle communément *de bonne prise*. Il y en a de quatre sortes :

1° Les vaisseaux qui ont fait refus d'amener leur pavillon, *amis* ou *ennemis ;*

2° Les vaisseaux que l'on reconnaît par leurs papiers appartenir à l'ennemi de l'Etat.

3° Les vaisseaux qui n'ont aucun papier qui puisse faire connaître à qui ils appartiennent ;

4° Les vaisseaux mêmes des *amis* ou *alliés* qui se trouvent chargés d'effets ou de marchandises appartenant à l'ennemi.

Chacune de ces catégories demande une explication particulière, que je tâcherai de vous rendre le plus claire qu'il se pourra.

Chapitre VII. — *Des vaisseaux qui font refus d'amener leur pavillon, ou du droit de visite en mer.* — Comme les armateurs changent souvent leurs pavillons, pour n'être pas reconnus des vaisseaux qu'ils veulent capturer, les vaisseaux qui craignent d'être pris par eux usent aussi des mêmes précautions pour les éviter. Un marchand de Hollande, qui craindra d'être pris par les Français, mettra, par exemple, un pavillon de Suède ou de Danemark, qui sont des royaumes alliés à notre couronne. Pour empêcher cette fraude, on a établi la visite des vaisseaux en mer. Cette opération se pratique de la manière suivante:

L'armateur qui aperçoit en mer un vaisseau, lui tire un coup de canon chargé à poudre. Ce coup s'appelle *semonce ;* c'est un avertissement ; et aussitôt, le capitaine du vaisseau est obligé d'amener ses voiles, de mettre ses chaloupes en mer, et de venir à bord de celui qui a tiré, avec tous les papiers qui peuvent justifier de quelle nation est son vaisseau, et à qui appartiennent les marchandises dont il est chargé.

S'il refuse d'amener ses voiles après la semonce, l'armateur est en droit de l'y contraindre par artillerie ou autrement ; et en cas qu'il soit pris dans le combat, il est déclaré de bonne prise, de quelque nation qu'il puisse être. Cette maxime du droit de visite n'est pas universellement reconnue. Elle fut établie par l'ordonnance de 1584, article 35 ; mais on voit que, huit ans après, c'est-à-dire en 1592, elle n'était pas encore regardée en France comme fort assurée, ni au parlement de Paris, ni à celui de Bordeaux. L'ordonnance de Philippe II défend très expressément aux vaisseaux marchands de souffrir la visite. Je vous ai préparé, Monseigneur, un mémoire très-exact sur cette manière, qui est une des plus importantes de toutes les lois maritimes. Mais comme les ordonnances actuelles ont rappelé et renouvelé celles de 1584 en ce point, il ne reste aucune difficulté pour l'exécution, et l'on doit juger *de bonne prise* tous vaisseaux qui auront été capturés après refus d'amener leurs voiles, ou de communiquer leurs papiers.

Chapitre VIII. — *Des vaisseaux que l'on reconnaît, par leurs papiers, appartenir aux ennemis de l'État, et des papiers spéciaux et officiels qui doivent se trouver à bord d'un navire.* — S'il résulte, de l'inspection des papiers, que le vaisseau appartienne aux ennemis de l'Etat, l'armateur doit le saisir immédiatement, et il sera déclaré de bonne prise, sans qu'aucune difficulté puisse s'élever sur sa légitime capture. Ce chapitre doit donc être employé à vous expliquer, Monseigneur, quels sont les papiers qui se doivent trouver ordinairement dans un vaisseau.

Il y en a de deux sortes : les papiers qui regardent le corps du vaisseau, et ceux qui regardent son chargement, c'est-à-dire les marchandises, munitions ou autres objets qui sont déposés *en transit* à son bord.

Les papiers qui regardent le corps du vaisseau sont les *lettres de mer*, les *congés* ou *passe-ports*, la *charte partie* et le *contrat de vente*.

Les papiers qui regardent le chargement sont les *connaissements* ou *polices* du chargement, les *factures* et les *lettres d'adresse*.

Les *lettres de mer* sont des lettres émanant de l'autorité du port d'où est parti le vaisseau ; elles sont scellées du sceau de la ville, et font mention du nom et du port du vaisseau, de celui à qui il appartient, et du capitaine qui le monte.

Le *congé* ou *passe-port* est la permission accordée à un vaisseau pour aller d'un lieu à un autre ; il doit faire mention du lieu d'où part le vaisseau, et de celui où il doit aller.

La *charte partie* est le contrat qui est fait avec le maître d'un vaisseau, pour porter des marchandises à quelque endroit. Par exemple, un marchand de Bordeaux qui voudra porter des vins en Irlande, louera un navire pour ce voyage, en promettant une certaine somme par tonneau : l'acte qui fait mention de ce marché s'appelle *charte partie*.

Il faut vous dire, en passant, Monseigneur, l'origine de ce mot, qui peut vous paraître bizarre. Il vient de *charta partita*, qui signifie papier partagé ou déchiré. Voici pourquoi. Anciennement, après que le maître du vaisseau et le marchand avaient fait écrire leurs conventions sur un papier, on le déchirait en deux ; le marchand en gardait une moitié, et le maître l'autre. Il y a des exemples de ces sortes de contrats dans les livres des anciens ; et le président Boyer, de Bordeaux, dans un traité qu'il a publié sur ces matières, dit que, de son temps, ces sortes de *chartes parties* étaient encore en usage. Actuellement, on ne s'en sert plus en France, et le maître et le marchand gardent chacun une copie entière de l'acte qu'ils ont fait ensemble ; mais plusieurs peuples du Nord s'en servent encore.

On trouve aussi quelquefois, dans un vaisseau, le *contrat de vente*, et cette pièce est principalement nécessaire, lorsque les lettres de mer ne sont pas du port même dans lequel le vaisseau a été fabriqué. Par exemple, si l'on trouve un vaisseau construit en Hollande ou en Angleterre, avec des lettres de Suède, il est bon qu'il ait aussi le contrat par lequel il est prouvé que ce vaisseau hollandais a été acheté par un Suédois, à qui il appartient, sans quoi l'on pourrait soupçonner les lettres de mer d'être fausses.

Le *connaissement* ou *police de chargement* est un billet par lequel le maître reconnaît qu'il a reçu *d'un tel* une *telle quantité* de marchandises, pour les transporter *à tel endroit*, et les délivrer *à tel*, en payant une *telle somme*. On appelle ces billets *connaissements*, parce qu'ils servent à faire connaître à qui appartient la cargaison. On les nomme aussi, dans le Levant, *polices* de chargement, du mot italien *polizza*, qui signifie billet ou obligation.

Comme on fait les chartes parties doubles, on fait les connaissements triples ; l'un demeure à celui qui a chargé la marchandise, l'autre au maître qui la conduit, et le troisième est envoyé, par une autre voie, à celui à qui la marchandise est adressée.

La *facture* est un état ou mémoire de toutes les marchandises qui sont adressées dans le vaisseau, avec les noms de ceux à qui elles sont adressées ; ainsi, au lieu qu'un connaissement n'est que pour *une partie* du chargement, la facture est pour le chargement *tout entier*, et l'on pourrait dire que c'est un connaissement général.

Outre ces papiers, il se trouve souvent, dans les vaisseaux, des lettres écrites par les marchands à leurs correspondants ou associés, par lesquelles ils leur donnent avis des marchandises qu'ils leur envoient, et cela fait le même effet que les connaissements. Je

HISTOIRE ILLUSTRÉE DES PIRATES

Forbin tue un chien enragé. (Page 493.)

n'ai fait, Monseigneur, que vous donner simplement la définition de tous ces actes, afin que vous puissiez seulement entendre ce qu'ils signifient; car il faudrait un traité entier pour développer leur nature et leurs effets, la manière dont ils doivent être conçus, et le bon ou mauvais usage que l'on en peut faire.

Chapitre IX. — *Des vaisseaux qui n'ont aucuns papiers qui puissent faire voir à qui ils appartiennent.* — L'ordonnance de 1681, article 6, déclare de *bonne prise* les vaisseaux, avec leurs chargements, dans lesquels il ne sera trouvé ni la charte partie, ni le connaissement, ni la facture. Les anciennes ordonnances disent à peu près la même chose.

La raison de cette disposition est aisée à comprendre ; car, étant un usage reçu généralement par toutes les nations, qu'un maître de vaisseau doit avoir les titres des marchandises qu'il conduit, lorsqu'il ne les présente pas, on a sujet de croire de deux choses l'une : ou que c'est un pirate, qui a volé la cargaison qu'on découvre à son bord, ou que cette cargaison appartient à des ennemis, puisque si elle appartient à des amis ou alliés, bien loin d'en cacher les papiers, il n'aurait qu'à les reproduire, pour être mis en liberté immédiate de continuer sa route.

Chapitre x. — *Des vaisseaux des puissances amies ou alliées, qui se trouvent chargés d'effets, appartenant aux ennemis de l'État.* — L'ordon-

65.

nance précitée, article 7, déclare de bonne prise tous les vaisseaux qui se trouveront chargés d'effets appartenant aux ennemis, et tous les effets aux amis qui se trouveront dans un vaisseau ennemi ; ce qu'on exprime ordinairement dans ces termes : *Robe d'ennemis confisque robe d'amis*. *Roba* est un mot italien qui qualifie en général tout ce qui peut appartenir à quelqu'un, soit argent, marchandises, habits de vaisseau, etc. *Confisquer* est un mot dont les praticiens français se servent pour dire *rendre sujet à confiscation*. Lorsqu'on trouve ces deux termes réunis dans le langage maritime, ils signifient que la marchandise fait confisquer le vaisseau, ou que le vaisseau fait confisquer la marchandise.

Cette disposition est fort ancienne, et on la trouve établie dans les *ordonnances* des conseillers de Barcelone, de l'an 1484 ; mais comme elle est extrêmement rigoureuse, et contraire en quelque façon à la liberté du commerce, elle n'a jamais été observée de la même manière. Les *histoires* et les *traités* des peuples du Nord sont pleins de modifications qu'ils y ont apportées suivant les diverses conjonctures. Il sera nécessaire, Monseigneur, que vous examiniez quelque jour cette législation dans toute son étendue, avec celle des marchandises de contrebande, dont je ne parlerai point ici, me bornant à vous dire qu'elle est observée aujourd'hui en France. Vous en voyez la raison ; c'est qu'on suppose qu'un marchand qui met ses marchandises dans un vaisseau ennemi, ou qui loue son vaisseau pour transporter des cargaisons appartenant aux ennemis, on suppose, dis-je que cet homme entretient des intelligences avec ces mêmes ennemis, et qu'il doit, par conséquent, être traité comme eux. Il s'ensuit de là que si cet homme peut prouver qu'au temps où il a donné son vaisseau ou chargé ses effets, il n'avait aucune connaissance de la déclaration de guerre, ces objets doivent lui être rendus, et c'est ce qui s'observe exactement.

Chapitre xi. — *Des obligations de l'armateur après avoir capturé un vaisseau ennemi.* — Aussitôt que l'armateur a reconnu, par quelques-unes des choses que je viens d'avoir l'honneur de vous exposer, que le vaisseau est de *bonne prise*, il doit se saisir de tous les papiers, tant de ceux qui concernent le corps du vaisseau, que de ceux qui constatent le chargement, les armoires, coffres, chambres et autres lieux où sont les marchandises, afin qu'il n'en soit fait aucun pillage. Il doit ensuite faire passer sur son bord le maître et les principaux matelots de la prise, sur laquelle il mettra, de son propre équipage, le nombre qu'il jugera suffisant pour la conduire au port d'où il est parti.

Il doit conserver soigneusement les papiers, parce que c'est là principalement qu'il peut justifier que le vaisseau est de *bonne prise*, et qu'il a eu le droit de l'amener.

Il doit faire passer sur son bord une partie de l'équipage de sa prise, afin d'en diminuer la force, et de prévenir toute tentative de révolte ou d'évasion, ainsi que cela s'est vu plus d'une fois.

Enfin, il doit prendre les clefs des lieux où sont les marchandises et en empêcher le pillage, parce qu'il n'a aucun droit sur la prise avant qu'elle ait été déclarée *bonne* par les juges de l'amirauté, et aussi parce qu'il est juste qu'on ne dispose de rien qu'en présence de tous ceux qui y ont intérêt. Vous verrez, ci-après, Monseigneur, quels sont ceux qui ont intérêt à une prise, en apprenant comment elle se partage.

Chapitre xii. — —*De ce que l'on doit faire, lorsque la prise est arrivée dans le port.* — Aussitôt que la prise est arrivée, celui qui l'a faite, ou celui qui a été chargé de la conduire dans les ports de France, doit aller trouver les juges de l'amirauté, et déclarer exactement en quel lieu, en quel temps, et de quelle manière, ou pour quelles raisons la capture a été faite. Cela s'appelle faire le rapport ou la déclaration. Ce rapport étant dressé, les juges doivent se transporter sur le vaisseau, où ils font un procès-verbal, c'est-à-dire une relation exacte de tout ce qu'ils y ont trouvé ; ensuite ils scellent, avec le sceau de l'amirauté, tous les lieux qui renferment les marchandises, et mettent un gardien des scellés sur le vaisseau, pour en avoir soin, et en répondre jusqu'après le jugement.

Si, parmi ces marchandises, il s'en trouve quelques-unes qui courent risque de se gâter à bord, comme des vins, des huiles, du poisson, et autres choses semblables, les juges les font mettre dans un magasin du port, et les font même vendre, lorsqu'il y a lieu de craindre qu'elles ne dépérissent ; l'on en dépose le prix entre les mains d'une personne sûre, qui le remet, plus tard, à ceux à qui il est ordonné par l'arrêt.

Chapitre XIII. — *De la manière dont on instruit le jugement des prises.* — Le juge ayant reçu, des mains de celui qui a opéré la capture, tous les papiers qui y ont été trouvés, fait comparaître le maître de la prise avec un interprète, pour traduire ses réponses, s'il n'entend pas le français, ce qui arrive presque toujours, et un greffier pour les rédiger par écrit. Il commence par lui ordonner de lever la main, et de jurer qu'il répondra la vérité sur toutes les questions qu'on va lui poser.

Après cela, il lui demande son nom, son âge, son pays, sa religion ; le greffier écrit ce qu'il répond sur ces articles, et il s'est trouvé plus d'une fois, parmi les Hollandais, des gens assez misérables pour répondre, à propos de leur religion, qu'ils n'en avaient aucune, n'en ayant point encore choisi.

On s'informe ensuite à qui appartiennent le vaisseau et les marchandises ; d'où ils venaient et où ils allaient ; enfin, après que le juge leur a adressé toutes les questions dont il peut user pour arriver à découvrir la vérité, on oblige le maître du navire capturé de signer ses réponses, s'il sait écrire, sinon le greffier signe pour lui, et en fait mention au bas de l'interrogatoire.

On lui représente tous les papiers qui ont été trouvés et saisis dans la prise ; on lui demande s'il les a reconnus, et on les lui fait parapher ; après quoi ils sont remis à l'interprète, chargé d'en faire la traduction.

Si le juge croit nécessaire d'interroger les autres matelots de la prise, il le fait avec les mêmes formalités ; et leurs réponses sont aussi rédigées par écrit, et certifiées de la même manière.

Ce sont, Monseigneur, ce rapport ou déclaration de l'armateur, ce procès-verbal de transport sur le vaisseau capturé, cet interrogatoire des matelots, et enfin cette traduction des papiers saisis qui constituent ce qu'on appelle l'*instruction d'une prise*, et c'est d'après tous ces documents que le gouvernement décide si elle est *bonne*, ou si elle doit être relâchée.

Chapitre XIV. — *Des difficultés qui se rencontrent parfois dans le jugement des prises.* — Il semble d'abord qu'il ne peut y avoir aucune difficulté à juger une prise, puisqu'en examinant les papiers et les réponses des matelots, il doit être aisé de connaître à qui tout appartient. Mais les juges ne laissent pas d'en être souvent fort embarrassés, et d'avoir besoin de toute leur pénétration pour démêler les artifices dont on se sert pour cacher les véritables propriétaires. Un seul exemple vous fera comprendre la chose plus nettement que toutes les théories administratives que l'on pourrait développer sur cet article.

Un marchand de Hollande qui veut aller en Espagne, et qui craint d'être rencontré par des armateurs français, trouve moyen d'obtenir des lettres de mer d'un pays qui n'est pas en guerre avec la France, par exemple du Danemark, et mettra sur son vaisseau le pavillon de cette couronne. Avec ces lettres, qui le font passer pour un Danois, il fera des connaissements au nom d'un Danois, et non du Hollandais qui a chargé ses marchandises, et cela s'appelle un vaisseau *masqué*. Je ne rapporte ceci que comme un exemple. Il y a cent autres déguisements de cette nature, dont il est inutile de vous faire ici le détail, aussi bien que des moyens dont on se sert pour les découvrir. Tout cela s'expliquera de soi-même, en vous exposant tout ce qui regarde les papiers qui doivent se trouver dans un vaisseau.

Chapitre xv. — *Des mains-levées et des jugements de bonne prise.* — Lorsque les interrogatoires et les papiers ne fournissent pas de preuves suffisantes pour juger que le vaisseau et les effets dont il est chargé appartiennent à des ennemis, on ordonne que tout sera rendu au maître, et c'est ce qu'on appelle *main-levée*. S'il paraît même que l'armateur n'ait pas dû faire la prise, c'est-à-dire, qu'il n'ait pu douter qu'elle n'appartînt à des amis ou à des alliés, on le condamne à payer des dommages-intérêts, tant pour le retardement qu'il a causé au voyage que le vaisseau devait faire, qu'en raison du dégât ou du dépérissement qui peut être arrivé aux marchandises; et afin que ces condamnations, qui sont assurément très-justes, soient plus facilement exécutées, on ne laisse sortir aucun armateur pour aller en course, qu'il n'ait auparavant *donné caution*, c'est-à-dire qu'il n'ait fourni quelque riche bourgeois qui s'oblige à payer pour lui jusqu'à la somme de quinze mille livres, au cas qu'il y soit condamné.

Lorsqu'il paraît, au contraire, clairement, que le vaisseau capturé appartient aux ennemis, on déclare qu'il est de bonne prise, et on ordonne qu'il sera vendu par-devant les juges de l'amirauté, qui ont soin de faire la distribution du prix d'une manière équitable et régulière.

Chapitre xvi. — *De la manière dont se font les armements, et de la distribution du prix de vente des prises.* — Pour bien entendre comment se doit faire le partage du prix de la vente des prises, il faut savoir de quelle manière se font les armements.

On peut considérer trois sortes d'intéressés dans un armement de corsaire : le bourgeois, l'équipage et l'avitailleur.

Le *bourgeois* est celui qui fournit son vaisseau, et vous remarquerez, Monseigneur, que ce mot, en matière de marine, signifie le propriétaire du vaisseau, celui à qui le vaisseau appartient; au lieu que le mot de *maître* signifie celui qui est mis sur le vaisseau pour le conduire, et qui, la plupart du temps, n'a aucune part aux frais d'armement. Le bourgeois doit fournir, outre son vaisseau bien étanché, c'est-à-dire ne faisant point d'eau, tous les agrès, apparaux, canons et autres armes nécessaires.

L'*avitailleur* fournit les vivres et les poudres, avec tous les ustensiles.

Le *maître* ou le *capitaine* fournit l'équipage, c'est-à-dire les soldats pour le combat, et les matelots pour la manœuvre.

Après que la prise a été vendue, on commence à payer les frais du déchargement et de la garde du vaisseau et des marchandises, suivant l'état qui en est arrêté par le juge; ensuite on prend le dixième du prix, qui appartient à l'amiral de France, puis les frais de justice, c'est-à-dire ce qui est dû aux juges de l'amirauté pour avoir fait l'*instruction* de la prise.

Le restant du prix se partage en trois, dont les deux tiers appartiennent à ceux qui ont fourni le vaisseau et les munitions, et l'autre tiers à l'équipage.

Mais comme les armements se font d'ordinaire par des sociétés particulières (c'est-à-dire que plusieurs particuliers fournissent les sommes qui sont nécessaires pour cet objet, les uns plus, les autres moins, sans se mettre en peine de fournir les armes et les victuailles), le prix de la vente se partage aussi suivant les sommes qu'ils ont fournies et le traité particulier qu'ils ont fait ensemble.

J'ai cru, Monseigneur, que ce petit abrégé suffirait pour vous donner une légère idée de la matière des prises, en attendant que vous soyez en état de la pouvoir étudier davantage. Elle renferme un nombre infini de détails, et de questions difficiles et importantes dans l'examen desquelles je ne suis point entré, pour ne pas fatiguer inutilement votre attention. J'en mettrai seulement une ici, dont l'étude me paraît indispensable, et qui servira de clôture à ce Mémoire.

CHAPITRE XVII. — *De l'origine et de l'établissement des congés dans l'Océan et dans la Méditerranée.* — Je crois, Monseigneur, qu'il ne sera pas indigne de votre curiosité, ni même tout à fait inutile d'examiner de quelle manière s'est introduit l'usage de donner des *congés* aux bâtiments qui vont en mer. J'ai recueilli sur ce sujet tout ce que j'ai pu de divers endroits, n'y ayant aucun auteur qui ait traité spécialement la matière que je tâcherai d'éclaircir de mon mieux.

Je procéderai dans mes recherches par les *congés* donnés au Levant, parce qu'ils nous viennent des Romains, et que nous n'avons pas de documents plus anciens en ce genre.

Comme la mer Méditerranée, qui est la première sur laquelle on a commencé à naviguer, est extrêmement orageuse pendant l'hiver, et que les anciens ne connaissaient pas l'art de construire des bâtiments assez forts pour résister aux tempêtes, ni pour se conduire dans les temps difficiles, la navigation cessait entièrement durant six mois de l'année, c'est-à-dire, depuis le mois de novembre jusqu'au mois d'avril. On trouve cet usage établi dans tous les anciens auteurs grecs et latins. Il est inutile de vous en rapporter ici tous les passages que Votre Altesse Sérénissime remarquera elle-même avec plaisir, lorsqu'elle les lira quelque jour.

On appelait ce temps *mare clausum*, et le retour du printemps s'appelait *mare apertum*, c'est-à-dire le temps où recommence la navigation. Les Romains faisaient des vœux et des sacrifices en l'honneur de Neptune, et les Grecs offraient un vaisseau à Diane qui est la Lune, et qui, en cette qualité, comme vous savez, Monseigneur, peut être regardée comme la déesse de la mer. Cette cérémonie avait quelque sorte de rapport à celle qui se fait tous les ans à Venise, le jour de l'Ascension ; et afin que vous en puissiez juger par vous-même, je vous rappellerai ici la manière dont Diane en parle elle-même dans le XIe livre d'Apulée.

La religion des peuples a consacré le nom de tous les gouverneurs qui donnèrent de ces sortes de *congés*. Mais, comme les meilleures lois ne servent, tout au plus, qu'à rendre les abus moins fréquents, ou à les changer sans pouvoir entièrement les détruire, l'usage de ces congés ne laissa pas que de continuer, et les gouverneurs établirent aussi une espèce de droit pour chaque *permission particulière*, qu'ils donnèrent aux vaisseaux, de sortir après que la mer était ouverte.

On ne saurait douter que cet usage n'ait été établi, en Provence et en Languedoc, par les Romains qui ont si longtemps gouverné ces deux provinces; et que les seigneurs particuliers qui, dans la décadence de l'empire, chassèrent les gouverneurs et se mirent en leur place, ne s'attribuassent les droits dont ils avaient joui. Une chose qui semble prouver infailliblement cette conjecture, c'est de voir que longtemps après l'établissement de la monarchie, ces mêmes seigneurs prétendaient avoir des droits d'amirauté, et en étaient en possession. Le cardinal de Richelieu leur ôta absolument celui des *congés*, qu'il réunit à sa charge de surintendant général de la marine ; mais il ne put leur ôter leur droit d'ancrage ; ils l'ont conservé jusqu'en 1688, qu'il leur fut fait défense de le lever sans avoir rapporté leurs titres, et j'espère que nous le verrons bientôt réuni à la charge de Votre Altesse Sérénissime, à laquelle il appartient légitimement.

L'Océan n'a jamais été fermé comme la

Méditerranée et la navigation y a toujours été aussi libre en hiver qu'au printemps. Aussi l'origine des congés qui s'y donnent est bien différente de celles des congés qui se donnent au Levant. Ce droit était regardé anciennement comme un droit royal et appartenant au souverain, et n'a jamais été prétendu par des seigneurs particuliers.

On peut même dire qu'il est plus ancien que la monarchie. Noël II, septième roi de Bretagne depuis Corniau, et qui vivait en 484, c'est-à-dire du temps de Childéric, père de Clovis, en jouissait comme d'un droit établi en Bretagne de temps immémorial.

Ce droit même produisait, dès ce temps-là, un revenu considérable, car on trouve dans la vieille chronique de Bretagne, que Noël, mariant sa fille au fils du seigneur de Léon, lui donna en mariage le droit de donner des *congés* dans la terre de Léon, avec celui des bris et naufrages.

Ces congés, qu'on appelait, comme on fait encore aujourd'hui, *brevets*, *brefs* ou *brieux*, étaient de trois sortes : *bref de conduite* ou de *guidage*, bref de *sûreté* et bref de *victuailles*.

Il y a deux sortes de brefs de *conduite*. Les premiers furent introduits, parce que les côtes de Bretagne étant très-dangereuses et pleines de rochers cachés sous l'eau, les rois de Bretagne établirent, dans chaque port de leur royaume, des pilotes avec des barques et des chaloupes, pour conduire hors des dangers les bâtiments qui allaient en mer ; et c'est de là que vient l'usage des pilotes *lamaneurs*, qui existe maintenant partout le royaume. Ces bâtiments étaient obligés de payer un certain droit, sous peine de confiscation, et, en le payant, on leur donnait un bref scellé des armes du roi ; c'est ce qui s'appelait *bref* ou *brevet de conduite*.

La deuxième espèce de brefs de conduite fut établie à l'occasion des Normands et autres peuples du Nord, qui, s'étant mis à courir la mer au temps de la décadence de l'empire romain, pillaient et emmenaient tous les vaisseaux qu'ils trouvaient sur leur passage, sans distinction d'amis ni d'ennemis. Les rois de Bretagne, pour assurer le commerce de leurs sujets, créèrent des convois de vaisseaux armés, qui escortaient les marchands jusqu'au lieu de leur destination, et leur aidaient, non-seulement à se défendre des corsaires, mais même à faire des prises sur eux, dont une partie appartenait au roi, tant pour payer les frais de convoi, que pour ce qu'il fournissait aux marchands en armes et autres objets dont ils avaient besoin.

Dans la suite, les marchands s'étant mis eux-mêmes en état de se défendre et d'attaquer leurs ennemis, et trouvant même que ces sortes de convois leur étaient souvent à charge au lieu de leur servir, l'usage s'en abolit peu à peu ; mais le droit du souverain sur les prises demeura, et fut réduit au dixième ; c'est l'opinion de M. d'Argentré, président au parlement de Bretagne, dans son *Commentaire* sur les anciennes coutumes de cette province.

Il ne serait pas difficile de trouver une origine plus éloignée au droit du dixième. Vous savez, Monseigneur, qu'Abraham l'offrit à Melchisedech du butin qu'il avait fait sur ses ennemis. Vous verrez, dans Tite-Live, que les Romains consacraient aussi à leurs dieux le dixième de leurs dépouilles, et vous vous souvenez peut-être d'avoir lu, dans les *Commentaires* de César, que les Gaulois observaient la même chose à l'égard du dieu Mars. Vous avez succédé, Monseigneur, à tous les dieux de l'antiquité, et l'on pourrait vous donner le surnom de *Prædator*, que les Romains donnaient à Jupiter, pour marquer qu'il avait part à toutes les prises.

Pour revenir aux *congés*, les seconds s'appelaient *brefs de victuailles*. Ceux qui en étaient porteurs avaient seuls la permission d'acheter des vivres en Bretagne, qu'on refusait à tous les autres, parce que la mer, n'étant pas encore policée comme elle l'a été depuis, on n'avait que ce moyen pour connaître les corsaires, dont j'ai eu l'honneur de vous dire que les parages des côtes étaient sans cesse infestés.

Les *brefs de sûreté* ou *sauveté* n'étaient proprement qu'une sauvegarde contre la coutume barbare, qui régnait alors, de confisquer, au profit du prince, les bâtiments, les marchandises et les hommes même, qui faisaient naufrage sur les côtes de France.

Il était égal à ces pauvres malheureux de voir leurs biens engloutis par la mer, ou de gagner une terre où ils devaient être dépouillés. Souvent même, les habitants couraient au-devant d'eux, pour achever ce que la tempête n'avait fait que commencer ; et, non contents de briser leurs vaisseaux, ils leur arrachaient souvent une vie que le naufrage avec épargnée.

Il est inconcevable que cette coutume ait pu subsister dans des lieux où la religion chrétienne était connue ; et cependant, Monseigneur, vous verrez, dans le Mémoire que je prépare sur cette matière à Votre Altesse Sérénissime, qu'il a fallu beaucoup de temps pour l'abolir, et qu'il n'y a pas deux cents ans qu'elle est entièrement détruite.

Mais, en attendant que j'aie l'honneur de vous en entretenir, je ne puis m'empêcher de vous rapporter la première loi qui ait été faite contre un si cruel usage ; c'est celle du grand Constantin, et j'ai cru que vous aimeriez mieux la lire dans sa langue naturelle :
— « *Si navis naufragio ad littus adpulsa fuerit, ad dominos pertineat; fiscus meus non se interponat : quid enim juris habet fiscus in aliena calamitate, ut e re tam luctuosa lucrum scietetur ?*
— Si un navire est jeté à la côte par une tempête ou un naufrage, sa propriété ne cesse point d'appartenir à son maître ; les agents du fisc n'ont aucun droit de s'interposer entre le propriétaire et les effets sauvés ; car, quel droit peut prétendre le fisc de tirer profit et argent de la détresse et des malheurs d'autrui ? »

J'aurai l'honneur de vous faire voir, Monseigneur, dans l'histoire de la navigation, que presque tout le commerce de France, en ce temps-là, consistait dans le transport des vins de Bordeaux et des marchandises de la Rochelle vers le pays du nord. Ainsi les marchands de ces deux villes, cherchant à se garantir de ce qu'ils avaient à craindre des Bretons, souffrirent que le roi de Bretagne établit, dans leurs villes, des bureaux où on distribuait en son nom, et moyennant le payement d'une certaine somme, des brefs de *sauveté* et de *victuailles*.

Ce qui n'avait été, dans son établissement, qu'une précaution, devint, par la suite, une nécessité. Les ducs déclarèrent sujets à confiscation tous les vaisseaux qui partaient de Bordeaux et de la Rochelle sans brefs ; et c'est de là, sans doute, qu'est venu l'usage de confisquer, aujourd'hui, ceux qui sortent des ports sans prendre des *congés ;* et j'ai vu une sentence de 1384 qui confisque le bâtiment et les marchandises d'un nommé Pierre Duport, marchand de Bordeaux, faute par lui d'avoir pris un bref avant que de partir.

Au reste, ces *brefs* étaient fort semblables aux *congés* que donne aujourd'hui Votre Altesse Sérénissime. C'étaient de petits billets scellés en blanc, que l'on remplissait du nom du vaisseau et du lieu où il devait aborder.

Noël II ayant, comme j'ai eu l'honneur de vous le dire, Monseigneur, donné en dot à sa fille le privilège d'octroyer des congés dans la terre de Léon, dont elle avait épousé le seigneur, environ l'an 484, ce droit demeura aux seigneurs de Léon jusqu'au temps de Pierre de Dreux, surnommé Mauclerc, qui devint duc de Bretagne par son mariage avec Alix, fille de Constance, qui en était héritière en 1212.

Ce prince, qui avait beaucoup d'esprit et de valeur, mais qui était, comme dit la *Chronique de Bretagne*, intolérant et de dure convention, après avoir tourmenté tous les états de son royaume l'un après l'autre, et principalement les ecclésiastiques, ce qui lui attira le surnom de Mauclerc (*mauvais aux clercs*), il s'avisa de quereller Guyomar, seigneur de Léon, sur le droit des brefs; il soutint que c'était un droit royal et qui ne pouvait être exercé que par le prince souverain.

Guyomar, qui était allié aux plus grands seigneurs de Bretagne, implora leur secours. Une partie de la noblesse, que le duc maltraitait en toute occasion, se joignit à eux; ils se liguèrent tous contre lui et chassèrent les collecteurs qu'il avait envoyés pour lever ce droit. Ils appelèrent les Angevins, les Manceaux et les Normands, et ayant fait un corps d'armée considérable, ils commencèrent à piller la terre de Châteaubriant, où était leur rendez-vous, et dont le seigneur tenait pour le duc de Bretagne. Le duc, de son côté, ayant ramassé un assez bon nombre de gens à pied, mais ayant peu de cavalerie, parce que toute la noblesse était contre lui, vint au-devant d'eux et leur donna bataille près de Châteaubriant, en 1223. Elle fut fort sanglante de part et d'autre; mais la valeur et l'habile conduite du duc lui firent remporter la victoire. Il tailla les ennemis en pièces, fit tous leurs chefs prisonniers, et, entre autres, le sénéchal d'Anjou, le comte de Vendôme et le seigneur de Maillé, qui avaient amené les Normands et les Manceaux; et les Bretons furent obligés de se soumettre aux conditions qu'il voulut leur imposer.

C'est ainsi que finit cette petite guerre, que l'on peut appeler la guerre des *congés*, et qui remit les ducs de Bretagne en possession des droits qui avaient été cédés au seigneur de Léon.

Pierre, suivant son naturel chagrin et inquiet, ne voyant plus personne à qui il pût faire des affaires, trouva moyen de s'en faire à lui-même; il se brouilla avec Louis VIII, roi de France, et se mit ensuite à la tête du parti que formèrent les grands seigneurs du royaume, durant la minorité de saint Louis.

Cette levée de boucliers lui attira une guerre qui ne finit que par le traité d'Angers, en 1231, par lequel il soumit sa personne et le duché de Bretagne au roi saint Louis et à ses successeurs. Par le même traité, le roi promit de le conserver dans tous les droits où il était avant la déclaration de la guerre, tels que : « de forger et de faire monnaie ; comme à lui et à ses successeurs plaira, donner sauve-garde ; avoir ports de mer, romptures de nefs, avec forfaitures, amendes et émoluments, tant pour raison de nefs pareilles, comme des brevets ou sceaux de mer ; prendre, percevoir et avoir et lever ès-villes, hâvres et ports de son duché, et en la mer, toutes et quantes fois le cas ès-dits lieux ou aucun d'iceux adviendra, pêcheurs en mer, déviations en terre, poissons royaux, permis en la mer de Bretagne, brevets ou sceaux des brevets, c'est à savoir de salvation et de sauf-conduits, de vivres pour les marchands et passants par la mer de Bretagne, en la salvation et faveur d'iceux marchands d'encienneté par certaine composition pour ce ordonnée, tant aux ports, hâvres et villes de son duché, comme aussi à Bordeaux et à La Rochelle. »

Vous voyez par cela, Monseigneur, non-seulement que *le droit de congé* était regardé comme un droit de souveraineté, mais que, du temps de saint Louis, les bureaux de Bordeaux et de la Rochelle étaient regardés comme établis de temps immémorial et autorisés par les rois de France.

Ce même droit fut encore confirmé à Jean de Montfort, duc de Bretagne, lorsqu'il fit hommage de son duché à Charles VI, en 1381.

J'ai vu un livre intitulé : *le grand Routier et pilotage de mer*, composé par Pierre Ferrande, pilote de Saint-Gilles, sur sa vie, par lequel il paraît que cet usage, tant à l'égard des congés que des naufrages, s'observait

Forbin et le Macassar. (Page 498.)

encore à la rigueur en 1482, c'est à-dire huit ans seulement avant le mariage d'Anne de Bretagne ; et où l'auteur ajoute que ceux qui, ayant chargé dans les lieux où il y a des bureaux de brefs établis, ont négligé de s'en munir, sont à la discrétion du seigneur, corps et biens [1].

1. *Archives de la marine.* (Biblioth. de Versailles.)

CHAPITRE VII

JEAN BART ARRIVE AUX HONNEURS

Décadence maritime de la France. — Importance des corsaires. — Jean Bart chevalier de saint Louis. — Instructions qui lui sont données. — Heureux résultats de sa campagne de 1694. — Jean Bart reçoit des lettres de noblesse. — Combat du 18 juin 1696. — Rapport de M. Vergier. — Relation de Jean Bart.

La décadence maritime qui suivit la défaite de la Hogue ne permit plus à Louis XIV d'entreprendre à l'avenir d'expédition d'ensemble. Il ne fit plus qu'une guerre de détail et de course. Le roi, devenu armateur, prêtait ses officiers et ses bâtiments, sous certaines conditions, à des compagnies. Les officiers de la marine royale se transformaient en corsaires. Ce genre de guerre donna une haute importance à Jean Bart et lui valut une notoriété si grande que sa popularité éclipsa celle des Duquesne et des Tourville.

Monté sur le *Glorieux*, de 62 canons, il prit part au combat de Lagos. Il rencontra, près de Faro, 6 bâtiments hollandais, de 24 à 50 canons, tous richement chargés; il les poursuivit, les força de s'échouer et les brûla.

Le 19 août 1694, Jean-Bart, nommé chevalier de Saint-Louis, reçut du ministre Pontchartrain les instructions suivantes :

« Sa Majesté veut qu'il appareille aussitôt les présentes reçues, avec les vaisseaux qu'il commande et les flûtes *le Bienvenu* et *le Portefaix*. Il ira droit au cap Dernens. Aussitôt qu'il sera arrivé sur cette hauteur, il permettra au commandant de ces flûtes de suivre les ordres qu'il aura du sieur Patoulet, intendant de la marine ; et il détachera en même temps 2 des vaisseaux de son escadre qu'il enverra à Flecker avec une corvette que le sieur Patoulet a ordre de lui donner. Il chargera l'officier qui commandera ces 2 vaisseaux de s'informer du nombre de bâtiments chargés de blés pour la France qui seront dans ce port, de ceux qui doivent encore arriver, du temps auquel le tout pourra partir de Flecker, et de lui faire savoir ensuite exactement tout ce qu'il aura appris, par la corvette qu'il lui renverra. S'il ne fallait que peu de jours à ces bâtiments de transport pour partir de Flecker, il les attendra dans ce parage ; mais s'il leur fallait un temps trop considérable pour s'apprêter, Sa Majesté lui permet d'aller croiser dans les endroits qu'il jugera convenables, jusqu'à l'époque où la flottille sera en mesure d'appareiller. Le sieur Bart ne manquera pas de se trouver au cap Dernens, ou même de se rendre à Flecker, si ce mouvement est nécessaire, pour assurer le passage desdits bâtiments de transport.

« Il amènera cette flotte avec toutes les précautions que la prudence recommande. Il fera entrer à Dunkerque, en passant devant le port, les bâtiments qui devront s'y arrêter, et conduira les autres jusqu'au Havre-de-Grâce. Sa Majesté suppose, en donnant cette mission au sieur Bart, qu'il ne trouvera point en son chemin d'escadre supérieure à la sienne et qu'il n'en aura pas même d'avis. Dans le cas contraire, le sieur Bart devra agir suivant la nécessité, et mener tout le convoi à Dunkerque, si les ennemis occupaient le Pas-de-Calais, ou dans la Manche en rangeant la côte d'Angleterre, s'ils se trouvaient devant Dunkerque. Sa Majesté se remet à son expérience et à sa sagacité, autant qu'à sa bravoure, du parfait accomplissement de cet ordre.

« Après avoir mis le convoi en sûreté, M. Bart reviendra croiser entre les côtes de Hollande et celles d'Angleterre et d'Écosse. Comme Sa Majesté sait qu'il a une connaissance parfaite de tous les commerces que ses ennemis font dans cette étendue des mers, aussi bien que des époques de départ et d'arrivée des flottes marchandes, tant d'Angleterre que de Hollande et de Hambourg, elle n'entrera dans aucun détail à cet égard, et elle se contentera de lui dire qu'en attendant les flottes qui passent presque toujours en certain temps, il est nécessaire qu'il s'applique à détruire les pêches que les Anglais et les Hollandais font le long des côtes d'Angleterre et d'Écosse. Elle veut qu'il ne conserve des bâtiments qu'autant qu'il en faudra pour renvoyer les équipages, auxquels il observera de ne point laisser de filets ni autres ustensiles servant à leur industrie ou commerce. Si les bâtiments qu'il prendra sont chargés de marchandises considérables, il tâchera de les faire passer à Dunkerque ; s'il ne le peut, il les mènera dans quelque port de Norvége ; mais il brûlera tous ceux qui ne seront pas chargés de valeurs considérables. Il retirera avec beaucoup de soin de tous ces bâtiments tous les vivres qui s'y trouveront, afin de se mettre par là en état de tenir la mer plus longtemps qu'il ne faisait avec les seules munitions de bouche emportées de Dunkerque. En cas qu'il se rende maître de quelque flotte, il gardera la même conduite, c'est-à-dire qu'il tâchera de l'amener à Dunkerque, ou, au pis aller, dans quelque port de la Norwège. Si cette flotte ne porte pas de cargaison de prix, il en brûlera les bâtiments, à la réserve de ce qu'il en faudra conserver pour mettre les équipages à terre, observant, autant que faire se pourra, de débarquer les Anglais en Hollande, et les Hollandais en Angleterre.

« Sa Majesté recommande en outre au sieur Bart de faire en sorte d'enlever quelque flottille de charbonniers de Neufchâtel. Elle sait que le succès d'une pareille expédition ferait fort crier le peuple de Londres, et cela conviendrait parfaitement à la conjoncture présente. M. Bart rendrait également un service très-important s'il pouvait enlever quelque flotte chargée de grains. Sa Majesté est informée que les Anglais doivent en faire venir de grandes quantités de la mer Baltique, et elle est persuadée qu'en suivant exactement les avis qu'il pourra avoir par les bâtiments qu'il rencontrera à la mer, il pourra parvenir à en enlever quelqu'une.

« M. Bart n'ignore pas que les flottes baleinières de Hollande et de Hambourg (qui sont considérables cette année, la dernière étant de plus de soixante navires escortés par un seul vaisseau de guerre) doivent arriver au mois d'août ; il faut tenter une belle capture. Les flottes d'Angleterre et de Hollande partent à la fin de juin ou au commencement de juillet pour la mer Baltique. Mais comme elles n'en reviennent qu'en novembre, temps auquel M. Bart ne sera peut-être plus à la mer, Sa Majesté désire qu'il prenne les mesures nécessaires pour en enlever une partie au départ. Les vaisseaux des Indes reviennent ordinairement dans le courant d'août ; il serait utile de se mettre en parage en temps opportun, afin de ne pas les laisser échapper. La confiance que Sa Majesté prend en la capacité du sieur Jean Bart, en sa bonne volonté et en son affection dévouée pour son service, fait qu'elle ne lui prescrit rien de particulier sur la conduite qu'il devra suivre dans les occurrences qui pourraient nécessiter des mesures imprévues.

« A l'égard de son retour, Sa Majesté désire qu'il le règle sur la quantité de vivres qu'il aura consommés dans sa croisière, et en ayant soin seulement de tenir la mer aussi longtemps que faire se pourra. Le sieur Bart ne négligera point d'informer Sa Majesté des nouvelles intéressantes de sa navigation, et il se servira, pour cette correspondance, de la corvette qui est mise à sa disposition pour faire le service d'éclaireur, quand il n'aura point d'autre moyen d'expédier ses rapports. »

Muni de cette instruction, Jean Bart mit à la voile sans perdre de temps, et rien ne saurait exposer mieux que la dépêche suivante, du 11 juillet 1694, les heureux résultats de sa campagne.

« Le 29 juin, à trois heures du matin, dit l'illustre corsaire, les vents étant au sud-ouest, on découvrit la flotte ennemie. Elle était à environ douze lieues du Texel, par où elle faisait route. Je fis porter dessus jusqu'à cinq heures et je reconnus alors qu'elle était escortée de huit vaisseaux de guerre hollandais, commandés par un contre-amiral. Je mis en panne à deux portées de canon d'eux, et j'appelai immédiatement mes capitaines en conseil. Quoique les ennemis me parussent encore plus supérieurs en force qu'en nombre, tous les membres du conseil furent d'avis qu'il fallait les attaquer s'ils étaient chargés de blé ; et, pour m'instruire de ce qui en était, je détachai M. de Chamblage, commandant une barque longue, pour tâcher de joindre quelques navires marchands, et d'en obtenir les renseignements nécessaires.

« M. de Chamblage passa sous le canon des Hollandais, dont il essuya tout le feu, et me rapporta que cette flotte était celle de Flecker : qu'elle était destinée pour Dunkerque ; que le jour précédent, elle avait été rencontrée par l'escadre hollandaise qui s'en était emparée en tirant les maîtres d'une partie des vaisseaux les plus considérables, et mettant des Hollandais à leur place pour les conduire prisonniers au Texel.

« Il nous parut, après ce rapport, qu'il ne fallait plus hésiter à combattre, et nous nous y déterminâmes sans avoir égard à la grande inégalité des forces : et, comme tous les capitaines convinrent avec moi qu'il fallait brusquer l'affaire sans donner le temps aux ennemis de se reconnaître, je les renvoyai à leurs bords, après leur avoir recommandé de faire tous leurs efforts pour aborder chacun leur adversaire sans manquer cette manœuvre décisive. Pour n'être point embarrassé par le nombre, je jugeai à propos de donner le commandement du *Portefaix* au sieur de la Bruyère, premier lieutenant du *Maure*, pour occuper un des vaisseaux que les ennemis avaient de plus que nous, et je lui fis un équipage de 120 hommes qui furent tirés de d'autre flûte et de la barque longue. Le temps qu'il mit à s'apprêter donna aux ennemis celui de s'élever un peu au vent, parce que nous restions toujours en panne. Le *Portefaix* se trouvait sous le vent de mon escadre : celle des ennemis revira, et une partie coupa entre la flûte et nous.

« Le sieur de la Bruyère prit aussitôt le parti qu'il devait, sans s'étonner de la position des ennemis ; il fit servir en même temps que moi, passa entre le second et le troisième navire hollandais, essuya les bordées de quatre avec fermeté, et revint chercher un poste. J'arrivai ensuite sur les ennemis ; j'abordai le premier, et je choisis le contre-amiral. Il avait même dessein que moi ; il ne tarda pas à s'en repentir ; car je l'attaquai avec tant de vigueur, qu'en moins de demi-heure il fut enlevé. Le commandant a six blessures, dont trois sont mortelles ; le capitaine en second a été tué, et deux lieutenants ont éprouvé le même sort. Tous mes officiers ont aussitôt sauté à bord, et combattu avec beaucoup de valeur.

« Le *Fortuné* menait la tête de mon escadre ; il aborda le vaisseau d'avant-garde des Hollandais ; mais ses grappins ayant rompu, l'abordage manqua. Le *Fortuné* renouvela son attaque avec plus de bonheur et enleva son adversaire ; le *Comte*, qui marchait après lui, laissa échapper sa proie. Le *Mignon* aborda deux fois ; mais à la première, il avait trop de voiles et ne put s'accrocher ; il diminua sa toile en revenant au combat, et resta vainqueur. Le capitaine et le lieutenant hollandais sont grièvement blessés ; l'équipage du *Mignon* ne subit que des pertes peu considérables. L'*Adroit* exécuta sa manœuvre avec une parfaite précision ; aussitôt que l'abordage fut exécuté, officiers et matelots se jetèrent vivement sur le pont ennemi ; mais en ce moment ses grappins rompirent ; le sieur Fricambault, lieutenant de l'*Adroit*, fut tué par les Hollandais, en voulant pénétrer, l'épée à la main, sous le gaillard, où l'équipage s'était retranché, et le sieur Gabaret, premier enseigne, fut blessé. Le *Fortuné* accourut au secours de l'*Adroit*, enleva le navire hollandais, et dégagea nos gens.

« Après cet engagement, les cinq navires hollandais qui restaient encore intacts ne jugèrent pas à propos de soutenir la lutte, ils firent force de voiles pour nous échapper. Le *Jersey*, le *Comte*, l'*Adroit* et le *Portefaix* se mirent à leur poursuite et les atteignirent. Mais, comme mon vaisseau était entièrement désemparé et presque hors d'état de manœuvrer, et que, d'ailleurs, il était important de s'assurer de la flotte que nous venions de délivrer, et qui, dès le commencement du combat, avait gagné du large dans la direction de Dunkerque, je rappelai mes capitaines, après avoir amariné les prises, dont le commandement fut donné aux sieurs de la Bruyère, de La Tour, de la Sablière et de

Ravenel, et partagé les prisonniers parmi mes équipages pour les mettre hors d'état de se révolter. Je fis ensuite voile pour rejoindre la flotte et la mettre à couvert de nouvelles insultes. »

La *Gazette de la Haye*, du 18 novembre 1694, raconte ainsi les nouvelles prouesses de Jean Bart, et l'effroi que son voisinage inspirait aux Hollandais :

« Le vent s'étant mis à l'est, le 15, le prince d'Orange sortit de la Haye le 16, entre six et sept heures du matin, et alla s'embarquer à Orange-Polder ; mais le vent ayant encore changé, l'obligea de rentrer au port vers le soir. Il essaya de remettre à la voile, le lendemain, de bonne heure. Mais on apprit presque aussitôt que le capitaine Bart, étant sorti de Dunkerque, le 13 de ce même mois, avec 5 vaisseaux, pour aller, à ce qu'on disait, vers le Nord, était arrivé sur les côtes de Hollande ; qu'ayant trouvé à s'ancrer devant Schowen, l'une des îles de Zélande, il avait rencontré et attaqué la flotte d'Écosse, escortée par deux vaisseaux de guerre ; qu'il en avait pris une partie ; que l'autre, s'étant jetée dans la Meuse, s'était sauvée dans divers ports, et que, comme on n'avait point vu reparaître les deux vaisseaux d'escorte, il était fort à croire qu'ils avaient été enlevés par le corsaire français. Sur cet avis, le marquis de Carmarthen, qui commandait l'escadre venue d'Angleterre pour escorter le prince d'Orange, s'était mis à la poursuite de Jean Bart, et le prince d'Orange se trouva forcé d'attendre son retour. »

Le retentissement de cette victoire fut d'autant plus grand que le marin dunkerquois ramenait l'abondance dans un pays qui n'avait d'autre perspective que la disette.

Une médaille conserva le souvenir du combat où Jean Bart avait vaincu un contre-amiral ennemi.

Pour sa récompense, le marin reçut des lettres de noblesse, au grand mécontentement des nobles inutiles qui peuplaient la cour.

La noblesse décrépite qui soutenait, de ses bras affaiblis, un trône vermoulu, n'admettait pas dans ses rangs un guerrier, l'honneur et la gloire de sa patrie.

L'année suivante, pendant le bombardement de sa ville natale, ce nouvel anobli se signala par la défense de la place. Le 11 août, chargé de la défense du fort de Bonne-Espérance, il pointa lui-même, aidé de son fils, les canons du rempart, et coula un brûlot ennemi.

Enfin, le 18 juin 1696, il livra le fameux combat qui lui valut le titre de chef d'escadre.

Le 17 mai, il était sorti de Dunkerque à 10 heures du soir, malgré 14 vaisseaux hollandais qui entouraient la rade. Le 1er juin, il découvrit, à 16 lieues au nord du Texel, une flotte qui paraissait très-nombreuse, mais dont, à cause de l'éloignement, il ne put distinguer la nationalité. Il ne tarda pas à apprendre que cette flotte arrivait de la mer Baltique ; qu'elle était composée d'environ 80 bâtiments marchands et convoyée par 5 vaisseaux de guerre hollandais.

Jean Bart avait de son côté 7 bâtiments de guerre, savoir :

NAVIRES.	CANONS.	CAPITAINES.
Le *Maure*,	54	Jean Bart.
Le *Mignon*,	44	Saint-Pol.
Le *Jersey*,	40	D'Oroignes.
Le *Comte*,	44	De Menneville.
L'*Adroit*,	40	De Villeluizan.
Le *Milfort*,	36	De La Bruyère.
L'*Alcyon*.	36	De Saint-Pierre.

Et 2 petits corsaires de Dunkerque.

Jean Bart choisit pour adversaire le chef d'escadre ennemi ; mais comme les Hollandais se tenaient fort serrés, il fut obligé de passer près d'un bâtiment de 24 canons, auquel il donna, vergue à vergue, toute sa bordée. Le Hollandais se défendit avec une vigueur surprenante ; il fallut un combat de mousqueterie pour le déterminer à se rendre.

Le Dunkerquois parvint ensuite à aborder le commandant hollandais et l'enleva après une heure de défense. Ce fut un nommé Flammarton, volontaire anglais ou irlandais, qui sauta le premier à l'abordage et donna l'exemple aux Français.

Pendant ce temps, les capitaines du *Jersey*, du *Mignon* et de l'*Alcyon* enlevaient chacun un ennemi. Quand Jean Bart se fut ainsi assuré de l'escorte, il donna, à la tête de toute son escadre, au milieu des 80 navires marchands, forçant les uns de se rendre ou envoyant des chaloupes pour brûler ceux qui refusaient d'amener leurs couleurs.

Tandis que 7 vaisseaux français couraient ainsi au milieu de cette forêt de mâts, Jean Bart fut averti que 13 gros bâtiments de guerre arrivaient sur lui à toutes voiles.

Ne pouvant, fatigué comme il l'était, accepter une bataille, il mit tous les prisonniers dans un des vaisseaux qu'il avait pris et il les envoya en Hollande, après avoir encloué les canons et mouillé les poudres ; ensuite il fit brûler les 4 navires de guerre.

Quand la flotte ennemie vit cet incendie, elle mit en panne, ce qui nous donna le temps de nous éloigner. Les ennemis nous suivirent toute la nuit ; mais le lendemain, on les perdit de vue.

Voici le rapport de M. Vergier, intendant de l'armée (*Extrait des archives de la marine à Versailles*). Laissons parler lui-même ce fidèle narrateur sur ce combat dont il fut le témoin oculaire.

« Cet abordage fut fait le 1er, dit-il, et fut fini à 9 heures du matin. Nous eûmes, tant par le feu du petit vaisseau que par celui du gros, 15 hommes tués et 16 blessés. D'un autre côté, *le Gerzé*, commandé par M. Doroigne, et *l'Alcyon*, commandé par M. de Saint-Pierre, qui étaient à notre tête, abordèrent et enlevèrent, l'un *le Comte de Rolmes*, et l'autre *le Weldam*, sans autre accident que la longue résistance que firent ces 2 vaisseaux. *Le Gerzé* eut, en cette occasion, 5 hommes tués et 10 blessés ; *l'Alcyon* eut 3 hommes tués et 12 blessés. *Le Mignon*, commandé par M. de Saint-Pol et qui était de notre arrière, arriva sur *le Sauldek* ; mais dans le temps qu'il le prolongeait, ce vaisseau lui donna sa bordée si heureusement qu'il lui coupa sa barre du gouvernail et presque toutes ses manœuvres. Cet accident l'ayant mis hors d'état de gouverner, il ne put accrocher le vaisseau hollandais, et fut obligé de le canonner vergue à vergue pendant une demi-heure ; ensuite le vaisseau ennemi, qui avait sur lui l'avantage du gouvernail et des manœuvres, fit ralinguer ses voiles et lui gagna au vent, mais de si près, que le beaupré du hollandais se prit dans l'arrière de l'autre ; mais *le Mignon*, par le moyen de ses voiles acculées, s'étant retrouvé par le travers de ce vaisseau du côté de bâbord et sous le vent, lui donna de côté une bordée si à propos qu'il l'obligea d'amener son pavillon ; et comme, son pavillon amené, il tira encore 2 coups de canon sur *l'Adroit* qui suivait *le Mignon*, M. de Ville-Luizant lui répondit de toute sa bordée et y envoya sa chaloupe pour l'amariner, étant plus paré pour cela que *le Mignon* à qui il appartenait. — M. de Ville-Luizant y mit Du Rivant, capitaine de frégate, pour le commander. *Le Mignon* eut, dans cette occasion, 4 hommes tués et 18 blessés. M. de Saint-Pol m'a paru fort content de tous les officiers en cette occasion, et surtout du sieur de Vandemes qui sert sur *le Mignon* en qualité d'enseigne.

« Comme il n'y avait que 5 vaisseaux ennemis, que de ces 5 vaisseaux M. Bart en avait enlevé ou fait rendre 2, et que les 3 autres étaient tombés, par leur situation, au *Gerzé*, au *Mignon* et à *l'Alcyon*, il ne resta rien à faire pour *l'Adroit*, pour *le Milfort*, ni pour *le Comte*, et vous croirez aisément, Monseigneur, que ce fut au grand regret de MM. Ville-Luizant, de la Bruyère et de Renneville qui les commandent.

« Dès que M. Bart fut maître du vaisseau

qu'il avait attaqué et qu'il vit tous les autres rendus, il fit déborder, mit le signal pour donner dans la flotte et y donna tout le premier, faisant amener les bâtiments à coups de canon et y envoyant une chaloupe pour les couler; les autres vaisseaux firent la même chose.

« Lorsque nous avions commencé à faire vent arrière sur les ennemis, on avait averti M. Bart qu'on découvrait à 6 lieues, vent à nous, une flotte qui paraissait plus nombreuse encore que celle que nous avions attaquée. — A midi, et lorsque nous étions occupés à chasser les bâtiments marchands, il fut averti par les matelots de découverte, qu'on ne voyait plus cette flotte, mais qu'il paraissait, à 2 lieues au vent à nous, 13 gros bâtiments qui semblaient vaisseaux de guerre et qui venaient sur nous vent arrière. — M. Bart les ayant reconnus pour vaisseaux de guerre entre lesquels il jugea qu'il y en avait 5 au-dessus de 60 canons, les autres de 36 à 50, mit en panne et fit aux vaisseaux de son escadre le signal de cesser la chasse et de se rallier auprès de lui.

« Les capitaines rassemblés, il fut jugé à propos de retirer nos équipages des vaisseaux de guerre hollandais, de mettre tous les équipages prisonniers dans celui de 24 canons pour les renvoyer en Hollande, après en avoir encloué les canons et mouillé la poudre, et ensuite de brûler les 4 autres.

« Ce parti était le seul bon à prendre en cette occasion, parce que les vaisseaux hollandais que nous avions pris allant mal naturellement, et étant d'ailleurs fort désemparés du combat, seraient infailliblement retombés entre les mains des ennemis avec une bonne partie de nos équipages qui y avaient été jetés, si nous avions entrepris de les emmener; et que d'ailleurs il y aurait eu une témérité très-dangereuse pour le service, à tenter de les défendre et de les soutenir contre une escadre aussi supérieure à la nôtre, qu'était celle qui nous chassait, surtout nos équipages se trouvant fort affaiblis par l'amarinage de ces prises.

« Quant au parti de mettre tous les matelots hollandais dans le vaisseau de vingt-quatre canons et de les envoyer en Hollande, c'était aussi une chose indispensable, parce que ces équipages, montant à plus de mille hommes, auraient consommé presque tous nos vivres et nous auraient obligés de retourner en France bien plus tôt que vous ne l'avez destiné. Cette résolution prise, chacun s'en retourna à son bord pour l'exécuter.

« Cependant l'escadre ennemie tombait toujours sur nous vent arrière; mais quand elle fut environ à demi-lieue au vent à nous, elle mit en panne comme pour être témoin de l'incendie de leurs vaisseaux, mais apparemment pour tenir conseil sur ce qu'ils avaient à faire. Cette mauvaise manœuvre nous donna le temps d'exécuter ce qui avait été résolu. Nos équipages furent retirés des prises. Les Hollandais furent mis dans le petit vaisseau, à l'exception des officiers majors et d'environ deux cent trente matelots qu'on n'eut pas le temps ou qu'on ne put y transporter à cause de leurs blessures, et le feu fut mis aux quatre vaisseaux de guerre.

« Dès que les ennemis s'aperçurent que nous brûlions leurs vaisseaux, ils firent servir et recommencèrent à chasser sur nous à toutes voiles; mais M. Bart et toute son escadre resta toujours en panne jusqu'à ce qu'il vit les quatre vaisseaux consumés; ensuite il fit servir, portant au ouest-sud-ouest avec ses deux huniers seulement, et se retira ainsi devant les ennemis qui avaient toutes leurs voiles dehors.

« Je ne prendrai pas le soin, Monseigneur, de vous marquer plus fortement la hardiesse de cette manœuvre. Le récit le plus simple suffit pour le faire connaître.

« Les ennemis nous suivirent toute la nuit; mais, à la pointe du jour, nous ne découvrîmes plus que trois de leurs vaisseaux, à plus de cinq lieues de l'arrière de nous, et, sur les six heures du matin, on n'en vit plus du tout. Ils ont perdu en cette occasion environ quarante bâtiments, y compris les vaisseaux de guerre et plusieurs flûtes, que les deux petits corsaires ont prises ou brûlées.

« Tous ces bâtiments étaient chargés de planches, de goudron, de chanvre, de blé et autres marchandises du Nord, et comme nous ne nous attachâmes qu'à brûler les plus gros, je ne doute point que la perte n'aille à deux millions au moins pour les Hollandais.

« De toute cette flotte, il ne s'en serait peut-être pas sauvé deux bâtiments sans l'arrivée de la seconde escadre qui, comme j'ai eu l'honneur de vous le dire, fit cesser notre chasse environ deux heures après que nous l'eûmes commencée.

« Les Hollandais ont aussi perdu en cette occasion le sieur Bokem, capitaine de vaisseau commandant l'escadre, et le sieur Hallowin, capitaine commandant *le Den-Arent*, l'un d'un coup de mousquet à la poitrine et l'autre d'un éclat de grenade à la jambe ; ils ont eu de blessé le sieur Marmart, capitaine commandant *le Weldam*. Quant à la perte qu'ils ont faite de matelots et gens d'équipage, nous n'avons pu le savoir à cause du peu de temps que leurs vaisseaux ont resté entre nos mains ; mais s'il est permis d'en juger par le nombre de leurs blessés, il faut qu'elle ait été grande, puisque nous avons embarqué dans nos vaisseaux plus de cent de leurs blessés, et qu'il y en eut autant encore qui furent renvoyés en Hollande dans la petite prise.

« De notre côté, nous avons eu de tués les sieurs Chevalier de Cargrais, capitaine en second sur *le Maure* ; de Buachart, capitaine de frégate, servant sur *le Gerzé* ; du Fremet, sous-brigadier de garde-marine sur *l'Alcyon*, et vingt-sept matelots ou soldats sur tous les vaisseaux. — Le sieur du Conseil, lieutenant de vaisseau, a été légèrement blessé à la jambe ; les sieurs d'Estapes et Jouan, garde-marine, l'ont été aussi, le premier à la tête et le second assez dangereusement d'un coup de mousquet dans les reins ; et à l'égard des matelots et soldats, nous en avons eu sur tous les vaisseaux cinquante-six blessés.

« Si je ne vous marque rien en particulier, Monseigneur, touchant ce que les officiers ont fait en cette occasion, c'est que tous ceux qui se sont trouvés en place à se distinguer s'y sont si bien et si également comportés qu'on ne peut rien dire de l'un qui n'appartienne également à l'autre.

« Le 19 juin, nous fîmes route pour aller reprendre la croisière d'Euss-Desneus et le nord du Dogher-Banc.

« Le 28 juin, étant à vingt-quatre heures du nord-est de Derneus, nous rencontrâmes quatre bâtiments danois allant à Newcastle, sur lesquels nous mîmes les officiers hollandais et une partie des matelots prisonniers qui nous étaient restés. Je leur fis donner pour dix jours de vivres, qui est ce que M. Bart jugea qu'il leur fallait pour leur traversée, et si ces bâtiments avaient été assez grands pour recevoir le reste, nous l'y aurions mis, soit pour épargner les vivres qu'ils nous consommèrent, soit pour débarrasser nos vaisseaux.

« Ces bâtiments nous apprirent que la grande flotte que nous découvrîmes le 18 juin, dans le temps que nous arrivions sur elle, était la flotte du Vlie, et que l'escadre de treize vaisseaux qui nous chassa ce jour-là était une partie de son convoi qui, au bruit de notre canon, s'était détachée pour courir sur nous pendant que la flotte du Vlie, escortée encore par quatre vaisseaux de guerre restés avec elle, avait continué sa route dans la mer Baltique. La force de ce convoi est une preuve des effets que produit chez les ennemis une escadre commandée par M. Bart quand ils la savent à la mer.

« Le 1er juillet, étant à douze lieues au

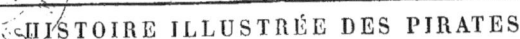

Sainte Pompe! (Page 503).

large de la mer de Norvége et le vent étant propre pour y relâcher, M. Bart prit la résolution d'y aller. Plusieurs raisons l'obligèrent à prendre sitôt ce parti : la première, que quelques-uns de nos vaisseaux commençaient à manquer d'eau ; la seconde, que le nombre de nos malades augmentait tous les jours, et que leurs rafraîchissements étaient sur leur fin dans presque tous les vaisseaux ; et le troisième, parce qu'étant nécessaire d'y relâcher tôt ou tard, il était à propos de le faire pendant ce mois où il n'y a rien à espérer à la mer, pour pouvoir la tenir dans le mois d'août, qui est le retour de plusieurs flottes ennemies.

« Le 2 juillet, nous apprîmes sur la côte de Norvége que l'escadre qui nous avait chassés le 18 juin, forte de treize vaisseaux hollandais, l'un de soixante-seize canons, cinq au-dessus de soixante, le reste, depuis trente-six jusqu'à quarante, et un brûlot, croisait du côté de Fleker.

« Sur cet avis, M. Bart prit le parti de relâcher à Concalf au lieu de Fleker, où il avait dessein d'aller, d'autant que, par la situation des lieux, avec peu de précautions, nous pouvions mettre ici nos vaisseaux hors d'insulte, quelque entreprise que pussent tenter les ennemis ; au lieu qu'à Fleker, où à la vérité nous aurions eu beaucoup plus de commodités pour prendre les vivres et les rafraîchissements dont nous avions besoin, ils auraient pu nous insulter aisément, quelques précautions que nous ayons pu prendre.

« Et enfin, hier, 5 juillet, nous entrâmes en ce port à huit heures du soir.

« Voilà, Monseigneur, un récit de notre navigation le plus exact que j'ai pu, et dans lequel je souhaite que vous trouviez quelque chose qui vous soit agréable, c'est-à-dire qui soit utile au service du roi et conforme à ses intentions. — Pour ce qui me regarde, Monseigneur, j'ai donné toute mon attention à faire observer un bon ordre dans les choses qui sont de mon inspection.

« Ce matin, à la pointe du jour, nous avons mis à terre tous les prisonniers qui nous restaient; je leur ai fait donner pour 2 jours de vivres, et ils ont été renvoyés à Christianod, où l'on nous a dit qu'il y avait quelques vaisseaux hollandais qui pourront les recevoir. Il s'est trouvé, parmi ces prisonniers, plusieurs Flamands de Dunkerque, que les Hollandais retenaient malgré eux, et quelques Italiens qui ont demandé à rester sur nos vaisseaux; je les ai retenus, et je les ai donnés en remplacement à ceux de nos vaisseaux qui ont le plus perdu de monde.

« Il y a dans toute l'escadre 180 malades, soit de fièvre, soit de scorbut; je les ai fait mettre à terre aujourd'hui, partie dans une maison, partie sous des tentes, et tous les ordres sont donnés pour qu'ils ne manquent pas de rafraîchissements.

« Nous avons appris que les Anglais ont sur le Dogher-Banc une escadre de 15 vaisseaux; il y a bien de l'apparence que c'est pour nous qu'elle y croise.

« M. Remy, consul de la nation française à Christianod, et qui a vu l'escadre qui nous chassa le 18 juin, dit qu'elle était composée de 2 vaisseaux de 72 canons, d'un de 70, 2 de 64, 3 de 50, 1 de 46, 1 de 44, 1 de 40 et 1 de 36 et que les 4 vaisseaux qui étaient restés avec la flotte du Vlie, étaient : 1 de 38 canons, 1 de 34 et 2 de 36.

« Je suis avec un profond respect,
« Monseigneur,
« Votre très-humble
« et très-obéissant serviteur,

« Vergier. »

Ces détails sont très-importants en ce qu'ils jettent une vive lumière sur le combat du 18 juin, qui fut si diversement apprécié par les différents écrivains qui s'en sont occupés, surtout sur la retraite de Jean Bart devant l'escadre hollandaise, retraite qui donna lieu à tant de faux bruits indignes de la haute réputation de ce brave et courageux marin.

Voici la relation de cette affaire par Jean Bart lui-même : nous voyons, dans le rapport adressé au Ministre de la marine, combien il se préoccupe des bruits que pourrait faire courir sa retraite, car sa dernière phrase est une justification de cette même retraite.

Relation de Jean Bart du combat du 18 juin 1696.

« A Concalf, le 5 juillet 1696.

« Monseigneur,

« Après 31 jours de croisière sans rien trouver, je joignis, le 18 juin, une flotte hollandaise que j'attendais depuis 15 jours, sur les avis que j'en avais eus à la mer. Elle était d'environ 80 bâtiments marchands escortés par 5 navires de guerre, dont il y en avait 2 de 44 canons, 2 autres de 38, et 1 de 24 pièces. Je les attaquai, et j'eus le bonheur d'enlever les 5 convois, après un combat très-opiniâtre. J'eus 15 hommes de tués, dont M. de Carguères a été du nombre, et 15 blessés, entre lesquels il y a 5 ou 6 estropiés.

« Chaque capitaine vous rendra compte de la part qu'il y a eue, et de la conduite de ses officiers. Pour ce qui me regarde en particulier, après avoir fait rendre celui de 24 pièces par le canon et la mousqueterie, j'enlevai le commandant à l'abordage, qu'il ne me refusa pas, et ensuite je donnai dans la flotte avec l'escadre, où il y eut 25 grosses flûtes de 5, 6 à 700 tonneaux, chargées de mâts, blé ou goudron, des prises desquelles j'en pris 9 pour ma part, et les autres furent prises par les autres vaisseaux de l'escadre. J'aurais détruit toute la flotte sans une escadre de 12 vaisseaux de guerre hollandais qui ont été témoins de notre combat, et qui étaient à notre vue avant que nous eussions attaqué. Comme elle m'était fort supérieure en nombre et en grosseur, et qu'elle avait vent arrière sur moi avec un bon frais, et que je ne pouvais pas, sans compromettre beaucoup les armes du roi, entreprendre et soutenir contre cette escadre, je fus obligé de faire brûler toutes nos prises marchandes aussi bien que les 4 vaisseaux de guerre, et je donnai celui de 24 canons, après avoir encloué et mouillé les poudres, pour reporter les prisonniers en Hollande, qui m'auraient fort embarrassé, si j'avais été obligé de livrer un second combat, et qui m'auraient d'ailleurs consommé tous mes vivres. Tout cela fut exécuté avec tant de diligence et si à propos, que les ennemis n'étaient qu'à 2 portées de canon de moi, lorsque je commençai à faire servir.

« Comme tout le reste de la flotte s'est trouvé séparé et sans convoi, je ne doute pas, Monseigneur, que les capres de Dunkerque n'aient achevé de la détruire, et il y en eut 2 qui donnèrent dans la flotte, d'abord que je commençai le combat, lesquelles je couvris par ma manœuvre avec toutes leurs prises pendant tout le temps que les ennemis me chassèrent, qui fut jusqu'à la nuit. Ainsi je compte que cette flotte, qui était de très-grande conséquence pour les ennemis, sera presque toute prise par nos capres qui croisaient à l'ouverture du Texel, dont je n'étais qu'à 4 lieues et demie.

« M. Vergier, qui a été témoin de tout ce qui s'est passé, vous envoie, à ce qu'il m'a dit, une relation très-exacte et plus détaillée que ma lettre; ainsi, je remets à mon retour à vous informer de tout le détail de ma campagne. Il me reste à vous marquer la satisfaction que j'ai de la valeur et bonne conduite de tous messieurs les capitaines, en cette occasion.

« Je n'ai pu, Monseigneur, vous écrire plus tôt faute d'occasion; j'ai relâché à Concalf, où l'on travaille avec toute la diligence possible à nous faire de la bière, et j'en partirai aussitôt qu'elle sera faite. J'acquis avis qu'il y a 15 navires anglais, depuis 60 jusqu'à 40 canons, commandés par un vice-amiral Blen, qui croisait pour moi entre le Dogher-Banc et le Vlie; c'est par un capitaine marchand qui a été à leur bord, que j'ai appris cette nouvelle; aussi cela est certain.

« J'ai appris aussi par le sieur Remy, consul à Vleker, que les 12 vaisseaux de guerre, qui nous ont donné chasse le jour du combat étaient venus mouiller à 3 lieues dudit port, après avoir conduit une grande flotte jusqu'à l'entrée du Sund, dans l'espérance de me joindre, puisqu'ils ont tenu une frégate sous voile pendant les 3 jours qu'ils ont resté mouillés. Il m'a donné l'état de leurs forces que je vous marque.

« C'est, savoir :

« 2 vaisseaux de 72 canons,
« 1 autre de 66,
« 2 autres de 64,
« 3 autres de 50,
« 2 autres de 46,
« 1 autre de 40,
« 1 autre de 34.

« Ainsi, vous verrez, Monseigneur, par ce mémoire, que je n'aurais pas eu affaire à partie égale.

« Je suis, avec un très-profond respect,
  « Monseigneur,
« Votre très-humble et très-obéissant serviteur,
    « Le chevalier BART[1]. »

Continuant sa croisière, Jean Bart mit

(1) *Archives de la Marine.* (Versailles.)

obstacle à la pêche des harengs à laquelle les Hollandais consacraient chaque année plus de 400 navires. Il força les alliés d'entretenir pendant 5 mois une cinquantaine de vaisseaux de guerre dans les mers du Nord.

Enfin, manquant de vivres, il rentra dans les ports de France, en passant, avec son habileté et son bonheur habituels, au milieu d'une flotte de 30 vaisseaux anglo-bataves qui voulaient lui barrer le chemin.

CHAPITRE VIII

FIN DE JEAN BART

Comment Jean Bart remercie le roi. — Affaire de Pologne. — Un trône à l'encan. — Le prince de Conti. — M. de Polignac. — Jean Bart traverse la flotte ennemie. — Le prince de Conti échoue. — Son retour. — Mort de Jean Bart. — Son épitaphe. — Son portrait.

C'est à la suite de cette fameuse campagne que Jean Bart fut enfin nommé chef d'escadre, promotion bien méritée après tant de services rendus à la France. Voici les provisions de ce grade :

PROVISIONS DE CHEF D'ESCADRE.

« Louis, par la grâce de Dieu, etc., notre cher et bien amé le chevalier Bart, capitaine de vaisseau, nous a rendu, pendant plusieurs années, des services si importants, et les prises qu'il a faites sur nos ennemis, avec tant de valeur et de bonne conduite, ont été si utiles au bien de notre État pendant la cherté des vivres, qu'après lui avoir donné divers commandements d'escadre de nos vaisseaux dans la mer du Nord, dont il s'est acquitté avantageusement pour la gloire de nos armes, il est juste de joindre, aux fonctions de chef d'escadre qu'il a si bien remplies, la qualité et les avantages qui en dépendent ; à ces causes, nous avons icelui chevalier Bart commis et commettons chef d'escadre de la province de Flandres, à la place du sieur marquis de Laugevon que nous avons fait lieutenant général, pour, sous l'autorité de notre très-cher et bien-aimé fils Louis-Alexandre de Bourbon, comte de Toulouse, amiral de France, etc[1]. »

« 1er avril 1697. »

(1) *Archives de la Marine.* (Dunkerque, rayon 63.)

Jean Bart se trouvait à Paris lorsque le roi l'éleva à ce grade ; il était l'objet de la curiosité publique ; le peuple se portait en foule sur son passage ; seuls, quelques courtisans essayaient encore de ricaner.

Le roi se le fit présenter.

— Monsieur Bart, lui dit-il, je viens de vous nommer chef d'escadre.

— Sire, vous avez bien fait, répondit tranquillement le héros.

A ces paroles, qui semblent naïves, les gentilshommes ne peuvent retenir leur hilarité ; mais le roi leur imposant le respect :

— La réponse de M. Bart, leur dit-il, est celle d'un homme qui sent ce qu'il vaut.

Et Louis XIV, habitué aux plus basses flatteries, trouva piquant de se contenter d'un semblable remercîment ; car il avait de l'esprit lorsqu'il daignait se dépouiller de son immense orgueil.

Du reste, le marin dunkerquois avait bien le droit de ne pas se montrer flatté des procédés du roi. Le monarque lui avait dit l'année précédente :

— Jean Bart, vous avez été *moins heureux* dans cette campagne que dans les autres.

Reproche injuste, qui peint les exigences insatiables d'un roi absolu.

L'affaire de Pologne occasionna la dernière expédition du nouveau chef d'escadre. La patrie des Jagellons venait de perdre un des plus grands rois qu'elle eût jamais eus, Jean Sobieski, décédé le 17 juin 1696. D'après la constitution polonaise, la noblesse se réservait le droit de nommer seule les souverains ; prérogative qui avait pu avoir sa raison d'être avant la corruption générale de la féodalité, mais qui ne produisait plus qu'une incroyable cupidité et qui amena la chute de la Pologne.

Les palatins et les nobles électeurs ne voyaient dans toute élection qu'un moyen de vendre leurs voix au plus offrant. Les suffrages, que l'on a bien de la peine à maintenir indépendants sous les régimes démocratiques, tournent fatalement au servilisme dans les aristocraties. En Pologne, le servilisme était celui de l'argent. On vendait les votes, c'est-à-dire la couronne, pour acheter un château, une ferme ou des esclaves. Les nobles descendants de Jagellon et de Wasa s'étaient faits marchands de sceptres.

A la mort de Sobieski, les cours d'Allemagne, d'Espagne et d'Italie se mirent à nouer de mystérieuses intrigues pour traverser l'élection d'un prince français que Louis XIV rêvait de placer sur le trône, en achetant les votes.

Plusieurs prétendants se plaçaient sur les rangs ; c'étaient :

1° Le prince de Conti ;

2° Frédéric-Auguste, électeur de Saxe ;

3° Jacques, fils de Jacques d'Angleterre ;

4° Charles de Neubourg, frère de l'électeur palatin ;

5° Léopold, duc de Lorraine ;

6° Louis, prince de Bade ;

7° Livio Odescalchi, neveu du pape Innocent XI.

Les suffrages se trouvaient partagés entre le *prince de Conti*, protégé par Louis XIV, et *Frédéric-Auguste*.

Notre ambassadeur à Varsovie, l'abbé Melchior de Polignac, diplomate habile, se croyait sûr de faire élire le prince français. Mais il avait compté sans les lenteurs que le roi, occupé de la guerre, apporta à lui envoyer les fonds nécessaires à l'achat des suffrages. Il fit des promesses : les électeurs avaient été si souvent trompés par les candidats qu'ils ne se payaient plus guère de cette monnaie.

D'un autre côté, le prince de Conti mettait mille entraves à son départ ; il se laissait enchaîner sur les bords de la Seine par les bras charmants de son adorable maîtresse, la duchesse de Bourbon. Pour les amants, la séparation c'est la mort.

Mais l'ambassadeur écrivit au roi d'une manière si pressante, qu'il fallut bien envoyer le prince en Pologne, malgré ses larmes et les marques de désespoir qu'il ne cessait de donner.

C'est à Jean Bart qu'il fut confié. Il arriva le 3 septembre 1697 à Dunkerque, accompagné des chevaliers de Sillery, de Lauzun, d'Angoulême, et portant avec lui 800,000 livres en or, pour 1 million de pierreries et pour 2 millions de lettres de change. Pour plus de sécurité, on voulait armer 10 vaisseaux de haut bord, mais Jean Bart n'accepta que 6 frégates, parce qu'il se croyait plus sûr de sa manœuvre avec des bâtiments légers et bons marcheurs.

Dunkerque était bloqué par 39 vaisseaux ennemis. Le 6, à minuit, par un temps sombre, le vent et la marée étant des plus favorables, Jean Bart mit à la voile, prêt au combat, les canonniers à leurs pièces et la mèche à la main.

Son escadre passe inaperçue ; mais le 8, vers sept heures du matin, on signale 3 gros vaisseaux et 9 frégates :

— Branle-bas de combat! crie le chef d'escadre.

Et tandis que les tambours battent pour répéter son ordre, il continue fièrement sa route.

Pendant quatre heures, l'ennemi le chasse inutilement ; ses navires, choisis avec soin, marchent tous avec la même vitesse ; pas un ne reste en arrière. A midi, l'ennemi a disparu.

« M. le prince de Conti n'avait pas un moment soupçonné le danger, Jean Bart l'ayant assuré que les vaisseaux qu'il fuyait faisaient partie d'un convoi marchand; mais, lorsque l'ennemi eut disparu dans la brume qui s'éleva, Jean Bart descendit dans la chambre où était le prince.

« — Eh bien! monseigneur, lui dit-il, vous venez de l'échapper belle.

« — Que voulez-vous dire, monsieur Bart?

« — Je veux dire, monseigneur, que nous venons d'être chassés par 3 vaisseaux de 80 et 9 frégates.

« M. le prince de Conti fit un mouvement de surprise involontaire et dit :

« — Et ces vaisseaux, monsieur Bart?

« — Disparus, monseigneur; nous les avons gagnés de vitesse, et à cette heure il n'y a plus rien à craindre.

« — Diable! monsieur Bart; mais s'ils nous avaient pris?

« — Oh! monseigneur, je les défiais bien de nous prendre?

« — Comment?

« — Ah! sainte-croix, cela était impossible, monseigneur.

« — Mais encore, comment cela était-il impossible?

« — Parce que j'avais envoyé mon brave Cornille dans la sainte-barbe, une mèche allumée à la main, avec l'ordre de mettre le feu aux poudres dans le cas où nous aurions été amarinés.

« — Que dites-vous là, monsieur Bart? s'écria M. le prince de Conti en bondissant sur son fauteuil, car il connaissait Jean Bart fort capable de faire comme il disait.

« — Je dis ce qui est, monseigneur, car jamais je n'aurais voulu qu'on pût dire : — Jean Bart a laissé prendre M. le prince de Conti à son bord, vu que le roi m'avait ordonné de ne pas vous laisser prendre, monseigneur.

« — C'est fort bien, monsieur Bart; mais je vous prie, je vous ordonne au besoin, de ne jamais employer ce moyen pour m'empêcher d'être pris[1]. »

Le 26 septembre, l'escadre française entra dans la rade de Dantzick, après plusieurs bourrasques qui contrarièrent sa route. Aussitôt le prince se prêta le titre de *roi de Pologne*, qu'il ne devait pas garder longtemps. Quelques seigneurs vinrent le saluer et lui promettre leurs services moyennant finances. Le prince fit le généreux, donna beaucoup, promit davantage, et lorsqu'il eut dépensé tout son argent, il ne fut pas élu.

L'électeur de Saxe, qui avait réussi à mettre dans ses intérêts le primat de Pologne, fut proclamé roi sous le nom d'Auguste II.

Le 9 novembre, M. de Conti repartit de Dantzick, et l'escadre de Jean Bart rentra à Dunkerque le 10 décembre 1697.

Déjà la paix de Ryswick avait fait cesser les hostilités. Jean Bart put prendre enfin quelque repos. Il avait épousé, en secondes noces, une jeune Dunkerquoise, Marie-Jacqueline Rugghe, dont il avait 6 enfants.

Il allait passer des semaines entières chez son parent Nicolas Bart, curé de Drinkham.

— Cousin, lui disait-il, je viens passer quelques jours avec vous, mais à la condition que je ne vous serai pas à charge; c'est moi qui veux payer la dépense.

La guerre de la succession d'Espagne vint le tirer de son repos. Il fut chargé d'armer l'escadre de Dunkerque et d'en prendre le commandement.

Bien que le fort de la guerre ne dût pas se trouver dans le Nord, on l'y envoya croiser vers le commencement de 1702. Au retour d'une de ces croisières, il mourut à Dunkerque, le jeudi 27 avril 1702, à l'âge de 51 ans.

A la nouvelle de son décès, la France entière fut pénétrée de douleur, les ennemis

(1) Eugène Sue.

même rendirent à son mérite le tribut d'éloges qui lui était dû.

Jean Bart fut enterré dans la grande église de sa ville natale ; on voit encore aujourd'hui son épitaphe, au second pilier en entrant, à main gauche. Elle est ainsi conçue :

« Cy gît messire Jean Bart, en son vivant chef d'escadre des armées du roi, chevalier de l'ordre militaire de Saint-Louis, natif de cette ville de Dunkerque, décédé le 27 avril 1702, dans la cinquante-deuxième année de son âge, au service de Sa Majesté ; et Marie-Jacqueline Rugghe, sa femme, aussi native de cette ville, qui mourut le 5 février 1719, âgée de cinquante-cinq ans. »

Louis XIV donna une preuve authentique du cas particulier qu'il faisait de la mémoire du célèbre corsaire : Sa Majesté fit délivrer à sa femme et à ses enfants une pension de deux mille livres.

Le brevet en est conçu en ces termes :

Brevet de deux mille livres de pension pour la dame Bart et ses enfants.

« Aujourd'hui, deuxième du mois de mai 1702, le roi étant à Marly, voulant gratifier et favorablement traiter dame Marie-Jacqueline Rugghe, veuve du sieur Bart, vivant chef d'escadre des armées navales de Sa Majesté : les sieurs Bart, Jean-Louis-Ignace Bart et les demoiselles Jeanne-Marie Bart, Magdeleine-Marie Bart, Marie-Françoise Bart, et M. Bart, tous enfants dudit sieur Bart et de ladite dame Marie-Jacqueline Rugghe ; en considération des services dudit feu sieur Bart, Sa Majesté leur a accordé et fait don de 2,000 livres de pension annuelle, et qu'elle veut leur être payée leur vie durant sur les simples quittances de ladite veuve, par les gardes de mon trésor royal, présents et à venir, à commencer de cejourd'hui, et après sa mort, auxdits enfants, par accroissement aux survivants, et en cas que ladite veuve se remarie, Sa Majesté veut qu'elle en soit privée, et que lesdits enfants jouissent entièrement de ladite somme, et pour témoignage de sa volonté, Sa Majesté m'a commandé de lui expédier le présent brevet qu'elle a voulu signer de sa main, et être contresigné par moi, conseiller secrétaire d'Etat et de ses commandements et finances.

« *Signé* : Louis. »

Et plus bas :

« PHELYPEAUX. »

C'est au seul nom de Bart que Louis XIV accordait ses bienfaits, puisqu'il voulait que sa veuve en fût privée, si elle venait à le changer.

Jean Bart était grand, bien pris de taille, d'un air robuste, bâti pour résister aux fatigues de la mer. Il avait la physionomie agréable, le teint fort beau, les yeux bleus, grands et bien fendus, les cheveux blonds.

Il était sobre, modeste et parlait peu. Quand on louait ses actions :

— C'est la fortune qui m'a favorisé, répondait-il ; ceux qui m'ont secondé ont autant de mérite que moi.

D'un naturel doux, il était difficile à irriter. Enfin il avait l'esprit juste et plein de bon sens.

Actif, vigilant, ennemi du repos, toujours prêt à agir, il donnait l'exemple aux marins placés sous ses ordres. Ses solides qualités se complétaient par un courage à toute épreuve, mais toujours guidé par la prudence. Nul plus que lui ne cherchait à éviter les dangers inutiles ; mais jamais aucun capitaine ne montra plus de sang-froid en face des périls.

En 1845, la ville de Dunkerque a élevé au plus célèbre de ses marins un monument digne de lui. Le héros est représenté en costume de vice-amiral ; d'une main, il tient une trompe marine ; de l'autre, une épée menaçante dont il dirige la pointe vers l'Angleterre. Cette statue magnifique est due au talent de M. David (d'Angers).

De ses deux mariages, Jean Bart avait eu

treize enfants, dont six seulement lui survécurent :

L'aîné, *Cornille Bart*, avec lequel nous avons déjà fait connaissance, devint vice-amiral en 1753, et mourut deux ans plus tard, à l'âge de soixante-dix-huit ans. Il laissait deux fils : Gaspard-François Bart, chef de brigade, mort en 1782, et Philippe-François Bart, chef d'escadre, mort en 1784. C'était le dernier descendant mâle en ligne directe de l'illustre marin.

Un frère de Jean Bart, nommé Gaspard, laissa un fils, marin comme ses ancêtres ; le dernier rejeton mâle de cette famille est mort lieutenant de vaisseau, en 1843, à l'île Bourbon.

Voilà comme j'ai fait. (Page 506.)

LIVRE IX
DUGUAY-TROUIN — CASSARD

CHAPITRE PREMIER
JEUNESSE DE DUGUAY-TROUIN

Portrait de Duguay-Trouin à seize ans. — Sa jeunesse. — Ses duels. — Ses mémoires. — Ses compagnons de débauche. — Enlèvement d'une fille. — Trouin de la Barbinais. — Première campagne de Duguay-Trouin. — Il tombe à la mer. — On lui confie un petit commandement. — Ses croisières. — Ses pressentiments. — Sa captivité en Angleterre. — Son évasion. — Un réfugié français amoureux d'une marchande anglaise. — Retour en France.

« Vers le mois de mai 1689, au temps de la foire franche de Caen, joyeux rendez-vous de toute la jeunesse des environs, l'étourdissant tumulte de la fête était souvent dominé par l'éclat de violentes disputes nées au jeu, au cabaret, dans les mauvais lieux, altercations presque toujours terminées, soit par un coup d'épée, que les *riotteux* échangeaient à l'instant s'ils étaient hommes de guerre ou gentilshommes, soit par des coups de bâton s'ils étaient d'une profession moins martiale ou d'un état moins relevé.

« Or, parmi tant de forcenés bretteurs, brelandiers ou coureurs de filles, un surtout se faisait remarquer par son audace, sa jeunesse et sa figure. C'était un vigoureux et beau garçon de seize à dix-sept ans, grand, leste, adroit, à la mine avenante et hardie, quoique un peu bravache, portant le plumet sur l'oreille, le nez au vent, se posant sur la hanche, enfin caressant toujours la poignée d'une longue et forte épée de combat montée à la le Coq (un des meilleurs académistes de Paris), dont la poignée de chagrin noir, la coquille de fer large, concave du côté de la lame et percée de mille trous, disait assez que ce n'était pas là une arme de plaisance, mais bien l'épée la plus inquiète qui se soit jamais impatientée dans son fourreau.

« Ce garçon s'habillait d'ordinaire assez magnifiquement, bien que sa mise se ressentît parfois de la chance du jeu, tantôt bonne, tantôt mauvaise ; ainsi, aujourd'hui les passements dorés, le drap fin, les dentelles, les rubans, les bas de soie, le chapeau brillant de point d'Espagne, le baudrier doré ; — demain, la grosse serge brune, le col simple, le feutre gris, orné d'une maigre plume rouge, aux brins rares et décolorés, les grosses bottes de basane, le baudrier de cuir, mais toujours la sauvage et forte épée qui, heur ou malheur, gardait fièrement sa monture de fer.

« On revient tant sur cette épée parce que celui qui la portait en usait véritablement plus qu'un chrétien n'aurait dû le faire.

« Qu'on en juge.

« Entrant à peine à l'académie, à quatorze ans, je crois, ne s'avise-t-il pas, pour s'exercer avec un sien cousin, aussi fort que lui, de *tirer la muraille*, ainsi qu'on disait alors, non pas avec des fleurets, mais bien à franche pointe. Puis, bientôt l'amour-propre se mêlant du jeu, voilà nos deux jeunes têtes qui s'échauffent, et les deux cousins de se pousser de furieuses bottes, ni plus ni moins que deux ennemis mortels qui se voudraient percer d'outre en outre.

« Heureusement, le prévôt de la salle, après avoir joui quelques moments de ce spectacle, toujours si charmant pour les yeux d'un prévôt, les vint séparer en les gourmandant un peu, mais avec tendresse et presque en pleurant de joie ; car le digne homme ne pouvait cacher l'admiration profonde que lui inspirait une pareille témérité. Une autre fois, pour s'essayer véritablement, l'audacieux garçon dont on parle va chercher une mauvaise querelle à un académiste beaucoup plus âgé et plus adroit que lui, et en embourse un rude coup de pointe qui le met au lit pour trois mois sans le corriger davantage.

« Et si on enregistre ici les coups d'épée, on ne saurait compter que *pour mémoire* le prodigieux nombre de coups de bâton, gourmades et horions que ce désordonné bretteur administrait et recevait çà et là dans le cours de sa vie aventureuse ; car tous ceux avec lesquels il se trouvait fréquemment *en rapport* de rixes et de violences ne portaient pas l'épée ou ne voulaient pas s'en servir : or, pourvu qu'il se battît, fer, poing, ou bâton, tout était bon au jeune Duguay-Trouin ; car cet enragé se nommait Duguay-Trouin.

« Né à Saint-Malo, en 1673, fils d'un capitaine armateur de ce port, qui, de même que le père de Jean Bart, commandait des vaisseaux corsaires en temps de guerre, et marchands en temps de paix, Duguay-Trouin, destiné d'abord par sa famille à être d'église, étudia au collège de Rennes, et y fut tonsuré ; car son père le voulait envoyer en Espagne, auprès de M. l'évêque de Malaga, prélat d'un rare mérite, frère naturel du roi d'Espagne, et qui protégeait fort la famille Duguay, dont un des membres avait presque toujours héréditairement possédé le consulat de Malaga. On espérait ainsi, par le patronage de cette éminence, obtenir pour l'enfant quelque gros et lucratif bénéfice ; mais le père de Duguay-Trouin mourut, et avec lui s'éteignit cette volonté de fer qui jusque-là avait pu imposer la tonsure et le petit collet au plus turbulent et au moins ecclésiastique des garçons.

« Mme Duguay-Trouin, se voyant seule pour entraver ce caractère indomptable et le plier aux graves et austères exigences de l'Eglise, n'y songea pas un moment. A l'autorité dure et impérieuse du vieux corsaire, succéda, pour Duguay-Trouin, la tendresse facile d'une mère, qui le chérissait d'ailleurs, tout téméraire et emporté qu'il était. Aussi, en obtint-il bientôt la permission de quitter Rennes, de laisser repousser ses beaux cheveux bruns, de quitter la robe pour le justaucorps, et le bréviaire pour l'épée.

« Il faut le dire, la métamorphose fut merveilleuse ; et le fringant académiste qui vint à Caen faire sa philosophie et ses exercices ne rappelait pas le moins du monde le triste clerc du séminaire de Rennes.

« Dire que Duguay-Trouin, pensionnaire du collège de Caen, médita fort les arguments oiseux et inutiles de la philosophie, qu'il pâlit sur les spéculations cornues de la métaphysique, cette ridicule et stérile vanité, ce serait, je crois, mentir ; mais dire qu'il fut bientôt un des plus vaillants académistes de la ville, et que pas un de son âge ne le primait à la paume, à l'escrime, à la natation ou à la course, ce serait donner une juste idée de l'énergie et de l'adresse de cette riche nature aussi vigoureuse qu'intelligente.

« Ce fut au sortir de l'académie que Duguay-Trouin se trouva le héros d'une foule d'aventures de toutes sortes, dont il serait trop long de parler ici ; aussi s'occupait-il peu ou point de marine. En vain sa pauvre mère le suppliait de venir s'embarquer à Saint-Malo ; en vain elle lui rappelait toutes les gloires maritimes qui rayonnaient autour du nom de son antique famille de corsaires : Duguay-Trouin arrivait, embrassait sa mère, lui racontait ses folies, dont elle tremblait et riait à la fois ; puis, après avoir charmé, consolé sa mère, il repartait, lui disait-il gaiement, — « pour recommencer à expérimen« ter la terre tant et si bien, qu'une fois « homme de mer, il n'y voulût plus poser le « pied. »

« Que répondre à de pareilles raisons ? Comment gronder un tel étourdi, qui d'ailleurs, au milieu de cette existence licencieuse et turbulente, avait conservé florissants et vivaces ces deux ou trois robustes principes de probité, d'honneur et de respect de soi, qui, surnageant les plus grandes folies, soutiennent toujours celui qui est véritablement homme de bien au-dessus de la fange des vices déshonorants et infâmes [1]. »

Dans ses *Mémoires*, Duguay-Trouin nous peint avec une franchise spirituelle les fredaines de son existence d'étudiant. Une de ses aventures, racontée par lui-même, peint bien l'honnêteté de ses principes, que l'impur entourage qu'il fréquentait ne put jamais altérer.

Attaqué par 3 bretteurs, il allait être victime d'un véritable assassinat, lorsqu'un gentilhomme du pays accourut à son secours, le dégagea et l'emmena souper à son auberge.

« Ce gentilhomme, dit Duguay-Trouin dans ses *Mémoires*, était cependant un honnête filou que je ne connaissais pas et même qui n'était pas bien connu pour tel : je l'appelle honnête en ce qu'il perdait noblement son argent ; mais aussi, dès qu'il en manquait, il mettait son adresse en pratique. Au demeurant, il était brave, et joignait à une belle figure beaucoup d'esprit et des manières fort engageantes, le tout accompagné d'une pas-

(1) Eugène Sue, *Jean Bart et Louis XIV*.

sion pour le beau sexe et pour le vin qui allait jusqu'à la plus extrême débauche.

« Belle école pour un jeune homme de mon âge ! Il voulait que je fusse de tous ses plaisirs, me faisant le confident et fort souvent le compagnon de ses entreprises ; il m'apprit même quelques tours de cartes et de dés dont, grâce à Dieu, je n'ai jamais fait usage. »

C'est en compagnie de ce gentilhomme que Duguay-Trouin passa son temps. Tous les deux étaient gais diseurs, galants, spadassins, querelleurs, ivrognes et débauchés.

Mais le gentilhomme, que le hasard avait jeté sur les pas de René, resta seul un escroc ; il ne put jamais entraîner le futur marin sur la pente périlleuse des *piperies*, même des piperies alors admises dans le monde. Duguay-Trouin fut joueur ; il ne profita pas des leçons de prestidigitation que son ami lui enseignait.

Deux ou trois gaillards de leur trempe se joignirent à eux, ce n'étaient plus qu'orgies, brelans, rixes avec le guet, enlèvements de femmes et de filles, batailles avec les époux et les pères, duels, tueries.

René, qui n'avait pas seize ans, devenait un fort gentil cavalier, un beau fils, comme on disait alors ; un gars vigoureux, bien planté, leste, adroit, à la mine avenante et hardie, portant le plumet sur l'oreille et caressant toujours la poignée d'une longue rapière ; un jeune forcené comme il en faut aux femmes qui veulent être séduites.

Une dernière aventure, plus fâcheuse que les précédentes, vint heureusement mettre fin à ces désordres.

Un conseiller au parlement de Rouen entretenait une fille qu'il faisait passer pour sa nièce. La joyeuse bande de vauriens vit dans cette circonstance l'occasion d'un bon tour à jouer aux gens graves du Parlement. Elle se met en campagne, enfonce, en plein jour, la porte du conseiller, assomme les laquais, arrache la fille de son logis et emporte triomphalement cette nouvelle Hélène.

Mais, le tour joué, les larrons ne s'entendent plus. Chacun veut accaparer la proie ; une querelle s'engage ; un duel a lieu entre René et un de ses acolytes. Ce dernier est tué et son meurtrier ne voit d'autre moyen d'échapper aux griffes crochues de dame justice qu'en s'enfuyant à la hâte, comme s'il avait eu à ses trousses tous les sergents de France et de Navarre. Il se réfugie à Paris, ce grand réceptacle de ceux qui tiennent à se cacher. Il arrive dans un cabaret du cul-de-sac Richelieu et s'attable, lorsqu'un laquais demande à haute voix :

— Deux bouteilles de vin pour M. *Trouin de la Barbinais* !

A ce nom, René ne fait qu'un bond jusqu'à la porte. Ce Trouin de la Barbinais, c'est son propre frère, consul à Malaga, rentré en France après la déclaration de guerre à l'Espagne.

Duguay ne doute pas que son frère soit à sa poursuite ; il gagne le coche et revient à Saint-Malo faire ses confessions à sa mère. Un conseil de famille, aussitôt assemblé, prend la résolution d'embarquer sans délai l'écervelé dont les folies menacent de déshonorer la famille.

Laissons Duguay-Trouin nous raconter naïvement ses premières campagnes :

« Au commencement de l'année 1689, la guerre étant déclarée avec l'Angleterre et la Hollande, je m'embarquai, en qualité de volontaire, sur *la Trinité*. Je fis, à bord de cette frégate, une campagne si rude et si orageuse, que je fus continuellement incommodé du mal de mer. Nous nous étions emparés d'un vaisseau anglais chargé de sucre et d'indigo ; et le voulant conduire à Saint-Malo, nous fûmes surpris en chemin d'un coup de vent de nord très-violent, qui nous jeta sur les côtes de Bretagne, pendant une nuit fort obscure. Notre prise échoua par un heureux hasard sur des fonds de vase, après avoir passé sur un grand nombre d'écueils au milieu desquels nous fûmes obligés de mouiller toutes nos ancres, et d'amener nos basses vergues, ainsi que nos mâts de hune ; et pour dernière ressource, de mettre notre chaloupe à la mer. Tout ce que nous pûmes faire n'empêcha pas que cet orage, dont la furie et l'impétuosité augmentaient à chaque instant, ne nous jetât si près des rochers, que notre chaloupe fut engloutie dans leurs brisants. Mais au moment même que nous étions sur le point d'avoir une pareille destinée, et que tout l'équipage gémissait aux approches d'une mort qui paraissait inévitable, le vent sauta tout d'un coup du nord au sud, et faisant pirouetter la frégate, la poussa aussi loin des écueils que la longueur de ses câbles pouvait le permettre. Ce changement de vent inespéré apaisa subitement la tempête et l'agitation des vagues à tel point que nous relevâmes, sans trop de peine, notre prise de dessus les vases où elle était engravée, et que nous nous trouvâmes en état de la conduire à Saint-Malo, sans nouvel accident.

« Notre frégate y ayant été carénée de frais, nous ne tardâmes pas à retourner en croisière, et, ayant rencontré un corsaire de Flessingue, aussi fort que nous, nous lui livrâmes combat, et l'abordâmes de long en long ; je ne fus pas des derniers à me présenter pour m'élancer à son bord. Notre maître d'équipage, à côté duquel j'étais, voulut y sauter le premier ; il tomba par malheur entre les deux vaisseaux, qui, venant à se joindre dans le même instant, écrasèrent à mes yeux tous ses membres, et firent rejaillir une partie de sa cervelle jusque sur mes habits. Cet objet m'arrêta, d'autant plus que je réfléchissais que, n'ayant pas comme lui le pied marin, il était moralement impossible que j'évitasse un genre de mort si affreux. Sur ces entrefaites, le feu prit à la poupe du corsaire qui fut enlevé l'épée à la main, après avoir soutenu trois abordages consécutifs, et l'on trouva que pour un novice, j'avais témoigné assez de fermeté.

« Cette campagne, qui m'avait fait envisager toutes les horreurs du naufrage, et celles d'un abordage sanglant, ne me rebuta pas. Je demandai, l'année suivante, à ma famille, et j'obtins la permission de m'embarquer sur une autre frégate de vingt-huit canons nommée *le Grénédan*, que mon oncle faisait armer en course, et je n'y sollicitai point encore d'autre place que celle de volontaire. Je fus assez heureux pour me faire distinguer dans la rencontre que nous fîmes de quinze vaisseaux anglais venant de long cours. Ils avaient beaucoup d'apparence, et la plupart de nos officiers les jugeaient vaisseaux de guerre ; en sorte que notre capitaine balançait sur le parti qu'il avait à prendre. Malgré ma qualité de simple volontaire, il se croyait obligé de garder avec moi quelques ménagements, par rapport à ma famille, à qui la frégate appartenait ; il savait d'ailleurs que, quoique fort jeune, j'avais le coup d'œil assez juste pour distinguer les vaisseaux. Je lui dis que j'avais observé ceux-ci avec mes lunettes d'approche ; qu'ils n'étaient sûrement que navires de commerce, et qu'il y allait ainsi de son honneur de ne pas perdre une si belle occasion. Il déféra à mes instances réitérées, et nous attaquâmes hardiment cette flottille. Le vaisseau commandant, percé à quarante canons, et monté de vingt-huit, fut d'abord enlevé ; je fus le premier à sauter dans son bord. J'essuyai un coup de pistolet du capitaine anglais, et, l'ayant blessé d'un coup de sabre, je me rendis maître de lui et de son vaisseau. Dès qu'il fut soumis, mon capitaine, m'appelant à haute voix, m'ordonna de repasser dans le nôtre, avec ce que je pourrais rassembler des vaillants hommes qui m'avaient suivi. J'obéis, et un instant après, nous abordâmes un second vaisseau de vingt-quatre canons. Je m'avançai sur notre bossoir pour sauter le premier à bord, mais la secousse de l'abordage, et celle de notre beaupré qui brisa le couronnement de la poupe de l'ennemi, fut si violente, qu'elle me fit tomber à la mer, avec un autre volontaire qui se trouvait à côté de moi. Comme ce brave garçon ne savait pas nager, c'était fait de lui, s'il n'eût trouvé dans sa main quelque débris de la poupe de l'Anglais. Il s'y accrocha, et fut sauvé par le premier vaisseau enlevé, qui nous suivait de près, et qui, le voyant perché sur ce débris, mit son canot à la mer pour l'aller prendre. Pour moi, qui tenais, lorsque je tombai, une manœuvre à la main, je ne la quittai point, et je fus repêché par quelques matelots de notre équipage qui me retirèrent par les pieds. Quoique étourdi de cette chute, et mouillé par-dessus la tête, je me trouvai encore assez de force et d'ardeur pour sauter dans ce second vaisseau et pour contribuer à sa prise. Cette action fut suivie de l'enlèvement d'un troisième, et si la nuit, qui survint, ne nous avait empêchés de poursuivre notre petite victoire, elle eût été bien plus complète.

« Cette aventure me fit tant d'honneur par le récit qu'en firent le capitaine et tous ceux qui composaient l'équipage, que ma famille crut pouvoir risquer de me confier un petit commandement. On me donna donc une frégate de quatorze canons. A peine fus-je rendu sur la croisière, qu'une tempête me jeta sur la rivière de Limerick. J'y descendis, et m'emparai d'un château qui appartenait au comte de Clarck. Je brûlai deux vaisseaux qui étaient échoués sur les vases. Cette opération fut exécutée malgré l'opposition d'un détachement de la garnison de Limerick, qu'il fallut combattre. Je me retirai en bon ordre, et repris la mer dès que l'orage eut cessé. La frégate que je montais n'allant pas bien, et m'ayant fait manquer plusieurs prises par ce défaut, on me donna un meilleur navire à mon retour à Saint-Malo. C'était le *Coetquen*, armé de dix-huit canons.

« Je me remis en mer, en 1692, accompagné d'une autre frégate de même force. Nous découvrîmes, le long de la côte d'Angleterre, trente vaisseaux marchands anglais, escortés par deux frégates de guerre de seize canons chacune. Je les combattis seul, et me rendis maître de l'une et de l'autre, après une heure de combat assez vif. Mon camarade s'attacha pendant ce temps-là à s'emparer des vaisseaux marchands; il en prit douze que nous nous mîmes en devoir d'escorter dans le plus prochain port de Bretagne. Mais nous trouvâmes en chemin cinq vaisseaux de guerre anglais qui m'en reprirent deux, et qui me firent essuyer bien des coups de canon pour pouvoir sauver le reste, que je fis entrer en rade de l'île de Bréhat; cette île est entourée d'un grand nombre d'écueils qui les mirent à couvert. Pour moi, je me réfugiai dans la rade d'Arguy, située à neuf lieues de Saint-Malo, et toute hérissée de rochers que cette escadre anglaise ne connaissait pas. Ceux qui se trouvèrent le plus près de moi, et les plus opiniâtres à me poursuivre, se mirent dans un danger évident de se briser sur ces rochers, et furent contraints de m'abandonner.

« Peu de jours après, je sortis de cette rade sans aucun pilote. Les miens avaient été tués ou blessés, et ceux de nos officiers qui auraient pu y suppléer, avaient été obligés de descendre à terre pour se faire panser de leurs blessures. Ainsi je me vis dans la nécessité de régler moi-même la route du vaisseau pendant le reste de la campagne, non sans un grand travail d'esprit et de corps.

« Une tempête me jeta jusque dans le fond de la Manche de Bristol, et si près de terre, que je fus forcé de mouiller sous une île nommée Londey, située à l'entrée de la rivière de Bristol. Ce péril fut suivi d'un autre qui n'était pas moins embarrassant. Il parut, dès que l'orage fut un peu diminué, un vaisseau de guerre anglais de 60 canons, qui faisait route pour venir mouiller où j'étais. Le danger était pressant. Pour l'éviter, je fis mettre toutes mes voiles sous des fils de caret prêts à se déployer ; et tout d'un coup je coupai mes câbles, et mis à la voile pour un autre côté de l'île, tandis que ce vaisseau arrivait par l'autre. Il me chassa jusqu'à la nuit, et la nuit seule me sauva. Cela n'empêcha pas que je ne fisse, huit jours après, deux prises anglaises, chargées de sucre et venant des Barbades, avec lesquels j'allai désarmer dans le port de Saint-Malo.

« Mon frère obtint pour moi, quelque temps après, la flûte du roi le *Profond*, de trente-deux canons ; et je me rendis à Brest pour en prendre le commandement. La campagne ne fut pas heureuse. Je croisai trois mois sans faire la moindre prise ; et j'essuyai un assez fâcheux combat de nuit avec un vaisseau de guerre suédois de quarante canons, lequel, me prenant pour un Algérien, m'attaqua le premier, et s'opiniâtra à me combattre jusqu'au jour. Pour surcroît d'infortune, la fièvre chaude fit périr quatre-vingts hommes de mon équipage, et m'obligea de relâcher à Lisbonne pour rétablir mon vaisseau et le faire caréner. Après quoi je sortis, et pris un vaisseau espagnol chargé de sucre ; ce fut le seul que je pus joindre de plusieurs autres que je rencontrai, parce que le *Profond* allait fort mal.

« Ainsi je revins désarmer à Brest, et de là, je me rendis à Saint-Malo.

« A la fin de cette année, j'obtins le commandement de la frégate du roi l'*Hercule*, de 28 canons, et m'étant mis en croisière à l'entrée de la Manche, je pris 5 à 6 vaisseaux tant anglais que hollandais, et 2 autres qui venaient de la Jamaïque, et qui étaient considérables par leur force et par leurs richesses. Les circonstances de cette action sont trop singulières pour ne pas être détaillées.

« J'avais croisé plus de 2 mois, et je n'avais plus que pour 15 jours de vivres. J'étais d'ailleurs embarrassé d'un grand nombre de prisonniers et de plus de 60 malades. Mes officiers et tout mon équipage, voyant que je ne parlais pas encore de relâcher, me représentèrent qu'il était temps d'y penser, et que l'ordonnance du roi était positive là-dessus. Je ne l'ignorais pas ; mais j'étais saisi d'un espoir secret de quelque heureuse aventure, qui me faisait reculer de jour en jour. Quand je me vis pressé, j'assemblai tous mes gens, et les ayant harangués de mon mieux, je les engageai, moitié par douceur, moitié par autorité, à me donner encore 8 jours, et à consentir qu'on diminuât le tiers de leur ration ordinaire, en les assurant que si nous faisions capture, je leur en accorderais le pillage et les récompenserais amplement. Je ne disconviendrai pas à présent que ce parti n'était rien moins que raisonnable, et que la grande jeunesse où j'étais alors pourrait seule le faire excuser, s'il pouvait l'être. Ce qu'il y eut de plus singulier, c'est que mon imagination s'échauffa si bien pendant ces 8 jours, que je crus voir en songe, étant la dernière nuit dans mon lit, 2 gros vaisseaux venant à toutes voiles sur nous.

« Agité par cette vision, je me réveillai en sursaut. L'aube du jour commençait à paraître. Je me levai sur-le-champ, et sortis sur mon gaillard. Le hasard fit qu'en portant ma vue autour de l'horizon, je découvris effectivement 2 vaisseaux que la prévention de mon songe me montra dans la même situation et avec les mêmes voiles que je m'étais imaginé apercevoir en dormant. Je connus d'abord que c'étaient des vaisseaux de guerre, parce qu'ils venaient nous reconnaître à toutes voiles, et d'ailleurs ils en avaient toute l'apparence. Ainsi, avant que de m'exposer, je jugeai qu'il convenait de prendre chasse et de m'essayer un peu avec eux. Je vis bientôt que j'allais beaucoup mieux. Sur quoi, ayant viré de bord, je leur livrai combat et me rendis maître de tous deux, après une résistance fort vive. Ces vaisseaux étaient percés à 48 canons et en avaient chacun 28 de montés; ils se trouvèrent chargés de sucre, d'indigo et de beaucoup d'or et d'argent. Le pillage, qui fut très-grand, et sur lequel je voulus bien me relâcher à cause de la parole que j'avais donnée, n'empêcha pas que le roi et mes armateurs n'y gagnassent considérablement. Je conduisis ces prises dans la rivière de Nantes, où je fis caréner mon vaisseau; et étant retourné en croisière à l'entrée de la Manche, je pris 2 autres vaisseaux, l'un anglais et l'autre hollandais, avec lesquels je retournai désarmer à Brest.

« Comme je dois la prise de ces 2 vaisseaux dont je viens de parler à ce pressentiment secret qui me fit demander 8 jours de croisière à mon équipage, je ne puis m'empêcher de dire ici que j'en ai plusieurs autres qui ne m'ont pas trompé. Je laisse aux philosophes à expliquer ce que ce peut être que cette voix intérieure qui m'a souvent annoncé les biens et les maux. Qu'ils l'attribuent, s'ils le veulent, à quelque génie qui nous accompagne, à notre imagination vive et échauffée ou à notre âme elle-même, qui, dans des moments heureux, perce les ténèbres de l'avenir pour y découvrir certains mouvements, je ne les chicanerai point sur leur explication. Mais je ne sais rien de plus marqué en moi-même que cette voix basse, mais distincte, et pour ainsi dire opiniâtre, qui m'a annoncé et fait annoncer plusieurs fois à d'autres jusqu'aux jours et circonstances des événements.

« Je quittai aussitôt le commandement de l'*Hercule* (1694), pour prendre celui de *la Diligente*, frégate du roi de 40 canons. J'allai d'abord croiser à l'entrée du détroit, où je fis 3 prises, et je relâchai à Lisbonne pour y faire caréner mon vaisseau. M. le vidame d'Esneval, qui était pour lors ambassadeur du roi en Portugal, me chargea de passer en France M. le comte de Prado, et M. le marquis d'Attalaja, son cousin germain, qui étaient tous deux dans la disgrâce du roi de Portugal, et vivement poursuivis par son ordre, pour avoir tué le corrégidor de Lisbonne. Je les reçus en mon vaisseau avec d'autant plus de plaisir, que M. le comte de Prado avait épousé une fille de M. le maréchal de Villeroy, l'un de nos plus respectables seigneurs. Je découvris sur la route 4 vaisseaux de Flessingue, de 20 à 30 canons chacun. Je les joignis, leur livrai combat, et me rendis maître d'un des plus forts. La bonne manœuvre et la résistance qu'il fit sauvèrent ses 3 camarades, qui s'échappèrent à la faveur d'un brouillard et de la nuit qui survint. Ils venaient tous 4 de Curaçao, et étaient chargés de cacao, et de quelques barils de piastres. Les deux grands seigneurs de Portugal qui se trouvaient à mon bord voulurent absolument être spectateurs du combat, et ne se rendirent point aux instances que je leur fis de descendre à fond de cale, en leur représentant que le Portugal n'étant point en guerre avec la Hollande, ils s'exposaient sans nécessité à être estropiés et peut-être tués. Ils demeurèrent, malgré mes raisons et mes prières, jusqu'à la fin du combat. L'affaire terminée, je conduisis cette prise à Saint-Malo, où je débarquai ces deux seigneurs portugais, qui me parurent contents des attentions que j'avais eues pour eux.

« Je remis, sans perdre de temps, à la voile.

« En courant vers les côtes d'Angleterre, je découvris une flotte de 30 voiles, escortée par un vaisseau de guerre anglais de 56 canons, nommé, à ce que j'ai appris depuis, *le Prince d'Orange*. J'arrivai sur lui, dans le dessein de le combattre, et même de l'aborder; mais ayant parlé dans ma route à un vaisseau de la flotte, et su de lui qu'elle n'était chargée que de charbon de terre, je ne crus pas devoir hasarder un combat douteux, pour un si vil objet. Prêt à le prolonger, je repris tout d'un coup mes amures en l'autre bord, sous pavillon anglais, pour aller chercher meilleure aventure. Le capitaine de

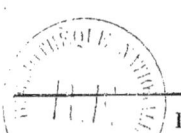

Ramasse et paie... (Page 507.)

ce vaisseau, qui m'avait cru d'abord de sa nation, voyant, par ma manœuvre, qu'il s'était trompé, se mit en devoir de me donner la chasse. Je fus bien aise alors de lui faire connaître que ce n'était pas la crainte qui m'avait fait éviter le combat, et je fis carguer mes basses voiles pour l'attendre.

« Cette manœuvre lui fit carguer aussi les siennes. Je crus que c'en était assez, et je fis remettre le vent dans les miennes. Mais s'étant mis une seconde fois en devoir de me poursuivre, je remis encore en panne, et faisant amener le pavillon anglais que j'avais toujours conservé à la poupe, je le fis rehisser en berne, pour lui marquer mon mépris. Irrité de cette bravade, il me tira trois coups de canons à balle, auxquels je répondis d'un même nombre, sans daigner arborer mon pavillon blanc. Cependant, voyant que cette fanfaronnade n'aboutissait à rien, je le laissai avec sa flotte; mais la suite fera voir dans quel embarras une aussi mauvaise gasconnade pensa me jeter.

« Quinze jours après, je tombai, par un temps de brume, dans une escadre de 6 vaisseaux de guerre anglais, de 50 à 70 canons; et, me trouvant par malheur entre la côte d'Angleterre et eux, je fus forcé d'en venir au combat.

« Un de ces vaisseaux, nommé l'*Aventure*, me joignit le premier; et nous combattîmes, toutes voiles dehors, pendant près de quatre

69.

heures, avant qu'aucun autre des vaisseaux de cette escadre pût me rejoindre. Je commençais même à espérer qu'étant près de doubler les îles Sorlingues, qui me gênaient dans ma course, la bonté de mon vaisseau pourrait me tirer d'affaire. Cet espoir dura peu. Le vaisseau ennemi me coupa mes deux mâts de hune dans une de ses dernières bordées. Ce cruel accident m'arrêta, et fit qu'il me joignit à l'instant, à portée de pistolet. Il cargua ses basses voiles, et vint me ranger de si près, que l'idée me vint tout d'un coup de l'aborder, et de sauter moi-même dans son bord avec tout mon équipage. J'ordonnai, sans retard, aux officiers qui se trouvèrent sous ma main, de faire monter sur-le-champ tout mon monde sur le pont. Je fis, en même temps, préparer nos grappins et pousser le gouvernail à bord. Je croyais toucher au moment où j'allais l'accrocher, quand, par malheur, un de mes lieutenants, qui n'était pas encore instruit de mon projet, aperçut par un des sabords le vaisseau ennemi si près du mien, qu'il crut que le timonier s'était mépris, ne pouvant imaginer que je pusse tenter un abordage dans la situation où nous nous trouvions. Prévenu de cette opinion, il fit changer, de son chef, la barre du gouvernail. J'ignorais ce fatal changement, et attendant avec impatience l'instant de la jonction des deux vaisseaux, j'étais dans la place et dans l'attitude propre à me lancer le premier sur celui de l'ennemi. Voyant que le mien n'obéissait pas comme il aurait dû faire à son gouvernail, je courus à l'habitacle, où je trouvai la barre changée sans mon ordre. Je la fis aussitôt remettre; mais je m'aperçus, avec le désespoir le plus vif, que le capitaine de l'*Aventure*, qui avait connu, sans beaucoup de peine, à ma contenance et à celle de tout mon équipage, que était mon dessein, avait fait rappareiller ses deux basses voiles et pousser son gouvernail à m'éviter. Nous nous étions trouvés si près l'un de l'autre que mon beaupré avait atteint et brisé le couronnement de sa poupe. Cependant ce malentendu me fit perdre l'occasion de tenter l'une des plus surprenantes aventures dont on eût jamais ouï parler. Dans la résolution où j'étais, de périr ou d'enlever ce vaisseau, qui allait mieux qu'aucun autre de l'escadre, il est plus que vraisemblable que j'aurais réussi, et qu'ainsi je ramenais en France un vaisseau beaucoup plus fort que celui que j'abandonnais. Outre l'éclat qui aurait suivi l'exécution d'un pareil projet, dont j'avouerai que je ne me sentais pas médiocrement flatté, il est bien certain que me trouvant démâté, il ne me restait absolument aucune ressource pour échapper à des forces si supérieures.

« Ce coup manqué, le vaisseau *le Monck*, de 70 canons, vint me combattre à portée de pistolet, tandis que 3 autres vaisseaux, *le Cantorbéry*, *le Dragon* et *le Ruby*, me canonnaient de leur avant. Le commandant de cette escadre fut le seul qui ne daigna pas m'honorer d'un coup de canon. J'en fus piqué, et pour l'y obliger, je mis en travers, et lui en tirai plusieurs, mais inutilement : il persévéra à ne pas me répondre.

« Cependant, l'extrémité où nous nous trouvions tourna la tête à tous nos gens, qui m'abandonnèrent pour se jeter à fond de cale, malgré tout ce que je pouvais dire ou faire pour les en empêcher. J'étais occupé à les arrêter, et j'en avais même blessé deux de mon épée et de mon pistolet, quand, pour comble d'infortune, le feu prit à ma *sainte-barbe*. La crainte de sauter en l'air me fit descendre, et l'ayant bientôt fait éteindre, je me fis apporter des barils pleins de grenades sur les écoutilles, et j'en jetai un si grand nombre dans le fond de cale, que je contraignis plusieurs de mes fuyards à remonter sur le pont. Je rétablis ainsi quelques postes, et fis tirer quelques volées de canon de la première batterie, avant que de remonter sur mon gaillard. Je fus fort étonné, en y arrivant, de trouver mon pavillon bas, soit que la drisse eût été coupée par une balle, ou que, dans ce moment d'absence, quelque malheureux poltron l'eût amené. J'ordonnai à l'instant de le remettre, mais tous les officiers du vaisseau me vinrent représenter que c'était livrer inutilement le reste de mon équipage à la boucherie des Anglais, qui ne nous feraient aucun quartier si, après avoir vu le pavillon baissé pendant un assez long temps, ils s'apercevaient qu'on le remit, et que l'on voulût s'opiniâtrer sans aucun espoir, puisque mon vaisseau était démâté de tous ses mâts.

« Il n'était pas possible de se refuser à une telle vérité: et, comme j'étais encore incertain et désespéré, je fus renversé sur le pont d'un coup de boulet sur ses fins, qui, après avoir coupé plusieurs de nos baux, vint expirer sur ma hanche, et me fit perdre connaissance pendant plus d'un quart d'heure.

« On me porta dans ma chambre, et cet accident termina mon irrésolution. Le capitaine du *Monck* envoya le premier son canot pour me chercher. Je fus conduit à son bord avec une partie de mes officiers; et sa générosité fut telle qu'il voulut absolument me céder sa chambre et son lit, donnant ordre de me faire panser et traiter avec autant de soins que si j'eusse été son propre fils.

« Toute cette escadre, après avoir croisé pendant vingt jours, se rendit à Plymouth; et pendant le séjour qu'elle y fit, je reçus toute sorte de politesse de la part des capitaines et de tous les autres officiers anglais. A leur départ, on me donna la ville pour prison, ce qui me facilita les moyens de faire plusieurs connaissances, et entre autres, celle d'une fort jolie marchande, dont je me servis dans la suite pour me procurer la liberté.

« Les circonstances de mon évasion sont assez singulières pour me laisser croire qu'on ne sera pas fâché d'en voir le récit. Sur la demande d'un capitaine qui me dénonça comme l'ayant attaqué sous pavillon anglais, contre les lois de la guerre (ce qui était vrai), on m'enferma dans une chambre grillée, avec une sentinelle à ma porte. La seule distinction qu'on m'accorda sur les autres prisonniers fut de me laisser la liberté de me faire apprêter à manger dans ma chambre, et de permettre aux officiers de venir m'y tenir compagnie. Les capitaines même des compagnies anglaises, qui gardaient les prisonniers tour à tour, y dînaient assez volontiers, et ma jolie marchande venait aussi fort souvent me rendre visite.

« Il arriva qu'un Français réfugié, qui avait le commandement d'une de ces compagnies, devint éperdument amoureux de cette belle personne; et, dans l'envie qu'il avait de l'épouser, il crut que je pourrais lui rendre service, à cause de la confiance qu'elle paraissait avoir en moi. Il m'en parla confidemment, et j'eus l'esprit assez présent pour entrevoir que je pourrais en tirer parti.

« Je lui répondis que je le servirais de tout mon cœur, mais que j'étais trop obsédé dans ma chambre, et que je ne voyais aucune espérance de réussir s'il ne me procurait les occasions d'entretenir sa maîtresse dans un lieu qui fût plus libre; que l'auberge voisine de la prison me semblait très à portée et fort convenable pour cela ; qu'elle pouvait s'y rendre sans faire naître aucun soupçon, et qu'alors je lui promettais d'employer toute mon éloquence à la disposer en sa faveur. J'ajoutai que j'aurais soin de l'avertir quand il serait temps, afin qu'il vînt passer avec elle le reste de la soirée.

« Sa passion lui fit trouver cet expédient bien imaginé, et nous choisîmes pour l'entrevue le jour qu'il devait être de garde à la prison. J'en prévins ma gentille marchande par un billet où je lui présentais, de la façon que je crus la plus capable de la toucher, que je succomberais au chagrin de me voir si longtemps captif si elle n'avait la bonté de contribuer à ma liberté ; ce que j'avais d'autant plus lieu d'espérer, qu'elle le pouvait faire sans courir aucun risque de compromettre sa réputation.

« Je fus assez heureux pour la persuader et pour en tirer parole qu'elle ferait toutes les démarches que je croirais nécessaires pour le succès de mon projet. Cette précaution prise, j'écrivis à un capitaine suédois, dont le vaisseau était relâché dans la rivière de Plymouth, pour le prier de me vendre une chaloupe équipée d'une voile, de 6 avirons, 6 fusils et autant de sabres, avec du biscuit, de la bière, un compas de route et quelques provisions.

« Je lui demandais en même temps de vouloir bien envoyer à la prison quelques-uns de ses matelots, sous prétexte de visiter les prisonniers français, et de leur faire porter secrètement un habit à la suédoise, pour le remettre à mon maître d'équipage, lequel, parlant bien le suédois et étant comme eux de haute stature, pourrait se sauver mêlé avec eux, à l'entrée de la nuit, quand ils sortiraient de prison.

« Tout cela fut exécuté, et mon maître d'équipage s'échappa sous ce déguisement avec les matelots suédois.

« Le jour tant désiré arriva enfin.

« Le capitaine, ayant vu entrer l'objet de ses vœux dans l'auberge, ne fit aucune difficulté de me laisser sortir. A peine avais-je témoigné ma reconnaissance à cette amie salutaire que, plein d'impatience, je sautai dans le jardin et de là dans la rue. Mon valet et mon chirurgien nous attendaient. Ils nous conduisirent au rendez-vous marqué, où nous trouvâmes 6 braves Suédois, armés jusqu'aux dents, qui nous accompagnèrent jusqu'à la chaloupe. Nous nous jetâmes à six heures du soir dans cette chaloupe, 5 Français que nous étions, savoir : l'officier, compagnon de ma fuite, mon maître d'équipage, mon chirurgien, moi et mon valet de chambre. Le jour suivant, vers les huit heures du soir, nous abordâmes à la côte de Bretagne, près de Tréguier.

« Je sautai légèrement sur le rivage, pour embrasser ma terre natale et pour rendre grâces à Dieu qui m'avait conservé. Nous gagnâmes ensuite le village le plus prochain, où l'on nous donna du lait et du pain bis que l'appétit nous fit trouver délicieux ; après quoi nous nous endormîmes sur de la paille fraîche.

« Le jour ayant paru, nous nous rendîmes à Tréguier et de là à Saint-Malo. »

CHAPITRE II

PREMIERS EXPLOITS DE DUGUAY-TROUIN

Prise du *Boston* et du *Sans-Pareil*. — Scène plaisante entre un capitaine hollandais et un capitaine anglais. — Brevets de Jean Bart et de Forbin. — Duguay-Trouin reçoit une épée d'honneur. — Heureuse campagne de 1695. — Duguay-Trouin à la cour. — Croisière de 1696. — M. de Feuquières veut faire donner la cale à Duguay-Trouin. — Prise d'un vice-amiral hollandais. — Duguay-Trouin est nommé capitaine de frégate.

En arrivant à Saint-Malo, Duguay-Trouin apprit que son frère aîné se trouvait à Rochefort où il armait pour René le vaisseau du roi *le François*, de 48 canons. Il vint le joindre et prit la mer aussitôt. Il établit sa croisière sur les côtes d'Angleterre et d'Irlande. Il prit d'abord 5 vaisseaux chargés de tabac et de sucre et ensuite un sixième chargé de mâts et de pelleterie venant de la Nouvelle-Angleterre, ce dernier séparé depuis deux jours d'une flotte de 60 voiles, escortée par deux vaisseaux de guerre anglais, l'un nommé *le Sans-Pareil*, de 50 pièces de canons, et l'autre *le Boston*, de 38 canons, mais percé à 72. Les habitants de Boston avaient fait construire ce dernier vaisseau pour en faire présent au prince George.

« J'eus le bonheur, dès mes premières

bordées, de démâter *le Boston* de son grand mât de hune, et de lui couper sa grande vergue. Cet incident 'e mit hors d'état de traverser le dessein que j'avais formé d'aborder *le Sans-Pareil*. J'en profitai sur-le-champ, et mes grappins furent jetés au milieu du feu mutuel de notre canon et de notre mousqueterie. J'avais fait disposer un si grand nombre de grenades, de l'avant à l'arrière de mon vaisseau, que ses ponts et ses gaillards furent nettoyés en fort peu de temps. Je fis alors battre la charge, et mes gens commençaient à pénétrer à son bord, lorsque le feu prit à sa poupe avec tant de violence que je fus contraint de me faire pousser promptement au large, pour ne pas me brûler avec lui. Cet embrasement ne fut pas plutôt éteint que je le raccrochai une seconde fois. Alors le feu prit dans ma hune et dans ma voile de misaine; ce qui m'obligea encore de déborder. La nuit vint sur ces entrefaites ; et toute la flotte se dispersa. Les deux vaisseaux de guerre furent les seuls qui se conservèrent, et que je conservai de même très-soigneusement ; cependant je fus obligé de faire changer toutes mes voiles, qui étaient criblées ou brûlées. Les ennemis, de leur côté, me paraissaient aussi occupés que moi, pour tâcher de se réparer.

« Aussitôt que le jour parut, je recommençai le combat avec la même ardeur, et je me présentai une troisième fois à l'abordage du *Sans-Pareil*. Au milieu de nos bordées de canons et de mousqueterie, ses deux grands mâts tombèrent dans nos porte-haubans. Cet accident qui le mettait hors d'état de combattre, et dans l'impossibilité de s'échapper, m'empêcha de permettre à mes gens de sauter à bord. Au contraire, je fis pousser précipitamment au large, et courus avec la même activité sur *le Boston*, qui mit alors toutes ses voiles au vent pour fuir, mais sans pouvoir y parvenir. Je le joignis, et m'en étant rendu maître en peu de temps, je revins sur son camarade qui, se trouvant ras comme un ponton, fut obligé de céder.

« Je me souviens d'une scène assez plaisante qui se passa lorsque j'eus soumis ces deux vaisseaux. Un Hollandais, capitaine d'une prise que j'avais faite peu de jours auparavant, monta sur le gaillard pour m'en faire compliment. Il me dit, d'un air vif et content, qu'il venait aussi de remporter sa petite victoire sur le capitaine de la prise anglaise qui m'avait donné le premier avis de cette flotte; qu'étant descendus tous deux à fond de cale, un moment avant que notre combat commençât, l'Anglais lui avait dit :

« — Camarade, réjouissez-vous, vous serez bientôt en liberté ! le vaisseau *le Sans-Pareil* est monté par l'un des plus braves capitaines de toute l'Angleterre ; il a pris à l'abordage, avec ce même vaisseau, le fameux Jean Bart et le chevalier de Forbin ! Le capitaine du *Boston* n'est pas moins brave, et est au moins aussi bien armé. Ils ont fortifié leurs équipages de celui d'un vaisseau anglais qui s'est perdu depuis peu sur la côte de Boston; ainsi, vous jugez bien que ce Français ne pourra pas leur résister longtemps !

« Ce capitaine hollandais ajouta qu'il avait répondu à son interlocuteur qu'il me croyait plus brave et plus décidé que les commandants du *Sans-Pareil* et du *Boston* réunis, et qu'il parierait sa tête que la victoire resterait au pavillon français ; que de discours en discours ils en étaient venus aux mains, et que l'Anglais avait été battu; qu'il venait m'en faire part, me demandant, pour toute grâce, de faire monter mon adversaire incrédule sur le pont, afin qu'il vît de ses yeux les deux vaisseaux soumis, et qu'il en crevât de dépit. Effectivement, je l'envoyai chercher. Il perdit toute contenance, quand il aperçut son *Sans-Pareil* et son *Boston* dans le pitoyable état où je les avais mis, et il se retira promptement en s'arrachant les cheveux et jurant à faire trembler. On m'apporta, un moment après, les brevets de MM. Bart et Forbin, tous deux depuis chefs d'escadre, qui avaient été enlevés par le *Sans-Pareil*, comme le capitaine hollandais venait de me le dire.

« J'eus une peine infinie à amariner ces deux vaisseaux, ma chaloupe et mon canot étant hachés pas les boulets; et pour surcroît, il survint une tempête qui me mit dans un fort grand péril, par le désordre où j'étais après un combat si long et si opiniâtre. Tous les officiers du *Sans-Pareil* avaient été tués ou blessés; et, de mon côté, j'avais perdu près de la moitié de mon équipage. Cette tempête nous sépara tous. M. Boscher, qui était mon capitaine en second, et qui s'était fort distingué dans le combat, se trouvant commander sur *le Sans-Pareil,* fut obligé de faire jeter à la mer tous les canons de dessus son pont et de ses gaillards; et quoiqu'il fût sans mât, sans voiles et sans canons, il eut l'habileté de sauver ce vaisseau et de le mener dans le Port-Louis. Le *Boston* trouva, après la tempête, quatre corsaires de Flessingue qui le reprirent à la vue de l'île d'Ouessant; et ce fut avec bien de la peine que je gagnai le port de Brest, avec mon vaisseau démâté de ses mâts de hune et de son artimon, et tout délabré.

« Le roi, attentif à récompenser le zèle et la bonne volonté, me fit la grâce, après cette action, de m'envoyer une épée. Je la reçus, accompagnée d'une lettre très-obligeante de M. de Pontchartrain, alors secrétaire d'État de la marine et depuis chancelier de France, qui m'exhortait à mettre mon vaisseau en état d'aller joindre M. le marquis de Nesmond aux rades de la Rochelle. Je ne perdis point de temps à me rendre à cette destination.

« Nous nous trouvâmes cinq vaisseaux de guerre sous son commandement :

« *L'Excellent*, de soixante-deux canons, monté par cet officier général; *le Pélican*, de cinquante, commandé par M. le chevalier des Angers; *le Fortuné*, de cinquante-six, par M. de Beaubriant; *le Saint-Antoine*, de Saint-Malo, aussi de cinquante-six canons, par M. La Villestreux, et *le François*, de quarante-six canons, que je montais. Cette escadre croisa à l'entrée de la Manche.

« En 1695, le roi m'ayant continué le commandement de son vaisseau *le François* et à M. de Beaubriant celui du vaisseau *le Fortuné*, pour les employer à détruire les baleiniers hollandais sur les côtes du Spitzberg, nous sortîmes tous deux du Port-Louis, où nous avions fait caréner nos vaisseaux, et fîmes route pour nous rendre dans ces parages. Mais les vents contraires nous traversèrent avec tant d'opiniâtreté, qu'après avoir vainement lutté contre, et consommé toute notre eau douce, nous fûmes contraints d'aller la renouveler aux îles Féroé; après quoi, la saison étant trop avancée pour aller au Spitzberg, nous restâmes à croiser sur les Orcades. Enfin, rebutés de n'y rencontrer aucun vaisseau ennemi, nous fîmes route pour aller consommer le reste de nos vivres sur les côtes d'Irlande.

« Le malheur que nous avions eu de ne rien trouver pendant trois mois de croisière, avait contristé les officiers et les équipages de nos deux vaisseaux. J'étais seul à les encourager par un pressentiment secret, qui ne me quitta jamais, et qui me donnait un air content au milieu de la morosité générale. La joie et la confiance que je tâchais de leur inspirer, et l'assurance que je donnais hardiment de quelque bonne et prochaine aventure, fut justifiée heureusement par la rencontre que nous fîmes sur les Blasques, de trois vaisseaux anglais venant des Indes orientales, très-considérables par leur force, et plus encore par leur richesse. Le commandant, nommé *la Défense*, était percé de soixante-douze canons et monté à cinquante-huit; le second, nommé *la Résolution*, était percé à soixante canons et armé de cinquante-six; et le troisième, dont je ne puis retrouver le nom, avait quarante pièces montées. Ils nous attendirent en ligne.

« M. de Beaubriant lâcha, en passant, sa

bordée au commandant anglais, et poussant sa pointe, il s'attacha à combattre et à réduire le second. Je le suivis, le beaupré sur la poupe, et aussitôt qu'il eut dépassé le commandant, je le combattis si vivement que je m'en rendis maître. Dès qu'il fut soumis, je courus, sans perdre de temps, sur le troisième vaisseau, qui fuyait à toutes voiles. Il se défendit avec beaucoup d'opiniâtreté. Il est vrai que je le ménageais un peu, dans la crainte de le démâter, et d'ailleurs je ne jugeais pas à propos de l'aborder, par rapport au pillage qui aurait été, en ce cas, presque inévitable ; il se rendit à la fin, et nous les amarinâmes tous trois, de façon à se défendre, s'il en était besoin. Nous les escortâmes dans le Port-Louis, et les richesses dont ils étaient chargés donnèrent plus de vingt pour un de profit, malgré tout le dégât qu'il n'avait pas été possible d'empêcher.

« Après cette heureuse campagne, le désir me prit de faire un voyage à Paris, pour me faire connaître à M. le comte de Toulouse et à M. de Pontchartrain ; mais encore plus pour me donner la satisfaction de voir à mon aise la personne du roi, pour lequel, dès ma plus tendre jeunesse, je m'étais senti un grand fond d'amour et de vénération. M. de Pontchartrain voulut bien me présenter lui-même à Sa Majesté, et mon admiration redoubla à la vue de ce grand monarque. Il daigna paraître content de mes faibles services, et je sortis de son cabinet, le cœur pénétré de la douceur et de la noblesse qui régnait dans ses paroles et dans ses moindres actions. Le désir que j'avais de me rendre digne de son estime en devint plus ardent. Après quelque séjour à Paris, je pris tout d'un coup la résolution de me rendre au Port-Louis, dans le dessein d'y armer le *Sans-Pareil*, que j'avais pris sur les Anglais ; mais au lieu de cinquante canons qu'il avait auparavant, je n'en fis mettre que quarante-deux, afin de le rendre plus léger.

« Ce vaisseau étant caréné, je mis à la voile ; et m'étant rendu sur les côtes d'Espagne, j'appris par quelques vaisseaux neutres, que je rencontrai, qu'il y avait, dans le port de Vigo, trois bâtiments hollandais qui attendaient l'arrivée d'un vaisseau de guerre anglais, lequel devait incessamment sortir de la Corogne, pour les prendre en passant, et les escorter jusqu'à Lisbonne. Je réfléchis sur cet avis, et je formai le dessein de faire usage de mon *Sans-Pareil* pour tromper ces Hollandais. En effet, je me présentai un beau matin à l'entrée de Vigo, avec pavillon et flamme anglaise, mes basses voiles carguées, mes perroquets en bannière, et un yacht anglais au bout de ma vergue d'artimon ; manœuvre que j'avais vu faire aux Anglais en cas à peu près semblable. La fabrique anglaise du *Sans-Pareil* aida si bien à ce stratagème, que deux de ces vaisseaux hollandais, abusés par les apparences, se mirent sous voiles, et vinrent bonnement se ranger sous mon escorte ; le troisième en eût certainement fait autant, s'il avait été paré à lever l'ancre. Je trouvai ces vaisseaux chargés de gros mâts et d'autres bonnes marchandises.

« M'étant mis en route pour les conduire dans le plus prochain port de France, je me trouvai, à la pointe du jour, à trois lieues sous le vent de l'armée navale des ennemis. Cet incident était fort embarrassant, mais je pris mon parti sans balancer. J'ordonnai à ceux qui commandaient mes deux prises d'arborer pavillon hollandais, et d'arriver vent arrière, après m'avoir salué de sept coups de canon chacun. Ensuite, me confiant dans la fabrique et la bonté du *Sans-Pareil*, je fis voile vers l'armée ennemie, avec autant d'assurance et de tranquillité que j'aurais pu faire si j'avais été réellement un des leurs, qui, après avoir parlé à des vaisseaux hollandais, eût voulu se rallier à son corps.

« Il s'était d'abord détaché de cette armée deux gros vaisseaux et une frégate de trente-six canons, pour venir me reconnaître. Les deux vaisseaux, trompés par ma manœuvre, cessèrent bientôt leur chasse, et retournèrent à leur poste. La seule frégate, poussée par son mauvais destin, s'opiniâtra à vouloir parler à mes deux prises, et je vis qu'elle les joignait à vue d'œil. Je naviguais alors avec toute l'armée ennemie, et paraissais fort tranquille, quoique je fusse intérieurement désespéré de ce que ces prises allaient tomber infailliblement au pouvoir de cette frégate. Comme je m'aperçus cependant que mon vaisseau allait beaucoup mieux que ceux des ennemis qui étaient le plus près de moi, je fis courir insensiblement le mien un peu largue, pour me mettre de l'avant d'eux, et tout d'un coup je forçai de voiles pour aller me placer entre mes prises et la frégate. Je m'y rendis assez à temps pour lui barrer le chemin et pour la combattre, comme je fis, à la vue de toute l'armée. Je l'aurais même enlevée, s'il m'avait été possible de l'aborder; mais le capitaine qui la montait conserva assez de défiance pour se tenir au vent, à distance d'une portée de fusil, et il jugea à propos d'envoyer son canot à mon bord. Les gens de ce canot étant à moitié chemin me reconnurent pour Français, et se mirent en devoir de retourner à leur frégate. Alors me voyant démasqué, je fis arborer mon pavillon blanc, à la place de l'anglais que j'avais à la poupe, et j'engageai au même instant le combat. Cette frégate me répondit de toute sa bordée, mais ne pouvant soutenir le feu de mon canon et de ma mousqueterie, elle trouva moyen de revirer de bord à la rencontre de plusieurs gros vaisseaux qui se détachèrent de la flotte pour venir promptement à son secours. Leur approche m'obligea de la quitter, au moment même où elle se trouvait si maltraitée qu'elle mit à la bande, avec un pavillon rouge sous ses barres de hune, en tirant des coups de canon de distance en distance. Ce signal pressant de sa détresse fit que les vaisseaux les plus près d'elle s'arrêtèrent pour la secourir. Ils recueillirent en même temps son canot, qui n'avait pu regagner son bord, et avait fait route du côté de l'armée, pendant tout notre combat. Toutes ces circonstances, favorables pour moi, me donnèrent le temps de rejoindre mes prises à l'entrée de la nuit, et je les conduisis au Port-Louis. »

Au retour de cette courte mais brillante expédition, l'intrépide Duguay-Trouin devait dévorer un sanglant outrage de la part du chevalier de Feuquières. capitaine de la marine royale, pour n'avoir pas salué son bâtiment qu'il avait rencontré sans aucun signe de commandement, et pris pour un simple corsaire de Bayonne. M. de Feuquières ne craignit pas d'insulter, jusqu'à le menacer du châtiment de la *cale*, le glorieux corsaire qui ne rentrait jamais dans les ports français sans y amener les preuves vivantes de son zèle infatigable et de sa bravoure à toute épreuve. Duguay-Trouin, blessé au cœur, en écrivit au ministre Pontchartrain. Sa lettre est un modèle de modération et de dignité. Conservée dans les archives de la Marine, elle doit être citée ici, comme le témoignage du noble et patriotique caractère de son auteur.

« Monseigneur, écrivait le vainqueur du *Sans-Pareil*, dans l'espérance que Votre Grandeur voudra bien me permettre l'honneur de lui rendre compte de ce qui m'est arrivé dans la campagne que je viens de faire, je prends la liberté de lui dire qu'étant parti du Port-Louis, le 7 juillet, après m'être donné l'honneur de l'informer de la résolution que j'avais prise de monter le vaisseau *le Sans-Pareil*, sur l'offre qui m'en avait été faite, et de lui demander l'honneur de sa protection, qu'elle eut la bonté de me faire espérer quand je lui rendis mes très-humbles respects à Versailles.

« Je croisai quelque temps sur le cap de Finistère, et j'y appris, par un Portugais,

Sire, vous avez bien fait. (Page 532.)

qu'il y avait sept vaisseaux anglais et hollandais sous la forteresse de Vigo, en Galice, attendant convoi. Je résolus d'aller les enlever; et comme le vent était contraire et qu'ils étaient amarrés à portée de pistolet du fort, au fond de la rivière, je ne pus que mouiller à l'entrée, sous pavillon anglais, mes perroquets, et mon petit hunier déferlés, et tirant un coup de canon pour contrefaire le convoi.

« Les chaloupes des deux vaisseaux hollandais et de deux anglais avec leurs capitaines vinrent d'abord recevoir l'ordre; et, dès qu'ils furent à mon bord, je fis faire plusieurs saluts de canon, comme les Anglais font souvent, en buvant à la santé du prince d'Orange; ce qui persuada si fort que j'étais Anglais, que, quand je fus appareillé pour aller les enlever de dessous le fort, les deux vaisseaux hollandais m'épargnèrent la moitié du chemin, et je les pris sans coup férir. Les Anglais en auraient fait autant s'ils avaient eu leurs voiles en vergues, persuadés qu'ils étaient que nous étions un des deux vaisseaux de cinquante canons qu'ils attendaient.

« Je fis mes efforts pour aller enlever le reste; mais le vent contraire fit que je ne pus qu'envoyer mes chaloupes faire une tentative; lesquelles ayant reconnu qu'il y avait trente-six à quarante canons en batterie, et que les vaisseaux, qui n'avaient ni voiles ni mâts de hune, étaient la plupart échoués, ne s'exposèrent pas témérairement à y rester sans espoir de réussir. J'attendis inutilement que le vent changeât pour aller les brûler, et je fus, à la fin, obligé de sortir, pour éviter les 2 vaisseaux de 50 canons, qui devaient arriver incessamment.

« En convoyant ces prises, j'eus connaissance au vent, le 24 de ce mois, par les 45°47″ de latitude, au sud-quart de sud-est d'Ouessant, environ 46 lieues, de l'armée des ennemis, qui courait au nord-quart de nord-ouest à l'atteinte d'Ouessant. Je fis arriver vent arrière mes prises; et ayant parlé à 2 navires d'Olonne, chargés de morue, qui en étaient poursuivis, je leur marquai la route et la manœuvre qu'ils devaient tenir, leur promettant de les conserver autant qu'il dépendrait de moi.

« Je comptai jusqu'à 40 vaisseaux, dont il en fut détaché 5 pour me donner la chasse. Je les attendis à portée de canon; et me mêlant parmi eux, j'amusai par cette manœuvre 4 de leurs plus gros, en cessant de fuir quand je les éloignais, et en m'éloignant quand je me sentais trop près d'eux. Je les tirai de cette manière hors de la vue de mes prises et loin de leur corps d'armée. Après quoi, n'ayant plus rien à craindre, ni pour les 2 prises ni pour les 2 autres navires français, je fis force de voiles, et ils cessèrent la chasse.

« Quand j'en fus débarrassé, je revirai de bord sur le plus petit des 5, qui avait rejoint les 2 navires d'Olonne et qui les allait prendre avec mes prises. Étant à portée de canon, j'attaquai cette frégate de 20 canons, malgré 2 gros vaisseaux qui venaient à toutes voiles ; et, dans une heure de combat, je l'aurais infailliblement prise, si, étant au vent, comme elle était, elle n'eût reviré de bord sur ses 2 camarades, qui l'avaient considérablement rapprochée pendant le combat; ce qui m'obligea de la quitter, étant moi-même exposé à être pris, si je l'eusse suivie plus longtemps. Elle se trouva si incommodée, qu'après avoir mis pavillon rouge au grand mât et tiré plusieurs coups de canon pour appeler du secours, elle disparut en s'approchant des 2 autres vaisseaux, qui restèrent en panne; ce qui nous a fait juger qu'elle coula à fond, n'en ayant eu depuis aucune connaissance.

« Voilà, Monseigneur, la manœuvre avec laquelle j'ai sauvé mes prises et ces 2 autres vaisseaux français, dont les capitaines ont rendu témoignage des circonstances de cette action à M. le chevalier de Rosmadec.

« Il serait à souhaiter pour moi que je n'eusse jamais pensé à retourner à la mer, puisqu'elle m'a attiré un des plus sensibles affronts qu'on puisse faire ressentir à un honnête homme. Je supplie très-humblement Votre Grandeur de me pardonner la liberté que je prends de lui en faire mes justes plaintes, et de l'importuner d'un détail qui pourra lui être ennuyeux.

« Arrivant à l'île de Gorée avec mes 2 prises et les 2 olonnais, j'y trouvai 1 vaisseau qui ne mit son pavillon que fort tard, sans flamme ni aucune marque de distinction. Je fus lui parler, et j'appris de lui qu'il était de Bayonne. La vitesse du vaisseau ne me permettant pas de m'informer plus amplement, je crus, et tous mes officiers crurent que c'était un corsaire de Bayonne. Je mis ma chaloupe dehors pour donner ordre à mes prises ; ce vaisseau, voyant cela, mit la flamme, et, après avoir tiré des coups de fusil sur ma chaloupe, il me tira des coups de canons à balle, dont l'un coupa la drisse de ma voile, ce qui m'obligea d'aller incontinent à bord demander à parler au capitaine, et savoir pourquoi on m'avait tiré sans sujet 2 coups de canon. Mais on me contraignit sans réplique de monter à bord, où étant, le capitaine, loin de m'écouter, me menaça avec beaucoup de violence *de me faire donner la cale.* Cependant je lui protestais, comme il était vrai, que nous l'avions cru véritablement corsaire, et de Bayonne. Cette menace, si éloignée de ce que je crois dû à mon caractère, m'aurait fait tomber dans des mouvements qu'on ne peut sans honte refuser à l'honneur, si, toujours rempli de mon devoir, je n'avais, tout couvert de cet affront, fait précéder à mon honneur la soumission aux ordres du roi, en recevant d'un de ses officiers, et sur ses vaisseaux, tout ce qu'on avait pu me dire de plus outrageant, renfermant toute ma défense à l'assurer que je m'en plaindrais à Votre Grandeur, dans l'équité de laquelle je mettais toute ma confiance.

« Ce capitaine voulut m'interroger. Mais vous me pardonnerez, Monseigneur, si mon sang tout glacé ne me laissa pas la faculté de lui répondre. Je me retirai pour aller aussitôt faire mes plaintes à M. de Lavardin, MM. de Mauclerc et de Rosmadec, qui, déjà prévenus en ma faveur, ne laissèrent pas de plaindre mon sort.

« Votre Grandeur n'ignore pas que plusieurs de MM. les officiers de la marine ne regardent pas avec plaisir nos petits progrès ; ce que celui-ci ne m'a témoigné que trop clairement en cette occasion, où il a affecté de m'insulter, ayant traité avec beaucoup plus d'honnêteté les capitaines olonnais qui étaient dans le même défaut que moi, s'il y en avait, ne leur ayant adressé aucune menace de *cale*, ni tous ces termes outrageants que je passe sous silence : Votre Grandeur sachant bien que ces sortes de menaces, poussées au delà des bornes, ne sont pas sans aigreur.

« Voilà, Monseigneur, ce qui me fait réclamer votre justice, sans laquelle je serais, malgré moi, contraint d'abandonner l'exécution de ce que je me suis proposé dans l'entreprise de la course. Ce traitement regarde tous mes confrères, qui se verraient, sans votre protection, Monseigneur, exposés à des outrages aussi violents.

« Le capitaine de qui je me plains est M. de Feuquières, commandant de l'*Entreprenant*.

« Duguay-Trouin. »

« 35 mai 1696. »

L'histoire ne dit pas que le brutal officier de la marine royale ait été réprimandé. Duguay-Trouin ne chercha même pas à laver par un coup d'épée l'injure grossière dont il avait été victime. C'est par leurs exploits que de tels hommes se vengent de leurs obscurs envieux. Les Jean-Bart et les Duguay-Trouin savent immortaliser leur nom ; les Feuquières laissent tomber le leur dans l'oubli.

Notre corsaire arma aussitôt trois navires, et, s'étant joint à 2 frégates de Saint-Malo, il attaqua une flotte escortée par 3 vaisseaux de guerre hollandais, sous les ordres du baron de Wassenaër, vice-amiral de Hollande. Dans le commencement du combat, le feu prit au *Sans-Pareil* et fit sauter toute sa poupe. Duguay-Trouin fut forcé d'aborder les deux plus gros navires ennemis. Il les prit l'un et l'autre après une bataille sanglante, où la moitié de son équipage périt. Le troisième navire et une partie du convoi furent pris par les frégates françaises.

Duguay-Trouin mena son prisonnier, le vice-amiral hollandais, à la cour, comme un trophée. Le ministre lui accorda le brevet de capitaine de frégate, que les marins d'un véritable mérite avaient souvent beaucoup de peine à obtenir.

La paix arrêta seule les courses du valeureux corsaire.

CHAPITRE III

DUGUAY-TROUIN PENDANT LA GUERRE DE LA SUCCESSION D'ESPAGNE

Croisière de 1702. — Prise d'un navire hollandais. — Expédition de 1703. — Les mangeurs de sable. — Croisière devant les Sorlingues. — Campagne de 1705. — Prise de l'*Élisabeth* et de l'*Amazone*. — Mort de Duguay-Trouin jeune. — Perte de l'*Auguste*. — Attaque de la flotte du Brésil. — Expédition de 1707. — Réunion de son escadre et de celle de Forbin. — Place aux maîtres de la mer. — Croisières de 1708, 1709, 1710 et 1711.

En 1702, au moment où éclata la guerre de la succession d'Espagne, Duguay-Trouin arma en course les deux frégates du roi la *Bellone*, de 38 canons, et la *Railleuse* de 24. Il se joignit au capitaine Porée, de Saint-Malo, qui lui amena à Brest un petit bâtiment capre.

Ils croisèrent dans les Orcades et y prirent 3 vaisseaux hollandais venant du Spitzberg. Mais une tempête fit périr deux de ces prises et sépara Duguay-Trouin des navires qui naviguaient avec lui.

L'orage ayant cessé, il découvrit, au lieu de ses camarades, un vaisseau hollandais de 38 canons. Ce vaisseau l'attendit et le surprit dans une position désavantageuse. L'attaquant par l'avant, il lui fit essuyer le feu de toute son artillerie, pendant que Duguay-Trouin ne pouvait riposter qu'au moyen de 6 canons seulement. Le corsaire était perdu s'il n'avait tenté immédiatement l'abordage. Le plus jeune de ses frères, qui le servait en qualité de premier lieutenant, se jeta le premier sur le bord ennemi. Son exemple anima tellement le reste de ses gens, qu'il ne resta dans son vaisseau qu'un seul pilote avec quelques timoniers et les mousses.

Le capitaine hollandais fut tué, ainsi que tous ses officiers; son vaisseau fut enlevé en moins d'une demi-heure.

Ce succès était chèrement acheté. Le navire de Duguay-Trouin ne pouvait plus tenir la mer; il démâta de tous ses mâts, fut obligé de revenir à Brest, et les dépenses de l'armement furent perdues.

L'année suivante, 1703, le roi lui accorda l'escadrille suivante.

NAVIRES.	CANONS.	CAPITAINES.
Éclatant,	58	Duguay-Trouin.
Furieux,	56	Desmarais-Herpin.
Bienvenu.	30	Desmarques.

Il fut rejoint, à Brest, par 2 frégates de Saint-Malo, de 30 canons chacune. Cet armement avait pour but d'aller détruire la pêche des Hollandais sur les côtes du Spitzberg.

Arrivé près des Orcades, Duguay-Trouin se trouva en face de 15 gros vaisseaux de guerre hollandais; il voulut fuir; ils lui donnèrent la chasse avec tant de vigueur, qu'ils joignirent le *Furieux* et le *Bienvenu*. Duguay-Trouin eut beaucoup de peine à sauver ces deux navires en se sacrifiant lui-même et en livrant un combat où il perdit une trentaine d'hommes. Il continua sa route vers le Spitzberg; il y prit, rançonna ou brûla environ 40 navires baleiniers; mais il en laissa échapper plus de 200, qui s'enfuirent à la faveur du brouillard.

« Les brumes sont si fréquentes dans ces parages, nous dit-il dans ses mémoires, qu'elles nous firent tomber dans une erreur fort singulière, et qui m'a paru mériter d'être rapportée.

« On se sert, dans les vaisseaux, d'horloges de sable qui durent une demi-heure; et les timoniers ont soin de les retourner huit fois pour marquer le quart, qui est de quatre heures, au bout duquel la moitié de l'équipage relève celle qui est sur le pont. Or, il est assez ordinaire que les timoniers, voulant chacun abréger leur quart, surtout dans une contrée où le froid est si rigoureux, tournent cette horloge avant qu'elle soit entièrement écoulée. Ils appellent cela *manger du sable*. L'erreur qui résulte de ce petit tour d'adresse ne se peut corriger qu'en prenant la hauteur au soleil; et comme la brume nous le fit perdre de vue pendant neuf jours entiers, et que d'ailleurs, dans la saison et dans la latitude où nous nous trouvions, il ne fait que tourner autour de l'horizon, de manière que les jours et les nuits sont également éclairés, il arriva que les timoniers, à force de manger du sable, étaient parvenus, au bout de ces neuf jours, à faire du jour la nuit, et de la nuit le jour; de sorte que tous les vaisseaux de l'escadre, sans exception, trouvèrent au moins onze heures d'erreur quand le soleil vint à reparaître. Cela avait tellement dérangé les heures du repas, et celles du sommeil, qu'en général, nous avions envie de dormir quand il était question de manger, et de manger quand il fallait dormir. Nous n'y fîmes attention et nous ne fûmes désabusés que par le retour du soleil.

« Au bout de deux mois de croisière sur ces parages, la saison nous obligea de faire route avec nos prises, pour retourner en France. Nous essuyâmes, dans cette longue traversée, des coups de vent fort vifs et très-fréquents, qui séparèrent une partie de nos prises. Quelques-unes firent naufrage, quelques autres furent reprises par les ennemis, et nous n'en conduisîmes que quinze dans la rivière de Nantes, avec un vaisseau anglais chargé de sucre, que nous avions pris chemin faisant; après quoi, nous retournâmes à Brest pour y désarmer. »

A son retour dans ce port, il obtint du roi d'y faire construire l'escadrille suivante :

NAVIRES.	CANONS.	CAPITAINES.
Jason,	54	Duguay-Trouin.
Auguste,	54	Desmarques.
Mouche,	8	De Bourgneuf.

Il établit une croisière devant les Sorlingues, où il rencontra d'abord un garde-côte anglais de 72 canons, *la Revanche*, qui s'enfuit. Quelques jours après le même vaisseau surprit *la Mouche* et s'en empara.

Comme il recherchait sa *Mouche*, Duguay-Trouin tomba au milieu d'une flottille de 30 navires marchands qui sortaient de la Manche. Il en prit la moitié.

« En conduisant toutes nos prises à Brest, dit-il dans ses mémoires, nous vîmes deux gros vaisseaux avec une corvette, qui arrivaient vent arrière, et qui mirent en travers à une lieue au vent de nous. Je reconnus aisément *la Revanche* et *le Falmouth*, avec ma pauvre *Mouche*. Cet objet mit tout mon sang en mouvement, et, quoique affaibli d'équipage, et embarrassé de prises, je mis, sans balancer, toutes voiles au vent pour les rejoindre et leur livrer combat. Alors, bien loin de soutenir mon approche, ils prirent honteusement la fuite. Nous les poursuivîmes jusqu'à la nuit, qui m'obligea de rejoindre mes prises pour les mettre en sûreté dans le port de Brest. »

Pendant cette relâche, il fit construire une frégate de 26 canons, la *Valeur*, dont il confia le commandement à son jeune frère. Pendant qu'on la terminait, il reprit la mer avec ses deux vaisseaux et deux frégates.

Il fit 3 captures anglaises en vue du cap Lézard. Il était en train de les amariner, lorsque parurent deux gros vaisseaux de guerre qui l'attaquèrent aussitôt. Il fit des signaux à ses camarades pour leur demander du secours. Mais le capitaine Desmarques s'enfuit à toutes voiles, ainsi que les deux frégates. Duguay-Trouin s'échappa comme il put, non sans avoir subi de graves avaries. Après cette aventure, il ne voulut plus servir en compagnie des capitaines qui l'avaient abandonné.

En 1703, Duguay-Trouin partit avec l'escadre suivante :

NAVIRES.	CAPITAINES.
Jason,	Duguay-Trouin.
Auguste,	De Nesmond.
Valeur.	Duguay-Trouin jeune.

Il trouva, à l'entrée de la Manche, deux vaisseaux de guerre anglais, l'*Elisabeth*, de 72 canons, et le *Chatam*, de 54.

Le combat fut long ; mais enfin l'*Elisabeth* dut se rendre, et le *Chatam* n'échappa que grâce à la rapidité de sa marche.

« En revenant à Brest, notre escadrille rencontra 2 corsaires de Flessingue, l'un de 40 canons, l'autre de 36.

« Je courus sur eux, et ayant devancé mes camarades, je joignis ces 2 vaisseaux qui étaient demeurés en panne à une portée de fusil l'un de l'autre, nous dit Duguay-Trouin. Je lâchai, en passant, toute ma volée de canon et de mousqueterie au plus fort des deux, qui s'appelait l'*Amazone*. Je comptais qu'il en serait démâté ou désemparé, et que, le laissant à l'*Auguste* qui s'avançait à toutes voiles, je pourrais rejoindre aisément son camarade ; mais le premier de ces corsaires, n'ayant pas été fort incommodé de ma bordée, tous deux prirent aussitôt chasse, l'un d'un côté, l'autre de l'autre, et je me trouvai dans le cas d'opter. Je revins sur le plus fort, commandé par un déterminé corsaire, qui se défendit comme un lion, pendant près de deux heures. Il est vrai que dans le peu de temps que j'avais couru sur son camarade, il avait eu l'habileté de gagner une portée de fusil au vent, et, par cette raison, je ne me trouvais plus en mesure de l'aborder. Un peu trop de confiance m'avait même empêché de prendre des précautions nécessaires pour tenter ou soutenir l'abordage. J'eus bientôt lieu de m'en repentir, puisqu'il eut l'audace d'arriver sur moi, au milieu du combat, et de prolonger sa civadière dans l'intention de m'aborder moi-même, ou de m'obliger à plier. A l'instant, je fis cesser le feu de mon canon et de ma mousqueterie, détachant au plus vite deux de mes sergents pour aller chercher des haches d'armes, des sabres, des pistolets et des grenades. Et tout d'un coup, faisant border mon artimon, je poussai mon gouvernail à venir au vent, afin de seconder le dessein que l'ennemi paraissait avoir de me joindre.

« Ce mouvement ralentit son ardeur, et le porta à retenir aussitôt le vent, de sorte qu'il ne fit que toucher mon bossoir en passant, et passa en même temps au large. Dans cette situation, je lui lâchai toute ma bordée de canon et de mousqueterie. Mon artillerie était chargée à double gargousse. Cette bordée fut suivie de trois autres, coup sur coup, qui, crachées à bout touchant, le démâtèrent de tous ses mâts, et le rasèrent comme un ponton. Ce brave capitaine ne se rendit qu'à la dernière extrémité. Je le remarquai, dans ce combat, se portant, le sabre à la main, la tête haute, de l'arrière à l'avant de son vaisseau, et essuyant une grêle de coups de fusil dont ses habits et son chapeau furent percés en plusieurs endroits. Aussi me fis-je un vrai plaisir de le traiter avec toute la distinction que méritait sa valeur. Je suis même fâché d'avoir oublié le nom d'un homme si intrépide. Je n'aurais pas manqué de le mettre ici.

« M. le chevalier de Nesmond, après avoir poursuivi, pendant assez longtemps, l'autre corsaire flessinguois, sans le pouvoir joindre, revint avec l'*Elisabeth* se rallier à moi, et nous arrivâmes tous deux, peu de jours après, dans la rade de Brest, avec nos deux prises, l'*Elisabeth* et l'*Amazone*.

« Mon frère s'étant trouvé séparé de nous par la tempête, le lendemain de la prise de l'*Elisabeth*, rencontra un autre corsaire de Flessingue, aussi fort d'équipage et de canons que la *Valeur*. Il engagea le combat, et l'ayant démâté d'un mât de hune, il l'aborda et s'en rendit maître après un combat assez opiniâtre. Il était occupé à faire raccommoder sa prise et à se rétablir du désordre où ce furieux abordage l'avait mis, quand deux autres corsaires ennemis, de 36 canons chacun, attirés par le bruit du canon, fondirent tout à coup sur lui, le forcèrent d'abandonner sa prise, et le chassèrent jusqu'à Saint-Jean-de-Luz, où il se refugia. Il en sortit peu de temps après, et prit un bon vaisseau anglais, chargé de sucre et d'indigo ; il se mettait en devoir de le conduire dans le port de Brest, où il comptait me rejoindre, lorsqu'il eut le malheur de trouver sur son chemin un autre corsaire ennemi, de 44 canons, qui l'attaqua et voulut lui faire abandonner sa capture. Quoique l'équipage de *la Valeur* fût considérablement diminué par les différents combats que cette frégate avait rendus, mon frère soutint l'attaque, essuya deux abordages consécutifs sans plier, et se comporta avec tant d'habileté et de courage, qu'au rapport de tout son équipage, il aurait enlevé le corsaire, si, dans le dernier choc, il n'eût pas été mortellement blessé d'une balle qui lui fracassa toute la hanche. Il reçut ce coup terrible dans le temps même que le pont et le gaillard de l'ennemi étaient abandonnés, et qu'une partie des plus déterminés soldats de *la Valeur* pénétraient à son bord. Ce funeste accident les obligea de se rembarquer promptement, et de pousser la frégate du roi au large du vaisseau ennemi, qui n'eut jamais le courage de profiter de la consternation que ce malheur avait causé ; en sorte que mon pauvre frère, après avoir mis sa prise en sûreté, arriva mourant à Brest. Je courus à son vaisseau avec autant d'inquiétude que d'empressement ; je le fis mettre sur des matelas dans ma chaloupe, et je le transportai moi-même à terre, où je lui procurai tous les secours possibles. Mes soins et ma tendresse ne purent le sauver ! Il expira peu de jours après, avec une fermeté et une résignation exemplaires.

« C'est ainsi que la mort m'enleva, en peu de temps, deux frères, l'un après l'autre ! Le caractère que je leur avais connu, dans un âge si tendre, promettait infiniment, et leur valeur m'aurait été d'une grande ressource dans toutes mes expéditions. Je les aimais tendrement, et je demeurai d'autant plus accablé de la mort de celui-ci qu'elle réveilla dans mon cœur l'idée touchante du premier, qui avait fini entre mes bras. Ce triste souvenir, malgré le temps et la raison, me pénètre encore d'une douleur très-amère et très-vive. »

Pour distraire son affliction, Duguay-Trouin reprit la mer. A l'entrée de la Manche il rencontra *le Chatam*, qui lui avait précédemment échappé. Il allait l'attaquer, lorsqu'il aperçut une escadre anglaise qui lui donna la chasse.

« 6 vaisseaux se détachèrent sur l'*Auguste*, et 15 autres me poursuivirent. L'un d'eux, nommé *le Honsler*, de 64 canons, me joignit avec une vitesse extrême. A peine eus-je le temps de me disposer au combat, et de ranger chacun à son poste, que ce vaisseau fut à portée de pistolet sur moi. La précipitation avec laquelle mes gens se préparèrent fit que les canonniers de la première batterie jetèrent à la mer une partie des avirons de mon vaisseau, n'ayant pas le temps de les rattacher aux bancs du second pont.

« J'eus la curiosité, avant de commencer le combat, de savoir le nom d'un vaisseau si surprenant par sa légèreté, et je le lui fis demander par un interprète. Cette interrogation déplut au capitaine qui, pour réponse, m'envoya toute sa bordée de canon et de mousqueterie, tirée à bout touchant. Tous ces coups donnèrent dans le corps de mon vaisseau, et la mer étant fort unie, j'aurais eu beaucoup de monde hors de combat, sans cette précaution que j'avais eue d'ordonner à tous mes gens, et même aux officiers, de se coucher à plat ventre sur le pont, et de ne se relever qu'au signal que je leur ferais moi-même, avec ordre de pousser, en se relevant, un cri de vive le roi! et de pointer tous les canons, les uns après les autres, sans se presser.

« Cet ordre fut exécuté très-régulièrement et réussit à souhait. Je n'eus que 2 hommes de tués et 3 de blessés, et de ma seule décharge de canon et de mousqueterie, je mis près de 100 hommes sur le carreau à bord du *Honsler*. Le désordre y fut si grand, que je n'aurais pas manqué de l'enlever d'emblée, s'il n'avait pas *arrivé* tout à coup, vent arrière, et s'il n'eût pas été soutenu par plusieurs gros vaisseaux, qui me seraient infailliblement tombés sur le corps, avant que j'eusse pu débarrasser le mien d'un pareil abordage. Cependant il fut près de trois quarts d'heure avant de revenir à la charge; et alors il se mit à me canonner dans la hanche, sans oser m'approcher de plus près que la portée du fusil.

« Sur ces entrefaites, le vent cessa, et les ennemis, après m'avoir harcelé jusqu'à minuit, m'entourèrent de toute part, et me laissèrent en repos. Ils étaient bien persuadés que je ne leur échapperais pas et qu'à la pointe du jour ils se rendraient maîtres de mon vaisseau, avec moins de risque et beaucoup plus de facilité.

« J'en étais moi-même si convaincu, que j'assemblai tous mes officiers pour leur déclarer que, ne voyant plus aucune apparence de pouvoir sauver le vaisseau du roi, il fallait au moins soutenir l'honneur de ses armes jusqu'à la dernière extrémité; et que la meilleure forme, à mon sens, d'y procéder, était d'essuyer, sans tirer, le feu des vaisseaux qui nous enveloppaient, et d'aller, tête baissée, aborder, debout au corps, le commandant; que pour plus grande sûreté, je me tiendrais moi-même au gouvernail du vaisseau, jusqu'à ce qu'il fût accroché au bord de l'ennemi, lequel ne s'attendant point à un pareil abordage, et n'ayant, par conséquent, point le temps de faire les dispositions nécessaires pour le soutenir, nous donnerait peut-être occasion de faire une action brillante avant que de succomber sous le nombre; qu'à toute aventure, et de quelque manière que la chose tournât, il était au moins bien certain que le pavillon français ne serait jamais baissé, tant que je vivrais, par d'autres mains que par celles de l'ennemi.

« M. de la Jaille et M. de Bourgneuf-Gravé, mes 2 principaux officiers, parurent charmés de ma résolution, et tous assurèrent unanimement qu'ils périraient eux-mêmes, plutôt que de m'abandonner.

« Quand j'eus donné mes ordres pour rendre cette scène plus vive et plus éclatante, je me sentis plus tranquille et voulus prendre sur mon lit une heure de repos. Mais il me fut impossible de fermer l'œil, et je revins sur mon gaillard, où j'étais tristement occupé à regarder, les uns après les autres, tous les vaisseaux qui me tenaient cerné, entre autres celui du commandant, qui était remarquable par ses 3 feux à la poupe, et par un quatrième dans sa grande hune.

« Au milieu de cette morne préoccupation, je crus m'apercevoir, une demi-heure avant le jour, qu'il se formait un point noir à l'horizon, par le travers de notre bossoir, et que cette noirceur augmentait peu à peu. Je jugeai que le vent allait venir de ce côté-là, et comme j'avais mes basses voiles carguées, et mes 2 huniers tout bas, à cause du calme, je les fis rappareiller sans bruit, et orienter en même temps tous les autres, pour recevoir la fraîcheur qui s'avançait. J'employai aussi ce qui me restait d'avirons à gouverner mon vaisseau, afin qu'il prêtât le côté au vent lorsqu'il viendrait. Il vint en effet, et trouvant mes voiles bien brassées, et disposées à le recevoir, il le fit tout d'un coup aller de l'avant.

« Les ennemis, qui dormaient en toute sécurité, n'avaient pas songé à se mettre dans le même état. Dans leur surprise, ils prirent tous vent d'avant, et perdirent un temps considérable à mettre toutes leurs voiles et à reviver vent arrière pour me rejoindre. Toute cette manœuvre me fit sur eux une bonne portée de canon d'avance; et

Mort de Jean Bart. (Page 534.)

alors, le vent augmentant insensiblement, mon vaisseau, qui marchait très-bien quand il ventait un peu frais, avança de manière que l'escadre ennemie n'eut pas, à beaucoup près, sur moi, le même avantage qu'elle avait eu. Le seul *Honsler* me joignit encore à portée de fusil, et se remit à me canonner dans la hanche; mais je lui ripostais si vivement, que chaque bordée l'obligeait à culer et le rebutait. Cette chasse dura jusqu'à midi; et comme le vent augmentait toujours, je m'éloignai de plus en plus de tous les vaisseaux de cette escadre. Le *Honsler* lui-même commença aussi à rester en arrière de nous.

« Ce fut alors que je me regardai comme un homme vraiment ressuscité, ayant cru fermement que j'allais m'ensevelir sous les ruines du pauvre *Jason*. Je me prosternai pour en rendre grâce à Dieu, et je continuai ma route, pour aller relâcher au plus tôt dans le premier port de France; car j'avais été obligé, pour sauver le vaisseau du roi, de jeter à la mer, non-seulement toutes mes ancres, à l'exception d'une, mais aussi tous les mâts et toutes les vergues de rechange.

« Je trouvai, le lendemain, à la pointe du jour, un corsaire de Flessingue de 20 canons nommé *le Paon*. L'état où j'étais ne m'empêcha point de le poursuivre jusqu'en vue de Belle-Isle, et m'en étant rendu maître, je le conduisis au Port-Louis. »

Quant à l'*Auguste*, il ne put échapper aux ennemis. La frégate la *Valeur* subit le même sort. Duguay-Trouin ne conserva donc que le *Jason*. Avec ce seul vaisseau, il vint bravement croiser devant les côtes d'Espagne. Il y prit 3 vaisseaux et 2 frégates qu'il ramena à Brest.

En 1706, il remit à la voile avec les vaisseaux le *Jason* et l'*Hercule*, de 54 canons chacun, et une frégate de 20 canons.

Il attaqua la flotte du Brésil, escortée par 6 vaisseaux de guerre portugais, de 50 à 76 canons. Ce combat dura deux jours. Un des plus riches convois fut pris, l'amiral tué, son vaisseau abordé et mis hors de combat; tous les autres furent même poursuivis jusque sous leurs forts; mais le désordre de la nuit et une suite de malheurs incompréhensibles lui firent perdre tout le fruit d'une action aussi vive.

Après ce combat, il se jeta avec ses 3 vaisseaux dans Cadix, qui était menacée d'un siége, et qu'il devait défendre, conformément à l'ordre qu'il en avait du roi.

Chemin faisant pour revenir en France, il donna dans une flotte de 14 vaisseaux de commerce anglais, escortés par une frégate de 34 canons, qu'il enleva à l'abordage; le reste de la flotte, à l'exception de 2 navires, fut pris et amariné par ses camarades.

L'année 1707, il repartit de Brest avec une escadre de 3 gros vaisseaux et de 3 frégates du roi. Il fit 5 prises et revint caréner dans le même port.

Il reçut l'ordre de réunir son escadre à celle de Forbin et de former une flottille capable d'entreprendre quelque chose d'important.

Sortis de Brest le 9 octobre 1707, ils vinrent se poster à l'entrée de la Manche et ne tardèrent pas à tomber, le 21 octobre 1707, sur une flotte marchande de 130 voiles, chargée d'armes, de provisions, de munitions pour le Portugal.

La flotte française se composait comme suit:

NAVIRES.	CANONS.	CAPITAINES.
Lys,	74	Duguay-Trouin.
Achille,	64	De Beauharnais.
Jason,	54	De Courserac.
Gloire,	40	De Lajaille.
Amazone,	36	De Nesmond.
Maure,	50	De Lamonerie-Miniac.
Mars,	60	Forbin, chef d'escadre.
Fidèle,	56	Hennequin.
Dauphine,	56	De Roquefeuil.
Blackoal,	54	De Tourouvre.
Salisbury,	52	De Vezins.
Mercure,	48	D'Illiers.
Griffon,	44	De Nangis.
Jersey.	44	Cornille Bart.

La flotte marchande des alliés n'était accompagnée que de 5 vaisseaux de guerre, qui se mirent en ligne pour accepter le combat; mais comme ces vaisseaux portaient jusqu'à 92 canons, et comme 5 vaisseaux français seulement attaquèrent, l'avantage du nombre fut encore du côté des ennemis.

Duguay-Trouin, qui, le premier, avait aperçu la flotte marchande, eut beau faire des signaux à son chef d'escadre, celui-ci n'arriva point à son secours, et le Malouin engagea seul l'action avec 5 navires. Chaque capitaine français attaqua un capitaine anglais.

Duguay-Trouin fait coucher ses hommes sur le pont et traverse, sans tirer un coup de canon, l'espace qui le sépare du *Cumberland*, adversaire qu'il s'est réservé. Il engage le beaupré du *Cumberland* dans les haubans du *Lys* et commence l'action par une bordée qui jonche de morts et de mourants le pont et les gaillards de l'ennemi. Au même moment, la *Gloire* aborde, de long en long, le même vaisseau anglais, qui est forcé de se rendre.

Duguay-Trouin vole au secours de ses autres vaisseaux; il perd 300 hommes en différents combats, mais il fait sauter le *Devonshire*, de 92 canons, énorme vaisseau qui portait, outre un équipage de 800 hommes, un nombreux corps de soldats et d'officiers destinés au Portugal. Le *Chester* et le *Rubis* tombent entre nos mains, tandis que notre vaisseau l'*Achille* attaque le *Royal-Oak* de 70 canons. Son abordage est repoussé ; un incendie gagne son pont, enfonce ses gaillards et coûte la vie à plus de 100 de ses hommes. Il voit fuir le *Royal-Oak*, dont il a abattu le beaupré.

« Arrivé non sans peine jusqu'à l'extrémité arrière du *Royal-Oak*, un contre-maître français, nommé Toscan (Honoré), parvint à amener le pavillon qui flottait à la corne du pavillon anglais. Séparé des siens et bientôt entouré d'ennemis, lorsque les progrès du feu firent aux assaillants un devoir de retourner à bord de l'*Achille*, pour joindre leurs efforts à ceux de leurs camarades qui travaillaient à éteindre l'incendie, l'intrépide officier marinier eut bien vite apprécié sa position. Sa présence d'esprit ne l'abandonna pas. Le passage à travers les masses d'Anglais dont le pont du *Royal-Oak* était couvert n'était pas possible ; les flots seuls lui offraient la possibilité de conserver la précieuse dépouille dont il était chargé. Il s'élança dans la mer, échappa aux balles auxquelles il servait de point de mire et, recueilli par une embarcation française, il fut reconduit à bord de l'*Achille*, où il fut accueilli par les hourras de l'équipage.

« Toscan eut l'honneur de déposer lui-même à Notre-Dame l'étendard britannique qu'il avait conquis, le jour où un *Te Deum* fut chanté dans cette église, à l'occasion de la victoire remportée par Duguay-Trouin et Forbin, car la dispersion du convoi destiné aux Espagnols porta un coup fatal aux affaires de l'archiduc[1]. »

La prise, l'explosion ou la fuite de leurs vaisseaux de guerre fut suivie d'une chasse vigoureuse faite au convoi. Si Forbin se fût rapproché, pas un bâtiment n'eût échappé ; à peine put-on en prendre la moitié.

Les vainqueurs rentrèrent triomphalement

1. Le *Moniteur de la flotte*, 14 janvier 1858.

à Brest et, pour railler les prétentions d'omnipotence que les Anglais manifestent sur la mer, ils crièrent, en introduisant leurs nombreux prisonniers dans le port :

— Place aux maîtres de la mer !

A son retour de cette expédition, il équipa une escadre de 10 vaisseaux ou frégates de guerre, pour aller au-devant de la flotte du Brésil. Il eut le malheur de la manquer, par des contre-temps imprévus et par une suite de vents contraires. Cependant il se rendit maître de l'île Saint-Georges, une des Açores dont la capitale fut enlevée d'assaut, et fit quelques autres prises qui servirent à payer son désarmement ; mais la première dépense de frais aussi considérables tomba en pure perte pour ses armateurs.

En 1709, il arma de nouveau l'*Achille* et les frégates *la Gloire*, l'*Amazone* et l'*Astrée* ; attaqua une flotte anglaise escortée par 3 vaisseaux de guerre, de 54 à 70 canons ; aborda 3 fois le commandant ennemi ; et les ayant mis tous trois hors de combat, il avait déjà fait amener pavillon à 22 vaisseaux de la flotte, lorsqu'une tempête effroyable et subite ayant emporté les voiles de l'*Achille*, démâté la frégate *la Gloire*, et mis les autres dans un danger imminent de périr, il lui fut impossible d'amariner plus de 4 prises, et il fut même contraint de relâcher à Brest, tout délabré.

L'année suivante, ayant remis en mer avec le vaisseau l'*Achille* et la frégate *la Gloire*, il enleva seul, à l'abordage, le vaisseau de guerre anglais *le Bristol*, de 58 canons, et se sauva d'une escadre de 14 vaisseaux de guerre, qui tomba inopinément sur lui à la brune, et au milieu de laquelle le vaisseau *le Bristol* coula bas, avec une partie de l'équipage français qu'on avait jeté dedans pour l'amariner.

A son retour, il arma, en 1711, une nouvelle escadre de 5 vaisseaux ou frégates du roi ; combattit, malgré son état de maladie, le vaisseau de guerre anglais *le Glocester*, de

60 canons, dont il se rendit maître après une heure de combat. Il fit encore 2 autres prises et revint désarmer à Brest, dans un état de santé presque désespéré.

CHAPITRE IV

EXPÉDITION DE RIO DE JANEIRO

Duclerc est assassiné. — Duguay-Trouin jure de le venger. — Ordonnance réglant les conditions d'un armement contre Rio de Janeiro. — Flottille équipée par Duguay-Trouin. — Description des fortifications de Rio de Janeiro. — Débarquement. — Attaque de l'Ile des Chèvres. — Un Français espion des Portugais. — Sortie des assiégés. — Lettre de Duguay-Trouin au gouverneur. — Réponse de ce dernier. — Prise de Rio de Janeiro. — Délivrance des prisonniers. — Pillage de la ville. — Rachat de Rio de Janeiro. — Retour de Duguay-Trouin. — Admiration qu'il inspire.

En juin 1709, Louis XIV pensa agir avec une munificence sans égale, en récompensant par le titre d'écuyer, dernier placé dans l'échelle des distinctions nobiliaires, les glorieux services d'un corsaire dont le courage avait procuré à la France, en quelques années, la capture de 320 navires étrangers. Duguay-Trouin avait versé des sommes considérables dans ce tonneau des Danaïdes que l'on appelle le *Trésor public*.

Il s'était ruiné. Il ne lui restait plus que ses appointements, sa pension, le revenu de sa capitainerie et quelques bribes d'héritage. Mais depuis 4 ans, c'est à peine si on lui avait payé 2 mois d'appointements ; jamais il n'avait reçu un sol pour sa pension et il lui était dû 2 ans de sa capitainerie.

Quoique fatigué, malade, épuisé, il dut s'ingénier pour découvrir quelque moyen de rétablir sa fortune. Il s'arrêta à l'idée de former une entreprise sur la colonie portugaise de Rio-de-Janeiro, l'une des plus riches et des plus puissantes du Brésil.

La ville de Rio-de-Janeiro, fondée par les Français, avait pris une grande importance. La France et l'Espagne conservaient des prétentions sur ce territoire, dont les Portugais avaient fini, après de longues guerres, par devenir les maîtres incontestés.

En 1710, un capitaine de vaisseau nommé Duclerc avait eu l'audace d'en tenter la conquête. Il s'était présenté devant la ville avec 5 navires de guerre et un millier de soldats de marine. Il débarqua à Guaratiba et vint, à la tête de sa petite troupe décidée et bien organisée, attaquer, par terre, cette cité importante qu'il espérait surprendre. Malheureusement pour lui, les habitants avaient eu le temps de se barricader et de remettre en état les anciennes fortifications.

L'assaut donné par Duclerc est repoussé ; sa petite armée est presque anéantie. Entouré d'ennemis, attaqué à son tour, ne pouvant résister, il se rend à composition. Il reste prisonnier dans une ville où il avait rêvé d'entrer en conquérant.

6 ou 700 hommes partagent sa captivité, le surplus ayant péri pendant le combat.

Quelques mois plus tard, il fut assassiné pendant la nuit. Les Portugais donnèrent à ce crime, dont le mystère n'a jamais été éclairci, l'apparence d'une vengeance particulière; ils dirent que Duclerc, prisonnier sur parole dans Rio-de-Janeiro, avait pu s'attirer des inimitiés. Mais les Français accusèrent hautement le gouverneur, Francisco de Castro de Moraes ; ils lui attribuèrent cette infâme vengeance sur un prisonnier gardé à vue et qui ne pouvait être attaqué sans la complicité de ses gardiens.

Ses soldats qui devaient, d'après les termes de la capitulation, être transportés à Lisbonne pour s'y trouver plus à la portée des échanges de prisonniers, furent enfermés dans les forts où les Brésiliens les laissèrent périr de misère.

Ces nouvelles excitent en France une indignation d'autant plus vive que l'on se sent moins en état de la faire éclater. Duguay-Trouin ose seul manifester sa fureur et jure de venger l'honneur de la France. Le ministre de la marine a beau lever mille difficultés, Duguay-Trouin, pour vaincre les obstacles qu'il rencontre du côté de la cour, communique son projet à des gens riches ; la confiance qu'il inspire excite leur patriotisme ; ils forment une compagnie et arment les vaisseaux qu'il demande.

Duguay-Trouin s'adressa d'abord à 3 de ses plus intimes amis qui, de tout temps, l'avaient aidé de leur crédit. C'étaient : M. de Coulanges, maître-d'hôtel ordinaire de Louis XIV et contrôleur général de la maison du roi ; et MM. de Beauvais et de la Sandele-Fer, ce dernier riche armateur de Saint-Malo.

Mais l'importance d'une semblable entreprise réclamant des mises de fond considérables, il fallut recourir à l'appui de 3 négociants de Saint-Malo, MM. de Belle-Isle-Pépin, de Lépine Danican et Chapdelaine. L'évaluation des frais, non compris les salaires payables au retour de la campagne, s'élevait à plus de douze cent mille livres.

Le comte de Toulouse, amiral de France, prit lui-même un assez vif intérêt à l'armement projeté. Sur le rapport qu'il fit à Louis XIV, ce monarque signa l'autorisation demandée par les armateurs malouins, et décida que les troupes de la marine royale prendraient part à l'expédition ainsi que les navires de l'État.

Par son ordre, le ministre Pontchartrain rédigea une ordonnance réglant les conditions faites aux armateurs.

Cette pièce, conservée dans les archives de la Marine, est un document précieux, qui indique de quelle manière le gouvernement traitait de compte à demi avec les corsaires nationaux. Elle est ainsi conçue :

« I.—Sa Majesté accorde au sieur René Duguay-Trouin, écuyer, capitaine de vaisseau, autorisé à armer en course contre le Portugal, les vaisseaux *le Lys, le Magnanime, le Glorieux, le Brillant, le Fidèle, le Mars, le Black-Oat ;* les frégates l'*Amazone,* l'*Argonaute,* l'*Aigle,* l'*Astrée ;* plus une corvette, deux galiotes à bombes, et une flûte.

II. — Sa Majesté lui fera remettre tous ces bâtiments carénés et en bon état, avec leurs garnitures, rechanges, agrès et apparaux, canons, armes et munitions nécessaires pour une campagne de neuf mois ; mais si Sa Majesté n'était pas en état de faire la dépense de la main-d'œuvre, des façons d'ouvrage et journées d'ouvriers, comme aussi des marchandises et munitions nécessaires pour cet armement qui ne se trouveront pas dans les magasins, ledit sieur Duguay-Trouin sera tenu d'en faire toute la dépense, dont il fera dresser et arrêter les états par les intendants et contrôleurs de la marine.

III. — Sa Majesté fera lever les officiers, mariniers et matelots nécessaires pour les équipages de ces vaisseaux, par les commissaires de la marine et aux classes, comme il se pratique pour l'armement des vaisseaux de Sa Majesté, et aux mêmes soldes et gages, que ledit sieur Duguay-Trouin payera, aussi bien que les frais de levées, la conduite et demi-solde, et l'armement et désarmement.

IV. — Les officiers, mariniers, matelots et soldats qui seront embarqués sur ces vaisseaux et qui en déserteront, seront livrés aux conseils de guerre, et jugés suivant la rigueur des ordonnances, comme s'ils servaient sur les vaisseaux armés pour le compte et le service de Sa Majesté, et ce, conformément à l'ordonnance qui a été ci-devant rendue en faveur des armateurs dudit sieur Duguay-Trouin.

V. — Sa Majesté accordera les officiers qui seront proposés par ledit sieur Duguay-Trouin, et qui conviendront pour commander et servir sur ces vaisseaux. Ces officiers seront payés de leurs appointements pendant qu'ils y serviront, comme s'ils étaient dans le port ; mais ledit sieur Duguay-Trouin payera leur table, et le surplus de leurs appointements, jusqu'à concurrence du chiffre de la solde sur le pied de guerre.

VI. — Sa Majesté voudra bien cependant agréer, pour commander 3 de ses vaisseaux, trois sujets civils dont la valeur, l'expérience et la capacité seront connues, qui seront proposés par ledit sieur Duguay-Trouin, et Sa Majesté leur accordera un rang dans la marine *pendant la campagne seulement*.

VII. — Sa Majesté donnera audit sieur Duguay-Trouin le nombre de gardes de la marine dont il aura besoin, et ils seront payés de leur solde, pendant la campagne, comme s'ils avaient été présents dans le port, outre le supplément qu'ils recevront du sieur Duguay.

VIII. — Sa Majesté lui donnera aussi 2,000 soldats pour les équipages de ces vaisseaux. Leur solde sera payée par Sa Majesté comme s'ils étaient dans le port ; mais ledit sieur Duguay-Trouin payera leur nourriture et celle des officiers, mariniers et matelots, et de tous les gens qui composeront les équipages de ces vaisseaux.

IX. — Ledit sieur Duguay-Trouin et ses armateurs payeront, sur les profits de l'armement, 30 livres pour chaque soldat qui mourra, sera tué ou désertera pendant la campagne ; mais, en cas qu'il n'y ait pas de profits, ils seront déchargés de faire ce payement.

X. — Ledit sieur Duguay-Trouin fera embarquer la quantité de vivres, rafraîchissements et médicaments nécessaires pendant la campagne ; la visite en sera faite par les officiers des vivres et des hôpitaux, pour connaître s'ils sont des quantités et qualités requises ; et la distribution en sera faite sur ces vaisseaux, conformément à l'ordonnance de Sa Majesté.

XI. — Il sera établi sur chacun de ces vaisseaux, frégates ou autres bâtiments, un écrivain pour veiller aux consommations des agrès et apparaux, à la distribution des vivres, poser les sceaux sur les prises, et tenir les rôles exacts des équipages, ainsi qu'il se pratique sur les vaisseaux armés pour le compte de Sa Majesté. Ces écrivains auront même part, dans les prises qui seront faites, que les enseignes ; leurs appointements leur seront payés dans le port, et ils seront seulement nourris par les armateurs.

XII. — Le cinquième du produit net des prises que ces vaisseaux feront, déduction faite du dixième de M. l'amiral, des dépenses faites pour l'armement et le désarmement, des frais de justice, de magasinage et autres, de quelque nature qu'ils soient, (y compris même la somme de 120,000 livres que ledit sieur Duguay-Trouin et ses armateurs se sont engagés d'avancer pour la dépense des munitions et marchandises qui ne se trouveront pas dans les magasins et celles de la main-d'œuvre et journées d'ouvriers), appartiendra à Sa Majesté, qui veut bien ne le recevoir que sur des profits clairs, en considération des avances que ledit Duguay-Trouin et ses armateurs seront obligés de faire pour mettre ces vaisseaux en état d'aller à la mer. Sur lequel *cinquième* Sa Majesté voudra bien tenir compte à ces armateurs du surplus de ce qu'ils auront avancé au delà de cette somme de 120,000 livres pour ces munitions, mains-d'œuvre et journées d'ouvriers, suivant les états qui en auront été arrêtés ; mais les avances qui seront faites par ces armateurs pour cette destination seront en pure perte pour eux, s'il arrivait que ces vaisseaux ne fissent aucune prise.

XIII. — Les officiers et équipages de ces

vaisseaux auront la dixième partie de ce produit net, après que le cinquième de Sa Majesté aura été déduit, si ce produit monte à un million ou au-dessous ; et, s'il excède le million, ils auront, outre le dixième de ce premier million, le trentième de l'excédant, à quelque somme qu'il puisse monter ; bien entendu qu'ils ne feront aucun pillage ; voulant Sa Majesté que ceux qui s'en trouveront saisis, ou qui en seront convaincus, soient déchus de cette grâce, et punis, en outre, suivant la rigueur des ordonnances, et que ceux qui les découvriront aient la moitié de ce qui leur serait revenu.

XIV. — Sa Majesté ne lèvera aucun cinquième sur les vaisseaux de guerre qui seront pris par ledit Duguay-Trouin, conformément à l'ordonnance rendue en faveur des armateurs dudit sieur Duguay, le 25 mai 1705.

XV. — S'il arrivait, par malheur, que lesdits vaisseaux vinssent à être pris par les ennemis, ou perdus par aventure de mer, ledit sieur Duguay-Trouin ni les armateurs ne pourront en être recherchés ou inquiétés, et ils en seront entièrement déchargés envers Sa Majesté, laquelle supportera la consommation de tous les agrès, apparaux et munitions de guerre pendant la campagne ; sans que Sa Majesté puisse en prétendre le remboursement ; mais il ne sera pas permis audit sieur Duguay-Trouin de laisser lesdits vaisseaux dégradés dans les pays étrangers, à moins qu'il n'y soit forcé par des accidents imprévus ; auquel cas, il sera obligé de rapporter des procès-verbaux en bonne forme pour sa décharge.

XVI. — Sa Majesté laissera audit sieur Duguay-Trouin et à ses armateurs l'entière disposition des vaisseaux de cet armement pour être employés à leur destination. Elle a annulé tous les traités particuliers qui pourraient être faits par les intendants des ports pour l'armement des navires dénommés ci-dessus.

Fait à Versailles, le 19 mars 1711. Signé Louis, et plus bas, *Par le roi*, Phelipeaux. »

Muni de cette ordonnance, Duguay-Trouin partit pour Brest avec son frère et équipa une flottille ainsi composée :

NAVIRES.	CANONS.	CAPITAINES.
Lys,	74	Duguay-Trouin
Magnanime,	74	Chevalier de Goyon.
Brillant,	66	Chev. de Courserac.
Achille,	66	De Peune.
Glorieux,	66	De La Jaille.
Argonaute,	46	De Bois de La Motte.
Amazone,	36	De Chesnais-le-Fer.
Bellone,	36	De Kerguelin.
Astrée,	22	De Rogon.
Concorde.	20	De Pradel-Daniel.

La *Concorde* était un vaisseau de charge du port de 400 tonneaux, on l'avait principalement chargé de futailles emplies d'eau.

Quant à la *Bellone*, on l'équipa en galiote à bombes, avec deux gros mortiers.

A cette flottille se joignirent les capres suivants :

1º Le *Fidèle*, de Rochefort, 60 canons, capitaine de la Moinerie Miniac ;

2º L'*Aigle*, de Rochefort, 40 canons, capitaine de la Mare-Decan ;

3º et 4º Deux *traversiers* de La Rochelle, équipés en galiotes, avec chacun 2 mortiers ;

5º Le *Mars*, de Dunkerque, 56 canons capitaine de la Cité-Danican.

6º Le *Chancelier*, de Saint-Malo, 40 canons, capitaine Danican-Durocher ;

7º La *Glorieuse*, de Saint-Malo, 30 canons, capitaine de la Perche.

En tout 17 voiles, dont 8 vaisseaux. Le 3 juin 1711, Duguay-Trouin, craignant d'être bloqué dans la rade de Brest, met à la voile avec une partie de son escadre, et vient rallier l'autre partie aux rades de la Rochelle qu'il quitta le 9 juin.

Le 11, il prit un petit bâtiment anglais qui était à vide.

Le 12 septembre, il se trouva, vers le point du jour, devant la baie de Rio-de-Janeiro dont l'entrée forme un goulet plus étroit encore que celui de Brest. Cette baie était défendue d'un côté par le fort Sainte-Croix, garni de 44 pièces de canon et d'une batterie de 10 pièces, au-dessous de ce fort.

De l'autre côté, le fort de Saint-Jean et 2 batteries, de 48 pièces de canon, commandaient le goulet, au milieu duquel se trouve un gros rocher d'environ 100 brasses de long. De sorte que les navires étaient forcés de passer à portée de fusil des forts qui défendent les deux côtés de cette entrée.

L'intérieur de la baie était défendu par une batterie nommée Notre-Dame-du-Bon-Voyage, construite sur une montagne de difficile accès et armée de 18 canons. Les feux de cette batterie se croisaient avec ceux du fort de l'île de Villegagnon, armé de 20 pièces.

En avant de ce dernier fort, s'élevait la redoute de Saint-Théodore, dont les 16 canons battaient la plage du côté de la Carrioque, au milieu de laquelle les Portugais avaient construit une espèce de demi-lune.

Quand on avait dépassé toutes ces fortifications, on se trouvait en face de l'île des Chèvres, qui n'est qu'à portée de fusil de la ville, du côté du quartier des Bénédictins, où il y avait un petit fort à quatre bastions, avec 8 pièces de canon. Et sur un plateau situé au bas de l'île, une batterie de 4 pièces battait du côté de la mer et se croisait avec le fort de la Miséricorde.

Il y avait encore plusieurs batteries de l'autre côté de la rade.

« Les Portugais, avertis de notre expédition, nous apprend Duguay-Trouin dans ses mémoires, les avaient construites à la hâte sur divers points de la plage où ils supposaient que nous pourrions tenter une descente. On peut dire que jamais pays n'a été si parfaitement retranché, et que nous n'y découvrîmes pas un seul accident de terrain profitable où l'ennemi n'eût remué le sol, abattu les arbres et placé de l'artillerie.

« A l'égard de la baie de Rio, on ne peut guère en trouver une plus grande ni plus commode; le mouillage y est presque parfaitement sûr: le vent et les coups de mer y ont rarement accès, et il y a, tout au fond, une rivière d'eau douce qui s'étend à quatorze lieues dans les terres, du côté du nord-ouest.

« La ville est bâtie le long de la mer, au milieu de trois montagnes fort élevées qui sont occupées par le quartier des Jésuites, situé à une des extrémités; l'autre par le quartier des Bénédictins, qui est de l'autre côté; la troisième se nomme la Conception, et forme la résidence de l'évêque. Ces trois montagnes commandent entièrement la ville et la campagne, et sont garnies de forts et de batteries.

« Au-dessus de celle qu'occupent les Jésuites, est un fort nommé Saint-Sébastien, revêtu de murailles et entouré d'un bon fossé; il est garni de quatorze pièces de canon et de beaucoup de pierriers. Sur la gauche de ce fort, du côté de la plaine, à mi-côte, est un autre fort nommé Saint-Jacques où il y a douze pièces de canon; un troisième, nommé Sainte-Alouzie, de huit pièces, une batterie de douze, et enfin le fort de la Miséricorde, bâti sur un rocher qui avance dans la mer, où il y a douze pièces de canon qui battent le côté de la ville et celui de la mer.

« La montagne des Bénédictins est fortifiée d'un retranchement garni de plusieurs pièces de canon qui battent le côté de l'île des Chèvres, du côté de la montagne de la Conception, et les abords de la plaine.

« La montagne de la Conception est retranchée, du côté de la campagne, par un fossé, une haie vive derrière, et des pièces de canon de distance en distance, qui en occupent tout le front.

« La ville est fortifiée par des redans et des batteries échelonnés dont les feux se

Duguay-Trouin enlève une soubrette. (Page 540.)

croisent. Du côté de la plaine, elle est défendue par un camp retranché qu'entoure un bon fossé plein d'eau, et en dedans duquel il y a deux places d'armes qui peuvent contenir quinze cents hommes en bataille, plusieurs pièces de canon et des maisons crénelées de toute part. C'était le lieu où les ennemis tenaient une partie de leurs forces. Ils avaient une armée de douze à treize mille hommes, parmi lesquels un tiers environ avait servi en Espagne et s'était trouvé à la bataille d'Almanza ; le surplus était composé de nègres.

« Surpris de trouver cette place en si bon état d'armement, je m'informai de ce qui pouvait avoir donné lieu à ces préparatifs de défense. J'appris que la reine d'Angleterre avait envoyé un paquebot à Lisbonne, pour donner avis au gouvernement portugais que l'escadre du roi que j'avais l'honneur de commander était destinée à l'attaque de Rio-Janeiro. Comme il ne se trouvait point, dans ce temps-là, de bâtiments armés pour aller porter cette nouvelle au Brésil, le roi de Portugal y avait dépêché ce même paquebot, qui était arrivé quinze jours avant nous ; et c'est ce qui avait donné lieu au gouverneur de Rio de travailler avec tant de diligence à faire faire des retranchements et à établir des batteries, dans tous les endroits où il jugea que nous pourrions diriger nos opérations. »

72.

4 vaisseaux de guerre et 3 frégates défendaient la rade; 5 régiments de troupes réglées pouvaient résister avec avantage aux soldats moins nombreux de Duguay-Trouin. Celui-ci voit, du premier coup d'œil, que le succès dépendra de la vigueur d'une première attaque.

Sans donner aux ennemis le temps de se reconnaître, il se jette dans l'entrée de la rade, et semble ne se préoccuper en aucune façon du feu terrible que les forts, les vaisseaux et les frégates ouvrent contre lui. Cette brusque attaque effraye tellement les Portugais qu'ils cessent leur feu et échouent leurs navires sous les batteries de la ville.

Le lendemain, les Français assaillent l'île des Chèvres avec non moins de brusquerie, ni moins de succès; ils s'en emparent, coulent 2 vaisseaux marchands, en brûlent 2 autres, et dressent, sur cette île, des batteries contre la ville.

Le 14 septembre, toutes les forces françaises étant débarquées au nombre de 2,130 soldats et 600 matelots, on s'empara des faubourgs qui dominent la ville.

Le 15, voulant couper la retraite aux ennemis, on déploya les troupes dans la plaine et l'on pilla, sans rencontrer de résistance, quelques maisons isolées. Mais le pays ayant paru impraticable, il sembla impossible, même avec 10,000 hommes, de couper la retraite aux ennemis ou de les empêcher de sauver leurs richesses.

Le 16, on établit une batterie de 10 pièces de canon, sur une presqu'île, qui prenait à revers les retranchements des Bénédictins.

« Dans l'intervalle de tous ces mouvements, disent les mémoires de Duguay-Trouin, quelques partis ennemis, connaissant les routes du pays, se coulèrent le long des défilés et des bois qui bordaient notre camp, et après avoir tenté quelques attaques de jour, ils surprirent pendant la nuit trois de nos sentinelles, qu'ils enlevèrent sans bruit. Il y eut aussi quelques-uns de nos maraudeurs qui tombèrent entre leurs mains, et cet incident leur fit naître l'idée d'un stratagème assez singulier.

« Un Normand, nommé Dubocage, qui, dans les précédentes guerres, avait commandé un ou deux bâtiments français armés en corsaires, avait depuis passé au service du Portugal. Il s'y était fait naturaliser, et il était parvenu à monter, avec un grade assez élevé, sur les vaisseaux de guerre; il commandait, à Rio-Janeiro, le second de ceux que nous y avions trouvés; après l'avoir fait sauter, il s'était chargé de la garde du retranchement du quartier des Bénédictins. Il s'en acquitta si bien, et fit servir ses canons si à propos, que nos traversiers à bombes en furent très-incommodés, ainsi que plusieurs de nos chaloupes; une de ces dernières, entre autres, chargée de 4 gros canons de fonte, fut percée de deux boulets et allait couler bas, si je ne m'en étais aperçu par hasard, en revenant de l'île des Chèvres, et si je ne l'avais prise à la remorque de mon canot. Ce Dubocage, voulant faire parler de lui et gagner la confiance des Portugais auxquels, comme Français, il était toujours un peu suspect, imagina de se déguiser en matelot, avec un bonnet, un pourpoint et des culottes goudronnées. Dans cet équipage, il se fit conduire par quatre soldats portugais dans la prison où nos maraudeurs et nos sentinelles enlevées étaient renfermées. On le mit aux fers avec eux, et il se fit passer pour un matelot de l'équipage d'une des frégates de Saint-Malo, qui, s'étant écarté de notre camp, avait été pris par un parti portugais. Il joua si bien ce personnage, qu'il tira de nos pauvres Français, trompés par ce déguisement, toutes les lumières qui pouvaient lui faire connaître le fort et le faible de nos troupes. D'après ces renseignements, l'attaque de notre camp fut résolue.

« Le 17, la garnison de Rio-Janeiro fit sortir de ses retranchements 1,200 hommes de ses meilleures troupes, pour enlever un de nos postes avancés. Ce détachement se mit en marche avant que le jour parût, et s'avança, sans être découvert, jusqu'au pied de la montagne occupée par la brigade Goyon. Il fut immédiatement suivi par un corps de milice bourgeoise, qui se posta à moitié chemin de notre camp, à couvert d'un bois, et à portée de soutenir ceux qui devaient nous attaquer. Le poste avancé qu'ils avaient dessein d'enlever était situé sur une éminence à mi-côte, où il y avait une maison crénelée qui nous servait de corps de garde; et quarante pas au-dessus régnait une haie vive, fermée par une barrière. Les ennemis firent passer, lorsque le jour commença à paraître, plusieurs bestiaux devant cette barrière. Un de nos sergents et quatre soldats avides les ayant aperçus ouvrirent la barrière pour s'en saisir, sans avertir l'officier. Mais à peine eurent-ils fait quelques pas que les Portugais embusqués firent feu, tuèrent le sergent et deux des soldats; ils entrèrent ensuite, au pas de course, dans l'enceinte du poste, et montèrent vers le corps de garde. Le sieur de Liesta, qui le gardait avec 50 soldats, quoique surpris et attaqué vivement, tint ferme, et donna le temps à M. le chevalier de Goyon d'y envoyer le sieur de Bourville, aide-major de sa brigade, avec les compagnies des sieurs Droualen et d'Auberville, qui chassèrent les ennemis après leur avoir fait éprouver des pertes sensibles. Je fis interroger quelques-uns de leurs blessés sur les lieux mêmes, où j'arrivai assez à temps pour être témoin de la valeur des officiers qui défendaient ce poste. Le sieur de Pontlo-Coëtlogon, aide de camp de M. le chevalier de Goyon, y fut blessé, avec environ 25 soldats hors de combat. Ce même jour, la batterie de MM. de Beaune et de La Calandre ouvrit son feu contre les batteries et retranchements des Bénédictins.

« Le 19, M. de la Ruffinière m'ayant informé qu'il avait 5 mortiers et 18 gros canons en batterie sur l'île des Chèvres, je crus qu'il était temps de sommer le gouverneur de se rendre, et j'envoyai un tambour lui porter la lettre suivante :

« Le roi mon maître voulant, monsieur, tirer raison de la cruauté exercée envers les officiers et les soldats que vous fîtes prisonniers l'année dernière, et Sa Majesté étant bien informée qu'après avoir fait massacrer les chirurgiens, à qui vous aviez permis de descendre de ses vaisseaux pour secourir les blessés, vous avez encore laissé périr de faim et de misère une partie de ce qui restait de ces soldats, les retenant tous en captivité, contre la teneur du cartel d'échange arrêté et signé entre les couronnes de France et de Portugal, j'ai reçu l'ordre d'employer les vaisseaux et les troupes de Sa Majesté à vous forcer de vous mettre à sa discrétion, et de me rendre tous les prisonniers français ; comme aussi de faire payer aux habitants de cette colonie des contributions suffisantes pour les punir de leurs cruautés, et pour dédommager amplement Sa Majesté de la dépense qu'elle a faite pour un armement aussi considérable. Je n'ai point voulu vous sommer de vous rendre que je ne me sois vu en état de vous y contraindre, et de réduire votre pays et votre ville en cendres, si vous ne vous rendez pas à la discrétion du roi mon maître, qui m'a commandé de ne point détruire ceux qui se soumettront de bonne grâce, et qui se repentiront de l'avoir offensé dans la personne de ses officiers et de ses troupes. J'apprends aussi, monsieur, que l'on a fait assassiner le capitaine Du Clerc qui les commandait. Je n'ai point voulu user de justes représailles sur les Portugais qui sont tombés en mon pouvoir; l'intention de Sa Majesté très-chrétienne n'étant point de faire, comme vous, la guerre d'une façon indigne d'une nation civilisée ; et je veux croire encore que vous avez trop d'honneur pour avoir eu la moindre part à ces odieux massacres. Mais ce n'est pas assez; Sa Majesté veut que vous m'en nommiez les auteurs, pour en faire une justice exemplaire. Si vous différez d'obéir à sa volonté, tous vos canons, toutes vos barricades ni toutes vos troupes ne sauraient m'empêcher d'exécuter ma mission, et de porter le fer et le feu dans toute l'étendue du pays. J'attends, monsieur, votre réponse. Faites-la prompte et décisive, autrement vous connaîtrez que, si jusqu'à présent je vous ai épargné, ce n'a été que pour m'épargner à moi-même l'horreur d'envelopper les innocents avec les coupables dans une vengeance dont le souvenir sera éternel. Je suis, monsieur, très-parfaitement, etc. »

« Le gouverneur renvoya, deux heures après, mon parlementaire avec cette réponse :

« J'ai lu, monsieur, les motifs qui vous ont engagé à venir de France en ce pays. Quant au traitement des prisonniers français, il a été suivant l'usage de la guerre. Il ne leur a manqué ni pain de munition, ni aucun des autres secours, quoiqu'ils ne le méritassent pas, par la manière dont ils ont attaqué ce pays du roi mon maître sans en avoir de commission du roi de France, mais seulement en faisant la course. Cependant je leur ai accordé la vie, au nombre de 600 hommes, comme ces mêmes prisonniers le pourront certifier. Je les ai garantis de la fureur des noirs, qui voulaient les passer tous au fil de l'épée. Enfin je n'ai manqué en rien de tout ce qui les regarde, les ayant traités suivant les intentions du roi mon maître. A l'égard de la mort de M. Du Clerc, je l'ai mis, à sa sollicitation, dans la meilleure maison de ce pays, où il a été tué. Qui l'a tué ? c'est ce que l'on n'a pu vérifier, quelques diligences que l'on ait faites, tant de mon côté que de celui de la justice. Je vous assure que si l'assassin est découvert, il sera châtié comme il le mérite. En tout ceci, il ne s'est rien passé qui ne soit la pure vérité, telle que je vous l'expose. Pour ce qui est de vous remettre la ville confiée à ma garde, quelques menaces que vous me fassiez, le roi mon maître m'en ayant rendu responsable sur mon honneur et ma fidélité, je n'ai point d'autre réponse à vous faire, sinon que je suis prêt à la défendre jusqu'à la dernière goutte de mon sang. J'espère que le Dieu des armées ne m'abandonnera pas dans une cause aussi juste que celle de la défense de cette place, dont vous voulez vous emparer sur des prétextes frivoles et hors de saison. Je suis, monsieur, etc.

« *Signé*, Don Francisco de Castro-Moraes. »

« Sur cette réponse pleine de fermeté, je résolus d'attaquer Rio à outrance. Je fus pour cet effet, avec M. le chevalier de Beaune, le long de la côte, depuis le camp jusqu'à l'île des Chèvres, reconnaître les endroits par où nous pourrions plus aisément forcer les ennemis. Nous remarquâmes 5 vaisseaux marchands, à demi-portée de fusil des Bénédictins qui pouvaient servir d'entrepôt à une partie des troupes qui seraient destinées à attaquer ce quartier. J'ordonnai en conséquence qu'on fît avancer le vaisseau *le Mars* entre nos deux batteries, pour le placer à portée de les soutenir en cas de besoin.

« Le 20, je donnai ordre au vaisseau *le Brillant* de venir mouiller près du *Mars*. Ces 2 vaisseaux et nos batteries firent un feu continuel qui rasa une partie des retranchements et je disposai toutes choses pour livrer l'assaut le lendemain à la pointe du jour. Pour cet effet, aussitôt que la nuit fut close, je fis embarquer dans des chaloupes les troupes destinées à l'attaque des retranchements des Bénédictins, avec ordre de s'aller loger, avec le moins de bruit possible, dans les 5 vaisseaux marchands que nous avions remarqués. Elles se mirent en devoir de le faire ; mais un orage qui survint les ayant signalées à la lueur des éclairs, les Portugais firent sur ces chaloupes un très-grand feu de mousqueterie. Les dispositions que j'avais vues dans l'air m'avaient fait prévoir cet inconvénient, et, pour y remédier, j'avais envoyé ordre, avant la nuit, au *Brillant* et au *Mars*, et dans toutes nos batteries, de pointer de jour tous leurs canons sur les retranchements, et de se tenir prêts à tirer dans le moment qu'ils verraient partir le coup d'une pièce de la batterie où je m'étais posté. Ainsi, dès que les ennemis eurent commencé à tirer sur nos chaloupes, je mis moi-même le feu au canon qui devait servir de signal, lequel fut suivi d'une décharge générale et du feu continuel des vaisseaux et des batteries, qui, joint aux éclats redoublés d'un tonnerre affreux et aux éclairs qui se succédaient les uns aux autres, sans laisser presque aucun intervalle, rendait cette nuit épouvantable. La consternation fut d'autant plus grande parmi les habitants, qu'ils crurent que j'allais livrer l'assaut au milieu de la nuit.

« Le 21, à la pointe du jour, je m'embarquai avec le reste des troupes, pour aller commencer l'attaque, ordonnant à M. le chevalier de Goyon de filer le long de la côte avec sa brigade, afin d'attaquer les ennemis par différents endroits.

« Sur ces entrefaites, et au moment où tout allait s'ébranler, le sieur de la Salle, qui avait été fait prisonnier avec M. Du Clerc, à qui il avait servi d'aide de camp, s'étant échappé de la ville, vint nous rejoindre et nous avertit que les habitants abandonnaient la place avec une ardeur étonnante ; qu'en se retirant ils avaient mis le feu à un des plus riches magasins de la ville, et qu'ils avaient miné le fort des Jésuites et celui des Bénédictins pour faire périr une partie de nos troupes ; qu'ayant compris de quelle importance un pareil avis devait être pour nous, il avait tout risqué pour venir nous le donner et s'était échappé de sa prison à la faveur du désordre général. Toutes ces circonstances, qui d'abord me parurent incroyables, et qui se trouvèrent cependant vraies, me firent précipiter notre marche. Nous nous emparâmes, sans résistance, et avec la précaution requise, des hauteurs de la Conception et des Bénédictins. Je descendis ensuite dans la place avec M. le chevalier de Courserac et 8 compagnies de grenadiers, pour me rendre maître des forts de Saint-Sébastien, Saint-Jacques et de la Miséricorde, laissant à MM. de Goyon et de Beaume le commandement du reste des troupes, avec défense aux soldats, sous peine de la vie, de s'écarter ou de quitter leurs rangs.

« En entrant dans cette ville abandonnée, nous trouvâmes ce qui restait de prisonniers de la défaite de M. Du Clerc, qui, ayant brisé les portes de leur prison, s'étaient déjà répandus pour enfoncer et piller les maisons qu'ils connaissaient les plus riches. Cet exemple excita l'avidité des soldats et les porta à se débander ; ceux qui composaient les corps de garde et les patrouilles furent les premiers à augmenter le désordre pendant la nuit suivante, en sorte que, le lendemain matin, les trois quarts des magasins et des maisons se trouvèrent forcés, les vins répandus, les marchandises et les meubles épars au milieu des rues et dans la fange ; tout enfin dans un gaspillage et une confusion inexprimables. Je fis, sans rémission, casser la tête à quelques-uns de ces individus qui se trouvèrent surpris en flagrant délit de désobéissance à mes ordres. Mais ces châtiments réitérés n'étant pas capables d'arrêter les pillards, je pris le parti, pour sauver quelque chose, de faire travailler les troupes, depuis le matin jusqu'au soir, à porter dans des dépôts, placés sous bonne garde, tous les effets que l'on put ramasser, et M. de Ricouart fut chargé d'en dresser un état exact, et de commettre des agents sûrs à leur conservation.

« Les prisonniers français délivrés furent consignés sur la hauteur des Bénédictins, en attendant qu'on pût les transférer sur l'escadre. Ensuite je me rendis maître des forts et de tous les postes qui méritaient attention, et, après avoir fait éventer les mines, j'en laissai le commandement à M. le chevalier de Courserac, à qui je donnai ordre d'y distribuer sa brigade.

« Cela fait, je vins rejoindre MM. de Goyon et de Beaune, afin de conférer avec eux sur les moyens d'empêcher complétement les actes de pillage, dont le renouvellement me paraissait inévitable dans une ville abandonnée, et ouverte du côté de la terre et de la mer. Nous organisâmes immédiatement un service de police rigoureux qui appuya la défense signifiée, sous peine de mort, à tout soldat ou marin de l'escadre, de vaguer à travers les rues de Rio-Janeiro ou de pénétrer dans les maisons. L'avidité du gain et la soif de détruire avaient si fort excité nos gens, qu'il fallut avoir recours aux mesures les plus menaçantes pour assurer l'exécution de mes ordres, et prouver que je ne reculerais devant aucune rigueur contre les délinquants.

« Le 23 j'envoyai sommer le gouverneur du fort Sainte-Croix, qui se décida à capituler. M. de Beauville, aide-major général, fut en prendre aussitôt possession, aussi bien que des forts de l'île de Villegagnon, Saint-Jean, et des autres batteries qui couvraient l'entrée de la baie.

« J'appris, sur ces entrefaites, par différents nègres qui se rendirent à nous, que le gouverneur de la ville et l'amiral de la flottille portugaise, ayant ramassé les débris de la garnison et les milices de Rio à une lieue et demie de nous, attendaient un puissant secours commandé par Antoine d'Albuquerque, général des mines brésiliennes et homme de guerre fort estimé. Ainsi il était nécessaire de se précautionner contre les tentatives extérieures de l'ennemi. J'établis, pour cet effet, M. le chevalier de Goyon avec sa brigade dans les retranchements qui regardaient la plaine, et M. le chevalier de Beaune, avec le corps de bataille, sur la hauteur de la Conception, où mon quartier général fut également placé, pour être à portée de descendre dans la plaine et de secourir les postes qui en auraient besoin. A l'égard de la brigade de M. le chevalier de Courserac, elle était déjà destinée à garder les forts et la hauteur des Jésuites.

« Ayant l'esprit en repos de ce côté-là, il fallait penser sérieusement aux intérêts du roi et à ceux des armateurs. Les Portugais avaient emporté leur or, brûlé les meilleurs vaisseaux et leurs magasins les plus riches, et tout le reste demeurait en proie à la fureur du pillage, qu'aucun châtiment ne pouvait contenir. D'ailleurs, il était impossible de conserver cette colonie, à cause du peu de vivres qui s'étaient trouvés dans la place et l'impossibilité de pénétrer dans l'intérieur du pays.

« Tout cela bien considéré, je pris le parti d'envoyer dire au gouverneur que, s'il tardait plus longtemps à racheter sa ville par une bonne contribution, j'allais la réduire en cendres et en saper les fondements; afin même de lui rendre cette menace plus sensible, je détachai deux compagnies pour aller brûler toutes les maisons de campagne à demi-lieue à la ronde, ce qui fut exécuté à la grande joie de nos gens. Mais ces deux compagnies étant tombées dans une embuscade très-forte, elles auraient été taillées en pièce si je n'avais eu la précaution de lancer à leur secours deux cents hommes de renfort, choisis parmi les grenadiers, et commandés par MM. de Brignon et de Chéridan. Ces deux officiers, soutenus en outre par la compagnie de caporaux que j'avais formée pour ma garde, enfoncèrent les ennemis, en tuèrent bon nombre et mirent le reste en fuite. Le commandant portugais, nommé Amara, homme de courage et d'une belle réputation, resta sur le terrain. M. de Brignon me présenta ses armes et son cheval qui était d'une race élégante. M. de Brignon et M. Chéridan, et le sieur de Kerret-Kavel, garde de la marine, se distinguèrent particulièrement dans cette affaire; le sieur de Brignon, entre autres, chargea le premier, la baïonnette au bout du fusil, à la tête de sa compagnie, dont étaient officiers les sieurs Dubodon et de Martonne, gardes de la marine. Comme cet engagement pouvait devenir sérieux, je fis avancer M. le chevalier de Beaune, avec six cents hommes, qui pénétra plus avant, brûla la maison qui servait de retraite aux Portugais, et se retira en bon ordre.

« Le gouverneur, après cet échec, m'envoya un mestre de camp et le président de la chambre coloniale pour traiter avec moi. Ces deux personnages me représentèrent que le peuple les ayant abandonnés pour fuir dans les montagnes avec ses effets les plus précieux, il leur était impossible de trouver plus de six cent mille cruzades pour la contribution que j'exigeais; encore me demandaient-ils un assez long terme pour faire revenir l'or appartenant au gouvernement, que l'on avait transporté bien avant dans les terres. Je rejetai cette proposition et congédiai ces députés, après leur avoir fait voir que je faisais miner les endroits que l'incendie ne pourrait atteindre. Cependant je restai encore six jours sans entendre parler du gouverneur. J'appris même qu'Antoine d'Albuquerque devait arriver incessamment, et qu'il avait dépêché un courrier pour donner avis de son approche. Je jugeai de là qu'il devenait indispensable de faire un effort décisif avant cette jonction, si je voulais tirer parti de ma victoire; et, comme il n'y avait pas de temps à perdre, je fis mettre le lendemain, à la pointe du jour, toutes les troupes en marche, et, malgré la difficulté des chemins, j'arrivai de bonne heure en présence des ennemis, si près d'eux, que l'avant-garde, commandée par M. le chevalier de Goyon, se trouva à demi-portée de fusil de la première hauteur qu'ils occupaient, et sur laquelle une partie de leurs forces parut en bataille. Le gouverneur, surpris, envoya deux officiers, pour me représenter qu'il m'avait offert tout l'or dont il pouvait disposer pour le rachat de sa ville; qu'il lui était absolument impossible d'en trouver davantage; que tout ce qu'il pouvait faire au monde était d'y ajouter dix mille cruzades de sa propre bourse, cent caisses de sucre et les bœufs dont j'aurais besoin pour la subsistance de mes troupes; qu'après ses offres toutes loyales, j'étais le maître de l'attaquer, de le combattre, de détruire toute la colonie entière, et de prendre enfin tel parti que je voudrais.

« J'assemblai conseil là-dessus. Par une infinité de considérations sensibles, l'avis unanime de mes officiers fut d'accepter la proposition, plutôt que de tout perdre. Je me fis donner des otages, avec engagement formel de payer le tout sous quinze jours.

« Le lendemain, 11 octobre, Antoine d'Albuquerque arriva avec trois mille hommes de troupes, moitié cavalerie et moitié infanterie, et plus de six mille nègres bien armés; ce qui nous engagea à nous tenir sur nos gardes.

« Cependant on travaillait toujours à transporter dans les vaisseaux de l'escadre le peu de sucre qui s'était trouvé, et à remplir les magasins des autres marchandises que l'on pouvait ramasser. Elles n'étaient malheureusement propres que pour la mer du Sud, et nous seraient restées en pure perte si on les avait rapportées en France; mais ce qui nous restait de vaisseaux ennemis, étant dénués d'agrès et de munitions, n'étaient nullement en état d'entreprendre un long voyage; il ne s'en trouva qu'un seul, de cent cinquante tonneaux, qui ne pouvait contenir qu'une partie des marchandises; de manière que, pour sauver le reste, nous jugeâmes à propos, pour le bien du service, d'y joindre le frégate *la Concorde*. Après avoir pris là-dessus l'avis de M. Ricouart, inspecteur général de la marine à la suite de l'escadre, je fis travailler au chargement de ces deux vaisseaux avec toute la diligence et l'ordre qu'on y pouvait apporter. Il restait encore trois cent cinquante caisses de sucre qui ne pouvaient trouver place dans les navires de l'escadre, à cause de la quantité d'eau qui leur était nécessaire pour le retour en France. Je les fis charger dans la moins mauvaise de nos prises, que chaque vaisseau contribua à équiper, et dont M. de la Ruffinières voulut bien prendre le commandement. Toutes les autres furent vendues par MM. de Ricouart et de la Moinerie-Miniac, que je chargeai de ce détail, aussi bien que les marchandises qui se trouvèrent avariées; on en tira ce que l'on put.

« Le 11 novembre, les ennemis ayant achevé leur dernier paiement, je leur remis la ville, fis embarquer les troupes, et gardai seulement les forts de Villegagnon, de l'île des Chèvres, et de l'entrée de la baie, afin d'assurer notre départ.

« Dès le premier jour que j'étais entré dans la ville, j'avais eu un très-grand soin de faire rassembler tous les vases sacrés, l'argenterie et les ornements des églises de Rio, et je les avais fait mettre, par nos aumôniers, dans de grands coffres, après avoir fait punir de mort tous les soldats et matelots qui avaient eu l'impiété de les profaner, et qui s'en étaient trouvés saisis. Lorsque je fus sur le point de partir, je confiai ce dépôt aux jésuites, comme aux seuls ecclésiastiques de ce pays-là qui m'eussent paru dignes de confiance, et je les chargeai d'en faire la remise à l'évêque du lieu. Je dois rendre à ces religieux la justice de dire qu'ils contribuèrent beaucoup à sauver la colonie, en portant le gouverneur à racheter sa ville, sans quoi je l'aurais rasée de fond en comble, malgré l'arrivée de don Antoine d'Albuquerque avec toutes ses forces. Mais cette perte, qui aurait été irréparable pour le roi de Portugal, n'eût été d'aucune utilité, ni d'aucune gloire pour notre expédition; cette considération me fit préférer la conduite à laquelle je m'étais arrêté.

« Le 13, après avoir fait mettre le feu aux vaisseaux portugais qui étaient échoués sous l'île des Chèvres, et à un bâtiment que l'on n'avait point trouvé à vendre, nous mîmes à la voile, avec environ trois mois d'eau et de vivres, embarquant avec nous 1 officier, 4 gardes de la marine et 350 soldats qui restaient de la défaite de M. Du Clerc, et que nous avions trouvés dans un état à faire pitié. Tous les autres officiers avaient été envoyés à la baie de Tous-les-Saints. Je comptais bien aller les délivrer, et tirer même de cette colonie une nouvelle contribution ; mais nous avons été si cruellement traversés par les vents, que nous avons consommé plus de 40 jours à gagner seulement les hauteurs de cette baie ; de manière qu'il nous restait à peine de quoi conduire en France l'escadre que le roi m'avait fait l'honneur de me confier, et qu'il ne m'était pas permis d'exposer témérairement. Je fus même obligé de laisser la prise commandée par M. de la Ruffinières, parce qu'elle me faisait perdre trop de chemin, et que, dans la disette de vivres où j'étais, le moindre retardement devenait d'une extrême conséquence. La frégate l'*Aigle* eut ordre de l'escorter jusqu'en France et de ne la point abandonner.

« Le même jour que l'escadre mit à la voile, les deux vaisseaux la *Notre-Dame de l'Incarnation* et la *Concorde* firent route pour la mer du Sud, équipés de tout ce qui leur était nécessaire. »

Après avoir essuyé une affreuse tempête à la hauteur des Açores et perdu 2 vaisseaux, ils arrivèrent à Brest, portant aux armateurs qui avaient équipé l'expédition un bénéfice net de 92 p. 0/0, gagné en quelques mois.

La hardiesse, l'intelligence dont Duguay-Trouin avait fait preuve pendant cette expédition placèrent si haut ce marin dans l'esprit de tout le monde que, bien ne qu'il fût encore que capitaine, on le considéra comme le plus grand homme de mer de cette période. A son arrivée à la cour, on se pressa sur son passage pour l'admirer. Une grande

Duguay-Trouin tombe à la mer. (Page 542.)

dame, traversant la foule, prononça cette phrase bien flatteuse pour Duguay-Trouin, mais bien cruelle pour les autres :

— Laissez-moi donc voir un héros en vie ! Les mères le montraient à leurs enfants et leur apprenaient à l'admirer.

CHAPITRE V

FIN DE DUGUAY-TROUIN

Duguay-Trouin devient membre du conseil des Indes. — Sa lettre au cardinal Dubois. — Réponse du ministre. Duguay-Trouin lieutenant général des armées navales. — Expédition dans la Méditerranée. — Fin de Duguay-Trouin. — Son portrait.

Vingt années de fatigues avaient épuisé la santé de cet illustre marin ; il n'aspirait plus qu'au repos ; mais la confiance qu'il inspirait ne permit pas de le laisser à l'écart des affaires.

Après s'être illustré dans les travaux de

la guerre, il dut encore épuiser dans les travaux de la paix ce qui lui restait de force.

Le duc d'Orléans, régent pendant la minorité de Louis XV, le nomma membre du conseil des Indes. C'est en vain que le marin, dans la lettre suivante, adressée au cardinal Dubois, essaye d'obtenir un instant de repos. On verra dans la réponse du cardinal, que malgré tout l'intérêt que l'on prenait à son rétablissement, le ministre l'engageait à employer les heures que ses souffrances lui laissaient, à rédiger des mémoires sur les statuts du conseil des Indes.

« Monseigneur, écrivait Duguay-Trouin, en 1723, je dois à Votre Éminence mille remercîments très-humbles des marques d'estime dont elle m'honore, en me faisant choisir pour être membre du conseil des Indes. J'ai tant de fois sacrifié ma santé, et je me suis livré à tant de périls pour le service du feu roi, que je ne balancerai jamais sur l'obéissance que je dois aux ordres de Monseigneur le Régent. Ainsi, Monseigneur, vous êtes le maître de disposer de moi en tout ce qui regarde le service et le bien de l'État. Cependant, je me trouve dans la dure nécessité de représenter à Votre Excellence que, depuis longtemps, je suis attaqué d'une maladie très-grave, laquelle m'a fait venir à Paris, où je suis entre les mains des médecins, sans savoir quand je pourrai en sortir. Sitôt que j'aurai terminé ce traitement, je serai obligé, pour favoriser ma convalescence, de prendre le lait d'ânesse à la campagne, et ensuite les eaux minérales. D'ailleurs, tous mes meubles et mes domestiques sont à Brest ; et si, dans l'état fâcheux où je me trouve, il faut encore les transporter, ce sera pour moi un surcroît d'embarras et de chagrin très-sensible. Après cela, Monseigneur, disposez de mon sort, si vous m'estimez assez pour croire que le sacrifice de ma santé et du repos, dont j'ai grand besoin, soit nécessaire au bien de l'État. Ordonnez, et vous serez obéi, avec toute l'ardeur et tout le zèle dont je suis encore capable. Un accident qui m'est arrivé ce matin m'empêche, Monseigneur, d'aller prendre vos ordres ; aussitôt qu'il sera calmé, j'aurai cet honneur. »

« — Votre zèle, monsieur, lui répondit le cardinal, votre politesse et votre complaisance pour tout ce qu'on peut désirer de vous, sont autant connus que vos talents et vos actions. Je suis sensiblement touché de la manière dont vous m'écrivez ; elle m'engage à vous répondre sur-le-champ, qu'il faut préférer votre santé à tout. Je vous estime trop pour ne pas penser que votre guérison est un soin qui intéresse l'État. Ne pensez donc qu'au rétablissement de votre santé, auquel je voudrais pouvoir contribuer ; et, pour cet effet, si les secours des habiles gens que nous avons ici vous sont utiles, ils vous aideront de leurs conseils et de leurs soins. S'il vous convenait même de vous transporter à Versailles, ils seraient auprès de vous, et vous auriez tous les jours leur secours, l'air de la campagne et le lait. Il suffira, jusqu'à ce que votre santé soit bien affermie, et vos affaires arrangées, que vous aidiez la compagnie des Indes de vos conseils, ou ici, ou à Paris. Je n'ai point voulu, non-seulement donner au public, mais même arrêter les règlements qui doivent fixer l'arrangement du conseil des Indes, et ce qu'il convient le mieux que chacun y fasse, jusqu'au temps où vous serez en état de me donner votre avis. Ainsi, je vous prie, aux heures que vos indispositions vous pourront donner de me faire un petit mémoire de ce que vous croyez qu'on peut faire de mieux, pour faire prospérer le commerce de la compagnie, qui est le principal du royaume. Faites-moi part de vos réflexions sur ce sujet, tout à votre aise ; car, encore une fois, je préfère votre santé à tout le reste, et je souhaite de faire connaître, par les attentions que j'aurai pour vous, monsieur, le cas que je veux faire du mérite dans tout mon ministère. »

Après cette lettre si flatteuse, Duguay-Trouin ne crut pas pouvoir repousser les propositions qui lui étaient faites. Il ne pensa plus qu'à répondre à la confiance du gouvernement. A partir de cet instant, il vint, chaque semaine, faire part au ministre des réflexions qu'il avait faites sur l'administration de la compagnie. Oubliant, avec une énergie sans pareille, toutes ses incommodités, il trouva assez de force pour diriger, presque à lui seul, les principales opérations de cette entreprise.

A la mort du cardinal, l'illustre marin fut dispensé de la pénible obligation d'assister à toutes les séances du conseil des Indes. Il n'eut plus d'autre charge que celle de venir au Palais-Royal, une fois par semaine, conférer avec le Régent sur les questions maritimes qui réclamaient ses lumières.

Louis XV n'oublia pas notre héros. Il le nomma, presque en même temps, commandeur de l'ordre de Saint-Louis (1er mars 1728) et lieutenant général des armées navales (27 du même mois).

En 1731, Duguay-Trouin reçut le commandement d'une escadre que le roi envoyait dans le Levant. Cette escadre était composée de la manière suivante :

VAISSEAUX.	CANONS.	CAPITAINES.
Espérance,	72	Duguay-Trouin.
Léopard,	60	De Chamilly.
Toulouse.	60	De Voisins.
Alcyon.	54	De Lavalette-Thomas.

Cette escadre mit à la voile le 3 juin 1731. Elle se dirigea d'abord vers Alger où Duguay-Trouin se fit rendre, par le dey, plusieurs esclaves italiens capturés sur nos côtes. Elle visita ensuite Tunis, Tripoli, Alexandrie, Saint-Jean-d'Acre et Smyrne. Elle revint à Toulon, où elle arriva le 1er novembre.

Ce fut la dernière expédition commandée par Duguay-Trouin.

Pendant plusieurs années, ce marin demeura dans une complète inaction. Mais la guerre s'étant rallumée en 1733, les armements que firent les Anglais excitèrent de vives inquiétudes.

Duguay-Trouin fut investi du commandement d'une nouvelle escadre équipée à Brest. Il se remit avec activité à la tête des troupes. La paix rendit inutile l'armement auquel il travaillait avec un zèle infini. Il avait espéré combattre encore les Anglais. Le chagrin qu'il éprouva de cette déception hâta sa fin. Il se fit transporter à grand'peine dans la capitale et écrivit au ministre une lettre pour lui faire part de la triste position dans laquelle il se trouvait. Voici la réponse du cardinal de Fleury :

« Monsieur,

« Si j'ai différé de répondre à votre lettre du 17 de ce mois, ce n'a été que pour la pouvoir communiquer au roi, qui en a été attendri; et je n'ai pu, moi-même, en la lisant, m'empêcher de répandre des larmes. Vous pouvez être assuré que Sa Majesté sera disposée, en cas que Dieu vous rappelle à lui, à donner des marques de sa bonté à votre famille; et je n'aurai pas de peine à faire valoir, en cette circonstance, toute votre carrière pleine de zèle et de glorieux services. Dans le triste état où vous êtes, je n'ose vous écrire une plus longue lettre; mais je vous prie d'être persuadé que je connais et que je sens toute l'étendue de la perte que nous ferons, et que personne au monde n'a pour vous des sentiments plus remplis d'estime et de considération que ceux avec lesquels je fais profession, Monsieur, de vous honorer. »

A partir de ce jour, Duguay-Trouin se prépara à la mort.

Il expira le 27 septembre 1736, après avoir accompli les devoirs de la religion.

Voici le portrait que M. Christian a tracé de ce marin célèbre :

« Duguay-Trouin possédait une de ces physionomies dont le caractère se révèle au premier coup d'œil. Il était d'une taille avantageuse et bien proportionnée, et il avait, pour tous les exercices du corps, une aptitude, un goût et une adresse qui l'avaient servi dans plus d'une occasion. Son tempérament le portait à la tristesse, ou du moins à une espèce de mélancolie qui ne lui permettait pas de se prêter à toutes les conversations mondaines; et l'habitude qu'il avait d'occuper sans cesse son esprit à la méditation de grands projets l'entretenait dans cette indifférence profonde pour toutes les légèretés dont se remplit la vie de la plupart des hommes. Souvent, après lui avoir parlé longtemps, on s'apercevait qu'il n'avait ni écouté, ni entendu. Son esprit était cependant vif et juste; personne ne jugeait mieux que lui tout ce qui était nécessaire pour assurer le succès d'une entreprise, comme aussi toutes les raisons ou les obstacles qui pouvaient la faire avorter. Aucune considération générale, aucune question de détail ne lui échappait. Lorsqu'il formait un projet, il semblait qu'il ne comptât pour rien sa valeur guerrière, et qu'il ne dût réussir qu'à force de prudence; lorsqu'il exécutait, il paraissait pousser la confiance jusqu'à la témérité. Il avait, comme on l'a observé, et comme il l'avouait lui-même, certaines opinions singulières sur la prédestination et sur les pressentiments. S'il est vrai que ces opinions peuvent contribuer à la sécurité dans les périls, il n'est pas moins vrai qu'il n'y a que les âmes fortement trempées chez qui elles puissent avoir assez d'empire pour les faire agir conséquemment. Le caractère de Duguay-Trouin était digne des temps antiques. Jamais homme ne porta plus haut le sentiment et les délicatesses de l'honneur, et jamais homme ne fut, en même temps, d'un commerce plus sûr et plus doux; jamais ses grandes actions, ni l'éclat de ses succès ne modifièrent la simplicité de ses mœurs. A l'époque de sa plus vive renommée, il vivait avec ses anciens amis, comme il eût fait, s'il n'eût eu que le même mérite et la même fortune qu'eux. Mais s'il était capable de passer de cette extrême modestie à la grande hauteur, avec ces fanfarons de gloire ou de capacité, qu'on rencontre dans la vie ordinaire aussi bien que dans l'antichambre des rois, et qui font profession d'insolence et de fatuité. Dans les rares occasions qu'il eut de lutter contre les misérables intrigues des envieux, il regardait sa propre réputation comme faisant partie du bien de l'État, et se montrait prêt à la soutenir avec une énergie qui s'augmentait de la lenteur qu'elle avait mise à éclater. C'est par ces qualités franches, par ce mélange heureux de douceur et de force, qu'il se fit aimer et considérer dans le corps de la marine. On lui reprochait, il est vrai, une certaine dureté dans son application à maintenir la discipline militaire; mais ceux-là mêmes qui pouvaient s'en plaindre, étaient forcés de reconnaître sa nécessité. Enfin, Duguay-Trouin mourut pauvre, et c'est là son plus bel éloge. »

Déjà, en 1733, s'était éteint, en Provence, le célèbre Forbin, dont nous avons eu si souvent occasion de parler.

CHAPITRE VI

JACQUES CASSARD

Les corsaires nantais. — Vié. — Cassard, corsaire, puis officier de la marine royale. — Expédition sur les côtes barbaresques. — Combat de Porto-Farina. — Expédition d'Amérique. — Conquête de Ribeira-Grande. — Conquête de Montserrat. — Expédition contre la Guyane hollandaise. — La *Méduse*. — Prise de Surinam. — Expédition de Curaçao. — Retour de Cassard en France. — Sa misanthropie. — Son arrivée à la cour. — Étonnement des courtisans. — Intervention de Duguay-Trouin. — Cassard meurt en prison.

Après Jean Bart et Duguay-Trouin, les corsaires les plus renommés furent deux Nantais : Vié et Cassard. Le premier, né vers l'an 1672, s'engagea, dès l'âge de 16 ans, à bord d'un bâtiment corsaire ; il servait en qualité de pilote sur le navire *le Brave*, lorsque fut livrée la bataille de la Hougue. En 1703, il avait commandé successivement plusieurs navires pour le compte d'une compagnie d'armateurs de Saint-Malo. En moins de quatre années, il prit à lui seul aux alliés plus de 50 navires richement chargés. Avec un seul bâtiment de 26 canons, il fit prisonnier lord Hamilton, gouverneur des Antilles anglaises, lequel gouverneur était escorté de deux navires, dont l'un de 24 et l'autre de 18 canons.

Mais le plus célèbre corsaire nantais fut Jacques Cassard, né également en 1672, d'un père qui était capitaine dans la marine marchande. Il fit son noviciat de marin à Saint-Malo. Il suivit M. de Pointis, dans son expédition de Carthagène, et sut se faire remarquer comme officier d'une galiote à bombes.

Devenu capitaine de corsaires, il s'acquit vite de la réputation. Dans un abordage, il était toujours le premier. On ne connaissait pas de pilote plus adroit que lui ; au milieu des plus périlleuses circonstances, il prenait le gouvernail et sauvait son vaisseau.

Dès le commencement de la guerre de la succession d'Espagne, il reprit la course pour le compte d'armateurs de Nantes ; le bruit de ses exploits parvint jusqu'à la cour ; la marine, qui devenait tous les jours de plus en plus pauvre en officiers, fut fort heureuse de le recevoir dans ses rangs en qualité de lieutenant de frégate. Fier de servir dans la marine royale, Cassard se distingue chaque jour. En 1709, la ville de Marseille le charge d'escorter 26 navires qui allaient chercher du blé dans les Etats barbaresques. Il équipe à ses frais 2 vaisseaux et jette toute sa fortune dans cet armement destiné à donner du pain à la France. Comme il arrivait sur les côtes de la Tunisie, après une heureuse traversée, il rencontra, le 29 avril, 15 vaisseaux de guerre anglais qui convoyaient la flotte de Smyrne. Au lieu de fuir, il accepte le combat, pour donner aux bâtiments marchands la latitude de s'échapper. Lorsque les 26 navires marseillais sont hors de danger, il s'esquive à son tour, non sans avoir démâté 2 vaisseaux ennemis et en avoir coulé un troisième, après un combat de douze heures.

Puis il entra, comme un triomphateur, à Porto-Farina (régence de Tunis) aux acclamations des habitants qui avaient assisté à ce combat.

En revenant en France, il s'empara de plusieurs bâtiments ennemis ; il espérait que la ville de Marseille se hâterait de lui rembourser les frais de son armement ; il n'en fut rien, comme on le verra plus loin.

L'année suivante, il fut chargé par M. de Ponchartrain d'aller au-devant d'une flotte marchande qui revenait des Échelles du Levant et qu'une escadre anglaise de 8 vaisseaux attendait au passage.

A la tête de 4 vaisseaux seulement, Cassard attaque l'ennemi, le bat, lui prend 2 navires et ramène la flotte à Toulon.

On lui confia, quelques années après, le commandement d'une petite escadre de 3 vaisseaux, 5 frégates et 2 kaiches ou ketchs (navires d'invention anglaise, à 2 mâts, carrés à l'arrière et ornés d'une élégante poulaine à l'avant).

Dans le temps que Duguay-Trouin revenait de son expédition de Rio-de-Janeiro, Jacques Cassard partit pour l'Amérique à la tête de cet armement respectable.

Passant par les îles portugaises du Cap-Vert, en mai 1712, il s'empare d'un vaisseau anglais et réduit la Praya, principal port de l'île de San-Yago. Il s'avance ensuite, à la tête de ses troupes, vers la ville de Ribeira-Grande, capitale de l'île. Cette ville est située entre deux montagnes escarpées ; de telle sorte qu'il est impossible d'y arriver autrement que par un défilé, presque impraticable. Deux forts protègent Ribeira-Grande : l'un au débouché du défilé et l'autre sur l'une des deux montagnes. 12,000 hommes en état de porter les armes pouvaient facilement défendre les défilés et les forts ; mais Cassard, méprisant ces difficultés, s'avança avec tant de rapidité qu'il arriva à une portée de mousquet du fort avant que personne se fût douté du danger.

Il envoya aussitôt sommer le gouverneur de se rendre ; celui-ci convint de payer une rançon de 60,000 écus pour éviter une prise à main armée. Mais cette capitulation n'était qu'un stratagème pour gagner du temps.

Dès que les habitants eurent réuni leurs effets les plus précieux, ils désertèrent leur ville et s'enfuirent dans les montagnes avec tout ce qu'ils purent emporter. Ce manque de bonne foi exaspéra les Français qui, après avoir pillé Ribeira-Grande, après avoir enlevé les marchandises, les munitions, les canons, les cloches, 200 barils de poudre et 400 nègres, mirent le feu dans tous les quartiers et réduisirent la ville en cendres.

Ils purent, sans rencontrer de résistance, ruiner complètement l'île entière ; ils y ramassèrent un si grand butin qu'on fut obligé d'en abandonner une partie, évaluée à plus d'un million.

Avant de s'éloigner, ils traitèrent de la même façon plusieurs autres îles du Cap-Vert ; puis ils vinrent à la Martinique déposer leurs trésors et réparer leurs navires.

De tous côtés, les membres épars de la flibuste, faibles débris de ce qui avait été autrefois la puissante association des *Frères de la Côte*, accoururent se mettre à la disposition de Cassard ; il accepta leurs offres avec joie, car il avait de grands desseins.

En juillet 1712, il attaque l'île de Montserat, colonie anglaise dans les Antilles. Il s'en empare presque sans combat et y fait un large butin, consistant surtout en nègres qu'il dirige sur la Martinique, en même temps que quatre bâtiments anglais et leur riche cargaison. Il part presque aussitôt de la Martinique et tombe sur Antigoa, autre Antille anglaise, qu'il pille pendant huit jours ; il emplit ses vaisseaux de richesses et revient triomphalement à la Martinique, où les habitants, accourus sur la côte, applaudissaient en s'écriant :

— C'est encore Cassard, avec les trésors de l'ennemi.

Sûr de ses officiers, confiant dans les flibustiers dont il s'est fait des amis par sa loyauté, il ose, malgré la faiblesse de son escadre, concevoir le projet d'attaquer la puissante colonie hollandaise de la Guyane, l'*Eldorado* des premiers navigateurs.

Le 10 octobre 1712, il arriva devant l'embouchure du Surinam, fleuve qui arrose la capitale du même nom. De riches plantations, dues à la persévérance des colons néerlandais, s'étendaient sur les deux rives de ce cours d'eau ; 84,500 nègres y travaillaient avec activité sous la direction de 4,000 blancs. Le coton, le café, le cacao, le sucre y donnaient de riches produits.

L'entrée de la rivière, assez difficile à cause des bancs de sable qui l'obstruent, reçoit, à la marée haute, des navires qui ne tirent pas plus de 20 pieds d'eau.

A deux lieues de l'embouchure, le Commenwine se jette dans le Surinam. C'est à cette jonction que les Hollandais placèrent leurs travaux de défense ; ils érigèrent une batterie sur le Surinam, une autre sur la rive droite du Commenwine et une forteresse appelée Amsterdam, sur la rive gauche.

Ces trois ouvrages, croisant leurs feux, empêchaient les vaisseaux de passer sur l'une ou sur l'autre rivière.

La forteresse, située au milieu d'un petit marais, ne pouvait être attaquée que par une étroite chaussée dont une artillerie formidable défendait l'approche. Dans cette forteresse se trouvait une garnison de 800 hommes.

Trois lieues plus haut, le fort de Zélande couvrait la ville de Paramaribo, sur le Surinam ; à la même distance sur le Commenwine, le fort de Sommerowelt défendait le cours de cette rivière.

Les Hollandais avaient, en outre, mis leur capitale, Surinam, en état de défense. Tous les hommes valides avaient pris les armes.

Cassard fit mouiller ses vaisseaux au large de l'embouchure du fleuve et s'embarqua sur des chaloupes, la nuit suivante, avec 1,100 hommes, dans le dessein de remonter le cours d'eau. Mais lorsqu'il eut vu les belles dispositions prises par l'ennemi, il comprit bien qu'il fallait à tout prix faire entrer les vaisseaux dans le fleuve. Il y parvint. Ses navires s'avancent et s'échouent à la marée basse, contre-temps bien fâcheux qui interdit un instant les assaillants.

Il faut attendre que la marée remette l'escadre à flot. Pendant ce temps, Cassard examine les abords de la place et sonde le fleuve.

Enfin, à la marée montante, il détache 100 grenadiers pour se frayer une route à travers les bois et les marais. Ce détachement s'établit dans une habitation.

Deux jours après, le chef de l'expédition se mit en devoir de traverser lui aussi la rivière dans des chaloupes avec le reste de ses soldats, en se faisant suivre de la frégate *la Méduse*. Il avait attendu la nuit pour tenter ce passage ; mais les Hollandais qui se défiaient de ce mouvement, avaient éclairé les deux bords du Surinam. *La Méduse* devint le point de mire de plusieurs batteries ; criblée de boulets, elle ne put continuer ses manœuvres.

Cassard vole à son secours, la fait remorquer par deux bateaux et parvient à la mettre hors de danger, puis il débarque ; il rejoint son premier détachement, établit un camp dans l'habitation prise précédemment, y laisse la moitié de son monde et divise l'autre moitié en deux détachements qui marchent sur la ville de Surinam, incendiant les sucreries, et établissant des postes à plus de 20 lieues autour de la capitale hollandaise.

A son retour, Cassard commença le bombardement de cette ville, que le gouverneur se trouva trop heureux de racheter d'une destruction complète en payant, tant en sucre qu'en argent et en nègres, une rançon de 2,400,000 livres, représentant à peu près une année du produit de toute la colonie.

Berbiche et Essequibo, deux petits établissements sur la côte, furent également réduits à payer une forte rançon.

Revenu à la Martinique, Cassard en repart bientôt pour cingler vers Saint-Eustache et Curaçao, petites îles que la Hollande possédait dans les Antilles. La première capitula presque sans résistance ; mais la seconde, contre laquelle les Français n'avaient jamais été heureux, se prépara à nous opposer une vive défense.

Dirigé par des flibustiers, Jacques Cassard prit toutes ses mesures pour éviter les récifs d'*Avès* sur lesquels une flotte française était venue se perdre trente-cinq ans auparavant.

Le 18 février 1713, les Français opérèrent leur descente dans la baie de Sainte-Croix, à 5 lieues de Curaçao, où les attendait une garnison dont le nombre était supérieur à celui des troupes commandées par Cassard.

800 Hollandais se sont retranchés sur le sommet d'une montagne qu'il faut franchir avant d'atteindre la capitale de l'île; 600 Français gravissent cette montagne l'arme en avant, ils attaquent l'ennemi et le repoussent jusque dans ses retranchements.

Dans le combat, Cassard est blessé au pied; on l'emporte; la confusion se met parmi les assaillants. Mais le capitaine d'Espinay parvint à les rallier; il les ramène contre l'ennemi et force les retranchements.

Sur ces entrefaites, les navires, tenus jusqu'alors dans l'inaction par des courants, purent prendre position et commencer le bombardement, tandis que 1,100 hommes, dont 30 flibustiers, attaquaient la capitale du côté de la terre, le 26 février 1713.

Le gouverneur, désespérant de prolonger la résistance, consentit à capituler et racheta la place au prix de 600,000 livres.

Après cette heureuse expédition, Cassard vint à la Martinique réparer ses vaisseaux. Depuis son départ de France, il avait fait un butin évalué à 10 millions de livres.

Presque aussitôt son arrivée à la Martinique, il apprit que la paix était près de se signer entre la France et ses ennemis. M. de Pontchartrain lui envoyait un supérieur chargé de prendre le commandement de son escadre, pour l'empêcher de tenter quelque grand coup de main capable d'irriter davantage les ennemis. Le marin dut se résoudre à revenir en France, où l'on ne tarda pas à lui donner le grade de capitaine de vaisseau, avec la croix de chevalier de Saint-Louis.

Ce fut toute sa récompense sous le règne de Louis XIV; sous le règne suivant, il devait en recevoir une autre : la prison.

En 1733, la guerre fut sur le point d'éclater de nouveau entre la France et sa vieille rivale d'outre-Manche. Duguay-Trouin, lieutenant des armées navales, fut chargé d'armer une flotte. A la première nouvelle de ce mouvement belliqueux, on vit accourir une foule de héros qui s'étaient illustrés pendant les guerres précédentes.

Parmi les vieux marins que l'espoir de nouvelles batailles navales ramena à la cour de Versailles, on vit Cassard, misérablement vêtu de son ancien costume de corsaire qu'il avait illustré.

Une injustice éprouvée par le vainqueur de Surinam faisait naître en son cœur une farouche misanthropie. Il avait équipé à ses frais, pour la ville de Marseille, 2 vaisseaux avec lesquels il fit plusieurs prises. Cette ville ne l'ayant pas remboursé, il assigna les autorités devant les tribunaux : ceux-ci restèrent muets. Ruiné, Cassard venait à la cour solliciter un emploi et faire entendre ses réclamations. Il se présenta dans le même costume qu'il avait porté trente ans auparavant, à la prise du Curaçao; c'étaient de vieilles guenilles trouées par les balles hollandaises. Sous tout autre gouvernement, la vue de cet homme aurait attiré l'attention des ministres, elle n'amena qu'un sourire sur les lèvres des courtisans.

Les marins de cour qui circulaient dans l'antichambre du roi se demandaient en le toisant avec mépris :

— Quel est donc cet individu qui ose s'introduire ici dans un pareil accoutrement?

On allait chasser cet intrus, lorsque survint Duguay-Trouin :

— Comment! s'écria le lieutenant général, vous ne connaissez pas M. Jacques Cassard! Je rougis pour vous tous d'une semblable ignorance. C'est le plus grand homme de guerre, sachez-le bien, que la France possède

Pugilat d'un capitaine anglais et d'un capitaine hollandais. (Page 549.)

à présent. Je donnerais toutes les actions de ma vie pour une seule des siennes!

L'apostrophe était rude; mais de vils courtisans, de prétendus marins qui ne daignaient même pas connaître le nom du héros de San-Yago, de Surinam et de Curaçao, méritaient-ils qu'on leur parlât avec ménagement?

Pour se débarrasser de ce solliciteur, on lui proposa une pension:

— Je ne veux point, répondit-il, que pour me dédommager on dépouille la nation; je demande le remboursement des trois millions que j'ai avancés, et j'ai droit de les exiger.

A force d'instances et d'humiliations, il obtint une audience du ministre, le cardinal Fleury.

Il exposa ses droits avec une brusque franchise.

Le cardinal, peu habitué à entendre la vérité, se crut offensé, fit empoigner le marin et le jeta jusqu'à sa mort, arrivée en 1740, dans un cachot du château de Ham, où le marin termina son existence, après sept ans de la plus affreuse captivité.

LIVRE X

LE CAPITAINE THUROT

CHAPITRE PREMIER

JEUNESSE DE THUROT

La rue de la Huchette au siècle dernier. — François Thurot, son frère et son cousin. — Miss Smith. — Gloire sans pain. — Confession de François. — Enlèvement de miss Smith. — Histoire de Thurot. — Sa famille. — Son enfance. — Etourderie. — Fuite. — Captivité et évasion. — Débuts d'un marin.

La rue de la Huchette n'était pas encore considérée comme l'une des plus laides de Paris. Elle était alors habitée par des étudiants, des magistrats, des bourgeois retirés et même par des seigneurs qui y possédaient de vastes hôtels.

Au numéro 7 de cette rue, s'élevait, en 1759, une grande maison ornée d'un balcon de fer.

On s'y introduisait par une haute porte cochère qui donnait accès dans une vaste cour, au milieu de laquelle de vieux ormeaux dressaient leurs têtes vénérables.

A droite s'ouvrait une loge.

Le 29 mars 1759, sur les 10 heures du matin, un homme se tenait gravement assis devant cette loge. Cet homme était le portier; sa longue moustache annonçait un ancien soldat; sa pipe de porcelaine dénonçait un Allemand. Il contemplait avec placidité la blanche colonne de fumée qui s'échappait de sa longue pipe, lorsqu'une voix le tira de sa rêverie :

— Est-ce ici que demeure M. François Thurot?

Le portier se retourna. Deux hommes se trouvaient à côté de lui. D'un coup d'œil il les jugea; c'étaient de petits bourgeois de province, des demi-paysans, des gens de peu.

— Premier escalier à gauche, au troisième étage, répondit-il d'un ton rogue.

— Merci, monsieur, murmurèrent les deux étrangers, qui se dirigèrent vers l'escalier de gauche, après s'être confondus en saluts respectueux, auxquels le cerbère ne daigna même pas répondre par un signe de tête.

Ils gravirent l'escalier sans mot dire; lorsqu'ils furent arrivés au troisième étage, l'un d'eux heurta à une porte de chêne sculpté.

Au bout d'un instant, la porte s'entr'ouvrit. Sur le seuil apparut une femme. Nous disons *apparut*, car ce fut une véritable apparition.

Cette femme n'était pas seulement belle, elle était admirable. Ses deux grands yeux bleus, où se peignait la douceur, se fixèrent avec étonnement sur le plus jeune des visiteurs, comme si son visage avait eu quelque chose de *connu* pour elle, ou comme si elle eût été frappée de quelque ressemblance. Sa taille haute et svelte se redressa; sa petite main blanche et fine eut comme un geste d'effroi.

Elle rejeta en arrière sa belle tête et fit ondoyer, sur son col d'un blanc mat, une magnifique chevelure blonde qui retombait en longues spirales sur ses épaules. Ses lèvres roses s'entr'ouvrirent laissant entrevoir quelques perles d'une adorable blancheur laiteuse; mais sa bouche resta muette. Enfin elle prit, en moins d'une seconde, le dessus de ce trouble instinctif et tout féminin:

— Qui demandez-vous, messieurs? fit-elle d'une voix jeune et fraîche, avec un léger accent étranger.

Bouche béante, les deux jeunes provinciaux la regardaient. Ils semblaient éblouis; eux si polis, si humbles tout à l'heure, oubliaient maintenant de soulever leurs chapeaux de feutre noir.

L'apparition de cette femme si jeune, si charmante par son visage et par son maintien, devait avoir quelque chose de bien inattendu, car, tout entiers à l'admiration, ils semblaient n'avoir pas entendu sa question.

La dame, d'abord étonnée, devina de suite la cause de ce silence qui dura plusieurs secondes; elle eut un sourire où la satisfaction tenait quelque place.

Enfin, le plus âgé des deux visiteurs, un solide gaillard d'une trentaine d'années, à la figure ronde, rosée et réjouie, surmonta le premier son émotion.

Comme s'il eût craint de rencontrer encore le regard de la belle étrangère, il se retourna du côté de son compagnon :

— Jacques, dit-il d'un ton délibéré, nous nous trompons; ce n'est pas ici chez François... Nous nous sommes trompés d'étage.

— N'est-ce pas, madame, continua-t-il sans lever les yeux, que ce n'est pas ici le troisième étage?

— C'est ici le troisième étage, messieurs, répondit la dame; qui demandez-vous?

— Nous cherchons mon cousin, François Thurot, le célèbre corsaire.

— Votre...

— Mon cousin, madame; et voici son frère.

En disant cela, le provincial releva son regard franc dont il enveloppa la jeune femme. Cette dernière baissa les yeux à son tour; une subite rougeur empourpra son visage; un léger tremblement parcourut son corps.

— C'est ici que demeure M. Thurot, balbutia-t-elle; entrez, messieurs.

Et elle s'effaça pour livrer passage aux deux visiteurs, que son œil fin considérait obliquement avec une inquiète curiosité.

Le cousin entra le premier et s'avança d'un pas assuré. Sur son visage était répandu un air de malicieuse bonhomie. Sans plus de cérémonie, il s'introduisit dans la première pièce qu'il trouva au bout du corridor. Son compagnon, plus jeune et moins hardi, le suivit pas à pas et sans bruit.

Du reste, tous les deux avaient des manières distinguées. On devinait au premier abord que ces deux jeunes gens cachaient une bonne éducation et du savoir-vivre sous leurs allures un peu sauvages. Ils étaient bourgeoisement vêtus de longues vestes en gros drap gris, ornées de grands parements; chacun d'eux tenait à la main son chapeau campagnard à larges bords.

— Asseyez-vous, messieurs, leur dit la dame en désignant du geste un grand banc de chêne qui s'allongeait en face d'une table en bois blanc, sur laquelle se trouvaient quelques papiers, une Bible, deux ou trois dessins, un compas, un tire-ligne, des godets, un fouillis d'instruments de dessinateur, à côté d'une trousse de chirurgien.

— Le plus âgé des provinciaux s'assit, son compagnon l'imita.

— Ce n'est pas de refus, murmura ce dernier, nous sommes fatigués; depuis ce matin nous courons à la recherche de cette rue de la Huchette que nous ne pouvions trouver, faute de connaître la capitale. Enfin nous voici arrivés chez mon frère. Où est-il donc?

— Je vais lui annoncer votre arrivée, répondit la dame en ouvrant une porte et en disparaissant dans la pièce voisine.

Trois secondes après, Thurot s'élançait dans les bras de son cousin :

— Mon cher Guillaume...

— Mon cher François...

— Ah! mon cousin, ah! mon frère, c'est bien de votre part d'être venus me voir...

Les exclamations et les embrassades s'entre-croisèrent pendant un instant.

— Et ma mère? demanda François Thurot, en essuyant vivement une larme qui scintillait à son œil.

— Elle va bien, ainsi que tes sœurs.

Après s'être enquis de ses oncles, tantes, cousins, cousines, François Thurot demanda enfin à ses visiteurs s'ils avaient déjeuné. La réponse fut négative. François cria alors :

— Sarah !

La dame, qui s'était tenue jusqu'alors dans la chambre voisine, entre-bâilla la porte et montra son charmant visage.

— Il faut préparer le déjeuner, mon enfant, commanda François ; ces messieurs déjeunent avec nous.

La jeune femme fit une petite moue et disparut.

— C'est ta... domestique? demanda Guillaume, en clignant de l'œil.

François sourit, et fit avec la tête un signe affirmatif.

— Une capture faite sur les Anglais, n'est-ce pas? demanda Guillaume.

— Précisément.

— Tu nous conteras cela.

— Entre la poire et le fromage.

Le déjeuner fut bientôt prêt : il se composait simplement de quelques pièces de charcuterie et de viandes grillées; pas d'extra. De quoi manger: le tout servi sur la table de bois blanc. Sans avoir l'air de remarquer l'air de gêne générale qui régnait dans le ménage du jeune et déjà célèbre corsaire, les deux invités donnèrent d'abord de furieux coups de fourchette. On n'entendit, pendant un instant, que le bruit de leurs mâchoires.

François fut le premier à rompre le silence :

— La gloire, dit-il, n'est que de la fumée.

Ses convives le regardèrent avec étonnement.

— Gloire sans pain, triste affaire, continua François. Vous me croyez, sans doute, fort heureux, mes amis. Eh bien, vous vous trompez. Le bonheur n'est pas fait pour les coureurs d'aventures. Toute cette renommée que je me suis acquise dans les guerres ne vaut pas le repos d'un bon fermier ou d'un honnête bourgeois. Vous connaissez mon histoire publique... les gazettes en sont pleines... mais, à côté de cela, il y a ma vie privée et malheureuse que je cache soigneusement. Nul ne connaît ma famille... ou, pour dire vrai, je n'ai pas de famille. Je vis en dehors de l'humanité... Cruelle punition de mes fautes !...

— Quelles fautes?... demanda naïvement Jacques.

— Hélas! j'en ai commis de bien grandes... Lorsque je jette un regard vers mon passé, je me sens tout honteux de moi-même... Je rougis pour ma famille de l'opprobre que j'aurais jeté sur elle si le hasard des combats ne m'avait pas donné une notoriété qui fait que l'on ferme les yeux sur l'irrégularité de ma conduite.

— Tu te juges sévèrement, murmura Guillaume.

— J'exagère peut-être la grandeur de mes fautes ; mais je crains bien que mes désordres nuisent dans l'avenir à ma réputation... c'est pourquoi, j'ai résolu d'en finir le plus tôt possible avec cette existence aventureuse.

— Est-ce que, par hasard, tu voudrais te faire ermite? demanda Guillaume.

— Pas le moins du monde... Mais je veux me marier, je veux épouser la jeune femme avec laquelle je vis depuis plusieurs années.

— Tu agiras en honnête homme... opina le provincial.

— D'autant plus que cette jeune fille appartient à une honorable famille que j'ai plongée dans la désolation... Il faut que je répare cette faute, continua le corsaire. Je vous ai promis de vous conter comment j'ai capturé cette Anglaise... Vous allez voir que ce n'est point une des plus belles actions de ma vie.

En 1753, le désir de m'enrichir me fit entreprendre le commerce. Je parvins à me faire donner le commandement d'un navire, qui partit de Boulogne chargé de marchandises destinées à l'Angleterre. Arrivé à Londres, je m'occupai de vendre ces marchandises; mais, pour augmenter mes bénéfices, je ne fis pas une déclaration exacte de leur valeur. Je me mis en relation avec des contrebandiers qui trafiquaient d'une façon clandestine. J'arrivais à la fortune. On disait de moi que je valais vingt mille guinées, car, chez les Anglais, un homme *vaut* ce qu'il possède en argent : pas un farthing de plus.

J'avais fait la connaissance d'un honnête apothicaire nommé Smith qui habitait Paddington, village près de Londres. Sa fille, qui n'est autre que Sarah, m'avait inspiré un vif amour. J'allais souvent à Paddington où je passais la soirée à faire de la musique. Sarah m'avait pris en une telle amitié, que nous résolûmes de nous marier ; nous fixâmes même le jour où je devais demander sa main à son père. Jour de malheur !

Le soir même où je devais faire ma demande, le père me reçut mal dès mon entrée dans sa maison. Il m'avait toujours reçu à bras ouverts. Son attitude, ce jour-là, fut froide, glaciale. Je me hasardai néanmoins à lui dire un mot de mes intentions. Il se redressa comme un homme insulté... Je lui demandai des explications.

— Monsieur, me répondit-il, je ne vous connaissais pas hier et je vous aurais donné ma fille, mais aujourd'hui, je sais tout... Vous êtes un contrebandier ; je sais que la police vous cherche pour vous arrêter... Au moment où je vous parle, on est en train de saisir votre bâtiment... Vous êtes déshonoré et, de plus, ruiné.

Ces paroles me jetèrent dans la consternation. Sans en écouter davantage, je m'enfuis... je courus comme un fou vers le port de Londres. Sur le quai, je rencontrai un de mes matelots qui me cherchait. Cet homme m'apprit que l'apothicaire ne m'avait pas trompé. La police anglaise venait de saisir mon navire avec toute sa cargaison... On me cherchait. Il fallait me cacher.

Pendant trois jours, j'errai de domicile en domicile ; enfin, le quatrième jour, je pus m'embarquer sous un nom d'emprunt. Seulement je ne revins pas seul à Boulogne. Je m'étais vengé de l'Angleterre en lui enlevant une de ses plus précieuses perles fines, la belle Sarah, dont je ne me suis jamais séparé depuis et que j'épouserai légitimement aussitôt que j'aurai une position assurée ; car je ne veux pas vous dissimuler que mes finances ne se sont jamais complétement relevées depuis la saisie de ce bâtiment. J'ai eu des moments fugitifs de fortune... j'ai fait de riches prises ; mais les armateurs sont là qui se font la part du lion. Enfin, je vais bientôt entreprendre une grande expédition aux frais du gouvernement. Ce sera ma dernière aventure. Si je réussis, je me marierai et je me retirerai auprès de mes parents. Si le sort ne m'est pas favorable, je me ferai tuer, car je ne pourrais supporter la honte d'un insuccès.

— Il ne faut pas se faire tuer pour un insuccès, interrompit Guillaume.

— Un homme dans ma position ne peut survivre à sa défaite, répondit le corsaire. Je suis forcé de vaincre sans cesse pour imposer silence à la jalousie... vaincu, je tombe à la merci de mes ennemis... Telle est la loi impitoyable des cours et des courtisans.

— Je vois que tout n'est pas rose dans le métier de grand homme, murmura le jeune Jacques... je crois qu'il est plus prudent de demeurer chez soi, dans une honnête médiocrité, que de courir la fortune et les aventures.

. . . .

Nous ne suivrons pas plus longtemps la conversation de François Thurot et de ses parents, parce qu'elle n'a plus rien à nous apprendre. Nous dirons seulement que le corsaire ne se sépara, la nuit venue, de ses deux hôtes, que le cœur serré de tristes pressentiments.

— Je reviendrai riche, glorieux... ou je ne reviendrai pas, leur dit-il en les quittant.

François vient de nous faire connaître quelques détails de sa vie intime, détails ignorés de ses biographes. Nous allons maintenant écrire l'histoire de sa vie publique.

François Thurot naquit à Nuits (Bourgogne), le 21 juillet 1727, du sieur François Thurot, maître de poste et marchand de vin, et de son épouse légitime Honnête-Michelle Chaumonet.

Le futur corsaire eut une jeunesse assez orageuse. Violent, il avait des querelles continuelles avec ses camarades. La dureté avec laquelle on le traitait, irritait encore son caractère.

De très-bonne heure, son père lui donna des maîtres. Ce brave homme mourut en 1735. Sa veuve ne se sentant pas l'énergie nécessaire pour dompter cette nature rebelle, le mit au collége des Jésuites, de Dijon. Il y fit de bonnes études ; mais la vie uniforme et tranquille de l'école déplaisait à François. Ce fut avec joie qu'il entra, le 1er mai 1743, en apprentissage chez le sieur Lardillon, maître en chirurgie à Dijon.

Il y resta bien peu de temps ; car, l'année suivante, une étourderie de jeunesse lui fit prendre le parti de quitter la ville de Dijon.

Le maître de poste était mort sans laisser de fortune ; sa veuve fut forcée de contracter des dettes pour élever une famille composée de deux garçons et d'une fille. Sa gêne s'augmentait d'année en année. Vint un moment où elle se trouva dans une situation voisine de la misère.

Le jeune Thurot, l'aîné de la famille, gémissait de cette détresse qu'il ne pouvait soulager. Tous les jours, il allait rendre visite à une de ses tantes qu'il aimait beaucoup. Étant seul, un soir, chez elle, il aperçoit des couverts d'argent. L'idée d'aller les mettre en gage se présente à son imagination. L'argent qu'on lui prêtera va tirer sa mère d'un cruel embarras où elle se trouve ; il hésite un instant, mais le cri du cœur, la tendresse filiale l'emportent sur le sentiment du devoir. Il s'empare des couverts et court les engager.

Malheureusement, cette argenterie n'appartenait pas à sa tante ; elle lui avait été prêtée par un juge du voisinage qui vint la réclamer. La croyant perdue, ce magistrat se mit dans une colère épouvantable et jura de découvrir le voleur.

François Thurot, qui avait assisté à cette scène, se crut perdu ; il courut chez un de ses parents, lui avoua tout et, d'après son avis, alla retirer les couverts, les remit à sa tante et partit le jour même, après avoir juré qu'on ne le reverrait jamais au pays.

Telle est l'une des principales raisons pour lesquelles il cacha si soigneusement, dans la suite, le lieu de sa naissance. Le souvenir de cette faute l'obsédait : il craignait de se la voir reprocher.

Il partit donc. Sa famille ne lui donna aucun secours. Son équipage se composait du vêtement qu'il portait sur lui et de 24 francs qu'il avait dans sa poche. Son cousin, Guillaume Thurot, l'accompagna un instant sur la route. C'était le seul ami qui lui restât ; tout le monde le repoussait.

Les deux cousins s'embrassèrent en se quittant :

— Adieu, murmura François en cherchant à maîtriser son émotion ; adieu. Tu entendras parler de moi ; car je parviendrai à me faire un nom ou je me ferai tuer.

Puis il marcha toujours devant lui du côté de la mer. Au moment où il arriva à Calais, la guerre était dans toute sa fureur entre les Français et les Anglais. On armait en course un corsaire à Dunkerque ; il obtint la permission de s'embarquer en qualité de chirurgien. Le voilà au comble de ses vœux, il lui tarde d'affronter les périls.

Mais la fortune l'éprouva dès sa première campagne. Presque aussitôt après son départ, le navire sur lequel il servait fut enlevé par les Anglais, et Thurot débuta dans la carrière de marin par une captivité à Douvres (août 1744). C'est là qu'il étudia les Anglais, apprit leur langue, s'instruisit de leurs mœurs, de leurs usages et se mit à même de pouvoir les combattre plus tard. Il ne possédait pas assez de fortune pour se racheter, et n'ayant pas été pris sur un navire de la marine royale, il ne devait pas songer à être échangé. Le ministre ne s'occupa de lui en aucune manière.

« Vers le mois de novembre 1744, le maréchal de Belle-Isle et le comte, son frère, furent faits prisonniers et transférés à Londres. Louis XV avait chargé le maréchal de ses pleins pouvoirs auprès du duc de Bavière, qui avait été proclamé empereur, sous le nom de Charles VII, et auprès du roi de Prusse, qui était en Silésie. En revenant de Munich, le maréchal et son frère passèrent par Cassel, où ils avaient eu ordre d'aller, et suivirent leur route, sans défiance, dans des pays où on avait établi des bureaux de poste qui, par les conventions faites entre les princes d'Allemagne, étaient regardés comme neutres et inviolables. Le maréchal et le comte, en prenant des chevaux à l'un de ces bureaux, dans un bourg appelé *Elbingrade*, appartenant à l'électeur de Hanovre, furent arrêtés par le bailli hanovrien, maltraités et transférés en Angleterre.

« Le ministre de France se plaignit qu'on violait le droit des gens, en faisant prisonnier un ambassadeur ; mais on n'écouta pas ses justes plaintes en Angleterre.

« Thurot, instruit que le maréchal de Belle-Isle est prisonnier, en Angleterre, cherche et trouve le moyen de le voir et de lui faire sa cour ; il le supplie de s'intéresser à sa liberté.

« Le ministère britannique faisant réflexion qu'il y avait beaucoup plus d'Anglais prisonniers en France, que de Français en Angleterre, proposa à Louis XV de rétablir le cartel que la détention du maréchal de Belle-Isle avait suspendu. Sa Majesté Très-Chrétienne accepta et l'on rendit la liberté au maréchal.

« Thurot pria M. de Belle-Isle de le faire mettre au nombre des prisonniers français ; mais il ne s'était pas encore distingué, et le maréchal donna la préférence aux soldats et aux matelots qui avaient servi l'État avec lui.

« Peu de temps après, M. de Belle-Isle revint en France. Les salves du canon du château de Douvres sont le signal de son départ. Thurot les entend ; il éprouve un frémissement de joie. Résolu de tout sacrifier pour recouvrer sa liberté, sa hardiesse et son courage seuls lui en fournissent les moyens. Errant pendant tout le jour, il attend le moment de la nuit pour se rendre au port. Là, ne prenant conseil que de son imprudent courage, il se précipite dans une chaloupe qu'il aperçoit à l'écart, s'en empare, la détache, se fait une voile de sa chemise, qu'il fixe à une petite traverse, et se livre en cet état, seul, à l'inconstance des vents, à la fureur des flots ; il vogue, il rame avec tant de vigueur et de vivacité qu'il se trouve fort éloigné des côtes de l'Angleterre lorsque le jour paraît. La fatigue l'accablait, mais sa présence d'esprit ne l'abandonne pas ; il se dirige vers Calais et, après avoir couru mille dangers, il entre dans le port de cette ville quelques heures après le maréchal de Belle-Isle.

« La hardiesse de son évasion fit du bruit ; le maréchal voulut le voir. Il fut charmé du ton assuré avec lequel Thurot lui raconta son aventure, conçut de l'amitié pour lui et, persuadé que l'on pouvait attendre beaucoup d'un homme qui, à l'âge de 18 ans, avait exécuté une pareille entreprise, il lui recommanda de s'appliquer à l'étude de la marine et lui promit sa protection [1]. »

Thurot se fit mousse à bord d'un corsaire; en deux campagnes, il devint capitaine, à l'âge de 20 ans.

La paix de 1748 le força de se livrer au commerce; mais il avait juré haine à l'Angleterre. Ne pouvant plus combattre à coups de canon, il imagina une autre manière de s'enrichir aux dépens de nos voisins. Il devint contrebandier; et pour réussir dans cette dangereuse profession il se fit aider, à ce que raconte la chronique, par la complicité de plusieurs jolies dames qui n'avaient pu résister à l'attrait de sa jeunesse et à la vivacité de son esprit.

Ses bénéfices étaient immenses; il arrivait à la fortune, lorsqu'un jour son navire, pris en flagrant délit, fut confisqué à Londres avec toute sa cargaison.

Ruiné par ce coup, Thurot enlève miss Smith, fille d'un apothicaire chez lequel le galant contrebandier allait souvent passer la soirée et faire de la musique, car « il chantait agréablement, jouait de la flûte, de la trompette et du cor [2]. »

Depuis ce jour, il ne se sépara plus de cette belle blonde; il fixa sur elle son affection et lui fut fidèle de cœur. Elle ne le quitta plus, partageant tous ses périls, naviguant à son bord, assistant à ses combats, applaudissant à ses victoires sur les Anglais qu'elle avait pris en haine, tant était profonde la passion que le corsaire avait su lui inspirer!

Enfin, la guerre ayant de nouveau éclaté en 1755, Thurot reçut le commandement d'un navire. Deux ou trois croisières firent parvenir son nom à la cour. Il avait pris, coulé bas ou brûlé tous les bâtiments assez malheureux pour se trouver sur sa route.

Le maréchal de Belle-Isle, qui ne l'avait pas oublié, se mit un jour à le vanter devant le roi. Cela lui valut le grade d'officier de la marine royale. On lui confia le commandement de la corvette *la Friponne*, avec la mission de croiser dans la Manche.

En quelques mois, *la Friponne* captura *soixante-trois* navires anglais. Jean Bart luimême n'avait jamais été si vite en besogne.

Malheureusement la vaillante corvette faisait comme ces fiers coursiers que leurs cavaliers surmènent; elle refusait le service. Thurot ne pouvant plus compter sur elle, vint trouver le maréchal duc de Belle-Isle, qui était un de ses admirateurs.

« Thurot devint le sujet de la cour et de la ville.

« Croyant le moment favorable, il revint à Paris dans l'espérance d'y faire adopter un projet qu'il avait conçu contre l'Angleterre. Plein de confiance en ses propres forces, et se reposant sur la bonté de son plan, il croyait qu'il lui suffirait de le présenter pour le faire agréer : il se trompait.

« Languissant à Paris, dans une oisiveté forcée, il y vécut honteusement ignoré et sans secours. Bientôt il se trouva dans un tel état de pénurie, qu'il n'avait pas même le moyen de se faire traiter d'une maladie scorbutique qu'il avait contractée par son trop long séjour sur mer.

« Cependant, il souffrait avec patience : son courage et l'espoir de réussir le soutenaient. Ils auraient sans doute fini par l'abandonner lorsqu'un de ses amis, M. Casin d'Honninctun, lui procura la connaissance d'un homme (M. Delaplace, le doyen des hommes de lettres) qui, naturellement sensible à tout ce qui est beau et grand, sut bientôt l'apprécier et sentir combien il pouvait être utile à la France. Cet homme, échauffé des vastes projets de Thurot, en parla avec enthousiasme au ministre de la marine et parvint sans peine à l'intéresser en sa faveur.

« Thurot donna des mémoires; il les étaya de plans exactement faits. Il établit, par des raisonnements sans réplique, la force et la

---

1. M***, *Vie du capitaine Thurot*, 1791, in-12.
2. J.-F. Durand.

Place aux maîtres de la mer! (Page 563.)

solidité de ses projets. Il prouva leur utilité pour la France. Il fit plus, il se chargea de leur exécution. La France devait en retirer un avantage immense ; et ses risques, ainsi que ses avances, n'étaient pas considérables.

« Il ne s'agissait de rien moins que de réduire en cendres le port et les chantiers de Portsmouth. Cet acte, dans toute autre circonstance et exercé contre un autre peuple, eût été regardé comme une violation des lois établies parmi les nations civilisées; mais il était légitimé par les infractions multipliées que les Anglais eux-mêmes avaient faites à ces mêmes lois, par les violences, les injustices sans nombre, les excès les plus barbares qu'ils se permettaient depuis longtemps.

« D'après le plan qu'il avait profondément médité, Thurot devait se glisser, la nuit, dans le port de Portsmouth, sur une barque rasée comme un ponton, et accompagné seulement d'une cinquantaine d'hommes. Il fallait pour réussir, tromper la vigilance la plus active, et braver la garde d'un port dont l'entrée était hérissée de canons ; il fallait enfin s'exposer aux dangers les plus imminents, sans autre but que de rendre à sa patrie un service signalé.

« Thurot, animé par ce puissant motif, pressait, avec une ardeur infatigable, l'exécution de son projet; mais malheureusement le ministre l'avait fait examiner dans un bureau dont les commis étaient vendus aux Anglais.

75.

« Le cabinet de Saint-James, informé de ce qui se tramait, redoubla de vigilance, usa de toutes les précautions propres à en empêcher le succès, et le projet échoua.

« Les courtisans, jaloux de voir qu'un roturier eût un mérite beaucoup supérieur au leur, firent tous leurs efforts pour écarter Thurot ; mais M. le maréchal de Belle-Isle, qui joignait à l'amitié qu'il avait pour lui une grande confiance en ses talents, le recommanda avec tant de chaleur, qu'il réussit à lui faire donner le commandement d'une petite flottille [1]. »

1. M***, *Vie du capitaine Thurot.*

CHAPITRE II

CROISIÈRES DE 1758-1759

Départ de Saint-Malo. — Escadre de Thurot. — Tempête. — Combats. — Discours de Thurot. — Relâche en Norvége. — Combat du *Red-Head-of-Angus*. — 20 pinques armées en guerre. — Thurot présenté à Mme de Pompadour. — Un capitaine franc-maçon.

A la tête de 4 petits navires, Thurot recommença ses courses. Il était le principal, le plus renommé de tous les corsaires qui affligeaient en ce moment le commerce de nos voisins.

D'après les documents anglais, du 1er mai au 10 juin 1757, c'est-à-dire en *quarante jours*, les corsaires français capturèrent *deux cents* navires. Le chiffre total de leurs prises en *quatre années* (de juin 1756 à juin 1760) se monte à *deux mille cinq cent trente-neuf* bâtiments.

« Nous avons appareillé de la rade de Rance, devant Saint-Malo, à cinq heures du matin, le 16 juillet 1757. Notre petite escadre était composée de deux frégates : la *Belle-Isle* et le *Chauvelin*, portant chacune 30 canons de 12 livres de balles et 400 hommes ; le reste consistait en 2 corvettes, l'une de 10 canons de quatre, nommée la *Bastan*, mâtée en bateaux, tels que le sont les côtiers anglais, ayant 60 hommes d'équipage ; l'autre appelée le *Gros-Thomas*, n'ayant que 6 pièces de canon de trois, et 30 hommes.

« Voilà en quoi consistait la petite escadre du célèbre capitaine Thurot.

« Nos forces étant en bon état, nous mîmes à la voile pour chercher des ennemis. Sur les trois heures après midi, nous reconnûmes les terres d'Angleterre et plusieurs navires qui étaient entre nous et le cap Portland ; nous envoyâmes le *Chauvelin* et l'*Active* pour les reconnaître ; et, pendant ce temps, nous continuâmes à chasser un brigantin anglais, assez richement chargé de sucre, de café et de cacao : il se rendit à notre obéissance. Nous envoyâmes notre chaloupe à son bord avec un capitaine de prise qui nous renvoya l'équipage anglais. Nos matelots ne voulurent pas abuser du droit de vainqueurs ; ils se contentèrent de faire quelques échanges de hardes avec leurs prisonniers : du reste, ils les traitèrent comme frères, les encourageant à souffrir avec patience ce qu'ils appelaient fortune de guerre. Le capitaine, flatté des bons sentiments que lui et son équipage recevaient, nous dit qu'il avait rencontré au sud-est une flotte marchande d'environ 16 ou 18 voiles. Nous nous y portâmes aussitôt vent en arrière ; en moins de deux heures nous en eûmes connaissance, et nous la joignîmes. Il était environ neuf heures du soir.

« A notre approche, la flotte se dissipa : un seul navire vira de bord et vint sur nous à la portée du pistolet.

« Il nous demanda en anglais d'où nous étions et quel était le nom du capitaine. Nous lui répondîmes en même langage que nous étions de Porstmouth : comme nous hésitions sur le nom du capitaine, il nous envoya pour réplique toute sa bordée d'artillerie, de pierriers et de mousqueterie. Piqués de son impatience et étonnés de sa hardiesse, car nous le croyions marchand, nous lui répondîmes avec la même vivacité. Jamais je n'ai vu des gens aussi acharnés que l'était alors notre équipage. La vue de leurs camarades blessés ou tués par le canon ennemi, le désordre où ce même ennemi paraissait être, les animaient de telle sorte qu'ils ne connaissaient plus de danger. Thurot semblait se multiplier à l'infini dans ce combat : sans cesse attentif à la manœuvre et à l'artillerie, dans la nuit la plus obscure, je pouvais dire de lui ce qu'Antoine répondit autrefois à quelqu'un qui lui demandait ce que faisait César dans une bataille :

« — Il était partout ; et je l'y suivais.

« L'arrivée du *Chauvelin* et des corvettes obligea l'Anglais à se retirer à la faveur de la nuit. Nous aimâmes mieux laisser échapper un ennemi que nous pourrions retrouver au jour, que de nous exposer à rencontrer des rochers qui nous eussent vaincus, sans avoir la satisfaction de vendre cher la victoire. Nous eûmes le malheur de perdre dans ce combat inutile, qui dura trois heures et demie, 45 de nos meilleurs matelots.

« Le lendemain, à la pointe du jour, nous approchâmes de la terre, où nous vîmes ce vaisseau échoué.

« Le 1er août, les vents étant de la partie du sud-est, grand frais, une risée de vent épouvantable nous brisa tous nos mâts, et nous aurait entièrement anéantis, sans la précipitation avec laquelle nous coupâmes nos haubans.

« Dans ce désastre affreux, nous dûmes notre salut à M. Thurot : pourvoyant à tout et ayant l'œil sur tout, il portait lui-même la hache où le besoin le requérait. Le sang-froid avec lequel il regardait les cruels effets de l'orage, ramena tellement la tranquillité parmi les matelots, qu'en peu de temps nous fûmes en état de nous maintenir contre la violence des flots dont nous avions été le jouet.

« Le vent se calma ; et le *Chauvelin*, qui nous avait joints, nous tenait à la remorque, lorsque nous eûmes connaissance de 3 frégates anglaises qui couraient sur nous. Aussi intrépides à la vue de l'ennemi qu'au milieu de la tempête, nous nous préparâmes au combat.

« Le *Chauvelin*, qui s'était laissé acculer à dessein de nous mettre en état de défense, essuya le premier feu et se battit pendant plus de trois heures. Voyant que nous ne pouvions avancer sur lui pour le défendre, il se replia sur nous et, à la grande satisfaction de l'équipage, nous mit de la partie.

« De tous les combats que nous avions essuyés, c'est, je crois, celui où il y eut le moins de confusion : n'ayant d'autre objet que celui de la mousqueterie et du canon, le feu fut si vif et si continuel, qu'une heure et demie après que le *Chauvelin* nous eut rejoints, nos ennemis furent obligés de se retirer en très-mauvais état. Nous eussions désiré pouvoir leur donner le chagrin de voir que l'ennemi qu'ils fuyaient, quoique battu par la tempête, non-seulement n'en avait pas été affaibli, mais était encore en état de vaincre.

« Le brave Thurot, toujours prudent, toujours prévoyant, exigea que nous allassions dans quelque port rétablir notre mâture, on lui obéit. Nous mîmes notre canot à la mer pour porter notre amarre à bord du *Chauvelin* ; et il nous remorqua jusque dans la rade de Flessingue, en Zélande, où nous restâmes depuis le 3 août jusqu'au 18 septembre.

« Nos travaux étant finis et nos vaisseaux bien radoubés, le 4 octobre nous appareillâmes de compagnie avec le *Chauvelin*. Nous battîmes la mer pendant sept jours sans rencontrer autre chose que, dans la nuit du septième, un petit brigantin qui passa sur notre beaupré. Nous hissâmes pavillon blanc et l'assurâmes d'un coup de fusil. Il se rendit.

« Le 12 au matin, le vent étant de la partie du sud, nous reconnûmes les côtes d'Écosse. La violente agitation de la mer rendit inutiles les efforts que nous fîmes tout le jour pour nous relever de la terre, ce qui nous obligea de mouiller sur le cap Culane, à l'entrée du fleuve Spa, sur les deux heures après minuit.

« Le *Chauvelin*, qui avait mouillé près de nous, se laissa dériver, de façon qu'en un instant nous le perdîmes de vue, sans que nous ayons pu le retrouver depuis.

« Le vent conservant toute sa violence, et la mer sa fougue impétueuse, notre beaupré cassa au-dessus de sa bridure, de façon qu'il nous emporta les mêmes mâts que nous avions passé un mois à rétablir, huit jours auparavant. Devenus par ce malheur le jouet des flots, nous commencions à prier Dieu et à attendre notre salut de la Providence ; mais M. Thurot, aussi intrépide dans la tempête que courageux dans les combats, sut bientôt nous tirer de cette léthargie. Son sang-froid et sa fermeté imposent la confiance et l'obéissance ; en un instant nous fûmes débarrassés de notre mâture. Réduits à trois corps de mâts, qui étaient écourtés de 12 à 15 pieds, nous capelâmes une poulie au haut de notre mât d'artimon, avec laquelle nous établîmes un foc, qui nous maintint debout à la lame qui nous abîmait.

« A la pointe du jour, les vents et la mer devinrent calmes : nous prîmes un de nos huniers de rechange pour nous servir de misaine, notre grand perroquet en guise de grande voile et, ainsi orientés, nous fîmes route ; *manœuvres dignes des plus habiles marins*.

« Dans cette position, l'état-major fut assemblé pour savoir quel parti il était plus à propos de prendre dans une conjoncture aussi épineuse. Les avis furent incertains jusqu'à ce que M. Thurot eût démontré l'impossibilité qu'il y avait à tenir la mer pour parvenir à aucune terre neutre.

« — Messieurs, nous dit-il, lorsque nous nous sommes embarqués, notre but était de chercher les ennemis de notre patrie, et de nous enrichir de leurs dépouilles : les hasards que nous avons déjà courus et dont nous nous sommes tous heureusement tirés depuis que nous sommes partis de Saint-Malo, ne nous promettent autre chose qu'un avenir gracieux ; la fortune nous sourira peut-être ; mais il faut que le courage l'attire dans notre parti. Le pitoyable état où notre navire se trouve ne nous permet pas d'aller emprunter les secours de nos amis, parce qu'ils sont trop éloignés ; il faut aller chercher en Écosse ce que le sort nous refuse ; nous ne sommes qu'à quatre heures d'Hisland ; entrons-y sous pavillon hollandais et faisons servir nos ennemis mêmes à notre sûreté. »

« Tout le monde applaudit à cet avis et s'en remit volontiers à la prudence reconnue de celui qui l'avait proposé. Nous courûmes sur la terre tout le jour : sur les six heures du soir, ne pouvant gagner les îles Wytsheeren nous fûmes obligés d'arriver vent arrière et de faire feu d'un coup de canon pour appeler un pilote, afin d'éviter les dangers de se trouver, pendant la nuit, exposés à être affalés sur la côte.

« Au bout d'un quart d'heure, une chaloupe vint à nous avec quatre hommes et un pilote anglais, qui nous mouilla dans la baie de Connestierie.

« Les habitants du pays nous plaignirent et nous fournirent tout ce qui était nécessaire pour régler notre navire. Le quatrième jour, après nous être abondamment pourvus de vivres frais et d'eau, le ciel, lassé de nous persécuter, acheva de combler nos souhaits.

« Le 19 d'octobre, le vent étant de la partie nord-nord-ouest, une frégate de 26 pièces de canon, portant pavillon Saint-Georges, vint par notre travers à demi-portée de canon. Comme nous arborâmes pavillon anglais, l'équipage de la frégate se répandit le long de ses haubans et salua par plusieurs hurras réitérés, auxquels nous repartîmes par nombre de volées d'artillerie et de mousqueterie. Consternés par un langage aussi incivil qu'inattendu, à peine eurent-ils la force de nous répondre d'une couple de volées, après quoi ils amenèrent le pavillon brillant dont ils venaient de faire parade.

« Le 20 octobre, nous vînmes mouiller dans la rade de Bergen. Après 12 jours de relâche, nous partîmes et nous naviguâmes avec tranquillité, lorsque les vents soulevèrent la mer avec tant d'impétuosité que nous crûmes à tout moment périr par la violence de la tempête.

« Malgré tout, nous tînmes la mer pendant 9 jours; à l'entrée de la neuvième nuit, le vent étant de la partie du nord, nous reconnûmes la terre de Norvége, et nous passâmes, tantôt dans un endroit, tantôt dans un autre, tout l'hiver dans le Nord, jusqu'au 12 de mai 1758, que nous partîmes de la rivière de Gottembourg [1]. »

Le 25 mai 1758, croisant le long des côtes d'Écosse, Thurot vint se placer carrément en face d'Édimbourg, dont le port, Leith, était plein de navires de guerre. Deux frégates anglaises, considérant son attitude comme une provocation, sortirent du port sous toutes voiles, espérant le voir disparaître. Mais il les attendit. Il était las de prendre toujours des bâtiments marchands. Il désirait une bonne bataille pour se remettre la main. Les Anglais ne pouvaient croire à tant d'audace; ils s'avancèrent avec défiance, craignant un piége. A gauche venait la frégate la *Solebay*, capitaine Robert Craig, et à droite la frégate le *Dolphin*, capitaine (plus tard amiral) Benjamin Marlowe.

Comme Thurot présentait le flanc, l'ennemi vit bien qu'il acceptait franchement le combat et ne songeait nullement à fuir. Cela semblait étrange; mais avec les corsaires, surtout avec des corsaires comme Thurot, il ne faut jamais s'étonner de rien.

La bataille s'engagea sur les sept heures du matin, au large du cap rocheux et élevé qui se nomme le *Red-Head-of-Angus*.

Thurot fut d'abord attaqué par le *Dolphin*, qui le canonna pendant une heure et demie, jusqu'à l'arrivée de la *Solebay*. Alors la danse commença pour tout de bon. Jamais les Anglais n'avaient sauté pareille gigue. A midi, ayant perdu 80 hommes tués ou blessés, Thurot fit cesser la musique. Il se retira tranquillement, comme du bal, et continua sa croisière avec l'assurance d'un homme qui ne craint rien. Quant aux frégates ennemies, elles furent forcées de se faire remorquer pour rentrer au port à la hâte. Elles n'avaient plus ni voiles, ni manœuvres, ni mâts; elles étaient littéralement estropiées. Le *Dolphin* avait perdu 60 hommes et la *Solebay* 80, y compris son capitaine.

Pendant plus d'un mois, les gazettes anglaises livrèrent en pâture à la curiosité publique des détails sur les circonstances invraisemblables de ce combat extraordinaire. Quelques jours plus tard, la *Belle-Isle* ayant besoin de réparations, force fut au corsaire d'abandonner ces parages. Il se rendit en Norvége, avec 14 navires capturés.

« Nous donnâmes le soir dans la baie de Mandale, le 14 juin. Nous y trouvâmes le *Mérillon*, petit corsaire de Calais. Nous chargeâmes sur son bord nos blessés et l'expédiâmes pour Christiansand où il devait les remettre et pourvoir à la vente des deux prises.

« Le 4 juillet, à six heures du matin, nous trouvant en état, par notre prompt travail, de reprendre la mer, nous levâmes l'ancre et appareillâmes. Nous battîmes la mer et entrâmes dans différents ports; de temps en

---
1. *Apologie du capitaine Thurot*. Londres, 1778, in-8°.

temps, nous fîmes différentes prises jusqu'au 9 de juillet. Le vent étant de la partie ouest-nord-ouest, nous partîmes de la rade de Flekeren par la passe de l'est, faisant route pour Scagen. Environ à deux heures dans la nuit du 12 au 13, nous eûmes connaissance de la tour Edesse de Scagen et, quelque temps après, d'une flotte que nous reconnûmes pour être anglaise.

« Le vent étant au sud-est, bon frais, la mer belle, nous chassâmes dessus pendant six heures, avec tant de vivacité, que nous la joignîmes à environ un quart de lieue.

« M. Thurot, toujours prudent, assembla le conseil, où il remontra les avantages que nous pouvions retirer de la prise de quelques-uns de ces bâtiments et le danger qu'il y avait à courir s'ils persistaient à maintenir leurs forces réunies.

« Quelqu'un répondit que si la réunion de leurs forces était un obstacle, il fallait attaquer dans leur centre, et cet avis prévalut.

« Nous tombâmes au milieu des ennemis faisant feu de toute part, et y restâmes pendant plus de deux heures sans pouvoir nous en débarrasser. Il fut même un temps où, doutant de notre salut, le désespoir seul nous animait.

« M. Thurot, toujours aussi tranquille que si Minerve l'eût couvert de son égide, indiquait où il fallait frapper, et ménageait si bien la poudre, qu'enfin ses troupes eurent un succès heureux. La flotte fut dispersée, et un des bâtiments, effrayé, amena son pavillon [1]. »

Le 13 juillet, Thurot tomba au milieu d'une flottille de *vingt* pinques armées en guerre et portant une riche cargaison.

Presque assurés de la victoire, ces navires entourent la *Belle-Isle* et la criblent de coups de canon. Elle riposte avec tant de force et tant d'adresse qu'elle les met en fuite et parvient même à en capturer deux. Elle revient aussitôt à Christiansand vendre ses prises et reposer ses équipages.

Le 2 septembre, Thurot prit, dans le même jour, un brick de 18 canons et 2 gros bâtiments qui sortaient du canal Saint-George.

Durant toute cette année 1758, jusqu'au 12 décembre, il croisa dans la mer du Nord, où il causa d'énormes pertes au commerce de l'ennemi, particulièrement aux Écossais; enfin il revint à Dunkerque où il arriva couvert de blessures et de gloire.

Toute la France retentissait du nom de François Thurot. On se racontait ses exploits, on les commentait, on applaudissait au corsaire.

C'est alors que Louis XV voulut le voir, et qu'il le présenta à Mme de Pompadour.

Thurot avait un projet, c'était de faire une descente en Irlande.

La belle favorite, qui avait poussé à la guerre de Sept ans pour se venger des épigrammes du roi prussien, Frédéric II, voyait ébranler son crédit après chacun de nos désastres. De toutes parts, on se déchaînait contre elle; on lui décochait l'injure, on lui rimait des vers sanglants; on la menaçait du poison et du poignard; on la rendait responsable de la honte infligée à nos armes; la fièvre semblait la consumer et l'agiter nuit et jour; elle ne dormait plus qu'à l'aide de calmants.

On peut juger de la joie qu'elle ressentit lorsqu'on lui annonça qu'il y avait enfin un homme capable de résister aux Anglais et de relever la marine française, dont l'ancienne gloire s'éclipsait de jour en jour.

Cet homme, ce marin, c'était François Thurot, le Jean Bart du XVIIIe siècle, le corsaire de Dunkerque, la terreur des rivages écossais.

Quoique d'origine plébéienne, il se présentait avec l'aisance d'un parfait gentilhomme. Son regard, plein de feu, annonçait le courage et le génie. Sa taille était petite

---

1. *Apologie de Thurot.*

mais bien proportionnée ; enfin une mise élégante, un visage jeune et agréable, une conversation qui n'était pas dénuée d'esprit donnaient de lui une opinion favorable dès le premier abord. C'est dire qu'il plut à l'aristocratique marquise.

Sa réputation était solidement établie ; Mme de Pompadour avait entendu vingt fois le récit de ses prouesses ; il ne fut pas difficile de lui persuader que la France avait trouvé le grand homme que l'on attendait comme le Messie, pour remplacer les officiers de hasard qui se faisaient battre à plate couture à chaque fois que l'occasion s'en présentait. Thurot était donc l'homme de la situation.

Mme de Pompadour lui annonça qu'elle allait lui donner une importante mission. Il méritait bien cette confiance.

Sa valeur n'était égalée que par sa ruse. De tous les ports d'Angleterre, d'Écosse et d'Irlande, on détachait chaque jour des escadres contre lui. Des bricks, des frégates, des vaisseaux même croisaient continuellement le long des côtes, mais il était insaisissable. Il ne se montrait que là où on ne l'attendait pas ; il semblait avoir le don de l'ubiquité.

A quelques heures d'intervalle, il faisait une prise sur les côtes d'Écosse et une autre près de celle d'Irlande. Avec l'argent inutilement dépensé à le surveiller, on aurait pu équiper une flotte.

Les dames racontaient de lui des choses étranges. Sa galanterie passait en proverbe. L'ennemi le craignait presque autant comme séducteur que comme guerrier.

On n'embarquait plus ni misses ni ladies, tant on redoutait l'amabilité de cet effronté corsaire des cœurs, dont l'élégance se doublait d'une générosité toute française.

Il avait des insignes comme un amiral. Sur la lame de sa longue épée, aujourd'hui précieusement conservée au *Musée des antiquités écossaises* d'Édimbourg, se voit encore, profondément gravé, l'emblème qu'il avait choisi : un limier poursuivant une troupe de biches.

On doit remarquer à l'honneur de ce grand homme qu'il se distingua toujours par sa générosité, son humanité et sa compassion envers ceux qui tombaient entre ses mains.

Un jour qu'il avait capturé un navire marchand venant des colonies, le capitaine de cette prise fit certains signes qui dénotaient un franc-maçon, Thurot lui tendit la main. A la manière dont le capitaine donna la sienne, il ne resta plus de doute au corsaire : c'était un *frère en maçonnerie*.

Thurot lui demanda :

— Quel est votre armateur ?

— Hélas ! répondit le capitaine, je n'en ai pas ; ce navire m'appartient ; en le perdant, je suis ruiné.

Alors le corsaire, s'adressant à ses marins :

— Enfants, leur dit-il, voici un pauvre homme que nous allons réduire à la misère : mon avis est de le laisser aller ; nous ne tarderons guère à nous dédommager sur quelque autre plus fortuné.

Voyant que son équipage manifestait bruyamment sa désapprobation :

— Laissez-moi donc finir ! s'écria-t-il ; vous ne perdrez rien ; je vous paierai de ma poche le dividende de cette prise.

A cette proposition, l'on n'avait rien à dire.

On évalua la capture, et le franc-maçon s'enfuit avec sa cargaison qui l'avait échappé belle.

Thurot n'était pas seulement un marin redouté ; on se plaisait à lui reconnaître une foule de ces qualités aimables qui sont si nécessaires à celui qui veut réussir auprès des grands.

Il écrivait et parlait l'anglais avec autant de facilité qu'un membre du Parlement. Quant à la langue française, il l'avait étudiée à fond et la cultivait sous sa forme la plus élevée.

Il n'était bruit que de ses exploits ; tout le monde voulait le voir. On admirait Thurot, comme autrefois, à la cour de Louis XIV, on avait admiré Jean Bart.

On lui demandait comme une grâce le récit de quelqu'un de ses combats ; mais il était très-sobre de renseignements et laissait le mystère planer sur sa vie. On ne savait même pas où il était né ; il répondait vaguement lorsqu'on l'interrogeait là-dessus ; il craignait de détruire son prestige de marin en s'avouant Bourguignon. On le disait Irlandais ; il semblait affirmer cette croyance en ne la démentant pas.

CHAPITRE III

DESCENTE EN IRLANDE.

Appréciations de Smolett. — Etat de la flottille confiée à Thurot. — Départ de Dunkerque. — Thurot échappe aux Anglais, mais ne peut échapper à la tempête. — Animosité des officiers contre Thurot. — Flobert. — Discussions violentes. — Prise de Carrickfergus. — Retour de l'expédition. — Elle est attaquée par une escadre anglaise. — Combat de l'île de Man. — Défection des navires français. — Mort de Thurot. — Joie des Anglais. — Enterrement de Thurot. — Sa veuve et sa fille. — Lettre de Mme de Pompadour. — Portrait du corsaire. — Discours de Barère.

Thurot donna des plans parfaitement conçus, présenta les moyens qu'il emploierait, démontra la certitude du succès et prouva que les bénéfices de l'expédition dédommageraient amplement des dépenses.

Le ministre approuva ce projet, malgré le dénigrement de plusieurs gentilshommes jaloux de ce qu'un homme né dans l'obscurité eût fixé l'attention du monarque.

« On avait besoin d'un homme prudent, habile et intrépide, qui pût en imposer aux ennemis : la France entière désignait l'invincible capitaine de la *Belle-Isle*.

« Le maréchal, son zélé protecteur, qui savait que personne n'était plus propre que Thurot à une expédition qui exigeait de la bravoure et de l'enthousiasme, sollicita et obtint pour lui le commandement d'une escadre[1]. »

Le ministre et Thurot s'étant mis d'accord sur la meilleure manière de tracasser, d'insulter et de ruiner l'Angleterre, un armement fut soigneusement équipé à Dunkerque. Il consistait en 5 frégates et une corvette.

Le but était d'opérer une ou plusieurs descentes sur les côtes d'Irlande et, par ce moyen, de détourner l'attention des Anglais, tandis que M. de Conflans pourrait les occuper d'un autre côté.

Favorisé par un brouillard épais, Thurot sortit de Dunkerque le 15 octobre 1759. Le lendemain matin, échappant au commodore anglais Boys, qui bloquait toute la côte, il vint jeter l'ancre en face d'Ostende.

Nous ne pouvons passer sous silence le témoignage non suspect que Smolett rend au courage de Thurot :

« On équipa à Dunkerque une petite escadre, dit l'historien anglais. Le commandement en fut donné au capitaine Thurot, l'un des plus hardis corsaires qui eût paru depuis longtemps au service de la France.

« Le nom de Thurot était la terreur de toute la marine marchande qui, en rendant justice à sa valeur dans les combats, admirait son adresse à éviter la poursuite des corsaires qu'on avait envoyés successivement

---

1. *Vie du capitaine Thurot.*

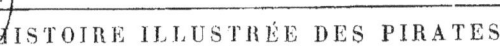

Duguay-Trouin s'oppose au pillage de Rio-de-Janeiro. (Page 573.)

pour l'attaquer dans toutes les parties de l'Océan germanique et de la mer du Nord, jusqu'aux îles Orcades.

« On doit encore remarquer, à l'honneur de ce grand homme, que quoiqu'il ne fût originairement qu'un marinier, privé de tous les avantages de la naissance et de l'éducation, il se distingua toujours par sa générosité, son humanité et sa compassion envers ceux qui tombaient entre ses mains ; et ce fut en grande partie cette bonne conduite qui l'éleva à un rang honorable dans sa patrie. »

La petite escadre se composait comme suit :

FRÉGATES	CANONS	CAPITAINES	MARINS	SOLDATS
Maréchal de Belle-Isle,	46	Thurot,	226	430
La Blonde,	25	La Kayce,	200	400
La Terpsichore,	24	Desraudais,	70	70
L'Amaranthe,	24	—	170	400
La Bégon,	36	—	70	100
Totaux,	155		736	1,400

La corvette appelée le *Faucon* portait 18 canons.

Les troupes de terre, composées surtout de Suisses, d'Irlandais et d'Écossais, étaient sous les ordres du brigadier Flobert.

Le 11, Thurot, quittant la rade d'Ostende, se mit en route pour le Danemark. Il n'agissait ainsi qu'afin de donner le change aux ennemis. Il demeura plusieurs jours à Gothembourg, où il se répara et où il mit en sûreté plusieurs prises qu'il avait trouvé moyen de faire au milieu des flottes formidables que les Anglais avaient jetées à sa poursuite.

Comment traversa-t-il ces flottes qui croisaient continuellement dans les mers du Nord ? C'est ce que nous ne saurions dire. Quelques jours plus tard, on le vit tout à coup devant Aberdeen, ville importante, à l'est de l'Écosse.

La côte était mise en état de défense ; on l'attendait.

Les forts étaient armés ; des fanaux répandaient au loin l'alarme et signalaient les mouvements de l'effrayant corsaire ; chaque ville avait reçu 200 hommes de garnison ; des batteries se hérissaient de canons sur les points abordables ; les milices de l'Écosse entière étaient debout sous les armes, comme au temps des grandes invasions.

Le commodore Boys sillonnait en vain la mer du Nord à la recherche de l'insaisissable Thurot qu'il poursuivait à la tête d'une flotte.

Le corsaire, avec sa rapidité ordinaire, voltigeait de rivage en rivage. A quelques heures d'intervalle, on signalait son arrivée sur les points les plus opposés.

Bientôt la mer devint intenable ; Boys dut se mettre à l'abri ; l'escadre française n'en pouvait faire autant. Battue par une incessante tempête, elle continua bravement sa croisière. Un jour les habitants virent avec joie sombrer un des bâtiments qui la composaient : c'était la *Bégon* qui s'entr'ouvrit, coula et disparut avec tout son monde, matelots et soldats, sans qu'un seul pût échapper au désastre.

Les vents menaçaient à chaque instant de jeter les autres frégates sur les rochers. De temps en temps, une neige épaisse obscurcissait l'atmosphère et augmentait le danger en le cachant. Enfin, le 24 janvier 1760, l'air s'étant éclairci, on vit la petite escadre menacer la ville de Derry, en Irlande. Mais une nouvelle tempête la précipita dans le canal Saint-Georges où la *Blonde* se trouva forcée de jeter une partie de son artillerie à la mer. C'est vers ce moment que commença à se manifester la sourde haine que les officiers de l'armée du roi nourrissaient contre Thurot, contre ce plébéien, cet *officier de fortune*. Les préjugés de naissance reprenaient le dessus. Les capitaines allaient jusqu'à dire :
— Puisqu'il n'est pas noble, il ne peut être officier. De quel droit veut-il nous commander?

Le 11 février, le capitaine de l'*Amaranthe*, ne voulant pas subir plus longtemps l'humiliation d'être placé sous les ordres d'un *aventurier*, quitta la division et s'en revint en France.

Déjà, depuis plusieurs jours, le *Faucon* en avait fait autant. L'escadre ne se composait donc plus que de 3 frégates. Et encore on ne pouvait guère compter sur elles.

« La longueur presque inexplicable de la traversée et de petits sentiments de rivalité avaient aigri les capitaines des frégates. Les officiers de troupes ne cherchaient pas à dissimuler leur mauvaise humeur, et la conduite de Flobert envers Thurot contribua beaucoup à augmenter une animosité qui ne demandait que des occasions pour se manifester [1]. »

Un jour Flobert dit au chef d'escadre :
— Si demain, à 6 heures du matin, nous ne sommes pas dans le port de Londonderry, je vous ferai arrêter et je m'emparerai du navire.

Puis il appelle toute la garde en armes pour se saisir de Thurot. Celui-ci entre dans sa chambre, s'empare d'une paire de pistolets et vient, sur le gaillard, défier le plus hardi de mettre la main sur lui.

Plus sages que leur général, les soldats refusèrent d'obéir ; les officiers intervinrent et le calme se rétablit pour un moment.

[1]. O. Troude, *Batailles navales de la France.*

Mais de semblables exemples n'étaient guère de nature à maintenir la discipline.

Les équipages, affamés, fatigués, épuisés, ne pouvaient plus continuer le service ; Thurot se décida enfin à s'approcher de la côte. Il se trouvait dans le *Sound de Jura*, à l'ouest de l'Écosse. Il prit terre avec quelques-uns de ses officiers et, tout en traitant de l'achat des denrées qui lui étaient indispensables, il eut la douleur d'apprendre la honteuse défaite des Français commandés par le maréchal de Conflans.

Dès lors son expédition, destinée à faire une diversion, pouvait être considérée comme terminée, c'était, du moins, l'avis de ses officiers ; mais Thurot ne partageait pas leur opinion :

— J'ai reçu l'ordre de tenter une descente sur les côtes d'Irlande, et ce serait vraiment honteux de rentrer sans avoir rien fait, répondait-il quand on lui parlait de revenir en France.

M. de Flobert, chef des troupes de débarquement, noble à plusieurs quartiers et qui traitait Thurot avec le plus profond mépris, voulait s'en retourner.

Comme le marin résistait :

— Je vais vous f... à fond de cale ! cria le brigadier.

Et appelant l'officier de piquet, il lui demanda 4 hommes et 1 caporal pour arrêter le chef d'escadre. Il fut très-difficile de l'apaiser. On y parvint après bien des discussions ; et il fut convenu que l'on opérerait une descente.

Les troupes de terre qui montaient ces frégates consistaient en 300 gardes français, 200 gardes suisses, 200 hommes du régiment d'Artois, 200 du régiment de Bourgogne, 200 du régiment de Cambis, 200 volontaires étrangers, 50 hussards, 5 mineurs et 2 canonniers du corps royal ; le tout sous les ordres de M. de Flobert, brigadier d'infanterie.

Le 22 février, les troupes débarquèrent en face de Carrickfergus (Irlande), au moment où l'ennemi s'y attendait le moins. La garnison, composée de 4 compagnies, prit à la hâte ses dispositions pour la défense, tandis que les habitants, effrayés, déguerpissaient et fuyaient dans toutes les directions.

La troupe française, commandée par le brigadier Flobert, s'avança, pillant les fermes abandonnées.

Elle y trouva quelques chevaux, bien utiles en ce moment pour remonter les hussards qui accompagnaient l'armée.

Dans la ville, les rues étaient barricadées. Des habitants s'étaient mêlés aux soldats ; ceux qui n'avaient pas d'armes se défendaient à coups de pierres.

Smollett nous raconte que, pendant que les troupes étaient chaudement engagées dans les rues, un petit enfant, insoucieux du danger, courut, en jouant, au milieu des combattants ; sur quoi, un soldat français, posant son arme, l'emporta dans ses bras et vint ensuite reprendre son mousquet et recommencer à se battre.

La garnison finit par se rendre sous condition : les officiers restèrent prisonniers sur parole ; il fut convenu que les soldats, considérés comme prisonniers, seraient échangés dans le courant du mois ; le château de Carrickfergus, qui n'avait opposé qu'un simulacre de résistance, devait être conservé intact ; les Français s'engageaient à ne pas piller la ville ; enfin, dernière clause de la convention, les habitants promirent d'approvisionner les vainqueurs.

Ce succès pouvait être suivi de plusieurs autres.

Thurot voulait que l'on marchât sur Belfast, près de Carrickfergus. On devait y trouver des vivres et plusieurs bateaux.

Mais Flobert refusa, sur un ton très-insolent, de continuer les opérations.

L'alarme, rapidement répandue par les mille bouches de la Renommée, avait plongé tout le pays dans la consternation. Les troupes prennent les armes ; les milices se soulèvent ; une armée anglaise marche contre Carrickfergus.

Dans ses rangs se trouvent, outre une multitude de bourgeois et de paysans, 3 régiments d'infanterie régulière, 1 régiment de lanciers et 1 régiment de dragons.

A cette nouvelle, Thurot, pressé par ses officiers, se hâte d'enclouer les canons de la place et de reprendre la mer, après avoir saisi 2 navires anglais chargés d'étoffes.

Le 28 février, sur les quatre heures du matin, il tombe tout à coup au milieu d'une escadre ennemie commandée par le capitaine John Elliot et composée de 3 frégates bien équipées.

Il essaya d'abord de s'échapper du côté de l'île de Man. Ses navires, qui avaient horriblement souffert des tempêtes, ne purent voguer assez vite. Ils furent atteints vers une heure de l'après-midi.

Exaspéré par tous les contre-temps qu'il a subis pendant cette expédition, où les vents, les flots, la famine, ses officiers et ses soldats ont été ses principaux adversaires, Thurot voit avec satisfaction qu'il faut enfin combattre. Il donne le signal et se dispose à recevoir rudement l'escadre anglaise. Malheureusement ses capitaines ne montrent pas la même animation ; ils répondent faiblement à la canonnade de John Elliot.

Leur attitude ne fait qu'augmenter la fureur du corsaire ; il se voit perdu et se bat comme un désespéré. Ses munitions étaient presque épuisées ; 10 de ses canons n'étaient pas en état d'agir ; son équipage était décimé, fatigué, exténué ; enfin son navire était délabré : malgré cela, il tint bon.

Après avoir inutilement fait le signal de ralliement pour appeler ses deux frégates à son secours, il se décide à combattre seul les 3 vaisseaux ennemis.

Plusieurs de ses canonniers, perdant courage, commencent par s'enfuir à fond de cale, malgré ses exhortations.

Voyant qu'il n'y a pas moyen de soutenir avantageusement le combat d'artillerie, il tente un abordage, se précipite sur l'*Eole*, commandé par Elliot. Il est repoussé.

Il fait alors de nouveaux signaux de ralliement pour rappeler à leur devoir la *Blonde* et la *Terpsichore*.

Mais ni l'une ni l'autre ne vient à son secours ; elles ne tirent même plus un seul coup de canon. Il ne peut s'empêcher de dire, en parlant du capitaine de la *Blonde* :

— Voilà cet homme sur lequel je me reposais. Il m'abandonne !

Quelques officiers, croyant inutile de se défendre plus longtemps, parlaient de se rendre. Il repoussa cette proposition avec colère.

« Il avait trop de bravoure pour se laisser conduire prisonnier en Angleterre et trop d'orgueil pour survivre à sa défaite [1]. »

Ce combat inégal durait depuis 2 heures.

La *Belle-Isle* n'en pouvait plus. Démâtée de son artimon et de ses mâts de hune, défoncée sous la hanche de tribord, crevée à la sainte-barbe, ne pouvant se réparer, s'emplissant d'eau comme un panier d'osier, découronnée à son gaillard d'arrière, incapable de manœuvrer, faute de gouvernail (le sien ayant été fracassé), il ne lui restait plus d'autre alternative que de se rendre ou de couler.

Elle allait disparaître, lorsque Thurot, se débattant au milieu du carnage, excitant ses gens, fut mortellement frappé, au creux de l'estomac, par une balle de pierrier, au moment où il ordonnait encore une bordée. Il se fit porter dans sa cabine et expira presque aussitôt, entre les bras de sa maîtresse. Ainsi finit ce corsaire, à l'âge de trente-trois ans.

Tandis qu'il rendait le dernier soupir, sa frégate, hors de combat, ne possédant plus ni beaupré, ni vergues, ni misaine, criblée

---

1. *History of the last war*. Dublin, 1774.

par les boulets, pleine d'eau jusqu'au haut de la cale, manquant de poudre, ayant perdu 90 hommes d'équipage, sans compter les soldats, la *Belle-Isle*, consternée par la mort de son chef, amena ses couleurs.

Les autres navires en firent autant, presque sans avoir combattu. La *Blonde* et la *Terpsichore*, qui n'avaient aucunement souffert, furent incorporées dans la marine royale de l'Angleterre et vinrent presque aussitôt croiser, d'une façon insultante, devant nos côtes.

Dans le moment qui suivit la prise de la *Belle-Isle*, nul ne s'occupa de Thurot. Sa maîtresse éplorée fut violemment séparée du corps inanimé qu'elle finissait de coudre dans un tapis. Les vainqueurs jetèrent le cadavre à l'eau sans autre forme de cérémonie, et l'on n'y pensa plus.

Elliot, traité en triomphateur, reçut les solennels remercîments du Parlement irlandais; on alluma des feux de joie sur toutes les côtes; on composa des chants religieux, on récita des *thanks giving* (actions de grâces); on multiplia les hourras, on s'enivra de gloire et de bière.

Cependant les flots rejetaient de temps en temps quelque cadavre décomposé. Un jour des pêcheurs de la côte sud-est de Luce-Bay, en Écosse, en trouvèrent un qui était encore enveloppé dans un tapis de velours. Cette pièce d'étoffe leur ayant semblé bonne à prendre, ils se mirent en mesure de s'en emparer. Sous le tapis se trouvait un mort richement paré d'un brillant uniforme, avec les insignes de chef d'escadre de la marine royale de France.

C'étaient les restes de François Thurot, du corsaire qui avait fait trembler l'Angleterre. Son cadavre était tombé dans un tel état de putréfaction que ses membres se détachèrent du corps, lorsqu'on voulut le déshabiller.

Dans une de ses poches, on trouva sa boîte à priser, avec son nom gravé sur le couvercle. Sa montre fut retirée de son gousset; elle est aujourd'hui possédée par un gentilhomme de Castle-Douglas. Son épée, à la poignée d'ivoire, fut envoyée à Édimbourg où les ciceroni ne manquent jamais de la montrer comme un trophée aux rares Français qui viennent y visiter le *Musée des antiquités écossaises*.

Lord William Maxwell, seigneur de la terre sur laquelle les vagues avaient rejeté le corps, se rendit propriétaire de la boîte à priser et en fit hommage au capitaine Elliot, en lui prédisant qu'il serait bientôt amiral, ce qui ne manqua pas d'arriver.

Quant au cadavre, William Maxwel le fit honorablement enterrer dans le cimetière de Kirkmaiden. Il voulut conduire lui-même le deuil, et fut accompagné par une foule silencieuse, qui avait assisté, du haut des falaises, au combat désespéré pendant lequel Thurot couronna par une fin mémorable sa périlleuse existence.

La France — c'est-à-dire le roi et sa cour — la France d'alors, habituée aux désastres maritimes, ne prêta qu'un médiocre intérêt à la nouvelle de cette mort regrettable. Voltaire fit en deux lignes l'oraison funèbre du corsaire : « Voilà ce pauvre capitaine Thurot gobé, lui et son escadre et ses gens. La mer n'est pas du tout notre élément. »

Et c'est tout.

Thurot laissait une veuve qui était illégitime et une fille de six mois qui ne l'était pas moins. Mme de Pompadour, dont la position était également irrégulière, se déclara leur protectrice dans une lettre où elle dit au maréchal de Belle-Isle qui la sollicitait :

« Je suis bien sensible à la catastrophe de ce pauvre Thurot; on m'a recommandé sa famille; et malgré le malheur du temps, je ferai mon possible pour la consoler un peu de la perte de ce brave homme qui méritait un meilleur sort.

« Il a fait des prodiges avec 3 petites frégates et tenu en échec les flottes anglaises pendant plus d'un an. *J'ai dans l'idée que s'il eût eu le commandement de celle de Brest, les choses auraient pris un meilleur tour.* Il a vécu et il est mort en héros ; les Anglais même le craignaient et l'admiraient. C'en est assez pour sa gloire ; mais ce n'en est pas assez pour celle de la France. Il était la dernière espérance de notre marine, et malheureusement, il n'est plus. Je le répète, je veux prendre soin de sa famille. Les grands hommes sont rares, il faut honorer leur mémoire et inviter par là les autres à le devenir... »

En effet, ayant obtenu de miss Smith une abjuration du protestantisme, elle lui servit une petite pension.

A la Révolution, sa fille subsistait « au moyen d'une pension de 300 livres sur les économats, qu'on lui avait accordée en considération de la conversion de demoiselle Smith, sa mère [1]. »

Après avoir raconté la vie de cet homme célèbre, il nous reste à peindre sa personne et son caractère, d'après la *Vie du capitaine Thurot*, déjà citée.

« Thurot était d'une taille moyenne, mais bien proportionnée ; il avait l'air robuste, semblait fait pour résister aux fatigues de la mer. Ses traits étaient bien formés ; son regard, plein de feu, annonçait son courage et son génie ; sa physionomie était agréable ; il avait une conception nette et facile, beaucoup d'élévation d'âme, une grande adresse dans les exercices du corps ; avide d'instruction, vigilant, toujours prêt à agir. Le repos l'ennuyait.

« Il était insinuant auprès de ses supérieurs, facile avec ses égaux, mais fier et altier quand ils voulaient prendre un ton qui ne leur convenait pas.

« Il fit voir à M. de Flobert qu'il ne le craignait pas et qu'il saurait conserver, au dépens de sa vie, le commandement que le roi lui avait donné.

1. Adresse aux représentants de la nation.

« On lui a reproché d'avoir usé quelquefois d'un peu de dureté et de sévérité avec ses inférieurs. Mais c'était moins par insensibilité que par amour de l'ordre et de la discipline. Les bons officiers et les bons soldats l'aimaient et l'estimaient.

« Il faisait peu de cas de l'opinion que pouvaient avoir de lui ceux qu'il méprisait. Il regardait même l'estime d'un lâche comme une injure. Son ennemi désarmé devenait son ami et l'objet de ses soins les plus généreux : on l'a vu, dans toutes les occasions, déployer la compassion la plus noble envers les prisonniers qu'il faisait, ce qui lui gagnait leurs cœurs. Tous se sont loués de son humanité et de l'intérêt qu'il prenait à leur situation. Son attention, entièrement absorbée par l'étude des mathématiques, de la navigation et de toutes les sciences propres à faire un bon marin, ne s'était pas portée sur les objets de pur agrément ; il n'était pas fort instruit, dans tout ce qui ne concernait pas son métier. Mais il avait de l'esprit et une facilité à s'énoncer, qui lui servait à persuader ceux qu'il avait intérêt d'amener à ses vues.

« Lorsqu'il se trouvait avec ces hommes, fiers de leur naissance, qui ont la vanité et la ridicule prétention de regarder ce titre comme un droit au respect et aux égards, il leur faisait sentir qu'il était loin de se croire au-dessous d'eux, et que le mérite personnel est préférable à tous les avantages qui ne dépendent que du hasard : et comme il était très-délicat sur le point d'honneur, et qu'il avait eu plusieurs affaires particulières, dont il s'était toujours tiré, avec autant d'adresse que de bravoure, la crainte qu'il inspirait tenait lieu de preuve à ceux qui n'écoutaient que la voix du préjugé.

« Né pour les grands objets, il ne s'occupait que de ceux qui sont au-dessus de la portée des hommes ordinaires : il voyait, de sang-froid, l'approche du combat, le conservait dans le feu le plus terrible, dans le péril le plus menaçant.

« Sa contenance, sa voix, et surtout son exemple, inspiraient de la confiance à ceux qui servaient sous ses ordres. Son courage allait quelquefois jusqu'à la témérité, et cette témérité était fondée sur la fortune qui l'avait toujours accompagné et tiré des dangers les plus pressants, sur son mépris de la mort, qu'il préférait à une vie commune, et sur le désir ardent qu'il avait de s'illustrer.

« Ne perdant jamais de vue le but qu'il se proposait, il était opiniâtre dans l'exécution de ses entreprises, bravait tous les obstacles, mais, quoique prodigue de sa vie, il l'exposait souvent pour sauver celle du moindre matelot.

« Il était persuadé que, sans cet enthousiasme et cette témérité, on ne peut s'élever au-dessus du vulgaire ; tout prouve qu'en effet, il serait parvenu aux plus hautes destinées, si la mort ne l'eût arrêté au milieu d'une carrière qui s'ouvrait pour lui d'une manière aussi brillante.

« On voit, par ses journaux, qu'il avait des opinions singulières, et qui semblent peu dignes d'un génie comme le sien : il répugnait beaucoup à partir un vendredi, regardant ce jour comme de mauvais augure ; cependant, il fit toujours le sacrifice de ce préjugé, toutes les fois que le service l'exigea.

« Contre l'ordinaire de tous les hommes, il ne paraissait nullement attaché aux lieux qui l'avaient vu naître. Il désavoua même Nuits pour sa patrie et n'entretint aucune liaison avec ses parents, si ce n'est avec un de ses cousins germains, dont nous avons parlé plus haut ; voilà pourquoi on a cru généralement qu'il était né à Boulogne.

« On se persuade difficilement qu'un homme élevé dans une province distante de plus de 100 lieues de la mer ait pu devenir un habile marin.

« Thurot aimait beaucoup les femmes : c'est le faible de presque tous les grands hommes.

Il était généreux et désintéressé. Les âmes communes, qui confondent l'ambition des honneurs et de la gloire avec la passion sordide des richesses, lui ont cependant reproché l'amour de l'argent ; mais outre que sa conduite a démontré le contraire, l'extrême pauvreté du seul rejeton de ce héros est une présomption favorable à l'opinion que l'on doit avoir de son caractère et de ses sentiments.

« Enfin, ce qui met le sceau à l'éloge de Thurot, c'est la manière dont en a parlé à l'Assemblée nationale le député Barère, pour solliciter la justice et la générosité de l'Assemblée en sa faveur. Nous ne croyons pouvoir mieux terminer qu'en donnant un extrait de son discours :

« — Pour obtenir de vous des actions justes, il ne faut point d'art, s'écria Barère ; mes paroles seront simples ; je vais parler en faveur de l'unique enfant du capitaine Thurot. Vous avez reçu ce matin une adresse imprimée, dans laquelle elle vous expose son état de dénûment. Prononcer le nom de Thurot, c'est rappeler à la France un grand marin qui fut la terreur des Anglais et la gloire de la marine française. Il aurait fait une fortune brillante s'il se fût plus occupé de ses intérêts que de ceux de l'État, et sa fille connaît le besoin. Elle est sans bien et sans autre protecteur que les représentants de la nation. Elle jouit de 100 écus sur les économats. Que fera la patrie pour l'unique rejeton de ce marin célèbre ? S'il fût né dans une caste privilégiée, sa famille aurait été comblée des bienfaits et de la munificence de la cour et des ministres. Thurot était un héros sorti de la classe appelée alors plébéienne ; c'est aux représentants du peuple à venger sa mémoire et à soutenir sa famille : je demande que l'Assemblée, en considération des services rendus à l'État par le capitaine Thurot, décrète qu'il sera donné à Mlle Thurot, sa fille unique, la somme de 1.000 livres à titre de pension viagère, en y comprenant les 300 livres de pension dont elle jouit sur les ci-devant économats[1]. »

Après ces paroles, l'orateur descendit de la tribune au milieu des applaudissements. L'affaire fut renvoyée, pour la forme, au comité des pensions.

Thurot réunit tout ce qui peut plaire à l'historien et au romancier : jeunesse, origine presque mystérieuse, aventures galantes, beauté, courage, instruction, renommée, gloire. Sa fin héroïque suffit à elle seule pour illustrer une existence si brillante et si rapide.

1. *Vie de Thurot.*

Et pourtant il est presque oublié. Son nom est à peine prononcé par nos historiens maritimes. Le public ignore jusqu'à son existence. Il repose sur la terre étrangère ; c'est là seulement qu'il est connu, admiré, compris par un peuple de marins. Ses cendres gisent parmi les ruines vénérables de Kirkmaiden.

Nulle pierre ne marque la place où il dort ; mais de temps en temps quelque jeune bergère vient paître ses brebis au milieu de cette solitude ; et ses chants plaintifs rappellent encore les amours et la fin prématurée du *gallant and gentle* Thurot.

Laissez-moi donc voir un héros en vie! (Page 577.)

LIVRE XI
ROBERT SURCOUF

CHAPITRE PREMIER
JEUNESSE DE SURCOUF

Famille de Surcouf. — Sa jeunesse, son caractère. — Sa fuite du collége. — Son embarquement. — Ses premières aventures. — Il devient officier. — Un Portugais cherche à l'assassiner. — Surcouf négrier. — Ses premières courses. — Ses captures. — Démêlés avec le gouverneur de l'île de France. — Surcouf vient à Paris. — Le gouvernement français lui donne gain de cause.

Le 12 décembre 1773, naquit à Saint-Malo Robert Surcouf, fils de Charles-Joseph-Ange Surcouf et de Rose-Julienne Truchot, son épouse, qui appartenait à la famille de Duguay-Trouin.

De même que son ancêtre, le petit Robert

devait devenir un marin illustre. Dès son enfance, son caractère fougueux et indiscipliné, son naturel batailleur, put faire présager qu'il ferait un guerrier plutôt qu'un paisible citoyen. Il aimait à rassembler les petits paysans des environs et à les faire battre les uns contre les autres. Sa famille, chargée de quatre garçons et d'une fille, habitait alors, par motif d'économie, sa propriété de la Drouainière, en Terlabouet, non loin de Cancale. C'est dans une école de cette dernière ville que Robert se rendait avec les enfants des quartiers environnants. A la sortie de la classe, il se livrait, avec les autres, à une véritable guerre, d'où il ne sortait que les habits en lambeaux et la figure déchirée.

« Un jour de congé, ses parents, qui avaient épuisé tous les moyens de correction, se décidèrent à le vêtir d'habits confectionnés d'une étoffe commune et d'un tissu épais; outre cela, ces habits étaient de diverses couleurs disposées comme celles des robes de bedeaux. C'était tout à la fois, croyaient-ils, une punition et un moyen de retenir au logis l'écolier dont l'amour-propre se trouverait blessé de ce costume grossier et ridicule. Vain espoir, le jeune Robert, affublé de la sorte, passa la matinée avec une apparente soumission, et se tint à l'écart, affectant un maintien humble et réservé, ce qui fit penser à ses parents que leur fils était repentant; mais, dans ce calme simulé, le prisonnier songeait aux moyens de se soustraire à la peine qui lui était infligée. Son plan arrêté, il se rend furtivement au sommet d'une petite colline dont la pente était très-rapide, et d'où il se laisse glisser sur le dos, jambe de ci, jambe de là, répétant cette gymnastique, jusqu'à ce que ses hardes en lambeaux devinssent hors d'état d'être portées et rappelassent, au moyen de ces montagnes russes, la toilette pittoresque du lutrin vivant.

« Sa famille, qui l'aimait bien tendrement, malgré son caractère turbulent et son humeur querelleuse, redoutant, dans sa sollicitude, les suites de ces combats fréquents, se décida à regret de l'éloigner du toit paternel, dès l'âge de dix ans.

« Robert fut donc envoyé dans un collége près de Dinan, dirigé par un prêtre, où l'on avait établi un enseignement sévère. Là, on espérait inspirer à l'élève du goût pour l'état ecclésiastique, pour lequel penchait sa mère, qui désirait ardemment le lui voir embrasser, ou, par une obéissance passive, parvenir à modérer la volonté de fer qui se développait chez lui. L'étudiant se fatigua bientôt des règles de discipline observées dans un établissement qui contrastait si évidemment avec ses goûts d'indépendance. Le caractère altier de l'élève était sans cesse aux prises avec le pouvoir absolu du maître ; s'il était le dernier de sa classe par son peu d'application dans ses études, il était le premier par sa malice et son espièglerie.

« Cet état d'insubordination régnait depuis longtemps entre l'écolier et le régent, lorsqu'un jour celui-ci, voulant le châtier de la peine disciplinaire fort en usage en ces temps-là, se saisit de l'enfant pour mettre par la force son projet à exécution. Le jeune Robert opposa une vive résistance à la violence que l'on exerçait à son égard, et, sentant qu'il allait succomber, ayant été terrassé aux pieds de son professeur, il se cramponna à ses jambes, et dans les convulsions d'une haine furieuse, le mordit si fortement, que son adversaire lâcha prise, abandonnant le jeune garçon, afin d'aller chercher aide et assistance. L'âme fière de Robert ne peut supporter l'affront d'une telle correction; il profite de l'ébahissement qu'il avait causé dans sa classe, s'élance dans le jardin par une fenêtre, en franchit les murs, et s'enfuit à l'aventure à travers les champs qui environnaient le collége, sans chapeau ni souliers; pour l'instant, il lui suffisait d'avoir recouvré sa liberté et de s'être soustrait à un châtiment injuste et humiliant.

« Cependant, la terre était couverte de neige, un froid intense régnait dans l'atmosphère, et le jour finissait. Toutes ces fâcheuses circonstances n'ébranlèrent point sa détermination ; il continua sa route, sans guide, pour rejoindre la maison paternelle, dont il était éloigné de plus de sept lieues.

« Le chemin était scabreux au milieu des ténèbres d'une nuit de décembre ; la température engourdissant bientôt ses membres, épuisé de fatigue et de besoin, il tomba et perdit tout sentiment. Il était dans cet état, lorsque des marchands poissonniers, qui revenaient de la ville vendre leur marée, lui donnèrent des secours et le ramenèrent chez ses parents dans la plus pitoyable situation ; il fallut les soins les plus empressés et sa vigoureuse constitution pour qu'il pût résister à une fièvre inflammatoire, qui faillit causer sa mort.

« Quoi qu'il en soit, ce dernier trait décida sa famille à lui permettre de s'embarquer, ainsi qu'il le postulait. En attendant une occasion favorable, on l'apercevait, actif et entreprenant, passer des journées entières dans les bateaux de la Houlle, luttant avec les pêcheurs contre le vent et les flots, et goûtant d'indicibles récréations là où des marins plus expérimentés trouvaient des dangers. Une vocation impérieuse l'entraînait vers l'élément sur lequel, plus tard, il se distinguera.

« Aussitôt qu'il eut atteint sa treizième année, pour satisfaire son impatience, on lui permit de prendre la mer à bord d'un petit bâtiment du commerce qui ne devait point quitter les mers d'Europe. C'est ainsi qu'il débuta dans l'art difficile du marin.

« Cette navigation circonscrite du cabotage de cap en cap, de port en port, parmi les rochers, cessa bientôt de suffire à la nature aventureuse de Surcouf : elle demandait un théâtre plus vaste. L'Océan indien et ses plages éloignées plaisaient à son imagination ardente ; il semblait avoir le pressentiment de l'avenir qui allait se dérouler devant lui et illustrer sa carrière nouvelle [1]. »

Le 3 mars 1789, au moment où la Révolution allait éclater en France, Robert quitta sa patrie. De même que son ancêtre Duguay-Trouin, il s'embarquait à quinze ans et demi.

Le navire qui le portait, en qualité de volontaire, se nommait l'*Aurore*, et portait 700 tonneaux. On l'avait armé pour les Indes, et placé sous le commandement du capitaine Tardivet.

Pendant la traversée, l'*Aurore* éprouva un de ces rudes orages si communs dans les parages du cap de Bonne-Espérance. Le jeune volontaire déploya une telle énergie, qu'il mérita les éloges de son capitaine et des officiers.

Le 8 septembre, l'*Aurore* atteignit le but de son voyage, qui était la rade de Pondichéry. Le 20 octobre, ce bâtiment revint à l'Ile de France. Il en partit presque aussitôt pour Mozambique, où il devait prendre 400 nègres destinés aux Antilles.

Dans le redoutable canal de Mozambique, l'*Aurore* fut surprise, le 18 février 1790, par un furieux ouragan, qui la brisa contre le rivage africain. Le navire s'ouvrit sur des écueils ; l'eau se précipita dans ses entreponts. Des centaines de noirs enchaînés se noyèrent. Quelques négresses et des enfants laissés en liberté sur le pont purent seuls être sauvés.

Robert se fit tellement remarquer par son courage au milieu de ce danger, que le capitaine Tardivet l'éleva au grade d'officier et le prit en cette qualité à bord de la palme portugaise le *Saint-Antoine*, qu'il avait affrétée pour revenir à l'Ile de France avec une partie de l'équipage. Mais le reste du voyage fut malheureux. Vers la fin de l'année, Robert accepta une place d'officier sur le *Courrier d'Afrique*, capitaine Garnier.

Le 23 mai 1791, Tardivet, qui venait d'armer la *Revanche*, se l'attacha comme lieu-

1. Ch. Cunat, *Histoire de Robert Surcouf*. Paris, in-8.

tenant et commença, en sa compagnie, un voyage d'exploration sur les côtes de Madagascar.

Peu de temps après, notre jeune officier, désireux de revoir sa patrie, accepta une place de timonier sur la flûte de l'État la *Bienvenue*, capitaine Beaumont. Ce bâtiment revenait en France ; il arriva à Lorient le 3 janvier 1792.

Après un repos de six mois dans sa famille, Surcouf accepta avec empressement l'emploi de lieutenant à bord du *Navigateur*, capitaine Lejoliff, qui partit pour l'Ile de France le 27 août 1792, et qui fit ensuite deux voyages consécutifs.

Surcouf s'engagea ensuite sur un autre navire, où il servait en qualité de troisième officier.

Le second, Portugais de naissance, conçut contre lui une haine si violente, que notre héros ne douta pas qu'il aurait recours à l'assassinat. Un jour de calme plat, Surcouf s'étant élancé dans la mer pour se baigner, fut saisi par l'action de l'eau. Les forces lui manquaient ; il coula à fond. Les matelots eurent beaucoup de peine à le ramener sur le bord. On l'étendit sur une cage à poule, et il y resta pendant plusieurs minutes sans donner signe de vie.

Le Portugais, pressé de se défaire de cet ennemi, s'écria :

— Il est crevé ! jetez-moi ça à la mer.

Et sans attendre que l'on exécutât son ordre, il saisit le corps de Surcouf et se mit en mesure de le jeter dans l'eau.

Robert, dont les facultés intellectuelles n'étaient pas anéanties, entendait ce que l'on disait ; mais il lui était impossible de faire le moindre signe. L'imminence du danger le tira de sa léthargie. Il eut la force de murmurer :

— Non, je ne suis pas mort.

Les matelots s'élancent sur lui et le retiennent au moment où le perfide second allait commettre son homicide. Deux heures après il était parfaitement rétabli.

A quelque temps de là, le navire atteignit Mozambique, lieu de sa destination. Le Portugais gagna les maladies du pays avec une intensité telle qu'il dut se préparer à la mort. Sous prétexte de réconciliation avec Surcouf, il fit appeler celui-ci à son chevet. Notre jeune marin, payé pour se défier de son second, prit ses précautions. Il s'arma de deux pistolets de poche et se rendit au domicile du moribond.

— Merci d'être venu me voir, murmura ce dernier, à demi couché sur un canapé ; merci... Je vous demande pardon du mal que j'ai pu vous faire... Pardonnez-moi...

Et le Portugais tend ses bras au Malouin.

Robert allait céder à un mouvement de générosité, lorsqu'il voit son ennemi se rapprocher d'un coussin sous lequel on distinguait la crosse d'un pistolet. Il se jette sur cette arme, s'en empare et sort en dédaignant le lâche qui avait voulu attenter à sa vie. Le lendemain il apprit que ce misérable était mort.

Quand il revint à l'Ile de France, cette colonie française était bloquée par une flotte anglaise. Les vivres n'y parvenaient plus ; la famine était imminente.

« Surcouf, dont la hardiesse s'était décelée en mainte occasion, atteignait ses vingt ans ; il accepta le commandement du brick le *Créole* qu'on lui offrit pour aller chercher des noirs à Madagascar et sur la côte d'Afrique. Cette navigation hasardeuse souriait à sa témérité ; il fit plusieurs voyages successifs qui furent couronnés d'un succès inespéré, dû à l'intelligence de celui qui les dirigeait. Mais ayant éveillé l'attention des employés de l'administration qui, devant les exaltés sans-culottes, tenait à paraître obéissante aux exigences du gouvernement révolutionnaire, on prit des mesures pour saisir Robert en contravention, à sa prochaine arrivée, et des ordres sévères furent donnés à Bourbon dans le même but. Le capitaine du *Créole* était dans l'une des rades de Madagascar, quand il reçut avis par ses commettants des dispositions faites contre lui ; il n'en continua pas moins à embarquer les esclaves qu'il avait traités, et les débarqua effrontément, de nuit, à la *Grande-Chaloupe*, rade à trois lieues de Saint-Denis, capitale de Bourbon. Son débarquement terminé, il alla se présenter, à la pointe du jour, devant la baie de Saint-Paul, où il jeta l'ancre immédiatement.

« Vers huit heures du matin, ses gens étaient occupés à faire disparaître les dernières traces du séjour des nègres à bord, afin de tromper la vigilance des délégués du pouvoir sur la nature du chargement, lorsque trois commissaires du comité colonial accostèrent à l'improviste le *Créole*, et dans leur perquisition se convainquirent que le brick avait été employé à faire la traite. D'après cette infraction à la nouvelle loi, ils dressèrent leur procès-verbal, et enjoignirent au capitaine de les accompagner au comité sitôt qu'ils auraient achevé leur travail. Tout autre que Surcouf eût pu être intimidé des menaces de ces négrophiles, mais ils avaient affaire à forte partie ; la fermeté du capitaine de vingt et un ans ne fit pas défaut dans ce moment critique, puisqu'il y allait de la confiscation immanquable du navire et de sa liberté individuelle.

« Je suis à votre disposition, citoyens, leur répondit-il avec assurance et une feinte courtoisie, toutefois, après le déjeuner sans façon que le cuisinier va dresser et que vous voudrez bien, j'espère, me faire le plaisir de partager. Les commissaires, gens assez gourmands, acceptent l'invitation et continuent à rédiger leur rapport de visite. Surcouf se rend sur le gaillard d'avant, entretient à voix basse son second et le maître de manœuvre auxquels il explique en peu de mots ses projets, et pour n'éveiller aucun soupçon, il s'empresse de rejoindre les membres du comité qui finissaient leur rédaction.

« On sert le déjeuner, le vin de Bordeaux remplit les verres des rigides républicains qui oublient, autour d'une table bien garnie, la mission dont ils se sont chargés. Le second du *Créole* avait, par précaution, renvoyé à à terre leur grande pirogue, restée le long des flancs du bâtiment à les attendre ; le patron, informé que le canot serait à la disposition des convives pour les ramener à Saint-Paul, s'empressa de retourner au rivage. Aussitôt après son départ, le câble est filé silencieusement par le bout et le *Créole*, couvert de voiles, s'éloigne rapidement du fond de la baie, glissant sur une mer unie qu'abritent les hautes terres environnantes.

« Nonobstant, en gagnant le large, le tangage devint plus vif ; un vent frais du S.-E. soulevait les flots à l'ouvert de la côte aride du cap La Haussaye, et faisait incliner le navire dont le sillage avait augmenté considérablement. Les commissaires concevant alors quelques soupçons, montèrent sur le pont, et virent avec effroi la position difficile où ils se trouvaient avec un homme de la trempe de Robert Surcouf, car sa réputation s'établissait chaque jour au milieu des événements multipliés de sa navigation chanceuse.

« Les commissaires firent des représentations et allèrent même jusqu'à menacer de la juridiction du Comité colonial ; alors, prenant un air résolu, il leur répondit que, puisqu'il en était ainsi, il les conduirait d'abord à la côte d'Afrique, au milieu de leurs frères et amis les nègres ; puis, en fronçant le sourcil, il leur intima l'ordre de descendre dans l'entrepont, ce qu'ils firent en protestant contre la violence qu'on exerçait à leur égard.

« Aussitôt que la nuit fut venue, Surcouf, qui n'avait d'autre dessein que d'intimider ses hôtes et de les amener à composition, fit manœuvrer pour se rapprocher de la terre qu'on avait perdue de vue. Le temps, qui fut très-mauvais pendant la nuit, occasionna de violents roulis, et MM. les commissaires souffrirent beaucoup du mal de mer. Le capitaine leur fit donner tous les soins que leur état réclamait, mais sans paraître s'apitoyer sur leurs souffrances.

« Les victimes de l'embargo se fatiguant bientôt de leur détention dont ils ignoraient la durée, se décidèrent à entrer en pourparlers avec Surcouf, qui paraissait hésiter à recevoir leur proposition: enfin on composa, ils donnèrent leur parole qu'une fois à terre, ils emploieraient leur crédit pour étouffer toute suite qu'on pourrait donner à l'affaire et qu'au préalable il serait dressé une nouvelle pièce de procédure, constatant qu'ils n'avaient rien vu à bord qui indiquât un bâtiment ayant porté des noirs ; qu'en outre ils certifieraient qu'un raz de marée avait seul éloigné le navire de son ancrage et contraint son capitaine à faire route vers l'Ile de France, où il mouilla en effet huit jours après la capitulation acceptée par les commissaires de Bourbon [1]. »

L'esclavage étant aboli, Surcouf dut abandonner la traite des nègres. Ses vues se tournèrent du côté de la course qui semblait appelée à une brillante destinée. Il accepta le commandement de l'*Émilie*, de 30 hommes et de 40 canons. Mais le gouverneur, M. de Malartic, refusa les lettres de marque, parce qu'il ne voulait pas autoriser le départ des hommes valides au moment où la colonie pouvait être attaquée.

Surcouf dut se contenter d'un *congé de navigation*, lui permettant de se rendre aux Séchelles pour y chercher un chargement de tortues.

Il part le 3 septembre 1795. Des vaisseaux ennemis l'empêchent d'aborder aux Séchelles. Il se dirige alors vers l'Inde indépendante où il espère traiter avec les habitants pour l'achat des grains ; une tempête et des courants l'empêchent d'aborder. Le 8 décembre, il s'approche des îles Andaman.

Là, il aperçoit un navire anglais gouvernant sur lui.

[1]. Ch. Cunat.

Arrivé à portée, l'anglais tire un coup de canon de semonce pour contraindre l'*Emilie*. Surcouf ayant à défendre son pavillon, riposte par trois coups ; l'ennemi fait signe qu'il se rend. C'était le *Pingouin*, chargé de bois. Surcouf l'expédie à l'Ile de France.

Le 19 janvier 1796, l'homme de bossoir crie :
— Navire !

L'*Émilie* se trouvait au milieu de 3 voiles anglaises sortant du Bengale et chargées de riz. C'étaient le *Cartier*, le *Russel* et le *Sambolasse*, qui se rendirent après un court engagement.

Le 28 janvier, vers le soir, Surcouf aperçoit un grand trois-mâts. Sans s'inquiéter de sa force, il l'accoste au milieu des ténèbres, l'aborde et l'enlève ; c'était la *Diana* sortant de Calcutta avec 6,000 balles de riz.

Surcouf, à bord du *Cartier*, revenait à l'Ile de France ; il se trouve en face du *Triton*, beau vaisseau de la compagnie anglaise, portant 26 pièces de douze; ses 150 hommes d'équipage se croyaient inattaquables. Pourtant les Français gouvernent afin de lui couper le chemin ; mais pour arriver à l'abordage, ils déguisent leur nationalité, ils hissent à leur mât de misaine le yacht anglais, signal des bricks-pilotes. C'est avec *dix-huit* hommes seulement que Surcouf ose aborder ce redoutable adversaire. Il ordonne aux siens de se cacher et reste seul sur le pont avec un officier, le maître et un matelot ; quelques Indiens, gens inoffensifs, demeurent aussi sur le tillac du *Cartier*. Arrivé à demi-portée de pistolet, le brick arbore les trois couleurs, les assure de deux coups de canon et aborde. Avant que les Anglais aient pris leurs dispositions de combat, le *Triton* est envahi. Surcouf fait feu de sa main sur le capitaine anglais qui sortait de la dunette.

Quelques ennemis essayent de résister, on les précipite dans les écoutilles dont on s'empare. Après trois quarts d'heure de combat les Anglais se rendent. Nous n'avions qu'un homme tué et un blessé.

Embarrassé de ses prisonniers, Surcouf les mit à bord de la *Diana* et leur rendit la liberté, après avoir obtenu l'engagement qu'ils se considéreraient comme prisonniers sur parole.

Le 10 mars 1796, les colons de l'Ile de France accoururent en foule sur les quais pour admirer l'homme extraordinaire qui avait osé, à 22 ans, entreprendre une conquête si extraordinaire.

Mais le gouvernement de cette colonie, sous le prétexte que l'*Émilie* n'était munie à son départ que d'un simple *congé de navigation*, confisque les prises du jeune corsaire.

Voici en quels termes MM. Malroux et Levaillant, armateurs de l'*Émilie*, s'adressèrent au gouverneur Malartic et à l'intendant Du Puy, le 11 mars 1796, pour se faire rendre leur propriété :

« Citoyens,

« La colonie était au moment d'une disette lorsque l'arrivée de plusieurs prises chargées de vivres, et qui en ont annoncé d'autres, nous ont sauvé d'une famine prochaine. Les prises ont été faites par le navire l'*Émilie*, parti de ce port avec une simple commission de marchandises.

« L'on rapporte que le navire, ayant été détourné de son expédition par la rencontre de 2 vaisseaux ennemis de forces supérieures, c'est en fuyant au-devant de ceux-là qu'il en a rencontré d'autres de moindre force, qui sont ceux qu'il a pris et amenés ou que l'on attend. A cet heureux événement, la colonie doit pour ainsi dire son salut.

« C'est avec la plus vive douleur que l'on vient d'apprendre qu'au lieu des sentiments de reconnaissance que devaient exciter la conduite et les succès du navire l'*Émilie*, il était menacé au contraire de confiscation (peine toujours odieuse) et privé du fruit de ses peines, parce qu'il n'était pas pourvu *d'une commission en course*.

« Il est possible que telle soit la rigueur actuelle des lois, qui, dans cette partie, ont essuyé sous nos yeux tant de variations et qui pourront bien en essuyer encore. Mais, quoi qu'il en soit, nous venons réclamer, sinon une dérogation à la loi, qui ne peut être détruite que par un nouveau résultat du pouvoir qui l'a formée, au moins un acte de générosité digne de la République française et de ses administrateurs.

« Nous avons, dans l'ancien régime, une multitude d'exemples que des vaisseaux de commerce ayant eu assez de bravoure et de bonheur pour s'emparer de vaisseaux ennemis, on a bien rendu hommage à la loi en les attribuant à l'amiral, mais en même temps on a récompensé le courage, et l'amiral s'en est dépouillé en faveur des capteurs. Pourquoi la République serait-elle moins généreuse envers le patriotisme ? Nous n'oserions le croire, et nous sollicitons de vous, citoyens, la même faveur pour le navire l'*Émilie*. Nous espérons que la colonie n'aura pas la douleur de voir dans son sein qu'on ait puni et ruiné *ceux qui l'ont sauvée de la détresse.* »

Cette réclamation resta sans effet, et Surcouf, dépouillé du prix de ses actions d'éclat, dut se résoudre à venir en France pour réclamer contre l'injustice dont il était victime. Il prend passage à bord d'un transport génois, débarque à Cadix en décembre 1796, arrive à Paris et s'adresse, d'une part au tribunal de cassation, qui admet son mémoire, et d'autre part aux différents pouvoirs qui gouvernent la France.

Sa réclamation, accueillie par le Directoire, devient, le 30 floréal, l'objet d'un message au conseil des Cinq-Cents.

L'orateur, après avoir exposé l'historique des faits et argumenté sur l'ordonnance de 1681 et les autres lois postérieures, termine ainsi :

« Le Directoire exécutif vous invite donc, citoyens représentants, à prendre en considération ces deux points :

« 1° Les prises faites par les vaisseaux du commerce ayant congé de navigation et non la lettre de marque doivent-elles être confisquées, d'après l'ordonnance de 1681, au profit de la République ou des capteurs ?

« 2° Si les prises appartiennent à la République, le Directoire exécutif est-il autorisé, comme l'ancien gouvernement, à récompenser le courage des marins par l'abandon de tout ou partie des prises, selon l'éclat et l'utilité de la victoire ? »

Ces législateurs, après avoir entendu le rapport de la commission chargée d'examiner le message :

« Considérant que, dans les circonstances actuelles, il importe d'encourager le zèle de tous les navires qui mettent en mer, en vertu d'une autorisation légitime, il devient pressant de faire cesser les doutes qui se sont élevés, depuis l'ordonnance de 1681, sur les droits des navires de commerce qui ont fait des prises.

« Considérant que le congé de navigation donné aux navires de commerce leur donne le droit de se mettre en mer ; qu'en temps de guerre, ces navires doivent être armés ; qu'ils ont, par conséquent, le droit de se défendre contre les attaques faites ou de prévenir celles qu'ils craindraient ; que, dès lors, ils doivent garder le fruit de leurs travaux et de leurs dangers.

« Considérant que la gloire nationale demande du Corps législatif qu'il s'empresse de reconnaître autant qu'il est en lui *l'acte extraordinaire* de bravoure et de courage de l'équipage du navire l'*Émilie* et du capitaine Surcouf, qui ont illustré le nom français dans les mers de l'Inde ; que la reconnaissance publique ne peut pas permettre que les prises faites par ces marins audacieux leur soient plus longtemps disputées.

« Art. 1er. — Le conseil des Cinq-Cents prend la résolution suivante :

« Les prises faites par les navires marchands ayant congé de navigation, et qui seraient jugées valides, appartiendront aux navires capteurs. Leur droit à cet égard sera le même que celui des navires armés en course.

« Art. 2. — Les prises faites dans les mers de l'Inde par le navire l'*Émilie* appartiendront aux armateurs et équipage de ce navire, et elles leur seront restituées en nature, si elles existent encore, nonobstant tous jugements rendus.

« Art. 3. — Dans le cas où les prises auraient été vendues ou qu'il en eût été fait emploi, le prix en sera remis aux armateurs et équipage du navire l'*Emilie*, d'après les pièces probantes qui constateront le produit de la vente ou de la valeur des objets.

« Art. 4. — Il sera mis des fonds spéciaux à la disposition du ministre de la marine pour rembourser sur-le-champ, aux armateurs et équipage du navire l'*Émilie*, la moitié de la valeur de leurs prises. Quant à l'autre moitié, les armateurs et équipage du navire l'*Émilie* se retireront vers le Directoire pour en faire ordonnancer le payement. »

La revendication du capitaine Surcouf fut portée le 16 thermidor, par un second message, à la sanction du conseil des Anciens, qui nomma, séance tenante de ce jour, une commission pour examiner la résolution relative aux prises faites dans les mers de l'Inde par l'équipage du navire l'*Émilie*.

Extrait de son procès-verbal du 17 fructidor an V.

Un membre est entendu au nom de la commission.

Ayant rendu compte des faits, il poursuit :

« Surcouf, dépouillé du prix de ses exploits par les tribunaux de la colonie, s'est rendu en France pour y réclamer la justice qui lui est due.

« Il s'est pourvu au tribunal de cassation, qui a admis sa requête le 27 floréal dernier. Il eût donné suite à son recours vers ce tribunal contre le jugement des tribunaux de

Comment! vous ne connaissez pas Cassard? (Page 584.)

l'Ile de France, si le premier eût pu le renvoyer à quelque autre tribunal; mais la loi du 8 floréal an IV, qui a fixé les tribunaux auxquels peuvent être renvoyées les causes en matière de prises, n'a fait aucune mention de celles pour lesquelles il y aurait eu un premier jugement d'un tribunal établi dans quelqu'une des colonies appartenant à la République.

« Dans cet état de choses, le capitaine Surcouf s'est adressé au Directoire; sa réclamation a motivé le message transmis au conseil des Cinq-Cents; ce message a donné naissance à la résolution dont s'occupe le conseil.

« La question se réduit à savoir : si le navire l'*Émilie*, pourvu d'un congé de commerce, a pu, sans lettre de marque, faire des prises, et si, à défaut de lettre de marque, il a encouru la confiscation de ses prises.

« Le rapporteur, ayant discuté les ordonnances et déclarations qui ont motivé les dispositifs des jugements rendus, ajoute : Si on applique d'abord au navire l'*Émilie* l'ordonnance de 1681, on n'y trouvera pas le motif de la confiscation des prises; ni cette ordonnance, ni la déclaration de 1650, ni les ordonnances antérieures n'ont prononcé aucune peine, pas même la confiscation du navire, contre celui qui ferait des prises sans commission de guerre, pourvu qu'il se soit muni d'un congé de commerce. C'est donc

78.

à tort que le tribunal tire son premier motif de l'ordonnance de 1681.

« Il n'est pas mieux fondé dans le second, qu'il appuie sur l'arrêt de 1706, puisque cet arrêt décide que le produit de la confiscation n'appartiendra pas au souverain, mais bien à la charge, à la personne de l'amiral. »

Après avoir argumenté des lois des 13 août 1791, 14 février 1793, et de celles des 3 brumaire, 8 floréal et 23 thermidor an IV, ayant trait à la cause, le rapporteur passe ensuite à l'examen de la résolution; il analyse les cinq dispositions qui la composent:

« La commission, reprend l'orateur, n'y a rien trouvé qui ne doive y être confirmé : en conséquence, je propose au conseil de l'adopter. »

Le conseil ordonne l'impression du rapport, sa distribution au nombre de trois exemplaires, et rend le décret suivant :

« Le conseil des Anciens, adoptant les motifs d'urgence exprimés dans le premier considérant qui précède la résolution, et considérant que la justice nationale ne peut laisser plus longtemps de braves marins dans l'incertitude sur le sort des prises dont ils réclament la propriété et la restitution, approuve l'acte d'urgence. »

Suit la copie de la déclaration d'urgence et de la résolution du 15 thermidor, dont voici la teneur exacte, insérée au Bulletin des lois et qui doivent figurer comme les plus beaux titres de la famille Surcouf.

Le conseil des Cinq-Cents, après avoir entendu le rapport de la commission chargée d'examiner le message du Directoire exécutif, du 30 floréal :

« Considérant que l'équipage du navire l'*Émilie* s'est mis en mer avec un congé de navigation, revêtu de toutes les formes légales ;

« Considérant que la gloire de la nation demande du Corps législatif qu'il s'empresse de reconnaître, autant qu'il est en lui, l'acte d'héroïsme et de courage de l'équipage de l'*Émilie* et du capitaine Surcouf qui ont soutenu la gloire du nom français dans les mers de l'Inde; que la justice nationale ne peut pas permettre que de braves marins soient privés plus longtemps du prix de leur bravoure;

« Déclare qu'il y a urgence. »

Et après avoir déclaré l'urgence prend la résolution suivante :

« Art. 1er. — Les prises faites dans les mers de l'Inde par l'équipage du navire l'*Émilie*, et adjugées à la République par le jugement rendu à l'Ile de France les 9 floréal et 5 fructidor, seront, à titre de récompense, restituées aux armateurs et équipage.

« Art. 2. — Le montant de ces prises ayant été affecté au service de la colonie, soit en produit, soit en nature, le prix en sera remis aux armateurs, suivant procès-verbal de la vente qui en a été faite par le juge de paix, dûment légalisé, lequel sera annexé à la présente résolution.

« Art. 3. — Il sera mis à ce sujet un fonds spécial à la disposition du ministre de la marine et des colonies pour remplacer les sommes qui ont été versées dans la caisse de la colonie, provenant de produits desdites prises.

« Art. 4. — Les armateurs demeurent au surplus chargés de procéder à la liquidation générale desdites prises et à leur répartition entre eux et l'équipage, conformément aux lois relatives à la course, et d'acquitter tous les frais et droits dont elles sont susceptibles.

« Art. 5. — La présente résolution sera imprimée.

« *Signé* : *J.-V. Dumolard*, président; *Bailly, Valintin, Duplantier*, secrétaire. »

Après une seconde lecture, le conseil des Anciens *approuve* la résolution ci-dessus, le 17 fructidor an V de la République française.

Signé : Marbot, président; *Chassiron, Liborel, Le Breton*, secrétaires.

Le hardi Malouin se voit donc adjuger une somme de 1,700,000 francs. Mais il prévient la commission des finances qu'il abandonne au trésor les deux tiers de sa créance. Il ne reçut que 660,000 francs.

CHAPITRE II

CROISIÈRE DE LA CLARISSE

Surcouf revient à l'Ile de France sur *la Clarisse*. — Prise d'un trois-mâts de 22 canons. — Aventure avec un rajah. — Capture de *l'Auspicious*. — Dispute avec Dutertre. — Prise de *la Louisia*.

Après 14 mois de séjour à Paris, Surcouf songea à revoir l'Ile de France. Dans le courant de février 1798, il accepta le commandement d'un corsaire de Nantes, la *Clarisse*. Il partit au commencement de l'été.

Chemin faisant, il rencontre un superbe trois-mâts, de 22 canons. Il l'attaque et le met en fuite. Il prend peu après un brick richement chargé.

Le 5 décembre 1798, il arrive à l'Ile de France et commence, dès l'année suivante, une glorieuse campagne. Arrivé à Sousou (côte de Sumatra), il aperçoit deux gros vaisseaux marchands qui embarquaient du poivre.

Malgré les dimensions colossales du plus grand de ces bâtiments, qui portait 20 pièces de canon, Surcouf attaque et envoie une escouade de 40 hommes à l'abordage. Les deux navires se rendent après une longue résistance.

Le corsaire rentre à l'Ile de France avec ses deux prises et en repart aussitôt, porteur de dépêches pour l'île de la Réunion. Sa mission terminée, il vient croiser devant Java, où il arrive le 27 septembre.

Manquant d'eau, il dut débarquer pour renouveler son approvisionnement.

« On finissait l'opération à laquelle Surcouf avait présidé en personne, autant pour l'accélérer que pour chasser aux alentours de l'aiguade limpide; quelques barriques seulement restaient à embarquer, et la chaloupe accostait le rivage pour les recevoir, lorsque le rajah de la contrée, à la tête d'une troupe nombreuse de Javanais armés, accourut s'interposer inopinément entre le rivage et les Français occupés à rouler les pièces à eau; les lianes grimpantes et les bois touffus de la côte avaient favorisé cette embûche en dérobant l'approche rusée des Malais aux regards des marins. Décidé à tirer vengeance des Européens, qui avaient osé débarquer à son insu sur son territoire pour y prendre du bois et de l'eau, le souverain indien, remarquable par sa haute stature et par son agilité, s'avançait, ainsi que le tigre découvrant sa proie, en faisant des bonds énormes vers le capitaine de *la Clarisse*, qu'il avait reconnu pour le chef des étrangers. Dans cette circonstance périlleuse, il fallait payer d'audace pour se retirer d'une funeste surprise, ou tomber victimes sous les *christz* empoisonnés des naturels. Surcouf apprécie le danger de sa position, mais il reste au-dessus de tout sentiment d'émotion ; possédant tout à la fois une volonté d'airain et un caractère de prompte décision, bravant le sort fatal qui le menace, le canon de son fusil renversé, il marche hardiment la tête haute vers le rajah en lui tendant une main familière. C'était un homme vigoureux dont les membres robustes attestaient une nature brillante d'énergie ; ses cheveux épars et noirs comme le jais laissaient à découvert un front large et bas; dans ses yeux rapprochés se peignait la fureur; ses lèvres minces, son nez court et aplati, son teint basané, couleur des retroussis de bottes de jockey, complétaient son portrait. Il s'arrête stupéfait de la démarche assurée du capitaine, et reste incertain de ce qu'il doit faire, car Surcouf, en s'avançant toujours, avait produit un sentiment d'hésitation sur les actions du Javanais, auquel il lança un coup d'œil où se révélait toute la puissance de l'âme. Cependant on pouvait lire aux regards enflammés du barbare que le ressentiment qui couvait dans son sein était prêt à éclater ; ils s'approchèrent encore en exerçant l'un sur l'autre cette surveillance mutuelle d'intelligence; les matelots et les Indiens, immobiles et les yeux fixés sur leurs chefs, attendent en suspens l'issue de la rencontre. Le capitaine français, qui comprend de plus en plus sa situation critique, continue sa pantomime assurée devant l'expression de haine peinte sur les traits de son farouche adversaire. Toutefois, le regard fauve du redoutable insulaire change de direction et se fixe hébété sur un mouchoir d'un rouge écarlate que Surcouf portait autour de son cou et dont les bouts croisaient sur sa poitrine. Démêlant chez son antagoniste une envie immodérée de possession, il dénoua avec calme sa cravate et en fit un hommage affecté au Malais, en la posant sur sa large épaule nue.

« Le rajah, qui était sur le point de poignarder Surcouf ou de l'étreindre dans ses bras nerveux, se contint malgré lui, toujours fasciné par l'ascendant qu'avait pris son rival. Tout à coup, se tournant vers ses Javanais, et comme s'il les eût consultés, il échangea quelques paroles inintelligibles aux matelots spectateurs ; ensuite, revenant brusquement vers Surcouf avec des gestes pleins de violence et en grinçant des dents, il lui fit comprendre que le pays et ses productions étaient ses domaines ; qu'il voulait bien lui laisser la vie ainsi qu'à ses gens, mais qu'ils eussent à déguerpir de suite avec leurs futailles, injonction que le chef indien n'eut pas la peine de réitérer, tant les chaloupiers mirent de célérité à quitter ce rivage barbare. Tel fut le dénouement inespéré de cette scène sauvage palpitante d'émotion, où dans quelques minutes l'existence de plusieurs Français, si gravement compromise, fut sauvée par la contenance fière et mesurée de leur capitaine.

« Le retour de l'embarcation à bord causa une joie bien vive parmi les officiers et les marins qui avaient pu juger le péril auquel avaient échappé miraculeusement leur capitaine et les gens de corvée. Surcouf ayant fait embarquer la drome de barriques et la chaloupe, appareilla et gouverna à l'ouvert du détroit de la Sonde. »

Le 1er octobre, Surcouf s'empara d'un navire anglais qui voyageait sous couleurs danoises. Le 4, un portugais subit le même sort; le 26, capture d'un anglais chargé de sel.

Le 10 novembre, Surcouf attaque un énorme bâtiment et le force de se rendre. C'était l'*Auspicious*, de Calcutta, 20 canons. Il se rendait à Bombay avec une cargaison précieuse.

« Le 17 décembre, le *Malartic*, capitaine Jean Dutertre, était en vue, arrivant de l'Ile de France après un court trajet. Les signaux de reconnaissance échangés, les deux corsaires s'accostèrent, et les capitaines communiquèrent entre eux. Cette rencontre, célébrée à bord de la *Clarisse* par un banquet, faillit avoir les conséquences les plus graves par un malentendu de susceptibilités comiques.

« Au dessert, lorsqu'il sablait un verre de champagne, le capitaine du *Malartic* fit une exclamation :

« — Robert, ton vin est chatoyant; c'est un nectar digne des dieux. Moi, je veux t'offrir de mon claret et quelques conserves, véritable ambroisie à servir sur la table des ladies de Calcutta; pas de compliments, j'en ai ample provision, tu dîneras comme un seigneur féodal : en les prenant, je songeais à toi, gourmet.

« — Soit, dit le capitaine de la *Clarisse*, j'accepte volontiers, à condition qu'en retour ma gastronomie reconnaissante soigne ta toilette et celle de ton équipage. J'ai capturé les modes *des fashionnables de Covent-Garden* ; vous serez élégants comme *les muscadins* de Paris.

« — Tu sais bien que nous ne sommes pas des damoiseaux, répondit Dutertre ; d'ailleurs, quand je donne, je ne vends pas ; si tu t'avises de m'envoyer tes colis, je les ... par-dessus les bastingages.

« Surcouf sourit et fit servir le café ; pendant ce temps, les caisses de vin et de comestibles avaient été transbordés et les ballots échangés.

« On se sépara en bonne harmonie ; mais, en mettant le pied sur son pont, Jean Dutertre heurte quelque chose qui le fait trébucher ; il examine, désolation ! c'était un des maudits ballots. Alors, rien ne put arrêter l'exaltation d'une tête tympanisée sous les fumées du vin.

« — Accoste la *Clarisse*, commande-t-il au timonier ; et lorsque les corsaires furent rapprochés, il héla de tous ses poumons dans son porte-voix :

« — Tiens, Robert, voilà le cas que je fais de tes cadeaux, en les jetant par-dessus le bord.

« — Et voici comme j'apprécie les tiens, s'écria Surcouf furieux, en lançant les bouteilles en l'air.

« Peu de mots d'aigreur furent prononcés, car ils se donnèrent de suite rendez-vous, pour se couper la gorge, dans les bois noirs du *Champ de Mars*, à l'Ile de France. A l'approche de la nuit, les deux champions se séparèrent ; au jour, ils étaient hors de vue, cherchant chacun, d'après sa propre inspiration, fortune et renom. » (Ch. Cunat.)

Le 30 décembre 1799, à six heures du soir, on aperçut un grand navire ; c'était la *Sibylle*, frégate anglaise, devant laquelle il fallut fuir.

Surcouf se vengea, le 1er janvier 1800, par la prise du *James*, superbe bâtiment chargé de riz. Le 4 janvier, les vigies signalent 2 navires, qui arborent le pavillon de l'Union américaine, et qui portent chacun 16 caronades d'un fort calibre. Il en aborde un, la *Louisia*, et s'en empare. L'autre parvient à se sauver.

« Surcouf confia à son frère son opulente et glorieuse capture. Cet officier expérimenté, après avoir esquivé maintes rencontres, parvint le 11 février 1800 au port N.-O. de l'Ile de France, où l'avaient précédé la *Clarisse* et son vaillant capitaine.

« Jean Dutertre ne tarda pas à y arriver flanqué de ses prises. Surcouf ne manqua pas d'aller le recevoir sur le quai, pour lui rappeler ce dont ils étaient convenus.

« — Jean, lui dit-il, je viens te rappeler nos promesses.

« — Oh ! ne t'inquiète pas, Robert, je n'ai rien oublié, lui répliqua Dutertre ; je serai à ta disposition à la sortie du gouvernement.

« Sur ces entrefaites, quelqu'un de l'état-major courait avertir le gouverneur du duel projeté. Le vénérable Malartic, jaloux de conserver à la colonie deux existences si précieuses, réunit dans ses salons les deux combattants, et les pressa dans ses bras ; les deux Bretons n'en sortirent qu'en se jurant amitié à l'épreuve. » (Ch. Cunat.)

CHAPITRE III

CROISIÈRE DE LA CONFIANCE

La Confiance. — Garneray. — Ses mémoires. — Il est présenté à Surcouf. — Projet de ce corsaire. — Engagement des volontaires. — Discussions avec Dutertre. — Départ de l'Ile de France. — Capture de plusieurs navires anglais. — Effets de calme sous l'équateur. — Rencontre de *la Sibylle.* — *Le Kent.* — Abordage. — Audace des Français. — Prise du *Kent.* — Détails. — Retour de Surcouf en France. — Son mariage.

La *Clarisse,* fort endommagée, refusant tout service, Surcouf arme en guerre un excellent bâtiment, la *Confiance,* et se dispose à reprendre le cours de ses audacieuses entreprises. Parmi les volontaires qui accourent se placer sous les ordres d'un si redoutable corsaire, il s'en trouve un qui devait devenir bien célèbre, lui aussi, non comme marin, mais comme peintre de marines.

Après mille mésaventures, Garneray, dont on admire aujourd'hui les tableaux dans nos musées, cherchait à s'engager à bord d'un corsaire. Il nous raconte, dans son ouvrage *Aventures et Combats,* comment il fut présenté à Surcouf. Il s'est fait l'historien de la croisière de la *Confiance.* Nous lui laissons la parole :

« Pendant la maladie que j'eus à subir, et dont, grâce à Dieu, la force de ma constitution, unie à une volonté ferme, me tira assez promptement, M. de Montalant, mon généreux ami, me rendit de fréquentes visites.

« J'entrais déjà en convalescence, lorsqu'il vint un jour, en compagnie du capitaine de corsaire le malouin Ripeau de Monteaudevert, passer une partie de la journée avec moi.

« — Le capitaine Monteaudevert, à qui l'Hermite, dont il est l'ami, a beaucoup parlé de vous, lui a promis de s'occuper de votre sort, me dit-il. Ainsi, mon cher Louis, tenez-vous l'esprit en repos ; d'un jour à l'autre, dès que vous serez rétabli, il vous sera donné de prendre votre revanche sur la fortune et sur les Anglais ! En attendant, je vous apporte quelques centaines de piastres que je viens de toucher, au moyen de votre procuration, pour votre part de prise de *la Perle*... Les chevaux arabes se sont admirablement bien vendus !

« — Je vous remercie beaucoup, mon cher monsieur, lui répondis-je. Cet argent m'arrive avec d'autant plus d'à-propos que ma bourse se trouve complétement à sec ! Au reste, ces quelques piastres représentent, avec les faibles appointements que j'ai touchés pour mon voyage à Bombetoc, sur *le Mathurin,* tout ce que j'ai gagné depuis que je suis dans la marine. Et cependant j'ai déjà assisté à bien des combats et essuyé d'assez grandes fatigues !

« — Quoi ! c'est là tout ce que vous avez gagné pendant votre carrière maritime, mon pauvre jeune homme ? s'écria le capitaine Monteaudevert. Jour de Dieu ! je veux, moi, que vous preniez une éclatante revanche sur la mauvaise fortune, et quand je veux une chose, je ne suis pas Breton pour rien, il faut que cette chose arrive. Parbleu ! il n'y a pas de temps à perdre : je m'en vais de ce pas retenir votre place, ajouta le corsaire en se levant. Soyez sans inquiétude, je me charge de l'obtenir. A présent, si cette fois vous ne réussissez pas au delà de votre attente, il faudra réellement que vous ayez du guignon.

« — Je vous suis bien reconnaissant, capitaine ; mais de quelle place parlez-vous, je vous prie ?

« — D'une place que j'accepterais avec

bonheur pour moi, si je n'étais pas moi-même capitaine... Mais, je vous le répète, le temps presse... rétablissez-vous vite, je viendrai vous prendre dans trois ou quatre jours.

« L'excellent Malouin parti, je me creusai en vain la tête pour essayer de deviner de quoi il s'agissait ; mais je ne pus y parvenir : aussi fut-ce avec un vif plaisir que je le vis entrer trois jours plus tard dans ma chambre. Complétement remis de ma maladie, puisque déjà la veille j'avais été faire un tour de promenade seul et à pied, il me trouva debout et habillé.

« — Il paraît que ça va bien, me dit-il ; allons, venez ; on vous attend.

« Le Malouin, sans répondre aux questions que je lui adressai, autrement que par un petit sourire mystérieux, hâta le pas et s'arrêta enfin devant la maison de MM. Tabois-Dubois, riches négociants de l'Ile de France.

« — Le capitaine est-il visible? demanda-t-il au premier nègre qu'il rencontra, et sur la réponse affirmative de l'esclave, Monteaudevert monta rapidement l'escalier et s'arrêta au premier étage.

« Des éclats de rire, des paroles fortement accentuées et le bruit d'une discussion animée quoique amicale, se faisaient entendre derrière une porte à laquelle mon conducteur frappa.

« — Entrez ! répondit une voix sonore.

« Le Malouin poussa la porte, me prit par le bras et me fit passer devant lui.

« Je restai assez intimidé en me trouvant dans un grand salon rempli de monde ; mais je me remis bientôt en reconnaissant parmi les personnes présentes plusieurs de mes connaissances, entre autres les enseignes Roux, Fournier et Viellard, et le contre-maître Gilbert, qui tous avaient navigué avec moi sur la *Preneuse*.

« — Ah ! te voilà, mon brave Ripeau ! s'écria un jeune homme de vingt-quatre à vingt-cinq ans, qui s'avança avec empressement vers le capitaine de corsaire, et lui serra cordialement la main, fais ton grog à ta guise, allume-moi ce cigare et causons.

« — Merci, Robert, répondit Monteaudevert, tout à l'heure je boirai, je fumerai et je causerai tant que tu voudras ; mais auparavant laisse-moi te présenter le jeune homme dont je t'ai parlé, le favori de l'Hermite. C'est jeune, solide, plein de bonne volonté, instruit, et ça n'a pas encore eu de chance !... Il n'a pas l'air bien gai, mais ne fais pas attention, il n'y a pas encore deux mois que Garneray voyait couler *l'Amphitrite* et se noyer notre pauvre ami Maleroux : ça lui a laissé du noir dans la tête...

« — Bah ! à quoi ça avance-t-il de se miner le tempérament ! s'écria le jeune homme en me tendant la main. Tope là, mon ami, et ne te fais plus de bile !... Quand on a rempli son devoir, on doit savoir se ficher du guignon... Tu me plais... parole... Reste à dîner avec moi, je t'égayerai à mort, et demain, après cette biture, tu chanteras comme un rossignol... Va-t'en préparer ton grog, je veux trinquer avec toi à ta chance future.

« Le jeune homme après m'avoir parlé ainsi se dirigea vers un nouvel arrivant, tandis que je me rendais au buffet pour arranger mon grog.

« Du reste, je dois avouer que j'étais surpris au possible. Quel pouvait être, me demandai-je, ce jeune homme si simplement mis, dont l'air est si fier, si hardi, le regard si hautain et si perçant, qui me promet sa protection, et commence, sans m'avoir jamais vu, par me tutoyer comme si nous étions amis depuis dix ans ? Quant à Monteaudevert, loin de répondre à mes questions, il semblait prendre un malin plaisir à jouir de mon embarras. Ne pouvant obtenir aucun éclaircissement du capitaine de corsaire, je reportai toute mon attention sur l'inconnu, qui m'intriguait tellement, que, profitant de ce qu'il était occupé à causer, je me mis à l'examiner avec une vive attention.

« Ce jeune homme pouvait avoir, je l'ai déjà dit, de vingt-quatre à vingt-cinq ans. Quoique d'une taille élevée, cinq pieds six pouces, il était replet et de forte corpulence. Cependant on devinait sans peine à la charpente vigoureuse de son corps qu'il devait posséder une force et une agilité musculaires vraiment extraordinaires. Ses yeux, un peu fauves, petits et brillants, se fixaient sur vous comme s'il eût voulu lire au plus profond de votre cœur. Son visage, couvert de taches de rousseur, était un peu bronzé par le soleil; il avait le nez légèrement court et aplati, et ses lèvres minces et pincées s'agitaient sans cesse. Au total, il semblait un bon vivant, un joyeux convive, un solide marin, et il éveilla toute ma sympathie. Seulement, le tutoiement dont il s'était servi vis-à-vis de moi ne me plaisait que médiocrement, et je me promis de lui faire sentir cette inconvenance.

« Je venais d'achever de préparer mon grog lorsqu'il revint nous trouver :

« — Eh bien, Garneray, me dit-il, sommes-nous plus gai à présent? Allons, trinquons. Ta jeunesse et ton mauvais guignon, mon enfant, m'ont tout à fait disposé en ta faveur!... sans compter, m'a-t-on dit, que l'Hermite t'estimait, et l'Hermite est un gaillard qui se connaît en individus... A ta santé!... merci.

« L'inconnu avala alors d'un seul trait son grog brûlant, et reprit :

« — Voilà qui est convenu, Garneray, à partir d'aujourd'hui tu m'appartiens... Tu viendras prendre mes ordres et gazouiller un peu avec moi tous les matins. Je t'attache à ma personne en qualité d'aide de camp.

« — Je *te* remercie beaucoup, lui répondis-je, mais je voudrais bien d'abord savoir quel est *ton* nom?

« — Mon nom! s'écria l'inconnu en éclatant de rire. Ah! tu ne sais pas mon nom!

« Puis, se retournant vers le capitaine Ripeau de Monteaudevert, qui faisait des efforts inouïs pour garder son sérieux :

« — Satané farceur, lui dit-il en se tenant les côtes, c'est comme cela que tu blagues tes protégés... Après tout elle est bonne, la charge... Sacré farceur, va...

« L'inconnu s'abandonna encore pendant quelques secondes à sa gaieté, puis reprenant enfin un air sérieux :

« — Garneray, me dit-il simplement et sans paraître attacher la moindre importance à sa réponse, je suis capitaine de corsaire et je me nomme Robert Surcouf.

« Ce nom, auquel je ne m'attendais pas, produisit sur moi une impression profonde et me fit battre le cœur! Quoi! ce gros et grand garçon, si jeune, si rond, si jovial, n'était autre que ce célèbre corsaire, l'honneur de la France et l'effroi des Anglais, dont j'avais déjà souvent entendu parler par les meilleurs marins avec une admiration et un respect profonds! J'étais presque tenté de me croire encore le jouet d'une mystification.

« Eh bien, me dit Monteaudevert lorsque nous sortîmes ensemble, êtes-vous content? Vous voilà attaché en qualité d'aide de camp au seul homme qui puisse et sache dominer la chance et commander au hasard! Que le diable m'emporte si une seule croisière avec lui ne vous dédommage pas amplement de tous vos ennuis passés... Mais voulez-vous venir à présent avec moi à la Pointe-aux-Forges, où l'on s'occupe à réespalmer *la Confiance*, c'est le nom du navire que commande Surcouf... cette vue vous fera plaisir, car je ne connais rien qui approche, pour la perfection des formes, de ce navire que l'on a surnommé *l'Apollon de l'Océan*.

« On conçoit que cette proposition me plaisait trop pour que je ne m'empressasse pas de l'accepter; nous prîmes un bateau, et nous nous dirigeâmes vers la Pointe-aux-Forges! Il faudrait avoir été marin pour comprendre l'émotion, ou, pour être plus exact, l'enthousiasme que me causa la vue de cette admirable construction. *La Confiance*

Ici c'est une femme éplorée... (Page 631.)

était un navire dit à coffre, du plus fin modèle qui ait jamais paré les chantiers de Bordeaux ; on devinait au premier coup d'œil quelle devait être la supériorité de sa marche ; elle portait 18 canons.

« Je ne sais si l'intention de l'excellent Monteaudevert avait été, en me conduisant à la Pointe-aux-Forges, de faire une diversion à la tristesse qui m'accablait : en tout cas, la vue de *la Confiance* opéra un grand changement dans la situation de mon esprit.

« De retour à la ville, exalté par l'examen minutieux de *la Confiance* auquel je m'étais livré avec ardeur, je ne rêvais plus qu'aventures et combats, et je chassai sans peine, pour la première fois, depuis plus de deux mois, de ma pensée, le souvenir des désastres de *l'Amphitrite*, qui m'avait si longtemps poursuivi sans relâche et sans trêve.

« Fidèle à la recommandation de mon nouveau capitaine, je me rendais chaque matin chez lui, et chaque fois je le quittais en sentant mon attachement et mon admiration pour sa personne augmenter de force. Surcouf était un de ces hommes qui, enveloppés d'une écorce assez rude, ne peuvent être devinés et compris à la première vue. Ses manières rondes, aisées, mais originales, exigeaient que l'observation, pour pouvoir arriver jusqu'à comprendre son génie, commençât d'abord par se familiariser avec sa nature. Au reste, bon et joyeux vivant s'il en

79.

fut jamais, il possédait une gaieté communicative dont on ne pouvait se défendre. Personne, je demande pardon au lecteur d'employer une expression un peu vulgaire et qui commençait alors à prendre une grande vogue, personne ne blaguait mieux que lui. Son esprit vif, actif et plein d'à-propos, ne lui faisait jamais défaut pour l'attaque ou pour la riposte. Je me rappelle même à ce sujet une réponse qu'il adressa à un capitaine anglais.

« Ce dernier prétendait que les Français, ce qui au reste était assez vrai pour Surcouf, ne se battaient jamais que pour de l'argent, tandis que les Anglais, disait-il, ne combattaient que pour l'honneur et pour la gloire!

« — Eh bien! qu'est-ce que cela prouve, lui répondit le Malouin, sinon une chose, que nous combattons chacun pour acquérir ce qui nous manque?

« Un matin que je me rendais, selon mon habitude, chez Surcouf, je le rencontrai dans la rue; il me prit familièrement par le bras et m'emmena avec lui.

« — Garneray, mon garçon, me dit-il, tu vois en ce moment dans ma personne un homme très-ennuyé; j'ai une corvée à remplir qui me pèse sur la poitrine.

« — Ne puis-je, capitaine, m'en charger pour vous?

« — Impossible, tu es trop blanc-bec pour cela, mon garçon... Il s'agit, vois-tu, de tenir tête à un diplomate et à un finassier... pourvu que je ne me mette pas en colère... J'ai affaire à un capitaine de deux liards du commerce et au consul du Danemark... C'est là que demeurent ces deux chenapans, continua Surcouf en me désignant une maison située près de la grande église, monte avec moi et attends-moi un peu... je ne resterai pas longtemps, nous reviendrons ensemble.

« Pendant que mon capitaine entrait dans le salon où se trouvait le consul danois, l'on me faisait passer dans un petit cabinet contigu à cette pièce, dont une mince cloison le séparait seulement. Ce fut à cette disposition des lieux que je dus d'entendre en entier, et aussi distinctement que si je me fusse trouvé avec eux, la conversation qui s'établit entre le capitaine, le consul danois et Surcouf; conversation que je rapporte fidèlement ici, pour donner une idée des précautions que prenait le capitaine de la *Confiance*, et des sacrifices qu'il savait faire pour préparer ses succès.

« Après quelques échanges de politesse qui me permirent de connaître la voix du consul danois, Surcouf prit la parole.

« — Monsieur, dit-il en s'adressant au consul, j'ai peu de temps à perdre, et je vous demanderai la permission de vous rappeler en deux mots le motif qui m'amène près de vous, et que vous devez soupçonner déjà. Voici le fait : j'ai besoin, pour ma prochaine croisière, de renseignements précis sur l'état actuel des côtes de l'Inde; je viens donc vous prier de remettre au capitaine ici présent, votre compatriote et votre consigné, des lettres d'expédition qui l'autorisent à prendre langue à Batavia, puis de remonter le détroit de Malacca, et coupant le golfe, de l'ouest à l'est, de visiter les ports de la côte de Coromandel, de Ceylan, et d'aller m'attendre à un lieu que je lui indiquerai par l'intermédiaire d'un de mes officiers, lorsque son navire sera à vingt-cinq lieues au nord de cette île... Me comprenez-vous bien?

« — Parfaitement, illustre capitaine; seulement, ce que vous me demandez est impossible. Quoi, vous voudriez que moi, le représentant du Danemark, je m'associe à vos projets contre l'Angleterre, cette généreuse nation qui respecte notre pavillon et lui accorde protection et liberté sur les mers!... Oh! vous ne pouvez penser sérieusement à cela.

« — Très-sérieusement, et voici pourquoi : c'est que si votre capitaine accepte, je lui donnerai, en toute propriété, une cargaison qui lui servira à déguiser le but de son voyage d'exploration, et que le jour même de son départ je vous compterai, à vous, monsieur le consul, un agréable pot-de-vin dont nous allons, si vous le voulez, fixer dès ce moment l'importance.

« Un court silence suivit cette proposition de mon patron : ce fut le capitaine danois qui, le premier, reprit la conversation :

« — O gloire de la marine française ! s'écria-t-il en s'adressant à Surcouf, j'aimerais mieux de l'argent !...

« — Soit ; M. le consul, ici présent, vous remettra dix traites de cinq cents gourdes chacune, payables à vue sur Batavia, Banca, Malacca, Madras, Pondichéry et Trinquemaley...

« — Mille pardons, commandant Surcouf, interrompit le consul ; je ne demande pas mieux que d'être utile à un homme de votre immense mérite et de votre réputation, mais cette bienveillance que je ressens pour vous ne doit cependant pas me faire oublier toute prudence. Or, en supposant que ce digne capitaine, mon compatriote, soit légèreté, soit imprudence, commette quelque indiscrétion... comprenez-vous, ayant des preuves écrites de ma participation, quoique indirecte, dans cette affaire, le tort irréparable qu'il pourrait me causer ?

« — C'est juste. Alors revenons à ma première idée. J'embarque sur le navire de votre capitaine, que vous ne manquerez pas de mettre à contribution, des marchandises cotées au plus bas prix de facture, pour une valeur de trois mille piastres. Au taux où sont maintenant les liquides français dans l'Inde, vous gagnerez à la vente de ce chargement, qui vous appartiendra en toute propriété, au moins cent pour cent.

« — Oui, capitaine, c'est possible ; mais si l'on soupçonnait que jamais j'ai été votre... observateur... l'on me pendrait ! Or, s'exposer à un tel ennui pour six mille piastres !... interrompit le capitaine danois.

« — C'est plus que vous ne valez, s'écria brusquement Surcouf.

« — Oui, capitaine, si je n'étais pas père de famille.

« — Eh bien ! à mon retour de croisière, je vous remettrai trois mille piastres en plus, si j'ai été satisfait de...

« — Mes renseignements ! se hâta d'ajouter le capitaine danois.

« — Non, de votre espionnage, reprit durement Surcouf.

« — Capitaine, cette parole et celle de pot-de-vin que vous avez employées si légèrement déjà à mon sujet, interrompit le consul d'un air indigné, donnent à notre entrevue un tour que je ne puis supporter.

« — Ah bien ! je me moque pas mal de toutes vos manières, moi ! s'écria Surcouf d'une voix tonnante. Croyez-vous bonnement que je vais perdre mon temps à vous conter des douceurs ? J'ai besoin d'un traître et d'un espion. Je vous dis à vous, monsieur le consul, voulez-vous être mon traître ? A vous, capitaine, voulez-vous être mon espion ? Ce langage est clair, c'est l'essentiel ; j'adore la clarté. A présent, un mot, et remarquez que de ce mot dépend votre fortune. Oui ou non ? Si c'est non, bonsoir : je m'en vais de ce pas trouver des gens plus intelligents que vous et qui ne refuseront pas leur bonheur. Voyons, monsieur, à vous, répondez.

« — Oui, capitaine, dit le consul ; seulement, je vous en supplie, permettez-moi de vous adresser une demande.

« — Voyons cette demande.

« — C'est que vous m'engagiez votre parole d'honneur que vous ne parlerez à personne au monde de notre transaction.

« — Je vous la donne ; à présent, à votre tour de répondre, capitaine, s'il vous plaît.

« — Oui ! s'écria le Danois ; seulement...

« — Rien de plus ; c'est assez : voilà une affaire conclue ; au revoir.

Surcouf alluma alors son cigare, et s'en fut sans ajouter un mot. Je le rejoignis au bas de l'escalier.

« — Eh bien! capitaine, lui dis-je, êtes-vous sorti vainqueur de vos ennuis?

« — Oui, mon garçon, merci. J'ai remarqué une chose, c'est qu'en affaires je me suis toujours bien trouvé de ma brusquerie et de ma rondeur : avec cela je viens à bout de tout.

« L'installation du corsaire marchait activement, et nous comptions pouvoir prendre la mer dans un mois au plus tard, lorsqu'un événement auquel Surcouf était loin de s'attendre vint lui causer un grave embarras.

« Surcouf avait négligé jusqu'alors, sachant l'empressement que les matelots disponibles à l'Ile de France mettraient à s'embarquer avec lui, de compléter l'équipage de *la Confiance*. Il savait que sur à peu près cent cinquante frères de la Côte, inoccupés pour le moment, pas un seul ne lui ferait défaut. Or, voilà qu'un matin il apprend que le capitaine Dutertre armait également un corsaire, nommé *le Malartic*, en honneur du gouverneur et général de ce nom.

« Dutertre, qui, les souvenirs de l'amitié ne doivent pas nous faire déguiser la vérité, était certes l'égal de Surcouf pour le courage, l'intelligence et les connaissances maritimes, avait dans l'île de nombreux partisans. Breton comme Surcouf, il était natif de Port-Louis, il ralliait à sa personne tous les Lorientais qui se trouvaient dans la colonie, et puis un grand prestige s'attachait à sa personne. On savait que les deux seuls mobiles de sa conduite étaient l'amour de son état et la haine de l'Anglais.

« Dutertre, désintéressé, ne tenait pas plus à l'argent qu'aux douceurs de la vie, et pendant ses croisières il mangeait à la gamelle avec son équipage.

« Quant à Surcouf, il était connu pour avoir plus de chance, grand point pour les marins, que son rival; mais on savait qu'il aimait à trouver dans la richesse une compensation à la fatigue et aux dangers.

« Au total, la sympathie et l'intérêt des frères de la Côte, agissant sur eux en sens inverse, les deux capitaines rivaux avaient à peu près les mêmes chances de succès pour compléter leurs équipages.

« Inutile d'ajouter que Surcouf et Dutertre ne pouvaient se souffrir; forcés de reconnaître réciproquement leur mérite véritable, ils conservaient aux yeux du monde une attitude convenable vis-à-vis l'un de l'autre, mais en particulier, et dans le cercle de leurs intimes, ils se décriaient amèrement. Au reste, je dois ajouter que le plus violent des deux corsaires était, sans contredit, Dutertre, qui, sans être pourtant le moins du monde cruel, aimait passionnément et par-dessus tout, la lutte et les combats; pas un homme ne se montrait plus terrible que lui dans les abordages.

« La chance pour former leurs équipages était donc égale, je le répète, entre les deux capitaines, et chaque état-major des deux corsaires agissait activement pour embaucher le plus de matelots possible, lorsqu'en arrivant un matin chez Surcouf, selon mon habitude, je le trouvai furieux et exaspéré, sacrant et jurant comme un diable.

« — Qu'y a-t-il donc de nouveau, capitaine? lui demandai-je avec empressement.

« — Ce qu'il y a de nouveau, mille tonnerres ! s'écria-t-il. Encore une nouvelle infamie de ce damné Dutertre. Cet hypocrite-là vient de faire annoncer et afficher qu'au lieu de manger, selon son habitude, avec son équipage, il aura pendant cette croisière une table de capitaine, et que ce sera son équipage qui mangera avec lui. Pour donner plus de poids et de consistance à cette blague, il a fait placer des cages à poules à son bord jusqu'au ras des bastingages. De plus, il s'engage, le maudit farceur, à relâcher tous les quinze jours, pour se procurer des vivres frais ! Tous les frères de la Côte sont tombés dans le panneau et ne veulent plus s'embarquer qu'avec lui. Mais que le diable me torde le cou, si je ne lui sers pas, à mon tour, un plat de mon métier. J'ai mon idée... nous verrons !...

« Surcouf, après avoir prononcé ces paroles avec colère, mit son chapeau, et, se précipitant vers la porte, sortit précipitamment sans nous expliquer davantage ses projets.

« Or, voici, ainsi que nous l'apprîmes plus tard, de quelle façon s'y prit notre capitaine pour contrecarrer les intentions et neutraliser l'avantage obtenu par Dutertre.

« Surcouf envoya au bureau de la marine une soixantaine de mauvais drôles, créoles ou étrangers, en leur remettant deux piastres à chacun pour leur peine, se faire porter sur le rôle de son équipage, chacun sous le nom d'un matelot qu'il désirait avoir et qu'il leur indiqua. La chose s'opéra sans la moindre difficulté. Quelques jours plus tard, ces mêmes matelots, portés à leur insu sur les registres de la marine, furent appelés au commissariat. Que l'on juge de leur étonnement et de leur fureur lorsqu'ils apprirent qu'ils se trouvaient engagés malgré eux. L'esprit d'opposition agissant, ils commençaient à pousser des vociférations menaçantes, lorsque le commissaire de la marine, M. Marouf, petit Provençal vif et entêté au dernier degré et le croquemitaine des frères de la Côte, se présenta inopinément à leurs regards.

« Soit que M. Marouf se trouvât ce jour-là dans une mauvaise disposition d'esprit, soit que Surcouf lui eût rendu une visite particulière, toujours est-il qu'il affecta la plus grande colère, et, prononçant le mot de révolte, il fit fermer les grilles du commissariat de la marine et appeler des troupes en toute hâte.

« — Ah ! c'est comme ça, mes enfants, que vous tenez vos promesses, et que vous respectez l'autorité ! dit-il aux frères de la Côte, que sa présence avait déjà calmés ; eh bien ! nous allons rire... Je m'en vais d'abord vous inviter à passer quelque temps à ma maison de campagne... Vous vous reposerez là tout à votre aise de vos orgies de ces jours derniers ; ensuite, nous aviserons !

« Or, ce que M. Marouf appelait si agréablement sa maison de campagne, était une geôle affreuse, située derrière la porte du port, et adossée au bureau de la marine.

« Ce que le marin aime par-dessus tout, ai-je besoin de le dire ? c'est sa liberté. Mais au moment du départ, quand il lui reste une orgie à finir, un baiser d'adieu à donner, une piastre à dépenser, cet amour atteint chez lui des proportions inouïes. On n'aura donc pas lieu de s'étonner que la menace du petit Provençal produisît une immense terreur sur ces frères de la Côte, si insouciants cependant devant la mitraille et la tempête.

« Surcouf, le traître Surcouf, profitant habilement de ce moment critique, apparut alors comme un dieu sauveur. Il supplia le terrible Marouf de vouloir bien retarder de quelques instants l'accomplissement de sa menace, se faisant fort, lui, Surcouf, de ramener au sentiment du devoir les malheureux égarés qui refusaient avec si peu d'intelligence le bonheur qui les attendait.

« Le commissaire de la marine, vaincu par la prière du corsaire, consentit, tout en grognant, à lui accorder ce qu'il demandait. Seulement il fixa le terme de la conciliation à dix minutes.

« Dix minutes, c'était beaucoup pour Surcouf, qui savait aborder si carrément de front les affaires. Elles lui suffirent, surtout en renchérissant de cinquante piastres les avances qu'il faisait, sur celles de Dutertre, pour lui gagner une quarantaine de matelots ; le reste des frères de la Côte ayant demandé jusqu'au lendemain pour réfléchir.

« Que l'on juge de la rage de ce dernier lorsqu'il apprit, quelques heures après, ce funeste événement ! Il jura de s'en venger, et, joignant aussitôt l'action à la parole, il fit annoncer immédiatement que, loin de chercher à diminuer la part des matelots par un luxe d'état-major comme celui déployé par Surcouf, dont l'état-major se composait de trente personnes, il s'engageait à ne prendre qu'une douzaine d'officiers, le nombre strictement nécessaire pour conduire les prises et pour remplir le quart du bord. Qu'en outre, tout le monde, à bord du *Malartic*, lui tout le premier, ainsi que tous les officiers, toucherait part de prise égale ! Cette annonce eut un succès prodigieux.

« — Part égale ! répétaient les matelots avec enthousiasme. Vive Dutertre ! Faudrait-il pour nous embarquer avec lui déserter et aller ensuite en barques le rejoindre à la mer, nous le ferions !...

« — Parbleu ! dit Surcouf, lorsque cette nouvelle lui revint, nous avons, Dutertre et moi, pris jusqu'à présent une mauvaise marche pour terminer ce débat. Un tête-à-tête de cinq minutes au *Champ de Mars* décidera bien mieux ce différend.

« Dutertre, de son côté, se livrait à une réflexion tout à fait semblable, qu'il annonçait à ses amis.

« Telles étaient les dispositions des deux capitaines à l'égard l'un de l'autre, lorsque le soir même de la prétendue scène de révolte si facilement réprimée par le provençal Marouf, ils se rencontrèrent tous les deux au Grand-Café.

« Le Grand-Café, à l'Ile de France, était à cette époque le rendez-vous favori des duellistes, des flâneurs et des corsaires.

« — Il paraît, Surcouf, s'écria Dutertre, qui rougit de colère en voyant entrer son rival, que tu viens d'obtenir une place de commis dans les bureaux de la marine. Je te fais mon sincère compliment sur ton nouvel état.

« — Merci, Dutertre. Reçois aussi toutes mes félicitations pour la nouvelle profession que tu as choisie depuis peu.

« — Laquelle, Surcouf ?

« — Mais celle, dit-on, de cuisinier et de rôtisseur. On prétend que tu as débuté par un magnifique achat de poules.

« A cette réponse, Dutertre se levant, s'avança à la rencontre de Surcouf, qui s'empressa d'imiter son mouvement.

« Surcouf lui dit avec un sang-froid qui ne lui était certes pas habituel et qui ne manquait pas de dignité : — Tous ces propos sont déplacés dans la bouche de deux hommes tels que nous : ils seraient à peine convenables dans celle des ferrailleurs de ce café ; je t'estime et tu m'estimes ; je te défie de dire le contraire.

« — C'est vrai, répondit Dutertre ; mais tu éprouves à mon égard la même envie que je ressens au tien : celle de me tuer.

« — Oui, j'en conviens.

« — Alors, à demain matin, au Champ de Mars, au point du jour, n'est-ce pas ?

« — A demain matin, au point du jour, au Champ de Mars, c'est entendu.

« — A présent, veux-tu boire un punch avec moi ?

« — Dix, si tu le désires.

« Les deux capitaines s'assirent alors à la même table, et se mirent à causer comme si de rien n'était.

« Cette scène entre les deux plus célèbres corsaires de l'Ile de France avait produit, on le conçoit, une vive émotion parmi les habitués du café ; mais personne ne se permit d'y faire la moindre allusion pendant tout le reste de la soirée.

« Il était près de minuit, et les deux rivaux se donnaient une poignée de main avant de se retirer, lorsqu'un aide de camp du général Malartic vint les prévenir qu'il était chargé par le gouvernement de les conduire, sans les perdre de vue, en sa présence.

« La désobéissance était impossible, et tous les deux durent se soumettre. Ils s'acheminèrent donc, suivis de l'officier, vers le *gouvernement*. A peine étaient-ils entrés dans le salon, que le vénérable Malartic s'avançant à leur rencontre et les pressant dans ses bras :

« — Qu'allez-vous faire, malheureux ! leur dit-il d'une voix émue ; ne comprenez-vous donc pas que, quelle que soit l'issue de la rencontre que vous devez avoir dans quelques heures, et dont je viens, par bonheur, d'être instruit, ce sera toujours un immense triomphe pour l'Anglais ? Surcouf, et vous, Dutertre, croyez-vous donc que votre existence à chacun ne soit pas préférable pour les intérêts de la France à un vaisseau de haut bord ?

« Certes ! Et vous voulez que l'un de vous deux meure ? Quel est cependant celui de vous deux qui, pour satisfaire sa haine, consentirait à faire perdre à notre marine un vaisseau de haut bord ? Pas un ! Vous voyez bien que vous êtes des fous, des mauvaises têtes, et qu'il est fort heureux que le hasard amène entre vous deux un vieillard qui vous apprenne ce que vous valez et qui vous aime. Allons, embrassez-vous, et qu'il ne soit plus question de rien !

« Il y avait une si paternelle autorité dans la parole du vénérable et vénéré gouverneur, que les deux capitaines en furent touchés ; ils s'embrassèrent alors en se jurant une éternelle amitié.

« — A présent, leur dit le général, que tout est terminé, voulez-vous me permettre d'examiner le motif pour lequel vous vouliez vous battre ? C'était simplement pour avoir chacun de soixante à quatre-vingts matelots, afin de compléter vos équipages, n'est-ce pas ? Eh bien ! si au lieu de jouter de ruses et de finesses, vous ne vous étiez pas laissé aveugler par votre rivalité, vous auriez pensé à une chose fort simple : c'est qu'il y a justement cent soixante frères de la Côte de disponibles en ce moment, tout aussi bons marins les uns que les autres, et qu'en les tirant tout simplement au sort, vous aviez juste chacun votre affaire.

« — A cette remarque parfaitement juste du gouverneur, Surcouf et Dutertre ne purent s'empêcher de rire en songeant à combien de dépenses, de colère et d'ennuis les avait entraînés la vivacité irréfléchie de leur rivalité.

« Deux jours avant l'appareillage de la *Confiance*, eut lieu ce que l'on appelle la revue de départ, c'est-à-dire que les matelots se rendirent au bureau des classes pour se faire inscrire, reconnaître, et surtout pour toucher des avances.

« Rien n'est plus original et plus amusant pour un observateur, que d'assister à ce spectacle. Ici, c'est une femme éplorée qui, au milieu des larmes que lui arrache le départ de celui qu'elle aime, trouve moyen de ne pas perdre de vue la somme qu'on lui avance et finit par s'en emparer presque en entier. Plus loin c'est une épouse acariâtre et franchement rapace que son malheureux mari comble de prévenances inusitées pour tâcher de lui soustraire une partie des piastres qu'il vient de toucher. Presque partout, ce sont des matelots qui essayent de s'expliquer leur compte, et qui, bientôt impatientés de n'y pouvoir parvenir, remettent philosophiquement cet examen à leur premier voyage. Enfin, ce sont des créanciers qui, après avoir profité de la tentation irrésistible que produit toujours le crédit sur le marin, se jettent, oiseaux de proie affamés, sur le prix de ses travaux et de ses dangers futurs. Ici, la lutte prend un caractère d'acharnement féroce réellement curieux : le matelot furieux et le créancier implacable se livrent à des assauts de discours dignes certes des provocations des héros d'Homère. Le dénouement est que le premier finit par être forcé de donner plus qu'il ne voudrait, le second par recevoir infiniment moins qu'il ne demande, et tous les deux se séparent en s'accablant de malédictions réciproques. Six mois après, s'ils se rencontrent, ils tomberont dans les bras l'un de l'autre, et reprendront bientôt leur ancien rôle de débiteur et de créancier, pour se refâcher plus tard encore.

« Comment dire à présent les prétentions,

soit bizarres, soit exagérées que posent certains matelots comme condition dernière de leur embarquement ? Cela nous mènerait trop loin et demanderait au moins un volume. Toutefois, je dois ajouter que pour peu que les officiers présents à la revue possèdent la moindre connaissance du caractère du marin, ils viennent facilement à bout de ces exigences. Je citerai, afin de mieux me faire comprendre, un des cinquante exemples, pris au hasard, qui se présentèrent et dont je fus témoin pendant la revue de l'équipage de *la Confiance*.

— Moi, dit un matelot en s'avançant à son tour de rôle, à l'appel de son nom, je veux bien m'embarquer en qualité de simple *santabousca*[1], mais à une seule condition : c'est que je ne prendrai plus de ris...

« — On ne te demande que de faire ta besogne comme tout le monde, mon garçon, lui répondit notre second, M. Drieux.

« — Je ne dis pas non, mon capitaine, mais j'en ai trop pris, de ris... j'en veux plus... Ça, c'est dans ma tête et ça n'en sortira plus.

« — Je conçois l'exigence de cet homme, reprit M. Drieux en se retournant vers nous. Il ne sait pas comment se prend un ris, et il aurait peur de montrer son ignorance...

« — Ah ! vous croyez ça, mon officier, s'écria le matelot piqué au vif dans son amour-propre ; eh bien ! vous vous trompez joliment ! Demandez donc un peu à M. Dutertre, à M. le Même, à M. Mautaudevert et au capitaine l'Hermite si je ne connais pas un peu bien mon métier ? Ah ! c'est comme ça, continua le matelot en s'animant de plus en plus à l'idée que l'on mettait en doute ses connaissances, alors, entendez-vous, je ne m'embarque plus que comme gabier !... Je ne veux plus quitter la hune !... Ah ! je ne sais pas prendre un ris ! C'est drôle tout de même de prétendre ça ! on verra. Je vous montrerai que rien qu'avec la jarretière de ma maîtresse je sais souquer une empointure plus vite et mieux que n'importe quel matelot du bord !

« Trois jours après la revue, sonna l'heure du départ ! le canon, qui tire d'heure en heure, annonce à l'équipage de *la Confiance*, joyeusement occupé à gaspiller ses avances, qu'il ait à faire ses adieux aux plaisirs de la terre, que la saison des prises est venue.

« Fidèle au devoir, la troupe chancelante des matelots, que suit un long cortège d'amis, de femmes, de petits marchands et de créanciers, arrive bientôt sur la plage et se jette, derniers vestiges d'un luxe mourant, dans des canots pavoisés.

« Avant de se séparer, on s'embrasse, on se serre les mains, il y a même quelques larmes véritables de répandues, et tout est dit ! Combien y en a-t-il parmi ces hommes si forts et si confiants dans l'avenir, que l'on ne reverra plus ! Quels sont ceux que le fer ou le plomb anglais doivent jeter sanglants dans l'arène ? On l'ignore ! et cette incertitude, qui plane sur tous, donne une certaine solennité mélancolique à cette heure suprême de la séparation.

« — Au large les embarcations ! cria enfin d'une voix retentissante M. Drieux.

« Les rames s'agitent, et l'on s'éloigne !

« Toute la population de la ville a envahi les quais du port pour voir appareiller *la Confiance*.

« Bientôt l'équipage est sur le pont ; les voiles sont déployées, puis l'on entend comme un éclat de tonnerre que répètent à l'infini les échos des montagnes ; c'est le dernier coup de partance : le corsaire est à pic.

« Alors, au commandement de Surcouf, le petit foc montre rapidement sa face triangulaire ; on dérape l'ancre ; la nappe du petit hunier, abandonnant la vergue, pèse, gonflée par la brise, sur le mât de misaine qui s'assure par un léger craquement, le navire tourne sur sa quille, développe au vent son

---

1. Santa-bousca ou gouin signifie, en argot maritime, simple matelot.

Les hommes du canot se mettent tout à coup à pousser des cris de détresse. (Page 639.)

flanc armé ; toutes les voiles s'orientent au bruit des sifflets des maîtres, des hourras et des chants tumultueux de l'équipage ; puis, reprenant enfin le joug de son gouvernail, la Confiance s'élance en creusant un sillon qui montre qu'elle saura franchir 100 lieues par jour.

« Adieu, délicieuse Ile de France ! Qui sait si nous te reverrons jamais, paradis enchanté du marin ! A présent nous appartenons au hasard !

« Le lendemain de notre départ, nous capturâmes un trois-mâts américain que l'on expédia à l'Ile de France. Son capitaine nous apprit la présence de la frégate de sa nation l'Essex, sur la rade de Batavia, dont nous étions éloignés alors d'environ 20 lieues ; cette fâcheuse nouvelle dérangea complétement notre plan de campagne. Au lieu d'établir notre croisière dans les parages où nous nous trouvions en attendant que la saison nous permît d'affronter le golfe et les brasses du Bengale, nous cinglâmes vers l'archipel des Seychelles. Surcouf comptait attendre là la fin de la mousson du nord-ouest, et gagner ensuite les bouches du Gange.

Vers le milieu du mois d'août nous appareillâmes de Sainte-Anne, où nous perdîmes trois de nos hommes qui périrent, sous nos yeux, dans le chavirement d'une pirogue, dévorés par les requins, et nous parvînmes

80.

enfin à l'endroit choisi par Surcouf, pour établir notre croisière.

Surcouf, chacun avait fait et s'était communiqué cette remarque, semblait depuis quelques jours inquiet et préoccupé. Nous le voyions à chaque instant consulter de sa longue-vue l'horizon désert, et donner des signes d'impatience et de colère.

Nous nous trouvions à l'est de Ceylan, quand nous aperçûmes une goélette danoise portant un pavillon jaune au mât de misaine. A cette vue, qui n'avait cependant rien de bien intéressant pour nous, Surcouf poussa un énergique juron et sa figure refléta la joie la plus vive.

« Dès que le navire danois fut à portée de fusil de *la Confiance*, son capitaine vint à notre bord. Je le vois encore descendant sur notre pont d'un air hypocrite, humble, et portant un gros registre sous son bras.

« — Illustre capitaine, dit-il en s'inclinant profondément devant Surcouf; mais ce dernier, lui coupant la parole :

« — Venez avec moi, lui dit-il, nous causerons plus à notre aise dans ma cabine.

« Au premier mot prononcé par le Danois, il me sembla que j'avais déjà entendu sa voix ; en consultant mes souvenirs, je me rappelai que cette voix était la même que celle du capitaine avec qui Surcouf avait eu une conférence, surprise par moi, chez le consul de Danemark. Je compris tout alors : cet homme était notre espion, qui venait rendre compte de l'honorable mission dont Surcouf l'avait chargé.

« En effet, pendant trois heures entières il resta enfermé avec notre capitaine dans la grand'chambre, il paraît qu'il avait fait consciencieusement les choses.

« A partir de cette époque, *la Confiance*, qui établit sa croisière de la côte malaise à la côte Coromandel, et *vice versâ*, en remontant le golfe du Bengale, ne cessa plus de faire d'heureuses rencontres. En moins d'un mois nous capturâmes 6 magnifiques navires, tous richement chargés, de l'importance, l'un dans l'autre, de 500 tonneaux ; 5 de ces navires étaient anglais, le dernier un faux arménien.

« Décidément, pensai-je, les 6,000 piastres ou 30,000 francs déboursés par Surcouf lui rapportent de fort beaux intérêts.

« Une fois nos prises expédiées, notre équipage se composait encore de 130 frères de la Côte déterminés : avec de telles forces, un navire comme *la Confiance* et un capitaine qui se nommait Surcouf, il nous était permis d'espérer que nos succès ne devaient pas s'arrêter de sitôt.

« De temps en temps nous étions chassés par des croiseurs anglais de haut bord, et il nous fallait prendre chasse devant eux ; ce qui humiliait un peu notre amour-propre national : nous nous consolions en songeant que notre métier était de combattre pour la fortune, non pour la gloire.

« Au reste, *la Confiance* marchait d'une façon si supérieure, que nous éprouvions même dans notre fuite un certain sentiment d'orgueil en nous voyant éviter aussi facilement les Anglais ; l'idée du désappointement et de la colère que devait leur faire éprouver l'inutilité de leurs efforts chatouillait agréablement la haine que nous leur portions.

« Il y avait déjà près d'une semaine que nous naviguions ainsi bord sur bord, sans avoir rien rencontré, lorsqu'un beau matin la vigie cria : Navire !

« — Où cela ? demanda Surcouf que l'on fut de suite, selon ses ordres, prévenir.

« — Droit devant nous, capitaine.

« — Est-il gros, ce navire?

« — Mais oui, capitaine, du moins, il le paraît.

« — Tant mieux ! Quelle route tient-il?

« — Impossible de le savoir, car on le voit debout. Au reste, vous devez pouvoir le distinguer à présent d'en bas.

« Aussitôt toutes les lunettes et tous les yeux se dirigèrent vers le point indiqué. On aperçut, en effet, une haute pyramide mobile tranchant par sa blancheur sur le brouillard épais qui, dans ces parages, descend la nuit des hautes montagnes de la côte et enveloppe encore le matin les abords du rivage.

« — Ce navire peut être aussi bien un vaisseau de haut bord qu'un bâtiment de la compagnie des Indes, nous dit Surcouf; que faire? Ma foi, si c'est un navire de guerre, eh bien! tant pis, nous rirons. Si c'est un navire marchand, nous le capturerons. La brise de terre favorisait la voile en vue, tandis que *la Confiance*, au contraire, était retenue par le calme; néanmoins, nous orientons grand largue sur elle; elle imite notre manœuvre. Nous cinglons bâbord amure; elle cingle tribord amure; toutes nos suppositions vont bientôt cesser, car les deux navires voguent à pleines voiles l'un vers l'autre.

« Deux lieues nous séparent à peine, et, quoiqu'il soit fort difficile d'apprécier la force d'un vaisseau sous l'aspect raccourci que nous présente l'inconnu, nous commençons déjà nos observations.

« Nous acquérons d'abord la certitude que ce navire possède une batterie couverte, ensuite, qu'il est supérieurement gréé et que ses voiles sont taillées à l'anglaise. Voilà sa nationalité connue; sur ce point, le doute n'est plus possible : oui, mais quelles sont au juste sa force et sa nature? C'est un problème que personne ne pourrait résoudre; le temps seul est à même de l'expliquer; l'attente ne sera pas longue. Seulement, la position de *la Confiance* se complique, car la brise, d'abord molle, a fraîchi au point de nous faire filer trois nœuds à l'heure. Cependant, afin de sortir plus tôt de notre doute et de connaître notre ennemi, nous nous débarrassons de nos menues voiles, et, lofant de deux quarts, nous orientons au plus près. Le navire en vue s'empresse encore cette fois de répéter notre manœuvre.

« Toutefois, comme de part et d'autre une divergence de deux quarts dans la route est insuffisante pour nous permettre de nous apprécier, *la Confiance*, après avoir couru pendant quelque temps sous cette allure, laisse arriver de trois quarts sur bâbord. Le mystérieux vaisseau se hâte de laisser arriver aussi, de manière à nous couper sur l'avant, et nous nous retrouvons de nouveau dans une position oblique qui nous laisse toutes nos incertitudes, car de nombreux ballots et une grande quantité de futailles masquent sa batterie d'un bout à l'autre.

« Surcouf, impatienté, arpente le pont d'un pas nerveux et saccadé, en mordant à chaque pas, avec fureur, son cigare. L'équipage est irrité : malheur à l'inconnu s'il est de notre force et si nous en venons aux mains avec lui!

« La vélocité la plus grande que pouvait déployer *la Confiance*, comme au reste cela a lieu pour tous les navires fins voiliers, était celle qu'il obtenait par l'allure du plus près : seulement, comme une pareille manœuvre eût été dangereuse au moment d'un combat, nous revenons du lof et nous halons bouline, afin de conserver, quelle que soit l'issue de cette aventure, l'avantage du vent et la possibilité, en cas d'une nécessité absolue, d'opérer notre retraite.

« Enfin, nous commençons à gagner du vent sur l'inconnu! donc, nous marchons mieux que lui. Chacun se réjouit à cette découverte.

« Quant à lui, fidèle à sa tactique, il n'avait pas manqué encore cette fois d'imiter notre manœuvre.

« — Parbleu! dit Surcouf, nous saurons bien tout à l'heure si cet empressement à nous rejoindre est feint ou réel. Je suis un vieux renard, par l'expérience, à qui l'on n'en fait pas accroire facilement. Je connais toutes les ruses. En combien d'occasions n'ai-je pas vu des vaisseaux marchands, quand ils ont pour eux une belle apparence et qu'ils sont commandés par des capitaines au fait de leur métier, essayer d'effrayer ceux qui les chassent en feignant de désirer eux-mêmes le combat ! Encore un peu de patience, voilà que nous approchons ce farceur-là à vue d'œil ! Je ne sais, mais j'ai idée qu'il y a de la fanfaronnade et de la ruse dans tout cela !

« Surcouf, pénétré de cette idée, dirige de telle façon la marche de *la Confiance*, que nous nous trouvons à la fin forcés de passer au vent de l'ennemi. Nous risquons donc, si notre commandant s'est trompé, de recevoir, à brûle-pourpoint, une bordée qui peut nous causer des avaries majeures et nous mettre à la merci de l'ennemi ; puis, enfin, en passant sous le vent à lui nous courons le danger d'être abordés.

« — Messieurs, nous dit Surcouf, qui connaît trop quelle est sa supériorité pour craindre d'avouer son erreur, j'ai commis une grosse faute ! J'aurais dû laisser arriver d'abord et chasser ensuite sous différentes allures pour m'assurer de la force et de la marche de l'Anglais !

« Notre capitaine se frappe alors le front avec violence, rejette loin de lui son cigare ; puis reprenant de suite son sang-froid :

« — C'est une leçon, répond-il tranquillement. J'en profiterai.

« Surcouf, retiré sur la poupe, interroge avec soin un gros registre sur lequel sont crayonnés des dessins de navire ; au bas de chaque dessin se voient plusieurs lignes d'écriture.

« — Parbleu ! messieurs, nous dit-il tout à coup, voilà mes doutes éclaircis. Vous êtes des officiers de corsaire et non des enfants, à quoi bon vous cacher ma découverte ? Remarquez bien l'Anglais : il a un buste pour figure, des bras de civadières à palans simples, et une pièce neuve au-dessus du ris de chasse de son petit hunier, n'est-ce pas ? Eh bien ? c'est tout bonnement une frégate. Et savez-vous quelle est cette frégate, Garneray ? continua Surcouf en se retournant vers moi, c'est cette coquine de *Sibylle* qui, dans ces mêmes parages, a pris, il y a deux ans, *la Forte* que commandait votre parent Beaulieu-Leloup [1] ! Sacré nom ! nous aurons fort à faire pour nous en débarrasser ; car son capitaine, qui a été tué dans le combat contre *la Forte*, était un rusé renard, et il a laissé des élèves dignes de lui !... Après tout, je ne suis pas non plus précisément un imbécile... Voyons un peu s'ils mordent à l'hameçon ! ... Que je parvienne seulement à orienter *la Confiance* au plus près, et je serais curieux de savoir comment ils s'y prendront alors pour nous rattraper !... Ah ! si je ne me trouvais pas privé de la moitié de mes hommes, dispersés sur les prises que j'ai dû envoyer à l'Ile de France, par Dieu ! quoique cela ne me rapportât rien, je me passerais la fantaisie de dire deux mots à l'Anglais, histoire d'essayer de venger *la Forte*... Mais avec mon équipage si restreint je ne puis songer à me procurer cet agrément !... Ce serait sacrifier *la Confiance*, sans chance de succès !... Hein ! il vaut mieux les tromper ! Quelle ruse inventer ?... Quel hameçon tendre ?

« Surcouf plaça alors sa main devant ses yeux, comme pour s'isoler de toute préoccupation extérieure, et resta réfléchi pendant à peine cinq ou six secondes. Lorsqu'il nous montra de nouveau son visage, nous comprîmes, au sourire moqueur qui plissait ses lèvres, que tout espoir n'était pas perdu. Cependant nous n'étions plus guère éloignés que d'un quart de portée de canon de *la Sibylle*. A peine Surcouf a-t-il prononcé quelques mots que déjà il est compris : aussitôt, malgré la gravité de notre position, qui semble désespérée, officiers et matelots se met-

---

1. *La Sibylle*, dans le but d'attaquer *la Forte* au dépourvu, lui avait laissé prendre sous ses yeux un nombre considérable de navires anglais ; la privant, par les équipements qu'ils nécessitent, de la plus grande partie de son monde.

tent en riant à l'œuvre. On retire des grands coffres un assortiment complet d'uniformes anglais, et chacun se travestit en toute hâte.

« Cinq minutes ne se sont pas encore écoulées que l'on ne voit plus déjà que des Anglais sur notre pont; la mascarade ne laisse plus rien à désirer. Alors une trentaine de nos hommes, d'après l'ordre de Surcouf, suspendent leurs bras en écharpe ou emmaillottent leurs têtes : ces hommes sont des blessés. Pendant ce temps, on cloue en dedans et en dehors des murailles du navire des plaques en bois, destinées à simuler des rebouchages de trous de boulets, puis on défonce à coups de marteau les plats-bords de nos embarcations. Enfin un véritable Anglais, notre interprète en chef, affublé de l'uniforme de capitaine, prend possession du banc de quart et du porte-voix. Surcouf, habillé en simple matelot, est placé à ses côtés, prêt à lui souffler la réplique.

« Nos préparatifs étaient achevés, lorsque un jeune enseigne de notre bord, M. Bléas, s'avança coiffé d'un chapeau à casque[1] au pied du banc de quart où se tenait Surcouf.

« — Me voici à vos ordres, capitaine, lui dit-il. J'espère que vous approuverez mon travestissement ?

« — Il est on ne peut mieux réussi, mon cher ami, lui répondit Surcouf en riant. A présent, écoutez-moi avec la plus grande attention. La mission que je vais vous confier est de la plus haute importance. Si je vous ai choisi pour être le héros de la comédie, c'est d'abord en votre double qualité de neveu de l'armateur de *la Confiance* et d'intéressé dans les actions du corsaire, ensuite parce que vous parlez admirablement bien anglais; enfin, par suite de l'estime toute particulière que m'inspirent votre intelligence et votre sang-froid.

« — Je ne puis vous répéter que ce que je vous ai déjà dit, capitaine, que je suis à vos ordres.

« — Je vous remercie. Vous allez, Bléas, monter dans la yole et vous rendre à bord de *la Sibylle*.

« — Bien : dans dix minutes vous m'apercevrez sur son pont.

« — Du tout; dans cinq minutes, je veux voir, vous étant dedans, votre yole s'emplir.

« — Vrai, Surcouf ? Eh bien ! je veux bien couler, quitte à me faire croquer par un requin pendant que je me sauverai à la nage; mais que le diable m'emporte et que *la Sibylle* nous capture si je comprends votre intention !

« — Ça ne fait absolument rien à la chose, Bléas. Vous avez, oui ou non, confiance en moi ?...

« — Puisque je vous dis, capitaine, que c'est convenu ! Ah ! à propos, mais les gens qui m'accompagneront, ne craignez-vous pas qu'ils ne trouvent la plaisanterie un peu forte et qu'ils ne refusent de s'y associer ?...

« — Vous n'avez rien rien à craindre à ce sujet : vos gens sont avertis, dévoués, et ils joueront leur rôle à ravir ! A présent voici 100 doublons[1] pour vous et 25 pour chacun d'eux. Cet argent est destiné à charmer les loisirs de votre captivité; mais ne craignez rien, je vous promets que vous sortirez de prison avant d'avoir eu le temps d'entamer sérieusement cette somme. Oui, je vous promets, dussé-je donner 50 Anglais en échange contre vous, que vous serez tous libres bientôt !... A présent, inutile d'ajouter, car je vous connais, qu'en outre de ces 100 doublons et de vos parts de prise, une magnifique et copieuse récompense sera prélevée sur la masse pour vous et pour vos hommes...

« — Oh ! capitaine, quant à cela...

---

[1]. A cette époque, les officiers de la marine militaire britannique portaient sur leurs chapeaux ronds une espèce de boudin en plumes noires, qui, passant par-dessus la forme de la coiffure dans le sens de l'avant à l'arrière, en couvrait le bord, sans le dépasser, et lui donnait de loin l'aspect d'un casque.

[1]. Le double ou l'once vaut de 82 à 85 fr.

« — Bah! laissez donc!... de l'or, ça porte bonheur... Ainsi, vous m'avez bien compris?

« — On ne peut mieux, capitaine.

« — N'allez pas, au moins, vous jeter à la nage!

« — Quoi! s'écria l'enseigne Bléas avec une stupéfaction comique, est-ce qu'il faut nous laisser noyer?

« — Non, farceur... Dès que vous aurez de l'eau à mi-jambe et que votre embarcation sera convenablement pleine, vous appellerez à votre secours, et en bon anglais, surtout, les hommes de la Sibylle... C'est arrêté, convenu, adjugé.

« — Oui, capitaine... ça ne fait pas un pli.

« — Alors, une poignée de mains, et sautez dans le canot.

« Robert Surcouf s'adressant alors au patron de la yole, un nommé Kerenvragne :

« — Kerenvragne, mon garçon, lui dit-il, tu as confiance en moi, n'est-ce pas?

« — Sacré tonnerre!... si j'ai confiance en vous! Mais c'est vraiment, sauf votre respect... ce que vous demandez là, mon capitaine! Encore pire qu'un dieu, vous dis-je!...

« — Bois ce verre de vin à ma santé, prends ce gros épissoir[1], reprit Surcouf en lui présentant l'instrument annoncé, et puis, quand vous serez à mi-chemin de la frégate, flanque-moi deux ou trois bons coups au fond de la yole de façon qu'elle s'emplisse promptement.

« Ici Surcouf parla bas à l'oreille de Kerenvragne, qu'il affectionnait au reste particulièrement, et lui remit, en essayant de le dissimuler, un rouleau recouvert en papier, que ce dernier laissa tomber dans la poche de son pantalon :

« — C'était pas la peine, dit Kerenvragne, enfin, ça n'y fait rien... Salut, capitaine!

« — Tu ne m'embrasses pas?

1. Épissoir : instrument en fer pointu d'un bout et marteau de l'autre, il sert à ajuster les cordages.

« — Comment donc, mais avec beaucoup d'agrément! répondit le marin extrêmement flatté de cette marque d'amitié, et en repoussant au fond de sa bouche la formidable chique qui gonflait sa joue.

« Dix secondes plus tard, la yole, commandée par M. Bléas, quittait notre bord.

« La *Confiance*, serrée de près, se débarrasse de toutes ses voiles hormis les huniers, laisse arriver plat vent arrière, assure d'un coup de canon le pavillon anglais hissé en poupe, revient lof sur bâbord, et met en panne.

« De son côté la *Sibylle*, qui ne semble pas ajouter une foi bien entière dans notre prétendue nationalité, fait porter quelques quarts pour nous tenir toujours sous sa volée, laisse tomber à l'eau quelques-uns des prétendus ballots qui encombrent les sabords de sa batterie, démasque à nos yeux sa formidable ceinture de canons et vient prendre la panne à bâbord à nous.

« A peine les deux navires sont-ils établis sous cette même allure que le capitaine anglais nous demande d'où nous venons, pourquoi nous l'avons approché de si près sous tant de voiles, etc., etc.

« L'interprète qui occupe la place de Surcouf tandis que celui-ci, placé à ses côtés, lui souffle ses réponses, répond que nous venons de Londres, que nous avons justement reconnu la *Sibylle* à son déguisement; que si nous nous sommes approchés avec tant d'empressement, c'est que nous avions une bonne nouvelle à apprendre à son capitaine.

« — Quelle est cette nouvelle? nous demande l'Anglais toujours sur ses gardes.

« — Celle de votre promotion, commandant, à un grade supérieur. On ne parle que de cela à l'Amirauté; il paraît aussi, dit-on, que la *Sibylle* doit être rappelée sous peu. Mais ceci, je vous le répète, n'est qu'un on-dit, tandis que votre nomination peut être considérée comme une chose officielle.

« Cette réponse, transmise par l'interprète avec un imperturbable sang-froid et un ton de conviction parfaitement joué, dénotait de la part de Surcouf une profonde connaissance du cœur humain. En effet, le capitaine de la *Sibylle*, ébloui par l'annonce de la bonne fortune qui lui arrivait, commença, on put facilement le remarquer à l'expression de son visage, à abandonner ses premiers soupçons. Toutefois, l'habitude du devoir l'emporte encore un instant en lui, et il reprend son interrogatoire.

« — Mais pourquoi n'avez-vous pas répondu plus tôt à mes signaux ? hèle-t-il de nouveau.

« — D'abord, capitaine, parce que les signaux ont été changés ; ensuite parce que le livre de tactique et les pavillons ont été en partie détruits dans le combat que nous avons eu à soutenir.

« — Ah ! quel combat avez-vous donc eu à soutenir ?

« — Un terrible s'il en fut jamais, contre un corsaire bordelais que nous avons enlevé à l'abordage sur la côte de Gascogne. Je me suis même permis, capitaine, en vous envoyant les paquets que l'on m'a remis pour vous, d'y joindre deux caisses de bouteilles de cognac provenant d'un second corsaire français qui, après un nouveau et épouvantable combat, est tombé en notre puissance.

« — Ah ! très-bien, dit le vieux capitaine de la *Sibylle*, qui, en songeant sans doute au mal que nous avons causé aux Français, et peut-être bien aussi au cognac qu'il va recevoir, sourit agréablement à notre interprète.

« Toutefois, le vieux marin est tellement familiarisé avec les devoirs de sa profession qu'il ne peut s'empêcher de s'écrier avec un reste de défiance :

« — C'est une chose réellement bizarre comme votre navire ressemble à un corsaire français !

« — Mais c'en est un, capitaine ! et un fameux, encore ! celui que nous avons capturé sur la côte de Gascogne. Comme les corsaires de Bordeaux sont les meilleurs marcheurs du monde, nous l'avons préféré à notre bâtiment pour continuer notre voyage. Notre intention est, Dieu aidant, de poursuivre et de prendre Surcouf.

« — Un fameux coquin ! s'écria le commandant de la *Sibylle*.

« — A qui le dites-vous ? capitaine. Nous savons qu'il croise en ce moment dans ces parages-ci, et qu'il y cause un tort considérable au commerce anglais... Oh ! nous le prendrons... nous l'avons juré !

« Pendant que cette conversation avait lieu entre notre interprète et le capitaine anglais, les hommes du canot, commandés par l'enseigne Bléas, se mettent tout à coup à pousser des cris de détresse : en effet, leur embarcation, presque toute remplie d'eau, est sur le point de couler.

« Nous hélons immédiatement la frégate pour la supplier d'envoyer secourir nos hommes, car nos autres embarcations, encore plus abîmées par les boulets et la mitraille que celle qui coule en ce moment, sont tout à fait hors d'état de tenir la mer.

« Comme le sauvetage de naufragés est le plus impérieux et le premier devoir du marin, dans quelque position qu'il se trouve et à quelque nation qu'appartiennent les malheureux en danger, deux grands canots se dirigent immédiatement de la *Sibylle* pour venir au secours de l'enseigne Bléas et de ses matelots.

« — Sauvez seulement nos marins, crie l'interprète. Quant à nous, nous allons courir un bord et les prendre en revenant ainsi que le canot.

« Pour courir ce bord, la *Confiance* laisse tomber sa misaine, hisse ses perroquets, son grand foc, borde sa brigantine et gagne ainsi de l'avant sur la frégate. Ce prétexte trouvé par Surcouf était un trait de génie.

« — Messieurs, nous dit-il en laissant joyeusement éclater toute sa joie, voyez donc comme ces Anglais, que nous sommes réellement coupables de ne pas aimer, sont bons garçons ! Les voilà qui aident nos hommes à monter à bord ! Bon ! voilà Kerenvrague qui a une attaque de nerfs !... Et Bléas... messieurs ! Bléas qui s'évanouit ! Quels charmants drôles... Je me ressouviendrai d'eux ! Ils ont joué leurs rôles à ravir ! A présent, voici le moment venu de jeter le masque... Nos amis sont sauvés... et nous aussi... Maintenant, attention à la manœuvre... Toutes les voiles dehors ! Oriente au plus près... Bouline partout... Et toi, mousse, apporte-moi un cigare allumé.

« La brise du large était alors dans toute sa force. Jamais, non, jamais, la *Confiance* ne se conduisit plus noblement que dans cette circonstance : on eût dit, à voir sa marche rapide, qu'elle avait la conscience du danger auquel nous étions exposés.

« Quant à nous, fiers de monter un pareil navire, nous regardions avec une admiration pleine de reconnaissance l'eau filer le long de son bord écumante et rapide comme la chute d'un torrent.

« Aussi, avant que la *Sibylle* ait deviné notre ruse, qu'elle nous ait tiré sa volée, embarqué ses canots et orienté sur nous, sommes-nous presque déjà hors de la portée de ses canons.

« La chasse commença aussitôt et dura jusqu'au soir, mais avec un tel avantage en notre faveur que quand le soleil disparut nous n'apercevions déjà presque plus l'ennemi. La nuit venue nous fîmes fausse route, et le lendemain matin nous n'avions plus devant nous que l'immensité solitaire de l'Océan.

« Malgré l'heureuse issue de notre stratagème et la façon presque miraculeuse dont nous avions échappé à l'ennemi, Surcouf n'était pas de bonne humeur ; son cœur souffrait d'avoir été obligé de plier devant l'Anglais, et le sacrifice de l'enseigne Bléas et des gens de l'embarcation lui pesait.

« Nous cinglions donc le lendemain de notre rencontre avec la *Sibylle*, ce jour était le 7 août 1800, vers le Gange, lorsque l'on entendit la vigie du mât de misaine crier :

« — Oh ! d'en bas ! oh !

« — Holà ! répondit le contre-maître du gaillard d'avant en dirigeant de suite son regard vers les barres du petit perroquet.

« — Navire, crie de nouveau la vigie.

« — Où ?

« — Sous le vent à nous, par le bossoir de bâbord, quasi sous le soleil !

« — Où gouverne-t-il ?... reprit le contre-maître.

« — Au nord !

« — Est-il gros ? regarde bien avant de répondre.

« — Très-gros !

« — Eh bien, tant mieux ! dirent les hommes de l'équipage. Les parts de prise seront plus fortes.

« L'officier de quart, qui, l'œil et l'oreille au guet, écoutait attentivement ce dialogue, se disposait à faire avertir notre capitaine alors retiré dans sa cabine, lorsque Surcouf, l'ennemi juré de toute formalité et de tout décorum, apparut sur le pont. Surcouf, qui voyait, savait et entendait tout ce qui se passait à bord de la *Confiance*, s'élança, sa lunette en bandoulière et sans entrer dans aucune explication, sur les barres du petit perroquet. Une fois rendu à son poste d'observation et bien en selle sur les traversins, il braqua sa longue-vue sur l'horizon. L'attention de l'équipage, excitée par la cupidité, se partagea entre la voile en vue et Surcouf.

« — Laisse arriver ! mettez le cap dessus ! s'écrie bientôt ce dernier en passant sa longue-vue à M. Drieux. Un charivari infernal suit cet ordre ; la moitié de l'équipage, qui repose en ce moment dans l'entrepont, se réveille en sursaut, s'habille à la hâte sans trop tenir compte de la décence, et envahit précipitamment les panneaux pour satisfaire sa curio-

Drieux conduit son escouade d'abordage... (Page 647.)

sité; en un clin d'œil, le pont du navire se couvre de monde : on s'interroge, on se bouscule, on se presse en montant au gréement, chacun veut voir !

« Surcouf réunit alors son état-major autour de lui et nous interroge sur nos observations. Ce conseil improvisé ne sert pas à grand'chose. Chacun, officier, maître, matelot, donne tumultueusement son avis; mais cet avis est de tout point conforme à celui de notre commandant, c'est-à-dire que le navire en vue est à dunette, qu'il est long, bien élevé sur l'eau, bien espacé de mâture; en un mot, que c'est un vaisseau de guerre de la compagnie des Indes, qui se rend de Londres au Bengale et qui, en ce moment, court bâbord amure et serre le vent pour nous accoster sous toutes voiles possibles. A présent, ce navire doit-il nous faire monter à l'apogée de la fortune, ou nous jeter, cadavres vivants, sur un affreux ponton ? C'est là un secret que Dieu seul connaît ! N'importe, on risquera la captivité pour acquérir de l'or ! L'or est une si belle chose, quand on sait, comme nous, le dépenser follement.

« — Tout le monde sur le pont ! hèle Surcouf du haut des barres, où il s'est élancé de nouveau, toutes voiles dehors ! Puis, après un silence de quelques secondes : Du café, du rhum, du bishop. Faites rafraîchir l'équipage !... Branle-bas général de combat ! ajoute-t-il d'une voix éclatante.

« — Branle-bas ! répète en chœur l'équipage avec un enthousiasme indescriptible.

« Au commandement de Surcouf, le bastingage s'encombre de sacs et de hamacs, destinés à amortir la mitraille ; les coffres d'armes sont ouverts, les fanaux sourds éclairent de leurs lugubres rayons les soutes aux poudres ; les non-combattants, c'est-à-dire les interprètes, les médecins, les commissaires aux vivres, les domestiques, etc., se préparent à descendre pour approvisionner le tillac de poudre et de boulets, et à recevoir les blessés ; le chirurgien découvre, affreux cauchemar du marin, les instruments d'acier poli ; les panneaux se ferment ; les gardefeux, remplis de gargousses, arrivent à leurs pièces ; les écouvillons et les refouloirs se rangent aux pieds des servants, les bailles de combat s'emplissent d'eau, les boute-feux fument : enfin, toutes les chiques sont renouvelées, chacun est à son poste de combat !

« Ces préparatifs terminés, on déjeune. Les rafraîchissements accordés par Surcouf font merveille ; c'est à qui placera un bon mot ; la plus vive gaieté règne à bord ; seulement, cette gaieté a quelque chose de nerveux et de fébrile, on y sent l'excitation du combat !

« Cependant le vaisseau ennemi, du moins on a mille raisons pour le présumer tel, grandit à vue d'œil et montre bientôt sa carène. On connaît alors sa force apparente, et la *Confiance*, courant à contre-bord, l'approche bravement sous un nuage de voiles.

« A dix heures, ses batteries sont parfaitement distinctes ; elles forment deux ceintures de fer parallèles de trente-huit canons ! Vingt-six sont en batterie, douze sur son pont !... c'est à faire frémir les plus braves ! Une demi-lieue nous sépare à peine du vaisseau ennemi.

« — Mes amis, nous dit Surcouf, dont le regard étincelle d'audace, ce navire appartient à la compagnie des Indes, et c'est le ciel qui nous l'envoie pour que nous puissions prendre sur lui une revanche de la chasse que nous a donnée hier la *Sibylle !* Ce vaisseau, c'est moi qui vous le dis, et je ne vous ai jamais trompés, ne peut nous échapper !... Bientôt il sera à nous : croyez-en ma parole ! Cependant, comme la certitude du succès ne doit pas nous faire méconnaître la prudence, nous allons commencer d'abord par tâcher de savoir si tous ses canons sont vrais ou faux.

« Le brave et rusé Breton fait alors diminuer de voiles pour se placer au vent, par son travers, à portée de 18. A peine cette manœuvre est-elle opérée, qu'un insolent et brutal boulet part du bord de l'ennemi pour assurer ses couleurs anglaises. A cette sommation d'avoir à montrer notre nationalité, un silence profond s'établit sur la *Confiance*.

« — Imbécile ! s'écrie Surcouf en haussant les épaules d'un air de pitié et de mépris. Apostrophant alors l'ennemi comme s'il eût été un adversaire en chair et en os, notre capitaine se met à débiter, avec un entrain et une verve qui faisaient bouillir d'enthousiasme le sang de l'équipage dans ses veines, un discours, en argot maritime, qui est resté comme le chef-d'œuvre du genre.

« Surcouf parlait encore, lorsque l'Anglais, irrité sans doute de notre lenteur à obéir à ses ordres, nous envoya toute sa bordée.

« — A la bonne heure donc ! s'écrie notre sublime Breton radieux ; voilà qui s'appelle parler franchement. A présent, mes amis, assez causé. Soyons tout à notre affaire.

« Alors, après les trois solennels coups de sifflet de rigueur, le maître d'équipage Gilbert commande : Chacun à son poste de combat, et le silence s'établit partout.

« La bordée de l'Anglais nous avait, est-ce la peine de le dire, parfaitement prouvé que les trente-huit canons qui allongeaient leurs gueules menaçantes par ses sabords étaient on ne peut plus véritables et ne cachaient aucune supercherie.

« Une chose qui nous surprit au dernier

point et nous intrigua vivement, fut d'apercevoir sur le pont du vaisseau ennemi un gracieux état-major de charmantes jeunes femmes vêtues avec beaucoup d'élégance et nous regardant, tranquillement abritées sous leurs ombrelles, comme si nous étions pour elles un simple objet de curiosité !

« Ce vaisseau, malgré les couleurs qui flottaient à son mât, appartenait-il donc à la riche compagnie danoise ? Car le Danemark étant alors en paix avec le monde entier, et protégé par l'Angleterre, à qui il rendait, sous-main, tous les services imaginables, ses navires parcouraient librement toutes les mers, surtout celles de l'Inde. Mais alors pourquoi nous avoir envoyé sa bordée ? Probablement parce que, beaucoup plus fort que nous, et nous considérant comme étant en sa puissance, il tenait à rendre un service à l'Angleterre son amie. Cela pouvait être.

« D'un autre côté, nous nous demandions si ce n'était pas par hasard un *vaisseau trompeur* [1] ? Mais non, cela n'est pas probable, car alors, au lieu de faire parade du nombreux équipage qui encombre son pont, il l'aurait en ce cas dissimulé avec le plus grand soin.

« — Ah ! nous dit Surcouf qui partage lui-même nos incertitudes, je croyais ce *John-Bull* un *East-Indiaman*... Voici à présent de nombreux officiers de l'armée de terre qui se montrent sur son pont, et rendent cette supposition invraisemblable... Enfin, n'importe, reprend le Breton après un moment de silence et en broyant, sans s'en douter, son cigare entre ses dents ; qu'il soit ce qu'il voudra, peu nous importe ! L'essentiel, pour le moment, c'est de nous en emparer ! Ainsi donc, hissons le pavillon français en l'assurant d'un coup de canon. Cet ordre, qui rend le combat inévitable, est exécuté. Alors Surcouf appelle l'équipage autour de lui, et, je

[1]. Les vaisseaux trompeurs sont, ainsi que l'indique leur nom, des navires qui semblent appartenir au commerce, et sont armés en guerre.

me souviens de ce discours comme si je l'avais entendu prononcer hier, il lui parle ainsi :

« — Mes bons, mes braves amis ! vous voyez sous notre grappin, par notre travers, et voguant à contre-bord de nous, le plus beau vaisseau que Dieu ait jamais, dans sa sollicitude, mis à la disposition d'un corsaire français !... Ne pas nous en emparer, et cela vivement, de suite, serait méconnaître la bonté et les intentions de la Providence et nous exposer, par la suite, à toutes ses rigueurs. Sachez-le bien, ce portefaix qui nous débine à cette heure, contient un chargement d'Europe qui vaut plusieurs millions ! Il est plus fort que nous, direz-vous, j'en conviens ; je vais même plus loin, j'avoue qu'il y aura du poil à haler pour l'amariner. Oui, mais quelle joie quand, après un peu de travail, nous nous partagerons des millions ! Quel retour pour vous à l'Ile de France ! Les femmes vous accableront tellement d'œillades d'amour et d'admiration, que vous ne saurez plus à qui répondre... Et quelles bombances ! Ça donne le frisson, rien que d'y penser !

« A cette perspective d'un bonheur futur si habilement évoqué, un long murmure s'éleva dans l'équipage. Surcouf reprit :

« — Prétendre, mes gars, que nous pouvons lutter avec ce lourdaud-là à coups de canon, c'est ce que je ne ferai pas, car je ne veux pas vous tromper ! Non !... nos pièces de six seraient tout à fait insuffisantes contre ces gros crache-mitraille !... Pas de canonnade donc, car il abuserait de cette bonté de notre part pour nous couler ! Voilà la chose en deux mots : Nous sommes cent trente hommes ici, comme eux sont aussi à peu près cent trente hommes là-bas... Bon ! Or, chacun de vous vaut un peu mieux, je pense, qu'un Anglais ! Vous riez, farceurs... Très-bien !... Une fois donc à l'abordage, chacun de vous expédie son *English*... Rien de plus facile, n'est-ce pas ? D'où il s'ensuivra qu'au bout de cinq minutes il n'y aura plus que nous à bord. Est-ce entendu ?

« — Oui, capitaine, s'écrièrent les matelots avec enthousiasme, ça y est! à l'abordage!...

« — Silence donc! reprit le capitaine en apaisant à grands coups de tout ce qui se trouva sous sa main ce tumulte de bon augure. Laissez-moi mettre à profit le temps qui nous reste, avant que nous abordions l'ennemi, pour vous expliquer mes intentions. Une fois que l'on comprend une chose, cette chose va toute seule. Or donc, nous allons rattraper le portefaix en feignant de vouloir le canonner par sa hanche du vent : alors je laisse arriver tout d'un coup, je range la poupe *à l'honneur*[1] ; puis, revenant de suite du lof, je l'aborde par-dessous le vent... pour avoir moins haut à monter ! Quant à ses canons, c'est pas la peine de nous préoccuper de cette misère... nous sommes trop ras sur l'eau pour les craindre... les boulets passeront par-dessus nous !... A présent, sachez que d'après mes calculs, et je vous gardais cette nouvelle pour la bonne bouche, nos basses vergues descendront à point pour établir deux points de communication entre nous et lui... Ce sera commode au possible ! une vraie promenade. C'est compris et entendu ?

« — Oui, capitaine! s'écria l'équipage.

« — Très-bien. Vous êtes de bons garçons ! Par-dessus le marché, je vous donne la *part du diable*[2] pendant deux heures pour tout ce qui ne sera pas de la cargaison.

A cette promesse magnifique, l'équipage ne pouvant plus modérer la joie unie à la reconnaissance qui l'oppressait, poussa une clameur immense et frénétique qui dut retentir jusqu'au bout de l'horizon.

« On se précipite aussitôt sur les armes : chacun se munit d'une hache et d'un sabre, de pistolets et d'un poignard ; puis une fois que les combattants ont garni leurs ceintures,
ils saisissent, les uns des espingoles chargées avec six balles, les autres des lances longues de quinze pieds ; quelques matelots, passés maîtres dans cet exercice, serrent énergiquement dans leurs mains calleuses un solide bâton.

« Surcouf, toujours plein de prévoyance, fait distribuer aux non-combattants, qu'il range au milieu du pont, de grandes piques; et il leur donne la consigne de frapper indistinctement sur nos hommes et sur ceux de l'ennemi, si les premiers reculent et si les seconds avancent.

« Les hunes reçoivent leur contingent de monde; des grenades y sont placées en abondance, et notre commandant confie la direction de ces projectiles meurtriers aux gabiers Guide et Avriot, dont il connaît l'intrépidité, l'adresse et le sang-froid. Enfin des chasseurs de Bourbon, expérimentés et sûrs d'eux-mêmes, s'embusquent sur la drome et dans la chaloupe pour pouvoir tirer de là, comme s'ils étaient dans une redoute, les officiers anglais.

« Dès lors, nous sommes en mesure d'attaquer convenablement : nous faisons bonne route.

« — Savez-vous bien, capitaine, dit un jeune enseigne du bord, nommé Fontenay, que tous ces cotillons juchés sur la dunette du navire ennemi ont l'air de se moquer de nous ! Regardez ! elles nous adressent des saluts ironiques, et nous font de petits signes avec la main qui peuvent se traduire par : Bon voyage, messieurs, on va vous couler ! Tâchez de vous amuser au fond de la mer ! — Oh ! que nous allons nous divertir !

« — Fanfaronnade que tout cela ! reprend Surcouf. Ne vous mettez point ainsi en colère, mon cher Fontenay, contre ces charmantes ladies... d'autant plus qu'avant une heure d'ici nous les verrons, humbles et soumises, courber la tête devant notre regard !... Alors, ma foi, il ne tiendra plus qu'à nous de leur jeter le mouchoir ; mais

---

1. Le plus près possible.
2. Le pillage.

nous serons plus généreux et plus polis envers elles qu'elles ne le sont en ce moment pour nous !... Nous respecterons leur malheur et leur faiblesse, et nous leur montrerons ce qu'il y a de générosité et de délicatesse dans le cœur des corsaires français !... Ce que je dis là a l'air de vous contrarier, Fontenay !... Oui, je sais que vous êtes friand d'aventures... Tant pis pour vous ; je veux et j'entends que ces femmes soient traitées avec les plus grands égards...

« — Voilà aussi des messieurs habillés de rouge, semblables à des écrevisses bouillies, dit à son tour l'enseigne Viellard, qui haussent les épaules et nous tournent le dos !...

« — Tant mieux donc, cela est d'un bon augure ! répond le Breton, qui semble s'amuser des insultes que nous prodiguent nos ennemis, mais qui, on le voit à l'éclair de son regard et à la mastication nerveuse de son cigare, est en proie intérieurement à une profonde colère.

« En effet, Surcouf, pour tromper son impatience, passe son poignet dans l'estrop du manche de sa hache, frotte la pierre de son fusil avec son ongle, jette son gilet à la mer, et, déchirant avec ses dents les manches de sa chemise jusqu'à l'épaule, met son bras puissant et dénué d'entraves à l'air.

« — A plat ventre tout le monde, jusqu'à nouvel ordre ! reprend-il après un léger silence qu'il emploie à dompter sa fureur.

« Pendant le cours de nos préparatifs et de notre conversation, le vaisseau ennemi avait viré de bord vent devant pour rallier la Confiance et pouvoir ensuite la foudroyer tout à son aise : de notre côté, nous avions exécuté la même évolution, afin de gagner sa hanche, tomber après sous le vent à lui et lancer nos grappins à son bord.

« Nos amures étaient à bâbord, les siennes à tribord; aussi, dans le moment où nous le croisions pour la deuxième fois, dans le but d'atteindre cette position, il nous envoie toute sa bordée de tribord à demi-portée : un heureux hasard nous protégeait, sans doute la chance de Surcouf, car cette trombe de feu ne nous toucha même pas.

« Alors la Confiance laisse arriver un peu pour passer sous le vent du vaisseau ; mais l'ennemi, qui comprend que cette manœuvre n'a pour but que de nous faciliter l'abordage, vire encore de bord une fois, et nous oblige, par son changement d'amures, à venir du lof sur l'autre, afin de le maintenir toujours sous notre écoute.

« Cependant Dieu sait que le vaisseau ne craint pas l'abordage ; il croit en toute sincérité, et sans que cette croyance soit altérée par le moindre doute, qu'il aurait à l'arme blanche facilement raison de nous. Toutefois, il préfère à un combat, qui, bien que l'issue n'en soit même pas pour lui douteuse, peut et doit cependant lui faire éprouver quelques pertes, il préfère, dis-je, nous foudroyer et nous couler à distance, sans s'exposer lui-même à aucun danger.

« Pour manœuvrer plus commodément, il cargue même sa grande voile. Cette manœuvre n'est pas encore terminée, que Surcouf, avec cette perception rapide et inouïe qui le distingue à un degré si éminent, et lui a déjà valu tant de prodigieux succès, pousse un cri joyeux qui attire l'attention de tout l'équipage. C'est le rugissement triomphant du lion qui s'abat victorieux sur sa proie.

« — Il est à nous, mes amis ! dit-il d'une voix éclatante.

« La plupart de nos marins ne comprennent certes pas la cause de cette exclamation ; mais comme Surcouf, à leurs yeux, ne peut se tromper, ils n'en accueillent pas moins cette bienheureuse nouvelle avec des cris de joie.

« Il ne nous reste plus maintenant, pour forcer l'ennemi à accepter l'abordage, qu'à nous placer sous le vent et par sa hanche de tribord. Cette position, rien ne peut nous empêcher de la prendre ; seulement il nous faut la payer par une troisième volée tirée à petite portée de mousquet; n'importe, nous ne pouvons laisser échapper, sans en profiter, la faute énorme et irréparable que l'ennemi a commise en se privant de sa grande voile; nous subirons cette dernière volée.

« Effectivement, comme nous nous y attendions, le volcan de sa batterie fait irruption et éclate. L'orage de fer inonde notre pont et nous enlève notre petit mât de perroquet: raison de plus pour persévérer! Il est évident que l'ennemi va être forcé de venir se mettre à la portée de nos grappins; courage!

« — Qu'il s'y prenne maintenant comme il voudra, nous n'en serons pas moins bientôt à son bord! s'écrie Surcouf.

« — Arrondissez sa poupe à tribord, timonier! continue notre capitaine.

« — Largue les boulines et les bras du vent partout!

« — *La Confiance*, prenant vent sous vergue, s'élance alors sur son ennemi avec la rapidité provocante d'un oiseau de proie.

Alors *le Kent*, nous apercevons enfin le nom du vaisseau ennemi écrit en lettres d'or sur sa carcasse, *le Kent*, voulant nous lâcher sa quatrième bordée par bâbord, envoie vent devant, manque à virer comme nous l'avions prévu, et décrit une longue abatée sous le vent.

« — Merci, portefaix de mon cœur, s'écrie Surcouf en apostrophant ironiquement *le Kent*, tu viens me présenter ton flanc de toi-même! Vraiment, on n'est pas plus aimable et pas plus complaisant! Canonniers, halez dedans les canons de bâbord, ils gêneraient l'abordage. Masque partout! Lof, lof la barre de dessous, timonier!

« *La Confiance*, alors ombragée par les voiles du *Kent*, rase sa poupe majestueuse, se place contre sa muraille de tribord, et se cramponne après lui avec ses griffes de fer.

« Ici se passe un fait singulier, et qui montre, mieux que ne pourrait le faire un long discours, combien l'audace de Surcouf dépassait de toute la hauteur du génie les calculs ordinaires de la médiocrité.

« Son agression a été tellement hardie que les Anglais ne l'ont pas même comprise: en effet, nous croyant hors de combat, par suite de leur dernière bordée, et ne pouvant soupçonner que nous songeons sérieusement à l'abordage, ils se portent en masse et précipitamment sur le couronnement de leur navire, pour choisir leurs places et pouvoir jouir tout à leur aise de notre défaite et de nos malheurs.

« Que l'on juge donc quelle dut être la stupéfaction de l'équipage du *Kent* quand, au lieu d'apercevoir les ennemis écrasés, abattus, tendant leurs mains suppliantes et invoquant humblement des secours qu'on se propose de leur refuser, il voit des marins pleins d'enthousiasme qui, les lèvres crispées par la colère, les yeux injectés de sang, s'apprêtent, semblables à des tigres, à se jeter sur eux...

« Ce spectacle est pour eux une chose tellement inattendue, que pendant quelques secondes les Anglais ne peuvent en croire leurs yeux. Bientôt cependant l'instinct de la conservation les rappelle à la réalité et ils abandonnent le couronnement du *Kent*, avec plus de précipitation encore qu'ils n'en ont mis à l'envahir, pour courir aux armes.

« Les deux navires bord à bord et accrochés par les grappins, nos vergues amenées presque sur le bastingage du *Kent*, présentent à nos combattants un pont qui les conduit sur son gaillard d'avant.

« — A l'abordage! s'écrie Surcouf d'une voix qui ressemble à un rugissement et n'a plus rien d'humain.

« — A l'abordage! répète l'équipage avec un ensemble de bon augure et en s'élançant, avec un merveilleux élan, sur le vaisseau ennemi.

« — Quant à vous, non-combattants, continue Surcouf, chez qui la prudence et le sang-froid ne s'endorment jamais; quant à vous, non-combattants, ne bougez pas de vos places, et massacrez sans pitié tous ceux qui descendront sur le pont, qu'ils soient Anglais ou Français... peu importe... tuez-les toujours!...

« Surcouf vient à peine de donner cet ordre, qui rappelle assez Fernand Cortez brûlant ses vaisseaux, quand une quatrième volée partant du *Kent* nous assourdit et nous couvre de flammes et de fumée; *la Confiance* frémit, à cette secousse, depuis sa carène jusqu'aux sommets de ses mâts; heureusement elle est si ras sur l'eau, qu'à peine est-elle atteinte.

« — A toi, maintenant, Drieux! s'écrie bientôt Surcouf, en s'adressant à son second, qui commande la première escouade d'abordage.

« En ce moment les flancs des deux navires, poussés l'un contre l'autre par la puissante dérive du *Kent*, se froissent en grinçant à la lame avec une telle violence, qu'ils menacent de s'ouvrir ou de se séparer. Notre bonne chance ne nous abandonne pas! au même moment une des lourdes ancres du vaisseau anglais, qui pend sur sa joue de tribord, s'accroche dans le sabord de chasse de *la Confiance*, et rompt une partie de ses pavois, qui craquent et se déchirent en lambeaux!

« — C'est un fameux crampon auxiliaire! s'écrie Surcouf en se jetant dans les enfléchures pour donner l'exemple.

« Seulement notre équipage, trompé par le bruit effroyable, dans la position où nous nous trouvons, produit par ce déchirement, se persuade que le navire s'ouvre et va couler à fond. Ne voyant plus dès lors un moyen de salut que dans la prise du *Kent*, son ardeur s'accroît jusqu'au délire.

« Drieux, officier aussi intrépide que capable, conduit son escouade d'abordage avec autant de valeur que de présence d'esprit. Il franchit bientôt l'intervalle qui sépare les deux navires, et atteignant le gaillard d'avant, tombe impétueusement sur l'ennemi, qui, au reste, je dois l'avouer, fait bonne contenance.

« Les officiers anglais, trahis par leurs brillants uniformes, commencent alors à tomber sous les balles infaillibles de nos chasseurs de Bourbon.

« Un officier ennemi, au milieu de cette boucherie, de ce pêle-mêle général, braque une pièce de l'avant dans la batterie, de façon à pouvoir prendre *la Confiance* en écharpe, et y met le feu. Quelques matelots qui passaient sur les bras et la verge de l'ancre sont mutilés ou broyés, qu'importe : on les vengera.

« Pour être juste et impartial, ce qui sera toujours mon plus vif désir, et pour rendre à chacun la part de gloire ou de faiblesse qui peut lui revenir, je dois reconnaître que Drieux n'est pas le premier homme de notre bord dont le pied foule le pont du *Kent*. Celui à qui était réservé le bonheur de se trouver avant tous en présence de l'ennemi est un simple nègre nommé Bambou.

« Bambou avait parié ses parts de prise, avec ses camarades, qu'il serait le premier à bord du *Kent*, et il a gagné sa gageure. Armé simplement d'une hache et d'un pistolet, il s'est affalé du haut de la grande vergue au beau milieu des Anglais qui, stupéfaits de son audace, le laissent se frayer un sanglant passage à travers leur foule, et rejoindre, sur l'avant, l'escouade de Drieux, qu'il va seconder dans ses efforts.

« Pendant que Drieux combat, Surcouf, avec cette lucidité d'esprit qui embrasse jusqu'aux moindres détails d'un ensemble, surveille et dirige la bataille.

« — Allons donc, Avriot, allons donc, Guide, s'écrie-t-il, des grenades donc! des grenades! toujours des grenades!

« — A l'instant, capitaine, répond le gabier Guide placé dans la hune de misaine, c'est que les deux lanceurs du bout de la vergue viennent d'être tués.

« — Eh bien, baptise les Anglais avec leurs cadavres, et venge-les, reprend Surcouf.

« — De suite, capitaine, dit le gabier Avriot.

« Quelques secondes plus tard, la chute imprévue de deux cadavres, qui tombent lourdement au milieu de la masse des ennemis, opère une éclaircie momentanée dans leurs rangs.

« — En avant, mes amis, s'écrie Drieux d'une voix de stentor, profitons de cette reculade.

« La vergue de misaine de *la Confiance*, toujours posée près du plat-bord ennemi, et l'ancre de ce vaisseau, qui n'a pas quitté notre sabord de chasse, sont continuellement couvertes par nos matelots qui passent sur le *Kent*. Les Anglais ont beau foudroyer ce dangereux passage, quelques-uns de nos hommes tombent, mais pas un seul ne recule.

« Bientôt, grâce à l'adresse de nos chasseurs bourboniens, aux talents de nos bâtonistes, à l'enthousiasme de tout le monde, nous sommes maîtres du gaillard d'avant du *Kent*; mais ce point important que nous occupons ne représente que le tiers à peu près du champ de bataille : en attendant, la foule des Anglais entassés sur les passavants n'en devient que plus compacte et que plus impénétrable.

« Enfin le capitaine du *Kent*, nommé Rivington, homme de cœur et de résolution, comprend qu'il est temps de combattre sérieusement les malheureux aventuriers qu'il a si fort dédaignés d'abord. Il se met donc à la tête de son équipage qu'il dirige avec beaucoup d'habileté.

« Malheureusement pour lui, Surcouf est maintenant à son bord; Surcouf, que la mort seule peut en faire sortir. L'intrépide Breton, planant du haut du pavois du *Kent*, sur la scène de carnage, agit et parle en même temps : son bras frappe, et sa bouche commande.

Toutefois, il n'est pas, il me l'avoua plus tard, sans inquiétude : si la lutte se prolonge plus longtemps, nous finirons par perdre nos avantages; or, une barricade composée de cadavres ennemis et de ceux de nos camarades s'élève sur les passavants et nous sépare des Anglais : cette redoute humaine arrête notre élan.

« Des deux bords du gaillard d'avant du *Kent*, nos hommes, à qui Surcouf vient de faire parvenir secrètement ses ordres, chargent à mitraille deux canons jusqu'à la gueule et les braquent sur l'arrière en ayant soin de dissimuler le plus qu'ils peuvent cette opération, qui, si elle réussit, nous sera d'un si grand secours.

« Pendant ce temps, les soldats anglais, juchés sur leur drome et derrière le fronton de leur dunette, abattent quelques-uns de nos plus intrépides combattants.

« Nous devons alors envahir la drome et l'emporter d'assaut; quelques minutes nous suffisent pour cela, et bientôt nos chasseurs bourboniens, qui ont remplacé les Anglais dans ce poste élevé, nous débarrassent d'autant d'officiers qu'ils en aperçoivent et qu'ils en visent.

« — Ouvrez les rangs sur les passavants! crie bientôt Surcouf d'une voix vibrante. Sa parole retentit encore quand les deux pièces de canon dont nous avons déjà parlé, et que nos marins sont parvenus à charger en cachette de l'ennemi et à rouler sur l'arrière, se démasquent rapidement et vomissent leur mitraille, jonchant à la fois de cadavres et de débris humains les passavants, les deux bords du gaillard d'arrière et ceux de la dunette.

« Ce désastre affreux ne fait pas perdre courage aux Anglais, et, prodige qui commence à nous déconcerter, et que je crois pouvoir pourtant expliquer, les vides de leurs rangs se remplissent comme par enchantement.

« Depuis que nous avons abordé, nous

Le navire est à nous! (Page 650.)

avons presque tous mis, terme moyen, un homme hors de combat : nous devrions donc être, certes, maîtres du *Kent*. Eh bien ! nous ne sommes cependant pas plus avancés qu'au premier moment, et l'équipage que nous avons devant nous reste toujours aussi nombreux.

« A chaque sillon que notre fureur trace dans les rangs ennemis, de nouveaux combattants roulent, semblables à une avalanche, du haut de la dunette du *Kent* et viennent remplacer leurs amis gisant inanimés sur le gaillard d'arrière ; c'est à perdre la raison d'étonnement et de fureur.

« Le combat continue toujours avec le même acharnement ; partout l'on entend des cris de fureur, des râles de mourants ; les coups sourds de la hache, le cliquetis morne du bâton, mais presque plus de détonations d'armes à feu. Nous sommes trop animés des deux côtés les uns contre les autres, pour songer à charger nos mousquets, cela demanderait trop de temps ! Il n'y a plus guère que nos chasseurs bourboniens qui continuent à choisir froidement leurs victimes et continuent le feu.

« Tout à coup un déluge de grenades, lancées de notre grand'vergue avec une merveilleuse adresse et un rare bonheur, tombe au beau milieu de la foule ennemie et renverse une vingtaine d'Anglais. C'est le gabier Avriot qui tient la parole qu'il a donnée à

Surcouf de venger les deux lanceurs tués sur la vergue de misaine.

« Ce nouveau désastre ne refroidit en rien, je dois l'avouer, l'ardeur de nos adversaires. Le capitaine Rivington, monté sur le banc de quart, les anime, les soutient, les dirige avec une grande habileté. Je commence, quant à moi, à douter que nous puissions jamais sortir, sinon à notre honneur, du moins à notre avantage, de cet abordage si terrible, et où nos forces sont si inférieures, lorsqu'un heureux événement survenant tout à coup me redonne un peu d'espoir.

« Le capitaine Rivington, atteint par un éclat de grenade qu'Avriot vient de lancer, est renversé de son banc de quart : on relève l'infortuné, on le soutient, mais il n'a plus que la force de jeter un dernier regard de douleur et d'amour sur ce pavillon anglais qu'il ne verra pas au moins tomber ; puis, sans prononcer une parole, il rend le dernier soupir.

« Surcouf, à qui rien n'échappe, est le premier à s'apercevoir de cet événement ; c'est une occasion à saisir, et le rusé et intrépide Breton ne la laissera pas échapper.

« — Mes amis, s'écrie-t-il en bondissant, sa hache à la main, du sommet de la drome sur le pont, le capitaine anglais est tué, le navire est à nous ! A coups de hache ! maintenant, rien que des haches aux premiers rangs... En serre-file les officiers avec vos piques... Emportons le gaillard d'arrière et la dunette... c'est là qu'est la victoire.

Le Breton, joignant l'exemple à la parole, se jette tête baissée sur l'ennemi ; sa hache lance des éclairs et un vide se forme autour du rayon que parcourt son bras ; en le voyant, je crois au héros d'Homère, et je comprends les exploits de Duguesclin ! Le combat cesse d'être un combat, et devient une boucherie grandiose ; nos hommes escaladent, en les grossissant des corps de quelques-uns, la barricade formée de cadavres qui les sépare du gaillard d'arrière et de la dunette. La lutte a perdu son caractère humain, on se déchire, on se mord, on s'étrangle !

« Je devrais peut-être à présent décrire quelques-uns des épisodes dont je fus alors le témoin, mais je sens que la force me manque. Les nombreuses années qui se sont écoulées depuis l'abordage du *Kent*, en retirant à mon sang sa fougue et sa chaleur, me montrent aujourd'hui sous un tout autre aspect que je leur trouvais alors, les événements de mon passé.

« Je demanderai donc la permission de passer sous silence, souvenirs douloureux pour moi, les combattants qui, aux prises sur les pavois du *Kent*, tombent enlacés à la mer et se poignardent d'une main, tandis qu'ils nagent de l'autre ; ceux encore qui, lancés hors du bord par le roulis, sont broyés entre les deux navires. Je reviens à Surcouf.

« Le tenace et intrépide Breton a réussi ; il s'est enfin emparé du gaillard d'arrière et de la dunette. Les Anglais épouvantés de son audace ont fini par lâcher pied et se précipitent dans les écoutilles, hors du bord, dans les panneaux, sous les porte-haubans et surtout dans la dunette.

« La lutte semble terminée. Surcouf fait fermer les panneaux sur nos ennemis, lorsque le second du *Kent*, apprenant la mort de Rivington, abandonne la batterie, où il se trouve, et s'élance sur le pont pour prendre le commandement du navire et continuer le combat.

« Heureusement sa tentative insensée et inopportune ne peut réussir ; il trouve le pont en notre pouvoir, et il est obligé de battre de suite en retraite ; mais il n'en est pas moins vrai que cette sortie a coûté de nouvelles victimes !

« Cette fois, le doute ne nous est plus possible, nous sommes vainqueurs ! Pas encore. Le second du *Kent*, exaspéré de l'échec qu'il vient de subir, et ayant sous la main toutes les munitions en abondance, fait pointer dans la batterie, en contre-bas, des canons de 18, pour défoncer le tillac du gaillard et nous ensevelir sous ses décombres.

« Surcouf, est-ce grâce au hasard ? est-ce grâce à son génie ? devine cette intention. Aussitôt, se mettant à la tête de ses hommes d'élite, il se précipite dans la batterie : je le suis.

« Le carnage qui a lieu sous le pont du vaisseau ne dure pas longtemps, mais il est horrible : cependant, dès que notre capitaine est bien assuré que cette fois la victoire ne peut plus lui échapper, il laisse pendre sa hache inerte à son poignet, et ne songe plus qu'à sauver des victimes. Il aperçoit entre autres Anglais poursuivis un jeune midshipman qui se défend avec plus de rage que de bonheur, car son sang coule déjà par plusieurs blessures, contre un de nos corsaires.

« Surcouf se précipite vers le jeune homme pour le couvrir de sa protection ; mais le malheureux, ne comprenant pas la généreuse intention du Breton, lui saute à la gorge, et essaye inutilement de le frapper de son poignard, lorsque le nègre Bambou, croyant que la vie de son chef est en danger, cloue d'un coup de lance l'infortuné midshipman dans les bras de Surcouf, qui reçoit son dernier soupir.

« L'expédition de la batterie terminée, nous remontons, Surcouf en tête sur le pont ; le combat a cessé partout.

« — Plus de morts, plus de sang, mes amis ! s'écrie-t-il. Le *Kent* est à nous ! Vive la France ! vive la nation !

« Un immense hourra répond à ces paroles, et Surcouf est obéi : le carnage cesse aussitôt. Seulement nos matelots excités par le combat se souviennent de la promesse qui leur a été faite avant l'abordage : ils ont droit à deux heures de la *part du diable !* Ils s'élancent donc dans l'entrepont, et se mettent à enfoncer et à piller les coffres et les colis qui leur tombent sous la main.

« Surcouf, qui entend les plaintes que poussent de malheureux Anglais en se voyant dépouillés de leurs effets, devine ce qui se passe, et un nuage assombrit son front. Il est au moment de s'élancer, mais il se retient.

« — La parole de Surcouf doit être toujours une chose sacrée, mes amis ! nous dit-il en étouffant un soupir.

« Quelques minutes s'écoulent et le bruit continue ; seulement cette fois des cris de femmes se mêlent aux clameurs des pillards.

« — Ah ! mon Dieu ! j'avais oublié la plus belle partie de notre conquête, nous dit Surcouf. Allons à leur aide, mes amis...

« Nous suivons aussitôt notre capitaine, et nous arrivons devant les cabines occupées par les Anglaises : ces dames, effrayées du tumulte qui s'est approché d'elles, demandent grâce et merci...

« Surcouf les rassure, leur présente ses respectueux hommages avec tout le savoir-vivre d'un marquis de l'ancien régime, s'excuse auprès d'elles du débraillé de sa toilette, s'inquiète de leurs besoins, et ne les quitte qu'en les voyant redevenues calmes et tranquilles. Toutefois, quoique pas un homme de notre équipage n'ait certes songé à abuser de la position de ces passagères, Surcouf place, pour surcroît de précaution, des sentinelles aux portes des cabines qu'elles occupent, en leur donnant pour consigne de tirer sur le premier qui voudrait pénétrer chez les Anglaises.

« Parmi ces dames qui, une fois rendues à la liberté et à leurs familles, s'empressèrent de reconnaître avec autant de bonne foi que de reconnaissance les respectueux empressements dont elles avaient été l'objet, se trouvait une princesse allemande, la fille du margrave d'Anspach, qui suivait dans l'Inde son mari, le général Saint-John.

« Du reste, je ne dois pas oublier d'ajouter que pas un homme de notre équipage ne songea un instant à s'emparer des objets, et il y en avait de fort riches et de grande valeur, qui se trouvaient dans les cabines des passagères. Quant aux deux heures de la part du diable, Surcouf trouva par ses simples exhortations, car il avait donné sa parole, je l'ai déjà dit, et ne pouvait revenir sur cette promesse, moyen de les réduire considérablement, presque de les annuler.

« Pendant que le chirurgien-major de la *Confiance*, M. Lenouvel de Saint-Malo, s'occupe à soigner les blessés, et que l'on s'empresse de dégager les grappins et l'ancre qui enchaînent encore notre navire au bâtiment anglais, Surcouf fait venir à lui le second du *Kent* pour lui demander des explications, et voici ce que nous apprenons :

« En juillet 1800, les deux vaisseaux de la Compagnie anglaise des Indes, *the Kent* et *the Queen*, tous deux de 1,500 tonneaux et montant chacun 38 canons, transportaient plusieurs compagnies d'infanterie et différents officiers et passagers à Calcutta, lorsque, se trouvant dans la baie de San-Salvador, au Brésil, le feu se déclara à bord du *the Queen*, qu'il consuma entièrement. Son compagnon de route, *the Kent*, recueillit alors à son bord 250 marins et soldats du vaisseau incendié, ce qui porta son équipage à 437 combattants, sans compter le général Saint-John et son état-major.

« — Parbleu, mes amis, nous dit Surcouf après ces explications, savez-vous, qu'amour-propre à part, nous pouvons nous vanter entre nous d'avoir assez bien employé notre journée ! Il nous a fallu escalader, sous une grêle de balles, une forteresse trois fois plus haute que notre navire, et combattre chacun trois Anglais et demi ! Ma foi, je trouve que nous avons bien gagné les grogs que le mousse va nous apporter !

« — Parbleu ! je ne m'étonne plus à présent, Surcouf, dit en riant M. Drieux, qui avait lui-même si fort contribué à notre triomphe, si, quand nous abattions un ennemi, il s'en présentait deux pour le remplacer ; mais ce qui me surprend, c'est que toi, qui devines ce que tu ne vois pas, tu ne te sois pas douté, avant d'aborder le *Kent*, à quel formidable équipage nous allions avoir affaire...

« — Laisse donc ! je le savais on ne peut mieux...

« — Ah bah ! et tu n'en as rien dit ?

« — A quoi cela eût-il servi ? à décourager l'équipage... pas si bête... Seulement je savais bien qu'une fois la besogne commencée, mes frères de la Côte ne la laisseraient pas inachevée. L'événement a justifié mon espérance !

« Le second du *Kent* nous avoua ensuite, avec une franchise qui lui valut toute notre estime, que le capitaine Rivington, avant le commencement de l'action, avait eu la galanterie de faire avertir ses passagères que si elles voulaient assister au spectacle d'un corsaire français coulé à fond avec son équipage, elles n'avaient qu'à se rendre sur la dunette du *Kent*. Le fait est, ajouta le second, que je ne puis me rendre encore compte, messieurs, comment il peut se faire que je me trouve en ce moment votre prisonnier, et que le pavillon du *Kent* soit retourné sens dessus dessous en signe de défaite. Je ne comprends pas votre succès.

« — Dame ! cela est bien simple, lui répondit Surcouf. J'avais engagé ma parole auprès de mon équipage qu'avant la fin du jour votre navire serait à nous ! cela explique tout : je n'ai jamais manqué à ma parole.

« Sur le champ de bataille que nous occupions se trouvait comme spectateur un trois-mâts more, sur lequel nous transbordâmes nos prisonniers. Toutefois Surcouf ne leur accorda leur liberté que sous la parole que l'on rendrait un nombre égal au leur des prisonniers français détenus à Calcutta et à Madras, et que les premiers échangés seraient l'enseigne Bléas et les matelots de l'embarcation capturée par *la Sibylle*.

« Ces arrangements conclus et terminés, Surcouf, mû par un sentiment de grandeur et de désintéressement partagé par son équipage, laissa emporter aux Anglais, sans vouloir les visiter, toutes les caisses qu'ils déclarèrent être leur propriété et ne point appartenir à la cargaison.

« Quant aux Anglais trop grièvement blessés et dont le transbordement eût pu mettre les jours en danger, ils restèrent avec leurs chirurgiens à bords de *la Confiance*; malheureusement, l'abordage avait été si terrible, si acharné, les blessures par conséquent étaient si graves et si profondes que presque pas un d'entre eux ne survécut. Ils furent tous emportés, au bout de quelques jours, au milieu de souffrances épouvantables, par le tétanos.

« Les avaries des deux navires réparées, M. Drieux passa avec 60 hommes à bord du *Kent*, dont il prit le commandement, et comme cet amarinage, uni à nos pertes, avait réduit nos forces de façon à nous rendre, sinon impossible, du moins dangereuse toute nouvelle rencontre, nous nous dirigeâmes, naviguant bord à bord, vers l'Ile de France ; nous eûmes le bonheur de l'atteindre sans accident.

« Jamais je n'oublierai l'enthousiasme et les transports que causèrent notre apparition et celle de notre magnifique prise parmi les habitants du Port-Maurice.

« Notre débarquement fut un long triomphe. C'était à qui aurait l'honneur de nous serrer la main. Obtenir un mot de nous était considéré comme une grande faveur; et quand nous consentions à accepter un dîner en ville, on ne trouvait rien d'assez bon pour nous être offert.

« — Eh bien, Garneray, me dit un jour Surcouf, que je rencontrai dans une réunion, t'avais-je trompé, mon garçon, en te promettant que si tu voulais associer ta fortune à la mienne tu n'aurais pas lieu de t'en repentir ! En comparant la position actuelle à celle que tu avais lorsque Monteaudevert t'a présenté à moi, n'es-tu pas un millionnaire ? Crois-moi, ne me quitte pas.

« — Je ne demande pas mieux, capitaine, que de m'embarquer de nouveau avec vous.

« — Oui ; eh bien ! je dois mettre sous peu à la voile pour Bordeaux, où MM. Tabois-Dubois, les consignataires de mon armateur, veulent envoyer *la Confiance*, armée en aventurier, porter une riche cargaison : ainsi tiens-toi prêt. Mais, qu'as-tu donc ? Cette nouvelle semble te contrarier ?

« — Ma foi, à vous dire vrai, capitaine, je sens qu'à présent que j'ai goûté de l'Inde, il me serait difficile de m'acclimater de nouveau en France !... Je vous accompagnerai, parce que je ne veux pas vous quitter ; mais si ce n'était pas vous...

« — Tu es un imbécile, mon cher Garneray, dit Surcouf en m'interrompant, non pas de préférer l'Inde à la France, au contraire, je t'approuve fort à cet égard ; mais bien de ce que, préférant l'Inde à la France, tu abandonnes le premier de ces deux pays pour retourner dans le second ! Et cela pourquoi ? parce que c'est moi qui commande le navire. Sérieusement parlant, je te remercie du sentiment d'affection que tu me portes et que, tu sais que je n'aime pas les phrases, je te rends bien, mon garçon !... Vois-tu, la vie est courte, et il faut savoir en jouir, c'est là la mission d'un homme intelligent... Tu aimes l'Inde, restes-y. Tu as de l'argent, j'en ai encore bien plus, si tu en avais besoin, à ta disposition ; intéresse-toi dans quelque affaire maritime, et fixe-toi, pour le moment, dans ces parages.

« — Mais vous, capitaine, pourquoi retournez-vous en France ?

« — Oh ! moi, mon garçon, c'est autre chose. Tout viveur et rond que tu me vois, j'ai un sentiment dans le cœur qui m'obsède et me harcèle sans cesse... Je vais en France pour me marier !

« En effet, le 29 janvier 1801, Surcouf, commandant *la Confiance*, mettait à la voile pour Bordeaux.

« Comme ces mémoires, renfermant seulement les faits dont j'ai été témoin, laissent en route, sans plus s'en occuper, des personnages auxquels le lecteur pourrait s'intéresser, mais que le hasard n'a plus placés sur mon chemin, j'ajouterai que Surcouf, après une traversée accidentée au possible, et que je regrette vivement de ne pas avoir faite, ce qui me donnerait le droit de la raconter à présent, trouva en arrivant les passes de la Gironde bloquées et parvint à débarquer la riche cargaison de *la Confiance* à la Rochelle, où il mouilla le 13 avril suivant.

« Quant à son mariage avec celle qu'il aimait, Mlle Marie-Catherine Blaise, il eut lieu à Saint-Malo le 8 prairial an IX de la République, ou, si l'on aime mieux, le 28 mai 1801. On voit que Surcouf menait aussi rondement les affaires de sentiment que celles de sa profession. Le corsaire breton avait alors vingt-sept ans ! »

CHAPITRE IV

FIN DE SURCOUF.

Surcouf assomme un domestique anglais. — Paix d'Amiens. — M. Bléchamp. — Surcouf entre deux gendarmes. — *Le Revenant*. — Un fanfaron. — Croisière de 1807. — Nombreuses prises. — Croisière de 1808. — Potier. — Prise de *la Conceção*. — Surcouf revient en France. — Son caractère. — Sa mort.

Peu de temps après son mariage, Surcouf vint à Paris avec sa jeune épouse. Plusieurs symptômes annonçaient que la guerre allait se terminer.

« Un jour que les passants s'étaient arrêtés dans la rue du faubourg Saint-Honoré pour regarder une voiture de l'agence britannique dont la livrée excitait leur curiosité par son éclat et sa nouveauté, Surcouf, qui traversait seul cette rue, reçut du cocher anglais un coup de fouet sur les épaules, donné dans l'intention de le faire se déranger un peu plus vite. Notre Malouin, outré de l'effronterie du laquais, se retourne promptement et lance sa canne plombée à la tête de cet homme qui dégringola de son siège sur les pavés. Le jockey-postillon, voyant la chute de son chef, arrêta ses chevaux. Incontinent, notre Malouin courut à la portière, qu'il ouvrit brusquement, et demanda impérieusement au diplomate, malgré le caractère dont il était revêtu, raison de l'insulte qui lui avait été faite. Celui-ci s'excusa de son mieux, en témoignant au corsaire les regrets qu'il éprouvait pour une offense à laquelle il était tout à fait étranger, et promit, de plus, de faire chasser le domestique insolent. Surcouf, à moitié satisfait, repousse la portière avec dédain, en quittant la voiture, et se retire au milieu d'une foule immense admirant sa hardiesse. Quelques personnes charitables aidèrent le cocher, qui avait repris ses sens après la leçon qu'on lui avait donnée, à remonter sur son siège, et l'équipage insulaire reprit sa course.

« Durant le court espace de cette paix d'Amiens, qui ne fut véritablement qu'une trêve, l'existence de Surcouf devint monotone ; les douceurs de l'hyménée ne pouvaient remplacer longtemps, dans l'âme ardente du corsaire, les agitations du bord, et leur insuffisance le portait à désirer le retour d'une navigation périlleuse. Dans le cours de cette vie décolorée, une scène qui dénonçait le caractère irascible de ce marin eut lieu à l'hôtel de la marine de Saint-Malo, et faillit lui occasionner un très-grand désagrément, puisque l'acte d'autorité exercé contre sa liberté individuelle avait pour but, en humiliant son caractère altier, de venger l'administrateur blessé dans son rang élevé.

« M. Bléchamp occupait avec ses bureaux

une maison qui était devenue, depuis quelques mois, la propriété du capitaine Robert. L'ordonnateur, à la nouvelle de la vente de son hôtel, tint quelques propos qui dénotaient tout à la fois et son mécontentement et son intention d'y rester; Surcouf, auquel on les rapporta, lui fit signifier en temps opportun, et par exploit d'huissier, un congé pour qu'il eût à déguerpir à la fin de son bail.

« Ce haut fonctionnaire, dont la fille était devenue la belle-sœur du premier consul, se trouvant blessé par les formes abruptes de la signification du capitaine Surcouf, lui en conservait rancune. On rapporta sur ces entrefaites que M. Bléchamp, dans ses préparatifs de déménagement, faisait enlever de l'hôtel différents objets considérés par la loi comme meubles d'attache, et qu'il en devait résulter un préjudice pour le propriétaire.

« Afin de s'assurer de l'exactitude des faits, le capitaine Robert mit une personne en observation qui vint de suite confirmer ce qui avait été dit. A cette nouvelle, il devient furieux, monte à sa chambre, prend un pistolet, court à la maison qu'il a acquise, met le gendarme de planton en fuite et menace de son arme l'ouvrier serrurier occupé à arracher les ressorts des sonnettes. Cet homme, fort effrayé, descendit de son échelle et se sauva à toutes jambes. Après cette scène de violence passée dans le vestibule, et qui n'avait eu pour témoin qu'un parent de Surcouf, celui-ci remit son pistolet dans sa poche et entra dans les bureaux, en demandant aux employés, d'un air résolu, l'administrateur en chef, qui heureusement, était absent, car ses gestes et ses paroles annonçaient assez son intention d'avoir une vive altercation avec ce haut fonctionnaire. En rentrant chez lui, M. Bléchamp, sur le récit de la démarche intempestive du capitaine de corsaire, lui lança un bulletin contenant l'injonction de se rendre à Brest immédiatement, et afin que la satisfaction du fonctionnaire offensé fût complète, il le faisait accompagner par deux gendarmes, qui avaient l'ordre de s'atcher à sa personne jusqu'à destination, ainsi que cela se pratique pour les réfractaires et les malfaiteurs.

« Indépendamment de sa grande réputation européenne qui semblait le garantir de telles mesures, Surcouf, qui avait été admis, le 10 messidor an VIII, par l'amiral Cruget, au grade d'enseigne de vaisseau non entretenu, et depuis (le 17 prairial an IV) à celui de capitaine du commerce, se sentit humilié du cortège qu'on lui imposait. Il feignit une indisposition afin de retarder son départ, écrivit à Paris aux puissants amis qu'il s'y était faits, expliqua l'affaire au ministre Décrès, et demanda prompte justice contre l'abus de pouvoir du commissaire-ordonnateur de Saint-Malo. Ayant donné le temps à son courrier de se rendre à la capitale, il fit préparer une chaise de poste, sortit de chez lui à l'insu des factionnaires, et suivi de M. Ange Blaize, son beau-frère, il prit la route de Brest. Arrivés à Saint-Brieuc, ils s'y arrêtèrent pour voir Mgr de Cafarelly, évêque des Côtes-du-Nord, frère du préfet maritime de Brest, près duquel ils se rendaient : cette station manqua de déranger les combinaisons du capitaine malouin, qui devaient le soustraire à l'escorte militaire qu'on lui infligeait. Le lendemain de son départ, ses autres beaux-frères, confiants dans l'avance qu'il avait sur la route, se présentent chez M. Bléchamp pour le prier de retirer les gendarmes qui cernaient le domicile de leur parent. Le commissaire-ordonnateur, contrarié au dernier point de la fuite de ce captif, mais ne se tenant pas pour battu, dépêcha à franc étrier à sa poursuite, et les gendarmes firent tant de diligence, que l'un d'eux le rejoignit au dernier relais. Décidé à se débarrasser de la compagnie de ce militaire, il eut une explication si vive avec lui, qu'ils manquèrent d'en venir aux prises; cependant, un arrangement eut lieu qui satisfit tout à la fois l'amour-propre du marin et la responsabilité du cavalier : le gendarme avait promis de suivre la voiture à une telle distance qu'on ne pourrait supposer aucune connexité entre eux. Surcouf, arrivé à Brest, où une dépêche télégraphique l'avait précédé, alla voir le préfet, et en reçut un accueil distingué. La conduite de M. Bléchamp ne fut point approuvée, et cet administrateur resta chargé de payer une indemnité, vu l'état de réparation locative où se trouvait l'immeuble qu'il avait occupé avec ses bureaux.

Possesseur d'une grande fortune, Surcouf se tint tranquille jusqu'à la rupture de la paix d'Amiens. Bonaparte lui offrit alors le commandement de deux frégates avec un grade supérieur; il refusa, pour conserver son indépendance. Malgré ce refus, il fut décoré. Il devint armateur et lança plusieurs corsaires qui firent une guerre acharnée aux Anglais.

En 1807, las de son long repos, il prit le commandement du *Revenant*, de 18 canons, et se mit en route pour l'Inde. Chemin faisant, il rencontra un négrier et s'en empara après un combat qui donna lieu à une scène assez plaisante. En quittant Saint-Malo, il avait embarqué, comme volontaire, un jeune homme qui lui avait dit d'un ton bien décidé :

— Je vous préviens, capitaine, que tant que je serai sur le corsaire nous n'irons pas sur les pontons, car, s'il faut amener, je me charge de mettre le feu aux poudres.

En face du danger, le jeune fanfaron sentit son courage l'abandonner; son fusil devint, entre ses mains, une arme inutile. Surcouf, qui le surveillait, s'écria :

— Le premier lâche qui quitte son poste, je lui brûle la cervelle !

Ces paroles maintinrent le volontaire qui parvient à maîtriser sa frayeur; mais lors de l'arrivée à l'Ile de France on le débarqua.

— L'exemple d'un poltron pourrait être contagieux, lui dit Surcouf.

L'arrivée de Surcouf produisit une vive sensation à l'Ile de France où l'on manquait de vivres.

Apprenant son retour, la Compagnie des Indes promit un sac de roupies (250,000 fr.) à qui s'emparerait du terrible Malouin. Un journaliste de Calcutta ne craignit pas d'écrire :

« Nous espérons voir bientôt ce trop célèbre pirate enfermé dans une cage de fer; on le montrera aux habitants de Calcutta comme une bête féroce. »

— Ils ne me tiennent pas ! dit-il.

Le 3 septembre 1807, Surcouf reprit la mer. Le 26, il s'empara du *Trafalgar*, de 12 canons, beau navire portant 10,000 balles de riz. Le même jour, il surprit le *Mangle*, chargé de 11,000 balles de riz; le 28, l'*Amiral-Applin*, armé de douze caronades et portant 10,000 balles de riz.

Le 2 octobre, il amarina la *Suzannah*, portant 5,000 balles de riz; le même jour il prit le *Hunter*, chargé de grains nourrissiers; le 19, il brûla le *Succès*, chargé de bois; le 30, il attaqua la *Fortune* qui ne se rendit qu'après s'être longtemps défendue.

Le 17 novembre, il amarine le *New-Endeavour*, chargé de sel; deux jours après, le *colonel Mac-Auby*, dont il tire 1,400 bouteilles de claret et de l'or.

Le 31 janvier 1808, il revient à l'Ile de France qu'il ne quitte que le 30 avril, toujours monté sur le *Revenant*.

« Le 24 mai, le jour commençait à poindre : un coup de sifflet du maître d'équipage donna le signal aux gabiers de monter à la tête des mâts et d'explorer attentivement l'horizon. L'orage avait diminué malgré qu'il ventât encore grand-frais O.-S.-O.; mais on ne s'empressait pas d'augmenter la voilure parce que l'on se trouvait dans le parage que le capitaine Potier avait choisi pour établir sa croisière. A onze heures, un des hommes de vigie cria: *Navire!* — Où? reprit Moulac. — Au vent dans la hanche de tribord.

HISTOIRE ILLUSTRÉE DES PIRATES

Le pilote Trémintin sauta avec le brick. (Page 663.)

« On prévint le capitaine, et aussitôt le sifflet retentit trois fois ; au bout de quelques minutes les sacs et les hamacs étaient parfaitement arrimés dans les bastingages. Le brave Potier, d'un air de contentement et d'intelligence, s'élance vers la hune d'artimon, une longue-vue en bandoulière : c'était, suivant un témoin le renard éventant sa proie.

« — *Monsieur Moulac, prenez le commandement de la manœuvre ; virez de bord lof pour lof et augmentez de voiles sans rendre notre marche suspecte.*

« Le *Revenant* ne pouvait être mieux confié. Soudain la barre fut amenée au vent ; le navire presque sans toile obéit tardivement à l'action de son gouvernail et ne prit que lentement les amures à bâbord ; à peine se fut-il rangé au plus près que les vergues se couvrirent de gabiers et de matelots. Les basses voiles et les huniers avec un ris seulement, se déployèrent en secouant vigoureusement la mâture. A un nouveau commandement du second, toutes ces voiles furent amurées, bordées, hissées, et les vergues brassées si parallèlement qu'elles ne laissaient rien à désirer au manœuvrier le plus exigeant.

« Tout à l'heure, comme un oiseau océanique reposé sur la mer, le corsaire semblait se balancer au milieu des vagues : maintenant il ne bondit plus au choc de flots, il les déchire dédaigneusement et passe au milieu comme une javeline. Dans la forte inclinaison qu'il atteint sous la puissance du vent, la gueule des caronades ouvre un profond sillon, et la mâture surplombe tellement, qu'un boulet lâché de la pomme tomberait à plus de 60 pieds du bord. Le capitaine Potier, de sa hune, où il était resté pour suivre les mouvements du navire en vue, contemplait avec autant de ravissement la vitesse de son corsaire que la précision des ordres donnés par le second, dans les manœuvres exécutées par un temps forcé en présence d'un ennemi qu'on approchait rapidement.

« Depuis que le *Revenant* s'était élancé vers la voile aperçue, il avait gagné du terrain : en effet, les navires courant presque à contre-bord, s'avançaient à vue d'œil l'un vers l'autre. M. Prades, le même qui avait visité la *Conceçâo* à Goa, devenu un des lieutenants de Potier, assurait la reconnaître, et bientôt on put distinguer sa poupe richement ornée de cariatides supportant ses deux étages de fenêtres et sa galerie saillante.

« A une heure, le navire ennemi prit le plus près, bâbord amures, soit pour éviter le croiseur, soit pour s'assurer s'il était chassé : alors, Potier fit couvrir son bâtiment de toutes les voiles qu'il pouvait porter, afin de rejoindre le Portugais, ce que permettait la supériorité de marche du *Revenant*.

« Les dispositions les mieux entendues pour l'attaque furent prises à bord du corsaire ; les neuf pièces de bâbord avaient été chargées seulement à boulets ronds pour la première bordée ; on distribua des sabres, des pistolets et des haches d'armes aux meilleurs hommes désignés pour l'abordage. Depuis le commencement de la chasse, le vent avait beaucoup perdu de sa force, mais la mer était restée très houleuse, et les deux navires s'approchaient toujours. Le Français, semblable à David enfant devant le Philistin Goliath, s'avançait avec assurance vers cet autre géant de l'Océan : il avait hâte de se mesurer avec lui. Quel imposant spectacle de crainte et d'admiration pour le spectateur inactif de cette lutte disproportionnée ! Comment se fait-il donc qu'une action qui égale les beaux faits des Surcouf, des Malroux, des Lemême, etc., ait été omise dans les fastes de notre marine ?. Les concitoyens du capitaine Potier l'ont vu descendre dans la tombe, sans qu'il ait porté sur sa poitrine l'étoile de l'honneur.

« Cependant les navires s'accostaient de plus en plus ; déjà le *Revenant* naviguait dans le large sillage que le vaisseau laissait derrière lui : quelques minutes suffirent pour mettre le corsaire sous la poupe de son antagoniste, qui le dominait comme une immense forteresse.

« Potier, d'un caractère irascible, trépigne à l'approche du combat ; nonobstant, de son banc de quart, il commande en officier expérimenté, qui surveille la précision de ses manœuvres : Moulac, au contraire, calme et sérieux, observe de son poste les ordres de son capitaine, et dispose tout pour leur prompte exécution.

« — *Cargue les basses voiles et hisse le pavillon*, commande le chef français.

« Les trois couleurs apparaissent aussitôt au pic d'artimon du *Revenant*, et l'on voit en même temps se dérouler et ondoyer la bannière de Bragance au-dessus du couronnement du vaisseau resté sur les huniers.

« — *Amène pour la France*, crie en ce moment dans son porte-voix le fougueux Malouin.

« — *Fogo, fogo, em aquelles cachorros de Francezes*, et quelques coups de canon furent la réponse du commandant portugais et le signal du combat.

« — *Feu, feu, sur ces enfants dégénérés du Portugal*, reprend Potier ; à ce commandement, neuf coups de caronade partirent et déchirèrent les flancs de la *Conceçâo*.

« La lutte, commencée avec enthousiasme, continue avec acharnement. Potier, en habile tacticien, se maintient dans la hanche de tribord de son ennemi, position reconnue la plus favorable, et observe tous ses mouvements. Se fiant aux avantages que lui donnent ses dimensions, sa solidité et la supériorité de son artillerie, le vaisseau renonce à manœuvrer et laisse courir bâbord amures ; alors tout son monde se porte au service des pièces, laissant cinquante soldats passagers, fournir sa mousqueterie. Le feu des Portugais était plus étendu, un plus grand nombre de canons l'entretenait ; celui des Français plus resserré et mieux dirigé ; leurs adroits volontaires surtout, armés de fusils, tuaient beaucoup d'hommes, parmi lesquels les canonniers se trouvaient en majorité. Néanmoins, les chances se balançaient, et l'issue resta longtemps incertaine. Le peu d'élévation des sabords du corsaire, rendait pénible et difficile la manœuvre des bouches à feu dans une mer très houleuse, tandis que la haute batterie du Portugais et ses gaillards tiraient à couler bas sur le *Revenant*. Dans cette circonstance un événement vint favoriser l'audace du Français et préparer la défaite de la *Conceção*, que l'on put dès lors prévoir. Les rabans de ses mantelets de sabord furent coupés par les boulets et la mitraille ; ceux-ci en tombant masquèrent la volée des pièces et en paralysèrent l'action.

« Les Portugais tentèrent maintes fois de les relever, mais toujours en vain : tout homme qui apparaissait en dehors était incontinent atteint par les balles des vigilants volontaires, et force fut à l'ennemi de renoncer à ses tentatives. Les gaillards continuèrent un feu d'autant mieux nourri que leurs canons avaient un personnel double, au moyen des servants de la batterie abandonnée : ils étaient appuyés par un détachement de soldats qui alla se placer résolument sur la dunette pour mieux dominer le pont du *Revenant*. L'engagement continua et se soutint avec une égale ardeur.

« Les Français avaient de leur côté éprouvé des pertes. Dans l'état-major, on comptait M. Baptiste Roussel, tué roide à son poste et M. Baudry, blessé mortellement ; l'un et l'autre furent vivement regrettés. M. A. Michel, atteint deux fois, en encourageant de son exemple les marins de son escouade, n'abandonna pas la place qui lui avait été assignée.

« Malgré les cris plusieurs fois répétés, *à l'abordage*, Potier s'était habilement maintenu dans sa position avantageuse d'où, harcelant son ennemi, il l'avait tout désemparé. Ses pavois en morceaux, ses voiles criblées, son gréement coupé et sa mâture hachée, en témoignaient assez : tandis que les avaries du corsaire étaient bien moindres. Dans cette circonstance, trouvant la résistance trop longue et jugeant le moment opportun, le capitaine français se décide à porter un coup décisif; mais, cette cette fois, si la *Conceção* y résiste, il l'abordera : Moulac et ses officiers qui l'entourent, guideront les matelots impatients, sur le bord portugais.

« — Canonniers, ordonne-t-il alors, chargez vos pièces à deux paquets de mitraille ; gabiers, soyez parés à lancer les grenades, et vous, volontaires, ajustez dans les sabords.

« Au même moment, il fait border la brigantine et orienter le perroquet de fougue qu'il avait conservé sur le mât. Aussitôt le corsaire, augmentant son aire, se trouve en peu d'instants par le travers de son colossal adversaire.

« — *Allons, enfants*, s'écrie Potier, *feu partout, et que je voie cette barque percée comme l'écumoire du cuisinier qu'ils viennent de m'occire.*

« L'ordre est suivi d'un bruit épouvantable d'artillerie, de mousqueterie et de grenades.

Une horrible confusion régna à bord de la *Conceção*; une sourde détonation s'y était fait entendre, au milieu d'un nuage de fumée et des cris plaintifs ; c'était un baril de poudre apprêtée qui sautait et dont la lueur rougeâtre fait supposer un incendie. De crainte que la flamme ne se communique à son bord.

Potier imprime à son corsaire une action d'inertie qui l'éloigne du vaisseau portugais ; la barre du gouvernail est redressée, le grand foc halé bas, le grand hunier et le perroquet de fougue, brassés à culer, et subitement le *Revenant* se trouve replacé dans la hanche de son ennemi, qui continuait à courir de l'avant.

« Cette attaque récente des Français, avait produit un effet terrible. La vergue barrée du vaisseau tombait en pantenne ; ses voiles défoncées s'en allaient en lambeaux, beaucoup d'hommes tués, blessés et brûlés, en avaient été le résultat.

« Il y avait près d'une heure que le combat durait : Potier, par humanité, espérant que son adversaire allait se rendre, avait fait cesser son feu meurtrier ; il se trompait : l'ennemi, ayant repris à tirer de son gaillard d'avant, l'action recommença avec animosité du côté des Français.

« Enfin, quelques minutes après, le commandant portugais, forcé par la nécessité, céda à la valeur française, et l'on vit l'étendard lusitanien s'abaisser de la poupe d'un vaisseau de 64 canons, devant les trois couleurs qui flottaient au bout de vergue de la corne d'un corsaire de Saint-Malo de 18 canons.

« La prise fut confiée au premier lieutenant Fonroc, et le *Revenant* l'escorta jusqu'à l'Ile-de-France, où ils arrivèrent un mois après. » (Ch. Cunat).

Bientôt après, Surcouf arma une frégate, le *Charles*, qui le ramena à Brest, où il arriva le 4 février 1809. Il resta peu de jours dans sa famille et vint ensuite à Paris. Il se retira ensuite à Saint-Malo et se livra avec ardeur aux armements en course contre les Anglais. Il n'entretint pas moins de 8 navires corsaires qui portèrent le trouble dans le commerce britannique.

Après la paix de 1815, il s'occupa encore d'armements. Il éprouvait un grand plaisir à étendre les relations de la France.

« Dans son intérieur, il était brusque et peu communicatif ; c'était encore là un trait de son caractère. Mais sous cette brusquerie se cachait un cœur compatissant : rarement il renvoyait sans secours les malheureux qui s'étaient adressés directement à lui. Accoutumé à commander les hommes à la mer, il avait contracté l'habitude de rendre sa pensée avec énergie et force, ce qui donnait à son abord cet air de rudesse qu'on trouvait en lui.

« Voici encore un trait qui dépeint bien l'homme dont nous avons entrepris de tracer la vie. Un soir qu'il se rendait accompagné d'un ami à sa maison de Riancourt, près Saint-Servan, en passant devant la porte de son chantier de construction sur le *Sillon*, il vit un homme qui en sortait, traînant à la faveur de l'obscurité un lourd fardeau qu'il déposa en dehors, ne pouvant le placer seul sur ses épaules ; Surcouf, étonné, s'approche et lui demande ce qu'il fait là ? L'individu ne le reconnaissant pas dans l'ombre de la nuit close, lui dit :

« — Si c'était un effet de votre complaisance, je voudrais bien un coup de main pour charger ce paquet de bois sur mon dos.

« — On te l'a sans doute donné, reprit notre marin propriétaire.

« — Ma foi non, j'aurais attendu trop longtemps.

« Surcouf, sans témoigner aucun mécontentement, aide le voleur à charger son bois, et comme celui-ci s'éloignait en le remerciant, il lui adressa cette recommandation.

« — Je t'engage à ne plus revenir ici, parce que M. Surcouf pourrait bien te faire arrêter. » (Ch. Cunat).

Ce célèbre corsaire mourut à Saint-Malo, le 8 juillet 1827.

LIVRE XII

LA PIRATERIE CONTEMPORAINE

CHAPITRE PREMIER

LES GRECS

Pirates grecs de l'antiquité. — La guerre des pirates. — César prisonnier des forbans. — Pompée les détruit. — Le *Panayoti*. — Des pirates attaquent ce navire. — Héroïsme de l'enseigne Bisson. — Le pilote Trémintin. — Prise et exécution de forbans. — Négros et ses compagnons.

Les îles grecques sont restées jusqu'à nos jours le repaire des plus redoutables forbans ; quelques écrivains ont même supposé que dans l'Archipel sont nés les premiers écumeurs de mer : supposition qui ne nous semble pas sans fondement.

Les Argonautes, ces premiers navigateurs des âges héroïques, offrent plus de rapports avec des brigands qu'avec d'honnêtes explorateurs.

Les Pelasges, nation vagabonde, dont il est question dans les premiers temps de l'histoire grecque (1800 av. J.-C.), écumaient le littoral et ne vivaient que de piraterie. Après avoir exploité les îles de l'Archipel, on les vit bientôt, sous la conduite d'Œnothrus, traverser la mer et venir se fixer en Italie, où leurs connaissances nautiques leur donnèrent un haut degré de puissance et de prospérité.

Des pirates grecs attaquèrent sans cesse le commerce des Perses ; leurs déprédations ne furent pas pour peu de chose dans la détermination que prit Darius, d'envahir la patrie de Miltiade.

Plus tard, une formidable association de brigands, mit Rome en danger de mourir de faim.

Maîtres de l'univers, les Romains n'avaient laissé de refuge à la liberté que sur les mers, dernier asile de ceux qui ne voulurent pas accepter l'esclavage.

Les vaincus, y transportant leurs femmes, leurs enfants et leurs dieux, en avaient fait leur patrie. Réunis par la même haine, ils formèrent des flottes qui croisèrent continuellement le long des côtes, capturant, brûlant, pillant tout ce qui ne pouvait leur résister.

Un de leurs coups d'éclat fut la prise d'une flotte qui apportait à Ostie les blés d'Afrique et de Sicile, capture à la suite de laquelle l'Italie fut affamée.

Ces hardis pirates, qui s'étaient d'abord ménagé quelques refuges en Asie-Mineure, devinrent audacieux avec le succès et, déclarant à Rome une guerre à outrance, ils ne craignirent pas d'élever sur les côtes d'Italie des tours d'observation près des ports où ils venaient relâcher.

Rome tremblait. Les villes pillées ou affamées, la campagne couverte de pièges, les patriciens surpris en mer et traînés en esclavage, les vierges, transportées sur les marchés d'Orient, n'étaient que des jeux pour ces pirates.

César lui-même, revenant à Rome après les proscriptions de Sylla, tomba entre leurs mains, près de l'île de Pharmacuse. Au lieu de le tuer, comme ses compagnons, ils le gardèrent, dans l'espoir d'une riche rançon.

A leur merci pendant 15 jours, le futur dictateur témoigna si peu de crainte qu'ils se courbaient instinctivement sous sa parole hautaine.

Parfois, avec une grâce moqueuse, il partageait leurs jeux, puis, revenant au sentiment de sa dignité, il se retirait sous sa tente, en disant :

— Si vous troublez mon repos par vos cris, je vous ferai tous pendre avant peu.

Devenu libre au prix de 50 talents (5,000 pièces d'or), César court à Milet, équipe une flotte, surprend les pirates, s'empare d'un immense butin et conduit à Pergame un long cortège de prisonniers, qu'il fait pendre aux arbres de la côte ; châtiment partiel qui ne rendit qu'une sécurité passagère au commerce.

Bientôt, la flotte des pirates, composée de plus de 1,000 navires aux poupes dorées, aux voiles de pourpre, aux rames couvertes de plaques d'argent, parcourut en maîtresse les mers au bruit harmonieux des instruments. 400 villes prises, le pillage de la plupart des villas consulaires, l'assassinat de tous les citoyens romains que le sort jetait entre les mains de ces hommes cruels, finirent par réveiller Rome humiliée.

Le peuple, soulevé, demande l'extermination des pirates. Pompée improvise, avec une rapidité extraordinaire, une flotte de 500 vaisseaux ; il enserre, en quelque sorte, la mer dans un vaste filet, refoule peu à peu les pirates vers la Cilicie, les rassemble dans le port de Coracenium, les y extermine, après une campagne de 40 jours seulement, et fonde, avec les débris des vaincus, la ville de Pompeïopolis, sur le rivage témoin de son succès (67 av. J.-C.).

Trois siècles plus tard, l'empire ne fut pas moins menacé par un chef de forbans, Trebellianus, qui se qualifia d'empereur et fit battre monnaie.

Ensuite vinrent les Sarrazins, les Turcs et les Barbaresques.

Enfin, de nos jours, la guerre de l'indépendance de la Grèce fit renaître un mal invétéré dans l'Archipel.

« Tandis que les Grecs se battaient contre les Turcs, la plus odieuse piraterie désolait le commerce européen. Il en est, en Grèce, de la piraterie comme du brigandage en Calabre, — c'est une tradition du bon vieux temps, une coutume toujours prête à refleurir si l'occasion s'en présente. Par bonheur, dans ces parages incessamment sillonnés par des milliers de navires, la police maritime est faite de concert par tous les pavillons avec une activité suffisante pour que l'occasion ne se représente que très peu [1]. »

Le commerce éprouvait de grandes pertes, lorsque nos vaisseaux de guerre, venus au secours de la Grèce, reçurent l'ordre de pourchasser, en même temps, les forbans qui infestaient l'Archipel.

La corvette la *Lamproie* chassa et prit, sur les côtes de la Syrie, un brick pirate grec, le *Panayoti*, monté par 70 coquins de la pire espèce.

La *Lamproie* conduisit d'abord sa prise à Alexandrie, où les forbans furent reconnus par plusieurs marchands qu'ils avaient pillés. On pouvait pendre les écumeurs de mer ; on préféra les garder prisonniers. 64 d'entre eux furent transbordés sur la frégate la *Magicienne*. Les 6 autres furent laissés imprudemment sur la prise, où l'on plaça 15 marins français sous le commandement de l'enseigne de vaisseau Bisson, auquel on adjoignit le pilote Trémintin.

Après ces dispositions, la *Magicienne* se mit en route, et rentra dans l'Archipel, naviguant de conserve avec le *Panayoti*. Tous les deux avaient l'intention de rallier l'escadre de l'amiral de Rigny, qui se trouvait à Smyrne.

Dans la nuit du 4 au 5 novembre 1827, un coup de vent sépara les 2 navires ; le mauvais

---

1. De La Landelle, *Naufrages et sauvetages*.

temps survint et contraignit le *Panayoti* à chercher un asile dans l'île de Stampalie. A deux heures moins un quart du matin, 2 Grecs restés à bord se jetèrent à la mer et gagnèrent la côte.

Cet événement détermina Bisson à se tenir sur ses gardes. Ayant longtemps croisé dans ces parages, il n'ignorait pas que toutes les îles de l'Archipel fourmillaient de pirates, qui maîtrisaient quelques pauvres hameaux dont les habitants n'osaient les dénoncer, à cause de la solidarité et de l'organisation que ces bandits avaient établies entre eux.

Notre brave enseigne se détermine donc à une défense vigoureuse.

La mer continua à être forte; le 5, à huit eures du matin, le *Panayoti* mouilla dans une petite baie, située dans le nord-ouest, à 3 milles de la ville de Stampalie. Dans la journée, il fit charger ses 4 canons et tous les fusils; il veilla à ce que les sabres fussent portés sur le pont; il exhorta son équipage et lui fit promettre de se défendre jusqu'à la dernière extrémité. A six heures du soir, en se retirant pour aller se reposer, il dit au pilote Trémintin :

— Pilote, si nous sommes attaqués et si les pirates réussissent à s'emparer de ce bâtiment, jurez-moi de mettre le feu aux poudres, si vous me survivez.

Trémintin le lui promet et ils se séparent.

A dix heures du soir, 2 misticks, chargés chacun de 60 à 70 hommes, qui poussent de grandes clameurs, s'avancent pour enlever le *Panayoti*. Aussitôt les 15 Français qui le gardent s'élancent à leurs postes de combat. Debout sur le beaupré, Bisson fait héler les misticks, qui se dirigent sur son avant en nageant avec fracas. Il n'en reçoit aucune réponse; il ordonne de tirer et tire lui-même son fusil à deux coups. Les misticks répondent par une vive fusillade; l'un d'eux aborde par l'avant, et l'autre par la joue de bâbord. 9 des Français ont déjà succombé; ceux qui leur survivent ne peuvent, malgré tous leurs efforts et ceux de leur capitaine, empêcher qu'une trentaine de Grecs ne pénètrent sur le pont. En ce moment Trémintin combattait à tribord; Bisson, tout couvert du sang des ennemis, venait alors du gaillard d'avant, et lui adressant la parole :

— Ces brigands, dit-il, sont maîtres du navire; la cale et le pont en sont remplis; c'est là le moment de terminer l'affaire.

Aussitôt il s'affale sous le tillac de l'avant-chambre, qui ne s'abaissait que de 3 pieds au-dessous du pont, et sur lequel étaient arrimées les poudres.

Il tenait à la main une mèche allumée, et avait la partie supérieure du corps au-dessus du pont. Alors il ordonna à Trémintin d'engager les Français encore vivants à se jeter à la mer; lui serrant ensuite la main :

— Adieu, pilote, lui dit-il, je vais tout finir.

Peu après, l'explosion eut lieu, le navire sauta en l'air, et, comme l'a dit un de nos orateurs, *la France compta un héros de plus*.

Fidèle à son serment, le pilote Trémintin sauta avec le brick; mais, plus heureux que son brave capitaine, il fut jeté sans connaissance sur le rivage : il avait le corps meurtri et un pied fracassé; dans cet état, il fut encore dépouillé par les pirates, mais enfin rappelé à la vie.

Les 4 matelots français qui, à son commandement, s'étaient lancés à l'eau, arrivèrent à terre sans blessures graves. Le lendemain matin, on aperçut, gisant sur le rivage, les corps de 3 Français, et 70 cadavres grecs, trouvés dans le même lieu, attestèrent que la résolution héroïque du généreux Bisson avait eu son entier effet.

Peu d'événements ont excité plus d'enthousiasme que le dévouement de Bisson. Le roi récompensa cet intrépide marin dans la personne de sa sœur, à laquelle il assura une pension de 1,500 francs; dans le port de Lorient, un monument a été élevé à la mémoire de ce jeune et glorieux officier.

Quant au pilote breton Trémintin, il reçut l'épaulette d'enseigne de vaisseau et fut décoré de la croix d'honneur.

Nous joignons ici la déposition du pilote Trémintin, transmise par l'amiral de Rigny au ministre de la marine :

« A bord de la *Magicienne*, le 8 novembre. »

« Mon commandant, j'ai l'honneur de vous rendre compte du malheureux événement qui a causé la destruction de la prise du pirate le *Panayoti*, où vous m'avez mis comme second de M. l'enseigne de vaisseau Bisson, à qui vous en aviez confié le commandement.

« Dans la nuit du 4 au 5 novembre, le mauvais temps nous ayant séparés de la frégate, le capitaine se détermina à chercher un abri contre le vent, et fit route en conséquence pour l'île de Stampalie.

« A deux heures moins un quart, arrivés à la pointe de l'île, 2 prisonniers grecs se sont jetés à la mer pour joindre la terre.

« Le 5, à huit heures du matin, nous avons mouillé dans une petite baie, située à 3 milles dans le N.-O. de la ville de Stampalie. Le même jour, M. le capitaine Bisson fit charger nos 4 canons, tous nos fusils, et fit monter sur le pont tous les sabres. Aucune bonne disposition ne fut négligée pour repousser les pirates qu'il supposait devoir venir nous attaquer à l'instigation des 2 Grecs échappés. A six heures du soir, le capitaine alla prendre un peu de repos. Avant de me laisser, il me dit :

« — Pilote, si nous sommes attaqués par les pirates, et qu'ils réussissent à s'emparer du bâtiment, jurez-moi de mettre le feu aux poudres, si vous me survivez.

« Je lui promis de remplir fidèlement son intention.

« A dix heures du soir, nous aperçûmes 2 grandes tartanes doubler une pointe de roches. Leurs hommes se mirent à pousser des cris. Chacun de nous se mit aussitôt à son poste de combat.

« Le capitaine Bisson monta sur le beaupré pour mieux observer les tartanes qui se dirigeaient sur notre avant, en nageant avec force. Le capitaine les fit héler plusieurs fois. Enfin, les voyant à demi-portée de fusil, il nous donna l'ordre de tirer, et tira lui-même son fusil à 2 coups ; elles nous répondirent par une vive fusillade.

« Une des tartanes nous aborda presque aussitôt par dessous le beaupré, et l'autre par la joue de bâbord.

« Plusieurs des nôtres avaient déjà succombé ; en un instant, malgré tous nos efforts et ceux de notre brave capitaine, plus d'une trentaine de Grecs furent sur notre pont. Une grande partie d'eux s'affalèrent dans la cale et dans les autres parties du bâtiment pour piller.

« Je combattais en ce moment à tribord, près du capot de la chambre ; le capitaine, qui venait du gaillard d'avant et qui était couvert de sang, me dit :

« — Ces brigands sont maîtres du navire, la cale et le pont en sont remplis ; c'est là le moment de terminer l'affaire.

« Il s'affala aussitôt sur le tillac de l'avant-chambre, qui n'était que trois pieds au-dessous du pont et où étaient les poudres. Il tenait cachée dans sa main gauche une mèche. Dans cette position, il avait le milieu du corps au-dessus du pont, il me donna l'ordre d'engager les Français encore en vie à se jeter à la mer ; ensuite il ajouta, en me serrant la main :

« — Adieu pilote, je vais tout finir.

« Peu de secondes après, l'explosion eut lieu et je sautai en l'air.

« Étant arrivé à terre, presque mourant et gisant sur le sable sans secours, je ne saurais dire comment j'y suis arrivé ; ce n'est que par un effet de la puissance divine. Dans cet état, un des brigands, échappé du désastre, me dévalisa, en me mettant un poignard sur le cœur, de tout ce que j'avais, et notamment de la montre du brave capitaine Bisson qu'il m'avait confiée.

Le pacha envoya les oreilles de Négros et de ses compagnons. (Page 666.)

« Enfin, des hommes envoyés par le gouverneur de l'île pour faire la recherche des malheureux qui avaient pu gagner le rivage m'ont enlevé et conduit chez lui à deux heures du matin, le 6.

« Les matelots Hervy et Leguillon rallièrent le même jour la maison que j'occupais ; et cinq jours après, les matelots Carsoule et Bonysson, restés errants dans les montagnes, furent ramenés par des gens qu'envoyait le primat de l'île.

« C'est le 8 du courant, lorsque j'eus un peu recouvré mes forces que, sur la sollicitation du gouverneur, je me décidai à envoyer la relation de cette affaire au consul de l'île de Santorin.

« Celui-ci s'empressa d'en faire parvenir la nouvelle à M. Brest, consul de Milo. Les événements postérieurs vous sont connus.

« Trémintin, *pilote côtier.* »

L'année suivante, une frégate américaine, une frégate anglaise, une frégate française et plusieurs autres bâtiments légers des trois nations croisèrent à la recherche des pirates, dont une centaine furent cernés, pris et partagés entre les divers pavillons.

« Les Français mirent leurs prisonniers aux fers à fond de cale, en se réservant de les juger et de ne punir que les coupables ; — les Anglais firent mourir les chefs ; — les Américains pendirent aux vergues tous leurs prisonniers.

84.

« Ce dernier procédé est par trop expéditif, car il n'est guère de troupes de pirates où ne se trouvent des gens enrôlés de force, ne demandant que d'être délivrés et méritant à coup sûr de n'être pas confondus avec ceux qui les ont contraints à devenir leurs complices.

« Le terme moyen des Anglais est acceptable, puisque les chefs ne pouvaient guère être pirates à contre-cœur. Cependant, les Français firent mieux en instruisant avec soin le procès de tous leurs prisonniers dont les plus coupables eurent la tête tranchée dans une chaloupe accostée à bâbord de la frégate.

« Je tiens d'un des marins de l'expédition ce détail extraordinaire, car, en marine, où il est fréquent de pendre et de fusiller, décapiter n'est guère en usage. Enfin, chose étrange, à bord même, il se trouva un homme de bonne volonté pour remplir avec une hache d'abordage les fonctions de bourreau.

« Jusqu'en 1851, la piraterie a exercé des ravages périodiques. Il fallut alors une croisière de sept mois pour que le brick de guerre le *Fabert*, commandé par le capitaine Pichon, vint à bout du fameux Négros, chef d'une bande redoutée.

« Les chaloupes françaises l'acculèrent dans l'île de Forni, située entre Samos et Nicaria.

« Il y prit terre; mais attaqué par un détachement d'Albanais régulier, il périt les armes à la main.

« Peu au fait de nos mœurs, le pacha de Forni envoya gracieusement en cadeau à M. le commandant du *Fabert* les oreilles de Négros et de ses compagnons[1].

1. De La Landelle.

CHAPITRE II

LES PIRATES DE L'EXTRÊME-ORIENT

Dangers dans les mers océaniennes. — Nécessité d'une prompte répression. — Récit de Garneray. — Des étrangers à bord. — Le Maltais Cortichate conte une histoire de pirates. — Fâcheux pressentiments. — Approche d'un praw. — La trahison se dévoile. — Attaque. — Furieuse défense. — Punition des coupables. — Terrible combat. — Ruses de guerre. — Le pont est envahi. — Carnage. — Extermination des assaillants. — La *Caroline* coule. — L'équipage sur une île. — Sauvetage par un navire anglais. — La chasse aux pirates. — Exécution d'Antonio. — Trois embarcations anglaises se perdent. — Maître Duval trouve le moyen de sauver le navire anglais. — Arrivée à Madras.

« A l'extrême orient, les peuplades de l'Océanie n'ont longtemps vécu que de piraterie. Surveillées de près et tenues en respect par des escadres européennes, elles n'abandonnent pas complètement pour cela ce genre d'existence.

« Serait-ce parce que ces mers sont tellement vastes qu'il y faudrait par trop de croisières? Ne serait-ce point parce que l'Europe et l'Amérique gaspillent les budgets de leurs marines en vaisseaux cuirassés impropres à la protection de leur commerce?

« A terre, les routes mal gardées passent à bon droit pour dangereuses; les côtes et les archipels, où la piraterie s'organise facilement, doivent, sans contredit, être rangés parmi les dangers de la mer.

« Or, en Polynésie, il n'est guère d'attollon où un certain nombre d'aventuriers, marins déserteurs pour la plupart, ne soient disposés à enseigner la piraterie aux indigènes qui sont généralement d'excellents navigateurs. — En Australie, les batteurs de buissons ou *bush-rangers* forment déjà des bandes qui attaquent les navires marchands à l'ancre, en égorgent les équipages et vont écumer les mers voisines. — En Malaisie, il est des puissances analogues à celles des deys et des beys barbaresques, chez lesquelles les forbans nationaux ou même étrangers trouvent tout le concours désirable pour l'exercice de leur métier. Bornéo est bordée de repaires de brigands. Les Anglais ne l'ignorent pas. Bévouan, capitale du groupe de Holo, est un vrai nid de pirates. Les Malais ne le cèdent en rien aux Grecs anciens et modernes. Les Tzengaris-Biadjaks (bohémiens-pirates), qui semblent appartenir à la même race que les Bohémiens, Gitanos ou Zingares d'Asie et d'Europe, exploitent les eaux des Moluques et des Philippines. D'autres races, non moins féroces, leur font concurrence.

« Est-il prudent de laisser croître, se raffermir, se perfectionner et se liguer contre nos navigateurs, tous ces bandits dont les plus à craindre sont les convicts évadés, les criminels épargnés, les aventuriers européens ou américains professant, selon toutes les règles, l'art des guet-apens maritimes?

« Qui porta les coups les plus terribles aux possessions espagnoles des Antilles? — Les Frères de la Côte, nos aventuriers-flibustiers, de simples corsaires.

« Dans quelques lustres, si l'on n'y prend garde, il faudra que la civilisation entreprenne contre la piraterie du Grand-Océan une de ces expéditions gigantesques dont la guerre classique des pirates de Cilicie ne donne qu'une faible idée.

« L'histoire atteste que les pirates, une fois organisés, rendent impossible toute navigation commerciale.

« En jetant les yeux sur la mappemonde, il est facile de voir que l'Océanie est constituée de manière à coûter des siècles de guerres navales, si jamais la piraterie fortifiée, à la faveur de notre insouciance, parvenait à en faire son domaine.

« A en juger par la Méditerranée que les Barbaresques écumaient encore peu avant 1830.

à en juger par l'Archipel dont Négros était l'effroi en 1851, quelles ne sont point les peines qu'on se prépare en laissant le mal s'étendre de la Chine à la Californie, en Australie, en Malaisie, dans d'inextricables groupes d'îles de toutes grandeurs?

« Il n'est que temps de parer à ces dangers de l'avenir, bien qu'à l'heure présente le danger n'existe très sérieusement que dans les mers de la Chine, où le navire anglais le *Westminster* était capturé par des pirates, vers la fin de 1866.

« Les journaux qui nous en donnaient la nouvelle, en janvier 1867, ajoutaient laconiquement :

« *Une partie de l'équipage a été massacrée.*

« *Le reste s'est sauvé.* »

« Et pas un seul, à notre connaissance, n'y ajoutait le moindre commentaire. C'est chose assez grave pourtant qu'un grand bâtiment anglais pris par des Chinois qui égorgent l'équipage. Elle méritait mieux, ce nous semble, que quatre lignes aux faits divers, pas tout à fait autant qu'il n'en faut pour donner le signalement d'un chien perdu.

Dans le cours de décembre 1866, on lisait aux nouvelles de mer de nos journaux :

« La goëlette américaine *Général Sherman* a
« été capturée dans les mers de Chine par
« des pirates qui, après avoir garrotté l'équi-
« page sur le pont et pillé le navire, l'ont in-
« cendié.

« Le *Sherman* a péri tout entier,

« A la suite de ce triste événement, l'ami-
« ral King s'est consulté avec le taotaï de
« Sang-Haï pour aviser au moyen de mettre
« un terme à de pareils attentats. »

« Le moyen n'est certes pas de s'adresser aux impuissantes autorités chinoises, mais bien, selon la saine raison, de rendre les marines militaires à leur vraie mission, la protection des marines marchandes. Les États-Unis, l'Angleterre, la Russie, la France, commercent avec le Céleste-Empire et avec le Japon ; l'Espagne, la Hollande, le Portugal, ont des possessions dans les mers infestées de pirates. Que ces puissances entretiennent de concert une centaine de légers croiseurs dans les eaux de l'Indo-Chine et de la Malaisie, les forbans disparaîtront. »

De La Landelle.

Voici, d'après Garneray, déjà cité, le récit d'un combat soutenu quelque temps après le traité d'Amiens, par un équipage français, contre une troupe de pirates malais :

« La veille de notre départ de Goa, le gouverneur portugais nous confia pour son confrère de Ceylan deux lacs de roupies, c'est-à-dire une valeur de cinq cent mille francs, qui m'eut tout l'air d'être le payement d'un tribut.

« Cet embarquement nous causa assez de tracas et de fatigues ; car, comme nous n'étions pas du tout sûrs de notre équipage, nous ne pûmes mettre que quelques-uns de nos matelots dans la confidence : ceux qui nous aidèrent à transporter ces fonds à bord furent Guide et Avriot ; je ne parle pas du maître d'équipage, le Bordelais Duval, ni de son second, Maroc : nous pouvions compter sur eux comme sur nous-mêmes. Nous fîmes passer les sacs de roupies par les fenêtres de la chambre et nous les déposâmes dans la soute aux poudres.

« Le jour de notre départ nous prîmes, comme passagers, une famille entière qui abandonnait la misérable ville de Goa pour aller s'établir à Colombo, île de Ceylan. Cette famille se composait du père, de la mère, d'une fille et de deux garçons de douze à quatorze ans.

« Depuis que notre brick portait dans ses flancs, les deux lacs de roupies du gouverneur de Goa, nous nous sentions, le capitaine Laffitte et moi, beaucoup moins tranquilles d'esprit : la responsabilité morale qui pesait sur nous était telle qu'elle nous accablait.

« Il y avait deux jours que nous avions repris la mer, lorsque, pendant le repas du soir, le capitaine m'aborda d'un air soucieux :

« — Garneray, me dit-il à demi-voix, j'ai à vous entretenir de choses fort importantes, relevez le timonier Kidou, qui me semble allonger un peu trop l'oreille de notre côté, afin de saisir notre conversation. Une fois que vous aurez pris la barre, nous pourrons parler sans nous gêner.

« Je fis ainsi que le désirait le capitaine, puis, dès que nous nous trouvâmes seuls, Laffitte, se retournant vers M. Pornic, le second, et vers moi :

« — Mes amis, nous dit-il, j'ai de graves observations à vous soumettre. D'abord, je vous rappellerai qu'à notre départ de l'île de France, nous avons apporté, pressés comme nous l'étions par le temps, fort peu de soins à la composition de notre équipage. Eh bien ! aujourd'hui, je me repens de cette précipitation blâmable, car je commence à avoir peur. J'ai remarqué que les cinq matelots étrangers qui se trouvent à notre bord, c'est-à-dire le Malais Kidou, le Maltais Cortichate, le Génois Malari, l'Espagnol José Salario et Antonio de Macao, semblent, pour des gens qui ne s'étaient jamais vus jusqu'à ce jour, s'être liés bien vite d'une amitié profonde et étroite. Ne fréquentant que très-peu le reste de nos hommes, ils font bande à part et sont toujours occupés à causer entre eux de choses secrètes ; car chaque fois que je me suis approché d'eux pendant leurs entretiens, je les ai vus aussitôt garder le silence !... Je ne vous cacherai pas que leur conduite m'inquiète vivement ! Voyons, vous, Pornic, avez-vous remarqué quelque chose ?

« — Moi, capitaine, quoique cette fois soit la première que vous avez jugé à propos de m'entretenir à ce sujet, je ne vous cacherai pas que j'ai déjà été frappé souvent de cette espèce d'alliance, de pacte, d'association, de complot, enfin de tout ce que vous voudrez, qui règne entre nos étrangers !... Seulement, craignant d'être ridicule en vous soumettant des craintes qu'il m'eût été impossible de bien préciser, j'ai gardé jusqu'à ce jour le silence. Je suis, au reste, enchanté que vous ayez amené la conversation sur ce sujet, qui me semble, en effet, extrêmement grave et digne d'attention...

« — Et vous, Garneray? me demanda M. Laffitte à mon tour.

« — Capitaine, je partage tout à fait la manière de voir de M. Pornic... J'ajouterai même que pendant notre courte relâche à Goa, j'ai surpris nos étrangers dans un café, où ils payaient la forte consommation qu'ils avaient faite, avec de l'or... Or, au départ de l'île de France, c'était justement moi qui me trouvais au bureau de la marine lorsqu'ils sont venus s'y faire inscrire ; ils déclarèrent, en demandant des avances, qu'ils ne possédaient pas une piastre pour s'équiper, et les avances leur furent faites en argent et non en or. Le motif qui m'a empêché de vous parler jusqu'à ce jour de ce détail est le même qui a retenu M. Pornic : j'avais peur de paraître ridicule avec mes craintes...

» — Diable! s'écria le capitaine. Ce que vous venez de m'apprendre là me semble assez sérieux. Si nous consultions la maistrance?

« — Je crois que nous ferions bien, capitaine.

« La maistrance, que nous appelâmes aussitôt, au lieu de détruire nos soupçons, ne fit que les confirmer encore : le maître d'équipage surtout, le Bordelais Duval, vieux loup de mer, dont l'éducation, par trop négligée, s'était toujours opposée à l'avancement, mais qui était, certes, l'homme le plus fin, le plus roué, le plus intelligent et le plus intrépide qu'il fût possible de trouver, renchérit encore sur nos soupçons en nous déclarant que, sur son honneur et sa conscience, il lui était prouvé qu'un complot existait.

« — Et pourquoi ne m'avez-vous pas averti plus tôt? lui demanda Laffitte.

« — Dame, capitaine, puisque j'étais sur mes gardes, cela suffisait! répondit tranquillement Duval.

« Le sobriquet du Bordelais, sobriquet qui avait fini par remplacer son vrai nom, et par lequel on le désignait toujours, était celui de maître Sang-Froid.

« L'opinion qu'il venait d'émettre nous causa au capitaine, au second et à moi, qui connaissions toute la valeur de cet homme, une profonde émotion.

« Nous nous promîmes de redoubler d'attention et de nous tenir constamment sur nos gardes.

» Depuis que le capitaine Laffitte nous avait communiqué ses craintes au sujet des étrangers, notre surveillance s'était encore accrue. Nous observions leurs moindres actions avec une extrême attention. Avriot et Guide, ces deux hommes d'élite, mis par moi dans la confidence de nos soupçons, me promirent de m'aider de toutes leurs forces dans ma tâche, et de ne pas perdre un seul instant de vue les matelots suspects.

« Le Portugais Antonio, qui était, je l'ai déjà dit, de Macao, et le Maltais Cortichate me parurent les plus dangereux. Je recommandai à Avriot et à Guide de s'attacher spécialement à la surveillance de ces deux étrangers.

Antonio, en qualité de compatriote, s'était mis au mieux avec la famille portugaise que nous avions embarquée à Goa. Il remplissait auprès d'elle, en ayant obtenu la permission du capitaine, l'office de domestique; peu à peu même, et cela en très-peu de jours, il me parut sortir de ses humbles fonctions de valet pour s'élever jusqu'à l'intimité de nos passagers. Pendant une grande partie de la journée, Antonio avait avec ces derniers de longues conférences qui cessaient toujours à l'approche de l'un de nous. Je remarquai également que les Portugais devenaient, je ne dirai pas de jour en jour, mais bien d'heure en heure, de plus en plus réservés et froids envers le capitaine, le second ou moi. Les deux garçons ne se gênaient pas, malgré les signes que leur faisaient leurs parents, et que je surprenais parfois, pour montrer toute l'aversion qu'ils ressentaient pour nous ; quant à leur sœur, charmante enfant de quinze ans, elle ne pouvait, malgré ses efforts, parvenir à dissimuler l'impression de crainte et d'horreur que lui causait la présence de l'un de nous.

Au total, comme nos passagers, quoique leur conduite fût fort significative, ne sortaient pas des règles d'une froide politesse à notre égard, et qu'après tout, nous n'avions certes pas le droit d'exiger leur amitié, nous affections de ne pas remarquer le mauvais vouloir qu'ils nous montraient.

Un soir, c'était le cinquième jour depuis notre départ de Goa, l'équipage assemblé sur le gaillard d'avant écoutait une histoire que lui racontait le Maltais Cortichate. L'air attentif de nos hommes, leurs yeux brillants, leurs cols tendus vers le narrateur, prouvaient combien le récit de celui-ci les intéressait. Poussé par la méfiance et par la curiosité, je fus me mêler au groupe des auditeurs.

Le Maltais, dont le regard circulaire et sournois ne se fixait jamais sur un objet, quoique rien de ce qui se passait près de lui ne lui échappât, s'aperçut, sans aucun doute, de ma présence, car il s'arrêta aussitôt tout court au beau milieu de sa narration.

— Eh bien ! Cortichate, lui dis-je, pourquoi donc ne poursuis-tu plus ton histoire ? Est-ce que ta mémoire te ferait défaut ?

— Hélas ! oui, mon lieutenant, me répondit-il d'un ton hypocrite, la fin de mon récit m'échappe tout à fait.

Cette annonce du narrateur produisit un vif mouvement de dépit parmi son auditoire.

— Sacrebleu ! c'est-y bête de ne pas avoir plus de tête que ça ! s'écria le Malouin Bastien Marceau. Voyons, Cortichate, essaie un peu... il est impossible que ça ne te revienne pas... tu nous filais ça si bien lorsque le lieutenant est arrivé...

— Ce n'est pas l'arrivée du lieutenant qui m'a fait perdre la mémoire, interrompit vivement le Maltais.

— Est-ce que ce récit t'amusait, Bastien, demandai-je au matelot.

— S'il m'amusait, lieutenant ? Ah ! mais oui... et drôlement même... Ça nous amusait tous...

— De quoi était-il donc question ? du Voltigeur hollandais ?

— Oh ! non, lieutenant !... Le Voltigeur c'est vieux et usé !... Il y même des malins qui prétendent que c'est une blague, et que ce n'est jamais arrivé, tandis que l'histoire de Cortichate, il n'y a pas moyen de mettre ça en doute... On voit que c'est la vérité !... Quel malheur que cet animal-là ait oublié la fin !... Allons, voyons, Cortichate, un peu de bonne volonté, mon garçon, ça va te revenir...

— Ne pensez-vous pas, lieutenant, me demanda le Maltais sans répondre à Bastien, qu'il va y avoir un grain ?... Peut-être faudrait-il prendre un ris... Ce petit nuage à l'horizon, que l'on voit là-bas,... là, tenez,... me semble suspect...

— Merci de tes conseils, mon garçon, répondis-je étonné de la persistance qu'il mettait à éloigner la conversation de son récit interrompu, mais souviens-toi, une bonne fois pour toutes, que le devoir d'un matelot à bord est d'obéir à ses officiers et non pas de les conseiller ; car ils savent mieux que lui ce qu'ils ont à faire !... Tâche plutôt de rappeler ta mémoire et de continuer ce récit dont l'interruption contrarie tant tes camarades...

— Cela me serait impossible, lieutenant. Je me rappelle même à présent que je n'ai jamais su la fin de cette histoire...

— Alors, il ne fallait pas la commencer pour nous mettre l'eau à la bouche et nous laisser ensuite en panne ! s'écria Benoît Marceau, le jumeau de Bastien.

— Voyons, mes amis, dis-je aux matelots

désappointés, ne vous désolez pas ainsi ; peut-être l'histoire de Cortichate ne m'est-elle pas inconnue : eh bien, si cela est, je vous promets de vous l'achever ! Toi, Bastien, je t'accorde la parole ; raconte-moi cette malheureuse histoire que l'on ne peut finir.

— Mais, lieutenant !... s'écria le Maltais, en m'interrompant avec un empressement qui m'étonna.

— Silence ! m'écriai-je d'un air sévère et le regardant fixement. Parle, Bastien, je t'écoute ; de quoi s'agit-il ?

— Il s'agit comme ça, lieutenant, d'un navire qui voguait, comme qui dirait nous, dans les mers de l'Inde. Ce navire montait, comme qui dirait le nôtre, quatre caronades, et avait un équipage d'environ trente hommes, toujours comme nous. Bon. Voilà que le capitaine, un failli chien, sauf votre respect, laissait par avarice mourir de faim ses matelots... très-bien... Alors ceux-ci, dont les dents se sont allongées comme des épissoirs, se disaient un beau jour qu'ils sont bien cornichons de ne pas réclamer... alors ils réclament... alors le capitaine leur administre une distribution de coups de pied et de calottes.. bon... Alors eux, dont ces horions ne remplissent pas l'estomac, reréclament... très bien... Alors le capitaine se fâche tout rouge... alors on en vient aux mots... des mots aux mains, alors, histoire de s'expliquer, on se bouscule... alors, à la fin de la chose, le capitaine, jeté par dessus bord, glisse tout doucettement au fond de la mer... alors ses officiers qui l'aimaient beaucoup s'empressent, aidés un peu par l'équipage, de le suivre... très bien ! Alors, dame, bombance et ripaille générale... les bouteilles de vin, l'eau-de-vie, les conserves à discrétion, on mange toute la journée sans s'arrêter... alors on se dirige vers l'île du plaisir... une île, à ce qu'il paraît, lieutenant, qui se trouve justement dans ces parages-ci... Alors, c'est le plus beau de l'histoire, voilà que nos matelots, en abordant à terre, sont reçus par des nymphes vêtues comme des princesses, tout en mousseline et en jaconas... Alors ces braves filles disent comme ça aux matelots : Salut et amitié, ça nous fait plaisir de vous voir. Vous êtes ici dans le royaume des femmes et dans l'île des plaisirs... nous vous soignerons, nous vous hébergerons, nous vous dorloterons, nous vous ferons la cour... à preuve que nous manquons totalement de maris ! Venez, nous allons vous conduire dans notre palais. Bon, que se disent les matelots, ça ne va pas trop mal ; vous nous plaisez... allons à notre palais... Alors, ils se mettent en route bras dessus, bras dessous avec les dames, et ils traversent une prairie pleine de fruits et de fleurs... alors ils arrivent au palais... alors... alors... Eh bien, c'est là toute l'histoire, lieutenant. Le Maltais en est resté au palais... Si c'était un effet de votre bonté de nous achever la chose, nous en serions tout de même bien contents...

Bastien Marceau, fier et satisfait de la façon dont il m'avait rapporté le récit de Cortichate, changea sa chique de place, passa le revers de sa main sur sa bouche et attendit ma réponse.

Pour moi, l'intention qui avait dicté au Maltais son récit était tellement claire et évidente, que je ne pus m'y tromper un seul instant. Je me promis de mettre à profit cette occasion que m'offrait le hasard pour donner une leçon à l'équipage.

— Mes amis, leur dis-je, je connais la fin de cette histoire ; mais, avant de vous la raconter, je dois relever quelques erreurs qui s'y trouvent...

A cette annonce un grand silence se fit, et les matelots se rapprochèrent tous de moi. Le Maltais Cortichate, que je surveillais d'un regard de côté, avait peine à cacher, sous un faux air d'indifférence, l'émotion qu'il éprouvait : je compris qu'il attendait avec anxiété ce que j'allais dire, afin de savoir si j'avais, oui ou non, pénétré ses intentions.

— Mes amis, repris-je, le fond de ce récit est parfaitement vrai ; mai on l'a tellement défiguré qu'il n'est plus reconnaissable. Un équipage s'est en effet révolté dans ces parages-ci, et a lâchement assassiné son capitaine ; puis, une fois cette abominable action commise, n'ayant plus à bord personne pour diriger les manœuvres, il fut s'échouer sur une des îles de l'Archipel. Seulement, cette île, au lieu d'être habitée par des nymphes, qui n'ont jamais existé, l'était par des Indiens féroces et cruels, qui accueillirent les naufragés avec la plus grande inhumanité, et les réduisirent à la condition d'esclaves. Vous dire à présent les tortures, les souffrances, les privations et les humiliations que ces misérables, qui les avaient si bien méritées, eurent à souffrir, me serait impossible. Enfin, pour abréger, je vous dirai qu'un navire de guerre anglais, envoyé à la poursuite des pirates indiens, trouva ces matelots, en opérant une descente dans l'île qu'ils habitaient, dans un si déplorable état, qu'ils ressemblaient plutôt à des bêtes de somme qu'à des créatures humaines.

On les embarqua aussitôt et on parvint, en les interrogeant séparément, à leur arracher la vérité : ils furent condamnés à être pendus. Eh bien ! le croiriez-vous, ils avaient tous tant souffert, que plusieurs d'entre eux, le moment de l'exécution venu, souriaient avec amour à la corde à nœud coulant, flottante dans les airs, qui devait bientôt les aider à franchir le seuil de l'éternité. Tous, c'est au moins une justice à leur rendre, demandèrent, au moment d'exécuter le grand saut dont ils ne devaient revenir que cadavres, pardon à Dieu et aux hommes, de leurs crimes passés. Voici la véritable histoire que vous défigurait tout à l'heure votre ami Cortichate ; s'il ne s'y trouve pas de nymphes habillées en mousseline et en jaconas, en compensation les potences y abondent.

Mon récit me parut produire une assez vive impression sur mon auditoire : un long silence le suivit ; mes auditeurs semblaient plongés dans de graves réflexions.

— Prétendez-vous donc, lieutenant, me demanda le Génois Malari prenant le premier la parole, qu'une révolte à bord d'un navire n'ait jamais réussi ?

— Certainement je le crois, répondis-je. Et comment voudriez-vous qu'il en fût autrement ? Le crime de piraterie ne ressemble pas aux autres crimes, car il s'attaque à toutes les nations : aussi ne laisse-t-il pas à ses auteurs ni trêve ni repos ! Pour eux, la fuite n'est pas possible. Le monde entier, moins toutefois, je vous le répète, quelques terres sauvages, où le plus dur esclavage les attendrait, devient leur ennemi !... Malheur à eux, quel que soit l'endroit où on les découvre ! et on les découvre toujours : traqués comme des bêtes fauves, ils deviennent de suite la proie du bourreau...

— Bah ! lieutenant, la terre est bien grande !... Un homme occupe si peu de place et les années le changent tellement, que plus d'un pirate est mort riche et honoré après une longue existence semée de joie et de plaisir...

— Et les craintes et les remords incessants qui ont dû tourmenter de telles existences ! comptez-vous donc cela pour rien ? demandai-je au Génois.

— Ah ! lieutenant, me répondit-il en ricanant, quand on est riche, on achète des juges et l'on s'amuse !... Or, la sécurité et le plaisir ne laissent guère de place aux remords !...

Notre conversation finit là : toutefois, je notai soigneusement dans ma mémoire la réponse du Génois ; elle me parut dénoter l'état de son esprit. La nuit venue, je ne manquai pas de la rapporter au capitaine, à Pornic et à maître Sang-Froid : tous les trois convinrent que nous devions redoubler de surveillance.

Malari fit feu... (Page 678.)

Le Génois Malari, je ne sais si le lecteur l'aura deviné par sa conversation, ne manquait pas d'une certaine éducation. Son langage permettait de supposer qu'il avait dû vivre et se trouver jadis dans un monde et dans une sphère plus élevés et tout à fait différents de sa position actuelle. Si, au lieu de retracer ici tout simplement, comme je le fais, les principaux événements de ma vie maritime, je voulais m'abandonner à l'imagination et manquer à la vérité, je crois qu'il y aurait moyen, en développant le caractère de cet homme et en lui supposant des antécédents qui se rattacheraient plus tard à ce récit, d'en faire un personnage assez mystérieux et intéressant; mais j'avoue à cet égard toute mon impuissance; je trouve déjà fort difficile de raconter ce que j'ai vu, et il me serait impossible, malgré tout mon désir, d'inventer le moindre fait, le plus petit épisode.

Le lendemain même de la conversation que je viens de rapporter, eut lieu un fait auquel je n'eusse, en toute autre circonstance, attaché la moindre importance et qui alors me frappa. Au repas du soir, quelques-uns des matelots étrangers de l'équipage se plaignirent de l'exiguïté et de la mauvaise qualité des rations qui leur furent distribuées. Était-ce déjà le commencement de l'histoire du Maltais qui se réalisait à notre bord? D'autant mieux qu'après avoir examiné avec

85.

la plus scrupuleuse attention et la plus grande impartialité les plaintes des mécontents, je reconnus qu'elles manquaient tout à fait et complètement de fondement! D'autant plus que nos matelots ne s'en plaignaient pas.

Je remarquai aussi qu'à mesure qu'Antonio avançait dans les bonnes grâces de nos passagers, ces derniers se montraient de plus en plus mal disposés pour nous. A peine pouvaient-ils parvenir à cacher le malaise que leur causait notre présence. La jeune Portugaise surtout ne nous regardait qu'avec des yeux épouvantés, cependant nous étions pour elle pleins de prévenances et d'égards.

Il y avait déjà près d'une semaine que nous avions abandonné Goa et nous descendions, je l'ai déjà dit, la côte Malabar pour nous rendre à Colombo de Ceylan, prenant les amures à tribord pendant la brise du large et à bâbord pendant celle de terre, lorsqu'un matin nous aperçûmes au large, à toute vue, un de ces grands bateaux du pays dont la vélocité semble tenir du prodige, et qui sont connus sous le nom de *praw*.

Il ventait petit frais, la brise de large commençait à régner, et l'embarcation indienne tenait notre route.

D'abord nous n'y fîmes que médiocrement attention; mais une circonstance qui ne tarda pas à nous frapper, éveilla bientôt tous nos soupçons. Nous remarquâmes que quand le soleil commença à baisser en illuminant la mer d'un vaste rayon brillant, le praw se plaça aussitôt entre le soleil et nous ; de telle façon qu'enveloppé dans le vaste et éblouissant rayon dont nous parlons, il échappait tout à fait à nos regards.

Jusqu'à la nuit tombante, le praw conserva, quoique sa marche fût infiniment supérieure à la nôtre, la même distance et la même position. Le hasard ne pouvait certes pas produire un pareil état de choses. Au reste, nous aperçûmes, à quelques rares intervalles, lorsqu'un nuage léger amortissait en glissant devant lui l'éclat du soleil, l'embarcation indienne, tantôt amenant sa voile, tantôt la hissant, afin de se maintenir dans le brillant des eaux.

Cette manœuvre n'était pas même équivoque : elle nous donnait la certitude que nous allions avoir affaire à des ennemis.

En vain le capitaine Lafitte voulut-il se faire illusion et nier l'intention du praw ; maître Duval, ou maître Sang-Froid, si l'on préfère, qui avait navigué dans ces parages et les connaissait bien, lui prouva que cette embarcation renfermait des pirates, et que son dessein, au moins pour le moment, était de nous attaquer.

Cette discussion, qui se passait sur la dunette, avait pour auditeur le père de la famille portugaise que nous avions embarquée à Goa. Depuis longtemps déjà, je le répète, cet homme ne parlait à personne de nous à bord; mais il paraît que la gravité des circonstances lui fit momentanément oublier l'aversion qu'il éprouvait pour nous, car, s'avançant vers M. Lafitte :

— Capitaine, lui dit-il en rougissant, me serait-il permis de vous demander, car je comprends assez imparfaitement le français, si le sujet de votre conversation n'est pas cette embarcation qui nous suit depuis ce matin ?

— Oui, monsieur, répondit le capitaine.

— Et pensez-vous réellement, reprit le Portugais en pâlissant, qu'elle soit montée par des pirates ?

— J'en doutais d'abord ; mais les observations de mon maître d'équipage m'ont fait changer de sentiment, tant il m'a paru rempli de conviction.

— Ah ! *Jésus-Maria !* Mais savez-vous une chose, capitaine ?

Ici, le Portugais se tut subitement ; je suivis la direction de son regard et j'aperçus son domestique Antonio, qui, feignant d'être occupé près de nous, écoutait notre conversation.

— Antonio, dit le Portugais après un moment d'hésitation, va-t'en dans ma cabine me chercher mon étui à cigares.

Le matelot me parut n'obéir à cet ordre qu'à regret, et que parce qu'il lui était impossible de faire autrement.

— Capitaine, reprit vivement notre passager, savez-vous bien que j'ai embarqué toute ma fortune à bord de votre navire ?

— Non, monsieur ; vous ne m'avez rien dit, et j'ignorais cette circonstance.

— Oui, j'ai ici plus de deux cent mille francs, continua le Portugais en surmontant l'hésitation que lui faisait éprouver cette confidence, oui, capitaine, plus de deux cent mille francs en or, en doublons, qu'Antonio a cachés dans la membrure du navire, au-dessous du tillac de la chambre, à l'endroit réservé pour placer vos poudres.

— Ah ! dit négligemment le capitaine Lafitte, c'est à Antonio que vous confiez vos fonds ! Soit, monsieur, je n'ai rien à voir à cela...

— Capitaine... pardon... mais si vous saviez ce que cet homme,... je vous demande encore pardon, a osé me donner à entendre ?

— Parlez, monsieur, je vous écoute.

— Oh ! non ! capitaine !... je n'oserais jamais...

— C'est donc bien terrible ce qu'il vous a dit, cet Antonio ?

— Mais ce n'est pas trop maladroit, au moins !... dit maître Duval se mêlant à la conversation, dont il avait entendu les dernières phrases.

— Vous le savez, vous, Duval ?

— Je m'en doute, capitaine. Cette canaille d'Antonio nous a représentés à monsieur comme des bandits et des pirates, qui, s'ils connaissaient ses richesses, s'empresseraient de lui tordre le cou et de le jeter à l'eau... N'est-ce pas, monsieur ? ajouta maître Sang-Froid en se retournant vers le Portugais.

— En effet, monsieur, répondit celui-ci en proie au plus vif étonnement, vous avez deviné !... Mais comment peut-il se faire que vous ayez deviné une semblable chose ?

— Pardi ! c'est pas bien malin, répondit tranquillement Duval, comme on connaît ses saints on les honore ! Je sais que cet homme est une canaille et un traître... et cela me suffit !

— Silence ! dis-je à demi-voix au Portugais en voyant Antonio revenir avec l'étui à cigares ; il ne faut pas qu'il se doute de notre conversation. Ne craignez rien, monsieur, vous ne perdrez pas votre or !

Le soleil allait disparaître quand nous vîmes une légère pirogue à balancier se détacher du praw et s'avancer vers nous. Comme ces sortes d'embarcation, dont le sillage rappelle par sa rapidité le vol de l'hirondelle, ont été déjà décrites en maints ouvrages, je ne m'appesantirai pas ici sur leur construction.

En moins d'un quart d'heure la pirogue nous atteignit et rasa notre bord ; seulement les hommes qui la montaient ralentirent pendant quelques instants sa marche en passant près de la *Petite-Caroline* et adressèrent à Kidou, assis sur les bastingages de l'avant, quelques paroles en indien auxquelles celui-ci, avant que nous eussions le temps de nous opposer à son dessein, s'empressa de répondre.

— Que viennent de te dire ces Indiens, misérable ? s'écria notre second Pornic en sautant à la gorge du Malais.

— Ils m'ont souhaité un bon voyage ! répondit Kidou ; mais pourquoi, monsieur, me brutalisez-vous ainsi ?

Pornic allait probablement, emporté par la colère, reprocher à Kidou sa trahison, lorsque maître Sang-Froid, accourant en toute hâte, l'en empêcha en prenant la parole à sa place.

— Depuis quand donc un officier n'aurait-il pas le droit de secouer un peu un matelot, histoire de passer sa mauvaise humeur et de se soulager un peu les nerfs? dit-il à Kidou. Allons, file ton nœud et fiche-nous la paix.

Le Malais descendit, sans prononcer une parole, des bastingages, et reçut, en touchant le pont, un grand coup de pied de Duval. Il s'éloigna sans manifester la moindre mauvaise humeur.

— Pourquoi donc, Duval, avez-vous frappé cet homme? demandai-je au maître d'équipage lorsqu'il nous rejoignit sur la dunette. Ne craignez-vous pas de l'indisposer davantage contre nous?

— J'ai flanqué un atout à ce cuivré-là, lieutenant, me répondit-il, afin de ne plus conserver un doute sur ses projets de trahison. Vous ne comprenez pas cela? C'est bien simple. Si cet homme n'avait rien à se reprocher, il n'eût accepté qu'en grognant ou même en se fâchant la caresse de mon pied, qu'il n'avait pas méritée. Or, vous avez pu voir qu'il n'avait pas songé à protester et qu'il s'est éloigné sans montrer de mauvaise humeur, ce qui prouve deux choses : d'abord qu'il ne tient pas à engager une discussion en ce moment; ensuite, qu'il espère pouvoir prendre bientôt sa revanche...

De sept à neuf heures du soir le calme s'établit, et la pirogue à balancier rangeant une espèce d'îlot qui nous séparait d'une grande île très montagneuse et très boisée disparut bientôt à nos regards.

A neuf heures, nous prîmes bâbord-amure pour profiter de la brise de terre, car il s'agissait avant tout de gagner le large afin d'éviter le praw indien.

La nuit se passa pour nous dans un qui-vive perpétuel : la brise de terre était très faible et le courant, s'opposant à notre désir de prendre la haute mer, nous drossait vers la côte : l'inquiétude nous dévorait.

Les passagers portugais, loin de fuir notre présence, nous accablaient alors de questions. Il me parut, à la façon dont ils recevaient les services d'Antonio, qu'ils avaient eu entre eux une explication et qu'ils commençaient à revenir sur le compte de leur officieux compatriote.

Au matin, notre position était à peu près la même, c'est-à-dire que nous conservions toutes nos appréhensions et que nous nous attendions toujours à un combat. Pendant la nuit, nous avions dépassé la petite île, et nous nous trouvions alors près de cette terre montagneuse et boisée dont j'ai déjà parlé.

Ce fut, au reste, sans aucun étonnement que nous aperçûmes, en la doublant, le praw sortant de derrière des rochers qui nous l'avaient caché jusqu'alors, faire route sur nous.

L'équipage de l'embarcation indienne nous sembla, au premier abord, peu nombreux, mais nous nous convainquîmes bientôt, par un examen plus attentif, qu'une grande quantité d'hommes, couchés et étendus au fond, essayaient d'échapper à nos regards.

— Sans ces maudits courants qui nous ont rapprochés cette nuit de terre, et sans la faiblesse de la brise, nous dit à Pornic et à moi le capitaine, nous aurions pu prendre le large, et nous ne nous trouverions pas à présent dans cette affreuse position.

— C'est vrai, capitaine, lui répondis-je; mais puisque nous nous y trouvons, le mieux est, je crois, de laisser de côté les plaintes, et de nous préparer au combat.

— C'est aussi mon opinion, dit maître Duval se mêlant sans façon, selon son habitude, à la conversation. Si vous voulez même me permettre, capitaine, de faire prendre en votre nom quelques mesures de précaution auxquelles vous n'auriez peut-être pas le temps de songer, cela me ferait plaisir?

M. Lafitte, qui appréciait la sagacité, la prudence et l'esprit inventif de son maître d'équipage, n'hésita pas à lui donner carte blanche, et celui-ci nous quitta aussitôt.

— Quant à vous, Garneray, ajouta Lafitte, occupez-vous de suite de la distribution des armes.

Maître Duval, pendant que je faisais armer

l'équipage, était descendu dans la chambre, et faisait percer par le charpentier Martin quatre meurtrières dans le fronton de la dunette, deux à tribord, deux à bâbord ; puis, barricadant le guichet qui communiquait de la chambre à la cale, il amarrait en dessous le panneau de la dunette.

Ces dispositions prises par maître Sang-Froid, sans qu'il daignât répondre aux questions que lui adressait le charpentier sur leur utilité ou leur destination, il fit descendre dans la chambre une barrique d'eau douce et ordonna au novice Michaud de mettre dans les caissons la moitié de la poudre contenue dans la plus basse et arrière-soute, ainsi que des boulets, des balles, des cartouches, des pistolets et des fusils.

De retour sur le pont, Duval fit aussi établir avec des cordages une espèce de filet d'abordage, allant du mât de beaupré au couronnement, et élevé de quatre pieds au-dessus du bastingage.

Enfin, comme complément de ces précautions inexpliquées, il amarre, avec l'aide de son second Marec, six boulets de nos caronades ensemble dans un fort filet, et fait hisser ce ballot de nouvelle espèce au bout de la vergue de misaine, à bâbord.

Une remarque que je fis et qui, malgré la gravité de notre position, amena un sourire sur mes lèvres, était l'étonnement qu'éprouvait le capitaine en assistant aux bizarres préparatifs de son maître d'équipage. M. Lafitte, au nom de qui M. Duval donnait ses ordres, ne pouvait l'interroger et en était réduit aux conjectures.

Je procédais à l'armement de l'équipage, et je venais de distribuer à chacun sa hache, son espingole, sa pique et son poignard, lorsque nos cinq matelots étrangers se présentèrent à leur tour devant moi. A leur vue, je l'avoue, je restai assez embarrassé. Feignant d'avoir un mot à dire au capitaine, je leur fis signe que j'allais revenir, et je me hâtai de rejoindre MM. Lafitte et Pornic.

— Faut-il armer les matelots étrangers malgré la trahison qu'ils méditent et dont nous avons presque des preuves, lui demandai-je vivement, ou plutôt faut-il les enfermer ?...

— Je ne doute nullement de la trahison de ces hommes, me répondit le capitaine, et je suis persuadé que leur intention est de s'emparer de la *Petite-Caroline* ; mais il ne s'ensuit pas de ce qu'ils désirent voler les richesses qui se trouvent à bord qu'ils soient d'accord avec les pirates indiens du praw. Il est positif que si nous tombons entre les mains de ces bandits, nos étrangers seront massacrés, tout comme nous, par eux. Je crois donc que pour le moment leur intérêt les rattache à notre cause, et que nous pouvons les armer. Qu'en pensez-vous, Pornic ?

— Je pense qu'en effet, capitaine, nous priver de cinq hommes serait affaiblir de beaucoup notre équipage ! Armez ces misérables !

— Ah ! mais non, cela ne se fera pas ! cria maître Sang-Froid, qui ne manquait jamais de s'approcher de nous lorsqu'il nous voyait en conférence, et émettait alors toujours fort librement son opinion. Êtes-vous donc fous, messieurs, pour vouloir armer ainsi des ennemis, car ces hommes sont nos ennemis ! Oui, je sais ce que vous allez me répondre... j'ai entendu votre conversation... Eh ! mordieu, oubliez-vous donc les paroles qui ont été échangées hier soir entre notre Malais Kidou et les naturels qui sont passés dans leur pirogue à balancier le long de notre brick ?

— Duval a raison ! me dit le capitaine, n'armez pas ces hommes !

Il était alors à peu près neuf heures du matin ; la brise du large s'établit et nous orientâmes tribord amure ; mais quel fut notre désappointement et notre consternation en nous apercevant que notre brick si bon voilier n'avançait presque pas !

— C'est une fatalité ! nous dit le capitaine.

Je n'y comprends absolument rien. Comment peut-il se faire que la *Petite-Caroline*, qui hier marchait si bien, reste en place en ce moment comme une lourde galiote hollandaise ?

Le fait est qu'il y avait dans cette subite métamorphose de quoi frapper de crainte l'esprit le plus ferme et le plus fort. Maître Duval lui-même paraissait accablé, et pour la première fois peut-être de sa vie interrogeait en vain son esprit si fertile en ressources.

Quant au pirate, comme s'il eût été averti de notre impuissance, nous le vîmes bientôt hisser sa voile et nous gagner main sur main.

Une heure plus tard, il se trouvait à demi-portée de caronade de nous.

— Ma foi ! nous dit Lafitte, battons-nous au moins, puisque nous ne marchons pas. Allons, mes amis, aux caronades et commençons le feu !

Je me précipitai vers la caronade de bâbord, que je dirigeais ; puis, après avoir pointé avec attention le praw, je mis le feu. Le coup partit ; mais je ne remarquai chez l'ennemi, une fois la fumée dissipée, aucune avarie importante.

J'ordonnai à mes hommes de recharger, lorsque des cris poussés sur l'avant attirèrent mon attention. Je me retournai vivement, et j'aperçus le capitaine frappant le pont du pied avec fureur : je courus aussitôt vers lui.

— Qu'avez-vous donc ? lui demandai-je.

— Regardez !... Ah ! les traîtres ! s'écriat-il en étendant le doigt vers la lumière de la caronade, ils ont encloué cette pièce !...

Cette découverte fut pour nous tous un coup de foudre, mais notre stupeur ne fut pas de longue durée ; l'instinct de la conservation et la soif de la vengeance nous firent promptement revenir à nous.

— Tout le monde sur l'arrière ! s'écria Lafitte pâle de fureur.

— Mes amis, continua-t-il en s'adressant à l'équipage, qui s'était empressé d'obéir à cet ordre, plutôt que de tomber entre les mains des pirates je préfère faire sauter le navire : car il vaut mieux mourir sur le coup que de subir la longue agonie que nous préparent ces misérables. Mais, avant d'en venir à cette extrémité, que je suis certain d'éviter si vous secondez mes efforts, il nous reste encore à faire payer chèrement à ces brigands la joie de notre défaite et leur triomphe.., Puis-je compter sur vous ?

— Oui, capitaine ! s'écria l'équipage avec un élan qui me fut droit au cœur et me rendit un peu d'espérance.

— Eh bien ! alors emparez-vous des traîtres qui se trouvent parmi vous et qui déjà ont encloué cette caronade, reprit Lafitte avec énergie.

— C'est inutile, capitaine ! répondit le Génois Malari en sortant de la foule ; de traîtres ici, il n'y en a qu'un seul ; je le surveillais, et je vais le punir ; c'est celui-ci !

Le Génois, en prononçant ces paroles, jeta aux pieds de Lafitte, par un mouvement brusque et théâtral, le matelot Jose Salario.

L'Espagnol s'attendait si peu à cette agression, qu'il resta un moment atterré, anéanti, sans pouvoir prononcer une parole.

— Réponds, misérable ! lui dit Malari, n'est-ce pas toi qui as encloué cette caronade ?

A cette accusation, Jose Salario devint pâle comme un cadavre ; mais bientôt un éclair d'indignation passa dans son regard ; il se releva brusquement, et regardant le Génois bien en face :

— Oui, dénonciateur, dit-il, c'est moi, en effet, qui ai encloué cette pièce ; mais pourquoi ai-je fait cela ? parce que...

— Parce que tu es un chien enragé qui mérite la mort, s'écria le Maltais en lui appliquant sur la tempe le canon d'un pistolet qu'il sortit de sa poitrine.

Avant que personne eût pu s'interposer entre Salario et Malari, ce dernier fit feu et l'Espagnol tomba roide mort.

— Vous voyez, capitaine, que nous ne sommes pas tous des traîtres, reprit le Génois avec un sombre enthousiasme ! Croyez-moi, l'heure du combat venue, vous pourrez compter sur nous !

L'action du Génois nous avait frappés de stupeur, et nous allions le remercier de son zèle et de sa fidélité, lorsque la parole de maître Duval tomba comme une pluie glacée sur notre enthousiasme, et l'éteignit subitement.

— Ton coup de pistolet ne prouve qu'une chose, Malari, dit-il, c'est que Salario était ton complice et que tu craignais son indiscrétion ou sa faiblesse. Capitaine, croyez-moi, faites attacher tous ces étrangers maudits, et qu'on les descende dans l'entrepont... Une fois vainqueur des pirates, nous aurons tout le temps de nous occuper d'eux !...

— M'attacher ! moi ! allons donc ! A moi, Kidou... à moi, Cortichate... Antonio ! s'écria Malari en s'élançant par un bond violent hors du cercle de matelots qui l'entourait et en sortant un second pistolet d'une des poches de son pantalon. Ne craignez rien, nos amis les Indiens approchent... la *Petite-Caroline* nous appartient !

Le capitaine Lafitte fut le premier à revenir de la stupéfaction que nous avait causée la témérité du Génois, et s'élança aussitôt sur lui le sabre à la main. Malari, se tournant vers lui, l'ajusta rapidement et fit feu.

— Sacré tonnerre ! s'écria le pauvre Pornic, ce maladroit s'est trompé d'adresse !

En effet, la balle que le Génois destinait à Lafitte avait été se loger dans le bras de son second.

Malari franchissait déjà les bastingages, son appel n'avait pas été entendu de ses complices pour se jeter à la mer, lorsque Duval l'abattit en lui lançant sa hache d'abordage entre les jambes.

Avant que le Génois eût eu le temps de se relever, maître François s'était précipité sur lui et, s'emparant de ses mains, lui posait tranquillement son puissant genou, car Duval était d'une force herculéenne, sur la poitrine.

Quelques secondes plus tard, le misérable traître, solidement garrotté, était mis en sûreté dans l'entrepont.

Cet acte de prudence accompli, nous nous mîmes à la recherche des complices du Génois ; mais nous ne trouvâmes d'abord que le Maltais Cortichate, que nous envoyâmes, toujours étroitement ficelé, rejoindre Malari. Quant à Antonio et Kidou, ils avaient disparu.

Nous allions poursuivre nos investigations pour nous emparer de ces deux autres coupables, quand les cris des pirates nous rappelèrent à notre poste de combat.

Le praw n'était plus alors qu'à quelques encâblures de la *Petite-Caroline* : les balles et les flèches commençaient à pleuvoir sur le pont.

Quant à nous, embusqués et cachés de notre mieux, nous nous hâtâmes de répondre à leur feu par une fusillade, sinon bien nourrie, du moins dirigée avec beaucoup de précision. Chacun de nos coups, ainsi que nous le prouvaient les hurlements de douleur et de rage qui les suivaient, arrivait à sa destination. Le novice Labourdonnais, de l'Ile de France, se faisait remarquer surtout par son adresse. Prenant pour point de mire les naturels qui semblaient, à bord du praw, exercer une certaine autorité, chaque fois que la détonation de son arme se faisait entendre, on pouvait être assuré qu'un des chefs recevait une balle dans la tête.

— Courage ! mes amis, nous dit le capitaine ; voici le vent qui fraîchit, et tout me donne à supposer qu'il va augmenter encore. Nous pourrons alors, nous couvrant de voiles, gagner le large et nous débarrasser de nos ennemis, car ils n'oseront pas perdre la terre de vue et nous suivre.

Comme il était avant tout urgent de doubler la pointe de la grande île pour nous écarter de la côte, Lafitte ordonna la manœuvre ; mais, hélas ! voilà que le navire vient au vent malgré sa barre. Nos voiles sont en ralingue !

— Sacré mille tonnerres! s'écrie maître Duval sortant de son sang-froid, qu'est-ce que cela signifie ? Sommes-nous donc ensorcelés ?

Duval se dirige aussitôt en courant vers le gaillard d'avant; mais nous sommes tellement occupés avec les pirates que nous ne songeons ni à l'interroger ni à le suivre du regard, lorsqu'un cri affreux, qui domine le bruit de la fusillade et les clameurs des Indiens, attire notre attention vers le beaupré.

Duval, dont un des bras pend hors du navire, nous fait signe de l'autre de venir à son aide; je m'empresse, suivi d'Avriot, de me rendre auprès de lui. Spectacle affreux! maître Sang-Froid a harponné le Malais Kidou, qui était monté furtivement du dehors du navire, où il s'était tenu caché, en dedans, et avait coupé alors les drisses et les écoutes des focs; ce qui nous expliqua de suite comment, tout à l'heure, malgré sa barre, la *Petite-Caroline* était venue au vent.

— Aidez-moi un peu, je vous prie, à amener cet homme à bord, nous dit tranquillement François en nous présentant la corde à laquelle est attaché le manche du harpon dont le fer traverse la poitrine du Malais de part en part, pour retirer cet outil de son corps.

— Maladroit que je suis! reprit-il lorsque quelques secondes plus tard nous eûmes déposé le cadavre ensanglanté de Kidou sur le gaillard. J'ai piqué ce gredin avec trop de brutalité... Le voilà mort!... impossible d'obtenir de lui quelques renseignements...

Le Malais mort, nous retournâmes en toute hâte à notre poste de combat; il était temps, le praw accostait la *Petite-Caroline* et les Indiens montaient à l'abordage !

L'équipage du praw était plus nombreux encore que nous ne l'avions supposé; il se composait d'environ 80 pirates. Quant à ces derniers, il me serait difficile de dépeindre leur ensemble; il me faudrait faire une description personnelle de chacun d'eux, tant les accoutrements dont ils étaient affublés étaient différents.

Les uns portaient des habits noirs dont les coupes diverses rappelaient plusieurs époques de la mode; les autres, des vestes de marins, des uniformes de soldats appartenant à toutes les nations, j'en vis même plusieurs qui s'étaient confectionné des espèces de manteaux avec des robes de femme; quant à celui qui semblait leur chef, il portait un uniforme rouge de capitaine anglais et avait sur la tête un casque de cavalerie! Que de sang avait dû coûter la possession de ces dépouilles!

Le praw était bord à bord avec la *Petite-Caroline*, et, montés sur les bastingages, nous repoussions à coups de pique et de fusil les pirates acharnés à monter à l'abordage, lorsque Duval arriva, aidé des matelots Caderousse, Reboul et Morvan, portant à eux quatre plusieurs chaudières pleines d'eau bouillante.

— Gare et passage, nous dit tranquillement maître Sang-Froid, laissez-nous baptiser un peu ces infidèles, afin que, si nous les tuons, ils meurent au moins en chrétiens...

Alors Duval et les trois matelots que je viens de nommer renversèrent de leur mieux sur la tête des pirates le contenu de leurs marmites. L'effet de cette douche d'un nouveau genre fut immense; un hideux et étourdissant concert de clameurs douloureuses et sauvages domina le bruit de la fusillade. Duval sourit d'un air modeste et satisfait.

Cet épisode, qui, si nous nous fussions trouvés dans une position moins critique, eût certes provoqué en nous une longue hilarité, suspendit pendant un moment l'attaque des Indiens. Ceux qui avaient été atteints par le baptême de Duval se roulaient avec d'affreuses contorsions dans le fond du praw; nous profitâmes de cette confusion pour abattre une dizaine de nos assaillants.

Nos hommes, stimulés par l'idée du sort

Je suis une pelote, quoi!... (Page 683.)

qui les attendait s'ils tombaient entre les mains des pirates, s'étaient portés avec tant de précipitation aux bastingages pour les repousser, que la barre du gouvernail avait été abandonnée à elle-même : le capitaine Lafitte s'aperçut heureusement à temps de cet abandon, qui eût pu avoir pour nous de si désastreuses conséquences, et appelant le Breton Yvon, notre meilleur timonier, il lui cria d'aller se mettre à la barre.

Le Breton Yvon, occupé à larder de coups de pique les Indiens, ce dont il s'acquittait à ravir, fit la sourde oreille, et Lafitte dut répéter une seconde fois son ordre.

— De suite, capitaine, répondit le Breton, qui trouva encore moyen, avant de s'éloigner du lieu du combat, de traverser la poitrine d'un pirate.

La fusillade et les piques continuaient leur jeu, et nous avions fort à faire pour repousser les forbans qui grimpaient, semblables à des tigres, le long des flancs de notre brick, lorsqu'une espèce de sifflement, passant au-dessus de notre tête, et immédiatement suivi d'une chute lourde et sonore, nous annonça que maître Sang-Froid continuait ses évolutions excentriques, et nous procura un temps de repos ou d'arrêt. En effet, l'ingénieux Bordelais venait, aidé de son second maître, de larguer le cartahu qui retenait le paquet de boulets qu'il avait hissé au bout de la vergue de misaine.

86.

Le résultat obtenu par cette chute fut prodigieux : sans parler des Indiens tués et blessés, les boulets avaient défoncé le praw.

— Vive maître Duval! m'écriai-je avec enthousiasme; tout l'équipage répéta mon cri.

Avant que les pirates fussent revenus de leur stupéfaction, maître Duval attirait de nouveau à lui son terrible et original engin de guerre qui, dix minutes plus tard, retombait avec le même succès qu'il avait déjà obtenu la première fois.

Quel ne fut pas notre étonnement lorsque nous vîmes le Bordelais abandonner subitement le poste où il nous rendait de si grands services, et se laisser glisser sur le pont.

— Où allez-vous donc, Duval? lui demandai-je.

— Encore sur le gaillard d'avant, me répondit-il en saisissant une pique et en s'élançant dans la direction qu'il venait de m'annoncer. Je m'empressai de le suivre.

Lorsque je le rejoignis, notre maître d'équipage, le corps penché en dehors des bastingages, retirait tranquillement sa pique ensanglantée du dos du Maltais Cortichate : j'arrivai juste à temps pour le voir tomber à la mer.

— Le misérable, caché en dehors du navire, s'est glissé du beaupré sur le gaillard d'avant, et a largué la drisse du petit hunier, me dit Duval; heureusement que je l'ai aperçu à temps, sans cela il n'eût point manqué de continuer le cours de ses plaisanteries... et ce n'est déjà que trop... Voyez, lieutenant.... voici la vergue qui tombe en pagaie sur le ton,... celle du petit cacatoua qui se casse en deux,... les ralingues du petit perroquet qui se rompent, la voile qui se déchire !... le navire, qui, par suite de ces avaries, lofe par conséquent encore plus qu'auparavant !.... Et le plus triste de la chose, c'est que le temps nous manque pour nous occuper de la manœuvre... Il nous faut avant tout combattre !...

— Lieutenant! me cria le Breton Yvon toujours à la barre et qui ignorait ce qui venait de se passer,... ça ne va pas! Je viens de larguer les deux drisses du pic et le navire lofe toujours;... regardez, les voiles de l'avant sont en panterme et celles de l'arrière en ralingue !... Si je retournais à ma pique ?...

— Abandonner ton poste, Yvon? es-tu fou? Ne vois-tu pas que les pirates, comprenant toute l'importance de ta mort, dirigent principalement leurs flèches et leurs coups de fusil sur toi?...

— Le fait est, lieutenant, que j'entends siffler un tas de ramages à mes oreilles... Alors c'est sûr, je ne bouge plus d'ici !

Quant à moi, je retourne au combat.

Une mare de sang inonde le pont, qu'envahit déjà la mer, du praw; mais, hélas! nous avons payé cher nos avantages. Je trouve étendu mort le pauvre Pornic, qui, malgré la balle qu'il avait reçue du Génois Malari dans le bras, s'était obstiné à rester sur le pont : une flèche l'a atteint en plein œil.

Le matelot Bastien Marceau est également blessé et hors de combat. De plus, notre intrépide voilier Magloire, qui, depuis le commencement de l'action, monté à cheval sur le plat-bord, se battait avec un courage de lion, est aussi victime d'un affreux accident. Il a asséné un coup de hache tellement violent sur la tête d'un pirate, et la pointe de l'arme est restée si solidement enclavée dans le crâne de son ennemi, qu'il n'a pu l'en retirer; or, comme d'un autre côté sa hache est retenue à son poignet par l'estrope, le malheureux Magloire est saisi par les pirates, qui le criblent de coups de leurs kris, un poignard en forme de flamme, et jettent son cadavre à la mer.

— Allons, mes amis, un peu de courage et de persévérance, nous dit le capitaine, qui, à défaut d'initiative, ne manque pas de courage et fait noblement son devoir; un peu de courage et de patience et nous sommes vainqueurs... Le praw s'emplit d'eau à vue d'œil et ne va pas tarder à couler en entraînant avec lui nos ennemis. Du courage!

Cette pensée, qui redouble nos forces et nous soutient, excite également les Indiens ; ils sentent leur embarcation qui s'enfonce, et le désespoir change leur ardeur en fureur. Ce ne sont plus des hommes, ce sont des tigres blessés à mort qui veulent, avant de succomber, venger leur défaite.

Plusieurs d'entre eux, se cramponnant avec une énergie inexprimable aux flancs de la *Petite-Caroline*, parviennent, couverts de blessures, à saisir nos filets d'abordage, qu'ils coupent avec leurs poignards.

— Holà! holà! capitaine... les amis! nous crie en ce moment le brave Yvon, venez me relever à la barre... Je m'en vais...

— Je cours vers Yvon, que je trouve baigné dans son sang, mais droit, debout, impassible, et essayant toujours de gouverner. Je m'élance pour le soutenir, mais il me repousse doucement.

— Prenez la barre, me dit-il, et ne vous dérangez pas pour moi. Vous aviez tout de même raison, lieutenant, ces gredins s'occupaient *spécialement* de moi... J'ai reçu des flèches partout, des balles dans pas mal d'endroits. Je suis une pelote... quoi! Compliments aux amis... et tapez dur.

Au moment où je prends la barre, le Breton me sourit d'un air reconnaissant, puis tombe à mes pieds en murmurant : Bonsoir. Je me penche sur lui ; il n'est plus qu'un cadavre. Le sentiment seul du devoir a pu lui donner la force de rester aussi longtemps à son poste, car son corps est, littéralement parlant, criblé de blessures. A présent qu'il se voit remplacé, il peut mourir! et il meurt!

J'appelle alors un matelot, pour me remplacer à mon tour, et je me hâte de rejoindre le capitaine, qui combat toujours.

— Ah! mon cher Garneray, me dit-il en rechargeant son fusil, nous sommes perdus ;

pour nous sauver il faudrait une heure de bonne route, afin de pouvoir doubler la pointe de la côte qui nous reste sous le vent et sur laquelle nous allons sans doute échouer. Tâchez donc de vous occuper de cette manœuvre. Voici justement le vent qui fraîchit.

— Impossible, capitaine... La barre est mise au vent depuis longtemps, et nous ne gouvernons plus... Nous allons en dérive... Nous n'avons plus de voiles orientées sur l'avant, et nous ne pourrions les orienter sans compromettre à coup sûr le salut du navire et le nôtre.

— Allons, mon pauvre Garneray, sachons mourir!...

Nous recommençons alors à combattre ; mais, hélas! le filet d'abordage si prudemment improvisé par Duval avant l'engagement de l'action, a été, je l'ai dit, coupé par les pirates ; bientôt ils seront sur notre gaillard d'avant! Mais où est donc maître Sang-Froid?

En ce moment critique et suprême, sa présence d'esprit l'aurait-elle abandonné! Non ; je le vois occupé à élever un rempart de barriques pleines d'eau auprès de nos caronades qu'il a fait placer du côté où les ennemis doivent nous attaquer. Il faut que maître Duval compte beaucoup sur ce nouvel expédient pour nous priver ainsi du concours de trois de nos matelots qu'il emploie à l'aider dans sa tâche.

Mais le voici qui vient vers nous ; il est temps : dans quelques secondes, les pirates seront à bord.

— Mes amis, nous dit-il vivement, que quatre d'entre vous, Avriot, Guide, Labourdonnais et Rebout, aillent se loger dans les hunes pour faire feu sur l'ennemi... Que tout le monde, ensuite, se réfugie, les armes chargées, dans la chambre, et canarde ces gueux, une fois qu'ils seront sur le pont, à travers les meurtrières que j'ai fait percer.

— Mais, Duval! s'écrie le capitaine.

— Ah! capitaine, excusez... nous n'avons

pas de temps à perdre... du reste, ne craignez rien, la manœuvre que je commande est celle dont vous m'avez parlé vous-même tantôt... vous savez !

Le capitaine sait au contraire fort bien qu'il n'y avait rien eu de convenu entre le maître d'équipage et lui, mais il apprécie le généreux mensonge que fait son subalterne pour sauver la dignité du commandement.

— Ah ! c'est vrai, répondit-il ; eh bien, soit, Duval, nous allons nous retirer.

— Un instant, capitaine... un instant ! Ne nous retirons qu'après avoir effrayé l'ennemi, afin qu'il ne puisse nous rejoindre avant que nous ayons gagné nos postes de combat... Attendez-moi... Roustant et Caderousse, venez m'aider un peu, mes garçons...

Quelques secondes se sont à peine écoulées, que maître Sang-Froid revient avec les deux matelots, portant à eux trois une barrique pleine d'eau, et s'approchant des bastingages :

— Celle-ci est froide, nous dit-il ; mais vous savez le proverbe : Chat échaudé, etc. Or donc, ça fera pour la peur le même effet sur ces canailles... Attention... Quand je dirai *troisse !* que tout le monde se rende aux postes indiqués !... Les quatre matelots Avriot, Guide, Labourdonnais et Reboul, dans les hunes. Le reste du monde, dans la chambre... C'est compris, entendu... bien... Une, *deusse, troisse !*

Notre confiance dans le maître d'équipage est si grande et notre position si désespérée, que nous lui obéissons aveuglément et avec empressement. A peine a-t-il donc prononcé le mot *troisse !* que les bastingages se dégarnissent de combattants ; les pirates peuvent monter !

Une clameur bruyante a été poussée par les Indiens lorsqu'ils ont vu maître Sang-Froid revenir avec cette nouvelle barrique d'eau qu'ils croient bouillante. Tous se sont éloignés du bord pour éviter les atteintes du liquide meurtrier, et le rusé Bordelais,

afin de bien nous donner le temps d'opérer notre retraite, met une excessive lenteur à verser le contenu de sa barrique.

Bientôt les matelots Roustant et Caderousse, nous rejoignant dans la dunette, nous annoncent que Duval, pour éviter d'être atteint par les flèches et les balles que les pirates dirigeaient exclusivement sur lui, a fini par lancer la barrique pleine dans le praw, dont ce dernier choc va probablement occasionner la submersion.

— Et maître Sang-Froid ? leur demandons-nous.

Ils ne peuvent nous apprendre, s'étant sauvés fort vite eux-mêmes, ce qu'il est devenu. Il a été probablement rejoindre les quatre matelots placés dans les hunes.

Mais, attention ! Voici une clameur immense qui nous annonce un grave événement. En effet, les pirates viennent d'envahir le pont de notre brick.

Nos espingoles, chargées avec six balles, vomissent sur eux, à travers les meurtrières de la chambre, une telle masse de plomb que plus de dix d'entre eux tombent morts ou blessés : un feu bien dirigé qui part du haut des hunes aide et soutient le nôtre.

Les Indiens, un moment épouvantés par cette fusillade tirée presque à bout portant, s'arrêtent une seconde ; mais bientôt leur chef, ce naturel revêtu d'un uniforme d'officier anglais et coiffé d'un casque de cavalerie, dont j'ai déjà parlé au commencement de ce récit, les encourage, les ranime, et se mettant à leur tête veut leur donner l'élan.

Les forbans, décimés par nos balles, et n'ayant plus de retraite, car le praw a coulé, poussent des hurlements de bêtes féroces, et se préparent à obéir à leur commandant, lorsque tout à coup une épouvantable détonation retentit : un jet de flamme et un nuage de fumée, passant devant nos meurtrières, nous aveugle pendant quelques secondes. Lorsque la vibration de l'air a cessé, que la lumière du jour nous revient, nous apercevons et nous entendons maître Duval qui sort de derrière le rempart formé par les tonneaux d'eau, et qui, de l'air le plus tranquille du monde, regarde froidement un monceau de cadavres entassés devant lui, et dit d'une voix calme :

— Est-ce qu'il y en a encore ?

Il venait de mettre le feu aux deux caronades de l'arrière.

En un clin d'œil nous nous précipitons en dehors de la dunette ; nous achevons sans pitié les pirates blessés et nous massacrons ceux que la mitraille des deux caronades tirées en même temps par Duval a épargnés.

Nous sommes vainqueurs ! Il n'y a plus sur le pont de *la Petite-Caroline* un seul Indien vivant !... Il était alors près de deux heures : le combat a duré bien longtemps.

Dire à présent les transports d'admiration et les félicitations que reçut Duval, nous mènerait trop loin. Le Bordelais, plein de modestie, ce Duval ne ressemblant pas même, tant il était original, à ses compatriotes, se contentait de répondre :

— Pardi, ça ne vaut pas la peine de tant crier... Je n'ai fait qu'obéir aux ordres du capitaine !...

La joie profonde que nous éprouvions de notre délivrance ne fut pas, hélas ! de longue durée ; bientôt une violente secousse ébranla du haut en bas *la Petite-Caroline*. Nous venions d'échouer.

Cet événement, auquel depuis longtemps nous devions nous attendre, nous causa cependant un profond désespoir. A présent que nous nous étions débarrassés des pirates, à présent que nous étions tous occupés à la manœuvre pour rétablir nos voiles, rien ne nous semblait plus devoir entraver notre bonheur.

Heureusement la mer était calme, le vent léger, et notre sauvetage ne présentait que peu de danger : seulement nous ignorions si cette île où nous devions aborder ne renfermait pas de nouveaux ennemis ; or, la crainte de tomber entre les mains des Indiens, surtout après notre victoire, c'est-à-dire alors que nous étions doublement coupables à leurs yeux, nous épouvantait.

La première embarcation qui se dirigea vers la terre contenait la famille portugaise et cinq de nos hommes parfaitement armés : trois de ceux-ci restèrent avec les Portugais et les deux autres nous ramenèrent le canot.

Alors le déchargement de *la Petite-Caroline* commença : on s'empressa d'abord de porter à terre les deux sacs de roupies que nous avait confiés le gouverneur de Goa, puis les deux cent mille francs en or qui appartenaient à nos passagers portugais. Ensuite on embarqua le tonneau d'eau douce et les munitions placées par maître Duval dans la chambre. Quant aux provisions de bouche, il nous fut impossible, l'eau ayant gagné l'entrepont de *la Petite-Caroline*, de nous procurer pour le moment plus de deux sacs de biscuit, quelques conserves, un peu de farine et une vingtaine de livres de viande salée, qui se trouvèrent heureusement dans la cuisine.

Nous travaillions tous avec ardeur, lorsque nous vîmes apparaître le Portugais Antonio que la mer en envahissant la cale où il se tenait caché, avait forcé de se sauver. Nous le garrottâmes avec un soin tout particulier, et nous le descendîmes dans l'embarcation. Il était près de six heures du soir lorsque nous abandonnâmes à tout jamais notre pauvre navire. Mal enclavé où il avait touché, la marée en baissant le laissa glisser, de telle façon que la mer recouvrit bientôt son pont à une hauteur de plusieurs pouces.

Je dois à présent, avant de conduire le lecteur à terre, rapporter ici une découverte que nous fîmes en travaillant, après notre naufrage, à nos ancres. Nous aperçûmes, amarrés à l'avant du navire sur les sous-barbes, au ras de l'étrave, des sacs pleins de sable et de boulets. C'était cette trahison des étrangers qui avait ralenti tout à coup notre marche d'une façon si extraordinaire, et avait permis aux pirates de nous rejoindre.

Après cette découverte, un aveu me reste encore à faire. Notre embarcation, en s'éloignant à tout jamais de *la Petite-Caroline*, n'emportait pas avec elle le Génois Malari, nous l'avions oublié dans l'entrepont; et comme depuis longtemps déjà la mer avait envahi cet endroit, je laisse à la perspicacité du lecteur à deviner quel avait dû être le sort de ce misérable.

— Mes amis, nous dit maître Duval, une fois que nous fûmes tous réunis, j'ai un conseil à vous donner. Voulez-vous m'écouter?

Inutile de rapporter quelle fut notre réponse.

— Eh bien, poursuivit maître François, nous devons avant tout transporter nos munitions sur une hauteur, et nous y retrancher de notre mieux. Il est probable que cette île n'est pas habitée ; mais n'importe, avant que vingt-quatre heures s'écoulent, les Indiens seront avertis de notre présence ici, et viendront nous attaquer.

Nous n'avions rien à refuser à Duval, et quelles que fussent notre fatigue et la difficulté que présentât un pareil travail, nous transportâmes au sommet d'un rocher élevé qui s'avançait en pointe vers la mer, non seulement nos provisions et nos armes, mais même encore nos deux embarcations.

— Mais, Duval, dis-je à notre sauveur lorsqu'il nous manifesta cette dernière exigence, que diable voulez-vous donc que nous fassions de nos embarcations au haut de ce rocher? Épargnez donc au moins la fatigue d'un pareil travail à nos hommes harassés et qui peuvent à peine se tenir debout.

— Lieutenant, me répondit-il tranquillement, ce n'est pas moi qui ai eu cette idée... c'est toujours le capitaine... Vous voyez bien qu'il faut obéir.

Le fait est que dès notre première nuit ces embarcations nous furent utiles, car elles nous servirent de chambres à coucher, étant retournées la quille en l'air.

Il était près de minuit lorsque après avoir allumé un grand feu nous pûmes enfin nous livrer aux douceurs du sommeil dont nous avions tant besoin. Quant à moi, quoique la perte de *la Petite-Caroline*, sur laquelle, si le lecteur se le rappelle, j'avais placé tous mes fonds, me ruinât complètement, je ne fus pas le dernier à m'endormir. J'étais si jeune alors et j'avais tant de foi dans l'avenir!

Maître Sang-froid passa le reste de la nuit à veiller sur nous.

Notre première pensée le lendemain matin en nous éveillant fut d'explorer l'île où nous nous trouvions. Armés chacun d'un fusil, d'un sabre et d'une paire de pistolets, nous partîmes, Guide, Avriot et moi, pour une excursion de découverte. Longeant autant que possible la côte, afin de pouvoir retrouver notre chemin, nous franchîmes une distance d'environ une lieue sans rencontrer aucun vestige de traces humaines. Nous allions retourner auprès de nos compagnons, quand, en doublant une masse de rochers qui nous barrait le chemin, nous aperçûmes, à environ cinq cents pas devant nous, une misérable hutte toute délabrée : un mince filet de fumée s'échappait de son toit et prouvait qu'elle était habitée.

— Eh bien, lieutenant? me demanda Avriot en m'interrogeant du regard.

— Eh bien, lui répondis-je, il n'y a pas à hésiter. Avançons.

Nous armâmes aussitôt nos fusils et nous nous dirigeâmes vers la hutte. A peine nous restait-il une distance de cent pas à franchir pour l'atteindre lorsque nous vîmes trois créatures humaines en sortir en poussant des cris et en prenant leur course vers la mer. Avriot, sans plus d'explication, fit feu, et une de ces trois personnes tomba; les deux autres, au lieu de s'arrêter pour lui porter secours, redoublèrent de vitesse, et nous les perdîmes bientôt de vue.

Je réprimandai vivement Avriot sur sa précipitation, qui pouvait avoir pour nous les plus fâcheux résultats, mais ce matelot parut peu sensible à mes reproches.

— Bah! lieutenant, me dit-il, croyez-vous bonnement que l'on puisse trouver sur cette île d'autres personnes que des pirates? Et vous figurez-vous par hasard que ceux-ci, séduits par nos bonnes paroles et par nos manières, nous donneraient des renseignements et viendraient à notre secours! Non, n'est-ce pas? Alors le mieux est de tuer ce que nous rencontrons. Je suis bien loin de regretter mon coup de fusil; c'est une canaille de moins sur la terre!... voilà!

Tout en parlant ainsi nous arrivâmes jusqu'à l'endroit où gisait la victime d'Avriot : que l'on juge de mon désespoir : c'était une femme; la balle d'Avriot lui avait pénétré l'épaule et traversé le cœur : elle était morte raide sur le coup.

— Ne vous désolez donc pas pour si peu de chose, lieutenant, me dit le matelot. On tue les femelles des serpents tout comme les serpents, n'est-ce pas? Avec plus de plaisir même, car les femelles produisent des petits! Pourquoi donc que je me désolerais d'avoir détruit cette Indienne-là? Et puis sachez bien une chose : c'est que les femmes des pirates de l'Archipel, lorsque de malheureux étrangers leur tombent entre les mains, sont dix fois plus cruelles et plus implacables encore envers eux que leurs maris... et Dieu sait pourtant que ces derniers ne pèchent pas par trop de sensibilité!... Ah! mais non, je ne regrette pas mon coup de fusil...

Ces réflexions d'Avriot étaient assez justes, aussi n'insistai-je pas sur mes reproches. Nous nous remîmes en route. Nous venions de franchir un rocher assez élevé, lorsque Guide, étendant sa main dans la direction de la mer :

— Voyez donc, lieutenant, me dit-il.

Je dirigeai mon regard dans la direction qu'il m'indiquait, et je vis comme un point noir qui semblait courir sur la mer.

— Ah! diable! m'écriai-je après un court examen, ceci est une petite pirogue à balancier. Ce sont les naturels que nous avons surpris qui fuient. Ils vont sans aucun doute donner l'alarme et chercher des renforts. Avriot, ton coup de fusil pourra nous coûter cher.

Les rayons d'un soleil ardent qui tombaient mortels sur nos têtes nous forcèrent de nous reposer. Nous nous mîmes à l'abri sous un arbre touffu, et nous fîmes quelques heures de sieste.

L'île que nous venions de parcourir était réellement la chose la plus délicieuse que l'on puisse imaginer. Qu'on se figure, pour s'en donner une idée, un gigantesque bouquet de fleurs et de verdure. Seulement, parmi les arbres d'une végétation incroyablement puissante et vigoureuse qui nous entouraient, j'en reconnus une grande quantité, presque tous, comme étant très vénéneux. Un violent mal de tête que nous éprouvâmes, mes deux matelots et moi, en nous réveillant, me donna à supposer que nous nous étions endormis sous un arbre aux exhalaisons dangereuses. Je profite ici de l'occasion qui se présente pour détruire un préjugé, admis comme vérité incontestable en Europe, et dont nos faiseurs de romans ont beaucoup trop abusé : je veux parler du mancenillier.

Combien des fois des lecteurs sensibles et crédules ne se sont-ils pas apitoyés sur le sort d'une jeune et innocente fille, qui, attirée par la fraîcheur engageante que produit cet arbre homicide, s'endormait, insouciante et souriante, à l'abri de son ombrage, sans se douter certes qu'elle se couchait dans son tombeau! Eh bien, j'en suis fâché assurément pour ceux qui ont versé des larmes au récit d'un si affreux malheur, je suis forcé d'avouer que le mancenillier, si indignement calomnié, n'a jamais tué personne : peut-être bien, et cela même est certain, a-t-il parfois occasionné quelques migraines, mais sa fatale influence ne s'est jamais étendue plus loin.

De retour à l'endroit où nous avions laissé nos compagnons, à qui nous racontâmes l'épisode du coup de fusil d'Avriot, que tous blâmèrent, nous trouvâmes maître Sang-Froid métamorphosé en ingénieur, occupé à faire creuser autour de notre campement un fossé profond; le long de ce retranchement, le Bordelais faisait élever une espèce de parapet composé d'éclats de rocher superposés. Nous nous joignîmes aux travailleurs.

Nos passagers portugais, revenus de nos appréhensions contre nous, nous contèrent alors toutes les calomnies et toutes les perfidies de leur ex-domestique, ou, si l'on aime mieux, de notre ex-matelot Antonio. Ce récit nous révéla une scélératesse si profonde de la part de cet homme que nous hésitâmes un moment si nous ne le fusillerions pas. Par bonheur pour lui, il parlait fort bien l'indien; et cette circonstance le sauva momentanément : nous le gardâmes pour nous en servir en qualité d'interprète si l'occasion s'en présentait.

Nos fortifications achevées, nous nous occupâmes de la distribution des vivres. La ration fort exiguë de chaque homme fut réglée, après un mûr examen des ressources dont nous pouvions disposer, de façon que nous eussions juste la quantité d'aliments qui nous était nécessaire. Antonio fut fixé, vu le peu d'utilité qu'il nous offrait, puisqu'il ne pouvait combattre, à un quart de ration. Nous nous en remîmes à l'expérience du soin de nous apprendre si cela était suffisant pour l'empêcher de mourir de faim.

Au reste, quoique le découragement ne nous eût pas encore atteints, nous ne nous dissimulions pas toute l'horreur de notre position. Il pouvait fort bien se faire que, pendant un mois, et même plus, pas un navire ne vînt à passer en vue de notre île !

Comment vivre, cependant, durant ce laps de temps avec nos provisions ? Nous aurions peut-être pu, par la suite, nous en procurer d'autres à bord de notre navire non encore démoli, et néanmoins nous n'osions jeter un regard dans l'avenir.

Il y avait déjà trois jours que nous étions campés sur notre rocher, lorsque le matin de ce troisième jour nous aperçûmes au soleil levant deux grands praw qui se dirigeaient vers nous.

Cette apparition, quoique nous y fussions préparés, ne nous causa pas moins une émotion profonde.

— Mes amis, nous dit Duval, à quoi bon nous désespérer ? C'est une folie de songer au lendemain : l'homme sage ne doit jamais penser qu'au présent. Or, nous avons assez de vivres pour aujourd'hui, des munitions à discrétion, et je vous réponds que nos fortifications suffisent, à elles seules, pour arrêter l'ennemi pendant plus de vingt-quatre heures ! Est-ce que cela ne vous suffit pas ? Allons, à plus tard les plaintes et les doléances !

Trois heures plus tard, les deux praw indiens accostaient l'île et y déposaient une centaine de naturels; quant à nous, nous n'étions plus, sans compter le passager portugais et le mousse, que dix-sept hommes valides.

A peine les Indiens eurent-ils touché terre, qu'ils se dirigèrent, en poussant des cris, vers nous; mais la vue de nos retranchements parut leur causer un profond dépit et les arrêta court.

— Ah! ah! cela vous vexe, mes petits amours, de nous trouver ainsi arrimés ! dit tranquillement maître Duval. Parbleu ! je vous réserve bien d'autres désagréments encore; vous verrez !...

Le fait est que les Indiens et les Arabes, ainsi que je l'ai déjà dit à propos de l'iman de Mascate, professent un profond respect pour tout ce qui est perfection. Un simple

Exécution d'Antonio. (Page 694.)

épaulement en terre soutenant quelques pierres, un fossé que l'on pourrait franchir d'un seul bond, suffisent pour les arrêter au milieu de leur élan.

Après une délibération qui dura fort peu, nous vîmes les pirates se retirer en désordre; toutefois, avant leur départ, ils nous saluèrent d'une volée de flèches et de coups de fusil, qui, placés sur une hauteur et retranchés comme nous l'étions, ne nous fit, on le concevra sans peine, aucun mal.

—Envoyez-moi quelques quartiers de roche et une décharge d'espingoles à ces braillards-là, dit maître Duval, ça les calmera un peu!

L'ordre du Bordelais, promptement exécuté, coûta la vie à cinq ou six pirates; les autres s'enfuirent épouvantés.

Je ne fatiguerai pas davantage le lecteur par le récit des assauts plus multipliés que dangereux que nous eûmes à subir pendant les quatre jours qui suivirent l'arrivée des Indiens; il était évident pour nous qu'ils ne forceraient jamais nos retranchements; seulement les vivres commençaient à nous manquer; nous avions été obligés de réduire notre ration de moitié. Chaque jour, aussi, de nouveaux praw abordaient au rivage, et ramenaient des renforts aux assiégeants; je puis hardiment assurer, sans crainte d'exagération, que le nombre des pirates actuellement dans l'île s'élevait au moins à un millier ; nous commencions, quoique soutenus par les exhortations de maître Duval, à perdre tout courage, quand le cinquième jour, au matin, nous aperçûmes une voile européenne qui pointait à l'horizon.

Qu'on juge de notre anxiété !

Nous nous empressâmes de fixer au haut de nos rames, que nous plantâmes en terre, les voiles de son embarcation, en guise de signaux, puis nous tirâmes force coups de fusil. Vains efforts ! le navire continua sa route.

— M'est avis, nous dit Duval, que ce navire est un croiseur qui cingle des bordées au milieu de l'Archipel pour surveiller les pirates. Dans ce cas, il ne s'éloignera que fort peu de nous d'ici à quelque temps... Nous aurions peut-être le temps de le rejoindre.

— Le rejoindre, Duval, m'écriai-je, y pensez-vous ? Et comment cela ?

— Mais dans nos embarcations, lieutenant ! me répondit-il. Croyez-vous donc que le capitaine nous les ait fait hisser jusqu'ici seulement pour s'en servir comme de cabines ? Du tout ! le capitaine, en sauvant nos embarcations, songeait qu'un de ces jours, et ce jour me semble arrivé, elles nous serviraient à aller requérir l'assistance de quelque croiseur. N'est-ce pas, capitaine, que telle a toujours été votre idée ?

— Oui, Duval, répondit M. Laffite en rougissant.

— Mais, Duval, repris-je, comment voulez-vous que nous nous embarquions malgré cette nombreuse flottille de praw qui stationne devant la plage.

— C'est justement parce que cela semble impossible que rien n'est plus facile. Comment, vous demanderai-je à mon tour, voulez-vous que ces gueux de pirates, qui ignorent au surplus que nous possédons deux canots, puissent deviner cela. Ils ne nous supposent pas assez fous pour abandonner nos retranchements. et par conséquent ils ne surveillent pas la plage... Cette nuit, nous affalerons du haut de notre falaise notre embarcation à l'eau... Et au petit bonheur !... Est-ce décidé ?

Mon grade de lieutenant me désignait justement pour conduire cette expédition ; je ne crus pas devoir m'y opposer, craignant que l'on ne vît dans mon refus une considération personnelle, et le projet de maître Duval fut adopté à l'unanimité.

Il ne s'agissait plus que de savoir quels seraient les hommes qui m'accompagneraient. M. Laffitte proposa d'en appeler au sort ; mais Guide et Avriot s'offrirent aussitôt d'eux-mêmes. et toutes les difficultés se trouvèrent ainsi levées.

Comme je complimentais Avriot et Guide, mes anciens compagnons, sur leur dévouement :

— Oh ! mon Dieu, lieutenant, me dirent-ils, il ne faut pas nous en savoir gré... nous nous attendons tellement à succomber de faim d'ici à quelques jours, que risquer notre vie n'est rien pour nous... seulement, nous vous avertissons d'une chose. c'est que si nous tombons entre les mains des pirates, nous nous ferons auparavant sauter la cervelle... nous préférons mille fois ce genre expéditif de mort aux tortures qu'ils nous feraient subir...

— Et moi également, mes amis, je le préfère. Aussi, si nous nous trouvons dans cette position. je vous imiterai sans hésiter...

— Soutenus par cette idée-là, lieutenant, ce qui nous reste à faire ce n'est plus rien du tout... ça va tout seul !

La nuit venue, après avoir embrassé nos camarades, nous nous mîmes, Avriot, Guide et moi, dans la yole, et l'on nous descendit à la mer du haut de notre falaise. Munis chacun d'une rame pour nous garer des pointes du rocher, sur lesquelles notre canot eût pu se déchirer, nous opérâmes notre périlleuse descente, grâce aux précautions minutieusement prises à cet effet par Duval, sans aucun accident.

Parvenus à la mer, nous détachâmes les cordes qui retenaient notre canot; puis, ramant avec la plus grande précaution et de façon à faire le moins de bruit possible, nous nous éloignâmes sans être poursuivis.

Pendant plus de trois heures, nous appuyâmes avec vigueur sur nos avirons, sans oser prononcer une seule parole; et puis, notre position était si critique, si désespérée, elle éveillait en nous de telles idées, que nous n'avions pas alors le courage de nous communiquer nos réflexions.

Certes nos camarades, sur leur falaise, ne se trouvaient pas dans une situation beaucoup meilleure que la nôtre; cependant elle n'était pas aussi désespérée : d'un moment à l'autre, un navire pouvait voir leurs signaux et venir à leur secours; les pirates, fatigués de leur longue résistance, renonceraient peut-être à s'emparer d'eux, tandis que nous, lancés en pleine mer, sur une frêle embarcation, nous devenions forcément la proie du premier praw qui nous apercevrait! Et puis, que faire, si nous ne rencontrions pas le navire que nous cherchions? Comment retourner à l'île et regagner le refuge inexpugnable qu'occupaient nos amis? Nous avions bien pu, en courant de grands dangers, descendre du sommet de la falaise à la mer; mais comment de la mer remonter sur le sommet de la falaise, soit que nous abordions de nuit ou de jour?

Nous étions donc plongés dans ces tristes réflexions, lorsque Guide me frappa doucement sur le bras.

— Voyez donc là-bas à tribord, lieutenant, me dit-il, on dirait une lumière.

— C'est vrai, répondis-je avec émotion. Allons, du courage, mes amis ; dirigeons-nous de ce côté... Oui, en effet, c'est bien une lumière : elle ressemble même à celle d'une lanterne ou d'un fanal. Du courage!... car il me semble qu'elle vacille.

Le vent ayant fraîchi, nous hissâmes notre voile et nous avançâmes plus rapidement.

J'étais en ce moment si abattu, si découragé, que je crois que la vue d'un praw rempli de pirates ne m'eût pas causé d'émotion : aussi l'aspect de cette lumière, qui, pareille à un phare protecteur, semblait venir nous indiquer notre route dans les ténèbres, ne m'apporta que peu d'espérance. Il me semblait tellement étrange que le sort, le hasard ou la Providence, car j'étais dans une disposition d'esprit à croire à tout et à mettre tout en doute; il me semblait, dis-je, tellement étrange d'être secouru si à point nommé, que je ne pouvais m'arrêter à l'idée que nous allions rencontrer un navire.

Cependant, à mesure que nous avancions, la lumière apparaissait de plus en plus brillante ; malgré mes efforts pour éloigner de moi toute idée de réussite, dans la peur qu'une désillusion fût au-dessus de mes forces, il m'était impossible de refouler de mon cœur l'espoir qui commençait à y entrer.

Si nous tirions quelques coups de fusil? me demanda Avriot tout aussi ému que moi.

— Je le veux bien ; essayons, lui répondis-je.

Quelques secondes plus tard nos fusils faisaient retentir les airs de leurs détonations; mais, vain espoir! hélas! aucun bruit étranger n'y répondait.

Une heure se passa ainsi pour nous, dans une cruelle incertitude. Au bout de ce temps, j'apercevais, à fleur d'eau, une autre lumière, moins vive et moins grande que la première, qui avançait rapidement vers nous. Je la désignai aussitôt à mes deux matelots.

— C'est peut-être un praw? me dit Avriot. Après tout, que nous importe? n'avons-nous pas nos pistolets? Il nous restera toujours bien le temps de nous faire sauter la cervelle.

Le matelot achevait à peine de prononcer ces paroles qu'un coup de fusil troubla le silence de la nuit, et nous entendîmes une balle passer en sifflant au-dessus de notre canot.

— Ce sont des pirates, lieutenant, me dit Guide.

Je ne répondis pas et j'armai mes pistolets.

Cinq minutes ne s'étaient pas écoulées quand une voix, dont le timbre me parut enchanteur, nous héla en anglais, en nous ordonnant d'arrêter.

Non, jamais de ma vie je n'éprouvai une sensation aussi violente que celle que me causèrent ces quelques mots prononcés dans la langue de ceux qui naguère étaient nos ennemis, et qui cette fois devenaient nos sauveurs.

En effet, le doute ne nous était plus possible ; nous venions de rencontrer, conduite par la Providence, l'embarcation du navire que nous cherchions.

Je dois me rendre cette justice, qu'en ce moment de joie délirante, je ne fus pas ingrat envers le secours si providentiel qui nous arrivait ; ma première pensée fut pour Dieu, que je remerciai du plus profond de mon cœur.

A présent, que l'on juge de mon étonnement lorsque le midshipman qui montait le cutter anglais qui nous avait accosté m'apprit qu'il appartenait au *Victory*.

Le capitaine de cette corvette ordonna que l'on nous dressât, à Guide, à Avriot et à moi, un copieux repas, auquel nous fîmes tous les trois le meilleur accueil, puis il s'empressa de servir pour rallier la *Petite-Caroline*.

La brise de terre, comme si elle se fût associée à notre impatience, nous poussait rapidement à notre destination : jamais je ne m'étais trouvé si heureux. Grâce à mes indications précises, la corvette gouverna de telle façon que, lorsque deux heures plus tard le soleil se leva, nous aperçûmes non seulement l'île, mais bien encore la pointe de la falaise sur laquelle nos amis étaient réfugiés.

Vers les neuf heures arriva la brise de large, qui nous força de louvoyer ; le capitaine anglais profita de ce retard pour faire déguiser sa corvette en *Paria*. Bientôt une bande de prélats noirs exhausse à l'œil ses bastingages déjà fort élevés d'eux-mêmes ; des turbans entourent la tête des matelots anglais, qui, pour mieux compléter encore leur travestissement, relèvent leurs pantalons au-dessus du genou.

A présent, qu'une manœuvre adroite et savante accompagne cette métamorphose, il y a cent à parier contre un que les pirates tomberont dans le piège qu'on leur tend, et que nos pauvres camarades Pornic, Yvon et Magloire seront vengés.

Le capitaine Colliers, me faisant appeler, m'interrogea alors sur la qualité du fond en dehors du récif qui longe la plage de la pointe de l'île. Je lui réponds que je l'ai exploré pendant le sauvetage, et que je n'y ai aperçu aucun danger.

— C'est bien ! mon plan est arrêté, et si, comme je l'espère, il réussit, je donnerai aux pirates une leçon qu'ils n'oublieront pas d'ici à longtemps.

D'après les ordres du capitaine Colliers, une ancre à jet, jetée dans les conditions voulues sur l'arrière du *Victory*, ralentit sa marche ; il file lentement le long de la côte.

Les pirates, trompés par l'apparence du navire, que vient confirmer encore sa nouvelle allure, ne doutent plus que ce soit un Indien, et se précipitent en masse sur la plage pour le voir tout à leur aise.

Alors le *Victory*, démasquant tout à coup ses caronades chargées à mitraille jusqu'à la gueule, fait feu !

Des cris déchirants se font entendre, et un cordon noir, formé par les corps des Indiens atteints, couvre une partie de la grève et montre que le commandant du *Victory* a réussi.

Cinq minutes après cette bordée, trois embarcations montées par soixante hommes abordent l'île et délivrent nos malheureux compagnons.

Je ne parlerai pas des transports de joie que nous éprouvâmes en nous voyant tous réunis et hors de danger : le lecteur devinera aisément ce qu'ils durent être. Un seul homme, maître Duval, sur qui l'adversité n'avait pu mordre, conserva son stoïque sang-froid devant le bonheur.

Une fois que nous fûmes tous embarqués à bord de la corvette anglaise, le commandant fit comparaître le Portugais Antonio devant lui.

Le misérable était tellement abattu par la crainte et par les privations que l'on fut obligé, avant de l'interroger, de lui administrer un cordial. Il commença d'abord par nier avec énergie, non seulement sa participation au complot, mais encore le complot lui-même. Il n'avait jamais vu, avant de s'embarquer avec eux sur la *Petite-Caroline*, les complices qu'on lui donnait : en un mot, il était victime, sinon de la haine que nous lui portions, au moins d'un triste quiproquo.

— Antonio, lui répondit le capitaine Colliers lorsqu'il eut cessé de parler, si je t'interroge aujourd'hui, ce n'est pas pour savoir si oui ou non tu es coupable, car depuis ce matin ma conviction est arrêtée à cet égard : c'est seulement afin de pouvoir consigner sur mon rapport de quelle façon tu t'es rendu coupable... Depuis longtemps déjà tu es condamné dans mon esprit... et quelles que soient tes réponses, elles ne t'empêcheront pas d'être pendu d'ici à une heure...

— Alors, capitaine, dit Antonio, à quoi bon, puisque ma mort est chose résolue dans votre esprit, irais-je, pour vous être agréable, me fatiguer inutilement? Je ne tiens nullement à vous être utile ou à vous servir de passe-temps; je ne répondrai plus à une seule de vos questions.

— A ton aise, mon garçon. Toutefois, je dois te prévenir d'une chose, c'est qu'il y a plusieurs façons de pendre un gredin comme toi. Quoi! cela t'étonne?... C'est pourtant fort simple, ce que je dis là!... D'abord on peut te pendre par les pieds...

— Par les pieds! répéta le Portugais en devenant livide.

— Pourquoi pas, si c'est là ma fantaisie! Mais, ne crains rien, je ne suis pas un innovateur en fait d'exécutions, je me contente d'employer les vieilles méthodes. Seulement, tu ignores peut-être qu'il y a justement dans cette vieille méthode plusieurs façons de cravater un pirate comme toi! D'abord la corde sèche, puis la corde graissée...

— La corde sèche et la corde graissée, capitaine! répéta le Portugais en tremblant.

— Oui, vaurien maudit! La corde sèche, je ne conçois pas que tu ignores ces détails, est une corde neuve, raboteuse, qui ne glisse pas... Le patient gambade et se tord pendant un assez long espace de temps, sans pouvoir parvenir à rendre son âme au diable qui l'attend... Tu vois cela d'ici, n'est-ce pas?

— Mais, capitaine!... s'écria le misérable dont les dents claquaient d'effroi...

— Ne m'interromps pas. La corde graissée, c'est autre chose. Fine, serrée et enduite de suif, elle glisse admirablement, et vous étrangle son sujet avant qu'il ait seulement le temps de s'apercevoir qu'un point d'appui manque à ses pieds... Or, je t'avouerai, Antonio, que je suis encore indécis sur le choix de la corde qui servira à ton exécution.

— Capitaine, au nom de votre mère, de votre salut éternel..., de votre repos futur, épargnez-moi cette longue et cruelle agonie !

— Tu m'attendris ! Allons, raconte-moi d'abord ton histoire, et je verrai après...

Le Portugais, vaincu par la crainte, entra aussitôt dans la voie des aveux. Il nous apprit que déjà, l'année précédente, il avait navigué, en qualité de pirate, avec Malari, Cortichate, Salario et Kidou; qu'ils étaient venus à l'Ile de France avec l'intention de s'embarquer tous ensemble sur le même navire, et de s'emparer ensuite de ce navire;

qu'enfin, grâce à Kidou, qui les avait abouchés avec eux, ils possédaient des intelligences avec les pirates indiens qui nous avaient attaqués.

Procès-verbal fut rédigé de cette déclaration; puis, cette formalité remplie, on servit au condamné un copieux repas, qu'il dévora, malgré sa triste position, avec avidité.

Je demanderai à présent la permission de ne pas décrire l'exécution d'Antonio... Elle présenta, compliquée de la gaieté de l'équipage anglais, un affreux tableau.

Le capitaine Laffitte pressait le commandant Colliers de prendre le large; mais ce dernier, désirant, avant de s'éloigner de la côte, compléter la leçon donnée aux pirates, n'y voulut pas consentir.

— Il a tort de s'obstiner, dit maître Duval en apprenant la résolution de l'officier anglais. Quand on trouve un praw en mer, qu'on le coule et qu'on massacre son équipage, rien de mieux, c'est même un devoir; mais que l'on aille relancer ces reptiles presque dans leurs repaires, voilà qui n'est pas prudent. Enfin, nous verrons!

Le lendemain matin, nous trouvant à quelques lieues du théâtre de notre naufrage, la corvette laissa tomber son ancre, et les deux embarcations de *la Caroline* et un canot du *Victory*, armés tous les trois de soldats de marine et munis des objets nécessaires pour opérer une descente, furent envoyés vers une crique éloignée où l'on apercevait plusieurs praw en partie cachés sous des arbres. Le lieutenant Crawfort commandait cette expédition.

L'équipage, monté sur les bastingages, la suivit des yeux jusqu'à ce qu'elle disparût entre les rochers qui hérissaient les bords de la côte. A chaque instant, nous nous figurions entendre des coups de feu; mais bientôt nous revenions de notre erreur: le silence régnait toujours autour de nous.

Enfin la nuit arriva sans que nous eussions aperçu de nouveau les embarcations; nous commençâmes à ressentir une vive inquiétude.

Personne ne dormit cette nuit-là, et le lendemain matin, avant le lever du soleil, l'équipage entier du *Victory* était sur le pont. Les praw des pirates n'avaient pas bougé de leurs abris: de l'expédition, nulle trace!

— Eh bien, lieutenant, me dit maître Duval, avais-je deviné? Pourvu que le capitaine Colliers ne s'obstine pas!.... Mais bah! c'est têtu comme le diable, les Anglais, et ça ne veut jamais avoir tort!... Vous verrez que pour racheter sa première boulette il va faire une nouvelle bêtise...

En effet, une demi-heure plus tard, nous apprîmes que le capitaine Colliers avait tenu un conseil et qu'une nouvelle expédition était résolue.

— J'en étais sûr, me dit Duval. Enfin, comme le motif qui le pousse cette fois, l'Anglais, est honnête, je m'en vais lui demander s'il veut nous permettre de nous joindre à cette expédition. Je connais mes mers de l'Inde, et je pourrai peut-être leur donner par-ci par-là quelque bon conseil.

Maître Duval, joignant l'action aux paroles, s'en fut immédiatement trouver le capitaine Colliers, et lui exposa sa supplique.

— Je suis fâché de vous refuser, mon ami, lui répondit ce dernier, mais je n'ai pas le droit d'employer des étrangers pour le service de Sa Majesté Britannique.

— Tant pis pour Sa Majesté Britannique! murmura Duval sans insister.

Il restait à bord de *la Victory* quatre embarcations: la chaloupe et trois canots; comme on ne pouvait exposer la chaloupe, on arma deux canots. Le capitaine recommanda à l'officier les plus minutieuses précautions, et lui donna les instructions les plus détaillées et les plus précises.

L'expédition partit, accompagnée, ainsi que l'avait été celle de la veille, de nos vœux et de nos regards, et ne tarda pas à disparaître derrière les rochers. La journée se passa en craintes et en conjectures, sans amener aucun résultat. La nuit vint à son tour : rien !

C'était à nous faire croire à une puissance mystérieuse : l'anxiété la plus vive régnait à bord de *la Victory!*

Le lendemain, il fut résolu que l'on expédierait le dernier canot à la découverte, mais avec l'ordre de ne pas aborder.

Cependant, malgré cette défense, qui diminuait de beaucoup le danger, l'imagination de l'équipage anglais était frappée à un tel point que ce fut parmi les matelots à qui ne s'embarquerait pas.

Le canot avait disparu depuis plus d'une heure quand les échos de la plage nous apportèrent le bruit d'une vive fusillade. Enfin, vainqueurs ou vaincus, le mystère fatal qui pesait sur le sort des expéditions antérieures allait donc cesser!

Vain espoir! le feu de la mousqueterie s'éteignit peu à peu et fut bientôt remplacé par un lugubre silence! Le canot ne revint pas : les praw ennemis restaient toujours immobiles dans leur crique et sous leurs abris.

Je ne saurais rendre le désespoir qu'éprouvait le capitaine Colliers en songeant que sur les cent quatre-vingts hommes dont se composait son équipage, il en avait perdu soixante sans profit pour le service du roi; c'est-à-dire un peu plus que ne lui eût coûté un combat acharné contre un navire de force égale au sien. A ces pertes, il fallait joindre encore celle du lieutenant Crawfort, de quatre midshipmen et de deux master's mate.

Avant de s'éloigner de ces funestes parages, le capitaine Colliers déclara qu'il attendrait encore trois jours, le terme légal, pour qu'il pût considérer ses hommes comme perdus pour son souverain.

Ce temps écoulé, hélas! en vain, le capitaine ordonna l'appareillage.

Le vent soufflait alors de telle façon, que la corvette, prenant le large, tribord amure, devait facilement doubler la pointe de l'île la plus rapprochée de nous. On vire donc au cabestan, et plusieurs gabiers montent dans la mâture pour déferler les voiles, lorsque tout à coup une grêle de balles, partant de derrière les rochers très-peu élevés qui nous flanquaient d'un côté, tue et blesse plusieurs hommes; deux de ces derniers tombent à la mer; on veut leur jeter des cordes, impossible; tous ceux qui se montrent au-dessus des bastingages deviennent des points de mire pour les pirates embusqués, et sont grièvement atteints!

Le capitaine, subissant, à son insu sans doute, la terreur morale inexplicable qui s'est emparée de son équipage, renonce à envoyer déferler les voiles. *La Victory* présente le tableau d'une morne stupeur.

Que faire? telle est la question que chacun s'adresse et à laquelle chacun répond : Rien, attendre!

En effet, pour sortir de notre bizarre position, il faut attendre que le vent nous pousse directement du mouillage au large, c'est le seul moyen qui nous reste pour abandonner la baie à sec de voiles, car ni la brise de terre ni celle du large ne nous présentent cette possibilité sans l'emploi des voiles.

La lune, pour surcroît de malheur, est alors dans son plein, et la nuit nous offre le même danger que le jour!

Le capitaine Colliers, attristé doublement de la perte de la moitié de son équipage, car cette perte l'empêche de pouvoir risquer la vie de nouveaux hommes, est humilié pardessus tout en songeant qu'une corvette de guerre anglaise est ainsi tenue en échec par une poignée de pirates indiens. Et puis, quand le vent nous poussera-t-il au large? Nous pouvons nous trouver pendant quinze jours et plus encore, peut-être, réduits à l'incertain.

— Eh bien! lieutenant, me dit le troisième jour maître Duval, en v'là t'y des boulettes soignées! Est-ce que nous allons rester à nous embêter ici jusqu'à la fin de nos jours?

On se croirait prisonnier sur un ponton...

— Pardieu, Duval, je voudrais bien savoir, si vous vous trouviez en ce moment capitaine de *la Victory*, comment vous vous tireriez d'affaire?

— Moi, lieutenant, je m'en irais donc!

— Sans faire larguer les voiles?

— Du tout: en faisant larguer les voiles!

— Oui, si votre équipage vous obéissait... Mais la terreur qui règne à bord de la corvette est telle, que pas un matelot ne consentirait à dépasser d'un pouce la hauteur des bastingages.

— Parce qu'il y a du danger, lieutenant!

— Et vous empêcheriez donc ce danger d'exister?

— Dame, ça ne serait pas difficile.

— Parbleu! m'écriai-je frappé d'une inspiration soudaine, c'est ce que nous allons voir.

Sans faire part de mon intention à maître Sang-Froid, je m'en fus immédiatement trouver le capitaine Colliers; puis, après lui avoir expliqué, en peu de mots, les services que le Bordelais nous avait rendus, je lui fis part de la conversation que je venais d'avoir avec lui.

— Je vous remercie, monsieur, de votre bonne intention, mais est-il bien convenable qu'un capitaine de haut bord prenne conseil d'un maître d'équipage? Après tout, ajouta-t-il en souriant tristement et après un moment de silence, le commandant Colliers est tellement humilié, si à plaindre, que je conçois que votre Duval, comme vous l'appelez, veuille bien lui venir en aide.

— Ah! capitaine, ne parlez pas ainsi, je vous en conjure, m'écriai-je avec un air de profond respect. Je sais trop, étant marin moi-même, les égards que l'on doit à la hiérarchie, pour oser songer un seul instant à m'en écarter!... Je me suis mal expliqué sans doute!... Je voulais vous dire...

— J'ai eu tort, en effet, de me fâcher, monsieur, dit l'Anglais en interrompant, la Providence se sert parfois de singuliers intermédiaires... Et puis, dans ma position, je ne dois négliger aucun avis... Faites venir votre homme, je vous prie...

Je m'empressai d'aller chercher maître Sang-Froid, et je lui rapportai la conversation que je venais d'avoir avec le capitaine.

— Je ne sais trop si je dois me rendre à cette invitation, me répondit-il; le commandant ne m'a-t-il pas déjà déclaré une fois, quand je lui demandais de nous permettre de faire partie de la seconde expédition envoyée contre les pirates, qu'il n'avait pas le droit d'employer des étrangers pour le service de Sa Majesté Britannique?...

— Allons, Duval, pas de rancune, suivez-moi!

— Après tout, je suis à vos ordres, mon lieutenant.

Le commandant Colliers, afin sans doute que son entrevue avec notre maître d'équipage n'eût pas de témoins, avait abandonné le pont et s'était retiré dans sa cabine.

— Ah! c'est vous? dit-il en voyant entrer Duval... Je vous reconnais, mon ami!... Voyons, parlez sans crainte... Il paraît que vous êtes un homme d'idées et de ressources!... Comment, si vous étiez à ma place, vous y prendriez-vous donc pour appareiller? Votre lieutenant m'a appris que vous lui aviez trouvé le moyen...

— Ce moyen est si simple que vous allez vous en moquer, capitaine. Que voulez-vous, je manque d'instruction, moi... à preuve que je ne suis pas officier.

— N'importe, vous avez, dit-on, du bon sens; ainsi donc, expliquez-vous.

— Après tout, si vous me blaguez, je n'en mourrai pas, continua Duval. Voilà ma malice en deux mots. Je suis capitaine, c'est entendu, n'est-ce pas? Bon. Or, je monte sur le pont; comme les forbans ne peuvent tirer sur nous que du côté des rochers, je fais hisser mes gabiers dans les hunes et sur les basses vergues par l'autre bord et à l'abri

HISTOIRE ILLUSTRÉE DES PIRATES 697

L'on fit trois prisonniers. (Page 702.)

des bas mâts, pour les garer des balles et les tenir prêts, et j'ordonne de charger toutes les caronades jusqu'à la gueule, j'attends qu'il fasse calme et je fais faire un feu continu et d'enfer...

— Contre qui, interrompit en souriant l'Anglais, contre les rochers ?

— Contre rien du tout ! Si ça peut même vous être agréable ou économique, il n'est pas nécessaire que vous mettiez des boulets dans les caronades... Or donc que je dis, je fais faire un feu à mort, de façon à envelopper la corvette dans un nuage de fumée et à la rendre invisible aux pirates ! Alors, dame, les matelots que j'ai tenus cachés larguent les voiles sans courir le moindre danger, et je fiche mon camp...

La ruse inventée par Duval était tellement simple, comme il nous l'avait en effet annoncé lui-même, que je ne pus comprendre comment cette idée ne s'était pas présentée plus tôt à l'esprit de tout le monde : au reste elle me parut infaillible.

— Mon ami, lui répondit froidement le capitaine Colliers après un moment de silence et en accompagnant ses paroles d'un sourire doucement railleur, je suis flatté de me rencontrer avec vous, car cette idée que vous venez de me communiquer m'était déjà venue !... Seulement, ne pouvant me décider à

88.

abandonner à tout jamais les équipages de tous nos canots, j'ai profité de l'impossibilité où l'on se croyait de mettre à la voile pour rester encore pendant trois jours à les attendre ! Il est par conséquent inutile que vous rapportiez à personne notre conversation. A présent, mon ami, continua le commandant en retirant de son gousset une montre à répétition, je dois réparer un oubli; je m'étais proposé de vous offrir un gage de mon estime pour la bonne conduite que vous avez tenue à bord de *la Petite-Caroline* en combattant les pirates, nos ennemis : acceptez, je vous prie, cette montre en souvenir de mon amitié.

Maître Duval prit la montre en rougissant de joie, salua gravement le capitaine et s'éloigna sans ajouter un mot. Ce ne fut qu'une fois sur le pont que se retournant vers moi :

—Voilà vingt ans que je désirais avoir une montre à répétition, en or, me dit-il, merci, lieutenant !... Ce capitaine est un bon diable !... Mais, ajouta maître Sang-Froid en regardant autour de lui pour voir si on ne nous observait pas et en se penchant contre mon oreille, c'est un craqueur fini... il n'avait pas eu mon idée du tout.

Une heure plus tard, grâce au conseil de Duval, les caronades du *Victory* et différents amas de poudre jetaient des tourbillons de flamme et de fumée, les gabiers larguaient les voiles et nous appareillions sans être inquiétés.

Quelques jours après, la corvette anglaise débarquait les deux lacs de roupies destinés au gouverneur et descendait ensuite nos passagers portugais à Colombo de Ceylan et nous à Trinquemaley, seul port de l'île où elle pût recomposer son équipage.

Ce fut en cet endroit que nous nous séparâmes : quant à moi, en ma qualité de naufragé, qui me donnait droit à un passage gratis, je m'embarquai sur un trois-mâts bordelais, *le Caton*, capitaine Dacosta, expédié pour Madras et Calcutta.

J'aurais bien voulu trouver un emploi lucratif, car j'étais dans un dénuement complet à bord de ce navire; mais le capitaine, abusant de ma misère, ne m'offrit qu'une place de matelot : que faire, j'acceptai.

Après quelques jours de mer, *le Caton*, malgré les conseils du pilote, qui suppliait Dacosta d'attendre deux jours, c'est-à-dire la fin du renouvellement de la *mousson*, venait mouiller dans la rade de Madras.

CHAPITRE III

L'ALCESTE PILLÉ PAR LES MALAIS

Départ de Manille. — Arrivée à l'île de Gaspar. — Naufrage. — Débarquement à l'île Gaspar. — La soif. — Les pirates malais. — Pillage de *l'Alceste*. — Un navire anglais vient au secours des naufragés. — Arrivée à Batavia.

Le vaisseau *l'Alceste*, commandé par le capitaine Maxwell, avait transporté à l'embouchure du Pei-Ho en Chine, lord Amherst, ambassadeur du roi de la Grande-Bretagne ; il fit ensuite une campagne à l'Orient de la Chine, et vint à Canton reprendre l'ambassadeur. Il partit de cette ville le 20 janvier 1817; atterit à Manille, le 3 février, et, le 9, fit voile pour l'Angleterre. Nous allons laisser parler l'auteur de la relation, dont a été extrait le récit de ce naufrage et du pillage qui en fut la suite.

« En partant de Manille, dit M. Macleod, nous dirigeâmes notre route de manière à éviter les écueils nombreux et encore peu connus qui se trouvent dans cette partie de la mer de la Chine, notamment à l'ouest des Philippines, et au nord-ouest de Bornéo. Nous trouvant, le 14, hors de ces parages, nous prîmes la route ordinaire pour passer par le détroit de Banca ou par celui de Gaspar. Il fut décidé que l'on choisirait le dernier, comme plus direct et moins sujet aux calmes que le premier. Nous les regardions comme aussi sûrs l'un que l'autre. Dans la matinée du 18, nous eûmes connaissance de l'île Gaspar, au moment où nous nous y attendions : l'ayant doublée, nous fîmes route pour le détroit en prenant toutes les mesures de précaution en usage quand on approche d'une côte ou d'un détroit, surtout si l'on ne les connaît pas parfaitement. Le capitaine, ainsi que des officiers et des maîtres d'équipage, avaient passé la nuit sur le pont, et s'y trouvaient encore dans la matinée. Les sondes donnaient des résultats conformes aux indications des cartes : nous suivions exactement la ligne que celles-ci prescrivaient pour éviter les dangers. Tout à coup, à sept heures du matin, le vaisseau touche avec un fracas épouvantable sur un récif de roches caché sous les eaux, et y demeure retenu.

Nous ne reconnûmes que trop tôt que toute tentative pour dégager l'*Alceste* aurait les suites les plus funestes; car des deux côtés de l'écueil, sur lequel nous avions touché, la mer avait de dix à dix-sept brasses de profondeur, et les dommages que le vaisseau avait déjà éprouvés devaient le faire couler à fond en quelques minutes, s'il avançait. On mouilla donc la meilleure ancre de toue pour assurer le bâtiment, et l'on cessa le travail de pompes, dont on vit que le secours ne pouvait être utile.

On mit alors les embarcations à la mer. M. Hopner, lieutenant, reçut ordre de prendre dans le cutter et la chaloupe l'ambassadeur avec sa suite, ainsi que tous ceux dont la présence n'était pas indispensable, et de les débarquer sur une île qui se trouvait à environ trois milles et demi de nous. Cependant le capitaine et les officiers restés à bord du vaisseau travaillèrent à sauver toutes les provisions auxquelles on put atteindre, ce qui d'abord ne fut pas facile, l'eau ayant monté jusqu'au second pont; elle baissa dans l'après-midi, et nous fûmes à même de tirer beaucoup de choses du vaisseau. On construisit aussi un radeau, sur lequel on plaça les objets les plus pesants et quelques bagages, que l'on conduisit à terre.

Au retour des embarcations qui avaient conduit l'ambassadeur, nous apprîmes que le débarquement avait été très difficile. Des mangliers couvraient les bords de l'île jusqu'à une distance assez considérable en mer, et il avait fallu côtoyer le rivage pendant près de trois milles, pour trouver une ouverture ; puis gagner le rivage, en grimpant d'un rocher sur un autre. L'île était couverte de bois : on éclaircit un espace assez grand au pied d'une hauteur, et on y bivouaqua sous des arbres touffus.

A bord de l'*Alceste*, on s'occupait de sauver tout ce qui pouvait nous être le plus utile ; mais, au retour de la marée montante, les flots soulevèrent le vaisseau, et le firent retomber sur les rochers avec tant de violence qu'à minuit, il devint indispensable de couper les mâts. Le 19, j'allai à terre avec deux hommes dangereusement blessés par la chute des mâts. La plupart des personnes que je trouvai sur l'île, et l'ambassadeur lui-même, n'avaient pour vêtement que leur chemise et leur pantalon.

Lord Amherst, apprenant que l'on n'avait pas encore pu transporter d'eau douce du vaisseau à terre, et qu'il n'était guère probable que l'on vînt à bout d'en retirer de la cale, fit rassembler tous ceux qui se trouvaient avec lui, et ordonna de distribuer à chacun, sans distinction, un verre de celle que l'on avait apportée la veille : il y fit ajouter un verre de rhum, et, prenant sa portion avec gaieté, il donna l'exemple du courage ; ce qui produisit un bien bon effet, quand on vit un homme de ce rang disposé à supporter toutes les privations.

Plusieurs détachements, envoyés dans l'île, creusèrent dans divers endroits, et n'y trouvèrent que de l'eau salée, peut-être parce qu'ils étaient trop près de la mer. Un squelette humain que l'on rencontra fit naître dans tous les esprits l'idée affreuse que peut-être c'était celui d'un homme mort de soif. Ceux qui pénétrèrent dans les bois furent obligés, en avançant, de tailler des marques sur les arbres, afin de retrouver leur chemin.

Dans l'après-midi, le capitaine vint se concerter avec lord Amherst sur le meilleur parti à prendre dans des conjonctures aussi critiques. Les embarcations ne pouvaient transporter en quelque lieu que ce fût que la moitié de l'équipage, et comme il fallait absolument que quelqu'un gagnât aussi le port le plus voisin pour y demander du secours, le capitaine pensa que l'ambassadeur devait d'abord se rendre avec sa suite à Batavia, ou tout autre port de Java, d'où il pourrait envoyer des bâtiments chercher le reste de l'équipage.

On était alors dans la mousson du nord-ouest, et tout faisait présumer que les embarcations, favorisées par le vent et le courant, arriveraient en trois jours à Java. L'ambassadeur partit vers cinq heures du soir, accompagné de sa suite, de M. Hopner, de quelques autres officiers en d'un détachement de gardes pour pouvoir se défendre, dans le cas où l'on rencontrerait des pirates malais, très nombreux dans ces parages. Les passagers étaient au nombre de quarante-sept sur le cutter et la chaloupe ; ils avaient des provisions pour quatre ou cinq jours, terme que l'on jugeait suffisant pour leur traversée. Après leur départ, il resta dans l'île deux cents personnes, en y comprenant les mousses et une femme.

La première mesure que prit le capitaine fut de désigner des travailleurs pour creuser un puits dans un endroit que plusieurs indices faisaient regarder comme celui où l'on pouvait le plus espérer de trouver de l'eau. Il transporta ensuite la position de notre bivouac du bas au sommet de la colline; on y respirait un air plus pur et plus frais, et cet endroit offrait aussi plus de facilité pour nous défendre, en cas d'attaque. Il fallut employer le feu pour éclaircir le sommet de la colline ; cette opération nous débarrassa des insectes nombreux dont tous ces pays sont infestés. Notre petite provision de vivres fut déposée, sous bonne garde, dans une sorte de magasin formé par la nature, sous des quartiers de rochers, tout au haut de l'éminence. On allait deux fois par jour au vaisseau, pour tâcher de sauver encore quelque chose.

Depuis deux jours, tout le monde était horriblement tourmenté par la soif; car chacun n'avait eu guère qu'une pinte d'eau pendant ce temps. L'on s'informait fréquemment et avec anxiété de l'espérance que l'on devait fonder sur le travail des hommes qui creusaient le puits. Enfin, un peu après minuit, l'on apporta au capitaine une bouteille d'eau bourbeuse pour essai. Dès que l'on sut qu'elle était douce, chacun s'empressa tellement près du puits, que les ouvriers ne purent plus travailler. On fut donc obligé d'y placer des sentinelles. Heureusement une forte pluie donna la facilité d'étendre des draps, des nappes et d'autres linges, que l'on tordait ensuite avec le plus grand soin. Plusieurs personnes qui s'étaient baignées dans la mer, prétendaient en avoir éprouvé du soulagement.

Dans la matinée du 20, le capitaine fit assembler tout l'équipage, et déclara, qu'aux termes des règlements de la marine, chacun était tenu à la même obéissance qu'à bord du vaisseau, qu'il ferait observer la discipline avec plus de rigueur même, s'il était nécessaire, parce que le salut général en dépendait; il assura qu'il aurait grand plaisir à recommander ceux qui se distingueraient par leur bonne conduite, et annonça que les provisions seraient distribuées avec économie, mais avec la plus stricte égalité, jusqu'à l'arrivée des secours que lord Amherst ne tarderait pas à envoyer.

Le puits fournit un pinte d'eau à chacun ; son goût se rapprochait de celui du lait de coco. Les voyages des canots au vaisseau nous procurèrent peu de choses utiles, toutes celles qui étaient les plus précieuses pour nous se trouvant sous l'eau.

Le 21, un détachement, qui avait passé la nuit sur le vaisseau, se trouva, au lever du soleil, entouré par un assez grand nombre de pirates malais, qui paraissaient bien armés et bien équipés. Nos gens, qui n'avaient pas une arme pour se défendre, furent obligés de se jeter dans leurs canots et de venir nous rejoindre. Plusieurs pirates leur donnèrent la chasse ; mais, voyant deux autres canots partir de l'île pour porter du secours à ceux qu'ils poursuivaient, ils retournèrent au vaisseau, et s'en mirent en possession. Peu de temps après l'on nous avertit que, du haut du rocher où l'on faisait la garde, on avait vu ces forbans débarquer sur l'île, à environ deux milles de nous. Aussitôt l'ordre fut donné de s'armer le mieux que chacun le pourrait ; il fut exécuté avec un empressement remarquable. On fit des piques en coupant de jeunes arbres, dont on arma un bout de petites lames d'épées et de couteaux, de toutes sortes d'instruments pointus et jusqu'à de gros clous aiguisés : ceux qui ne pouvaient s'en procurer durcissaient au feu un bout de bâton taillé en pointe ; ce qui faisait une arme passable. Nous avions une douzaine de sabres : les soldats de marine avaient trente fusils et autant de baïonnettes, mais seulement soixante-quinze cartouches en tout. Nous avions heureusement retiré la poudre des canons chargés qui se trouvaient sur le pont au moment du naufrage. Les charpentiers abattirent de gros arbres, et en formèrent une espèce de retranchement qui nous mettait un peu à couvert, et pouvait arrêter la marche d'un ennemi dépourvu d'artillerie. Le capitaine ordonna de ne pas tirer un seul coup de fusil sans être bien sûr qu'il portât.

Un détachement, que nous avions envoyé à la découverte, vint nous apprendre que les Malais n'avaient pas effectué de débarquement sur l'île, mais s'étaient établis sur des rochers voisins, où ils déposaient tout ce qu'ils pouvaient piller sur l'*Alceste*.

Dans la soirée, le capitaine passa une revue générale, forma des compagnies, assigna des postes, fit enfin toutes les dispositions convenables. Les canots furent remorqués près du rivage ; et un officier, à la tête d'un peloton, fut chargé de veiller à leur conservation. Une alarme, donnée pendant la nuit, montra la sagesse des dispositions du capitaine : une sentinelle avait entendu quelque bruit dans les buissons. Au premier signal, chacun fut à son poste sans la moindre confusion.

Le 22, quelques canots malais approchèrent du lieu où les nôtres étaient amarrés. Un officier et 4 hommes partirent aussitôt dans un canot et s'avancèrent vers les Malais, portant à la main une branche d'arbre chargée de feuilles, symbole de paix universellement reconnu ; ils leur firent des signes d'amitié, en témoignant le désir de leur parler. Tout fut inutile : les Malais, qui ne voulaient que reconnaître notre position, retournèrent bientôt à leurs rochers. Alors, le capitaine donna ordre à M. Hay, lieutenant en second, de partir avec nos trois canots, qui furent armés le mieux que l'on put, et d'aller reprendre possession du vaisseau de gré ou de force, les pirates ne paraissant pas avoir plus de 80 hommes. Dès que les Malais, qui se trouvaient sur les rochers virent nos canots en mer, ils chargèrent leur pillage sur leurs barques et prirent le large : il y en avait alors 2 à l'ouvrage sur l'*Alceste ;* mais, à la vue de nos canots qui s'avançaient et de leurs compagnons qui abandonnaient les rochers, elles poussèrent également au large, après avoir mis le feu au vaisseau. Dans un instant, il fut en flammes : nos canots, ne pouvant y aborder, revinrent dans l'île.

Là, s'éteignit tout espoir de pouvoir s'entendre avec ces Malais. Ceux surtout qui infestent les parages voisins de Bornéo, de Billiton et les côtes les moins habitées de Sumatra, sont peut-être les hommes les plus farouches et les plus féroces de l'univers. L'incendie de notre vaisseau nous donna une preuve non équivoque de leurs dispositions à notre égard : mais, en dépit de leurs mauvaises intentions, ils nous rendirent service ; car nous voulions nous-mêmes brûler toute la partie supérieure de l'*Alceste*, pour que les objets qui se trouvaient au fond pussent surnager, et venir ainsi à notre portée.

Une alarme soudaine fit encore courir aux armes cette nuit. Un matelot aperçut dans les bois quelqu'un qui s'avançait vers son poste ; il cria qui vive, ne reçut pas de réponse, et tira. On reconnut à des indices certains que le coureur de nuit appartenait à une race de grands babouins que nous avions trouvés établis dans l'île, et qui nous en disputaient la possession. Les sentinelles, placées auprès d'un feu que l'on allumait toutes les nuits autour du puits pour en écarter les maringouins, avaient eu plus d'une alarme causée par ces singes.

Le dimanche 23, on envoya les canots au vaisseau qui fumait encore. Ils en rapportèrent des caisses de vin, des barils de farine et une tonne de bière qui flottaient. Ce dernier présent du Ciel fut annoncé comme le service divin finissait. On fit distribuer à l'instant une pinte de bière à chacun, ce qui fut suivi de trois acclamations d'allégresse. On continua pendant la journée à mettre les retranchements en bon état de défense. Nos ennemis s'étaient retirés derrière une petite île nommée Poulo-Tchalacca (Ile du malheur), située à environ 2 milles de nous. Ils semblaient y attendre des renforts, car plusieurs de leurs chaloupes avaient fait route pour Billiton.

Le 24, nos canots rapportèrent du vaisseau des barils de farine qui n'étaient gâtés qu'en partie, des caisses de vin, une quarantaine de piques et 18 fusils. Le canonnier fit des cartouches avec le peu de poudre que nous avions sauvée ; on avait aussi du plomb et divers ustensiles d'étain : on en fondit des balles dans des moules de terre. Ces préparatifs ne laissaient pas que d'ajouter à notre confiance. On finit ce jour-là de creuser un autre puits au pied de la colline ; il fournit de l'eau plus claire et plus abondante, ce qui fut pour nous un grand soulagement.

Le 25, on trouva encore à bord du vaisseau quelques caisses de vin et des piques. On travailla à terminer les sentiers qui conduisaient aux puits, et à abattre les arbres qui cachaient la vue de la mer. Le lendemain à la pointe du jour, on découvrit 2 bâtiments de pirates qui traînaient chacun une pirogue à la remorque, et s'avançaient vers l'anse où nos canots étaient amarrés. M. Hay, lieutenant, avait été de garde cette nuit à bord de nos canots ; il donna aussitôt la chasse aux pirates : ils s'éloignèrent à toutes voiles, abandonnant leurs pirogues. Le canot, monté par M. Hay, atteignit les Malais : ils prirent alors une attitude menaçante, et tirèrent sur nos gens. M. Hay répondit en faisant feu du seul fusil qu'il eût. Dès que les deux partis furent plus près, les Malais lancèrent aux nôtres des dards et des sagaies : il en tomba plusieurs dans le canot, mais heureusement ces traits ne blessèrent personne. M. Hay fit jeter le grappin, monta à l'abordage, tua 4 hommes aux Malais, 5 se jetèrent à la mer, et l'on fit 3 prisonniers, dont un était dangereusement blessé.

Ils avaient pris leurs mesures pour que leur bâtiment ne nous restât pas ; car à l'instant même où l'on s'en rendait maître, il coula à fond. Rien n'égale la férocité farouche de ces pirates. Celui qui était blessé avait eu le corps traversé d'une balle ; porté dans notre canot au moment où son bâtiment s'enfonçait dans la mer, il saisit avec fureur un sabre, et ce ne fut pas sans peine qu'on parvint à le lui arracher des mains ; il expira quelques minutes après. Le second bâtiment nous envoya une décharge de mousqueterie, prit le large et s'échappa en doublant l'extrémité septentrionale de l'île. Nous trouvâmes dans les 2 pirogues divers objets provenant du pillage de notre vaisseau. L'air morne et sombre de nos 2 prisonniers quand on les eut amenés sur le rivage, annonçait qu'ils se regardaient comme dévoués à la mort ; l'un était d'un certain âge, l'autre encore jeune : mais quand ils virent qu'on les déliait, qu'on pansait les blessures de ce dernier, qu'on leur offrait de la nourriture et qu'on les traitait avec bonté, ils prirent un air plus serein ; ils parurent surtout très satisfaits de ce qu'on enterrait convenablement le corps de leur compatriote mort dans la traversée.

Le jeune Malais avait eu le genou percé d'une balle qui avait fracassé les os ; l'amputation était nécessaire. Cependant on pensa qu'il serait impossible de faire concevoir au patient que cette opération ne se faisait que pour son bien ; qu'il pourrait la prendre pour un supplice, et que si quelqu'un des nôtres tombait entre les mains de ce peuple, on lui ferait peut-être subir aussi une amputation : on se décida donc à donner des soins au blessé et à laisser agir la nature seule pour sa guérison. On éleva une petite cabane pour lui, on lui donna une couverture et tout ce dont il avait besoin ; son compagnon fut chargé de le garder. Ils refusèrent d'abord les aliments qu'on leur présenta ; mais quand on leur apporta du riz pour le préparer à leur manière, ils parurent satisfaits. Leurs compatriotes s'étaient sans doute noyés parce qu'ils s'attendaient à perdre la vie dans des souffrances cruelles.

Dans l'après-midi, nous vîmes 14 grands bâtiments et plusieurs plus petits venant du côté de Banca ; ils allèrent mouiller derrière Poulo-Tchalacca. Plusieurs individus débarquèrent portant sur leurs épaules de gros paquets dans les bois, et retournèrent en chercher d'autres. Le point d'où venaient ces bâtiments et le mouillage qu'ils avaient choisi, et qui était précisément celui que l'on avait fixé pour rendez-vous lors du départ de lord Amherst, nous firent espérer que c'était un secours qui nous arrivait de Batavia.

Le petit drapeau de l'ambassade fut aussitôt arboré sur le haut de la colline où nous étions campés ; les étrangers en firent au même instant flotter un au haut de leurs mâts. Alors, le capitaine envoya vers eux un détachement le long du rivage ; les étrangers en expédièrent pareillement un avec un drapeau. Lorsqu'ils furent près de se joindre, les Malais, car nous les reconnûmes pour tels, s'arrêtèrent ; le porte-drapeau continua seul à s'avancer : on en fit autant de notre côté ; les deux députés s'approchèrent avec précaution ; après beaucoup de saluts et de cérémonies, ils se prirent la main ; enfin les deux partis se joignirent, et vinrent amicalement ensemble dans un lieu où le capitaine Maxwell se trouvait avec plusieurs officiers. Nos matelots, convaincus que ces Malais étaient des amis envoyés à notre secours, poussaient des cris de joie ; ce sentiment brillait sur tous les visages ; elle ne fut pas de longue durée : nous reconnûmes bientôt que ces Malais appartenaient à une tribu errante, qui cherchait une herbe marine très abondante sur les côtes de ces îles. Elle est un objet de commerce avec la Chine ; les gourmands de ce pays en sont très-friands, de même que des nids d'oiseaux. Nous apprîmes ces particularités par signes, et à l'aide de mots malais que quelques-uns des nôtres comprenaient.

M. Hay, d'autres officiers, et un détachement armé se rendirent à bord du bâtiment du rajah, ou chef de ces Malais, qui avait témoigné le plus grand désir de voir notre capitaine ; il lui avait envoyé en présent du poisson et du lait de coco. Nous nous entre tînmes, pendant la nuit, des moyens d'entrer en négociation avec ces étrangers. Quelques personnes pensaient que l'espoir d'une récompense pourrait les déterminer à nous conduire à Java, et que leurs embarcations, jointes aux nôtres, suffiraient pour nous y transporter tous; d'autres, se défiant du caractère perfide des Malais, craignaient qu'ils ne fussent tentés de nous assassiner quand nous serions en leur pouvoir afin de s'emparer du peu d'objets qui nous restaient, et qui, pour eux, étaient d'une grande valeur; celles-ci soutinrent donc que le meilleur parti à prendre était de désarmer les Malais, de les forcer de nous conduire à Batavia, et de les récompenser alors du temps que nous leur aurions fait perdre, et des peines que nous leur aurions causées.

La matinée du 27 nous dispensa de discuter davantage ce sujet; ayant découvert la carcasse de notre vaisseau, tous les bâtiments malais y allèrent pour le piller. Il est probable que la veille ils ignoraient notre véritable situation, et s'étaient imaginé que nous appartenions à un établissement nouvellement fondé dans cet endroit. Tel était peut-être le motif de leurs civilités, car du moment où la vue de la carcasse de notre vaisseau leur eut fait connaître notre position, nous n'entendîmes plus parler de présents.

On jugea qu'il serait impolitique d'envoyer nos canots les attaquer; cette mesure les écarterait momentanément de la carcasse du vaisseau, et les mettrait en garde contre une surprise nocturne, si on la regardait comme nécessaire un peu plus tard; d'ailleurs le fer et le cuivre qu'ils enlevaient du vaisseau ne pouvaient nous être d'une grande utilité.

La veille, nous avions conduit nos canots dans une anse plus retirée et presque cachée sous des branches de grands arbres; ils y étaient plus en sûreté dans un cas d'attaque, parce qu'elle se trouvait protégée par des rochers où l'on pouvait placer pendant la nuit un piquet commandé par un officier. On traça un sentier tortueux qui communiquait de cet endroit avec le camp.

Le 28, les Malais étaient encore occupés autour du vaisseau; un de leurs bâtiments s'avança vers l'île dans l'après-midi. Un de nos canots étant allé à sa rencontre, le Malais, au lieu d'avancer, retourna vers sa flotte. Aucun secours n'arrivant de Batavia, et l'époque à laquelle nous supposions qu'il en viendrait étant passée, nous réparâmes nos canots, et nous nous mîmes à construire un radeau, afin de ne négliger aucun moyen de pouvoir quitter notre séjour avant que nos provisions fussent totalement épuisées.

Le 1er mars, quatorze nouveaux bâtiments malais, venant du nord, se joignirent aux autres; c'étaient vraisemblablement ceux que nous avions déjà vus. Tous travaillèrent avec ardeur au dépècement du vaisseau. Pendant la nuit, des renforts plus nombreux arrivèrent aux Malais. Le dimanche 2, à la pointe du jour, ils laissèrent les pirogues continuer le pillage, et firent avancer vingt de leurs plus gros bâtiments vers le lieu de notre débarquement; ils tirèrent une de leurs pièces d'artillerie, battirent leurs tambours, et, poussant des hurlements affreux, mouillèrent en ligne à une encâblure de notre baie. Nous fûmes tous à l'instant sous les armes: on renforça les détachements qui étaient sur les canots, et, comme quelques bâtiments pirates avaient tourné la baie derrière notre position, on plaça des sentinelles pour surveiller leurs mouvements, et on envoya des patrouilles battre le pays, de crainte de quelque embuscade par terre.

En ce moment, le vieux prisonnier malais, placé sous la garde des sentinelles postées près du puits, qui l'avaient imprudemment chargé de couper du bois pour le feu, entendant les cris de ses compatriotes, laissa son jeune camarade blessé se tirer d'affaire comme il pourrait, s'enfuit dans les bois en emportant la hache, et parvint à s'échapper.

Tous nos préparatifs terminés, on vit que

Le malheureux sous-officier dégringole sur ses soldats. (Page 710.)

nos ennemis ne faisaient aucune tentative de débarquement. Un officier sortit de la baie en canot, et leur adressa des signes d'amitié. Après quelques moments de délibération, un de leurs bâtiments, portant une troupe armée de crics ou poignards à lame ondulée, s'approcha du canot; mais cette entrevue n'aboutit qu'à fournir un nouveau trait de l'esprit pillard de ces Malais. Quelques-uns s'éprirent d'une telle passion pour la chemise et le pantalon d'un mousse, qu'il n'y eut que son refus absolu qui les empêcha de le dépouiller : car ils n'employèrent pas la violence pour réussir.

Nous écrivîmes alors une lettre au chef de l'établissement anglais de Minto, situé à l'extrémité nord-ouest de Banca : nous lui exposions notre situation, et le conjurions de nous envoyer, s'il le pouvait, un ou deux petits bâtiments, avec du pain, des salaisons et des munitions. L'officier, qui était déjà sorti en canot, s'avança de nouveau vers les Malais; le même bâtiment vint à sa rencontre. Il remit la lettre à ceux qui le montaient, et répéta plusieurs fois le mot Minto, qu'ils semblèrent bien comprendre : il leur indiquait en même temps le côté où se trouvait cet établissement; il leur fit entendre que s'ils nous apportaient une réponse, on les récompenserait en leur donnant beaucoup de piastres; il leur en montra une pour échantillon. C'était plutôt pour mettre ces gens à

89.

l'épreuve que dans l'espoir qu'ils nous rendraient service, que l'on avait recours à cette tentative. Un de leurs bâtiments prit presque au même moment la route de Poulo-Tchalacca, où il paraît que résidait leur chef principal, et aucun ne suivit celle de Banca.

Cependant, leurs forces augmentaient rapidement, et ils avaient alors au moins cinquante bâtiments de différentes dimensions ; les plus grands portaient seize à vingt hommes ; les plus petits, sept à huit : de sorte qu'ils se trouvaient à peu près au nombre de cinq cents. Le pillage du vaisseau paraissait terminé, et n'être plus pour eux qu'un objet d'un intérêt secondaire ; ils supposaient que le butin le plus précieux se trouvait en notre possession. Ils établirent donc un blocus rigoureux autour de nous, et serrèrent étroitement notre baie, surtout à marée haute, de crainte que nos canots n'en profitassent pour s'échapper.

Dans l'après-midi, des hommes de la troupe du rajah, que nous avions d'abord considérés comme nos amis, s'avancèrent ayant l'air de vouloir parlementer. On s'approcha d'eux. Ils nous firent entendre, tant par signes que par quelques mots que nous pûmes saisir, qu'eux seuls exceptés, tous les Malais avaient de mauvaises intentions contre nous, et formaient le projet de nous attaquer la nuit suivante ; ils nous proposèrent, en conséquence, de nous envoyer une partie de leur troupe sur notre colline pour nous défendre. Leur conduite antérieure, et leur liaison avec les autres Malais, démontraient si évidemment la perfidie de cette offre, que nous la refusâmes, en leur faisant entendre que nous saurions nous défendre nous-mêmes. Ils retournèrent vers leur flotte, qui prit à l'instant même une attitude menaçante.

Le soir, à huit heures, quand tout le monde fut sous les armes comme à l'ordinaire, pour passer la revue, et pour placer les différents postes, le capitaine Maxwell nous adressa un discours énergique pour nous engager à être sur nos gardes, dans le cas où nos ennemis viendraient nous attaquer pendant la nuit. Il fit un appel à notre bravoure, et nous flatta de l'espoir de les vaincre malgré la supériorité de leur nombre. Nous répondîmes à cette exhortation par trois acclamations bruyantes, qui, en parvenant aux oreilles des Malais, produisirent vraisemblablement une certaine impression sur leur esprit : car on remarqua en ce moment qu'ils faisaient, avec des feux, des signaux à quelques-uns de leurs bâtiments restés derrière l'île. Après un repas frugal, chacun de nous se coucha, suivant l'usage, à côté de ses armes, et le capitaine resta auprès de ceux qui étaient de garde, pour veiller à l'exécution des dispositions qu'il avait commandées. Une alarme fut donnée pendant la nuit. Chacun fut à son poste avec la rapidité de l'éclair, et si l'on eut de l'humeur, ce fut de voir que l'alarme était fausse.

Le 3, au lever du soleil, nous vîmes les Malais précisément dans la même position que la veille, mais renforcés de dix bâtiments. Leur complot mûrissait, notre situation devenait plus critique à chaque instant ; car les forces des ennemis s'accroissaient rapidement, et la diminution journalière de nos faibles provisions nous obligeait d'adopter sans délai une mesure désespérée. Tous les esprits étaient exaltés ; on paraissait déterminé à attaquer ces pirates, et à les vaincre ou à périr, en tâchant de s'en défaire pour assurer notre liberté.

Vers midi, tandis que l'on formait toutes sortes de projets pour exécuter une mesure décisive, un officier étant monté sur un arbre très élevé qui nous servait d'observatoire, aperçut à une distance considérable dans le sud, un bâtiment qu'il jugea trop gros pour être malais. Aussitôt tous les yeux se fixèrent sur l'arbre d'où nous attendions la confirmation de nos espérances. Quelqu'un y grimpa avec un télescope ; mais un nuage épais cacha le navire pendant vingt minutes. Quand il reparut, l'observateur nous annonça qu'il était bien décidément européen, et s'avançait vers l'île à toutes voiles. Il est plus aisé de concevoir que de décrire la joie qui éclata à cette annonce : on arbora un pavillon au haut de l'arbre, afin d'attirer l'attention du navire dans le cas où ce serait un bâtiment étranger qui naviguerait dans ces parages.

Les pirates ne tardèrent pas à faire la même découverte par les signaux de leurs bâtiments placés derrière Poulo-Tchalacca. La marée nous favorisait ; nous pensâmes qu'en doublant tout à coup le récif, nous pourrions mettre quelques-uns de leurs bâtiments sous notre feu et nous en emparer ; mais ils eurent l'air de soupçonner notre projet : car, du moment que nos gens parurent sous les mangliers qui bordaient le rivage, le bâtiment malais le plus voisin tira un coup de canon, et tous partirent au même instant. On fit feu sur eux sans les atteindre : cette circonstance fut cependant heureuse pour nous ; car s'ils eussent conservé leur position, nous étions à leur merci, tout comme auparavant, le vent et les courants ayant obligé le navire de mouiller à huit milles de l'île et à douze à peu près du lieu où nous étions ; et comme le vent et les courants ne changèrent pas de quelque temps, les Malais pouvaient aisément avec leurs forces couper toute communication entre nous. Il est même extraordinaire, et ce fut une faveur de la Providence, que pendant cette mousson le navire pût autant s'approcher de nous. Le blocus levé, un de nos canots fut expédié pour reconnaître ce navire ; c'était le Ternate, bâtiment de la Compagnie des Indes, envoyé à notre secours avec deux de nos compagnons par lord Amberst.

Notre canot put venir nous rejoindre ; mais le cutter du Ternate fut obligé d'y renoncer, après avoir lutté neuf heures contre le courant pendant la nuit du 3 au 4. Nous employâmes cette journée à disposer tout ce que nous avions sauvé de l'Alceste. Le 5, le cutter du Ternate arriva, et fut suivi de deux canots qui apportaient une caronade de 12, des boulets, de la mitraille, de la poudre et des balles, pour le cas où les pirates reparaîtraient avant notre départ, dont les préparatifs exigeaient toute la journée, à cause de la difficulté des communications.

Le 6, la plus grande partie de notre monde s'embarqua dans des canots, et gagna le Ternate ; le radeau partit aussi avec quatre officiers, quarante-six matelots et une vache. Après une heureuse traversée, durant laquelle ils furent mouillés plus d'une fois, ils arrivèrent au bâtiment. On ramassa en tas, au haut de la montagne, tout ce que l'on ne put emporter, et qui parut pouvoir être de quelque utilité aux Malais, et l'on en fit un feu de joie. A minuit, les canots retournèrent à l'île pour en ramener le capitaine Maxwell et ceux qui y étaient restés avec lui. C'est à la conduite ferme et humaine de ce brave marin que nous devons d'avoir été préservés des horreurs qui auraient été la suite du désordre et de la confusion : sa conduite inspira la confiance, soutint l'espoir ; son exemple au moment du danger animait et encourageait tout ce qui l'entourait.

Il est assez remarquable que pendant dix-neuf jours que nous restâmes dans l'île, exposés tantôt à des pluies violentes, tantôt à un soleil brûlant qui dardait perpendiculairement ses rayons sur nos têtes, aucun de nous ne tomba malade ; ceux même dont la santé était mauvaise en arrivant, guérirent tous, à l'exception d'un soldat de marine qui était au dernier période d'une maladie de foie. Un autre homme, d'un très mauvais caractère, nous quitta le troisième jour de notre débarquement ; nous n'entendîmes plus parler de lui.

Nous traçâmes sur les rochers, en gros caractères, en noir et à l'huile, la date de notre départ, pour servir de renseignements aux navires qui pourraient venir nous chercher, et le 7, dans l'après-midi, nous dîmes adieu à l'île. On la nomme Poulot-Lit : elle a environ six milles de long, sur cinq de large, se trouve à peu près à 2° 30' au sud de l'équateur, et fait partie de la chaîne d'îles qui se trouvent entre Bornéo et Banca, dont elle est voisine. Elle est inhabitée, et autant que nous pûmes nous en assurer, ne produit rien qui puisse être à l'usage de l'homme. Son sol paraît susceptible de culture. On y trouve l'arbre à cachou et le mangoustan ; mais les babouins avaient mangé tous les fruits de ce dernier.

Le 9 mars, nous arrivâmes à Batavia. Le *Ternate* étant un petit navire, une partie de l'équipage fit la traversée sur des canots. Le Malais blessé fut aussi emmené. L'articulation de son genou n'était pas rétablie à notre départ de Java, et je crois cependant qu'il est employé à bord du *Ternate*. »

CHAPITRE IV

ENLÈVEMENT DE LA LADY SHORE

Conspiration de huit Français. — Histoire de la *Bonne-Citoyenne*. — Captivité de Sélis et de Thierry. — Leur embarquement sur la *Lady-Shore*. — Départ pour Sydney. — Complot et révolte à bord. — Combat. — Enlèvement du navire. — Petite législation sévère mais juste. — Arrivée à Montévidéo. — Réception désagréable. — Intervention du Directoire. — Les Français sont remis en possession de la *Lady-Shore*.

Le 12 thermidor an V, huit Français retirés dans un coin obscur du navire anglais la *Lady-Shore*, qui les transportait dans les pénitenciers de la Nouvelle-Hollande, concertaient, à voix basse, un plan de révolte.

Qu'avaient donc fait ces huit Français pour avoir mérité Botany-Bay ? Avaient-ils commis quelque crime punissable, sinon par la potence, du moins par la déportation ?... Voici en quelques lignes le motif de ce voyage forcé :

La corvette la *Bonne-Citoyenne*, capitaine Mahé de la Bourdonnais, avait été expédiée de Rochefort le 24 ventôse an IV, avec plusieurs frégates placées sous le commandement du contre-amiral Sercey, et faisant voile pour les Indes Orientales. A la hauteur du cap Finistère, la *Bonne-Citoyenne* avait reçu au milieu de la nuit un coup de vent furieux, qui l'avait fort endommagée et séparée de la division[1], que jusque-là elle n'avait pas perdue de vue. Rencontrée le lendemain par 3 frégates anglaises, elle avait été capturée et son équipage envoyé à Portsmouth. Les officiers, ainsi que le premier chef de timonerie, Sélis et le pilote-côtier Thierry, avaient été consignés dans la petite ville de Petersfield.

Au bout de sept mois de captivité rigoureuse, Sélis et Thierry, se sentant le mal du pays, eurent l'idée de décamper. Une nuit, ils se rendent furtivement au bord de la mer, espérant trouver quelque embarcation dont ils s'empareraient pour voguer vers la France ; mais les gardes-côtes étaient avertis ; ils arrêtèrent les deux fugitifs, qui, après un séjour préalable dans les cachots de Portsmouth, furent transportés, avec six autres Français, au dépôt des prisonniers destinés pour Botany-Bay.

Trois semaines après, nouvelle tentative d'évasion ; nouvelle arrestation et captivité beaucoup plus dure, dans un ponton vermoulu où, pendant huit mois consécutifs, les huit républicains endurèrent un supplice de tous les instants.

Le 8 germinal an V, ils quittèrent leur prison flottante pour être embarqués sur la

1. Voir notre *Histoire de la marine*, p. 691.

Lady-Shore. Les autorités anglaises espéraient que quelques années passées à la Nouvelle-Hollande, parmi les voleurs et les filles de mauvaise vie, leur formeraient le caractère et leur ôteraient la manie de l'évasion.

Voilà comment Sélis, Thierry et leurs six compagnons d'infortune se trouvaient à bord d'un bâtiment anglais, avec 111 autres prisonniers de diverses nations, destinés, comme eux, à aller coloniser les terrains vierges de Sidney.

Le bâtiment chargé de cette traversée était un beau navire de 500 tonneaux, armé de 29 canons, manœuvré par 26 hommes d'équipage et défendu par 58 soldats armés jusqu'aux dents.

Nos huit Français s'y trouvaient en compagnie de 111 autres prisonniers, Anglais pour la plupart et méritant presque tous la corde : écume des bandes de brigands, de voleurs et de filles qui infestent Londres ; on les envoyait aux antipodes autant pour purger la société que pour purger leurs condamnations.

Parmi eux se trouvaient cependant trois Allemands et un Espagnol que les Français firent entrer dans leur complot, les jugeant dignes de leur confiance.

Nos 12 conspirateurs (en y comprenant les Allemands et l'Espagnol) avaient conçu un plan d'une témérité inouïe. N'ayant plus rien à perdre que leur peau, qui n'avait pas une grande valeur, puisqu'elle appartenait à leurs ennemis, ils ne croyaient pas risquer grand'chose en l'exposant ; ils avaient donc résolu de jouer le tout pour le tout et d'attaquer, un contre sept, les Anglais pour s'emparer de leur navire, au risque de se faire écraser par le nombre.

Ils s'étaient réunis ce soir-là pour former leur plan d'attaque, convenir du moment, distribuer à chacun ses fonctions et jurer la plus entière obéissance aux ordres de Sélis, leur chef. Toutes les dispositions une fois prises, les conjurés, se séparant, coururent prévenir les Allemands et l'Espagnol qui, par prudence sans doute, n'avaient pas assisté à la réunion.

La nuit suivante, à une heure et demie, les révoltés, qui avaient eu soin de se coucher tout habillés, se lèvent en silence ; ils se glissent un à un dans le panneau où les soldats reposent sans méfiance ; ils s'emparent adroitement des armes amarrées à chaque lit ; après quoi, chacun d'eux, bien armé, se rend à son poste et attend le signal.

Au moment où deux heures sonnaient à la pendule de la grande chambre, la voix tonnante de Sélis rompit tout à coup le silence de la nuit :

— Vive la République !

C'était le cri de la délivrance, le signal du combat. Deux conjurés se tenaient au panneau des soldats, prêts à tuer le premier qui essayerait de sortir. Deux autres, sur les passavants, dominaient tout le pont.

Deux, à l'arrière du vaisseau, se disposent à envahir la chambre des officiers.

Un seul homme suffisait pour surveiller le panneau où couchaient les femmes ; mais pour s'emparer du capitaine on avait jugé prudent de se mettre à deux.

Tandis que le dixième, après avoir défoncé un caisson de munitions, en faisait la distribution à ses camarades, les deux derniers courent s'emparer de l'officier de quart et de ses deux compagnons.

En quelques minutes, le tumulte fut à son comble.

L'officier de quart, attaqué le premier, ne se rendit point ; il déchargea, presque à bout portant, son pistolet sur un des Allemands, qui tomba sans avoir eu le temps de crier une dernière fois : *Got Fridom !* Mais à son tour, frappé à mort par un coup de fusil, cet officier roula sur le corps de sa victime.

Le capitaine, désagréablement tiré de son sommeil par le bruit des coups de feu, aperçoit les deux hommes qui ont ordre de le saisir ; il cherche ses armes dans l'obscurité, met la main sur un poignard, frappe un des conjurés, qu'il blesse peu grièvement ; aussitôt, percé de trois coups de baïonnette, il cherche à fuir et tombe du pont dans l'entrepont en criant :

— Rendez le navire aux Français !

Le commandant de la troupe, persuadé que les prisonniers se sont révoltés en masse, n'essaye même pas de résister ; il se laisse frapper et crie comme le capitaine :

— Rendez le navire aux Français !

Cependant les soldats, éveillés par le bruit de cette lutte, prennent les quelques armes que les conjurés ont négligé de leur enlever; ils s'élancent vers leur panneau pour monter sur le pont. Un Français, s'apercevant de ce mouvement, crie à ses camarades :

— Aux soldats ! ils veulent s'échapper ; empêchez-les.

Un autre Français, Maillot, accourt ; c'est le même qui vient d'être blessé par le capitaine ; sa blessure, qui l'a rendu furieux, décuple ses forces.

Il s'empare d'une barrique de salaisons et la précipite dans le panneau, sur un caporal qui marchait à la tête de ses hommes. Le malheureux sous-officier, roulant avec la barrique, dégringole sur ses soldats en poussant des hurlements effroyables. Les soldats, qui n'y voient goutte, sont pris de terreur en entendant tout ce tapage ; ils pensent que les prisonniers se sont tous insurgés ; ils se croient perdus ; ils demandent quartier ; on s'empresse de les faire prisonniers sans effusion de sang.

Les matelots ne furent point aussi faciles à soumettre. Quelques-uns d'entre eux, parvenus sur le pont, attaquent un Français et l'Espagnol. Criblé de blessures, le Français appelle vainement au secours en se défendant comme un lion ; ses camarades, occupés ailleurs, ne peuvent répondre à ses cris de détresse, lorsque l'Espagnol, délivré d'un ennemi contre lequel il a lutté pendant près d'un quart d'heure, s'élance à son secours. D'un coup de sabre, il tue un matelot ; d'une poussée, il en jette un second dans la mer. Les autres se rendent.

Maîtres de tous les postes, les Français se considèrent comme assurés du bâtiment ; en signe de victoire, ils répètent leur cri de délivrance :

— Vive la République !

Mais Sélis ne veut point s'endormir sur un semblant de succès.

— Tâchons, leur dit-il, de ne pas nous engourdir ; gare à la contre-révolution [1]. Vous allez prendre les canons, les charger de verre cassé ; braquez-en un à chaque porte et désarmez tout le monde avant le jour.

Ce désarmement terminé, les portes refermées avec soin sur les prisonniers, les vainqueurs tinrent un conseil dans lequel la *Lady-Shore* fut déclarée de bonne prise. Après quoi, Sélis, le Rochelois, fut élu capitaine, non seulement parce qu'il avait conçu et organisé le complot, mais encore parce qu'il avait servi sur un bâtiment de l'État en qualité de premier chef de timonerie. On lui donna pour lieutenant son camarade et son compatriote Thierry, ancien pilote côtier.

Les deux nouveaux officiers, dans le but de maintenir leur équipage aussi bien que leurs prisonniers, décrétèrent aussitôt ce qui suit :

« Tout homme de la force armée qui entretiendra des liaisons criminelles avec les prisonniers et qui sera convaincu de complot contre la sûreté du navire sera pendu.

« Tout homme qui parlerait de se rendre, en cas de rencontre d'un bâtiment, sera puni de mort.

« Tout défenseur de la prise qui se prendra de boisson pendant son service sera déclaré incapable de servir et responsable de son cas.

---

[1]. Ce sont ses expressions. Voir le rapport de Talleyrand-Périgord, *Moniteur universel*, 7 germinal an VI.

« Tout prisonnier à qui il sera trouvé des armes sera puni de mort.

« Tout prisonnier qui tiendra des propos contre la République et ses alliés sera puni de *cinq cents* coups de corde.

« Tout prisonnier qui sera convaincu de tenir des propos incendiaires ou de tenter une révolte sera puni de mort. »

Pour donner un caractère légal à cette petite législation, on la traduisit en anglais, on la lut solennellement devant les prisonniers et on en afficha, sur tous les points du navire, des copies signées : *Sélis*, capitaine ; *Thierry*, lieutenant ; *Maillot*, secrétaire.

Enfin les principaux chefs des prisonniers furent contraints de signer le certificat de prise dans la forme établie par les lois de la guerre.

Ce ne fut qu'après toutes ces mesures que Sélis permit à ses camarades de se livrer aux réjouissances, en leur rappelant l'article de la loi qui proscrivait les excès de boisson.

On se trouvait alors par le 19° de latitude sud et le 36° de longitude ouest. Sélis donna l'ordre de se diriger vers les colonies espagnoles d'Amérique, l'Espagne étant en ce moment alliée de la France.

Mais craignant avec raison que ses prisonniers ne devinssent trop difficiles à contenir, en raison de leur grand nombre, il saisit l'occasion de son passage sur les côtes du Brésil pour débarquer 29 soldats, de ceux que l'on avait le plus à craindre. Il leur donna des vivres pour plus de quinze jours et des instruments de marine pour se diriger ; mais il exigea d'eux, par écrit, le serment de ne point servir pendant un an « contre la République et ses alliés. »

Comme les matelots anglais prisonniers se montraient d'assez bonne composition, on leur proposa d'aider à la manœuvre du bâtiment, moyennant le payement de leur salaire habituel et la promesse d'une bonne gratification. Les Anglais n'eurent garde de refuser ; mais avant de se confier à eux on leur imposa le serment de rigueur, de ne rien entreprendre « contre la République et ses alliés. »

Le 14 fructidor, le bâtiment entra dans la rivière de la Plata et vint jeter l'ancre devant Montévidéo.

Comptant sur une généreuse hospitalité de la part des autorités espagnoles, nos compatriotes hissent le pavillon tricolore.

Mais quelle n'est pas leur déception en ne recevant aucune réponse à leur salut de 26 coups de canon ! Leur surprise est bientôt changée en indignation. Une troupe de soldats espagnols envahit leur vaisseau, enlève les prisonniers, menace les Français de les emprisonner comme forbans, saisit les Allemands et les jette dans le cachot des criminels.

Sélis, furieux, réclame ; le commandant de la rade lui répond que l'enlèvement du navire n'est autre chose qu'un vol et que ceux qui se sont rendus coupables de cet acte de piraterie méritent d'être traités comme des forbans, c'est-à-dire pendus haut et court.

Les Français écrivent au vice-roi de la province une lettre énergique, audacieuse même ; sans attendre la réponse, ils font parvenir à Truguet, ambassadeur français à Madrid, toutes les pièces constatant leurs droits sur la *Lady-Shore*.

Truguet court trouver le prince de la Paix, premier ministre d'Espagne. Le prince de la Paix tremblait de se brouiller avec la France, que sa patrie avait appris à connaître à ses dépens.

L'affaire menaçait de devenir sérieuse ; le Directoire exécutif s'était ému en apprenant, par la bouche de Talleyrand, notre ministre des relations extérieures, l'injustice faite à nos compatriotes. Le ministre d'Espagne se hâta d'expédier des ordres en vertu desquels les Français devaient rester maîtres du bâtiment et de sa cargaison ; l'Espagnol et les

Allemands devaient être traités comme les Français. Quant aux prisonniers, ils appartenaient à la République.

Trois mois après, nos huit marins français, réintégrés dans leur propriété, mettaient à la voile et voguaient en chantant vers les rives de France, qu'ils atteignirent sans encombre.

Il s'enfonça et disparut. (Page 727.)

LIVRE XIII

GARIBALDI, CHEF DE CORSAIRES

CHAPITRE PREMIER

PREMIÈRES AVENTURES

Jeunesse de Garibaldi. — Son départ pour l'Amérique. — Il prend du service dans les troupes de Rio-Grande-du-Sud. — Équipement du navire corsaire le *Mazzini*. — Prise d'une goélette que les corsaires arment sous le nom de *Scarro pilla*. — Départ de Maldonato. — Combat. — Garibaldi est blessé. — Séjour à Gualeguay. — Captivité. — Tentative d'évasion. — L'estrapade. — La liberté.

A cette époque, c'est-à-dire en l'an 1836, venait de commencer la rébellion de *Rio-Grande du Sud*, province brésilienne qui vou- lait être indépendante et qui défendit son autonomie pendant plus de dix années. Les révoltés, ayant proclamé la République, s'étaient donné un président nommé Bento Gonzalès. Armés en troupes disciplinées à la hâte, ils gardaient leurs frontières. D'ailleurs, ils possédaient une invincible cavalerie, que l'on peut considérer comme l'une des meilleures du monde et qui, tombant à l'improviste sur les impériaux, les forçait de se tenir sur la défensive.

Garibaldi n'hésita pas à se ranger du côté de la République. Il fit ses offres de service au président Gonzalès, qui n'eut garde de les refuser. En sa qualité de marin[1], le patriote italien était, pour les révoltés, une véritable trouvaille. Le président lui donna des cartes de marque pour faire la course contre le Brésil.

Associé à son ami Rossetti, le jeune corsaire arma en guerre le *Mazzini*, petit caboteur de 30 tonneaux qu'il équipa de seize compagnons d'aventure.

Avec seize hommes et une barque, il attaqua l'un des plus vastes empires du monde et il eut la bonne fortune d'échapper, pendant longtemps, aux nombreux adversaires que le gouvernement régulier lança à sa poursuite.

Du reste, sa conduite n'eut jamais rien de cette cruauté qui a rendu célèbres plusieurs pirates américains. Que l'on en juge par l'extrait suivant, emprunté à ses *Mémoires*, et qui est relatif à ses premiers exploits :

« En sortant du port de Rio-Janeiro, je gouvernai droit sur les îles Marica, situées à cinq ou six milles de l'embouchure de la rade, en appuyant sur notre gauche; nos armes et nos munitions étaient cachées sous des viandes boucanées avec le manioc, seule nourriture des nègres. Je m'avançai vers la plus grande de ces îles, qui possède un mouillage; j'y jetai l'ancre, je sautai à terre, et gravis jusqu'au point le plus élevé.

« Là, j'étendis les deux bras avec un sentiment de bien-être et de fierté, et je jetai un cri pareil à celui que jette l'aigle planant au plus haut des airs.

« L'Océan était à moi, et je prenais possession de mon empire.

« L'occasion ne tarda point d'y exercer mon pouvoir.

« Pendant que j'étais, comme un oiseau de mer, perché au haut de mon observatoire, j'aperçus une goélette naviguant sous le pavillon brésilien.

« Je fis signe de tout préparer pour nous remettre à la mer, et descendis sur la plage.

« Nous orientâmes droit sur la goélette, qui ne se doutait pas qu'elle courût un pareil danger à deux ou trois milles de la passe de Rio-Janeiro.

« En l'accostant, nous nous fîmes connaître, et nous la sommâmes de se rendre; elle ne fit, il faut lui rendre cette justice, aucune résistance. Nous montâmes à bord, et nous nous emparâmes d'elle.

« Je vis alors venir à moi un pauvre diable de passager portugais, tenant à la main une cassette. Il l'ouvrit : elle était pleine de diamants; il me l'offrait pour la rançon de sa vie.

« Je rabattis le couvercle de la boîte et la lui rendis, en lui disant que sa vie ne courait aucun danger; que, par conséquent, il pouvait garder ses diamants pour une meilleure occasion.

« Seulement, il n'y avait pas de temps à perdre; on était en quelque sorte sous le feu des batteries du port. On transporta les armes et les vivres du *Mazzini* sur la goélette, et l'on coula *le Mazzini*, qui, vous le voyez, eut comme corsaire une glorieuse mais courte existence.

« La goélette appartenait à un riche Autrichien habitant l'île Grande, située à droite en sortant du port, à quinze milles à peu près de la terre; elle était chargée de café, qu'il envoyait en Europe.

---

1. Joseph Garibaldi, né à Nice le 22 juillet 1807, appartenait à une famille de marins. Son père aurait voulu faire de lui un prêtre; mais la vocation manquait. Le futur révolutionnaire préféra prendre la profession de ses ancêtres.

« Le navire était donc pour moi doublement de bonne prise, puisqu'il appartenait à un Autrichien à qui j'avais fait la guerre en Europe, et à un négociant domicilié au Brésil, auquel je faisais la guerre en Amérique.

« Je donnai à la goélette le nom de *Scarro pilla*, dérivatif de Farrapos, *gens en lambeaux*, nom que l'empire du Brésil donnait aux habitants des jeunes républiques de l'Amérique du Sud, comme Philippe II donnait celui de *gueux de terre et de mer* aux révoltés des Pays-Bas. Jusque-là, la goélette s'était appelée *la Louise*.

« Ce nom, au reste, nous allait assez bien. Tous mes compagnons n'étaient pas des Rossetti, et je dois avouer que la figure de bon nombre d'entre eux n'était pas tout à fait rassurante; cela explique la prompte reddition de la goélette et la terreur du Portugais qui m'offrait ses diamants.

« Au surplus, pendant tout le temps que je fis le métier de corsaire, mes hommes eurent l'ordre de respecter la vie, l'honneur et la fortune des passagers... j'allais dire sous peine de mort; mais j'eusse eu tort de dire cela, puisque personne n'ayant jamais enfreint mes ordres, je n'eus jamais personne à punir.

« Aussitôt les premiers arrangements faits à bord, nous mîmes le cap sur Rio de la Plata; et, pour donner l'exemple du respect que je voulais que l'on eût, à l'avenir, pour la vie, la liberté, les biens de nos prisonniers, en arrivant à la hauteur de l'île Sainte-Catherine, un peu au-dessus du cap Itapocoroya, je fis mettre à la mer la yole du bâtiment capturé, j'y fis descendre avec les passagers tout ce qui leur appartenait, je leur fis donner des vivres, et, leur faisant cadeau de la yole, je les laissai libres d'aller où ils voudraient.

« Cinq nègres, esclaves à bord de la goélette, et auxquels je rendis la liberté, s'engagèrent à mon bord comme matelots; après quoi nous continuâmes notre route pour Rio de la Plata.

« Nous allâmes jeter l'ancre à Maldonato, état de la république orientale de l'Uruguay.

« Nous fûmes admirablement reçus par la population, et même par les autorités de Maldonato, ce qui nous parut d'un excellent augure. Rossetti partit, en conséquence, tranquillement pour Montévidéo, afin d'y régler nos petites affaires, c'est-à-dire pour y vendre une partie de notre cargaison et en faire de l'argent.

« Nous restâmes à Maldonato (c'est-à-dire à l'entrée de ce magnifique fleuve, qui, à son embouchure, mesure trente lieues de large) pendant huit jours, qui se passèrent en fêtes continuelles, lesquelles faillirent se terminer d'une façon tragique. Oribe, qui, en sa qualité de chef de la république de Montévidéo, ne reconnaissait pas les autres républiques, donna l'ordre au chef politique de Maldonato de m'arrêter et de s'emparer de ma goélette. Par bonheur, le chef politique de Maldonato était un brave homme qui, au lieu d'exécuter l'ordre reçu, ce qui n'eût pas été difficile, vu le peu de défiance que j'avais, me fit prévenir d'avoir à quitter au plus vite mon mouillage, et de partir pour ma destination, si j'en avais une.

« Je m'engageai à partir le même soir; mais j'avais auparavant, moi aussi, de mon côté, un petit compte à régler.

« J'avais vendu à un négociant de Montévidéo quelques balles de café, distraites de notre cargaison, et quelques bijouteries appartenant à mon Autrichien, pour acheter des vivres. Or, soit que mon acheteur fût mauvaise paye, soit qu'il eût entendu dire que je courais risque d'être arrêté, il m'avait été jusque-là impossible de rentrer dans mon argent. Or, comme j'étais forcé de partir le soir, je n'avais plus de temps à perdre, et il était urgent pour moi de rentrer dans mon argent avant de quitter Maldonato, vu qu'il m'eût été encore plus difficile de me faire payer absent que présent.

« En conséquence, vers neuf heures du

soir, j'ordonnai d'appareiller, et, passant des pistolets à ma ceinture, je jetai mon manteau sur mes épaules et m'acheminai tranquillement vers la demeure de mon négociant.

« Il faisait un clair de lune magnifique, de sorte que je voyais de loin mon homme, prenant le frais sur le seuil de sa porte ; lui aussi me vit, me reconnut et me fit signe de la main de m'éloigner, m'indiquant par ce signe que je courais un danger.

« Je fis semblant de ne rien voir, j'allai droit à lui, et pour toute explication, lui mettant le pistolet sur la gorge :

« — Mon argent ! lui dis-je.

« Il voulut entrer en explication ; mais, à la troisième fois que je lui eus répété ces deux mots : « Mon argent ! » il me fit entrer et me compta les deux mille patagons qu'il me devait.

« Je remis mon pistolet à la ceinture, je pris mon sac sous mon bras, et revins à la goélette sans avoir été le moins du monde inquiété.

« A onze heures du soir, nous levâmes l'ancre pour remonter la Plata. »

La goélette louvoya pendant quelques jours devant Montévidéo ; elle ne fit aucune prise ; les vivres manquèrent bientôt, parce que les corsaires n'avaient pas eu le temps de s'approvisionner avant le départ.

Il fallut mouiller près du rivage et débarquer en radeau. Garibaldi s'aventura seul au milieu des pampas. Il eut la bonne fortune de rencontrer des habitants qui lui vendirent un bœuf. C'est à la suite de cet incident qu'eut lieu le combat dont notre héros nous a laissé le récit suivant :

« Nous avions passé la nuit à l'ancre, à environ six milles au midi de la pointe de Jésus-Maria, directement en face des Barrancas de San Gregorio ; il soufflait une petite brise du nord, lorsque nous aperçûmes, du côté de Montévidéo, deux barques que nous crûmes amies ; mais, comme elles n'avaient pas le signe convenu d'un pavillon rouge, je crus qu'il était prudent de mettre à la voile en les attendant ; j'ordonnai, en outre, de monter sur le pont les mousquets et les sabres.

« La précaution, comme on va le voir, n'était pas inutile ; la première barque continuait de s'avancer sur nous avec trois personnes seulement en évidence ; arrivé à quelques pas de nous, celui qui paraissait le chef éleva la voix et nous ordonna de nous rendre ; en même temps, le pont de la barque se couvrit d'hommes armés qui, sans nous donner le temps de répondre à la sommation, commencèrent le feu. Je criai : « Aux armes ! » et sautai sur mon fusil, puis, comme nous étions en panne, tout en ripostant de mon mieux, je commandai :

« — Aux bras des voiles de devant !

« Mais, ne sentant pas la goélette obéir au commandement avec la docilité accoutumée, je me tournai vers le gouvernail et vis que la première décharge avait tué le timonier, qui était un de mes meilleurs matelots. Il se nommait Fiorentino et était né dans une de nos îles.

« Il n'y avait pas de temps à perdre. Le combat était engagé avec rage ; le lancione, — c'est le nom des sortes de barques contre lesquelles nous combattions, — le lancione s'était accroché à notre jardin de droite, et quelques-uns de ses hommes étaient déjà montés sur notre bastingage ; par bonheur, quelques coups de fusil et de sabre eurent raison d'eux.

« Après avoir aidé mes hommes à repousser cet abordage, je sautai à l'écoute de trinquette de tribord, où Fiorentino avait été frappé, et saisis le timon abandonné. Mais, au moment où j'appuyais la main pour le faire obéir, une balle ennemie me frappa entre l'oreille et la carotide, me traversa le cou et me renversa sans connaissance sur le pont.

« Le reste du combat, qui dura une heure, fut soutenu à merveille. Enfin, fatigué de notre résistance, comptant une dizaine d'hommes hors de combat, l'ennemi s'enfuit, tandis que, le vent s'étant levé, nos hommes continuaient de remonter le fleuve.

« Quoique le sentiment me fût revenu et que j'eusse repris mes sens, je demeurai complètement inerte et inutile, par conséquent, pendant le reste de l'affaire.

« J'avoue que mes premières sensations, en rouvrant les yeux et en recommençant à vivre, furent délicieuses. Je puis dire que j'ai été mort et que j'ai ressuscité, tant mon évanouissement fut profond et privé de toute lueur d'existence. Mais hâtons-nous d'ajouter que ce sentiment de bien-être physique fut bien vite étouffé par le sentiment de la situation dans laquelle nous nous trouvions. Mortellement blessé ou à peu près, n'ayant à bord personne qui eût la moindre connaissance en navigation, la moindre notion géographique, je me fis apporter la carte, je la consultai de mes yeux couverts d'un voile que je croyais celui de la mort, et j'indiquai du doigt Santa-Fé dans le fleuve Parana. Aucun de nous n'avait jamais navigué dans la Plata, excepté Maurice, qui une seule fois avait remonté l'Uruguay. Les matelots, terrifiés, et de mon état et de la vue du cadavre de Fiorentino, craignant d'être pris et considérés comme pirates, avaient l'épouvante sur le visage et désertèrent à la première occasion qui se présenta. En attendant, dans chaque barque, dans chaque canot, dans chaque tronc d'arbre flottant, ils voyaient un lancione ennemi envoyé à leur poursuite.

« Le cadavre de notre malheureux camarade fut jeté dans le fleuve avec les cérémonies usitées en pareille occasion, car, pendant plusieurs jours, nous ne pûmes aborder sur aucune terre. Je dois dire que ce genre d'inhumation était médiocrement de mon goût, et que j'y sentais une répugnance d'autant plus grande, que, selon toute probabilité, j'étais tout près d'en tâter. Je m'ouvris de cette répugnance à mon cher Carniglia.

« Et mon pauvre ami pleura et me promit de ne pas me laisser jeter à l'eau, mais de me creuser une fosse et de m'y coucher doucement. Qui sait, malgré le désir qu'il en avait, s'il eût pu tenir sa promesse! Mon cadavre eût rassasié quelque loup marin, quelque caïman de l'immense Plata.

« Qui eût dit alors à mon bien cher Louis qu'avant un an, c'était moi qui le verrais, roulé par les brisants, disparaître dans la mer, et qui chercherais vainement son cadavre?

« Je restai dix-neuf jours sans autres soins que ceux qui me furent donnés par Luigi Carniglia.

« Au bout de dix-neuf jours, nous arrivâmes à Gualeguay.

« Nous avions rencontré à l'embouchure de l'Ibiqui, bras du Parana, un navire commandé par un Mahonnais, nommé don Lucas Tartaulo, brave homme qui eut toutes sortes d'obligeances pour moi, me donnant ce qu'il croyait pouvoir être utile à mon état.

« Tout ce qu'il m'offrit fut accepté, car nous manquions littéralement de tout à bord de la goélette, excepté de café; aussi mettait-on le café à toute sauce, sans s'inquiéter si le café était pour moi une bien saine boisson et une drogue bien efficace. J'avais commencé par avoir une effroyable fièvre, accompagnée d'une difficulté d'avaler allant presque jusqu'à l'impossibilité. Cela n'était pas bien étonnant, la balle, pour aller d'un côté à l'autre du cou, ayant passé dans son trajet entre les vertèbres cervicales et le pharynx; puis, après huit ou dix jours, la fièvre s'était calmée; j'avais commencé d'avaler, et mon état était devenu tolérable.

« Don Lucas avait fait plus : en nous quittant, il m'avait, — ainsi qu'à un de ses passagers nommé d'Arragaida, Biscayen établi en Amérique, — donné des lettres de recommandation pour Gualeguay, et particulièrement pour le gouverneur de la province d'Entra-Rios, don Pascal Echague, qui, devant faire un voyage, lui laissa son propre médecin, don Ramon Delarea, jeune Argentin de grand mérite, lequel ayant examiné ma blessure et ayant senti, du côté opposé à celui par où elle était entrée, la balle rouler sous son doigt, en fit très habilement l'extraction en m'incisant la peau, et, pendant quelques semaines, c'est-à-dire jusqu'à mon parfait rétablissement, continua de me donner les soins les plus affectueux et, ajoutons ceci, les plus désintéressés.

« Je séjournai six mois à Gualeguay, et, pendant ces six mois, je demeurai dans la maison de don Jacinto Andreas, qui fut pour moi, ainsi que sa famille, plein d'égards infinis et de courtoises gentillesses.

« Mais j'étais prisonnier, ou à peu près. Malgré toute la bonne volonté du gouverneur don Pascal Echague, et l'intérêt que me portait la brave population de Gualeguay, j'étais obligé d'attendre la décision du dictateur de Buenos-Ayres, qui ne décidait rien.

« Le dictateur de Buenos-Ayres était à cette heure Rosas.

« Guéri de ma blessure, je commençai à faire des promenades ; mais, par ordre de l'autorité, mes cavalcades étaient bornées. En échange de ma goélette confisquée, on me passait un écu par jour, ce qui était beaucoup dans un pays où tout est pour rien, et dans lequel on ne trouve aucune occasion de dépense ; — mais tout cela ne valait pas la liberté.

« Au reste, probablement, cette dépense d'un écu par jour pesait au gouvernement, car il me fut fait des ouvertures de fuite ; mais les gens qui me faisaient ces ouvertures de bonne foi étaient, sans le savoir, des agents provocateurs. On me disait que le gouvernement verrait ma disparition sans un grand chagrin. Il ne fallait pas me faire violence pour que j'adoptasse une résolution qui était déjà en projet dans mon esprit. Le gouverneur de Gualeguay, depuis le départ de don Pascal Echague, était un certain Leonardo Millan ; il n'avait, jusque-là, été pour moi ni bien ni mal ; et, jusqu'au jour où nous étions arrivés, je n'avais aucune raison de me plaindre de lui, bien qu'il m'eût témoigné peu d'intérêt.

« Je me décidai donc à fuir, et, dans ce but, je commençai mes préparatifs, afin d'être prêt à la première occasion qui se présenterait. Un soir d'orage, je me dirigeai, en conséquence, vers la maison d'un vieux brave homme que j'avais l'habitude de visiter et qui demeurait à trois milles du pays ; cette fois, je lui fit part de ma résolution, et le priai de me trouver un guide et des chevaux, avec lesquels j'espérais gagner une estancia tenue par un Anglais et située sur la rive gauche du Parana. Là, je trouverais, sans aucun doute, des bâtiments qui me transporteraient incognito à Buenos-Ayres ou à Montévidéo. Il me trouva guide et chevaux, et nous nous mîmes en route à travers champs, pour ne pas être découverts. Nous devions parcourir cinquante-quatre milles à peu près, ce qui pouvait, en tenant toujours le galop, s'accomplir dans la moitié d'une nuit.

« Lorsque le jour vint, nous étions en vue de l'Ibiqui, à la distance d'un demi-mille à peu près du fleuve ; le guide me dit alors de m'arrêter dans une espèce de maquis où nous nous trouvions, tandis qu'il irait prendre langue.

« J'y consentis ; il me quitta et je restai seul.

« Je mis pied à terre, j'accrochai la bride de mon cheval à une branche d'arbre, je me couchai au pied du même arbre, et attendis ainsi deux ou trois heures ; après quoi, voyant que mon guide ne reparaissait point, je me levai et résolus de gagner la lisière du maquis, laquelle était proche ; mais, au moment d'atteindre cette lisière, j'entendis derrière moi un coup de fusil et le frétillement d'une balle dans l'herbe. Je me retournai, et vis un détachement de cavaliers qui me poursuivaient le sabre à la main ; ce détachement était déjà entre moi et mon cheval. — Impossible de fuir, inutile de me défendre ; — je me rendis.

« On me lia les mains derrière le dos, on me mit à cheval ; puis on me lia les pieds comme on m'avait lié les mains, en les assujettissant à la sangle du cheval.

« C'est dans cet équipage que je fus ramené à Gualeguay, où, comme on va le voir, m'attendait un pire traitement.

« On ne m'accusera point d'être par trop tendre vis-à-vis de moi-même ; eh bien, je l'avoue, je me sens frémir chaque fois que je me rappelle cette circonstance de ma vie.

« Conduit en présence de don Leonardo Millan, je fus sommé par lui de dénoncer ceux qui m'avaient fourni les moyens de fuir. Il va sans dire que je déclarai que seul j'avais préparé, et seul exécuté ma fuite ; alors, comme j'étais lié, et que don Leonardo Millan n'avait rien à craindre, il s'approcha de moi et commença de me frapper avec son fouet ; après quoi, il renouvela ses demandes, et moi, je renouvelai mes dénégations.

« Il ordonna alors de me conduire en prison, et ajouta tout bas quelques mots à l'oreille de mes conducteurs.

« Ces mots étaient l'ordre de me donner la torture.

« En arrivant dans la chambre qui m'était destinée, mes gardes, en conséquence, me laissant les mains liées derrière le dos, me passèrent aux poignets une nouvelle corde, tournèrent l'autre extrémité autour d'une solive, et, tirant à eux, me suspendirent à quatre ou cinq pieds de terre.

« Alors don Leonardo Millan entra dans ma prison, et me demanda si je voulais avouer.

« Je ne pouvais que lui cracher au visage, et m'en donnai la satisfaction.

« C'est bien, dit-il en se retirant ; quand il plaira au prisonnier d'avouer, vous m'appellerez, et, quand il aura avoué, on le remettra à terre.

« Après quoi, il sortit.

« Je restai deux heures ainsi suspendu. Tout le poids de mon corps pesait sur mes poignets ensanglantés et sur mes épaules luxées.

« Tout mon corps brûlait comme une fournaise ; à chaque instant je demandais de l'eau, et, plus humains que mon bourreau, mes gardiens m'en donnaient ; mais l'eau, en entrant dans mon estomac, se desséchait comme si on l'eût jetée sur une lame de fer rougie. On ne peut se faire une idée de ce que je souffris qu'en relisant les tortures données aux prisonniers au moyen âge. Enfin, au bout de deux heures, mes gardes eurent pitié de moi ou me crurent mort, et me descendirent. — Je tombai couché tout de mon long.

« Je n'étais plus qu'une masse inerte, sans autre sentiment qu'une sourde et profonde douleur, — un cadavre ou à peu près.

« Dans cette situation, et sans que j'eusse la conscience de ce que l'on me faisait, on me mit dans les ceps.

« J'avais fait cinquante milles à travers des marais, les mains et les pieds liés ; les moustiques, nombreux et enragés dans cette saison, avaient fait de mon visage et de mes mains une seule plaie. J'avais subi deux heures d'une effroyable torture, et lorsque je revins à moi, j'étais attaché côte à côte d'un assassin.

« Quoique au milieu des plus atroces tourments je n'eusse point dit un seul mot, et que, d'ailleurs, il ne fût pour rien dans ma fuite, don Jacinto Andreas avait été emprisonné ; les habitants du pays étaient dans l'épouvante.

« Quant à moi, sans les soins d'une femme, qui fut pour moi un ange de charité, je serais mort. Elle écarta toute crainte et vint au secours du pauvre torturé.

« Elle s'appelait Mme Alleman.

« Grâce à cette douce bienfaitrice, je ne manquai de rien dans ma prison.

« Peu de jours après, le gouverneur, voyant qu'il était inutile d'essayer de me faire parler, et convaincu que je mourrais avant de dénoncer un de mes amis, n'osa probablement pas prendre sur lui la responsabilité de cette mort, et me fit conduire dans la capitale de la province Bajada. J'y restai deux mois en prison ; après quoi, le gouverneur me fit dire qu'il m'était permis de sortir librement de la province.

« Plus tard, la fortune fit tomber entre mes mains tous les chefs militaires de la province du Gualeguay, et tous furent mis en liberté sans la moindre offense ni à leurs personnes ni à leurs propriétés.

« Quant à don Léonardo Millan, je ne voulus pas même le voir, de peur que sa présence, en me rappelant ce que j'avais souffert, ne me fît commettre quelque action indigne de moi. »

CHAPITRE II
GARIBALDI DANS LA PROVINCE DE RIO-GRANDE

Arrivée à Piratinin. — Rio-Grande. — Les lanciones. — Dans les lagunes. — Moringue, dit la Fouine. — Attaque imprévue. — Défense héroïque. — Retraite des assaillants. — Expédition à Sainte-Catherine. — Les navires sur des charrettes. — Naufrage et noyade. — Sainte-Catherine. — Anita. — Lac d'Imerui. — Combats. — Mort de Grigo. — Fin de la guerre de course.

Le traitement barbare qu'il avait subi laissait au fond du cœur de notre héros un besoin de combattre encore ses ennemis, les Impériaux. Il s'enfuit à Montévidéo où, avec l'aide de quelques amis, il put partir pour *Rio-Grande*. Arrivé à Piratinin, capitale de cette nouvelle république, il fut admirablement reçu. Laissons-le nous raconter la suite de ses aventures.

« Un mot sur Rio-Grande, que l'on pourrait croire, comme l'indique son nom, située sur le cours d'une grande rivière, ou une grande rivière elle-même.

Rio-Grande, c'est la lagune de los Patos, — le lac des canards ; — elle peut avoir une trentaine de lieues de long. A part quelques bas-fonds dont nous aurons à nous occuper plus tard, elle est profonde et peuplée de caïmans; elle est formée par cinq rivières qui viennent s'y jeter à son extrémité nord, et qui ont l'air de former les cinq doigts d'une main dont la paume est le bout de la lagune.

« Il y a un endroit d'où l'on voit à la fois les cinq rivières, et qui s'appelle pour cette raison *Viamao*, — j'ai vu la main.

« Viamao avait changé de nom, et s'appelait alors *Settembrina*, en commémoration de la république proclamée en septembre.

« Me trouvant inoccupé à Piratinin, je demandai à passer dans la colonne d'opérations dirigée sur San Gonzalès, près du président.

« Je suivis la colonne jusqu'à Camodos, — passe du canal de San Gonzalès, qui relie la lagune de Los Patos à Merin. — Sylva Tanaris s'y était précipitamment retiré en apprenant qu'une colonne de l'armée républicaine s'approchait.

« N'ayant pu le rejoindre, le président revint en arrière. J'en fis naturellement autant que lui, et je repris à sa suite la route de Piratinin.

« Vers ce temps, nous reçûmes la nouvelle de la bataille de Rio-Pardo, où l'armée impériale fut complétement battue par les républicains.

« Je fus alors chargé de l'armement de deux lanciones qui se trouvaient sur le Camacua, fleuve parallèle ou à peu près au canal

— Porte-la au roi ton maître. (Page 739.)

de San Gonzalès, et qui comme lui débouche dans la lagune de los Patos.

« J'avais réuni, tant des matelots venus de Montévidéo que de ceux que je trouvai à Piratinin, une trentaine d'hommes de toute nation. Il va sans dire que, malheureusement pour lui, mon cher Louis Carniglia en était. J'avais, en outre, comme nouvelle recrue, un Français colossal, Breton de naissance, que nous appelions Gros Jean, et un autre nommé François, véritable flibustier, digne *frère de la côte*.

« Nous arrivâmes à Camacua : là, nous trouvâmes un Américain, nommé John Griggs, qui d'une ferme de Bento Gonzalès, qu'il habitait, était en train de surveiller l'achèvement de deux sloops.

« J'étais nommé chef de cette flotte encore en construction, avec le grade de *capitano tenente*.

« C'était chose curieuse que cette construction, et qui faisait honneur à cette persistance américaine bien connue. On allait chercher le bois d'un côté et le fer de l'autre ; deux ou trois charpentiers taillaient le bois, un mulâtre forgeait le fer. C'est ainsi que les deux sloops avaient été fabriqués depuis les clous jusqu'aux cercles en fer des mâts.

« Au bout de deux mois la flotte fut prête. On arma chaque bâtiment de deux petites pièces en bronze ; quarante noirs ou mulâtres furent adjoints aux trente Européens, et portèrent le rôle des deux équipages au chiffre de soixante et dix hommes.

« Les lanciones pouvaient être de quinze à dix-huit tonneaux l'un, de douze à quinze tonneaux l'autre.

« Je pris le commandement du plus fort, que nous baptisâmes le *Rio-Pardo*.

« John Griggs reçut le commandement de l'autre, qui s'appela *le Républicain*.

« Rossetti était resté à Piratinin, chargé de la rédaction du journal *le Peuple*.

« Nous commençâmes, aussitôt la construction achevée, à courir la lagune de los Patos. Quelques jours s'écoulèrent à faire des prises insignifiantes.

« Les impériaux avaient à opposer à nos deux sloops, de vingt-huit tonneaux à eux deux, trente navires de guerre et un bateau à vapeur.

« Mais nous avions, nous, les bas-fonds.

« La lagune n'était navigable, pour les grands bâtiments, que dans une espèce de canal longeant le bord oriental de la lagune.

« Du côté opposé, au contraire, le sol était coupé en pente, et nous-mêmes, malgré le peu d'eau que nous tirions, étions obligés de nous échouer plus de trente pas avant que d'arriver au bord.

« Les bancs de sable s'avançaient dans la lagune à peu près comme les dents d'un peigne, seulement ces dents étaient très écartées l'une de l'autre.

« Lorsque nous étions obligés de nous échouer, et que le canon d'un bâtiment de guerre ou d'un bateau à vapeur nous incommodait, je criais :

« — Allons, mes canards, à l'eau !

« Et mes canards sautaient à l'eau, et à force de bras on soulevait le lancione et on le portait de l'autre côté du banc de sable.

« Au milieu de tout cela, nous prîmes un bateau richement chargé, nous le conduisîmes sur la côte occidentale du lac, près de Camacua ; et là nous le brûlâmes, après en avoir tiré tout ce qu'il fut possible d'en tirer.

« C'était la première prise que nous faisions qui en valût la peine ; elle réjouit fort notre petite marine. D'abord, chacun eut sa part du butin, et avec un fonds de réserve, je fis faire des uniformes à mes hommes. Les impériaux, qui nous avaient fort méprisés et ne manquaient jamais une occasion de se moquer de nous, commencèrent à comprendre notre importance dans la lagune, et employèrent de nombreux bâtiments à protéger leur commerce. La vie que nous menions était active et pleine de dangers, à cause de la supériorité numérique de notre ennemi ; mais en même temps attachante, pittoresque et en harmonie avec mon caractère. Nous n'étions pas seulement des marins, nous étions, au besoin, des cavaliers ; nous trouvions au moment du danger autant et plus de chevaux qu'il ne nous en fallait, et nous pouvions former en deux heures un escadron peu élégant, mais terrible. Tout le long de la lagune se trouvaient des estancias que le voisinage de la guerre avait fait déserter par leurs propriétaires ; nous y rencontrions des bestiaux de toute espèce, monture et nourriture ; en outre, dans chacune de ces fermes il y avait des portions de terrain cultivées, où nous récoltions le froment en abondance, des patates douces, et souvent d'excellentes oranges, cette contrée produisant les meilleures de toute l'Amérique du Sud. La horde qui m'accompagnait, véritable troupe cosmopolite, était composée d'hommes de toutes couleurs et de toutes nations. Je la traitais avec une bonté peut-être hors de saison avec de pareils hommes ; — mais il y a une chose que je puis affirmer, c'est que je n'eus jamais à me repentir de cette bonté, chacun obéissant à mon premier ordre et ne me mettant jamais dans la nécessité de me fatiguer ni de punir.

« Un jour, on vint nous avertir que le colonel Juan-Pietro de Abrecu, surnommé *Moringue*, c'est-à-dire la fouine, à cause de sa finesse, était débarqué à deux ou trois lieues de nous avec soixante et dix hommes de cavalerie et quatre-vingts d'infanterie.

« La chose était d'autant plus probable que depuis la prise de la felouque, que nous avions brûlée après nous être emparés de ce qu'elle portait de plus précieux, nous savions que Moringue avait fait serment de prendre une revanche.

« Cette nouvelle me remplit de joie. Les hommes que commandait le colonel Moringue étaient des mercenaires allemands et autrichiens, auxquels je n'étais pas fâché de faire payer la dette que tout bon Italien a contractée avec leurs frères d'Europe.

« Nous étions une soixantaine d'hommes en tout, mais je connaissais mes soixante hommes, et avec eux je me croyais capable de tenir tête non-seulement à cent cinquante mais à trois cents Autrichiens.

« J'envoyai, en conséquence, des éclaireurs de tous côtés, en gardant avec moi une cinquantaine d'hommes.

« Les dix ou douze hommes que j'avais envoyés en reconnaissance revinrent tous avec une réponse uniforme :

« — Nous n'avons rien vu.

« Il faisait un grand brouillard, et à l'aide de ce brouillard l'ennemi avait pu échapper à leurs recherches.

« Je résolus de ne pas m'en rapporter absolument à l'intelligence de l'homme, mais d'interroger l'instinct des animaux.

« Ordinairement, lorsque quelque expédition de ce genre s'accomplit, et que des hommes d'un autre pays viennent autour d'une estancia tendre une embuscade, les animaux, qui sentent l'étranger, donnent des signes d'inquiétude, auxquels ceux qui les interrogent ne se trompent jamais.

« Les bestiaux, chassés par mes hommes, se répandirent tout autour de l'estancia, sans manifester qu'il se passât quelque chose d'inusité aux environs.

« Dès lors, je crus n'avoir plus de surprise à craindre : j'ordonnai à mes hommes de déposer leurs fusils tout chargés, ainsi que leurs munitions, dans des râteliers que j'avais fait pratiquer dans le galpon, et je leur donnai l'exemple de la sécurité en me mettant à déjeuner et en les invitant à en faire de même.

« C'était, d'habitude, une invitation qu'ils acceptaient sans se faire prier.

« Le déjeuner fini, j'envoyai chacun à sa besogne.

« Mes hommes travaillaient comme ils mangeaient, c'est-à-dire de tout cœur : ils ne se firent donc pas prier : les uns allèrent aux lancioes qui étaient tirés sur le rivage et qu'on était en train de réparer ; — les autres à la forge ; — ceux-ci au bois, pour faire du charbon ; — ceux-là à la pêche.

« Je restai seul avec le maître cook, qui avait établi sa cuisine en plein air devant la porte du galpon, et qui surveillait la marmite ou écumait notre pot-au-feu.

« Quant à moi, je savourais voluptueusement mon maté, sorte de thé du Paraguay, qui se prend dans une courge à l'aide d'un tuyau de verre ou de bois.

« Je ne me doutais pas le moins du monde que le colonel *la Fouine*, qui était du pays, avait, par quelque ruse, dérouté la surveillance de mes hommes, donné confiance à nos animaux, et, avec ses cent cinquante Autrichiens, était couché à plat ventre dans un bois, à cinq ou six cents pas de nous.

« Tout à coup, à mon grand étonnement, j'entendis sonner la charge derrière moi.

« Je me retournai. Infanterie et cavalerie chargeaient au galop, chaque cavalier ayant un homme derrière lui ; ceux à qui les chevaux avaient manqué couraient à pied, accrochés aux crinières.

« Je ne fis qu'un bond de mon banc dans le galpon ; le cuisinier m'y suivit ; mais l'ennemi était si près de nous, qu'au moment où je franchissais le seuil de la porte j'eus mon puncho percé d'un coup de lance.

« J'ai dit que les fusils étaient disposés tout

chargés au râtelier. Il y en avait soixante.

« J'en saisis un, je le déchargeai ; puis un second, puis un troisième, et cela avec tant de rapidité, qu'on ne put croire que j'étais seul, et avec tant de bonheur, qu'il tomba trois hommes.

« Un quatrième, un cinquième, un sixième coup succédèrent aux trois premiers ; comme je tirais dans la masse, chaque coup portait.

« Si cette masse avait eu l'idée de faire irruption dans le galpon, le corsaire et la course, tout était fini d'un seul coup ; mais le cuisinier s'étant joint à moi et ayant fait feu de son côté, le colonel la Fouine, si fin qu'il fût, s'y laissa prendre et crut que nous étions tous dans le galpon.

« En conséquence, il se porta, lui et ses hommes, à une centaine de pas du hangar et se mit à tirailler.

« Ce fut ce qui me sauva.

« Comme le cuisinier n'était pas un tireur bien expert, et que dans notre situation tout coup perdu était une faute, je lui ordonnai de se contenter de recharger les fusils déchargés et de me les passer.

« J'étais sûr d'une chose, c'est que mes hommes ayant déjà soupçon que l'ennemi était débarqué, en entendant notre fusillade comprendraient tout et accourraient à mon secours.

« Je ne me trompais pas. Mon brave Louis Carniglia apparut le premier à travers le nuage de fumée qui s'étendait entre le galpon et la troupe ennemie, laquelle, de son côté, faisait un feu d'enfer.

« Aussitôt après lui parurent mes vaillants compagnons, qui, au nombre de treize, se réunirent à moi, et combattirent pendant cinq heures cent cinquante ennemis.

« Ces ennemis s'étaient emparés de toutes les maisons, de toutes les baraques, de toutes les cassines qui nous environnaient, et de là faisaient sur nous un feu terrible. D'autres s'étaient hissés sur le toit, dont ils enlevaient la couverture, nous fusillant par les trous, et par les trous nous jetant des fascines allumées. Mais tandis que les uns éteignaient les fascines, les autres répondaient à la fusillade, et deux ou trois tombèrent morts au milieu de nous par les trous qu'eux-mêmes avaient faits.

« De notre côté, avec nos baïonnettes nous avions pratiqué des meurtrières dans la muraille du galpon, et nous faisions, à peu près à couvert, feu par là.

« Vers les trois heures, le nègre Procope fit un coup heureux ; il cassa le bras du colonel Moringue.

« Aussitôt le colonel fit sonner la retraite et partit ; il emportait ses blessés, mais laissait quinze morts.

« De mon côté, sur treize hommes, j'en avais cinq tués raides et cinq blessés. Trois moururent de leurs blessures, de sorte que ce fut huit hommes que me coûta cette affaire, une des plus chaudes auxquelles j'aie pris part.

« Ces combats étaient d'autant plus meurtriers pour nous que nous n'avions ni médecin, ni chirurgien. Les blessures légères se pansaient avec de l'eau fraîche, renouvelée aussi souvent que possible.

« Quant aux blessures graves, c'était autre chose. En général, le blessé sentait lui-même son état ; s'il n'espérait pas en revenir, il appelait son meilleur ami, lui indiquait ses courtes dispositions testamentaires, et le priait de l'achever d'un coup de fusil. L'ami examinait le blessé, puis, s'il était de son avis, on s'embrassait, on se serrait la main, et un coup de fusil ou de pistolet faisait le dénouement du drame.

« C'était triste, c'était barbare peut-être ; mais que voulez-vous ? il n'y avait pas moyen de faire autrement.

« Rossetti qui, par hasard, se trouvait à Camacua ainsi que le reste de nos compagnons, ne put, à son grand regret, nous rejoindre. Les uns furent obligés, étant poursuivis et sans armes, de passer le fleuve à la nage ; les autres s'enfoncèrent dans la forêt ; un seul fut découvert et tué.

« Peu de chose, rien même d'important, n'arriva plus sur la lagune de los Patos après cet événement.

« Nous mîmes en construction deux nouveaux lanciones. Les éléments premiers s'en trouvèrent dans notre prise précédente ; quant à leur confection, ce fut non seulement notre affaire, mais aussi celle des habitants du voisinage, qui nous y aidèrent valeureusement.

« Les deux nouveaux bâtiments terminés et armés, nous fûmes appelés à nous joindre à l'armée républicaine, qui assiégeait alors Porto-Allegre, la capitale de la province. L'armée ne fit rien et nous non plus ne pûmes rien faire pendant tout le temps que nous passâmes sur cette partie du lac.

« Ce siège était pourtant dirigé par Bento Manoel, auquel tout le monde accordait à bon droit un grand mérite comme soldat, comme général et comme organisateur. Ce fut le même qui, depuis, trahit les républicains et passa aux impériaux.

« On méditait l'expédition de Sainte-Catherine. Je fus appelé à en faire partie, et mis sous les ordres du général Canavarro.

« Seulement il y avait une difficulté, c'est que nous ne pouvions pas sortir de la lagune, attendu que l'embouchure en était gardée par les impériaux.

« En effet, sur la rive méridionale se trouvait la ville fortifiée de Rio-Grande du Sud, et sur la rive septentrionale San José du Nord, ville plus petite, mais fortifiée aussi. Or, ces deux places, ainsi que Porto-Allegre, se trouvaient encore au pouvoir des impériaux, et les faisaient maîtres de l'entrée et de la sortie du lac. Ils ne possédaient que ces trois points, il est vrai, mais c'était bien assez.

« Je proposai de laisser dans la lagune les deux plus petits lanciones. Moi, avec les deux autres, ayant sous mes ordres la partie la plus aventureuse de nos aventuriers, j'accompagnerais l'expédition, opérant par mer, tandis que le général Canavarro opérerait par terre.

« C'était un fort beau plan ; seulement il s'agissait de le mettre à exécution.

« Je proposai de construire deux charrettes assez grandes et assez solides pour mettre sur chacune d'elles un lancione, et d'atteler à ces charrettes bœufs et chevaux, dans la quantité qu'il faudrait pour les traîner.

« Ma proposition fut adoptée, et je fus chargé d'y donner suite.

« Seulement, en y réfléchissant, j'y introduisis les modifications suivantes :

« Je fis faire, par un habile charron nommé de Abreu, huit énormes roues d'une solidité à toute épreuve, avec des moyeux proportionnés au poids qu'elles devaient supporter.

« A l'une des extrémités du lac, il existe, au fond d'un ravin, un petit ruisseau qui coule de la lagune de los Patos dans le lac Tramandaï, sur lequel il s'agissait de transporter nos deux lanciones.

« Je fis descendre dans ce ravin, en l'immergeant le plus possible, un de nos chars ; puis, de même que nous faisions pour les transporter par-dessus les bancs de sable, nous soulevâmes le lancione, jusqu'à ce que sa quille reposât sur le double essieu. Cent bœufs domestiques, attelés aux timons à l'aide de nos plus solides cordages, furent excités à la fois, et je vis, avec une satisfaction que je ne puis rendre, le plus grand de mes deux bâtiments se mettre en marche comme un colis ordinaire.

« Le second char descendit à son tour, fut chargé comme le premier, et, comme le premier, s'ébranla heureusement.

« Alors les habitants jouirent d'un spectacle curieux et inaccoutumé, celui de deux bâtiments traversant en charrette, et traînés par deux cents bœufs, un espace de cinbuante-quatre milles, c'est-à-dire dix-huit lieues, et cela sans la moindre difficulté, sans le plus petit accident.

« Arrivés sur le bord du lac Tramandaï, les lanciones furent remis à l'eau de la même manière qu'ils avaient été embarqués.

« Le lac Tramandaï est formé par des eaux courantes, prenant leur source sur le versant oriental de la chaîne des monts *do Espinasso*; il s'ouvre sur l'Atlantique, mais à si peu de profondeur, que dans les grandes marées seulement cette profondeur atteint quatre ou cinq pieds.

« Ajoutons à cela que sur cette côte, ouverte de toutes parts, presque jamais la mer n'est calme, mais qu'elle est, au contraire, la plupart du temps orageuse.

« Le bruit des brisants qui bordent la côte, et que les marins appellent *des chevaux*, à cause de l'écume qu'ils font voler autour d'eux, s'entend à plusieurs milles à l'intérieur, et souvent est pris pour le mugissement du tonnerre.

« Nous attendîmes l'heure de la marée haute, et nous nous aventurâmes à sortir vers quatre heures de l'après-midi.

« Je ne saurais dire aujourd'hui par quelle audacieuse plutôt qu'habile manœuvre nous parvînmes à mettre nos deux bâtiments dehors, la profondeur nous manquant partout, ce fut à la nuit tombante seulement que nos efforts aboutirent et que nous jetâmes l'ancre dans l'Océan, au delà de ces brisants furieux, dont la rage semblait s'augmenter de voir que nous leur échappions.

« Notons ici que jamais, avant les nôtres, aucun bâtiment n'était sorti du lac de Tramandaï.

« Vers les huit heures du soir, nous levâmes l'ancre et nous nous mîmes en route.

« Le lendemain, à trois heures du soir, nous étions naufragés à l'embouchure de l'Aseringua, fleuve qui prend sa source dans la Sierra do Espinasso, et qui se jette à la mer dans la province de Sainte-Catherine, entre les Tours et Santa Maura.

« Sur trente hommes d'équipage, seize étaient noyés.

« Disons comment cette terrible catastrophe s'accomplit.

« Dès le soir, et dès le moment de notre départ, le vent du midi menaçait déjà, amassant les nuages et soufflant avec violence. Nous courûmes parallèlement à la côte ; le *Rio-Pardo* ayant une trentaine d'hommes à bord, une pièce de douze sur pivot, une quantité de coffres, une multitude d'objets de toute espèce, le navire se trouvait donc surchargé ; aussi, souvent était-il entièrement couvert par les vagues, qui, de minute en minute, croissaient avec le vent et quelquefois menaçaient de l'engloutir. Je décidai de m'approcher de la côte, et si, la chose était possible, de prendre terre sur la partie de la plage qui nous paraîtrait accessible ; mais la mer, qui allait grossissant toujours, ne nous laissa pas choisir la position qui nous convenait ; nous fûmes coiffés par une vague terrible, qui nous renversa complètement sur le côté.

« Je me trouvais, en ce moment, au plus haut du mât de trinquette, d'où j'espérais découvrir un passage à travers les brisants ; le lancione chavira sur tribord, et je fus lancé à une trentaine de pieds de distance.

« Quoique je fusse dans une dangereuse position, la confiance que j'avais dans mes forces comme nageur fit que je ne pensai pas un instant à la mort; mais au lieu de nager vers la côte, je m'occupai à réunir une partie des objets qui, par leur légèreté, promettaient de demeurer à la surface de l'eau, et je les poussai vers le bâtiment, criant à mes hommes de se jeter d'eux-mêmes à la mer, de saisir quelque épave, et de tâcher de gagner la côte, qui était bien à un mille de nous. Le bâtiment avait été chaviré, mais la mâture le maintenait avec son flanc de bâbord hors de l'eau.

« Le premier que je vis était resté accroché aux haubans ; je poussai vers lui une portion d'écoutille, lui recommandant de ne pas l'abandonner. Celui-là en voie de salut, je jetai les yeux sur le bâtiment.

« La première chose que je vis, ou plutôt la seule chose que je vis, fut mon cher et courageux Louis Carniglia ; il se trouvait au gouvernail au moment de la catastrophe, et il était resté accroché au bâtiment, à la partie de poupe vers le jardin du vent ; par malheur, il était en ce moment vêtu d'une jaquette d'énorme drap, qu'il n'avait pas eu le temps d'ôter, et qui lui serrait tellement les bras qu'il lui était impossible de nager tant qu'il serait emprisonné par elle. — Il me le cria, voyant que je me dirigeais vers lui.

« — Tâche de tenir bon, lui répondis-je, je vais à ton secours.

« En effet, remontant sur le bâtiment, j'arrivai jusqu'à lui ; je m'accrochai alors d'une main à une saillie, et de l'autre prenant dans ma poche un petit couteau qui malheureusement coupait assez mal, je me mis à fendre le collet et le dos de la jaquette ; encore un effort, et j'arrivais à délivrer le pauvre Carniglia de cet empêchement, lorsqu'un coup de mer terrible nous enveloppant, mit en pièces le bâtiment et jeta à la mer tout ce qui restait d'hommes à bord. — Carniglia fut précipité comme les autres, et ne reparut plus.

« Quant à moi, lancé au fond de la mer comme un projectile, je remontai à la surface de l'eau tout étourdi, mais au milieu de mon étourdissement, n'ayant qu'une idée : — porter secours à mon cher Luigi. Je nageai donc autour de la carcasse du bâtiment, l'appelant à grands cris, au milieu des sifflements de la tempête et du grondement de l'orage, mais il ne me répondit pas ; il était englouti pour toujours, ce bon compagnon, qui m'avait sauvé la vie à la Plata, et à qui, malgré tous mes efforts, je n'avais pu rendre la pareille !

« Mes compagnons m'apparurent épars et nageant vers la plage, séparés les uns des autres, selon leur habileté ou selon leur force. Je les joignis en un instant, et leur jetant un cri d'encouragement, je les dépassai, et me trouvai un des premiers, sinon le premier, à travers les brisants, coupant des vagues énormes, hautes comme des montagnes.

« Alors, je revis celui auquel j'avais poussé un fragment d'écoutille, en lui recommandant de s'y cramponner de toutes ses forces. Sans doute, la violence de la mer lui avait arraché l'épave des mains. Il nageait encore, mais épuisé, et indiquant par la convulsion de ses mouvements l'extrémité où il était réduit. Je poussai à la mer le fragment de navire qui m'avait servi à moi-même pour m'aider à gagner le rivage ; je lui criai :

« — Tiens ferme ! courage... me voilà ! Je t'apporte la vie.

« Efforts inutiles ; au moment où je poussais vers lui l'épave protectrice, il s'enfonça et disparut.

« Les cadavres des seize noyés que nous comptâmes dans ce désastre, furent roulés par les vagues, emportés par les courants à plus de trente milles de distance vers le nord.

« Chose étrange, c'étaient, à part moi, les bons, les forts nageurs qui avaient disparu ; sans doute, se confiant dans leur habileté, avaient-ils négligé de s'emparer des débris flottants, et avaient-ils espéré se soutenir sur l'eau sans ce secours, tandis qu'au contraire, parmi ceux que je retrouvais sains et saufs autour de moi, étaient quelques jeunes Américains que j'avais vus embarrassés pour traverser un bras de rivière de dix pieds de large.

« Cela me paraissait incroyable, et cependant c'était la vérité.

« Je m'assis sur la plage, je laissai tomber ma tête dans mes mains, et je crois que je pleurai.

« Au milieu de mon atonie une plainte pénétra jusqu'à moi.

« Je relevai la tête.

« — Qu'y a-t-il, demandai-je, et qui se plaint?

« Deux ou trois bouches grelottantes répondirent :

« — J'ai froid.

« Alors, moi qui n'y avais point pensé jusque-là, je sentis aussi que j'avais froid.

« Je me levai, je me secouai, quelques-uns de mes compagnons étaient déjà engourdis et assis ou couchés pour ne plus se relever.

« Je les tirai par le bras.

« Trois ou quatre étaient dans cette période de torpeur qui fait préférer la langueur de la mort à la souffrance du mouvement.

« J'appelai à mon aide les plus vigoureux, je forçai ceux qui étaient engourdis à se lever, j'en pris un par la main, je dis à ceux qui n'avaient pas encore perdu leurs forces d'en faire autant, et je leur criai :

« — Courons.

« En même temps, je donnai l'exemple.

« Ce fut d'abord une difficulté, je dirai plus, une douleur très grande que d'être obligés de faire jouer nos articulations raidies ; mais peu à peu nos membres retrouvèrent leur élasticité.

« Nous nous livrâmes pendant une heure à peu près à cet exercice ; au bout d'une heure, notre sang réchauffé avait repris sa circulation habituelle dans nos veines.

« Nous nous étions livrés à cette gymnastique près du fleuve l'Ascrigua, qui court parallèlement à la mer pour s'y jeter à un demi-mille de distance de l'endroit où nous étions ; nous remontâmes la rive droite du fleuve, et à quatre milles environ de notre point de départ, nous trouvâmes une estancia, et dans cette estancia l'hospitalité qui demeure éternellement assise à la porte d'une maison américaine.

« Notre second bâtiment, commandé par Griggs, et nommé *le Seival*, quoique à peine plus grand que le *Rio-Pardo*, mais de construction différente, put lutter contre la tempête, la braver, et poursuivre victorieusement son chemin.

« La partie de la province de Sainte-Catherine, où nous naufrageâmes, s'était heureusement soulevée contre l'empereur à la nouvelle de l'approche des forces républicaines ; au lieu de trouver des ennemis, nous trouvâmes donc des alliés ; nous eûmes à l'instant même à notre disposition tous les moyens de transport que pouvaient nous offrir les pauvres habitants à qui nous avions demandé l'hospitalité.

« Nous nous mîmes immédiatement en marche pour rejoindre l'avant-garde du général Canavarro, commandée par le colonel Texeira, qui se portait aussi rapidement que possible sur la lagune de Sainte-Catherine, dans l'espérance de la surprendre.

« Je dois avouer que nous n'eûmes pas grand mal à nous emparer de la petite ville qui commande la lagune, et qui lui a emprunté son nom. La garnison battit précipitamment en retraite, et trois petits navires de guerre se rendirent après un faible combat ; je passai avec mes naufragés à bord de la goélette *Itaparika*, armée de sept pièces de canon.

« Tout marchait donc à merveille : le colonel Texeira, avec sa brave colonne d'avant-garde, avait poursuivi les ennemis jusqu'à les forcer de s'enfermer dans la capitale de la province, et s'était emparé de la majeure partie du pays ; de tous les côtés, nous étions reçus à bras ouverts, et nous recueillions bon nombre de déserteurs impériaux.

« De magnifiques projets étaient faits ; mais nos orgueilleuses façons vis-à-vis des habitants et l'insuffisance des moyens firent perdre le fruit de cette brillante campagne.

« Le morne de la Barra était voisin, et de mon bord je découvrais de belles jeunes filles, occupées à divers ouvrages domestiques. — Une d'elles m'attirait préférablement aux autres. — On m'ordonna de débar-

Les Africaines accroupies ou couchées gisaient pêle-mêle par terre. (Page 745.)

quer, et aussitôt je me dirigeai vers la maison sur laquelle depuis si longtemps se fixait mon regard; mon cœur battait, mais renfermait, si agité qu'il fût, une de ces résolutions qui ne faiblissent pas. — Un homme m'invita à entrer, — je fusse entré quand même il me l'eût défendu; — j'avais vu cet homme une fois. Je vis la jeune fille et lui dis : « Vierge, tu seras à moi ! » J'avais, par ces paroles, créé un lien que la mort seule pouvait rompre. — J'avais rencontré un trésor défendu, mais un trésor d'un tel prix !... S'il y eut une faute commise, la faute fut à moi tout entière.

« Le général avait décidé que je sortirais avec trois bâtiments armés pour attaquer les bannières impériales croisant sur la côte du Brésil. Je me préparai à cette rude mission, en réunissant tous les éléments nécessaires à mon armement. — Mes trois bâtiments étaient *le Rio-Pardo*, commandé par moi, — *la Cassapara*, commandée par Griggs, — toutes deux goélettes, — et *le Seival*, commandé par l'Italien Lorenzo. L'embouchure de la lagune était bloquée par les bâtiments de guerre impériaux ; — mais nous sortîmes de nuit et sans être inquiétés. — Anita, désormais la compagne de toute ma vie, et par conséquent de tous mes dangers, avait absolument voulu s'embarquer avec moi.

« Arrivés à la hauteur de Santos, nous ren-

92.

coñtrâmes une corvette impériale, qui nous donna inutilement la chasse pendant deux jours. — Dans le second jour, nous nous approchâmes de l'île *do Abrigo*, où nous prîmes deux sumaques chargées de riz. — Nous poursuivîmes la croisière et fîmes quelques autres prises. Huit jours après notre départ, je mis le cap sur la lagune.

« Je ne sais pourquoi, j'avais un sinistre pressentiment de ce qui s'y passait, — attendu qu'avant notre départ déjà un certain mécontentement se manifestait contre nous. J'étais prévenu, en outre, de l'approche d'un corps considérable de troupes, commandé par le général Andréa, à qui la pacification *del Para* avait donné une grande réputation.

« A la hauteur de l'île Sainte-Catherine, et comme nous revenions, nous rencontrâmes une patache de guerre brésilienne. Nous étions avec *le Rio-Pardo* et *le Seival*. — Depuis plusieurs jours, *la Cassapara*, pendant une nuit obscure, s'était séparée de nous. — Nous la découvrîmes à notre proue, et il n'y avait pas moyen de l'éviter. — Nous marchâmes donc sur elle et l'attaquâmes résolument. — Nous commençâmes le feu et l'ennemi répondit ; mais le combat eut un médiocre résultat à cause de la grosse mer. — Son issue fut la perte de quelques-unes de nos prises, — leurs commandants, effrayés par la supériorité de l'ennemi, ayant amené leurs pavillons.

« D'autres donnèrent à la côte voisine.

« Une seule de nos prises fut sauvée ; elle était commandée par Ignazio Bilbao, notre brave Biscayen, qui aborda avec elle dans le port d'Imbituba, alors en notre pouvoir. *Le Seival*, ayant eu son canon démonté et faisant eau, prit la même route ; je fus donc obligé de faire comme eux à mon tour, trop faible que j'étais pour tenir la mer seul.

« Nous entrâmes dans Imbituba, poussés par le vent du nord-est ; avec un pareil vent, il nous était impossible de rentrer dans la lagune, et certainement, les bâtiments impériaux stationnés à Sainte-Catherine, informés par *l'Andurinka*, bâtiment de guerre auquel nous avions eu affaire, allaient venir nous attaquer ; il fallut donc nous préparer à combattre. Le canon démonté du *Seival* fut hissé sur un promontoire qui fermait la baie du côté du levant ; et sur ce promontoire, nous construisîmes une batterie bastionnée.

« En effet, à peine le jour du lendemain se leva-t-il, que nous aperçûmes trois bâtiments se dirigeant sur nous. *Le Rio-Pardo* fut embossé au fond de la baie, et commença un combat fort inégal.

« L'ennemi, favorisé dans sa manœuvre par le vent qui croissait, se maintenait à la veile, courant de petites bordées, et nous canonnant avec fureur. Il pouvait, de cette façon, ouvrir à sa volonté tous les angles de diversion de son feu et le dirigeait tout entier sur notre goélette. Cependant, nous combattions de notre côté avec la plus obstinée résolution ; et, comme nous attaquions de si près que l'on pouvait se servir des carabines, le feu, de part et d'autre, était des plus meurtriers ; en raison de notre faiblesse numérique, les pertes étaient plus grandes chez nous que chez les impériaux, et déjà notre pont était couvert de cadavres et de mutilés ; mais, bien que le flanc de notre bâtiment fût criblé de boulets, bien que notre mâture eût subi de grandes avaries, nous étions résolus de ne pas céder, et de nous faire tuer jusqu'au dernier plutôt que de nous rendre. Il est vrai que nous étions maintenus dans cette généreuse résolution par la vue de l'amazone brésilienne que nous avions à bord. Non-seulement Anita n'avait pas voulu débarquer, mais encore, la carabine à la main, elle prenait part au combat.

« L'ennemi était très acharné, surtout contre la goélette. Plusieurs fois, pendant le combat, il la serra de si près, que je crus qu'il nous voulait aborder. Il eût été le bienvenu. Nous étions préparés à tout.

« Enfin, après cinq heures d'une lutte opiniâtre, l'ennemi, à notre grand étonnement, se mit en retraite ; nous sûmes depuis que c'était à cause de la mort du commandant de la *Belle-Américaine*, qui avait été tué raide, — mort qui avait mis fin au combat.

« J'eus, pendant ce combat, une des plus vives et des plus cruelles émotions de ma vie. Pendant qu'Anita, sur le pont de la goélette, encourageait nos hommes, le sabre à la main, un boulet de canon la renversa avec deux d'entre eux. Je bondis vers elle, croyant ne plus trouver qu'un cadavre ; mais elle se releva saine et sauve ; les deux hommes étaient tués. Je la suppliai alors de descendre dans l'entrepont.

« — Oui, j'y vais descendre, en effet, dit-elle, mais pour en faire sortir des poltrons qui s'y sont cachés.

« Elle y descendit, en effet, et en ressortit bientôt, poussant devant elle deux ou trois matelots, tout honteux d'être moins braves qu'une femme.

« Le lendemain, les impériaux ne reparaissant pas, et se préparant sans doute à quelque nouvelle attaque contre nous, nous embarquâmes notre canon, nous levâmes l'ancre vers la nuit, et nous nous dirigeâmes de nouveau vers la lagune.

« Lorsque l'ennemi s'aperçut de notre départ, nous étions déjà loin ; il se mit néanmoins à notre poursuite, mais ce ne fut que dans la journée du lendemain qu'il put nous envoyer quelques coups de canon qui restèrent sans effet ; de sorte que nous rentrâmes sans autre accident dans la lagune, où nous fûmes fêtés par les nôtres, qui s'émerveillaient que nous eussions pu échapper à un ennemi si supérieur en nombre.

« Nos maladresses et nos brutalités nous avaient aliéné les habitants de la province Sainte-Catherine. Déjà même s'était révoltée la population de la ville d'Imirui, située à l'extrémité du lac ; je reçus du général Canavarro l'ordre de châtier ce malheureux pays par le fer et par le feu : force

me fut d'obéir au commandement. Les habitants et la garnison avaient fait des préparatifs de défense du côté de la mer ; je débarquai à trois milles de distance, et les assaillis au moment où ils s'y attendaient le moins, du côté de la montagne ; surprise et battue, la garnison fut mise en fuite, et nous nous trouvâmes maîtres d'Imirui : nul ne se fera une idée, en laissant le pillage libre, de la fatigue que j'eus à subir pour empêcher la violence contre les personnes, et pour circonscrire la destruction dans la limite des choses inanimées, et cependant j'y parvins ; mais relativement aux biens, il me fut impossible d'éviter le désordre. Rien n'y put, ni l'autorité du commandement, ni les punitions, ni même les coups. J'en arrivai jusqu'à la menace du retour de l'ennemi. Je répandis le bruit qu'ayant reçu des renforts, il revenait contre nous.

« Enfin, à force de menaces et d'efforts, je parvins à rembarquer ces bêtes sauvages déchaînées. On porta à bord du bâtiment quelques vivres et quelques effets sauvés du pillage, et destinés à la division, et l'on revint à la lagune.

« Pendant ce temps, l'avant-garde, commandée par le colonel Texeira, se retirait devant l'ennemi, qui s'avançait rapide et nombreux.

« Lorsque nous revînmes à la lagune, on commençait à faire passer les bagages sur la rive droite, et bientôt les troupes durent suivre les bagages.

« On travailla depuis le lever du soleil jusqu'à midi pour faire passer la division avec l'aide de tout ce que l'on put se procurer de barques. Vers midi commença d'apparaître la flottille ennemie, composée de vingt-deux voiles ; elle combinait ses mouvements avec les troupes de terre, et les vaisseaux eux-mêmes portaient, outre les équipages, un grand nombre de soldats. Je gravis la plus proche montagne pour observer l'ennemi, et je reconnus à l'instant que son plan était de réunir ses forces à l'entrée de la lagune ; j'en donnai immédiatement avis au général Canavarro, et immédiatement les ordres furent donnés par lui en conséquence; mais, nonobstant ces ordres, nos hommes n'arrivèrent pas à temps pour défendre l'entrée de la lagune. Une batterie élevée par nous à la pointe du môle, et dirigée par le brave Capotto, ne put que faiblement résister, n'ayant que des pièces de petit calibre, — mal servies d'ailleurs par des artilleurs inhabiles. — Restaient nos trois petits bâtiments républicains, réduits à moitié d'équipage, le reste des hommes ayant été envoyés à terre pour aider au passage des troupes.

« L'ennemi venait sur nous à toutes voiles, poussé par le vent et la marée. Je me hâtai donc, de mon côté, de me rendre à mon poste à bord du *Rio-Pardo*, où déjà ma courageuse Anita avait commencé la canonnade, pointant et mettant le feu elle-même à la pièce qu'elle s'était chargée de diriger, et animant de la voix nos hommes quelque peu intimidés.

« Le combat fut terrible et plus meurtrier qu'on n'eût pu le croire. Nous ne perdîmes pas beaucoup de monde, parce que plus de la moitié des équipages était à terre, mais des six officiers répartis sur les trois bâtiments, seul je survécus.

« Toutes nos pièces étaient démontées.

« Mais nos pièces démontées, le combat continua à la carabine, et nous ne cessâmes point de tirer pendant tout le temps que passa devant nous l'ennemi. Pendant tout ce temps, Anita demeura près de moi, au poste le plus dangereux, ne voulant ni débarquer, ni profiter d'aucun abri, dédaignant même de s'incliner, comme fait l'homme le plus brave, quand il voit la mèche s'approcher du canon ennemi.

« Enfin, je crus avoir trouvé un moyen de l'éloigner du danger.

« Je lui ordonnai d'aller demander du renfort au général, promettant que s'il voulait m'envoyer ce renfort, je rentrerais dans la lagune à la poursuite des Impériaux et les occuperais de telle façon, qu'il ne penseraient pas à débarquer, dussé-je, la torche à la main, mettre le feu à leur flotte. J'obtins d'ailleurs d'Anita qu'elle resterait à terre et m'enverrait la réponse par un homme sûr; mais, à mon grand regret, elle revint elle-même : le général n'avait pas d'hommes à m'envoyer; il m'ordonnait, non pas de brûler la flotte ennemie, ce qu'il regardait comme un effort désespéré et inutile, mais de revenir en sauvant les armes de main et les munitions.

« J'obéis. Alors, sous un feu qui ne se ralentit pas un instant, nous arrivâmes à faire transporter à terre, par les survivants, les armes et les munitions, opération qu'à défaut d'officier, dirigeait Anita, tandis que, passant d'un bâtiment à l'autre, je déposais dans l'endroit le plus inflammable de chacun d'eux le feu qui devait le dévorer.

« Ce fut une mission terrible, en ce qu'elle me fit passer une triple revue de morts et de blessés. C'était un véritable abattoir de chair humaine; on marchait sur les bustes séparés des corps; à chaque pas, on poussait du pied des membres épars. Le commandant de l'*Itaparika*, Juan Enriquez de la Raguna, était couché au milieu des deux tiers de son équipage, avec un boulet qui lui faisait, au milieu de la poitrine, un trou à passer le bras. Le pauvre John Griggs avait eu le corps coupé en deux par une mitraillade, presque reçue à bout portant.

« En un instant, un nuage de fumée enveloppa nos bâtiments, — et nos braves morts eurent du moins, brûlés sur le pont de leurs bâtiments, — un bûcher digne d'eux. »

Après ce désastre, les Républicains durent abandonner la guerre maritime. Garibaldi prit un commandement dans les troupes de terre et termina ainsi son existence de corsaire.

LIVRE XIV

LES NÉGRIERS

CHAPITRE PREMIER

ORIGINE DE LA TRAITE DES NÈGRE

Le Portugais Gonzalès. — Les *Asientos*. — Louis XIV a le monopole de la traite. — Jalousie de l'Angleterre. — Les deux Hawkins. — Le traité d'Utrecht fait passer le monopole entre les mains du roi d'Angleterre. — La contrebande. — Dépeuplement de l'Afrique. — Affaire Jenkins. — Nouvelle guerre.

En 1441, Antoine Gonzalès, navigateur portugais, revint à Lisbonne, après un voyage pendant lequel il avait, le premier, doublé le cap Blanc. Il ramenait avec lui plusieurs chefs africains qu'il avait saisis sur la côte, et qu'il offrit à l'infant don Henri.

Lisbonne vit avec étonnement ces hommes noirs ; mais le prince ne voulut pas les garder ; il ordonna de les ramener dans leur pays. Gonzalès retourna donc avec eux ; arrivé au lieu où il les avait pris, il obtint, pour leur rançon, de la poudre d'or et des esclaves.

La traite naquit ce jour-là.

Gonzalès se défit avec un grand avantage des Africains qu'il ramena à Lisbonne ; bientôt la mode d'avoir des esclaves noirs se répandit. Le navigateur portugais s'enrichit en peu de voyages ; plusieurs autres imitèrent son exemple. Dès 1444, une compagnie se forma à Lagos, pour se livrer sur une vaste échelle au commerce des noirs. Les îles d'Arguin devinrent le centre de ce commerce. Les Portugais y établirent une factorerie, d'où ils envoyèrent chaque année de 700 à 800 esclaves dans le Portugal et plusieurs centaines d'autres en Sicile et à Tunis.

Peu de temps après la découverte de l'Amérique, les Espagnols réduisirent les Indiens en esclavage. Nous n'avons pas à rappeler ici par quels procédés cruels on fit disparaître en quelques années la race conquise ; les vainqueurs s'aperçurent alors que la terre restait improductive entre leurs mains ; il leur fallait des esclaves. Un prêtre, Las Casas, éleva la voix ; et au nom du Dieu des chrétiens, il autorisa l'introduction dans les colonies espagnoles de nègres arrachés à la côte d'Afrique. C'est alors que le commerce des noirs devint un système de colonisation qui fut adopté peu à peu par tous les gouvernements prétendus civilisés.

La traite fut légalement autorisée en Espagne d'abord, sous le règne de Charles-Quint, en 1517, et approuvée par le pape Léon X ; puis sous le règne d'Élisabeth, en Angleterre ; et enfin sous celui de Louis XIII, en France. Tous ces princes l'adoptèrent sous prétexte que les noirs, n'étant pas chrétiens, ne pouvaient prétendre à la liberté d'hommes. La religion de Celui qui mourut pour l'humanité servit donc encore de prétexte à une horrible suite de crimes et d'iniquités.

La traite fournit bientôt un magnifique revenu aux rois d'Espagne ; ils n'eurent pour cela qu'à en faire l'objet d'un monopole ; faute économique ajoutée au crime social : *Abyssus abyssum invocat*.

Charles-Quint octroya, en 1517, à ses

compatriotes les Flamands, des *asientos*, contrats qui leur donnaient le droit exclusif de fournir des esclaves noirs à ses possessions d'outre-mer, moyennant une bonne redevance qu'ils devaient payer au roi très catholique. Comme ce trafic était entouré de beaucoup de garanties et qu'au monopole de la vente des nègres s'ajoutait le bénéfice d'introduire en fraude beaucoup d'autres objets de commerce, les Flamands firent bien vite fortune; mais leurs bénéfices ne firent que les rendre plus insatiables : contrebandiers, ils narguèrent les gouverneurs ; négriers, ils établirent un tarif tellement élevé pour la vente de leur triste marchandise, que les colons s'indignèrent.

Telle fut l'audace de ces Flamands qu'ils se formèrent en armée organisée pour défendre leurs privilèges ; ils en vinrent aux mains avec les Espagnols à Saint-Domingue, tuèrent le gouverneur de cette île, en 1522, et assiégèrent le fort.

Les plaintes devinrent si vives que Charles-Quint dut intervenir et réduire les prétentions de ses bons compatriotes.

Son successeur, Philippe II, tout occupé à combattre la Réforme, ne vit chez les Flamands que des révoltés. Il amoindrit leurs privilèges, limita les *asientos* et les abolit même, en 1580, lorsque la révolution batave fut un fait à peu près accompli.

Mais bientôt Philippe eut besoin d'argent ; il fallut rembourser aux Génois les sommes énormes qu'ils avaient fournies pour l'expédition de l'*invincible armada*. Le roi très catholique rétablit le privilège de l'*asiento* et le conféra pour cinq années (de 1595 à 1600) à Gomez Reinel. L'argent produit par l'esclavage des noirs servit à combattre la liberté des blancs ; c'est ainsi que s'établissent et se perpétuent les tyrannies. En 1600, le monopole passa au Portugais Jean Rodriguez Coutinho, gouverneur d'Angola. Ce gentilhomme prit l'engagement de fournir aux colonies 4,250 esclaves par an et à payer au roi une rente de 162,000 ducats. Il mourut en 1603, et son frère Gonzalès Vaez Coutinho hérita de son contrat. Le 26 septembre 1615, la concession passa à un autre Portugais, nommé Antonio-Fernandez Delvas, qui s'obligea à introduire 3,500 esclaves chaque année et à payer 115,000 ducats par an. Son traité, expiré au bout de 8 ans, c'est encore un Portugais, Manuel-Rodriguez Lamego, qui se rend concessionnaire. Il s'engagea à fournir 3,500 esclaves et à payer 120,000 ducats. Ce traité ne l'enrichit pas, sans doute, car nous voyons ses successeurs, les Portugais Cristobal-Mendez de Sossa et Melchior-Gomez Anjel, faire d'autres conditions en 1631. Ils s'engagent à livrer 2,500 esclaves seulement et à payer 95,000 ducats.

Mais déjà la flibuste naissait ; bien peu de nègres achetés sur la côte d'Afrique arrivaient à destination ; la traite devint ruineuse, impossible dans de pareilles conditions ; nul ne voulut d'un monopole où l'on avait plus à perdre qu'à gagner. Il n'y eut plus d'*asientos* jusqu'en 1662.

A cette époque, Domingo Fullo et Ambrosio Lomelin prirent la concession pour neuf ans, pendant lesquels ils durent fournir 24,500 nègres et payer au roi 2,100,000 piastres.

En 1674, la ferme passa pour cinq ans à Antonio Garcia et à don Sébastien de Silicas, moyennant 4,000 esclaves et 450,000 piastres ; contrat qui fut rompu au bout de deux ans, faute d'exécution. Mais comme le roi avait besoin d'argent, il conclut, en 1676, un autre *asiento* avec le consulat de Séville qui lui offrait, en cinq ans, 1,125,000 piastres et 1,200,000 de prime ; puis le 27 janvier 1682, un autre *asiento* fut consenti en faveur de Juan Barozzo del Pazo et don Nicolas Porcio, de Cadix, moyennant 1,125,000 piastres. Après ces deux associés, ce furent des Hollandais qui se rendirent adjudicataires ; puis, en 1692, don Bernardo-Francisco Marin de Guzman, résidant au Vénézuela, bénéficia de *l'asiento*, moyennant 2,125,000 écus pour cinq ans.

La compagnie portugaise de Guinée lui succéda, de 1696 à 1701. Elle s'obligea, en propres termes, à fournir 10,000 *tonnes de nègres*. Mais ce contrat donna lieu à tant de scandales et de difficultés, qu'une transaction pour le mettre à néant dut intervenir le 18 juillet 1701, à Lisbonne, entre les rois d'Espagne Philippe V et don Pedro II, traitant, comme de coutume, au nom de la *Sainte-Trinité*.

Au fond, Philippe V se souciait fort peu de faire cesser les scandales ; ce qui lui importait surtout, c'était de faire passer le privilège de *l'asiento* entre les mains des Français. C'est pourquoi, le 27 août 1701, ce roi très catholique et le roi très chrétien, Louis XIV, stipulèrent, pour dix ans (1702-1712) que le monopole du transport des nègres dans les colonies d'Amérique appartiendrait à la compagnie royale de Guinée, représentée par M. du Casse, chef d'escadre, gouverneur de Saint-Domingue. Cette compagnie fut chargée de fournir, pendant dix ans, les nègres nécessaires aux colons, afin de procurer, par ce moyen, un « louable, pur, mutuel et réciproque avantage » à Leurs Majestés et à leurs sujets. Déjà, depuis sa fondation, la compagnie jouissait du privilège d'introduire seule des nègres dans les colonies françaises d'Amérique. L'*asiento* de 1702 lui fit prendre l'engagement de transporter chaque année 4,800 *pièces d'Inde* des deux sexes et de tout âge, tirées d'une partie quelconque de l'Afrique, excepté de Minas et du Cap-Vert, attendu que les nègres de ces pays ne sont pas propres pour lesdites Indes. Pour chaque nègre, la compagnie devait payer 33 écus de trois livres tournois ou 475,500 livres tournois par an. En raison des besoins pressants de la couronne d'Espagne, la compagnie avança 600,000 livres tournois sur les 4,755,000 payables en dix ans; en retour de cette avance, il lui fut fait remise des droits sur 800 nègres par an. Les navires devaient être français ou espagnols ; les équipages pouvaient appartenir à n'importe quelle nation, pourvu qu'ils fussent exclusivement composés de catholiques. L'introduction fut autorisée dans tous les ports où il y avait des officiers de l'Espagne. Les nègres ne pouvaient être vendus plus de 300 piastres dans les îles du Vent, Sainte-Marthe, Cumana et Maracaïbo ; mais partout ailleurs, la compagnie était libre de vendre le plus cher possible. Sa Majesté catholique plaçait le traité et les opérations de la compagnie sous la protection de tous les fonctionnaires des possessions espagnoles. Elle engageait « sa foy et sa parole royale à ladite compagnie, regardant le traité comme son propre bien et se réservant à elle seule la connaissance de tous les cas qui pourront survenir dans l'exécution du traité. »

Pendant dix années, des officiers de la marine royale de France se firent négriers. Ce trafic produisit de tels bénéfices que l'Angleterre en fut jalouse; elle comprit combien ce monopole pourrait produire entre ses mains, car l'Angleterre était déjà la première nation du monde pour le commerce de la chair humaine.

Parlons un peu du commerce des esclaves en Angleterre.

Albion n'a inventé ni l'esclavage, ni la traite, ni la poudre, mais elle a toujours su perfectionner les inventions des autres et les faire tourner à son profit. Les plus célèbres négriers de tous les temps et de tous les pays furent, sans contredit, les deux anglais William et John Hawkins.

Le premier, William Hawkins, vivait au temps du roi Henri VIII, qui, pendant toute sa vie, le combla de son estime et qui lui donnait officiellement le titre honorable de *navigateur*. Nul Anglais n'avait encore pu trafiquer avec les Espagnols et les Portugais. Hawkins, plus habile que ses compatriotes, trouva moyen de violer sans danger les bulles du pape et les ordonnances des rois : il vint offrir, en contrebande, des nègres aux maîtres de l'Amérique, et fut, dès lors, considéré par les colons comme un négociant indispensable. De 1530 à 1532, il fit trois voyages au Brésil et acquit une fortune considérable. Le récit très succinct de ses diverses expéditions a été recueilli par Hackluyt [1].

Son fils, John Hawkins, également qualifié du titre de Navigateur, par les écrivains anglais, hérita de la vocation paternelle pour le commerce. Dès sa plus tendre jeunesse, il avait visité l'Espagne, le Portugal et les Canaries. Les renseignements détaillés qu'il recueillit sur les possessions espagnoles en Amérique, ajoutés à ce que son père lui avait appris, lui donna l'envie de faire une fortune rapide en vendant des noirs. Ce fut en 1562, vers l'âge de quarante ans, qu'il entreprit son premier voyage. Avant lui, on avait acheté des esclaves sur la côte d'Afrique ; Hawkins perfectionna ; ce fut de vive force qu'il s'empara des malheureux destinés à la transportation.

Descendu sur la côte, il entrait en pourparlers avec un chef indigène pour l'achat de ses prisonniers ; puis il s'emparait du roi, de son peuple et de ses esclaves et les couvrait des mêmes chaînes. La marchandise ne lui coûtant rien, il put s'enrichir vite sans la vendre plus cher.

Trois voyages qu'il effectua, de 1562 à 1568, produisirent des bénéfices énormes, malgré les désagréments qu'il éprouva quelquefois de la part des gouverneurs espagnols ; mais il sut toujours aplanir les difficultés en ouvrant sa bourse à propos ; il est même à remarquer que les magistrats qui le traitaient d'hérétique avec le plus de véhémence n'étaient pas les derniers à entrer à composition.

Malgré la générosité qu'il montrait envers les officiers espagnols, il fut attaqué le 23 septembre 1568. Il commandait alors une flottille de 6 navires. Les Espagnols en brûlèrent trois dans le port de San-Juan de Ulloa. Les autres s'éloignèrent à la hâte et abandonnèrent un grand nombre de prisonniers qui eurent à supporter les plus horribles traitements.

Hawkins parvint à se sauver en Angleterre ; mais il était complètement ruiné. La reine le nomma trésorier de la marine, et lui permit, par lettres patentes, d'orner le cimier de ses armoiries d'un nègre à mi-corps, de couleur naturelle et lié d'un corde.

Successivement contre-amiral et vice-amiral, le navigateur-négrier combattit les Espagnols en toute circonstance. Nous avons déjà, en parlant de Drake, raconté comment il mourut. La relation de ses voyages a été insérée dans les recueils d'Hackluyt [1] et de Purchas [2].

Pendant le règne des Stuarts, la traite ne diminua pas ; mais on essaya plusieurs fois de la monopoliser entre les mains de quelques riches particuliers associés en compagnies. Le bon Charles II et son successeur le pieux Jacques II ne dédaignèrent pas de faire partie de la quatrième et dernière de ces compagnies. Jacques II en fut même l'un des principaux actionnaires. Avec les bénéfices que lui procurait cet honnête commerce, le saint homme faisait face aux nécessités de sa conspiration contre son peuple.

Après sa chute, la compagnie, qui lui avait fourni de magnifiques revenus, fut abolie ; le nouveau roi, Guillaume, décida qu'à l'avenir tout Anglais pourrait être négrier. Lui aussi, du reste, prenait Dieu à témoin de la pureté de ses intentions.

Sous son impulsion, les idées se tournèrent vers le commerce maritime, et surtout vers la traite. L'Angleterre conçut le projet de monopoliser entre ses mains un trafic que tous les peuples s'étaient partagé

---

[1]. *Collection of voyages*, t. III.

[1]. *Collection of voyages*, t. III, p. 501, 520, 538, 590.
[2]. *Pilgrimes*, t. IV.

Le chef indompté fut de nouveau saisi. (Page 756.)

jusqu'alors; elle soutint, dans ce but, de longues guerres contre l'Espagne et contre la France; enfin le traité d'Utrecht (1713) combla ses vœux : elle obtint, pour 30 années, le privilège de fournir des nègres aux colons des deux Amériques; et elle s'en acquitta si consciencieusement que, pendant cette période, elle ne transporta pas moins de *Cent quarante-quatre mille* esclaves.

Par cet *asiento*, signé le 26 mars 1713, Sa Majesté britannique se chargea de fournir chaque année 4,800 *pièces d'Inde* des deux sexes et de tout âge, moyennant une redevance de 33 piastres écus et 1/3 de piastre par tête. A cause des besoins de la couronne d'Espagne, Sa Majesté britannique avançait 200,000 piastres escudos, moyennant une remise annuelle du droit de 800 nègres.

Voilà donc Sa Majesté britannique devenue chef de négriers; elle sut si bien s'y prendre, grâce à la contrebande, qu'elle réalisa d'immenses bénéfices, en comparaison desquels seraient éclipsés ceux du trafic de l'opium. D'ailleurs l'Angleterre se fit accorder plusieurs autres privilèges par ce même traité. Elle eut le droit d'introduire, pendant 25 ans, plus de 4,800 nègres par an, et de ne payer, pour ce supplément, que 16 piastres 2/3. Elle reçut des terrains pour établir ses factoreries aux lieux d'embarquement et de débarquement. La peine de mort, appliquée jusqu'alors aux contrebandiers, fut changée en

93.

une peine et une amende. Enfin, par un article additionnel, pour témoigner à Sa Majesté britannique « l'envie qu'elle a de lui plaire, » Sa Majesté catholique accordait la faculté d'envoyer annuellement un vaisseau de 500 tonneaux pour commercer avec l'Amérique, à condition de ne vendre les marchandises qu'au temps des foires, et pas avant l'arrivée des flottes et galions d'Espagne.

Telle est la substance de ce célèbre *asiento* que l'Espagne et la France, vaincues par la faute de Louis XIV, eurent l'humiliation de laisser introduire dans le traité d'Utrecht, signé le 13 juillet 1713.

A partir de ce jour, l'Angleterre régna sur les mers, non seulement comme puissance coloniale, mais encore comme nation marchande.

Telle fut la rapacité avec lequel les Anglais se précipitèrent sur l'Afrique que *certaines parties* des côtes furent bientôt dépeuplées ; on n'y rencontra plus que des vieillards et quelques enfants. Nous disons *Certaines parties*, parce que tous les pays ne fournissant pas des marchandises d'égale qualité, n'étaient pas également fréquentés par les négriers.

On remarquait que les *Mandingues* étaient les plus dociles ; les *Ibos*, les plus stupides ; les nègres de la Côte-d'Or, les plus forts, ce qui les faisait rechercher et augmentait leur valeur. Pour s'emparer de ces malheureux, tous les moyens semblaient bons. On achetait aux rois de la côte leurs esclaves, leurs prisonniers, leurs sujets criminels. Cela fit naître des milliers de guerres injustes entre les petits despotes avides de se ravir des prisonniers. Les guerres furent éternelles en Afrique. Lorsque la guerre ne fournissait pas assez de prisonniers, lorsque les criminels manquaient, les rois saisissaient les hommes et les femmes valides qui se trouvaient sur leur domaine et ils les livraient aux négriers, pour quelques bouteilles d'eau-de-vie, pour quelques ouvrages de verroterie sans valeur.

Les mères étouffèrent leurs enfants pour qu'ils ne fussent pas esclaves. Au Congo, les pères vendaient leurs enfants ; les époux, leurs femmes ; les frères, leurs frères. Dans plusieurs contrées, les nègres recevaient comme monnaie le petit coquillage appelé *cauri* (*Cyprœa moneta*), pêché aux Maldives. Ailleurs, on préférait les pagnes, des barres de fer, des chaudières, des cotons, des eaux de-vie. Outre ces objets, les chefs se faisaient donner des armes et de la poudre. Lorsque la traite fut organisée, les comptoirs européens exigèrent des droits : le commerce de chair humaine paya patente ; chaque roi de l'Europe eut sa part dans les bénéfices de ce négoce. On établit des règlements, des usages, des lois, qui furent observés comme une charte. Certains nègres s'établirent courtiers ou facteurs. La première classe des courtiers était celle qui se tenait sur la côte ; la seconde était composée de ceux qui voyageaient dans l'intérieur des terres ; la troisième, la plus pauvre, de ceux qui communiquaient directement avec les négriers.

En 1740, les négriers anglais couvraient toutes les mers : on compta annuellement 200 navires armés pour la traite, qui sortirent des ports de Londres, de Lancastre, de Bristol et de Liverpool. La traite avait progressé dans les mêmes proportions chez tous les peuples maritimes de l'Europe, sauf le Danemark, qui y prit peu de part.

Bientôt les privilèges qu'on leur avait accordés ne suffirent plus aux Anglais.

Par le contrat de l'*Asiento*, Philippe V leur avait accordé non seulement le droit de porter des nègres dans les colonies espagnoles, mais encore le privilège d'envoyer tous les ans, à Porto-Bello, un navire de 500 tonneaux, chargé de marchandises d'Europe.

Les Anglais profitèrent de ce privilège pour entreprendre la contrebande sur une large échelle. Au lieu de 500 tonneaux, le navire qu'ils envoyèrent en Amérique en eut 600 ; plusieurs autres bâtiments du même tonnage l'accompagnèrent et se tinrent à une certaine distance de Porto-Bello, pour remplacer sa cargaison à mesure qu'on la débitait. Ensuite des nuées de navires contrebandiers vinrent sur les côtes du Mexique.

L'Espagne, nous l'avons dit, tenait à se réserver le commerce de l'Amérique ; elle s'arrogeait le droit d'interdire tout commerce dans ces parages aux autres nations. Cette prétention, si peu en rapport avec les lois de l'économie sociale bien entendue, avait déjà fait naître bien des guerres. La Grande-Bretagne ne voulait pas s'y soumettre ; elle protégea ouvertement la contrebande. De là l'irritation de l'Espagne, qui traita avec la dernière rigueur les capitaines étrangers pris en flagrant délit.

Elle alla plus loin ; elle annonça hautement qu'à l'expiration du traité, en 1743, elle ne renouvellerait pas l'*Asiento*. C'était une menace terrible pour l'exploitation commerciale que l'Angleterre avait établie ; cette dernière nation se prépara à conserver par la force ce qu'elle avait déjà saisi à la suite d'une guerre.

L'affaire du capitaine Jenkins donna le prétexte désiré de rupture. Ce capitaine vint à la barre de la Chambre des communes raconter que les garde-côtes espagnols, ayant visité son navire et n'y ayant trouvé aucun objet de contrebande, l'avaient insulté, mis à la torture, menacé de mort et mutilé. L'un d'eux lui avait même dit en lui coupant une oreille :

— Porte-la au roi ton maître et dis-lui que nous le traiterions de la même manière si l'occasion s'en présentait.

Jenkins n'ajouta pas que la conduite des garde-côtes n'était qu'une représaille de traitements semblables, cent fois répétés par les contrebandiers anglais. Il ne cita pas l'exemple de ce capitaine anglais qui, après avoir attiré deux gentilshommes espagnols à son bord, leur coupa les oreilles et le nez et leur fit subir la torture pour leur extorquer une rançon.

Jenkins sut si bien plaider sa cause qu'il souleva les esprits.

Plusieurs escadres furent envoyées en Amérique et dans la Méditerranée ; puis, quand toutes les dispositions furent prises, la guerre fut déclarée à l'Espagne. La France fut obligée de prendre fait et cause pour son alliée [1] et le sang coula dans toutes les parties du monde, pour les privilèges de quelques négriers.

En 1748, l'Angleterre obtint ce qu'elle avait tant désiré, ce qu'elle avait réclamé par la force des armes ; c'est-à-dire le renouvellement de l'*Asiento* en sa faveur ; elle eut encore le monopole de la traite ; mais elle ne le conserva que pendant deux années. La contrebande effrénée à laquelle elle se livra lui fit retirer ce privilège en 1750.

A partir de ce jour, chaque nation fit la traite en toute liberté. A partir de ce jour, aussi, l'Angleterre commença à tonner contre un genre de commerce qui ne l'enrichissait plus et qu'elle finit par déclarer criminel.

1. Voyez notre *Histoire de la marine*.

CHAPITRE II

LA CHASSE AUX NOIRS

Petite statistique. — Caravane de nègres. — Rois nègres et négriers. — Désespoir des esclaves. — Suicides. — Noyades. — Récit de Garneray. — Un père qui vend ses enfants. — Guet-apens. — Physionomie d'un navire négrier. — Les esclaves entassés. — Nourriture des nègres.

Pendant les trois siècles et demi que dura la traite officielle (de 1442 à 1815), combien de malheureux ont été enlevés à l'Afrique ! Nous ne croyons pas exagérer en portant leur nombre à 32 millions. Déjà en 1777, l'abbé Raynal calculait qu'au moment où il écrivait, 9 millions de nègres avaient été traînés en esclavage dans les colonies européennes ; mais il était au-dessous de la vérité, car il ne connaissait qu'imparfaitement les documents anglais.

Dans la seule année 1768, les esclaves transportés d'Afrique en Amérique firent le total presque incroyable de 104,100. En 1786, les écrivains anglais reconnaissaient que la moyenne de la transportation était de 100,000 par an, dont 42,000 par les 130 navires négriers que l'Angleterre occupait alors à la traite.

Ces chiffres établis, occupons-nous un peu de la manière dont procédaient les négriers sur la côte occidentale de l'Afrique. Nous ne pouvons mieux faire, croyons-nous, que de citer les auteurs contemporains des faits monstrueux dont nous nous occupons.

« La côte de cette immense contrée s'étend depuis la limite méridionale de l'empire de Maroc jusqu'au cap de Bonne-Espérance, et prend sur la longueur de son parcours des noms divers, selon l'aspect du pays, ses produits et les populations qui l'habitent. Les nègres pêcheurs de la côte sont les plus connus des voyageurs européens ; on les emploie ordinairement comme rameurs ; ils sont bons travailleurs, mais ils exigent qu'on les paie bien et promptement. Les nègres agricoles de l'intérieur n'ont pas les vices et les passions cupides des riverains.

« La *traite*, ou le droit de faire des esclaves, que quelques hommes ont acquis sur d'autres dans la Guinée, est d'origine fort ancienne. Malgré les interdictions promulguées par quelques puissances d'Europe, cet odieux commerce se continue encore, avec une activité non moins rapace qu'autrefois, mais seulement avec plus de mystère. La mise en vente des esclaves est généralement pratiquée sur toute la côte, si l'on en excepte quelques petits cantons où la liberté s'est réfugiée. Les chefs de peuplade, alléchés par l'appât de l'or et des marchandises étrangères, multiplient les guerres entre eux pour avoir des esclaves. Ils punissent par ce châtiment non seulement ceux qui ont commis quelque faute, mais ceux qui ont contracté des dettes insolvables. A quelque distance des bords de l'Océan, il y a même des chefs de peuplades qui, à l'époque de l'arrivée des bâtiments négriers, font enlever autour des villages tout ce qui s'y rencontre. On jette les enfants dans des sacs, on met des bâillons aux hommes et aux femmes, pour étouffer leurs cris. Si les ravisseurs sont arrêtés par une insurrection du village, ils sont conduits au chef qui désavoue toujours la commission qu'il a donnée, et qui, sous prétexte de rendre la justice, vend sur-le-champ ses agents eux-mêmes aux négociants avec lesquels il a traité.

« Les marchands d'hommes de l'intérieur du pays s'associent entre eux, et formant des espèces de caravanes, conduisent, durant l'espace de deux ou trois cents lieues, plusieurs files de trente à quarante esclaves, tous chargés de l'eau et des grains nécessaires pour subsister dans les déserts arides qu'il faut traverser. La manière de les contenir et d'assurer la docilité de ces malheureux sans trop gêner leur marche, est ingénieusement imaginée. On passe au cou de chaque esclave une fourche de bois, dont la queue a huit ou neuf pieds de long. Une cheville de fer rivée ferme la fourche par derrière, afin que le patient n'en puisse dégager sa tête. La queue de la fourche, dont le bois est fort pesant, tombe par devant, et par sa longueur démesurée embarrasse tellement celui qui s'y trouve attaché, que, quoiqu'il ait les bras et les jambes libres, il ne peut ni marcher, ni soulever la fourche. Pour mettre les esclaves en marche, on les range sur une seule ligne ; on appuie et l'on attache l'extrémité de chaque fourche sur l'épaule de celui qui précède, et ainsi de l'un à l'autre, jusqu'au premier, dont la fourche est supportée par l'un des conducteurs. Mais pour prendre sans inquiétude le repos du sommeil, les marchands ont soin de lier, pendant la nuit, les bras de chaque esclave à la queue de la fourche. Dans cet état, la victime ne peut ni fuir, ni résister aux mauvais traitements que lui inflige la brutalité de ses maîtres. Ces précautions ont paru indispensables, parce que d'après les lois africaines, si l'esclave parvient à rompre sa chaîne, il est libre. L'odieuse protection qui assure au propriétaire la disposition pleine et entière de son esclave, et qui le lui livre même publiquement sur les marchés, se tait entre l'esclave et le marchand, si l'audace ou le hasard se déclarent, en route, en faveur du premier.

« Le chef de voleurs, assis au pied d'un arbre, dans une forêt profonde, calculant la recette et la dépense de son brigandage, la part qu'il peut faire à ses compagnons, et s'occupant avec eux de proportions et de justice distributive, est-il fort différent de l'armateur qui, courbé sur un comptoir, la plume à la main, règle le nombre d'attentats qu'il peut faire commettre à son bénéfice sur la côte de Guinée ; qui examine à loisir combien chaque nègre lui coûtera de fusils à livrer, pour entretenir la guerre qui fournit les esclaves ; combien de chaînes de fer pour le tenir garrotté dans la sentine d'un vaisseau ; combien de fouets pour le forcer à travailler ? Est-il fort différent du créole qui suppute combien lui vaudra chaque goutte de sueur et de sang dont le nègre arrosera son habitation, et si la négresse donnera plus de valeur à sa terre, plus d'accroissement à sa fortune par les travaux de ses mains, que par le travail de l'enfantement ?

« Que pensez-vous du parallèle ? Le voleur attaque et prend l'argent ; l'armateur et le colon prennent la personne même et la réduisent à l'état de chose. L'un viole les institutions sociales ; les deux autres outragent la nature. Et cela se voit encore, au XIXe siècle, dans les colonies françaises ! chez un peuple qui a fait deux révolutions, au nom des droits du peuple et de la liberté ! » P. Christian (1847).

Voici ce que dit, à ce sujet, Van Tenac, dans son *Histoire générale de la marine* :

« Les Européens font la traite sur les rivières du Sénégal et de Gambie, en remontant avec leurs vaisseaux jusqu'à un lieu favorable à jeter l'ancre. Ils arment alors leurs canots et les envoient vers les villages ; lorsqu'ils sont parvenus à portée, ils tirent des coups de fusil ou battent du tambour. C'est un signal pour avertir les nègres qu'un vaisseau est en rade et a besoin d'esclaves. Les nègres allument de grands feux sur la côte, pour donner avis aux Européens qu'ils ont des esclaves à leur livrer, mais ils ne les livrent que par trois ou quatre à la fois.

Les moyens d'échange varient suivant les différents endroits. A la côte, vers le vent, et à Bonny, l'objet ordinaire d'échange est appelé, par les Africains et les Européens, *une barre;* à la côte d'Or et à Whidah, on l'appelle *une once;* à Talabare, *un cuivre;* à Bénin, *une chaudière;* à Angola, *une pièce.*

Les négriers et les courtiers trafiquent de l'espèce humaine comme nous trafiquons des marchandises. Ce commerce de honte et de sang se fait encore par contrebande; seulement, n'étant plus permis par les lois, il a autorisé les négriers à user plus que jamais de ruses et de violence (1840).

Les esclaves se divisent en plusieurs ordres : ceux qui le deviennent par ruse ou par violence; ceux que leur propre souverain a faits prisonniers en opérant des excursions dans ses États; les Africains convaincus de crimes; les prisonniers de guerre. La guerre a été allumée par les Européens sur les côtes d'Afrique, sans motif, sans autre but que celui de faire des esclaves.

Les êtres qui naissent dans la servitude forment une cinquième classe. Sur la côte, on voit des marchands établis qui en tiennent magasin. Les mères ne sont jamais vendues avec leurs enfants; enfin, les esclaves qui ont perdu leur liberté au jeu. Cette passion est si violente chez les Africains, que lorsqu'ils ont tout perdu, ils jouent la liberté de leurs femmes et de leurs esclaves. Un Africain de la nation de Mundigoë avait tout perdu au jeu, il ne lui restait que trois esclaves, il les joua et les perdit. L'un d'eux prit la fuite, le maître fut emmené esclave à sa place.

Une fois vendus aux négriers, les esclaves sont enchaînés, traînés à bord et jetés à fond de cale. Ils y périssent plus souvent par le manque d'air que de nourriture. Ordinairement, le tiers des nègres périt soit par l'épidémie, les mauvais traitements, le mal du pays, le désespoir et la révolte, qui les tuent. Sur un vaisseau à l'ancre devant Bonny, on mena un jour un nègre prendre l'air sur le pont. Ce malheureux aperçoit près de lui un couteau; aussitôt, quoique enchaîné à un compagnon, il saute sur cette arme, s'en saisit et tue le matelot qui est de garde près de lui : puis, forçant son compagnon à le suivre, il tue trois autres matelots. Mais comme il s'aperçoit que le nègre auquel il est enchaîné ne le seconde pas, il le poignarde lui-même, en exprimant, par ses gestes et par son regard, le mépris qu'il lui inspire. Il cherche le capitaine pour l'immoler à sa vengeance, et déjà il est à la porte de sa chambre, traînant après lui le cadavre de son compagnon, lorsqu'un coup de feu l'étend raide mort.

Sur un autre navire négrier les esclaves avaient juré de se faire libres ou de mourir. Deux d'entre eux parviennent à rompre leurs chaînes et s'avancent bravement vers les matelots. Ceux-ci cherchent à les réduire, mais vainement, car les nègres ont les bras libres. Ces esclaves poursuivent les matelots suivis de leurs compagnons, qui, bien qu'enchaînés, marchent avec eux; ils arrachent le sabre de la sentinelle, parviennent à briser quelques fers, et livrent un combat opiniâtre aux matelots, qui sont obligés de se retirer dans les hunes. Les nègres n'ayant pour toutes armes que des morceaux de bois qu'ils ont pris à fond de cale, se dirigent vers la chambre du capitaine. Mais celui-ci, ayant été averti par deux matelots, s'arme ainsi qu'eux de fusils, et à chaque pas que font les rebelles dans l'escalier étroit qui conduit à sa chambre, ils tombent morts ou blessés.

Les matelots profitèrent de ce moment pour descendre des hunes, et bientôt les nègres furent réduits. On se hâta de les passer en revue, pour voir la perte que le négrier éprouvait. Le plus grand nombre était couvert de blessures; à tous ceux-là il fut ordonné de se jeter à la mer. Ils auraient été estropiés, ou auraient coûté plus de soins qu'ils n'eussent rapporté d'argent : on s'en déchargea comme d'un fardeau inutile. Les nègres obéirent avec joie. Ceux qui n'avaient pas de parents sautèrent sur-le-champ à la mer; ceux qui en avaient encore ne prirent que le temps de les embrasser, et disparurent dans les flots.

A la pompe! à la pompe! Ce cri s'élève d'un brick négrier, en rade de Bourbon. La mer monstrueuse brisait à deux milles au large, et le coup de canon parti de terre venait de sommer les navires, mouillés en rade, de filer leurs câbles par le bout pour ne ne pas être affalés sur la côte. Une voie d'eau s'était déclarée, et, malgré les efforts de huit bras vigoureux, qui se relevaient sans interruption, on sentit que l'eau gagnait. Après des recherches inouïes on parvint à découvrir l'endroit du bâtiment par où l'eau entrait avec tant de violence; un bordage déchevillé laissait une large ouverture à la lame, qui s'y engouffrait avec fureur. C'en était fait de tout l'équipage si l'on n'eût travaillé promptement, avec une ardeur que le danger rendait plus active. En un instant l'équipage tout entier se porta du côté où le péril paraissait le plus imminent. Et, grâce au zèle de chacun, on conçut quelque espérance de salut. Le travail une fois terminé, on se mit à la pompe. Mais ici les obstacles devinrent insurmontables : le pont du navire, presqu'à fleur d'eau, était couvert à chaque instant par les hautes lames, de manière à neutraliser l'effet de la pompe. C'est alors qu'il fallut se décider à prendre un moyen désespéré : le jet à la mer. Mais une pareille tentative n'était pas sans danger, et ne pouvait être menée à fin qu'à force de précautions et de mystère. Instruits de cette résolution et ne pouvant échapper au sort qui les attendait, les noirs auraient pu vendre chèrement leur vie et remporter une victoire certaine.

On fit donc assembler l'équipage en toute hâte pour lui faire part d'un projet qui devenait de plus en plus une nécessité. Repoussé d'abord par quelques-uns, ce projet ne tarda pas à être adopté d'une commune voix, et l'on se mit à l'œuvre. Les noirs, montés deux à deux sous prétexte de les rendre utiles aux manœuvres, étaient à peine arrivés sur le pont que, les bras liés et un boulet aux pieds, on les précipitait dans la mer.

Le capitaine négrier arrivé sur la côte, des courtiers du pays viennent aussitôt à bord. Les esclaves ont été amenés près du rivage. Le capitaine descend à terre. Les esclaves à vendre arrivent sur une longue file, le corps courbé par la fatigue et la frayeur, chacun ayant le cou pris par une fourche longue de plus de six pieds, dont les deux pointes sont réunies vers la nuque par une barre de bois. Le marché conclu, on entasse ces malheureux à fond de cale; on les presse d'une manière horrible à voir. La cruauté des négriers est ingénieuse à ne pas perdre la plus petite place. La même livraison contient les fers que l'on met aux esclaves. C'est d'abord un appareil nommé *barre de justice*, garni de menottes pour garrotter les pieds des esclaves. Chaque barre a environ six pieds de long; elle est garnie de huit menottes qui servent à attacher huit esclaves. Puis c'est un carcan ou collier à charnière qui se ferme au moyen d'une vis; il y a deux œillets qui sont destinés à recevoir les anneaux d'une chaîne que l'on arrête au moyen d'un cadenas passé dans deux chaînons, et qui sert à amarrer les esclaves, soit à bord, soit avant leur débarquement. Enfin des menottes pour les poignets, et des poucettes que l'on serre à volonté et de manière à faire jaillir le sang au moyen d'une vis et d'un écrou. Telle est la manière dont on traite les esclaves au milieu de la plus heureuse traversée.

Lorsque le navire est arrivé dans le port où doit se faire la vente des esclaves, on s'empresse de les préparer; puis des *agents* viennent à bord et les achètent pour des tiers; ou l'on conduit les nègres dans un endroit public, et on les expose à l'encan, comme des bestiaux. Les acheteurs les examinent, les tâtent, les marchandent. Lorsqu'il y a des esclaves malades ou en mauvais état, ce sont d'ordinaire des juifs qui les achètent. Ils les rétablissent et les revendent ensuite avec bénéfice.

Que de nouvelles souffrances, que de fatigues pour ces malheureux nègres, lorsqu'ils sont passés en de nouvelles mains! D'abord il leur faut près de deux ans pour s'acclimater, pendant lesquels il en périt un tiers. On ne les tue pas, parce qu'ils valent de l'or, mais on les flagelle, on les meurtrit, parce qu'on guérit d'une meurtrissure. On ne les laisse pas vivre avec leurs parents, parce que le spectacle des souffrances d'objets qui leur sont chers pourrait les exciter à la révolte. Lorsqu'un noir a choisi sa compagne, on l'arrache de ses bras, parce qu'elle porte en son sein un enfant qui vaut de l'or. »

Nous venons de voir comment s'opérait la chasse aux esclaves sur la côte occidentale du pays des Noirs. Mais Garneray nous apprend que les chefs de la côte orientale possédaient d'autres moyens de se procurer une pareille marchandise :

« Rien ne nous retenant plus à Oïve, dit-il, nous devions mettre à la voile le lendemain, lorsque l'official de la guarda vint trouver M. Liard et lui proposa un marché magnifique, c'est-à-dire une partie de la cargaison d'*ébène* dont il avait besoin.

— Je ne sais, me dit le capitaine avec qui je me trouvais en ce moment, si je dois suivre cet intrigant. Je ne serais pas étonné qu'il me tendît un piège! Pourtant, d'un autre côté, si ma méfiance allait me faire manquer une bonne affaire...

— Si vous craignez quelque chose, voulez-vous, capitaine, que je vous accompagne?...

— J'accepte votre proposition avec reconnaissance, mon cher Garnerey, partons.

Le *signor gobernador*, après nous avoir promenés assez longtemps entre d'étroits sentiers bordés de haies vives, de cocotiers et de murs en terre, s'arrêta enfin devant un vaste enclos dans lequel plusieurs gros dogues erraient en liberté.

— Entrez sans crainte, nous dit-il en passant devant nous. Ces chiens ne vous attaqueront pas en vous voyant avec moi... Ah! si vous étiez seuls, ce serait tout différent... ils vous dévoreraient alors avec autant de zèle que de plaisir.

— Si nous nous laissions faire, *signor*, lui dis je ; mais comme nous avons, le capitaine et moi, chacun sur nous une excellente paire de pistolets à deux coups, plus un poignard assez bien trempé, il est probable que vos dogues ne s'engraisseraient guère avec nos mollets...

— Ah! vous avez sur vous des armes! s'écria le Portugais. Mais savez-vous, messieurs, que vous êtes en contravention avec les règlements de police...

— Voilà assez de paroles perdues, interrompit sèchement le capitaine. Voyons plutôt votre marchandise.

Il me parut, et je ne sais encore aujourd'hui si ma remarque était vraie, que l'*official de la guarda*, en apprenant que nous nous trouvions en état de défense, ne montrait plus le même empressement qu'auparavant à nous faire entrer dans le bazar où M. Liard devait trouver sa cargaison. Toutefois, après une légère hésitation, il se dirigea vers une grande paillotte toute délabrée, qui se trouvait reléguée dans un des coins de l'enclos, souleva avec peine une espèce de volet fermé de minces perches, qui fermait l'unique entrée de cette habitation isolée, puis se retournant vers nous, nous invita à le suivre dans l'intérieur.

Nous fûmes un moment, après avoir franchi le seuil de la porte, sans pouvoir distinguer les objets qui nous entouraient; enfin, nos yeux s'habituant peu à peu aux épaisses ténèbres qui régnaient dans cet ignoble et dégoûtant cloaque, nous nous trouvâmes au milieu d'une douzaine de très belles Africaines, dont la plus jeune avait environ treize

Le premiers rangs ne tardèrent pas à tomber sur les terribles pigeons. (Page 764.)

ans et la plus âgée dix-huit. Toutes ces esclaves allaitaient ou soignaient des enfants qui, en nous voyant entrer, se mirent à crier comme de beaux diables.

Rien ne saurait donner une idée du triste spectacle que nous avions devant les yeux : les Africaines, accroupies ou couchées, gisaient pêle-mêle par terre, sur des lambeaux pourris de vieilles nattes de jonc, et n'avaient pour toute toilette que de misérables haillons *qui recouvraient à peine*, comme disent les Espagnols dans leur style pittoresque et animé, leur *honte*.

Quant à l'ameublement de la paillotte, il était des plus simples : il consistait en une grande marmite, quelques plats en terre, des tasses de coco et une douzaine de calebasses.

Le mur du fond était recouvert par un immense paillasson qui le cachait en entier.

L'entrée et la présence du *signor official de la guarda* me parut produire sur les jeunes Africaines une impression pénible : elles se levèrent aussitôt, le saluèrent avec embarras, et restèrent devant lui, droites, immobiles et les yeux baissés.

Quant à M. Liard, poursuivi par son idée fixe de conclure un bon marché, il ne s'occupait que des esclaves ; il les regardait les unes après les autres avec une attention de maquignon marchandant des chevaux.

— Ces femmes ne sont pas trop avariées, je

l'avoue, dit-il enfin à l'*official de la guarda*, qui, les lèvres pincées, le regard incertain et distrait, semblait, préoccupé par une idée fixe, n'apporter que fort peu d'attention au marché qu'il devait traiter. Ces femmes ne sont pas trop avariées, mais que voulez-vous que je fasse de douze pièces seulement? Remarquez en outre, qu'en les embarquant à présent, c'est-à-dire lorsque tout mon chargement me reste à compléter, le risque que je cours en les exposant à une longue traversée, est bien plus grand que si je me rendais directement à Bourbon. Toutefois, si vous voulez me les céder à vil prix, je consentirai peut-être à vous en débarrasser.

A cette offre, exprimée par le capitaine Liard, en ce langage, et pour être plus exact, en ce patois mélangé d'italien, de portugais et d'arabe, qui est compris par tout le monde, sur le littoral de la mer des Indes, je remarquai que les Africaines, loin de paraître effrayées du nouvel esclavage qu'on voulait leur imposer, regardèrent au contraire M. Liard avec des yeux dans lesquels se lisaient clairement tout le plaisir et l'espérance que leur causait sa proposition.

— Ces femmes ne sont pas à vendre, monsieur, répondit froidement l'*official de la guarda*.

— Ah bah! Vous m'avez fait venir probablement, car je vois que toutes ces Africaines ont des enfants, pour me proposer leurs maris?

— Leurs maris! répéta en ricanant et avec une singulière inflexion de voix le Portugais, je les ai vendus, il y a quelque temps, au dernier négrier qui a visité Oïve.

— Eh bien! alors, pourquoi m'avez-vous dérangé pour me conduire ici? demanda le capitaine en commençant à perdre d'autant plus patience, que déjà souvent, je l'ai dit, il avait été victime de nombreuses mystifications de la part des courtiers.

— Pour voir si quelques-uns des enfants de ces Africaines peuvent vous convenir...

il y en a trois ou quatre en âge d'être embarqués...

— Ce n'était guère la peine de me déranger pour si peu!... Enfin, puisque me voilà, n'importe : voyons ces enfants.

Pendant que M. Liard se livrait à un nouvel examen, il me parut entendre comme un murmure de voix venant de derrière le paillasson qui recouvrait, le lecteur doit se le rappeler, le mur du fond de la paillotte.

Peu confiant dans la loyauté de l'*official de la guarda* et flairant une trahison de sa part, je soulevai doucement le paillasson pour voir d'où venait ce murmure de voix : j'aperçus cinq ou six Portugais déguenillés et armés de couteaux qui, accroupis par terre, et les yeux tournés dans notre direction, semblaient causer entre eux avec animation. Cette découverte, on le conçoit, n'était guère faite pour me rassurer.

M'avançant alors vers l'officier :

— *Signor*, lui dis-je en portant la main à la poche de mon large pantalon comme pour y chercher une arme, *signor*, auriez-vous l'extrême obligeance de renvoyer les braillards qui se trouvent dans la paillotte voisine et dont le bavardage m'agace étrangement les nerfs?

Le Portugais en remarquant mon geste avait pâli.

— Avec grand plaisir, *signor*, me répondit-il en accompagnant ses paroles d'un sourire qu'il essaya de rendre gracieux : au reste, ces gens-là sont de mes soldats, qui... qui m'attendent.

— Ne peuvent-ils pas tout aussi bien vous attendre dans la rue, qu'ici?

— Certainement, je vais les congédier.

L'official écartant le paillasson qui masquait l'entrée de la seconde paillotte, ordonna aussitôt aux cinq ou six Portugais déguenillés de sortir ; ceux-ci obéirent d'assez mauvaise grâce.

— Eh bien! capitaine, demandai-je à M. Liard, qui avait parfaitement compris la petite scène qui venait de se passer, avez-vous terminé vos achats?

— Ma foi, non, me répondit-il, et je renonce volontiers à cette affaire. Que diable voulez-vous que je fasse à bord de deux ou trois marmots? Et puis, remarquez un peu ces enfants que l'on veut me vendre. Leurs cheveux sont presque soyeux, leur nez aquilin, leur peau couleur de cuivre... On ne dirait certes pas que ce sont des nègres... personne ne voudrait peut-être me les acheter...

— Le fait est, capitaine, que ces petits malheureux semblent plutôt être Portugais... Ah! mais voilà qui est singulier... ne trouvez-vous pas, capitaine, qu'ils ressemblent beaucoup!... mais là, beaucoup...

— A l'*official de la guarda*! s'écria M. Liard en m'interrompant.

— Tout juste, capitaine. Ah! mais... oh! non, cela serait trop affreux!...

— Que voulez-vous dire, Garneray?

— Je veux dire qu'un soupçon épouvantable vient de me traverser l'esprit! Toutes ces Africaines, qui sont jeunes et jolies, qui ont toutes des enfants... et des enfants au type portugais!... Cette paillotte contiguë à celle-ci... ces maris qui ont été vendus au dernier négrier qui a touché à Oïve!... ne comprenez-vous pas, capitaine?

— Quoi donc! Ah! j'y suis... Oui, Garneray, vous avez deviné juste!... la fécondité de ces pauvres Africaines est un revenu pour ce misérable officier!... les enfants qu'il voulait me vendre sont les siens! Après tout, cette opération n'est pas si maladroite : cela doit lui rapporter d'assez jolis bénéfices par an.

— Allons-nous-en, capitaine, je vous en prie. La vue de ces pauvres femmes me fait mal!

L'*official*, pendant que je causais en français avec le capitaine, semblait fort mal à son aise : du coin de l'œil il épiait l'expression de nos physionomies. Il ne put dissimuler un sourire de contentement qu'amena sur ses lèvres l'annonce de notre départ.

Les Africaines, en nous voyant nous éloigner sans conclure de marché, levèrent au ciel des yeux humides de reconnaissance et serrèrent avec amour leurs pauvres petits enfants contre leurs poitrines.

— *Signor*, dis-je à l'*official* en soulevant le paillasson du fond de la paillotte, ne pourrions-nous passer par ici?

Le fait est que de me retrouver en présence des énormes dogues qui hurlaient dans l'enclos ne me souriait que fort médiocrement. Aussi, joignant l'action à la parole, je traversai rapidement la paillotte dans laquelle je venais d'entrer; le capitaine Liard s'empressa de me suivre.

Que l'on juge de notre étonnement lorsque nous aperçûmes en face de nous, en mettant le pied dans la rue, notre propre habitation; cependant l'*official* nous avait bien fait marcher pendant un bon quart d'heure pour nous conduire à son ignoble bazar, évidemment il nous avait tendu un guet-apens.

Ce qui me confirma encore dans cette opinion fut le sourire contraint, accompagné de protestations ridiculement exagérées d'amitié et de dévouement, qu'il nous adressa en nous quittant. Il promit aussi au capitaine, si celui-ci voulait retarder le départ de la *Doris* de cinq jours seulement, qu'il lui procurerait à vil prix, pour ainsi dire gratis, une cargaison d'*ébène* au grand complet.

M. Liard, après un moment d'hésitation très bien simulé, consentit à ce retard.

— Garneray, me dit-il dès que l'*official* nous eut quittés, cette canaille rêve à présent un moyen de prendre sa revanche : nous mettrons à la voile demain au point du jour!...

— Ma foi, capitaine, je trouve que c'est là ce que nous avons de mieux à faire!

Le 24 janvier, après avoir remonté le canal de Mozambique, du sud au nord, en longeant la côte orientale d'Afrique, nous nous trouvâmes en vue de l'île de Zanzibar. Cela me causa d'autant plus de plaisir, que mon aversion pour la vie de négrier, depuis que je l'avais vue de près, n'avait fait naturellement qu'augmenter. »

Un mot maintenant de la physionomie du navire négrier. Notre première citation est empruntée à A. Michiels (*la Traite des nègres*) :

« C'était une chose curieuse qu'un vaisseau négrier, avant l'acte de 1788, par lequel l'Angleterre s'efforça de régulariser la traite, n'espérant pas encore pouvoir l'abolir. Comme on ne pourchassait, ne visitait point les bâtiments qui servaient au transport des noirs, les armateurs les faisaient construire à leur guise ; ils ne s'efforçaient nullement de dissimuler leur usage, de les rendre aussi pareils que possible aux navires ordinaires. Ils avaient donc une physionomie toute spéciale, qui révélait immédiatement leur destination.

Une sorte de courtine, de rempart en bois, allant d'un bord à l'autre, divisait en deux le tillac. L'arrière formait la résidence de l'équipage ; des cabines pour les chefs et les matelots étaient rangées à l'entour. On nommait cette partie le *fort*, et elle méritait qu'on l'appelât ainsi. Des plaques de fer en garnissaient la porte, et deux meurtrières, ouvertes dans l'épaisseur de la courtine, donnaient passage aux gueules de deux canons. Ils n'étaient habituellement chargés que de pois secs, attendu qu'on ménageait les noirs, même lorsqu'on tirait sur eux ; on ne voulait pas détruire ni avarier cet objet de commerce. Il fallait de grandes occasions, quelque formidable révolte, pour que l'on eût recours aux moyens extrêmes, que l'on balayât le pont avec de la mitraille. En quelques minutes, il était alors jonché de cadavres, qui représentaient une perte considérable.

La seconde moitié, la portion antérieure du tillac, formait un espace libre, réservé aux manœuvres et à la promenade journalière des noirs, pendant le laps de temps qu'ils passaient hors des entreponts.

Dans l'une et l'autre partie s'ouvraient des écoutilles nombreuses ; toutes ces écoutilles, sauf deux, étaient revêtues de grilles de fer appelées caillebotis, ayant pour but d'aérer le premier entrepont ; les autres, munies d'échelles, servaient à descendre parmi les esclaves. La première, celle de l'avant, menait aux salles des hommes ; la seconde, celle de l'arrière, mettait les Européens en communication avec les femmes et les enfants. Au-dessus de chacune, on aurait pu placer un écriteau portant les paroles du Dante :

C'est par moi qu'on descend au séjour des douleurs,
C'est par moi qu'on descend dans la cité des pleurs,
C'est par moi qu'on descend chez la race proscrite,
. . . .
Entrez, maudits ! plus d'espérance !

Il faudrait le sombre génie du poète florentin pour décrire l'intérieur du vaisseau. Non seulement le plancher des deux entreponts était couvert de malheureux immobiles, mais d'autres noirs gisaient dans la même posture désagréable sur les plates-formes. C'étaient des tablettes, larges de huit ou neuf pieds, qui faisaient le tour du bâtiment, au milieu de l'espace situé entre les ponts, à deux ou trois pieds de chaque pont. Les esclaves, placés dessus et dessous, la tête tournée vers l'intérieur du bâtiment, pouvaient donc à peine s'accroupir, lorsqu'ils ne restaient pas couchés. Les pieds d'un second rang d'hommes touchaient les têtes du rang inférieur. Dans l'intervalle que ce second rang laissait libre, au milieu du navire, d'autres noirs, en petit nombre, étaient disposés à angle droit, suivant le sens de la longueur. Les individus de ces trois dernières files avaient, au besoin, la faculté de se tenir debout. Les femmes, les enfants étaient agencés de la même manière : il ne leur manquait que les chaînes qui aggravaient les souffrances, l'humiliation et la captivité des hommes.

Il y a peu de temps que les Africains sont

pressés au fond de cet Erèbe, quand leur respiration commence à devenir pénible. Avec leurs larges poitrines, jusque-là inondées d'un air vif et pur, ils éprouvent un sentiment de douloureuse suffocation. L'atmosphère appauvrie ne se renouvelle presque point : une chaleur accablante se développe rapidement. Les noirs logés dans le deuxième entrepont souffrent plus que tous les autres ; le fluide vital ne descend jusqu'à eux que par une seule écoutille, celle qui laisse passer l'échelle. Des gémissements sortent bientôt des entrailles du navire, comme des flancs d'un monstre qui aurait englouti des créatures vivantes.

Mais lorsque les vagues commencent à le bercer dans leurs molles ondulations, les plaintes vont en augmentant avec le roulis. Le mal de mer saisit par degrés les pauvres noirs, qui l'éprouvent de la façon la plus violente.

Cependant le soleil des tropiques dardait sur la corvette sa lumière impitoyable : le pont, les flancs du navire s'échauffaient peu à peu, et la surface éclatante de la mer lui renvoyait une partie des flammes qu'elle recevait. Une température affreuse se développait dans l'intérieur. *La Gabrielle* était comme un four ballotté au milieu des eaux. Chaque oscillation en faisait craquer les planches, et les clous, les ferrures devenaient si brûlants qu'on n'aurait pu les toucher de la main. Les pauvres noirs éprouvaient les tortures de l'enfer. Sur le tillac, les matelots étaient du moins rafraîchis par la brise qui gonflait les voiles, et leurs poumons se dilataient au milieu de cet air vivifiant. Mais les esclaves se sentaient mourir dans les entreponts : une atmosphère lourde, immobile, ardente, pesait sur eux ; beaucoup furent dès lors atteints de maladies incurables. La suffocation et la chaleur firent tomber en syncope une douzaine d'individus, hommes ou femmes.

Quand les rayons du soleil, devenus obliques, perdirent un peu de leur âpreté, on laissa enfin la moitié des noirs sortir de leur cage infernale. Un bon nombre d'entre eux se mirent alors à respirer bruyamment, comme si on les tirait d'une machine pneumatique. Leur poitrine se soulevait et s'abaissait par brusques saccades. On les rangea sur le pont, et le commandant, suivi de Marnix, parut à l'entrée du *fort*. Tous les deux avaient dans la main un fouet de poste et des pistolets chargés dans la ceinture. Ils venaient inspecter les esclaves d'abord, puis surveiller, diriger leur promenade. Ils passèrent devant la triple ligne que formaient les malheureux en les considérant d'un œil attentif. Le capitaine examinait surtout leur barbe et leurs cheveux. Les marchands d'esclaves trompent en effet les négriers, comme les maquignons dupent leurs pratiques : à l'aide de certains expédients, ils cachent les défauts de leurs articles endommagés. La principale avarie et celle qu'ils déguisent le mieux, est la vieillesse. Pourvu qu'un nègre ait toutes ses dents, quel que soit d'ailleurs son âge, ils le vendent comme un jeune homme. Dans ce but, ils lui frottent le corps d'huile de palmier, à plusieurs reprises, afin de rendre sa peau unie et luisante. Avec de la poudre de charbon et le jus d'une herbe, ils lui teignent les cheveux et la barbe. Ainsi accommodé, le nègre a l'air d'être encore au printemps de la vie ; mais cette aimable illusion se dissipe bientôt. La barbe et les cheveux continuant de pousser, on les voit blanchir par le bas, comme des arbres dont la souche vient à se couvrir de neige pendant la nuit. Quelquefois même, la préparation ayant été mal faite, ils reprennent leur couleur naturelle dans toute leur étendue. Les capitaines s'irritent alors en voyant qu'on leur a livré un nègre faux teint, au lieu d'un nègre de bonne qualité.

On s'occupa bientôt de distribuer aux esclaves leur premier repas. C'était une bouillie épaisse de farine de maïs, assez consistante pour permettre de la couper en morceaux, ce qui facilitait beaucoup la répartition. Une demi-pinte d'eau complétait ce festin de Lucullus. Dans l'après-midi, les noirs reçurent une autre portion de bouillie avec une tranche de bœuf salé, qu'arrosa encore une demi-pinte du même liquide. Les jours suivants, la nourriture ne changea guère. Quelquefois seulement on substituait de la farine de blé d'Inde à la farine de maïs ; la pâte avait alors un goût un peu différent, quoique tout aussi peu délicat. Pour épargner sur cette alimentation primitive, les capitaines de vaisseau achètent leurs denrées en Afrique même ; ils salent leur bœuf pendant les jours d'ennui qu'ils passent à attendre leur cargaison humaine. »

Les quelques lignes qui suivent, empruntées à Garneray, font connaître la physionomie du négrier lorsque les capitaines se sentirent surveillés, après l'acte de 1788 :

« J'ai lu avec autant d'attention que de surprise tous les romans maritimes qui ont paru jusqu'à ce jour, et je ne puis m'empêcher de déclarer que je n'ai trouvé dans la plupart d'entre eux que de monstrueuses hérésies en fait de marine.

« Un romancier, quand il lance un négrier sur l'Océan, ne manque jamais de le faire se déguiser pour échapper aux investigations de l'autorité, et je déclare que ce travestissement n'est pas possible. Que l'on change jusqu'à un certain point et dans une certaine mesure l'aspect d'un négrier, je le conçois ; mais on ne le dénaturera jamais de telle façon qu'il en devienne méconnaissable aux yeux des gens du métier.

« Le négrier est déjà reconnaissable, sur le chantier, par la perfection de sa coupe. Construit selon sa destination, c'est-à-dire de façon pouvoir échapper aux croiseurs et offrir les conditions de salubrité indispensable au salut de la traite, le négrier doit être à coffre doublé en cuivre, et percé de sabords pour y placer une batterie. En outre, proportions gardées, son tillac est exhaussé au-dessus de la flottaison au moins d'un tiers de plus que ceux des corvettes et des corsaires, et voici pourquoi : d'abord, pour donner plus de hauteur au parc des noirs, construit sur le faux pont ; ensuite, pour que l'on puisse arrimer beaucoup d'eau et de vivres ; enfin, pour assurer au navire la qualité essentielle de ne pas embarquer la vague dans les gros temps, car il n'y a rien de si nuisible à la santé des noirs que d'être mouillés par l'eau de mer : ce que l'on s'expliquera aisément en songeant que les logements des esclaves étant fort chauds, il résulte de cette humidité dilatée par une haute température et saturée d'émanations infectes, des épidémies horriblement meurtrières.

« Quand bien même le navire négrier ne serait pas un bâtiment spécialement construit en vue de la traite, on reconnaîtrait encore facilement sa destination à mille signes révélateurs ; à son équipage composé d'hommes d'élite, à ses chaudières, aux charniers, à ses grandes embarcations, quelquefois pontées, mais toujours gréées avec beaucoup de soin, car elles sont obligées souvent à faire des courses lointaines ; enfin, à son artillerie, à ses armes, à ses cloisons. Parviendrait-on même à dissimuler tous ces indices accusateurs, il resterait encore à bord assez de preuves irrécusables pour le trahir, telles que les barreaux destinés à supporter le faux pont volant, les planches nécessaires à la confection du faux tillac, les emménagements des parcs, le bois nécessaire à la construction de sa rambade, enfin l'énorme quantité de toile goudronnée dont on a besoin pour confectionner le tout.

« J'en demande donc bien pardon à MM. les romanciers maritimes qui ont souvent consacré des chapitres entiers à opérer le déguisement d'un négrier ; mais ce déguisement est matériellement impossible. »

CHAPITRE III

RÉVOLTES ET NAUFRAGES

Les révoltes. — Une cargaison de nègres tue les blancs. — Don José Ruiz frète la goélette *Amistad*. — Joseph Cinquez, chef noir, assassine le capitaine ; ses compagnons égorgent l'équipage. — Navire errant. — Les Américains prennent possession de la goélette. — La *Doris*, capitaine Liard. — Ruses de négriers. — Traitement des esclaves. — La danse des Africains. — Révolte, combat, victoire des blancs. — Naufrage. — Abandonnement des noirs. — Les naufrages en canot. — Souffrances inouïes. — Délire. — Arrivée à terre.

« Les esclaves africains, emmagasinés à l'étroit dans des entreponts très bas, sont parvenus plusieurs fois à crever la voûte de leur cachot flottant. A bord d'un bâtiment léger bondé de noirs, les négriers sentirent tout à coup le pont frémir et craquer sous leurs pieds. Hommes et femmes, enchaînés accroupis pour tenir moins de place, se soulevant tous ensemble faisaient effort du dos, les enfants poussaient de la tête ; la cargaison se transformait en levier.

« Les négriers, se sentant perdus, ouvrent tous les panneaux et le fusil à l'épaule se retranchent à l'extrême arrière, mais en même temps, ils ont usé du plus affreux stratagème en répandant à profusion sur le pont des marrons de fer ou clous à cinq pointes. Les nègres, décidés à braver la fusillade, font irruption par les panneaux, mais aux premiers pas se mettent les pieds en sang, trébuchent, tombent, et poussés les uns par les autres, ne tardent pas à être foudroyés. Perte grave, grosses avaries dans le chargement. L'affaire devient mauvaise. Le capitaine soupire : tout n'est pas rose dans le commerce.

« Enfin, on jette par-dessus le bord les morts et les nombreux estropiés qui ne seraient plus vendables ; le reste de la cargaison est ramené dans la cale, et le navire poursuit son abominable route.

« Les révoltes d'esclaves étaient si fréquentes, surtout depuis l'interdiction de la traite, que l'approvisionnement en piquants de fer, dont on avait à bord plusieurs barils, était absolument de rigueur.

« On conçoit néanmoins que les négriers ne durent pas toujours avoir le dessus ; mais toujours la délivrance momentanée des nègres a été suivie du naufrage, puisqu'aucun d'eux n'était capable de diriger le navire.

« De la Landelle. »

« Il n'est pas de supplices que n'aient inventés les négriers pour contenir les esclaves, dont ils craignent plus que jamais la révolte. Voici un événement de cette nature qui, au milieu d'un grand nombre, nous a paru mériter d'être cité :

Vers 1820, le bruit se répandit, dans la ville de New-York, que l'équipage noir d'un navire parti de la Havane, avec une cargaison de nègres, s'était révolté et avait tué tous les blancs, à l'exception de deux qui avaient pu s'échapper dans le canot ; et bientôt après, qu'un bâtiment suspect, à l'extérieur *noir, long et bas*, avait été vu à plusieurs reprises le long des côtes américaines. Les rapports identiques de pilotes qui avaient parlé au navire rôdeur et n'y avaient aperçu que des noirs bizarrement armés et accoutrés, ignorants de tout langage européen, ne permirent plus de douter que ce navire ne fût celui sur lequel avaient été massacrés les blancs sortis du port de la Havane. Aussitôt les bâtiments de l'État s'élancèrent de toutes parts à la poursuite de la nef suspecte, qui, après plusieurs jours de recherches vaines, fut enfin aperçue par le brick de guerre le *Washington*, saisie et conduite dans le port de New-London, État du Connecticut. Ainsi qu'on l'avait pensé, ce navire était celui-là même sur lequel s'était passée la tragédie ci-dessus rapportée. Son équipage fut immédiatement traduit devant une cour d'enquête, et des dépositions faites devant cette cour ont résulté les faits qui suivent :

Trois mois auparavant, dont José Ruiz, noble et riche Espagnol, avait quitté sa belle habitation, située à Principe, pour aller à la Havane acheter des esclaves. Il venait justement d'en arriver une cargaison de la côte d'Afrique. Don Ruiz en acheta quarante-neuf, et comme il avait en outre fait acquisition de beaucoup de marchandises de toute espèce, telles que poterie, ustensiles de cuivre, objets de toilette féminine, articles de luxe, etc., il fréta la goélette *Amistad* pour transporter le tout à Guanaja, port non loin duquel se trouve Principe. Un autre Espagnol, le señor Montèz, vint à bord du même navire avec plusieurs esclaves achetés au même marché et de la même cargaison de don Ruiz. De son côté, le capitaine de la goélette avait à son service un nègre appelé Antonio et deux matelots blancs. Telle était en son entier la composition de l'équipage.

Les esclaves de don Ruiz et du señor Montèz étaient tous originaires du Congo. Il y avait six semaines seulement qu'ils avaient quitté l'Afrique. Parmi eux en était un, nommé en Espagnol Joseph Cinquèz, et qui était le fils d'un chef africain. Ce Cinquèz était, dit-on, un homme des plus remarquables par ses proportions physiques et morales. Sa sagacité et son courage font une exception brillante et presque phénoménale parmi sa race. Habitué à ordonner, il porte en lui cette dignité et ce prestige qui naissent du commandement et qu'on fait naître pour lui. Seul debout, noble et fier parmi les siens à genoux, il est grand de tout leur abaissement. Ses yeux, s'ils ne sont pas flamboyants, ont l'expression d'une profonde résignation, contemplant et bravant d'avance le martyre. Ses lèvres sont plus épaisses et plus retroussées que celles des gens de sa race en général; mais en s'ouvrant, elles découvrent une double rangée de dents dont la régularité ne le cède qu'à la blancheur. Ses narines ont une mobilité et une puissance de contraction extraordinaires. Une large poitrine, des bras et des mains sur lesquels les muscles font saillie, une taille *herculéenne* de cinq pieds (américains) et sept pouces trois quarts de haut, et vingt-six ans d'âge, tel est le portrait que les journaux américains firent de cet homme, sur lequel se concentra l'intérêt général. Cet intérêt fut si grand, que l'éditeur du *Sun* de New-York envoya à franc étrier prendre le croquis du nouvel *Oseola*, et que ce croquis unique se vendit des prix énormes. Il n'y avait que trois jours que la goélette *Amistad* et son équipage noir étaient pris, et déjà sur un théâtre de New-York on jouait un drame dans lequel goélette et équipage étaient représentés avec tous les épisodes de leur sanglante aventure!

La goélette *Amistad*, chargée ainsi que nous l'avons dit, mit à la voile. Guanaja est à peu près à la distance de trente milles du port de la Havane. Pendant quatre jours tout alla bien; le cinquième jour, le vent devint contraire. Pendant la nuit qui suivit cette journée difficile, le capitaine dormait sur le pont, avec son mulâtre couché à ses pieds, quand tout à coup une rumeur surgit de la cale où étaient enfermés les esclaves, et presque aussitôt le nègre Joseph Cinquèz parut sur le pont, armé d'un long couteau à sucre. Seul, il s'élança sur le capitaine, et après une lutte opiniâtre, il lui fendit la tête en deux. Pendant ce temps, trois autres nègres, également intrépides, attaquaient le mulâtre du capitaine et les deux matelots blancs, et sortaient également triomphants de cette lutte homme à homme. Les autres nègres, lâche troupeau resté dans la cale, y réduisaient

Le capitaine était retombé dans son délire. (Page 773.)

leur coopération à des cris et à un sabbat d'enfer. En les entendant, le vieux don Ruiz appela le nègre Antonio, resté fidèle, et lui dit d'aller jeter du pain aux noirs pour les empêcher de hurler ainsi. Mais déjà ceux-ci, avertis par Cinquèz que la besogne la plus difficile était faite, avaient envahi le pont en poussant des cris de mort. Dans le trouble de cette révolte, et à la faveur de l'obscurité profonde, l'homme qui était à la barre et un autre matelot espagnol parvinrent à détacher le bateau derrière et à échapper.

Quant aux señores don Ruiz et Montèz, le premier fut épargné, grâce à l'intervention d'Antonio et au respect presque superstitieux qu'il avait su inspirer à ses nouveaux esclaves ; le second fut d'abord grièvement blessé par Cinquèz, qui l'attaqua corps à corps et l'aurait tué, si Antonio ne lui eût appris que Montèz était un ancien capitaine et qu'il pourrait les diriger sur mer. Tout blessé qu'il était, Montèz fut donc mis à la barre, et reçut l'ordre de diriger le navire du côté de l'Afrique, leur patrie ; mais Joseph avait remarqué, depuis son départ de la terre, qu'ils étaient venus du côté où le soleil paraissait se lever. Il ordonna donc que là fût dirigée la proue du navire ; de temps à autre, il vérifiait la direction suivie, et si la goélette était détournée perceptiblement, il levait son couteau sur la tête de Montèz et lui faisait d'horribles menaces. Montèz n'en trouva pas

95.

moins le moyen de tromper son gardien ignorant. Le deuxième jour un orage l'y aida en le poussant dans le canal de Bahama. Longtemps ils y errèrent sans rencontrer un seul bâtiment. Le manque d'eau se fit sentir. Les nègres ordonnèrent à Montèz de les diriger vers la terre qui serait la plus proche ; il leur fit voir que c'était l'île Saint-André. Les nègres y descendirent, mais n'y trouvèrent ni eau, ni habitants. Montèz les dirigea alors vers New-Providence ; mais là les nègres n'osèrent pas débarquer.

Pendant ce temps, Joseph Cinquèz avait appris de lui-même, et par la seule observation, à gouverner. Le jour, il prit le gouvernail et ne le remettait à Montèz que la nuit, encore dormait-il tout près de la barre, ayant à ses côtés deux nègres, avec ordre de le réveiller à la moindre alarme. Sa vigilance et sa prudence instinctive avaient établi l'ordre parmi les noirs qui, dès l'abord, s'étaient livrés à tous les excès et à tous les débordements possibles. Ils avaient défoncé les colis, éparpillé et pillé toute la cargaison. Parmi celle-ci se trouvait une grande quantité de vins, de raisins et de médicaments, soit liquides, soit solides ; ils avaient bu et mangé de tout indistinctement, et si immodérément, que dix d'entre eux moururent en peu de jours d'indigestion et d'empoisonnement. Joseph Cinquèz arrêta cette orgie homicide, et fit défense de toucher à rien sans sa permission. Toute infraction à cet ordre fut sévèrement châtiée par ses mains. Lui-même ne cessa pas un seul instant d'observer la plus rigoureuse tempérance.

Toute nourriture fut répartie par lui, toute caisse ouverte désormais sous ses yeux. Il divisa le butin, et n'en prit que la plus petite part. Ses prisonniers eux-mêmes, Montèz et don Ruiz, admiraient cet homme dont le génie régulateur et l'esprit prudent avaient su acquérir une si haute influence au milieu de tant d'éléments de désordre et d'anarchie. Mais plus la prévoyance de cet homme était grande, plus leur sort à eux était devenu problématique, plus leurs espérances faiblissaient. La nuit, ils tiraient toujours à l'ouest, mais le jour défaisait l'ouvrage accompli dans l'ombre. A la fin, manquant d'eau et de vivres, ils parvinrent à persuader Joseph qu'ils devaient se diriger au *nord de l'Est* pendant le jour.

Environ deux mois après, autant que peuvent le supposer don Ruiz et Montèz, qui avaient perdu la connaissance des dates et des jours, ils se trouvèrent en vue de l'île appelée *Long-Island*, au-dessus de la baie de New-York. Ils avaient bien rencontré quelques bâtiments : l'un d'eux leur donna même une dame-jeanne d'eau ; mais quand ces bâtiments paraissaient, Joseph se plaçait aux côtés de don Ruiz, le seul qui parlât anglais, et l'intelligent et défiant Africain dévorait des yeux les lèvres de son dangereux interprète, comme s'il eût pu voir et deviner par l'intuition ses énigmatiques paroles.

Le nègre Antonio, ancien esclave du capitaine assassiné, était l'organe de communication entre le chef africain et don Ruiz. Ce nègre était d'origine africaine ; mais il vivait depuis huit ou dix ans à la Havane, et parlait, en conséquence, les deux langues africaine et espagnole. Le sentiment des services qu'il pourrait en tirer le fit seul épargner de Cinquèz, qui, du reste, le méprisait comme renégat.

La goélette *Amistead* fut rencontrée différentes fois sans que jamais il fût possible à don Ruiz et à Montèz de communiquer avec les bâtiments en vue et d'appeler leur assistance. De leur côté, les nègres ne purent réussir à se procurer en suffisance les vivres et l'eau dont ils avaient besoin. Les habitants des côtes d'Amérique, effrayés de ces hommes à l'extérieur bizarre, au langage inconnu, s'enfuyaient devant eux ou les chassaient à coups de fusil. Une fois, cependant, ces malheureux errants parvinrent à acheter quelques provisions, deux chiens et un fusil, pour lesquels ils donnèrent autant de doublons qu'on en voulut. L'achat de ce dernier objet, le fusil, est d'autant plus bizarre qu'ils en avaient déjà quelques-uns à bord, et qu'ils en ignoraient complètement l'usage. Deux capitaines américains, se promenant sur les grèves de Culloden, rencontrèrent, à ce qu'il paraît, quelques-uns des émissaires nègres, rôdant à la recherche de provisions. Les capitaines engagèrent avec eux une conversation par signes, et leur voyant des doublons dans les mains, leur demandèrent s'ils en avaient beaucoup à bord.

Les nègres firent comprendre qu'ils en avaient deux malles pleines, et les proposèrent aux Américains, s'ils voulaient venir à bord et les conduire en Afrique, du côté du soleil levant. Les deux capitaines leur dirent d'apporter leurs malles pleines de doublons à terre, et qu'alors ils les conduiraient dans un bon endroit, qui était le Sag-Harbor. Les noirs promirent de faire ainsi, et se rembarquèrent.

Pendant ce temps, le cutter armé des États-Unis, le *Washington*, rencontrait et abordait l'*Amistead*, qui était restée au large. En voyant paraître les officiers en uniforme, don Ruiz s'élança sur les sabords et leur cria : « Ces nègres sont mes esclaves ; ils se sont révoltés et emparés du bâtiment ; celui-ci est leur chef (désignant Joseph). Je demande votre protection. »

Les officiers du cutter américain prirent immédiatement possession de la goélette, et la remorquèrent, après avoir désarmé les nègres. En voyant cela, Joseph Cinquèz descendit dans sa cabine, attacha autour de ses reins une ceinture remplie de doublons, et remontant à l'arrière, d'un seul bond il s'élança par-dessus le bord. Tandis qu'il était sous l'eau, il détacha la ceinture et reparut à la surface à peu près à trois cents pieds plus loin. Il avait été sous l'eau pendant plus de cinq minutes !

Le bateau du cutter fut mis immédiatement à sa poursuite. Quand le bateau l'approchait, il s'arrêtait ; puis, au moment où on croyait le saisir, il plongeait et reparaissait à cent pieds plus loin. Cette lutte entre le noir et les hommes blancs dura plus de quarante minutes. Enfin, voyant que ses efforts seraient infructueux, l'intrépide voyageur se livra lui-même. Quand il fut à bord du bateau, il sourit, et, entourant son cou de ses deux mains, il indiqua qu'il s'attendait à être pendu. On le transféra à bord du *Washington* ; mais bientôt il demanda si vivement à être reconduit sur l'*Amistead*, qu'on céda à sa prière. En le voyant rentré parmi eux, les pauvres nègres l'entourèrent avec des démonstrations de joie folle. Les uns dansaient, les autres riaient, criaient, pleuraient ; Joseph se tint au milieu d'eux, mais sans qu'une expression ni de crainte, ni de joie troublât l'imposante sérénité de sa face. Quand le bruit eut cessé, il leur adressa les paroles suivantes, reproduites par le nègre Antonio :

« Frères et amis, nous aurions revu notre patrie ; mais le soleil était contre nous. Je ne voulais pas vous voir esclaves des hommes blancs, c'est pourquoi je vous ai excités à m'aider à tuer le capitaine. Je pensais alors succomber dans ma tâche, j'espérais me faire tuer. Cela aurait été meilleur. Il vaudrait mieux que vous eussiez été tués, que de vivre de longues lunes encore dans la misère. Je vais être pendu, je pense ; mais cela ne m'inquiète guère. Je mourrais heureux si, en mourant, je pouvais sauver mes frères de la servitude des hommes blancs. »

Ce discours causa une telle effervescence parmi les noirs, qu'on fut obligé de ramener par force Joseph Cinquèz à bord du *Washington*. Le héros noir se soumit à la contrainte avec une dignité stoïque ; ses compagnons, au contraire, poussèrent des hurlements de douleur. Une fois dans le cutter, on lui mit des menottes pour empêcher une seconde tentative d'évasion. Il se laissa faire sans témoigner la plus petite émotion. Le lendemain, il fit comprendre par signes que si l'on voulait lui permettre de retourner à bord de la goélette, il donnerait aux officiers un mouchoir rempli de doublons. On y consentit, et on délia ses mains. La réception que lui firent les noirs fut encore plus désordonnée d'ivresse et d'enthousiasme que la veille. Au lieu de s'occuper à chercher les doublons promis, il rassembla les noirs et leur dit :

« Mes frères, je suis encore une fois parmi vous. J'ai trompé l'ennemi de notre race, en leur disant que j'avais de l'or. Je viens vous dire que vous n'avez qu'une chance de pouvoir trouver la mort, vous n'en avez plus pour la liberté ; je suis sûr que vous préférez la mort, ainsi que moi. En tuant les hommes blancs qui sont maintenant sur ce bâtiment, et à cela je vous aiderai, vous pouvez vous faire tuer, à coup sûr, par leurs compagnons. C'est le meilleur parti à prendre ; par là, vous évitez l'esclavage pour vous-mêmes et pour vos enfants. Suivez-moi, et alors... »

Le nègre Antonio, aposté pour l'écouter et veiller sur lui, fit un signal, et le chef indompté fut de nouveau saisi, garrotté et ramené à bord du *Washington*. Tandis qu'il adressait ce discours à ses compagnons, sa face brillait et ses yeux flamboyaient, tournés sur les matelots d'alentour.

Les noirs poussaient des cris rauques, et leurs regards étaient aussi farouches que les siens. Ils semblaient être sous une magique et démoniaque influence. En regagnant le cutter, Cinquèz ne fit pas un mouvement, mais il eut constamment les yeux fixés sur la goélette. Rentré à bord du *Washington*, il fit mille gestes pressants pour qu'il lui fût permis de monter sur le pont, et une fois là, il commença à fixer son regard profond et perçant du côté de la goélette. Mais les nègres ne bougèrent pas ; leur talisman, leur âme les avait quittés.

Pour les abolitionnistes, Cinquèz était un héros. Pour les partisans de l'esclavage et les observateurs de la loi écrite, c'était un bandit ou un meurtrier. Ceux-ci réclamèrent sa mort, ceux-là sa délivrance.

En attendant le jugement de ce procès, la foule se porta à New-London pour voir les pauvres nègres, qui formaient le tableau le plus grotesque qui se puisse imaginer. Ils s'étaient fait des vêtements de tous les objets qui leur avaient semblé les plus beaux. Les uns avaient endossé des robes de femme, les autres des habits d'ordonnance ; ceux-là portaient un shako, ceux-ci un bonnet de dentelle : ce fut une scène de mardi-gras au pied de la potence.

Voici un autre fait qui peut donner une idée de l'avarice des colons.

Le jeune D..., commis dans une maison de commerce à l'Ile-Bourbon, avait pour maîtresse une négresse esclave, appartenant à d'autres qu'à lui. Un jour elle vint le trouver et lui annonça avec angoisse qu'elle était enceinte. Affreuse nouvelle, car leur enfant allait naître esclave, et appartenir au maître de la mère.

Ces événements sont fréquents à l'Ile-Bourbon, et lorsque le père de l'enfant est libre, il achète l'enfant dans le ventre de la mère, pour qu'il ne naisse pas esclave et qu'il en puisse disposer à sa volonté. Il faut assister à ces hideux marchés pour s'en faire une idée, et jusqu'où peut aller l'avarice des maîtres.

D... avait huit mois devant lui pour racheter son enfant. Le maître de la négresse fixa à la somme énorme de deux mille francs le prix de l'enfant. Les huit mois s'écoulèrent, et D... ne put se procurer les deux mille francs. La mère était au désespoir. Le terme fatal arriva. La négresse devint mère ; trois jours après la mer rejeta deux cadavres : celui de cette infortunée et d'un enfant ! (*Histoire générale de la marine*).

Garneray fut obligé de s'embarquer sur un navire commandé par un maître fourbe, le capitaine Liard, navire qui dévoila bientôt sa destination pour la traite des nègres, mais qui, selon les superstitions des matelots, était destiné aux pires aventures. Il s'était, en effet, mis en route un vendredi, et le chat du bord avait disparu, comme par miracle.

« Le lendemain de notre arrivée à Zanzibar, dit Garneray, c'est-à-dire le 27 janvier, on commença à faire, sans perdre de temps, les préparatifs nécessaires pour recevoir 250 esclaves.

Après un travail de huit jours, la *Doris* n'était plus reconnaissable. Entièrement peinte en noir, ensevelie sous son énorme *tot*, défendue par sa rambade, et portant douze canons, dont deux seulement étaient véritables, elle était devenue, au dedans et au dehors, une forteresse capable de résister aux ennemis de l'intérieur et de l'extérieur, elle présentait donc une apparence à même d'en imposer à nos noirs et aux assaillants de terre. Il me serait impossible de rendre l'impression de profonde tristesse que causait la vue de notre navire, une fois que tous ces préparatifs furent terminés.

Une fois les acquisitions en train, des préposés aux douanes escortaient chaque jour à bord, au soleil couchant, les noirs inscrits et déclarés, les faisaient embarquer devant eux, puis montant à leur tour, ils fermaient avec soin le cadenas de la chaîne qui attachait notre canot à l'arrière du navire, et allaient ensuite se livrer paisiblement au sommeil, sous une tente dressée exprès pour eux sur la dunette de la *Doris*. Inutile d'ajouter que le chef de l'escouade douanière, avant de se retirer, affectait de rouler avec beaucoup de soin, en notre présence, dans les plis de sa ceinture, la clef qui retenait la chaîne de notre canot.

Dès la première fois que cette installation eut lieu, M. Liard ordonna à Fignolet de placer près des musulmans la vaisselle dont l'état-major de *la Doris* s'était servi à dîner, et d'oublier parmi cette vaisselle quelques bouteilles d'arack et de liqueur. L'expérience réussit à merveille. Deux heures plus tard, les préposés de la douane de Zanzibar étaient tous en proie à une ivresse profonde.

— A présent, mes amis, nous dit le capitaine rassuré et édifié par les ronflements de nos gardiens, à l'ouvrage ! Dédoublons le canot !

En effet, le canot, si bien attaché et si mal surveillé, avait été construit en double, c'est-à-dire qu'il contenait une seconde embarcation dont nous opérâmes facilement et promptement le démontage, et que nous reconstruisîmes ensuite à loisir ; cela fait, nous laissâmes couler à fond, à quelques pieds sous l'eau, notre nouveau canot, dont la hausse fut amarrée sur le câble qui nous tenait à l'ancre, et dont on surfila quelques brasses ; de cette façon, il était impossible qu'on pût le découvrir.

Le proverbe qui traite d'*arabes* les gens retors en affaires est assez vrai, mais il le serait bien plus encore si au mot d'arabe on substituait celui de négrier.

Ce n'était pas tout que de posséder un moyen de nous rendre la nuit clandestinement à terre ; au moins fallait-il, pour utiliser ces voyages, que nous pussions trouver des esclaves à embarquer. Or, les courtiers de traite, malgré toutes les offres que leur fit le capitaine, refusèrent à l'unanimité de se prêter à notre fraude. Après tout, nous ne pouvions pas trop leur en vouloir, car il ne s'agissait pour eux, si nous avions été surpris, de rien moins que de la tête. Un d'eux, pourtant, plus complaisant que ses collègues, voulut bien apprendre au capitaine à dire en arabe : « Conduisez vos esclaves à l'embouchure de la rivière, à minuit précis ; nous vous les payerons comptant. »

M. Liard, après trois ou quatre jours d'études acharnées, prononçait d'une façon assez intelligible cette phrase qui devait lui être d'une grande utilité. Il la mit bientôt en pratique.

S'entendant pendant la journée avec les propriétaires d'esclaves, il nous envoyait, chaque nuit, à l'embouchure de la rivière, qui se perd dans le canal de Zanzibar, à trois quarts de lieue au nord de la ville, embarquer ceux qui nous y attendaient.

Ces fréquentes opérations clandestines diminuaient de beaucoup, on le conçoit, les droits que nous aurions dû payer à la douane ; seulement, il devait forcément résulter de cela, le jour de notre départ, une explication orageuse, lorsque les Arabes viendraient visiter notre navire. M. Liard, heureux de réaliser, en attendant, de fortes économies, ne se préoccupait que fort peu de ce léger détail, remettant au dernier moment le soin de régler cette affaire.

Les lecteurs ont déjà pu lire dans des ouvrages maritimes la relation, un peu exagérée sans doute, mais vraie quant au fond, des affreux traitements dont les esclaves sont victimes tant de la part de leurs compatriotes que des négriers. Ces cruautés, que nous ne nous sentirions pas, au reste, le courage de retracer, car il y a des monstruosités que les convenances ordonnent de passer sous silence, ne se présentaient heureusement pas à Zanzibar.

A Zanzibar, il n'existe pas de vente à l'encan des Africains ; les habitants qui se défont de leurs esclaves n'obéissent guère qu'au besoin d'argent qu'ils éprouvent, souvent aussi ils ne les livrent à la traite que parce qu'ils sont mécontents de leur service ou de leur caractère.

Les noirs de Zanzibar arrivent dans ce port par cargaisons entières, soit des îles environnantes, soit de la côte. Les équipages des navires qui servent à ce transport sont généralement peu nombreux, et se composent d'Arabes et d'Africains convertis à l'islamisme : eh bien ! malgré la proximité de leur terre natale, malgré le peu de surveillance que l'on exerce sur eux et la supériorité de leurs forces, il n'est pas d'exemple que des esclaves se soient jamais révoltés. Après tout, il faut ajouter que si ce fait avait lieu les révoltés seraient, en arrivant à la côte, impitoyablement massacrés par leurs propres compatriotes, car l'esclavage, en Afrique, constitue une dette ou un châtiment, et est regardé comme une chose sacrée.

On se figure généralement en Europe que les noirs se font la guerre entre eux afin seulement d'échanger leurs prisonniers contre la poudre, les armes, les miroirs et l'arack que leur apportent les négriers, ce qui est une grossière erreur.

Les malheureux qui tombent dans l'esclavage n'y sont pas conduits par le sort des batailles ; quelquefois, il est vrai, ce fait se présente ; mais d'ordinaire ce sont mille causes diverses qui font perdre aux Africains leur liberté.

D'abord, je parle toujours de la côte d'Afrique, tout plaideur qui perd un procès contre son égal devient esclave, non de ce dernier, mais du roi. Aussi les petits monarques de la côte sont-ils sans cesse à exciter, cela se conçoit aisément, leurs sujets à plaider les uns contre les autres : le gagnant obtient ordinairement de son souverain une mesure de liqueur, quelquefois moins encore.

Les maîtresses des souverains nègres, dressées, les malheureuses, à ce manège, attirent-elles les regards d'un homme, on guette le soupirant jusqu'à ce qu'on le surprenne adressant une déclaration, et il devient esclave. L'homme provoqué par les brûlantes œillades de la perfide beauté résiste-t-il, prévoyant le sort qui l'attend, à ses avances, elle le dénonce comme son séducteur, et il est condamné tout comme s'il avait eu le bénéfice de sa culpabilité.

L'adultère entre époux entraîne la perte de la liberté pour le coupable et la victime. Le jeu conduit également à l'esclavage ; on voit tous les jours deux adversaires jouer l'un contre l'autre leur liberté.

Un maître met son esclave pour enjeu et le perd ; l'esclave prend la fuite ; le maître est tenu de le remplacer de sa propre personne.

Ce que l'on croira peut-être difficilement, et ce que je n'aurais jamais accepté moi-même comme vérité si je n'avais été plusieurs fois le témoin de ce fait, c'est que le mari peut vendre sa femme et ses enfants quand bon lui semble ; quant à la femme, elle ne peut se défaire que de ses enfants ; son époux échappe à sa tendresse.

Si je me suis un peu étendu sur ces mœurs, c'est qu'elles sont, en Europe, généralement peu connues ; je demanderai à présent la permission, pour compléter ces renseignements sur la traite, de décrire aussi rapidement que possible la manière dont les esclaves sont traités à bord d'un négrier.

D'abord, et avant tout, la salubrité du navire négrier étant aussi essentielle à la santé des captifs qu'à celle de l'équipage, les marins tournent toute leur attention vers cet objet.

Pour atteindre ce but, on lave à grande eau, chaque soir, le pont supérieur, immédiatement après qu'il est évacué par la traite. Le plancher ayant tout le temps nécessaire pour sécher pendant la nuit, on évite ainsi l'humidité pernicieuse d'un lavage du matin.

Les noirs séjournent sous le faux pont depuis le soleil couchant jusqu'au soleil levant. Les écoutilles sont toujours tenues entièrement ouvertes, à moins que le mauvais état de la mer n'oblige impérieusement de les fermer ; encore, dans ce dernier cas, ne le sont-elles jamais entièrement.

Les noirs que l'on achète, une fois passés en douane, sont amenés à bord au soleil couchant ; ils reçoivent en arrivant, car ils sont ordinairement nus, un simple morceau de cotonnade.

Les hommes, à partir de l'âge de vingt ans et au-dessus, sont accouplés deux à deux et mis aux fers ; une petite barre rivée à ses deux extrémités et garnie d'anneaux coulants sert à attacher leurs pieds. Au reste, après quelque temps d'un examen occulte, on exempte de cette position gênante ceux dont la conduite et les paroles ne respirent ni la vengeance ni la révolte.

J'ai déjà, plus haut, décrit l'emplacement qu'occupent à bord les logements des nègres : quant aux négresses et aux enfants, ils couchent au milieu de la grande chambre, entre les cabines de l'état-major. Une fois la traite au complet, on indique à chaque nègre la place qu'il doit occuper pendant la nuit et durant toute la traversée dans le faux pont. Pendant le jour, on change les places des noirs quand ils sont sur le pont.

Les plus âgés, les plus vigoureux, ou ceux dont on redoute l'esprit d'insubordination, occupent l'avant du navire ; les plus jeunes se trouvent ainsi près de la rambade : les enfants et les négresses sont tenus sur l'arrière parmi l'équipage.

Tous les matins, une demi-heure après le lever du soleil, on fait monter les esclaves quatre par quatre sur le pont, et on surveille leur toilette ; ils sont tenus de se laver la figure et les mains dans des baquets remplis d'eau de mer et de se rincer ensuite la bouche avec du vinaigre, pour prévenir le scorbut. Cette opération terminée, on visite leurs fers, et on les envoie se ranger aux places qui leur sont désignées d'avance et qu'ils doivent conserver toute la journée.

Le premier repas leur est servi à dix heures : il consiste, pour chaque individu, en six onces de riz, de millet ou de farine de maïs cuits à l'eau ; on ajoute la plupart du temps, à cette ration, du sel, du sucre, de la viande ou du poisson salés, mais cela toujours en très petite quantité. Chaque gamelle contient des vivres pour six personnes.

Rien de triste et de curieux à la fois comme la distribution du déjeuner. Un peu avant que dix heures sonnent, les nègres, leurs yeux fixés avec avidité sur le guichet de la rambade qui sert à introduire les gamelles sur l'avant, semblent ne plus respirer; un silence solennel règne sur le pont; on entendrait la chute d'une feuille. Ces malheureux, excités plutôt encore par leur gloutonnerie naturelle que par la faim, oublient un moment et l'avenir de captivité qui les attend et les fers qui les enchaînent : ils vont manger ! Cette pensée absorbe toute leur imagination, toute leur intelligence.

Enfin, dix heures sonnent; un murmure joyeux s'élève d'un bout à l'autre du navire. Aussitôt, quelques hommes de l'équipage, aidés par les nègres adolescents, viennent se ranger de l'avant à l'arrière pour faire parvenir les gamelles jusqu'aux places les plus reculées. Sans cette précaution, pas une seule n'arriverait intacte à sa destination.

Il faut voir alors l'avidité avec laquelle les nègres se précipitent sur leurs rations : elle explique leur dégradation et leur esclavage.

Un coup de balai sur le pont suit immédiatement le repas; puis, tout étant remis en place et en ordre, on distribue à chacun les travaux de la journée.

La prudence exigeant que l'on occupe le plus possible les esclaves, pour les distraire de leurs pensées de révolte, les uns sont chargés de faire des petits cordages ou de la tresse pour l'usage du bord, ceux-ci trient ou vannent les légumes et les froments destinés à leur nourriture journalière; ceux-là enfin grattent et nettoient avec des briques les planches du faux pont, qui leur servent de lit pendant la nuit.

Ces travaux terminés, des interprètes apprennent aux esclaves des chansons peu poétiques et peu morales, ou leur racontent de merveilleux récits, dont le but est de leur prouver qu'on ne les a achetés qu'afin de les délivrer des mauvais traitements de leurs maîtres, et qu'une fois rendus dans les colonies, ils passeront une vie de délices.

Après ces contes, et lorsque les esclaves paraissent ne plus les écouter avec le même plaisir, viennent les tours de force et les jongleries qu'exécutent les plus adroits matelots. Les nègres, ne connaissant pas le dessous des cartes, acquièrent peu à peu cette opinion que nous leur sommes infiniment supérieurs sous le rapport de la force physique.

A quatre heures sonnant, on leur sert un nouveau repas, semblable en tout point à celui du matin, qui est accueilli toujours avec la même joie vorace. Alors, si le temps est beau, les danses commencent; car, après manger, rien ne plaît davantage au nègre que danser.

Les exercices chorégraphiques des Africains ne ressemblent en rien à nos danses d'Europe. Le nègre, lui, ne tient ni à la grâce ni à la science; ce qu'il lui faut, c'est de la force, de la souplesse, de la passion, plus encore, du délire.

L'orchestre se compose invariablement d'une calebasse ou d'un bambou vides, sur lesquels résonnent des cordes, ou bien du tam-tam. Pendant que cette sauvage musique s'élève en notes discordantes vers le ciel, les assistants, réunis en rond, l'accompagnent en frappant dans leurs mains et en poussant, je n'ose dire des chants, des hurlements bizarres.

Enfin, un nègre et une négresse, jeunes ordinairement tous les deux, sortent des rangs des spectateurs et se placent, presque jusqu'à se toucher, vis-à-vis l'un de l'autre. Alors l'action s'engage.

Les deux danseurs, froids et impassibles à leur début et ne tenant qu'à montrer leurs grâces, se livrent d'abord à quelques contorsions insignifiantes qu'ils accompagnent de mouvements de tête, de bras, d'épaules et de grimaces grotesques : ceci n'est que le prélude, le lever, pour ainsi dire, du rideau.

Bientôt, s'échauffant aux feux de leurs regards, ils changent d'allure. Alors ce ne sont plus des créatures humaines, ils deviennent des tigres rugissants d'amour ! Dire leur émotion furieuse, leur exaltation sans nom,

Des nègres enfermés dans des barriques sont jetés à la mer. (Page 778.)

leurs cris hideusement sublimes, me serait chose impossible : il est des nudités que la gaze ne peut recouvrir.

Enfin, haletant, accablé, brisé par l'émotion et par la fatigue, le couple chorégraphique finit par tomber brutalement à terre, et d'autres danseurs le remplacent.

Au moment où le soleil va disparaître, on donne le signal de la retraite : seulement on a le soin, avant de réintégrer les nègres dans leurs logements, de les fouiller soigneusement, afin de s'assurer qu'ils n'ont, pendant leur séjour sur le pont, dérobé aucun objet qui pourrait les aider à briser leurs fers.

La nuit venue et la toilette du navire terminée, l'équipage se retranche, ayant ses armes placées à portée, en arrière de la rambade. Après le souper, une moitié des matelots prend le quart et la garde jusqu'à minuit, heure à laquelle ceux qui ont été se reposer viennent les remplacer jusqu'à quatre heures du matin. A six heures, tout le monde est réuni sur le pont et ne le quitte plus avant la nuit; car, dans cette pénible navigation de la traite, il n'existe de repos pour personne tant que le soleil brille à l'horizon.

Après un mois et demi de séjour à Zanzibar, la cargaison de *la Doris* se trouvait au complet. Elle se composait de 250 noirs : 100 étaient passés en douane et 150 avaient été embarqués clandestinement.

Je dois rapporter ici une singulière remarque que je fis pendant que l'on amenait les nègres à bord. C'est que ceux-ci, quoique déjà esclaves à Zanzibar, montraient un désespoir et une frayeur extrêmes lorsque leurs maîtres nous les livraient. Ils ne nous suivaient généralement qu'après avoir pris congé avec des hurlements et des sanglots de leurs camarades : on eût dit que nous les conduisions au supplice.

Un jour, à force de prévenances, de douceur et surtout d'arack, car je tenais à éclaircir le mystère de ce désespoir inexplicable, je parvins à faire parler un de nos noirs.

— Pourquoi donc, lui demandai-je en inclinant une bouteille d'eau-de-vie que je tenais à la main au-dessus de son verre, pourquoi éprouves-tu une telle douleur de quitter tes camarades? Les aimes-tu donc à un tel point que de te séparer d'eux te semble une chose si cruelle?

— Je n'aime personne, maître, me répondit le nègre suivant d'un œil plein d'anxiété et de convoitise la courbe que décrivait le goulot de ma bouteille en s'inclinant vers son gobelet.

— Alors pourquoi ces hurlements et ces sanglots? repris-je. D'abord et avant tout, je t'avertis d'une chose... c'est que si tu ne réponds pas franchement à ma question ou que tu essayes de me tromper, je ne te donnerai plus à boire! Parle maintenant...

Le nègre hésita un moment, mais à la vue de ma bouteille que je redressais il s'empressa de prendre la parole :

— Maître, me dit-il, je suis triste parce que 'e sais que vous devez m'égorger...

— Es-tu fou? Qui a pu te raconter un semblable mensonge?... On a voulu se moquer de toi?

— Oh! je sais bien que cela est vrai, dit le noir en hochant la tête d'un air de doute à mes paroles ; c'est mon maître Sidi-Ali qui m'a prévenu du sort qui m'attend.

— Réfléchis un peu, malheureux, et tu comprendras que nous ne dépenserions pas tant d'argent pour vous acheter, si notre intention était de vous tuer ensuite. Quel avantage retirerions-nous de notre barbarie?

— Celui de boire notre sang! Sidi-Ali m'a appris que cette boisson faisait vos délices! Oh! je sais bien que je ne puis l'échapper...

J'eus beau faire tous mes efforts et m'épuiser en raisonnements pour retirer le nègre de sa stupide erreur, je ne pus y réussir et j'en fus pour mes frais d'arack et de logique. Je reviens à mon récit.

Notre chargement étant au grand complet, il ne nous restait plus qu'à mettre à la voile.

Pendant les quelques jours qui suivirent notre heureux départ de Zanzibar, aucun incident digne d'être rapporté ne signala notre navigation. Cependant, quoique tout semblât favoriser notre traversée et nous présager un prompt retour à Bourbon, nous n'étions pas sans inquiétude : nos nègres montraient un esprit d'insubordination qui nous donnait beaucoup à réfléchir et nous préoccupait vivement.

Nous avions beau nous ingénier à leur procurer des distractions, à leur être agréables, nos Africains, loin de nous savoir gré de nos attentions, prenaient vis-à-vis de nous une attitude de plus en plus rogue, presque hostile. Négligeant les menus travaux que nous leur confiions, indifférents et distraits aux contes que leur racontaient les interprètes, ne voulant plus se livrer à l'exercice de la danse, et répondant aux observations que nous leur adressions par des insolences, nos nègres, une fois sur le pont, ne sortaient de leur apathie que pour se livrer à des chuchotements furtifs et qui cessaient aussitôt à notre approche.

Le 13 mars au matin, nous trouvant à environ trente lieues de la côte, la brise mollit presque jusqu'au calme plat. Quelques grains prirent naissance, presque à perte de vue, dans les différentes parties de l'atmosphère, et *la Doris* cessa de gouverner. Une sombre tristesse, était-ce un pressentiment? semblait peser sur notre équipage.

Dix heures sonnèrent et l'on servit le déjeuner. Chose étrange! nos nègres, si gloutons, si affamés, si voraces jadis, ne mangeaient plus depuis quelque temps que du bout des dents, et comme si cela eût été une corvée pour eux, la nourriture que nous leur donnions.

Quatre de nos hommes, selon l'habitude, étaient le matin du 13 mars chargés de faire circuler les gamelles. A peine ces matelots, le jeune Fleury, Prendtout, Périn et Ducasse, furent-ils passés sur l'avant et eurent-ils refermé sur eux les portes de la rambade, qu'une clameur immense, horrible, semblable aux rugissements d'un troupeau de tigres, éclata au milieu du silence.

A cette déclaration de guerre, à ce prélude d'une révolte, car le doute ne nous était malheureusement plus possible, une émotion poignante nous serra le cœur, et nous comprîmes qu'un seul instant de faiblesse de notre part et c'en était fait de nous.

Au reste, rien, je n'excepte pas même le feu, n'épouvante le négrier comme une révolte. Il sait que la lutte sera sanglante, sans pitié ni merci; mais ce n'est pas ce qui l'effraye. Qu'il tombe le crâne fracassé, peu lui importe, ce n'est pas ce qu'il craint, car le marin est prêt chaque jour à la mort; mais ce qui glace son sang dans ses veines et fait perler une sueur froide sur son front, c'est l'idée que s'il est vaincu et que son malheur le laisse vivant aux mains de ses ennemis, il aura à subir une agonie de tortures sans nom! Rien, en effet, n'égale la férocité que déploient les nègres victorieux envers les équipages qui tombent en leur pouvoir. Il n'est pas de raffinement de cruauté, de douleurs possibles qu'ils n'inventent et ne leur fassent subir.

Aussitôt après la clameur dont je viens de parler, nous entendons des cris : Au secours! au secours! Ce sont nos malheureux compagnons sur qui les nègres se sont précipités et qui, sans armes pour se défendre, implorent notre assistance. Mais comment parvenir jusqu'à eux? La plupart des Africains qui se sont, nous ignorons comment, débarrassés de leurs fers, nous opposent une barrière que nous ne pouvons franchir; armés de tous les ustensiles qui leur sont tombés sous la main, tels que cavaillots, avirons, anspects, pelles à remuer le riz, bûches, etc., etc., ils se préparent à prendre l'offensive.

Quant à nous, placés de front sur la galerie de la rambade, nous avons beau jurer aux révoltés une extermination complète s'ils ne nous rendent pas nos hommes et un pardon sincère s'ils veulent rentrer dans le devoir, ils ne nous écoutent pas. La masse hurlante, hideuse et écumante des nègres s'agite, se presse, s'augmente à chaque seconde : les plus jeunes d'entre eux, probablement d'après un plan concerté à l'avance, prêtent leur dos aux combattants pour leur servir d'échelle; alors le flot des assaillants, élevé jusqu'à la hauteur de la galerie de la rambade, s'avance vers nous en nous présentant un front d'attaque formidable et serré que soutient encore, en l'empêchant de reculer, un second rang.

Nous avons commis une grande faute : nous avons voulu parlementer, et nous n'avons pas agi. Il est impossible maintenant que nous puissions nous maintenir dans notre poste; nous sommes obligés de nous réfugier sur la dunette. Eh bien, même à présent, en battant en retraite, l'équipage ne se sert pas de ses armes et épargne le sang des ennemis. Ah! ce n'est pas la pitié, soyons justes, qui retient son bras, c'est la cupidité, c'est l'égoïsme! Ces hommes qui nous attaquent ne sont pas des hommes pour nous, ce sont des bêtes de somme qui possèdent toutes une assez grande valeur : la vie du moindre d'entre eux vaut mille francs!

Une fois parvenus sur la dunette, notre premier soin fut, cela va sans dire, de retirer l'échelle qui servait à y monter.

— Capitaine, dit François, qui traîne après lui un sac de toile grossière, j'apporte les *pigeons*...

— Bien, mon brave François! Jette-les au plus vite... inondez-en le pont!...

Ce que l'on appelle pigeons, à bord des négriers, sont des espèces de clous à quatre pointes très aiguës et très tranchantes, dont une des extrémités se trouve toujours naturellement relevée. On concevra sans peine l'immense secours qu'apportent ces espèces d'armes aux négriers et l'excellent moyen de résistance qu'elles leur présentent. En effet, les esclaves, dont les pieds ne sont garantis par aucune chaussure, ne peuvent guère franchir ces dangereux obstacles. Ce fut au moins ce qui arriva cette fois.

A la vue de ces pointes redoutables, dont le pont ne tarda pas à être hérissé, nos agresseurs stupéfaits et épouvantés, car ils étaient loin de s'attendre à cela, s'arrêtent au beau milieu de leur élan. Dans leur désappointement et dans leur fureur, ils redoublent leurs cris et nous jettent tous les objets dont ils se sont emparés; gamelles, barres d'anspect, etc., tombent sur le tillac. Nous évitons autant que nous pouvons d'être atteints par ces projectiles, mais nous sommes loin de nous plaindre de cette agression qui désarme nos imprudents ennemis; une fois que, pour se défendre, ils n'auront plus que leurs mains, nous en viendrons facilement à bout. Cependant les derniers rangs de la foule des esclaves, qui ne sait pourquoi les premiers ne montent pas à l'assaut, commencent à passer sur eux.

— Allons, mes amis, nous dit le capitaine, avec un profond désespoir, la vie avant la fortune. Nous ne pouvons rester inactifs plus longtemps sans nous perdre..., faisons feu ! Et quoique chacun de nos coups doive nous coûter mille francs peut-être, tirons en ajustant de notre mieux.

Le capitaine nous a à peine donné cet ordre que nos fusils et nos pistolets commencent leur œuvre de mort, chaque balle trouve un corps ; le sang coule partout.

Un moment de stupeur suit notre première décharge ; mais la rage qui anime les révoltés est si grande, qu'ils se remettent bientôt de leur effroi.

Les premiers rangs ennemis poussés, je l'ai déjà dit, par la masse compacte qui rugit derrière eux, ne tardent pas à tomber, avec des cris et des hurlements de douleur, sur les nombreux et terribles pigeons qui encombrent le pont; les corps de leurs compagnons étendus jusqu'à la dunette servent de pont aux nouveaux combattants, qui peuvent, en marchant dessus, s'avancer jusqu'à nous sans être blessés par les pointes des pigeons.

Notre feu dirigé à bout portant est meurtrier, c'est vrai, mais cela nous demande trop de temps de recharger nos pistolets et nos fusils, nous les jetons donc de côté et nous les remplaçons par l'arme blanche.

Nos grandes piques ne font que plonger dans les rangs des révoltés, dont elles ressortent teintes de sang ; nos sabres s'abattent vingt fois en une demi-minute. C'est un affreux carnage.

Parmi nous, les deux combattants les plus furieux sont le matelot Combaleau et, le croirait-on, le novice Fignolet. Combaleau n'a pour toute arme qu'une hache, et c'est lui qui jette le plus de victimes à ses pieds; je le trouve aussi beau que Surcouf à l'abordage du *Kent*. Emporté par son ardeur, je suis obligé plusieurs fois de le retenir au moment où il va se précipiter au milieu des nègres.

Quant à Fignolet, il est certes celui de tous les hommes de l'équipage qui a le plus pâli en entendant les Africains pousser leur premier cri de révolte ; mais bientôt, je ne sais quelle réaction s'est opérée en lui, je l'ai vu rougir extrêmement.

— Qu'as-tu donc, Fignolet? lui ai-je demandé.

— J'ai, lieutenant, m'a-t-il répondu en

s'emparant d'un sabre, que je suis humilié au possible en pensant que des moricauds que je pouvais giffler hier tout à mon aise et à mon plaisir veulent se donner aujourd'hui le genre de nous mécaniser! Canailles! va!

Depuis qu'il m'a fait cette réponse, Fignolet, devenu un rude combattant, n'a cessé de rester au poste le plus dangereux et de se battre comme un lion.

Il est certain que nos armes et notre position nous donnent un immense avantage sur nos ennemis; toutefois ceux-ci sont si nombreux que le danger est toujours imminent pour nous, et puis comment pourrions-nous résister plus longtemps à la fatigue?

Hélas! deux tristes événements semblent bientôt annoncer notre défaite. Le capitaine Liard, qui, je dois lui rendre cette justice, montre un grand courage et se conduit vaillamment, reçoit à la tête un violent coup de bouteille et tombe sanglant à nos pieds sur le devant de la dunette. Presque au même instant Combaleau, qui nous prête une si puissante aide, emporté par sa fougue, glisse sur le fronton et est saisi par les nègres, qui l'entraînent sur le pont. Fignolet le premier, Fignolet, qui rugit et ne se connaît plus, s'élance à son secours et tombe au milieu des nègres. Quant à nous, ne pouvant ainsi laisser périr ces deux hommes, nous n'hésitons pas une seconde, nous nous abattons du haut de la dunette sur la foule des révoltés.

Alors ce ne sont plus les haches, les sabres ou les piques dont nous nous servons, nous prenons nos poignards. Pressés, meurtris, assaillis, étouffés par le flot sans cesse grossissant des nègres, nous nous frayons au milieu d'eux de sanglants espaces; insensibles à tout autre sentiment qu'à celui d'une fureur arrivée à son paroxysme, nous ne tenons plus à vaincre, nous ne songeons pas à la vengeance, nous ne voulons qu'une chose: tuer, et nous tuons, en accompagnant nos coups de hurlements dignes de bêtes fauves, tout être qui se présente à portée de notre bras.

N'importe, nous ne pouvons espérer sortir victorieux de cette lutte: pour nous sauver, il faudrait un miracle!

Accablés plutôt par la pression des nègres que par leurs attaques, nous perdions peu à peu la liberté de nos mouvements; à peine nous restait-il assez de place pour lever le bras et pour frapper, lorsque des cris de douleur et d'effroi poussés par les révoltés et suivis de la chute de ceux qui nous serraient de plus près, vinrent ranimer notre ardeur et notre courage. Le miracle qui seul pouvait nous sauver avait eu lieu! Qu'on juge de notre étonnement et de notre joie, lorsque nous aperçûmes le jeune Fleury, Périn et Ducasse, montés sur la dunette, et renversant du haut de ce poste, avec de longues piques, les Africains qui nous entouraient.

Ces trois matelots, le lecteur doit s'en souvenir, étaient ceux-là mêmes dont les Africains s'étaient emparés au commencement de la révolte et que nous supposions avoir été massacrés.

Le moment n'était guère propre aux explications; nous les remîmes à plus tard; nous commençâmes d'abord par profiter de l'intervention et du secours providentiel qui nous arrivait.

L'épouvante des nègres en voyant apparaître ces nouveaux ennemis avait été telle, qu'ils reculèrent en désordre; nous nous hâtâmes de remonter sur la dunette: dès lors nous n'avions plus rien à craindre.

Ce renfort de trois hommes nous permit de reprendre l'usage de nos armes à feu. Tandis que la moitié de notre petite troupe tenait l'ennemi à distance avec nos grandes piques, le reste tirait sur lui à balles et à chevrotines. Le pont était littéralement parlant jonché de cadavres. Cependant les révoltés ne se rendaient pas.

— Mes amis, il faut en finir, dit le second capitaine, changeons les rôles et devenons à notre tour agresseurs!... En avant!

Nous tenant serrés les uns contre les

autres, nous nous précipitâmes alors sur le pont : les révoltés effrayés s'enfuirent, mais il était trop tard pour eux. Excités par le combat et animés d'une nouvelle ardeur de vengeance, nos hommes ne se connaissaient plus : ils massacraient, sans pitié, tout être humain qui se présentait ou se trouvait à leur portée. Cette affreuse boucherie, c'est le mot, dura pendant plus d'un quart d'heure.

Nous ne nous arrêtâmes dans cette sanglante répression que lorsque tous les révoltés eurent pris la fuite. Quant à ceux-ci, effrayés des châtiments auxquels ils s'attendaient, ils étaient passés de la plus extrême fureur au découragement le plus complet. Emprisonnés, pour ainsi dire, sur le gaillard d'arrière entre les plats-bords, la dunette et la rambade, ils faisaient tous leurs efforts pour se réfugier sur l'avant du navire; inutile d'ajouter que loin de nous opposer à ce dessein, nous le favorisions. Fatigués de carnage, nous ne désirions plus que terminer cette horrible tragédie.

Hélas! nous n'avions pas su apprécier au juste la panique à laquelle ces malheureux étaient en proie; et notre tardive bienveillance devait leur être plus fatale encore que ne l'avait été notre fureur. Les misérables, frappés de l'idée des hideuses représailles qu'ils nous croyaient dans l'intention d'exercer envers eux, en proie à une panique sans nom, poussent des cris de bêtes fauves, et, escaladant en masse les plats-bords, en s'aidant du gréement, ils se précipitent bientôt à la mer des deux côtés à la fois du navire.

Comment peindre cette scène de désolation? Nul ne le pourrait! Frappés de stupeur par ce spectacle, nous restons un moment immobiles, terrifiés, sans songer à nous opposer à cet immense suicide! En vain tentons-nous bientôt d'arrêter ces malheureux dans l'accomplissement de leur projet : nos exhortations sont inutiles, et comme nous sommes trop peu nombreux pour pouvoir nous y opposer par la force, l'œuvre de mort continue son cours.

Cependant nous ne pouvons laisser périr toutes ces créatures humaines sans rien tenter pour les sauver. Quelques matelots s'embarquent dans le canot que nous traînions à la remorque, et portent secours aux infortunés qui se noient. Soit que la fraîcheur de la mer les ait calmés, soit que l'instinct de la conservation parle plus haut que leur frayeur, les Africains, loin de repousser encore l'appui qu'on leur offrait, grimpent avec empressement dans le canot, et se laissent reconduire à bord! Vingt fois, notre frêle embarcation, chargée de nègres, est au moment de sombrer, et vingt fois pourtant elle dépose sa cargaison sur le pont de *la Doris*; nous sauvons ainsi plus de cent Africains! Oui, mais combien aussi, au moment d'être atteints par nous, poussent un cri et disparaissent, entraînés par la dent aiguë du requin, sous la vague qui se teint de leur sang? Ah! ceux-là sont bien nombreux encore!

Près d'une demi-heure se passa avant que l'on pût terminer ce sauvetage; enfin, on n'aperçoit plus surnager aucune tête sur l'eau, plus un cri ne vient du côté de la mer ou le long des flancs de *la Doris*, nous appeler en aide : nous pouvons continuer notre route. Avant tout on réintègre les nègres dans leurs emménagements, on lave le pont, on jette à l'eau les cadavres. Quelques-uns de nos hommes fortement contusionnés pansent leurs blessures : quel triste tableau présente en ce moment le pont de *la Doris*!

Le capitaine, que nous avions cru mort, revient alors lentement à lui, et finit par reprendre tout à fait connaissance.

— Mes amis, nous dit-il, avons-nous parmi nous bien des morts à déplorer?

A cette question, nous nous regardons pour nous compter, mais nous sommes tellement émus, nos idées sont si peu claires que nous ne pouvons parvenir à rappeler nos souvenirs, et qu'il nous est impossible de mener à bonne fin cette simple opération.

— Monsieur Boudin, reprend alors le capitaine en s'adressant à son second, faites l'appel, je vous prie...

M. Boudin obéit sans tarder, et tous nos hommes répondent quand il prononce leurs noms, un seul excepté toutefois, le pauvre Prendtout! En vain nos regards parcourent *la Doris* depuis le pont jusqu'au sommet des mâts, en vain nos voix réunies crient le nom de Prendtout! nous n'apercevons rien, nous ne recevons aucune réponse. Une minute plus tard, François Combalcau se présente sur le pont : le joyeux matelot a perdu son gai et insouciant sourire ; je devine même à l'humidité de ses yeux qu'il a, malgré son énergie et sa force de caractère, pleuré tout comme un enfant. A son approche un grand silence se fait, car nous avons tous compris qu'il vient nous annoncer quelque grand malheur.

En effet, s'avançant à pas lents vers M. Liard :

— Capitaine, lui dit-il, Prendtout a été assassiné ; on l'a étranglé avec sa cravate ; je viens de retrouver son cadavre caché sous le guindeau où les nègres l'ont probablement jeté.

Quoique cette nouvelle nous cause une pénible impression, nous ne pouvons nous empêcher de convenir que la perte d'un seul homme, après avoir soutenu une lutte aussi acharnée que celle que nous avons eu à subir, n'est pas grand'chose. On procède alors à l'appel des nègres. Hélas! quatre-vingt-dix ont succombé, soit pendant la bataille, soit en se jetant par-dessus bord; de plus, une vingtaine blessés à mort sont au moment de rendre le dernier soupir.

A la révélation de ce déficit énorme, M. Liard pâlit et porta douloureusement sa main à son cœur.

— Voilà cent mille francs au moins de perdus! dit-il.

L'appel terminé, nous entourons Fleury, Périn et Ducasse, pour leur demander des explications sur la façon dont ils sont parvenus à se soustraire à la fureur des nègres, et comment ils ont pu ensuite venir à notre secours : saisis tous les trois par les nègres, ils avaient été jetés de suite à la mer par ces furieux, qui n'ayant pas d'armes pour les tuer, avaient trouvé que les noyer était le meilleur moyen de s'en débarrasser. Bons nageurs, nos pauvres amis, les voiles de *la Doris* s'étant heureusement masquées dès que la révolte nous eut forcés de négliger la manœuvre et d'abandonner le gouvernail, purent atteindre le bord et grimper, après bien des efforts, sur le pont au moment où nous allions succomber. Après ce récit, nous leur serrâmes de bon cœur la main.

Le 14 au matin, nous procédâmes aux funérailles de l'infortuné Prendtout : le capitaine Liard voulut profiter de cette occasion pour adresser aux révoltés une mercuriale sévère et indulgente tout à la fois, qui les fît revenir à de bons sentiments. Afin de donner plus d'autorité à sa parole, il résolut de faire assister les Africains aux derniers honneurs que nous allions rendre à leur victime.

Aussitôt après le déjeuner, on chargea bien ostensiblement, devant la traite réunie, nos deux canons, que l'on braqua ensuite sur l'avant, de façon à pouvoir foudroyer les mutins au premier symptôme de révolte. Un homme se plaça, le boute-feu à la main, à côté de chaque pièce; puis, une fois les nègres rangés le long du bord, d'une extrémité à l'autre du navire, la cérémonie commença.

Un catafalque, dressé au moyen d'un caillebottis et surmonté d'un pavillon de différentes couleurs, était placé horizontalement sur la lice du plat-bord du côté sous le vent; ce fut sur cette couche funèbre que l'on déposa le corps, enseveli dans un linceul blanc, de l'infortuné Prendtout.

Le capitaine Liard, s'avançant alors et s'adressant aux Africains, leur fit un discours qui ne manquait pas d'adresse. Il leur dit que si nous avions bien voulu les acheter à leurs maîtres de Zanzibar, c'était dans la seule intention de les retirer de leur rude esclavage. Qu'au reste, ils ne devaient pas nous savoir gré de ce sacrifice, car c'était notre Dieu, qui voulait que tous les hommes fussent frères, qui nous avait commandé d'agir ainsi. Enfin, après une peinture très pittoresque et colorée de ce Dieu, peinture qui parut impressionner assez vivement son auditoire, le capitaine Liard termina son discours en tombant avec l'équipage à genoux.

En ce moment, maître Fleury inclina légèrement la base du catafalque; le corps de Prendtout, glissant doucement, disparut à nos regards et tomba à la mer.

Le lendemain, 15 mars, tout était rentré en ordre à bord de *la Doris*, et nous ne concevions plus de crainte sur la soumission de la traite : la leçon que nos Africains avaient reçue était une de ces leçons qui ne s'oublient pas de sitôt !

M. Liard, un crayon à la main et se livrant depuis le matin à des calculs, était arrivé à cette conviction, qui lui avait rendu un peu de tranquillité, que si aucun accident n'entravait plus notre retour à Bourbon, les cent quarante nègres environ qui nous restaient encore couvriraient et au delà les frais du voyage ; il entrevoyait même, en supposant qu'aucune maladie épidémique ne se déclarât à bord, un bénéfice possible.

Il était alors onze heures du matin ; le ciel pur, à peine ridé par quelques nuages légers, nous présageait une journée superbe ; nos voiles brassées en pointe attendaient le vent. Il n'y avait rien à faire. Le capitaine Liard, affaibli par sa blessure, alla prendre un peu de repos dans sa cabine.

M. Boudin, le second, homme peu marin, me pria de descendre dans la cambuse, car il n'entendait rien à l'arrimage : et il prit le quart à ma place. François Combaleau qui, depuis la disparition du chat, avait tout à fait perdu sa gaieté, était alors à la barre. J'étais dans la cambuse, depuis environ vingt minutes, quand une fraîcheur soudaine et tout à fait inattendue attira mon attention. Je sens le navire qui s'incline d'une façon effrayante ; tous les objets roulent avec fracas. L'équipage pousse des cris d'épouvante, j'entends la voix du second, puis du capitaine qui commandent :

— La barre au vent ! Amène les perroquets, les huniers, le pic ! largue les écoutes du grand hunier.

Je m'élance aussitôt vers la dunette. Un torrent d'eau me renverse. Je me relève vivement et je parviens, non sans peine, à me hisser sur la partie du navire qui n'est pas encore submergée. On me dit que c'est un grain blanc survenu à l'improviste qui a fait chavirer le navire devenu rebelle au gouvernail. Mais c'est impossible.

Les matelots, accrochés à la mâture et aux parties de la carène que la mer n'a pas encore envahies, regardent d'un œil hébété les vagues qui bondissent, les couvrent de leur écume et semblent vouloir les saisir.

Comme je n'avais jamais entendu citer l'exemple d'un navire chaviré qui n'eût pas coulé immédiatement, je m'attendais à voir, à chaque seconde, la *Doris* s'abîmer dans la mer. A chaque secousse des vagues, je fermais instinctivement les yeux. Le sentiment dominant, en ce moment, parmi l'équipage, c'était celui d'une résignation passive et inintelligente.

Cependant, lorsque nous vîmes, au bout de deux ou trois minutes, que notre brick, resté couché sur tribord, ne s'enfonçait pas, l'espoir nous revint. Plusieurs de nos matelots se mirent à verser des larmes de joie et à remercier Dieu avec transport.

— Garneray, me dit le capitaine, sautez

— Es-tu assez riche pour payer ta traversée? (Page 786.)

dans le canot avec maître Fleury, et allez détacher, en toute hâte, les épars qui pourront nous servir à la construction d'un radeau.

Ce mot radeau redoubla l'espérance, car nous ne nous trouvions qu'à une quarantaine de lieues des côtes et nous pouvions espérer arriver à terre.

Le navire gisait de façon à ce que la vague battît la mâture à chaque roulis, ce qui rendait notre travail excessivement pénible. Nous parvînmes toutefois à détacher les basses vergues qui devaient servir de base à la construction du radeau. Nous avions particulièrement à lutter contre les nègres qui, répandus dans le gréement, tentaient, à chaque minute, de s'emparer de notre canot, le seul qui nous fût resté.

En vain, nous essayions de les calmer et de leur prouver que nous travaillions à les sauver, ils n'en continuaient pas moins leurs tentatives, nous accablant d'injures, nous menaçant de nous massacrer. Ils furent si près d'envahir notre embarcation, que nous fûmes obligés de gagner le large.

Nous étions désespérés. En effet, la construction de ce radeau, notre unique moyen de salut, devint, grâce à la stupidité des nègres, impossible. Nous nous tenions stationnaires à quelques brasses en arrière de la *Doris;* sur l'ordre de M. Liard nous approchons brusquement de la poupe avant que les nègres aient pu soupçonner notre dessein.

M. Liard, Boudin, et le frère de Fleury, qui se tenaient sur le couronnement, sautent vivement dans le canot et nous gagnons le large. Ce négrier, comme on voit, ne se tenait pas obligé à cette loi d'honneur qui ordonne au capitaine de quitter le dernier son bord.

A peine sommes-nous à quelques mètres de la *Doris* que les nègres se précipitent à la mer et se mettent à notre poursuite. Nous prenons chasse devant eux.

Peu à peu, le nombre de ces malheureux diminue. Les uns sont trahis par leurs forces, les autres sont la proie des requins. Quelques-uns des plus vigoureux gagnent notre embarcation. Mais notre canot a déjà grand'peine à soutenir six personnes. Le négrier et son second s'arment d'avirons et repoussent les nègres avec une fureur que ma plume se refuse à retracer.

Pendant deux heures nous restons en vue de la *Doris*. Et penser que si les Africains consentaient à nous laisser travailler, nous pourrions peut-être relever le navire ; mais en tout cas construire un radeau !

— Messieurs, dit le capitaine, je suis d'avis que nous gagnions la côte pour envoyer du secours au navire.

Je luttai de mon mieux contre ce plan qui me paraissait déshonorant ; mais je dus céder. Le capitaine songea pourtant à se rapprocher du navire pour tâcher de se faire jeter une boussole.

Tout le monde, excepté moi, l'approuva. Un quart d'heure après, nous arrivions à une encâblure de notre pauvre brick. Jamais je n'oublierai les supplications que nous adressèrent, pour que nous leur permissions de nous rejoindre, le charpentier Martin, le tonnelier Boubert, le matelot Perin et le mousse Fignolet. François Combaleau, seul, monté sur la partie la plus élevée de la coque du navire, le poing gauche appuyé sur la hanche, la tête orgueilleusement rejetée en arrière, n'implora pas notre pitié.

— N'écoutez pas les jérémiades de ces gens-là, cria-t-il ; ils ne savent ce qu'ils veulent. Voyez-vous, avant demain matin, tous les moricauds auront fait le plongeon ; alors nous pourrons nous occuper à établir un radeau ! Ah ! ah ! lieutenant, vous ne vous moquerez plus de la disparition du chat !

Mais il nous fut impossible d'avoir la boussole. Elle était dans la chambre qui était inondée par l'eau de mer. Nous poussâmes au large en faisant force de rames. Nous étions alors à environ 45 lieues E.-S.-E. de Zanzibar. Le canot, à l'aide des rames et du courant, faisait à peu près deux tiers de lieue à l'heure. Il ne nous fallait donc guère plus de deux jours pour aborder, et nous pouvions espérer revenir sauver nos compagnons.

Il est vrai que notre frêle canot, long seulement de neuf pieds et chargé outre mesure, était à la merci du premier grain. De plus personne ne connaissait la côte, si bien que l'arrivée était aussi dangereuse que le voyage.

Nous réglâmes nos travaux et nous prîmes nos tours de rôle. Bientôt la nuit vint, la lune nous éclairait ; il n'y avait pas le moindre souffle d'air. Nous ne parlions pas. Le son de notre voix, par une impression dont je n'ai jamais pu me rendre compte, nous était pénible à entendre.

Le lendemain matin, 15 mars, le soleil se leva dans un horizon sans nuages, la brise tomba tout à fait. Le découragement commençait à s'emparer de nous. Nos caractères étaient changés, nous ne nous adressions que des paroles dures et blessantes. Le moindre mot, le moindre geste, devenaient pour nous une cause de querelle.

Vers midi, M. Boudin, peu accoutumé à la fatigue et qui avait eu l'imprudence de s'embarquer sans chemise, attrapa sur tout le corps un coup de soleil si violent qu'il fut obligé de quitter les rames. Nous le couchâmes au fond du canot.

Enfin cette longue journée finit; la rosée de la nuit vint nous apporter un léger soulagement. Nos provisions de bouche se composaient de vingt bananes. Nous avions jusqu'alors résisté au désir d'y toucher. Mais nous n'en pouvions plus, nous fûmes obligés de les entamer. Après une longue discussion, nous convînmes d'en prendre chacun deux. On devine avec quelle avidité nous nous jetâmes sur cette maigre nourriture, chacun de nous garda en réserve les pelures coriaces et filandreuses des deux bananes. Quant à M. Boudin, alors en proie à une fièvre violente, il n'eut point part à la distribution.

Le 16, au matin, le soleil, qui s'était couché la veille dans un horizon sans tache, se leva, rouge comme du sang, sur un ciel enluminé par des masses de nuages dorés et brillants qui se dirigeaient lentement de l'E. à l'O. C'était là un indice de vent ou de pluie. La pluie nous apporterait un grand soulagement, mais l'orage, si léger qu'il fût, nous perdrait.

Comment peindre notre bonheur quand, après une demi-heure d'attente pleine d'angoisse, nous vîmes les nuages donner passage à une forte pluie sans orage !

Nous nous empressâmes de réunir nos cinq chemises, et, en formant une espèce de hunier, que nous attachâmes en haut d'un aviron, nous pûmes avancer en nous reposant un peu.

La pluie qui ruisselait sur notre corps nous procurait une sensation de bien-être inexprimable. La tête tournée vers le ciel, nous recevions avidement les gouttes de pluie. Plusieurs d'entre nous, trouvant ce secours insuffisant, léchaient les parois mouillées du canot.

Malheureusement cela dura peu. Nous défîmes alors notre informe voilure, et, pressant nos chemises avec force, nous obtînmes à peu près deux pintes d'eau, que nous recucillîmes dans un chapeau.

La fraîcheur de nos chemises nous procura pendant toute la journée une nouvelle vigueur. Quant au pauvre Boudin, son état ne faisait qu'empirer, il était toujours en proie à un violent accès de fièvre.

Vers la tombée de la nuit, un événement inattendu manqua de nous être fatal. Le matelot Ducasse fut saisi tout à coup par un délire furieux, il se dressa violemment sur son banc, et, s'écriant qu'il apercevait une belle prairie couverte de marguerites, il voulut se jeter dans la mer. Nous eûmes grand'peine à le retenir, mais la lutte que nous eûmes à soutenir contre lui enleva une partie de nos forces. Nous parvînmes toutefois à le coucher au fond du canot, à côté de M. Boudin.

Dans son délire il avait jeté son aviron à la mer ! Comment, si nous ne le retrouvions, continuer notre navigation ? Enfin le capitaine l'aperçut, bercé par les vagues, et nous parvînmes à nous en emparer. Cette seconde journée, en nous procurant quelque soulagement, eut cela de bon qu'elle fit cesser l'irritation qui régnait entre nous.

Vers le milieu de la nuit, Ducasse, rafraîchi et calmé, se leva, complètement guéri de cet accès de fièvre chaude, et reprit sa place au banc des rameurs.

Le jour suivant, le 17, le soleil se leva radieux, ce ne fut qu'à onze heures du matin que le vent se leva et nous vint un peu en aide. Seulement les quelques heures précédentes avaient été si brûlantes que le malheureux Boudin était à l'extrémité. Il se mit à pousser des cris déchirants, en criant d'une voix à peine intelligible :

— De l'eau ! de l'eau ! mon estomac est en feu ! de l'eau ou je vous tue tous !

Plusieurs fois, animé par la fureur, il essaya de se lever, mais, à chaque effort, sa tête, qu'il soulevait à peine, retombait lourdement dans le canot.

Il ne nous restait plus d'eau. Nous essayions de le tromper, en lui persuadant que quelques heures de repos le guériraient. Il nous comprenait encore; il ne pouvait nous répondre, mais son air d'incrédulité montrait qu'il n'ajoutait pas foi à nos mensonges.

Enfin, après une horrible agonie de deux heures, il se tordit, comme s'il eût été atteint par la flamme, se releva presque debout et retomba mort.

Bien que nous subissions les angoisses de la faim avec une extrême violence, je dois dire à notre louange que nous n'hésitâmes pas un instant à jeter son cadavre à la mer.

La journée du 17 fut pour nous une longue torture. Nos mains, enflées et couvertes d'ampoules, redoublaient nos souffrances. Une légère pluie qui tomba pendant quelques minutes, éloigna le délire qui commençait à s'emparer de nous tous.

Le 18, quatrième jour depuis notre embarquement dans le canot, le jeune Fleury et Ducasse devinrent fous. Heureusement leur folie prit un cours pacifique. Si elle eût été furieuse, nous étions devenus si faibles que nous n'eussions pu leur opposer la moindre résistance. Fleury voulut nous persuader de nous jeter tous à la mer, sauf lui, car alors le canot eût été allégé et il l'eût mené aisément à terre. Il essayait de nous prouver que c'était le seul moyen de nous sauver tous; et que d'ailleurs il faisait entièrement frais au fond de la mer. Quant au Bordelais Ducasse, sa folie était différente : il était berger d'un grand troupeau et il gourmandait ses moutons qui buvaient toute l'eau de la Garonne et allaient mettre le navire à sec.

Le capitaine Liard était dans un état à peu près semblable. Il calculait, d'une voix étouffée, le bénéfice que lui rapporterait sa cargaison de nègres.

Le seul homme, qui, avec moi, ne fût pas complètement en proie au délire, était le maître d'équipage, Fleury. Nous étions trop faibles ou trop découragés pour parler, mais de temps en temps nous nous interrogions du regard, comme pour voir si nous pouvions encore compter l'un sur l'autre.

Toutefois, vers les quatre heures, je sentis que le brouillard se faisait dans mon intelligence. Je me rappelle encore, non sans émotion, l'horrible lutte qui s'établit alors entre ma force de volonté et le délire qui commençait à s'emparer de moi. Le délire, mais un délire qui me permettait fort bien d'apprécier les objets qui m'entouraient et qui se rattachaient encore par quelques points à la vie réelle, finit enfin par triompher. Je me trouvais alors dans l'état d'un homme gris d'opium ou de hatchis, c'est-à-dire que j'avais conscience des visions qui m'obsédaient. De temps en temps, je sentais une joie folle, délirante, sans nom, me monter au cœur, car je venais de me rappeler tout à coup que j'avais, comme les oiseaux, des ailes, et que, comme eux, je pouvais m'envoler !...

Une violente chaleur, qui partait de la plante de mes pieds pour arriver jusqu'à mon crâne, donnait bientôt une autre direction à mon ivresse. Je me figurais que je pesais dans une balance le temps qu'il me restait à vivre, et que l'aiguille marquait deux jours.

Vers le soir, pourtant, je revins complètement à moi. Mon premier regard fut pour le maître d'équipage, Fleury. Il avait les yeux fixes et démesurément ouverts.

— Eh bien, Fleury? lui dis-je.

— J'ai dormi aussi, lieutenant, me répondit-il, en passant lentement la main sur son front.

Ces quelques paroles étaient les premières que nous avions échangées de toute la journée.

— Voici la nuit qui va nous apporter un peu de fraîcheur, lui dis-je, reprenons les avirons.

— Oui, lieutenant. Ah! que les oiseaux sont heureux, continua-t-il, en m'en désignant quelques-uns, d'un faible signe de tête.

— Les oiseaux, Fleury ! Mais les oiseaux nous annoncent l'approche de la terre !

Mais le maître d'équipage était désespéré. Nous continuâmes de ramer pendant une heure. Je sentis que ma faiblesse me reprenait. Une étrange vision se présentait à mon esprit, c'était mon passé tout entier qui se déroulait devant moi. Je lisais dans ma vie comme dans un livre. Il me serait impossible de dire le temps que je passai dans cette situation.

Lorsque je revins à moi, je fus surpris de l'émotion de Fleury. Il était la tête inclinée, hors du canot, immobile. Je le crus mort.

Il était à l'arrière. Je le rejoignis non sans peine et, le secouant par l'épaule, je l'appelai par son nom.

Que l'on juge de mon étonnement, lorsque, se retournant vivement vers moi, il me jeta les bras autour du cou et m'embrassa avec transport.

— Ah ! lieutenant, entendez-vous, me dit-il d'une voix étouffée par les larmes, nous sommes sauvés. Voici la terre.

— Je n'entends rien que le murmure de la mer, lui répondis-je persuadé que le malheureux était tombé dans le délire.

— Oh ! lieutenant, ce bruit n'est pas causé par le mouvement ordinaire des vagues, mais par celui d'une barre. Ce sont les vagues qui se brisent sur le rivage.

A ces mots, qui montraient que le maître d'équipage avait toute sa raison, je crus que j'allais succomber à la joie. Je me penchai avidement à mon tour, Fleury avait dit vrai, ou du moins je partageai son illusion, car je distinguai, moi aussi, le bruit produit par la vague déferlant sur le rivage.

— Nageons, Fleury, m'écriais-je, en sentant une force inouïe circuler dans mes membres, nageons.

Fleury, pour toute réponse, appuya sur son aviron. Jamais notre canot n'avait été aussi vite.

A mesure que la distance qui nous séparait de la terre diminuait, les incertitudes qui nous avaient saisis de nouveau se dissipaient.

— Capitaine ! Ducasse ! Fleury, m'écriai-je, revenez à vous, mes amis, voici la terre !

A ce seul mot de *terre* mes trois compagnons se lèvent simultanément. Ce mot magique avait suffi pour les rappeler à la raison. Puis ils éclatèrent en sanglots. Pourquoi ? je l'ignore. Le bonheur qu'ils ressentaient était probablement trop fort pour leur faiblesse.

— Mes amis, leur dis-je, Fleury et moi, nous n'en pouvons plus. Remplacez-nous aux avirons.

Fleury jeune et Ducasse s'empressèrent de se rendre à ma prière ; et ces hommes qui, quelques minutes auparavant, étaient incapables de lever la tête, firent voler notre embarcation sur les flots. A chaque coup d'aviron, le sang sortait par les crevasses de leurs mains, mais insensibles à la douleur, ils continuèrent leur tâche sans prendre de repos.

Mais le capitaine était retombé dans son délire. Il se met à parler des récifs qui entourent Zanzibar et des bêtes féroces qui nous y attendent. Les deux matelots, déjà épuisés et effrayés, cessent de ramer.

— Que de monde sur le quai pour nous recevoir ! continua le capitaine. Attendez, je vais vous lancer une amarre.

Un clapotement retentit sur la mer ! C'était notre gouvernail qu'il avait démonté et qu'il vient de jeter avec la force que donne le délire, à dix pas de nous.

La lune n'est pas encore levée. Nous sommes dans une complète obscurité, comment faire pour retrouver le gouvernail dont nous ne pouvons nous passer ? Une dispute furieuse s'engage entre nos compagnons pour savoir si l'on doit continuer de ramer ou s'arrêter. Je les apaise en leur prouvant que leur dispute est inutile.

En effet, un courant très rapide donnait une assez grande vitesse à notre embarcation. Pendant une heure, nous restâmes immobiles et silencieux.

Le capitaine rompit le premier le silence. Son hallucination était passée. Il était pourtant encore désespéré. L'île de Zanzibar ne possède, en effet, qu'une baie large de quelques toises. Il faudrait une chance inouïe, presque impossible, pour que le hasard nous eût justement conduits en cet endroit.

— Nous devons donc, disait le capitaine, compter débarquer sur une côte inhabitée et mortelle. Oh ! je le sens, nous sommes perdus.

Il achevait à peine ces mots, quand le chant clair et retentissant d'un coq vint frapper nos oreilles. Nous poussâmes un cri de joie, nous touchions donc presque à la terre, à une terre habitée !

Notre embarcation, qui, depuis quelque temps, avait pris une grande rapidité, se ralentit sensiblement. Nous n'avancions presque plus. Il était environ trois heures du matin.

Bientôt la lune, sortant de derrière un rideau de nuages, vint nous éclairer. Notre canot reçut un choc assez violent. Nous poussâmes tous un cri de détresse ; nous levâmes la tête, nous étions sous une voûte d'arbres. De nombreuses perches, symétriquement disposées, nous apprirent que nous venions de tomber au milieu d'une pêcherie. C'était l'une de ces perches qui avait atteint notre canot.

Le capitaine ne pouvait pas se résoudre à croire qu'il fût sauvé, tant notre arrivée, justement dans la seule baie que possédât Zanzibar, lui paraissait un hasard impossible.

Cinq minutes après la rencontre de la pêcherie, notre canot échouait doucement sur une berge. Fleury, Ducasse et moi, nous sautâmes sur le rivage. Le capitaine et le jeune Fleury étaient si exténués, que nous fûmes obligés de les y transporter.

Nous les couchâmes au pied d'un cocotier, et nous nous mîmes en route pour chercher de quoi manger. Nous avions bu déjà de l'eau saumâtre de la rivière et cela nous avait fait grand bien.

Nous avancions marchant comme des gens ivres. Chaque pas que nous faisions nous causait une vive douleur. Mais nous aspirions avec délices les parfums dont l'air était imprégné. Au bout de dix minutes, nous découvrîmes un vaste champ de maïs. Il était entouré d'une clôture assez basse, mais que notre état de faiblesse nous présentait comme une barrière formidable. Puis nous entendîmes à une vingtaine de pas de nous les aboiements furieux d'un chien.

Qu'on juge de notre angoisse ; à dix pas de nous était notre salut, ce maïs qui attirait nos regards, et nous en étions séparés par des obstacles qui eussent fait sourire un enfant et qui pour nous étaient insurmontables. Pourtant nous remarquâmes que les aboiements ne changeaient pas de place. Enfin nous encourageant l'un l'autre, nous arrivâmes jusqu'au maïs. Ah ! quelle joie nous éprouvâmes en broyant sous nos dents, à moitié déchaussées, ces grains tendres et laiteux. Notre bonheur fut bientôt au comble ; nous aperçûmes que nous étions tombés au milieu d'une plantation de pastèques ou melons d'eau.

Toutefois nous n'oubliâmes pas nos compagnons. Nous eûmes le courage de quitter ce lieu de délices. A la vue du maïs et des pastèques les deux malheureux éclatèrent de nouveau en sanglots. Un quart d'heure après, couchés sur un amas de feuilles de cocotier, nous dormions profondément ».

Les naufragés étaient arrivés près d'une bourgade arabe où ils reçurent l'hospitalité. Dès le surlendemain l'on se mit à explorer les côtes pour avoir des nouvelles des malheureux restés sur la *Doris* et que les courants avaient dû amener jusqu'au rivage. Les recherches furent infructueuses. Une exploration par mer ne donna pas plus de résultats. On décida alors que l'on gagnerait la capitale de l'île, où l'on trouverait des secours pour une exploration plus complète.

C'était un long et pénible voyage pour des gens aussi affaiblis, obligés de marcher nu-pieds parmi les ronces, les buissons et les arbres épineux. Leurs hôtes leur avaient donné un guide. Leur voyage s'accomplit au milieu de circonstances dont quelques-unes semblent empruntées aux contes arabes. Aux portes de la capitale, ils retrouvèrent deux des matelots qui étaient restés sur la *Doris*.

Après le départ du capitaine, les matelots abandonnés et les nègres avaient fait un radeau et s'y étaient embarqués. Les nègres avaient succombé les premiers, puis trois des matelots français. Un bateau arabe avait sauvé François Combaleau et le mousse.

CHAPITRE IV

FIN DE LA TRAITE DES NÈGRES

Esclavagistes et abolitionnistes. — La Convention nationale abolit l'esclavage, que l'Empire rétablit. — Abolition de la traite en Angleterre. — Louis XVIII protège les négriers. — Beau rapport du baron de Staël. — Accusations dirigées contre le gouvernement français. — Horribles détails. — Le droit de visite. — Fondation de colonies d'esclaves délivrés. — La traite pour les colonies espagnoles. — Persévérance de l'Angleterre.

Les quakers censurèrent les premiers, dès 1727, la traite des nègres, et les premiers la proscrivirent en 1774 dans la Pennsylvanie. Lors de la proclamation de l'indépendance des États-Unis, l'esclavage fut aboli en principe par ces mots qui se trouvent au commencement de la célèbre déclaration de Philadelphie (4 juillet 1776) :

ALL MEN ARE CREATED EQUAL.

Tous les hommes ont été créés égaux ! voilà le premier cri du peuple américain. Si l'esclavage ne fut pas détruit en fait, c'est parce que chacun des treize États tenait à conserver son indépendance et qu'il fallait éviter toute contestation de nature à troubler l'union. Néanmoins, la traite fut formellement prohibée par le congrès de 1788. L'État de Vermont fut le premier à abolir l'esclavage en 1777, au moment d'entrer dans l'union des autres États de l'Amérique du Nord. Trois ans plus tard, la Pennsylvanie prit des mesures pour l'émancipation graduelle des esclaves ; dans le Massachusetts, la cour suprême déclara que l'esclavage était aboli par ce seul fait qu'il n'était pas dans l'esprit de la constitution (1780).

Rhode-Island, New-York, le Connecticut, préférèrent une émancipation graduelle ; New-Jersey les imita en 1804.

Dans les autres États, l'esclavage était considéré comme un grand mal, incompatible avec les principes de la déclaration d'indépendance et l'esprit du christianisme ; mais on ne le détruisit pas, parce que le pouvoir législatif s'y trouvait entre les mains de quelques grands propriétaires, qui se déclaraient conservateurs et protecteurs de la religion, de la propriété et de la famille.

Chaque État, usant de sa liberté, fit des lois où l'esprit de la constitution était compris dans un sens ou dans l'autre.

Partout l'esclavage entre hommes fut prohibé. Mais les nègres sont-ils des hommes ? *That is the question.* Voilà toute la question. Les esclavagistes, appelant à leur aide le témoignage de l'anthropologie, pensent que le noir est un animal intermédiaire entre le singe et l'homme ; et il faut reconnaître que le noir présente, sous le rapport des fonctions intellectuelles, une certaine infériorité. Son cerveau, moins développé, ne lui fournit pas les mêmes facultés.

D'un autre côté, les esclavagistes concilient, en quelque sorte, leurs théories avec la religion. Ils font du nègre le descendant de Cham, fils de Noé, qui fut maudit par son père pour l'avoir outragé pendant son sommeil.

De toutes les nations, la France fut la première qui prit des mesures radicales pour faire cesser cet odieux trafic.

Le décret du 27 juillet 1793 supprima les immunités en faveur de la traite. « La Convention nationale, y est-il dit, décrète que toutes les primes accordées jusqu'à présent pour la *traite* des esclaves, sont supprimées. »

L'esclavage lui-même fut aboli par la loi du 5 février 1794 (16 pluviôse an II) qui s'exprime en ces termes :

« La Convention nationale déclare que l'esclavage des nègres dans toutes les colonies est aboli. En conséquence, elle décrète que tous les hommes, sans distinction de couleur, domiciliés dans les colonies, sont citoyens français et jouiront de tous les droits assurés par la constitution. »

On peut concevoir quelle haine les négriers, leurs employés, leurs complices, leurs parents, leurs amis portèrent à notre immortelle Révolution, haine qui se perpétue de génération en génération.

S'ils ne purent l'arrêter complètement, au moins ils parvinrent à la détourner de son droit chemin, à la faire dérailler, si nous pouvons nous exprimer ainsi, et ils la jetèrent sous la botte d'un soldat.

Un des premiers actes de Napoléon Ier fut le rétablissement de l'esclavage ; des troupes furent envoyées dans les colonies pour soumettre les nègres émancipés qui durent reprendre leurs chaînes : tout plia ou mourut.

Les vides furent comblés par de nouveaux arrivages de la côte d'Afrique. Seule la colonie de Saint-Domingue résista ; elle se mit en insurrection et fut perdue pour nous, après une guerre longue et sanglante où tombèrent, pour le rétablissement du plus grand des abus, les soldats d'une révolution commencée pour abattre tous les abus.

Dès que Napoléon se fut déclaré esclavagiste, l'Angleterre décidée à le combattre de toutes les façons, mit de son côté les principes du christianisme et de l'humanité en déclarant que l'esclavage devait être détruit graduellement et que la traite serait prohibée à l'avenir.

La France, après avoir proclamé les *Droits de l'Homme*, reniait son passé, au moment où sa rivale s'emparait de ses idées généreuses et marchait à la tête de la civilisation.

L'abolition de la traite ne fut pas admise sans de vives contestations au sein du parlement anglais. Sept fois les abolitionnistes Wilberforce, Clarksons, Grenville, Sharp et Buxton proposèrent leur bill d'abolition et sept fois il échoua. Leur plus puissant adversaire, lord Eldon, s'écriait en 1807, dans le Parlement :

— La *traite* a été sanctionnée par les jurisconsultes les plus sages, les théologiens les plus éclairés, les hommes d'État les plus éminents.

Et le comte de Westmoreland :

— Lors même que je verrais tous les presbytériens et les prélats, les méthodistes et prédicateurs, les jacobins et les assassins réunis en faveur de l'abolition de la traite, je n'en élèverais pas moins ma voix dans le Parlement contre cette mesure.

Les abolitionnistes eurent le dessus néanmoins. La traite fut prohibée par un acte du Parlement (25 mars 1807).

A partir de ce jour, l'abolition de la traite dans l'univers entier devint comme un article de foi de la politique anglaise. Après la chute de Napoléon, le cabinet de Saint-James arra-

Et le navire sauta... (Page 788.)

cha aux puissances européennes la promesse que ce trafic ne serait plus protégé à l'avenir. Seul le roi Louis XVIII résista un peu. Il fit valoir les nécessités de nos colonies que *cette affreuse révolution* avait ruinées. Mais ce roi de par la grâce des baïonnettes étrangères ne pouvait lutter bien longtemps contre la volonté des étrangers. Dans le traité du 30 mai 1814, Louis XVIII condamna le commerce des noirs ; mais il se réserva le droit de le continuer encore pendant cinq années pour approvisionner de nègres ses bons et fidèles émigrés de la Guadeloupe et de la Martinique.

A la seconde invasion, l'Angleterre, à qui le roi devait tout, obtint l'abolition de la traite, sans aucune réserve, cette fois. Une ordonnance du 8 janvier 1817, confirmée par une loi du 15 avril 1818, décida qu'à l'avenir les navires négriers seraient saisis et que les capitaines seraient interdits. La même année, une croisière fut établie sur la côte d'Afrique à l'effet de poursuivre les délinquants. Enfin, la loi du 25 avril 1826 porta la peine du bannissement contre tout individu qui coopérerait à la traite.

Déjà, depuis 1782, l'Autriche avait défendu à ses nationaux de se livrer à un semblable commerce. L'Espagne signa, en 1817, un traité avec l'Angleterre, pour l'abolition de la traite : la Hollande (mai 1818) et le Brésil (novembre 1826) imitèrent son exemple

A la Grande-Bretagne fut confiée la police des mers. Elle se chargea d'entretenir des escadres pour visiter les navires suspects et punir sévèrement les négriers. Mais il faut avouer qu'elle fut d'abord impuissante. En 1825, le baron de Staël eut le courage de prendre l'initiative d'une enquête sur le trafic des négriers. Voici quelques passages de son rapport au ministre de la marine.

« Il est malheureusement incontestable que la traite des noirs, loin d'avoir diminué, se fait aujourd'hui à Nantes avec plus de facilité et moins de mystère qu'à aucune autre époque. Le taux de l'assurance nous fournit à cet égard une donnée positive ; ce taux est de 25 %, après avoir été de 33 et de 36 ; et ce genre de risques est fort recherché par une certaine classe d'assureurs, qui ne rougissent pas de les nommer des *assurances d'honneur*.

« A la Bourse, dans les cercles, on entend publiquement parler de la traite ; et ceux qui trempent leurs mains dans ce commerce de sang ne prennent pas même la peine de désigner leurs victimes sous les noms consacrés dans leur argot, de *mulets*, de *ballots*, ou de *bûches de bois d'ébène*. Mais un tel, vous dit-on, a fait un heureux voyage ; il a pris un chargement de noirs sur la côte de Guinée. Il a été obligé d'en jeter une trentaine à la mer pendant la traversée ; mais il en a débarqué tant sur tel point et il a encore gagné sur la cargaison de retour.

« Les noms des armateurs qui font la traite ne sont ignorés de personne ; les uns figurent déjà sur les rapports de la *Société africaine*; d'autres ne sont pas moins connus. Je pourrais vous citer, sans craindre d'être contredit par aucun Nantais de bonne foi, tel trafiquant d'esclaves qui ose prétendre au titre d'ami de la liberté ; qui ne pense pas, apparemment, y déroger, lorsqu'il fonde sur l'esclavage de ses semblables l'espoir de sa honteuse fortune ; tel autre, qui affecte la dévotion et qui ne craint pas de dire, avec une exécrable hypocrisie, que s'il fait la traite, c'est pour convertir les nègres au christianisme ! »

D'après M. de Staël, plus de 80 navires nantais se livrèrent à la traite pendant la seule année 1825. A ce rapport, M. de Staël joignit l'envoi de fers, de menottes, de poucettes, de carcans dont se servaient les négriers pour enchaîner leurs victimes.

Ces objets, fabriqués à Nantes, où la vente s'en faisait au su de tout le monde, furent réunis dans une exposition publique destinée à soulever l'indignation des Parisiens. L'opinion s'émut, en effet ; on demanda, on réclama des réformes. On prêta une oreille attentive aux affreuses révélations qui parvenaient aux chambres législatives. On lut avec intérêt les renseignements fournis par la presse étrangère. On apprit que 700 noirs avaient été trouvés à bord d'un navire, enchaînés par le cou et par les jambes, dans un entrepont où chacun d'eux avait moins d'espace qu'un homme mort n'en occupe dans le cercueil.

Quelques jours plus tard, les journaux relatèrent le fait d'un capitaine négrier, qui avait précipité à la mer 39 esclaves, devenus aveugles par suite de mauvais traitements.

On répandit dans le public un épisode encore plus horrible. Pendant la poursuite d'un négrier par une frégate anglaise, le premier, pour se décharger d'une marchandise compromettante, avait enfermé ses nègres, deux à deux, dans des barriques, puis les avait jetés à la mer.

On traduisit du journal anglais *The Royal Gazette and Sierra-Leone advertiser*, numéro du 28 août 1824, l'article significatif qui suit :

« Nous mettons sous les yeux de nos lecteurs la liste des bâtiments négriers abordés par les embarcations du vaisseau de Sa Majesté le *Maidstone*.

« Il est triste de penser que dans une seule croisière qui n'a duré que deux mois, elles ont eu l'occasion de visiter 19 navires, tous engagés dans ce honteux trafic, et cela sans que nos braves marins aient eu la permission de les gêner dans cette indigne occupation.

« 10 *de ces bâtiments étaient sous couleurs françaises;* ils appartenaient à des ports de France, et nous espérons que ce sera une nouvelle preuve, si de telles preuves étaient encore nécessaires, propre à convaincre le gouvernement de Sa Majesté très chrétienne que le coupable commerce que nous avons eu si souvent occasion de dénoncer, se pratique toujours sous la protection de son autorité, et même bien au delà des moyens de toute autre puissance ; le tout malgré l'opposition des lois prohibives de la France.

« Voici donc la preuve la plus incontestable de l'inefficacité de ces lois ; soit qu'elles ne répondent pas à leur objet, soit que ceux qui sont chargés de les faire exécuter les pervertissent indignement.

« Tous ces navires étaient munis de papiers français, et l'objet de leur voyage, avoué de la manière la plus ouverte, et pour ainsi dire avec orgueil, par quelques uns des patrons, qui, lorsque nos officiers vinrent à bord, leur expliquèrent comment leurs victimes seraient rangées, quelle partie du vaisseau était destinée à chacune, quel nombre ils se proposaient d'en emporter, enfin tous les horribles détails de leur entreprise.

« Les faits ici parlent d'eux-mêmes, et si le gouvernement français ne s'entremet pas enfin d'une manière plus décidée qu'il ne l'a fait encore, le monde devra penser, ce qui, nous le craignons, hélas ! n'est trop vrai, que cette grande nation éprouve quelque répugnance à abolir ce trafic odieux. »

L'accusation ne pouvait être portée plus directement contre le gouvernement du roi de France qui, du reste, ne s'en émut guère.

Le journal de Sierra-Leone dit, une autre fois :

« Le *Louis*, commandé par un nommé Oiseau, en complétant sa cargaison d'esclaves dans le vieux Colebar, a entassé la totalité de ces malheureux dans l'entrepont, et puis fermé les écoutilles pour la nuit. Lorsque le jour est venu, on a trouvé que 50 de ces pauvres victimes avaient expiré dans cette atmosphère étroite et empestée.

« Alors le commandant a ordonné froidement de jeter leurs corps dans la rivière, et s'est occupé immédiatement, à terre, de compléter son exécrable cargaison par des achats nouveaux de créatures humaines. »

De ces citations, il ressort que presque tous les négriers étaient alors français et que le gouvernement royal ne faisait rien pour les arrêter, malgré les promesses faites au cabinet anglais. La traite avait pourtant été dénoncée par le congrès de Vienne, en 1815 ; et les puissances contractantes s'étaient engagées à le prohiber. Toutes, excepté le gouvernement de Louis XVIII, restaient fidèles à cet engagement.

L'Angleterre résolut de surveiller d'une façon plus efficace le commerce des noirs. Jusqu'alors, elle s'était contentée de visiter les négriers pour constater leur nationalité ; mais elle n'avait saisi que ses nationaux pris en flagrant délit.

Les noirs soustraits par les croisières anglaises aux bâtiments négriers furent réunis sur la côte de Guinée, dans la colonie de *Sierra-Leone*, et forcés d'acquitter, par leur travail, la rançon de leur affranchissement ou les frais de leur libération. C'est ainsi que l'Angleterre donna une certaine prospérité à cette colonie, fondée en 1787.

En cela, elle fut imitée par les États-Unis, lesquels avaient déjà, en 1822, créé, sur la côte occidentale d'Afrique, la petite république de Libéria, où la *Société de colonisation* transporta, en 25 ans, plus de 13,000 esclaves rachetés aux États-Unis, et environ 6,000 noirs capturés sur les négriers par le gouvernement américain.

La France ne pouvait pas rester en arrière. Elle voulut avoir, elle aussi, sa colonie libératrice ; elle conduisit dans son établissement du Gabon, fondé en 1843, les esclaves qu'elle enlevait aux négriers.

Diverses sociétés abolitionnistes s'étaient formées en France, en Angleterre et aux États-Unis. Elles proposèrent le *droit de visite réciproque*, en vertu duquel les croiseurs de chaque nation pourraient visiter les navires marchands des autres pays pour s'assurer qu'ils ne se livraient pas à la traite. Le gouvernement anglais s'empressa d'admettre cette idée et s'efforça de la faire admettre par les autres puissances ; mais les États-Unis la repoussèrent d'abord avec une grande vivacité, et cela leur coûta cher dans la suite, car il faut voir dans cet entêtement l'une des causes de la terrible guerre de sécession, qui a failli détruire complétement l'Union américaine.

En France, la résistance fut d'abord nulle. Un premier traité fut conclu avec l'Angleterre le 30 novembre 1831 ; il fut remplacé par la convention du 22 mars 1833, laquelle fut abrogée en 1845 et remplacée par une simple vérification de pavillon. Le chauvinisme bonapartiste, alors à l'état aigu, voyait dans le droit de visite une grave concession faite par notre faiblesse vis-à-vis de l'Angleterre. Le pays enfin s'émut à la voix des agitateurs ; l'irritation fut vive ; la chambre força le gouvernement de replacer, par de nouvelles conventions, notre marine marchande sous la surveillance exclusive du pavillon national.

Cette convention de 1845 fut conclue pour 10 années ; mais en 1855, elle ne fut pas renouvelée. Le second empire, partisan de la traite et de l'esclavage, ne prit aucune mesure pour la remplacer ; il n'en fut plus question. Mais déjà, la république de 1848 avait porté un grand coup en abolissant l'esclavage, qui fut remplacé dans nos colonies par une sorte de *servage* ou de travail obligatoire dirigé par des gendarmes.

Depuis 1838, les esclaves anglais sont affranchis. Les autres nations imitèrent peu à peu cet exemple ; si bien que la traite ne peut plus s'exercer que pour les colonies espagnoles ; elle finira par disparaître à son tour.

On aura une idée de ce que fut, jusqu'à ces dernières années, la traite clandestine, quand on saura que dans la seule année 1860, la colonie espagnole de Cuba reçut plus de 40,000 nègres destinés à remplacer ceux que la rigueur de l'esclavage avait fait mourir. La traite fournissait encore dans les mêmes proportions des nègres aux planteurs des États-Unis (partie méridionale, restée esclavagiste). Enfin, le 7 avril 1862, l'Angleterre obtint un traité avec les États-Unis, qui avaient jusqu'alors repoussé tout compromis ; mais la surveillance se fit encore d'une manière inefficace.

L'Espagne, accusée par l'Angleterre de tolérer les négriers qui approvisionnaient son île de Cuba, prit une mesure énergique, en novembre 1865 ; elle déclara qu'à l'avenir les négriers seraient considérés comme pirates.

Elle ne se contente pas d'agir sur les acheteurs d'esclaves ; elle influe de toute sa force sur les vendeurs : elle a traité successivement avec les principales puissances de l'Afrique. Elle a signé des conventions avec *Nama Comba*, chef de Cartabar, en Gambie ; avec *Obi-Osai*, chef du pays d'Abok, sur les bords du Niger ; avec *Eyamba*, chef du Calebar ; avec *Radama*, roi de Madagascar, en 1841.

Six années plus tard, elle traita avec presque tous les chefs de la côte des Bissagos, de Sierra-Leone, du Congo, du Gabon, de Loango.

Nous ne pouvons donner le texte de toutes ces conventions ; mais pour en donner une idée, nous citerons la plus courte, faite le 7 mars 1841.

« William Simpson Blount, lieutenant commandant le bâtiment à vapeur de Sa Majesté *le Pluton*, au nom de Sa Majesté la reine d'Angleterre ; et le roi Bell, du village

Bell, à Cameroomb, sont convenus des articles et conditions qui suivent :

« Article 1er. — Les deux parties contractantes arrêtent qu'à partir de la date de ce traité cesseront entièrement sur le territoire du roi Bell, et partout où son influence peut s'étendre, la vente et le transport des esclaves ou autres personnes quelles qu'elles soient, et ces personnes ne pourront être transférées d'un point quelconque des États du roi Bell dans une autre contrée, île ou possession d'aucun prince ou potentat.

« Le roi Bell fera une proclamation et une loi défendant à ses sujets ou à toute personne dépendant de lui, soit de vendre aucun esclave pour le transporter hors du territoire, soit d'aider ou d'encourager aucune vente de cette espèce, sous peine de punition sévère.

« Art. 2. — Le roi Bell s'engage à avertir les croiseurs de Sa Majesté Britannique de l'arrivée de tous les navires négriers qui pourraient entrer dans la rivière.

« Art. 3. — En considération de cette concession du roi Bell, et pour remédier à la perte de revenus qu'elle doit lui occasionner, le lieutenant W.-S. Blount s'engage, au nom de Sa Majesté Britannique, à remettre chaque année, pendant 5 ans, audit roi Bell, les articles suivants :

« 60 fusils, 100 pièces de drap, 2 barils de poudre, 2 puncheons de rhum, un habit écarlate avec épaulettes ; une épée.

« Lesdits cadeaux seront délivrés en échange d'un certificat, signé du roi Bell, constatant que les conditions ci-dessus ont été mises à exécution. »

L'Angleterre obtint un traité avec un des plus puissants princes d'Afrique, l'*iman de Mascate*, qui domine une grande partie de la côte orientale, depuis le golfe Persique, jusqu'aux possessions portugaises.

Dans les États de ce prince, la traite s'était toujours faite sur une vaste échelle, au profit des Arabes. Les nègres de l'intérieur, arrivaient chaque année chargés de denrées sur la côte où les attendaient les négociants de l'Arabie. On les vendait par-dessus le marché avec la marchandise qu'ils avaient apportée. Ce trafic produisait à l'iman de Mascate un revenu annuel d'un demi-million de francs. D'après le rapport du capitaine Hammerton, on vendait en 1844 :

Un enfant : de 30 à 80 fr.
Un homme : de 80 à 160 fr.
Une femme : jusqu'à 190 fr.

C'est ce commerce que l'Angleterre résolut de faire cesser. Des conventions furent signées en 1822 et en 1839, puis renouvelées en 1845, avec l'iman, qui promit de renoncer à la traite et de l'interdire à ses sujets. Un consul anglais fut établi à Zanzibar, et les croiseurs anglais furent autorisés à saisir les navires et les sujets de Sa Hautesse. Mais ces mesures furent insuffisantes, car la traite continua à être pratiquée sur la côte africaine.

Un comité d'enquête, nommé en 1853 par la Chambre des Communes, constata qu'il y avait à cette époque, entre la Grande-Bretagne et les autres puissances civilisées, 26 traités en vigueur pour la suppression de la traite et 65 traités avec des princes africains.

Pour assurer le succès de son entreprise, l'Angleterre entretenait des croisières, des consulats, des commissions. On peut dire qu'elle faisait la guerre à ses dépens. D'autre part, l'opinion abolitionniste avait organisé des missions, des voyages, des enquêtes, des sociétés, des meetings, des journaux.

Tant de dépenses ne pouvaient se faire sans exciter quelque mécontentement chez un peuple égoïste. Le *Times* prenait particulièrement à tâche de nier les effets de la politique suivie pour la répression de la traite.

— Nous avons dépensé un demi-milliard, répéta-t-il plusieurs fois. Et nous avons fait cette dépense pour arriver à quoi ? A payer plus cher le sucre et les nègres.

Par des motions successives, quelques membres du Parlement ont demandé la suppression des croisières, en prétendant qu'on dépensait 20 millions par an pour compromettre la vie des marins et rendre plus cruelle sort des noirs. Avant la traite, disaient-ils, les rois indigènes sacrifiaient leurs prisonniers; grâce à la traite, ils les vendirent à de charitables Européens; depuis l'abolition de la traite, les rois sont de nouveau conduits à les tuer; et les négriers, obligés de les cacher, les rendent plus malheureux.

Mais sans se laisser décourager par de semblables observations l'Angleterre poursuit avec une grande persévérance l'abolition de la traite dans toutes les parties du monde.

Le 12 janvier 1873, elle envoya dans les eaux de Zanzibar un officier distingué, sir Barth Frère, qui signa, le 5 juin un traité par lequel le roi de cette île s'engage à prohiber complètement l'exportation de la chair humaine. En 1874, le commerce des esclaves fut aboli par les rois de la Côte d'Or. L'Égypte elle-même dut suivre le mouvement anti-esclavagiste; elle signa avec l'Angleterre une convention interdisant le commerce des nègres (4 août 1877).

CHAPITRE V

LA TRAITE DES COOLIES

Le servage dans les colonies françaises. — Les coolies. — Statistique de l'émigration dans les colonies anglaises. — Les pirates européens dans les mers de Chine. — Protestations de l'Angleterre. — Système Régis. — Rétablissement de la traite. — Affaire du *Charles-et-Georges*. — Traite des jaunes. — Capitaines et colons. — Exploitation. — Révoltes à bord des navires. — *Le Napoleone-Camerone*. — *Le Louis*. — *Le Hong-Kong*. — *L'Eugène-et-Adèle*. — La traite en Océanie. — Egorgement de missionnaires anglais. — Affaire du *Carl*.

Le second empire fut esclavagiste comme l'avait été le premier ; mais il ne se sentit pas la force de détruire radicalement l'œuvre de la Révolution. Il procéda avec mesure et, appliquant les principes de l'ordre tels qu'il les comprenait, il établit une sorte de servage ou de travail forcé sous la surveillance des gendarmes.

De cette façon, les nègres ne furent plus assujettis au bâton ; mais ils durent compter avec la baïonnette.

Trop faibles pour se révolter, ils subirent ce joug en gémissant ; leur nombre diminua comme au plus beau temps de l'esclavage ; bientôt les bras manquèrent ; il fallut songer sérieusement à les remplacer.

Mais comment rétablir la traite, au moment où tous les gouvernements civilisés la dénonçaient comme une chose horrible ? Cela fit réfléchir quelque temps les honnêtes gens qui gouvernaient alors la France en la trompant.

Enfin, un homme se présenta qui fournit le moyen de tourner la question.

C'était un nommé Régis, capitaine, désireux de s'enrichir vite, mais peu scrupuleux sur les moyens.

Il prononça le nom de *coolies*, mot magique qui devait remplacer, selon lui, l'ancien titre d'esclave et qui s'applique à des émigrants volontaires.

Dans la langue de l'Hindoustan, *cooly* veut dire *travailleur à la journée*. On le donne surtout aux laboureurs.

Depuis quelques années, des spéculateurs anglais embauchaient des travailleurs de ce genre pour les transporter dans leur colonie australienne.

Déjà, en 1838, un navire en avait porté toute une cargaison de Calcutta à la Guyane.

C'était un précédent.

Quatre années plus tard, le gouvernement anglais avait autorisé ce genre d'émigration ; en même temps, il l'avait réglé et placé sous un contrôle rigide ; de façon que les engagements fussent faits de bonne foi ; que les émigrants ne fussent pas entassés sur les navires ; qu'on leur fournît une nourriture suffisante, etc.

Avant d'obtenir leur transport, les émigrants s'engageaient à servir les colons pendant cinq années, moyennant une faible rémunération ; après quoi, ils devenaient libres de travailler à leur compte.

C'était une sorte d'esclavage limité que le gouvernement contrôlait. Du reste, les peines corporelles étaient prohibées pour les *coolies* qui ne tenaient pas leurs engagements. La prison était la seule punition légale.

L'Angleterre autorisa l'émigration d'une multitude d'Hindous dans ses colonies ; émigration au sujet de laquelle la statistique nous donne les chiffres suivants pour trente années (de 1843 à 1873).

COLONIES DESTINATAIRES.	COOLIES HINDOUS
Ile Maurice	352,785
Guyane	80,599
Antilles anglaises	146,663
Total	580,047

De ce nombre total, il faut déduire 137,000 coolies qui retournèrent dans leur pays, pendant la même période.

L'exemple de l'Angleterre avait été suivi par des spéculateurs portugais qui, au lieu de travailleurs hindous, embauchèrent des Chinois pour les républiques de l'Amérique méridionale. La première cargaison de ce genre fut transportée au Pérou, en 1847; elle fut suivie d'un grand nombre d'autres, parce que les engagés ne manquèrent pas, tout d'abord.

Mais bientôt, les gens décidés à s'expatrier devinrent plus rares; on finit par n'en plus trouver; c'est alors que commença la véritable traite des jaunes.

Tout engagement volontaire devenant impossible, les armateurs commencèrent, en 1850, à changer de système. Ils armèrent des bandes qui tombèrent à l'improviste sur les villages chinois et embarquèrent de force les hommes valides. Une flottille de pirates, portant le pavillon portugais, écuma continuellement les mers chinoises, visitant les baies, remontant les rivières, pillant et capturant tout sur son passage. Les populations effrayées demandèrent du secours à leur gouvernement qui se déclara incapable de les faire respecter; la province de Kanton, lasse de payer des impôts à un gouvernement qui ne la protégeait pas, se révolta, en 1853; la guerre civile éclata sur plusieurs points.

Le mal ne fit qu'empirer, pendant les années suivantes, parce que de nombreux pirates français, espagnols, anglais et allemands se joignirent aux Portugais.

Les malheureux Chinois, enlevés de vive force, étaient entassés dans les entreponts, comme les nègres l'avaient été autrefois. Pendant la traversée, ils ne recevaient qu'une nourriture dégoûtante et insuffisante. Enfin, à leur arrivée dans les anciennes colonies espagnoles, ils trouvaient l'esclavage sans contrôle, sans protection et sans limites.

L'Angleterre, voyant dans ces faits un renouvellement de la traite, protesta la première. Elle prit, en 1854, des mesures pour faire cesser un pareil trafic à Hong-Kong. Elle défendit à ses nationaux de se livrer à la traite des jaunes; presque aussitôt les gouvernements allemands firent la même défense à ceux de leurs marins qui naviguaient dans ces mers.

Le gouvernement impérial de France ne bougea pas; mais se sentant mal à l'aise devant les mesures prises par les puissances européennes, y compris le Portugal, il écouta les propositions de Régis, qui offrait d'approvisionner nos colonies avec des *coolies* nègres.

Régis fut donc autorisé à opérer sur la côte d'Afrique. Il vint, avec son navire, le *Charles-et-Georges*, croiser devant les pays à esclaves. Il se choisit une cargaison payée peu cher aux rois de la côte et se disposa à amener dans nos colonies les malheureux esclaves qu'il avait eu soin d'inscrire, sur son livre de bord, comme des *travailleurs volontairement engagés*.

Malheureusement pour ce futur millionnaire, un navire de guerre portugais, trouvant que le *Charles-et-Georges* avait des allures suspectes, lui donna la chasse et l'atteignit, dans la baie de Conducia, le 29 novembre 1857.

Les papiers du *Charles-et-Georges* étaient en règle; mais la manière dont se trouvaient traités les émigrants encaqués dans ses entreponts, ne laissait aucun doute sur leur état d'esclavage.

Régis était un négrier dans la véritable acception du mot; il fut arrêté, pour être conduit à Lisbonne, avec son navire. Arrivé dans la capitale portugaise, le capitaine français fut maintenu en état d'arrestation et on commença son procès, dans la forme usitée ordinairement pour les pirates.

C'est alors que le gouvernement français intervint et réclama son capitaine, dont il

Les premiers voleurs sont volés. (Page 791.)

avait autorisé le crime. 2 vaisseaux de guerre furent envoyés à l'embouchure du Tage dans le but d'obtenir des réparations.

Le Portugal, fort de son droit, se montra d'abord résolu à réprimer la traite; mais contre la force, il n'y a pas de résistance. L'Angleterre, étroitement liée avec Napoléon III, abandonna le Portugal en cette circonstance; elle fit semblant de croire que les esclaves trouvés à bord du *Charles-et-Georges* étaient des *volontaires*, des *engagés*, bien qu'on les eût embarqués de force. Le Portugal refusa de se rendre à de si mauvaises raisons; et, en restituant le navire, il protesta qu'il n'obéissait qu'à la violence.

Cette affaire fit un bruit énorme dans toute l'Europe. Pendant plusieurs mois, les journaux des pays libres prirent plaisir à traîner dans la boue le gouvernement impérial. On nous insulta, on nous vilipenda, on nous prédit qu'en marchant à reculons nous tomberions infailliblement.

Pas un de ces bruits ne parvint jusqu'à nos oreilles. Les journaux du gouvernement se gardèrent bien de dire un seul mot de cette affaire. Quant aux quelques feuilles qui avaient le monopole de l'opposition officielle, on leur distribua une demi-douzaine de décorations et elles furent discrètes. Si bien que la France ignora ce qu'il lui importait le plus de connaître, c'est-à-dire la manière dont son gouvernement conservait sa di-

99.

gnité dans ses relations avec l'étranger.

Le silence fut si bien conservé sur une foule d'affaires de ce genre que l'on ne sait jusqu'à quel point on doit rendre la nation responsable des crimes de son gouvernement; car il est probable que si Napoléon avait dit à ses électeurs : « En votant pour moi, vous votez pour le rétablissement de l'esclavage et de la traite des nègres, » il n'aurait pas obtenu 7 ou 8 millions de suffrages.

Le gouvernement français eut donc le dernier mot; il s'en tira avec les apparences de la victoire; mais il s'engagea formellement vis-à-vis de l'Angleterre à faire cesser de suite la traite des prétendus *volontaires*, engagement qu'il devait tenir comme les autres.

A partir de ce jour, la traite des nègres cessa d'être officiellement protégée par la France; mais celle des jaunes, celle des *coolies* chinois, obtint l'approbation de notre ministre de la marine. Les réclamations de l'Angleterre la firent réglementer.

La traite des jaunes fut permise dans certains ports seulement, et encore elle dut se déguiser; elle s'appela *émigration*. Elle se fit au grand jour, parce qu'elle n'employait plus la violence.

Des capitaines arrivaient dans un port chinois : Hong-Kong, Souataou, Canton, Amoy, Ouampoué, par exemple. Ils annonçaient qu'ils venaient chercher des *travailleurs libres* pour l'Amérique ou l'Australie.

Ils voyaient accourir une foule de malheureux pressés de quitter une patrie trop pauvre pour les nourrir ou dont ils avaient violé les lois.

La première question était invariablement celle-ci :

— Es-tu assez riche pour payer ta traversée ?

Réponse non moins invariable :

— Je n'ai pas un *cash* (millime).

— Eh bien, mon ami, cela ne fait rien. Embarque-toi; je te conduirai sans argent dans un pays où tu trouveras du travail... Mais, auparavant, il faut signer l'engagement que voici... C'est une promesse de me laisser pendant quelque temps le produit de ton travail, afin de m'indemniser des avances que je vais faire en te transportant et en te nourrissant pendant la traversée.

Le Chinois signait, presque toujours sans lire.

A partir de cet instant, il était esclave; il s'était vendu lui-même, car il reconnaissait devoir une somme de plusieurs milliers de francs à un spéculateur qui allait s'arranger de façon à ne pas dépenser grand'chose pour la nourriture de son engagé.

Aussitôt embarqué, le *cooly* s'apercevait qu'il avait été trompé.

On ne lui donnait plus à manger, sous prétexte que le navire n'était pas assez grand pour contenir les vivres nécessaires à plusieurs centaines d'émigrants.

Le Chinois vivait sur le vaisseau comme un naufragé sur un radeau; puis, au bout du voyage, le spéculateur le vendait à quelque riche colon.

Toute réclamation devenait inutile. Le *cooly* n'avait-il pas signé un engagement ? Ne devait-il pas rembourser 3,000 francs que ce généreux capitaine avait si largement avancés pour lui ?

3,000 francs ! Faisons le compte.

500 hommes avaient été entassés sur un bâtiment à peine capable de transporter 40 passagers à 200 francs. Le prix total du passage ($40 \times 200 = 8,000$ francs), réparti entre les 500 *coolies*, représentait donc le chiffre modique de 16 francs par Chinois.

Quant à la nourriture, il serait plaisant d'en parler, puisque pendant la traversée on vivait de poissons, de coquillages, de quelques oiseaux, enfin de ce que l'on pouvait se procurer sans dépenser d'argent.

En chiffres ronds, chaque *cooly* aurait pu payer sa traversée avec 20 francs.

Le capitaine bénéficiait donc de 2,980 fr.

par homme ; ce qui, pour les 500 *coolies*, produisait le joli total de 149,000 francs par traversée.

Mais ce n'était pas la seule exploitation dont le Chinois fût victime.

Le colon, lui aussi, voulait faire fortune. Voici le raisonnement qu'il tenait au nouveau débarqué :

— Mon ami, tu dois 3,000 francs à l'honnête capitaine que voici ; je vais te les avancer, mais il faut que tu me rembourses. Or, voici mes conditions. Tu vas travailler pour moi pendant toute la journée ; dans ta religion, il n'y a pas de dimanche. Je te donnerai 30 sous par jour, avec lesquels tu te nourriras, tu te logeras et tu me rembourseras. Une fois que tu m'auras payé, tu seras libre de louer tes services à un autre maître qui te payera plus cher.

Le colon n'oubliait qu'une chose : c'était de dire qu'avec 30 sous il est impossible de vivre en Amérique. Alors il arrivait ceci : c'est que le *cooly*, tout en travaillant beaucoup, ne mangea pas tous les jours et ne put jamais rembourser son maître. Son esclavage durerait encore si des lois n'étaient intervenues presque partout pour régler sa situation d'une façon plus équitable.

Malgré leur esprit soumis, malgré leur habitude du servilisme impérial, les Chinois, poussés à bout, se révoltaient quelquefois à bord des navires sur lesquels on les laissait mourir de faim.

Voici, à ce sujet, quelques renseignements que nous empruntons à un livre instructif de M. de la Landelle (*Naufrages et Sauvetages*) :

« Le 8 mars 1866 partit de Macao le *Napoleone-Camerero*, navire italien chargé de 663 coolies et de 8,000 caisses d'artifices, à destination du Callao (Pérou). Plus à craindre que la poudre, ce fut le crime qui fit explosion à bord, malgré la force numérique de l'équipage, composé de 40 hommes.

« Dès le surlendemain du départ, l'interprète découvrit que les émigrants complotaient de s'emparer du navire. Le capitaine en fit immédiatement mettre la moitié à fond de cale ; l'espace lui manqua sans doute pour les emprisonner tous. Mais ne pouvait-il point les faire tous garrotter et les ramener à Macao ? Pourquoi laisser libres de leurs mouvements plus de 300 mécontents quand on ne dispose que de 40 gardiens ?

« Ceux-ci, armés comme ils l'étaient de fusils et de revolvers, suffisaient pourtant à maintenir le bon ordre, puisque, tout d'abord, quand le nombre des Chinois était double, force leur était restée.

« Le capitaine commit la plus grave des imprudences. En effet, le jour suivant, les coolies laissés sur le pont se soulevèrent en masse. Durant toute une nuit, ils avaient donc pu se concerter à leur aise. A qui la faute ? Quoi ! un complot est découvert, et on ne le déjoue qu'à demi, quand, d'ailleurs, on navigue sur une poudrière.

« La faiblesse et l'impéritie marchent ici de pair avec la trahison.

« Les Chinois se font armes de tout, planches, cordes, bâtons, bêches, couteaux, et se ruent sur l'équipage, qui se rallie à l'arrière, d'où il se défend par une fusillade dont l'effet ne fut point assez énergique. — Pourquoi ces ménagements ? Du moment où l'action était engagée, il ne fallait pas discontinuer le feu que les rebelles ne se fussent rendus à discrétion. Les coolies épouvantés reculèrent jusqu'à l'avant. Le capitaine et l'équipage auraient dû les y poursuivre à coups de revolvers et de baïonnettes. Au lieu de cela, on leur laisse la possibilité d'allumer un incendie qui deviendra le signal d'une déroute honteuse.

« Les rebelles se figuraient — disent les relations — que les matelots se porteraient aux pompes ; ils auraient profité de cette circonstance pour délivrer les prisonniers et massacrer tous les marins.

« Avec une indulgence irréfléchie, le rapport fait presque l'éloge de la sagacité du capitaine qui, « *devinant le plan des rebelles*, fit larguer les embarcations et quitta en toute hâte le bord avec une partie de l'équipage. »

« En réalité, le capitaine, songeant à ses huit mille caisses d'artifices, fut saisi de terreur panique. Sans même prendre le temps de réunir tous ses gens, — chose difficile peut-être mais assurément possible et qu'il avait le devoir de tenter au risque de périr, — il manque à l'obligation sacrée de ne quitter son bord que le dernier et se jette précipitamment en canot.

« Les factionnaires placés dans l'entrepont à la garde des prisonniers, les marins qui continuent à se battre, le docteur, le magasinier et le loyal interprète dont les avertissements donnés depuis vingt-quatre heures permettaient de prévenir toute catastrophe, — les seuls hommes dont la conduite soit irréprochable, — sont abandonnés misérablement.

« Quiconque connaît un navire sait que le feu ne gagne point en un clin d'œil de la partie avant du pont jusqu'au fond de la cale. Si, par une cause quelconque, le capitaine ne se croyait plus en mesure de réprimer la révolte et de forcer ensuite les Chinois à pomper, il avait certainement le temps de secourir les malheureux qu'au contraire il livra sans ressources à la fureur des rebelles et à l'incendie.

« L'article, reproduit par presque tous les journaux en mars 1866, se terminait en ces termes :

« Quelques matelots, restés à bord avec
« le docteur, le magasinier et l'interprète, ne
« purent empêcher l'incendie de gagner les
« caisses d'artifices, et le navire sauta, dis-
« persant les membres de ces matelots sous
« les yeux du reste de l'équipage sauvé. »

« C'est hideux ! En fait, les infortunés italiens lâchement délaissés essayèrent de retarder les progrès du feu. Les Chinois, à leur tour, avaient peur. L'interprète leur annonçait la nature du chargement. On travaillait enfin au salut commun.

« Un capitaine brave, capable et ferme, même après le commencement d'incendie, eût réparé le désastre. Celui du *Napoleone Camerero* aima mieux déserter.

« Et aucune enquête ultérieure n'a eu lieu, et les mêmes faits pourront se reproduire impunément ! Et ce déserteur n'a été, que nous sachions, signalé par personne à l'indignation publique. Les innombrables journaux qui ont inséré le récit de la catastrophe n'en ont tiré aucune conclusion. Et dans ce livre qui comparativement n'aura qu'un bien petit nombre de lecteurs, je suis, — si je ne me trompe, — le premier à pousser un cri de juste colère.

« Il est évident à mes yeux qu'un navire, sa cargaison et près de sept cents hommes, dont quelques-uns victimes de leur devoir, ont péri par la faute du capitaine du *Napoleone Camerero*. Voilà ce qui devrait être examiné, éclairci, jugé et, après jugement, puni, s'il y a lieu, d'une manière exemplaire au vu et au su de toutes les marines commerciales.

« Comme j'ai demandé en faveur des sauveteurs des récompenses éclatantes, de même au nom des naufragés, des abandonnés, des trahis, je demande de châtiments internationaux non moins éclatants. Car la mer est le domaine commun de tous les peuples. C'est donc à tous les peuples en commun d'y poursuivre les lâchetés insignes, les grands crimes, d'y honorer les grandes vertus, les dévouements, les sacrifices.

« Puisse ma faible voix trouver de l'écho parmi les éminents écrivains qui, maîtres des organes de publicité les plus retentissants, se sont donné la mission de propager les idées généreuses, — puisse le journalisme s'emparer de cette multiple question des Naufrages et des Sauvetages, à peine soulevée et si peu connue, afin que les gouvernements de toutes les nations s'en occupent de concert, — un pas immense sera fait dans la voie de la vraie civilisation, et l'objet de cet ouvrage sera rempli.

« Par opposition à la conduite du capitaine du *Napoleone Camerero*, il convient de rappeler et de louer celle du capitaine Aubry, du trois-mâts de Dunkerque *le Louis*, qui, affreté par des négociants de Bordeaux, s'était chargé à Hong-Kong, en mars 1865, de deux cent soixante-sept coolies à destination de La Havane.

« Dans le journal l'*Événement*, du 21 février 1866, M. A. Lomon a excellemment parlé des chargements d'émigrants chinois :

« Ces travailleurs, dit-il, sont très bien ac-
« cueillis aux colonies. Sobres, dociles, labo-
« rieux, ils remplacent très avantageusement
« les nègres qui ne travaillent guère avant
« leur émancipation et qui ne travaillent plus
« du tout depuis qu'ils sont émancipés. Le
« coolie chinois reçoit un salaire modique, il
« est nourri et habillé par le propriétaire. Il
« y a une différence entre le salaire qu'il re-
« çoit et la valeur réelle de son travail.

« Mais il faut bien que le travailleur paye
« le prix de son voyage et de sa nourriture à
« bord. C'est une avance que l'armateur a
« faite le premier. Le propriétaire a rem-
« boursé l'armateur ; le Chinois acquitte sa
« dette avec le seul capital qu'il possède : ses
« bras. Dans de pareilles conditions, il faut
« n'avoir affaire qu'à de bons sujets. Les
« Chinois que la misère amène à Amoy et à
« Shang-Haï ne sont pas tous propres à de-
« venir de bons ouvriers.

« C'est au capitaine, au subrécargue, au
« médecin du bord, à choisir les engagés et
« à déjouer leurs ruses. Il faut distinguer les
« malades qui dissimulent leurs infirmités,
« écarter les fumeurs d'opium, que leur
« passion a rendus impropres à tout travail ;
« il faut repousser les gens de sac et de corde
« qui abondent partout en Orient, mais en
« Chine plus qu'ailleurs.

« Malgré toutes les précautions, on est tou-
« jours un peu volé. Il y a du déchet sur la
« cargaison de coolies. A peine est-on en
« pleine mer, que l'on entend : « *Poc po téac* »
« (je ne puis pas manger). C'est un coolie
« que l'on croyait fort et vigoureux, et qu'il
« faut envoyer à l'infirmerie. « *Bo cho cho!* »
« (j'ai mal au ventre), crie son voisin. C'est
« un fumeur d'opium qui, privé du poison
« habituel, éprouve des douleurs nerveuses
« et une agitation générale.

« Un troisième a pu emporter avec lui une
« provision d'opium. Il n'ose fumer. Il roule
« entre ses droits une boulette de sa gomme
« verdâtre qu'il glisse entre ses dents. S'il
« peut tromper la surveillance des matelots,
« on le verra peut-être s'élancer le couteau
« à la main et frapper sans conscience de ses
« actes. Ce n'est plus un homme, c'est une
« bête féroce, un fou furieux. »

« Tels étaient les passagers embarqués sur le *Louis*.

« Les débuts de la traversée furent déplorables. Les querelles et les actes de violence se succédèrent. Le capitaine Aubry par son énergique vigilance triompha des difficultés de tous genres auxquelles il fut en butte. Les émeutes furent comprimées et vaincues, les complots déjoués. On ne put constamment empêcher les émigrants abrutis par l'ivresse ou pris de nostalgie de se jeter à la mer, mais on en sauva plusieurs qui furent ensuite gardés à vue. Force fut de relâcher. Ici, autres soucis. L'équipage harassé veut absolument débarquer du navire. M. Aubry enrôle des matelots anglais. Ceux-ci se lassent au bout de peu de jours et renoncent à continuer le voyage. Enfin, un troisième équipage, composé d'Espagnols, seconda dignement le persévérant capitaine Aubry dont l'opération, grevée de tous les frais inséparables des relâches, ne fut déplorable qu'au point de vue commercial.

« Soixante-cinq coolies, à la vérité, périrent en route par leur très grande faute, mais deux cent deux arrivèrent à la Havane et le navire fut sauvé par son brave capitaine.

« Quelle différence entre ce dénouement et celui de l'horrible voyage d'un autre navire de commerce français le *Hong-Kong*, qui, au mois de février 1865, fut abandonné à la merci des éléments après avoir été le théâtre de mille atrocités.

« Les coolies bien gardés dans l'entrepont et dans la cale paraissaient si malades que, par humanité, on leur permit de venir prendre l'air sur le pont. Aussitôt, les misérables se jettent sur le capitaine M. Duval et sur le second M. Sorbé, qui, soutenus par quatre matelots seulement, font énergiquement leur devoir.

« Autre défection infâme, digne des plus sévères châtiments, douze marins épouvantés s'enfuient dans un canot, laissant leurs chefs et leurs camarades aux prises avec deux cents révoltés.

« Or, les six hommes courageux qu'abandonnèrent ainsi ces douze drôles, résistèrent pendant deux heures, tuèrent trente Chinois, en blessèrent une centaine et ne se rendirent que criblés de blessures, quand ils allaient être inévitablement écrasés. L'équipage au complet aurait donc eu raison des insurgés, car *le Hong-Kong* était armé de quelques canons dont un seul, démarré à temps et pointé sur les passagers, les eût réduits à demander grâce. Au lieu de se précipiter dans l'embarcation, si les fuyards avaient eu le cœur de s'emparer d'une des bouches à feu de l'arrière, ils sauvaient le navire et ses intrépides défenseurs.

« Les Chinois le sentaient. Aussi, tandis que le plus grand nombre se ruaient sur les factionnaires, sur le capitaine et sur le second, les autres enclouèrent les canons qui presqu'aussitôt leur firent défaut à eux-mêmes.

« Devenus maîtres du navire, ils mettent le cap sur la côte, après avoir enfermé dans la dunette les six malheureux Français. Le capitaine Duval est mourant; le second, frappé au bras droit d'un coup de hache, a eu la douleur de ne prendre qu'une faible part à la fin de la lutte; l'un des matelots est mortellement blessé; le pilotin Armand, qui a déployé la plus courageuse présence d'esprit, après avoir été terrassé par un coup de massue et s'être évanoui un instant, a bravement lutté, si bien qu'il a reçu plusieurs autres blessures; les deux derniers sont épuisés de fatigue et baignés dans leur sang.

« Cependant, *le Hong-Kong* mal dirigé a touché sur des bas-fonds. Les coolies craignent alors que leurs prisonniers soient secourus et deviennent de dangereux accusateurs, il les condamnent à mourir, mais leur accordent quelques instants pour faire leur prière. Réunis autour de leur infortuné capitaine, les braves garçons en profitent, s'embrassent, s'exhortent mutuellement et recommandent leurs âmes à Dieu.

« — Tout est bien. Ils attendent. Mais les bourreaux chinois ne se pressent pas, et le capitaine a montré du doigt le caisson que contient sa cave.

« En honnêtes marins qui ont la conscience d'avoir rempli tous leurs devoirs, les hardis camarades le remercient.

« — Allons! le coup de l'étrier! — A nos adieux! — Trinquons pour la dernière fois avec du vin de France!

« Les bouchons de champagne sautent, on trinque fraternellement;

« — Buvons...... non à nos santés, mais à nos courages!

« — Si nos santés sont fort malades, nos courages sont bien portants!

« — Capitaine! puisque nos chiens de coolies nous oublient, toute votre cave y passera, tant pis pour eux!

« Tout à coup à l'extérieur le canon retentit; les émigrants poussent des cris, les uns se jettent à la mer, les autres s'enfuient à fond de cale. Ils ont encloué les pièces du *Hong-Kong*, comment riposteraient-ils aux pirates leurs compatriotes qui viennent s'emparer du navire? D'ailleurs, ils ont tout autre chose à faire que d'égorger leurs prisonniers. Voici les forbans qui montent à l'abordage, sabrent, saccagent, pillent, mais font grâce aux marins du bord.

« Les premiers voleurs sont volés.

« Les seconds vont l'être de même par de nouvelles jonques chargées de bandits. Autres combats, autres massacres. On se canonne, on se fusille, on se hache. Durant toute la nuit, des barques de proie se disputent l'épave sanglante et criblée dont le pont est, de bout en bout, couvert de cadavres.

« Enfin, bonheur inespéré, au point du jour survient une corvette anglaise qui en quelques bordées disperse toutes les jonques, recueille les blessés français et, le 26 février, les ramène à Macao.

« Ce secours suprême était dû à la clairvoyance de l'agent consulaire français de Macao, M. Péter. Les douze déserteurs arrivés la veille prétendaient que leurs officiers et leurs camarades avaient tous péri. M. Péter eut la sagesse de ne pas les croire et obtint du capitaine de la corvette anglaise qu'il allât immédiatement à la recherche du *Hong-Kong*.

« On voit ici quelle est l'importance des stations navales dans des mers où, malheureusement, elles ne sont pas assez puissantes pour anéantir la piraterie, — fléau qui s'accroît de jour en jour et rend plus terribles la plupart des autres dangers de la mer.

« Parfois les coolies rebelles ne sont autre chose que des forbans déguisés qui s'embarquent avec le dessein de s'emparer du navire pour s'en faire un instrument de piraterie.

« Les exemples de révoltes se multiplient d'une manière horrible. Au mois d'octobre 1866, le trois-mâts *Eugène-et-Adèle*, chargé de 466 émigrants de Macao pour La Havane, fut encore ensanglanté par une épouvantable rébellion. Le capitaine, M. Giraud, fut blessé mortellement ; le second, très dangereusement frappé ; le lieutenant, M. Mazières, fit faire un feu de peloton sur les Chinois dont 13 furent tués, et après avoir rétabli l'ordre par ses énergiques mesures, il dut se résoudre à relâcher à Saïgon.

« Le transport des cargaisons humaines exige une vigilance infatigable et une extrême fermeté, jointe à une justice et une bonne foi exemplaires. Il importe donc que toutes les catastrophes analogues à celles du *Napoleone-Camerero*, du *Louis*, du *Hong-Kong* et de l'*Eugène-et-Adèle*, donnent lieu à des enquêtes approfondies. Il importe enfin que des châtiments, proportionnés à la gravité des fautes, atteignent des défections, les défauts de prudence, l'insuffisance de l'équipement ou de l'armement, les injustices et les actes de mauvaise foi qui peuvent provoquer les rébellions, les faiblesses et les lâchetés.

« Les dangers de la mer sont presque toujours compliqués par des erreurs humaines, quelquefois par des crimes ; punir en ce cas, c'est prévenir ; sévir exemplairement c'est faire acte de sauvetage ; fermer les yeux, pécher par excès d'indulgence envers les coupables, c'est faire acte de naufrageur. »

Dans ces dernières années, la traite des noirs faillit reparaître, à la suite de celle des jaunes. Il s'agissait encore des coolies. Mais cette fois, au lieu de Chinois et de nègres africains, les spéculateurs transportèrent des sauvages du groupe de la reine Charlotte (Mélanésie).

Plusieurs navires anglais se rendirent dans ces îles, s'emparèrent des habitants et les embarquèrent pour les vendre aux colons de Queensland et des îles Fidji.

Ceci se passait en 1871, à la face de la civilisation religieuse, que l'Angleterre implante aux antipodes.

L'évêque anglican de Mélanésie, accusé à tort ou à raison de partager les bénéfices d'une telle opération, fut égorgé par les habitants révoltés. Plusieurs missionnaires périrent également en septembre 1871. L'Angleterre intervint pour protéger à la fois les principes et la religion. Il fut reconnu que tout le monde avait tort, excepté les missionnaires.

Les négriers étaient coupables ; l'Angleterre trouva que les indigènes ne l'étaient pas moins de s'être révoltés ; mais comme l'Angleterre est un pays parlementaire, au lieu de fusiller en masse les révoltés pour leur apprendre à respecter les évêques, le sujet fut soumis au Parlement, qui ordonna quelques punitions et lava la mémoire du prélat.

Tandis que le Parlement étouffait cette affaire (scabreuse parce que des missionnaires s'y trouvaient mêlés), il s'en présenta une autre pour laquelle il ne fallut pas les mêmes ménagements.

Un armateur, nommé le docteur James F. Murray, se rendit avec son navire le *Carl*, commandé par le capitaine Joseph Armstrong, dans les îles de la mer du Sud. Il visita successivement les archipels Malokolo, Salomon et Bougainville, réduisant en esclavage tous les indigènes qui lui tombaient sous la main. Ces malheureux, jetés à fond de cale, étaient inscrits sur le livre de bord comme des *engagés volontaires*, à destination des îles Fidji. En route, ils se révoltèrent et cherchèrent à incendier le navire. Un combat acharné s'engagea, pendant lequel 51 sauvages furent tués ; 19 autres, grièvement blessés, furent jetés tout vivants à la mer.

Cette exécution barbare eut un grand retentissement. Murray et Armstrong furent arrêtés ; on les jugea à Melbourne, et ils furent condamnés à la potence, en novembre 1872.

FIN

TABLE DES MATIÈRES

LIVRE PREMIER
PIRATES BARBARESQUES

I.	Le dernier des émirs morisques	1
II.	Les pirates moghrebins	14
III.	Haroudj-le-Portefaix, roi d'Alger	21
IV.	Kheir-Eddin	32
V.	Les captifs	38
VI.	Zulpha et Ferdinand	47
VII.	Siège d'Alger, par Charles-Quint	54
VIII.	Fin de Kheir-Eddin. — Hassan-Pacha.	61
IX.	Captivité d'Emmanuel d'Aranda, racontée par lui-même	69
X.	Les pères Rédempteurs	83
XI.	Les Pères de la Merci	96
XII.	Apogée de la piraterie barbaresque	105
XIII.	Scènes de captivité	112
XIV.	Décadence des Barbaresques	119
XV.	Captivité de Mlle de Bourk	126
XVI.	Rédemption de 1720, racontée par un Trinitaire	131
XVII.	Suite de la décadence des Barbaresques	136
XVIII.	Les Anglais bombardent Alger	143
XIX.	Les derniers deys d'Alger	150
XX.	Fin de la piraterie barbaresque	159

LIVRE II
PRÉCURSEURS DES FLIBUSTIERS

I.	Francis Drake	167
II.	Thomas Cavendish	175

LIVRE III
LES FLIBUSTIERS

I.	Origine de la flibuste	184
II.	Organisation de la flibuste	193
III.	L'Olonais, amiral des Frères de la Côte	205
IV.	Alexandre Bras-de-Fer et Montbars l'Exterminateur	216
V.	Morgan Tête-Rouge	227
VI.	Sawkins et Sharp	258
VII.	De Grammont. — Van Horn. — Laurent de Graff	266
VIII.	Expédition dans la mer du Sud	276
IX.	Le capitaine Montauban	293
X.	Fin des Flibustiers	307

LIVRE IV
LES ROIS DE MADAGASCAR ET LES PIRATES DE NEW-PROVIDENCE

I.	Jacques Avery et les rois de Madagascar	312
II.	Teach, dit Barbe-Noire	321
III.	Le major Stede Bonnett	326
IV.	Edouar England et le capitaine Taylor	333
V.	Charles Vane et Jean Rackam	342
VI.	Les femmes pirates. — Mary Read et Anne Bonny	347
VII.	Howel Dawis, le dernier des pirates anglais	351

LIVRE V
LES PIRATES SCANDINAVES

I.	Origine des North-Mann	358
II.	Les North-Mann en France	362
III.	Conversion des Scandinaves	370
IV.	Les Normands français	375

LIVRE VI
QUELQUES PIRATES DU MOYEN AGE

I.	Eustache-le-Moine ou le pirate magicien.....................................	382	II.	Pirates écossais. — Le faux Macbeth; Mercer, Andrew Wood, les trois Barton.	405

LIVRE VII
LES GUEUX DE MER

I.	Affaire d'Austrawell..................	415	IV.	Affaire de Lœvestein.................	443
II.	Le duc d'Albe et les persécutions.....	424	V.	Guislain de Fyennes, amiral des Gueux..	451
III.	Dolhain, amiral des Gueux de mer.....	434	VI.	Prise de la Brille....................	457

LIVRE VIII
JEAN BART

I.	Jeunesse de Jean Bart................	467	V.	Jean Bart et Forbin..................	501
II.	Premiers exploits de Jean Bart.......	476	VI.	Règlements de la guerre de course.....	508
III.	Jean Bart parvient à la renommée.....	484	VII.	Jean Bart arrive aux honneurs........	521
IV.	Jeunesse de Forbin...................	493	VIII.	Fin de Jean Bart....................	532

LIVRE IX
DUGUAY-TROUIN — CASSARD

I.	Jeunesse de Duguay-Trouin............	537	IV.	Expédition de Rio-de-Janeiro.........	564
II.	Premiers exploits de Duguay-Trouin....	548	V.	Fin de Duguay-Trouin.................	577
III.	Duguay-Trouin pendant la guerre de la succession d'Espagne................	556	VI.	Jacques Cassard.....................	581

LIVRE X
LE CAPITAINE THUROT

I.	Jeunesse de Thurot...................	586	III.	Descente en Irlande..................	600
II.	Croisières de 1758-1759..............	594			

LIVRE XI
ROBERT SURCOUF

I.	Jeunesse de Surcouf..................	609	III.	Croisière de *la Confiance*..........	622
II.	Croisière de *la Clarisse*...........	619	IV.	Fin de Surcouf.......................	654

LIVRE XII
LA PIRATERIE CONTEMPORAINE

I.	Les Grecs............................	661	III.	*L'Alceste* pillé par les Malais.....	698
II.	Les pirates de l'Extrême-Orient......	666	IV.	Enlèvement de la Lady Shore..........	708

LIVRE XIII
GARIBALDI, CHEF DE CORSAIRES

I.	Premières aventures..................	713	II.	Garibaldi dans la province de Rio-Grande.	720

LIVRE XIV
LES NÉGRIERS

I.	Origine de la traite des nègres......	733	IV.	Fin de la traite des nègres..........	775
II.	La chasse aux noirs..................	740	V.	La traite des *Coolies*..............	781
III.	Révoltes et naufrages................	751			

TABLE DES GRAVURES

Frontispice	1
L'ombre souleva la dalle	5
Mort d'El-Ghazil	9
Il se fera pirate	17
Sac d'Oran par les Espagnols	25
Zaphire et Barberousse	33
La femme et le vin trompent le plus fin	41
Sermey exécute son esclave noir	49
Sermey empale ses quatre femmes	57
Supplice de Hascen et d'Ali-le-Sarde	65
Un esclave chrétien reçoit la bastonnade	73
Procession à Paris des esclaves rachetés par les rédempteurs	81
La falaque	89
Dragut et Giovannito Doria	97
Le Père Levacher à la gueule d'un canon	105
Les Maures jettent des pierres au cadavre de Mme de Bourk	113
Un tremblement de terre détruit la ville d'Oran en 1790	121
Exécution aux flambeaux	129
Rosa Piombino est livrée au dey d'Alger	137
Le dey d'Alger donne un coup de chasse-mouches à notre consul	145
Un monceau de têtes	153
Explosion du fort de l'empereur	161
Drake meurt dévoré par des crabes monstrueux	169
Cavendish sauve une jeune Espagnole	177
Supplice du cacique Hatuey	185
Pierre le Grand s'empare d'un vaisseau espagnol	193
Un boucan	201
L'Olonais fait subir la torture à un prisonnier espagnol	209
L'Olonais et ses compagnons sont dévorés tout vivants par des sauvages	217
Montbars à bord d'un navire espagnol	225
Les moines et les religieuses sont obligés de porter les échelles des aventuriers	233
Un habitant de Gibraltar à la torture	241
Massacre des habitants de Gibraltar	249
Morgan et la dame espagnole	257
Sawkins s'empare d'un navire espagnol commandé par le capitaine Peralta	265
Laurent de Graff assassine Van Horn	273
Dans l'île de Pugna	281
Les piperies	289
Je fus enlevé si haut	297
Jacques Avery dans la taverne du Peck d'argent	305
Mort de Teach	313
Mort de Skinner	321
Pendaison de Jean Rackam et de ses camarades	329
La pipe lui en tomba de la bouche	337
Duel de Mary Read	345
Floki aux corbeaux	353
Charlemagne convertit les peuples du Nord	361
Tout à coup le mort se lève	369
La *Barbe-de-Fer* vint se ranger à tribord du *Long-Serpent*	377
Harold à Hastings	385
— Où vas-tu?	393
Le vaisseau fantôme	401
Bataille navale de Douvres	409
Mort d'Eustache le Moine	417
Mort d'Andrew Barton	425
Vivent les Gueux!	433
Ils portaient au bout d'une lance la tête de Tholouze	441
Mort de Du Fresnoy	449
— Nous sommes des Watergeusen	457
La tête d'Herman Ruyter clouée toute noire sur une potence	465
Il entonna le *Wilhelmus*	473
— Oh! les Anglais	481
— Merci, monsieur l'amiral!	489
— Ah! chien!	497
Il redressait fièrement la tête	505
Forbin tue un chien enragé	513
Forbin et le Macassar	521
— Sainte Pompe!	529
— Voilà comme j'ai fait	537
— Ramasse et paie	545
— Sire, vous avez bien fait	553
Mort de Jean Bart	561
Duguay-Trouin enlève une soubrette	569
Duguay-Trouin tombe à la mer	577
Pugilat d'un capitaine anglais et d'un capitaine hollandais	585
Place aux maîtres de la mer	593
Duguay-Trouin s'oppose au pillage de Rio de Janeiro	601

— Laissez-moi donc voir un héros en vie......	609
— Comment! vous ne connaissez pas Cassard?................................	617
Ici, c'est une femme éplorée................	625
Les hommes du canot se mettent tout à coup à pousser des cris de détresse............	633
Drieux conduit son escouade d'abordage.......	641
Le navire est à nous......................	649
Le pilote Trémintin sauta avec le brick.......	657
Le pacha envoya les oreilles de Négros et de ses compagnons...........................	665
Malari fit feu............................	673
— Je suis une pelote, quoi!................	681
Je restai deux heures ainsi suspendu.........	689
Un boulet la renversa.....................	697
Le malheureux sous-officier dégringola sur ses soldats...............................	705
Il s'enfonça et disparut....................	713
— Porte-la au roi ton maître...............	721
Les Africaines accroupies ou couchées gisaient pêle-mêle par terre.....................	729
Le chef indompté fut de nouveau saisi........	737
Les premiers rangs ne tardèrent pas à tomber sur les terribles pigeons.................	745
Le capitaine était retombé dans son délire.....	753
Des nègres enfermés dans des barriques sont jetés à la mer.........................	761
— Es-tu assez riche pour payer ta traversée?..	769
Et le navire sauta........................	777
Les premiers voleurs sont volés.............	785

IMPRIMERIE D. BARDIN, A SAINT-GERMAIN.